JN425292

부패재산몰수법 해설과 판례

범죄수익환수 이론과 실무

이주형

EXPLANATION AND CASE LAW OF
THE CONFISCATION OF CORRUPT ASSETS ACT

박영사

PREFACE 머리말

1,880억 원. 회사의 자금관리 부서 단 한 명의 직원이 빼돌린 회삿돈의 액수다. 그 사람은 그와 같이 횡령한 돈으로 다른 회사 주식에 투자하고 800KG이 넘는 금괴를 구입해 이를 부친과 자신의 동생 집에 숨겼으며, 아내 이름을 이용해 오피스텔을 분양받고 동생 명의로 리조트 회원권을 매수하는 등 생각할 수 있는 대부분의 방법을 동원해 범죄수익을 은닉했다. 피해를 입은 회사는 1년 가까이 계속된 횡령 범행을 전혀 눈치채지 못해 고스란히 수천억원 대의 피해를 떠안았고, 결국 상장폐지의 위험에 처할 만큼 휘청거렸다. 부패범죄가 얼마나 많은 사회적 해악을 낳게 되는지를 보여주는 단적인 사례다.

다른 예를 들어보자. 피해액이 3조 원이 넘고 피해자만 수만 명에 이르는 조희팔 다단계 판매 사기 사건, 2조 원대 피해액을 기록한 제이유(JU) 주수도 금융사기 사건, 중국, 필리핀 등 해외를 거점으로 국내 불특정 다수의 피해자들에게 전화를 걸어 수십, 수백억 원의 돈을 편취하는 보이스피싱 사기 사건 등도 그 범행 방법이 매우 교묘하고 범행의 결과 수많은 피해자가 양산되며 그 피해 액수가 막대하다는 점에서 커다란 사회문제를 만들어 내고 있지만, 끊임없이 같은 유형의 범행이 반복, 되풀이되고 있을 뿐만 아니라 날이 갈수록 그 정도가 더욱 심각해지고 있다.

과거 이러한 사건들은 통상 그 피해 액수가 다른 일반 형사사건에 비해 엄청남에도 불구하고 범인에게 가해지는 처벌이 솜방망이에 그치는 경우가 많았다. 나아가 해당 사건을 처리하는 검찰, 경찰 등 수사기관에서는 그 범죄의 성립 여부에만 관심을 두고 역량을 집중한 나머지 사건의 본질인 '돈'의 흐름과 처분 과정에 별다른 관심을 보이지 않았다. 그 결과 범죄피해자들은 '스스로 알아서' 피해를 회복해야만 했으나, 처음부터 치밀하게 범행을 계획해 실행한 범인은 범행이 밝혀지기 한참 전부터 돈을 은닉하였고, 그 결과 피해는 고스란히 피해자의 책임으로 떠넘겨지게 되었다.

뇌물, 횡령, 배임, 보이스피싱 사기 등으로 대표되는 부패범죄는 부정한 방법으로 돈을 벌기 위해 저질러지는 그 범죄의 본질 때문에 범행이 사전에 철저히 계획되고 매우 은밀하게 진행되며 범행 후에는 그 증거가 완전하게 인멸되는 특징을 갖는다. 최근에는 사실상 추적이 불가능한 암호화폐를 이용해 부패재산을 해외로 무단 반출하는 등 치밀한 은닉 수법이 동원되고 있고 그 결과 피해자들이 피해를 회복하는 길은 더더욱 어려워지고 있는 실정이다.

부패재산몰수법은, 이러한 부패범죄의 본질과 특성에 대응하여 전세계가 하나로 단합해 부패범죄를 척결하고 범죄피해자를 보호하기 위한 목적으로 2003년 채택한 UN 부패방지협약의 이행 입법으로 2008. 4. 26. 제정·시행되었다. 그러나 부패재산몰수법은 국내 환수 관련 5대 법률(범죄수익은닉규제법, 마약거래방지법, 부패재산몰수법, 공무원범죄몰수법 및 불법정치자금법) 중 하나로 뒤늦게 입법되었을 뿐만 아니라 국내에 시행된지 채 20년도 되지 않은 신생 법률이라 그동안 그 중요성이 많이 간과되었고, 실제 적용례가 많은 부패범죄에 비해 그 적용사례가 그렇게 많지 않았던 것이 사실이다.

그러나 ① 범죄피해재산의 몰수·추징을 통한 피해자 환부, ② 조직범죄·유사수신·다단계판매·전자금융사기 등 특정사기범죄로 취득한 범죄수익에 대한 예외적 환수, ③ 제3자에 대한 추징, ④ 무상(無償) 또는 현저한 저가(低價)로 부패재산을 취득한 제3자에 대한 몰수·추징 선고 등 다른 법률에는 존재하지 않는 독특하고도 유일무이한 규정들의 존재는 부패재산몰수법에 대한 이해와 실무상 적용의 중요성을 알 수 있게 해준다. 이러한 부패재산몰수법의 존재로 인하여 국가는 수조 원 상당의 피해를 낳는 각종 특정사기, 횡령·배임 등 각종 부패범죄로 발생한 범죄수익을 환수해 피해자들에게 돌려줄 수 있고, 범인이 제3자에게 빼돌려 은닉한 돈을 추적해 이를 신속하게 되돌릴 수 있다.

이 책은 현재까지도 국내에 달리 소개되거나 잘 알려지지 않은 부패재산몰수법의 세부 내용과 특징, 과거 적용례를 판사, 검사, 변호사, 경찰 등 실무담당자들뿐만 아니라 일반 국민들에게 널리 알려 부패재산몰수법에 대한 이해를 돕고 그 구체적 적용 사례를 확장하는데 주요한 집필 목적이 있다. 위 목적에 맞춰, 이 책에서는 ① 부패재산몰수법의 탄생 배경이 된 UN 부패방지협약(UNCAC)의 특징, ② 부패재산몰수법의 제정과 7차 개정 과정, ③ 부패재산몰수법상 특유의 제3자 몰수·추징의 특징과 사례, ④ 제3자 참가 절차의 의미와 적용례, ⑤ 부패재산몰수법 별표의 총 29개 호에 규정된 각종 부패범죄의 구성요건과 판례 및 사례를 구체적으로 소개하였다.

이에 더 나아가 ⑥ 범죄수익환수의 일반적 규정과 몰수·추징의 기본법리, ⑦ 기소 전·후 형사사건과 함께 진행되는 몰수·추징보전 절차의 세부적인 내용, ⑧ 제3자이의소송, 재판집행에 대한 이의신청 등 절차와 각종 민사소송 및 민사집행 법리까지도 아울러 서술하여 범죄수익환수 전반에 대한 이해를 넓히고자 하였다.

2022년 1월 「범죄수익환수 대상범죄 해설과 판례」라는 책자를 발간한 이후 약 3년 만에 부패재산몰수법을 세부적으로 다루는 책자를 발간하게 되어 개인적으로 매우 뜻깊게 생각하고, 그 과정에서 책의 발간에 많은 도움을 주신 박영사 담당 직원분들께도 진심으로 감사하다는 말씀을 전한다. 부족하고 모자란 이 책자에 대해 독자분들께서 아낌없는 관심을 가져주시고 질책해주신다면 앞으로 더욱 발전된 내용으로 거듭날 수 있을 거라고 생각하며, 이 책이 대한민국 부패재산몰수법의 개선과 발전에 조금이라도 도움이 되었으면 하는 바람이다.

2025. 3.
스탠퍼드 대학교에서
검사 이주형

CONTENTS 차례

제1편 범죄수익 등 일반론과 부패재산

제2편 부패재산몰수법 해설

제3편 부패재산몰수법 별표 부패범죄 해설

제 1 편

범죄수익 등 일반론과 부패재산

제 1 편
범죄수익 등 일반론과 부패재산

I 범죄수익환수를 규율하는 5개 법률 규정

우리나라에서 몰수와 추징으로 대표되는 범죄수익의 환수를 규율하는 관련 법률은 5개가 있다. 범죄수익은닉의규제및처벌등에관한법률(이하, 「**범죄수익은닉규제법**」이라 한다), 마약류불법거래방지에관한특례법(이하, 「**마약거래방지법**」이라 한다), 부패재산의몰수및회복에관한특례법(이하, 「**부패재산몰수법**」이라 한다), 공무원범죄에관한몰수특례법(이하, 「**공무원범죄몰수법**」이라 한다), 불법정치자금등의몰수에관한특례법(이하, 「**불법정치자금법**」이라 한다)이 바로 그것이다.

그런데 각 법률이 각각 따로 제정되어 시행되는 바람에 각 법률에서 규정하고 있는 대상범죄와 범죄수익에 관한 용어가 달라 **처음 접하는 사람의 입장에서는 이를 이해하기가 매우 혼란**스러운 것이 사실이다. 각 법률에서 규정하고 있는 대상범죄와 범죄수익 관련 용어를 정리하면 다음과 같다.

법률	대상범죄		범죄수익 관련 용어
범죄수익은닉규제법	특정범죄	중대범죄(제2조 제2호 가목 내지 마목)	범죄수익
		제2조 제2호 나목의 특정범죄 6개	
마약거래방지법	마약류범죄(제2조 제2항)		불법수익
부패재산몰수법	부패범죄(제2조 제1호)(별표)		부패재산
공무원범죄몰수법	특정공무원범죄(제2조 제1호 가목 내지 다목)		불법재산
불법정치자금법	불법정치자금범죄 (제2조 제1호 가, 나목)		불법재산

이와 같이 용어가 혼란스럽게 규정되어 있기 때문에 환수의 모법이 되는 범죄수익은닉규제법을 중심으로 5개 법률을 통합하여 일관된 법해석을 도모해야 한다는 제안도 있다.[1] 장기적으로 위 각 법률에서 혼란스럽게 규정하고 있는 범죄수익의 개념과 범죄수익 발생의 전

제가 되는 **대상범죄를 통합하는 입법적 노력이 반드시 필요**하다고 생각한다.

범죄수익은닉규제법은 가장 기본적인 범죄수익의 개념을 마련하고 있고, 부패재산몰수법을 포함한 나머지 법률들은 이러한 범죄수익의 개념을 그대로 사용하고 있으므로 범죄수익의 개념을 정확히 이해하기 위해서는 범죄수익은닉규제법상 범죄수익에 대한 이해가 선행되어야 한다.

다만 이 책에서는 대한민국의 부패재산몰수법에 규정된 부패범죄에 대해 해설하고자 하므로 우선 먼저 범죄수익은닉규제법상 범죄수익의 개념을 먼저 살펴보고 이를 부패재산몰수법에도 적용하는 방법으로 설명하겠다.

Ⅱ 범죄수익환수를 위한 5대 법률 규정 체계 이해 필요성

범죄수익은 범죄행위를 전제로 한다. 범죄수익, 불법재산, 불법수익등은 모두 '전제'가 되는 범죄행위가 존재하기 때문에 발생한다. 따라서 범죄수익 환수의 대상이 되는 범죄들은 모두 「**대상범죄**」에 해당한다. 그 '대상범죄'가 각 법률에 따라 범죄수익은닉규제법에서는 「**중대범죄**」, 마약거래방지법에서는 「**마약류 범죄**」, 공무원범죄몰수법에서는 「**특정공무원범죄**」, 부패재산몰수법에서는 「**부패범죄**」, 불법정치자금법'에서는 「**불법정치자금범죄**」로 각각 달리 표현되어 있을 뿐이다. 따라서 범죄수익은 그 전제가 되는 '대상범죄'를 이해하는 것에서부터 시작하여야 한다.

한편 **위 각 법률에서 규정하는 대상범죄가 여러 겹으로 중복되는 경우**가 있다. 가령 **형법상 뇌물죄**(형법 제129조 내지 제132조)의 경우, 범죄수익은닉규제법 별표 제1호 나목의 **중대범죄**에도 해당하고, 부패재산몰수법 별표 제1호 가목의 **부패범죄**에도 해당한다. 나아가 위 범죄는 공무원범죄몰수법 제2조 제1호 가목의 **특정공무원범죄**에도 해당하는 등 위 3개의 법률에서 뇌물죄를 각각의 대상범죄로 규정하고 있는 것이다. 이러한 경우에는 사안에 따라 적용하는 법조가 각각 달라진다. 예컨대 ① 뇌물죄로 취득한 범죄수익을 몰수하거나 추징하는 경우 임의적 몰수·추징을 규정하고 있는 범죄수익은닉규제법 규정이 아닌 **필요적 몰수·추징**을 규정하고 있는 형법 제134조 또는 공무원범죄몰수법 제3조 또는 제6조를 적용함이 타당하다. 그리고 ② 뇌물죄로 취득한 범죄수익의 환수를 위해 불법재산을 **몰수·추징보전 청구**하는 경우에는 공무원범죄몰수법 제23조 이하의 몰수보전 및 추징보전 절차 규정을 적용할 수도 있고, 범죄수익은닉규제법이 준용하는 마약거래방지법 제33조 이

---

1 신도욱, "범죄수익 환수 법제의 통일 방안에 관한 연구", 박사학위 논문, 서울대학교(2020) 참조.

하 규정에 따라 보전절차를 진행할 수도 있다. 나아가 ③ 뇌물죄는 부패범죄에도 해당하므로 부패재산몰수법 제9조 이하의 부패재산 회복절차 규정에 따라 해외에 존재하는 부패재산에 대한 국제공조 절차를 진행할 수도 있다.

이와같이 법률 5개가 난립하여 혼재되어 있는 상황에서 **대상범죄가 어느 법률에 어떻게 규정**되어 있는지를 **제대로 이해하고 적용**하는 것은 범죄수익 환수에 있어 매우 **중요한 문제**다. 5개 법률에 규정되어 있는 범죄수익의 용어와 몰수·추징의 임의성 여부, 입증책임의 완화 정도, 제3자 재산에 대한 집행 가부 규정을 정리하면 다음과 같다.

<table>
<tr><th>법률</th><th colspan="2">전제 범죄</th><th>(범죄)
수익 용어</th><th>몰수·추징
필요
/임의</th><th>입증
책임 완화</th><th>제3자 재산
(차명재산)
「집행」
가부</th></tr>
<tr><td>부패재산
몰수법</td><td colspan="2">부패범죄(별표)</td><td>부패재산</td><td>임의적</td><td>X[2]</td><td>X</td></tr>
<tr><td rowspan="2">범죄수익
은닉
규제법</td><td rowspan="2">특
정
범
죄</td><td>중대범죄
(제2호 가목 내지
마목)</td><td rowspan="2">범죄수익등</td><td rowspan="2">임의적</td><td rowspan="2">△
(일부
성범죄에
한해
입증책임
완화)[3]</td><td rowspan="2">① 다중
인명사고
② 악의의
제3자 : ○</td></tr>
<tr><td>제2조 제2호 나목
기재 특정범죄 6개</td></tr>
<tr><td>마약거래
방지법</td><td colspan="2">마약류범죄(제2조 제2항)</td><td>불법수익등</td><td>필요적</td><td rowspan="3">① 취득
가액이
현저히
고액
+
② 상당한
개연성
→ 추정</td><td>X</td></tr>
<tr><td>공무원
범죄
몰수법</td><td colspan="2">특정공무원범죄</td><td>불법재산</td><td>필요적</td><td>악의의
제3자 : ○</td></tr>
<tr><td>불법정치
자금법</td><td colspan="2">불법정치자금범죄
(제2조 제1호 가, 나목)</td><td>불법재산</td><td>필요적</td><td>X</td></tr>
</table>

2 아래에서 검토하는 바와 같이 부패재산몰수법 최초 정부제출 제정안에는 부패재산 추정 규정이 포함되어 있었으나 국회 논의 과정에서 전면 삭제 되었다(그 구체적인 내용과 이에 대한 비판은 제2편 제1장 부패재산몰수법 제정 부분 참조). 최초 부패재산몰수법 제정안 규정 내용은 다음과 같다.
부패재산몰수법 (제정안) 제7조(부패재산의 추정) 부패범죄 후 범인이 취득한 재산으로서 다음 각 호의 요건을 모두 갖춘 경우에는 부패재산으로 추정한다.
1. 그 가액이 취득 당시 범인의 재산운용상황 또는 법령에 근거한 급부의 수령상황 등에 비추어 현저하게 고액일 것

Ⅲ 범죄수익은닉규제법상 범죄수익환수 대상범죄의 구성

범죄수익환수의 가장 기본이 되는 법률은 범죄수익은닉규제법이다. 범죄수익은닉규제법이 몰수·추징 및 국제공조와 관련하여 마약거래방지법의 규정을 준용하고 있는 것이 사실이나(범죄수익은닉규제법 제12조 참조) 범죄수익은닉규제법이 규정하고 있는 중대범죄가 5대 특례법 중 가장 많을 뿐만 아니라 자금세탁범죄 처벌규정을 두고 있는 점, 범죄수익의 개념에 대해 가장 일반적인 규정을 두고 있는 점에 비추어 보면 **위 5개 법률 중 가장 중요한 척도가 되는 법률**은 **범죄수익은닉규제법**으로 봄이 상당하다.

한편 과거 범죄수익은닉규제법은 별표에 일부 범죄를 중대범죄로 규정하고 해당 범죄만을 환수 대상 범죄로 한정하고 있었는데(나열식), 동법이 2022. 1. 4. 전면 개정·시행되면서 **법정형이 사형, 무기 또는 장기 3년 이상의 범죄**는 모두 환수 대상 범죄가 되는 범죄로 바뀌었고(**기준식**), 장기 3년 미만의 범죄 중에서도 **일부 범죄는 별표를 통해 중대범죄에 포함**되도록 하였다(**혼합식**). 이와 같은 범죄수익환수의 모법 기능을 하는 범죄수익은닉규제법의 전면 개정으로 말미암아 환수의 대상이 되는 범죄가 거의 모든 범죄로 늘어나게 되었다는 점에서 위와 같은 개정은 대한민국의 범죄수익환수의 영역을 크게 확장한 의미 있는 변화라 할 것이다. 이하에서는 **위와 같이 개정되기 전의 범죄수익은닉규제법**은 「**舊 범죄수익은닉규제법**」이라고 칭한다.

---

2. 범죄수익금액, 재산취득시기 등 여러 가지 사정에 비추어 부패범죄로 얻은 부패재산으로 형성되었다고 볼만한 상당한 개연성이 있을 것

3 범죄수익은닉규제법(법률 제17263호)은 2020. 5. 19. 일부 성범죄를 범하고 취득한 범죄수익에 대해서만 범죄수익 추정 규정을 두도록 개정되었다. 2020년경 대한민국 사회를 떠들썩하게 하였던 속칭 '텔레그램 N번방' 사건(디지털 성범죄)에 대한 대응 차원에서 입법된 것이다. 그러나 불법정치자금법과 공무원범죄몰수법, 마약거래방지법에서는 이러한 범죄의 한정 없이 추정 규정을 전면적으로 적용하고 있는 점, 범죄수익의 은닉은 특정 범죄를 가려 이루어지는 것이 아니라는 사정 등에 비추어 보면 일부 범죄수익에 한해서만 범죄수익 추정 규정을 둔 것은 아쉬운 입법이다. 따라서 해당 규정의 적용 범위를 범죄수익은닉규제법상 범죄수익 전반으로 확대적용함이 상당하다(私見).

범죄수익은닉의 규제 및 처벌 등에 관한 법률[시행 2020. 5. 19.] [법률 제17263호, 2020. 5. 19., 일부개정]

◇ 개정이유 및 주요내용

최근 사회적으로 문제되고 있는 디지털 성폭력 범죄의 경우 범죄의 특성상 불특정 다수의 가해자가 특정되지 않는 경우가 많으며, 이 경우 개별 범죄사실의 특정 및 개별범죄와 범죄수익 간 관련성 입증이 어려워 범죄수익환수가 좌절되는 경우가 발생하고 있음.

이에 「아동·청소년의 성보호에 관한 법률」에 따른 아동·청소년이용음란물제작·배포 등의 죄와 「성폭력범죄의 처벌 등에 관한 특례법」에 따른 카메라 등을 이용한 촬영, 허위영상물 등의 반포 등의 죄에 대해서는 범죄수익에 관한 입증책임을 완화함으로써 범죄수익의 보다 원활한 환수에 기여하려는 것임. ＜법제처 제공＞

관련조문

(개정) 범죄수익은닉규제법 제2조(정의) 이 법에서 사용하는 용어의 뜻은 다음과 같다. <개정 2014. 5. 28., 2014. 11. 19., 2022. 1. 4.>

1. "특정범죄"란 재산상의 부정한 이익을 취득할 목적으로 범한 죄로서 다음 각 목의 어느 하나에 해당하는 것을 말한다.
   가. **사형, 무기 또는 장기 3년 이상의 징역이나 금고에 해당**하는 죄(제2호나목에 규정된 죄는 제외한다)
   나. **별표에 규정**된 죄
   다. **제2호나목에 규정**된 죄
   라. 가목과 나목에 규정된 죄(이하 "중대범죄"라 한다) 및 제2호나목에 규정된 죄와 다른 죄가 「형법」 제40조에 따른 상상적 경합(想像的 競合) 관계에 있는 경우에는 그 다른 죄
   마. 외국인이 대한민국 영역 밖에서 한 행위가 대한민국 영역 안에서 행하여졌다면 중대범죄 또는 제2호나목에 규정된 죄에 해당하고 행위지(行爲地)의 법령에 따라 죄에 해당하는 경우 그 죄
2. "범죄수익"이란 다음 각 목의 어느 하나에 해당하는 것을 말한다.
   나. 다음의 어느 하나의 죄에 관계된 자금 또는 재산
   1) **「성매매알선 등 행위의 처벌에 관한 법률」 제19조제2항제1호**(성매매알선등행위 중 성매매에 제공되는 사실을 알면서 자금·토지 또는 건물을 제공하는 행위만 해당한다)의 죄
   2) **「폭력행위 등 처벌에 관한 법률」 제5조제2항 및 제6조**(제5조제2항의 미수범만 해당한다)의 죄
   3) **「국제상거래에 있어서 외국공무원에 대한 뇌물방지법」 제3조제1항**의 죄
   4) **「특정경제범죄 가중처벌 등에 관한 법률」 제4조**의 죄
   5) **「국제형사재판소 관할 범죄의 처벌 등에 관한 법률」 제8조부터 제16조**까지의 죄
   6) **「공중 등 협박목적 및 대량살상무기확산을 위한 자금조달행위의 금지에 관한 법률」 제6조제1항·제4항**(제6조제1항제1호의 미수범에 한정한다)의 죄

관련조문

(개정) 범죄수익은닉규제법 별표

1. 「형법」 중 다음 각 목의 죄
   가. 제2편제19장 유가증권, 우표와 인지에 관한 죄 중 제224조(제214조 및 제215조의 예비·음모만 해당한다)의 죄

나. 제2편제22장 성풍속에 관한 죄 중 제243조 및 제244조의 죄
다. 제2편제34장 신용, 업무와 경매에 관한 죄 중 제315조의 죄
라. 제2편제40장 횡령과 배임의 죄 중 제357조제2항의 죄
2. 「관세법」 제270조의2의 죄
3. 「정보통신망 이용촉진 및 정보보호 등에 관한 법률」 제74조제1항제2호·제6호의 죄
4. 「영화 및 비디오물의 진흥에 관한 법률」 제95조제6호의 죄
5. 「여권법」 제25조제2호의 죄
6. 「한국토지주택공사법」 제28조제1항의 죄

Ⅳ 부패재산몰수법상 부패재산의 개념과 부패범죄

범죄수익환수의 모법으로서 기능하는 범죄수익은닉규제법뿐만 아니라 **환수를 규율하는 5대 법률 중 하나인 부패재산몰수법**은 부패범죄를 범하고 취득한 부패재산을 몰수·추징하여 국고로 귀속하거나 **범죄피해자에게 환부**하는 매우 특징적인 규정을 독자적으로 두고 있다는 점에서 그 의미가 매우 크다. 따라서 부패재산몰수법의 전반적인 규정 체계와 부패범죄의 범위, 개념을 이해하고 부패재산의 의미를 올바로 파악하는 것은 우리 범죄수익환수 법제에서 매우 중요한 일이 아닐 수 없다.

부패재산몰수법은 **부패재산**을 **범죄수익 및 범죄수익에서 유래한 재산**으로 나누고 있는데 이때 「**범죄수익**」이란 부패범죄의 범죄행위에 의하여 생긴 재산 또는 그 범죄행위의 보수로서 얻은 재산을 의미하고, 「**범죄수익에서 유래한 재산**」이란 범죄수익의 과실(果實)로서 얻은 재산, 범죄수익의 대가로서 얻은 재산 및 이들 재산의 대가로서 얻은 재산, 그 밖에 범죄수익의 보유 또는 처분에 의하여 얻은 재산을 말한다고 규정하고 있다(동법 제2조 제2호 참조). 즉 부패재산몰수법이 규정하는 부패재산은 범죄수익은닉규제법상 범죄수익의 개념을 그대로 사용하나 다만 해당 **범죄수익 등의 발생 원인이 되는 범죄가 범죄수익은닉규제법상 중대범죄가 아니라 부패범죄로 한정**되는 것이다. 이처럼 부패재산몰수법에서는 부패재산이라는 용어를 사용하면서도 범죄수익은닉규제법상 「**범죄수익**」**의 개념을 그대로 쓰고** 있다는 점에서 양 법률은 상호 긴밀한 관련성이 있다.

관련조문

부패재산몰수법 제2조(정의) 이 법에서 사용하는 용어의 정의는 다음과 같다.

1. **"부패범죄"**란 **불법 또는 부당한 방법으로 물질적·사회적 이득**을 얻거나 **다른 사람으로 하여금 얻도록 도울 목적으로 범한 죄**로서 **별표에 규정된 죄**를 말한다.
2. **"부패재산"**이란 **범죄수익 및 범죄수익에서 유래한 재산**을 말한다.
   가. **"범죄수익"**이란 부패범죄의 범죄행위에 의하여 생긴 재산 또는 그 범죄행위의 보수로서 얻은 재산을 말한다.
   나. **"범죄수익에서 유래한 재산"**이란 범죄수익의 과실(果實)로서 얻은 재산, 범죄수익의 대가로서 얻은 재산 및 이들 재산의 대가로서 얻은 재산, 그 밖에 범죄수익의 보유 또는 처분에 의하여 얻은 재산을 말한다.

범죄수익은닉규제법 제2조(정의) 이 법에서 사용하는 용어의 정의는 다음과 같다.

2. "범죄수익"이란 다음 각 목의 어느 하나에 해당하는 것을 말한다.
   가. **중대범죄에 해당하는 범죄행위에 의하여 생긴 재산** 또는 **그 범죄행위의 보수(報酬)로 얻은 재산**
   나. **다음의 어느 하나의 죄에 관계된 자금 또는 재산**
      1) 「성매매알선 등 행위의 처벌에 관한 법률」 제19조 제2항 제1호(성매매알선등행위 중 성매매에 제공되는 사실을 알면서 자금·토지 또는 건물을 제공하는 행위만 해당한다)의 죄
      2) 「폭력행위 등 처벌에 관한 법률」 제5조 제2항 및 제6조(제5조 제2항의 미수범만 해당한다)의 죄
      3) 「국제상거래에 있어서 외국공무원에 대한 뇌물방지법」 제3조 제1항의 죄
      4) 「특정경제범죄 가중처벌 등에 관한 법률」 제4조의 죄
      5) 「국제형사재판소 관할 범죄의 처벌 등에 관한 법률」 제8조부터 제16조까지의 죄
      6) 「공중 등 협박목적 및 대량살상무기확산을 위한 자금조달행위의 금지에 관한 법률」 제6 제1항·제4항(제6조 제1항 제1호의 미수범에 한정한다)의 죄
3. **"범죄수익에서 유래한 재산"**이란 범죄수익의 과실(果實)로 얻은 재산, 범죄수익의 대가(對價)로 얻은 재산 및 이들 재산의 대가로 얻은 재산, 그 밖에 범죄수익의 보유 또는 처분에 의하여 얻은 재산을 말한다.
4. **"범죄수익등"**이란 범죄수익, 범죄수익에서 유래한 재산 및 이들 재산과 그 외의 재산이 합쳐진 재산을 말한다.

한편 부패재산몰수법이 적용되는 **부패범죄**는 **「불법 또는 부당한 방법으로 물질적·사회적 이득을 얻거나 다른 사람으로 하여금 얻도록 도울 목적으로 범한 죄로서 별표에**

규정된 죄」를 의미하는 것으로 개정된 범죄수익은닉규제법과는 달리 여전히 나열식으로 규정되어 있다는 점에서 그 대상 범죄의 범위가 상대적으로 좁다(동법 제2조 제1호).

따라서 부패재산몰수법 별표에서 제한적으로 열거하고 있는 부패범죄가 어떤 것들이 있는지, 그 구성요건과 적용사례를 파악하는 것은 아래에서 보는 바와 같이 범죄수익은닉규제법의 단점을 보완하는 부패재산몰수법 적용 여부를 판가름 한다는 점에서 매우 중요한 의미를 갖는다.

관련조문

부패재산몰수법 제2조(정의) 이 법에서 사용하는 용어의 정의는 다음과 같다.

1. **"부패범죄"**란 **불법 또는 부당한 방법으로 물질적·사회적 이득**을 얻거나 **다른 사람으로 하여금 얻도록 도울 목적으로 범한 죄**로서 **별표에 규정된 죄**를 말한다.

[별표]

부패범죄(제2조 제1호)

1. 「형법」 중 다음 각 목의 죄
   가. 제2편제7장 공무원의 직무에 관한 죄 중 제129조부터 제133조까지의 죄
   나. 제2편제34장 신용, 업무와 경매에 관한 죄 중 제315조의 죄
   다. 제2편제39장 사기와 공갈의 죄 중 제347조, 제347조의2 및 제351조(제347조 및 제347조의2의 상습범만 해당한다)에 해당하는 죄(특정사기범죄로 한정한다)
   라. 제2편제40장 횡령과 배임의 죄 중 제355조부터 제357조까지 및 제359조의 죄
2. 「형법」 외의 법률에서 규정한 공무원 의제에 따른 「형법」 제129조부터 제132조까지의 죄
3. 「특정범죄가중처벌 등에 관한 법률」 제2조 및 제3조의 죄
4. 「특정경제범죄 가중처벌 등에 관한 법률」 중 다음 각 목의 죄
   가. 제3조 중 「형법」 제347조, 제347조의2 및 제351조(제347조 및 제347조의2의 상습범만 해당한다)에 해당하는 죄(특정사기범죄로 한정한다)
   나. 제3조 중 「형법」 제355조 및 제356조에 해당하는 죄
   다. 제5조부터 제9조까지의 죄
5. 「국제상거래에 있어서 외국공무원에 대한 뇌물방지법」 제3조제1항의 죄
6. 「국민투표법」 제99조 및 제100조의 죄
7. 「공직선거법」 제230조부터 제233조까지 및 제235조의 죄
8. 「정치자금법」 제45조의 죄
9. 「공직자의 이해충돌 방지법」 제27조제1항 및 같은 조 제2항제1호의 죄
10. 「변호사법」 제33조 및 제109조부터 제111조까지의 죄

11. 「선박소유자 등의 책임제한절차에 관한 법률」 제93조 및 제94조의 죄
12. 「상법」 제630조, 제631조 및 제634조의2의 죄
13. 「주식회사 등의 외부감사에 관한 법률」 제40조의 죄
14. 「채무자 회생 및 파산에 관한 법률」 제645조, 제646조, 제655조 및 제656조의 죄
15. 「경륜·경정법」 제29조부터 제31조까지의 죄
16. 「한국마사회법」 제51조제1호부터 제3호까지의 죄
17. 「독점규제 및 공정거래에 관한 법률」 제40조제1항 및 제124조제1항제9호의 죄
18. 「건설산업기본법」 제38조의2, 제95조 및 제95조의2의 죄
19. 「고등교육법」 제64조제2항제2호의 죄
20. 「공인회계사법」 제22조제3항 및 제53조제1항의 죄
21. 「국민체육진흥법」 제47조제1호 및 제48조제1호·제2호의 죄
22. 「근로기준법」 제9조 및 제107조의 죄
23. 「금융지주회사법」 제48조의3제1항 및 제70조제2항제2호의 죄
24. 「보험업법」 제201조 및 제203조의 죄
25. 「선주상호보험조합법」 제59조 및 제60조의 죄
26. 「신용협동조합법」 제30조의2 및 제99조제2항제3호의 죄
27. 「유류오염손해배상 보장법」 제58조 및 제59조의 죄
28. 삭제 <2016.12.20>
29. 「전통소싸움경기에 관한 법률」 제25조 및 제27조의 죄

참고로 **부패재산몰수법상 부패범죄**는 2024. 4. 9. 개정·시행된 「검사의 수사개시 범죄 범위에 관한 규정」(대통령령 제34392호, 이하, 「수사개시규정」이라 함)에 따라 검사가 직접 수사를 개시할 수 있는 범죄에 포함되어 있다.

위 수사개시규정은 **부패범죄의 개념**을 ① **사무의 공정을 해치는 불법 또는 부당한 방법**으로 **자기 또는 제3자의 이익이나 손해**를 도모하는 범죄, ② **직무와 관련**하여 그 **지위 또는 권한을 남용**하는 범죄 및 ③ **범죄의 은폐나 그 수익의 은닉**에 관련된 범죄로서 **수사개시규정 [별표1]에 규정된 죄**로 명시하고 있는데 위 수사개시규정의 부패범죄 개념은 부패범죄의 전반을 이해하기 위해 참고할 필요가 있겠다.

관련조문

검찰청법 제4조(검사의 직무) ① 검사는 공익의 대표자로서 다음 각 호의 직무와 권한이 있다. <개정 2020. 2. 4., 2022. 5. 9.>

1. 범죄수사, 공소의 제기 및 그 유지에 필요한 사항. 다만, 검사가 수사를 개시할 수 있는 범죄의 범위는 다음 각 목과 같다.
   가. **부패범죄**, 경제범죄 등 대통령령으로 정하는 중요 범죄

☞ **검사의 수사개시 범죄 범위에 관한 규정 제2조(중요 범죄)** 「검찰청법」(이하 "법"이라 한다) 제4조제1항제1호가목에서 "부패범죄, 경제범죄 등 대통령령으로 정하는 중요 범죄"란 다음 각 호의 범죄를 말한다.

1. **부패범죄: 다음 각 목의 어느 하나에 해당하는 범죄**로서 별표 1에 규정된 죄
   가. 사무의 공정을 해치는 불법 또는 부당한 방법으로 자기 또는 제3자의 이익이나 손해를 도모하는 범죄
   나. 직무와 관련하여 그 지위 또는 권한을 남용하는 범죄
   다. 범죄의 은폐나 그 수익의 은닉에 관련된 범죄

[별표1]

1. **「부패재산의 몰수 및 회복에 관한 특례법」제2조제1호의 부패범죄에 해당하는 죄**
2. 「부패방지 및 국민권익위원회의 설치와 운영에 관한 법률」 제2조제4호의 부패행위 관련 부패범죄: 다음 각 목의 죄
   가. 「형법」 제122조, 제123조, 제127조, 제141조, 제227조 및 제229조(제227조의 죄에 의하여 만들어진 문서 또는 도화를 행사한 경우로 한정한다)에 해당하는 죄
   나. 「국가정보원법」 제22조에 해당하는 죄
   다. 「대통령기록물 관리에 관한 법률」 제30조에 해당하는 죄
   라. 「전자장치 부착 등에 관한 법률」 제36조제1항에 해당하는 죄
   마. 「형의 실효 등에 관한 법률」 제9조제2항 및 제10조제1항에 해당하는 죄
3. **부패방지 및 공직윤리 관련 부패범죄: 다음 각 목의 죄**
   가. 「공익신고자 보호법」 제30조에 해당하는 죄
   나. 「공직자윤리법」 제24조, 제24조의2, 제25조부터 제28조까지, 제28조의2 및 제29조에 해당하는 죄
   다. 「공직자의 이해충돌 방지법」 제27조제2항제2호, 같은 조 제3항 및 제4항에 해당하는 죄
   라. 「부정청탁 및 금품등 수수의 금지에 관한 법률」 제22조제1항부터 제3항까지에 해당하는 죄
   마. 「부패방지 및 국민권익위원회의 설치와 운영에 관한 법률」 제87조부터 제90조까지에 해당하는 죄

바. 「특정범죄신고자 등 보호법」 제17조에 해당하는 죄

사. 법률 제18191호 공직자의 이해충돌 방지법 부칙 제8조에 따라 적용되는 종전의 「부패방지 및 국민권익위원회의 설치와 운영에 관한 법률」(법률 제18191호 공직자의 이해충돌 방지법 부칙 제7조에 따라 개정되기 전의 것을 말한다) 제86조에 해당하는 죄

4. 정치자금 및 공직선거 관련 부패범죄: 다음 각 목의 죄

가. 「공직선거법」 제255조제1항제10호(제86조제1항제1호부터 제3호까지를 위반한 경우로 한정한다), 같은 조 제3항제2호, 같은 조 제6항 및 제257조에 해당하는 죄

나. 「정당법」 제50조에 해당하는 죄

다. 「정치자금법」 제46조부터 제49조까지에 해당하는 죄

5. 불법 금품 수수 관련 부패범죄: 다음 각 목의 죄

가. 「국제상거래에 있어서 외국공무원에 대한 뇌물방지법」 제3조제2항에 해당하는 죄

나. 「병역법」 제92조제3항 및 제4항에 해당하는 죄

다. 「약사법」 제94조제1항제5호의2에 해당하는 죄

라. 「의료법」 제88조제2호 및 제89조제3호에 해당하는 죄

6. 보조금·학교회계 관련 부패범죄: 다음 각 목의 죄

가. 「고용보험법」 제116조제1항 및 같은 조 제2항제2호에 해당하는 죄

나. 「보조금 관리에 관한 법률」 제40조제1호 및 제41조에 해당하는 죄

다. 「사립학교법」 제73조 및 제73조의2에 해당하는 죄

라. 「지방자치단체 보조금 관리에 관한 법률」 제37조 및 제38조에 해당하는 죄

7. 범죄수익·자금세탁 관련 부패범죄: 다음 각 목의 죄

가. 「범죄수익은닉의 규제 및 처벌 등에 관한 법률」 제3조 및 제4조에 해당하는 죄

나. 「특정경제범죄 가중처벌 등에 관한 법률」 제4조에 해당하는 죄

8. 제1호부터 제7호까지의 범죄에 대하여 해당 법률 또는 다른 법률에서 가중하여 처벌하거나 준용 또는 신분을 의제하여 처벌하는 범죄

※ 제1호부터 제8호까지의 범죄에는 미수범으로 처벌하거나 그 위반행위에 대하여 양벌규정으로 처벌하는 경우를 포함한다.

V 부패재산몰수법의 특징과 이에 대한 이해의 중요성

부패재산몰수법은 아래에서 구체적으로 살펴보는 바와 같이 범죄수익환수를 규율하는 5개의 법률 중에서 원칙적으로 몰수·추징이 금지되는 **범죄피해재산에 대한 예외적 환수 가능 규정**을 두고 있다. 부패재산몰수법은 일정한 부패범죄로 영득한 범죄피해재산을 환수

하여 이를 피해자에게 환부하는 절차를 규정한 **유일한 법률**로서, 범죄수익은닉규제법에서 정한 범죄피해재산에 대한 몰수·추징 금지에 대한 예외를 인정하는 것이라는 점에서 그 의미가 매우 크다.

관련조문

범죄수익은닉규제법 제8조(몰수) ① 다음 각 호의 재산은 몰수할 수 있다.

1. 범죄수익
2. 범죄수익에서 유래한 재산
3. 제3조 또는 제4조의 범죄행위에 관계된 범죄수익등
4. 제3조 또는 제4조의 범죄행위에 의하여 생긴 재산 또는 그 범죄행위의 보수로 얻은 재산
5. 제3호 또는 제4호에 따른 재산의 과실 또는 대가로 얻은 재산 또는 이들 재산의 대가로 얻은 재산, 그 밖에 그 재산의 보유 또는 처분에 의하여 얻은 재산

③ **제1항에도 불구하고 같은 항 각 호의 재산이 범죄피해재산**(재산에 관한 죄, 「특정범죄 가중처벌 등에 관한 법률」 제5조의2제1항제1호·제2항제1호의 죄 또는 「채무자 회생 및 파산에 관한 법률」 제650조·제652조 및 제654조의 죄에 해당하는 범죄행위에 의하여 그 피해자로부터 취득한 재산 또는 그 재산의 보유·처분에 의하여 얻은 재산을 말한다. 이하 같다) **인 경우에는 몰수할 수 없다. 제1항 각 호의 재산 중 일부가 범죄피해재산인 경우에는 그 부분에 대하여도 또한 같다.**

부패재산몰수법 제2조(정의) 이 법에서 사용하는 용어의 정의는 다음과 같다.

3. "범죄피해재산"이란 별표에 규정된 죄 가운데 다음 각 목의 어느 하나에 해당하는 죄의 범죄행위에 의하여 그 피해자로부터 취득한 재산 또는 그 재산의 보유·처분에 의하여 얻은 재산을 말한다.
   가. 「형법」 제2편제39장 사기와 공갈의 죄 중 제347조, 제347조의2 및 제351조(제347조 및 제347조의2의 상습범만 해당한다)에 해당하는 죄[「형법」 제114조에 따른 범죄단체를 조직하여 범행한 경우, 「유사수신행위의 규제에 관한 법률」 제2조에 따른 유사수신행위 또는 「방문판매 등에 관한 법률」 제2조제5호에 따른 다단계판매의 방법으로 기망(欺罔)하여 범행한 경우 및 「전기통신금융사기 피해 방지 및 피해금 환급에 관한 특별법」 제2조제2호에 따른 전기통신금융사기에 해당하는 경우(이하 "특정사기범죄"라 한다)로 한정한다]와 「특정경제범죄 가중처벌 등에 관한 법률」 제3조 중 「형법」 제347조, 제347조의2 및 제351조(제347조 및 제347조의2의 상습범만 해당한다)에 해당하는 죄(특정사기범죄로 한정한다)
   나. 「형법」 제2편제40장 횡령과 배임의 죄 중 제355조, 제356조 및 제359조의 죄와 「특정경제범죄 가중처벌 등에 관한 법률」 제3조 중 「형법」 제355조 및 제356조에 해당

하는 죄

제3조(부패재산의 몰수) ① 부패재산은 몰수할 수 있다. 다만, 다른 법령에 따라 부패재산을 몰수하여야 하는 경우에는 그 법령에 따라 몰수한다.

② 제1항에 따라 몰수하는 부패재산이 부패재산 외의 재산과 합하여진 경우에는 부패재산과 그 외의 재산이 합하여진 재산(이하 "혼합재산"이라 한다) 중 부패재산의 비율에 상당하는 부분을 몰수할 수 있다.

제6조(범죄피해재산의 특례) ① 제3조의 재산이 범죄피해재산으로서 범죄피해자가 그 재산에 관하여 범인에 대한 재산반환청구권 또는 손해배상청구권 등을 행사할 수 없는 등 피해회복이 심히 곤란하다고 인정되는 경우에는 몰수·추징할 수 있다.

② 이 법에 따라 몰수·추징된 범죄피해재산은 피해자에게 환부(還付)한다.

③ 범죄피해재산의 환부 요건 및 절차 등 범죄피해재산의 환부에 필요한 사항은 대통령령으로 정한다.

나아가 부패재산몰수법은 **부패재산을 직접 취득한 범인**을 비롯하여 ① 부패재산이라는 **사정을 알면서(惡意)** 범인으로부터 **부패재산을 취득한 제3자** 뿐만 아니라 ② 이러한 사정을 알지 못하더라도(善意) **상속·증여 등 무상 또는 현저한 저가**로 **부패재산을 취득한 제3자**의 경우에도 부패재산몰수법이 준용하는 마약거래방지법에 따라 제3자 참가절차를 통해 제3자에게 직접 몰수·추징을 선고할 수 있도록 하는 예외 규정을 두고 있다. 이렇게 부패재산몰수법은 환수의 모범으로 기능하는 **범죄수익은닉규제법의 단점을 보완**하고, 전혀 새로운 규정을 통해 **범죄수익의 환수 범위를 넓히고 있다**는 점에서 **매우 중요**한 의미를 갖는다.

관련조문

부패재산몰수법 제4조(몰수의 요건 등) ① 제3조에 따른 몰수는 부패재산 또는 혼합재산이 범인 외의 자에게 귀속되지 아니한 경우에 한한다. 다만, **범인외의 자가 범죄 후 그 정(情)을 알면서 그 부패재산 또는 혼합재산을 취득한 경우**(그 부패재산 또는 혼합재산의 취득이 「범죄수익은닉의 규제 및 처벌 등에 관한 법률」 제4조 단서에 해당하는 경우에는 제외한다)에는 그 부패재산 또는 혼합재산이 범인 외의 자에게 귀속된 경우에도 몰수할 수 있다.

② **부패재산 또는 혼합재산이 범인 외의 자에게 상속이나 증여 등으로 무상(無償) 또는 현저한 저가(低價)로 귀속된 경우**에는 범인 외의 자가 그 정을 알지 못하고 그 부패재산 또는 혼합재산을 취득한 때에도 전부 또는 일부를 몰수할 수 있다.

이처럼 부패재산몰수법은 범죄수익은닉규제법의 공백을 메우는 여러 가지 특징들을 가지고 있다는 점에서 그 규정의 체계와 의미에 대해 깊이 분석하고 이해할 필요가 있으므로 아래에서 **부패재산몰수법의 전반적인 규정 내용**과 **구체적 적용 사례**들을 먼저 살펴보고, **부패재산몰수법 별표에 규정된 부패범죄**에 대해 구체적으로 검토한다.

제 2 편

부패재산몰수법 해설

제 1 장

부패재산몰수법 제정

I 부패재산몰수법 제정 경위

1. 배경

관련조문

부패재산몰수법 제1조(목적) 이 법은 「**국제연합부패방지협약**」 및 **그 밖의 관련 국제협약을 효율적으로 이행**하기 위하여 부패재산의 몰수 및 추징, 환수 등에 관한 특례를 규정함으로써 **부패범죄를 조장하는 경제적 요인을 근원적으로 제거**하여 **부패범죄를 효과적으로 방지·척결하고 청렴한 국제사회질서 확립에 이바지함**을 목적으로 한다.

부패재산몰수법은 「**국제연합부패방지협약**」과 그 밖의 관련 국제협약을 효율적으로 시행하기 위하여 필요한 특례와 부패재산의 환수 등을 규정함으로써 부패범죄를 효율적으로 방지·척결하고 청렴한 국제사회질서 확립에 이바지하기 위하여 제정되었다(동법 제1조).[1]

2. 「국제연합부패방지협약」의 내용 및 이행 입법의 필요성

국제연합(UN)은 부패 문제에 관한 국제적인 공조를 위한 노력의 일환으로 전세계적인 부패방지 네트워크 구성을 위해 노력하여 왔고, 그 결실로 2003. 11. 9. 멕시코 메리다에서 100여 나라의 정부 고위관계자들이 서명함으로써 「**국제연합부패방지협약**(UNCAC)」(**이하 「협약」이라고 함**)[2]이 체결된 바 있다. 이에 부패재산몰수법은 위 협약에 대한 이행입법의 일

1 구체적인 내용은 「부패재산의 몰수 및 회복에 관한 특례법안(정부) 검토 보고」, 2007. 11. 법제사법위원회 검토보고서 참조.

2 부패방지협약의 추진경과
2003.10.31. 국제연합 총회에서 채택 ➔ 2003.12.10. 우리나라 서명 ➔ 2005.12.14. 국제적 발효

환으로서 부패범죄를 조장하는 경제적 요인을 근원적으로 제거하여 부패범죄를 효율적으로 방지·척결하며 청렴한 국제사회질서 확립에 이바지하고자 하는 목적으로 제정되었다.

가. 협약의 내용

1) 채택배경

관련조문

부패방지협약의 구성

전문

제1장 총칙(제1조~제4조)

제2장 예방조치(제5조~제14조)

제3장 범죄규정 및 법집행(제15조~제42조)

제4장 국제협력(제43조~제50조)

제5장 자산 회복(제51조~제59조)

제6장 기술지원·정보교환(제60조~제62조)

제7장 이행체제(제63조~제64조)

제8장 최종조항(제65조~제71조)

부패척결을 위해 세계 각국은 많은 비용을 들여 온 힘을 쏟고 있음에도 불구하고, **부패문제는 더 이상 각국이 국내에서 스스로 처리할 수 없을 만큼 조직화·국제화**되어 국가 간의 협력이 없이는 부패문제를 근본적으로 해결할 수 없다는 공통된 인식에 이르게 되었다.

이러한 국제적인 노력의 일환으로 위 협약이 체결되었는데 이 협약은 **부패문제가 인권, 환경 등과 같이 세계적인 관심사**가 되었고 **부패를 극복하기 위해서는 국제적 차원의 대책이 필요하다는 취지**에 따라 전세계가 수년 간 노력한 결과물이다.

위 협약은 공공·민간 부문 모두를 대상으로 하는 **최초의 포괄적인 반부패 국제협약**으로 동 협약의 제정으로 부패범죄와 관련된 **국가 간 공조와 부패자산 환수를 위한 총체적인 국제규범이 최초로 마련**되었다고 할 수 있다.

위 협약은 전문 및 본문 제71개조(8장)로 구성되어 있는데 선언적 규정과 절차적인 내용을 제외하고 부패재산몰수법과 관련되어 있는 구체적 내용을 간추려 소개하면 다음과 같다.

2) 부패방지협약의 주요내용

협약은 다양한 부패형태를 범죄화하고 부패사범에 대한 범죄인인도·형사사법공조 및 정보교환 등 국제공조제도를 구축하며 부패수익 자산을 몰수하여 본국에 반환하는 제도를 마련하고 협약 당사국총회를 통해 각국의 이행실태를 점검할 수 있는 제도와 기구를 설립하는 등의 내용을 담고 있다.

가) 부패방지정책 개발·이행 등

각 당사국은 공공사무 및 공공재산의 적절한 관리, 청렴성, 투명성 등의 원리를 반영하는 부패방지정책을 개발·이행하여야 한다(협약 제5조 참조). 또한 민간부문과 관련된 부패를 방지하기 위한 조치를 취하고, 그러한 조치가 준수되지 않는 경우, 민사상 · 행정상 또는 형사상의 처벌을 부과하기 위한 조치를 취해야 한다(협약 제12조 제1항 참조).

관련조문

부패방지협약 제2장 예방 조치

제5조(부패방지 정책과 관행)

1. 각 당사국은 자국 법체계의 기본원칙에 따라, 사회 참여를 촉진하고 법의 지배, 공공사무 및 공공재산의 적절한 관리, 청렴성, 투명성 및 책임감의 원리를 반영하는 효과적이고 조정된 부패방지정책을 개발하고 이행·유지한다.
2. 각 당사국은 부패방지를 목적으로 하는 효과적인 관행을 확립·촉진하도록 노력한다.
3. 각 당사국은 부패 방지·척결에 대한 적합성을 판단하기 위한 목적에서 관련 법적 문서와 행정조치를 정기적으로 평가하도록 노력한다.
4. 적절한 경우에 자국 법체계의 기본원칙에 따라, 당사국은 이 조에 규정된 조치를 촉진·발전시킴에 있어 당사국 상호간, 또한 관련 국제기구·지역기구와 협력한다. 이러한 협력에는 부패방지를 목적으로 하는 국제적인 프로그램·사업에 참여하는 것을 포함할 수 있다.

제12조(민간부문)

1. 각 당사국은 자국 국내법의 기본원칙에 따라 민간부문과 관련된 부패를 방지하고, 민간부문에서의 회계·감사 기준을 강화하며, 적절한 경우, 이러한 조치가 준수되지 아니한 것에 대하여 효과적이고 비례적이며 예방적인 민사상, 행정상 또는 형사상의 처벌을 적절히 부과하기 위한 조치를 취한다.
2. 이러한 목적을 달성하기 위한 조치는 특히 다음의 사항을 포함할 수 있다.
   가. 법집행기관과 관련 민간단체 사이의 협력을 제고하는 것
   나. 기업 및 모든 관련 전문직업 활동의 올바르며 명예롭고 적절한 수행, 이해상반 방지

를 위한 행동강령, 기업 간의 그리고 기업·국가 계약관계에서의 바람직한 상관행의 이용촉진을 위한 행동강령 등, 관련 민간단체의 청렴성을 보호하기 위하여 마련된 기준과 절차의 개발을 촉진하는 것

다. 적절한 경우 법인의 설립과 경영에 관련된 법인·자연인의 실체성에 관한 조치 등 민간단체의 투명성을 촉진하는 것

라. 상업 활동을 위하여 공공기관이 수여하는 보조금 및 허가 관련 절차 등 민간단체를 규율하는 절차의 오용을 방지하는 것

마. 전직 공무원의 직업적 활동에 대하여 또는 사임·퇴임한 이후에 민간부문에 고용된 공무원에 대하여, 그러한 활동 또는 고용이 그들이 재직 중에 담당 또는 감독하였던 임무와 직접적으로 관계되는 경우, 적절한 경우에 합리적인 기간 동안 제한을 가함으로써 이해상반을 방지하는 것

바. 그 구조와 규모를 고려하여 각 사기업이 부패행위의 방지·탐지활동을 지원할 충분한 내부적 감사통제권을 보유하고 그러한 사기업의 계산서와 필수 재무제표가 적절한 감사와 인증 절차에 따를 것을 보장하는 것

3. 각 당사국은 부패를 방지하기 위하여 장부와 기록의 보존, 재무제표의 공개 및 회계·감사 기준에 관한 국내법령에 따라 이 협약에 의하여 규정된 범죄를 실행할 목적으로 수행된 다음의 행위를 방지하기 위하여 필요한 조치를 취한다.

가. 부외계좌의 개설

나. 부외거래 또는 불충분하게 확인되는 거래의 실시

다. 가공의 지출 기록

라. 대상이 부정확한 부채의 기입

마. 허위서류의 사용

바. 법에 정한 것보다 일찍 회계서류를 고의적으로 파기하는 것

4. 각 당사국은 이 협약 제15조와 제16조에 따라 규정된 범죄의 구성요소의 하나인 뇌물을 구성하는 지출과, 적절한 경우, 부패행위 조장에서 발생한 그 밖의 지출에 대하여 세금공제를 인정하지 않는다.

나) 부패범죄에 대한 입법조치

각 당사국은 ① **국가공무원의 뇌물수수, 공무원의 재산 횡령·배임, 외국공무원 등에 대한 뇌물제공, 공무원의 부당한 영향력 행사에 따른 부당 거래, 직권남용 및 부정축재** 등을 협약상의 범죄로 확립하기 위한 입법 및 기타의 조치를 취해야 한다(협약 제15조 내지 제20조 참조).

또한 각 당사국은 ② 민간 부분의 부패범죄를 차단하기 위하여 민간인의 횡령 등 부패범

죄를 협약상의 범죄로 확립하기 위한 입법조치를 취하여야 한다(협약 제21조, 제22조 참조).

관련조문

부패방지협약 제21조(민간부문의 재산 횡령)

각 당사국은, 경제·금융 또는 상업 활동 과정에서 다음의 사항을 고의로 범한 경우, 이를 범죄로 규정하기 위하여 필요한 입법 및 그 밖의 조치를 채택할 것을 검토한다.

가. 자격을 불문하고 민간단체의 관리자 또는 근무자에게, 자신의 의무에 위반하여 작위 또는 부작위를 행하도록, 자신 또는 타인을 위한 부정한 이익을 직·간접적으로 약속·제의 또는 제공하는 행위

나. 지격을 불문하고 민간단체의 관리자나 근무자가, 자신의 의무에 위반하여 작위 또는 부작위를 행하도록, 자신 또는 타인을 위한 부정한 이익을 직·간접적으로 요구 또는 수수하는 행위

제22조(민간부문의 재산 횡령)

각 당사국은, 자격을 불문하고 민간단체의 관리자나 근무자가 경제·금융 또는 상업 활동 과정에서 그 지위에 의하여 위탁된 재산, 사적 자금 또는 증권, 또는 그 밖의 가치물을 고의로 횡령한 경우, 이를 범죄로 규정하기 위하여 필요한 입법 및 그 밖의 조치를 채택할 것을 검토한다.

그리고 각 당사국은 ③ 범죄수익의 세탁, 폭력·협박·매수 등을 통한 사법방해 등을 협약상의 범죄로 확립하기 위한 입법 조치를 취해야 한다(협약 제23조 내지 제25조 참조).

관련조문

부패방지협약 제23조(범죄의 수익의 세탁)

1. 각 당사국은 국내법의 기본원칙에 따라 다음의 사항을 고의로 범한 경우 이를 범죄로 규정하기 위하여 필요한 입법 및 그 밖의 조치를 채택한다.

가. (1) 해당 재산이 범죄의 수익임을 알면서, 그 재산의 위법한 취득원을 은닉 또는 가장할 목적으로 또는 전제범죄의 실행과 관련된 자가 그 행위의 법적 결과로부터 회피할 수 있도록 돕기 위한 목적으로 그 재산을 전환 또는 이전하는 행위

(2) 해당 재산이 범죄의 수익임을 알면서, 그 재산의 실제 성질·출처·소재·처분·이동 또는 소유권이나 그 재산에 대한 권리를 은닉 또는 가장하는 행위

나. 자국 법체계의 기본 개념에 따라,

(1) 해당 재산을 수령하는 때에 그것이 범죄의 수익임을 알면서, 그 재산을 취득·점유 또는 사용하는 행위

(2) 이 조에 따라 규정된 범죄의 실행에 참가·공모·음모·미수·방조·교사·조장·조언하는 행위

2. 이 조 제1항의 이행 또는 적용상,

가. 각 당사국은 이 조 제1항을 최대범위의 전제범죄에 대하여 적용하도록 노력한다.

나. 각 당사국은 적어도 이 협약에 따라 규정된 범죄를 포괄적으로 전제범죄로서 포함시킨다.

다. 나 호의 목적상, 전제범죄는 해당 당사국의 관할권 내외에서 실행한 범죄를 모두 포함한다. 다만, 당사국의 관할권 밖에서 실행한 범죄는 관련 행위가 실행된 국가의 국내법에 의하여 범죄가 되고 그러한 행위가 이 조를 이행 또는 적용하는 당사국에서 실행되었더라도 그 국내법에 의하여 범죄가 되는 때에만 전제범죄를 구성한다.

라. 각 당사국은 이 조를 시행하는 자국의 법률 및 그러한 법률의 추후 변경된 내용의 사본 또는 그 설명서를 국제연합 사무총장에게 제출한다.

마. 자국의 국내법의 기본원칙에 의하여 요구되는 경우, 당사국은 이 조 제1항에 규정된 범죄가 전제범죄를 실행한 자에게 적용되지 아니함을 규정할 수 있다.

제24조(은닉)

각 당사국은, 이 협약 제23조의 규정을 저해함이 없이, 이 협약에 따라 규정된 범죄의 실행 후 그 범죄에 참가하지 아니한 자가 어떤 재산이 이 협약에 따라 규정된 범죄의 결과임을 알면서도 그 재산을 은닉하거나 계속 보유하는 행위를 고의로 범한 경우, 이를 범죄로 규정하기 위하여 필요한 입법 및 그 밖의 조치를 채택하는 것을 검토한다.

제25조(사법방해)

각 당사국은 다음의 사항을 고의로 범한 경우 이를 범죄로 규정하기 위하여 필요한 입법 및 그 밖의 조치를 채택한다.

가. 이 협약에 따라 규정된 범죄의 실행과 관련된 소송절차에서 허위 증언·감정을 유도하거나, 증언·감정 또는 증거의 제출을 방해하기 위하여 물리력의 행사, 협박이나 위협을 하거나 또는 부정한 이익을 약속·제의 또는 제공하는 행위

나. 이 협약에 따라 규정된 범죄의 실행과 관련하여 법관 또는 법집행공무원의 공무 수행을 방해하기 위하여 물리력의 행사, 협박이나 위협을 하는 행위. 이 호의 규정은 당사국이 그 밖의 범주의 공무원을 보호하는 입법을 행할 권리를 저해하지 아니한다.

또한 각 당사국은 ④ 국내법 체계상 가능한 최대한도로 이 협약에 따라 확립된 범죄로부터 발생한 범죄수익 또는 이러한 범죄수익에 상응하는 가치를 가지는 재산의 동결, 압수 및 몰수를 위하여 필요한 조치를 취하여야 한다(협약 제31조 제1항 참조).

관련조문

부패방지협약 제31조(동결·압수와 몰수)

1. 각 당사국은 자국의 국내법 체계상 가능한 최대한도로 다음의 몰수를 가능하게 하기 위하여 필요한 조치를 취한다.
   가. 이 협약에 따라 규정된 범죄로부터 발생한 범죄의 수익 또는 이러한 범죄의 수익에 상응하는 가치를 가지는 재산
   나. 이 협약에 따라 규정된 범죄에 사용된 또는 사용될 예정인 재산·장비 또는 그 밖의 도구
2. 각 당사국은 이 조 제1항에 규정된 항목들을 종국적으로 몰수하기 위하여 확인·추적·동결 또는 압수를 가능하게 하는데 필요한 조치를 취한다.
3. 각 당사국은 이 조 제1항과 제2항이 적용되는 동결·압수 또는 몰수된 재산에 대한 관할기관의 관리를 규율하는데 필요한 입법 및 그 밖의 조치를 자국의 국내법에 따라 채택한다.
4. 그러한 범죄의 수익이 부분적·전체적으로 다른 재산으로 변경 또는 전환된 경우, 그 범죄의 수익을 대신하여 그러한 재산이 이 조에서 규정한 조치의 대상이 된다.
5. 그러한 범죄의 수익이 적법한 권원으로 취득된 재산과 혼합된 경우, 그 재산은 동결 및 압수에 관한 권한을 저해함이 없이 혼합된 범죄의 수익의 평가가치를 한도로 몰수된다.
6. 범죄의 수익, 범죄의 수익이 변경·전환된 재산 또는 범죄의 수익이 혼합된 재산으로부터 발생한 수입 또는 그 밖의 이익도 범죄의 수익의 경우와 동일한 방법과 정도로 이 조에서 언급된 조치의 대상이 된다.
7. 각 당사국은 이 조와 이 협약 제55조의 목적상 자국의 법원 또는 그 밖의 관할기관에 대하여 은행·금융·상업 기록의 제출 또는 압수를 명할 수 있는 권한을 부여한다. 당사국은 금융비밀을 이유로 이 항의 규정에 따라 행동하는 것을 거부하지 아니한다.
8. 당사국은 국내법의 기본원칙에 부합하고 사법절차와 그 밖의 절차의 성질에 부합하는 범위에서 몰수 대상으로 의심되는 범죄의 수익 또는 그 밖의 재산의 적법한 권원을 밝힐 것을 범죄인에게 요구할 가능성을 검토할 수 있다.
9. 이 조의 규정은 선의의 제3자의 권리를 해하는 것으로 해석되지 아니한다.
10. 이 조의 어떠한 내용도, 이 조에서 언급된 조치가 당사국의 국내법과 그 규정에 따라 정의되고 실시된다는 원칙에 영향을 미치지 아니한다.

다) 국제공조

각 당사국은 ① 이 협약의 **범죄인 인도, 수형자 이송, 사법공조 등**의 조항에 따라 형사분야에서 협력한다(협약 제43조 내지 제46조 참조).

관련조문

부패방지협약 제4장 국제협력

第43조(국제협력)

1. 당사국은 이 협약 제44조부터 제50조까지의 규정에 따라 형사사건에서 협력한다. 적절하고 국내법 체계와 부합하는 경우, 당사국은 부패의 수사와 부패 관련 민사·행정사건 절차에서 상호 지원할 것을 검토한다.
2. 국제 협력 사건에서 쌍방가벌성이 요건으로서 고려되는 때에는 언제라도, 공조가 추진되고 있는 범죄를 구성하는 행위가 요청당사국과 피요청당사국 양국의 법률에서 공히 범죄라면, 피요청당사국의 법률이 그 범죄를 요청당사국과 동일한 종류의 범죄로 규정하든지 또는 동일한 용어로 명명하든지 불문하고 그러한 요건이 충족된 것으로 본다.

第44조(범죄인인도)

1. 이 조는 인도요청대상자가 피요청당사국에 소재하고 인도요청대상 범죄가 요청당사국과 피요청당사국의 국내법상 모두 처벌이 가능한 경우에 이 협약에 따라 규정된 범죄에 대하여 적용된다.
2. 이 조 제1항의 규정에도 불구하고, 당사국은 자국의 법률이 허용하는 때에는 국내법상 처벌할 수 없는 이 협약의 적용 범죄에 대하여 범죄인인도를 허가할 수 있다.
3. 수 개의 별개 범죄를 포함하고 있는 범죄인인도 요청에 있어서 그 중 적어도 하나의 범죄는 이 조에 의하여 인도가 가능하고 다른 일부의 범죄는 구금기간을 이유로 인도될 수는 없으나 이 협약에 따라 규정된 범죄에 관련되는 경우, 피요청당사국은 그러한 범죄에 대하여도 이 조를 적용할 수 있다.
4. 이 조가 적용되는 각 범죄는 당사국간의 기존의 범죄인인도조약상의 인도범죄에 포함되는 것으로 본다. 당사국은 향후 상호간에 체결하는 모든 범죄인인도조약에 그러한 범죄를 인도범죄로 포함하도록 한다. 인도의 근거로서 이 협약을 원용하는 경우, 당사국은 자국의 법률이 허용하는 때에는 이 협약에 따라 규정된 어떠한 범죄도 정치적 범죄로 보지 아니한다.
5. 조약의 존재를 범죄인인도의 조건으로 하는 당사국이 범죄인인도조약을 체결하지 아니한 다른 당사국으로부터 범죄인인도요청을 받은 경우에는, 이 협약을 이 조가 적용되는 범죄에 대한 범죄인인도의 법적 근거로 볼 수 있다.

(이하 같은 조 제6항 내지 제18항 생략)

第45조(수형자이송)

당사국은 이 협약에 따라 규정된 범죄로 자유형 또는 그 밖의 다른 형태의 자유박탈을 선고받은 자로 하여금 자국에서 형을 마칠 수 있도록 자국영역으로 이송하기 위한 양자 또는 다자간 협정이나 약정의 체결을 검토할 수 있다.

第46조(사법공조)

1. 당사국은 이 협약이 적용되는 범죄와 관련된 수사·소추와 사법절차에서 최대의 공조를 제공한다.
2. 요청당사국 내에서 이 협약 제26조에 따라 법인에게 책임이 있는 범죄와 관련된 수사·소추와 사법절차에 대하여 피요청당사국은 자국의 관계 법률·조약·협정과 약정에 따라 가능한 최대의 사법공조를 제공한다.
3. 이 조에 따라 제공되는 사법공조는 다음의 목적을 위하여 요청될 수 있다.
   가. 증거 또는 진술 취득
   나. 재판서류송달의 실시
   다. 수색·압수와 동결의 집행
   라. 물건과 장소의 검증
   마. 정보·증거물과 감정의견의 제공
   바. 정부·은행·재무·법인 또는 영업 기록 등 관계 서류·기록의 원본 또는 인증 등본의 제공
   사. 증거의 목적으로 범죄의 수익, 재산, 도구 또는 그 밖의 물건의 확인 또는 추적
   아. 관계인이 요청당사국으로 임의 출석을 하도록 촉진
   자. 피요청당사국의 국내법에 반하지 않는 그 밖의 공조
   차. 이 협약 제5장의 규정에 따른 범죄의 수익의 확인·동결과 추적
   카. 이 협약 제5장의 규정에 따른 자산의 회복
4. 국내법에 해함이 없는 경우, 당사국의 관할기관은 형사사건과 관련된 정보가 다른 당사국의 관할기관이 조사와 형사절차 에 착수하고 이를 성공적으로 종결하는데 조력할 수 있다고 믿거나 이 협약에 의하여 이 다른 당사국이 제기할 공조요청 이 될 것으로 믿는 경우에, 사전요청이 없더라도 이러한 정보를 이 다른 당사국의 관할기관에 송부할 수 있다.
5. 이 조 제4항에 따른 정보의 송부는 이를 제공한 관할기관이 속한 국가의 조사와 형사절차를 해하지 아니한다. 정보를 수령한 관할기관은, 한시적일지라도, 정보를 비밀로 유지하라는 요청 또는 그 사용상의 제한에 응하여야 한다. 그러나, 이로 인해 수령당사국이 피고인의 무죄 증명에 사용되는 정보를 절차상 공개하는 것이 제한되어서는 아니 된다. 이러한 경우, 수령당사국은 공개 전에 송부당사국에 통고하고, 요청이 있으면, 송부당사국과 협의하여 처리한다. 예외적으로 사전통지가 불가능하다면 수령당사국은 공개사실을 지체 없이 송부당사국에 통지한다.
6. 이 조의 규정은 사법공조를 전적 또는 부분적으로 규율하거나 규율할 양자 또는 다자간 조약상의 의무에 영향을 미치지 아니한다.
7. 이 조 제9항부터 제29항까지의 규정은, 관계 당사국이 사법공조조약에 구속되지 아니하는 경우, 이 조에 의한 공조요청 에 적용된다. 관계 당사국이 이러한 조약에 구속되는 경

우에는 그 관계 당사국이 이 조 제9항부터 제29항까지를 그 조약 을 대신하여 적용하기로 합의하지 아니하는 한, 그 조약의 상응 규정을 적용한다. 제9항부터 제29항까지의 규정이 협력 을 촉진시킬 경우에는 당사국은 이의 적용을 강력히 권장 받는다.

8. 당사국은 금융비밀을 이유로 이 조에 의한 공조제공을 거절하여서는 아니 된다.

(이하 같은 조 제9항 내지 제29항 생략)

나아가 자산의 반환은 이 협약의 기본원칙임을 감안하고, **범죄수익·재산·장비 등의 몰수 및 자산의 반환과 회복 등**에서 협력을 제공해야 한다(협약 제51조, 제55조, 57조).

관련조문

부패방지협약 제5장 자산 회복

제51조(총칙)

이 장에 의한 자산의 반환은 이 협약의 기본원칙이며, 당사국은 이에 대하여 최대 범위의 협력과 지원의 조치를 상호 제공한다.

제55조(몰수를 위한 국제협력)

1. 이 협약에 따라 규정된 범죄에 대하여 관할권을 가지는 다른 당사국으로부터 자국의 영역에 있고 이 협약 제31조 제1항 에 언급된 범죄의 수익, 재산, 장비 또는 그 밖의 도구의 몰수에 대하여 공조요청을 받은 경우, 당사국은 자국의 국내법 체계 내에서 가능한 한 최대로 다음을 행한다.
   가. 몰수명령을 획득하기 위하여 공조요청을 관할기관에 제출하고, 이러한 몰수명령이 발하여진 경우 이 명령을 집행 한다. 또는
   나. 요청당사국의 영역에 소재하는 법원이 이 협약 제31조 제1항과 제54조 제1항 가 호에 따라 발한 몰수명령이 이 협약 제31조 제1항에 언급되고 피요청당사국의 영역에 소재하는 범죄의 수익·재산·장비 또는 그 밖의 도구와 관련이 있는 한, 공조요청을 받은 범위에서 이 몰수명령을 집행하도록 관할기관에 이 몰수명령을 제출한다.
2. 피요청당사국은, 이 협약에 따라 규정된 범죄에 대하여 관할권을 가지는 다른 당사국의 공조요청에 따라, 요청당사국에 의하여 또는 이 조 제1항의 공조요청에 따라 피요청당사국에 의하여 종국적 몰수명령이 내려지도록 하기 위하여 이 협약 제31조 제1항에 언급된 범죄의 수익·재산·장비 또는 그 밖의 도구를 확인·추적과 동결·압수하는 조치를 취한다.

(이하 같은 조 제3항 내지 제9항 생략)

제57조(자산의 반환과 처분)

1. 당사국이 이 협약 제31조 또는 제55조에 따라 몰수한 재산은 이 협약 및 국내법의 규정에 따라 당사국에 의하여 종전의 적법한 소유자에게 반환하는 것을 포함하여 이 조 제3항에 따라 처분된다.
2. 각 당사국은, 관할기관이 타당사국의 공조요청에 기하여 조치하는 경우, 선의의 제3자의 권리를 고려하면서 몰수된 재산을 이 협약에 따라 반환할 수 있도록 필요한 입법 및 그 밖의 조치를 국내법의 기본원칙에 따라 채택한다.
3. 이 협약 제46조·제55조, 이 조 제1항과 제2항에 따라 피요청당사국은 다음을 행한다.
   가. 이 협약 제17조와 제23조에 언급된 공공자금의 횡령 또는 횡령한 공공자금의 세탁의 경우, 제55조에 따라 요청당사국의 확정판결(피요청당사국은 이 확정판결 요건을 포기할 수 있다)에 기초하여 몰수가 집행된 때에는 그 몰수된 재산을 요청당사국에 반환한다.
   나. 이 협약이 적용되는 그 밖의 범죄의 수익의 경우, 이 협약 제55조에 따라 요청당사국의 확정판결(피요청당사국은 이 확정판결 요건을 포기할 수 있다)에 기초하여 몰수가 집행된 때에는, 요청당사국이 피요청당사국에 대하여 그 몰수된 재산에 대한 종전의 소유권을 합리적으로 입증한 경우이거나, 피요청당사국이 그 몰수된 재산을 반환하기 위한 근거로서 요청당사국에 대한 손해를 인정하는 경우에 그 몰수된 재산을 요청당사국에 반환한다.
   다. 다른 모든 경우에는 몰수된 재산을 요청당사국에게 반환하거나 그러한 재산을 종전의 적법한 소유자에게 반환하거나 그 범죄의 희생자에게 보상하는 것을 우선적으로 고려한다.
4. 피요청당사국은, 적절한 경우 당사국들이 달리 결정하지 아니하는 한, 이 조에 따른 몰수된 재산의 반환 또는 처분에 관련되는 수사, 소추 또는 사법절차에서 발생한 합리적인 비용을 공제할 수 있다.
5. 당사국은 또한 적절한 경우 몰수된 재산의 최종 처분을 위하여 사안별로 협정 또는 상호 수락할 수 있는 약정을 체결하는 것을 특별히 고려할 수 있다.

나. 이행 입법의 필요성

일반적으로 헌법에 의하여 체결·공포된 조약은 국내법과 같은 효력[3]을 가지고 있으므로 국회에서 비준된 부패방지협약은 그대로 국내법과 같은 효력을 가지게 되어, 협약의 의무사

3 헌법 제6조 제1항 참조.

항은 이미 국내법상 실시되고 있다고 봄이 상당하다.

그러나 이 협약은 **민간 및 공공부문에 있어서 부패를 방지하기 위한 입법조치**를 취할 것을 요구하고 있고, 부패재산의 환수를 위한 국제협력에 관한 절차규정[4]을 신설할 필요가 있는 등 **이 협약의 충실한 이행을 위하여 법률을 제정할 필요**가 있었다.

3. 각국의 이행입법 동향[5]

협약은 2003. 10. 31. UN총회에서 채택되었고, 비준국이 30개국을 넘긴 2005. 12. 14. 발효되었다. 대한민국은 2003. 12. 10. 이 협약에 서명하여 2005. 12. 14. 위 협약이 발효되었으며 2008. 3. 27. 국회에서 비준 동의를 하였다. **2023. 10. 10. 기준**으로 협약에 **가입한 당사국**은 미국, 영국, 프랑스, 호주, 중국 등 **총 190개국**에 이르는데 우리나라는 협약 당사국으로서 협약의 충실한 이행을 위하여 국내외로 활발하게 활동하고 있다.

국 가	비준여부	이행입법 진행상황	비 고
영 국	비준	범죄수익규제법 2002와 그 시행령(Proceeds of Crime Act 2002, Order 2005)	동법 제243조, 제244조, 제266조, 제444조 외국법원의 명령 채택여부 명령발급절차 등
호 주	비준	범죄인인도규제법 2005[Extradition (Convention against Corruption) Regulations 2005]	유엔반부패협약의 제5장 자산회복규정을 동법에 그대로 규정
프랑스	비준	별도의 이행입법 없음	자산회복관련 조항을 발견치 못함
오스트리아	비준	2007년까지 이행입법안 마련	EU 회원국간 형사사법공조에 관한 연방법개정이유에서 언급
헝가리	비준	별도의 이행입법 없음	
중 국	비준	별도의 이행입법 없음.	국내형사법의 개정을 통하여 이행입법을 대처할 예정
일 본	비준	조직범죄처벌및범죄수익규제법의 일부개정	제64조의2(부패재산반환규정)

4 협약의 가장 중요한 부분은 제5장에서의 '자산회복'에 관한 규정으로 범죄수익 이전의 방지 및 탐지, 재산의 직접 회복을 위한 조치, 몰수에 있어서 국제협력을 통한 자산회복의 체계 등을 규정하고 있다.

5 법안 공청회 자료집(도중진 발표자료) 10면 참조.

Ⅱ 부패재산몰수법 제정 당시 논의

1. 법안의 제명 및 체계

법률의 명칭은 그 자체로 법률의 입법목적과 주요 내용을 포괄하면서 그 법적 성격을 명확하게 표시할 필요가 있다. 그런데 부패재산몰수법의 제정 당시 법안의 제명과 관련하여 2007. 10. 19.자 정부제출 법률안(**이하, 「제정안」**)이 국회 논의를 통해 일부 수정·의결(**이하, 「제정법률」**) 되는 과정에서 이 법안의 제명을 「부패재산의 몰수 및 회복에 관한 특례법」이라고 정하였다. 이 중 **「부패재산의 회복」**은 부패재산의 환수절차를 규정한 협약 제5장[6]의 제명인 「ASSET RECOVERY」를 외교통상부에서 **「자산의 회복」**으로 번역하고 이에 맞추기 위하여 「부패재산의 회복」이라는 용어를 사용[7]한 것이다.

그러나 **「회복**(回復)」은 **「원래의 상태로 돌이키거나 원래의 상태를 되찾음」**이라는 뜻으로 일반적으로 「경기의 회복, 건강의 회복, 의식의 회복」 등에서 쓰이고, **「환수**(還收)」는 **「도로 거두어들임」**이라는 뜻으로 「재산의 환수, 대출금의 환수」등으로 쓰일 수 있어 부패재산은 환수의 대상으로 보는 것이 용례에 보다 부합한다고 봄이 상당하다.[8]

협약 제51조 일반규정 또한 「이 장에 따른 자산의 반환(The return of assets pursuant to this chapter)」이라는 표현을 사용하고 있는데 이는 「자산을 되돌려 받는다」라는 의미의 「환수」에 가깝고, 이 법안 제4장이 「부패재산의 회복에 관한 특례 및 절차」라는 제목을 사용하고 있는 것과 달리 개별 조문에서는 「회복」이라는 표현을 사용하고 있지 아니하고 있으므로 부패재산을 환수하는 주체에 관계없이 「환수」라는 용어를 사용하는 것이 법안의 성격을 명확하게 드러낼 수 있다. 따라서 궁극적으로는 이 법안의 명칭을 「부패재산의 몰수 및 환수에 관한 특례법」으로 개정할 필요가 있다(私見).

따라서 이 법안이 협약의 이행입법이라는 점을 감안하여 법안의 명칭을 「국제연합부패방지협약」에 따른 「부패재산의 몰수 및 환수에 관한 특례법」으로 개정함으로써 위 법률이 협약의 이행입법임을 명확히 할 필요가 있다고 본다.

---

6 제5장 자산 회복(Chapter V Asset recovery)
협약 제51조 일반적 규정(General Provision)
이 장에 의한 자산의 반환은 이 협약의 기본원칙이며, 이러한 점을 감안하여 당사국은 최대의 범위에서 협력과 조력을 상호 제공한다(The return of assets pursuant to this chapter is a fundamental principle of this Convention, and States Parties shall afford one another the widest measure of cooperation and assistance in this regard.).

7 법무부는 "부패재산의 회복"은 '부패재산의 환수' 및 '부패재산의 반환'을 포함하는 개념으로 설명하고 있음.

8 국립국어원 국어사전 참조.

2. 총칙

가. 목적(제정법률 제1조)

최초 정부 제출 법률안(제정안)은 부패재산몰수법의 제정 목적에 대하여 부패범죄를 조장하는 경제적 요인을 근원적으로 제거하여 부패범죄를 효율적으로 방지·척결하고 청렴한 국제사회질서 확립에 이바지함을 목적으로 하고 있음을 밝히고 있다.

그런데 「근원적으로 제거」, 「척결」이라는 표현은 다소 거칠고 권위적인 느낌을 주고, 특히 이 법안의 주요내용은 부패재산의 몰수, 추징, 범죄피해재산의 환부 및 국제공조에 관한 것이며 부패범죄의 처벌에 관한 규정은 별도로 두지 않고 있으므로 「부패범죄의 척결」은 이 법안의 목적과 명확하게 부합하지는 않는 것으로 보아 아래와 같이 본법의 목적은 「부패범죄를 효과적으로 예방」 하기 위한 것으로 목적조항이 수정되었다.

제 정 안	제정법률
제1조(목적) 이 법은 「국제연합부패방지협약」 및 그 밖의 관련 국제협약을 효율적으로 시행하기 위하여 필요한 특례와 부패재산의 환수 등을 규정함으로써 부패범죄를 조장하는 경제적 요인을 근원적으로 제거하여 **부패범죄를 효율적으로 방지·척결**하고 청렴한 국제사회질서 확립에 이바지함을 목적으로 한다.	제1조(목적) 이 법은 「국제연합부패방지협약」 및 그 밖의 관련 국제협약을 효율적으로 이행하기 위하여 부패재산의 몰수 및 추징, 환수 등에 관한 특례를 규정함으로써 부패범죄를 조장하는 경제적 요인을 제거하여 **부패범죄를 효과적으로 예방**하고 청렴한 국제사회질서 확립에 이바지함을 목적으로 한다.

나. 부패범죄 및 부패재산의 정의(제정법률 제2조)

1) 부패범죄의 정의(제2조 제1호)

관련조문

부패재산몰수법 제2조(정의) 이 법에서 사용하는 용어의 정의는 다음과 같다.

1. "부패범죄"란 불법 또는 부당한 방법으로 물질적·사회적 이득을 얻거나 다른 사람으로 하여금 얻도록 도울 목적으로 범한 죄로서 별표에 규정된 죄를 말한다.

부패방지권익위법 제2조(정의) 이 법에서 사용하는 용어의 뜻은 다음과 같다.

4. **"부패행위"**란 다음 각 목의 어느 하나에 해당하는 행위를 말한다.
   가. 공직자가 직무와 관련하여 **그 지위 또는 권한을 남용하거나 법령을 위반하여 자기 또는 제3자의 이익을 도모**하는 행위

나. **공공기관의 예산사용, 공공기관 재산의 취득·관리·처분 또는 공공기관을 당사자로 하는 계약의 체결 및 그 이행**에 있어서 **법령에 위반하여 공공기관에 대하여 재산상 손해를 가하는 행위**

다. **가목과 나목**에 따른 행위나 **그 은폐를 강요, 권고, 제의, 유인**하는 행위

제정안의 주요 내용은 부패범죄로 인하여 조성된 부패재산의 몰수 등 회복에 관한 것이므로 「**부패범죄**」와 「**부패재산**」에 대하여 명확하게 정의할 필요가 있었으므로 법률 제정 과정에서 이에 대한 구체적인 논의가 있었다.

그런데 부패재산몰수법이 제정될 당시까지만 해도 우리 법제상 「**부패범죄**」에 대한 정의 규정이 없을 뿐만 아니라, 「**부패**」의 개념에 대하여도 획일화된 정의[9]는 없으며, 「**부패방지 및 국민권익위원회의 설치와 운영에 관한 법률**」(이하, 「부패방지권익위법」)에서 부패행위에 대한 정의 규정을 두고 있으나, 이는 **공직사회에서 부패행위에 한정**되어 있어 민간 영역에서의 부패행위는 넓게 포섭하지 못하는 문제가 있었다.

이에 제정안은 「**부패범죄**」에 대하여 「불법적이거나 부당한 방법으로 물질적·사회적 이득을 얻거나 다른 사람으로 하여금 얻도록 도울 목적으로 범한 죄」로서 별표에 규정된 죄로 규정하였고, **별표**에 규정된 「부패범죄」는 공적부패 및 민간부패영역의 특별법 및 형법상 뇌물죄, 알선수뢰죄, 경매·입찰방해죄, 매수 및 이해유도죄 등을 처벌하는 규정을 둔 법률을 열거하면서 이에 더하여 형법상의 횡령·배임죄 중 제355조 내지 제357조, 제359조의 죄를 추가하는 방법으로 부패범죄의 범주를 한정하였다.

한편 위 **제정안에 대해 국회 논의를 진행**하는 과정에서 부패범죄를 위와 같이 열거적으로 한정하게 되면 열거되지 아니한 법률에서 부정한 청탁을 받고 재물을 수수하는 등 부패행위를 처벌하는 규정을 둔 경우에도 이 법에서 말하는 부패범죄에는 해당하지 아니하게 되어 부패재산을 몰수할 수 없게 되고, 새로운 입법으로 별도의 부패행위를 처벌하는 규정을 둔 경우 이를 부패범죄로 하려면 별표를 별도로 개정하여야 하는 불편함이 예상되었으나, **부패범죄의 기준과 범위의 명확성**을 위하여 **적용대상범죄를 열거적으로 규정**하는 것으로 제정되었다.

---

9 국가청렴위원회 발간 『부패용어사전』상 "부패"의 정의 : 불법적이거나 부당한 방법으로 재물, 지위, 기회 등과 같은 물질적 혹은 사회적 이득을 얻거나 또는 다른 사람으로 하여금 얻도록 돕는 일체의 일탈행위

2) 부패재산의 정의(제2조 제2호)

관련 조문

부패재산몰수법 (제정법률 및 현행) 제2조(정의) 이 법에서 사용하는 용어의 정의는 다음과 같다.

2. "**부패재산**"이란 범죄수익 및 범죄수익에서 유래한 재산을 말한다.
   가. "**범죄수익**"이란 부패범죄의 범죄행위에 의하여 생긴 재산 또는 그 범죄행위의 보수로서 얻은 재산을 말한다.
   나. "**범죄수익에서 유래한 재산**"이란 범죄수익의 과실(果實)로서 얻은 재산, 범죄수익의 대가로서 얻은 재산 및 이들 재산의 대가로서 얻은 재산, 그 밖에 범죄수익의 보유 또는 처분에 의하여 얻은 재산을 말한다.

부패재산몰수법 제정 당시 정부가 제출한 법률안은 부패재산을 **범죄수익과 범죄수익에서 유래한 재산**으로 정의하여 범죄수익과 관련된 모든 재산을 그 대상으로 하고 있었다. 이에따라 당시 **제정된 법률안과 현행 규정의 내용**은 위에서 본 바와 같다.

다. 범죄피해재산의 개념 규정(제정법률 제2조 제3호)

관련조문

부패재산몰수법 (제정법률) 제2조 (정의) 이 법에서 사용하는 용어의 정의는 다음과 같다.

3. "범죄피해재산"이란 별표에 규정된 죄 가운데 **「형법」 제2편제40장 횡령과 배임의 죄 중 제355조, 제356조 및 제359조의 죄**의 범죄행위에 의하여 그 피해자로부터 취득한 재산 또는 그 재산의 보유·처분에 의하여 얻은 재산을 말한다.

부패재산몰수법 (현행) 제2조 (정의) 이 법에서 사용하는 용어의 정의는 다음과 같다. <개정 2016. 12. 20., 2019. 8. 20.>

3. "**범죄피해재산**"이란 별표에 규정된 죄 가운데 다음 각 목의 어느 하나에 해당하는 죄의 범죄행위에 의하여 그 피해자로부터 취득한 재산 또는 그 재산의 보유·처분에 의하여 얻은 재산을 말한다.
   가. 「형법」 제2편제39장 사기와 공갈의 죄 중 제347조, 제347조의2 및 제351조(제347조 및 제347조의2의 상습범만 해당한다)에 해당하는 죄[「형법」 제114조에 따른 범죄단체를 조직하여 범행한 경우, 「유사수신행위의 규제에 관한 법률」 제2조에 따른 유사수신행위 또는 「방문판매 등에 관한 법률」 제2조제5호에 따른 다단계판매의 방법으로 기망(欺罔)하여 범행한 경우 및 「전기통신금융사기 피해 방지 및 피해금 환급에 관한 특별법」 제2조제2호에 따른 전기통신금융사기에 해당하는 경우(이하 "특정사기범죄"

라 한다)로 한정한다]와 「특정경제범죄 가중처벌 등에 관한 법률」 제3조 중 「형법」 제347조, 제347조의2 및 제351조(제347조 및 제347조의2의 상습범만 해당한다)에 해당하는 죄(특정사기범죄로 한정한다)

나. 「형법」 제2편제40장 횡령과 배임의 죄 중 제355조, 제356조 및 제359조의 죄와 「특정경제범죄 가중처벌 등에 관한 법률」 제3조 중 「형법」 제355조 및 제356조에 해당하는 죄

부패재산몰수법 제정법률은 **범죄피해재산**과 관련하여 범죄피해재산은 환부 또는 교부의 대상일뿐 몰수의 대상은 아니라는 점을 분명히 하면서도 피해자가 있는 부패범죄에 있어서 피해자가 직접 청구권을 행사할 수 없는 사정 등이 있고, 범죄수익의 국외반환 등 피해자환부를 위한 전제로 몰수가 필요한 경우를 위해 예외적으로 몰수 또는 추징하여 환수할 수 있는 범죄피해재산 개념에 대한 별도 규정을 두었다.

다만 **범죄피해재산**은 **별표에 규정된 죄 중 형법상 횡령·배임죄만으로 한정**하고 그 범위는 「피해자로부터 취득한 재산 또는 그 재산의 보유·처분으로 얻은 재산」으로 제한하였다. 이는 범죄피해재산을 보다 폭넓게 인정하고 있는 현행 규정과는 다소 차이가 있다.

라. 집행재산 등의 정의 규정 신설(제정법률 제2조 제4호)

관련조문

부패재산몰수법 제2조(정의) 이 법에서 사용하는 용어의 정의는 다음과 같다.

4. "집행재산등"이란 다음 각 목의 어느 하나에 해당하는 경우 그 공조실시에 관계된 재산 또는 가액을 말한다.

가. 외국으로부터 몰수 또는 추징의 확정재판의 집행이나 몰수 또는 추징을 위한 재산보전의 공조요청이 있는 경우

나. 외국에 대하여 몰수 또는 추징의 확정재판의 집행이나 몰수 또는 추징을 위한 재산보전의 공조요청을 하는 경우

정부 제출 제정안은 제8조[10]에서 「**집행재산등**」을 별도로 정의하고 있었는데 이 용어는

10 제정안 제8조(국제공조의 실시) 부패범죄에 해당하는 행위에 대한 외국의 형사사건과 관련하여 그 외국으로부터 몰수 또는 추징의 확정재판의 집행이나 몰수 또는 추징을 위한 재산보전의 공조요청이 있는 때 및 그 공조실시에 관계된 재산 또는 그 가액에 해당하는 금액(이하 "집행재산등"이라 한다)의 반환요청이 있는 때에는 다음 각 호의 어느 하나에 해당하는 경우를 제외하고는 그 요청에 관하여 공조할 수 있다.

제10조부터 제16조까지, 제18조부터 제20조까지에 걸쳐 사용되는 만큼 정의 규정에서 일괄하여 다룸이 상당하다는 의견이 있었다.

또한 제정안은 「집행재산등」에 대하여 「외국의 형사사건과 관련하여 그 외국으로부터 몰수 또는 추징의 확정재판의 집행이나 몰수 또는 추징을 위한 재산보전의 공조요청이 있는 때 및 그 공조실시에 관계된 재산 또는 그 가액에 해당하는 금액」이라고 정의하고 있었는데, 전체적인 법문을 보면 **외국으로부터 국제공조요청을 받은 경우 그 공조실시에 관계된 재산만을 말하는 것**으로 이해되었다.

그러나 「집행재산등」은 **제10조부터 제15조**까지는 **외국의 요청에 따라 반환되는 재산**의 의미로, **제16조부터 제19조**까지는 **우리나라가 외국에 요청하여 환수받은 재산**의 의미로 사용되는 바 이를 포괄할 수 있는 개념 정의가 필요하다는 논의가 있었고, 이에 따라 **부패재산몰수법 제2조 제4호**에 **정의규정이 위와 같이 신설**되었다.

3. 부패재산의 몰수 및 추징 규정

가. 부패재산의 몰수 원칙(제정법률 제3조, 제4조 제1항)

관련조문

부패재산몰수법 제3조 (부패재산의 몰수) ① 부패재산은 몰수할 수 있다. 다만, 다른 법령에 따라 부패재산을 몰수하여야 하는 경우에는 그 법령에 따라 몰수한다.

② 제1항에 따라 몰수하는 부패재산이 부패재산 외의 재산과 합하여진 경우에는 부패재산과 그 외의 재산이 합하여진 재산(이하 "혼합재산"이라 한다) 중 부패재산의 비율에 상당하는 부분을 몰수할 수 있다.

제4조(몰수의 요건 등) ① 제3조에 따른 몰수는 부패재산 또는 혼합재산이 범인 외의 자에게 귀속되지 아니한 경우에 한한다. 다만, 범인외의 자가 범죄 후 그 정(情)을 알면서 그 부패재산 또는 혼합재산을 취득한 경우(그 부패재산 또는 혼합재산의 취득이 「범죄수익은닉의 규제 및 처벌 등에 관한 법률」 제4조 단서에 해당하는 경우에는 제외한다)에는 그 부패재산 또는 혼합재산이 범인 외의 자에게 귀속된 경우에도 몰수할 수 있다.

부패재산몰수법 제정법률은 부패재산의 몰수를 **부패재산 또는 혼합재산이 범인 외의 사람에게 귀속되지 아니하는 경우로 한정**함으로써 범인에게 귀속된 부패재산만을 몰수의 대상으로 하고 있으나, **범인 외의 제3자**가 「**범죄 후(後)**」 **그 정을 알면서** 그 부패재산 또는 혼합재산을 취득한 경우에는 위 재산이 범인 외의 자에게 귀속된 경우에도 몰수할 수 있도록 규정하였다.

그러나 범죄에 가담하지는 아니하면서도 범죄와 동시에 부패재산을 취득하는 경우도 얼마든지 상정할 수 있고, 이러한 경우에도 부패재산을 취득한 제3자로부터 이를 몰수 또는 추징할 필요가 있다는 점에서 「범죄 후(後)」와 같은 **시간적 제한 규정은 삭제하는 것이 바람직하다는 견해**가 있었고,[11] 이는 타당한 비판이라고 생각한다. 따라서 현행 법률에 규정된 「**범죄 후(後)**」 **규정은 삭제**함이 옳다(私見).

한편 제정법률은 부패재산이 범인 외의 제3자에게 귀속된 경우 **그 부패재산의 취득이 범죄수익은닉규제법 제4조[12] 단서에 해당**하면 이를 **몰수할 수 없도록 규정**하였다. 위 단서는 범죄수익이 「**법령상 또는 계약상 채무이행으로 범죄이익이 수수된 경우**」에는 **범죄수익 수수죄가 성립하지 않는다**는 것으로 범죄수익은닉규제법 또한 제9조 단서에서 이와 같이 수수된 범죄수익은 몰수의 대상이 되지 않는다고 규정하고 있다.

그러나 범죄의 성립 여부와 몰수의 대상이 되는지 여부는 별개의 문제로 범인 외의 자가 부패재산이라는 정을 알면서 부패재산을 취득하였다면 그 취득행위 자체가 범죄수익 수수죄에 해당하는지는 별론으로 하고, 이와 같이 수수된 범죄수익은 몰수의 대상이 된다고 보는 것이 부패재산을 규제하려는 이 법률의 취지에 부합한다고 할 수 있는 만큼 이에 대한 검토가 필요하다는 논의가 있었다.[13]

나. 부패재산 몰수·추징 범위의 확장(제정법률 제4조 제2항)

관련조문

부패재산몰수법 (제정법률) 제4조 (몰수의 요건 등) ① 제3조에 따른 몰수는 부패재산 또는 혼합재산이 범인 외의 자에게 귀속되지 아니한 경우에 한한다. 다만, 범인외의 자가 범죄 후 그 정(情)을 알면서 그 부패재산 또는 혼합재산을 취득한 경우(그 부패재산 또는 혼합재산의 취득이 「범죄수익은닉의 규제 및 처벌 등에 관한 법률」 제4조 단서에 해당하는 경우에는 제외한다)에는 그 부패재산 또는 혼합재산이 범인 외의 자에게 귀속된 경우에도 몰수할 수 있다.

---

11 위 「부패재산의 몰수 및 회복에 관한 특례법안(정부) 검토 보고」,18면 이하 참조.

12 **범죄수익은닉규제법 제4조 (범죄수익등의 수수)** 정을 알면서 범죄수익등을 수수(收受)한 자는 3년 이하의 징역 또는 2천만원 이하의 벌금에 처한다. 다만, 법령상의 의무이행으로서 제공된 것을 수수한 자 또는 계약(채권자가 상당한 재산상의 이익을 제공하는 것에 한한다)시에 그 계약에 관련된 채무의 이행이 범죄수익등에 의하여 행하여지는 것이라는 정을 알지 못하고 그 계약에 관련된 채무의 이행으로서 제공된 것을 수수한 자의 경우에는 그러하지 아니하다.

13 위 「부패재산의 몰수 및 회복에 관한 특례법안(정부) 검토 보고」,19면 이하 참조.

② 부패재산 또는 혼합재산이 법인 외의 자에게 **상속이나 증여 등으로 무상(無償) 또는 현저한 저가(低價)로 귀속된 경우**에는 법인 외의 자가 그 정을 알지 못하고 그 부패재산 또는 혼합재산을 취득한 때에도 전부 또는 일부를 몰수할 수 있다.

제정안은 **부패재산이 법인 외의 자에게 귀속**된 경우에도 **귀속의 원인**이 ① 무상이거나 ② **현저한 저가**로 귀속된 경우에는 법인 외의 자가 그 정을 알지 못하고 취득하더라도 **전부 또는 일부를 몰수할 수 있도록 규정**하여 몰수범위를 확장하였다.

여기에서 「**혼합재산**」이란 부패재산과 그 외의 재산이 합하여진 재산으로 부패재산의 비율에 상당하는 부분을 의미하는데, 그 개념이나 산정방식에 애매한 점이 있다는 견해[14]가 있었고, 「**현저한 저가**」라는 표현은 지나치게 추상적이고 주관적으로 판단될 수 있으므로 법문을 보다 명확하게 할 수 있는 방안을 고려할 필요가 있다는 논의가 있었으나, **제정법률은 이를 그대로 확정**하였다. 다만 법률 제정 당시 우려되었던대로 혼합재산, 현저한 저가 등 개념의 불명확성으로 인해 실무상 논란이 되는 다양한 사례가 발생하였는바, 이는 해당 부분에서 상술하기로 한다(구체적인 내용은 같은 편 제3장 제2절 제4관 「부패재산몰수법에 따른 제3자 몰수·추징」 참조)

다. 범인 외의 자에 대한 추징 필요성(제정법률 제5조 제2항)

부패재산을 몰수할 수 없거나 몰수가 상당하지 아니한 경우에는 그 가액을 범인으로부터 추징하게 된다. 그런데 **제정안 제5조**에서 범인 외의 자에게도 몰수할 수 있는 규정을 두면서 범인 외의 자는 추징의 대상으로 규정하지 아니하고 있어 문제였다. 이렇게 규정하게 되면 **범인 외의 자가 몰수대상인 부패재산을 처분한 경우**에는 **몰수는 물론 추징도 할 수 없는 문제**가 있었다[15].

범인 외의 자에 대한 몰수의 필요성이 인정된다면 몰수할 수 없는 때에는 당연히 추징의 대상이 되도록 규정하여야 할 것이므로 실제로 **국회 논의를 거쳐** 확정된 부패재산몰수법 제정법률은 **제3자 추징 규정을 명시**하였다.

---

14 법안 공청회, 권오창(대한변협 법제이사) 발표자료 참조.

15 법안 공청회, 한상훈(법학교수) 발표자료 참조.

제 정 안	제정법률
제5조(추징) 부패재산을 몰수할 수 없거나 그 재산의 성질, 사용상황, 그 재산에 관한 범인 외의 자의 권리 유무, 그 밖의 사정으로 인하여 이를 몰수함이 상당하지 아니하다고 인정될 때에는 그 가액(價額)을 범인으로부터 추징한다.	**제5조 (추징)** ① 부패재산을 몰수할 수 없거나 그 재산의 성질, 사용상황, 그 재산에 관한 범인 외의 자의 권리 유무, 그 밖의 사정으로 인하여 이를 몰수함이 상당하지 아니하다고 인정될 때에는 그 가액(價額)을 범인으로부터 추징한다. ② **제4조제1항 또는 제2항에 따라 범인 외의 자로부터 추징하는 경우에는 제1항을 준용한다.**

한편 국내 환수를 규율하는 **5대 법률** 중 이처럼 **제3자 추징을 명시하고 있는 법률은 부패재산몰수법이 유일**한데, 이는 위와 같은 **부패재산몰수법 제정 경위**에 비추어 보았을 때 악의의 제3자로부터 범죄수익, 불법재산 등을 몰수할 수 없는 경우에는 이를 제3자로부터 추징할 수 있다는 규정은 반드시 필요하다.

그런데 부패범죄몰수법 이외의 나머지 **4개 법률에 위와 같은 규정이 없는 것은 단순 입법의 불비**로 보이므로 이를 모두 **아래와 같이 개정할 필요가 있다**고 사료된다(私見). 다만 **해석론**으로는 위와 같은 규정이 실제로 명시되어 있지 않다고 하더라도 **범죄수익 등을 몰수할 수 없다면 형사법의 기본원칙에 따라 이를 제3자로부터 추징할 수 있다**고 봄이 **상식에 부합하는 해석**이라 할 것이다. 그렇게 해석하지 아니하면 제3자가 범죄수익을 그대로 보유하고 있는 경우 제3자로부터 부패재산을 몰수는 할 수 있음에도 이를 제3자가 임의로 처분하였다는 등의 우연한 사정의 발생에 따라 제3자로부터 그 가액을 추징할 수 없다는 부당한 결과로 귀결되기 때문이다. 이와 같은 논리에 따라 마련한 부패재산몰수법 외 4개 법률의 개정안 내용은 다음과 같다.

마약거래방지법	개정안
제16조(추징) ① 제13조제1항에 따라 몰수하여야 할 재산을 몰수할 수 없거나 같은 조 제2항에 따라 몰수하지 아니하는 경우에는 그 가액(價額)을 범인으로부터 추징(追徵)한다. ② 제13조제3항에 따른 재산을 몰수할 수 없거나 그 재산의 성질, 사용 상황 또는 그 재산에 관한 범인 외의 자의 권리 유무, 그 밖의 사정을 고려한 결과 그 재산을 몰수하는 것이 타당하지 아니하다고 인정할 때에는 그 가액을 범인으로부터 추징할 수 있다.	**제16조(추징)** ① 제13조제1항에 따라 몰수하여야 할 재산을 몰수할 수 없거나 같은 조 제2항에 따라 몰수하지 아니하는 경우에는 그 가액(價額)을 범인으로부터 추징(追徵)한다. ② 제13조제3항에 따른 재산을 몰수할 수 없거나 그 재산의 성질, 사용 상황 또는 그 재산에 관한 범인 외의 자의 권리 유무, 그 밖의 사정을 고려한 결과 그 재산을 몰수하는 것이 타당하지 아니하다고 인정할 때에는 그 가액을 범인으로부터 추징할 수 있다.

마약거래방지법	개정안
	③ 제15조제1항에 따라 법인 외의 자로부터 추징하는 경우에는 제1항, 제2항을 준용한다. (신설) ☞ **제15조(몰수의 요건 등)** ① 제13조에 따른 몰수는 불법재산 또는 혼합재산이 범인 외의 자에게 귀속되지 아니한 경우로 한정한다. 다만, 범인 외의 자가 범죄 후 그 정황을 알면서 그 불법재산 또는 혼합재산을 취득한 경우(그 불법재산 또는 혼합재산의 취득이 제8조 단서에 따른 불법수익 등의 수수에 해당하는 경우는 제외한다)에는 그 불법재산 또는 혼합재산이 범인 외의 자에게 귀속된 경우에도 그 재산을 몰수할 수 있다.

범죄수익은닉규제법	개정안
제10조(추징) ① 제8조제1항에 따라 몰수할 재산을 몰수할 수 없거나 그 재산의 성질, 사용 상황, 그 재산에 관한 범인 외의 자의 권리 유무, 그 밖의 사정으로 인하여 그 재산을 몰수하는 것이 적절하지 아니하다고 인정될 때에는 그 가액(價額)을 범인으로부터 추징할 수 있다. ② 제1항에도 불구하고 제8조제1항의 재산이 범죄피해재산인 경우에는 그 가액을 추징할 수 없다.	**제10조(추징)** ① 제8조제1항에 따라 몰수할 재산을 몰수할 수 없거나 그 재산의 성질, 사용 상황, 그 재산에 관한 범인 외의 자의 권리 유무, 그 밖의 사정으로 인하여 그 재산을 몰수하는 것이 적절하지 아니하다고 인정될 때에는 그 가액(價額)을 범인으로부터 추징할 수 있다. ② 제1항에도 불구하고 제8조제1항의 재산이 범죄피해재산인 경우에는 그 가액을 추징할 수 없다. **③ 제9조제1항 또는 제2항에 따라 범인 외의 자로부터 추징하는 경우에는 제1항을 준용한다. (신설)** ☞ **제9조(몰수의 요건 등)** ① 제8조제1항에 따른 몰수는 몰수대상재산 또는 혼화재산이 범인 외의 자에게 귀속(歸屬)되지 아니하는 경우에만 할 수 있다. 다만, 범인 외의 자가 범죄 후 그 정황을 알면서 그 몰수대상재산 또는 혼화재산을 취득한 경우(그 몰수대상재산 또는 혼화재산의 취득이 제4조 단서에 해당하는 경우는 제외한다)에는 그 몰수대상재산 또는 혼화재산이 범인 외의 자에게 귀속된 경우에도 몰수할 수 있다. ② 지상권·저당권 또는 그 밖의 권리가 설정된 재산을 제8조제1항에 따라 몰수하는 경우 범인 외의 자가 범죄 전에 그 권리를 취득하였을 때 또는 범죄 후 그 정황을 알지 못하고 그 권리를 취득하였을 때에는 그 권리를 존속시킨다.

공무원범죄몰수법	개정안
제6조(추징) 불법재산을 몰수할 수 없거나 제3조제2항에 따라 몰수하지 아니하는 경우에는 그 가액(價額)을 범인에게서 추징(追徵)한다.	**제6조(추징)** ① 불법재산을 몰수할 수 없거나 제3조제2항에 따라 몰수하지 아니하는 경우에는 그 가액(價額)을 범인에게서 추징(追徵)한다. **② 제5조제1항 또는 제2항에 따라 범인 외의 자로부터 추징하는 경우에는 제1항을 준용한다. (신설)** ☞ **제5조(몰수의 요건 등)** ① 제3조에 따른 몰수는 불법재산 또는 혼합재산이 범인 외의 자에게 귀속되지 아니하는 경우에만 한다. 다만, 제2조제1호나목의 죄와 같은 호 다목의 죄 중 「특정범죄 가중처벌 등에 관한 법률」 제5조의 죄의 경우로서 불법재산 또는 혼합재산이 국가 또는 지방자치단체의 소유인 경우 및 범인 외의 자가 범죄 후 그 정황을 알면서도 그 불법재산 또는 혼합재산을 취득한 경우(법령상의 의무 이행으로서 제공된 것을 취득한 경우나 채권자에게 상당한 재산상의 이익을 제공하는 계약을 할 당시에 그 계약에 관련된 채무 이행이 불법재산 또는 혼합재산에 의한다는 사실을 알지 못하고 그 계약에 관련된 채무의 이행으로 제공된 것을 취득한 경우는 제외한다)에는 그 불법재산 또는 혼합재산이 범인 외의 자에게 귀속되었더라도 몰수할 수 있다. ② 지상권·저당권 또는 그 밖의 권리가 그 위에 존재하는 재산을 제3조에 따라 몰수하는 경우, 범인 외의 자가 범죄 전에 그 권리를 취득한 경우 또는 범인 외의 자가 범죄 후 그 정황을 알지 못하고 그 권리를 취득한 경우에는 해당 권리를 존속시킨다.

불법정치자금법	개정안
제6조(추징) 불법재산을 몰수할 수 없거나 제3조제2항의 규정에 의하여 몰수하지 아니하는 때에는 그 가액을 범인으로부터 추징한다.	**제6조(추징)** ① 불법재산을 몰수할 수 없거나 제3조제2항의 규정에 의하여 몰수하지 아니하는 때에는 그 가액을 범인으로부터 추징한다. **② 제5조제1항 또는 제2항에 따라 범인 외의 자로부터 추징하는 경우에는 제1항을 준용한다. (신설)** ☞ **제5조(몰수의 요건 등)** ①제3조의 규정에 의한

불법정치자금법	개정안
	몰수는 불법재산 또는 혼합재산이 범인 외의 자에게 귀속되지 아니하는 경우에 한한다. 다만, 범인 외의 자가 범죄 후 그 정을 알면서 그 불법재산 또는 혼합재산을 취득한 경우에는 그 불법재산 또는 혼합재산이 범인 외의 자에게 귀속된 경우에도 몰수할 수 있다. ②지상권·저당권 그 밖의 권리가 그 위에 존재하는 재산을 제3조의 규정에 의하여 몰수하는 경우에 범인 외의 자가 범죄 전에 그 권리를 취득한 때 또는 범인 외의 자가 범죄 후 그 정을 알지 못하고 그 권리를 취득한 때에는 이를 존속시킨다. ③제1항 단서에 있어서 범인 외의 자가 정당인 경우 정당대표자·회계책임자 또는 회계사무보조자가 그 정을 알았을 때에 정당이 안 것으로 본다.

4. 범죄피해재산의 특례(제정법률 제6조)

제정법률에 따르면 범죄피해재산은 별표에 규정된 죄 가운데 **형법상 횡령과 배임의 죄로 인하여 피해자로부터 취득한 재산**을 말하는데, 피해자에게 환부 또는 교부하여야 할 것[16]이므로 몰수의 대상이 되지 아니함이 원칙이다. 그러나 **부패범죄로 인한 수익의 국외반환 및 국내환수**를 위해서는 **몰수가 선행되어야 하므로 범죄피해재산임에도 불구하고 이를 몰수할 수 있는 특례를 규정**하게 되었다.

다만 제정안은 부패범죄 중 범죄피해자에 대한 헌법상 재산권 침해 우려를 불식시키고 범죄피해자의 실질적인 재산권회복을 도모하기 위하여 ① 제2조제3호에 열거된 죄의 범죄행위로 인한 피해자의 피해회복과 관련하여 **법인에 대한 손해배상청구권**이나 **그 밖의 청구권 행사가 매우 곤란**하다고 인정되는 경우(제1호), ② 범죄피해재산에 대하여 그 **취득, 처분, 발생원인에 관한 사실을 가장**하거나 또는 **범죄피해재산을 은닉**한 경우(제2호), ③ **정을 알면서 범죄피해재산을 수수**한 경우(제3호) 각각 범죄피해재산을 몰수·추징하여 피해자에게 환부할 수 있다고 규정하였다.

---

16 협약 제57조 3호
다. 다른 모든 경우에는 몰수된 재산을 요청당사국에게 반환하거나 그러한 재산을 적법한 전소유자에게 반환하거나 그 범죄의 희생자에게 보상하는 것을 우선적으로 고려한다.

그런데 위 **제정안에 대한 국회 논의 과정**에서 몰수·추징된 범죄피해재산은 피해자에게 환부하여야 하므로, 피해자가 재산을 회복하기 어려운 사정이 있는 경우 국가가 대신하여 재산을 회복시켜준다는 측면에서 위 제정안 제1호의 규정을 살리면서도 그 문언이 「범죄피해자가 범죄피해재산에 관하여 범인에 대한 재산반환청구권 또는 손해배상청구권 등을 행사할 수 없는 등 피해회복이 심히 곤란하다고 인정되는 경우」로 수정되었다.

나아가 국회 논의 과정에서 **위 제정안의 제2호와 제3호**는 범죄피해자가 직접 재산을 회복할 수 있다는 점에서 굳이 국가가 공권력을 동원해 범죄피해재산을 환수하여 이를 피해자에게 환부해야할 필요가 있는지 검토할 필요가 있다는 논의가 있었다. 그와 같은 논의를 거쳐 국가가 범죄피해자를 대신하여 부패재산을 환수하는 범위를 필요 최소한으로 유지하기 위해 위 제정안 제2호와 제3호는 삭제되었다.

제정안	수정법률
第6조(범죄피해재산의 특례) ① 제3조의 재산이 범죄피해재산으로서 다음 각 호의 어느 하나에 해당하는 경우에는 몰수 · 추징할 수 있다. 1. 제2조제3호에 열거된 죄의 범죄행위로 인한 피해자의 피해회복과 관련하여 범인에 대한 손해배상청구권이나 그 밖의 청구권 행사가 매우 곤란하다고 인정되는 경우 **2. 범죄피해재산에 대하여 그 취득, 처분, 발생 원인에 관한 사실을 가장하거나 또는 범죄피해재산을 은닉한 경우** **3. 정을 알면서 범죄피해재산을 수수한 경우**	第6조 (범죄피해재산의 특례) ① 제3조의 재산이 범죄피해재산으로서 범죄피해자가 그 재산에 관하여 범인에 대한 재산반환청구권 또는 손해배상청구권 등을 행사할 수 없는 등 피해회복이 심히 곤란하다고 인정되는 경우에는 몰수 · 추징할 수 있다. ☞ 제3조 (부패재산의 몰수) ① 부패재산은 몰수할 수 있다. 다만, 다른 법령에 따라 부패재산을 몰수하여야 하는 경우에는 그 법령에 따라 몰수한다. ② 제1항에 따라 몰수하는 부패재산이 부패재산 외의 재산과 합하여진 경우에는 부패재산과 그 외의 재산이 합하여진 재산(이하 "혼합재산"이라 한다) 중 부패재산의 비율에 상당하는 부분을 몰수할 수 있다.

그러나 부패범죄의 밀행성 등 특수성에 비추어 부패범죄로 영득한 범죄피해재산은 손쉽게 은닉, 수수되는 경향이 있고, 장시간이 지난 다음에야 범행의 전모가 확인되는 경우가 많아 이를 일반 국민이 적극 추적하여 권리를 행사하는 것은 실질적으로 불가능하다. 나아가 범죄피해재산을 악의로 수수하거나 이를 은닉하였다면 그 자체로 일반 국민의 권리행사를 곤란하게 만드는 경우에 해당한다고 봄이 상당하므로 제정안의 내용과 같이 입법하는 것이 합리적으로 타당하다고 생각한다(私見).

5. 부패재산의 입증(제정안 제7조)

부패범죄의 경우 다른 범죄의 경우보다 그 입증이 어려운 점을 감안하여, 제정안[17]은 **부패범죄 후 범인이 취득한 재산**으로서 **일정한 요건**(고액, 부패재산형성의 개연성)에 해당하면 **부패재산으로 추정**하여 입증의 곤란을 완화하였다.

이는 부패범죄의 특수성에 기인한 것으로서, 「마약거래방지법」, 「공무원범죄몰수법」, 「환경범죄의 단속에 관한 특별조치법」 등에도 유사한 규정이 있으며, 협약의 내용[18]을 적극 반영한 것이다.

다만 제정안은 「공무원범죄몰수법」 제7조[19]를 그대로 가져온 것으로 그 표현이 명확하지 아니하여 국회 논의 과정을 통해 다음과 같은 수정안이 제시되었다.

제 정 안	수 정 안
제7조(부패재산의 입증) 부패범죄 후 범인이 취득한 재산으로서 그 가액이 취득 당시 범인의 재산운용상황 또는 법령에 근거한 급부의 수령상황 등에 비추어 현저하게 고액이고, 그 취득한 재산이 범죄수익금액, 재산취득시기 등 여러 가지 사정에 비추어 부패범죄로 얻은 부패재산으로 형성되었다고 볼만한 상당한 개연성이 있는 경우에는 부패범죄로 얻은 부패재산이 그 재산의 취득에 사용된 것으로 추정한다.	제7조(부패재산의 추정) 부패범죄 후 범인이 취득한 재산으로서 다음 각 호의 요건을 모두 갖춘 경우에는 부패재산으로 추정한다. 1. 그 가액이 취득 당시 범인의 재산운용상황 또는 법령에 근거한 급부의 수령상황 등에 비추어 현저하게 고액일 것 2. 범죄수익금액, 재산취득시기 등 여러 가지 사정에 비추어 부패범죄로 얻은 부패재산으로 형성되었다고 볼만한 상당한 개연성이 있을 것

---

17 부패범죄 후 범인이 취득한 재산으로서 그 가액이 취득당시의 범인의 재산운용상황 또는 법령에 기한 급부의 수령상황 등에 비추어 현저하게 고액이고, 그 취득한 재산이 범죄수익금액·재산취득시기 등 제반사정에 비추어 부패범죄로 얻은 부패재산으로 형성되었다고 볼만한 상당한 개연성이 있는 경우에는 부패범죄로 얻은 부패재산이 그 재산의 취득에 사용된 것으로 추정한다.

18 협약 제31조 제8항
당사국은 자국 국내법의 기본원칙과 사법적 및 기타 절차의 성질에 부합하는 범위에서 몰수 대상이라고 의심되는 범죄수익 또는 기타 재산의 적법한 권원을 범죄자로 하여금 소명할 것을 요구할 가능성을 검토할 수 있다

19 공무원범죄몰수법 제7조 (不法財産의 立證) 特定公務員犯罪후 犯人이 취득한 財産으로서 그 價額이 취득당시의 犯人의 財産運用狀況 또는 法令에 기한 給付의 受領狀況등에 비추어 현저하게 高額이고 그 취득한 財産이 不法收益金額·財産取得時期등 제반사정에 비추어 特定公務員犯罪로 얻은 不法收益으로 형성되었다고 볼만한 상당한 蓋然性이 있는 경우에는 特定公務員犯罪로 얻은 不法收益이 그 財産의 취득에 사용된 것으로 인정할 수 있다.

그러나 2008. 2. 25. 국회 법제사법위원회(제271회 국회 임시회) **제1소위원회 제3차 회의 회의록**을 보면 당시 위 **규정의 입법형식 자체가 적절치 않다**는 소위원장(이상민 의원)의 의견에 따라 **위 제정안 제7조 전체를 삭제하는 방향으로 수정**되었고, 2008. 2. 26. **전체 본회의를 통과**하여 그대로 **입법**되었다.[20]

> 5. 부패재산의 몰수 및 회복에 관한 특례법안(정부 제출)
> (16시04분)
> ○ 소위원장 이상민 제5항 부패재산의 몰수 및 회복에 관한 특례법안을 상정하겠습니다.법무부가 제정법을 여러 개 냈어요. 미리 말씀을 좀 드리겠습니다. 이것하고 약식절차에서의 전자문서 이용 등에 관한 법률안은 제정법입니다. 지난번에도 이것을 포함해서 5개 법안인가가 제정법이어서 원칙적으로 국회법에 따라 공청회를 거치도록 했는데 하도 법무부가 그러셨다고 주성영 위원께서 해야 된다고 해서 제가 주성영 위원의 인품을 충분히 고려해서 이것을 안건으로 올렸는데 법무부가 자꾸 이렇게 하시면 안 됩니다. 막바지이고 마련해 놓은 법안이지만 다른 법들도 다 그렇게 해 줘야 되거든요. 시간이 없어요. 그런 점을 법무부에서 충분히 양해해 주셨으면 싶습니다. 부패재산의 몰수 및 회복에 관한 특례법안, 약식절차에서의 전자문서 이용 등에 관한 법률안도 빼려고 했는데 부득이……다른 제정법은 안 할 것입니다. 그렇게 좀 해주세요.
> ○ 법무부검찰국장 문성우 예, 알겠습니다.
> ○ 박세환 위원 위원장님, 제정법 안 한다고 하면 다 안 하는 거지 왜 예외적으로 어떤 것은 합니까? 공청회도 하고 정상적인 절차대로 하자고요.
> ○ 소위원장 이상민 박세환 위원님, 일단 여야간사 합의하에 올린 것이니까 적절한 것은 아니지만 심의를 하겠습니다.전문위원, 검토보고해 주세요.
> ○ 수석전문위원 임인규 부패재산의 몰수 및 회복에 관한 특례법안은 저번 회의에서 조금 논의가 있었습니다. 그때는 수정의견에 대해서 법무부도 별다른 의견이 없었고 위원님들도 별 문제제기를 안 하셨는데요. 심사자료 6페이지에 부패재산의 입증이 있습니다. 이것은 그때 이상민 소위원장님께서 문제제기를 하셔 가지고 논란이 있었는데 이 문제만 해결되면……이것에 대해서 법무부 의견을 들으시지요.
> ○ **소위원장 이상민 이것은 법무부에서는 입법사항으로 적절치 않기 때문에 삭제한다는……**
> ○ 법무부검찰국장 문성우 예, 권고사항으로 돼있기 때문에 삭제해도 아무 문제없겠습니다.
> ○ **소위원장 이상민 이 입법형식 자체가 적절치않습니다. 사실대로의 법률적 추정규정을**

20 2008. 8. 25. 국회 제271회 법제사법소위제3차 회의록 제15면 이하 참조.

> **뒤야하는데 가치판단이 들어가 있기 때문에요. 제7조(부패재산의 입증) 부분은 삭제하지요.**
> ○ 金命柱 委員 법률안 제7조 전체를 삭제하는 것입니다.
> ○ 수석전문위원 임인규 삭제되면 조문이 당겨집니다.
> ○ 법무부검찰국장 문성우 예, 당겨 주시면 됩니다. 조문 정리해 주십시오.
> ○ **이주영 위원 수정의견에 나와 있는 수정도 아니고, 완전 삭제입니다.**
> ○ 소위원장 이상민 완전 삭제해도 되겠습니까?(예 하는 위원 있음)
> ○ 수석전문위원 임인규 그리고 나머지 부분은 저희 수정의견이 그대로 반영되었습니다.
> ○ 소위원장 이상민 그러면 부패재산의 몰수 및회복에 관한 특례법안은 그 부분만 삭제하는 것으로 하겠습니다. 여기서부터 의결하겠습니다.

하지만 범죄수익 등을 추정하는 규정은 **범죄수익환수를 규율하는 5대 입법** 중 ① 마약거래방지법(제17조 불법수익의 추정), ② 범죄수익은닉규제법(2020. 5. 19. 신설) 제10조의4(범죄수익 등의 추정), ③ 공무원범죄몰수법 제17조(불법재산의 증명), ④ 불법정치자금법 제7조(불법재산의 입증) 등 나머지 4개 법률에 **모두 유사한 형식으로 존재하고 있음**에도 불구하고 **부패재산몰수법에서만 유일하게 위와 같은 추정 규정을 삭제한 것은 쉽게 납득하기 어렵다**. 범죄수익 등이 취득, 수수되는 과정은 매우 은밀하게 진행되므로 부패범죄를 저지르고 취득한 부패재산을 몰수, 추징하여 환수하기 위하여 **입증책임을 전환**시키는 **이와 같은 추정 규정은 반드시 필요**하고, 그 **입법 형식**은 정부가 제출한 법률안에 대한 **국회 수정안이 타당**하다(私見)

관련조문

마약거래방지법 제17조(불법수익의 추정) 제6조의 죄에 관계된 불법수익을 산정할 때에 같은 조에 따른 행위를 업으로 한 기간에 범인이 취득한 재산으로서 그 가액이 그 기간 동안 범인의 재산 운용 상황 또는 법령에 따른 지급금의 수령 상황 등에 비추어 현저하게 고액(高額)이라고 인정되고, 그 취득한 재산이 불법수익 금액 및 재산 취득 시기 등 모든 사정에 비추어 같은 조의 죄를 범하여 얻은 불법수익으로 형성되었다고 볼만한 상당한 개연성이 있는 경우에는 그 죄에 관계된 불법수익등으로 추정한다.

범죄수익은닉규제법 제10조의4(범죄수익등의 추정) 다음 각 호에 해당하는 죄에 관계된 범죄수익등을 산정할 때에는 범죄행위를 한 기간에 범인이 취득한 재산으로서 그 취득한 재산이 범죄수익등의 금액 및 재산 취득 시기 등 제반 사정에 비추어 같은 조의 죄를 범하여 얻은 범죄수익등으로 형성되었다고 볼만한 상당한 개연성이 있는 경우에는 그 죄에 관계된 범죄수익등으로 추정한다.

1. 「아동·청소년의 성보호에 관한 법률」 제11조, 제12조 및 제15조의 죄

2. 「성폭력범죄의 처벌 등에 관한 특례법」 제14조 및 제14조의2의 죄 [본조신설 2020. 5. 19.]

공무원범죄몰수법 제7조(불법재산의 증명) 특정공무원범죄 후 범인이 취득한 재산으로서 그 가액이 취득 당시의 범인의 재산 운용 상황 또는 법령에 따른 지급금의 수령 상황 등에 비추어 현저하게 고액(高額)이고, 그 취득한 재산이 불법수익 금액 및 재산 취득시기 등 모든 사정에 비추어 특정공무원범죄로 얻은 불법수익으로 형성되었다고 볼 만한 상당한 개연성이 있는 경우에는 특정공무원범죄로 얻은 불법수익이 그 재산의 취득에 사용된 것으로 인정할 수 있다.

불법정치자금법 제7조(불법재산의 입증) 제2조제1호에 규정된 죄의 범행 후 범인이 취득한 재산으로서 그 가액이 취득 당시의 범인의 재산운용상황 또는 법령에 기한 급부의 수령상황 등에 비추어 현저하게 고액이고 그 취득한 재산이 불법정치자금등의 금액·재산취득시기 등 제반사정에 비추어 불법정치자금등으로 형성되었다고 볼만한 상당한 개연성이 있는 경우에는 불법정치자금등이 그 재산의 취득에 사용된 것으로 인정할 수 있다.

관련조문

부패재산몰수법 개정안 제7조(부패재산의 추정) 부패범죄 후 범인이 취득한 재산으로서 다음 각 호의 요건을 모두 갖춘 경우에는 **부패재산으로 추정**한다.

1. 그 가액이 취득 당시 **범인의 재산운용상황 또는 법령에 근거한 급부의 수령상황 등**에 비추어 **현저하게 고액**일 것
2. 범죄수익금액, 재산취득시기 등 여러 가지 사정에 비추어 **부패범죄로 얻은 부패재산으로 형성되었다고 볼만한 상당한 개연성**이 있을 것

---

6. 몰수 및 추징과 국제공조에 관한 절차(제정법률 제7조, 제8조)

관련조문

부패재산몰수법 (제정법률) 제7조(국제공조의 실시) 부패범죄에 해당하는 행위에 대한 외국의 형사사건과 관련하여 그 외국으로부터 집행재산등의 반환요청이 있는 때에는 다음 각 호의 어느 하나에 해당하는 경우를 제외하고는 그 요청에 관하여 공조할 수 있다.

1. 공조요청의 대상이 되는 범죄와 관련된 행위가 대한민국 내에서 행하여지고 그 행위가

대한민국의 법령에 따라 부패범죄에 해당하지 아니한다고 인정되는 경우
2. 대한민국이 행하는 같은 종류의 공조요청에 응한다는 취지의 요청국의 보증이 없는 경우
3. 요청국이 집행재산등의 원소유자, 범죄피해자 또는 정당한 권리있는 사람에게 집행재산등을 양도할 것이라는 보증을 하지 아니하는 경우
4. 「마약류 불법거래방지에 관한 특례법」 제64조제1항 각 호의 어느 하나에 해당하는 경우

제8조 (「마약류 불법거래방지에 관한 특례법」의 준용) 이 법에 따른 몰수 및 추징과 국제공조에 관하여는 「마약류 불법거래방지에 관한 특례법」 제19조부터 제63조까지, 제64조제2항 및 제65조부터 제78조까지의 규정을 준용한다.

제정안은 외국에서의 부패범죄사건과 관련하여 **외국으로부터 몰수 또는 추징을 위한 공조요청**이 있거나 **집행재산등의 반환요청**이 있는 때에는 그 요청에 관하여 공조할 수 있음을 규정하면서 **그 외 제7조 각호의 경우에는 공조요청을 거절**할 수 있도록 하였고 해당 규정은 제정안을 통해 그대로 입법되었다. 다만 앞에서 검토한 바와 같이 부패재산 추정규정이 통째로 삭제됨에 따라 제정안 제8조에 규정되어 있던 조문이 제정법률 제7조로 이동하였을 뿐이다.

한편 부패재산몰수법에 따른 **몰수 및 추징과 국제공조**에 관하여 세부적인 규정은 「**마약거래방지법」의 규정을 그대로 준용**하도록 하였다(제정안 제9조, 제정법률 제8조). 실제로 부패재산몰수법에서 준용하고 있는 마약거래방지법 규정은 세부 내용은 아래에서 상세히 검토하도록 한다.

7. 부패재산의 회복에 관한 특례 및 절차

가. 외국에 대한 집행재산등의 반환(제정법률 제9조 내지 제14조)

1) 조문의 체계

제정안은 제10조부터 제15조까지 외국에서 집행재산등의 반환요청이 있는 경우에 관한 업무절차를 규정하면서, ① 제10조, 제13조, 제15조에서는 법무부장관의 조치를 규정하고 ② 제11조, 제12조에서는 외교통상부장관의 조치를, ③ 제14조에서 검사장의 조치를 각각 규정하고 있었다.

그런데 위와 같이 제출된 제정안에 대하여 국회 논의 과정에서 **집행재산등의 반환절차에 순차적인 업무 흐름**에 맞추어 반환요청을 접수하는 **외교통상부장관의 업무**를 먼저 규정(제정안 제11조, 제12조를 제10조, 제11조로, 제정안 제10조를 제12조로 각 이동) 하였다. 그리고

제정안은 각 조 제목을 "000의 조치"라고 정하였으나, **조문의 구체적인 내용**에 맞추어 다음과 같이 **수정 입법**되었다. 물론 **제정안 제7조(부패재산의 추정) 규정이 삭제**되면서 **제정안보다 제정법률의 조문이 모두 한 개씩 앞당겨 입법**되었음은 앞에서 본 바와 같다.

조문 제목	제정안 주요 내용	제정법률
제10조(요청국에 대한 집행재산등의 반환)	법무부장관의 반환결정	제11조(집행재산등의 반환결정 등)
제11조(반환요청의 접수 및 집행재산등의 인도)	외교통상부장관의 업무(예외적으로 법무부장관)	제9조(반환요청의 접수 및 집행재산등의 인도)
제12조(외교통상부장관의 조치)	반환요청서 송부	제10조(반환요청서의 송부)
제13조(반환 관련 협의)	법무부장관의 업무	제12조(반환 관련 협의)
제14조(검사장의 조치)	집행재산등의 반환·인도	제13조(검사장의 조치)
제15조(법무부장관의 조치)	집행재산등의 이관	제14조(집행재산등의 이관)

2) 공조에 필요한 조치 및 집행재산등의 보관(제정법률 제11조 제2항 및 제3항)

제정안은 **법무부장관이 집행재산등의 반환을 결정**하는 때와 **집행재산등의 반환을 결정하기 전의 조치사항** 및 각각의 경우 **집행재산등의 보관 조치**에 관하여 규정하고 있는데, 국회 논의 과정에서 제정안 제10조 제3항 제1호의 내용은 제2항에 포섭될 수 있는 등 일부 규정이 **내용이 중복될 뿐만 아니라 그 내용이 다소 불명확하다는** 의견이 있었다.

제정안의 내용을 종합하면 제2항은 집행재산 등의 반환을 결정한 때 집행재산등의 반환을 위하여 필요한 조치사항을, 제3항은 집행재산등의 반환을 결정하기 전에 임시적인 조치사항을 규정한 것으로 이해되었으므로 위와 같이 법률의 내용이 수정되고(요청국에 대한 집행재산 등의 반환 ➔ 집행재산 등의 반환 결정 등) 조문의 위치가 변경되었으며(제10조 ➔ 제11조) 그 **구체적인 법률조문의 내용이 아래와 같이 수정**되었다.

제정안	제정법률
제10조(요청국에 대한 집행재산등의 반환 등) ② 법무부장관은 집행재산등의 전부 또는 일부를 반환하기로 <u>결정하는</u> 때에는 그 반환을 위하여 상당하다고 인정되는 지방검찰청검사장(이하 "검사장"이라 한다)에게 <u>몰수 또는 추징의 확정재판</u>	제11조 (집행재산등의 반환 결정 등) ② 법무부장관은 집행재산등의 전부 또는 일부를 반환하기로 <u>결정한</u> 때에는 그 반환을 위하여 상당하다고 인정되는 지방검찰청검사장(이하 "검사장"이라 한다)에게 <u>제8조에 따른 공조</u>에 필요한

제정안	제정법률
집행의 공조에 필요한 조치를 명하고, 그 집행재산등을 반환하기 위하여 보관할 것을 명하여야 한다. ③ 법무부장관은 집행재산등이 다음 각 호의 어느 하나에 해당하는 경우에는 검사장에게 몰수 또는 추징의 확정재판 집행의 공조에 필요한 조치를 명하고, 집행재산등의 전부 또는 일부를 임시보관할 것을 명할 수 있다. 1. 요청국으로부터 집행재산등의 반환요청이 있는 경우에 이에 응할 것인지 여부를 판단할 필요가 있다고 인정되는 때 2. 요청국으로부터 반환요청이 있을 것으로 예상되는 경우에 필요하다고 인정되는 때	조치를 명하고, 그 집행재산등을 반환하기 위하여 보관할 것을 명하여야 한다. ③ 법무부장관은 다음 각 호의 어느 하나에 해당하는 경우에는 제2항에 따른 결정을 하기 전이라도 필요하다고 인정하는 때에는 검사장에게 제8조에 따른 공조에 필요한 조치를 명하거나, 집행재산등의 전부 또는 일부를 임시보관할 것을 명할 수 있다. 1. 집행재산 등의 반환요청에 응하여야할 상당한 개연성이 있다고 판단되는 경우 2. 요청국으로부터 반환요청이 있을 것으로 예상되는 경우

참고로 **검사장이 수행하여야 하는 조치사항**은 제정안이 준용하고 있는 「마약거래방지법」에 따른 사항에 해당하는바 검사는 **공조요청**이 **몰수·추징의 확정재판의 집행에 관한 경우**에는 법원에 대하여 **공조여부에 대한 심사를 청구**하여야 하며, 법원의 공조허가 결정이 확정된 때에는 **외국의 몰수·추징 확정재판**은 **공조의 실시**에 관하여 **대한민국 법원이 선고한 몰수·추징의 확정재판**으로 보게 된다. 부패재산몰수법이 준용하고 있는 마약거래방지법의 구체적인 내용은 아래에서 구체적으로 검토한다.

관련조문

부패재산몰수법 제8조(「마약류 불법거래방지에 관한 특례법」의 준용) 이 법에 따른 몰수 및 추징과 국제공조에 관하여는 「마약류 불법거래방지에 관한 특례법」 제19조부터 제63조까지, 제64조제2항 및 **제65조부터 제78조까지**의 규정을 준용한다.

마약거래방지법 제69조(결정의 효력) 몰수 또는 추징에 관한 확정재판 집행의 공조요청에 대하여 공조허가 결정이 확정되었을 때에는 그 몰수 또는 추징에 관한 확정재판은 공조의 실시에 관하여 대한민국 법원이 선고한 몰수 또는 추징의 확정재판으로 본다.

나. 해외 재산의 환수요청(제정법률 제15조 내지 제18조)

제정법률은 제15조부터 제18조까지 해외에 있는 **부패재산의 환수절차**에 관하여 규정하고 있다. 이에 관한 세부적인 내용은 아래와 같다.

관련조문

부패재산몰수법 (제정법률) 제15조 (해외 부패재산의 환수요청) ① 법무부장관은 외국에 대하여 몰수 또는 추징의 확정재판 집행이나 몰수 또는 추징을 위한 재산보존의 공조를 요청할 수 있다. 이 경우 법무부장관은 집행재산등의 환수(還收)를 요청할 수 있다.

② 법무부장관은 제1항에 따라 집행재산등의 환수를 요청하는 경우 환수요청서를 외교통상부장관에게 송부하여야 한다. 다만, 긴급을 요하는 사정이나 특별한 사정이 있는 경우에는 외교통상부장관의 동의를 받아 환수요청서를 직접 외국에 송부할 수 있다.

제16조 (환수요청서의 송부) 외교통상부장관은 법무부장관으로부터 제15조에 따른 환수요청서를 송부받은 때에는 이를 해당 국가에 송부하여야 한다. 다만, 외교관계상 환수요청하는 것이 상당하지 아니하다고 인정하는 경우에는 이에 관하여 법무부장관과 협의하여야 한다.

제17조 (해외 집행재산등의 환수 등) ① 외국으로부터 집행재산등의 환수는 외교통상부장관이 행한다.

② 외교통상부장관은 환수받은 집행재산등을 법무부장관에게 이관하여야 한다.

제18조 (해외 집행재산등의 처분) ① 법무부장관은 송부받은 집행재산등이 금전 이외의 재산인 때에는 검사로 하여금 이를 환가(換價)하거나 징수하게 할 수 있다.

② 제1항에도 불구하고 환수받은 집행재산등의 가액이 현저하게 낮거나 집행재산등의 매각에 있어 경제적 효용성이 없는 등의 사유로 매수인이 없거나 매각하더라도 매수인이 없을 것이 분명한 때에는 그 집행재산등을 폐기할 수 있다.

③ 검사는 외국에 대하여 집행재산등의 매각을 공조요청할 필요가 있는 경우에는 법무부장관에게 매각요청서를 송부하여야 하고, 법무부장관은 공조요청하는 것이 상당하다고 인정하는 경우에는 이를 외교통상부장관에게 송부하여야 한다.

그 중 **제정안 제17조 본문**은 외교통상부장관의 환수요청서 송부에 관하여 규정하고, 같은 조 단서에서는 외교관계상 환수요청에 상당하지 아니한 경우 법무부장관과 협의할 것을 규정하면서 이 조문의 제목을 「**환수 관련 협의**」라고 하고 있었다.

그런데 조문의 내용은 환수요청서의 송부가 원칙이고, 예외적으로 법무부장관과 협의를 한다는 것이므로 조 제목을 「**환수요청서의 송부**」로 수정할 필요가 있다는 국회 논의에 따라 **아래와 같이 수정 입법**되었다(제정법률 제16조).

제정안	제정법률
제17조(환수 관련 협의) 외교통상부장관은 법무부장관으로부터 제16조에 따른 환수요청서를 송부받은 때에는 이를 해당 국가에 송부하여야 한다. 다만, 외교관계상 환수요청하는 것이 상당하지 아니하다고 인정하는 경우에는 이에 관하여 법무부장관과 협의하여야 한다.	**제16조 (환수요청서의 송부)** 외교통상부장관은 법무부장관으로부터 제15조에 따른 환수요청서를 송부받은 때에는 이를 해당 국가에 송부하여야 한다. 다만, 외교관계상 환수요청하는 것이 상당하지 아니하다고 인정하는 경우에는 이에 관하여 법무부장관과 협의하여야 한다.

8. 부패범죄 신고자의 보호 필요성(제정법률 제19조)

제정안의 시행과 관련하여 **부패재산의 몰수와 환수**는 부패범죄자의 주변에서 이에 관계된 자들의 **신고나 제보가 매우 중요**하여 신고자에게 보복 등 상당한 신변의 위험을 동반할 수 있어 부패방지법에 따라 **신고자에게 부여되는 신분보장, 책임감면** 등의 조치가 필요하므로 「부패방지권익위법」 의 관련 규정을 준용할 필요가 있다는 견해[21]가 있었다.

「부패방지권익위법」은 부패행위를 국가청렴위원회에 신고한 경우 신고자 등을 보호하기 위한 여러 규정을 두고 있고, 「특정범죄신고자 등 보호법」에서는 특정범죄[22]를 신고한 자를 보호하기 위한 특별규정을 두고 있으나 특정범죄의 범위가 제한되어 있어 공직선거법위반 등 일부 범죄를 제외하고 신고자를 보호하는 규정은 달리 존재하지 않았다.

따라서 이러한 사정을 감안하여 이 법률에 따른 부패범죄를 신고한 경우 또는 몰수 또는 추징의 대상이 되는 **부패재산을 신고한 자에 대하여 「특정범죄신고자 등 보호법」의 일부 절차 규정을 준용하는 방안이 국회에서 논의**되었고, **해당 규정이 신설**되었다.

제정안	제정법률
(해당 없음)	(신설) **제19조 (부패범죄 신고자의 보호)** 부패범죄 신고자의 보호에 관하여는 「특정범죄신고자 등 보호법」 제3조부터 제17조까지의 규정을 준용한다.

21 법안 공청회, 김거성(한국투명성기구 회장) 발표자 참조.

22 1. "特定犯罪"라 함은 다음 各目의 1에 해당하는 犯罪를 말한다.
가. 特定强力犯罪의處罰에관한特例法 第2條의 犯罪
나. 痲藥類不法去來防止에관한特例法 第2條第2項의 犯罪
다. 暴力行爲等處罰에關한法律 第4條 및 特定犯罪加重處罰등에관한法律 第5條의8의 團體의 구성원의 同團體의 활동과 관련된 犯罪

이에 따라 현행 부패재산몰수법에서도 **부패범죄 신고자의 보호**에 관하여 같은 취지의 규정을 그대로 두고 있다. 구체적인 규정의 내용은 아래와 같다.

관련조문

부패재산몰수법 제19조(부패범죄 신고자의 보호) 부패범죄 신고자의 보호에 관하여는 「특정범죄 신고자 등 보호법」 제3조부터 제17조까지의 규정을 준용한다.

9. 부패재산몰수법 제정안 별표 구성

부패재산몰수법 **제정 당시 부패범죄**는 **별표**에 **총 29개의 호**로 규정되어 있었는데 이는 법무부가 제출한 제정안 그대로 입법되었고 국회 논의 과정에서 별도로 수정된 사실이 없었다. 그 구체적인 규정 내용은 다음과 같고, 이는 아래에서 보는 바와 같이 여러차례 개정되었는바, 아래 법률의 개정 과정을 통해 구체적으로 살펴보기로 한다.

관련조문

부패재산몰수법 제정법률 별표

1. 「형법」 중 다음 각 목의 죄
   가. 제2편제7장 공무원의 직무에 관한 죄 중 제129조부터 제133조까지의 죄
   나. 제2편제34장 신용, 업무와 경매에 관한 죄 중 제315조의 죄
   다. 제2편제40장 횡령과 배임의 죄 중 제355조부터 제357조까지 및 제359조의 죄
2. 「형법」 외의 법률에서 규정한 공무원 의제에 따른 「형법」 제129조부터 제132조까지의 죄
3. 「특정범죄가중처벌 등에 관한 법률」 제2조 및 제3조의 죄
4. 「특정경제범죄 가중처벌 등에 관한 법률」 제5조부터 제9조까지의 죄
5. 「국제상거래에 있어서 외국공무원에 대한 뇌물방지법」 제3조제1항의 죄
6. 「국민투표법」 제99조 및 제100조의 죄
7. 「공직선거법」 제230조부터 제233조까지 및 제235조의 죄
8. 「정치자금법」 제45조의 죄
9. 「부패방지법」 제50조의 죄
10. 「변호사법」 제33조 및 제109조부터 제111조까지의 죄
11. 「선박소유자 등의 책임제한절차에 관한 법률」 제93조 및 제94조의 죄
12. 「상법」 제630조, 제631조 및 제634조의2의 죄
13. 「주식회사의 외부감사에 관한 법률」 제19조의 죄

14. 「채무자 회생 및 파산에 관한 법률」 제645조, 제646조, 제655조 및 제656조의 죄
15. 「경륜·경정법」 제26조부터 제28조까지의 죄
16. 「한국마사회법」 제53조부터 제55조까지의 죄
17. 「독점규제 및 공정거래에 관한 법률」 제19조제1항 및 제66조제1항제9호의 죄
18. 「건설산업기본법」 제38조의2, 제95조 및 제95조의2의 죄
19. 「고등교육법」 제64조제2항제4호의 죄
20. 「공인회계사법」 제22조제3항 및 제53조제1항의 죄
21. 「국민체육진흥법」 제48조부터 제50조까지의 죄
22. 「근로기준법」 제9조 및 제107조의 죄
23. 「금융지주회사법」 제48조의3제1항 및 제70조제1항제5호의 죄
24. 「보험업법」 제201조 및 제203조의 죄
25. 「선주상호보험조합법」 제59조 및 제60조의 죄
26. 「신용협동조합법」 제30조의2 및 제99조제2항제3호의 죄
27. 「유류오염손해배상 보장법」 제48조 및 제49조의 죄
28. 「은행법」 제21조 및 제66조제2호의 죄
29. 「전통소싸움경기에 관한 법률」 제25조 및 제27조의 죄

제 2 장
부패재산몰수법의 개정 과정

I 개요

부패재산몰수법은 **2008. 3. 28. 제정되어 2008. 4. 26. 시행**되었는데 **그 이후 7차례 개정**을 거쳐 현행 법률(2021. 5. 18. 개정, 2022. 5. 19. 시행)에 이르고 있다. 그런데 위 7차례 개정은 크게 ① **타법 개정을 통한 단순 자구 수정 개정**(2013. 3. 23. 1차 개정·시행, 2017. 10. 31. 개정, 2018. 11. 1. 시행된 3차 개정, 2020. 12. 29. 개정, 2021. 12. 30. 시행된 5차 개정, 2021. 5. 18. 개정, 2022. 5. 19. 시행된 7차 개정)도 있고, ② 부패범죄의 실질적 내용이 개정된 개정도 있었는바, **위 7차례 개정의 구체적인 내용**의 요지는 다음 표와 같고 이를 각각 나누어 살펴보도록 한다.

연번	제정·개정 일시	시행	주요 내용	법률번호
1	2013. 3. 23. 타법개정	2013. 3. 23.	정부조직법 개정에 따른 자구 수정 외교통상부 장관 ➔ 외교부 장관	제11690호
2	2016. 12. 20. 일부개정	2016. 12. 20.	범죄피해재산에 특경법위반에 따른 횡령죄 등 추가	제14410호
3	2017. 10. 31. 타법개정	2018.. 11. 1.	주식회사 외부감사에 관한 법률 개정에 따른 부패범죄 조문 변경 별표 13호 제19조 ➔ 제40조의 죄	제15022호
4	2019. 8. 20. 일부개정	2019. 8. 20.	범죄피해재산에 특정사기범죄 추가	제16444호
5	2020. 12. 29. 타법개정	2021. 12. 30.	독점규제 및 공정거래에 관한 법률 개정에 따른 부패범죄 조문 변경 별표 17호「독점규제 및 공정거래에 관한 법률」제40조제1항 및 제124조제1항 제9호의 죄	제17799호

<table>
<tr><th>연번</th><th>제정·개정 일시</th><th>시행</th><th>주요 내용</th><th>법률번호</th></tr>
<tr><td>6</td><td>2021. 1. 5. 일부개정</td><td>2021. 1. 5.</td><td>공수처 설치에 따른 국제공조 절차 관련 조문 내용 추가</td><td>제17829호</td></tr>
<tr><td rowspan="2">7</td><td rowspan="2">2021. 5. 18.
타법개정</td><td rowspan="2">2022. 5. 19.</td><td>공직자이해충돌방지법 개정에 따른 부패범죄 조문 변경</td><td rowspan="2">제18191호</td></tr>
<tr><td>별표 9호 「공직자의 이해충돌 방지법」 제27조제1항 및 같은 조 제2항제1호의 죄</td></tr>
</table>

Ⅱ 2013. 3. 23.(같은 날 시행) 1차 개정

부패재산몰수법은 2013. 3. 23. 처음으로 개정되었는데 이는 타법인 정부조직법의 개정에 따른 자구 수정의 성격이다. 이 개정에 따라 부패재산몰수법 제9조 본문·단서, 제10조, 제12조, 제14조 제1항부터 제3항까지, 제15조 제2항 본문·단서, 제16조 본문, 제17조 제1항·제2항 및 제18조 제3항 중 「외교통상부장관」 부분이 각각 「외교부장관」으로 개정되었다.

Ⅲ 2016. 12. 20.(같은 날 시행) 2차 개정

1. 개정안 제출의 취지

2016. 8. 2. **김도읍 의원 등 10인은 부패재산몰수법 개정안을 제출**하였는바 그 취지는, 부패재산몰수법은 이 법의 적용 대상인 부패범죄의 범위에 「형법」이 적용되는 횡령죄, 업무상횡령죄, 배임죄 및 업무상배임죄는 부패범죄에 포함되어 있으나, **동일한 내용의 범죄로서 죄질이 더 중한 「특정경제범죄 처벌 등에 관한 법률(이하, '특정경제범죄가중법')」이 적용**되는 **이득액 5억원 이상의 횡령죄, 업무상횡령죄, 배임죄 및 업무상배임죄는 부패범죄에 포함되어 있지 아니**하여 집행상 혼란이 있을 수 있다는 점을 감안해 부패범죄의 범위에 「**특정경제범죄가중법」이 적용되는 이득액 5억원 이상의 횡령죄 등을 명확하게 추가하여 규정**하기 위함이다(개정안 별표 제4호·제9호·제16호·제19호·제21호·제27호·제28호).

또한 부패재산몰수법은 별표에 열거된 부패범죄 중 일부는 그 근거가 되는 다른 법률이 개정되어 부패재산몰수법 별표가 다른 법률의 내용에 부합하지 않게 되었고, 부패범죄에의 포함 여부가 해석상 논란이 되는 경우가 있어 부패재산몰수법이 적용되는 부패범죄의 범위를 명확하게 하려는 것이었다.

구 법	개 정 안
[별표]부패범죄(제2조제1호 관련)	[별표]부패범죄(제2조제1호 관련)
4. 「특정경제범죄 가중처벌 등에 관한 법률」 제5조부터 제9조까지의 죄	4. 「특정경제범죄 가중처벌 등에 관한 법률」 제3조(「형법」 제355조 및 제356조에 해당하는 죄로 한정한다) 및 제5조부터 제9조까지의 죄
9. 「부패방지법」 제50조의 죄	9. 「부패방지 및 국민권익위원회의 설치와 운영에 관한 법률」 제86조의 죄
16. 「한국마사회법」 제53조부터 제55조까지의 죄	16. 「한국마사회법」 제51조 제1호부터 제3호까지의 죄
19. 「고등교육법」 제64조제2항제4호의 죄	19. 「고등교육법」 제64조제2항제2호의 죄
21. 「국민체육진흥법」 제48조부터 제50조까지의 죄	21. 「국민체육진흥법」 제47조제1호 및 제48조제1호·제2호의 죄
27. 「유류오염손해배상 보장법」 제48조 및 제49조의 죄	27. 「유류오염손해배상 보장법」 제58조 및 제59조의 죄
28. 「은행법」 제21조 및 제66조제2호의 죄	<삭 제>

2. 국회 논의 경과[1]

가. 부패범죄 별표 제4호 중 특정경제범죄가중법 규정의 추가 및 자구 수정

개정 법률안에 대하여 **국회**에서는 ① 부패재산몰수법의 태도가 형법상 횡령·배임죄의 중한 범죄인 **특정경제범죄가중법상 횡령죄, 배임죄 등을 부패범죄에서 제외하려는 취지는 아니**라고 판단되는 점, ② 뇌물범죄의 경우 「형법」상의 수뢰죄 등은 별표 제2호에서 규정하나, 그에 대한 가중처벌 규정인 **「특정범죄가중법」의 수뢰죄 등은 별표 제3호에서 별도로 규정하고 있는 점이 고려되었다.**

이러한 사정에 더하여 부패재산몰수법상 뇌물범죄의 규정과 비교해 **특정경제범죄가중법 제3조의 횡령죄, 배임죄 등이 부패범죄에 포함되는지 여부**와 관련하여 해석상의 혼란이 발생할 수 있다는 점을 고려하면 개정안과 같이 이를 명확하게 할 필요성이 인정되었다.

다만 당시 시행된 부패재산몰수법 별표 제1호 다목 등의 표현을 고려해 **법률문언의 통일성**을 위하여 개정안의 표현을 일부 수정할 필요가 있을 것으로 보아 **아래와 같이 수정 및 의결**되었다.

---

1 「법제사법위원회 심사보고서」(2016. 11. 법제사법위원회) 제3면 이하 참조.

구 법	개 정 안	수 정 안
[별표]부패범죄 (제2조제1호 관련) 4. 「특정경제범죄 가중처벌 등에 관한 법률」 제5조부터 제9조까지의 죄	[별표]부패범죄 (제2조제1호 관련) 4. 「특정경제범죄 가중처벌 등에 관한 법률」 제3조(「형법」 제355조 및 제356조에 해당하는 죄로 한정한다) 및 제5조부터 제9조까지의 죄	[별표]부패범죄 (제2조제1호 관련) 4. 「특정경제범죄 가중처벌 등에 관한 법률」 제3조 중 「형법」 제355조 및 제356조에 해당하는 죄 및 「특정경제범죄 가중처벌 등에 관한 법률」 제5조부터 제9조까지의 죄

나. 범죄피해재산 정의 규정의 개정

부패재산몰수법 제6조는 범죄피해자의 실질적인 재산권 회복을 도모하기 위하여 부패재산이 「**범죄피해재산**」에 해당하면 **범인으로부터 몰수·추징하여 이를 피해자에게 반드시 환부하도록 규정**하고 있고,[2] 제2조제3호는 별표의 죄 중 「형법」상 횡령·배임 등의 범죄행위에 의하여 피해자로부터 취득한 재산 또는 그 재산의 보유·처분에 의하여 얻은 재산이 「범죄피해재산」이라고 별도로 정하고 있으므로,[3] **특정경제범죄가중법상의 횡령죄·배임죄 등을 부패재산몰수법상의 부패범죄에 추가**하는 경우에는 그로 인하여 피해자로부터 취득한 재산 등도 「**범죄피해재산」의 개념으로 함께 추가하는 것이 타당하다**는 의견이 제시되었다.[4]

이에 따라 국회 논의를 거쳐 아래와 같이 개정안이 수정되었고 이에 따라 **범죄피해재산의 정의 규정도 함께 개정**되었다.

---

2 **부패재산법 제6조(범죄피해재산의 특례)** ① 제3조의 재산이 범죄피해재산으로서 범죄피해자가 그 재산에 관하여 범인에 대한 재산반환청구권 또는 손해배상청구권 등을 행사할 수 없는 등 피해회복이 심히 곤란하다고 인정되는 경우에는 몰수 · 추징할 수 있다.
②·③ (생 략)

3 **부패재산법 제2조(정의)** 이 법에서 사용하는 용어의 정의는 다음과 같다.
1.·2. (생 략)
3. "범죄피해재산"이란 별표에 규정된 죄 가운데 「형법」 제2편제40장 횡령과 배임의 죄 중 제355조, 제356조 및 제359조의 죄의 범죄행위에 의하여 그 피해자로부터 취득한 재산 또는 그 재산의 보유·처분에 의하여 얻은 재산을 말한다.
4.·5. (생 략)

4 위 2016. 11.자 심사보고서 제5면 이하 참조

구 법	개 정 안	수 정 안
제2조(정의) (생 략) 1.·2. (생 략) 3. "범죄피해재산"이란 별표에 규정된 죄 가운데 「형법」 제2편 제40장 횡령과 배임의 죄 중 제355조, 제356조 및 제359조의 죄의 범죄행위에 의하여 그 피해자로부터 취득한 재산 또는 그 재산의 보유·처분에 의하여 얻은 재산을 말한다. 4.·5. (생 략)	제2조(정의) (현행과 같음) 1.·2. (현행과 같음) 3. (현행과 같음) 4.·5. (현행과 같음)	제2조(정의) (현행과 같음) 1.·2. (현행과 같음) 3. "범죄피해재산"이란 별표에 규정된 죄 가운데 「형법」 제2편 제40장 횡령과 배임의 죄 중 제355조, 제356조 및 제359조의 죄와 「특정경제범죄가중처벌 등에 관한 법률」 제3조 중 「형법」 제355조 및 제356조에 해당하는 죄의 범죄행위에 의하여 그 피해자로부터 취득한 재산 또는 그 재산의 보유·처분에 의하여 얻은 재산을 말한다. 4.·5. (현행과 같음)

다. 기타 타법 규정의 개정에 따른 별표 개정

국회에서는 개정안 **별표 제9호, 제16호, 제19호, 제21호, 제27호 및 제28호**는 부패범죄의 근거가 되는 다른 법률의 개정사항을 반영하려는 것으로 보아 그대로 반영하였으나 개정안에 포함되지 않은 일부 부패범죄의 경우에도 **그 처벌근거가 되는 다른 법률의 규정이 변경**되었으므로, **이를 반영하여 법률을 정비할 필요**가 있어 아래와 같이 수정·입법되었다.

현 행	개 정 안	수 정 안
[별표]부패범죄 (제2조제1호 관련) 15. 「경륜·경정법」 제26조부터 제28조까지의 죄 23. 「금융지주회사법」 제48조의3 제1항 및 제70조제1항제5호의 죄	[별표]부패범죄 (제2조제1호 관련) 15. (현행과 같음) 23. (현행과 같음)	[별표]부패범죄 (제2조제1호 관련) 15. 「경륜·경정법」 제29조부터 제31조까지의 죄 23. 「금융지주회사법」 제48조의3 제1항 및 제70조제2항제2호의 죄

3. 2016. 12. 20. 부패재산몰수법 개정에 따른 변경 사항

개정 법률안의 제출과 국회 수정과정을 거쳐 **부패재산몰수법 본문 및 별표는 다음과 같이 개정**되었다.

관련조문

부패재산몰수법 (개정법률) 제2조(정의) <개정 2016. 12. 20.>

3. **"범죄피해재산"이란 별표에 규정된 죄 가운데 「형법」 제2편제40장 횡령과 배임의 죄 중 제355조, 제356조 및 제359조의 죄와 「특정경제범죄가중처벌 등에 관한 법률」 제3조 중 「형법」 제355조 및 제356조에 해당하는 죄의 범죄행위에 의하여 그 피해자로부터 취득한 재산 또는 그 재산의 보유·처분에 의하여 얻은 재산을 말한다.**

[별표]

부패범죄(제2조제1호 관련)

1. 「형법」 중 다음 각 목의 죄
   가. 제2편제7장 공무원의 직무에 관한 죄 중 제129조부터 제133조까지의 죄
   나. 제2편제34장 신용, 업무와 경매에 관한 죄 중 제315조의 죄
   다. 제2편제40장 횡령과 배임의 죄 중 제355조부터 제357조까지 및 제359조의 죄
2. 「형법」 외의 법률에서 규정한 공무원 의제에 따른 「형법」 제129조부터 제132조까지의 죄
3. 「특정범죄가중처벌 등에 관한 법률」 제2조 및 제3조의 죄
4. **「특정경제범죄 가중처벌 등에 관한 법률」 제3조 중 「형법」 제355조 및 제356조에 해당하는 죄 및 「특정경제범죄 가중처벌 등에 관한 법률」 제5조부터 제9조까지의 죄**
5. 「국제상거래에 있어서 외국공무원에 대한 뇌물방지법」 제3조제1항의 죄
6. 「국민투표법」 제99조 및 제100조의 죄
7. 「공직선거법」 제230조부터 제233조까지 및 제235조의 죄
8. 「정치자금법」 제45조의 죄
9. **「부패방지 및 국민권익위원회의 설치와 운영에 관한 법률」 제86조의 죄**
10. 「변호사법」 제33조 및 제109조부터 제111조까지의 죄
11. 「선박소유자 등의 책임제한절차에 관한 법률」 제93조 및 제94조의 죄
12. 「상법」 제630조, 제631조 및 제634조의2의 죄
13. 「주식회사의 외부감사에 관한 법률」 제19조의 죄
14. 「채무자 회생 및 파산에 관한 법률」 제645조, 제646조, 제655조 및 제656조의 죄

15. 「경륜·경정법」 제29조부터 제31조까지의 죄
16. 「한국마사회법」 제51조제1호부터 제3호까지의 죄
17. 「독점규제 및 공정거래에 관한 법률」 제19조제1항 및 제66조제1항제9호의 죄
18. 「건설산업기본법」 제38조의2, 제95조 및 제95조의2의 죄
19. 「고등교육법」 제64조제2항제2호의 죄
20. 「공인회계사법」 제22조제3항 및 제53조제1항의 죄
21. 「국민체육진흥법」 제47조제1호 및 제48조제1호·제2호의 죄
22. 「근로기준법」 제9조 및 제107조의 죄
23. 「금융지주회사법」 제48조의3제1항 및 제70조제2항제2호의 죄
24. 「보험업법」 제201조 및 제203조의 죄
25. 「선주상호보험조합법」 제59조 및 제60조의 죄
26. 「신용협동조합법」 제30조의2 및 제99조제2항제3호의 죄
27. 「유류오염손해배상 보장법」 제58조 및 제59조의 죄
28. 삭제 〈2016.12.20〉
29. 「전통소싸움경기에 관한 법률」 제25조 및 제27조의 죄

Ⅳ 2017. 10. 31.(2018. 11. 1. 시행) 3차 개정

부패재산몰수법은 2017. 10. 31. 3차로 개정되었는데 이는 타법인 주식회사의 외부감사에 관한 법률의 전부개정에 따른 자구 수정의 성격이다. 이 개정에 따라 **부패재산몰수법 별표 제13호가 아래와 같이 개정**되었다.

구 법	개 정 안
[별표]부패범죄(제2조제1호 관련) 13. 「주식회사의 외부감사에 관한 법률」 제19조의 죄	[별표]부패범죄(제2조제1호 관련) 13. 「주식회사 등의 외부감사에 관한 법률」 제40조의 죄

V 2019. 8. 20.(같은 날 시행) 4차 개정

1. 개정안 제출의 취지

2018. 11. 29. 정부(법무부)는 **부패재산몰수법 개정안을 제출**하였다. 그 **주된 취지**는 **유사수신행위·다단계판매사기, 전기통신금융사기**(보이스피싱) 등 다수의 피해자가 발생하는 사기범죄가 실제로 대한민국 사회에 빈발하고 있으나, 이러한 사기범죄로 인한 피해재산은 몰수·추징의 대상이 아니어서 피해자가 피해재산을 되찾으려면 직접 범인에 대하여 민사소송을 제기하는 등 자력으로 이를 회복할 수밖에 없는 실정이므로 **부패재산몰수법 개정을 통해 이를 보완할 필요가 있다**는 것이었다.

실제로 사기죄로 인한 피해재산이 이 법에 따른 범죄피해재산이 되면 국가가 범인으로부터 재산을 몰수·추징하여 피해자에게 이를 환부할 수 있으나, 당시 시행되고 있던 부패재산몰수법은 횡령·배임죄의 피해재산만 범죄피해재산으로 규정하고 있을 뿐 사기죄의 피해재산은 범죄피해재산에 포함하지 않는 문제점이 있었다.

이에 따라 **사기죄 중 범죄단체를 조직하여 범행**한 경우, **유사수신행위 또는 다단계판매의 방법으로 기망**(欺罔)**하여 범행**한 경우, **전기통신금융사기** 등의 경우에 한정하여 이를 부패범죄로 규정하고, 해당 범죄로 인한 피해재산을 범죄피해재산의 범위에 포함시키도록 하였다. 이로써 **유사수신행위·다단계판매사기, 전기통신금융사기 등** 사건의 수사 중에 범죄피해재산을 발견하면 **국가가 신속히 몰수·추징**한 후 피해자에게 돌려주도록 하여 **피해자들에게 실질적인 피해회복**이 이루어지도록 하려는 것이 주된 개정 취지였다.

그리고 부패재산몰수법상 범죄피해재산의 개념을 변경하게 되면 이와 연동하여 부패재산몰수법 **별표 제1호 다목 및 제4호**의 규정 내용도 함께 개정하여야 하므로 이를 함께 바꾸는 방법으로 개정안을 제안하였다.

구 법	개 정 안
제2조(정의) 이 법에서 사용하는 용어의 정의는 다음과 같다. 1.·2. (생 략) <u>3. "범죄피해재산"이란 별표에 규정된 죄 가운데 「형법」 제2편제40장 횡령과 배임의 죄 중 제355</u>	제2조(정의) ------------------------ ----------------. 1.·2. (현행과 같음) <u>3. "범죄피해재산"이란 별표에 규정된 죄 가운데 다음 각 목의 어느 하나에 해당하는 죄의 범죄행</u>

조, 제356조 및 제359조의 죄와 「특정경제범죄가중처벌 등에 관한 법률」 제3조 중 「형법」 제355조 및 제356조에 해당하는 죄의 범죄행위에 의하여 그 피해자로부터 취득한 재산 또는 그 재산의 보유·처분에 의하여 얻은 재산을 말한다.	위에 의하여 그 피해자로부터 취득한 재산 또는 그 재산의 보유·처분에 의하여 얻은 재산을 말한다. 가. 「형법」 제2편제39장 사기와 공갈의 죄 중 제347조, 제347조의2 및 제351조(제347조 및 제347조의2의 상습범만 해당한다)에 해당하는 죄[「형법」 제114조에 따른 범죄단체를 조직하여 범행한 경우, 「유사수신행위의 규제에 관한 법률」 제2조에 따른 유사수신행위 또는 「방문판매 등에 관한 법률」 제2조제5호에 따른 다단계판매의 방법으로 기망(欺罔)하여 범행한 경우 및 「전기통신금융사기 피해 방지 및 피해금 환급에 관한 특별법」 제2조제2호에 따른 전기통신금융사기에 해당하는 경우(이하 "특정사기범죄"라 한다)로 한정한다]와 「특정경제범죄 가중처벌 등에 관한 법률」 제3조 중 「형법」 제347조, 제347조의2 및 제351조(제347조 및 제347조의2의 상습범만 해당한다)에 해당하는 죄(특정사기범죄로 한정한다) 나. 「형법」 제2편제40장 횡령과 배임의 죄 중 제355조, 제356조 및 제359조의 죄와 「특정경제범죄 가중처벌 등에 관한 법률」 제3조 중 「형법」 제355조 및 제356조에 해당하는 죄
4.·5. (생 략)	4.·5. (현행과 같음)
[별표]부패범죄(제2조제1호 관련)	**[별표]부패범죄(제2조제1호 관련)**
1. 「형법」 중 다음 각 목의 죄 가.·나. (생 략) <신 설> 다. (생 략)	1. (현행과 같음) 가.·나. (현행과 같음) 다. 제2편제39장 사기와 공갈의 죄 중 제347조, 제347조의2 및 제351조(제347조 및 제347조의2의 상습범만 해당한다)에 해당하는 죄(특정사기범죄로 한정한다) 라. (현행 다목과 같음)
2.·3. (생 략)	2.·3. (현행과 같음)
4. 「특정경제범죄 가중처벌 등에 관한 법률」 제3조 중 「형법」 제355조 및 제356조에 해당하는 죄 및 「특정경제범죄 가중처벌 등에 관한 법률」 제5조부터 제9조까지의 죄	4. 「특정경제범죄 가중처벌 등에 관한 법률」 중 다음 각 목의 죄 가. 제3조 중 「형법」 제347조, 제347조의2 및 제351조(제347조 및 제347조의2의 상습범만 해당한다)에 해당하는 죄(특정사기범죄로 한정한다)

	나. 제3조 중 「형법」 제355조 및 제356조에 해당하는 죄 다. 제5조부터 제9조까지의 죄
5. ~ 29. (생 략)	5. ~ 29. (현행과 같음)

2. 국회 논의 경과[5]

부패재산몰수법은 「**부패범죄**」[6]를 별표에 규정하고, 부패범죄 중 일부 범죄에 대하여는 그 범죄행위의 피해자로부터 취득한 재산을 「범죄피해재산」[7]으로 규정하면서 **범죄피해자가 사법(私法)상 청구권을 행사하기 사실상 불가능한 경우 국가가 범죄피해자를 대신해 부패재산을 몰수·추징**하여[8] **이를 피해자에게 환부(還付)하는 특례**를 두고 있었다(동법 제6조 참조).

개정안은 **위에서 살펴본대로 특정사기범죄**[9]**를 부패범죄에 포함**시키고, 특히 해당 범죄로 인한 피해재산을 범죄피해재산에 포함시킴으로써 **사법상 청구권을 행사하기 어려운 범죄피해자를** 국가가 보다 두텁게 보호하겠다는 취지다.

부패재산몰수법은 앞에서 이미 검토한 바와 같이 「국제연합 부패방지협약(UNCAC, United Nations Convention against Corruption)」[10]의 이행을 위하여 제정된 것으로 공공 부문과 민간 부문의 부패범죄를 효과적으로 방지하여 청렴한 사회질서 확립에 기여하는 것을 목적으로

---

5 구체적인 논의 경과는 「부패재산의 몰수 및 회복에 관한 특례법 일부개정법률안 검토보고」 2019. 3. 법제사법위원회 참조.

6 "부패범죄"란 불법 또는 부당한 방법으로 물질적·사회적 이득을 얻거나 다른 사람으로 하여금 얻도록 도울 목적으로 범한 죄로서 별표에 규정된 죄를 말한다(법 제2조제1호).

7 "범죄피해재산"이란 별표에 규정된 죄 가운데 「형법」 제2편제40장 횡령과 배임의 죄 중 제355조, 제356조 및 제359조의 죄와 「특정경제범죄가중처벌 등에 관한 법률」 제3조 중 「형법」 제355조 및 제356조에 해당하는 죄의 범죄행위에 의하여 그 피해자로부터 취득한 재산 또는 그 재산의 보유·처분에 의하여 얻은 재산을 말한다(법 제2조제2호).

8 범죄수익은닉규제법 경우 "범죄피해재산"(범죄수익은닉규제법에서 정하는 '범죄피해재산'을 의미함)에 대해서 몰수할 수 없도록 하고 있으나 이 법에서는 범죄피해재산(이 법에 따른 '범죄피해재산'을 의미)에 대해서도 사법상 청구권을 행사하기 어려운 경우에는 예외적으로 몰수·추징이 가능하도록 하고 있음.

9 「특정경제범죄 가중처벌 등에 관한 법률」에 따라 처벌받는 경우 포함하고 이하 같음.

10 협약은 다양한 부패형태를 범죄화하고, 부패사범에 대한 범죄인인도·형사사법공조 및 정보교환 등 국제공조제도를 구축하며, 부패수익 자산을 몰수하여 본국에 반환하는 제도를 마련하고, 협약 당사국총회를 통해 각국의 이행실태를 점검할 수 있는 제도와 기구를 설립하는 등의 내용을 담고 있음(「법제사법위원회 검토보고서」, 2007. 11. 참조).

하고 있고,[11] 법의 적용대상이 되는 부패범죄는 협약 등을 고려하여 **공적부패 및 민간부패 영역의 특별법 등을 열거하는 방식으로 규정**하고 있다. 따라서 **어떤 범죄행위를 동법의 적용대상이 되는 부패범죄로 할 것인지** 여부는 **부패범죄를 조장하는 경제적 요인을 근원적으로 제거**하려는 이 법 및 협약의 취지,[12] 범죄행위의 **반사회성 정도, 국제협력의 필요성 등을 고려**하여 **입법정책적으로 결정**할 사항이다.

한편 개정안에 따라 **특정사기범죄로 인한 피해재산을 범죄피해재산에 포함**시키는 경우 범죄피해자가 그 재산에 관하여 범인에 대한 재산반환청구권 또는 손해배상청구권 등을 행사할 수 없는 등 피해회복이 심히 곤란하다고 인정되는 전형적인 사례인 조직범죄, 보이스피싱 범죄 등 일부 특정사기 범죄에 대해서도 국가가 효과적으로 대응할 수 있게 된다. 구법은 협약에 따른 부패재산 환수를 위하여 횡령·배임에 한하여 이와 같은 범죄피해재산의 특례를 인정하고 있었는데 이는 그 범위가 지나치게 제한적이라는 점에서 큰 문제점을 안고 있었다. 즉 부패범죄 중에서도 극히 제한된 범죄행위만을 범죄피해재산의 전제범죄로 삼는 것은 민사·형사를 구분하고 있는 우리 법률 체계와도 맞지 않는다. 다시 말해 **불법행위로 인한 손해배상의 문제는 기본적으로 민사의 영역**으로 이를 형사문제 해결의 도구로 넓게 사용하는 것은 피해재산 환수를 위한 고소·고발의 남용, 민사사건의 형사화, 현행 몰수법체계와의 충돌 등의 **부작용이 우려**되기 때문이었다. 또한 어떤 범죄행위에 따른 피해재산을 동법에 따른 범죄피해재산으로 할 것인지 여부는 입법정책적으로 결정할 문제로 판단되나, 이 경우에도 **사법상 청구권이 실질적으로 행사될 수 있는 범죄인지 여부가 법률 개정의 중요한 고려 사항**이 되었다.

그런데 개정안이 추가하고자 하는 **특정사기범죄(상세내용 아래 표 참조)**의 경우 **불특정 다수의 국민을 대상으로 하는 조직적 사기 범죄**로서 **피해자는 광범위**한데 반해 피해재산은 조직적으로 은닉되거나 해외로 도피되고 있어 **공권력을 행사할 수 없는 일반 국민이**

---

11 부패재산몰법 제1조(목적) 이 법은 「국제연합부패방지협약」 및 그 밖의 관련 국제협약을 효율적으로 이행하기 위하여 부패재산의 몰수 및 추징, 환수 등에 관한 특례를 규정함으로써 부패범죄를 조장하는 경제적 요인을 근원적으로 제거하여 부패범죄를 효과적으로 방지·척결하고 청렴한 국제사회질서 확립에 이바지함을 목적으로 한다. 한편, 「국제연합 부패방지협약」은 제12조에서 민간부문에 대한 부패방지를 위한 당사국의 조치를 강조하고 있으며, 제21조 및 제31조에서는 민간부문의 부패 방지를 위한 범죄 구성요건의 정립과 민간부문의 부패범죄로 취득한 범죄수익의 몰수를 요청하고 있다.

12 협약에서는 어떤 범죄를 협약의 적용대상이 되는 '전제범죄(Predicate offence)'로 할 것인지 구체적인 기준을 제시하고 있지는 않으나 각 당사국이 최대범위의 전제범죄에 대해서 범죄수익 은닉·가장 등에 대처할 것과 협약에 따라 규정된 범죄를 포괄적으로 전제범죄로 포함시킬 것을 촉구하고 있음(협약 제23조 참조).

이를 적극적으로 추적하여 소송을 제기하는 등 권리를 행사하는 것이 현실적으로 어렵기 때문에 피해자의 민사상 구제방법이 실질적으로 형해화되고 있는 상황임을 감안할 필요가 있다고 보아 개정안의 내용이 그대로 입법되었다.

특정사기범죄 상세 내역(개정법률 제2조제3호 관련)

대 상 범 죄		비고
「형법」에 따른 사기(제347조), **컴퓨터등 사용사기**(제347조의2)(이의 상습범 포함)**에 해당하는 죄로서**	**범죄단체를 조직**하여 범행한 경우(「형법」 제114조)	「특정경제범죄 가중처벌 등에 관한 법률」 제3조에 따라 가중처벌 되는 경우 포함
	유사수신행위(「유사수신행위의 규제에 관한 법률」 제2조)**의 방법으로 기망**하여 범행한 경우	
	다단계판매(「방문판매 등에 관한 법률」 제2조 제5호)**의 방법으로 기망**하여 범행한 경우	
	전기통신금융사기(「전기통신금융사기 피해 방지 및 피해금 환급에 관한 특별법」 제2조제2호, 속칭 **'보이스피싱'**)에 해당하는 경우	

3. 개정 부패재산몰수법 본문 및 별표 규정

법률 개정안의 확정에 따라 **부패재산몰수법의 본문과 별표가 다음과 같이 변경**되었는바, 구체적인 규정 내용은 다음과 같다.

관련조문

부패재산몰수법 (개정법률) 제2조(정의) 이 법에서 사용하는 용어의 정의는 다음과 같다. <개정 2016. 12. 20., 2019. 8. 20.>

3. "범죄피해재산"이란 별표에 규정된 죄 가운데 다음 각 목의 어느 하나에 해당하는 죄의 범죄행위에 의하여 그 피해자로부터 취득한 재산 또는 그 재산의 보유·처분에 의하여 얻은 재산을 말한다.

가. 「형법」 제2편제39장 사기와 공갈의 죄 중 제347조, 제347조의2 및 제351조(제347조 및 제347조의2의 상습범만 해당한다)에 해당하는 죄「형법」 제114조에 따른 범죄단체를 조직하여 범행한 경우, 「유사수신행위의 규제에 관한 법률」 제2조에 따른 유사수신행위 또는 「방문판매 등에 관한 법률」 제2조제5호에 따른 다단계판매의 방법으로 기망(欺罔)하여 범행한 경우 및 「전기통신금융사기 피해 방지 및

<u>피해금 환급에 관한 특별법」 제2조제2호에 따른 전기통신금융사기에 해당하는 경우(이하 "특정사기범죄"라 한다)로 한정한다]와 「특정경제범죄 가중처벌 등에 관한 법률」 제3조 중 「형법」 제347조, 제347조의2 및 제351조(제347조 및 제347조의2의 상습범만 해당한다)에 해당하는 죄(특정사기범죄로 한정한다)</u>

나. <u>「형법」 제2편제40장 횡령과 배임의 죄 중 제355조, 제356조 및 제359조의 죄와 「특정경제범죄 가중처벌 등에 관한 법률」 제3조 중 「형법」 제355조 및 제356조에 해당하는 죄</u>

[별표] <개정 2019. 8. 20.>

부패범죄(제2조제1호 관련)

1. 「형법」 중 다음 각 목의 죄
   가. 제2편제7장 공무원의 직무에 관한 죄 중 제129조부터 제133조까지의 죄
   나. 제2편제34장 신용, 업무와 경매에 관한 죄 중 제315조의 죄
   다. <u>제2편제39장 사기와 공갈의 죄 중 제347조, 제347조의2 및 제351조(제347조 및 제347조의2의 상습범만 해당한다)에 해당하는 죄(특정사기범죄로 한정한다)</u>
   라. 제2편제40장 횡령과 배임의 죄 중 제355조부터 제357조까지 및 제359조의 죄
2. 「형법」 외의 법률에서 규정한 공무원 의제에 따른 「형법」 제129조부터 제132조까지의 죄
3. 「특정범죄가중처벌 등에 관한 법률」 제2조 및 제3조의 죄
4. <u>「특정경제범죄 가중처벌 등에 관한 법률」 중 다음 각 목의 죄</u>
   가. <u>제3조 중 「형법」 제347조, 제347조의2 및 제351조(제347조 및 제347조의2의 상습범만 해당한다)에 해당하는 죄(특정사기범죄로 한정한다)</u>
   나. <u>제3조 중 「형법」 제355조 및 제356조에 해당하는 죄</u>
   다. <u>제5조부터 제9조까지의 죄</u>
5. 「국제상거래에 있어서 외국공무원에 대한 뇌물방지법」 제3조제1항의 죄
6. 「국민투표법」 제99조 및 제100조의 죄
7. 「공직선거법」 제230조부터 제233조까지 및 제235조의 죄
8. 「정치자금법」 제45조의 죄
9. 「부패방지 및 국민권익위원회의 설치와 운영에 관한 법률」 제86조의 죄
10. 「변호사법」 제33조 및 제109조부터 제111조까지의 죄
11. 「선박소유자 등의 책임제한절차에 관한 법률」 제93조 및 제94조의 죄
12. 「상법」 제630조, 제631조 및 제634조의2의 죄
13. 「주식회사 등의 외부감사에 관한 법률」 제40조의 죄
14. 「채무자 회생 및 파산에 관한 법률」 제645조, 제646조, 제655조 및 제656조의 죄
15. 「경륜·경정법」 제29조부터 제31조까지의 죄

16. 「한국마사회법」 제51조제1호부터 제3호까지의 죄
17. 「독점규제 및 공정거래에 관한 법률」 제19조제1항 및 제66조제1항제9호의 죄
18. 「건설산업기본법」 제38조의2, 제95조 및 제95조의2의 죄
19. 「고등교육법」 제64조제2항제2호의 죄
20. 「공인회계사법」 제22조제3항 및 제53조제1항의 죄
21. 「국민체육진흥법」 제47조제1호 및 제48조제1호·제2호의 죄
22. 「근로기준법」 제9조 및 제107조의 죄
23. 「금융지주회사법」 제48조의3제1항 및 제70조제2항제2호의 죄
24. 「보험업법」 제201조 및 제203조의 죄
25. 「선주상호보험조합법」 제59조 및 제60조의 죄
26. 「신용협동조합법」 제30조의2 및 제99조제2항제3호의 죄
27. 「유류오염손해배상 보장법」 제58조 및 제59조의 죄
28. 삭제 <2016.12.20>
29. 「전통소싸움경기에 관한 법률」 제25조 및 제27조의 죄

Ⅵ 2020. 12. 29.(2021. 12. 30. 시행) 5차 개정

부패재산몰수법은 2020. 12. 29. 5차로 개정되었는데 이는 타법인 독점규제 및 공정거래에 관한 법률의 전부개정에 따른 자구 수정의 성격이다. 이 개정에 따라 **부패재산몰수법 별표 제17호가 아래와 같이 개정**되었다.

구 법	개 정 안
[별표]부패범죄(제2조제1호 관련) 17. 「독점규제 및 공정거래에 관한 법률」 제19조제1항 및 제66조제1항제9호의 죄	[별표]부패범죄(제2조제1호 관련) 17. 「독점규제 및 공정거래에 관한 법률」 제40조제1항 및 제124조제1항제9호의 죄

Ⅶ 2021. 12. 29.(2021. 12. 30. 시행) 6차 개정

부패재산몰수법은 2021. 12. 29. 6**차로 개정**되었는데 이는 「고위공직자범죄수사처 설치 및 운영에 관한 법률」의 제정으로 **고위공직자범죄수사처가 신설**됨에 따른 것이다. 고위공직자범죄수사처장은 외국에 대하여 몰수 또는 추징을 위한 재산보존의 공조요청을 하려면 법무부장관에게 공조요청서를 송부하도록 하고(동법 제15조 제3항 참조), 고위공직자범죄수사처장 또는 그 소속 검사에 대한 **검찰총장 경유 예외 규정이 신설**되었다(동법 제21조 단서 참조).

관련조문

부패재산몰수법 제15조(해외 부패재산의 환수요청) ③ 고위공직자범죄수사처장은 외국에 대하여 몰수 또는 추징을 위한 재산보존의 공조요청을 하려면 법무부장관에게 공조요청서를 송부하여야 한다. <신설 2021. 1. 5.>

제21조(검찰총장 경유) 이 법에 따라 법무부장관이 검사장 또는 검사에게 하는 명령·서류송부와 검사장 또는 검사가 법무부장관에게 하는 보고·서류송부는 검찰총장을 거쳐야 한다. 다만, 고위공직자범죄수사처장 또는 그 소속 검사의 경우에는 그러하지 아니하다.

Ⅷ 2021. 5. 18.(2022. 5. 19. 시행) 7차 개정

부패재산몰수법은 2021. 5. 18. 7**차로 개정**되었는데 이는 부패방지권익위법 중 일부 법률 조항이 공직자이해충돌법으로 이관됨에 따라 **부패범죄 별표 제9호**의 규정이 부패방지권익위법에서 공직자이해충돌방지법으로 변경되는 내용으로 **개정**된 것이다. 그 개정의 내용은 아래와 같다.

구 법	개 정 안
[별표]부패범죄(제2조제1호 관련)	[별표]부패범죄(제2조제1호 관련)
9. 「부패방지 및 국민권익위원회의 설치와 운영에 관한 법률」 제86조의 죄	9. 「공직자의 이해충돌 방지법」 제27조제1항 및 같은 조 제2항제1호의 죄

제 3 장
현행 부패재산몰수법 해설

제 1 절 개요

7차에 걸쳐 개정되어 현재 시행되고 있는 부패재산몰수법은 **총 5장, 21개조**로, 각 장의 내용은 **제1장 총칙, 제2장 부패재산의 몰수 및 추징, 제3장 몰수 및 추징 보전 절차, 몰수재판 및 추징재판의 집행과 보전에 관한 국제공조절차, 제4장 부패재산의 회복에 관한 특례 및 절차 및 제5장 보칙**으로 구성되어 있다. 장의 숫자와 조문의 개수로만 보면 규정의 내용이 적은 것처럼 보이지만 실제로 부패재산몰수법은 **형사소송법, 마약거래방지법** 등 관련 **법률의 규정을 다수 준용**하도록 하고 있어 그 내용이 복잡하고 방대하므로 이에 대한 구체적인 검토가 필요하다.

우선 부패재산몰수법 **제3장 몰수 및 추징·보전절차, 몰수재판 및 추징재판의 집행과 보전에 관한 국제공조절차**의 내용은 대부분 **마약거래방지법 제19조부터 제63조**까지, **제64조 제2항** 및 **제65조부터 제78조까지**를 준용하면서 대부분의 절차를 마약거래방지법의 것을 그대로 따르게 구성하였다.

나아가 동법에 따른 **몰수·추징의 집행** 및 **처분**에 있어서는 동법에 특별한 규정이 없는 한 그 성질에 반하지 않는 것은 **형사소송법을 준용**하도록 하고 있고, 동법 제18조에 규정된 **집행재산등의 처분**은 **검찰청법 제11조에 따른 압수물 및 징수 사무에 관한 규정**에 따라 절차를 진행하도록 하고 있다.

관련조문

부패재산몰수법 제8조(「마약류 불법거래방지에 관한 특례법」의 준용) 이 법에 따른 몰수 및 추징과 국제공조에 관하여는 **「마약류 불법거래방지에 관한 특례법」 제19조부터 제63조까지, 제64조제2항 및 제65조부터 제78조까지의 규정을 준용**한다.

제20조(「형사소송법」의 준용 등) ① 이 법에 따른 몰수·추징의 집행 및 처분에 있어서 **이 법에 특별한 규정이 없는 한 그 성질에 반하지 아니한 것은 「형사소송법」을 준용**한다.
② 제18조에 규정된 집행재산등의 처분은 **「검찰청법」 제11조에 따른 압수물 및 징수 사무에 관한 규정**에 따라 절차를 진행한다.

따라서 우선 현행 부패재산몰수법에서 규율하고 있는 각 장의 구체적인 내용을 살펴보고 부패재산몰수법이 준용하고 있는 **각종 준용규정의 내용과 형식까지 아울러 검토**한 다음 부패재산몰수법 별표에 규정되어 있는 **부패범죄 각호의 구성요건과 범죄수익환수 사례**를 살펴보도록 하겠다. 특히 부패재산몰수법은 **다른 4대 법률과는 달리 부패재산에 대한 제3자 추징과 제3자 참가절차의 적용** 등을 비롯한 **여러 가지 중요한 특징**들을 가지고 있으므로 이를 집중적으로 조명하여 살펴본다.

제2절 부패재산 몰수 및 추징

제1관 개요[1]

최근 대법원은 **전두환 前 대통령에 대한 추징금 집행 사건**에서 피고인의 차명재산이라는 이유만으로 **제3자 명의로 등기되어 있는 부동산**에 관하여 **피고인에 대한 추징 판결을 곧바로 집행하는 것은 허용되지 않는다**고 판시한 바 있다.[2]

대법원은 나아가 형사재판 주문에 등장하는 **피고인에 대한 몰수·추징 판결을 제3자 명의 재산에 집행**하기 위해서는 **적법한 절차를 거쳐 제3자 명의를 피고인 앞으로 회복하는 등의 방법을 사용해야 한다**고 결정하였다. 위 결정은 형사재판의 판결문을 집행권원으로 하여 재판을 집행하려고 하는 경우 그 집행채무자는 판결문에 적시된 피고인에 불과할 뿐 **판결주문에 적시되지 않은 차명재산 명의자인 제3자는 집행채무자가 될 수 없다**는 것으로 **형사재판의 집행에 관한 매우 의미 있는 선례**라고 할 수 있다.

---

1 이하 제3자 몰수·추징 집행과 제3자 참가절차에 대한 구체적인 내용은 이주형,"범죄수익환수를 위한 제3자 참가절차에 관한 연구, 제3자 참가절차의 법적성격 올바른 실무상 활용방안을 중심으로", 법조[2022. 4. 제71권 제2호(통권 제752호)] 34면 이하 참조.

2 대법원 2021. 4. 9.자 2020모4058 결정 [재판의집행에관한이의인용결정에대한재항고] 참조.

위 사건은 검사가 전두환 前 대통령의 고액 추징금을 집행하기 위하여 전두환 전 대통령의 배우자인 이순자 명의로 된 연희동 자택 본채를 본압류한 다음 공매절차를 진행하였는데 주택의 명의자가 위 검사의 강제집행에 대해 이의를 신청하면서 시작되었다. 위 대법원 판결의 원심인 서울고등법원은 차명재산이라는 이유만으로 피고인에 대한 판결에 기초하여 이를 곧바로 압류하는 것은 허용되지 않고, **채권자대위소송 등을 제기하여 그 명의를 피고인 앞으로 회복**한 다음 **추징판결을 집행**하여야 한다고 구체적인 방법까지 설시한바 있다.[3]

범죄를 통해 막대한 범죄수익을 취득한 범인들은 이를 자신이 아닌 **제3자 명의를 빌려 부동산, 동산, 채권, 회원권, 분양권, 해약금환부청구권 등 다양한 유형으로 보유**해 은닉하는 경우가 대부분인데 이러한 경우 **범인에 대한 판결만으로 제3자 명의 재산권을 침해할 수 없다**는 것이 원심인 서울고등법원과 대법원 결정의 핵심이다. 결국 재산의 실질적 귀속주체와 그 명의자가 서로 달라 발생하는 차명재산의 문제를 **사법부의 판결을 통해 행정청이 정당한 집행권원을 얻어 해결**하여야 하고, 행정청의 행정처분으로 재산의 실질적 귀속주체를 확정지어서는 안 된다는 법리를 확인한 것이다.

일반 국민들은 자신이 억울한 형사피해를 당했다고 생각하면 범인을 수사기관에 고소함과 동시에 민사, 행정소송을 동시에 진행함으로써 자신의 권리를 회복하기 위해 노력하는데, 국가기관은 **범인을 형사소추**하면서 **범인이 범죄를 통해 취득한 범죄수익을 신속하게 환수하기 위해 어떠한 조치를 할 수 있을지**에 대한 검토가 필요하다.

이에 대하여 대법원은 「**적법한 절차를 거쳐 제3자 명의를 피고인 앞으로 회복하는 등의 방법을 사용해야 한다**」고 결정하였는데 형사판결이 확정되고 난 다음 추징금 집행의 단계에서 민사소송을 제기하는 방법으로 제3자 명의 차명재산을 피고인 앞으로 회복하는 방법 뿐만 아니라 개별 법률에서 정하고 있는 다른 절차는 활용할 수는 없는지 문제된다.

이와 관련하여 범인이 **차명으로 은닉한 범죄수익을 종국적으로 환수**하기 위해 명의신탁 법률관계에 대한 이해를 바탕으로 **채권자 대위소송, 사해행위 취소소송 및 민사상 가압류, 가처분 절차를 활용**하는 방법이 우선 고려될 수 있다.[4] 물론 형사재판의 주문에 피고인만 등장하는 경우 판결 확정 후 차명재산에 대해 추징금을 집행하기 위해서는 민사소송 및 집행절차를 활용할 수밖에 없으나 **형사재판절차를 진행**하면서 한꺼번에 **차명재산 명의**

3 서울고등법원 2020. 11. 20.자 2018초기630, 96노1892 결정[재판의집행에관한이의(96노1892 반란수괴등)] 참조.

4 이주형, “차명으로 은닉된 범죄수익의 종국적 환수방안 연구 – 명의신탁과 채권자 대위소송, 사해행위 취소소송 및 민사상 가압류를 중심으로”, 법조[2020. 6. 28. 제69권 제3호(통권 제741호)], 350면 이하 참조.

자인 제3자를 그 재판절차에 함께 참가시킴으로써 **판결문에 제3자 명의 재산에 대한 집행력을 부여**할 수 있다면 위와 같은 문제를 해결하는 것이 간명하다. 왜냐하면 형사 판결 주문에 제3자가 등장하는 것 자체로 행정청의 집행권원이 확보되어 별도의 민사 판결을 확보할 필요가 없어지기 때문이다.

우리 법상 범죄수익환수를 위해 제정, 시행 중인 법률은 크게 5개로, 1995. 1. 5. 공무원범죄몰수법, 1995. 12. 6. 마약거래방지법, 2001. 11. 28. 범죄수익은닉규제법, 2005. 8. 4. 불법정치자금법, 2008. 3. 28. 부패재산몰수법이 그것임은 이미 앞에서 검토한 바 있다. 위 각 법률 중 **마약거래방지법, 불법정치자금법 및 공무원범죄몰수법**은 피고인에 대한 **형사재판 중 제3자 소유 재산을 몰수할 필요**가 있을 때 **제3자를 형사재판에 참가시키는 절차**를 마련해 두고 있고, **범죄수익은닉규제법과 부패재산몰수법**은 **마약거래방지법상 규정을 준용**하고 있다. 그런데 위 5개 법률 중 유일하게 부패재산몰수법에서만 제3자에 대한 추징 규정을 두고 있어 그 활용도와 실용성 측면에서 부패재산몰수법의 중요성이 더욱 부각되고 있다.

따라서 실무상 제3자 참가신청 고지를 통해 이루어지는 **제3자 참가절차**의 법률적 성격은 무엇이고, 어떠한 요건을 충족하는 경우에 국가가 참가신청의 고지를 할 수 있는 것인지, 현행법상 제3자 재산에 대한 몰수만을 규정하고 있는데 제3자에 대한 추징이 가능한 것인지, 고지를 받은 제3자가 참가를 원하는 경우 그 절차와 효과가 어떻게 되는지, 구체적으로 제3자 참가절차를 적용함에 있어 쟁점이 되거나 문제가 되는 부분은 없는지, 현행법상 1심 재판 중에만 참가절차를 진행할 수 있도록 하고 있는데 항소심에서는 이와 같은 참가절차가 가능하도록 제도의 변화를 모색할 필요는 없는지 여부 등을 구체적으로 연구하고 검토함으로써 실무상 이와 같은 절차가 법리적 문제없이 활용되도록 할 필요가 있다.

이하에서는 **부패재산몰수법에 따른 몰수 및 추징 일반론을 먼저 검토**하여 보고 부패재산몰수법에 따른 **제3자 몰수 및 추징 선고 및 집행**을 위한 **제3자 참가신청 고지 및 참가절차**와 관련된 법리적 쟁점들 및 입법론 등을 검토한다.

제2관 부패재산몰수법상 부패재산의 몰수·추징 일반론

I 부패재산몰수법에 따른 임의적 몰수·추징 규정

부패재산몰수법은 부패재산을 몰수할 수 있고, 다만 다른 법령에 따라 부패재산을 몰수하여야 하는 경우에는 그 법령에 따라 몰수한다고 규정하고 있다(동법 제3조 제1항 참조). 부패범죄에 따라 취득한 **부패재산에 대한 몰수는 임의적으로 규정**하고 있으면서도 동시에 **다른 법령에 따라 몰수대상**이 되는 경우 **해당 법령을 적용**하도록 함으로써 필요적 몰수 규정의 적용 가능성을 열어 둔 것이다.

나아가 **부패재산을 몰수할 수 없거나** 그 재산의 성질, 사용상황, 그 재산에 관한 범인 외의 자의 권리 유무, 그 밖의 사정으로 인하여 이를 **몰수함이 상당하지 아니하다고 인정**될 때에는 **그 가액(價額)을 범인으로부터 추징한다**(동법 제5조 제1항). 규정 형식만 보면 필요적 추징을 규정한 것 같이 보이나, 추징은 몰수가 불가능할 경우 하는 형사처분이므로 **임의적 추징의 성격을 갖는다**고 봄이 상당하다.

관련조문

부패재산몰수법 제3조(부패재산의 몰수) ① 부패재산은 몰수할 수 있다. 다만, 다른 법령에 따라 부패재산을 몰수하여야 하는 경우에는 그 법령에 따라 몰수한다.

제5조(추징) ① 부패재산을 몰수할 수 없거나 그 재산의 성질, 사용상황, 그 재산에 관한 범인 외의 자의 권리 유무, 그 밖의 사정으로 인하여 이를 몰수함이 상당하지 아니하다고 인정될 때에는 그 가액(價額)을 범인으로부터 추징한다.

간단한 사례를 하나 살펴보면, **형법상 뇌물죄**는 부패재산몰수법에 따른 **부패범죄임과 동시에 공무원범죄몰수법에 따른 특정공무원범죄**에 해당하는데 뇌물죄로 취득한 부패재산 내지 불법재산은 부패재산몰수법에 따라 임의적 몰수 대상에 해당하지만 공무원범죄몰수법 또는 형법 자체 규정에 따르면 필요적 몰수규정이 적용된다.

관련조문

공무원범죄몰수법 제3조(불법재산의 몰수) ① 불법재산은 몰수한다.

형법 제134조(몰수, 추징) 범인 또는 사정을 아는 제3자가 받은 뇌물 또는 뇌물로 제공하려고 한 금품은 몰수한다. 이를 몰수할 수 없을 경우에는 그 가액을 추징한다.

Ⅱ 몰수와 추징의 법적 성격

1. 부가형으로서의 몰수·추징

부패재산몰수법상 범죄수익등의 **몰수 및 추징은 부패범죄를 범함에 따라 과해지는 부**

가형으로서의 성격을 갖고, **형법 제48조 규정의 특칙**으로서 우선 적용된다. 형법 제48조에 의한 몰수는 물건에 대해서만 가능하지만, 부패재산몰수법상 **몰수는 몰수대상을 물건에 한정하지 않고, 예금·채권·지식재산권 등 무형적 이익을 포함**한 사회통념상 경제적 가치가 있는 이익 전부를 대상으로 한다.[5]

부패재산몰수법상 몰수는 부패범죄에 의하여 취득한 재산이 모양이 바뀌거나 증식된 경우에도 **특정되어 추적이 가능한 이상 가능하다**고 봄이 상당하다. 그리고 부패범죄로 취득한 범죄수익 등에 몰수·추징판결이 선고되기 위해서는 부패범죄를 범한 사람에 대한 공소제기가 필요함이 원칙이나, 뒤에서 살피는 바와 같이 부패재산을 악의로 취득한 제3자 또는 무상 또는 현저한 저가로 취득한 제3자에 대해서는 그 제3자에 대한 공소가 제기되지 않았음에도 불구하고 제3자로부터 부패재산을 몰수 또는 추징을 할 수 있는 예외가 있다. 다만 이는 몰수·추징의 대상이 된 **「범죄」에 대해서는 공소제기**가 있으나 해당 범죄수익등을 제3자가 일정한 요건에 따라 취득한 경우 **공소제기가 되지 않은 「사람」에 대한 몰수 또는 추징이 가능한지 여부**에 대한 논의에 해당한다. 한편 **몰수·추징의 대상이 된 「범죄」**에 대해 **공소제기가 되지 않더라도** 부가형으로서의 몰수·추징의 성격과 무관하게 **독립하여 몰수·추징을 선고할 수 있는지**에 대한 논의가 있다. 이를 **「독립몰수제도」** 논의라고 한다.

독립몰수제도는 범인 또는 제3자에 대한 어떠한 공소제기 없이 독자적으로 몰수 및 추징만을 선고할 수 있는 제도로서 범죄수익의 환수를 위한 보다 근본적인 해결책에 해당하므로 부패재산몰수법상 제3자 몰수 및 추징 제도 검토에 앞서 이를 먼저 살펴볼 필요가 있다.

2. 독립몰수제도 논의

가. 의의

몰수는 「부가적 성격」이 있어 범인에 대한 주형(主刑)인 유죄판결을 선고하지 않는 경우 부가형(附加刑)인 몰수판결만을 독립적으로 선고할 수 없는 것이 원칙이다. 그러나 범죄수익을 취득하고 도주한 범인의 신병을 확보하지 못해 **그 사람을 공소제기하지 못한다는 이유**만으로 **그 범인이 범죄를 저지르고 취득한 범죄수익을 환수할 수 없다는 것이 정의의 관점에서 옳지 못하다는 비판**이 끊임없이 제기되었다.

이는 몰수와 추징이 해당 범죄로 공소제기되어 유죄판결이 선고되는 것을 전제로 하는

5 대법원 2018. 5. 30. 선고 2018도3619 판결 등 참조.

것인지, 아니면 공소제기 자체가 되지 않더라도 범죄사실을 독자적으로 인정하여 이에 대하여 몰수 또는 추징을 선고하는 것이 가능한지 여부가 핵심이다. 예컨대 범죄를 범한 **피의자가 도주하는 등 소재가 불분명하여 기소중지 처분**을 하거나 **수사를 받던 도중 피의자가 사망하여 공소권 없음 처분**을 하는 경우 이에 대한 공소제기가 없더라도 이에 대한 몰수 또는 추징판결을 선고할 수 있는지와 관련되어 있는데 이를 법률로서 명확하게 가능하도록 하자는 것이 소위 「**독립몰수제도**」의 도입 논의다.

나. 해외 입법례

독립몰수와 관련된 해외의 사례를 간단히 살펴보면, ① **독일과 스위스**는 몰수 등의 부가성을 원칙으로 하면서도 예외적으로 범인의 기소 여부에 상관없이 독립적인 처분인 몰수, 박탈, 폐기 또는 추징을 할 수 있는 「**박탈 등의 독립명령**」을 두고 있고,[6] ② **미국**은 검사가 특정한 범죄와 일정한 관계가 있는 물건(수익을 포함) 자체에 대하여 민사소송절차에 따라 물건에 대한 소(In rem action)를 대물적으로 제기하여 그 물건을 몰수하는 **민사몰수절차**[7]를 두고 있다.

또한 1990**년 자금세탁방지 국제기구인 FATF**[8]는 40개 권고사항을 발표하면서 그 중 세 번째로 **독립몰수제도의 도입을 강력히 권고**한 바도 있다. 그동안 우리나라에서도 위 권고사항에 따라 독립몰수제 도입 논의가 있었으나 아직까지도 도입되지 못하고 답보상태를 걷고 있는 상황이다.

다. 현행 법률의 규정

독립몰수제도는 사실 형법에 이미 그 근거가 마련되어 있어 제도의 도입 토대가 이미 확보되어 있다. **형법**은 몰수의 부가성을 규정하면서 행위자에게 유죄의 재판을 아니할 때에도 몰수의 요건이 있는 때에는 몰수만을 선고할 수 있다고 하고 있으므로 **행위자에 대한 공소**

---

6 홍찬기, "독립몰수 도입에 관한 입법론적 연구 – 범죄수익 독립몰수를 중심으로", 형사소송이론과 실무, 한국형사소송법학회(2014), 43면 이하 참조

7 이승섭, "범죄수익환수법안과 민사몰수제도에 관한 몇 가지 검토", 법학연구, 충남대학교 법학연구소(2015), 245쪽 이하 참조

8 Financial Action Task Force on Money Laundering. 자금세탁을 억제하기 위한 방법을 논의하고 국제협력체제 지원을 위해 1989년 프랑스 파리에서 열린 G7 파리정상회의 합의로 설립된 기구다. FATF는 돈세탁 방지를 위해 OECD 산하기구로 설립되었는데 1990년 40개 권고사항을 발표하였다. 그 40개 권고사항 중 하나로 형사상의 유죄판결 없이도 당해 수익 또는 범죄공용물을 몰수하는 것을 허용하는 조치를 취하도록 권하고 있다(제3항).

제기 여부와 무관하게 이에 대한 몰수·추징 판결을 선고할 수 있다는 점을 예정하고 있다(형법 제49조 단서).

관련조문

형법 제49조(몰수의 부가성) 몰수는 타형에 부가하여 과한다. 단, **행위자에게 유죄의 재판을 아니할 때에도 몰수의 요건이 있는 때에는 몰수만을 선고할 수 있다**.

라. 독립몰수제도에 대한 도입 논의

국회는 위 2020년경 사회적으로 크게 문제되었던 소위 「**텔레그램 N번방 사건**」을 계기로 독립몰수제도를 도입하는 취지의 **범죄수익은닉규제법에 대한 개정안을 여러 건 마련**하여 **제출**[9]하였고 이에 대한 논의를 진행하였다. 다만 **법안심사 과정에서 형법에 대한 개정도 함께 진행되어야 한다는 취지로 보류**되었고,[10] 최근에는 전두환 전 대통령의 추징금 미납 사건과 관련하여 **독립몰수제도의 필요성이 강조**되기도 한 바 있다.[11]

독립몰수제도와 관련하여 개정안은 검사의 공소제기와 무관하게 주형과 독립하여 몰수형만을 선고할 수 있도록 하였는데 그 주된 내용은 **범죄수익은닉규제법상 몰수·추징의 요건이 구비**된 경우, ① **법인이 사망**하거나(공소권 없음), ② 그 **소재가 불명**한 경우(기소중지), ③ 법인이 **성명불상자**로 특정되지 않은 경우(기소중지), ④ **검사가 기소유예 처분**을 하는 경우 법원이 독립하여 몰수판결을 선고할 수 있도록 하였다.

관련조문

범죄수익은닉규제법 (개정안) 제14조(독립몰수·추징) ① 이 법이 정한 몰수의 요건이 있는 때에는 다음 각 호의 어느 하나의 사유로 인하여 공소를 제기하지 아니하거나 유죄의 재판을 하지 아니하는 경우에도 몰수를 할 수 있다.

---

9 2020. 4. 24. 더불어민주당 송기헌 의원 대표발의 법안(의안번호 : 2024864), 2020. 4. 21. 더불어민주당 한정애 의원 대표발의 법안(의안번호 : 2024852) 등 여러 건의 법안이 제출되었으나 통과되지 못하였다.

10 자세한 내용은 관련 신문기사 참조. 2020. 5. 19.「범죄수익은닉 처벌법 결국 국회 문턱 못 넘어」 한국경제, https://www.hankyung.com/politics/article/2020051946491 기사 관련.

11 자세한 내용은 관련 신문기사 참조. 2020. 5. 20.「전두환 전 대통령, 추징금 1005억 안내고 버티기. 독립몰수제 필요성 커져」, 세계일보 http://www.segye.com/newsView/20200519520417?OutUrl=naver 기사 관련.

1. 범인이 사망한 경우
2. 범인이 국외에 있거나 소재불명 후 6개월 이상 지명수배 되어 있는 등 검거가능성이 희박한 경우
3. 범인의 성명은 알 수 없으나 관련범죄와 몰수대상물이 특정된 경우
4. 범인이 사면된 경우
5. 검사가 기소유예 처분을 하는 경우

한편 개정안은 독립몰수제도의 도입에 따라 검사가 공소제기 없이 몰수만을 청구할 수 있도록 하는 절차를 마련하였다. 그 내용을 요약하자면 ① **검사는 공소제기와 독립하여 몰수·추징 명령만을 별도로 청구**할 수 있고, ② 그 청구서에는 대상재산, 범죄사실 및 적용법조·죄명, 독립몰수·추징을 필요로 하는 이유 등을 기재하여야 하며, ③ 법원은 **심리를 연 경우에는 판결**로서, **심리를 열지 않은 경우는 결정**으로서 청구에 대한 판단을 진행하고, ④ 그 결정과 판결은 정당한 이유로 절차에 참여하지 않은 권리자 외에는 모두에게 효력이 발생하도록 하였다. 상세한 개정안의 내용은 다음과 같다.

관련조문

범죄수익은닉규제법 (개정안) 제16조(독립몰수·추징의 청구) ① 검사는 제14조제1항의 사유가 있는 때에는 공소의 제기와 독립하여 몰수명령만을 청구할 수 있다.

② 검사는 제14조제2항의 사유가 있는 때에는 공소의 제기와 독립하여 추징명령만을 청구할 수 있다.

제17조(청구의 방식과 청구서) ① 제16조의 청구를 하려는 때에는 청구서를 관할 법원에 제출하여야 한다.

② 제1항의 몰수명령청구서에는 다음 각 호의 사항을 특정하여 기재하여야 한다. 다만, 제4호 및 제5호의 사항을 특정할 수 없는 경우에는 그 취지와 사유를 기재하여야 한다.

1. 몰수의 대상이 되는 재산
2. 몰수의 원인이 되는 범죄사실 및 그 적용법조와 죄명
3. 독립몰수를 필요로 하는 이유 및 적용법조
4. 피청구인 및 기타 권리자의 성명, 기타 이들을 특정할 수 있는 사항
5. 피청구인 및 기타 권리자의 주소, 기타 송달방법
6. 몰수대상재산의 소재 및 보전처분에 관한 사항

제20조(독립몰수·추징의 심리) ① 법원은 제16조의 청구에 대하여 심문기일을 열지 아니하고 심리할 수 있다.

제21조(독립몰수·추징의 명령) ① 법원은 제16조의 청구가 이유 있는 때에는 결정으로 몰수명령 또는 추징명령을 한다.

② 제1항의 결정은 몰수대상재산에 대한 참가인, 기타 권리자의 권리를 유보하고 할 수 있다.

③ 법원은 청구가 이유 없는 때에는 결정으로 청구를 기각한다.

④ 제14조제1항 각 호의 사유가 소멸하거나 존재하지 않음이 확인된 경우에는 결정으로 청구를 각하한다.

⑤ 제1항, 제3항 및 제4항에도 불구하고, 법원이 심문기일을 열어 심리한 경우에는 독립몰수 또는 독립추징에 관한 재판은 판결로써 한다.

제24조(독립몰수·추징 재판의 효력) 독립몰수·추징명령 및 그 청구를 기각하는 결정과 판결은 모든 사람에 대하여 효력이 있다. 다만, 몰수대상재산에 정당한 권리를 가진 사람으로서 귀책사유 없이 몰수절차에 참여할 수 없었던 자의 권리에는 영향을 미치지 아니한다.

그리고 개정안은 위 결정과 판결에 불복하는 절차도 함께 마련하였는데 법원의 결정에 대해서는 **즉시항고**[12]를 할 수 있고, 판결에 대하여는 상소로서 불복할 수 있으며 일정한 경우에는 **특별재심절차를 진행**할 수도 있도록 하였다.

관련조문

범죄수익은닉규제법 (개정안) 제22조(즉시항고) 제21조제1항, 제3항 및 제4항의 결정에 대하여 불복이 있는 경우에는 즉시항고를 할 수 있다.

제23조(특별재심절차) ①「형사소송법」제420조에 정한 사유 외에도 다음 각 호의 어느 하나에 해당하는 이유가 있는 경우 검사, 독립몰수·추징명령을 받은 자, 기타 권리자는 확정된 독립몰수·추징명령에 대하여 재심을 청구할 수 있다.

1. 피청구인 또는 기타 권리자가 책임질 수 없는 사유로 위 독립몰수·추징에 관한 재판 절차에 참가하지 못하였음이 증명될 때
2. 독립몰수·추징명령의 대상이 된 범죄수익에 관한 형사재판에서 무죄가 선고될 때

만약 위 개정안 또는 이와 유사하게 **범죄수익은닉규제법이 개정**되고, 해당 법률이 **부패재산몰수법등 다른 법률에 준용**되어 시행되게 되면 검사는 불기소 처분을 하면서도 범죄수익은닉규제법상 중대범죄, 부패재산몰수법상 부패범죄로 생긴 범죄수익등에 대하여 이를

12 즉시항고의 기간을 3일로 규정하고 있던 형사소송법 제405조에 대해 헌법재판소에서 헌법불합치 결정(2015헌바77)되어 2019. 12. 31. 형사소송법이 개정·시행되었으므로, 현재 즉시항고기간은 7일로 늘어나게 되었다.

독립적으로 몰수·추징할 것을 청구할 수 있게 된다. 특히 해외에 도피해 있는 다수의 중대범죄 사범, 보이스피싱 범죄로 해외 등으로 도주하여 지명수배 되어 있는 범인이 국내·외에서 보유하고 있는 범죄수익을 공소제기와 무관하게 독립적으로 몰수 또는 추징하여 환수하는 길이 열리게 된다.

마. 대법원 판례의 입장

독립몰수제도는 그 제도의 이름에서도 쉽게 유추할 수 있듯이 **주형으로부터 몰수형을 독립시키는 것**으로서 독립몰수제도가 실무상 문제된 사례와 관련하여 **대법원**은 ① 범인에 대한 공소제기가 없는 경우 즉 **범인이 도주하여 기소중지 처분**이 되는 경우 **몰수판결을 선고할 수 없다고 판시**하고 있다.[13]

나아가 **대법원**은 ② 피고인에 대해 **면소판결을 선고**하는 경우에도 「우리 법제상 **독립몰수 제도가 마련되어 있지 아니**하므로 **이때에도 몰수는 할 수 없다.**」고 판시[14]하여 같은 입장이고, ③ 공소시효과 만료되는 등 공소기각 판결을 선고하는 경우에는 이와 관련된 대법원 판례는 아직 확인되지 않고 있다.

또한 **대법원**은 「형법 제49조 단서는 형법 제48조의 몰수·추징 규정에 대한 특별 규정인 범죄수익은닉규제법 제8조 내지 제10조의 규정에 의한 몰수 또는 추징의 경우에도 마찬가지로 적용된다.」고 판시하여, **법률에 대한 개정 절차 없이**는 **범죄수익에 대한 몰수의 경우에도 몰수의 부가성은 그대로 적용된다**고 보고 있다.[15]

한편 최근 **대법원**은 이와 관련하여 「형법 제49조 단서는 '행위자에게 유죄의 재판을 하지 아니할 때에도 몰수의 요건이 있는 때에는 몰수만을 선고할 수 있다.'고 규정하고 있으나, 우리 법제상 공소의 제기 없이 별도로 몰수만을 선고할 수 있는 제도가 마련되어 있지 아니하므로, 위 규정에 근거하여 몰수를 선고하기 위해서는 몰수의 요건이 공소가 제기된 공소사실과 관련되어 있어야 하고, 공소가 제기되지 아니한 별개의 범죄사실을 법원이 인정하여 그에 관하여 몰수나 추징을 선고하는 것은 불고불리의 원칙에 위배되어 허용되지 않는다.」고 하여 이에 대한 **제도가 구비되지 않았기 때문에 독립몰수를 인정할 수 없다**는 취지로 판시하였다.[16]

---

13 대법원 1992. 7. 28. 선고 92도700 판결 참조.

14 대법원 2007. 7. 26. 선고 2007도4556 판결 참조.

15 대법원 2008. 11. 13. 선고 2006다4885 판결 참조.

16 대법원 2022. 12. 29. 선고 2022도8592 판결 등 참조.

바. 검토

이러한 대법원의 판시에는 동의하기 어렵다. 왜냐하면 위와 같은 대법원의 판시는 실제로 존재하는 **법률의 규정을 현재 제도가 구비되었는지와 같은 우연한 사정**에 따라 **전혀 달리 해석하게 된다**는 점에서 법률 규정의 해석 원칙에 어긋난다고 생각한다.

나아가 실제로 부패범죄를 저지르고 해외로 도주하여 공소제기 자체가 불가하거나 거액의 범죄수익을 취득하고 사망한 범인이 은닉한 재산에 대해 몰수·추징판결을 선고할 수 없다면 이와 같은 **불법·부당한 현상을 그대로 방치**하는 결과를 초래하게 되므로 **정의관념에 부합하지 않고 국민의 법감정에도 맞지 않는다.**

따라서 범인에 대한 공소제기 여부와 무관하게 몰수·추징의 요건을 구비하고 있다면 독립적으로 이에 대한 몰수·추징 판결을 선고할 수 있다고 봄이 상당하고 다만 **범인의 방어권 보장의 문제는 국회에서 입법으로 신속히 해결해야 할 문제**라 할 것이다(私見).

Ⅲ 물적(物的)·인적(人的)·지정(知情) 요건

1. 몰수의 물적 요건과 부가성

몰수의 물적 요건과 관련하여 위에서 검토한 바와 같이 「**독립몰수제도**」가 아직 도입되기 전인 **우리나라의 법체계와 대법원 판례**에 따라 형법 제49조 본문[17]의 규정에 의거하여 「**유죄판결**」**에 부가해서만 몰수형이 선고**될 수 있다. 비록 위 규정 단서에 유죄판결이 선고되지 않는 경우라고 해도 몰수만을 선고할 수 있다는 규정이 있지만, 실무상 이 규정이 적용되는 것은 사실상 불가능하다.

한편 몰수대상물 요건과 관련하여 범죄수익은닉규제법, 마약거래방지법, 부패재산몰수법 등은 범죄수익, 불법수익등을 몰수의 대상으로 규정하여 **기본적으로 「재산」을 몰수할 수 있도록** 하고 있으며 위 각 재산은 「**범죄행위와 관련된 재산**」으로 한정된다. 이 범죄행위와 관련된 재산은 **범죄행위에 제공**되거나(제공 물건), **생성**되거나(생성 물건), **취득**한 물건(취득 물건)을 의미하고 이는 모두 몰수대상이 된다.

---

17 형법 제49조(몰수의 부가성) 몰수는 타형에 부가하여 과한다. 단, 행위자에게 유죄의 재판을 아니할 때에도 몰수의 요건이 있는 때에는 몰수만을 선고할 수 있다.

2. 몰수의 인적 요건과 상대효

재산을 몰수할 수 있는지와 관련하여 중요한 요건이 바로 **인적 요건**으로 「**몰수대상물은 범인 이외의 사람의 소유에 속하지 아니하여야 한다.**」는 것이다. 쉽게 말해서 ① **공범 포함 범인의 소유**이거나, ② **무주물**인 경우, ③ **특별법상 제3자에게 참가절차를 고지하여 제3자에 대한 몰수판결을 선고**하는 경우 범인이 아닌 제3자 소유의 물건[18]을 몰수할 수 있다.

이와 관련하여 중요한 것이 「**몰수의 상대효**」라는 개념이다.[19] 우선 위 「범인」에는 공범이 포함되어 있으므로 **공범의 소유물도 범인에게서 몰수할 수 있다**. 이때의 범인에는 **공동정범, 교사범, 방조범** 등이 모두 포함된다.

판례

- **형법 제48조 제1항의 "범인"속에는 "공범자"도 포함되므로 범인 자신의 소유물은 물론 공범자의 소유물도 그 공범자의 소추 여부를 불문하고 몰수할 수 있고**(대법원 1984. 5. 29. 선고 83도2680판결, 대법원 2000. 5. 12 .선고 2000도745 판결 등 참조), **이는 범죄수익은닉의 규제 및 처벌 등에 관한 법률(이하 '범죄수익법'이라 한다) 제9조 제1항의 '범인'의 해석에서도 마찬가지**라고 할 것이다.[20]
- **마약거래방지법 제6조를 위반하여 마약류를 수출입·제조·매매하는 행위** 등을 업으로 하는 범죄행위의 정범이 그 범죄행위로 얻은 수익은 마약거래방지법 제13조부터 제16조까지의 규정에 따라 몰수·추징의 대상이 된다. 그러나 **위 정범으로부터 대가를 받고 판매할 마약을 공급하는 방법으로 위 범행을 용이하게 한 방조범**은 정범의 위 범죄행위로 인한 수익을 정범과 공동으로 취득하였다고 평가할 수 없다면 위 몰수·추징 규정에 의하여 정범과 같이 추징할 수는 없고, **그 방조범으로부터는 방조행위로 얻은 재산 등에 한하여 몰수,추징할 수 있다**고 보아야 한다.[21]

하지만 위와 같이 범인으로부터 공범 소유물을 몰수한다는 취지는 범인이 그 **공범 소유의 물건을 「소지」 하는 것을 금지한다**는 것일 뿐이고 실제 소유권자이지만 기소되지 않거

18 불법정치자금법 제12조 내지 제21조, 공무원범죄몰수법 제13조 내지 제22조, 마약거래방지법 제23조 내지 제32조에서 제3자 참가신청의 특례 규정을 두고 있고, 범죄수익은닉규제법, 부패재산몰수법은 마약거래방지법의 조문을 준용하여 제3자 참가신청의 특례를 인정하고 있다.

19 「주석형법」, 한국사법행정학회, 2011. 11.(제2판) 518면 이하 참조.

20 대법원 2013. 5. 23. 선고 2012도11586 판결 참조.

21 대법원 2021. 4. 29. 선고 2020도16369 판결 참조.

나 판결 주문에 공범이 등장하지 않는다면 해당 공범의 소유권 자체를 박탈할 수는 없다. 엄연히 **재산의 소유자는 공범**이므로 판결주문에 공범이 등장하지 않는다면 범인에 대한 몰수판결의 효력이 실제로 해당 공범에 미치지 않아 **몰수의 효력은 사람에 따라 결국 상대적**으로 발생하게 된다.

한편 **판례**는 **피고인이 명의신탁한 토지 및 그 지상 건물**에서 **수탁자와 공동하여 영업**으로 성매매알선 등 행위를 하여 **그 범행에 사용된 토지 및 건물을 몰수**한 사건에서, 범죄수익은닉규제법 제2조 제2호 나목 1호에서 규정한 「성매매알선 등 행위 중 성매매에 제공되는 사실을 알면서 자금·토지 또는 건물을 제공하는 행위」에 **스스로** 「성매매의 장소를 제공하는 행위」를 하는 경우도 포함되는 것으로 보아 **수탁자로부터 위 토지와 건물의 몰수를 명한 것과는 별도**로, **공동정범인 피고인**에 대하여도 **몰수를 명한 원심의 판단이 정당하다**고 판시한 사례도 있다.[22]

3. 몰수의 지정 요건과 특별법상 예외

물건을 소유자로부터 완전히 몰수하기 위해서는 그 물건의 소유자를 기소해서 유죄판결을 선고 받아야 한다. 그러나 기소가 되지 않는다 하더라도 제3자 소유의 물건을 몰수할 수 있는 예외적인 경우가 있는데 이것이 **몰수의 지정**(知情) **요건**이다. 즉 범죄 후 범인 이외의 제3자가 그와 같은 정을 알면서 물건을 취득하였다면 그런 제3자는 법에서 보호할 필요가 없기 때문에 그 제3자 소유의 재산을 몰수할 수 있도록 한 것이다. 위와 같은 **몰수의 지정 요건과 관련**하여 아래에서 검토하는 바와 같이 **부패재산몰수법에서 제3자 몰수·추징 규정**을 따로 두고 있다.

관련조문

부패재산몰수법 제4조(몰수의 요건 등) ① 제3조에 따른 몰수는 부패재산 또는 혼합재산이 범인 외의 자에게 귀속되지 아니한 경우에 한한다. 다만, **범인외의 자가 범죄 후 그 정(情)을 알면서 그 부패재산 또는 혼합재산을 취득한 경우**(그 부패재산 또는 혼합재산의 취득이「범죄수익은닉의 규제 및 처벌 등에 관한 법률」 제4조 단서에 해당하는 경우에는 제외한다)에는 그 부패재산 또는 혼합재산이 범인 외의 자에게 귀속된 경우에도 몰수할 수 있다.
② 부패재산 또는 혼합재산이 범인 외의 자에게 상속이나 증여 등으로 무상(無償) 또는 현

22 대법원 2013. 5. 24. 선고 2012도15805 판결 참조.

저한 저가(低價)로 귀속된 경우에는 범인 외의 자가 그 정을 알지 못하고 그 부패재산 또는 혼합재산을 취득한 때에도 전부 또는 일부를 몰수할 수 있다.

범죄수익은닉규제법 제4조(범죄수익등의 수수) 그 정황을 알면서 범죄수익등을 수수(收受)한 자는 3년 이하의 징역 또는 2천만 원 이하의 벌금에 처한다. 다만, 법령에 따른 의무 이행으로서 제공된 것을 수수한 자 또는 계약(채권자가 상당한 재산상의 이익을 제공하는 것만 해당한다) 시에 그 계약에 관련된 채무의 이행이 범죄수익등에 의하여 행하여지는 것이라는 정황을 알지 못하고 그 계약과 관련된 채무의 이행으로서 제공된 것을 수수한 자의 경우에는 그러하지 아니하다.

나아가 공무원범죄몰수법은 **특정공무원범죄** 중 **회계관계공무원이 국고 등의 횡령·배임행위를 통해 국가 또는 지자체에 손해**를 가하는 **국고손실죄 등을 범**한 경우 그 불법재산이 국가 또는 지자체의 소유였다면 그 소유권이 제3자에게 이전되었다고 하더라도 **제3자의 선의·악의를 불문하고 제3자로부터 이를 몰수할 수 있다는 규정**을 두고 있는데 이 또한 제3자 몰수·추징 규정이라고 볼 수 있다(이와 관련하여 구체적인 내용은, 본절 「**제3관 부패재산몰수법에 따른 제3자 몰수·추징**」 부분 참조).

관련조문

공무원범죄몰수법 제5조(몰수의 요건 등) ① 제3조에 따른 몰수는 불법재산 또는 혼합재산이 범인 외의 자에게 귀속되지 아니하는 경우에만 한다. 다만, **제2조제1호나 목의 죄와 같은 호 다목의 죄 중 「특정범죄가중처벌 등에 관한 법률」 제5조의 죄의 경우로서 불법재산 또는 혼합재산이 국가 또는 지방자치단체의 소유인 경우 및 범인 외의 자가 범죄 후 그 정황을 알면서도 그 불법재산 또는 혼합재산을 취득한 경우**(법령상의 의무 이행으로서 제공된 것을 취득한 경우나 채권자에게 상당한 재산상의 이익을 제공하는 계약을 할 당시에 그 계약에 관련된 채무 이행이 불법재산 또는 혼합재산에 의한다는 사실을 알지 못하고 그 계약에 관련된 채무의 이행으로 제공된 것을 취득한 경우는 제외한다)**에는 그 불법재산 또는 혼합재산이 범인 외의 자에게 귀속되었더라도 몰수할 수 있다**.

☞ 제2조(정의) 이 법에서 사용하는 용어의 뜻은 다음과 같다.

1. "특정공무원범죄"란 다음 각 목의 어느 하나에 해당하는 죄[해당 죄와 다른 죄가 「형법」 제40조에 따른 상상적 경합(想像的 競合) 관계인 경우에는 그 다른 죄를 포함한다]를 말한다.

나. 「회계관계직원 등의 책임에 관한 법률」 제2조제1호·제2호 또는 제4호(같은 조 제1호 또는 제2호에 규정된 사람의 보조자로서 그 회계사무의 일부를 처리하는 사람만 해

당한다)에 규정된 사람이 국고(國庫) 또는 지방자치단체에 손실을 입힐 것을 알면서 도 그 직무에 관하여 범한 「형법」 제355조의 죄

다. 「특정범죄가중처벌 등에 관한 법률」 제2조 및 제5조의 죄

위와 같이 **제3자 소유의 물건을 몰수**할 수 있는 **예외적인 경우** 즉 위 **부패재산몰수법, 공무원몰수법상 특별규정**에 해당하는 경우, 이를 제3자로부터 몰수하려면 제3자에 대한 참가절차를 거쳐야 한다. 이렇게 제3자에게 참가의 기회를 부여하여 **제3자가 형사재판에 참가**하고, **제3자로부터 그 소유의 물건을 몰수한다는 주문**이 있는 경우에야 **제3자 소유의 물건**에 대한 **몰수·추징의 집행**을 할 수 있음이 원칙이다(구체적인 제3자 참가절차와 관련하여서는 「**제3절 부패재산의 제3자 몰수·추징을 위한 제3자 참가절차**」 부분 참조)

물론 위와 같은 경우가 아니라 하더라도 법인에 대한 추징 판결을 제3자를 상대로 집행할 수 있는 예외 규정이 범죄수익은닉규제법과 공무원범죄몰수법에 존재하는데 해당 규정은 다음과 같은바, 이 또한 아래에서 자세히 살펴본다(「**제7절 부패재산 몰수 및 추징 판결의 집행과 불복 절차**」 부분 참조)

관련조문

범죄수익은닉규제법 제10조의2(추징 집행의 특례) 다중인명피해사고 발생에 형사적 책임이 있는 개인, 법인 및 경영지배·경제적 연관 또는 의사결정에의 참여 등을 통해 그 법인을 실질적으로 지배하는 자에 대한 이 법에 따른 몰수대상재산에 관한 추징은 범인 외의 자가 그 정황을 알면서 취득한 몰수대상재산 및 그로부터 유래한 재산에 대하여 그 범인 외의 자를 상대로 집행할 수 있다.

공무원범죄몰수법 제9조의2(불법재산 등에 대한 추징) 제6조의 추징은 범인 외의 자가 그 정황을 알면서 취득한 불법재산 및 그로부터 유래한 재산에 대하여 그 범인 외의 자를 상대로 집행할 수 있다.

Ⅳ 추징의 요건 및 추징액의 산정 기준

1. 추징의 형태와 일반 요건

추징은 형벌의 일종으로 부가형으로서의 몰수가 불가능하거나 몰수하기 적당하다고 인정되지 않는 경우 몰수를 대신하여 부과하는 것으로 그 근거가 되는 **일반 조문은 형법 제48조 제2항**의 **「일반추징」**이다.

관련조문

형법 제48조(몰수의 대상과 추징) ① 범인 외의 자의 소유에 속하지 아니하거나 범죄 후 범인 외의 자가 사정을 알면서 취득한 다음 각 호의 물건은 전부 또는 일부를 몰수할 수 있다.

1. 범죄행위에 제공하였거나 제공하려고 한 물건
2. 범죄행위로 인하여 생겼거나 취득한 물건
3. 제1호 또는 제2호의 대가로 취득한 물건

② 제1항 각 호의 물건을 몰수할 수 없을 때에는 그 가액(價額)을 추징한다.

그러나 국내법으로 범죄수익환수를 특별히 규정하는 **5대 특례법은 모두 범죄수익, 불법수익, 부패재산, 불법재산 등에 대한 이른바「특별추징」조항**을 별도로 두고 있다. 위 각 추징은 요건 면에서는 큰 차이가 없지만 **특별추징에 해당**하는 경우에만 **특별법에 따라 추징보전 조치가 가능**하고, **추징을 선고하기 위한 요건이 다르다**는 것이 주요한 특징이라 할 것이다.

다만 일반추징이든 특별추징이든 **범죄수익등을 몰수할 수 없을 때** 추징판결을 통해 그 효과를 대체하는 **기본적인 법리는 동일**하므로 그 추징금액을 어떻게 산정하는지 그 기준에 대해 일괄하여 정리해볼 필요가 있다.

2. 징벌적 추징과 이익박탈형 추징

가. 징벌적 추징의 경우

1) 징벌적 추징의 종류

추징은 크게 범죄로 벌어들인 수익을 박탈하는 의미의「**이익박탈형」추징**과 행위 그 자체를 벌하는 의미의「**징벌형」추징**으로 나누어진다.

징벌적 추징은 대법원 판례의 해석으로 인정되는 것으로 우리 대법원은 ① **관세법위반**죄(2005도3478), ② **마약류관리법위반죄**(2001도5158), ③ **외국환거래법위반죄**(95도2002), ④ 특정경제범죄가중법상 **재산국외도피죄**(94도1075), ⑤ **밀항단속법위반죄**(2008도7034) 등 약 5개의 특별법상 추징의 경우에만 **그 추징의 성격을「징벌적」으로 이해**하고 있다.

판례[23]

외국환관리법상의 몰수와 추징은 **일반 형사법의 경우와 달리 범죄사실에 대한 징벌적 제재의 성격을 띠고 있다**고 할 것이므로, 여러 사람이 공모하여 범칙행위를 한 경우 몰수대상인 외국환 등을 **몰수할 수 없을 때에는 각 범칙자 전원에 대하여 그 취득한 외국환 등의 가액 전부의 추징**을 명하여야 하고, 그 중 **한 사람이 추징금 전액을 납부**하였을 때에는 **다른 사람은 추징의 집행을 면할 것**이나, 그 **일부라도 납부되지 아니**하였을 때에는 **그 범위 내에서 각 범칙자는 추징의 집행을 면할 수 없다**.

이러한 징벌적 추징의 경우, **범죄로 실제로 벌어들인 수익이 얼마인지와 상관 없이 범죄행위에 관계된 재산 및 그 가액은 모두 몰수·추징의 대상**이 되고, 공범이 여러 명인 경우 **각 공범은 연대하여 추징금 전액에 대하여 책임**을 지며 공범 중 한 명이 추징금의 일부를 변제한 경우라면 그 범위 내에서 다른 공범들의 추징금액도 줄어들지만 **남은 추징금**에 대해서는 **여전히 다른 공범들은 모두 같은 금액의 범위 내에서 추징금 납부 의무**를 부담한다.

판례[24]

관세법상의 추징은 일반 형사법에서의 추징과는 달리 징벌적 성격을 띠고 있어 여러 사람이 공모하여 **관세를 포탈하거나 관세장물을 알선, 운반, 취득**한 경우에는 **범인 중 1인이 그 물품을 소유**하거나 **점유**하였다면 그 **물품의 범죄 행위 당시 국내도매가격에 상당한 금액**을 그 물품의 소유 또는 점유사실의 유무를 불문하고 **범인 전원으로부터 각각 추징할 수 있는 것**이고, **범인이 밀수품을 소유하거나 점유한 사실이 있다**면 압수 또는 몰수가 가능한 시기에 범인이 이를 소유하거나 점유한 사실이 있는지 여부에 상관없이 **관세법 제282조에 따라 몰수 또는 추징할 수 있다**(대법원 2007. 12. 28. 선고 2007도8401 판결 등 참조).

참고로 관세법위반죄에 따른 추징은 징벌적 추징에 해당하는데 그 추징금액의 산정 기준과 관련하여 **관세법**은 「**범칙 당시의 국내도매가격**」을 기준으로 **추징금을 산정**하도록 규정하는 등 법률로 추징금 산정 기준을 명확히 정하고 있는 경우도 있으므로 이를 유의하여야 한다(관세법 제282조 제3항 본문 참조).

---

23 대법원 1998. 5. 21. 선고 95도2002 전원합의체 판결 참조.

24 대법원 2018. 2. 8. 선고 2017도15561 판결 참조.

관련조문

관세법 제282조(몰수·추징) ① 제269조제1항(제271조제3항에 따라 그 죄를 범할 목적으로 예비를 한 자를 포함한다)의 경우에는 그 물품을 몰수한다. <개정 2019. 12. 31.>

② 제269조제2항(제271조제3항에 따라 그 죄를 범할 목적으로 예비를 한 자를 포함한다. 이하 이 조에서 같다), 제269조제3항(제271조제3항에 따라 그 죄를 범할 목적으로 예비를 한 자를 포함한다. 이하 이 조에서 같다) 또는 제274조제1항제1호(같은 조 제3항에 따라 그 죄를 범할 목적으로 예비를 한 자를 포함한다. 이하 이 조에서 같다)의 경우에는 범인이 소유하거나 점유하는 그 물품을 몰수한다. 다만, 제269조제2항 또는 제3항의 경우로서 다음 각 호의 어느 하나에 해당하는 물품은 몰수하지 아니할 수 있다. <개정 2013. 1. 1., 2019. 12. 31.>

1. 제154조의 보세구역에 제157조에 따라 신고를 한 후 반입한 외국물품
2. 제156조에 따라 세관장의 허가를 받아 보세구역이 아닌 장소에 장치한 외국물품
3. 「폐기물관리법」 제2조제1호부터 제5호까지의 규정에 따른 폐기물
4. 그 밖에 몰수의 실익이 없는 물품으로서 대통령령으로 정하는 물품

③ **제1항과 제2항에 따라 몰수할 물품의 전부 또는 일부를 몰수할 수 없을 때에는 그 몰수할 수 없는 물품의 범칙 당시의 국내도매가격에 상당한 금액을 범인으로부터 추징한다**. 다만, 제274조제1항제1호 중 제269조제2항의 물품을 감정한 자는 제외한다.

④ 제279조의 개인 및 법인은 제1항부터 제3항까지의 규정을 적용할 때에는 이를 범인으로 본다.

또한 대법원은 특정경제범죄가중법상 국외재산도피죄의 경우 그 **도피재산이 범인들이 아닌 회사 소유**라거나 **범인들이 이를 점유**하고 그로 인하여 이득을 취득한 바가 없다고 하더라도 **범인들 모두에 대하여 그 도피재산 가액 전부의 추징을 명**하여야 한다고 판시하였다.[25]

판례

특정경제범죄가중처벌등에관한법률 제10조 제3항, 제1항에 의한 몰수·추징은 **범죄로 인한 이득의 박탈을 목적으로 한 형법상의 몰수·추징과는 달리 재산국외도피 사범에 대한 징벌의 정도를 강화하여 범행 대상인 재산을 필요적으로 몰수**하고 그 **몰수가 불능인 때에는 그 가액을 납부**하게 하는 소위 징벌적 성격의 처분이라고 보는 것이 상당하므로 그 **도피재산이 피고인들이 아닌 회사의 소유**라거나 **피고인들이 이를 점유하고 그로 인하여 이득을 취한 바가 없다**고 하더라도 **피고인들 모두**에 대하여 그 **도피재산의 가액 전부의 추징**을 명하여야 한다.

25 대법원 2005. 4. 29. 선고 2002도7262 판결 참조.

한편 **마약류관리법위반죄**의 경우 마약류의 **소유자나 최종소지인**뿐만 아니라 동일한 **마약류를 취급한 자들은 모두 그 취급한 범위 내에서 가액 전부**의 **추징**을 명하여야 한다.[26]

판례

마약류 관리에 관한 법률상의 추징은 범죄행위로 인한 이득의 박탈을 목적으로 하는 것이 아니라 징벌적 성질을 가진 처분이므로 그 범행으로 인하여 이득을 취한 바 없다 하더라도 법원은 가액의 추징을 명하여야 할 뿐 아니라(대법원 1999. 7. 9. 선고 99도1695 판결 참조), **소유자나 최종소지인 뿐만 아니라 동일한 향정신성의약품을 취급한 자들에 대하여 그 취급한 범위 내에서 가격 전부의 추징을 명하여야** 한다(대법원 1989. 12. 8. 선고 89도1920 판결 참조). 한편, 몰수할 수 없는 때 추징하여야 할 가액은 범인이 그 물건을 보유하고 있다가 몰수의 선고를 받았더라면 잃었을 이득상당액을 의미한다고 보아야 하므로 **그 가액산정은 재판선고시의 가격을 기준으로 하여야** 하며(대법원 1991. 5. 28. 선고 91도352 판결 참조), **몰수, 추징의 대상이 되는지 여부나 추징액의 인정은 엄격한 증명을 필요로 하지 아니**한다(대법원 1993. 6. 22. 선고 91도3346 판결 참조).

2) 징벌적 추징금 집행을 위한 보전 처분 가부

징벌적 추징의 경우 실제로 취득한 이익을 기준으로 추징금을 산정하는 것이 아니므로 **향후 추징금 집행을 위하여 범인들의 일반, 특정 재산에 대한 처분을 금지하는 것이 가능한지 여부**가 문제된다. 이는 대법원이 특별하게 징벌적 추징을 인정하는 이유 및 마약거래방지법 등에서 추징보전을 인정하는 근거와 밀접히 관련되어 있는 것으로서 **실무상 매우 중요한 논점** 중 하나다.

이와 관련하여 **대법원**은 마약류범죄에서 취급한 **마약류 자체**는 마약류 불법거래 방지에 관한 특례법에서 정한 **「불법수익」에 해당하지 않**고, 마약류 자체가 같은 법 제13조에서 정한 몰수 대상 재산에 포함되는 것을 전제로 **그 가액의 추징금 집행을 담보하기 위한 추징보전명령을 할 수 없다고 판시**하여 **부정적인 입장**이다.[27]

---

26 대법원 2007. 3. 15. 선고 2006도9314 판결 참조.

27 대법원 2019. 6. 28.자 2018모3287 결정 참조.

판례

마약류 불법거래 방지에 관한 특례법(이하 '마약거래방지법'이라 한다)에서 정한 추징보전명령을 하려면 해당 재산이 마약거래방지법 제13조에서 정한 몰수 대상 재산에 포함되어야 하는데(제52조 제1항, 제16조), 마약거래방지법 제13조는 몰수 대상 재산 중 하나로 '불법수익'을 들고 있다.
마약류 관리에 관한 법률(이하 '마약류관리법'이라 한다)은 마약류 자체의 취급·관리를 적정하게 함으로써 오용 또는 남용을 방지하기 위하여 제정되었다(제1조). 이와 달리 마약거래방지법은 마약류와 관련된 불법행위를 조장하는 행위 등을 방지함으로써 마약류범죄의 진압과 예방을 도모하고 마약류관리법의 특례를 규정하기 위하여 제정되었다(제1조).
마약거래방지법 제2조는 제1항에서 '마약류'에 관하여 정의하면서 제3항에서 '불법수익'에 관하여 따로 정의하고 있다. **마약거래방지법은 불법수익에 초점을 두어 불법수익이 새로운 마약류범죄에 재투자되는 것을 방지하고 불법수익을 철저히 추적·환수하기 위한 각종 규정을 마련**하고 있고(제5조, 제7조, 제8조, 제13조, 제16조), 이와 별도로 마약류에 관한 규정을 두고 있다(제3조, 제4조, 제6조, 제9조).
마약거래방지법은 마약거래방지법 외에 마약류관리법, 그 밖의 법령에 따라 몰수할 수 있는 재산에 대해서도 몰수보전명령을 할 수 있는 것으로 정하였지만(제33조 제1항), **추징보전명령의 경우에는 마약거래방지법에 따라 추징해야 할 경우로 한정**하였다(제52조 제1항). **마약류관리법은 몰수할 수 있는 재산**으로 **'이 법에 규정된 죄에 제공한 마약류'와 '그로 인한 수익금'**을 구분하여 정하고 있다(제67조 본문).
이러한 **마약거래방지법의 입법 목적, 제정이유, 규정체계** 등을 종합하면, **마약류범죄에서 취급한 마약류 자체는 마약거래방지법에서 정한 불법수익에 해당한다고 보기 어렵다**. 따라서 **마약류 자체**가 마약거래방지법 제13조에서 정한 **몰수 대상 재산에 포함되는 것을 전제**로 **그 가액의 추징을 보전하기 위한 추징보전명령을 할 수는 없다**고 보아야 한다

위 대법원 결정에 따르면 징벌적 추징의 경우 **마약류 등 그 범행에 제공된 물건 가액 전체**를 **피보전채권으로 하여 추징보전명령을 하는 것은 허용되지 않고 실제로 얻은 수익금의 한도 내**에서 피보전채권액을 산정하고 **이를 보전하기 위한 보전명령만 제한적**으로 인정된다는 결론이 된다.

예컨대 관세법을 위반하여 100억 원 상당의 물건을 밀수하여 왔는데 범인은 이와 같은 범죄행위의 대가로 약 10억 원 상당의 이익을 보수로서 취득하였다면 범인을 기소하여 선고되는 **추징금의 액수는 범칙행위 당시 해당 물건의 국내도매 시가인 100억 원**이지만 위 100억 원 전체에 대한 추징보전명령을 발령할 수는 없고 **실제로 취득한 이익인 10억 원 상당을 추징예상금액으로 하는 보전명령만이 인정**된다는 것이다.

살피건대 **추징판결은 원칙적으로 몰수판결을 선고**하여야 함에도 **몰수가 불가능**한 경우 그 **재산의 가액에 대해 선고**하는 것이고 범행에 제공된 물건은 모두 몰수대상에 해당하므로 그 **물건 자체를 몰수할 수 없다면 그 가액을 추징**할 수밖에 없고 위 범행에 제공

된 물건의 가액을 징벌적으로 추징한다고 선언하는 이상 범인이 그 범행으로 얼마의 이익을 취득하였는지는 그 추징금의 집행을 위한 조치와는 무관하다고 보아야 한다.

나아가 **추징보전**은 향후 추징금의 집행을 보전하기 위한 것으로 **만약 대법원 판례의 입장과 같이 판단**하게 되면 위와 같이 **징벌적 추징을 선고**한다고 하더라도 **실제 취득한 이득액이 아닌 나머지 추징금액**에 대해서는 해당 판결이 확정된다 하더라도 향후 이를 집행하기 위하여 가압류 조치를 하는 등 **강제집행 절차를 진행할 수 있는지에 대한 논란이 발생**하게 된다. 그렇게 되면 위와 같이 **범인에 대해 징벌적 추징을 선고하는 의미가 반감될 수밖에 없다.** 범인에 대한 판결문에 범행에 제공된 물건 가액의 추징금액만 기재하여 선고될 뿐 실제로 이를 집행할 수 없다는 의미와 같게 되기 때문이다. 따라서 **위와 같이 실제로 얻은 이익에 한하여만 추징보전을 인정**하여야 한다는 **대법원의 결정**은 납득하기 어렵다(私見).

따라서 징벌적 추징을 인정하는 취지에 맞도록 실제 몰수할 수 있는 재산의 가액에 대해 추징금 판결을 선고한다면 그 인정되는 **추징금의 범위 내에서 보전조치** 뿐만 아니라 향후 판결이 확정되는 경우 이에 대한 **강제집행 절차를 진행**할 수 있다고 보아야 한다.

나. 이익박탈형 추징의 경우

1) 추징금 산정 기준

대법원은 몰수·추징의 대상이 되는지 여부 또는 추징액의 인정 등은 범죄구성요건 사실에 관한 것이 아니어서 엄격한 증명은 필요 없고 **자유로운 증명으로 충분**하나 이 또한 역시 **증거에 의하여 인정**되어야 함은 당연하고, 그 대상이 되는 **범죄수익을 특정할 수 없는 경우에는 추징할 수 없다**고 판시하고 있다.[28]

나아가 대법원은 추징해야 하는 재산의 가액은 **몰수가 불가능할 당시의 목적물의 객관적인 가액**이므로 추징가액산정은 범행으로 인한 **순이익만이 아니라 매출수익 전액**으로 보아야 하며, 순이익을 기초로 추징액을 산정하여야 한다는 피고인의 주장을 배척하였다.[29]

이때 **추징가액의 산정 시점**과 관련하여 **대법원**은 **원칙적**으로 추징가액은 **판결 선고시**의 가격을 기준으로 하나,[30] 예외적으로, 물건의 수수 당시부터 물건의 사용 등으로 가치의 감소가 예상되는 경우에는 **물건의 수수 당시**의 가격을 기준으로 하여야 한다고 판시하고

---

28 대법원 2008. 6. 26. 선고 2008도1392 판결 참조.

29 대법원 2012. 6. 28. 선고 2012도4399 판결, 2012도9693 판결 참조.

30 대법원 2008. 10. 9. 선고 2008도6944 판결 참조.

있다.[31] 위 물건의 수수 당시 가격을 기준으로 추징금액을 산정하여야 한다고 판시한 **대법원 판례의 구체적 사안**을 살펴보면, 피고인이 배임수재 범행을 저지르고 외제차를 받아서 사용하다가 수사가 시작되자 이를 즉시 처분한 경우 차량과 같은 물건은 수수 당시부터 그 사용으로 가치의 감소가 당연히 예상되므로 수수 당시의 외제차량의 가액을 산정하여 추징금액을 산정하여야 한다는 것이다. **범인이 향유하는 범죄수익등 전체에 대해 몰수 또는 추징을 함이 당연한 법리라는 점에서 타당한 판례**라고 생각한다.

2) 추징금 산정을 위한 공제 대상

범죄수익등을 취득한 경우 이는 원칙적으로 몰수하여야 하나 몰수할 수 없는 경우 그 가액을 추징하는데 그 **추징금액 또한 실제로 취득한 이득액에 한정**된다. 그런데 범죄수익등을 취득한 범인이 해당 범죄수익등을 공범에 분배하거나 종업원에게 급여를 주고 전기세, 수도세 등 공과금을 납부하는 등 다양한 방법으로 소비하게 된다. 이러한 경우 **범인으로부터 추징하여야할 금액을 어떻게 산정할 것인지**는 중요한 문제다.

기본적으로 **범죄수익은 범죄와 인과관계**를 가지고 **얻은 모든 재산**을 의미하는 것이고, **「순수익」을 의미하는 것이 아니**므로 범인 등을 상대로 **추징할 금원을 산정할 때 어떤 부분을 공제할 것인지 여부를 확정**하여야 한다. **대법원**이 범인에 대한 추징금액에서 **공제할 것**과 **그렇지 않은 것**을 판시한 내용을 표로 정리하여 보면 다음과 같다.[32]

연번	항목	공제여부	대법원 판례 사안
1	**비용** (공과금 등)	×	**2015도3331판결 등 다수**
2	**대가로 출연한 금원**	×	99도1638 판결 ☞ 땅 3필지를 뇌물을 취득하면서 **현저히 저가로 지급한 1,000만 원은 공제 X**
3	**공범에게 분배**한 범죄수익금[33] **(급여 제외)**	○	2018도6163 판결 ☞ 공범에게 지급한 금원이 **범죄수익 분배의 일환**이고 단순 급여라고 볼 수 없는 경우라면 **피고인이 아닌 공범인 직원으로부터 추징 ○**

31 대법원 2016. 7. 22 선고 2015도4216 판결 참조.

32 상세한 내용은, 「범죄수익환수 실무연구」, 서울중앙지방검찰청(2019), 101면 이하 참조

33 여기에서 **공범에게 지급된 금전이 범죄수익의 분배로 볼 수 있는지 아니면 단순한 공범에게 지급한 급여인지** 여부는 공범이 범행에 어느 정도 핵심적인 역할을 하였는지 여부를 기준으로 판단하게 된다. 즉,

연번	항목	공제여부	대법원 판례 사안
4	기타 공범으로 인정된 **종업원에게 지급**한 **급여**	×	2013도1859 판결 ☞ 공범인 종업원들이 지급받은 급여는 피고인이 성매매알선의 대가로 취득한 금품을 소비한 것에 불과하므로 공제 X ※ 이때, 종업원들이 취득한 급여는 '범죄행위의 보수로 취득한 재산'으로 보아 종업원들로부터 추징하여야 한다고 본 사례도 있음(대전지법 2018노1860)
5	성매매 여성, 안마사에 지급된 금원	○	2008도1365 ☞ 성매매 공범인 여성종업원과 안마사에게 지급된 금액은 **애초부터 지급이 예정되어 있던 금원이므로 공제 ○**
6	현장에서 압수된 현금	○	**인천지법 2014노4416 판결 등** ☞ 성매매 현장에서 압수된 현금은 **몰수대상**이고, 이는 **업주에 대한 추징금액에서 공제 ○**
7	공범 아닌 부하직원에 지급된 금전	X	2018도15855 ☞ 배임수재로 본인 甲은 3억 6,000만 원을 직접 받고, 부하직원 乙에게 1억 3,000만 원을 주도록 한 경우, **甲으로부터 4억 9,000만 원 전액 추징**
8	법인세, 소득세, 주민세, 부가세 등 세금	X	**2009도11660, 2008도1392 등 다수**
9	원천징수 된 근로소득세	○	**2012도534 판결** ☞ 알선수재자가 형식적인 고용계약에 따라 금원을 급여의 형식으로 받은 경우 추징할 알선수재액에서 **원천징수 된 근로소득세는 공제 ○**
10	게임장 운영시 이용자들에 환전해준 금액	○	**2014도4708 판결** ☞ 게임장 매출액에서 게임 이용자들에게 환전하여 준 금원은 피고인이 실질적으로 얻은 이익이 아니므로 공제하여야 함
11	성매매를 위해 건물을 임대한 경우 임대료	X	**2009도2223 판결** ☞ 임대료는 성매매 알선 등 행위에 소요되는 필요경비에 해당하므로 추징금에서 공제할 것이 아님

① **공범이 받은 돈이 '급여'의 수준인지,** ② **가담 기간이 얼마나 장기간인지,** ③ **공범이 맡은 역할이 무엇인지** 여부 등을 기준으로 공범이 범행에 중추적인 역할을 담당했는지를 판단해야 한다.

3) 실무상 추징금 산정이 문제되는 경우

추징금액의 산정과 관련하여 **별도의 추정 규정이 없는 한** 불법수익등으로 추정되지 않기 때문에 이를 **검사가 증거로서 이를 소명**하여야 한다. 그런데 일부 **특수한 범죄의 경우 그 수익의 규모를 쉽게 산정하기 어려운 것이 현실**이므로 우리 **판례**에서 추징금액의 산정 과정과 법리를 문제 삼고 있는 사례를 살펴볼 필요가 있다.

실무상 **추징금 산정의 법리가 문제되고 있는 주요 사례**는 다음과 같다.

연번	죄명	추징금 산정 기준	판례 사안
1	입찰방해	정상적인 낙찰가액 − 입찰이 방해됨으로써 발생한 낙찰가액(차액)	**서울중앙 2017노573**
		입찰방해 범행의 보수로 얻은 재산에 대한 추징 ☞ 한국전력 입찰시스템 담당자로부터 낙찰하한가를 알아내 이를 업자들에게 알려주고, 업자들로부터 2−10%의 현금을 받은 사안에서 **해당 금원은 중대범죄의 보수로 얻은 재산**에 해당	**광주고법 2016노187**
2	업무방해	대포통장을 판매하여 얻은 금전은 범죄수익 유래재산으로 추징 ☞ 위계로 은행을 속여 유령회사 명의 통장, 현금카드를 받은 경우, 통장 및 현금카드 자체가 범죄수익이고, 이를 판매하여 얻은 금원은 **범죄수익의 처분에 의해 얻은 재산**에 해당	**광주지법 목포지원 2018고단793 판결**
3	음란물 유포	음란물 사이트 운영과정에서 취득한 회원들의 결제대금, 상업광고(배너) 수익, 사이트 내부 유료 카페 사이트 운용 수익 등	**수원지법 2017고단2884 판결**
4	증권범죄	자본시장법상 미공개중요정보이용, 주가조작 등 사기적 부정거래의 경우 ☞ 부당이득액 차액산정방식(거래로 인한 총 수입액 − 거래를 위한 총 비용)	**2009도1374판결** (위반행위와 부당이득 사이의 인과관계에 대해 엄격한 증명을 요구)

3. 추징금액 산정시 고려할 사항

가. 범죄수익등의 귀속 주체를 명확히 하여 금액 산정

부패재산몰수법상 부패범죄의 경우 범인이 부패재산 등을 다른 사람에게 전달해 달라는 취지로 교부받은 다음 해당 금품을 그 교부의 취지에 맞도록 사용한 경우 해당 범죄수익등을 누구로부터 몰수 또는 추징할 것인지에 대한 문제가 있다.

대법원은 **정치자금을 수수**한 다음 **제공한 사람의 뜻에 따라 이를 전달**한 경우에는 **그 부분의 이익은 법인에게 귀속된 것이 아니**므로 이를 **제외한 나머지 금품만을 몰수 또는 추징**하여야 한다고 판시하고 있다.[34] 이와 관련된 사례들은 다음과 같다.

판례

- 부정이익이 변호사법위반죄의 공동 피고인 수인에게 분배된 경우 **각자로부터 실제로 분배받은 금품만을 개별적으로 몰수하거나 그 가액을 추징**하여야 하고 위와 같은 청탁을 한다는 명목으로 받은 금품 중의 일부를 **실제로 금품을 받은 취지에 따라 청탁과 관련하여 관계공무원에게 뇌물로 공여한 경우에도 그 부분의 이익은 실질적으로 피고인에게 귀속된 것이 아니므로 그 부분을 제외한 나머지 금품만을 몰수하거나 그 가액을 추징**하여야 한다.[35]
- 피고인이 갑, 을과 공모하여 정보통신망을 통하여 음란한 화상 또는 영상을 배포하고, 도박사이트를 홍보하였다는 공소사실로 기소되었는데, 원심이 공소사실을 유죄로 인정하면서 피고인이 범죄행위에 이용한 웹사이트 매각을 통해 취득한 대가를 형법 제48조에 따라 추징한 사안에서, 위 웹사이트는 범죄행위에 제공된 무형의 재산에 해당할 뿐 형법 제48조 제1항 제2호에서 정한 '범죄행위로 인하여 생하였거나 이로 인하여 취득한 물건'에 해당하지 않으므로, **피고인이 위 웹사이트 매각을 통해 취득한 대가는 형법 제48조 제1항 제2호, 제2항이 규정한 추징의 대상에 해당하지 않는다.**[36]
- 피고인이 관계 **공무원에게 교부하였다는 일부 금원 역시 평소 그들이 피고인의 부탁을 들어준 데 대한 감사와 앞으로도 피고인이 부탁할 내용에 대하여 잘 보아달라는 취지**로 피고인의 **독자적인 판단에 따라 사례의 뜻으로 제공**한 것에 불과하므로 이는 **추징액에서 공제할 수 없다.**[37]

나아가 배임수재죄에서 **수재자가 받은 금원을 그 제공자에게 반환**하였다고 하더라도 받은 **금원 자체를 그대로 반환한 것이 아니**라 그 **금전을 소비한 다음 반환**하였다면 **수재자**로부터 **수재자가 받은 금원 전부를 추징**하여야 한다.[38]

34 대법원 2004. 12. 10. 선고 2004도5652 판결 참조.
35 대법원 1993. 12. 28. 선고 1993도1569 판결 참조
36 대법원 2021. 1. 14. 선고 2021도7168 판결 참조..
37 대법원 1999. 6. 25. 선고 99도1900 판결 참조.
38 대법원 2010. 1. 28. 선고 2009도9459 판결 참조.

나. 공범의 경우 실질적으로 귀속된 금액 추징 원칙 및 균등 추징의 예외

공범에 대한 추징은 원칙적으로 공범에 따라 **각각 실질적으로 귀속된 이익**금만을 개별적으로 추징하여야 한다.

이와 관련하여 **대법원 판례**는 ① 법인이 횡령한 금원 중 일부를 제3자에 교부하였고, **제3자가 피고인이 교부한 자금이 위와 같이 횡령한 자금임을 잘 알면서도 이를 받아 방조범으로 입건**되어 기소유예 처분을 받은 사안에서 **제3자에게 교부한 자금**은 법인에게 귀속되는 것이 아니어서 이를 **추징금에서 제외**하여야 한다고 판시하였다.[39] 나아가 ② **사행행위 영업**을 하면서 **법인 외에도 게임장을 함께 운영한 다른 법인이 존재**하는 경우 공범들 각각에게 실질적으로 귀속된 이익액을 산정하지 아니하고 **한 명의 법인에게 모든 이익금의 추징을 명**하는 것은 **부당**하다고 판시하였다.[40]

한편 **개별적으로 추징가액을 산정할 수 없다고 인정**될 때에는 추징금액을 **평등하게 분할하여 그 가액을 추징**한다.[41]

V 법인 및 대표자에 대한 몰수 및 추징의 법리

1. 생각해볼 사례

교육청에서 발주하는 관급공사에 LED 전등을 납품하고 싶은 A회사의 대표 甲은 교육청에 연줄이 있는 B 회사 대표 乙에게 교육청 공무원에 청탁해 달라고 부탁하고, 이에 乙은 공무원 취급 사무에 관한 청탁·알선 명목으로 B 회사 기업계좌로 3억 원을 지급받았다. 이러한 경우 3억 원은 **법인 B로부터 추징해야 할지 아니면 대표 乙로부터 추징할 것인지**가 문제된다.

우리 사회의 경제활동은 대부분 회사 즉 법인을 통해 이루어지는데 그 실제 행위자는 법인이 아니라 대표자 또는 직원 등 사람을 통해 이루어진다. 그런데 그 **경제활동이 법인의** 「**이름**」으로 이루어지고, **대표자는** 「**대리인**」**에 불과**하기 때문에 **이익도 형식적으로는 법인에게 귀속**되는 경우가 많다. 하지만 법인과 대표자의 관계에 비추어 **실질적으로 그 이익을 대표자**가 누리는 경우가 많기 때문에 이러한 경우에 실제 행위를 한 법인의 대표자로

39 대법원 2004. 10. 27. 선고 2003도6738 판결 참조.
40 대법원 2007. 11. 30. 선고 2007도635 판결 참조.
41 대법원 2013. 1. 10. 선고 2012도13999 판결 참조.

부터 범죄수익을 몰수·추징할 수 없을지 검토가 필요하다.

이처럼 법인의 대표자가 중대범죄를 범하였는데, 그 이익이 법인으로 귀속된 경우 누구로부터 어떻게 추징을 할 것인지를 결정하는 것이 「**법인 및 대표자에 대한 몰수·추징**」에 관한 논의로 실무상 매우 많이 문제되고 있다.

2. 대법원 판례의 입장

대법원은 「사업주의 업무와 관련하여 범죄수익등 수수행위를 한 자는 그 수수행위로 인한 법률관계가 사업주에게 귀속되는 것과는 무관하게 **실제 수수행위를 한자로서의 죄책**을 면할 수 없고…(중략)…**행위자인 피고인으로부터 몰수·추징**을 할 수 있고, 피고인이 개인적으로 실제 사용한 금품이 없다고 해도 마찬가지이다」라고 판시하여 명시적으로 **실제 행위자인 대표자로부터 몰수·추징을 할 수 있다는 입장**이다.[42]

대법원이 구체적으로 그와 같이 해석한 이유를 설명한 판결은 아래와 같다.

판례

법인은 기관인 자연인을 통하여 행위를 하게 되는 것이기 때문에, **자연인이 법인의 기관으로서 범죄행위를 한 경우**에도 **행위자인 자연인이 범죄행위에 대한 형사책임을 지는 것**이고, 다만 법률이 목적을 달성하기 위하여 특별히 규정하고 있는 경우에만 **행위자를 벌하는 외에 법률효과가 귀속되는 법인에 대하여도 벌금형을 과할 수 있을 뿐**이다.

피고인이 회사의 기관으로서 외국환관리법 제30조 제1항 제4호에 해당하는 행위를 하고 당해행위로 인한 대가로 수수료를 받았다면 **수수료에 대한 권리가 회사에게 귀속된다고 하더라도 행위자인 피고인으로부터 수수료로 받은 외국환 등을 몰수하거나 추징할 수 있다.**

따라서 위 대법원 판례의 법리를 위 사례에 적용하면 乙이 변호사법위반죄로 취득한 금전 3억 원이 乙이 대표로 있는 B 법인 계좌로 입금되어 B에게 귀속되었고, **乙이 실제로 이에 대해 이익을 본 것이 없다고 하더라도 乙로부터 추징할 수 있다**고 봄이 상당하다. 그러나 언제나 대표자인 乙로부터 범죄수익을 몰수·추징할 수 있는 것은 아니고 **일정한 요건을 구비하는 경우에 한하여** 실제 대표자이자 범죄수익을 향유한 乙로부터 이를 환수하는 것이 가능하므로 이에 대한 추가적인 검토를 요한다.

42 대법원 2015. 1. 15. 선고 2012도7571판결 참조.

3. 실질적 귀속 관계에 대한 검토

B 법인이 1인 회사이거나, **乙이 사실상 소유하거나 관리하는 법인**이라면 B 법인 계좌로 돈이 입금되었다 하더라도 그 법인 계좌가 대표자인 乙이 실질적으로 소유, 관리하는 계좌에 불과하게 되므로 **이를 B가 아닌 乙로부터 추징할 수 있는지 여부를 검토**해야 한다.

이에 대해 우리 **대법원 판례 및 하급심 판결**은 「**경제적 실질**」을 고려하여 법인 명의 계좌에 입금된 것이 범인 외의 자에게 귀속된 것으로 볼 수 없다면 **대표자인 피고인으로부터 추징하여야 한다고 판단**하고 있다. 상세한 사실관계는 다음과 같다.

사례[43]

(전략) 범죄수익은닉의 규제 및 처벌 등에 관한 법률 제9조 제1항과 관련한 몰수대상재산이 누구에게 귀속되었는지 여부는 민사법의 영역에서 정하여지는 소유의 개념과 동일하게 해석할 수는 없고 **그 경제적 실질에 비추어 판단함이 상당**하다. 따라서 이 사건에서는 부정거래행위로 얻은 이익이 실질적으로 피고인에게 귀속되었음이 증거에 의하여 인정될 수 있다면 이를 추징할 수 있다.

A 법인은 피고인만이 주주인 1인 회사인 점, 2014. 10. 16. 매도한 B법인 주식 매도대금 약 20억 원 중 10억 원은 피고인 명의의 국민은행계좌로 이체되어 B법인 전환사채 인수자금으로 사용되고, 5억 원은 피고인 명의의 우리은행계좌로 이체되어 본인의 대출금을 상환하는 데 사용되었으며, 약 2억 원은 공범인 신■■에게 빌려주어 투자된 것으로 나타나는 등 A법인의 자금이 피고인의 개인자금과 구분되지 않은 채 운용되고 있었던 것으로 보이는 점 등에 비추어 보면, A법인명의 계좌에서 B법인의 주식을 매도하여 얻은 이익은 범인 외의 자에게 귀속되지 아니하였다 할 것이므로, 이 부분 418,716,239원을 피고인으로부터 추징한다.

결국 대표자인 피고인에 대한 추징금 선고는 **법인에게 귀속된 자금**이 **경제적 실질**에 비추어 **피고인에게 귀속되어 있음**이 입증되는지 여부에 따라 결정된다 할 것이다.

---

43 서울남부지법 2017고합205 판결(서울고등법원 2018. 5. 31. 선고 2017노3276 판결 및 대법원 2019. 5. 30. 선고 2018도9806 판결로 확정) 참조.

4. 양벌규정으로 처벌받는 법인에 대한 몰수·추징 선고 및 집행 가부

반대로 법인이 양벌규정에 따라 처벌되고 이에 부가하여 **추징금을 선고**받는 경우 **추징금의 집행을 위해 법인 명의의 재산을 책임재산으로 삼아 집행할 수 있을지 여부**도 문제다. 이는 법인이 대표자의 위법행위에 따라 양벌규정으로 처벌되는 경우 **법인 명의의 재산에 추징금을 집행할 수 있는지**에 관한 것이다.

법인이 양벌규정으로 기소되어 처벌받고 **대표자가 저지른 본범이 부패범죄**에 해당하며 이에 대해 몰수·추징을 하는 경우 **양벌규정으로 처벌받는 법인**에 대해서도 당연히 **몰수·추징을** 할 수 있고 **이때 법인 소유의 재산에 대해서도 이를 집행할 수 있다**고 봄이 상당하다. **대법원 판례 또한 같은 입장**이고,[44] 그 상세한 내용은 아래와 같다.

판례

(전략) **법인의 사원 직원 사용인 종업원 등은 법인에 비하여 일반적으로 그 자력에 있어서 열등**하고 따라서 거액의 범칙에 대하여 무자력자인 여사한 개인에게 추징을 과한다 하여도 그 실효를 걷을 수 없고 결국은 국가손실에 귀착할 것이오, 그 반면 법인은 추징을 면하므로 인하여 **범죄에 의하여 불법 이익을 보유함에 이르게 됨에 비추어 유자력자인 법인에게 추징을 과하여야 할 것임은 당연한 귀결**이기 때문이다. **그러므로 관세법 제210조에 의하여 법인에게 형사책임을 문책하여 처벌하는 이상 부가형인 몰수추징도 이를 과하여야 할 것이며 또 그 처벌되는 행위에 의한 법인의 불법이익 보유의 폐를 제거**하여야 할 것이다.

Ⅵ 부패재산몰수법에 따른 혼합재산에 대한 몰수

1. 혼합재산의 개념

혼합(混合)은 「**뒤섞어서 한데 합한다**」라는 뜻으로 **혼화(混和)의 개념과 흡사**한데 혼합재산이라는 용어는 혼화 등의 개념으로는 제대로 몰수하기 어려운 **부동산 등 불가분물에 대한 일부 몰수(지분몰수)를 해결하기 위하여 도입**된 개념이다. 혼합재산의 비율은 혼합재산의 형성에 있어서 부패재산과 그 외의 재산이 어느 정도의 비율로 섞여 있는가에 따라 결정되는데 이 경우 부패재산의 비율은 검사가 입증하여야 한다.

---

44 대법원 1961. 6. 7. 선고 4293형상923 판결 참조.

한편 환수를 규율하는 5대 법률은 혼합 또는 혼화라는 용어를 섞어서 사용하고 있는바, 이를 간단한 표로 정리하면 아래와 같다.

법률 명칭	몰수대상(A)	기타 몰수대상 아닌 재산과 합해진 경우(B)	(B)의 몰수 범위
마약거래방지법	불법재산	**혼합재산**[45]	**A의 금액 또는 수량**
범죄수익은닉규제법	몰수대상재산	**혼화재산**	A의 금액 또는 수량
부패재산몰수법	부패재산	**혼합재산**	A의 비율
공무원범죄몰수법	불법재산	**혼합재산**	A의 비율
불법정치자금법	불법재산	**혼합재산**	A의 비율

2. 혼합재산을 구성하는 부패재산의 비율 범위 몰수(구체적인 사례)

부패재산몰수법은 몰수하는 부패재산이 부패재산 외의 재산과 합하여진 경우에는 부패재산과 그 외의 재산이 합하여진 재산 즉 「**혼합재산**」 중 **부패재산의 비율에 상당하는 부분을 몰수할 수 있다고 규정**하고 있다(동법 제3조 제2항 참조).

관련조문

부패재산몰수법 제3조(부패재산의 몰수) ② 제1항에 따라 몰수하는 부패재산이 부패재산 외의 재산과 합하여진 경우에는 부패재산과 그 외의 재산이 합하여진 재산(이하 "혼합재산"이라 한다) 중 부패재산의 비율에 상당하는 부분을 몰수할 수 있다.

실제로 부패재산과 부패재산이 아닌 재산이 함께 혼합되어 이를 분리할 수 없는 경우 해당 재산 전체를 몰수할 수 있다고 한다면 적법하게 형성된 재산까지도 한꺼번에 박탈하게 되는 결과가 되어 부당하기 때문에 그 **부패재산의 비율에 상당하는 부분에 한하여 환수할 수 있도록 입법으로 제한**한 것이다.

한편 **이러한 법리가 부패재산에 대한 추징에도 적용될 것인지에 대한 문제**가 있는데 부패범죄를 저지른 범인인 제3자에 대하여 하는 추징은 몰수가 불가능한 경우에 하는 것이

45 마약거래방지법의 경우, 2009. 11. 2. "어려운 법령 용어 순화"의 일환으로 법률이 개정되면서 '혼화'에서 '혼합'으로 용어만 바뀌었을 뿐, 그 몰수의 범위는 범죄수익은닉규제법상 혼화 재산의 몰수범위(금액 또는 수량)와 동일하다는 점이 특징이라 할 것이다.

고 **추징금의 집행은 부패재산 자체가 아닌 일반재산에 대하여도 가능**하므로 위 재산이 **혼합재산**이라 하더라도 부패재산을 환수하기 위한 **추징금 집행대상 재산으로 삼을 수 있다.** 다만 위 혼합재산을 구성하는 일반재산을 담보하기 위해 저당권 기타 권리가 이미 설정되어 있는 경우 해당 권리가 우선함은 당연하다.

이러한 **부패재산 비율에 따른 몰수는 실무상 여러 가지 의문**을 불러올 수 있다. 특히 **구체적인 사례**를 하나 상정하여 보면 고액의 부동산을 매입하는 과정에서 **일부는 부패범죄로 취득한 부패재산**을 이용하고, **나머지는 은행권으로부터 적법하게 대출을 받은 다음 근저당권을 설정**하여 두었는데 해당 부동산 전부를 몰수보전할 수 있을 것인지, 해당 부동산에 대한 몰수판결을 선고해 이를 집행할 수 있는지의 문제다.

이와 관련하여 **대법원**은 필로폰 거래를 위하여 사용된 계좌 명의인이 필로폰 거래를 위한 대금이 입금된 후 그 입금액과 동액 또는 그 이상의 예금이 인출된 사실을 내세우며 예금계좌에 입금된 불법수익 상당액이 다시 외부로 인출된 사실이 밝혀진 경우 해당 계좌에 잔존하는 자금을 몰수하기 위해서 **검사가 「입금되었던 불법수익의 전부 또는 일부가 아직 해당 예금계좌에 잔존하고 있음을 입증하여야 한다.」**고 한다고 판시하였다.[46] 다만 이와 같이 마약거래를 통해 취득한 불법수익이 계좌에 입금되었고 그 중 불법수익을 명확하게 특정할 수 없다면 계좌 자체에 대한 몰수를 구할 것이 아니라 계좌에 들어 있는 예금채권을 일반재산으로 하여 추징금을 집행하는 대상 재산으로 삼는 것은 아무런 문제가 없다.

판례

마약류불법거래방지에관한특례법(다음부터 특례법이라고만 한다) 제13조, 제14조, 제15조의 규정을 종합하여 볼 때, 불법수익 등이 정을 아는 제3자에게 이전되어 제3자의 고유재산과 혼화된 경우에도 그 혼화재산 중 불법재산의 금액 상당액은 특례법에 의한 몰수 대상이 된다고 봄이 상당하지만, 불법수익 등이 예금계좌에 입금되는 방법으로 수수되고 이후 동액 이상의 금원의 인출이 있었으며 인출자의 의도 등 관련 정황으로 미루어 해당 불법수익 등에서 유래한 재산이 인출되었음이 드러난 경우에는 그 불법수익 등은 그 계좌의 예금 아닌 다른 형태로 전환되었다고 보아야 하고 해당 예금계좌의 잔여예금 채권은 혼화재산으로서의 성질을 상실하여 특례법에 의한 몰수대상은 되지 않는다고 보아야 하며, 예금주가 불법수익 입금 이후에 그 입금과 동액 또는 그 이상의 예금이 인출된 사실을 내세우며 예금계좌에 입금된 불법수익 상당액이 다시 외부로 인출되었다고 주장하여 그 사정이 밝혀진 경우에는 **그 예금계좌의 잔존액의 몰수를 청구하는 검사로서는 입금되었던 불법수익의 전부 또는 일부가 아직 해당 예금계좌에 잔존하고 있음을 입증하여야 한다**.(중략)

46 대법원 2004. 4. 16. 선고 2003도7438 판결 참조.

이러한 사실들에 기소된 불법수익인 예금액을 기준으로 보아 참가인이 피고인 ○○○ 및 □□□의 부탁을 받고 송금받은 불법수익보다 출금하여 준 금액이 더 다액인 점, 기소된 입출금이 모두 종료한 이후 한 때 이 사건 계좌의 잔고가 완전히 소멸하였고 그 후에 입금된 금원에 불법수익이 있는 것으로는 보이지 않는 점 등을 함께 고려할 때, 이 사건 계좌에 입금된 불법수익은 이미 모두 인출되어 □□□ 또는 다른 관련자들에게 교부되었거나 가령 기소되지 아니한 불법수익의 입금이 더 있다고 하더라도 참가인에 의하여 인출되어 소비되었다고 봄이 상당하고, 이러한 사정에 위의 법리를 비추어 보니, **참가인의 이 사건 계좌에 불법수익이 입금되었다고 하더라도 그 불법수익이 모두 인출되어 □□□ 또는 제3자에게 건네진 이상 이 사건 계좌에 불법수익의 전부 또는 일부가 남아 있음이 증명되지 못하였다고 할 것이다**. [대법원 2004. 4. 16. 선고 2003도7438 판결 참조]

혼합재산의 환수와 관련된 유사한 문제로 부패재산에 대해 몰수보전 또는 추징보전명령이 발령되었으나 해당 재산에 다른 적법한 재산적 권리가 얽혀 있는 경우 그 재산에 대한 몰수 또는 추징 판결을 선고하고 이를 집행할 수 있는지, 우선순위를 어떻게 가릴 수 있는지가 실무상 매우 많이 문제된다. 부패재산몰수법 및 마약거래방지법은 이러한 몰수보전명령 등의 효력과 집행에 대해 자세한 규정을 마련하고 있고, 이는 혼합재산에 대한 환수와 긴밀한 관련이 있으므로 여기에서 이에 대해 함께 살펴본다.

3. 부패재산에 대한 몰수보전 이후 처분이 있더라도 몰수재판 가능(원칙)

관련조문

부패재산몰수법 제8조(「마약류 불법거래방지에 관한 특례법」의 준용) 이 법에 따른 몰수 및 추징과 국제공조에 관하여는 「마약류 불법거래방지에 관한 특례법」 **제19조부터 제63조까지**, 제64조제2항 및 제65조부터 제78조까지의 규정을 준용한다.

마약거래방지법 제36조(몰수보전의 효력) 몰수보전된 재산(이하 "몰수보전재산"이라 한다)에 대하여 그 보전 후에 된 처분은 몰수에 관하여 그 효력을 발생하지 아니한다. 다만, **제47조제1항 본문**에 따른 경우(**제50조제4항 및 제5항에 따라 준용되는 경우를 포함한다**)와 **몰수보전명령에 대항할 수 있는 담보권의 실행으로서의 처분인 경우**에는 그러하지 아니하다.

☞ **제47조(강제집행의 대상이 된 재산의 몰수제한)** ① 몰수보전되기 전에 강제경매 개시 결정 또는 강제집행에 의하여 압류된 재산에 대하여는 몰수재판을 할 수 없다. 다만, 다음 각 호의 어느 하나에 해당하면 몰수재판을 할 수 있다.

1. 압류채권자의 채권이 가장된 것일 때
2. 압류채권자가 몰수대상재산이라는 사실을 알면서 강제집행을 신청한 때
3. 압류채권자가 범인일 때

☞ 제50조(그 밖의 절차와의 조정) ④ 다음 각 호의 어느 하나에 해당하는 경우 이러한 재산의 몰수제한에 관하여는 제47조를 준용한다.

1. 몰수보전이 되기 전에 그 몰수보전의 대상이 된 재산에 대하여 가압류가 있는 경우
2. 몰수대상재산상에 존재하는 지상권·저당권 또는 그 밖의 권리로서 부대보전명령에 따라 처분이 금지된 것에 대하여 그 처분금지 전에 가압류가 있는 경우

⑤ 다음 각 호의 어느 하나에 해당하는 경우 이러한 재산의 몰수제한에 관하여는 제47조제1항 본문을 준용한다.

1. 몰수보전이 되기 전에 그 몰수보전의 대상이 된 재산에 대하여 체납처분에 의한 압류가 있는 경우
2. 몰수보전이 되기 전에 그 몰수보전의 대상이 된 재산을 가진 자에 대하여 파산선고등이 있는 경우
3. 몰수보전이 되기 전에 그 몰수보전의 대상이 된 재산을 가진 회사에 대하여 정리절차 개시결정이 있는 경우

부패재산몰수법은 이 법에 따른 몰수 및 추징과 관련하여 마약거래방지법 해당 규정을 준용하도록 하고 있는데(동법 제8조 참조), **마약거래방지법**은 **몰수보전된 재산**에 대하여 **그 보전 후에 된 처분**은 **몰수에 관하여 그 효력을 발생하지 아니함이 원칙**이라 규정하고 있다(동법 제36조 본문).

그런데 위 몰수보전 이전에 부패재산에 대하여 ① **강제경매가 이미 개시**되었거나(마약거래방지법 제47조 제1항 본문 참조), ② **몰수보전 되기 이전에 이미 재산에 가압류**가 있는 경우 등(마약거래방지법 제50조 제4항 참조), ③ **몰수보전이 되기 전**에 그 **몰수보전의 대상이 된 재산에 대하여 체납처분에 의한 압류**가 있는 경우 등(마약거래방지법 제50조 제5항 참조), ④ **몰수보전 명령에 대항할 수 있는 담보권의 실행으로서 처분**인 경우 등은 제외한다(마약거래방지법 제36조 단서 후문 참조). 이하에서 분설한다.

4. 부패재산 몰수보전 이전 강제경매 개시된 경우 몰수재판 불가(예외 ①)

관련조문

마약거래방지법 제47조(강제집행의 대상이 된 재산의 몰수제한) ① **몰수보전되기 전에 강제경매 개시 결정 또는 강제집행에 의하여 압류된 재산**에 대하여는 몰수재판을 할 수 없다. 다만, 다음 각 호의 어느 하나에 해당하면 몰수재판을 할 수 있다.

1. 압류채권자의 채권이 가장된 것일 때
2. 압류채권자가 몰수대상재산이라는 사실을 알면서 강제집행을 신청한 때
3. 압류채권자가 법인일 때

마약거래방지법은 예외적으로 **몰수보전된 재산에 대하여 몰수에 대항할 수 있는 경우**, 즉 몰수보전된 재산이라 하더라도 형사재판에서 몰수판결을 선고할 수 없는 경우를 다음과 같이 규정하고 있다.

일단 **몰수보전 되기 前**에 **강제경매 개시 결정** 또는 **강제집행에 의하여 압류**된 재산에 대하여는 몰수재판을 할 수 없다(마약거래방지법 제36조 단서, 제47조 제1항 본문 참조). 다만 이 경우에도 ㉠ **압류채권자의 채권이 가장**된 것일 경우(제47조 제1항 단서 제1호), ㉡ 압류채권자가 **몰수대상재산이라는 사실을 알면서 강제집행을 신청**한 때(같은 단서 제2호), ㉢ **압류채권자가 법인**일 때(같은 단서 제3호)에는 몰수보전에 우선하는 강제집행의 효력을 인정할 수 없으므로 몰수재판을 할 수 있게 된다. 위와 같은 경우에는 몰수보전에 우선하는 강제집행권자를 보호할 필요가 없기 때문이다.

5. 몰수보전이 되기 전에 그 몰수보전의 대상이 된 재산에 대하여 가압류가 있는 경우 등에는 몰수재판 불가(예외 ②)

관련조문

마약거래방지법 제50조(그 밖의 절차와의 조정) ④ 다음 각 호의 어느 하나에 해당하는 경우 이러한 재산의 몰수제한에 관하여는 제47조를 준용한다.
1. 몰수보전이 되기 전에 그 몰수보전의 대상이 된 재산에 대하여 가압류가 있는 경우
2. 몰수대상재산상에 존재하는 지상권·저당권 또는 그 밖의 권리로서 부대보전명령에 따라 처분이 금지된 것에 대하여 그 처분금지 전에 가압류가 있는 경우

마약거래방지법에 따르면 ㉠ 몰수보전이 되기 전에 그 **몰수보전의 대상이 된 재산에 대하여 가압류**가 있는 경우(동법 제50조 제4항 제1호 참조), ㉡ 몰수대상재산상에 존재하는 **지상권·저당권 또는 그 밖의 권리**로서 부대보전명령에 따라 **처분이 금지된 것**에 대하여 **그 처분금지 전에 가압류**가 있는 경우(같은 항 제2호 참조)에는 몰수판결을 선고할 수 없다. 몰수보전 되기 이전에 해당 재산에 가압류를 마치는 등 권리를 행사한 제3자의 권리를 우선하여 보호하겠다는 취지다.

한편 이 경우에도 마약거래방지법 제47조 제1항 단서가 함께 준용되므로 압류채권자의 채권이 가장된 것이거나 압류채권자가 몰수대상재산이라는 사실을 알면서 강제집행을 신청한 때 및 압류채권자가 범인일 때에는 몰수재판을 할 수 있다.

6. 몰수보전이 되기 전에 그 몰수보전의 대상이 된 재산에 대하여 체납처분에 의한 압류가 있는 경우 몰수재판 불가(예외 ③)

관련조문

마약거래방지법 제50조(그 밖의 절차와의 조정) ⑤ 다음 각 호의 어느 하나에 해당하는 경우 이러한 재산의 몰수제한에 관하여는 제47조제1항 본문을 준용한다.

1. 몰수보전이 되기 전에 그 몰수보전의 대상이 된 재산에 대하여 체납처분에 의한 압류가 있는 경우
2. 몰수보전이 되기 전에 그 몰수보전의 대상이 된 재산을 가진 자에 대하여 파산선고등이 있는 경우
3. 몰수보전이 되기 전에 그 몰수보전의 대상이 된 재산을 가진 회사에 대하여 정리절차 개시결정이 있는 경우

마약거래방지법은 ㉠ 몰수보전이 되기 전에 그 **몰수보전의 대상이 된 재산에 대하여 체납처분에 의한 압류**가 있는 경우(동법 제50조 제5항 제1호), ㉡ 몰수보전이 되기 전에 그 **몰수보전의 대상이 된 재산을 가진 자에 대하여 파산선고등**이 있는 경우(같은 항 제2호), ㉢ 몰수보전이 되기 전에 그 **몰수보전의 대상이 된 재산을 가진 회사에 대하여 정리절차 개시결정**이 있는 경우(같은 항 제3호)에는 몰수판결을 선고할 수 없다고 규정하고 있다. 이 또한 몰수대상 재산에 다른 절차가 진행 중인 경우 **해당 절차를 존중하고 법적안정성을 보호**하기 위함으로 봄이 상당하다.

다만 마약거래방지법 제50조 제4항 규정과는 달리 본 규정은 동법 제47조 제1항 본문만을 준용하므로 설령 제47조 제1항 단서 각호(압류채권자의 채권이 가장된 것일 경우, 압류채권자가 몰수대상재산이라는 사실을 알면서 강제집행을 신청한 때 및 압류채권자가 범인일 때)에 해당하는 사유가 밝혀지더라도 여전히 몰수재판을 할 수 없다는 점이 특징이다.

7. 몰수보전명령에 대항할 수 있는 담보권의 실행으로서의 처분인 경우 몰수재판 불가(예외 ④)

마약거래방지법은 몰수보전명령에 대항할 수 있는 담보권의 실행으로서 처분이 있는 경우에는 몰수판결을 선고할 수 없다고 규정하고 있다(동법 제36조 단서 후문). 이 때 **몰수보전명령에 대항할 수 있는 담보권의 실행**이라고 함은 **몰수보전명령이 있기 이전**에 **해당 재산에 설정된 저당권 등의 실행**이라고 봄이 상당하다.

이와 관련하여 부패재산몰수법은 **지상권, 저당권, 그 밖의 권리**가 그 위에 존재하는 재산을 **제3조에 따라 몰수**하는 경우에 **범인 외의 자가 범죄 전에 그 권리를 취득**한 때 또는 **범인 외의 자가 범죄 후 그 정을 알지 못**하고 **그 권리를 취득**한 때에는 이를 **존속시킨다**고 규정하고 있다. 즉 ① 범인 외의 자가 범죄 前에 지상권 또는 저당권 그 밖의 권리를 취득한 때 또는 ② 범인 외의 자가 범죄 후 그 정을 알지 못하고 권리를 취득한 경우에는 그 권리를 그대로 존속시키므로 사후 해당 재산에 대해 몰수판결이 선고되더라도 그 효력은 위 권리에 미치지 못한다(동법 제4조 제3항 참조).

관련조문

부패재산몰수법 제4조(몰수의 요건 등) ③ **지상권, 저당권, 그 밖의 권리가 그 위에 존재하는 재산**을 제3조에 따라 몰수하는 경우에 **범인 외의 자가 범죄 전에 그 권리를 취득**한 때 또는 **범인 외의 자가 범죄 후 그 정을 알지 못하고 그 권리를 취득한 때**에는 **이를 존속**시킨다.

또한 마약거래방지법은 「법원은 **지상권·저당권 또는 그 밖의 권리가 그 위에 존재하는 재산**에 대하여 몰수보전명령을 한 경우 또는 하려는 경우, **그 권리가 몰수에 의하여 소멸된다고 볼만한 상당한 이유**가 있고 그 **재산을 몰수하기 위하여 필요하다고 인정**할 때 또는 그 권리가 가장된 것이라고 볼 만한 상당한 이유가 있다고 인정할 때에는 검사의 청구에 의하여 또는 법원의 직권으로 별도의 **부대보전명령**을 하여 그 권리의 처분을 금지할 수 있다.」고 부대보전 명령에 관한 규정을 두고 있다(동법 제33조 제2항 참조). 위 규정을 반대로 해석하면 **몰수보전 명령이 있기 이전에 해당 재산에 지상권, 저당권 그 밖의 권리가 이미 설정**되어 있고 이에 대한 **부대보전 명령이 이루어지지 않는 이상** 해당 권리는 몰수보전명령의 효력이 미치지 아니하고 그대로 존속하게 된다.

관련조문

마약거래방지법 제36조(몰수보전의 효력) 몰수보전된 재산(이하 "몰수보전재산"이라 한다)에 대하여 그 보전 후에 된 처분은 몰수에 관하여 그 효력을 발생하지 아니한다. 다만, 제47조제1항 본문에 따른 경우(제50조제4항 및 제5항에 따라 준용되는 경우를 포함한다)와 <u>몰수보전명령에 대항할 수 있는 담보권의 실행으로서의 처분인 경우</u>에는 그러하지 아니하다.

☞ **제33조(몰수보전명령)** ② 법원은 지상권·저당권 또는 그 밖의 권리가 그 위에 존재하는 재산에 대하여 몰수보전명령을 한 경우 또는 하려는 경우, 그 권리가 몰수에 의하여 소멸된다고 볼만한 상당한 이유가 있고 그 재산을 몰수하기 위하여 필요하다고 인정할 때 또는 그 권리가 가장된 것이라고 볼 만한 상당한 이유가 있다고 인정할 때에는 검사의 청구에 의하여 또는 법원의 직권으로 별도의 부대보전명령을 하여 그 권리의 처분을 금지할 수 있다.

8. 소결

몰수대상 재산을 취득할 당시 **일부는 부패재산을 이용**하였으나, 나머지는 **적법하게 대출을 받은 대출금을 활용**하였고 이를 담보하기 위하여 **해당 재산에 근저당권을 마쳐 놓은 상황**을 상정한 바 있다. 이 경우 대상 재산에 대한 몰수보전명령이 있다고 하더라도 위 근저당권에 대한 **부대보전명령이 이루어지지 않는 이상 해당 근저당권은 그대로 존속**하므로 **부동산 전체에 대해 몰수보전명령이 가능**하고, 향후 몰수판결이 선고되더라도 근저당권은 소멸하지 않는다.

그러나 만약 위와 같이 **근저당권 등 기타 권리가 설정되어 있지 않고** 부패재산을 취득하는 과정에서 **부패재산이 아닌 다른 일반 재산이 혼합되어 있는 경우**라면 위 **부패재산의 비율**에 따라 부패재산에 대한 **몰수보전결정**을 하고 **몰수판결을 선고**할 수밖에 없다.

예컨대 **10억 원 상당의 부동산을 매입**하는데 **8억 원의 부패재산**과 **2억 원의 차입금**을 함께 사용하였고 2억 원에 대해서는 별도의 권리가 설정되어 있지 않다면 위 부동산 전부에 대한 몰수보전명령을 할 수 없고, **위 부동산의 8/10 범위 내에서 몰수보전 결정**을 하고 이에 따라 **몰수판결을 선고**하여야 한다.

Ⅶ 암호화폐에 대한 몰수·추징의 문제

1. 생각해볼 사례

기업형 성매매알선 업소를 운영하는 甲은 광고업자 乙에게 업소 광고를 맡겨 하루 매출

1,000만 원을 기록하였는데 乙은 성매매광고를 해주는 대가를 현금이나 계좌이체가 아닌 암호화폐 이더리움으로 지급받기를 원하였고, 甲은 乙의 내연녀인 丙 명의로 된 가상화폐 지갑에 이더리움 100개를 송부하였다. 이러한 경우, 성매매알선 광고를 하고 받은 대가인 위 이더리움 100개를 어떻게 몰수·추징할 수 있을지, 이 때 유의해야할 점은 무엇인지가 바로 가상화폐에 대한 범죄수익환수의 문제다.

2. 가상화폐와 암호화폐

가상화폐(Virtual Currency)는 「지폐나 동전과 같은 실물이 없이 네트워크로 연결된 특정한 가상공동체에서 전자적 형태로 사용되는 디지털 화폐 또는 전자화폐」를 의미한다.[47] 현재 널리 결제수단으로 사용되고 있는 각종 페이 등도 넓은 의미의 가상화폐에 포함된다.

이에 반해 **암호화폐**(Crypto-currency)는 「블록체인 기술로 암호화되어 분산 발행되고 일정한 네트워크에서 화폐로 사용할 수 있는 전자정보」를 일컫는다. 흔히 현행 실무상 통용되는 비트코인, 이더리움 등이 암호화폐의 대표적인 유형에 해당한다.

엄밀히 말하면 가상화폐가 암호화폐보다 더 넓은 개념이고, 암호화폐는 「암호화」라는 단계를 거쳐 전 세계 네트워크에 P2P방식으로 분산 저장되어 운영된다는 점에서 일반적인 가상화폐와 차이가 있다.

여전히 **암호화폐를 통한 거래는 실무상 연구의 대상**이므로 부패재산을 은닉하는 수단으로 자주 활용되고 있다. 실제로 벌어들인 범죄수익을 이용해 차명으로 암호화폐를 구입해 은닉하는 다수의 사례가 발견되고 있는데 이러한 경우 암호화폐를 부패재산으로 은닉하는 사례를 확인하기 위하여 암호화폐 거래방식을 이해할 필요가 있다.

3. 회원과 암호화폐 거래소와의 관계

암호화폐를 사고자 하는 회원은 거래소 홈페이지에서 회원가입을 하고, 「**이메일, 휴대폰 번호, 비밀번호, 실명이 확인된 입출금 계좌**」를 입력한 다음 계정과 예치금을 입금할 **가상계좌**를 부여받는다. 흔히 인터넷 사이트에 가입하는 절차와는 달리 암호화폐 거래소는 **주민번호 전체를 수집하지 않기 때문**에 **범인이 직접 또는 차명으로 가입한 계정을 특정하려면 이메일이나 휴대폰 번호가 필요**하다.

이때, 흔히 암호화폐를 보관하는 곳을 「**지갑**」이라고 하고 이는 암호화폐가 보관되어 있

---

47 위키백과 참조.

는 「**주소**」를 의미한다. 따라서 해당 주소에 암호화폐가 존재한다는 것을 증명하는 수단이 **개인키**(Private Key)이고, 이를 이용하여 거래소를 통해 암호화폐에 대한 거래가 일어난다. 거래소는 회원을 위해 암호화폐를 거래하는 업무를 위탁받아 거래를 대행하고, 회원은 그 서비스를 이용하는 관계다.

4. 예치금 반환채권 및 암호화폐 반환청구권의 존재

암호화폐를 거래하기 위해서는 회원가입 시 부여받은 가상계좌에 매수자금을 입금하여야 한다. 이를 간단히 도식화하면 다음과 같다.

암호화폐 거래 과정

회원(예치금 입금) → 거래소(액수만큼 포인트를 KRW 표시[48]) → 회원(암호화폐 매수·매도 주문) → 거래소(암호화폐 거래 대행) → 회원(예치금 출금)

계좌에 입금된 금원을 「**예치금**」이라고 하는데 그 예치금이 화폐 매수자금으로 쓰이게 된다. 따라서 부패재산을 암호화폐로 변경하여 두는 경우 실제로 화폐 자체뿐만 아니라 예치금의 존재도 함께 고려하여야 한다.

이는 암호화폐가 실제로 거래 가격의 등락폭이 지나치게 클 뿐만 아니라 이를 환가하는 방법에 대해서도 명확한 지침이 없으므로 화폐 자체에 대한 몰수·추징의 실익이 크지 않을 수 있기 때문이다.[49] 따라서 **실제로 암호화폐 자체**뿐만 아니라 위와 같이 입금되어 있는 **예치금반환채권도 처분 금지의 대상이 된다.**

그렇다면 법인이 실제로 보유하고 있는 암호화폐의 개수와 실제 예치금의 잔액 등 구체적 정보는 부패재산을 보관하기 위하여 **법인이 거래소를 통해 부여받은 ID, 휴대폰번호, 이메일을 특정**하여 확인할 수 있는데 이때 위와 같은 확인의 법적 근거는 다음과 같다.

---

48 만약 거래소가 예치금을 입금 받지 않고 이를 포인트로 허위 입력하는 경우 이는 사전자기록위작 및 동행사죄가 성립하게 된다(서울남부지방법원 2018, 10. 18. 선고 2018고합182판결 등 다수).

49 실제로 범인으로부터 비트코인이 보관되어 있는 USB를 임의제출 받은 다음, 수사기관이 관리하는 전자지갑 주소로 비트코인을 이전받아 압수한 다음 몰수판결을 선고받은 경우도 있으나(수원지방법원 2017노7120, 대법원 2018도3619판결 참조), 범인이 임의제출하지 않는 경우에는 법원의 결정을 받아 암호화폐 반환청구권 및 예치금반환채권을 추징보전하거나 몰수보전을 받는 방법을 선택해야 한다.

관련조문

부패재산몰수법 제20조(「형사소송법」의 준용 등) ① 이 법에 따른 몰수·추징의 집행 및 처분에 있어서 이 법에 특별한 규정이 없는 한 그 성질에 반하지 아니한 것은 「형사소송법」을 준용한다.

☞ **형사소송법 제199조** ②수사에 관하여는 공무소 기타 공사단체에 조회하여 필요한 사항의 보고를 요구할 수 있다.

☞ **범죄수익은닉규제법 제10조의3(몰수·추징의 집행을 위한 검사의 처분)** ① 검사는 이 법에 따른 몰수·추징의 집행을 위하여 필요하다고 인정되면 그 목적에 필요한 최소한의 범위에서 다음 각 호의 처분을 할 수 있다. 다만, 법인 외의 자에 대한 제4호 및 제5호의 처분은 제3항에 따른 영장이 있어야 한다.

2. **서류나 그 밖의 물건의 소유자·소지자 또는 보관자에 대한 제출 요구**

6. **그 밖의 공공기관 또는 단체에 대한 사실조회나 필요한 사항에 대한 보고 요구**

② 제1항의 자료제공 요청에 대하여 해당 기관은 군사, 외교, 대북관계 등 국가안위에 중대한 영향을 미치는 경우를 제외하고는 다른 법률을 근거로 이를 거부할 수 없다.

5. 처분을 금지하는 행위의 내용

대상자의 직접 또는 차명으로 보유하고 있는 예치금 가상계좌, 잔액, 암호화폐를 확인한 다음 이를 보전하는 경우 이때 처분을 금지하는 내용의 기재는 다음과 같다. 통상, 채권의 경우 「추심 또는 지급하는 것을 금지」하는 내용이 기재되나, 암호화폐는 「현금」이 아니므로 추심 또는 지급 금지를 내용으로 넣는 것보다 「**매매 주문 또는 양도**」를 금지하는 것을 **처분금지행위의 유형**으로 구성한다.

암호화폐에 대한 처분금지행위 기재례

피고인에 대한 추징예상금액의 집행을 보전하기 위하여,

1. 피고인은

가. 별지(2) 기재 각 예치금 반환채권에 대하여 제3채무자로부터 이를 추심하거나 타에 양도, 질권의 설정 또는 기타 일체의 처분행위를 하여서는 아니 되고,

나. 별지(2) 기재 각 비트코인 반환청구권에 의하여 매매주문, 양도, 그 밖의 일체의 처분행위를 하여서는 아니 된다.

2. 제3채무자들은 피고인에게,

가. 별지(2) 기재 각 예치금 반환채권의 지급을 하여서는 아니 되고,

나. 별지(2) 기재 각 비트코인 반환청구권에 의하여 다른 계정 주소를 이를 이전하거나 피고인에게 이를 반환하여서는 아니 된다.

제3관 부패재산몰수법에 따른 제3자 몰수·추징

I 몰수의 일반 요건 - 부패재산이 범인 외의 자에게 귀속된 경우 몰수 금지 원칙

부패재산몰수법은 **부패재산 또는 혼합재산이 범인 외의 자에게 귀속되지 아니한 경우에 한하여 몰수할 수 있다**고 규정하고 있다(동법 제4조 제1항 본문 참조). 이는 부패범죄를 저지른 범인의 소유 재산에 대해서만 몰수가 가능하다는 가장 기본적인 원칙을 선언한 것에 불과하다. 만약 범인이 아닌 제3자 소유의 재산을 원칙적으로 몰수할 수 있다고 한다면 제3자의 재산권을 과도하게 침해하는 것이기 때문이다. 따라서 부패재산에 대한 몰수는 몰수를 하려는 그 시점에 그 소유권의 실질적 귀속자가 범인인지 아니면 범인 외의 제3자인지 여부를 먼저 따져봐야 한다.

관련조문

부패재산몰수법 제4조(몰수의 요건 등) ① 제3조에 따른 몰수는 부패재산 또는 혼합재산이 범인 외의 자에게 귀속되지 아니한 경우에 한한다.

II 제3자 몰수·추징의 법리

몰수와 추징은 범죄를 저지른 범인을 상대로 이루어지는 것이 기본이다. 이는 **몰수와 추징이 부가형**으로서 **형벌의 일종에 해당한다**는 점에서 당연한 법리다. 따라서 범인 이외의 사람에게 귀속되어 있는 재산을 몰수하거나 제3자로부터 부패재산의 가액을 추징하기 위해서는 일정한 요건이 구비되어야 한다.

관련조문

형법 제41조(형의 종류) 형의 종류는 다음과 같다.

1. 사형
2. 징역
3. 금고

4. 자격상실
5. 자격정지
6. 벌금
7. 구류
8. 과료
9. 몰수

제48조(몰수의 대상과 추징) ① 범인 외의 자의 소유에 속하지 아니하거나 **범죄 후 범인 외의 자가 사정을 알면서** 취득한 다음 각 호의 물건은 전부 또는 일부를 몰수할 수 있다.
1. 범죄행위에 제공하였거나 제공하려고 한 물건
2. 범죄행위로 인하여 생겼거나 취득한 물건
3. 제1호 또는 제2호의 대가로 취득한 물건

② 제1항 각 호의 물건을 몰수할 수 없을 때에는 그 가액(價額)을 추징한다.
③ 문서, 도화(圖畵), 전자기록(電磁記錄) 등 특수매체기록 또는 유가증권의 일부가 몰수의 대상이 된 경우에는 그 부분을 폐기한다.

제49조(몰수의 부가성) 몰수는 타형에 부가하여 과한다. 단, 행위자에게 유죄의 재판을 아니할 때에도 몰수의 요건이 있는 때에는 몰수만을 선고할 수 있다.

이에 대하여 **부패재산몰수법은 크게 2가지의 경우를 상정**하고 있는데 ① 범죄 후 범인 외의 자가 그 정을 알면서 부패재산 또는 혼합재산을 취득한 경우, ② 제3자가 그 정을 알지 못한다고 하더라도 부패재산 또는 혼합재산이 범인 외의 자에게 상속이나 증여 등 무상(無償) 또는 현저한 저가(低價)로 귀속된 경우에는 제3자로부터 몰수 또는 추징할 수 있다는 규정이 그것이다. 위 ① **요건**의 경우 **형법과 환수를 위한 5대 법률 모두에 규정**되어 있는 **일반 원칙**이나 ② **요건은 부패재산몰수법에서 유일하게 규정되어 있는 요건**이라는 점에서 중요한 특징이 있다. 이하에서 분설한다.

Ⅲ 제3자가 범죄 후 그 정(情)을 알고 부패재산 등을 취득하여 귀속된 경우

1. 제3자 몰수·추징 가능 원칙

관련조문

부패재산몰수법 제4조(몰수의 요건 등) ① 제3조에 따른 몰수는 부패재산 또는 혼합재산이 범인 외의 자에게 귀속되지 아니한 경우에 한한다. **다만, 범인외의 자가 범죄 후 그 정(情)을**

알면서 그 부패재산 또는 혼합재산을 취득한 경우(그 부패재산 또는 혼합재산의 취득이 「범죄수익은닉의 규제 및 처벌 등에 관한 법률」 제4조 단서에 해당하는 경우에는 제외한다)에는 그 부패재산 또는 혼합재산이 범인 외의 자에게 귀속된 경우에도 몰수할 수 있다.

제5조(추징) ② 제4조제1항 또는 제2항에 따라 범인 외의 자로부터 추징하는 경우에는 제1항을 준용한다.

부패재산몰수법은 **범인 외의 제3자가 범죄 후 그 정(情)을 알면서도 그 부패재산 또는 혼합재산을 취득**한 경우에는 그 부패재산 또는 혼합재산이 **범인 외의 자에게 귀속**된 경우에도 몰수할 수 있고, **몰수가 불가능한 경우에는 그 가액을 범인 외의 자로부터 추징**할 수 있다(동법 제4조 제1항 단서, 제5조 제2항 참조). 범인 외의 자가 범죄 후 그 정을 알고 있으면서도 부패재산 또는 혼합재산을 취득하였다면 이러한 경우까지 **범인 외의 자를 보호할 필요가 없기 때문**이다. 이와 같은 내용의 규정은 비단 부패재산몰수법에만 있는 것이 아니고 **형법 일반규정**(제48조 제1항) 및 **나머지 4개 법률에도 모두 존재**한다. 다만 **부패재산몰수법의 경우에만 제3자 추징 규정을 준용**하고 있고, 나머지 법률에서는 이와 같은 준용 규정이 없다는 점이 다른데 이는 단순한 입법의 불비로 보인다는 것은 앞에서 이미 검토한 바와 같다.

관련조문

형법 제48조 ① 범인 외의 자의 소유에 속하지 아니하거나 범죄 후 범인 외의 자가 사정을 알면서 취득한 다음 각 호의 물건은 전부 또는 일부를 몰수할 수 있다.

1. 범죄행위에 제공하였거나 제공하려고 한 물건
2. 범죄행위로 인하여 생겼거나 취득한 물건
3. 제1호 또는 제2호의 대가로 취득한 물건

마약거래방지법 제15조(몰수의 요건 등) ① 제13조에 따른 몰수는 불법재산 또는 혼합재산이 범인 외의 자에게 귀속되지 아니한 경우로 한정한다. 다만, 범인 외의 자가 범죄 후 그 정황을 알면서 그 불법재산 또는 혼합재산을 취득한 경우(그 불법재산 또는 혼합재산의 취득이 제8조 단서에 따른 불법수익등의 수수에 해당하는 경우는 제외한다)에는 그 불법재산 또는 혼합재산이 범인 외의 자에게 귀속된 경우에도 그 재산을 몰수할 수 있다.

범죄수익은닉규제법 제9조(몰수의 요건 등) ① 제8조제1항에 따른 몰수는 몰수대상재산 또는 혼화재산이 범인 외의 자에게 귀속(歸屬)되지 아니하는 경우에만 할 수 있다. 다만, 범인 외의 자가 범죄 후 그 정황을 알면서 그 몰수대상재산 또는 혼화재산을 취득한 경우(그 몰수대상재산 또는 혼화재산의 취득이 제4조 단서에 해당하는 경우는 제외한다)에는 그 몰수대상재산 또는 혼화재산이 범인 외의 자에게 귀속된 경우에도 몰수할 수 있다.

공무원범죄몰수법 제5조(몰수의 요건 등) ① 제3조에 따른 몰수는 불법재산 또는 혼합재산이 범인 외의 자에게 귀속되지 아니하는 경우에만 한다. 다만, **제2조제1호나목의 죄와 같은 호 다목의 죄 중「특정범죄가중처벌 등에 관한 법률」제5조의 죄의 경우로서 불법재산 또는 혼합재산이 국가 또는 지방자치단체의 소유인 경우 및 범인 외의 자가 범죄 후 그 정황을 알면서도 그 불법재산 또는 혼합재산을 취득한 경우**(법령상의 의무 이행으로서 제공된 것을 취득한 경우나 채권자에게 상당한 재산상의 이익을 제공하는 계약을 할 당시에 그 계약에 관련된 채무 이행이 불법재산 또는 혼합재산에 의한다는 사실을 알지 못하고 그 계약에 관련된 채무의 이행으로 제공된 것을 취득한 경우는 제외한다)에는 그 불법재산 또는 혼합재산이 범인 외의 자에게 귀속되었더라도 몰수할 수 있다.

불법정치자금법 제5조(몰수의 요건 등) ①제3조의 규정에 의한 몰수는 불법재산 또는 혼합재산이 범인 외의 자에게 귀속되지 아니하는 경우에 한한다. 다만, **범인 외의 자가 범죄 후 그 정을 알면서 그 불법재산 또는 혼합재산을 취득한 경우**에는 그 불법재산 또는 혼합재산이 범인 외의 자에게 귀속된 경우에도 몰수할 수 있다.

한편 부패재산몰수법 제4조 제1항의 해석과 관련해서는 아래와 같은 주요 논점들이 발생하는데 이에 대해 항을 바꾸어 자세히 살핀다.

가.「범인」과「그 정을 아는 자」의 의미

「범인」에는 **공동정범, 교사범, 방조범 등 공범이 포함**되므로 **공범 소유의 재산에 대하여도 몰수가 가능**하고, 그 **소추 여부를 불문**한다. 이에 대하여 **대법원**은 **공무원범죄몰수법**에 의한 필요적 몰수 또는 추징은 범인이 취득한 재산을 범인으로부터 박탈하여 범인으로 하여금 부정한 이익을 보유하지 못하게 함에 그 목적이 있고, **여기의 범인에는 공동정범 뿐만 아니라 종범 또는 교사범도 포함되고 소추 여부를 불문**한다고 판시하였다.[50] 또한 형법 제48조 제1항의「범인」속에는「공범자」도 포함되므로 범인 자신의 소유물은 물론 공범자의 소유물도 그 공범자의 소추 여부를 불문하고 몰수할 수 있고,[51] 이는 범죄수익은닉규제법 제9조 제1항의「범인」의 해석에서도 마찬가지라고 보았다.[52]

---

50 대법원 2010. 7. 8. 선고 2010도3545 판결 참조.

51 대법원 1984. 5. 29. 선고 83도2680 판결, 대법원 2000. 5. 12 .선고 2000도745 판결 등 참조.

52 대법원 2013. 5. 23. 선고 2012도11586 판결 참조.

나아가 정범과 방조범이 함께 범죄수익 등을 취득하였다고 보기 어려운 경우에는 정범과 방조범이 각각 취득한 범죄수익 등에 한하여 몰수 또는 추징하여야 한다. 이와 관련하여 **대법원은** 마약거래방지법 제6조를 위반하여 마약류를 수출입·제조·매매하는 행위 등을 업으로 하는 **범죄행위의 정범이 그 범죄행위로 얻은 수익**은 마약거래방지법 **제13조부터 제16조까지의 규정에 따라 몰수·추징의 대상**이 되나, 위 정범으로부터 대가를 받고 판매할 마약을 공급하는 방법으로 위 범행을 용이하게 한 **방조범은 정범의 위 범죄행위로 인한 수익을 정범과 공동으로 취득하였다고 평가할 수 없다면** 위 몰수·추징 규정에 의하여 정범과 같이 추징할 수는 없고, **그 방조범으로부터는 방조행위로 얻은 재산 등에 한하여 몰수, 추징할 수 있다고 보아야 한다고 판시하였다.**[53]

한편 그와 같은 정을 알고 있다고 할 때의 알고 있어야 하는 **그 사정의 범위**는 자신이 취득하는 재산이 단순히 부패재산일지도 모른다는 일반적 추상적 의심, 불안, 또는 상상과 같은 심리상태만으로는 부족하고 **그 재산이 부패재산이라는 개연성이 존재하는 구체적인 상황이 인정되어야 한다.**[54]

나아가 **그 정을 안다는 인식**은 반드시 확정적인 것을 요하지 않고, 취득한 재산이 **범죄수익 등일지도 모른다는 의심을 가지는 정도의 미필적 인식으로도 족하다** 할 것이다.[55]

나. 범죄 후(後) 부패재산 취득

범인 외의 제3자는 자신이 받는 재산이 **부패재산 또는 혼합재산인 사정을 모두 알면서도 범인의 범죄 이후에 범인으로부터 이를 취득**하여야 한다. 따라서 ① 범인이 범죄를 범하기 이전(以前)에 보수 기타 어떠한 명목으로 범인으로부터 금전을 지급받는다 하더라도 위 규정을 적용해 제3자가 받은 재산을 몰수 또는 추징할 수 없다. 예컨대 범인이 부정한 청탁을 받고 5억 원의 금품을 수수하기 이전에 자신의 범행을 묵인해주는 대가로 그와 같은 정을 아는 제3자(A)에게 자기 소유의 금품 1억 원을 미리 공여했다 하더라도, A가 취득한 재산 1억 원은 부패재산 그 자체로 볼 수 없으므로 A로부터 몰수 또는 추징할 수 없다. 그 제3자가 범인의 범행에 교사 또는 방조범으로 가담하여 부패범죄의 공범이 되는 경우라 하더라도 범인이 사후에 취득한 부패재산을 분배받은 것으로 평가할 수 없다면 제3자가 사

---

53 대법원 2021. 4. 29. 선고 2020도16369 판결 참조.

54 같은 취지로 대법원 2007. 2. 9. 선고 2005도2709 판결 참조.

55 대법원 2007. 2. 9. 선고 2005도2709 판결 참조.

전에 받은 금품은 위 부패재산몰수법에 따라 환수할 수 없게 된다. 법률 규정의 해석상 범인 외 제3자가 범인으로부터 사전에 부패재산을 미리 지급받은 것으로 평가될 수 있다 하더라도 범죄 후 부패재산이 실제로 제3자에게 지급된 것이 아닌 이상 마찬가지다.

또한 ② 부패재산 등을 지급받는 시점이 범죄 이후여야 하므로 **범죄와 동시(同時)에 범인 외의 자에게 이익이 귀속되는 경우**에도 원칙적으로 위 규정을 적용하기 어렵다. 예컨대 범인인 공무원이 건설업자로부터 10억 원의 뇌물을 받는 과정에서 그와 같은 정을 아는 제3자(B) 명의 계좌를 빌리면서 그 중 1억 원을 B에게 그 대가 명목으로 주기로 하고 그 계좌로 10억 원을 송금받은 경우, B는 범인의 위 뇌물죄 성립과 동시에 1억 원을 취득하나 위 부패재산몰수법상 범죄 이후(以後)에 범인으로부터 부패재산을 취득한 것으로 볼 수 없어 위 규정에 따라 몰수 또는 추징을 할 수 없다. 다만 이 경우 B에 대한 제3자 뇌물취득죄가 성립하는 경우 그 별도의 죄 성립에 따라 B로부터 1억 원을 몰수 또는 추징하는 것은 별론이다.

부패재산몰수법 제정 당시 위와 같은 범죄 후(後) 규정의 실무상 문제점과 이에 대한 삭제 논의가 있었다는 점은 앞에서 이미 살펴본 바와 같다. 악의(惡意)의 범인 외 제3자로부터 부패재산을 몰수 또는 추징할 수 있도록 하는 취지는 제3자가 범인이 저지르는 부패범죄에 대해 이미 알고 있으면서도 부패재산을 취득한 경우 그러한 제3자를 법률상 보호할 가치가 없다는데 핵심이 있다. 따라서 범인 외 제3자가 범인으로부터 부패재산을 지급받을 것이 이미 예정되어 있는 등 제3자가 범인으로부터 받은 재산이 범인의 부패재산과 관련되어 있고, 그 제3자가 악의라면 위 부패범죄 발생 전(前)과 후(後)를 불문하고 부패범죄와 관련하여 범인 외 제3자가 취득한 재산은 모두 제3자로부터 직접 환수할 수 있도록 하는 것이 타당하다. 결국 이러한 이유로 부패재산몰수법 제3조 제1항 단서의 범죄 후 규정은 삭제함이 상당하다(私見).

다. 형식적으로는 악의의 제3자 명의로 부패재산을 취득하였으나 그 재산권은 범인에게 실질적으로 귀속되어 있는 경우 제3자로부터 몰수 가부(차명재산의 문제)

사례

배임수재죄로 부패재산 20억 원을 취득한 범인(甲)이 수사기관의 수사가 시작되자 부패재산을 몰수·추징당할 것을 우려하여 그 중 15억 원을 이용해 아파트 1채를 매입하면서 처제(乙) 명의를 빌려 아파트를 취득하였다. 乙은 甲이 범죄를 저지르고 벌어들인 돈으로 아파트를 매입하면서 자신의 명의를 빌린 사실에 대해 알고 있었고, 형부인 甲의 부탁을 거절할 수 없어 이에 따라 아파트 명의를 빌려준 것이었다. 검사는 위 아파트의 실질적 귀속자를 甲으로 하고 위 아파트를 甲의 차명재산으로 보아 몰수보전하였고, 그 후 검사는 甲에 대한 공소를 제기하면서 위 아파트 명의자인 乙명의로 등기된 부동산을 몰수하기 위하여 乙에 대한 제3자 참가신청 고지를 하고 乙로부터 아파트를 몰수해달라고 구형하였다. 이 때 위 아파트에 대한 몰수관계는?

1) 문제의 제기

부패재산몰수법은 **악의의 제3자가 부패재산을 취득**한 경우 **제3자에게 부패재산이 귀속된 경우에도 이를 몰수할 수 있다**고 규정하고 있다. 그런데 위 사례와 같이 부패재산의 **실질적 귀속 주체는 범인**이고 **취득 명의자는 제3자**로서, **부패재산의 귀속 주체**와 **취득 명의자가 서로 다른 경우** 제3자가 그와 같은 정을 알고 있는 악의의 수익자라면 이를 **몰수할 수 있음**은 법문상 다툼의 여지가 없다. 그런데 이때 **몰수의 상대방**을 범인으로 한정할 것인가 아니면 제3자까지 몰수의 대상자로 인정할 것인지 여부가 문제된다. 즉 이는 판결 주문에 「**甲으로부터 몰수한다**」는 주문만 등장할 수 있는지, 아니면 「**甲 또는(과) 乙로부터 몰수한다**」는 주문을 등장시킬 수 있는지의 문제로 판결 주문은 집행권원으로서 향후 강제집행에 결정적인 영향을 미치게 되므로 이는 실무상 매우 중요한 논점이다.

만약 **몰수판결의 대상자가 범인에 한정**된다면 해당 **재산의 명의자는 제3자**이므로 위 판결문을 집행권원으로 몰수재판을 집행할 수 없는 문제가 발생한다. 이런 경우 검사는 앞에서 검토한 **전두환 前 대통령의 사례**와 같이 **범인을 상대로 몰수판결을 선고**받은 다음 판결이 확정되면 **범인을 대위**하여 **재산 명의자를 상대로 부패재산의 명의를 범인 앞으로 회복하는 민사소송을 제기**하여 다시 **승소 확정 판결**을 받은 다음 **위 몰수판결을 집행**하는 번거로운 절차를 반복할 수밖에 없게 된다.[56]

따라서 범죄 후 그 정을 알고 부패재산을 취득한 제3자의 경우 **형식적으로는 부패재산을 취득한 사람**으로서 실질적인 재산의 귀속 주체가 아니라고 하더라도 피고인 뿐만 아니라 **제3자로부터도 부패재산을 몰수할 수 있을 것인지** 따져보아야 하고, 이는 부패재산몰수법 제4조 제1항의 해석과 입법 취지 등을 종합적으로 검토해야 한다.

---

56 앞에서 검토한 전두환 전 대통령의 차명재산 집행 관련 대법원 2021. 4. 9.자 2020모4058 결정 [재판의집행에관한이의인용결정에대한재항고] 참조.

2) 견해의 대립

악의의 제3자가 취득한 차명 부패재산의 경우 **부패재산을 제3자로부터 직접 몰수할 수 있는지** 여부와 관련하여 ① **부패재산의 귀속주체는 여전히 범인**이므로 범인으로부터 부패재산을 몰수할 수밖에 없고 **제3자는 몰수판결의 상대방이 될 수 없다**는 견해(**제3자 몰수 불가설**),[57] ② **악의의 제3자**의 경우 **형식상 부패재산을 취득한 당사자**로서 부패재산이 악의의 제3자에게 귀속되었는지 여부와 무관하게 이러한 제3자로부터도 부패재산을 몰수할 수 있다고 봄이 상당하다는 견해(**제3자 몰수 가능설**)[58]이 대립하고 있다.

3) 판례의 태도

오스템임플란트 횡령 사건의 대법원은 제3자 몰수 불가설을 택한 항소심 판결에 대해 검사가 상고하지 않은 결과 이와 같은 사안에서 제3자로부터 몰수판결을 선고할 수 있는지에 대한 판단을 하지 않음으로써 어떤 견해를 취하고 있는지 불분명하다.

4) 검토 : 제3자 몰수 가능설이 타당함

살피건대 ① 부패재산몰수법은 **취득(取得)과 귀속(歸屬)의 용어을 엄격히 분리**해 사용하고 있는데 법문상 **악의의 제3자로부터 부패재산을 몰수**하는 경우 **제3자에게 부패재산이 귀속**되어 있을 것을 **전제하고 있지 않은** 점, ② **악의의 제3자로부터 부패재산의 몰수를 인정**하는 것은 그와 같은 사정을 모두 알고 있는 **악의의 제3자를 보호할 필요가 없다**는 **입법 취지**에 기인한 것인 점, ③ 부패재산몰수법 제4조 제2항은 그와 같은 **정을 모르는 선의의 제3자**의 경우 **무상 또는 현저한 저가로 부패재산이 귀속된 경우에만** 제3자 몰수를 인정하고 있음에 반해 동법 제4조 제1항 단서는 그렇게 제한하고 있지 않은 점, ④ 차명재산을 취득하여 형식상 보유하고 있는 **악의의 제3자에 대한 몰수를 인정하지 않는다면** 실질적 귀속 주체인 범인으로부터의 몰수만을 인정하게 되는 결과 이 **몰수판결을 부패재산 명의자인 악의의 제3자에게 곧바로 집행할 수 없어 실질적 정의의 관념에 반할 뿐만 아니라** 또다시 민사소송을 통해 명의를 회복하는 소송을 제기함으로써 **무용한 절차를 반복**하게 됨에 따라 **제3자 참가를 인정하고 있는 법률의 취지와 소송경제에 정면으로 반**하는 점을 모두 종합하여 보면 악의의 제3자가 차명 부패재산을 취득하여 보유하고 있는 경우 **범**

---

57 아래에서 검토하는 오스템임플란트 횡령 사건의 항소심 판결인 서울고등법원 2024. 1. 10. 선고 2023노305 판결(항소심) 참조.

58 아래에서 자세히 살펴보는 오스템임플란트 횡령 사건의 1심 판결인 서울남부지방법원 2023. 1. 11. 선고 2022고합37, 2022고합247(병합, 분리) 판결문 참조.

인 뿐만 아니라 악의의 제3자로부터도 부패재산을 몰수할 수 있다고 봄이 상당하다.

논거 ① : 부패재산몰수법 제4조 제1항 단서 규정의 해석

부패재산몰수법상 몰수는 부패재산 또는 혼합재산이 범인 외의 자에게 귀속되지 아니한 경우에 한함이 원칙이다(동법 제4조 제1항 본문 참조). 다만 이는 범인에게 부패재산이 귀속되는 경우에 부패재산을 몰수할 수 있음을 나타내는 원칙 규정일 뿐이고 **동법 제4조 제1항 단서와 제4조 제2항은 범인에게 부패재산이 귀속되어야 이를 몰수할 수 있다는 원칙에 대한 2가지 예외**를 인정하는 규정으로 해석하여야 한다.

조금 더 자세히 살펴보면 **부패재산몰수법 제4조 제1항 단서**는 **범인 외의 자가 범죄 후 그 정을 알면서 그 부패재산 또는 혼합재산을 취득(取得)**하였다면 그 부패재산 또는 혼합재산이 **범인 외의 자에게 귀속(歸屬)**된 경우에「**도**」몰수할 수 있다고 규정하고 있을 뿐 **범인 외의 자에게 귀속(歸屬)**된 경우에「**만**」몰수할 수 있다고 규정하고 있지 않으므로 **범인 외의 자에게 귀속(歸屬)되지 않더라도 이를 제3자로부터 몰수할 수 있다**고 해석할 수밖에 없다. 이렇게 해석하지 않는다면 **범인 외의 자에게 귀속되지 않는 차명재산**은 부패재산몰수법 **제4조 제1항 본문**에 따라 제3자가 아닌 **범인으로부터 몰수하면 그만**이므로 같은 항 단서의 규정은 아무런 의미가 없는 규정에 불과하다.

「**차명재산**」은 명의신탁 관계를 전제로 하므로 **명의수탁자인 제3자**는 명의신탁자인 **범인의 사정을 알고 있을 수밖에 없어 악의**에 해당하고, 명의신탁자인 범인이 형식적으로 명의수탁자 이름으로 재산을 취득하였다고 하더라도 재산의 실질적 귀속자는 명의신탁자이므로 부패재산몰수법 제4조 제1항 본문에 따라 범인으로부터 몰수하면 충분하다. 그런데 입법자가 **부패재산몰수법이 제4조 제1항 단서**의 규정을 굳이 따로 둔 것은 이러한 **차명재산**의 경우라 하더라도 물권변동의 형식주의를 취하고 있는 우리 법제 하에서 **악의로 재산을 취득한 제3자**로부터 **직접 부패재산을 몰수할 수 있다는 것을 선언한 것**으로 이해된다. 그렇지 않으면 동법 제4조 제1항 단서는 그 존재 의의가 없다.

다시 말해 **제3자가 그 정을 알면서 취득한 부패재산**이라면 부패재산이 **제3자에게 귀속**되었는지 아니면 **범인에게 귀속**되었는지 여부를 불문하고 이를 **범인 뿐만 아니라 제3자로부터 몰수할 수 있다**고 해석하여야 한다. 이때 **취득(取得)**은 **부동산**의 경우 부동산 물권변동의 형식주의를 취하는 우리 법제상 **등기를 마치는 것**을 의미하고, **동산**의 경우 **인도, 자동차 선박 등** 등록을 필요로 하는 재산은 **등록**을 마치면 **재산을 취득한 것**으로 이해된다.

논거 ② : 부패재산몰수법 제4조 제2항의 문언과의 비교 해석

부패재산몰수법 제4조 제2항의 문언을 통해 보더라도 위와 같은 해석은 더욱 명확해진다. 동법 제4조 제2항은 「범인 외의 자에게 상속이나 증여 등으로 무상 또는 현저한 저가로 귀속(歸屬)된 경우에는 범인 외의 자가 그 정을 알지 못하고 부패재산을 취득한 때에도 이를 몰수할 수 있다」고 규정하여 **부패재산의 제3자 귀속(歸屬)을 전제**하고 있다.

반면 **동법 제4조 제1항 단서**의 경우에는 이미 그와 같은 **정을 알고 있는 제3자의 부패재산 취득**이 있다면 그 부패재산이 범인에게 귀속(歸屬)됨으로써 제3자 귀속이 인정되지 않더라도 **보호 가치가 없는 제3자로부터 이를 몰수할 수 있도록 하는 것**이다.

논거 ③ : 부패재산몰수법이 준용하는 마약거래방지법상 제3자 참가절차의 취지

부패재산몰수법이 준용하는 **마약거래방지법상 제3자 참가절차**는 피고인 외의 자의 재산이나 지상권, 저당권 또는 그 밖의 권리가 그 위에 존재하는 재산에 대하여 몰수가 필요하다고 인정하는 경우 진행한다고 규정하고 있다(마약거래방지법 제23조 참조). 즉 위 마약거래방지법상 제3자 참가 절차는 「**피고인 외의 자의 재산**」 또는 「**지상권·저당권 또는 그 밖의 권리가 그 위에 존재하는 재산**」이라고 규정하고 있을 뿐 「피고인 외의 자에게 귀속되는 재산」이라고 제한하지 않는다. 따라서 이러한 법률 규정의 형식에 비추어 「피고인 외의 자의 재산」은 「**피고인이 피고인 외의 자의 명의로 취득한 재산**」 및 「**피고인 외의 자에게 귀속되는 재산**」이라고 해석할 수 있다.

따라서 **피고인 외의 자의 재산을 몰수할 수 있는 경우**를 법률 규정의 취지에 맞게 해석하면 ㉠ **범죄 후 정을 알고 부패재산을 취득**(귀속 주체 불문)**한 제3자의 재산**(부패재산몰수법 제4조 제1항 단서), ㉡ **범죄 후 정을 알지 못하고 무상·현저한 저가로 부패재산을 취득하여 귀속**한 **제3자의 재산**(부패재산몰수법 제4조 제2항)의 경우 제3자 참가절차를 거쳐 제3자로부터 직접 해당 재산을 몰수할 수 있다고 이해함이 상당하다.

다만 ㉠의 경우에는 차명재산의 귀속 주체는 범인이고, 형식상 취득 명의자는 제3자이므로 **범인 뿐만 아니라 제3자로부터 이를 몰수한다는 판결 주문이 선고**되는 것이 합당하다. 귀속 주체로부터 부패재산을 몰수할 수 있다는 것은 기본적인 법 원리이고, 악의의 제3자에 대한 몰수는 법률 규정에 따라 특별히 인정된다고 봄이 상당하기 때문이다.

관련조문

마약거래방지법 제23조(고지) ① 검사가 공소를 제기할 때에는 이 법에 따라 **피고인 외의 자의 재산**이나 **지상권·저당권 또는 그 밖의 권리가 그 위에 존재하는 재산**에 대하여 **몰수가 필요하다고 인정**하는 경우에는 즉시 그 재산을 가진 자나 그 재산상에 지상권·저당권 또는 그 밖의 권리를 가진 자로서 피고인 외의 자(이하 "제3자"라 한다)에게 서면으로 다음 사항을 고지하여야 한다.

논거 ④ : 소송경제 등 실질적 정의 구현의 차원

위 **제3자 몰수 불가설**은 기본적으로 차명 부패재산이 피고인에게 귀속되어 있음을 전제로 그 명의만 제3자가 취득하고 있는 것이어서 피고인으로부터 이를 몰수하여야 한다는 것으로 아무리 제3자 명의로 재산이 등기·등록되어 있어도 제3자가 아닌 피고인으로부터 차명 부패재산을 몰수하여야 한다고 해석한다.

그런데 **범인에 대한 몰수판결**을 가지고 **제3자 명의 재산에 위 몰수판결을 곧바로 집행할 수 없다**는 대법원 결정[59]의 취지에 비추어 보면 위 견해는 **제3자 명의 재산을 몰수해야 한다는 당위적 결론**을 내리면서도 실제로 그 **판결문에 적혀 있는 주문으로 실제 판결을 집행할 수 없게 되는 결과**로 이어지게 되어 **판결의 내용이 아무런 효용이 없어지게 만듦**으로써 결국 실질적 정의 구현과는 전혀 동떨어진 결론에 이르게 되어 부당하다.

제3자 몰수 불가설의 견해에 따르면 위 **재산의 명의자는 제3자**이나 **재산의 실질적 귀속주체는 범인**이므로 범인으로부터 해당 재산을 몰수해야 하는 궁극적인 결론을 내리면서도 **재산 명의자가 제3자**인 관계로 그 판결을 곧바로 제3자에게 집행할 수 없게 만들게 된다. 따라서 이러한 형사재판의 결론을 현실적으로 구현하기 위해서는 범인은 제3자를 상대로 명의신탁을 해지하고 위 부패재산의 반환을 구하는 민사소송을 제기함으로써 그 재산의 명의를 범인 앞으로 회복하여야 하는데 범인이 이러한 소송을 제기하지 않을 것이 사회통념상 분명하므로 국가가 위 판결문을 집행하기 위해서는 범인을 대위하여 제3자를 상대로 부패재산의 명의를 회복하는 민사소송을 제기하여야 하는 것이다.

이렇듯 위 견해에 따르면 이미 **형사재판에서 판단한 결론**의 내용을 **민사판결을 통해 다시 한번 확인**받는 **무용한 절차를 반복**해야 하고, 이러한 절차를 거쳐서야 위 형사판결을 집행할 수 있게 만들게 되므로 **소송경제에 반하고 실질적 정의 구현을 저해하는 결론**

---

59 위 대법원 2020모4058 결정 참조.

에 이르게 되어 부당하다.

따라서 범죄 후 그 정을 알고 부패재산을 취득한 제3자가 있는 경우 그 실질적 귀속 주체가 범인이든 제3자이든 무관하게 제3자를 마약거래방지법에 따라 참가시켜 제3자로부터 부패재산을 직접 몰수할 수 있도록 하는 **제3자 몰수 가능설이 타당**하다.

라. 구체적 적용 사례 : 오스템임플란트 횡령 사건

1) 1심 법원의 판단[60]

2022년경 대한민국에서 크게 문제되었던 오스템임플란트 임직원의 횡령 사건은 회사에서 다양하게 많이 문제되는 **거액의 횡령 사건에서 범죄피해재산 환부의 법리를 어떻게 적용**할 수 있는지 여부, 횡령 사범이 그 돈을 **제3자에게 무상으로 또는 현저한 저가로 처분하거나 넘겼을 경우** 그 **제3자**를 범인에 대한 **형사재판에 참가**시킴으로써 제3자로부터 부패재산을 **신속하게 몰수 또는 추징하는 법리**가 중요성 및 이를 **어떻게 실무에 적용할 수 있는지**를 대표적으로 보여준 사례라 할 수 있다.

이 사건 범죄사실의 요지는 피해자 오스템임플란트 주식회사의 자금관리 담당 직원이었던 피고인은 **피해자 회사의 자금을 임의로 출금**하여 **주식 매매 등 개인 용도로 사용**하기로 마음먹고 2020. 11. 2.경부터 2021. 10. 6.경까지 **총 15회**에 걸쳐 **합계 2,215억 원** 상당의 **회사 자금을 횡령**하였고, 피고인은 자신의 처, 처제, 여동생, 동서 등을 동원하여 위와 같이 **횡령한 부패재산을 이용해 금괴를 구입**하여 가족들 주거지에 **은닉**하거나, 가족들 명의 계좌로 자금을 이체하여 보관하거나, 가족들 명의로 **부동산, 리조트 회원권 등을 구입**하기로 마음먹고 이와 같은 사정을 모두 알고 있는 가족들의 동의를 받아 범죄수익을 은닉하였다는 것이다[**특정경제범죄가중처벌등에관한법률위반(횡령), 범죄수익은닉의규제및처벌등에관한법률위반 등**]

이 사건은 횡령 금액이 수천억 원에 달한다는 점에서 크게 세간의 주목을 받게된 사건임은 사실이지만 **이 사건이 특별히 중요한 의미**가 있는 것은 이와 같은 거액의 횡령 사건에서 횡령사범을 처벌하는 것에 그치지 않고 **범죄피해를 당한 피해자를 보호**하는 차원에서 국가가 공권력을 동원하여 피고인들이 은닉하여 놓은 재산을 찾아내 몰수 또는 추징하여 이를 피해자에게 환부하였을 뿐만 아니라 더 나아가 **이와 같은 정을 알고 부패재산을 취득한 제3자들**을 피고인의 **재판절차에 적극적으로 참가**시켜 **제3자들로부터 직접 몰수를 선**

60 서울남부지방법원 2023. 1. 11. 선고 2022고합37, 2022고합247(병합, 분리) 판결(1심) 참조.

고받았다는 점이다. 이렇게 제3자들 명의로 부패재산이 귀속된 경우 피고인이 아닌 **제3자들로부터 몰수·추징을 직접 선고**받아야만 위 **판결문을 집행권원으로 하여 곧바로 집행절차를 개시**하여 **범죄수익을 온전히 신속하게 환수**할 수 있기 때문이다. 이와 관련된 법리가 전두환 전 대통령에 대한 뇌물 사건 관련 대법원 결정에서 확정된 바 있다는 것은 이미 앞에서 검토한 바와 같다.[61]

해당 판결문에서 **제3자에 대한 몰수를 선고한 1심 판결문**의 내용을 일부 발췌하여 소개한다. 이와 관련하여 판시한 법리는 다음과 같다.

사례

서 울 남 부 지 방 법 원

제 1 4 형 사 부

판　　　결

사　　건　2022고합37, 2022고합247(병합, 분리)

가. 특정경제범죄가중처벌등에관한법률위반(횡령)

나. 범죄수익은닉의규제및처벌등에관한법률위반

다. 전기통신사업법위반

라. 전자금융거래법위반

(중략)

참 가 인　1. 주식회사 에** (******–*******)

2. 이** (******–*******)

주　　문

(중략)

서울남부지방법원 2022초기131호로 몰수보전된 별지 목록 순번 1, 2 기재 각 재산을 피고인 겸 참가인 박**로부터, 같은 목록 순번 3, 4 기재 각 재산을 피고인 겸 참가인 박**으로부터, 같은 목록 순번 5, 6 기재 각 재산을 참가인 이**로부터 각 몰수한다.

(중략)

[몰수에 관한 판단]

– 별지 목록 기재 각 재산은 피고인 이**이 부패재산의 몰수 및 회복에 관한 특례법(이하 '부패재산몰수법'이라고만 한다) 제2조 제1호 별표 제4호 나목에 해당하는 부패범죄[특정경제범죄가중처벌등에관한법률위반(횡령)죄]의 범죄행위에 의하여 생긴 재산이거나

61 대법원 2021. 4. 9.자 2020모4058 결정 [재판의집행에관한이의인용결정에대한재항고] 참조.

그 범죄수익에서 유래한 재산(이하 '부패재산'이라고만 한다) 또는 그 외의 재산이 합하여진 재산(이하 '혼합재산'이라고만 한다)에 해당한다.

- 또한 아래 '피고인들 및 변호인들 주장에 대한 판단' 부분에서 살피는 바와 같이, 박**, 박**, 이**(이 법원은 2022. 5. 12. 위 사람들이 마약류 불법거래방지에 관한 특례법 제24조에 따라 한 참가신청을 허가하는 결정을 고지하였다)는 범인인 피고인 이**의 범죄 후 그 정을 알면서 그 부패재산 또는 혼합재산을 취득한 사람으로서 범죄수익은닉의 규제 및 처벌 등에 관한 법률(이하 '범죄수익은닉규제법'이라고만 한다) 제4조 단서의 경우에 해당하지 않는다.
- 서울남부지방법원 **2021초기131 몰수보전 결정은 피고인 이**이 별지 목록 기재 각 재산을 실질적으로 소유하고 피고인 겸 참가인 박**, 박** 및 참가인 이**는 명의상 권리자에 불과함을 전제로 한 것으로 보인다.** 그러나 피고인 이**과 박**, 박**, 이** 사이의 민사상 법률관계가 어떠한지는 별론으로 하고, **별지 목록 기재 각 재산의 대외적 소유권자는 각 명의상 권리자인 박**, 박**, 이**임이 명백**하다. 부패재산몰수법 제4조 제1항 단서는 **범인 외의 자가 범죄 후 그 정을 알면서 그 부패재산 또는 혼합재산을 취득한 경우 범인 외의 자로부터도 몰수할 수 있도록 규정**하고, 같은 제2항은 부패재산 또는 혼합재산이 **범인 외의 자에게 무상 또는 현저한 저가로 귀속된 경우 범인 외의 자가 그 정을 알지 못하고 취득한 때에도 범인 외의 자로부터도 몰수할 수 있도록 규정**하는바, 박**, 박**, 이**는 앞서 본 바와 같이 **그 정을 알면서 부패재산 또는 혼합재산을 취득한 경우에 해당하고, 최소한 부패재산 또는 혼합재산을 무상으로 받은 경우에는 해당함이 명백하므로, 별지 목록 기재 각 재산은 피고인 이**이 아니라 박**, 박**, 이**로부터 몰수한다.**
- 한편, 위 부패재산 및 혼합재산은 부패재산몰수법 제2조 제3호 나목의 범죄행위에 의하여 그 피해 회사인 오스템임플란트로부터 취득한 재산 또는 그 재산의 보유·처분에 의하여 얻은 재산으로서 범죄피해재산에 해당하는데, 이 사건 경위, 범죄피해재산의 규모와 현존 액수 및 형태, 각 범죄피해재산의 명의자, **피고인들 및 참가인들의 범죄 후 정황, 범죄피해재산에 대하여 몰수보전 내지 추징보전 결정이 내려진 사정 등을 종합할 때 위 범죄피해재산은 부패재산몰수법 제6조 제1항에 따른 '범죄피해자가 범인에 대한 재산반환청구권 또는 손해배상청구권 등을 행사할 수 없는 등 피해회복이 심히 곤란하다고 인정되는 경우'**에 해당한다[서울남부지방법원 2023. 1. 11. 선고 2022고합37, 2022고합247(병합, 분리) 판결 참조].

2) 항소심 법원의 판단[62]

1심 판결 선고와는 달리 항소심은 「부패재산몰수법 제4조에 의하면 범인 외의 자에 대한

몰수는 범인 외의 자에게 부패재산 또는 혼합재산이 귀속된 경우에 가능하고, 추징은 몰수의 요건을 갖춘 자에 대하여 몰수할 수 없는 때에 가능하다. 그런데 **누구의 소유에 속하는가 하는 것은 그 공부상의 명의 여하에 불구하고 권리의 실질적인 귀속관계에 따라 판단**하여야 하고(대법원 1999. 12. 10. 선고 99도3478 판결 등 참조), **몰수·추징의 범위**는 **피고인이 실질적으로 취득하거나 그에게 귀속된 이익에 한정**된다(대법원 2016. 11. 25. 선고 2016도11514 판결 등 참조). 재산이 실질적으로 피고인에게 귀속한다고 보기 위하여는 그 재산 명의인과 피고인의 관계, 그 재산을 보유하게 된 경위 및 자금의 출처 등을 종합적으로 고려하여야 한다(대법원 2009. 6. 25. 자 2009모471 결정 등 참조).」고 판시하면서 **제3자들에게 직접 몰수를 선고한 1심 법원의 판결을 파기**하였다.

항소심은 **제3자 몰수**의 경우 부패재산이 **단순히 제3자 명의로 취득**된 것뿐만 아니라 **실질적으로 제3자에게 귀속된 경우**에 한하여 제3자로부터 몰수할 수 있다는 법리에 따라 만약 **범인에게 실질적으로 귀속**되어 있는 부패재산을 **형식적으로 제3자 명의로 취득한 것에 불과**한 경우 즉, 명의신탁에 해당하는 경우에는 **제3자로부터 부패재산을 직접 몰수할 수 없다**고 보았다.

만약 항소심의 법리를 그대로 사안에 적용한다면 제3자 명의로 취득한 각종 부동산 등 차명재산에 대하여도 **그 재산이 실질적으로 귀속되어 있는 피고인으로부터 몰수하여야 한다**는 것을 의미한다.

사례

가) 관련 법리

(1) 범죄수익은닉규제법에 따른 몰수 또는 추징, 형법 제357조 제3항의 규정에 의한 필요적 몰수 또는 추징은 모두 부정한 이익을 박탈하여 이를 보유하지 못하게 함에 그 목적이 있는 것이라 할 것이므로, 범인에게 실질적으로 귀속된 이익금만을 개별적으로 몰수·추징하여야 하는 점(대법원 2008. 6. 26. 선고 2008도1312 판결, 대법원 2016. 10. 27. 선고 2016도8687 판결 등 참조), 부패재산몰수법상의 몰수는 임의적 몰수인 점, 부패재산몰수법의 목적은 부패범죄를 조장하는 경제적 요인을 제거하는 것에 있는 점(부패재산몰수법 제1조) 등을 고려한다면, 부패재산몰수법상의 몰수·추징 역시 부정한

62 서울고등법원 2024. 1. 10. 선고 2023노305 판결(항소심) 대법원 2024. 3. 28. 선고 2024도1411 판결 각 참조. 대법원은 위 서울고등법원 항소심 판결에 대해 검사가 상고를 하지 않음으로써 범인 아닌 제3자로부터 몰수판결을 선고할 수 있는지 여부에 대한 구체적인 판단이 없어 어떤 입장을 취하고 있는지 분명하지 않다.

이익 등을 박탈하려는 데 목적이 있는 것이지, 징벌적 성격을 갖는 추징이라고 보기는 어려우므로 그 몰수·추징의 범위는 **범인이 실제로 취득한 이익에 한정**된다.

(2) 부패재산몰수법 제4조에 의하면 **범인 외의 자에 대한 몰수는 범인 외의 자에게 부패재산 또는 혼합재산이 귀속된 경우에 가능**하고, 추징은 몰수의 요건을 갖춘 자에 대하여 몰수할 수 없는 때에 가능하다. 그런데 **누구의 소유에 속하는가 하는 것은 그 공부상의 명의 여하에 불구하고 권리의 실질적인 귀속관계에 따라 판단**하여야 하고(대법원 1999. 12. 10. 선고 99도3478 판결 등 참조), **몰수·추징의 범위는 피고인이 실질적으로 취득하거나 그에게 귀속된 이익에 한정**된다(대법원 2016. 11. 25. 선고 2016도11514 판결 등 참조). 재산이 실질적으로 피고인에게 귀속한다고 보기 위하여는 그 재산 명의인과 피고인의 관계, 그 재산을 보유하게 된 경위 및 자금의 출처 등을 종합적으로 고려하여야 한다(대법원 2009. 6. 25. 자 2009모471 결정 등 참조).

나) 구체적 판단

직권으로 살펴본다. 원심 및 당심이 적법하게 채택하여 조사한 증거들에 의하여 인정되는 다음과 같은 사정을 위 법리에 비추어 판단하면, 몰수·추징의 대상이 되는 부패재산은 모두 피고인 이**에게 실질적으로 귀속되었다고 평가되므로, 명의상 권리자에 불과한 피고인 박**, 박**, 이** 및 참가인 에**, 이**에 대하여 검사가 원심 및 당심에서 구한 몰수·추징의 경우, 몰수·추징의 요건을 갖추었다고 볼 수 없다. 그럼에도 원심은 피고인 박**, 박**, 참가인 이**에 대하여 몰수를 선고하였는바, 이와 같은 원심판결에는 몰수에 관한 법리오해의 위법이 있다. 명의상 권리자들에 대하여 당심에서 추가적으로 몰수·추징을 구하는 검사의 이 부분 주장 역시 이유 없다(따라서 몰수·추징을 전제로 한 피고인 박**, 박**, 이**의 주장은 판단하지 않는다).**(서울고등법원 2023노305 판결 참조)**

그러나 이는 **부패재산몰수법 제4조 제1항의 규정의 문언과 법률의 취지 등을 오해한 것으로 부당하여 동의할 수 없다**. 그 구체적인 이유는 이미 앞 부분에서 검토한 바와 같으므로 생략하고 결론적으로 **제3자 몰수 가능설**(1심 법원 판단)**이 타당**하다.

2. 제3자 몰수·추징 불가 예외 – 범죄수익은닉규제법 제4조 단서의 경우

부패재산몰수법은 범인 외의 자가 범죄 후 그 정을 알고 부패재산 등을 취득한 경우 제3자로부터 부패재산 등을 몰수 또는 추징할 수 있다고 규정하면서도 그 부패재산 또는 혼합재산의 취득이 **범죄수익은닉규제법 제4조 단서에 해당하는 경우에는 제외**한다고 하여 예외를 인정하고 있다.

범죄수익은닉규제법은 ① **법령에 따른 의무 이행으로서 제공된 것**을 수수한 경우에는 범죄수익 등이라는 사정을 알고 범죄수익 등을 수수하더라도 이를 범죄수익 등 수수죄로 처벌할 수 없고(동법 제4조 단서 전단), ② **채권자가 상당한 재산상의 이익을 제공하는 계약체결 시**에 그 계약에 관련된 채무의 이행이 범죄수익등에 의하여 행하여지는 것이라는 **정황을 알지 못**하고 그 계약과 관련된 채무의 이행으로서 제공되는 범죄수익을 수수하더라도 이를 수수죄로 처벌할 수 없다(동법 제4조 단서 후단). 다시말해 위 후단의 경우 **악의 인정여부를 판단하는 시점은「계약 체결 시」**이므로 계약체결 당시에는 범죄수익 등이라는 사정을 알지 못했다면 **향후 범죄수익 등을 수수할 때 그 정을 알게 되었다**고 하더라도 **수수죄가 성립할 수 없게 된다.**

관련조문

부패재산몰수법 제4조(몰수의 요건 등) ① 제3조에 따른 몰수는 부패재산 또는 혼합재산이 범인 외의 자에게 귀속되지 아니한 경우에 한한다. 다만, 범인 외의 자가 범죄 후 그 정(情)을 알면서 그 부패재산 또는 혼합재산을 취득한 경우(**그 부패재산 또는 혼합재산의 취득이「범죄수익은닉의 규제 및 처벌 등에 관한 법률」제4조 단서에 해당하는 경우에는 제외한다**)에는 그 부패재산 또는 혼합재산이 범인 외의 자에게 귀속된 경우에도 몰수할 수 있다.
제5조(추징) ② 제4조제1항 또는 제2항에 따라 **범인 외의 자로부터 추징하는 경우**에는 **제1항을 준용**한다.

☞ **범죄수익은닉규제법 제4조(범죄수익등의 수수)** 그 **정황을 알면서 범죄수익등을 수수(收受)한 자**는 3년 이하의 징역 또는 2천만원 이하의 벌금에 처한다. 다만, **법령에 따른 의무 이행으로서 제공된 것을 수수한** 자 또는 **계약(채권자가 상당한 재산상의 이익을 제공하는 것만 해당한다) 시에 그 계약에 관련된 채무의 이행이 범죄수익등에 의하여 행하여지는 것이라는 정황을 알지 못**하고 **그 계약과 관련된 채무의 이행으로서 제공된 것을 수수**한 자의 경우에는 그러하지 아니하다.

부패재산몰수법은 위 범죄수익은닉규제법 규정(제4조 단서)를 준용하므로 이를 부패재산몰수법상 제3자 몰수·추징의 경우에 그대로 적용하여 보면, 범인 외의 자가 범죄 후 그 정을 알면서 범죄수익 등을 취득하더라도 ① **법령에 따른 의무 이행으로 제공**된 것을 취득하였다거나, ② **제3자가 채권자**이고 **범인이 채무자인 계약 체결 당시** 제3자가 채무의 이행으로서 제공되는 것이 **범죄수익 등이라는 사정을 알지 못**하였다면 채무의 이행을 받을 당시 **제3자가 그 정을 알게 되었다**고 하더라도 **이를 제3자로부터 몰수·추징할 수 없다.**

예컨대 범인이 **뇌물죄**로 범죄수익 10억 원을 취득하였는데 그 중 3억 원 상당을 민법상 이혼에 따른 **재산분할 명목으로 아내인 제3자에게 교부**하여 아내가 이를 취득한 것이라면 아내가 위 3억 원이 부패재산이라는 사정을 이미 알고 있었다고 하더라도 위 재산분할 명목의 금전은 법령에 따른 의무 이행으로서 제공된 금전이므로 이를 제3자인 **아내로부터 추징할 수 없**고, 뇌물죄로 범죄수익을 취득한 범인에게 모두 추징하여야 한다.

관련조문

민법 제839조의2(재산분할청구권) ①협의상 이혼한 자의 일방은 다른 일방에 대하여 재산분할을 청구할 수 있다.
②제1항의 재산분할에 관하여 협의가 되지 아니하거나 협의할 수 없는 때에는 가정법원은 당사자의 청구에 의하여 당사자 쌍방의 협력으로 이룩한 재산의 액수 기타 사정을 참작하여 분할의 액수와 방법을 정한다.
③제1항의 재산분할청구권은 이혼한 날부터 2년을 경과한 때에는 소멸한다.

또한 범인이 **배임수재죄**로 범죄수익 5억 원을 취득하였는데 그 중 2억 원 상당을 변호사 비용으로 지급하는 내용의 계약을 변호사와 체결하였는데 그 계약체결 당시 변호사가 채무의 이행이 범죄수익 등으로 될 것이라는 사정을 알지 못하였다면 향후 변호사가 채무의 이행을 받을 당시 그와 같은 사정을 알게 되었다고 하더라도 변호사로부터 2억 원 상당을 추징할 수 없고, 5억 원 전체를 배임수재죄를 범한 범인으로부터 모두 추징하여야 한다.

Ⅳ 제3자에게 상속·증여 등 무상(無償)으로 귀속된 경우

1. 규정의 내용

관련조문

부패재산몰수법 제4조(몰수의 요건 등) ② 부패재산 또는 혼합재산이 범인 외의 자에게 **상속이나 증여 등으로 무상(無償)** 또는 현저한 저가(低價)로 **귀속된 경우**에는 **범인 외의 자가 그 정을 알지 못하고 그 부패재산 또는 혼합재산을 취득**한 때에도 **전부 또는 일부를 몰수할 수 있다**.
제5조(추징) ① 부패재산을 몰수할 수 없거나 그 재산의 성질, 사용상황, 그 재산에 관한 범인 외의 자의 권리 유무, 그 밖의 사정으로 인하여 이를 몰수함이 상당하지 아니하다고 인정될 때에는 그 가액(價額)을 범인으로부터 추징한다.
② 제4조제1항 또는 제2항에 따라 **범인 외의 자로부터 추징하는 경우에는 제1항을 준용한다**.

부패재산몰수법은 **범인 외의 제3자가 상속이나 증여 등과 같이 무상(無償)으로 부패재산을 취득**하여 **제3자에게 귀속**된 경우에는 제3자가 그 정을 알지 못하고 부패재산 등을 취득하였다고 하더라도 이를 **제3자로부터 몰수 또는 추징할 수 있다고 규정**하고 있다.

이로써 **선의의 제3자**라고 하더라도 그 **제3자가 무상으**로 부패재산 등을 취득하여 이를 소유하게 되었다면 그 **제3자를 보호할 필요성이 적은 반면** 부패재산의 취득과 귀속을 궁극적으로 박탈함으로써 구현할 수 있는 **실질적 정의의 가치가 더욱 크다**는 입법자의 결단으로 봄이 상당하다.

2. 「상속·증여 등 무상 귀속」의 구체적 의미와 해석론

무상(無償) 귀속은 법문의 의미 그대로 부패재산을 취득하는 과정에서 어떠한 반대급부도 제공하지 않은 것을 의미하는 것으로 **상속·증여는 위와 같은 부패재산 무상귀속의 하나의 예시**에 불과하다. 따라서 상속이나 증여가 아닌 제3의 방법과 형식을 동원하여 부패재산을 귀속시킨 경우라고 하더라도 반대급부를 제공한 것이 없는 경우 이는 무상 귀속의 한 유형으로 포섭함이 상당하다.

통상적으로 **부패재산을 취득하여 그 소유권을 온전히 넘겨받은 제3자**의 입장에서 상속과 증여의 형식으로 이를 취득한 것이 아니고 **정당한 반대급부를 제공하고 이를 소유하게 된 것이라는 취지의 변소**를 하며 이러한 주장을 뒷받침하는 **허위의 자료를 생산·비치해둘 가능성**이 많다. 이러한 경우 부패재산을 발생시킨 대상 **부패범죄가 범죄수익은닉규제법상 중대범죄에 동시에 해당**한다면 범죄수익은닉규제법에 따른 **자금세탁범죄가 성립할 여지**가 있으므로 유의하여야 한다.

이하에서는 대한민국 사회에서 크게 문제가 된 바 있는 **거액의 횡령 내지 배임 사건**에서 **최근 제3자에 대한 몰수 또는 추징을 인정한 주요한 사례 몇가지**를 소개하고자 한다. 해당 사건에서 검사는 무상 또는 현저한 저가로 부패재산을 취득한 제3자를 상대로 참가절차를 거쳐 몰수 및 추징을 구형하였고 법원에서 이를 받아들여 **제3자로부터 몰수·추징을 선고하여 확정**한 사안으로 **매우 중요하고 의미 있는 사안**이라 할 것이다.

3. 구체적 적용 사례 : 우리은행 횡령 사건

가. 범죄사실 및 쟁점

우리은행 횡령 사건이라 함은 피해자 우리은행 주식회사의 직원으로 근무하던 피고인과 그 가족이 **2012. 10.경** 개인사업 부진 등을 원인으로 상당한 채무가 발생하자 우리은행 명의 계좌에서 돈을 임의로 인출하였고 이를 은폐하기 위하여 적요란에 「법원공탁금 납부」 취지로 기재하는 등의 방법으로 **그 무렵부터 2018. 6.경까지 약 664억 원 상당을 임의로 인출하여 횡령**하고, 위와 같이 횡령한 돈 중 **약 50억 원 상당을 뉴질랜드에 설립한 페이퍼컴퍼니로 송금**하여 대한민국의 **재산을 국외로 도피**시킨 사안이다.

그 과정에서 피고인들은 국내 주식투자를 하는 사람에게 **약 10억 원 상당의 자금을 이체하여 이를 주식투자에 탕진**하기도 하였고 **무상 또는 현저한 저가로 다수의 제3자들에게 고액의 부패재산 등을 넘겨주어 취득**하게 하였다.

이 사건에서 **주로 쟁점**이 된 것은 피고인들로부터 **악의, 무상 또는 현저한 저가로 부패재산을 취득한 제3자를 어느 범위에서 참가**시킬 수 있을 것인지, **참가 신청의 시기와 종기**는 언제인지 여부 등 **제3자 몰수·추징의 범위**와 **제3자 참가 절차의 해석**에 관한 것이었다. 이에 대해 1심과 항소심 법원의 판단이 서로 달랐는바 **1심과 항소심 법원에서 구체적으로 어떻게 판단**하였는지 주요 논점에 대해 검토할 필요가 있다. 우리은행 횡령 사건은 제3자 참가 절차와 그 논점, 다수의 제3자들에게 고액의 추징이 선고되어 집행된 사례로서 부패재산몰수법과 마약거래방지법에 따른 **제3자 몰수·추징과 제3자 참가절차의 확대·적용**을 위한 **리딩 케이스**로서 매우 중요한 의미가 있다.

나. 1심 법원의 판단[63]

검사는 우리은행 회사 자금 664억 원을 횡령한 범인들의 범행과 관련하여 범인들로부터 위 **부패재산을 악의, 무상 또는 현저한 저가로 취득**한 **총 21명에게 참가신청 고지**를 하였고, 이에 따라 참가절차가 진행되었으나 위 21명 중 극히 일부인 **2명에 대한 제3자 추징을 인용**하였고 **나머지 19명**에 대한 추징 선고를 하지 않았다.

검사가 제3자 몰수·추징을 구한 **총 21명의 참가인** 중 **법원은 10명에 대한 참가신청만 인정**하였고, **나머지 11명에 대한 참가 신청은 적법하지 않다는 이유로 받아들이지 않**았으며 **위 10명**에 대한 참가 신청의 경우 그 적법성은 인정하면서도 **그 중 8명에 대한 참가신청은 이유 없다는 이유로 기각**하였다.

그런데 1심 법원은 **위 11명에 대한 참가신청 고지가 적법하지 않은 이유에 대해서 판결문에 아무런 판단을 하지 않**았을 뿐만 아니라 참가신청이 적법하다고 인정한 8명의 참

63 서울중앙지방법원 2022. 9. 30. 선고 2022고합369 판결 참조.

가인에 대한 추징 선고를 하지 않으면서 왜 추징선고를 하지 않았는지 그 이유조차 적시하지 않았다. 이는 부패재산몰수법과 마약거래방지법에 따라 진행된 제3자 참가 절차가 실제로 진행되었음에도 불구하고 구체적인 판단을 누락한 것으로 봄이 상당하다. 1심 법원이 인정한 **참가인 2명**(신**, 전**)**에 대한 구체적인 판시 이유**는 다음과 같다.

사례

서 울 중 앙 지 방 법 원

제 2 4 형 사 부

판 결

사 건 2022고합369 가. 특정경제범죄가중처벌등에관한법률위반(횡령)
나. 특정경제범죄가중처벌등에관한법률위반(재산국외도피)
다. 공문서위조
라. 위조공문서행사
마. 사문서위조
바. 위조사문서행사
사. 범죄수익은닉의규제및처벌등에관한법률위반

(중략)

참 가 인[64] 1. 신**
2. 전**
3. 김**
4. 임**
5. 김**
6. 김**
7. 조**
8. 김**
9. 조**
10. 정**

(중략)

주 문

피고인 전**을 징역 13년에, 피고인 전**을 징역 10년에, 피고인 서**을 징역 1년에 각 처한다.

압수된 서울중앙지방검찰청 2022년 압 제2242호의 증 제10 내지 12호 중 위조 부분을 각 폐기한다.

피고인 전**, 전**로부터 각 32,376,557,553원을, 피고인 서**으로부터 1,037,282,000원을, 참가인 신**로부터 646,733,518원을, 참가인 전**으로부터 60,448,530원을 각 추징한다.
피고인들 및 참가인 신**, 전**에 대하여 위 각 추징금에 상당한 금액의 가납을 명한다.

(중략)

1. 추징
가. 피고인 전**, 전**: 각 특정경제범죄 가중처벌 등에 관한 법률 제10조 제3항, 제1항, 부패재산의 몰수 및 회복에 관한 특례법 제6조 제1항, 제5조 제1항
나. 피고인 서**: 부패재산의 몰수 및 회복에 관한 특례법 제6조 제1항, 제4조 제1항 단서, 제5조 제2항, 제1항
다. 참가인 신**, 전**: 각 부패재산의 몰수 및 회복에 관한 특례법 제6조 제1항, 제4조 제2항, 제5조 제2항, 제1항

[부패재산의 몰수 및 회복에 관한 특례법(이하 괄호 내에서 '부패재산몰수법'이라 한다) 제2조 제1호의 '부패범죄'에 '특정경제범죄 가중처벌 등에 관한 법률 제3조 중 형법 제355조 및 356조'에 해당하는 죄가 포함되고, 위 죄에 의하여 그 피해자로부터 취득한 재산 또는 그 재산의 보유·처분에 의하여 얻은 재산은 부패재산몰수법 제2조 제3호의 '범죄피해재산'에 해당한다. 원칙적으로 범죄피해와 관련된 재산은 환부 또는 교부의 대상인지가 문제될 수 있을 뿐 몰수·추징의 대상이 되지 아니하나, 부패재산몰수법 제6조는 범죄피해재산으로서 범죄피해자가 그 재산에 관하여 범인에 대한 재산반환청구권 또는 손해배상청구권 등을 행사할 수 없는 등 피해회복이 심히 곤란하다고 인정되는 경우에는 몰수·추징할 수 있고, 이 법에 따라 몰수·추징된 범죄피해재산은 피해자에게 환부한다고 규정하고 있다.

앞서 든 증거들에 의하여 알 수 있는 다음과 같은 사정들, 즉 ① 이 사건 각 횡령범행의 피해자 회사는 최초 범행일로부터 10년 가까이 지나도록 범행 사실을 인지하지 못하였고 그 이후에도 피해 금액을 정확하게 산정하지 못하였으며 관련 자료도 신속하게 확보하지 못하였으므로, 피해 회복을 위한 법적 조치를 취하는 데 어려움을 겪을 것으로 보이는 점, ② 횡령금액의 상당부분이 여러 계좌로 나누어 이체되거나 주변인에게 지급되거나 해외로 반출되는 등으로 은닉되어 있어 피해자 회사가 민사소송을 제기하더라도 그 집행이 용이하지 않을 것으로 보이는 점, ③ 피해자 회사 스스로도 수사기관에 몰수보전을 요청한 점 등을 종합하면, 이 사건 각 횡령범행은 피해자가 범죄피해재산에 관하여 피고인에 대한 재산반환청구권 또는 손해배상청구권을 행사할 수 없는 등 피해회복이 심히 곤란한 경우라고 인정되므로, 부패재산몰수법 제6조 제1항에 따라 피해자 환부를 위한 몰수 또는 추징을 할 수 있고, 잔존 범죄피해재산 일부가 주변인에게 지급되었거나 해외로 반출되었다는 등의 사정을 고려하면 이를 몰수함이 상당하지 아니하므로 위 법 제5조 제1항에 따라 그 가액을 추징하기로 한다.

그리고 추징의 범위에 관하여 보면, 특정경제범죄 가중처벌 등에 관한 법률 제10조 제3항, 제1항에 의한 몰수·추징은 범죄로 인한 이득의 박탈을 목적으로 한 형법상의 몰수·추징과는 달리 재산국외도피 사범에 대한 징벌의 정도를 강화하여 범행 대상인 재산을 필요적으로 몰수하고 그 몰수가 불능인 때에는 그 가액을 납부하게 하는 소위 징벌적 성격의 처분이라고 보는 것이 상당하므로 그 도피재산이 피고인들이 아닌 회사의 소유라거나 피고인들이 이를 점유하고 그로 인하여 이득을 취한 바가 없다고 하더라도 피고인들 모두에 대하여 그 도피재산의 가액 전부의 추징을 명하여야 하고(대법원 2005. 4. 29. 선고 2002도7262 판결 참조), 부패재산의 몰수 및 회복에 관한 특례법에 따른 추징은 부패범죄의 근절을 위해 그 행위로 인한 부정한 이익 등을 박탈하려는 데 목적이 있는 것이지, 징벌적 성격을 갖는 추징이라고 보기는 어려우므로 그 추징의 범위는 범인이 실제로 취득한 이익에 한정되고, 수인의 공범이 있는 경우에는 공범 각자가 실제로 얻은 이익을 개별적으로 추징하여야 하며, 수취한 이익을 확정할 수 없을 때에는 이를 평등하게 분할하여 몰수·추징하여야 한다(대법원 2016. 10. 27. 선고 2016도8687 판결 등 참조). 위 법리에 따라 피고인들 및 참가인들에 대한 추징액을 산정하면 다음과 같다.]

- ○ 피고인 전**, 전**: 각 32,376,557,553원[= 27,331,124,379원{(= 전체 횡령금액 61,452,145,981원 - 재산국외도피액 합계 5,045,433,174원 – 피고인 서**에 대한 아래 추징액 1,037,282,000원 - 신**에 대한 아래 추징액 646,733,518원 - 전**에 대한 아래 추징액 60,448,530원) / 2, 원 미만 버림} + 재산국외도피액 합계 5,045,433,174원]
- ○ 피고인 서**: 1,037,282,000원[= 피고인 전**으로부터 수수한 1,044,482,000원 - 위 피고인에게 지급한 7,200,000원(피고인이 2012. 12. 26.까지 반환한 202,500,000원, 2014. 10. 24. 반환한 50,000,000원은 수수액에서 이미 제외되었다)]
- ○ 참가인 신**: 646,733,518원(= 횡령 이후 피고인 전**, 전** 또는 위 피고인들 사용의 신** 명의 계좌에서 신** 계좌로 출금된 금액 합계 662,040,478원 - 5,862,670원 - 4,260,000원 - 5,184,290원)
  - – 2017. 6. 23.경부터 2019. 12. 24.경까지 피고인 전**이 운영하는 SBS방송아카데미뷰티학원의 참가인 신** 명의 우리은행 계좌에서 '신**(KT)'라는 계좌로 99회에 걸쳐 출금된 합계 5,862,670원은 피고인 전**이 서울 서초구 강남대로 435, 9층에서 위 뷰티학원을 운영하면서 지출한 돈으로 보이므로, 위 금원 상당액은 추징하지 않는다.
  - – 2013. 5. 16.경부터 2016. 5. 27.경까지 위 뷰티학원의 참가인 신** 명의 우리은행 계좌에서 '신**(SBS뷰'라는 계좌로 3회에 걸쳐 출금된 합계 4,260,000원은 위 계좌의 명칭, 피고인 전**이 참가인 신**의 명의로 뷰티학원을 운영하였던 점 등에 비

추어 피고인 전**이 뷰티학원을 운영하면서 지출하기 위하여 송금한 돈으로 보이므로, 위 금원 상당액은 추징하지 않는다.

- 2013. 1. 25.경부터 2020. 12. 17.경까지 피고인 전**, 전** 명의 계좌에서 국세 및 지방세 등의 명목으로 출금된 합계 5,184,290원은 피고인 전**이 참가인 신**의 명의로 뷰티학원을 운영하였던 점, 그로 인한 국세나 지방세 등이 신** 명의의 가상계좌로 지급된 것으로 보이는 점, 위 국세나 지방세 등은 피고인 전**의 학원 운영으로 그 지급의무가 발생한 금원이므로, 적어도 참가인 신**와 피고인 전** 사이에서는 피고인 전**이 부담하여야 할 금원으로 보이는 점 등의 사정에 비추어 위 금원 상당액은 추징하지 않는다.
- 대리인은 피고인 전**이 2010년경 위 뷰티학원의 운영자금 명목으로 참가인 신** 명의로 대출한 합계 2억 9,000만 원의 차용원리금 변제 명목으로 2020. 12. 20. 신**에게 4억 원을 지급하였는바, 이는 추징액에서 제외되어야 한다고 주장한다. 앞서 든 증거 및 대리인이 제출한 '신**(SBS)대출약정서'에 의하면, 피고인 전**이 주식회사 우리은행에서 위와 같이 위 참가인 명의로 합계 2억 9,000만 원을 대출한 사실은 인정되나, 위 각 대출금은 피고인들의 범행동기, 위 각 대출의 만기 등에 비추어 4억 원이 교부된 2020. 12. 20. 이전에 변제되었을 것으로 보이고, 이에 의하면, 위 4억 원은 피고인들이 참가인 명의로 발생한 채무의 변제조로 지급한 것이 아니라 참가인에게 무상 또는 현저히 저가로 귀속된 것으로 보이므로, 위 금원은 추징액에서 제외하지 않는다.
- 대리인은 참가인 신**가 피고인 전**이 고양시 일산동구에 있는 SBS방송아카데미 뷰티학원을 운영하는 과정에서 지급하여야 할 미납 임대료 및 시설철거비용 명목으로 2022. 5. 30.경 50,000,000원, 2022. 6. 23.경 40,363,080원 및 23,000,000원 합계 113,363,080원을 대납하였는바, 이는 추징액에서 제외되어야 한다고 주장한다. 대리인이 제출한 '의정부지방법원 고양지원 2020가단75145 사건진행내역 및 판결문', '이체증빙자료 및 문자메세지 캡처본'에 의하면, 참가인 전**은 피고인 전**이 고양시 일산동구에 있는 SBS방송아카데미 뷰티학원을 운영하는 과정에서 지급하여야 할 미납 임대료 등의 명목으로 2022. 6. 23.경 40,363,080원 등을 지급한 것으로 보이나, 이는 피고인 전**, 전**로부터 위 참가인에게 횡령금이 이체된 이후의 사정에 불과하므로, 위 금원은 추징액에서 제외하지 않는다.

○ 참가인 전**: 60,448,530원(= 횡령 이후 피고인 전**, 전** 또는 위 피고인들 사용의 신** 명의 계좌에서 전** 계좌로 출금된 금액 합계 757,318,530원 - 696,870,000원)
- 앞서 든 증거 및 대리인이 제출한 '전** 금전대여관련 입출내역서' 등에 의하면, 2009. 6. 16. 참가인 전** 명의의 계좌에서 피고인 전**에게 이체된 30,000,000원

> 등 2017. 7. 10.까지 합계 696,870,000원이 전**으로부터 피고인 전**, 전** 측에게 이체되었는바, 이를 증여 등으로 무상 또는 현저한 저가로 귀속된 경우라고 보기 어려우므로, 해당 부분은 추징에서 제외한다(대리인이 추징액에서 제외되어야 한다고 주장하는 2009. 6. 16.자 89,850,062원은 그 출금내역인 "대체지급"으로는 피고인 전**이나 전**에게 지급된 것이라고 보기 어려워 해당 부분은 추징에서 제외하지 않는다).

한편 **참가인 신**, 전****은 구 부패재산의 몰수 및 회복에 관한 특례법(2016. 12. 20. 법률 제14410호로 개정되기 전의 것, 이하 '구 부패재산몰수법'이라 한다) 제2조 제1호 및 별표 제1호 다목은 특정경제범죄 가중처벌 등에 관한 법률 제3조의 죄를 규정하고 있지 않았는바, 2016. 12. 20. 이후 피고인 전**, 전**로부터 참가인들에게 이체된 금액만을 참가인들로부터 추징해야 한다고 주장하였다.

그러나 이러한 주장에 대하여 1심 법원은 「① 구 부패재산몰수법의 입법취지는 국제연합 부패방지협약 등을 효율적으로 이행하기 위하여 부패재산의 몰수 및 추징, 환수 등에 관해 특례를 규정함으로써 **부패범죄를 조장하는 경제적 요인을 근원적으로 제거하여 부패범죄를 효과적으로 방지·척결하고 청렴한 국제사회질서 확립**하는 데 이바지하기 위한 것인 점, ② 특정경제범죄 가중처벌 등에 관한 법률 제3조 중 형법 제355조, 제356조 위반죄는 횡령 또는 업무상횡령 등으로 취득한 이득액이 5억 원 이상 또는 50억 원 이상인 경우 가중처벌하는 것에 불과할 뿐 **형법상 횡령 또는 업무상횡령죄의 보호법익, 범죄구성요건과 완전히 동일**한바, 일반 국민으로서도 형법상 횡령 또는 업무상횡령죄에 적용되는 구 부패재산몰수법의 규정이 특정경제범죄 가중처벌 등에 관한 법률 제3조 위반죄에도 적용됨을 충분히 예측할 수 있는 점, ③ 특정경제범죄 가중처벌 등에 관한 법률 제3조 위반죄가 구 부패재산몰수법의 적용대상이 아니라고 한다면 오히려 **다액의 횡령 또는 업무상횡령 범행을 저지른 자를 구 부패재산몰수법상 몰수·추징 대상에서 제외하는 부당한 결과가 초래**되는바, 이는 구 부패재산몰수법의 입법취지에도 반하는 점, ④ 또한 검사가 이득액이 5억 원 이상임에도 형법상 횡령 또는 업무상횡령죄로 기소하는 경우나 특정경제범죄 가중처벌 등에 관한 법률 제3조 위반죄로 기소되었으나 이득액이 산정되지 않아 형법상 횡령 또

---

64 1심 법원은 참가신청의 대상이 된 총 21명 중 참가신청이 부적법하다고 판단한 11명에 대해서는 참가인으로 기재하지 않았으나 위 총 10명에 대해서는 참가인 지위를 인정하여 그 인적사항을 판결문에 모두 기재하였다.

는 업무상횡령죄로 처벌하는 경우에 오히려 구 부패재산몰수법에 따라 몰수·추징이 가능하게 되는 모순적인 결과가 발생하는 점 등을 종합해보면, 구 부패재산몰수법 제2조 제1호의 부패범죄에 특정경제범죄 가중처벌 등에 관한 법률 제3조 위반죄도 포함된다고 해석함이 타당하다{대법원 2017. 10. 12. 선고 2017도11048 판결, 부산고등법원(창원) 2017. 7. 3. 선고 2017노14 판결 참조}]. 따라서 참가인들 대리인의 위 주장은 받아들이지 않는다.」고 판시하여 참가인들의 주장은 배척하였다.

이처럼 1심 법원은 제3자 참가에 따른 일부 추징선고를 인용하였으나 대다수의 참가신청을 받아들이지 않거나 받아들이더라고 인용하지 않고 기각하였음에도 그에 대한 판단을 누락하였고, 이에 대해 검사가 항소하여 이에 대한 구체적 판단이 있었다. 항을 바꾸어 상술한다.

다. 항소심 법원의 판단[65]

항소심은 검사의 **총 21명에 대한 참가 신청에 대해 판단**하면서 **1심 법원이 사실상 부적법하다가 판단한 11명**의 참가고지 대상자에 대한 참가신청의 적법성에 대해 판단하였고, 1심 법원이 **참가 신청이 적법하다고 인정**한 **8명**에 대한 **추징을 선고**하였다.

1) 참가고지대상자 11명에 대한 참가 신청 고지의 적법성 인정 여부

가) 검사의 항소 이유

검사는 원심의 참가인 신**, 전**에 대한 추징액 산정에 위법이 있다는 취지로 주장하면서 이에 더하여 원심에서 참가신청이 허가된 이 사건 참가인들 및 나머지 참가고지대상자인 11명에 대하여도 부패재산몰수법에 따른 추징이 선고되어야 한다는 취지로 주장하면서 주위적으로는 항소심에서 1심 법원으로 파기환송을 해줄 것을 주장하였고, 예비적으로는 항소심에서 파기 자판을 하여 줄 것을 구하였다.

나아가 검사는 위 참가고지대상자 11명에 대한 참가신청 고지를 하면서 변론재개를 신청하였으나 1심 법원이 이에 대한 불허결정을 한 것에 대하여 위법하다고 주장하였고, 공판조서에 검사의 최종의견진술(구형)이 누락되었으므로 이는 위법하다고 주장하였다.

나) 항소심 법원의 판단

(1) 참가고지대상자 11명에 대한 참가신청고지의 적법성 여부 관련

일단 항소심은 검사의 **주위적 파기환송 주장**에 대해서는 「형사소송법 제364조 제6항은

---

65 서울고등법원 2024. 1. 11. 선고 2022노2614 판결문 참조.

'항소법원의 심판에 관하여 항소가 이유 있다고 인정한 때에는 파기하고 다시 판결을 하여야 한다'고 정하여 파기자판을 원칙으로 하고 있고, 같은 법 제366조는 원심법원이 사건에 관하여 관할권을 가지는데도 관할위반의 판결(제319조)을 하거나 공소기각의 사유(제327조)가 없는데 공소기각의 판결을 했을 경우를 원심법원에 환송해야 한다고 정하고 있다. 형사소송법 제366조는 항소심 법원의 파기환송에 대한 유일한 규정으로, 공소기각 또는 관할위반의 재판에 위법이 있는 경우가 아니라면 원칙적으로 파기자판을 하는 것이 타당하다.」고 판시하면서 **위 주장을 배척**하였다.

나아가 **항소심은 위 11명에 대한 참가신청의 적법성 여부**와 관련하여 「부패재산몰수법 제8조는 '이 법에 따른 몰수 및 추징과 국제공조에 관하여는 마약거래방지법 제19조부터 제63조까지를 준용한다'고 규정하고 있으며, 마약거래방지법은 제23조 내지 제32조를 통하여 범인 외 제3자로부터 몰수하는 경우 제3자에 대한 고지 또는 공고 및 제3자의 참가 절차, 제3자의 재판에서의 지위 등을 정하고 있다. 마약거래방지법 제23조 제1, 2항은 제3자에 대한 몰수가 필요하다고 인정하는 경우에는 검사에게 서면으로 일정한 사항을 고지하거나 이를 관보 등에 공고할 의무를 정하여 제3자의 참가에 관한 권리를 보장하고 같은 법 제24조 제1항은 위 고지 또는 공고가 있는 경우에 참가인은 그로부터 14일 이내에 참가신청 여부를 결정하도록 하고 같은 조 제3항 제2호에서 법원은 위 기간이 지난 후에 참가를 신청한 경우 참가인의 책임으로 돌릴 수 없는 사유가 인정되는 경우를 제외하고는 참가신청을 기각할 수 있도록 규정하고 있다.

한편 **위 법 제28조 제1호**는 법원은 제3자가 참가허가를 받지 못한 경우 원칙적으로 그 제3자에 대한 몰수재판을 할 수 없으나 **위 고지 또는 공고로부터 14일이 지난 경우** 각 목의 어느 하나에 해당하지 않는 한 참가허가를 받지 못한 자라고 하더라도 **몰수재판을 할 수 있다는 취지로 규정**한다. 그러나 위 법 제24조 제1항이 고지 또는 공고를 받지 않았으나 **몰수될 염려가 있는 재산을 가진 제3자가 참가를 신청할 수 있는 종기를 제1심 재판이 있기 전까지**로 정하고 제24조 제3항 역시 법원이 위 기간이 도과하였음에도 참가신청인의 귀책사유가 없는 경우 참가를 허가할 수 있는 종기를 제1심재판이 있기 전까지로 정하고 있는 점, 위 법 제23조 제1항에 따르면 **검사는 공소제기 후 '즉시' 참가를 고지하도록** 하고 있는데 이는 참가고지를 받은 제3자가 제1심재판 진행 초기부터 참여할 수 있는 기회를 보장하려는 취지로 보이는 점, 한편 위 법 제32조는 제23조 제1항에 따른 **재산을 몰수하는 재판**은 **자기의 책임으로 돌릴 수 없는 사유로 피고인에 대한 형사사건 절차에서 권리를 주장할 수 없었던 제3자의 권리에는 영향을 미치지 아니한다고 규정**하는 바, **제3자가 적법한 고지**를 받았으나 **그로부터 14일이 경과하기 전에 제1심재판이 이미 종결**된 것을 두고 제3자의 책임으로 기간을 준수하지 못하였다고 볼 수는 없는 점을 종합하면, **제3자가 부패재산방지법 제8조, 마약거래방지법 제23조 제1, 2항에 따른 고지 또는 공고를 받은 후 14일이 경과하기 전 이미 제1심재판이 종결된 경우**라면 그러한 **제3자에 대하여는 몰수재판을 할 수 없다**고 봄이 타당하다. (중략) 한편 나머지 참가고지대상자 11명(장**, 장**, 나**, 김**, 전**, 김**, 이**, 손**, 나**, 김**, 김**)의 경우, 검사는 2022. 9.경 위 참가고지대상자들에게 참가고지를 하여 그 고지가 장**, 김**에게 2022. 9. 19., 장**에게 2022. 9. 21., 이**, 김**에게 2022. 9. 23., 김**에게 2022. 9. 26., 나**, 전**, 손**, 나**에게 2022. 9. 27. 각 도달하였으나, 위 각 **제3자들에 대한 고지 도달일로부터 14일이 경과하기 전인 2022. 9. 30. 제1원심재판이 종결**되었음이 **역수상 명백**하므로 위 제3자들에 대하여는 앞서 본 부패재산몰수법 규정의 해석상 **몰수재판을 할 수 없다고 봄이 타당**하다.」고 판시하였다.

즉 다시 말해 제3자에 대한 참가신청 고지는 1심 재판이 종결되기 최소한 14일 전에 이루어져야 하고, 만약 1심 재판 종결 전 14일 이내에 참가 신청 고지가 이루어진 경우라면 참가신청 고지 자체가 법률상 적법하다고 볼 수 없다는 것이다.

(2) 1심 판결의 절차상 위법 주장 관련

항소심은 검사의 항소이유 중 **변론재개불허결정 및 최종의견진술 누락**과 관련된 **위법성 주장**과 관련하여 「형사소송법 제305조는 "법원은 필요하다고 인정한 때에는 직권 또는 검사, 피고인이나 변호인의 신청에 의하여 결정으로 종결한 변론을 재개할 수 있다"고 규정하고 있는바, **변론종결 후 변론재개신청이 있는 경우에도 종결한 변론을 재개하느냐의 여부는 법원의 재량**에 속하므로, 검사나 피고인에게 주장 및 입증을 위한 충분한 기회를 부여하였다가 변론을 종결한 이상 다른 특별한 사정이 없는 한 그 후에 이루어진 변론재개 신청을 법원이 받아들이지 아니하였다고 하여 이를 위법하다고 할 수는 없다(대법원 2014. 4. 24. 선고 2014도1414 판결 등 참조).

이러한 법리에 비추어 기록에 나타난 이 사건 공판 진행 내용과 제1원심 변론종결 전까지 검사, 피고인들 및 당시 참가가 허가된 참가인 전**, 신**에 대하여 충분한 주장 및 입증을 위한 기회가 부여되었다는 점 등에 비추어 보면, **제1원심이 나머지 참가인들에 대한 참가를 허가**하면서도 **검사의 변론재개 신청을 받아들이지 아니한 채 판결을 선고하였다는 사정**만으로는, **제1원심판결에 검사가 주장하는 절차상 위법이 있다고 할 수 없다**. 검사의 이 부분 주장은 받아들이지 않는다.」고 판시하여 검사의 주장을 배척하였다.

나아가 항소심은 검사의 **최종의견진술(구형) 누락과 관련된 위법성 주장**과 관련해서도 「형사소송법 제302조, 제303조는 '피고인 신문과 증거조사가 종료한 때에는 검사는 사실과 법률적용에 관하여 의견을 진술하여야 하고, 재판장은 검사의 의견을 들은 후 피고인과 변호인에게 최종의 의견을 진술할 기회를 주어야 한다'고 규정한다. 한편 결심공판에 출석한 **검사가 사실과 법률적용에 관하여 의견을 진술하지 않더라도 공판절차가 무효로 되는 것은 아니**며 위 공판조서에 **검사의 의견진술이 누락되어 있다 하여도 이로써 판결에 영향을 미친 법률위반이 있는 경우에 해당한다고는 볼 수 없**고(대법원 1977. 5. 10. 선고 74도3293 판결 참조), 몰수나 추징은 일종의 형으로서 직권으로 하는 것이므로 검사가 추징을 구하는 의견을 진술하여야 선고할 수 있는 것은 아니다(대법원 1989. 2. 14. 선고 88도2211 판결 참조). 이러한 법리에 비추어 보면, **제1원심에서 검사가 사실과 법률적용에 관한 진술 및 구형을 하지 못하였다고 하더라도 이를 들어 소송절차에 관한 법령위반의 위법이 있다고 볼 수 없다**. 검사의 이 부분 주장도 받아들이지 않는다.」고 판시하였다.

2) 참가인 8명에 대한 참가 신청 고지의 적법성 인정 여부

가) 검사의 항소 이유

검사는 제1원심은 판결 주문과 이유에서 참가인 신**, 전**을 제외한 나머지 참가인들에 대한 추징 여부에 대하여 아무런 판시를 하지 아니하였으므로 이는 **판결문의 이유 불비에 해당하여 위법**하다고 주장하고, **나머지 참가인 8명에 대해서는 추징을 선고하여야 한다고 주장**하였다.

나) 항소심 법원의 판단

우선 **검사의 이유불비 주장**에 대하여 항소심 법원은 「판결에 이유를 직접 명시하지 않아도 **판결 전체로 보아 그 취지를 분명히 알 수 있는 경우에는 이유의 불비에 해당하지 않는다**. 제1원심은 나머지 참가인들에 대하여는 법령상 내지 절차상 요건이 충족되지 않았음을 전제로 추징에 관한 판단을 명시하지 않은 것으로 보일 뿐이다. 이에 관한 검사의 주장도 받아들이기 어렵다. 형사소송법 제323조 제1항은 형의 선고를 하는 때에 어떤 이유를 명시하여야 하는지 규정하였는데, 제1원심이 나머지 참가인들에 대하여 추징을 선고한 경우 자체가 아니므로, 위 형사소송법 규정상 이유를 명시하여야 하는 경우에 해당한다고 볼 수도 없다. 형사소송법 제39조 본문을 살펴보아도 마찬가지이다.」라고 판시하여 위 주장을 배척하였다.

그러나 항소심 법원은 1심 법원과는 달리 **참가신청을 허가한 8명의 참가인에 대해서는**

모두 그 제3자 추징의 필요성을 인정하면서 그 추징 선고를 인정하였는바 구체적인 이유는 다음과 같다. 항소심에서 참가허가를 받은 참가인들에 대한 제3자 추징을 폭넓게 인정하였다는 점에서 큰 의미가 있는 판시다.

사례

○ 참가인 김**: 5,500,000원(= 횡령범행 이후 2013. 5. 27.경부터 2022. 1. 31.까지 피고인 전**으로부터 용돈 명목으로 지급받은 돈 합계 5,500,000원)

○ 참가인 임**: 9,350,000원(= 횡령범행 이후 2013. 9. 16.부터 2022. 1. 31.까지 피고인 전**으로부터 용돈 명목으로 지급받은 돈 합계 9,350,000원)

참가인 임**이 2012. 10. 24.부터 2022. 2. 15.까지 참가인 김**으로부터 용돈 명목으로 지급받은 돈 합계 25,950,000원의 경우에는 참가인 김**이 피고인들로부터 이미 취득한 범죄피해재산을 다시 참가인 임**에게 이전한 것에 불과하여 이를 참가인 김혜현으로부터 추징하는 것은 별론으로 하고 참가인 **순으로부터는 추징할 수 없다.

○ 참가인 김**[66]: 249,506,435원

[= 499,012,871원(= 횡령범행 이후 2012. 10. 19.경부터 2022. 2. 28.까지 피고인 전**으로부터 취득한 돈 합계 1,021,077,871원[67] – 횡령범행 이후 2012. 11. 6.부터 2022. 1. 27.경까지 피고인 전**에게 반환한 돈 합계 522,065,000원[68]) / 2[69]]

○ 참가인 김**[70]: 1,765,902,805원

[= 3,531,805,610원(= 횡령범행 이후 2012. 10. 18.경부터 2022. 4. 26.경까지 피고인들로부터 참가인 김**이 실질적으로 사용한 김** 명의 국민은행 계좌 등에 생활비 명목으로 송금받은 돈 합계 2,240,805,610원-횡령범행 이후 참가인 김**이 위 피고인들에게 반환한 돈 합계 209,000,000원+피고인 전**로부터 주택구입비 및 생활비 등 명목으로 지급받은 수표금 합계 1,500,000,000원)/2[71]]

대리인은, 피고인 전**과 이미 이혼하여 참가인 김**이 혼인 중 피고인 전**로부터 취득한 부동산, 차량, 예금채권 등이 이미 확정적으로 위 참가인에게 귀속되어 추징할 수 없다는 취지로 주장하나, 이혼으로 인하여 참가인 김**에게 귀속된 구체적 재산현황을 이유로 참가인 김**의 추징금액을 달리 볼 수 없다. 대리인의 위 주장은 받아들이지 않는다.

○ 참가인 조**[72]: 838,600,000원

[= 횡령범행 이후 2012. 10. 15.경부터 2022. 4. 26.경까지 피고인들로부터 참가인 조** 명의 계좌로 송금된 돈 합계 1,077,226,500원-①58,560,000원-②30,066,500원 –③88,000,000원-④62,000,000원]

① 2012. 10. 15.경부터 2013. 11. 12.경까지 참가인 조**이 피고인 전**로부터 송금받

은 금원 합계 58,560,000원은 피고인 전**이 실질적으로 운영하던 아라마구로에서 참가인 조**이 직원으로서 수령한 급여 명목으로 보이고, 이는 참고인 조**이 위 피고인으로부터 무상 또는 현저히 저가로 수령한 금원이라고 볼 수 없으므로 위 금원 상당액은 추징하지 않는다.

② 2014. 9. 11.경부터 2016. 12. 2.경까지 참가인 조**이 피고인 전**로부터 송금받은 금원 합계 30,066,500원은 피고인 전**이 그 무렵 참가인 조**이 2014년경부터 근무하던 술집에 지급한 주류 대금 등 명목이라고 보이고, 달리 위 금원 상당액이 참가인 조**에게 무상 또는 현저히 저가로 귀속되었다고 볼 증거가 없으므로 위 금원 상당액 역시 추징하지 않는다.

③ 기록에 의하면, 참가인 조**은 2022. 4. 20.경 조** 명의 유안타증권 계좌를 개설하였고, 이를 피고인들측에 양도하였던 점이 인정되어 위 유안타증권 계좌는 실질적으로 참가인 조**이 사용하던 계좌로 볼 수 없고, 달리 위 금원 상당액을 참고인 조**이 무상 또는 현저히 저가로 귀속받았다고 인정할 별다른 증거가 없으므로 2022. 4. 20.경부터 2022. 4. 26.경까지 피고인들로부터 위 계좌로 송금된 88,000,000원은 추징하지 않는다.

④ 기록에 의하면, 2015. 8. 19.경부터 2021. 10. 20.까지 참가인 조** 명의 계좌에서 피고인들, 김** 명의 계좌로 송금된 금원 합계 62,000,000원[73]에 상당한 금원은 참가인 조**이 피고인들 측에게 반환한 것으로 보여 이를 참가인 조**에게 무상 또는 현저히 저가로 귀속된 경우로 보기 어려우므로, 해당 부분은 추징하지 않는다.

한편 대리인은, 참가인 조**이 2018. 10. 10.경 보리밥집을 개업(이하 '보리밥 식당'이라 한다)하였는데 이는 실질적으로 피고인 전**이 운영하던 식당이었고 참가인 조**이 위 2018. 10.경 이후 피고인들로부터 지급받은 금원은 조**의 급여 또는 피고인 전**이 운영하는 식당 운영비 등 명목으로 지급받은 것일 뿐이라고 주장한다. 기록에 의하면, 참가인 조**이 위 피고인으로부터 지급받은 금원이 대부분 위 식당의 운영을 위하여 사용되었다는 점은 인정할 수 있으나, 위 식당에 관하여 참가인 조**은 피고인 전**이 별다른 조건을 제시하지 않고 '누나가 맘껏 장사하고 나한테 좀 내려달라'고 설명하였다는 취지로 진술하는 등 위 금원은 참가인 조**의 식당 운영을 위한 지원금으로 보이는 점, 피고인 전**은 장기간 참가인 조**에게 상당한 지원을 하면서도 향후 그 금원의 반환 여부나 사업상 손실에 따른 위험의 분담 등에 대하여 명시적으로 약정하지 않은 것으로 보이는 점, 앞서 본 아라마구로 식당의 경우에는 피고인 전**이 자신의 명의 계좌에 돈을 입금하여 두면 참가인 조**이 필요한 경우 그 돈을 찾아 직원들 월급을 주는 방식으로 운영하였으나, 보리밥 식당은 참가인 조**이 필요한 경우 금원의 지급을 요청하면 이를 바로 참가인 조**에게 지급하는 방식으로 운영되었고, 이는 위 아라마구로 식당 운영과 달리 참가인 조**이 좀더 실질적으로 식당 경영에 관한 결정권을 가지고 있던 것으로 볼 수 있는 점 등에 비추어 보면, 위 금원 역시 사실상 참가인 조**의 보리밥 식당 운영을 위하여 무상으로 지급된 돈으로 보이므로, 해당 부분은 추징에서 제외하지 않는다.[74]

○ 참가인 조**[75]: 282,974,000원

[= 횡령범행 이후 2017. 3. 19.부터 2022. 4. 15.까지 피고인들로부터 생활비 등 명목으로 지급받은 돈 합계 290,674,000원-참가인 조**가 2021. 3. 30. 피고인 전**에게 반환한 돈 7,700,000원]

○ 참가인 김**, 정**의 경우 횡령범행 이후 참가인 김**으로부터 지급받은 돈 외에 달리 피고인 전**, 전**로부터 직접 금원을 제공받았다고 볼 증거가 없다. 그렇다면 위 참가인들이 수령한 돈은 그저 참가인 김** 자신이 피고인들로부터 취득한 범죄피해재산을 사용 내지 처분한 것에 불과하고, 이를 피고인들로부터 무상 또는 현저히 염가로 범죄피해재산을 취득하였다고 평가할 수는 없어 이들 참가인들로부터는 추징하지 아니한다.

(5) 소결론

그렇다면 참가인 신**에 대한 추징액은 620,038,668원, 참가인 전**에 대한 추징액은 838,305,127원으로 봄이 타당한데, 제1원심은 위 참가인들에 대한 추징금 액을 이와 다르게 인정하였으므로 제1원심판결에는 추징액 산정의 기초사실 등에 대한 사실오인의 위법이 있다. 나머지 참가인들에 대하여도 부패재산몰수법에 따른 앞서 본 액수와 같은 추징이 가능할 뿐만 아니라, **참가인 김**, 임**, 김**, 김**, 조**, 조**에 대하여는 앞서 본 바와 같은 액수를 추징할 필요성 내지 상당성 역시 인정됨에도 제1원심은 이들 참가인들에 대하여 달리 추징을 선고하지 않았다. 이러한 점에서도 제1원심판결에는 판결에 영향을 미친 사실오인 등의 위법**이 있다.

---

66 항소심은 참가인 김**, 임**, 김**의 대리인은, 위 참가인들이 범죄수익임을 알지 못하였다는 취지의 주장에 대하여 이 사건에서 위 참가인들에 대한 추징의 근거는 부패재산몰수법 제4조 제2항에 따른 것이므로, 위 주장은 이유 없다고 보아 배척하였다.

67 2012. 3. 21.경부터 2022. 2. 28.까지 취득한 돈 합계 1,174,924,871원 - 2012. 3. 21.부터 2012. 10. 11.경까지 취득한 돈 합계 153,847,000원(횡령범행 이전 취득한 돈은 범죄피해재산으로 볼 수 없으므로 추징하지 아니하였음)

68 2012. 3. 27.부터 2022. 1. 27.경까지 반환한 돈 합계 661,185,000원 - 횡령범행 이전인 2012. 3. 27.부터 2012. 9. 19.까지 반환한 돈 합계 139,120,000원으로 산정하였다.

69 항소심은 피고인 전**의 배우자이면서 자녀 전**의 공동 양육권자임을 고려하여 1/2에 해당하는 금원만을 추징함이 타당하다고 보았다.

70 항소심은 참가인 전**, 신**의 대리인, 참가인 김**의 대리인은 모두 위 참가인들에 대한 별건 범죄수익은닉규제법위반에 관한 재판에서 추징하는 것이 타당하다는 취지의 주장에 대하여 위 참가인들에게 귀속된 범죄피해재산 등에 대한 적법한 증거의 채택 및 조사가 이루어졌으므로 주장과 같은 재판이 계속 중이라는 사정만으로는 위 참가인들에 대한 추징 가부에 영향을 주지 아니하다는 이유로 위 주장을 배척하였다.

71 항소심은 피고인 전**의 배우자이면서 피고인 전**의 자녀들에 대한 공동 양육권자임을 고려하여 1/2에 해당하는 금원만을 추징함이 타당하다고 판단하였다.

72 항소심은 참가인 조**의 대리인은, 이 법원에서 한 2023. 1. 12.자 참가고지의 위법성을 주장하나, 앞서 본 바와 같이 이미 원심에서 참가허가결정을 받은 이상, 검사가 이 법원에서 한 참가고지는 추징 가부에 영향

다) 대법원의 판단[76]

대법원은 위와 같은 항소심 판결에 대해 상고한 검사, 피고인들 및 참가인들에 대한 상고를 모두 기각하면서 다음과 같이 판시하여 원심(항소심) 판결을 그대로 확정하였다.

판례

대 법 원
제 3 부
판 결

사 건 2024도1611 가. 특정경제범죄가중처벌등에관한법률위반(횡령)
(일부 인정된 죄명: 업무상횡령)
나. 특정경제범죄가중처벌등에관한법률위반(재산국외도피)
다. 공문서위조
라. 위조공문서행사
마. 사문서위조
바. 위조사문서행사
사. 범죄수익은닉의규제및처벌등에관한법률위반
(중략)

상 고 인 피고인들, 검사(피고인 전**, 전**, 참가인 신**, 전**, 임**, 김**, 김**, 조**, 김**, 정**에 대하여) 및 참가인 신**, 전**, 김**, 임**, 김**, 김**, 조**, 조**
(중략)

을 주지 아니하므로, 주장은 이유 없다고 보았다.

73 항소심은 참가인 조** 명의 유안타증권 계좌에서 피고인들 측으로 송금된 금원은 참가인 조**이 반환한 금원이라고 볼 수 없으므로 이는 제외한다고 판시하였다.

74 항소심은 참가인 조**의 대리인이 2024. 1. 4.자로 제출한 피고인 전**에 대한 서울중앙지방법원 2022고단4846 사건의 증인신문조서에서 피고인 전**의 진술 중 실질적으로 위 식당이 피고인 전**의 소유였다는 취지의 진술 부분은 피고인 전**이 참가인들의 책임을 전반적으로 축소하고자 하는 동기가 있다는 점에 비추어 이를 그대로 믿기는 어렵고, 피고인 전**은 위 증인신문 과정에서 참가인 조**에게 "사업자금을 대줄테니 누나가 다 알아서 해봐라"라고 하였다거나, 참가인 조**이 메뉴 구성부터 직원 관리, 각종 비용 지출 등 식당의 모든 업무를 수행하였다는 취지로도 진술하기도 하였음을 고려하였다.

75 항소심은 참가인 조**의 대리인은, 참가고지에 '몰수하여야 할 재산의 품명, 수량'이 기재되어 있지 않다는 취지의 주장에 대하여 마약거래방지법 제23조 제1항에서 몰수하여야 할 재산의 품명, 수량, 그 밖에 그 재산을 특정할 수 있는 사항을 고지하도록 한 취지는 몰수를 전제로 한 것일 뿐이고, 이 사건과 같이 그 가액을 추징하는 경우에는 위와 같은 재산을 특정하여 고지할 수 없으므로, 이를 기재하지 않았다고 하더라도 그 고지의 적법성에는 영향이 없다고 보았다.

76 대법원 2024. 4. 12. 선고 2024도1611 판결 참조.

주 문

상고를 모두 기각한다.

이 유

상고이유를 판단한다.

1. 검사의 상고이유에 대한 판단

원심은 판시와 같은 이유로 피고인 전**, 전**에 대한 일부 공소사실에 대하여 공소시효가 완성되었다고 보아 면소로 판단한 제1심판결을 그대로 유지하였고, 검사 주장의 추징 대상자들 중 피고인들 및 참가인 신**, 전**, 김**, 임**, 김**, 김**, 조**, 조**에 대하여만 위 면소 판단 부분 등을 반영하여 원심 판시 액수의 추징을 명하였다. 원심판결 이유를 관련 법리와 기록에 비추어 살펴보면, 원심의 판단에 필요한 심리를 다하지 않은 채 논리와 경험의 법칙을 위반하여 자유심증주의의 한계를 벗어나거나 포괄일죄, 형사재판에서 심급의 이익, **「부패재산의 몰수 및 회복에 관한 특례법」에 따른 추징에 관한 법리 등을 오해하거나 판단을 누락하여 판결에 영향을 미친 잘못이 없다**.

(이하 생략)

위 대법원 판결에 따라 부패재산몰수법상 제3자 추징에 대한 법리가 원심 그대로 확정되었는바, 이에 따르면 부패재산몰수법 및 마약거래방지법에 따라 **제3자들에 대한 고지 도달일은 최소한 제1심 재판 종결 14일 이전**이어야 하고, **만약 제1심 재판 종결일 14일 이내로 제3자 참가신청 고지가 도달**하였다면 **이는 위법하게 되므로 유의할 필요**가 있다.

V 제3자에게 부패재산이 현저한 저가(低價)로 귀속된 경우

1. 규정의 내용

관련조문

부패재산몰수법 제4조(몰수의 요건 등) ② **부패재산 또는 혼합재산이 법인 외의 자에게** 상속이나 증여 등으로 무상(無償) 또는 **현저한 저가(低價)로 귀속된 경우**에는 **법인 외의 자가 그 정을 알지 못하고 그 부패재산 또는 혼합재산을 취득**한 때에도 **전부 또는 일부를 몰수할 수 있다**.

제5조(추징) ① 부패재산을 몰수할 수 없거나 그 재산의 성질, 사용상황, 그 재산에 관한 범인 외의 자의 권리 유무, 그 밖의 사정으로 인하여 이를 몰수함이 상당하지 아니하다고 인정될 때에는 그 가액(價額)을 범인으로부터 추징한다.

② 제4조제1항 또는 제2항에 따라 <u>**범인 외의 자로부터 추징하는 경우에는 제1항을 준용한다**</u>.

부패재산몰수법은 **범인 외의 제3자가 「현저한 저가」로 부패재산을 취득**하여 제3자에게 귀속된 경우에는 제3자가 그 정을 알지 못하고 부패재산 등을 취득하였다고 하더라도 이를 **제3자로부터 몰수 또는 추징할 수 있다고 규정**하고 있다.

이로써 **선의의 제3자**라고 하더라도 그 **제3자가 현저한 저가**로 부패재산 등을 취득하여 이를 소유하게 되었다면 그 **제3자를 보호할 필요성이 적은 반면** 부패재산의 취득과 귀속을 궁극적으로 박탈함으로써 구현할 수 있는 **실질적 정의의 가치가 더욱 크다**는 입법자의 결단으로 봄이 상당하다.

다만 「현저한 저가」라는 용어 자체에서 알 수 있듯이 **그 자체가 불확정 개념**으로 개별적인 사안에 따라 그 해당 여부를 달리 판단할 수밖에 없기 때문에 **위 「현저한 저가」를 어떠한 기준에 맞춰 해석하고 적용할 것인지**는 구체적인 법 집행과 해석의 영역으로 남겨져 있다. 이하에서 그 구체적인 의미와 해석 기준에 대해서 검토하기로 한다.

2. 「현저한 저가(低價) 귀속」의 구체적 의미와 해석론

「**현저한 저가**」에 해당하는지 여부에 대한 판단과 관련하여 어떠한 요소를 고려하여야 하는지와 관련하여 아직까지 대법원의 명확한 판결이 없는 것으로 보인다. 따라서 범인 외의 제3자가 취득한 부패재산이 현저한 저가에 해당하는지 여부는 결국 부패범죄의 본질인 「**공정성**」과 직접적으로 연결하여 해석할 수밖에 없다. 아래에서는 위와 같은 「**현저한 저가**」의 개념을 해석하는 **일응의 기준**을 제시해보고자 한다(私見)

가. 독점규제 및 공정거래에 관한 법률(이하, 「공정거래법」)에 따른 불공정 거래행위의 법리 적용

관련조문

공정거래법 제45조(불공정거래행위의 금지) ① 사업자는 다음 각 호의 어느 하나에 해당하는 행위로서 **공정한 거래를 해칠 우려가 있는 행위**(이하 "불공정거래행위"라 한다)를 하거나, 계열회사 또는 다른 사업자로 하여금 이를 하도록 하여서는 아니 된다.

1. 부당하게 거래를 거절하는 행위
2. 부당하게 거래의 상대방을 차별하여 취급하는 행위
3. 부당하게 경쟁자를 배제하는 행위
4. **부당하게 경쟁자의 고객을 자기와 거래하도록 유인하는 행위**
5. **부당하게 경쟁자의 고객을 자기와 거래하도록 강제하는 행위**
6. **자기의 거래상의 지위를 부당하게 이용하여 상대방과 거래하는 행위**
7. 거래의 상대방의 사업활동을 부당하게 구속하는 조건으로 거래하는 행위
8. 부당하게 다른 사업자의 사업활동을 방해하는 행위
9. 부당하게 다음 각 목의 어느 하나에 해당하는 행위를 통하여 특수관계인 또는 다른 회사를 지원하는 행위
   가. 특수관계인 또는 다른 회사에 가지급금·대여금·인력·부동산·유가증권·상품·용역·무체재산권 등을 제공하거나 상당히 유리한 조건으로 거래하는 행위
   나. 다른 사업자와 직접 상품·용역을 거래하면 상당히 유리함에도 불구하고 거래상 실질적인 역할이 없는 특수관계인이나 다른 회사를 매개로 거래하는 행위
10. **그 밖의 행위로서 공정한 거래를 해칠 우려가 있는 행위**

② **특수관계인 또는 회사는 다른 사업자**로부터 **제1항제9호에 해당할 우려가 있음에도 불구하고 해당 지원을 받는 행위를 하여서는 아니 된다.**

③ **불공정거래행위의 유형 또는 기준은 대통령령으로 정한다.**

공정거래법은 공정한 거래를 해칠 우려가 있는 불공정 거래행위를 하거나 계열 회사 또는 다른 사업자로 하여금 이를 하도록 하여서는 안된다고 규정하고 있다(공정거래법 제45조 제1항 각호 참조).

한편 **특수관계인 또는 회사**는 **다른 사업자로부터 동법 제45조 제1항 제9호에 해당할 우려**가 있음에도 불구하고 **해당 지원을 받는 행위를 하여서는 아니 된다**(동조 제2항 참조). 따라서 **공정거래법상 부당 지원을 받는 행위**를 부패재산몰수법상 **현저한 저가로 부패재산을 취득하는 경우로 치환**하여 생각해볼 수 있겠다.

또한 공정거래법은 **불공정거래행위 유형 또는 기준**을 **대통령령으로 정하도록** 하고 있는데(동법 제45조 제3항 참조), **공정거래법시행령은 [별표2]**에서 그 **유형과 기준**을 구체화하고 있는바 구체적인 내용은 다음과 같다.

관련조문

공정거래법시행령 제52조(불공정거래행위의 유형 또는 기준) 법 제45조제1항에 따른 불공정거래행위의 유형 또는 기준은 별표 2와 같다.

[별표2]

불공정거래행위의 유형 또는 기준(제52조 관련)

1. **거래거절**

법 제45조제1항제1호에 따른 부당하게 거래를 거절하는 행위는 다음 각 목의 행위로 한다.

가. 공동의 거래거절

정당한 이유 없이 자기와 경쟁관계에 있는 다른 사업자와 공동으로 특정사업자에게 거래의 개시를 거절하거나 계속적인 거래관계에 있는 특정사업자에게 거래를 중단하거나 거래하는 상품 또는 용역의 수량이나 내용을 현저히 제한하는 행위

나. 그 밖의 거래거절

부당하게 특정사업자에게 거래의 개시를 거절하거나 계속적인 거래관계에 있는 특정사업자에게 거래를 중단하거나 거래하는 상품 또는 용역의 수량이나 내용을 현저히 제한하는 행위

2. **차별적 취급**

법 제45조제1항제2호에 따른 부당하게 거래의 상대방을 차별하여 취급하는 행위는 다음 각 목의 행위로 한다.

가. 가격차별[77]

부당하게 거래지역 또는 거래상대방에 따라 현저하게 유리하거나 불리한 가격으로 거래하는 행위

나. 거래조건차별

부당하게 특정사업자에게 수량·품질 등의 거래조건이나 거래내용을 현저하게 유리하거나 불리하게 취급하는 행위

다. 계열회사를 위한 차별

정당한 이유 없이 자기의 계열회사를 유리하게 하기 위해 가격·수량·품질 등의 거래조건이나 거래내용을 현저하게 유리하거나 불리하게 하는 행위

라. 집단적 차별

집단으로 특정사업자를 부당하게 차별적으로 취급하여 그 사업자의 사업활동을 현저하게 유리하거나 불리하게 하는 행위

3. **경쟁사업자 배제**

법 제45조제1항제3호에 따른 부당하게 경쟁자를 배제하는 행위는 다음 각 목의 행위로 한다.

가. 부당염매

자기의 상품 또는 용역을 공급하는 경우에 정당한 이유 없이 그 공급에 소요되는 비용보다 현저히 낮은 가격으로 계속 공급하거나 그 밖에 부당하게 상품 또는 용역을 낮은 가격으로 공급하여 자기 또는 계열회사의 경쟁사업자를 배제시킬 우려가 있는 행위

나. 부당고가매입

부당하게 상품 또는 용역을 통상거래가격에 비해 높은 가격으로 구입하여 자기 또는 계열회사의 경쟁사업자를 배제시킬 우려가 있는 행위

4. 부당한 고객유인

법 제45조제1항제4호에 따른 부당하게 경쟁자의 고객을 자기와 거래하도록 유인하는 행위는 다음 각 목의 행위로 한다.

가. 부당한 이익에 의한 고객유인

정상적인 거래관행에 비추어 부당하거나 과대한 이익을 제공하거나 제공할 제의를 하여 경쟁사업자의 고객을 자기와 거래하도록 유인하는 행위

나. 위계에 의한 고객유인

「표시·광고의 공정화에 관한 법률」 제3조에 따른 부당한 표시·광고 외의 방법으로 자기가 공급하는 상품 또는 용역의 내용이나 거래조건 및 그 밖의 거래에 관한 사항을 실제보다 또는 경쟁사업자의 것보다 현저히 우량 또는 유리한 것으로 고객이 잘못 알게 하거나 경쟁사업자의 것이 실제보다 또는 자기의 것보다 현저히 불량 또는 불리한 것으로 고객을 잘못 알게 하여 경쟁사업자의 고객을 자기와 거래하도록 유인하는 행위

다. 그 밖의 부당한 고객유인

경쟁사업자와 그 고객의 거래를 계약성립의 저지, 계약불이행의 유인 등의 방법으로 거래를 부당하게 방해하여 경쟁사업자의 고객을 자기와 거래하도록 유인하는 행위

5. 거래강제

법 제45조제1항제5호에 따른 부당하게 경쟁자의 고객을 자기와 거래하도록 강제하는 행위는 다음 각 목의 행위로 한다.

가. 끼워팔기

거래상대방에게 자기의 상품 또는 용역을 공급하면서 정상적인 거래관행에 비추어 부당하게 다른 상품 또는 용역을 자기 또는 자기가 지정하는 사업자로부터 구입하도록 하는 행위

나. 사원판매

부당하게 자기 또는 계열회사의 임직원에게 자기 또는 계열회사의 상품이나 용역을 구입 또는 판매하도록 강제하는 행위

다. 그 밖의 거래강제

정상적인 거래관행에 비추어 부당한 조건 등 불이익을 거래상대방에게 제시하여 자기 또는 자기가 지정하는 사업자와 거래하도록 강제하는 행위

6. 거래상 지위의 남용

법 제45조제1항제6호에 따른 자기의 거래상의 지위를 부당하게 이용하여 상대방과 거래하는 행위는 다음 각 목의 행위로 한다.

가. 구입강제

거래상대방이 구입할 의사가 없는 상품 또는 용역을 구입하도록 강제하는 행위

나. 이익제공강요

거래상대방에게 자기를 위해 금전·물품·용역 및 그 밖의 경제상 이익을 제공하도록 강요하는 행위

다. 판매목표강제

자기가 공급하는 상품 또는 용역과 관련하여 거래상대방의 거래에 관한 목표를 제시하고 이를 달성하도록 강제하는 행위

라. 불이익제공

가목부터 다목까지의 규정에 해당하는 행위 외의 방법으로 거래상대방에게 불이익이 되도록 거래조건을 설정 또는 변경하거나 그 이행과정에서 불이익을 주는 행위

마. 경영간섭

거래상대방의 임직원을 선임·해임하는 경우에 자기의 지시 또는 승인을 얻게 하거나 거래상대방의 생산품목·시설규모·생산량·거래내용을 제한하여 경영활동을 간섭하는 행위

7. 구속조건부거래

법 제45조제1항제7호에 따른 거래의 상대방의 사업활동을 부당하게 구속하는 조건으로 거래하는 행위는 다음 각 목의 행위로 한다.

가. 배타조건부거래

부당하게 거래상대방이 자기 또는 계열회사의 경쟁사업자와 거래하지 않는 조건으로 그 거래상대방과 거래하는 행위

나. 거래지역 또는 거래상대방의 제한

상품 또는 용역을 거래하는 경우에 그 거래상대방의 거래지역 또는 거래상대방을 부당하게 구속하는 조건으로 거래하는 행위

8. 사업활동 방해

법 제45조제1항제8호에 따른 부당하게 다른 사업자의 사업활동을 방해하는 행위는 다음 각 목의 행위로 한다.

가. 기술의 부당이용

다른 사업자의 기술을 부당하게 이용하여 다른 사업자의 사업활동을 상당히 곤란하게 할 정도로 방해하는 행위

나. 인력의 부당유인·채용

다른 사업자의 인력을 부당하게 유인·채용하여 다른 사업자의 사업활동을 상당히 곤란하게 할 정도로 방해하는 행위

다. 거래처 이전 방해

다른 사업자의 거래처 이전을 부당하게 방해하여 다른 사업자의 사업활동을 심히 곤란하게 할 정도로 방해하는 행위

라. 그 밖의 사업활동방해

가목부터 다목까지에서 규정한 방법 외의 부당한 방법으로 다른 사업자의 사업활동을 심히 곤란하게 할 정도로 방해하는 행위

9. 부당한 지원행위[78]

법 제45조제1항제9호에 따른 특수관계인 또는 다른 회사를 지원하는 행위는 부당하게 다음 각 목의 행위를 통해 과다한 경제상 이익을 제공하여 특수관계인 또는 다른 회사를 지원하는 행위로 한다.

가. 부당한 자금지원

특수관계인 또는 다른 회사에 가지급금·대여금 등 자금을 상당히 낮거나 높은 대가로 제공 또는 거래하거나 상당한 규모로 제공 또는 거래하는 행위

나. 부당한 자산·상품 등 지원

특수관계인 또는 다른 회사에 부동산·유가증권·무체재산권 등 자산 또는 상품·용역을 상당히 낮거나 높은 대가로 제공 또는 거래하거나 상당한 규모로 제공 또는 거래하는 행위

다. 부당한 인력지원

특수관계인 또는 다른 회사에 인력을 상당히 낮거나 높은 대가로 제공 또는 거래하거나 상당한 규모로 제공 또는 거래하는 행위

라. 부당한 거래단계 추가 등

1) 다른 사업자와 직접 상품·용역을 거래하면 상당히 유리함에도 불구하고 거래상 역할이 없거나 미미(微微)한 특수관계인이나 다른 회사를 거래단계에 추가하거나 거쳐서 거래하는 행위

2) 다른 사업자와 직접 상품·용역을 거래하면 상당히 유리함에도 불구하고 특수관계인이나 다른 회사를 거래단계에 추가하거나 거쳐서 거래하면서 그 특수관계인이나 다른 회사에 거래상 역할에 비해 과도한 대가를 지급하는 행위

비고: 공정거래위원회는 효율적인 법집행을 위해 필요하다고 인정하는 경우에는 위 표에 따른 불공정거래행위의 세부 유형 또는 기준을 정하여 고시할 수 있다. 이 경우 불공정거래행위가 발생할 우려가 높은 분야로서 공정거래위원회가 정하여 고시하는 분야에서의 불공정거래행위의 세부 유형 또는 기준에 대해서는 미리 관계행정기관의 장의 의견을 들어야 한다.

이와 관련하여 **대법원**은 **공정거래법상 급부와 반대급부가 현저히 또는 상당히 유리한지를 판단하는 기준**이 되는 「**정상가격**」**의 의미**에 관하여 「구 공정거래법상의 부당한 자산·상품 등 지원행위에서 **'현저히 낮거나 높은 대가로 제공 또는 거래하거나 현저한 규모로 제공 또는 거래하여 과다한 경제상 이익을 제공'한 것인지**, 개정 공정거래법상의 부당한 자산·상품 등 지원행위에서 **'상당히 낮거나 높은 대가로 제공 또는 거래하거나 상당한 규모로 제공 또는 거래하여 과다한 경제상 이익을 제공'한 것인지**, 부당한 거래단계 추가 등 행위에서 '다른 사업자와 직접 상품·용역을 거래하면 상당히 유리함에도 특수관계인이나 다른 회사를 거래단계에 추가하거나 거쳐서 거래하여 과다한 경제상 이익을 제공'한 것인지는 **급부와 반대급부의 차이, 지원성 거래규모, 지원행위로 인한 경제상 이익, 지원기간, 지원횟수, 지원시기, 지원행위 당시 지원객체가 처한 경제적 상황 등을**

---

77 대법원 2006. 12. 7. 선고 2004두4703 판결 참조
「한편 독점규제 및 공정거래에 관한 법률(이하 '공정거래법'이라고 한다) 제23조 제1항 제1호, 같은 법 시행령(2010. 5. 14. 대통령령 제22160호로 개정되기 전의 것) 제36조 제1항 [별표 1] 제2호 (가)목에서 불공정거래행위의 한 유형으로 규정하고 있는 **'가격차별' 은 "부당하게 거래지역 또는 거래상대방에 따라 현저하게 유리하거나 불리한 가격으로 거래하는 행위" 를 의미**하므로, 가격의 차별적 취급에 해당하는 모든 경우가 공정거래법 위반이 되는 것이 아니고, **거래지역이나 거래상대방에 따라 현저한 가격의 차이가 존재하고 그러한 가격의 차이가 부당하여 시장에서의 공정한 거래를 저해할 우려가 있는 경우에 성립한다고 할 것**인바, 가격차별을 규제하는 입법 취지와 위 각 규정을 종합하면, 가격차별이 부당성을 갖는지 여부를 판단함에 있어서는 **가격차별의 정도, 가격차별이 경쟁사업자나 거래상대방의 사업활동 및 시장에 미치는 경쟁제한의 정도, 가격차별에 이른 경영정책상의 필요성, 가격차별의 경위 등 여러 사정을 종합적으로 고려**하여 그와 같은 가격차별로 인하여 공정한 거래가 저해될 우려가 있는지 여부에 따라 판단하여야 한다.」

78 대법원 2004. 4. 9. 선고 2001두6197 판결 참조.
「**지원행위가 부당성을 갖는지 여부를 판단**함에 있어서는 **지원주체와 지원객체와의 관계, 지원행위의 목적과 의도, 지원객체가 속한 시장의 구조와 특성, 지원성 거래규모와 지원행위로 인한 경제상 이익 및 지원기간, 지원행위로 인하여 지원객체가 속한 시장에서의 경쟁제한이나 경제력집중의 효과** 등은 물론 중소기업 및 여타 경쟁사업자의 경쟁능력과 경쟁여건의 변화 정도, 지원행위 전후의 지원객체의 시장점유율의 추이, 시장개방의 정도 등을 종합적으로 고려하여 당해 지원행위로 인하여 지원객체의 관련시장에서 경쟁이 저해되거나 경제력 집중이 야기되는 등으로 공정한 거래가 저해될 우려가 있는지 여부를 살펴보아야 한다.」

종합적으로 고려하여 **구체적·개별적으로 판단**하여야 한다. 그리고 여기서 급부와 반대급부가 현저히 또는 상당히 유리한지를 판단하는 기준이 되는 **'정상가격'**은, 지원주체와 지원객체 간에 이루어진 **경제적 급부와 동일한 경제적 급부가 시기, 종류, 규모, 기간, 신용상태 등이 유사한 상황**에서 특수관계가 없는 **독립된 자 간에 이루어졌을 경우 형성되었을 거래가격 등**을 말한다.」고 판시하고 있다.[79]

결국 위와 같은 대법원 판례의 법리를 부패재산몰수법상 「현저한 저가」 법리에 그대로 적용하여 보면 범인이 제3자에게 현저한 저가로 부패재산을 넘겨 제3자가 이를 취득하였는지 여부에 대한 판단은 **그 부패재산을 취득하고 지불한 급부가 「정상가격」에 해당하는지 여부**를 기준으로 함이 상당하고, 그 정상가격은 「**경제적 급부와 동일한 경제적 급부가 시기, 종류, 규모, 기간, 신용상태 등이 유사한 상황**에서 특수관계가 없는 **독립된 자 간에 이루어졌을 경우 형성되었을 거래가격 등**」을 **의미**한다고 보아야 한다. 즉 범인과 제3자 사이의 거래가 현저한 저가 거래에 해당하는지 여부를 판단하기 위해서는 경제적 급부가 이루어진 시기, 종류, 규모, 기간, 신용 상태 등이 유사한 상황을 설정하여 놓고 아무런 특수한 관계가 없는 상호 독립적인 사람들 거래를 통해 급부가 이루어졌을 경우 정상적으로 형성되었을 가격과 부패재산을 취득하고 지불한 급부를 비교해 봄으로써 부패재산 거래의 현저한 저가성을 판단할 수 있다는 것이다.

예컨대 범인이 취득한 부패재산으로 취득한 20억 원 상당의 재산으로 15억 원 상당의 아파트를 구입하였는데 그 범인이 이를 제3자인 처제에게 절반 가격인 7억 원에 매매하는 내용의 계약서를 작성하고 이전등기를 마친 사안을 가정하여 보면 **해당 부동산이 소재하고 있는 장소, 매매계약의 체결 시점과 당시의 시가, 부동산의 평형대와 위치**, 매매 당사자의 신용상태 등을 놓고 **독립적인 당사자끼리 매매계약을 체결하는 경우 형성**되었을 **정상가격을 산정**한 다음 부패재산의 대가로 지급한 반대급부의 지급이 정상가격에 비해 **불공정하다고 판단**되는 경우에는 이를 **현저한 저가에 따른 취득이라고 판단**할 수 있다고 사료된다.

나. 민법상 불공정 법률행위(민법 제104조)의 법리 유추적용

관련조문

민법 제104조(불공정한 법률행위) 당사자의 궁박, 경솔 또는 무경험으로 인하여 현저하게 공정을 잃은 법률행위는 무효로 한다.

---

79 대법원 2022. 9. 16. 선고 2019도19067 판결 참조.

범인과 제3자 상호간 수수한 재산의 성질 등 구체적 상황에 비추어 법령의 규정, 계약의 내용 또는 **신의칙상 당연히 지급할 것으로 기대되는 대가를 지급하지 아니**하는 등 그 대가의 지급이 **본인 또는 객관적인 제3자의 신임관계를 저버리는 수준인 경우** 이는 현저한 저가에 해당한다고 봄이 상당하다.[80]

이와 같은 일반 법리에 비추어 위와 같은 「현저한 저가」의 판단에는 민법상 **불공정한 법률행위의 법리**(민법 제104조)**를 유추적용**할 수 있을 것으로 보인다. 물론 **민법상 불공정한 법률행위**에 해당하는 경우 **해당 법률행위가 무효**가 됨에 반하여 **부패재산몰수법상 무상 또는 현저한 저가 취득**의 경우에는 그 **처분행위의 유효성을 인정**하면서도 그 재산을 취득한 **제3자로부터 해당 재산을 몰수·추징**한다는 점에서 그 법적 효과가 서로 다르다. 다만 법률행위의 불공정성 내지 부당함을 판단하는 하나의 잣대로서 민법상 불공정 법률행위의 법리를 부패재산몰수법의 해석에 유추적용하는 것은 얼마든지 가능하고, 이러한 유추적용은 형법상 금지되는 형사처벌 규정의 유추적용과는 궤를 달리한다.

이와 관련하여 **대법원**은 「민법 제104조에 규정된 불공정한 법률행위는 **객관적으로 급부와 반대급부 사이에 현저한 불균형이 존재**하고, 주관적으로 그와 같이 **균형을 잃은 거래**가 피해 당사자의 **궁박, 경솔 또는 무경험**을 이용하여 이루어진 경우에 성립하는 것으로서, 약자적 지위에 있는 자의 궁박, 경솔 또는 무경험을 이용한 폭리행위를 규제하려는 데에 그 목적이 있고, 불공정한 법률행위가 성립하기 위한 요건인 궁박, 경솔, 무경험은 모두 구비되어야 하는 요건이 아니라 그 중 일부만 갖추어져도 충분한데, 여기에서 **'궁박'이라 함은 '급박한 곤궁'**을 의미하는 것으로서 경제적 원인에 기인할 수도 있고 정신적 또는 심리적 원인에 기인할 수도 있으며, **'무경험'이라 함은 일반적인 생활체험의 부족**을 의미하는 것으로서 어느 특정영역에 있어서의 경험부족이 아니라 거래일반에 대한 경험부족을 뜻하고, 당사자가 궁박 또는 무경험의 상태에 있었는지 여부는 **그의 나이와 직업, 교육 및 사회경험의 정도, 재산 상태 및 그가 처한 상황의 절박성의 정도** 등 **제반 사정을 종합하여 구체적으로 판단**하여야 하며, 한편 피해 당사자가 궁박, 경솔 또는 무경험의 상태에 있었다고 하더라도 그 상대방 당사자에게 그와 같은 피해 당사자측의 사정을 알면서 이를 이용하려는 의사, 즉 폭리행위의 악의가 없었다거나 또는 객관적으로 급부와 반대급부 사이에 현저한 불균형이 존재하지 아니한다면 불공정 법률행위는 성립하지 않는다.」고 판시하고 있다.[81]

---

80 업무상 배임 관련, 대법원 1990. 6. 8. 선고 89도1417 판결 참조.

81 대법원 2002. 10. 22. 선고 2002다38927 판결 참조.

따라서 부패재산이 **불공정한 법률행위**를 통해 **범인 외의 제3자에게 현저한 저가로 귀속**되는 경우 객관적으로 급부와 반대급부 사이에 현저한 불균형이 존재하는지 여부, 범인에게 그와 같이 불공정한 법률행위를 자처하면서까지 재산을 넘기는 급박한 곤궁이 있었는지 여부, 재산 상태와 상황의 절박성 정도를 종합적으로 검토하여 봄이 상당하다 할 것이다.

이때 어떠한 법률행위가 **불공정한 법률행위에 해당하는지**는 「**법률행위시**」**를 기준**으로 판단하여야 한다. 따라서 계약 체결 당시를 기준으로 전체적인 계약 내용을 종합적으로 고려한 결과 불공정한 것이 아니라면 **사후에 외부적 환경의 급격한 변화**로 인하여 **계약당사자 일방에게 큰 손실이 발생**하고 상대방에게는 그에 상응하는 큰 이익이 발생할 수 있는 구조라고 하여 그 계약이 **당연히 불공정한 계약에 해당한다고 말할 수 없다.**[82]

판례

【판시사항】

[1] 갑 주식회사가 을 은행과 체결한 **키코(KIKO) 통화옵션계약이 불공정행위인지 문제 된 사안**에서, **통화옵션계약이 불공정행위에 해당하지 않는다**고 한 원심판단을 정당하다고 한 사례

[2] **불공정한 법률행위에 해당하는지 판단하는 기준 시기(=법률행위 시)** 및 계약이 체결 당시 기준으로 불공정하지 않은 경우 사후 외부적 환경의 급격한 변화에 따라 계약당사자 일방에게 큰 손실이 발생하고 상대방에게 그에 상응하는 이익이 발생할 수 있는 구조라고 하여 당연히 불공정한 계약에 해당하는지 여부(소극)

【판결요지】

[1] 갑 주식회사가 을 은행과 체결한 키코(KIKO) 통화옵션계약이 불공정행위인지 문제 된 사안에서, **여러 사정에 비추어 옵션의 객관적 가치에 현저한 불균형이 존재한다고 보기 어렵다**는 등의 이유로, **통화옵션계약이 불공정행위에 해당하지 않는다고 한 원심판단을 정당**하다고 한 사례.

[2] 어떠한 법률행위가 **불공정한 법률행위에 해당하는지는 법률행위 시를 기준으로 판단**하여야 한다. 따라서 계약 체결 당시를 기준으로 전체적인 계약 내용을 종합적으로 고려한 결과 불공정한 것이 아니라면 사후에 외부적 환경의 급격한 변화로 인하여 계약당사자 일방에게 큰 손실이 발생하고 상대방에게는 그에 상응하는 큰 이익이 발생할 수 있는 구조라고 하여 그 계약이 당연히 불공정한 계약에 해당한다고 말할 수 없다.

【이 유】

(전략) 이 사건 각 통화옵션계약에 의하여 **원고와 피고가 각각 취득하는 옵션의 가치(기대이익) 사이에**

82 대법원 2013. 9. 26. 선고 2013다26746 전원합의체 판결 참조.

현저한 불균형이 존재하고 그에 따라 피고가 취득한 마진이 부당하게 과다하여 현저하게 공정을 잃은 것이고, 또한 원고와 피고 사이의 밸류 앳 리스크[Value at Risk. 일정한 신뢰수준하에서 보유자산의 개별 포지션 또는 포트폴리오(portfolio) 포지션을 일정 기간 보유함으로써 발생할 수 있는 최대손실금액을 의미함. 이하 'VaR'이라고 한다]에 현저한 차이가 있어서 이 사건 각 통화옵션계약은 불공정행위에 해당하여 무효라는 취지의 원고 주장에 대하여, **원심은 다음의 이유로 이를 배척**하였다.

즉 ① 이 사건 각 통화옵션계약에 따른 시장위험 및 신용위험은 피고가 이 사건 각 통화옵션계약으로 수취하게 될 위험자본(risk capital)의 객관적 크기에 상응하여 커지기 마련인 점, 환전이나 환변동보험 등 통화거래나 대출 등 신용거래의 경우 수수료, 보험료, 이자는 모두 계약금액 대비 일정한 요율로 결정되는 점 등을 종합하여 보면, **피고가 취득하는 마진이 부당하게 과다한지 여부를 판단하기 위해서는 계약금액에 대비한 마진의 비율을 따져 판단함이 상당**하다. 그런데 그 마진율 판단의 전제가 되는 옵션의 이론가를 산정하는 방식으로 감정인 소외 1이 사용한 블랙-숄즈 모형이나 그 대안으로 감정인 소외 2가 사용한 헤스턴 모형은 그중 어느 것이 더 적절하다거나 부적절하다고 판단할 근거가 없고 피고가 적용한 옵션의 이론가가 잘못 산정되었다고 볼 만한 자료도 없다. 또 이 사건 각 통화옵션계약의 계약금액에 대비하여 피고가 이 사건 각 통화옵션계약에 적용한 이론가의 차이, 즉 피고가 수취한 마진의 비율은 '0.21%에서 0.70%'[콜옵션(call option) 계약금액 기준] 또는 '0.25%에서 0.85%'[풋옵션(put option) 계약금액 기준]에 지나지 않고, 감정인 소외 2의 감정결과에 따른 이론가 차액으로 비교해 보아도 '0.37%에서 1.23%'(콜옵션 계약금액 기준) 또는 '0.44%에서 1.48%'(풋옵션 계약금액 기준)에 지나지 아니하여 다른 금융상품 거래 시 적용되는 수수료율 등(펀드판매 수수료는 0.8~1.9%, 현물환전 수수료는 1% 이상)과 비교하여 볼 때 부당하게 과다하다고 할 수도 없다. 이러한 사정에 비추어 보면 각 옵션의 객관적 가치에 현저한 불균형이 존재한다고 보기 어렵다. ② 한편 VaR은 개별 상품 또는 계약별 위험보다는 해당 상품 또는 계약이 포함된 포트폴리오에 대한 위험을 추정할 때 그 유용성이 크고, 실제로 그 활용도 포트폴리오 관점에서 이루어지는 것이 일반적이며, 그렇지 않을 경우 비논리적 결과가 도출될 수 있다. 또 외환포지션에 대한 환위험을 관리하여야 하는 기업으로서도 VaR 측정을 이용하여 환위험 관리를 할 수 있으나, 이때에도 현재 보유하고 있는 현금포지션, 현물환 거래에 의한 외환자산(외환매입액)과 외환부채(외환매도액)의 차액인 현물환 포지션, 선물환거래에 따른 외화표시 자산과 외화표시 부채의 차액인 선물환 포지션 등을 전부 종합하여 모든 거래의 차액을 산출한 종합포지션을 기준으로 VaR을 활용하는 것이 합리적이다. 특히 원고는 수출대금으로 유입될 외화의 환율 변동 리스크를 관리하기 위하여 이 사건 각 통화옵션계약을 체결한 것이라고 주장하므로, 이 사건 각 통화옵션계약의 체결에 따른 위험 노출 정도 또는 최대 예상손실액을 확인할 목적으로 이 사건 각 통화옵션계약 자체로 인한 VaR로서 결제일에 유입될 외화가 0임을 전제로 산정된 VaR을 이용한다는 것은 합리적이라고 할 수도 없다. 이와 같은 여러 사정에 비추어 원고가 주장하는 바와 같이 원고와 피고 사이의 VaR에 현저한 차이가 있다는 것이 이 사건 각 통화옵션계약의 불공정성을 판단하는 근거가 될 수는 없으므로, 이 사건 각 통화옵션계약에 따른 콜옵션과 풋옵션의 가치 사이에 현저한 불균형이 있다는 원고의 주장은 받아들일 수 없다는 것이다.

기록에 비추어 살펴보면, 원심의 위와 같은 판단은 정당하다. 거기에 상고이유에서 주장하는 바와 같은 민법상 불공정행위에 대한 판단누락이나 불공정성의 내용 및 판단 기준에 관한 법리오해 등의 위법이 있다고 할 수 없다.

한편 어떠한 법률행위가 불공정한 법률행위에 해당하는지는 법률행위 시를 기준으로 판단하여야 한다(대법원 2000. 12. 8. 선고 2000다30905 판결 참조). 따라서 계약 체결 당시를 기준으로 전체적인 계약 내용을 종합적으로 고려한 결과 불공정한 것이 아니라면 사후에 외부적 환경의 급격한 변화로 인하여 계약당사자 일방에게 큰 손실이 발생하고 상대방에게는 그에 상응하는 큰 이익이 발생할 수 있는 구조라고 하여 그 계약이 당연히 불공정한 계약에 해당한다고 말할 수 없다. 같은 취지의 원심판단도 정당하고, 거기에 원고가 상고이유에서 주장하는 바와 같은 위법은 없다(대법원 2013. 9. 26. 선고 2013다26746 전원합의체 판결 참조)

다. 상법상 불공정 거래행위의 법리(상법 제376조, 제424조, 제424조의2, 제529조 등)의 유추 적용

관련조문

상법 제376조(결의취소의 소) ①총회의 소집절차 또는 결의방법이 법령 또는 정관에 위반하거나 현저하게 불공정한 때 또는 그 결의의 내용이 정관에 위반한 때에는 주주·이사 또는 감사는 결의의 날로부터 2월내에 결의취소의 소를 제기할 수 있다. <개정 1984. 4. 10., 1995. 12. 29.>

제424조(유지청구권) 회사가 법령 또는 정관에 위반하거나 현저하게 불공정한 방법에 의하여 주식을 발행함으로써 주주가 불이익을 받을 염려가 있는 경우에는 그 주주는 회사에 대하여 그 발행을 유지할 것을 청구할 수 있다.

제424조의2(불공정한 가액으로 주식을 인수한 자의 책임) ①이사와 통모하여 현저하게 불공정한 발행가액으로 주식을 인수한 자는 회사에 대하여 공정한 발행가액과의 차액에 상당한 금액을 지급할 의무가 있다.

제529조(합병무효의 소) ①합병무효는 각 회사의 주주·이사·감사·청산인·파산관재인 또는 합병을 승인하지 아니한 채권자에 한하여 소만으로 이를 주장할 수 있다.

상법은 **총회의 소집 절차 또는 결의 방법**이 법령 또는 정관에 위반하거나 **현저하게 불공정한 때** 또는 그 결의의 내용이 정관에 위반한 때에는 주주·이사 또는 감사는 결의의 날로부터 2월 내에 **결의취소의 소를 제기할 수 있다고 규정**하고 있다(상법 제376조 제1항 참조). 또한 회사가 법령 또는 정관에 위반하거나 **현저하게 불공정한 방법에 의하여 주식을 발행함으로써 주주가 불이익**을 받을 염려가 있는 경우에는 그 주주는 회사에 대하여 **그**

발행을 유지할 것을 청구할 수 있고(상법 제424조 참조), 이사와 통모하여 현저하게 **불공정한 발행가액으로 주식을 인수한 자**는 회사에 대하여 공정한 발행가액과의 **차액에 상당한 금액을 지급할 의무**가 있다(상법 제424조의2 제1항 참조).

나아가 **현저하게 불공정한 합병비율을 정한 합병계약**은 사법관계를 지배하는 신의성실의 원칙이나 공평의 원칙 등에 비추어 **무효**이고, 따라서 합병비율이 현저하게 불공정한 경우 합병할 각 회사의 주주 등은 **상법 제529조에 의하여 소로써 합병의 무효**를 구할 수 있다.[83]

이처럼 상법은 **불공정한 결의**나 **불공정한 주식의 발행, 주식의 인수** 등의 행위를 무효화하고 이를 원상복구할 수 있는 장치를 여러 군데 마련하여 두고 있는데 이와 관련하여 대법원은 「법령이나 정관의 중대한 위반 또는 현저한 불공정이 있어 그것이 **주식회사의 본질이나 회사법의 기본원칙에 반하거나 기존 주주들의 이익과 회사의 경영권 내지 지배권에 중대한 영향을 미치는 경우**로서 신주와 관련된 거래의 안전, 주주 기타 이해관계인의 이익 등을 고려하더라도 **도저히 묵과할 수 없는 정도라고 평가되는 경우에 한**하여 신주의 발행을 무효로 할 수 있을 것이다.」라고 판시하고 있다.[84]

나아가 **합병무효의 소의 제기**와 관련하여 **대법원**은 「현저하게 불공정한 합병비율을 정한 합병계약은 사법관계를 지배하는 신의성실의 원칙이나 공평의 원칙 등에 비추어 무효이고, 따라서 **합병비율이 현저하게 불공정**한 경우 합병할 각 회사의 주주 등은 상법 제529조에 의하여 소로써 합병의 무효를 구할 수 있다. 다만, 합병비율은 자산가치 이외에 **시장가치, 수익가치, 상대가치 등의 다양한 요소를 고려하여 결정**되어야 할 것인 만큼 엄밀한 객관적 정확성에 기하여 유일한 수치로 확정할 수 없고, 그 제반요소의 고려가 합리적인 범위 내에서 이루어진 것이라면 결정된 합병비율이 현저하게 부당하다고 할 수 없다. 따라서 합병당사회사의 전부 또는 일부가 주권상장법인인 경우 증권거래법과 그 시행령 등 관련 법령이 정한 요건과 방법 및 절차 등에 기하여 합병가액을 산정하고 그에 따라 합병비율을

---

83 대법원 2009. 4. 23. 선고 2005다22701,22718 판결 참조.

84 대법원 2010. 4. 29. 선고 2008다65860 판결 참조.
신주발행을 결의한 갑 회사의 이사회에 참여한 이사들이 하자 있는 주주총회에서 선임된 이사들이어서, 그 후 이사 선임에 관한 주주총회결의가 확정판결로 취소되었고, 위와 같은 하자를 지적한 신주발행금지가처분이 발령되었음에도 위 이사들을 동원하여 위 이사회를 진행한 측만이 신주를 인수한 사안에서, 위 신주발행이 신주의 발행사항을 이사회결의에 의하도록 한 법령과 정관을 위반하였을 뿐만 아니라 현저하게 불공정하고, 그로 인하여 기존 주주들의 이익과 회사의 경영권 내지 지배권에 중대한 영향을 미쳤다는 등의 이유로 무효라고 한 사례.

정하였다면 그 **합병가액 산정이 허위자료에 의한 것이라거나 터무니없는 예상 수치에 근거한 것이라는 등의 특별한 사정**이 없는 한, 그 합병비율이 현저하게 불공정하여 합병계약이 무효로 된다고 볼 수 없다.」고 판시한 바 있다.[85]

결국 대상물의 시장가치나 수익가치, 상대가치 등 다양한 요소를 고려하고 그 가액의 산정이 허위자료에 의한 것이라거나 터무니 없는 수치에 근거한 것이라는 등의 특별한 사정이 있는 경우에 합병비율 산정이 현저히 불공정하다고 볼 수 있다. 다만 이는 **회사 간 합병이라는 특수한 법률관계를 규율**하기 위한 법리라는 점에서 부패재산몰수법상 **현저한 저가 산정의 기준으로 그대로 적용되기에 다소 무리**가 있다고 사료된다.

3. 「현저한 저가」 구체적 적용 사례 : 중앙농업협동조합 배임 사건

중앙농협 횡령 사건은 2019. 1.경부터 중앙농협 여신담당 업무에 종사하던 피고인이 2016.경부터 사설 스포츠 토토 도박으로 수억 원 상당을 탕진하여 자금사정이 어려워지자 고객 명의를 모용하여 대출을 받기로 마음먹고 중앙농협 업무시스템에 접속한 후 고객의 대출신청이 없었음에도 불구하고 마치 고객이 대출신청을 하여 업무를 처리한 것처럼 꾸미는 방법으로 2021. 1. 26.경부터 2022. 6. 28.경까지 총 66회에 걸쳐 총 37명의 명의를 모용하여 약 4,903,000,000원 상당의 재산상 이익을 취득하고 피해자 중앙농협에 동액 상당의 재산상 손해를 가한 사건이다. 그 과정에서 피고인은 고객 명의 문서를 위조하여 행사하였을 뿐만 아니라 위와 같은 자신의 범행이 발각될 것을 우려하여 대출금이 입금된 고객 명의 계좌에 있는 범죄수익을 자신의 가족에게 이체하면서 "보증금" 등이라고 적요란에 허위 기재함으로써 범죄수익의 취득 또는 처분에 관한 사실을 가장하였다. 앞에서 이미 검토한 오스템임플란트 또는 우리은행 횡령사건에 비해 피해 액수가 상대적으로 적지만 은행의 임직원이 회사 임무에 위배하여 거액의 손해를 가한 사건이라는 점에서 사회적으로 큰 문제가 된 바 있다.

이에 대하여 1심 법원은 범죄수익이 실제로 귀속된 주체에 따라 범죄수익을 각각 몰수·추징하여 범죄피해자에게 환부한다는 기본 전제하에 피고인으로부터 약 16억 원을, 검사가 참가 신청을 하여 피고인에 대한 형사재판에 참가한 참가인으로부터 약 23억 원을 각 추징한다고 판시하였다.

참가인은 자신은 이 사건의 공범이 아니고 피고인의 이 사건 범행을 알지 못하였으므로

---

85 대법원 2009. 4. 23. 선고 2005다22701,22718 판결 참조.

자신으로부터 범죄수익을 추징할 수 없다고 주장하였으나, 법원은 **참가인에게 귀속된 재산은 피고인이 도박 등의 목적으로 참가인에게 교부**한 것이므로 **이는 무상 또는 현저한 저가로 참가인에게 범죄수익이 귀속된 경우**에 해당한다는 이유로 **참가인의 주장을 배척하고 참가인에 대한 추징을 인용**하였다.[86]

범죄수익을 이용하여 불법 스포츠 토토 도박 등으로 소비한 경우, 위와 같은 **도박을 하기 위하여 범죄수익을 건네받은 제3자로부터 이를 추징**할 수 있음을 **명시적으로 밝힌 중요한 판결**이라고 본다. 현재의 통상적인 실무는 범죄수익을 취득한 범인이 이를 도박 등에 모두 소비하여 탕진한 경우 그 추징금을 범인에게 구형하여 확정 판결을 받고, 무자력인 범인은 그 추징금을 납부하지 못해 결국 고액의 추징금 집행이 불능 상태가 되는 사례가 누적·반복되고 있기 때문이다.

물론 해당 판결문에 설시된 사례는 **범인으로부터 도박자금을 건네받아 배팅을 부탁받고 불법 스포츠 토토 도박행위를 실제로 한 사람인 참가인**에게 **부패재산이 귀속**되었다고 보고 이를 추징한 것이나, 실제 도박자금을 이익으로 취득한 **도박사이트 운영자 등의 경우**에도 **제3자 추징의 상대방이 될 수 있다**고 봄이 상당하다.

향후 **법원과 검·경의** 실무상 **이와 같은 논리를 적극 활용**하여 **범죄수익을 도박 등의 목적으로 소비**한 경우 그 **소비처를 추적·확인**하고 이를 **몰수·추징**함으로써 **범죄피해자에게 환부**할 필요가 있다. 이런 경우 범죄피해자는 도박사이트 및 그 운영자를 상대로 민사소송을 제기하는 등 적절한 조치를 취하기 어렵다는 점에 비추어 **범죄피해재산 환부의 필요성은 쉽게 인정될 수 있을 것**으로 보이고 이러한 **실무 운용이 궁극적으로 범죄피해자를 위한 방안**이라고 본다(私見). 위 1심 법원의 판결 중 부패재산몰수법에 따른 제3자 추징의 법리를 설시한 부분은 다음과 같다.

사례

1. 추징

부패재산의 몰수 및 회복에 관한 특례법 제6조 제1항, 제4조 제2항, 제5조 제2항, 제1항

[부패재산의 몰수 및 회복에 관한 특례법(이하 '부패재산몰수법'이라 한다) 제2조 제1호의 '부패범죄'에 '특정경제범죄 가중처벌 등에 관한 법률 제3조 중 형법 제355조 및 356조'에 해당하는 죄가 포함되고, 위 죄에 의하여 그 피해자로부터 취득한 재산 또는 그 재산의 보유·처분

86 서울동부지방법원 2022. 11. 25. 선고 2022고합221 판결 등 참조.

에 의하여 얻은 재산은 부패재산몰수법 제2조 제3호의 '범죄피해재산'에 해당한다. 원칙적으로 범죄피해와 관련된 재산은 환부 또는 교부의 대상인지가 문제될 수 있을 뿐 몰수·추징의 대상이 되지 아니하나, 부패재산몰수법 제6조는 범죄피해재산으로서 범죄피해자가 그 재산에 관하여 범인에 대한 재산반환청구권 또는 손해배상청구권 등을 행사할 수 없는 등 피해회복이 심히 곤란하다고 인정되는 경우에는 몰수·추징할 수 있고, 이 법에 따라 몰수·추징된 범죄피해재산은 피해자에게 환부한다고 규정하고 있다.

앞서 든 증거들에 의하여 알 수 있는 다음과 같은 사정 즉, ① 피해 조합은 피고인의 최초 범행일로부터 1년 5개월이 넘는 기간 동안 피해 사실을 인지하지 못하였고 이후 수사가 진행되는 중에도 전체 피해 금액을 파악하지 못한 점(실제로 수사과정에서 875,000,000원의 추가 피해액이 확인되기도 하였다), ② 피해 금액의 상당 부분이 참가인 명의 계좌로 지급되어 도박에 사용되거나 현금으로 인출되는 등 피해 조합이 피고인을 상대로 민사소송을 제기하더라도 그 집행이 용이하지 않을 것으로 보이는 점 등을 종합하면, 이 사건 범행은 피해자가 범죄피해재산에 관하여 피고인에 대한 재산반환청구권 또는 손해배상청구권을 행사할 수 없는 등 피해회복이 심히 곤란한 경우라고 인정되므로, 부패재산몰수법 제6조 제1항에 따라 피해자 환부를 위한 몰수 또는 추징을 할 수 있고, 범죄피해재산 중 상당 부분이 도박자금으로 소비된 사정을 고려하면 이를 몰수함이 상당하지 아니하므로 위 법 제5조 제2항, 제1항에 따라 그 가액을 추징하기로 한다.

그리고 **<u>추징의 범위</u>**에 관하여 보면, **<u>부패재산몰수법 따른 추징은 부패범죄의 근절을 위해 그 행위로 인한 부정한 이익 등을 박탈하려는 데 목적이 있는 것</u>**이지, 징벌적 성격을 갖는 추징이라고 보기는 어려우므로 **<u>그 추징의 범위는 범인이 실제로 취득한 이익에 한정</u>**되는바(대법원 2016. 10. 27. 선고 2016도8687 판결 등 참조), 위 법리에 따라 피고인 및 참가인들에 대한 추징액을 산정하면 다음과 같다.

- 추징의 대상이 되는 범죄피해재산의 범위 : 이 사건 범행으로 인한 피해액은 4,903,000,000원이다. 그러나, 검사가 제출한 증거들만으로는 수사과정에서 우선적으로 확인된 피해액 4,028,000,000원(참가인 명의 계좌로 이체된 합계 3,230,945,000원 + 피고인이 창구거래, 현금인출 등으로 사용한 합계 797,055,000원)[87]을 제외한 나머지 피해액 875,000,000원[88]이 피고인 내지 참가인에게 귀속되었음을 인정하기 부족하므로, 위 4,028,000,000원에 한하여 이를 추징한다.
- **<u>참가인 : 2,382,395,000원</u>**[= 참가인에게 귀속된 합계 3,230,945,000원{참가인에게 직접 송금된 피해액 합계 1,185,455,000원 + 피고인의 가족(김**, 정**, 김**) 명의 계좌를 경유하여 참가인에게 송금된 피해액 합계 514,500,000원 + 피고인의 가족(김**, 정**, 김**) 및 피고인 명의 계좌를 순차로 경유하여 참가인에게 송금된 피해액 합계 1,530,990,000원}[89] − 피고인 측으로 송금되어 반환된 합계 848,550,000원[90](= 참가

인으로부터 피고인 및 피고인의 가족 명의 계좌로 송금된 합계 365,850,000원 + 참가인으로부터 황**, 박** 명의 각 대출계좌로 송금된 합계 482,700,000원[91])]을 참가인으로부터 추징한다.

이에 대하여 **참가인은 이 사건 범행의 공범이 아니고 피고인의 이 사건 범행을 알지 못하였으므로 참가인으로부터 추징할 수 없다는 취지로 주장**한다. 그러나, **참가인에게 귀속된 재산은 피고인이 도박 등의 목적으로 참가인에게 교부한 것으로서, 이는 부패재산몰수법 제4조 제2항의 '무상 또는 현저한 저가로 참가인에게 귀속된 경우'에 해당**하므로 이를 참가인으로부터 몰수할 수 있어 참가인의 이 부분 주장은 이유 없다. 또한 참가인은 피고인의 범행 이전부터 자신이 보유하던 재산[예금 채권(약 10억 원), 가상화폐 등]은 이 사건 범행으로 취득·이전된 부패재산 자체가 아니므로 추징(보전)의 대상이 아니라는 취지로 주장하나, **추징은 대상물의 소비 등으로 인하여 몰수가 불가능할 경우 그 '가액' 상당의 납부를 명하는 것**(추징보전은 그 집행을 위해 재산처분을 일시적으로 금지하는 처분이다)으로서 **추징 대상이 부패재산 자체임을 요건으로 하지 않으므로, 참가인의 위 주장 또한 이유 없다.**

위와 같은 **1심 법원의 판결에 대해 피고인과 검사 모두 항소**하였으나, **항소심 법원은 항소를 모두 기각**하였다.[92] 참가인은 항소심에서 참가인에 대한 제3자 추징을 인정해서는 인정해서는 안된다고 적극 주장하였으나 **항소심에서 이를** 모두 배척하였는바 이는 **범죄피해재산 환부 및 제3자 추징을 위한 법리**와 관련하여 참고할만 하고 위 판결은 **대법원에서 그대로 확정**되었다.[93]

---

87 증거기록 1064면 참조.

88 위 875,000,000원(= 황** 명의 2021. 5. 4.자 대출 90,000,000원 + 황** 명의 2021. 5. 4.자 대출 230,000,000원 + 박** 명의 2021. 1. 26.자 대출 40,000,000원 + 박** 명의 2021. 2. 5.자 대출 10,000,000원 + 박** 명의 2021. 2. 25.자 대출 100,000,000원 + 박** 명의 2021. 4. 2.자 대출 100,000,000원 + 정** 명의 2021. 3. 10.자 대출 100,000,000원 + 정** 명의 2021. 3. 25.자 대출 20,000,000원 + 박** 명의 2021. 10. 6.자 대출 30,000,000원 + 오** 명의 2021. 10. 12.자 대출 50,000,000원 + 오** 명의 2021. 10. 13.자 대출 15,000,000원 + 주** 명의 2021. 10. 22.자 대출 50,000,000원 + 주** 명의 2021. 10. 29.자 대출 40,000,000원)의 대출은 상환되었다(증거기록 1150면).

89 증거기록 1061 내지 1096면 참조.

90 증거기록 1121 내지 1125면 참조.

91 이와 관련하여 검사는 참가인 명의 계좌에서 황**, 박** 명의 계좌로 송금된 합계 482,700,000원[= 황** 명의 농협은행 계좌(3521876942753)로 송금한 230,300,000원 + 박** 명의 농협은행 계좌(3521835147883)로 송금한 40,000,000원 + 황** 명의 농협은행 계좌(3521876942753)로 송금한 212,400,000원]은 범죄수익을 소비한 것에 지나지 않는다는 이유로 참가인으로부터 추징을 구형하였으나 이 부분은 참가인에게 최종적으로 귀속되었다고 볼 수 없으므로 참가인으로부터 추징하지 않는다고 판시하였다.

92 서울고등법원 2023. 4. 27. 선고 2022노3253 판결 참조.

항소심 판시의 요지를 간단히 정리하면 ① 범인이 배임죄로 취득한 범죄수익을 이용하여 이를 불법 스포츠 토토 도박사이트를 이용해 도박자금으로 사용하기 위해 **도박사이트 운영자인 참가인의 계좌로 자금을 이체**하였다면 **참가인과 금융기관 사이의 예금계약에 따라 참가인에게 예금반환청구권이 귀속**된 것으로 보아야 하는 점, ② 참가인은 범인으로부터 **범죄수익을 송금받은 다음 이를 도박 배팅에 사용**하였고 중간에 범인에게 수시로 그 **내역을 정리하거나 정산한 내역이 없으므로** 위 금원은 **모두 참가인에게 귀속된 것**이고 범인에게 소유권이 남아 있는 것으로 볼 수 없는 점, ③ 범죄피해자인 **중앙농협이 피해자 환부를 적극 원하고** 있고, 참가인이 범죄수익이라는 사정을 알면서 이를 취득하였다고 볼 정황이 부족하여 **피해자가 직접 참가인을 상대로 민사소송을 통해 권리회복을 받기 어려운 등** 범죄피해자산 환부 필요성이 충분하다는 것이다. 그 주요 내용을 보면 아래와 같다.

사례

1. 항소이유의 요지 (중략)

다. 참가인(추징에 대한 사실오인 및 법리오해)

1) **참가인은 피고인의 사기 등 범죄의 공범이 아니고 피고인이 본인의 도박 베팅 목적으로 참가인에게 돈을 송금**하였다. **참가인에게 송금된 돈 중 약 29억 6,129만 원이 피고인의 결정에 따라 도박사이트 베팅에 사용**되었고 **11억 5,315만 원이 도박사이트 계좌로 이체**되었다. 이와 같이 사용된 돈이 참가인에게 '귀속'되었다고 볼 수 없으므로, 부패재산의 몰수 및 회복에 관한 특례법(이하 '부패재산몰수법'이라 한다) 제4조 제2항에서 정한 몰수요건에 해당하지 않는다.

2) 피고인의 사기 등 범행 피해자 중앙농업협동조합(이하 '피해자 농협'이라 한다)은 피고인에게 적절한 법적 조치를 취할 수 있는 대형 금융기관이고 피고인도 1명으로 특정되어 있기 때문에 재산반환청구권 또는 손해배상청구권을 행사하는 데 어려움이 없다. 따라서 부패재산몰수법 제6조 제1항에서 범죄피해재산에 대한 몰수요건인 '피해자가 재산반환청구권을 행사할 수 없는 등 피해회복이 심히 곤란한 경우'에 해당하지 않는다.

---

93 대법원 2023. 9. 27. 선고 2023도5697 판결 참조.
「원심은 판시와 같은 이유로 이 사건 공소사실을 유죄로 판단하고, **참가인으로부터 2,382,395,000원의 추징을 명한 제1심 판결을 그대로 유지**하였다. 원심판결 이유를 관련 법리와 적법하게 채택된 증거에 비추어 살펴보면, 원심의 판단에 필요한 심리를 다하지 않은 채 논리와 경험의 법칙을 위반하여 자유심증주의의 한계를 벗어나거나 **「부패재산의 몰수 및 회복에 관한 특례법」에 따른 추징에 관한 법리를 오해함으로써 판결에 영향을 미친 잘못이 없다.**」

3) 참가인은 피고인으로부터 돈을 송금받기 전부터 10억 869만 원 상당의 예금 잔고를 보유하고 있었기 때문에 추징보전된 참가인의 계좌 잔고 등은 혼합재산에 해당하므로 부패재산의 비율만큼만 추징되어야 한다. (중략)

2. 판단

나. 참가인 주장에 관한 판단

1) 관계법령

별지 관계법령 기재와 같다.

2) 무상 또는 현저한 저가로 '귀속'되었는지 여부

원심 및 당심이 적법하게 채택하여 조사한 증거에 의해 인정할 수 있는 아래와 같은 여러 사정에 비추어 보면, **참가인이 피고인 측으로부터 송금받은 32억 3,094만 5,000원 중 피고인 측에 반환된 8억 4,855만 원을 제외한 23억 8,239만 5,000원이 참가인에게 무상 또는 현저한 저가로 귀속된 경우에 해당한다고 본 원심의 판단을 정당한 것으로 수긍할 수 있다.** 참가인의 이 부분 주장을 받아들이지 않는다.

○ 참가인은 **2021. 7.경부터 약 1년간 피고인 측으로부터 합계 32억 3,094만 5,000원을 송금받았다. 참가인이 피고인의 요청**에 따라 **위 돈 중 일부를 피고인 측에 다시 송금하거나 도박사이트에 베팅**한 것 외에, **참가인이 위 돈에 대한 반대급부로 피고인에게 제공한 것은 없다.**

○ 금융실명거래 및 비밀보장에 관한 법률에 따라 실명확인 절차를 거쳐 예금계약을 체결하고 그 실명확인 사실이 예금계약서 등에 명확히 기재되어 있는 경우에는, 금융기관과 출연자 등의 사이에서 예금명의자와의 예금계약을 부정하여 예금명의자의 예금반환청구권을 배제하고 출연자 등과 예금계약을 체결하여 출연자 등에게 예금반환청구권을 귀속시키겠다는 명확한 의사의 합치가 있는 극히 예외적인 경우가 아닌 한 예금명의자를 예금계약의 당사자, 즉 예금반환청구권자로 보아야 한다. 또한 예금거래기본약관에 따라 송금의뢰인이 수취인의 예금계좌에 자금이체를 하여 예금원장에 입금의 기록이 된 때에는 특별한 사정이 없는 한 송금의뢰인과 수취인 사이에 자금이체의 원인인 법률관계가 존재하는지 여부에 관계없이 수취인과 수취은행 사이에는 위 입금액 상당의 예금계약이 성립하고, 수취인이 수취은행에 대하여 위 입금액 상당의 예금채권을 취득한다(대법원 2014. 10. 15. 선고 2013다207286 판결 등 참조). 앞서 본 바와 같이 **피고인은 참가인에게 32억 3,094만 5,000원을 송금하였고, 이들과 금융기관 사이에 참가인과의 예금계약을 부정하여 위 금액 상당의 예금반환청구권을 피고인에게 귀속시키겠다는 명확한 의사의 합치가 있다고 볼 자료도 없다.** 위 돈을 송금받은 수취인인 참가인은 자금이체의 원인인 법률관계가 존재하는지 여부와 관계없이 수취은행에 대하여 위 입금액 상당의 예금채권을 취득한다. 따라서 **참가**

인이 피고인으로부터 송금받은 돈 중 피고인에게 반환한 돈을 제외한 23억 8,239만 5,000원에 관한 예금채권이 참가인에게 귀속된 것으로 볼 수 있다.

○ 참가인은 피고인이 지정한 바에 따라 피고인을 대신하여 도박사이트에 베팅하기 위해 위 돈이 송금되었고 실제로 위 돈이 대부분 그 목적에 따라 사용되었다고 주장하나, 아래와 같은 사정에 비추어 볼 때 이 부분 주장을 받아들이기 어렵다.

– 피고인의 부정대출 범행 시기 및 액수, 부정대출 피해 고객으로부터 피고인 측 계좌로 송금되었다가 다시 참가인에게 송금된 시기와 액수 등 자금 흐름을 살펴보면, 피고인은 부정대출을 실행하여 고객의 대출계좌에 입금된 대출금을 스스로 보관하면서 도박사이트 베팅 건별로 당일 해당 금액을 참가인에게 송금한 것이 아니라, **부정대출 받은 수 천만 원 내지 수 억 원의 대출금 대부분을 곧바로 피고인 측 계좌를 거쳐 참가인 계좌로 송금**하였다. 그럼에도 **피고인과 참가인 사이에 위와 같이 송금된 금액, 피고인에게 반환된 금액, 도박사이트 충전금액, 총 베팅금액과 수익 및 이를 정산한 잔액을 정리하여 확인하였다고 볼 만한 자료가 존재하지 않는다.**

– 피고인이 참가인에게 아이폰 계산기 화면을 캡처하여 전송하기는 하였으나 그 금액 등에 비추어 볼 때 이는 당일 베팅금액과 승패에 따른 수익이나 손실을 정산한 것에 불과한 것으로 보인다. 피고인과 참가인 역시 '**피고인이 참가인에게 얼마를 송금하였고 어느 정도 손실이 발생하였으며, 총 잔액이 얼마인지 계산해보지 않아 잘 모른다. 계산기 내역만 있을 뿐 베팅내역에 대해 중간에 정산하지 않았다' 고 진술**한 바 있다(증거기록 968, 1047, 1052, 1175).

– 참가인은 피고인이 사기 등 범행으로 얻은 수익을 본인의 여러 계좌로 송금 받은 2021. 7.경부터 2022. 6.경까지[94] 사이에 위 계좌에서 본인 명의의 해외선물투자 연동계좌(국민은행 ***********388)에 8억 6,000만 원가량을 송금하였고, 피고인 역시 가족 등의 계좌를 통하여 참가인의 위 해외선물투자 연동계좌에 합계 약 2억 7,800만 원가량을 송금하였다[증거기록 6권(별권 3) 39]. 참가인은 위 돈을 해외선물투자에 사용하였고 수억 원의 손실을 보았다.

  피고인은 수사기관에서 참가인이 지정하는 계좌로 송금하였을 뿐, 참가인을 통해 주식 등 다른 투자를 한 적이 없고 참가인으로부터 다른 투자를 권유받은 적도 없다고 진술하였다(증거기록 485, 486, 969).

– 경찰은 위 기간 동안 참가인의 계좌에서 도박사이트 계좌로 출금된 금액이 3억 원가량 되는 것으로 분석하였고[증거기록 6권(별권 3) 38], 참가인은 수사기관에서 도박사이트 충전금으로 7억 1,657만 원을 사용하였다고 진술하였다가(증 제14호증), 당심에서는 11억 5,315만 원을 사용하였다고 주장하고 있다. 그러나 **피고인**

이 당심에서 특정한 송금내역의 수취인에는 개인 명의가 상당 부분 포함되어 있을 뿐만 아니라 회사 명의인 경우에도 그 계좌가 도박사이트 운영업체가 보유한 계좌임을 인정할 뚜렷한 자료가 없다. 참가인은 해당 기간에 본인도 직접 베팅을 하였다고 진술하고 있고(증거기록 1047), 피고인도 '참가인이 직접 베팅을 하고, 다른 지인들의 자금도 베팅한 것으로 안다. 각 베팅금액이 명확하게 구별되지 않는다'고 진술하였다(증거기록 487). 따라서 위와 같이 충전된 금액 전부가 피고인을 위하여 송금된 것이라고 볼 수 없다. 무엇보다도 참가인이 주장하는 충전금액 자체가 피고인이 참가인에게 도박자금으로 송금한 금액에 현저히 미치지 못한다(참가인은 본인이 베팅하여 얻은 수익이 있기 때문에 참가인이 송금한 돈 전액을 충전할 필요가 없었다고 주장하나, 이를 인정할 만한 객관적인 자료가 없다).

– 참가인은 피고인과 공모하여 도박을 하였다는 공소사실로 서울동부지방법원 2022고단3200호로 기소되었는데, 위 사건 공소장에 기재된 29억 6,139만 원[95]가량을 근거로 위 돈 전부가 도박사이트 대리베팅에 사용되었다는 취지로 주장한다.
  그러나 위 사건 공소사실 기재에 의하더라도 피고인이 참가인에게 위 금액을 송금하여 베팅을 부탁하고 위 돈을 이용하여 사이버머니를 충전하여 도박을 하였다는 것일 뿐 피고인이 송금한 전액이 사이버머니 충전에 사용되었다는 내용은 포함되어 있지 아니하고, 앞서 본 참가인의 주장에 의하더라도 도박사이트에 송금한 돈이 29억여 원에 현저히 미치지 못하는 금액이다.
  피고인은 수사기관에서 '참가인이 도박사이트에서 베팅하는 것을 직접 본 적은 없다. 참가인이 베팅하는 도박사이트나 충전계좌 및 환전계좌를 알지 못하고, 해당 사이트를 직접 확인해 본 적이 없다'고 진술하였다(증거기록 487, 564, 566).

○ 원심이 피고인의 배임 범행에 대한 공범임을 이유로 참가인에게 추징을 명한 것이 아니라 범인이 아님에도 **부패재산이 참가인에게 무상 또는 현저한 저가로 귀속되었음을 이유로 추징을 명한 것이기 때문에, 참가인이 피고인의 배임 범행의 공범인지 여부는 원심의 참가인에 대한 추징이 정당한지 여부에 대한 판단에 별다른 영향이 없다.**

3) 재산반환청구권을 행사할 수 없는 등 피해회복이 심히 곤란한 경우인지 여부
원래 몰수·추징은 범인 이외의 자의 소유에 속하지 아니하는 물건에 대하여만 행할 수 있기 때문에(형법 제48조), 범죄피해재산은 환부 또는 교부의 대상이 될 뿐 몰수·추징의 대상이 될 수 없다. 이와 같은 관점에서 범죄수익은닉의 규제 및 처벌 등에 관한 법률에서도 몰수대상재산이 범죄피해재산인 경우에는 몰수할 수 없는 것으로 정하여(제8조 제3항), 피해자의 원상회복청구권 또는 손해배상청구권 등 사법상 청구권 실현에 방해가 되지 않도록 피해자를 보호하고 있다.

그러나 피해자가 있는 부패범죄로 발생한 범죄수익의 해외반환 등을 위해서는 범죄피해재산이라 하더라도 이를 몰수할 필요성이 있고, 범죄피해자의 피해회복이 심히 곤란한 사정이 있는 경우 국가가 대신하여 피해재산을 회복할 수 있게 하여 피해자의 실질적인 재산권 회복을 국가가 지원할 필요도 있다. 이와 같은 취지에서 부패재산몰수법 제6조 제1항은 부패재산이 범죄피해재산에 해당하더라도 범죄피해자가 그 재산에 관하여 범인에 대한 '재산반환청구권 또는 손해배상청구권 등을 행사할 수 없는 등 피해회복이 심히 곤란하다고 인정되는 경우' 부패재산 몰수·추징의 대상 및 요건을 정한 제3조 내지 제5조에 따라 몰수·추징할 수 있는 것으로 범죄피해재산의 특례를 규정하고 있다.[96]

참가인은 피해자 농협이 피고인에 대하여 재산반환청구권 또는 손해배상청구권을 행사할 수 있기 때문에 범죄피해재산을 몰수·추징할 수 있는 경우에 해당하지 않는다는 취지로 주장하나, 앞서 본 위 조항의 입법취지와 법문의 내용에 비추어 볼 때, 재산반환청구권 등을 행사할 수 없다는 것은 '피해회복이 심히 곤란하다고 인정되는 경우'의 예시에 불과하므로, 아래에서는 이 사건이 피해자가 피해회복이 심히 곤란하다고 인정되는 경우에 해당하는지 여부에 관하여 살펴본다.

원심 및 당심이 적법하게 채택하여 조사한 증거들로부터 알 수 있는 다음과 같은 사정에 비추어 보면, 피해자의 피해회복이 심히 곤란하다고 인정되는 경우에 해당된다고 판단된다. 참가인의 이 부분 주장을 받아들이지 않는다.

○ **이 사건 부패범죄는 금융기관 직원인 피고인의 전문적인 범행으로 실질적 피해자가 다수이고 피해규모도 크다. 피해자 농협은 자체 조사 등을 통하여 피해 고객과 피해 금액을 제대로 파악할 수 없었고, 피고인의 진술에 의존하여 피해 규모가 밝혀졌다.**

- 피고인은 피해자 농협의 대리 또는 과장보로서 해당 지점의 대출심사 및 결정을 단독으로 진행할 수 있고, 대출실행 시 지점장 등의 결재를 받아야 하는데 지점장의 승인코드를 알고 있었기 때문에 실제로 대출실행을 위한 지점장 결재도 본인이 단독으로 진행하였다.
- 피고인은 피해자 농협의 고객 중 다액의 예금채권을 보유한 고객 및 부동산담보대출 고객 중 담보가치가 남아있는 고객을 선별하여 전산 상 확보된 고객의 개인정보를 이용하여 이들 명의의 대출거래약정서, 대출상담신청서, 개인정보이용동의서 등을 위조·행사하고 담보대출심사표를 단독으로 입력하여, 66회에 걸쳐 37명의 고객 명의를 이용하여 합계 49억 300만 원의 대출금을 편취하였다.
- 피고인은 대출실행 등 과정에서 고객에게 대출 확인 문자가 발신되는 것을 막기 위해 이 사건 범행이 본격화된 2021. 7.경 휴대전화를 3대 보유하면서 위조한 대출

관련 서류에 본인이 보유한 휴대전화번호를 기재하였다. 이와 같은 방법으로 대출금 규모가 다액인 담보대출의 경우 대출명의자에게 확인 전화나 안내 문자가 발신되는 것을 막아 범행을 은폐하였다.

– 수사 진행과정에서 피고인은 최초에 고객 5명 명의로 15억 원가량을 대출하였다고 하다가 34명에 대한 55개 대출계좌에서 40억 원가량을 대출받았다고 진술하였고, 이후 최종적으로 원심 판시 범죄사실에 기재된 바와 같이 49억 300만 원의 피해금액을 인정하였다. 그 과정에서 피해자 농협은 2021. 7. 이후 신규 대출계좌에 대한 전수조사를 진행하였음에도 피고인이 기억에 의존해 특정한 대출계좌 외에 추가 범행을 발견하지 못하였다.

○ **현재 피고인이 보유한 재산은 추징보전된 재산과 퇴직금을 합하여 1억 원가량에 불과하고, 피고인은 이 사건 범행으로 상당기간 복역해야 하는 상황이다. 피해자 농협이 피고인에 대하여 손해배상청구권 등을 행사하더라도 실제로 1억 원을 초과하는 피해를 회복하기는 어렵다.**

○ 피고인은 다양한 방법을 동원하여 범행으로 취득한 재산을 은닉하려고 하였고, 참가인은 이에 상당 부분 협조하였다.

– 피고인은 원심 판시 범죄사실 3항 기재와 같이 고객 명의의 계좌에 입금된 대출금을 송금하는 과정에서 본인의 이름이 노출되지 않고 고액의 자금흐름이 발생할 경우 금융감독원의 조사 대상이 되는 것을 회피하기 위하여, 피고인의 가족인 김**, 정**, 김** 명의의 계좌로 이체하였다가 다시 참가인 명의의 여러 계좌로 분산하여 이체하였고, 고객의 계좌에서 곧바로 참가인 명의 계좌로 이체하기도 하였다.

– **참가인은 피고인에게 본인 명의의 여러 계좌 중 피고인 측이 입금할 계좌를 지정해 주기도 하였고, 피고인으로부터 범죄수익을 송금 받아 보관하다가 피고인이 요청하는 계좌로 여러 차례에 걸쳐 합계 8억 4,855만 원을 다시 송금해 주었다.** 이와 같이 참가인이 피고인의 요청으로 다시 송금한 내역 중에는 피고인이 박**, 황** 등 명의로 부정대출한 대출금 변제 등 목적으로 박**, 황** 등의 대출계좌로 송금한 내역(박** 4,000만 원, 황** 합계 4억 4,270만 원)도 포함되어 있고, 피고인이 수시로 요청하여 수백만 원에서 수천만 원을 입금한 내역도 포함되어 있다. 앞서 본 바와 같이 **피고인이 이 사건 범죄수익 대부분을 참가인의 계좌로 송금하였고, 참가인은 위 돈을 피고인이 지정한 도박사이트 베팅에 사용하거나 피고인이 요청하는 바에 따라 수시로 자금을 이체하여 준 경위 등**에 비추어 보면, **참가인의 여러 계좌가 피고인이 범행으로 얻은 재산의 보관·관리에 사용된 것으로 판단된다**[참가인은 당심에서 피고인에게 도박사이트 베팅 수익으로 여러 차례에 걸쳐서 합계 2억 원가량을 송금하였고, 위 돈이 원심에서 피고인에게 반환

된 것으로 인정된 8억 4,855만 원[97]에 포함되지 않는다는 취지로 주장하였으나, 이 사건 기록에 의하면 위 2억 원가량의 돈 중 2021. 7.경 이후에 송금된 금액은 전부 원심에서 반환된 것으로 인정된 위 8억 4,855만 원에 포함되어 있고(증거기록 1121－1125, 공판기록 380－382), 2021. 7.경 이전에 송금된 일부 내역의 경우 그 무렵 발생한 피해자 농협 대출금이 전부 상환(8억 7,500만 원 중 일부)되어 몰수·추징대상에서 제외된 이상 이 부분 송금액을 추징에서 제외할 필요가 있다고 보이지 않는다].

- **참가인과 피고인은 이와 같이 서로 송금하는 과정에서 적요란에 '102호 보증금' 등이라고 기재하기도 하고, 입금자명을 임의로 변경하여 입력하기도 하였다.** 참가인이 피고인의 직업을 알고 있었다고 하더라도, 피고인이 약 1년 간 여러 사람 명의로 30억 원이 넘는 고액의 돈을 참가인에게 송금하고 위 돈 중 상당한 액수를 재차 제3자에게 송금해 줄 것을 요청하였기 때문에, **참가인으로서는 피고인이 참가인에게 송금한 돈이 정상적인 자금이 아니라는 사정을 충분히 알 수 있었던 것으로 보인다. 실제로 참가인은 피고인에게 자금의 출처 등을 이상하게 생각하여 물어보기도 하였다**(증거기록 493).

○ **피해자 농협은 참가인에 대한 몰수·추징을 통한 범죄피해재산 회복을 희망하고 있다.** 실제로 피해자 농협은 변제자력이 부족한 피고인을 통해 피해회복을 도모하기 어렵고, **참가인이 배임 등 범죄의 공범이 아니고 위 돈을 부패재산임을 알고 취득하였다고 단정할 수도 없는 이상 참가인에게 직접 민사상 권리구제를 도모하기도 어렵다.** 금융기관인 피해자 농협이 이 사건 범행에 따른 피해를 회복하지 못할 경우 재정건전성이 악화되어 그 피해가 조합원뿐만 아니라 사회적으로도 부담으로 작용할 수 있다. 피해자 농협이 임직원의 부정행위에 따른 손해에 대한 보험금을 청구한 바가 있기는 하나, 지급받을 수 있는 보험금이 10억 원가량에 불과하여 실질적인 피해금액의 1/4가량에 불과하고 아직 보험금 지급결정이 이루어지지도 아니하였다.

○ 앞서 본 바와 같이 **피고인과 참가인 사이에 참가인에게 송금된 돈과 도박사이트 베팅에 다른 손익 총액에 관하여 정산이 제대로 이루어지지 않았고, 참가인은 피고인이 송금한 돈이 대부분 도박사이트 베팅에 따른 손실로 소진되었다고 주장하고 있어, 참가인이 자발적으로 피고인 또는 피해자에게 범죄피해재산을 반환할 것을 기대하기 어렵다.**

4) 혼합재산 추징에 해당하는지 여부

○ 부패재산몰수법 제3조 제2항은 몰수하는 부패재산이 부패재산 외의 재산과 합하여져 혼합재산이 된 경우 그 중 부패재산의 비율에 상당하는 부분만 몰수할 수 있는 것으로 정

하고 있다. 그러나 이 사건은 피고인과 참가인이 부패재산의 상당 부분을 도박자금이나 해외선물투자 등으로 소비하여 이를 사실상 몰수할 수 없어 같은 법 제5조 제2항에 따라 추징하는 경우에 해당하므로, 몰수를 전제로 한 위 조항이 적용되지 않는다.

○ 같은 법 제5조 제2항이 준용하고 있는 제4조 제2항은 혼합재산이 범인 외의 자에게 무상 또는 현저한 저가로 귀속된 경우에는 혼합재산의 일부를 몰수할 수 있는 것으로 정하고 있어, 범인 외의 자로부터 추징하는 경우에도 범인 외의 자가 혼합재산을 취득한 경우에는 일부를 추징할 수 있는 것으로 볼 수 있으나, 앞서 본 여러 사정에 의할 때 **참가인은 혼합재산을 취득한 것이 아니라 부패재산을 취득한 것으로 보아야 하므로, 위 각 조항에 따라 일부를 추징할 수 있는 경우에 해당하지 않는다.**

○ 참가인의 이 부분 주장을 받아들이지 않는다.

Ⅵ 제3자 몰수·추징의 중요성 및 입법론

2021년 대한민국에서 크게 문제가 되었던 **한국토지주택공사(LH) 임직원의 부동산 투기 사건**에서 내부 정보를 이용한 공공기관 임직원들이 신도시 개발지역의 부동산을 차명으로 사들인 후 이를 매각한 다수의 사안(부패방지권익위법위반)에서도 부패재산을 취득한 제3자로부터 해당 부동산을 몰수할 수 있는지 여부가 쟁점이 되었는데 이 또한 **제3자가 악의**이거

94 항소심은 참가인은 2022. 4.경 이후 해외선물투자 연동계좌에 입금된 3억 1,300만 원만 피고인과 관련이 있다는 취지로 주장하나, 앞서 본 여러 사정과 특히 피고인 측과 참가인 사이 2021. 7.경부터 2022. 6.경까지 사이의 금융거래내역에 비추어 볼 때 위 주장을 받아들이기 어렵다고 보았다.

95 항소심은 참가인은 위 사건 공소장을 근거로 들면서 도박에 사용한 금액을 "29억 6,129만 원"으로 특정하고 있으나, 위 사건 공소장에는 피고인이 참가인에게 베팅을 위해 송금한 금액이 "29억 6,139만 원"으로 기재되어 있다고 판시하였다.

96 부패재산몰수법 제6조 제1항은 그 문언상 "범죄피해재산으로서 범죄피해자가 그 재산에 관하여 범인에 대한 재산반환청구권 또는 손해배상청구권 등을 행사할 수 없는 등 피해회복이 심히 곤란하다고 인정되는 경우에는 몰수·추징할 수 있다."라고 하여 몰수·추징의 예외적 허용 사유만을 규정하고 있다. 그런데 범죄피해재산도 부패재산에 포함되고, 부패재산의 경우에는 몰수·추징의 대상 및 요건을 부패재산몰수법 제3조 내지 제5조가 구체적으로 정하고 있으며, 이어서 위 법 제6조 제1항이 범죄피해재산에 대하여도 예외적으로 몰수·추징이 가능하다고 정하고 있으므로, 위 법 제6조 제1항의 몰수·추징 역시 위 법 제3조 내지 제5조의 대상과 요건에 따라 가능하다고 보아야 한다(대법원 2018. 11. 29. 선고 2018도13364 판결 참조).

97 항소심은 2021. 7.경부터 2022. 6.경까지 참가인이 피고인 측에 반환한 금액은 합계 8억 4,855만 원이고, 피고인이 이 사건 범행으로 부정대출받은 금액 중 피해자 농협에 반환한 금액은 8억 7,500만 원이라고 보았다[자세한 내용은 원심 판결 참조].

나, **선의라 하더라도 무상 또는 현저한 저가로 당해 부패재산 등을 취득하였는지 여부에 대한 판단**이 **중요한 의의**가 있었다.

무상 또는 현저한 저가로 부패재산을 취득하여 귀속한 사례를 한번 상정하여 보면, 부패재산몰수법상 부패범죄인 뇌물죄를 범하고 10억 원 상당의 현금을 취득한 범인이 이를 이용해 아파트 1채를 구입한 다음 이를 자신의 아들인 범인 외의 제3자에게 무상으로 증여하여 현재 그 아파트의 명의가 제3자 앞으로 등기되어 있는 경우 제3자인 범인의 아들이 그 아파트가 부패재산이라는 사정을 전혀 알지 못하는 선의라고 하더라도 제3자인 아들로부터 아파트를 몰수할 수 있다는 것이다. 이렇게 해야만 부패재산의 귀속을 박탈하여 그 이익을 향유하는 것을 막을 수 있기 때문이다.

그런데 앞에서 검토한 바와 같이 위와 같은 **범죄수익 등의 귀속을 박탈**함에 있어 범죄수익 등의 **취득 원인이 되는 범죄가 부패범죄인지 아니면 부패범죄가 아닌 다른 범죄인지 여부는 중요하지 않다.** 예컨대 성매매 범죄를 저지르고 20억 원 상당의 범죄수익을 취득한 범인이 이를 이용해 15억 원 상당의 아파트를 매입하였고, 범인에 대한 수사기관의 수사가 개시되자 위 아파트를 몰수당할 것을 우려한 나머지 이를 시가에 한참 미치지 못하는 약 3억 원 상당만을 받고 제3자인 처제에게 매각한 경우 이는 시가에 비해 현저한 저가라고 봄이 상당하므로 이를 제3자로부터 몰수할 수 있다고 봄이 상당하다. 그런데 성매매알선처벌법위반죄는 부패재산몰수법상 부패범죄가 아니므로 제3자로부터 아파트를 몰수할 수 없다면 위 자력이 없는 범인으로부터 20억 원 상당의 범죄수익을 환수하는 것은 요원한 일이 된다. 범죄수익 등을 추적하고 박탈하는 국가의 책무는 범인이 범한 범죄가 어떤 유형의 것인지에 좌우되서는 안된다고 생각한다.

또한 **제3자 몰수·추징의 요건** 중 **무상·현저한 저가 취득을 통한 부패재산 귀속**의 경우가 부패재산몰수법이 적용되는 부패범죄에만 한정되어 적용되는 것은 쉽게 납득하기 어렵다. 이러한 법 원리를 부패범죄에만 적용하고 그 외 나머지 중대범죄에 적용하지 않는 것은 법집행의 형평성 차원에서 보더라도 바람직하지 않으므로 입법론으로는 이와 같은 법 원리를 **범죄수익 환수를 규율하는 5대 법률 전반으로 확대하여 적용함이 상당**하다 할 것이다.

한편 위에서 논의한 부패재산몰수법에 따른 **제3자 몰수·추징이 가능**하기 위해서는 부패재산몰수법이 준용하는 **마약거래방지법에 따라 제3자 참가절차를 마쳐야만 한다.** 이는 제3자를 범인의 재판에 참가시킴으로써 판결 주문에 제3자를 등장시키기 위해 반드시 거쳐야 하는 필수적 절차에 해당하므로 이에 대한 이해가 반드시 필요하다. 이와 관련하여 항을 바꾸어 제3자 참가절차에 대해 자세히 검토하고 실무상 이러한 절차가 활용된 사례를 구체적으로 살펴보도록 한다.

관련조문

부패재산몰수법 제8조(「마약류 불법거래방지에 관한 특례법」의 준용) 이 법에 따른 몰수 및 추징과 국제공조에 관하여는 **「마약류 불법거래방지에 관한 특례법」 제19조부터 제63조까지**, 제64조제2항 및 제65조부터 제78조까지의 규정을 준용한다.

☞ **마약거래방지법 제23조(고지)** ① 검사가 공소를 제기할 때에는 이 법에 따라 피고인 외의 자의 재산이나 지상권·저당권 또는 그 밖의 권리가 그 위에 존재하는 재산에 대하여 몰수가 필요하다고 인정하는 경우에는 즉시 그 재산을 가진 자나 그 재산상에 지상권·저당권 또는 그 밖의 권리를 가진 자로서 피고인 외의 자(이하 "제3자"라 한다)에게 서면으로 다음 사항을 고지하여야 한다. (이하 생략)

제 3 절 부패재산의 제3자 몰수·추징을 위한 제3자 참가절차

제1관 규정 체계[98]

I 서설

제3자에 대한 몰수·추징 판결을 선고하기 위한 요건을 모두 구비하였다고 하더라도 제3자를 실제로 범인에 대한 재판절차에 끌어들이는 절차를 구비하지 않는다면 범인에 대한 재판에서 제3자로부터 몰수·추징의 선고를 받는 것은 불가능하다. 이는 제3자에 대한 몰수·추징이 제3자에 대한 부가형으로서의 성격을 갖게 되는 결과, 제3자에게 참여권을 부여해 적법한 방어권을 보장하지 않고 제3자를 판결에 등장시켜 제3자로부터 제3자 명의 재산을 몰수하거나 제3자로부터 그 가액을 추징한다면 제3자의 헌법상 기본권을 과도하게 침해할

98 구체적이 내용은, 이주형, "범죄수익환수를 위한 제3자 참가절차에 관한 연구, 제3자 참가절차의 법적성격 올바른 실무상 활용방안을 중심으로", 법조[2022. 4. 제71권 제2호(통권 제752호)] 참조.

소지가 있기 때문이다. 따라서 **범죄수익환수를 위한 5대 법률은 모두 직접 또는 준용규정을 통해 제3자에 대한 참가절차를 상세하게 규정**하고 있다.

그런데 5대 법률에 규정되어 있는 제3자 참가절차는 형사소송법상 명확한 근거가 없고, 민사소송법상 규정되어 있는 여러 가지 유형의 참가절차와 기본적인 절차와 성격이 유사하다. 따라서 제3자 참가절차의 법적성격에 대한 검토가 선행되어야 한다.

Ⅱ 제3자 참가절차의 구체적 규정 체계

범죄수익환수를 규율하는 5대 법률의 **제3자 참가절차**는 ① **마약거래방지법**상 제3자 참가신청 등의 특례 규정(제23조 내지 제32조, 범죄수익은닉규제법은 제12조에서, 부패재산몰수법은 제8조에서 각 해당 규정을 준용하고 있음), ② **공무원범죄몰수법**상 제3자 참가신청 등의 특례 규정(제13조 내지 제22조), ③ **불법정치자금법**상 제3자 참가절차 등의 특례 규정(제12조 내지 제21조)에 그 근거를 두고 있다. 각 규정은 모두 대동소이한 규정 체계로 이루어져 있으므로 마약거래방지법상 절차를 중심으로 살펴본다.

제2관 제3자 참가 절차의 법적 성격

Ⅰ 서 설

범죄수익환수 관련 5대 법률 중 마약거래방지법 등에 규정되어 있는 제3자 참가 절차는 피고인의 형사재판에서 자기 명의로 귀속된 재산에 대한 몰수판결 또는 자신에 대한 추징판결의 선고를 받음으로 인해 자기의 권리관계에 직접적인 영향을 받게 된다. 따라서 **제3자는 피고인의 형사재판에 참가**함으로써 **단순한 보조인이 아니라 당사자로서의 지위**를 갖게 되고 **다양한 권리를 행사**할 수 있으나 현행법상 제3자는 검사의 고지를 받고 1심 재판이 있기 전까지만 참가신청을 할 수 있으므로 항소심에서는 참가가 제한되는 한계도 있다. 이하에서는 **민사소송법 및 행정소송법상 각종 참가 절차와 비교**하여 **제3자 참가절차의 법적성격**을 우선 검토할 필요가 있다.

Ⅱ 행정소송법상 제3자 참가와의 비교

관련조문

행정소송법 제16조(제3자의 소송참가) ① 법원은 소송의 결과에 따라 권리 또는 이익의 침해를 받을 제3자가 있는 경우에는 당사자 또는 제3자의 신청 또는 직권에 의하여 결정으로써 그 제3자를 소송에 참가시킬 수 있다.

② 법원이 제1항의 규정에 의한 결정을 하고자 할 때에는 미리 당사자 및 제3자의 의견을 들어야 한다.

③ 제1항의 규정에 의한 신청을 한 제3자는 그 신청을 각하한 결정에 대하여 즉시항고할 수 있다.

④ 제1항의 규정에 의하여 소송에 참가한 제3자에 대하여는 민사소송법 제67조의 규정을 준용한다.

☞ **민사소송법 제67조(필수적 공동소송에 대한 특별규정)** ① 소송목적이 공동소송인 모두에게 합일적으로 확정되어야 할 공동소송의 경우에 공동소송인 가운데 한 사람의 소송행위는 모두의 이익을 위하여서만 효력을 가진다.

② 제1항의 공동소송에서 공동소송인 가운데 한 사람에 대한 상대방의 소송행위는 공동소송인 모두에게 효력이 미친다.

③ 제1항의 공동소송에서 공동소송인 가운데 한 사람에게 소송절차를 중단 또는 중지하여야 할 이유가 있는 경우 그 중단 또는 중지는 모두에게 효력이 미친다.

행정소송법은 법원이 소송의 결과에 따라 권리 또는 이익의 침해를 받을 제3자가 있는 경우 **당사자 또는 제3자의 신청 또는 직권에 의하여 결정**으로 **그 제3자를 소송에 참가시킬 수 있다**고 규정하고 있다(동법 제16조 제1항 참조). 법원이 그와 같은 결정을 하고자 할 때에는 미리 **당사자 및 제3자의 의견을 들어야** 하고(동조 제2항), 신청을 각하한 결정에 대해 **신청당사자는 즉시항고**할 수 있다(동조 제3항).

나아가 소송에 참가한 제3자에 대해서는 **민사소송법 제67조의 필수적 공동소송 규정이 준용**(동조 제4항)되는데 이는 행정소송의 결과가 모순 없이 일거에 해결되어야 함이 상당하다는 점을 반영한 것으로 보인다. 이와같이 **제3자의 소송참가**는 **제3자효 행정행위**와 같이 제3자가 당해 소송에 의하여 권익을 침해당할 우려가 있는 경우 행정소송에서 제3자에게 공격방어 방법을 제출할 기회를 제공하여 제3자의 권리를 보호하고 심리의 적정과 공정을 도모함으로써 모순되는 재판을 방지하기 위한 것이다.[99]

행정소송법상 제3자 참가가 가능하기 위해서는 ① **타인 간의 취소소송이 계속**되고 있어야 하고, ② 제3자는 **소송의 결과에 따라 권리 또는 이익의 침해를 받을 제3자**일 것을 요한다. 제3자 참가는 법원의 직권, 당사자의 신청으로 이루어질 뿐이고, 행정청의 고지를 전제로 하는 것은 아니므로 **검사의 고지를 전제로 하는 마약거래방지법상 제3자 참가와는 궤를 달리** 한다. 행정소송법상 제3자 참가는 행정청이 판결의 효력을 제3자에게 미치도록 하기 위해 반드시 거쳐야 하는 절차가 아니라는 점에서도 제3자 참가절차와 다르다.

그리고 행정소송법 제16조에 따라 제3자를 소송에 참가시키는 결정이 있는 경우 그 **제3자는 참가인의 지위를 취득**하는데 참가인은 당사자들에 대해 독자적인 청구를 하는 것이 아니므로 참가인은 자기 이름으로 판결을 구하지 않고 단지 **당사자 일방의 승소를 위해 소송을 수행**하는데 지나지 않는다.[100] 따라서 참가인은 공동소송적 보조참가인의 지위에서 참가를 하게 되므로,[101] 검사의 고지를 통해 참가신청을 하고, 신청이 허가되어 재판이 진행된 결과 참가인으로부터 재산을 몰수하거나 참가인으로부터 추징할 필요성이 있는 경우 참가인이 판결주문에 등장하게 되는 마약거래방지법상 제3자 참가절차와 다르다.

이런 점을 종합하여 보면 범죄수익환수를 위한 제3자 참가절차는 행정소송법상 제3자 참가와는 법적 성격이 다르다 할 것이다.

Ⅲ 민사소송법상 소송고지와 검사의 참가신청 고지의 비교

관련조문

민사소송법 제84조(소송고지의 요건) ①소송이 법원에 계속된 때에는 당사자는 참가할 수 있는 제3자에게 소송고지(訴訟告知)를 할 수 있다.
②소송고지를 받은 사람은 다시 소송고지를 할 수 있다.
제85조(소송고지의 방식) ①소송고지를 위하여서는 그 이유와 소송의 진행정도를 적은 서면을 법원에 제출하여야 한다.
②제1항의 서면은 상대방에게 송달하여야 한다.
제86조(소송고지의 효과) 소송고지를 받은 사람이 참가하지 아니한 경우라도 제77조의 규정

99 정하중, 「행정법 개론」, (2016, 법문사) 732면 참조.

100 김성원, "행정소송에서의 제3자의 소송참가", 원광대학교 법학연구소, 원광법학(제32권 제3호) 26면 이하 참조.

101 대법원 1962. 5. 17. 선고 4294행상172 판결 참조.

을 적용할 때에는 참가할 수 있었을 때에 참가한 것으로 본다.

☞ **제77조(참가인에 대한 재판의 효력)** 재판은 다음 각호 가운데 어느 하나에 해당하지 아니하면 참가인에게도 그 효력이 미친다.

1. 제76조의 규정에 따라 참가인이 소송행위를 할 수 없거나, 그 소송행위가 효력을 가지지 아니하는 때
2. 피참가인이 참가인의 소송행위를 방해한 때
3. 피참가인이 참가인이 할 수 없는 소송행위를 고의나 과실로 하지 아니한 때

민사소송법은 소송계속 중의 소송 당사자가 그 **소송에 참가할 만한 법률상 이해관계가 있는 자**에게 **현재 소송이 계속 중에 있음을 고지할 수 있다**고 규정하고 있다(동법 제84조 제1항 참조). 소송고지를 위해서는 그 이유와 소송의 진행정도를 적은 서면을 법원에 제출해야 하고, 법원은 그 서면을 상대방에게 송달한다(동법 제85조 참조). 당사자가 법원을 통해 제3자에게 소송고지를 하게 되면 **소송고지를 받은 사람은 재판에 참가**할 수 있고, **참가하지 않는 경우라 하더라도 제77조 각호의 사유를 제외**하고 소송고지를 받은 사람에게도 그 재판의 효력이 미친다(동법 제77조 참조).

이때 '**제77조 각호의 사유**'라고 함은 민사소송법 제76조 규정에 따라 **참가인이 소송행위를 할 수 없**거나 그 **소송행위가 효력을 가지지 아니**하는 때, **피참가인이 참가인의 소송행위를 방해**하거나, 피참가인이 참가인이 할 수 없는 소송행위를 고의나 과실로 하지 아니한 때를 말한다.

그런데 **소송고지를 받는 제3자**는 민사소송법상 보조참가를 할 수 있는 사람뿐만 아니라 **다른 소송참가**(독립당사자참가, 공동소송참가, 승계인의 소송참가 포함)**를 할 수 있는 제3자도 포함**된다. 결국 제3자는 고지자가 패소한 때에는 패소판결의 이유가 된 사실상·법률상의 판단으로 인해 고지자와 피고지자 간의 후소에서 직접 법률상의 불이익을 입게 되는 사람이라고 봄이 상당하고,[102] 실제로 **보조참가를 할 수 있는 사람이 피고지자의 적격을 가진 사람**이라고 볼 수 있다.[103]

그리고 마약거래방지법상 제3자 참가절차에서 검사는 제3자에게 직접 참가신청 고지를 하고, 법원에 이를 증명하는 서면을 보낸다는 점에서 당사자가 법원에 소송고지의 이유 등을 적은 서면을 내고, 법원을 통해 상대방에게 송달이 이루어지는 소송고지와 그 방식에서

---

102 「주석 민사소송법」, 한국사법행정학회(2018. 10.) 669면 이하 참조.

103 김홍엽, 「민사소송법」, 박영사(2016), 1059면 이하 참조.

차이가 있다.

한편 앞에서 검토한 「오스템임플란트 횡령 사건」의 항소심 판결의 견해(제3자 몰수 불가설)와 같이, 피고인이 제3자 명의로 '취득'한 범죄수익이 피고인에게 '귀속'된 사안에서 검사가 제3자에 대한 참가신청 고지를 하였으나, 부패재산을 제3자로부터 몰수하지 못하고 피고인으로부터 몰수하는 판결 주문이 선고되는 경우, **몰수의 상대효**에 따라 **제3자 소유 물건**에 대한 **몰수판결의 집행이 어려워지므로** 검사는 제3자를 상대로 민사소송을 제기하여 그 재산의 명의를 피고인 앞으로 회복하는 후소를 제기하여야 한다.

이때 제3자 명의 재산이 실질적으로 피고인의 소유에 해당하여 피고인으로부터 몰수한다는 취지의 형사판결이 선고되면 그 주문과 이에 대한 판결이유가 위 후소에 영향을 미칠 수 있다는 점에서 **검사의 제3자 참가절차 고지**는 **민사소송법상 소송고지와 유사한 효력을 갖는다**고 봄이 상당하다.

Ⅳ 검사의 고지에 따른 제3자 참가의 법적성격

1. 제3자 참가가 민사소송법상 보조참가에 해당하는지 여부

관련조문

민사소송법 제71조(보조참가) 소송결과에 이해관계가 있는 제3자는 한 쪽 당사자를 돕기 위하여 법원에 계속중인 소송에 참가할 수 있다. 다만, 소송절차를 현저하게 지연시키는 경우에는 그러하지 아니하다.

제72조(참가신청의 방식) ①참가신청은 참가의 취지와 이유를 밝혀 참가하고자 하는 소송이 계속된 법원에 제기하여야 한다.

②서면으로 참가를 신청한 경우에는 법원은 그 서면을 양쪽 당사자에게 송달하여야 한다.

③참가신청은 참가인으로서 할 수 있는 소송행위와 동시에 할 수 있다.

검사의 제3자에 대한 참가신청 고지는 **민사소송법상 소송고지와 유사한 효력**을 가지고 있고 이때 **피고지자는 보조참가인의 성격을 갖는 것이 통상적**이다. 따라서 검사의 고지에 따라 제3자가 참가하는 절차가 민사소송법상 보조참가에 해당하는지를 검토할 필요가 있다.

민사사송법상 보조참가라고 함은 다른 사람 사이의 소송계속 중 그 소송결과에 관하여 이해관계 있는 제3자가 당사자 한쪽을 승소시킴으로써 자기의 이익을 수호하기 위해 소송에 참가하는 것을 말한다(민사소송법 제71조 참조).[104] **보조참가인**은 소송 당사자의 승소를 위해 일체의 소송행위를 자신의 이름으로 할 수 있으나 피참가인의 상대방에게 자기의 청구를 하는 것이 아니므로 **소송당사자에 해당하지 않는다.**[105] 참가인은 계속 중인 소송에서 증인 또는 감정인이 되는 것이 가능하나 어디까지나 소송당사자를 보조하는 것이므로 **피참가인의 행위에 저촉되어 소송수행을 할 수 없고 피참가인에 대한 종속적인 지위라는 점에 특징**이 있다.

한편 보조참가인은 민사소송법상 재판의 효력을 받으므로(민사소송법 제77조 참조) 보조참가인에게 참가소송에서 충분히 주장 또는 입증할 기회가 주어진 이상 보조참가인이라 하더라도 보조참가인을 당사자로 하는 그 이후의 소송에서 위 민사재판에서 확정된 사항을 다툴 수 없다. **이때의 효력은 보조참가 소송의 특수한 효력**으로 **참가적 효력을 의미**하고 판결 이유 중의 판단에도 미친다(참가적 효력설).[106] 다만 **판례**는 행정소송에 있어 피고인 행정청이 받은 확정판결의 기판력이 보조참가인에게도 미친다고 보아, **참가소송의 판결주문의 판단의 구속력이 참가인에게 미친다**고 보고 있다(기판력설).[107]

검사의 제3자 참가신청 고지에 따라 참가한 제3자는 피고인의 형사재판 결과에 영향을 그대로 받게 되고, 참가를 한다고 하더라도 새로운 소송을 제기하는 것으로 해석할 수 없다. 또한 검사가 제3자 명의의 재산에 대한 몰수 또는 제3자에 대한 추징을 구하여 법원에서 인용되는 경우 제3자는 판결 주문에 등장하게 되고, 그 판결이 확정되면 판결 주문에 기판력이 발생하게 되며 이는 제3자에게도 효력이 미친다. 따라서 제3자가 피고인에 종속되는 지위를 갖는다는 점은 부정할 수 없다.

그러나 **제3자는 몰수에 관하여는 피고인과 동일한 소송상의 지위**를 가지며(마약거래방지법 제15조 참조), 피고인이 증거에 모두 동의하더라도 이에 반하여 증거의견을 밝히거나 증인신문을 청구할 수 있다는 점에서 **피고인의 소송상 지위에 온전히 종속된다고 볼 수는 없다**(마약거래방지법 제17조 참조).

결국 제3자 참가신청 절차에서의 제3자는 민사소송법상 보조참가인과 유사한 지위를 가지나 그 지위가 결코 단순 보조참가인과 동일하다고 볼 수 없다.

---

104 전게 「주석 민사소송법」, 533면 이하 참조.

105 대법원 1967. 2. 28. 선고 66다2365 판결 참조.

106 대법원 1988. 12. 13. 선고 86다카2289 판결 참조.

107 대법원 1969. 1. 21. 선고 64누39 판결 참조.

2. 제3자 참가가 민사소송법상 공동소송적 보조참가에 해당하는지 여부

관련조문

민사소송법 제78조(공동소송적 보조참가) 재판의 효력이 참가인에게도 미치는 경우에는 그 참가인과 피참가인에 대하여 제67조 및 제69조를 준용한다.

☞ **제67조(필수적 공동소송에 대한 특별규정)** ①소송목적이 공동소송인 모두에게 합일적으로 확정되어야 할 공동소송의 경우에 공동소송인 가운데 한 사람의 소송행위는 모두의 이익을 위하여서만 효력을 가진다.

②제1항의 공동소송에서 공동소송인 가운데 한 사람에 대한 상대방의 소송행위는 공동소송인 모두에게 효력이 미친다.

③제1항의 공동소송에서 공동소송인 가운데 한 사람에게 소송절차를 중단 또는 중지하여야 할 이유가 있는 경우 그 중단 또는 중지는 모두에게 효력이 미친다.

☞ **제69조(필수적 공동소송에 대한 특별규정)** 제67조제1항의 공동소송인 가운데 한 사람이 상소를 제기한 경우에 다른 공동소송인이 그 상소심에서 하는 소송행위에는 제56조제1항의 규정을 준용한다.

☞ **제56조(법정대리인의 소송행위에 관한 특별규정)** ① 미성년후견인, 대리권 있는 성년후견인 또는 대리권 있는 한정후견인이 상대방의 소 또는 상소 제기에 관하여 소송행위를 하는 경우에는 그 후견감독인으로부터 특별한 권한을 받을 필요가 없다.

민사소송법상 공동소송적 보조참가(동법 제78조 참조)라고 함은 **재판의 효력이 제3자인 참가인에게 미치는 소송**에 그 **제3자가 보조참가를 하는 경우**를 말하고, 판결의 효력을 받는 참가인의 이익을 제대로 보호하기 위하여 통상의 보조참가와는 달리 참가인에게 민사소송법상 필요적 공동소송인에 준하는 소송수행권을 부여할 필요가 있다는 데서 고안된 제도라고 볼 수 있다.[108]

공동소송적 보조참가인은 통상의 보조참가인이므로 피참가인으로부터 종속되어 있으나, **여러 면에서 독립적 지위가 인정**되는데, ① 피참가인의 행위와 어긋나는 행위를 할 수 있으므로(동법 제78조 제2항에서 필수적 공동소송에 대한 특별규정인 동법 제67조 준용), 참가인이 상고를 제기한 경우에 피참가인이 상소권 포기 및 상소취하를 하더라도 상소의 효력은 지속된다.[109] ② 나아가 피참가인의 청구의 인낙이나 자백에 대해 이의를 제기하여 이를 무효화시킬

---

108 전게 「주석 민사소송법」, 575면 이하 참조.

109 대법원 2017. 10. 12. 선고 2015두36836 판결 참조.

수 있고, 참가인에 소송절차의 중단 또는 중지의 사유가 발생하면 소송절차는 정지된다(동법 제67조 제3항 준용). 그러나 그 외에는 여전히 보조참가인으로서의 종속적 지위가 유지된다.

이를 바탕으로 **검사의 고지에 따른 제3자 참가절차**에 관하여 살피건대, ① 피고인이 **형사재판에서 무죄로 판단**되는 경우 제3자에 대한 부가형인 몰수 또는 추징 판결만을 독자적으로 선고할 수 없어 **피고인에 대한 형사재판 결과가 참가인이 영향을 미치고,** ② 피고인에 대한 **유죄판결이 선고**되고 몰수대상 재산이 제3자로부터 몰수할 수 있다고 판단되는 경우 **제3자가 판결의 주문에 등장**하여 그 **재판의 효력이 제3자에게 영향**을 미치게 되는 점, ③ **제3자**는 검사의 고지에 따라 형사재판에 참가를 할 뿐 적극적으로 검사를 상대로 소송을 제기하는 것이 아니고, 참가인에 대해서는 검사의 공소제기가 있었던 것이 아니어서 **형사재판의 당사자가 되는 것은 아니라는 점**에 비추어 보면 **참가인인 제3자는 여전히 피고인에 종속된 지위**를 갖는다.

다만 ④ 제3자는 피참가인인 **피고인의 행위와 어긋나는 행위**(피고인의 증거동의에도 불구하고 이와 무관하게 증인의 신문을 청구하는 것 등)를 할 수 있고(마약거래방지법 제17조 제2항), ⑤ 피고인이 상소를 하지 아니하거나 상소의 포기 또는 취하를 한 경우에도 참가인이 상소를 제기하면 몰수에 관한 부분은 확정되지 아니하므로(동법 제19조 제2항 참조) **피고인과 어느 정도 독립적 지위 또한 인정**된다.

요컨대 **제3자는 소송고지**에 따른 **보조참가인의 위치에서 피고인에 대한 형사재판의 효력**을 받게 된다는 점에서 **종속적 지위**를 가짐과 동시에 **형사재판에서 자신의 권익을 위해 피고인의 행위와 어긋난 행위**를 하거나 독자적으로 몰수추징 판결에 대한 상소제기를 통해 판결에 불복할 수 있는 **독립적 지위**를 함께 가진다는 점에서 검사의 고지에 따른 **제3자의 참가는 민사소송법상 공동소송적 보조참가**의 성격을 갖는다고 봄이 상당하다.

3. 제3자 참가가 민사소송법상 독립당사자 참가 또는 공동소송참가에 해당하는지 여부

관련조문

민사소송법 제79조(독립당사자참가) ①소송목적의 전부나 일부가 자기의 권리라고 주장하거나, 소송결과에 따라 권리가 침해된다고 주장하는 제3자는 당사자의 양 쪽 또는 한 쪽을 상대방으로 하여 당사자로서 소송에 참가할 수 있다.

②제1항의 경우에는 제67조 및 제72조의 규정을 준용한다.

☞ **제67조(필수적 공동소송에 대한 특별규정)** ①소송목적이 공동소송인 모두에게 합일적으로 확정되어야 할 공동소송의 경우에 공동소송인 가운데 한 사람의 소송행위는 모두의 이익을 위하여서만 효력을 가진다.

②제1항의 공동소송에서 공동소송인 가운데 한 사람에 대한 상대방의 소송행위는 공동소송인 모두에게 효력이 미친다.

③제1항의 공동소송에서 공동소송인 가운데 한 사람에게 소송절차를 중단 또는 중지하여야 할 이유가 있는 경우 그 중단 또는 중지는 모두에게 효력이 미친다.

☞ **제72조(참가신청의 방식)** ①참가신청은 참가의 취지와 이유를 밝혀 참가하고자 하는 소송이 계속된 법원에 제기하여야 한다.

②서면으로 참가를 신청한 경우에는 법원은 그 서면을 양쪽 당사자에게 송달하여야 한다.

③참가신청은 참가인으로서 할 수 있는 소송행위와 동시에 할 수 있다.

민사소송법은 소송목적의 전부나 일부가 자기의 권리라고 주장하거나, 소송결과에 따라 권리가 침해된다고 주장하는 **제3자가 당사자의 양쪽 또는 한 쪽을 상대방으로 하여 당사자로서 소송에 참가할 수 있다**고 규정하고 있다(동법 제79조 참조). 이를 **독립당사자참가**라고 하는데, 제3자는 단순한 참가인으로서의 지위를 넘어 **독립된 당사자로서 이미 계속 중인 소송에 편입**됨으로써 **판결의 효력에 직접적인 영향**을 받게된다는 점에 특징이 있다.

나아가 민사소송법은 **소송목적이 한쪽 당사자와 제3자에게 합일적으로 확정**되어야 할 경우 그 **제3자가 공동소송인으로서 소송에 참가할 수 있다고 규정**하고 있다(동법 제83조 참조). 이 또한 독립당사자 참가와 마찬가지로 소송이 당사자뿐만 아니라 제3자에게도 모두 동일한 결과로 확정될 필요가 있는 경우 **제3자가 소송의 당사자로서 참가하는 것이라는 점이 특징**이다.

그런데 범죄수익환수를 위한 제3자 참가절차의 경우 검사가 공소제기한 상대방은 피고인뿐이라는 점, 위 제3자 참가절차는 피고인이 범죄수익등을 취득한 다음 이를 제3자에게 넘기고, 제3자가 그와 같은 사정을 알면서 범죄수익 등을 보유 또는 처분한 경우 제3자를 몰수·추징 재판에 한해 피고인에 대한 형사재판에 참가시키는 것일 뿐이므로 **제3자가 자신의 권리를 주장하며 당사자로서 소송을 제기하는 독립당사자 참가 내지 공동소송참가와는 그 성격을 달리**한다.

관련조문

민사소송법 제83조(공동소송참가) ①소송목적이 한 쪽 당사자와 제3자에게 합일적으로 확정되어야 할 경우 그 제3자는 공동소송인으로 소송에 참가할 수 있다.
②제1항의 경우에는 제72조의 규정을 준용한다.

☞ 제72조(참가신청의 방식) ①참가신청은 참가의 취지와 이유를 밝혀 참가하고자 하는 소송이 계속된 법원에 제기하여야 한다.
②서면으로 참가를 신청한 경우에는 법원은 그 서면을 양쪽 당사자에게 송달하여야 한다.
③참가신청은 참가인으로서 할 수 있는 소송행위와 동시에 할 수 있다.

제3관 제3자 참가의 구체적인 진행 절차

I 제3자 참가절차 고지(공고)·법원 제출(마약거래방지법 제23조)

관련조문

마약거래방지법 제23조(고지) ① 검사가 공소를 제기할 때에는 이 법에 따라 피고인 외의 자의 재산이나 지상권·저당권 또는 그 밖의 권리가 그 위에 존재하는 재산에 대하여 몰수가 필요하다고 인정하는 경우에는 즉시 그 재산을 가진 자나 그 재산상에 지상권·저당권 또는 그 밖의 권리를 가진 자로서 피고인 외의 자(이하 "제3자"라 한다)에게 서면으로 다음 사항을 고지하여야 한다.

1. 피고인에 대한 형사사건이 계속(係屬) 중인 법원
2. 피고인에 대한 형사사건명 및 피고인의 성명
3. 몰수하여야 할 재산의 품명, 수량, 그 밖에 그 재산을 특정할 수 있는 사항
4. 몰수의 이유가 되는 사실의 요지
5. 피고인에 대한 형사사건 절차에 참가신청을 할 수 있다는 취지
6. 참가신청이 가능한 기간
7. 피고인에 대한 형사사건에 대하여 공판기일이 정하여진 경우에는 그 공판기일

② 검사는 제3자의 소재를 알 수 없거나 그 밖의 사유로 제1항에 따른 고지를 할 수 없을 때에는 제1항 각 호의 사항을 관보 또는 일간신문에 싣고 소속 지방검찰청 또는 지청, 고위공직자범죄수사처의 게시판에 14일간 게시하여 공고하여야 한다. <개정 2021. 1. 5.>
③ 검사가 제1항이나 제2항에 따른 고지 또는 공고를 하였을 때에는 그 사실을 증명하는 서면을 법원에 제출하여야 한다.

검사는 공소를 제기할 때 피고인 외의 자의 재산이나 지상권·저당권 또는 그 밖의 권리가 그 위에 존재하는 재산에 대하여 **몰수가 필요하다고 인정하는 경우에는「즉시」그 재산을 가진 자나 그 재산에 지상권·저당권 또는 그 밖의 권리를 가진 자**로서 피고인 외의 자(제3자)에게 **서면**으로 ① 재판 계속 중인 법원, ② 피고인에 대한 형사사건명과 성명, ③ 몰수할 재산의 품명, 수량, 그 밖에 그 재산을 특정할 수 있는 사항, ④ 몰수의 이유가 되는 사실의 요지, ⑤ 피고인에 대한 형사재판에 참가할 수 있다는 취지, ⑥ 참가신청의 기간 및 ⑦ 판기일이 정해진 경우 그 공판기일을 고지하여야 한다(마약거래방지법 제23조 제1항 각호 참조).

검사는 제3자의 소재를 알 수 없거나 그 밖의 사유로 **마약거래방지법 제23조 제1항에 따른 고지를 할 수 없을 때**에는 제1항 각 호의 사항을 관보 또는 일간신문에 싣고 소속 지방검찰청 또는 지청, 고위공직자범죄수사처의 **게시판에 14일간 게시하여 공고**하여야 하고, 검사가 **제1항이나 제2항에 따른 고지 또는 공고**를 하였을 때에는 그 **사실을 증명하는 서면을 법원에 제출**하여야 한다(동법 제23조 제2항, 제3항 각 참조).

이때 **검사가 참가신청 고지를 해야 하는「즉시」의 의미**와 관련하여 ① 검사가 **공소제기와 동시에 제3자에 대한 참가 절차 신청 고지**를 하거나 ② 공소를 제기한 이후 재판이 진행되는 도중 피고인 외의 자의 재산 등에 대해 몰수가 필요하다고 인정하는 사정을 발견한 경우에도 **제1심 재판이 있기 전이라면 서면으로 제3자 참가절차 고지를 할 수 있다고 해석**함이 상당하다. 아래에서 살펴보는 바와 같이「**제1심 재판**」이라 함은「**제1회 공판기일**」이 아닌「**제1심 재판 변론 종결**」이라고 해석함이 옳기 때문이다.

이와 관련하여 앞에서 검토한 **우리은행 횡령 사건**에서 **판례**는 **1심 재판 변론 종결 전 늦어도 14일 이전까지 참가신청을 고지하면 충분하다고 판시**한 바 있다.[110] 판례의 입장에 따르면 검사는 **1심 재판의 변론이 종결되기 최소 14일 전**에는 **참가신청 고지서가 대상자들에게 도달**할 수 있도록 하여야 한다. 만약 그렇게 되지 못하는 경우 1심 재판 변론이 재개되지 아니하는 이상 검사의 참가신청 고지는 부적법하게 된다.

사례

부패재산몰수법 제8조는 '이 법에 따른 몰수 및 추징과 국제공조에 관하여는 마약거래방지법 제19조부터 제63조까지를 준용한다'고 규정하고 있으며, 마약거래방지법은 제23조 내지 제32조를 통하여 범인 외 제3자로부터 몰수하는 경우 제3자에 대한 고지 또는 공고 및 제3자

110 서울고등법원 2024. 1. 11. 선고 2022노2614 판결, 대법원 2024. 4. 12. 선고 2024도1611 판결 각 참조.

의 참가 절차, 제3자의 재판에서의 지위 등을 정하고 있다. 마약거래방지법 제23조 제1, 2항은 제3자에 대한 몰수가 필요하다고 인정하는 경우에는 검사에게 서면으로 일정한 사항을 고지하거나 이를 관보 등에 공고할 의무를 정하여 제3자의 참가에 관한 권리를 보장하고 같은 법 제24조 제1항은 위 고지 또는 공고가 있는 경우에 참가인은 그로부터 14일 이내에 참가신청 여부를 결정하도록 하고 같은 조 제3항 제2호에서 법원은 위 기간이 지난 후에 참가를 신청한 경우 참가인의 책임으로 돌릴 수 없는 사유가 인정되는 경우를 제외하고는 참가신청을 기각할 수 있도록 규정하고 있다.

한편 위 법 제28조 제1호는 법원은 제3자가 참가허가를 받지 못한 경우 원칙적으로 그 제3자에 대한 몰수재판을 할 수 없으나 위 고지 또는 공고로부터 14일이 지난 경우 각 목의 어느 하나에 해당하지 않는 한 참가허가를 받지 못한 자라고 하더라도 몰수재판을 할 수 있다는 취지로 규정한다. 그러나 위 법 제24조 제1항이 고지 또는 공고를 받지 않았으나 **몰수될 염려가 있는 재산을 가진 제3자가 참가를 신청할 수 있는 종기를 제1심재판이 있기 전까지로 정하고** 제24조 제3항 역시 **법원이 위 기간이 도과하였음에도 참가신청인의 귀책사유가 없는 경우 참가를 허가할 수 있는 종기를 제1심재판이 있기 전까지로 정하고** 있는 점, 위 법 제23조 제1항에 따르면 **검사는 공소제기 후 '즉시' 참가를 고지하도록 하고 있는데 이는 참가고지를 받은 제3자가 제1심 재판 진행 초기부터 참여할 수 있는 기회를 보장하려는 취지**로 보이는 점, 한편 위 법 제32조는 제23조 제1항에 따른 재산을 몰수하는 재판은 자기의 책임으로 돌릴 수 없는 사유로 피고인에 대한 형사사건 절차에서 권리를 주장할 수 없었던 제3자의 권리에는 영향을 미치지 아니한다고 규정하는바, **제3자가 적법한 고지를 받았으나 그로부터 14일이 경과하기 전에 제1심재판이 이미 종결된 것을 두고 제3자의 책임으로 기간을 준수하지 못하였다고 볼 수는 없는 점**을 종합하면, 제3자가 부패재산방지법 제8조,마약거래방지법 제23조 제1, 2항에 따른 **고지 또는 공고를 받은 후 14일이 경과하기 전 이미 제1심재판이 종결된 경우라면 그러한 제3자에 대하여는 몰수재판을 할 수 없다고 봄이 타당**하다.

공무원범죄몰수법상 규정은 마약거래방지법의 그것과 차이가 없으나, **불법정치자금법**은 정치자금법 제50조의 규정에 의하여 공동피고인이 된 정당·후원회 또는 법인·단체를 고지를 받아야 하는 제3자의 범위에 포함하는 것이 특징이고, 이러한 경우 해당 공동피고인들은 이미 재판 계속 중이므로 피고인에 대한 형사사건이 계속 중인 법원, 피고인 성명, 그 공판기일이 정해진 경우의 공판기일에 대한 고지를 생략할 수 있다(불법정치자금법 제12조 제1항 단서 참조).

관련조문

불법정치자금법 제12조(고지) ①검사는 공소를 제기함에 있어서 이 법의 규정에 의하여 피고인 외의 자(**「정치자금법」 제50조의 규정에 의하여 공동피고인이 된 정당·후원회 또는 법인·단체를 포함한다**)의 재산 또는 지상권·저당권 그 밖의 권리가 그 위에 존재하는 재산의 몰수가 필요하다고 인정하는 때에는 즉시 위 재산을 가진 자 또는 그 재산 위에 지상권·저당권 그 밖의 권리를 가진 자로서 피고인 외의 자(이하 "제3자"라 한다)에게 서면으로 다음 사항을 고지하여야 한다. 다만, 「정치자금법」 제50조의 규정에 의하여 공동피고인이 된 정당·후원회 또는 법인·단체의 경우 제1호·제2호 또는 제7호의 사항에 대한 고지를 생략할 수 있다.

1. 피고인에 대한 형사사건이 계속 중인 법원
2. 피고인에 대한 형사사건명 및 피고인의 성명
3. 몰수하여야 할 재산의 품명·수량 그 밖에 그 재산을 특정할 만한 사항
4. 몰수의 이유가 될 사실의 요지
5. 피고인에 대한 형사사건절차에의 참가신청이 가능하다는 취지
6. 참가신청이 가능한 기간
7. 피고인에 대한 형사사건에 대하여 공판기일이 정하여진 경우에는 공판기일

②검사는 제3자의 소재를 알 수 없거나 그 밖의 사유로 제1항의 고지를 할 수 없을 때에는 제1항 각 호의 사항을 관보나 일간신문에 게재하고 검찰청 또는 고위공직자범죄수사처 게시장에 14일간 게시하여 공고하여야 한다. <개정 2021. 1. 5.>

③검사가 제1항 또는 제2항의 규정에 의한 고지 또는 공고를 한 때에는 이를 증명하는 서면을 법원에 제출하여야 한다.

그런데 **제3자의 소재를 알 수 없거나 그 밖의 사유로 고지하기 어려울 경우** 해당 사항을 관보나 일간신문에 게재하고 검찰청 등 **게시장에 14일간 게시하여 공고**하여야 하고, **위와 같은 고지·공고**를 하는 경우 이를 **증명하는 서면을 법원에 제출**하여야 한다(마약거래방지법 제13조 제2항 내지 제3항 등). 이는 법원에 제3자 참가절차가 진행될 예정이라는 사실을 알림으로써 **제3자의 참가권을 피고인에 대한 재판절차에서 충실히 보장하기 위함**이다.

Ⅱ 제3자의 구체적 참가 절차(마약거래방지법 제24조 제1항)

관련조문

마약거래방지법 제24조(참가 절차) ① 몰수될 염려가 있는 재산을 가진 제3자는 제1심재판이 있기 전까지(약식절차에 따른 재판이 있는 경우에는 정식재판 청구가 가능한 기간이 지나기

전까지를 말하며, 이 경우 정식재판 청구가 있을 때에는 **통상의 공판절차에 따른 제1심재판이 있기 전까지를 말한다**. 이하 같다) 피고인에 대한 형사사건이 계속 중인 법원에 대하여 서면으로 피고인에 대한 형사사건 절차에 대한 참가신청을 할 수 있다. 다만, **제23조제1항 또는 제2항에 따른 고지 또는 공고가 있은 때에는 고지 또는 공고가 있었던 날부터 14일 이내에 참가신청을 할 수 있다**.

검사로부터 제3자 참가절차에 대한 고지를 받은 **제3자는 제1심 재판이 있기 전까지 피고인에 대한 형사사건이 계속 중인 법원에 서면으로 참가신청**을 할 수 있다. 이 때 만약 피고인에 대한 형사재판이 약식절차에 따른 재판이라면 정식재판 청구가 가능한 기간이 지나기 전까지 참가신청을 하여야 하고 피고인이 정식재판 청구를 한 경우에는 피고인에 대한 통상의 공판절차에 따른 제1심 재판이 있기 전까지 참가신청을 하면 충분하다(마약거래방지법 제24조 제1항 참조). 그리고 **참가신청 고지 또는 공고가 있은 때에는 고지 또는 공고가 있었던 날로부터 14일 이내에 참가신청**을 할 수 있다.(동법 제24조 제1항 단서)

이때 위 「**제1심 재판**」**의 의미**에 관하여 제1심 재판이 피고인에 대한 형사재판의 「**제1회 공판기일**」을 의미하는지 또는 「**제1심 변론 종결**」을 의미하는지 여부에 대해 다툼의 여지가 있다. 이는 참가인이 참가할 수 있는 기간이 언제까지인지를 결정하는 중요한 문제다.

생각건대 ① 피고인에 대한 **형사사건의 재판이 시작**된 이후 **제3자 명의로 된 재산이 추가로 발견**되어 5대 법률에 따라 제3자로부터 몰수·추징할 필요성이 확인되는 경우가 있을 수 있으므로 제1회 공판기일이 지났다고 하여 **검사의 참가신청 고지, 참가인의 참가신청이 제한된다고 볼 수 없**는 점, ② 마약거래방지법은 참가인의 권리와 출석에 관하여 「법원은 공판기일에 참석한 참가인에게 '참가 전의 공판기일에 있어서의 심리에 관한 중요한 사항' 등을 고지하고 몰수에 관하여 진술할 기회를 주어야 한다.」고 규정(마약거래방지법 제26조 제3항 참조)하고 있어 **참가인의 참가 전 공판기일의 존재를 법률상 예정**하고 있는 점, ③ 법률상 검사의 참가신청은 공소제기 후 '즉시' 하도록 규정하고 있는바 제1심의 준비기일 또는 공판기일의 경과 후 검사의 참가신청 고지에 대한 참가인의 참가를 인정하면 오히려 참가인의 권리를 보다 두텁게 보호할 수 있으므로 「**제1심 재판**」**의 의미를** 「**제1회 공판기일**」**로 제한 해석할 아무런 합리적 이유가 없는 점**을 모두 종합하여 보면 참가인이 참가할 수 있는 기한인 「**제1심 재판**」은 「**제1심 변론 종결**」로 이해함이 타당하다 하겠다.

다만 아래에서 보는 바와 같이 제3자 참가절차의 법적성격에 비추어 **사실심인 항소심 재판에서 제3자 참가절차를 제한하는 것은 합리적 이유가 있다고 보기 어려우므로 이에 대한 개정을 요한다.**

Ⅲ 제3자 참가신청에 대한 법원의 조치(마약거래방지법 제24조 제2항 내지 제8항)

관련조문

마약거래방지법 제24조(참가 절차) ② 제23조 제3항에 따라 고지 또는 공고에 관한 서면을 제출받은 법원이 피고인에 대한 형사사건을 다른 법원에 이송한 후에 참가신청을 받았을 때에는 피고인에 대한 형사사건을 이송받은 법원에 그 신청서면을 송부하여야 한다. 이 경우에는 피고인에 대한 형사사건을 이송한 법원에 대하여 참가신청을 한 때에 참가신청을 한 것으로 본다.

참가신청 고지 또는 공고에 관한 서면을 제출받은 **법원이 피고인에 대한 형사사건을 다른 법원에 이송한 후에 참가신청**을 받았을 때에는 **피고인에 대한 형사사건을 이송받은 법원에 그 신청서면을 송부**하여야 한다. 이 경우에는 피고인에 대한 형사사건을 이송한 법원에 대하여 참가신청을 한 때에 참가신청을 한 것으로 본다(동법 제24조 제2항 참조).

그리고 **참가신청을 받은 법원**은 제3자의 참가신청이 ① 법률에 규정된 방식을 위반한 경우(동법 제24조 제3항 제1호), ② 고지 또는 공고가 있었던 날로부터 14일이 지난 이후에 신청한 경우(같은 항 제2호), ③ 몰수하여야 할 재산이나 몰수하여야 할 재산상에 존재하는 지상권·저당권 또는 그 밖의 권리가 신청인에게 귀속하지 아니함이 명백한 경우(같은 항 제3호)에는 그 신청을 기각하여야 한다(동법 제24조 제3항 참조).

다만 제1항 단서에 따른 기간에 참가신청을 하지 아니한 것이 **신청인의 책임으로 돌릴 수 없는 사유에 의한 것**이라고 인정할 때에는 **제1심 재판이 있기 전까지 참가를 허가**할 수 있다(동법 제24조 제3항 단서 참조).

관련조문

마약거래방지법 제24조(참가 절차) ③ 법원은 제3자의 참가신청이 다음 각 호의 어느 하나에 해당하는 경우에는 기각하여야 한다. 다만, 제1항 단서에 따른 기간에 참가신청을 하지 아니한 것이 신청인의 책임으로 돌릴 수 없는 사유에 의한 것이라고 인정할 때에는 제1심재판이 있기 전까지 참가를 허가할 수 있다.

1. 법률에 규정된 방식을 위반한 경우

2. 제1항에 따른 기간이 지난 후에 신청한 경우
3. 몰수하여야 할 재산이나 몰수하여야 할 재산상에 존재하는 지상권·저당권 또는 그 밖의 권리가 신청인에게 귀속하지 아니함이 명백한 경우

법원은 위에서 검토한 **세 가지 경우를 제외하고는 참가신청을 허가하여야** 하나 몰수가 불가능하거나 불필요하다는 검사의 의견이 타당하다고 인정할 때에는 참가신청을 기각할 수 있다(동법 제24조 제4항 참조). 이 경우 **부패재산몰수법은 제3자에 대한 몰수가 불가능**할 경우 **제3자 추징이 가능**하므로 몰수가 불가능하다는 사유만으로 참가신청을 기각해서는 안되고, 제3자 추징 또한 불가능한 경우에야 참가신청을 기각하여야 할 것이다.

한편 **법원**이 **참가를 허가**한 경우 몰수하여야 할 재산이나 몰수하여야 할 재산상에 존재하는 지상권·저당권 또는 그 밖의 권리가 **참가인**(법원에 의하여 참가가 허가되면 참가인 지위가 부여된다)**에게 귀속하지 아니함이 명백**하게 되었을 때에는 참가를 허가한 재판을 취소하여야 하며, 몰수가 불가능하거나 불필요하다는 검사의 의견이 타당하다고 인정할 때에는 참가를 허가한 재판을 취소할 수 있다(동조 제5항 참조). 이미 법원이 참가신청을 허가하였다고 하더라도 **위와 같은 사정변경**이 생긴 경우 **허가를 취소함으로써 참가인을 절차에서 해방**시켜 주어야 한다. 이처럼 참가에 관한 재판은 검사, 참가신청인, 참가인, 피고인 또는 변호인의 의견을 듣고 결정하게 된다(동조 제6항 참조).

검사, 참가신청인, 참가인은 법원의 **참가를 기각한 결정, 참가를 허가한 재판을 취소한 결정에 대해 즉시항고**할 수 있다(동조 제7항 참조). 참가신청을 허가한 재판의 경우에는 참가신청을 고지한 검사, 참가인의 의사에 모두 반하지 않으므로 이에 대한 불복절차는 의미가 없어 제외한 것으로 이해된다. 참가신청의 **취하는 서면**으로 함이 원칙이나 **공판기일에서 구두**로도 가능하다(동조 제8항 참조).

관련조문

마약거래방지법 제24조(참가 절차) ④ 법원은 제3항 각 호의 경우를 제외하고는 참가신청을 허가하여야 한다. 다만, 몰수가 불가능하거나 불필요하다는 검사의 의견이 타당하다고 인정할 때에는 참가신청을 기각할 수 있다.

⑤ 법원이 참가를 허가한 경우 몰수하여야 할 재산이나 몰수하여야 할 재산상에 존재하는 지상권·저당권 또는 그 밖의 권리가 참가가 허가된 사람(이하 이 장에서 "참가인"이라 한

다)에게 귀속하지 아니함이 명백하게 되었을 때에는 참가를 허가한 재판을 취소하여야 하며, 몰수가 불가능하거나 불필요하다는 검사의 의견이 타당하다고 인정할 때에는 참가를 허가한 재판을 취소할 수 있다.
⑥ 참가에 관한 재판은 **검사, 참가신청인, 참가인, 피고인 또는 변호인의 의견을 듣고 결정**하여야 한다.
⑦ 검사, 참가신청인 또는 참가인은 참가신청을 기각한 결정 또는 참가를 허가한 재판을 취소한 결정에 대하여 즉시항고(卽時抗告)할 수 있다.
⑧ 참가신청의 취하(取下)는 서면으로 하여야 한다. 다만, 공판기일에는 말로써 할 수 있다.

제4관 참가인의 권리와 구체적인 재판절차

I 참가인의 권리 등(마약거래방지법 제25조 내지 제26조)

관련조문

마약거래방지법 제25조(참가인의 권리) ① 참가인은 이 법에 특별한 규정이 있는 경우를 제외하고는 몰수에 관하여 **피고인과 동일한 소송상(訴訟上)의 권리**를 가진다.
② 제1항은 참가인을 증인으로서 신문(訊問)하는 것을 방해하지 아니한다.

참가인은 다른 특별한 규정이 있는 경우를 제외하면 몰수에 관하여 **피고인과 동일한 소송상 권리**를 가지고, **참가인에 대한 증인신문 또한 가능**하다(마약거래방지법 제25조 참조). 이때 참가절차에는 「몰수」만을 규정하고 있으나 앞에서 상세히 검토한 바와 같이 몰수의 요건이 구비되고 몰수가 사실상·법률상 불가능한 경우 **제3자로부터 추징할 수 있으므로 추징의 재판**에 관하여도 **피고인과 동일한 권리를 갖는다**고 봄이 옳다.

참가인은 피고인의 **재판에 출석하지 않아도 무방**하고, 참가인이 재판에 출석한 경우 법원은 몰수의 이유가 되는 사실의 요지, 참가 전 공판기일에 있어서의 심리에 관한 중요한 사항, 그 밖에 **참가인의 권리를 보호하기 위하여 필요하다고 인정하는 사항을 고지**하고 **몰수에 관하여 진술할 기회**를 주어야 한다(마약거래방지법 제26조 참조).

관련조문

마약거래방지법 제26조(참가인의 출석 등) ① 참가인은 공판기일에 출석하지 아니하여도 된다.

② 법원이 참가인의 소재를 알 수 없을 때에는 공판기일의 통지나 그 밖의 서류의 송달을 하지 아니하여도 된다.

③ 법원은 **공판기일에 출석한 참가인**에게 **몰수의 이유가 되는 사실의 요지**, **참가 전의 공판기일에 있어서의 심리(審理)에 관한 중요한 사항**, **그 밖에 참가인의 권리를 보호하기 위하여 필요하다**고 인정하는 사항을 고지하고, 몰수에 관하여 진술할 기회를 주어야 한다.

Ⅱ 형사소송 절차의 적용(마약거래방지법 제26조 내지 제27조)

관련조문

마약거래방지법 제27조(증거) ① 참가인의 참가는 **「형사소송법」 제310조의2, 제311조부터 제318조까지, 제318조의2 및 제318조의3을 적용하는 데 영향을 미치지 아니**한다.

② 법원은 **「형사소송법」 제318조 및 제318조의3 본문**에 따라 증거로 하는 것이 가능한 서면 또는 진술을 조사한 경우, 참가인이 그 서면 또는 진술의 내용이 된 진술을 한 사람을 증인으로 조사할 것을 청구하였을 때에는 참가인의 권리 보호에 필요하다고 인정하면 이를 조사하여야 한다. 참가인이 참가하기 전에 조사한 증인에 대하여 참가인이 다시 그 조사를 청구한 경우에도 또한 같다.

☞ 형사소송법 제318조(당사자의 동의와 증거능력) ①검사와 피고인이 증거로 할 수 있음을 동의한 서류 또는 물건은 진정한 것으로 인정한 때에는 증거로 할 수 있다.

② 피고인의 출정없이 증거조사를 할 수 있는 경우에 피고인이 출정하지 아니한 때에는 전항의 동의가 있는 것으로 간주한다. 단, 대리인 또는 변호인이 출정한 때에는 예외로 한다.

☞ 형사소송법 제318조의3(간이공판절차에서의 증거능력에 관한 특례) 제286조의2의 결정이 있는 사건의 증거에 관하여는 제310조의2, 제312조 내지 제314조 및 제316조의 규정에 의한 증거에 대하여 제318조제1항의 동의가 있는 것으로 간주한다. 단, 검사, 피고인 또는 변호인이 증거로 함에 이의가 있는 때에는 그러하지 아니하다.

참가인의 참가는 **형사소송법상 증거 규정의 적용을 배제하지 않으므로** 형사소송법상 위법수집증거 배제 원칙(형사소송법 제310조의2), 전문법칙(동법 제311조부터 제318조까지) 등의 규정이 모두 적용된다(마약거래방지법 제27조 제1항 참조). 참가인은 비록 기소된 피고인은 아니지만 피고인과 동일한 재판상 권리를 가지므로 형사소송법상 증거법 규정의 적용

을 받도록 함으로써 참가인을 두텁게 보호하기 위함이다.

그리고 **피고인이 증거로 함에 동의**한 경우 및 간이공판절차에서의 증거능력 특례 규정에 따라 증거동의가 간주되는 경우에도 **참가인은 그 서면 또는 진술의 내용이 된 진술을 한 사람을 증인으로 조사할 것을 청구**할 수 있다(마약거래방지법 제27조 제2항).

이 경우 법원은 그러한 **증인신문청구가 참가인의 권리보호에 필요하다고 인정**하면 **이를 조사**하여야 하고 이는 **참가인이 참가하기 전에 조사한 증인의 경우**에도 같다. 참가인은 피고인의 재판에서 참가인의 재산에 대한 몰수 또는 참가인에 대한 추징 재판을 받을 위험이 있으므로 **피고인이 증거로 함에 동의**하였다고 하더라도 **참가인의 권리 보호를 위해 적극적으로 관련자에 대한 증인신문을 청구**할 수 있도록 규정한 것으로 이해된다.

Ⅲ 참가인의 독자적 상소와 몰수·추징 재판의 계속(마약거래방지법 제29조, 제30조)

관련조문

마약거래방지법 제29조(상소) ① 원심의 참가인은 상소심(上訴審)에서도 참가인으로서의 지위를 가진다.
② 참가인이 상소를 하면 검사 또는 피고인이 상소를 하지 아니하거나 상소의 포기 또는 취하를 한 경우에도 원심재판 중 몰수에 관한 부분은 확정되지 아니한다.
③ 제2항의 경우 피고인은 상소심 및 그 후의 심급(審級)에서는 공판기일에 출석하지 아니하여도 된다. 이 경우 「형사소송법」 제33조·제282조 및 제283조는 적용하지 아니한다.
④ 약식절차에 의한 재판에 대하여 참가인이 정식재판을 청구한 경우에는 제2항 및 제3항을 준용한다.
제30조(대리인) ① 이 법에 따라 피고인에 대한 형사사건 절차에 관여하는 제3자는 변호사 중에서 대리인을 선임하여 소송행위를 대리하게 할 수 있다. 이 경우에는 「형사소송법」 제32조제1항 및 제35조를 준용한다.
② 대리인은 참가인의 서면에 의한 동의가 없으면 참가의 취하, 정식재판 청구의 취하, 상소의 포기 또는 취하를 할 수 없다.

한편 **제1심 재판 전에 참가한 참가인**은 **상소심에서도 여전히 참가인으로서의 지위**를 갖고 참가인이 상소를 하는 경우 검사와 피고인이 항소하지 않는 경우라 하더라도 **몰수 및 추징에 관한 부분은 확정되지 아니**한다(마약거래방지법 제29조 제1항 내지 제2항 참조). 이러한 경우 **피고인**은 상소심 및 그 후의 심급에서는 공판기일에 출석하지 않아도 된다(동조 제3항 참조). 따라서 **국선변호인 선임 관련 규정**(형사소송법 제33조, 제282조, 제283조)은 **적용되지 아니**한다. 이러한 규정들은 약식절차에 의한 재판에 대하여 참가인이 정식재판을 청구한 경우에는 마찬가지로 적용된다(마약거래방지법 제29조 제4항 참조).

그리고 참가인은 변호사 중에서 대리인을 선임하여 소송행위를 대리하게 할 수 있고, 대리인은 **참가인의 서면 동의에 따라 참가의 취하 등 소송행위**를 하여야 한다(마약거래방지법 제30조 참조).

Ⅳ 형사소송법 규정의 준용(마약거래방지법 제31조)

관련조문

마약거래방지법 제31조(「형사소송법」의 준용) ① **제3자의 소송능력**에 관하여는 「형사소송법」 제26조부터 제28조까지의 규정을 준용하고, **제3자의 소송비용부담**에 관하여는 같은 법 제186조 및 제191조를 준용한다.

② 제23조제1항에 따른 재산을 몰수하는 절차에 관하여는 이 법에 특별한 규정이 있는 경우를 제외하고는 「형사소송법」을 준용한다.

☞ **형사소송법 제26조(의사무능력자와 소송행위의 대리)** 「형법」 제9조 내지 제11조의 규정의 적용을 받지 아니하는 범죄사건에 관하여 피고인 또는 피의자가 의사능력이 없는 때에는 그 법정대리인이 소송행위를 대리한다.

제27조(법인과 소송행위의 대표) ①피고인 또는 피의자가 법인인 때에는 그 대표자가 소송행위를 대표한다.

②수인이 공동하여 법인을 대표하는 경우에도 소송행위에 관하여는 각자가 대표한다.

제28조(소송행위의 특별대리인) ①전2조의 규정에 의하여 피고인을 대리 또는 대표할 자가 없는 때에는 법원은 직권 또는 검사의 청구에 의하여 특별대리인을 선임하여야 하며 피의자를 대리 또는 대표할 자가 없는 때에는 법원은 검사 또는 이해관계인의 청구에 의하여 특별대리인을 선임하여야 한다.

②특별대리인은 피고인 또는 피의자를 대리 또는 대표하여 소송행위를 할 자가 있을 때까지 그 임무를 행한다.

제29조(보조인) ①피고인 또는 피의자의 법정대리인, 배우자, 직계친족과 형제자매는 보조인이 될 수 있다.

②보조인이 될 수 있는 자가 없거나 장애 등의 사유로 보조인으로서 역할을 할 수 없는 경우에는 피고인 또는 피의자와 신뢰관계 있는 자가 보조인이 될 수 있다.

③보조인이 되고자 하는 자는 심급별로 그 취지를 신고하여야 한다.

④보조인은 독립하여 피고인 또는 피의자의 명시한 의사에 반하지 아니하는 소송행위를 할 수 있다. 단, 법률에 다른 규정이 있는 때에는 예외로 한다.

제477조(재산형 등의 집행) ① 벌금, 과료, 몰수, 추징, 과태료, 소송비용, 비용배상 또는 가납의 재판은 검사의 명령에 의하여 집행한다.

②전항의 명령은 집행력 있는 채무명의와 동일한 효력이 있다.

③제1항의 재판의 집행에는 「민사집행법」의 집행에 관한 규정을 준용한다. 단, 집행 전에 재판의 송달을 요하지 아니한다.

④제3항에도 불구하고 제1항의 재판은 「국세징수법」에 따른 국세체납처분의 예에 따라 집행할 수 있다.

⑤검사는 제1항의 재판을 집행하기 위하여 필요한 조사를 할 수 있다. 이 경우 제199조제2항을 준용한다.

⑥ 벌금, 과료, 추징, 과태료, 소송비용 또는 비용배상의 분할납부, 납부연기 및 납부대행기관을 통한 납부 등 납부방법에 필요한 사항은 법무부령으로 정한다.

제483조(몰수물의 처분) 몰수물은 검사가 처분하여야 한다. <개정 1995. 12. 29.>

제484조(몰수물의 교부) ①몰수를 집행한 후 3월 이내에 그 몰수물에 대하여 정당한 권리있는 자가 몰수물의 교부를 청구한 때에는 검사는 파괴 또는 폐기할 것이 아니면 이를 교부하여야 한다.

②몰수물을 처분한 후 전항의 청구가 있는 경우에는 검사는 공매에 의하여 취득한 대가를 교부하여야 한다.

마약거래방지법은 **제3자의 소송능력**(형사소송법 제26조 내지 제28조), **소송비용부**담(형사소송법 제186조, 제191조), **재산을 몰수하는 절차** 등에 대해서는 형사소송법을 준용한다(마약거래방지법 제31조 참조). 따라서 **참가인은 형사소송법상 당사자에 준하는 지위를 인정**받는다.

또한 **재산을 몰수하는 절차**에 관하여는 이 법에 특별한 규정이 있는 경우를 제외하고는 **형사소송법을 준용**한다. 따라서 **형사소송법 제5편 「재판의 집행」 규정**이 적용되는바, 제3자에 대한 몰수·추징 판결의 집행 절차는 **형사소송법 제477조(재산형의 집행) 등 규정**에 따라 피고인에 대한 재산형 집행과 동일한 방법으로 집행된다.

한편 **제3자 재산을 몰수하는 재판**은 **자기의 책임으로 돌릴 수 없는 사유**로 피고인에 대한 형사사건 절차에서 **권리를 주장할 수 없었던 제3자의 권리**에 **영향을 주지 않는다**(마약거래방지법 제32조 참조). 이는 피고인의 형사사건에 제3자가 귀책사유 없이 참가하지 못한 경우 제3자를 보호하기 위한 규정으로 이해된다.

관련조문

마약거래방지법 제32조(다른 절차와의 관계) 제23조 제1항에 따른 재산을 몰수하는 재판은 자기의 책임으로 돌릴 수 없는 사유로 피고인에 대한 형사사건 절차에서 권리를 주장할 수 없었던 제3자의 권리에는 영향을 미치지 아니한다.

제5관 검사의 고지에 따른 제3자 참가절차 개선 방안

검사의 고지에 따른 제3자 참가절차는 범죄수익등을 취득한 피고인이 그 범죄수익등을 제3자에게 넘긴 사안에서 그 제3자를 법률상 보호할 필요가 없는 경우 제3자로부터 몰수대상재산을 곧바로 몰수할 수 있도록 함으로써 형사판결의 민사상 집행권원을 부여하기 위한 절차다. 따라서 **제3자는 검사의 소송고지에 따라 피고인의 민사소송법상 보조참가인과 유사한 방식으로 참가**하지만 **자신의 권익을 보호하기 위해 피고인의 의사에 반하는 소송행위**를 하거나 **몰수추징 재판에 대해 상소할 수 있는 독립적 지위**를 갖게 된다(**공동소송적 보조참가인**).

민사소송법상 참가신청의 경우, 참가인이 참가하고자 하는 소송이 계속된 법원에 제기하여야 하므로 소송이 상소심에 계속되어 있으면 상소법원, 지급명령의 발부 후 소송으로 이행되기 전이면 지급명령을 한 법원에, **제1심 판결 송달 후 상소의 제기 전이면 원심법원**(민사소송법 제397조, 제425조 참조)**에 각 참가신청**을 할 수 있다.[111]

관련조문

민사소송법 제397조(항소의 방식, 항소장의 기재사항) ①항소는 항소장을 제1심 법원에 제출함으로써 한다.

②항소장에는 다음 각호의 사항을 적어야 한다.

1. 당사자와 법정대리인
2. 제1심 판결의 표시와 그 판결에 대한 항소의 취지

제425조(항소심절차의 준용) 상고와 상고심의 소송절차에는 특별한 규정이 없으면 제1장의 규정을 준용한다.

---

111 전게 「주석 민사소송법」, 547면 이하 참조.

민사소송법상 참가는 당사자 사이의 소송행위에 제3자가 관여하는 절차로서 **소송계속 중에는 언제든지 가능**하다. 따라서 사실심인 1심 또는 항소심에서 가능함은 물론 상고심에서도 가능하나, 다만 상고심에서 참가하면 사실상의 주장이나 증거제출은 허용되지 않는다.[112] 이와 같이 **민사소송법상 참가는 법률심인 상고심에 다소 간의 제약이 있을 뿐 항소심에서도 얼마든지 가능하도록 설계**되어 있다.

그러나 **범죄수익환수를 위한 제3자 참가절차**의 경우 검사의 고지를 받은 제3자는 **제1심 재판이 있기 전까지 참가신청을 하여야 하는 제약**이 있다(마약거래방지법 제14조 제1항 등 참조). 이때 1심 재판의 의미는 1심 재판의 변론 종결을 의미한다고 봄이 상당하다는 점은 앞에서 본 바와 같으나, **제3자 참가가 민사소송법상 공동소송적 보조참가와 유사한 법적 성격**을 가지고 있다는 점을 감안하면 피고인에 대한 **항소심**에서 검사가 피고인이 취득한 범죄수익을 보유하고 있는 제3자를 확인하고 참가신청을 고지하는 것을 막을 이유가 없고, 제3자 또한 1심 재판 단계를 넘어 항소심에서 참가신청을 하지 못하도록 할 필요는 더욱 없다.

이는 제3자 참가절차를 규율하는 법률에서 검사의 고지는 '공소를 제기할 때' 이 법에 따라 피고인 외의 자의 재산이나 지상권·저당권 또는 그 밖의 권리가 그 위에 존재하는 재산에 대하여 몰수가 필요하다고 인정하는 경우에는 '즉시'하면 충분하다는 규정의 해석과 맞물리는 문제로 해석상 검사의 고지가 항소심에서도 가능하다고 해석할 여지가 있기 때문이다.

물론 검사가 공소를 제기한 후 즉시 참가신청의 고지를 하여야 하고, 참가인의 참가신청이 1심 재판이 있기 전까지만 가능하다는 법률의 체계해석상 검사의 고지 또한 1심 재판이 있기 전까지만 가능하다는 견해가 타당하나, **항소심에서 검사의 고지와 제3자의 참가신청을 배척할 아무런 합리적 이유가 없다.**

오히려 피고인에 대한 항소심 재판 계속 중 피고인이 제3자 명의로 은닉한 재산이 확인되거나 피고인이 자신이 취득한 범죄수익등을 넘긴 제3자가 그와 같은 사정을 알고 있었다는 정황 내지 증거가 1심 재판 후에 확인되는 사례도 실무상 많이 문제된다. 이러한 경우 **제3자를 항소심 재판에 참가**시킴으로써 **몰수대상 재산에 대한 권리관계를 조속히 확정할 수 있는 길을 열어두는 것**은 소송경제의 차원에서도 바람직하다.

---

112 전게 「주석 민사소송법」, 537면 이하 참조.

마약거래방지법이 항소심에서 제3자의 참가신청을 허용하지 않은 것은 몰수와 추징이 재산형의 일종에 해당하므로 만약 1심 법원의 판단을 건너뛰고 항소심에서 참가신청 고지를 인정하게 되면 **헌법상 국민의 재판을 받을 권리를 침해할 우려를 고려**한 것으로 보인다. 그러나 국민의 재판을 받을 권리가 반드시 3심제를 전제로 한다고 보기 어렵고, **사실심인 항소심에서 참가 절차를 진행**한다 하더라도 참가인은 그 판단에 대하여 상고하여 다툴 수 있으므로 참가인의 재판을 받을 권리를 형해화 한다고 보기 어렵다.

결국 **검사의 고지와 제3자 참가의 시점을 1심 재판 전까지로** 제한하는 것은 피고인에 대한 형사사건이 계속 중인 경우 언제든지 할 수 있도록 아래와 같이 개정할 필요가 있다. 이렇게 개정하게 되면 **검사의 고지를 받은 제3자**는 1심 재판이 있기 전이 아니더라도 **피고인에 대한 형사사건이 계속 중**이기만 하면 언제든지 참가를 할 수 있어 보다 **제3자의 재산권이 두텁게 보호**될 수 있고, 검사 또한 항소심 또는 상고심에서 피고인의 은닉재산 등을 확인하여 제3자에 대한 고지를 할 수 있게 됨으로써 피고인의 형사재판을 둘러싼 권리관계를 조속하게 정리할 수 있는 장점이 있다(私見)

관련조문

마약거래방지법(개정안) 제24조(참가 절차) ① 몰수될 염려가 있는 재산을 가진 제3자는 피고인에 대한 **형사사건이 계속 중인 법원에 대하여** 서면으로 피고인에 대한 형사사건 절차에 대한 참가신청을 할 수 있다. 다만, 제23조제1항 또는 제2항에 따른 고지 또는 공고가 있은 때에는 고지 또는 공고가 있었던 날부터 14일 이내에 참가 신청을 할 수 있다.

공무원범죄몰수법(개정안) 제14조(참가 절차) ① 몰수될 염려가 있는 재산을 가진 제3자는 제1심 재판이 있기까지 피고인에 대한 **형사사건이 계속 중인 법원에** 서면으로 그 형사사건 절차에 대한 참가신청을 할 수 있다. 다만, 제13조제1항 또는 제2항에 따른 고지 또는 공고가 있은 때에는 고지 또는 공고가 있었던 날부터 14일 이내에만 참가 신청을 할 수 있다.

불법정치자금법(개정안) 제13조(참가절차) ①몰수될 염려가 있는 재산을 가진 제3자는 피고인에 대한 **형사사건이 계속 중인 법원에 대하여** 서면으로 그 형사사건절차에의 참가신청을 할 수 있다. 다만, 제12조제1항 또는 제2항의 규정에 의한 고지 또는 공고가 있은 때에는 고지 또는 공고가 있은 날부터 14일 이내에 한하여 참가 신청을 할 수 있다.

제 4 절 범죄피해재산에 대한 몰수·추징과 환부 절차

제1관 범죄피해재산에 대한 몰수·추징의 원칙적 불가

Ⅰ 「재산에 관한 죄」

몰수·추징으로 대표되는 **범죄수익환수의 기본법적 성격**을 갖는 **범죄수익은닉규제법**은 범죄피해재산 즉, ① **재산에 관한 죄**, ② 「**특정범죄 가중처벌 등에 관한 법률**」 **제5조의2 제1항 제1호·제2항 제1호**의 죄 또는 ③ 「**채무자 회생 및 파산에 관한 법률**」 **제650조·제652조 및 제654조의 죄**에 해당하는 범죄행위에 의하여 그 피해자로부터 취득한 재산 또는 그 재산의 보유·처분에 의하여 취득한 **범죄수익에 대해서는 몰수·추징할 수 없다**고 규정하고 있어 범죄피해재산에 대한 몰수·추징은 원칙적으로 불가하다(동법 제8조 제3항 참조).

여기에서 ① 「**재산에 관한 죄**」라고 함은 형법에 명시적인 규정을 두고 있는 것은 아니므로 강학상 개념으로 해석해야 하는데 통상 형법 제37장 「**권리행사를 방해하는 죄**」, 제38장 「**절도와 강도의 죄**」, 제39장 「**사기와 공갈의 죄**」, 제40장 「**횡령과 배임의 죄**」, 제41장 「**장물에 관한 죄**」, 제42장 「**손괴의 죄**」를 포괄하는 것으로 봄이 상당하다.

다만 제40장 「횡령과 배임의 죄」편에 편제되어 있으나 실제로는 재산에 관한 죄가 아니라 부패범죄의 한 유형으로 보아야 하는 배임수·증재의 죄(형법 제357조)는 범죄행위를 저지르고 취득한 범죄수익은 모두 부패재산으로 몰수·추징의 대상이 되므로 위 「**재산에 관한 죄**」에서 제외된다고 봄이 상당하다.

「**재산에 관한 죄**」는 그 보호법익이 소유권, 점유권 등 전체 재산권 및 소유권 이외의 제한물권이나 채권 등을 모두 포함하고 객체에 따라 재물을 객체로 하는 재물죄, 재산상 이익을 대상으로 하는 이득죄, 양자 모두를 포함하는 재물 및 이득죄로 구분할 수 있다. 또한 법익의 침해 방법에 따라서는 위 죄를 탈취죄와 편취죄로 구분할 수 있는데 어떤 구분에 의하건 재물 또는 재산상 이익의 취득을 내용으로 한다는데는 변함이 없다.

한편 형법상 「재산에 관한 죄」는 가장 기본적인 구성요건만을 의미하고 기본적인 재산에 관한 죄와 그 법적 성격을 같이 하는 **각종 특별법상 범죄가 있는 경우 이 또한 재산에 관한 죄로 봄이 상당**하다. ② 범죄수익은닉규제법은 그 범죄 유형 중 하나로 「**특정범죄가중**

처벌법」 제5조의2 제1항 제1호, 제2항 제1호의 죄를 명시하고 있다. 해당 조문은 **약취·유인죄의 가중처벌에 관한 규정**으로서 **이는 「재산에 관한 죄」에 대한 단순 예시적 열거에 불과**한 것으로 봄이 상당하다. 왜냐하면 특정범죄가중법은 형법상 강도, 절도 등 각종 재산범죄를 범죄 유형에 따라 가중처벌하는 규정을 다수 두고 있는데 이 또한 그 범죄의 본질상 「재산에 관한 죄」에 해당한다고 봄이 당연하기 때문이다.

관련조문

특정범죄가중법 제5조의2(약취·유인죄의 가중처벌) ① 13세 미만의 미성년자에 대하여 「형법」 제287조의 죄를 범한 사람은 그 약취(略取) 또는 유인(誘引)의 목적에 따라 다음 각 호와 같이 가중처벌한다. <개정 2016. 1. 6.>

1. 약취 또는 유인한 미성년자의 부모나 그 밖에 그 미성년자의 안전을 염려하는 사람의 우려를 이용하여 재물이나 재산상의 이익을 취득할 목적인 경우에는 무기 또는 5년 이상의 징역에 처한다.

② 13세 미만의 미성년자에 대하여 「형법」 제287조의 죄를 범한 사람이 다음 각 호의 어느 하나에 해당하는 행위를 한 경우에는 다음 각 호와 같이 가중처벌한다. <개정 2016. 1. 6.>

1. 약취 또는 유인한 미성년자의 부모나 그 밖에 그 미성년자의 안전을 염려하는 사람의 우려를 이용하여 재물이나 재산상의 이익을 취득하거나 이를 요구한 경우에는 무기 또는 10년 이상의 징역에 처한다.

또한 ③ 범죄수익은닉규제법은 **범죄피해재산을 발생시키는 범죄의 한 유형**으로 **「채무자 회생 및 파산에 관한 법률」**(이하, 「채무자 회생법」이라 함) **제650조·제652조 및 제654조의 죄를 명시**하고 있다. 이 또한 2022. 1. 4. 개정 이전 舊 범죄수익은닉규제법 별표가 열거식으로 「채무자 회생 및 파산에 관한 법률」의 위 조항을 중대범죄(별표 제20호)로 규정하고 있을 때 해당 범죄를 범죄피해재산을 발생시키는 사기죄의 특별 구성요건이라고 보아 이를 위 법률조문에 나열한 것일 뿐 이 또한 「재산에 관한 죄」의 예시적 열거로 봄이 상당하다.

다만 법률의 본문에 채무자회생법 관련 사기파산죄 등 규정을 범죄패해재산을 발생시키는 범죄의 유형으로 열거하고 하고 있으므로 **해당 범행의 구성요건과 특성**을 이 부분에서 살펴보기로 한다.

관련조문

舊 범죄수익은닉규제법(2022,. 1. 4. 법률 제18672호로 개정되기 전의 것) [별표]

중대범죄(제2조제1호 관련)

20. 「채무자 회생 및 파산에 관한 법률」 제650조·제652조·제654조의 죄

Ⅱ 「채무자회생법」상 범죄피해재산 발생 원인이 되는 중대범죄 : 사기파산 행위

관련조문

채무자회생법 제650조(사기파산죄) ① 채무자가 파산선고의 전후를 불문하고 자기 또는 타인의 이익을 도모하거나 채권자를 해할 목적으로 다음 각 호의 어느 하나에 해당하는 행위를 하고, 그 파산선고가 확정된 때에는 10년 이하의 징역 또는 1억 원 이하의 벌금에 처한다. <개정 2013. 5. 28.>

1. 파산재단에 속하는 재산을 은닉 또는 손괴하거나 채권자에게 불이익하게 처분을 하는 행위
2. 파산재단의 부담을 허위로 증가시키는 행위
3. 법률의 규정에 의하여 작성하여야 하는 상업장부를 작성하지 아니하거나, 그 상업장부에 재산의 현황을 알 수 있는 정도의 기재를 하지 아니하거나, 그 상업장부에 부실한 기재를 하거나, 그 상업장부를 은닉 또는 손괴하는 행위
4. **제481조**의 규정에 의하여 법원사무관등이 폐쇄한 장부에 변경을 가하거나 이를 은닉 또는 손괴하는 행위

☞ **제481조(재산장부의 폐쇄)** 파산관재인은 파산선고 후 지체 없이 채무자의 재산에 관한 장부를 폐쇄하고 그 취지를 기재한 후 기명날인하여야 한다.

② **수탁자, 신탁재산관리인, 수탁자의 법정대리인, 수탁자의 지배인 또는 법인인 수탁자의 이사가** 파산선고의 전후를 불문하고 자기 또는 타인의 이익을 도모하거나 채권자를 해할 목적으로 제1항 각 호의 어느 하나에 해당하는 행위를 하고, 유한책임신탁재산에 대한 파산선고가 확정된 경우에는 10년 이하의 징역 또는 1억 원 이하의 벌금에 처한다. <신설 2013. 5. 28.>

제652조(일정한 지위에 있는 자의 사기파산 및 과태파산죄) 다음 각 호의 어느 하나에 해당하는 자가 제650조 및 제651조에 규정된 행위를 하고, 채무자에 대한 파산선고가 확정된 때에는 제650조 및 제651조의 예에 의한다. **상속재산에 대한 파산의 경우 상속인 및 그 법정**

대리인과 지배인에 관하여도 또한 같다.

1. 채무자의 법정대리인
2. 법인인 채무자의 이사
3. 채무자의 지배인

제654조(제3자의 사기파산죄) 채무자 및 제652조 각호의 자가 아닌 자가 파산선고의 전후를 불문하고 자기 또는 타인의 이익을 도모하거나 채권자를 해할 목적으로 제650조 각호의 행위를 하거나 자기나 타인을 이롭게 할 목적으로 파산채권자로서 허위의 권리를 행사하고, 채무자에 대한 파산선고가 확정된 경우 그 행위를 한 자는 10년 이하의 징역 또는 1억원 이하의 벌금에 처한다.

---

1. 서설

채무자회생법은 채무자가 파산선고의 전후를 불문하고 자기 또는 타인의 이익을 도모하거나 채권자를 해할 목적으로 여러 가지 행위를 하는 경우 이를 엄하게 처벌하도록 규정하고 있다. 특히 채무자회생법 제650조 제1항 제1호, 제2호는 **파산재단에 속하는 재산을 은닉, 손괴하거나 채권자에게 불이익한 처분을 하는 행위, 파산재단의 부담을 허위로 증가시키는 행위를 처벌하도록 규정**하고 있는데 구체적으로 파산재단에 속하는 재산이 어떤 것인지, 채무자의 재산(채무 포함) 중 파산재단에서 제외되는 것은 무엇인지를 면밀히 살필 필요가 있다. 만약 채무자가 위와 같은 은닉, 손괴 채무 허위부담 등의 행위를 한다 하더라도 그 재산이 파산재단의 범주에 포함되지 않는다면 범죄가 성립할 수 없다.

2. 구성요건의 주체

채무자회생법상 사기파산죄의 행위 주체는 ① 기본적으로 파산선고의 전후를 불문한 채무자이다(동법 제650조 제1항). 다만 ② 수탁자, 신탁재산관리인, 수탁자의 법정대리인, 수탁자의 지배인 또는 법인인 수탁자의 이사 또한 위 죄의 주체가 될 수 있다(동법 제650조 제2항).

한편 ③ 채무자의 법정대리인, 법인인 채무자의 이사, 채무자의 지배인(**동법 제652조 각호**), 상속재산에 대한 파산의 경우 상속인 및 그 법정대리인과 지배인(**동법 제652조 후문**)도 주체가 된다.

나아가 ④ 채무자 및 제652조 각 호가 아닌 자라고 하더라도 파산선고의 전후를 불문하고 자기 또는 타인의 이익을 도모하거나 채권자를 해할 목적으로 제650조 각호의 행위를 하거나 자기나 타인을 이롭게 할 목적으로 파산채권자로서 허위의 권리를 행사하고 채무자에 대한 파산선고가 확정된 경우, 그와 같은 행위를 한 자도 주체가 될 수 있다(**동법 제654조**). 제3자 사기파산죄의 경우 채무자 또는 일정한 지위에 있는 사람이 아니더라도 채권자를 해할 목적으로 허위로 파산채권자로서의 권리를 행사한다면 위 죄의 주체가 될 수 있다는 점에서 주의를 요한다.

이때 **위 채무자는 파산선고의 전후를 불문한다고 규정하고 있는데 구체적으로 언제부터 위 죄의 주체가 되는지 문제**된다. 생각건대 위 구성요건 각호에는 파산재단을 명시하고 있는 점, 채무자회생법상 범죄가 성립하기 위해선 파산신청이라는 구체적인 절차가 개시될 필요가 있는 점에 비추어 채무자와 그 수탁자, 신탁재산관리인, 수탁자의 법정대리인, 수탁자의 지배인 또는 법인인 수탁자의 이사가 파산신청을 한 경우에 한하여 위 범죄의 주체성을 인정함이 상당하다(私見).

3. 구성요건의 객체

사기파산의 대상이 되는 객체는 **'파산재단'**이어야 하는데(동법 제650조 제1항 제1호 내지 제2호) 채무자회생법상 채무자가 파산선고 당시에 가진 모든 재산은 파산재단에 속하고(동법 제382조 제1항), 채무자가 파산선고 전에 생긴 원인으로 장래에 행사할 청구권 또한 파산재단에 속하지만(동조 제2항), 압류금지 채권은 제외되고(동법 제383조 제1항, 민사집행법 제246조 참조), 채무자 등의 신청으로 법원이 파산재단에서 제외한 재산 또한 파산재단에서 배제된다(동법 제383조 제2항 각호 참조).

한편 법률의 규정에 의하여 작성하여야 하는 상업장부(동법 제650조 제1항 제3호)에 관한 범죄와 관련하여 위 상업장부는 상법 제33조에 따라 10년간 보존의무를 부담하는 경우가 대표적이므로 위와 같이 법률상 작성, 보존 의무가 부여되는 상업장부가 사기파산의 객체가 된다.

관련조문

상법 제33조(상업장부등의 보존) ① 상인은 10년간 상업장부와 영업에 관한 중요서류를 보존하여야 한다. 다만, 전표 또는 이와 유사한 서류는 5년간 이를 보존하여야 한다.
② 전항의 기간은 상업장부에 있어서는 그 폐쇄한 날로부터 기산한다.
③ 제1항의 장부와 서류는 마이크로필름 기타의 전산정보처리조직에 의하여 이를 보존할 수 있다.
④ 7제3항의 규정에 의하여 장부와 서류를 보존하는 경우 그 보존방법 기타 필요한 사항은 대통령령으로 정한다.

나아가 파산관재인은 파산선고 후 지체 없이 채무자의 재산에 관한 장부를 폐쇄하는데 이와같이 법원사무관등이 폐쇄한 장부도 사기파산죄의 객체가 된다(동법 제650조 제1항 제4호).

4. 구성요건적 행위

위 각 본죄의 **구성요건적 행위**는 **채무자, 일정한 지위에 있는 자의 사기 파산행위**(동법 제650조, 제652조)**의 경우** ① 위와 같은 파산재단에 속하는 재산을 은닉 또는 손괴하거나 채권자에게 불이익하게 처분을 하는 행위(**제650조 제1항 제1호**), ② 파산재단의 부담을 허위로 증가시키는 행위(**같은 항 제2호**), ③ 법률의 규정에 의하여 작성하여야 하는 상업장부를 작성하지 아니하거나, 그 상업장부에 재산의 현황을 알 수 있는 정도의 기재를 하지 아니하거나, 그 상업장부에 부실한 기재를 하거나, 그 상업장부를 은닉 또는 손괴하는 행위(**같은 항 제3호**), ④ 채무자회생법 제481조의 규정에 의하여 법원사무관등이 폐쇄한 장부에 변경을 가하거나 이를 은닉 또는 손괴하는 행위이다(**같은 항 제4호**).

한편 **제3자 사기 파산행위의 경우**(**동법 제654조**), ① 파산선고의 전후를 불문하고 자기 또는 타인의 이익을 도모하거나 채권자를 해할 목적으로 제650조 각호의 행위를 하거나 ② 자기나 타인을 이롭게 할 목적으로 파산채권자로서 허위의 권리를 행사하는 것이다. 이 때 **채무자에 대한 파산선고가 확정될 것을 요한다**. 채무자 또는 일정한 지위에 있지 않더라도 위와 같이 허위채권자로 행세한 제3자를 처벌하기 위한 규정이다.

여기에서, '**은닉**'이란 채권자 또는 파산관재인에 대하여, 재산의 발견을 불가능 또는 곤란하게 하는 것을 말한다. 재산을 장소적으로 이동시켜 그 소재를 불명하게 하는 행위뿐만 아니라, 재산의 소유관계를 불명하게 하는 것도 은닉에 해당하며, 강제집행면탈죄의 허위양도도 포함한다. 그러나 채무자가 법원에 파산신청을 하면서 단순히 소극적으로 자신의 재산상황을 제대로 기재하지 아니한 재산목록 등을 제출하는 행위는 위 죄에서 말하는 '재산의 은닉'에 해당한다고 할 수 없다.[113]

행위의 시기는 파산선고의 전후를 묻지 않는다. 다만 사기파산죄는 총 채권자의 이익을 보호하기 위한 규정이므로 그 해당 행위를 인정하기 위해서는 그 행위 시에 총 채권자의 이익을 해할 수 있는 객관적인 상황, 즉 파산원인인 채무초과 또는 지급불능이 발생할 상황에 있어야 한다.

사기파산죄에 해당하기 위해서는 **주관적 구성요건요소**로서 해당 행위에 대한 인식이 있

---

113 대법원 2009. 1. 30. 선고 2008도6950 판결, 대법원 2009. 7. 9. 선고 2009도4008 판결 등 참조.

어야 한다. 또한 파산개시에 대한 위험을 인식해야 하며, 고의 외에 '**자기 또는 타인의 이익을 도모하거나 채권자를 해할 목적**'이라는 주관적 요소를 구성요건으로서 요구하고 있다. 목적이란 결과에 대한 미필적 인식만으로는 부족하고, 확정적인 인식 또는 적극적인 의욕을 필요로 한다.

위 재산의 은닉행위와 관련하여 **대법원**은 「피고인 1이 기존에 보유하던 차명재산의 명의를 바꾸거나 이를 처분하여 새로운 형태의 자산을 차명으로 취득하는 것은 이전보다 재산의 발견을 더욱 곤란하게 하거나 적극적으로 재산의 소유관계를 불명하게 하는 행위로서 '재산의 은닉'에 해당한다는 취지로 판단한 것은 정당하다」라고 판시한 바 있다.[114]

5. 범죄수익환수 사례

실무상 사기파산죄의 성립을 인정하면서 그와 같은 범죄행위를 통해 취득한 범죄수익을 몰수·추징한 사례는 발견되지 않는다. 위와 같은 중대범죄행위로 재산을 은닉하거나 손괴한 경우 이와 같은 행위를 통해 취득한 재산은 모두 범죄수익환수 대상에 해당한다는 점을 유념하여 실무상 이를 적극 적용할 필요가 있다.

가령 다음과 같이 허위의 채무를 부담하여 파산선고를 받는 행위를 한 경우, 파산선고를 통해 면책의 대상이 된 기존의 채무는 피고인이 사기파산을 통해 채무자가 면제받아 취득한 범죄수익에 해당한다고 보아 이에 대한 범죄수익을 환수할 필요성이 있다(私見).

Ⅲ 소결

범죄피해재산이 발생하는 범죄는 범죄행위로 인하여 재물 또는 재산상 이익을 취득하는 모든 유형의 범죄를 포괄한다고 보아야 하고 이러한 재산에 관한 죄를 저지르고 취득한 범죄수익 등은 모두 **범죄피해재산에 해당하므로 원칙적으로 환수가 불가능**하다.

관련조문

범죄수익은닉규제법 제8조(범죄수익등의 몰수) ① 다음 각 호의 재산은 몰수할 수 있다.

1. 범죄수익
2. 범죄수익에서 유래한 재산

114 대법원 2016. 10. 13. 선고 2016도8347 판결 참조.

3. 제3조 또는 제4조의 범죄행위에 관계된 범죄수익등
4. 제3조 또는 제4조의 범죄행위에 의하여 생긴 재산 또는 그 범죄행위의 보수로 얻은 재산
5. 제3호 또는 제4호에 따른 재산의 과실 또는 대가로 얻은 재산 또는 이들 재산의 대가로 얻은 재산, 그 밖에 그 재산의 보유 또는 처분에 의하여 얻은 재산

③ **제1항에도 불구하고 같은 항 각 호의 재산이 범죄피해재산**(재산에 관한 죄, 「특정범죄 가중처벌 등에 관한 법률」 제5조의2제1항제1호·제2항제1호의 죄 또는 「채무자 회생 및 파산에 관한 법률」 제650조·제652조 및 제654조의 죄에 해당하는 범죄행위에 의하여 그 피해자로부터 취득한 재산 또는 그 재산의 보유·처분에 의하여 얻은 재산을 말한다. 이하 같다) **인 경우에는 몰수할 수 없다. 제1항 각 호의 재산 중 일부가 범죄피해재산인 경우에는 그 부분에 대하여도 또한 같다.**

제2관 범죄피해재산에 대한 몰수·추징이 예외적으로 가능한 경우

I 부패재산몰수법에 따른 범죄피해재산 환수 가능

관련조문

부패재산몰수법 제2조(정의) 이 법에서 사용하는 용어의 정의는 다음과 같다.

3. "**범죄피해재산**"이란 **별표에 규정된 죄** 가운데 **다음 각 목의 어느 하나에 해당하는 죄**의 범죄행위에 의하여 **그 피해자로부터 취득한 재산** 또는 **그 재산의 보유·처분에 의하여 얻은 재산**을 말한다.
   가. 「형법」 제2편제39장 **사기와 공갈의 죄** 중 제347조, 제347조의2 및 제351조(제347조 및 제347조의2의 상습범만 해당한다)에 해당하는 죄[「형법」 제114조에 따른 범죄단체를 조직하여 범행한 경우, 「유사수신행위의 규제에 관한 법률」 제2조에 따른 유사수신행위 또는 「방문판매 등에 관한 법률」 제2조제5호에 따른 다단계판매의 방법으로 기망(欺罔)하여 범행한 경우 및 「전기통신금융사기 피해 방지 및 피해금 환급에 관한 특별법」 제2조제2호에 따른 전기통신금융사기에 해당하는 경우(이하 "특정사기범죄"라 한다)로 한정한다]와 「특정경제범죄 가중처벌 등에 관한 법률」 제3조 중 「형법」 제347조, 제347조의2 및 제351조(제347조 및 제347조의2의 상습범만 해당한다)에 해당하는 죄(특정사기범죄로 한정한다)
   나. 「형법」 제2편제40장 **횡령과 배임**의 죄 중 **제355조, 제356조** 및 **제359조**의 죄와 「**특정경제범죄 가중처벌 등에 관한 법률**」 **제3조** 중 「**형법**」 **제355조 및 제356조**에 해당하는 죄

제6조(범죄피해재산의 특례) ① 제3조의 재산이 범죄피해재산으로서 범죄피해자가 그 재산에 관하여 범인에 대한 재산반환청구권 또는 손해배상청구권 등을 행사할 수 없는 등 피해회복이 심히 곤란하다고 인정되는 경우에는 몰수·추징할 수 있다.
② 이 법에 따라 **몰수·추징된 범죄피해재산은 피해자에게 환부(還付)**한다.
③ 범죄피해재산의 환부 요건 및 절차 등 범죄피해재산의 환부에 필요한 사항은 대통령령으로 정한다.

부패재산몰수법은 범죄수익은닉규제법이 정하고 있는 범죄피해재산에 대한 몰수·추징 금지 원칙에 일부 예외를 인정하고 있는데 그 예외를 구성하는 부패범죄는 부패재산몰수법 별표에 기재된 죄 가운데 ① 사기죄 중 **특정사기범죄(조직범죄, 유사수신, 방문판매, 다단계, 보이스피싱으로 인한 사기범죄)**, ② 위 각 사기죄 중 특정범죄가중법상 사기죄 가중처벌 해당하는 죄, ③ 형법상 **횡령·배임죄**와 ④ 특정경제범죄가중법상 횡령·배임죄의 가중처벌 규정 등의 경우 이를 몰수·추징하여 범죄 피해자에게 환부할 수 있다는 취지의 규정이다.

부패재산몰수법은 위와 같은 일정한 부패범죄 행위에 의하여 그 피해자로부터 취득한 재산 또는 그 재산의 보유·처분에 의하여 얻은 재산인 범죄피해재산을 예외적으로 몰수·추징할 수 있다고 하면서도 그 **요건**으로 **범죄피해자**가 그 재산에 관하여 범인에 대한 **재산반환청구권 또는 손해배상청구권 등을 행사할 수 없**는 등 **피해 회복이 심히 곤란하다고 인정**되는 경우에 한정하고 있다(부패재산몰수법 제6조 제1항 참조).

또한 위와 같이 범죄피해재산을 범인 등으로부터 몰수·추징한다고 하더라도 이는 **국고에 귀속되는 것이 아니라 범죄 피해자에게 환부**하여야 하고, 이와 같은 환부에 관한 **구체적인 절차는 대통령령**으로 정하도록 위임하고 있다(동조 제2항, 제3항 참조).

범죄수익은닉규제법상 범죄피해재산에 대한 몰수·추징 금지 원칙 규정 및 부패재산몰수법에 따른 범죄피해재산 환부의 예외 규정을 간단히 표로 정리하면 다음과 같다.

법률	범죄피해재산(원칙 환수 불가)		
범죄수익은닉규제법	재산죄[115]	**특가법 제5조의2 제1항 제1호, 제2항 제1호**(어린이 납치 후 몸값을 요구하는 경우, 그 지불 몸값)	**채무자회생법 제650조, 제652조, 제654조** (사기 파산죄로 채권자가 손해를 보는 경우)

법률	범죄피해재산(원칙 환수 불가, 예외적 환수 가능)
부패재산몰수법	① 형법상 **(업무상)횡령, 배임**, ② **상습사기**(아래 특정사기범죄의 상습범에 한정됨), ③ 형법상 **특정사기범죄(조직범죄, 유사수신, 방문판매, 다단계, 보이스피싱 사기** ④ **특정경제범죄법 제3조 중 (업무상) 횡령, 배임죄** ⑤ **특정경제범죄법 제3조 중 특정사기범죄**(금액 가중)

이와 같이 재산에 관한 죄 중 부패재산몰수법에 규정되어 있는 **'특정사기범죄'** 등에 한해 범죄피해재산을 예외적으로 몰수·추징한 사례들이 있고, **이는 관련 법령에 따라 피해자들에게 모두 환부**하여야 한다(2019. 8. 20. 부패재산몰수법 개정·시행에 따라 당시 수사 중이거나 법원에 계속 중인 사건에도 적용된다)[116].

관련조문

부패재산몰수법 제2조(정의) 이 법에서 사용하는 용어의 정의는 다음과 같다.

3. **"범죄피해재산"**이란 별표에 규정된 죄 가운데 다음 각 목의 어느 하나에 해당하는 죄의 범죄행위에 의하여 그 피해자로부터 취득한 재산 또는 그 재산의 보유·처분에 의하여 얻은 재산을 말한다.

   가. 「형법」 제2편 제39장 사기와 공갈의 죄 중 제347조, 제347조의2 및 제351조(제347조 및 제347조의2의 상습범만 해당한다)에 해당하는 죄[「형법」 제114조에 따른 범죄단체를 조직하여 범행한 경우, 「유사수신행위의 규제에 관한 법률」 제2조에 따른 유사수신행위 또는 「방문판매 등에 관한 법률」 제2조 제5호에 따른 다단계판매의 방법으로 기망(欺罔)하여 범행한 경우 및 「전기통신금융사기 피해 방지 및 피해금 환급에 관한 특별법」 제2조 제2호에 따른 전기통신금융사기에 해당하는 경우(이하 "특정사기범죄"라 한다)로 한정한다]와 「특정경제범죄 가중처벌 등에 관한 법률」 제3조 중 「형법」 제347조, 제347조의2 및 제351조(제347조 및 제347조의2의 상습범만 해당한다)에 해당하는 죄(특정사기범죄로 한정한다)

115 부패범죄로 규정된 배임수·증재는 재산에 관한 죄의 영역에 해당하나 부패범죄로서의 본질상 몰수·추징을 통한 환수가 가능하고, 그 외 횡령, 배임죄, 최근 개정된 특정사기범죄의 경우에는 부패재산몰수법에 따라 예외적으로 환수가 가능한 경우가 있다. 그러나 나머지 형법 제38장 절도, 강도부터 제40장 손괴까지 강학상 재산죄는 범죄피해재산으로 환수가 불가능하다.

116 2019. 8. 20. 부패재산몰수법 개정으로 일부 특정사기 범죄의 경우 환수가 가능하도록 개정되었고, 동법 부칙 제2조는 이와 같은 경과 규정을 두었다.
부칙 <법률 제16444호, 2019. 8. 20.> 제2조(범죄피해재산에 관한 적용례) 제2조제3호 및 별표 제1호·제4호의 개정규정은 이 법 시행 당시 수사 중이거나 법원에 계속 중인 사건에도 적용한다.

Ⅱ 범죄피해자의 피해 회복이 심히 곤란한 경우의 해석(판례)

1. 구체적인 요건

부패재산몰수법은 **범죄피해재산**이라고 하더라도 국가가 우선하여 이를 **몰수·추징**한 다음 범죄피해자에게 환부하는 것보다 **범죄피해자가 직접 스스로 손해배상청구권, 재산반환청구권을 행사하는 것을 우선시**함으로써 사적자치의 원칙이 국가의 개입보다 우선한다는 점을 분명히 천명하고 있다. 따라서 일정한 예외적인 요건을 충족하는 경우에 한하여 **국가의 범죄피해재산에 대한 몰수·추징을 인정하게 됨에 따라 범죄피해재산 환부 제도의 활용가능성을 상대적으로 약화**시켜 두었다. 한편 현행 부패재산몰수법 규정에 따라 판례는 범죄피해재산임에도 불구하고 **예외적으로 국가가 몰수·추징하여 범죄피해자에게 환부할 수 있는 요건을 아래와 같이 해석**하고 있다.

범죄피해재산 예외적 환수 가능 요건

① 범죄피해재산이라도, **별개의 독자적 법익을 침해**하는 경우(판례)

▸ 가짜 물건에 유명상표를 부착해 정품인 것처럼 속여 판매해 사기, 상표법위반죄가 성립하는 경우, 상표법위반죄는 중대범죄에 해당하므로 수익금 환수(O, 대법원 2010도7129)

▸ 보이스피싱으로 인한 사기죄와 범죄단체조직·가입죄가 동시에 성립하는 경우(대법원 2017도8600, 서울고등법원 2017노209, 수원지법 안산지원 2016고합203)

▸ 범단 구성원으로 활동하는 행위와 집단감금 또는 집단상해행위가 함께 이루어지는 경우, 범단 활동으로 인한 수익은 중대범죄이므로 환수(O, 대법원 2008도1857)

▸ 인터넷 게임사이트를 만든 다음 피해자들을 속여 돈을 가로 챈 사기, 게임산업진흥에관한법률위반죄의 경우, 게임사이트를 운영하고 얻은 수익은 중대범죄로 환수(O, 대법원2014도13446)

② **범죄피해자가 범인에 대한 반환청구권, 손해배상청구권 행사할 수 없는 '등' 피해회복이 심히 곤란하다고 인정**되는 경우(부패재산몰수법 제6조 제1항)

▸ ㉠ **피해자의 수가 많고, 피해자 스스로 피해금액을 산정할 수 없는 경우**

㉡ 범죄수익 은닉, 해외 반출로 인해 **피해자가 자력으로 범죄수익을 발견할 수 없는 경우**

㉢ **피해자가 피고인의 인적관계 또는 피해자의 정신·경제적 상황으로 적극적으로 피해회복을 구할 수 없는 경우** ⇒ 이 때 **피해자가 피해 회복을 요청**하는 등으로 **사인의 재산권 행사에 국가가 부당하게 개입하고 있는 경우가 아닐** 것(대법원 2015도8319, 서울고등법원 2014노3607)

2. 구체적인 적용 사례

가. 범죄피해재산 환부를 부정(否定)한 사례

실무에서 부패재산몰수법에 따라 범죄피해재산을 국가가 몰수·추징하여 범죄피해자에게 환부하는 것은 피해자 보호의 차원과 실질적 정의 구현이라는 측면에서 매우 중요한 일이다. 그럼에도 불구하고 실제로 범죄피해재산 환부를 부정한 다수의 사례가 발견되고 있는바 그 사례들 중 일부를 소개하기로 한다.

1) 범죄단체를 이용한 사기죄에서 부패재산몰수법을 미적용한 사례[117]

해당 사례에서 피고인은 전세자금 작업대출 조직에 가담하여 전세사기를 저 질러 1억 원을 송금받아 편취한 혐의로 기소되었는바, 이는 **전형적으로 「형법」 제114조에 따른 범죄단체를 조직하여 사기죄를 저지른 범죄(특정사기범죄)에 해당**하므로 **부패재산몰수법을 적용하여 위 1억 원을 몰수·추징**해 **피해자에게 환부**하여야 한다.

그런데 검사는 부패재산몰수법을 적용하여 추징을 구형하지 아니하고 **범죄수익은닉규제법을 적용**하였고, **재판부** 또한 위 적용법조에 따라 범죄수익은닉규제법상 **범죄피해재산 환수 금지 원칙을 내세워 추징을 기각**하였다.

결국 이러한 **범죄집단 또는 범죄단체를 조직**하여 **사기죄**를 범한 범행의 경우에는 이를 **부패재산몰수법에 따라 몰수·추징할 수 있다**는 점을 주의할 필요가 있다.

사례

> 검사는 피고인에 대하여 <u>범죄수익은닉의 규제 및 처벌 등에 관한 법률 제10조 제1항에 따른 추징을 구</u>하나, 위 규정에 따른 추징은 임의적인 것이므로 그 추징의 요건에 해당되는 재산이라도 이를 추징할 것인지 여부는 <u>법원의 재량에 맡겨져 있는 점</u>, 위 <u>법률 제10조 제2항은 범죄피해재산에 대하여 추징할 수 없다고 규정</u>하고 있는데, 검사가 <u>이 사건에서 청구하는 추징금은 범죄피해재산에 해당할 수 있는 점 등을 고려하여 피고인에 대한 추징은 명하지 아니</u>한다.

117 울산지방법원 2024. 4. 12. 선고 2023고단2737 판결 참조.

2) 유사수신행위에 따른 사기죄에서 범죄피해재산 환부를 부정한 사례[118]

위 사안은 **유사수신행위를 통해 피해자들을 기망**하여 **약 161억 원 상당의 재산을 취득**한 것으로서 검사는 피고인들에게 **부패재산몰수법에 따라 위 범죄피해재산의 추징**을 구하였다.

이에 대하여 **재판부**는 「피고인들이 다수의 피해자들을 대상으로 사기, 유사수신행위의 범행을 하였으나, 다단계 사기 범죄와 같이 다수인이 역할을 분담하여 조직적으로 저지른 것은 아니어서 **피해자들 스스로 피해를 확정하거나 피해금을 산정하기 어려운 경우에 해당하지는 않는 점**, 이 사건 피해자들은 **금융거래내역 등 객관적 자료를 통해 스스로 피해 금액을 산정**할 수 있었고 이와 같이 피해자들이 스스로 산정한 피해금액을 기초로 고소를 하였으며, 이를 토대로 수사가 진행되어 이 사건 공소가 제기된 점, **피해자들이 피고인들에 대하여 내부 사정 등으로 인하여 피해회복을 위한 조치를 취하기 곤란하다**는 등의 사정들이 발견되지 않았고, 피해자들은 **스스로 피해 금액을 산정하여 고소**를 하기도 하였으며 **일부 피해자는 배상명령을 신청**하는 등 **피해회복을 위한 법적 조치를 취하기도 한 점**을 고려하여 추징을 명하지 않는다」고 판시하였다.

그러나 위 1심 법원은 수십명에 달하는 **피해자들의 배상명령 신청을 모두 각하**하여 범죄피해재산을 피해자들에게 돌려주는 판단을 하지 않으면서 **추징 구형까지 기각**함으로써 **사실상 피해자 보호를 포기하는 결론**에 이른 것이므로 **그 자체로 모순**이라고 생각한다.

나아가 범죄피해재산에 대한 **국가의 몰수·추징을 적극적으로 허용할 필요성**은 범인들이 교묘한 방법으로 은닉하여 놓은 재산을 찾아 공권력을 활용해 되찾아 이를 몰수하거나 이를 추징금 집행 대상 재산으로 삼음으로써 **피해자를 실질적으로 보호하겠다는 것에 방점**이 있으므로 **범죄피해자가 스스로 피해액수를 산정하여 고소**를 하였다거나 **배상명령을 신청하는 등 권리를 일부라도 행사**하고 있다는 점은 위 필요성을 배척할 정당한 사유가 되지 못한다.

위 법원은 **실제로 피고인들에 대해 중형을 선고**하면서도 **범죄피해재산에 대한 추징을 모두 기각**하였다는 점에서 그 자체로 **실질적 정의 구현을 포기**한 것일 뿐만 아니라 **범죄피해자 보호에도 소홀한 결론**에 이르게 되어 부당하다고 생각한다.

---

118 인천지방법원 2024. 4. 11. 선고 2023고합535 판결 참조.

사례

부패재산의 몰수 및 회복에 관한 특례법에 따른 추징에 관한 판단

1. 검사의 주장

부패재산의 몰수 및 회복에 관한 특례법(이하 '부패재산몰수법'이라 한다) 제6조 제1항, 제5조 제1항에 따라 피고인 박**, 박**에게 각 16,195,430,390원의 추징을 구한다.

2. 판단

가. 관련 법리

원칙적으로 범죄피해재산은 환부 또는 교부의 대상이므로 몰수·추징의 대상이 되지 않으나, 부패재산몰수법 제6조는 피해자 보호를 위하여 횡령 등 범죄행위로 인한 범죄피해재산의 몰수·추징과 몰수·추징된 범죄피해재산의 피해자환부에 대하여 규정하고 있다. 그런데 위 규정에 따라 범죄피해재산을 몰수·추징하는 경우라도 **이 조항은 개인적 법익을 보호법익으로 하는 범죄피해자에 대한 재산권 침해 우려**가 있기 때문에 그러한 **헌법상의 권리 침해소지를 불식시키고 범죄피해자의 실질적인 재산권회복을 도모한다는 점**에서 '범죄피해자가 범죄피해재산에 관하여 범인에 대한 재산반환청구권 또는 손해배상청구권 등을 행사할 수 없는 등 피해회복이 심히 곤란하다고 인정되는 경우'라는 요건을 충족할 것을 요구하고 있다. 게다가 **이 조항을 통하여 추징된 돈은 별도의 절차를 거쳐 피해자에게 환부되는 관계로 오히려 피해회복이 지연될 수 있는 가능성도 존재**하므로, **범죄피해자에게 피해회복의 의지와 능력이 있다고 인정되는 경우에는 이 조항의 적용을 통한 공권력의 개입을 자제할 필요**가 있을 것이다. 따라서 위 조항의 '재산반환청구권 또는 손해배상청구권 등을 행사할 수 없는 등 피해회복이 심히 곤란한 경우'는 **(다단계 사기 피해와 같이) 피해자의 수가 많고, 피해자 스스로 피해금액을 산정할 수 없는 경우, 범죄수익의 은닉 또는 해외 반출로 인하여 피해자가 자력으로 범죄수익을 발견하기 어려운** 경우, **피해자와 피고인의 인적관계 또는 피해자의 정신적·경제적 상황 때문에 피해자가 적극적으로 피해회복을 구할 수 없는 경우** 등을 들 수 있을 것이며, 이에 더하여 피해자가 피해회복을 요청하는 등으로 **사인의 재산권행사에 국가가 부당하게 개입하고 있는 경우가 아님이 인정**되어야 할 것이다(대법원 2018. 11. 29. 선고 2018도13364 판결 및 그 원심판결인 대전고등법원 2018. 8. 10. 선고 2018노119 판결 등 참조).

한편 몰수·추징의 대상이 되는지 여부나 추징액은 범죄구성요건사실에 관한 것이 아니어서 엄격한 증명은 필요 없지만 **역시 증거에 의하여 인정되어야 함은 당연**하고, **그 대상인 범죄수익을 특정할 수 없는 경우에는 추징할 수 없**으며(대법원 2017. 4. 7. 선고 2016도18972 판결 등 참조), 부패재산몰수법이 정하는 추징은 피고인으로부터 부정한 이익을 박탈하여 이를 보유하지 못하게 함에 그 목적이 있으므로 **추징의 범위는 피고인이 실제로 취득한 이익에 한정**된다(대법원 2023. 5. 18. 선고 2023도1014 판결 등 참조).

나. 구체적 판단

이 법원이 채택하여 조사한 증거들에 의하여 인정되는 아래와 같은 사실 내지 사정들을 종합하면, 검사가 제출한 증거들만으로는 **이 사건이 부패재산몰수법 제6조 제1항에서 정한 '피해자가 재산반환청구권 또는 손해배상청구권 등을 행사할 수 없는 등 피해회복이 심히 곤란한 경우'에 해당한다고 보기 어렵다. 따라서 위 피고인들에 대하여 추징을 명하지 않는다.**

1) 피고인들이 다수의 피해자들을 대상으로 사기, 유사수신행위의 범행을 하였으나, 다단계 사기 범죄와 같이 다수인이 역할을 분담하여 조직적으로 저지른 것은 아니어서 피해자들 스스로 피해를 확정하거나 피해금을 산정하기 어려운 경우에 해당하지는 않는다.
2) 이 사건 피해자들은 금융거래내역 등 객관적 자료를 통해 스스로 피해금액을 산정할 수 있었고 이와 같이 **피해자들이 스스로 산정한 피해금액을 기초로 고소**를 하였으며, 이를 토대로 수사가 진행되어 이 사건 공소가 제기되었다.
3) 피해자들이 피고인들에 대하여 내부 사정 등으로 인하여 피해회복을 위한 조치를 취하기 곤란하다는 등의 사정들이 발견되지 않았고, **일부 피해자는 배상명령을 신청**하는 등 피해회복을 위한 법적 조치를 취하기도 하였다.

3) 현금 수거 방식 보이스피싱 사기 범죄에서 범죄피해재산 환부를 부정한 사례[119]

소위 **보이스피싱(전기통신금융사기)에 따른 사기범죄**는 부패재산몰수법이 규정하는 **특정사기범죄에 해당**함은 명백하나, 보이스피싱 범죄 유형 중 통상 피해자들을 직접 만나 **현금을 수거하는 현금수거책들의 보이스피싱 범죄**의 경우 「전기통신금융사기 피해 방지 및 환급에 관한 특별법」상 범죄 구성요건에 포함되는지 여부에 대해 다툼이 있었고, 이를 명확히 하기 위하여 2023. 5. 16. 법률 제19418호로 위 법률이 개정(2023. 11. 17. 시행)되었다. 법제처의 위 법률의 제·개정 이유 요지를 보면 「**전기통신금융사기의 정의에 자금을 교부받거나 교부하도록 하는 행위** 및 **자금을 출금하거나 출금하도록 하는 행위를 포함**하고, 그에 맞추어 사기이용계좌 및 피해금의 정의를 확대하며, 금융감독원장이 금융위원회로부터 전기통신금융사기 대응조치 업무를 위탁받은 때에는 신속하게 필요한 실행계획을 수립·시행하도록 하고, 금융회사의 피해의심거래계좌에 대한 임시조치의 범위에 출금의 지연과 일시정지를 포함하는 한편, 자금을 교부받거나 교부하도록 하는 행위 및 자금을 출금하거나 출금하도록 하는 행위에 해당하는 전기통신금융사기에 대한 피해구제절차를 규정하고, **전**

119 수원지방법원 2024. 2. 15. 선고 2023노6657 판결 참조(대법원 2024. 4. 18. 선고 2024도4352 판결로 확정, 1심 법원 판결은 수원지방법원 안산지원 2023. 10. 19. 선고 2022고단4263 등 판결).

기통신금융사기죄를 신설하며, 범죄수익 비례 벌금제를 도입하는 등 현행 제도의 운영상 나타난 일부 미비점을 개선·보완함」이라고 명시되어 있다.

관련조문

전기통신금융사기 피해 방지 및 피해금 환급에 관한 특별법 제2조(정의) 이 법에서 사용하는 용어의 뜻은 다음과 같다. [시행 2023. 11. 17.] [법률 제19418호, 2023. 5. 16., 일부개정]

2. "전기통신금융사기"란 「전기통신기본법」 제2조제1호에 따른 전기통신을 이용하여 타인을 기망(欺罔)·공갈(恐喝)함으로써 자금 또는 재산상의 이익을 취하거나 제3자에게 자금 또는 재산상의 이익을 취하게 하는 다음 각 목의 행위를 말한다. 다만, 재화의 공급 또는 용역의 제공 등을 가장한 행위는 제외하되, 대출의 제공·알선·중개를 가장한 행위는 포함한다.
   가. 자금을 송금·이체하도록 하는 행위
   나. 개인정보를 알아내어 자금을 송금·이체하는 행위
   다. **자금을 교부받거나 교부하도록 하는 행위**
   라. **자금을 출금하거나 출금하도록 하는 행위**

결국 위 법률이 시행된 이후인 2023. 11. 17. **이후에 범한 현금 수거 보이스피싱 범행은 특정사기 범죄로 포함되므로** 이를 보이스피싱 범행의 일부로 보아 이를 부패재산몰수법에 따른 특정사기범죄로 포섭할 수 있고 **그 이전의 범행**은 법률상 **특정사기범죄로 볼 수 없다**. 결국 이와 같은 이유로 2023. 11. 17. **이전에 범한 현금 수거 보이스피싱 범행**에 대해 부패재산몰수법상 **범죄피해재산 환부를 부정**한 사례가 있어 소개한다. 보이스피싱 범죄 유형과 일시에 따라 **범죄피해재산 몰수·추징** 및 **환부의 가부**가 달라진다는 점을 유의할 필요가 있다.

판례

원심은 그 설시와 같은 이유로 피고인에 대하여 추징을 선고하는 것이 타당하지 않다고 판단하였다. 살피건대, 원심이 설시한 사정에 더하여 다음과 같은 사정들, 즉 ① **부패재산몰수법 제5조 제1항 및 제6조 제1항에 따라 피고인으로부터 범죄수익을 추징**하기 위해서는 이 사건 각 사기 범행이 부패재산몰수법 제2조 제3호 가.목에서 정하고 있는 **'특정사기범죄'에 해당**하여야 하는데, **이 사건 각 사기 범행과 같은 방식의 보이스피싱 범죄**의 경우 이 사건에 적용되는 **구 전기통신금융사기 피해 방지 및 피해금 환급에 관한 특별법(2023. 5. 16. 법률 제19418호로 개정되기 전의 것) 제2조 제2호에서 정한 "전기통신금융사기"에 해당하지 않는 점**[120], ② 검사가 제출한 증거만으로는 피고인의 이 사건 각 범행이 **형법 제114조에 따른 범죄단체를 조직하여 범행한 경우에 해당한다고 보기도 어려운 점** 등을 종합하면 원심의 판단이 부당하다고 보기 어렵다. 따라서 피고인과 검사의 각 양형부당 주장과 검사의 추징에 관한 주장은 모두 받아들이지 않는다.

나. 범죄피해재산 환부를 긍정(肯定)한 사례

1) 특정경제범죄가중법(횡령) 사건에서 범죄피해재산 환부를 긍정한 사례[121]

해당 사안은 업무상 횡령으로 범한 피고인으로부터 약 41억 원 상당의 범죄피해재산을 추징한 판결로서 **피해자가 자력으로 피고인의 범죄수익을 발견하기 어려울 것으로 보이는 점**과 **피고인이 피해자에게 피해회복을 해 줄 의사나 능력**이 있다고 보기 어려운 점 등에 비추어 「피해자가 재산반환청구권 또는 손해배상청구권 등을 행사할 수 없는 등 피해회복이 심히 곤란한 경우에 해당한다」고 판시하였다.

위 사안에서 **항소심 법원**은 **범죄피해자가 1인**이었고 **피해자가 횡령 피해액을 특정하여 고소**를 하였으며 **배상명령을 신청한 사정이 모두 있음**에도 불구하고 **범죄피해재산에 대한 추징을 인정하였다는 점**에서 매우 특징적이다.

법원은 **범인이 거액의 금원을 횡령**하였으나 그 돈이 현재 계좌 등에 남아 있지 않아 그 **재산을 은닉하였다는 사정이 인정**되고, 이러한 경우 **개인인 피해자가 자력으로 은닉된 범죄수익을 발견하기에는 매우 어려운 사정**이 있는 점, **범죄피해재산을 피해자에게 회복해줄 범인의 의사나 능력**이 없는 점 등을 고려하였을 뿐만 아니라 **부패재산몰수법상 추징 제도를 통해 피해를 조금이라도 보전**받을 수 있을 것이라는 **실질적 정의의 관념**과 **필요성을 반영**하였다는 점에서 매우 의미 있는 판결이라 하겠다.

사례

[1심 법원(인천지방법원 부천지원 2023고합79) 판결문 중 일부 발췌]

1. 추징

부패재산의 몰수 및 회복에 관한 특례법 제6조 제1항, 제5조 제1항, 제3조

---

120 이 사건 각 범행과 같이 피해자로부터 직접 현금을 수거하는 방식의 보이스피싱 범죄는 2023. 5. 16. 법률 제19418호로 개정되고 공포 후 6개월이 경과한 날부터 시행된 전기통신금융사기 피해 방지 및 환급에 관한 특별법에 따라 비로소 '전기통신금융사기'에 해당하게 되었다.

121 인천지방법원 부천지원 2023. 9. 15. 선고 2023고합79 판결 참조(서울고등법원 2023노2998 판결, 대법원 2024도2215 판결로 확정).

[피고인의 변호인은 추징과 관련하여 이 사건 횡령금은 범죄피해재산에 해당하므로 범죄수익은닉의 규제 및 처벌 등에 관한 법률 제8조 제3항, 제10조 제2항에 따라 피고인으로부터 추징할 수 없다고 주장한다. 살피건대, 이 사건 횡령금이 횡령 범행으로 취득한 재산으로 범죄피해재산이라 하더라도, 부패재산의 몰수 및 회복에 관한 특례법 제6조 제1항은 부패재산 중 범죄피해재산에 대한 특례규정으로 범죄피해재산에 대하여는 위 규정의 요건을 충족하는 경우 범죄수익은닉의 규제 및 처벌 등에 관한 법률 제8조 제3항, 제10조 제2항에도 불구하고 위 규정에 따른 몰수·추징을 할 수 있다고 해석된다. **이 사건 횡령금은 범죄피해재산에 해당하고, 피해자가 자력으로 피고인의 범죄수익을 발견하기 어려울 것으로 보이는 점, 피고인이 피해자에게 피해회복을 해 줄 의사나 능력이 있다고 보기 어려운 점 등**에 비추어 보면, 이 사건은 부패재산의 몰수 및 회복에 관한 특례법 제6조 제1항에서 정한 '피해자가 재산반환청구권 또는 손해배상청구권 등을 행사할 수 없는 등 피해회복이 심히 곤란한 경우'에 해당한다고 봄이 타당하므로 위 주장은 이유 없다]

[항소심 법원(서울고등법원 2023노2998) 판결문 중 일부 발췌]

3. 추징 부분에 관한 사실오인 및 법리오해 주장에 대한 판단

가. 원심의 판단

원심은, 이 사건 횡령금은 범죄피해재산에 해당하는데, 피해자가 자력으로 피고인의 범죄수익을 발견하기 어려울 것으로 보이는 점, 피고인이 피해자에게 피해회복을 해 줄 의사나 능력이 있다고 보기 어려운 점 등에 비추어 보면, 부패재산몰수법 제6조 제1항에 정한 '피해자가 재산반환청구권 또는 손해배상청구권 등을 행사할 수 없는 등 피해회복이 심히 곤란한 경우'에 해당한다고 봄이 타당하다는 이유로, 위 조항에 따라 피고인으로부터 4,191,198,537원을 추징하고 위 추징금에 상당한 금액의 가납을 명하였다.

나. 당심의 판단

원심이 적절하게 설시한 위와 같은 사정을 관련 법리에 비추어 면밀히 살펴보면, 원심의 판단은 아래와 같이 정당하고, 거기에 항소이유 주장과 같은 사실오인이나 법리오해의 위법이 없다.

1) 이 사건 **횡령 범행의 피해자가 전** 1인이고, 피해자가 횡령 피해액을 특정하여 고소함으로써 수사가 개시된 점, 피해자가 원심에서 배상명령을 신청한 점** 등은 인정된다.

2) 그러나 **피고인은 약 5년 동안 494회에 걸쳐 약 44억 원 이상의 돈을 횡령**하였는데, 위 횡령에 사용된 **피고인의 아들 명의 금융계좌를 포함하여 피고인과 그 가족들 명의 계좌에는 아무런 잔액이 남아 있지 않았다.**

3) 수사과정을 통하여 **피고인이 피고인의 배우자 명의로 부동산 등을 매수한 사정**이 드러났고, 전체 횡령 금액과 범행 수법 등에 비추어 볼 때 **그 밖에도 은닉된 재산 또는**

수익이 더 있을 가능성이 상당하다고 보이는바, **개인에 불과한 피해자가 자력으로 피고인이 은닉한 범죄수익을 발견하기는 매우 어렵다고 보인다.**

4) 추징보전명령에 따라 **가압류가 이루어진 피고인의 배우자 명의 부동산 4필지의 경우**에도 **피해자 개인이 법원으로부터 새롭게 가압류결정을 받고 이후 민사판결 및 환가절차를 거쳐 피해전보를 받기에는 상당한 어려움**이 있을 것으로 보인다. 그 밖에 기록을 모두 살펴보아도 **피해자 개인의 피해회복을 위한 재산권 행사에 국가가 부당하게 개입하고 있다고 볼 만한 사정이 없고**, 오히려 **스스로의 능력으로는 피해 회복이 심히 곤란한 피해자가 부패재산몰수법상 추징 제도를 통하여 그 피해를 조금이라도 회복할 수 있을 것**으로 보인다.

2) 방문판매에 따른 특정사기범죄 사건에서 범죄피해재산 환부를 긍정한 사례[122]

해당 사안은 **방문판매에 따른 사기죄로 영득한 재산을 부패재산몰수법상 범죄피해재산**으로 보고 이를 피고인으로부터 추징하면서 그 구체적인 법리를 설시하였고, 이 때 **피고인이 범죄수익인 수익금의 일부를 현금으로 지급**받는 등 이를 은닉하였을 가능성이 매우 높아 **피해자들이 강제집행을 통해 피해를 회복하는 것이 현실적으로 매우 어려워 보인다는 사정을 감안**하였다.

하지만 위 판결의 항소심 법원은 피고인이 유죄로 인정된 **범죄수익 2억 3,300만 원 상당을 초과하는 약 2억 6,000만 원을 실제로 출연**하는 등 피해 회복에 노력하였다는 사정을 감안하여 **부패재산몰수법상 추징을 선고하지 않았다.**[123]

사례

[1심 법원(서울중앙지방법원 2020고합982) 판결 中]

1. 추징

부패재산의 몰수 및 회복에 관한 특례법 제6조 제1항, 제3조 제1항, 제5조 제1항

[추징금 산정 근거]

가. 관련 법리

1) 부패재산의 몰수 및 회복에 관한 특례법(이하 '부패재산몰수법'이라고 한다) 제6조 제1

122 서울중앙지방법원 2023. 8. 17. 선고 2020고합982 판결 참조.

123 서울고등법원 2023. 11. 15. 선고 2023노2621 판결 참조.

항은 그 문언상 "범죄피해재산으로서 범죄피해자가 그 재산에 관하여 범인에 대한 재산반환청구권 또는 손해배상청구권 등을 행사할 수 없는 등 피해회복이 심히 곤란하다고 인정되는 경우에는 몰수·추징할 수 있다."라고 하여 몰수·추징의 예외적 허용 사유만을 규정하고 있다. 그런데 범죄피해재산도 부패재산에 포함되고, 부패재산의 경우에는 몰수·추징의 대상 및 요건을 부패재산몰수법 제3조 내지 제5조가 구체적으로 정하고 있으며, 이어서 위 법 제6조 제1항이 범죄피해재산에 대하여도 예외적으로 몰수·추징이 가능하다고 정하고 있으므로, 위 법 제6조 제1항의 몰수·추징 역시 위 법 제3조 내지 제5조의 대상과 요건에 따라 가능하다(대법원 2018. 11. 29. 선고 2018도13364 판결 참조).

2) **몰수·추징의 대상이 되는지 여부나 추징액은 범죄구성요건 사실에 관한 것이 아니어서 엄격한 증명은 필요 없지만 역시 증거에 의하여 인정되어야 함은 당연하고, 그 대상인 범죄수익을 특정할 수 없는 경우에는 추징할 수 없다**(대법원 2017. 4. 7. 선고 2016도18972 판결 등 참조). 부패재산몰수법이 정하는 추징은 피고인으로부터 부정한 이익을 박탈하여 이를 보유하지 못하게 하는 데 그 목적이 있으므로 **추징의 범위는 피고인이 실질적으로 취득한 이익금을 추징 대상**으로 하되, **수인이 공동으로 재물 또는 재산상 이익을 취득**하여 **피고인이 수취한 이익을 확정할 수 없는 경우**에는 **평등하게 분할한 금원을 피고인으로부터 추징**하여야 한다.

나. 판단

1) 범죄피해재산 몰수·추징 요건을 갖추었는지 여부

앞서 본 증거에 의하여 인정되는 다음과 같은 사정, 즉 ① 피고인의 특정경제범죄가중처벌등에관한법률위반(사기)방조죄, 사기방조죄는 **불특정 다수를 상대로 다단계판매의 방법으로 조직적으로 이루어진 사기 범죄로, 피해자의 수가 많고 피해액의 규모가 상당히 큰 점**, ② 피해자들에게 지급된 수익금 등으로 인해 **실질적인 피해금액을 산정하는 것이 곤란**한 점, ③ 피고인이 2020. 12. 11. 김**의 파산관재인에게 150,000,000원을 지급하는 등 일부 피해배상을 하였다고 하나, 위와 같은 **피고인의 범죄행위로 인한 피해금액이 약 276억 원으로 피해배상이 완료되었다고 볼 수 없는 점**, ④ 피고인이 **범죄수익인 수익금의 일부를 현금으로 지급받는 등 이를 은닉하였을 가능성**이 높아 향후 피해자들이 **개별적인 강제집행을 통해 피해를 회복하는 것은 현실적으로 매우 어려워 보이는 점** 등을 고려하면, 피해자들이 범죄피해재산에 관하여 피고인에 대한 재산반환청구권 또는 손해배상청구권 등을 행사할 수 없는 등 피해회복이 심히 곤란하다고 인정되는 예외적인 경우에 해당한다고 봄이 타당하다. 따라서 부패재산몰수법 제6조 제1항에 따라 피해자 환부를 위한 몰수 및 추징을 할 수 있다.

2) 구체적인 추징액 산정

I**홀딩스의 투자관리시스템에서 확인되는 피고인이 범죄사실 제2항 기재 내용으로 지급받

은 투자수당 233,355,000원(별지 6 투자수당)으로 산정한다.

[항소심 법원(서울고등법원 2023노2612 판결) 중]

3. 선고형의 결정 : 위에서 본 여러 양형조건들을 종합적으로 고려하여 주문과 같이 형을 정한다(김**의 파산관재인이 서울회생법원 2019하기100703 사건에서, 김**의 피고인에 대한 투자수당 425,715,000원 지급행위를 부인하여, 2020. 10. 28. 피고인이 파산관재인에게 위 425,715,000원과 그 지연손해금을 지급하라는 결정을 받았으나, 이후 2020. 12. 11.경 피고인으로부터 1억 5,000만 원을 지급받고 법원의 허가를 받아 피고인과 원만하게 합의하였다. **또한 피고인은 앞서 본 것처럼 별도로 일부 피해자에게 1억 1,000만 원을 지급하였다. 결국 피고인은 유죄로 인정된 부분에 해당하는 범죄수익 233,355,000원을 초과하는 2억 6,000만 원을 실제로 출연하는 등으로 피해회복을 위해 노력**하였는바, **이러한 사정 및 앞서 본 피고인의 수사협조 사실과 공범들에 대한 추징 선고 현황 등을 참작하여 임의적 추징규정인 부패재산의 몰수 및 회복에 관한 특례법 제6조 제1항에 따른 추징은 하지 않기로 한다**).

3) 특정경제범죄법위반(배임), 유사수신에 따른 특정사기범죄 사건에서 범죄피해재산 환부를 긍정한 사례[124]

해당 사안은 법인들이 **배임죄를 범하고 취득한 부패재산**을 **피고인 법인 및 제3자로부터 추징**하였을 뿐만 아니라 법인들이 **특정사기범죄인 유사수신행위를 통해 취득한 부패재산 등을 법인 및 제3자로부터 몰수**하여 환수한 다음 **범죄피해자에게 환부**한 사례로서 **부패범죄가 배임죄 및 특정사기범죄로 넓게 인정**되었을 뿐만 아니라 **제3자 몰수 · 추징이 선고된 중요한 사례**이므로 실무에 참고할 필요성이 크다.

사례

[창원지방법원 2021고합301판결문 중 일부 발췌]

주 문

1. 피고인을 징역 10년에 처한다.
2. 별지2 목록 기재 재산을 다음과 같이 몰수한다.

124 창원지방법원 2023. 7. 20. 선고 2021고합301 판결 참조(부산고등법원 창원재판부 2023노330호 및 대법원 2024도2376호 판결로 확정).

가. 창원지방법원 2022초기2264호로 몰수보전 된 별지2 목록 제1항 기재 각 예금채권을 표1 기재와 같이 주식회사 패션**, 아라*** 주식회사, 아라***투자조합, 주식회사 아라*****으로부터 몰수한다.

나. 창원지방법원 2021초기383호로 추징보전 된 별지2 목록 제2항 기재 부동산 지분을 주식회사 패션**로부터, 제3항 기재 각 임대차보증금 반환채권을 아라*** 주식회사로부터, 제4항 기재 부동산을 이**으로부터 몰수한다.

다. 창원지방법원 2021초기384호로 추징보전 된 별지2 목록 제5항 기재 자동차를 이**으로부터 각 몰수한다.

3. 피고인으로부터 255,000,000원을, 이**으로부터 465,396,520원을, 이**으로부터 150,000,000원을 추징한다. (중략)

1. 몰수

부패재산의 몰수 및 회복에 관한 특례법 제6조 제1항, 제3조 제1항

- 별지2 목록 기재 몰수·추징보전 된 재산은 부패재산의 몰수 및 회복에 관한 특례법(이하 '부패재산몰수법') 제2조 제3호 (가), (나)목의 범죄행위에 의하여 그 피해자들로부터 취득한 재산 또는 그 재산의 보유·처분에 의하여 얻은 재산으로서 범죄피해재산에 해당한다.
- 한편, **이 사건 범행과 같은 유사수신행위로 인한 사기의 경우에는 피해자들의 수가 많고 범죄피해재산이 은닉되어 있는 경우가 많으며, 실제로 피고인은 상당한 범죄수익을 얻었음에도 불구하고 자신이 취득한 이익이 없다고 진술**하고 있는 점 등에 비추어 볼 때, **피해자들 스스로 피고인을 상대로 손해배상청구권을 행사하는 등으로 피해회복을 하기가 현실적으로 곤란**하다고 판단되므로, 위 범죄피해재산은 부패재산몰수법 제6조 제1항에 정한 몰수 대상에 해당한다.
- 별지2 목록 기재 몰수·추징보전 된 재산 중 **피고인 외 제3자에게 귀속된 재산의 경우에도 그 제3자가 범죄 후 그 정을 알면서 그 재산을 취득한 것으로 인정**되므로 그 재산을 제3자로부터 몰수한다(부패재산몰수법 제4조 제1항).

1. 추징

부패재산의 몰수 및 회복에 관한 특례법 제6조 제1항, 제5조 제2항, 제1항, 제4조 제1항

[추징금 산정근거]

- 피고인 255,000,000원 : **배임 범행으로 얻은 범죄수익**
- 이** 465,396,520원 : 배임 범행으로 얻은 범죄수익 656,000,000원 – 별지2 목록 제4항 기재 몰수재산 가액 중 위 범죄수익으로 지급한 50,000,000원 – 별지2 목록 제5항 기재 몰수재산 가액 140,603,480원
- 이** 150,000,000원 : 배임 범행으로 얻은 범죄수익 300,000,000원 – 별지2 목록 제4

항 기재 몰수재산 가액 중 위 범죄수익으로 지급한 150,000,000원

[부산고등법원 창원재판부 2023노330 판결 중 일부 발췌]

주 문

1. 원심판결 중 피고사건 유죄 부분(이유무죄 부분 포함)을 파기한다.
2. 피고인을 징역 9년 6월에 처한다.
3. 가. 창원지방법원 2022초기2264호로 몰수보전 된 별지 목록 제1항 기재 각 예금채권을 표1 기재와 같이 주식회사 패션**, 아라*** 주식회사, 아라***투자조합, 주식회사 아라 *****으로부터 몰수한다.

   나. 창원지방법원 2021초기383호로 추징보전 된 별지 목록 제2항 기재 부동산 지분을 주식회사 패션**로부터, 제3항 기재 각 임대차보증금 반환채권을 아라** 주식회사로부터, 제4항 기재 부동산을 이**으로부터 각 몰수한다.

   다. 창원지방법원 2021초기384호로 추징보전 된 별지 목록 제5항 기재 자동차를 이**으로부터 몰수한다.
4. 가. 피고인으로부터 255,000,000원을, 이**으로부터 465,396,520원을, 이**으로부터 150,000,000원을 각 추징한다.

   나. 피고인, 이**, 이**에 대하여 위 각 추징금에 상당한 금액의 가납을 명한다.

(중략)

1. 몰수

부패재산의 몰수 및 회복에 관한 특례법 제6조 제1항, 제3조 제1항

- 별지 목록 기재 몰수·추징보전 된 재산은 부패재산의 몰수 및 회복에 관한 특례법(이하 '부패재산몰수법') 제2조 제3호 (가), (나)목의 범죄행위에 의하여 그 피해자들로부터 취득한 재산 또는 그 재산의 보유·처분에 의하여 얻은 재산으로서 범죄피해재산에 해당한다.
- 한편, <u>**이 사건 범행과 같은 유사수신행위로 인한 사기의 경우**</u>에는 피해자들의 수가 많고 범죄피해재산이 은닉되어 있는 경우가 많으며, 실제로 피고인은 상당한 범죄수익을 얻었음에도 불구하고 자신이 취득한 이익이 없다고 진술하고 있는 점 등에 비추어 볼 때, 피해자들 스스로 피고인을 상대로 손해배상청구권을 행사하는 등으로 피해회복을 하기가 현실적으로 곤란하다고 판단되므로, 위 범죄피해재산은 부패재산몰수법 제6조 제1항에 정한 몰수 대상에 해당한다.
- <u>**별지 목록 기재 몰수·추징보전 된 재산 중 피고인 외 제3자에게 귀속된 재산의 경우에도 그 제3자가 범죄 후 그 정을 알면서 그 재산을 취득한 것으로 인정되므로 그 재산을 제3자로부터 몰수한다(부패재산몰수법 제4조 제1항).**</u>

1. 추징
부패재산의 몰수 및 회복에 관한 특례법 제6조 제1항, 제5조 제2항, 제1항, 제4조 제1항
[추징금 산정근거]
- 피고인 255,000,000원: <u>**배임 범행으로 얻은 범죄수익**</u>
- 이** 465,396,520원: 배임 범행으로 얻은 범죄수익 656,000,000원 - 별지 목록 제4항 기재 몰수재산 가액 중 위 범죄수익으로 지급한 50,000,000원 - 별지 목록 제5항 기재 몰수재산 가액 140,603,480원
- 이** 150,000,000원: 배임 범행으로 얻은 범죄수익 300,000,000원 - 별지 목록 제4항 기재 몰수재산 가액 중 위 범죄수익으로 지급한 150,000,000원

1. 가납명령
부패재산의 몰수 및 회복에 관한 특례법 제20조 제1항, 형사소송법 제334조 제1항

Ⅲ 범죄피해재산 환부 예외 규정의 개정 필요성

범죄피해재산 환부 **제도의 활용도를 낮춘 법률규정은 범죄피해자의 권리를 두텁게 보호하지 못한다**는 점에서 동의하기 어렵다. 왜냐하면 ① 부패재산몰수법은 국가가 범죄피해재산을 몰수·추징한다고 하더라도 반드시 이를 **범죄피해자에게 전부 환부하여야 한다고 규정**하고 있어 **범죄피해자의 보호에 이미 충실하도록 규정**하고 있는 점, ② 국가가 범죄피해재산을 몰수·추징한다고 하더라도 **범죄피해자의 권리 행사를 전혀 저해하거나 방해하지 않**는 점, ③ 부퍠범죄를 저지른 **범인**은 통상 부패재산을 본인의 명의가 아닌 본인의 가족, 차명법인, 지인 등 **다양한 사람과 수단을 동원해 이를 은닉**하게 되어 이에 대한 추적이 용이하지 않아 **개인이 스스로 범죄피해재산에 대한 권리를 행사하는 것이 사실상 불가능**한 점, ④ 반면 국가는 공익의 대표자인 검사를 통해 부패재산몰수법이 준용하는 **범죄수익은닉규제법, 마약거래방지법 및 형사소송법 규정**에 따라 **압수수색, 계좌추적, 재산조사** 등을 통해 **범인이 적극적으로 은닉해 놓은 범죄피해재산을 찾아 이를 몰수·추징할 수 있는 법률상 강력한 권한과 역량**을 갖추고 있는 점에 비추어 보면 범죄피해자 보호라는 제도의 취지에 비추어 보더라도 위와 같이 **국가의 범죄피해재산 몰수·추징을 막을 아무런 이유가 없다**고 본다. 만약 형사재판 단계에서 범죄피해재산에 대한 몰수·추징 판결이 선고되지 않는 경우 거액의 횡령·배임죄 등으로 취득한 범죄피해재산을 피해자가 스스로 찾아 권리를 행사하는 것은 사실상 불가능하다.

관련조문

범죄수익은닉규제법 제10조의3(몰수·추징의 집행을 위한 검사의 처분) ① 검사는 이 법에 따른 몰수·추징의 집행을 위하여 필요하다고 인정되면 그 **목적에 필요한 최소한의 범위에서 다음 각 호의 처분을 할 수 있다.** 다만, **법인 외의 자에 대한 제4호 및 제5호의 처분은 제3항에 따른 영장**이 있어야 한다.

1. 관계인의 출석 요구 및 진술의 청취
2. 서류나 그 밖의 물건의 소유자·소지자 또는 보관자에 대한 제출 요구
3. 「특정 금융거래정보의 보고 및 이용 등에 관한 법률」 제7조제1항에 따른 특정금융거래정보의 제공 요청
4. 「국세기본법」 제81조의13에 따른 과세정보의 제공 요청
5. 「금융실명거래 및 비밀보장에 관한 법률」 제4조제1항에 따른 금융거래의 내용에 대한 정보 또는 자료의 제공 요청
6. 그 밖의 공공기관 또는 단체에 대한 사실조회나 필요한 사항에 대한 보고 요구

② 제1항의 자료제공 요청에 대하여 해당 기관은 군사, 외교, 대북관계 등 국가안위에 중대한 영향을 미치는 경우를 제외하고는 다른 법률을 근거로 이를 거부할 수 없다.

③ 검사는 제1항의 몰수·추징의 집행을 위하여 필요한 경우 지방법원 판사에게 청구하여 발부받은 영장에 의하여 압수·수색 또는 검증을 할 수 있다.

마약거래방지법 제76조(검사의 처분) ① **검사는 이 장에 따른 몰수보전 또는 추징보전청구, 몰수보전명령 또는 추징보전명령의 집행에 관하여 필요하다고 인정**하면 **관계인의 출석을 요구하여 진술**을 들을 수 있고, **감정·통역 또는 번역을 촉탁하거나 실황(實況)을 조사**할 수 있으며, 서류나 그 밖의 물건의 소유자·소지자 또는 보관자에게 그 제출을 요구하거나, 공공기관이나 그 밖의 단체에 대하여 그 사실을 조회하거나 필요한 사항을 보고하도록 요구할 수 있다.

② 검사는 이 장에 따른 몰수보전 또는 추징보전의 청구, 몰수보전명령 또는 추징보전명령의 집행에 관하여 필요하다고 인정하면 지방법원판사에게 청구하여 발급받은 영장에 의하여 압수·수색 또는 검증을 할 수 있다.

③ 검사는 사법경찰관리에게 제1항 및 제2항에 따른 처분을 명할 수 있다.

따라서 궁극적으로 **부패재산몰수법 제6조 제1항**의 규정은 범죄피해자의 보호를 오히려 퇴행시킨다는 점에서 아래와 같이 개정되어야 한다(私見). 만약 이와 같은 개정이 어렵다면 국가가 범죄피해자의 보호를 위하여 **범죄피해재산을 몰수·추징**하는 경우라도 **개인이 재산반환청구권, 손해배상청구권을 행사하는 것을 방해하지 않는다**는 취지의 선언적인 규정을 명시하는 방법으로 부패재산몰수법을 개정하는 것이 상당하다고 본다.

관련조문

부패재산몰수법 제6조(범죄피해재산의 특례) (개정안) ① 제3조의 재산이 제2조 제3호에 따른 범죄피해재산인 경우 이를 몰수·추징할 수 있다.

제3관 범죄피해재산에 대한 범죄피해자 환부 절차

I 범죄피해재산 환부 절차의 시행령 위임 및 주요 개념(시행령 제2조, 제4조, 제12조, 시행규칙 제2조)

관련조문

부패재산몰수법 시행령 제2조(정의) 이 영에서 사용하는 용어의 뜻은 다음과 같다.

1. "피해자등"이란 「부패재산의 몰수 및 회복에 관한 특례법」(이하 "법"이라 한다) 제6조제1항에 따른 범죄피해재산의 몰수·추징의 원인이 되는 범죄로 인해 재산상 손해를 입은 자와 그 포괄승계인을 말한다.
2. "피해인정재산"이란 범죄피해재산에서 다음 각 목의 재산을 제외한 재산으로서 검사가 그 제외한 범위를 확인한 재산을 말한다.
   가. 피해자등이 범죄피해재산 중 반환받은 재산
   나. 피해자등이 범죄피해재산에 관하여 손해배상을 받은 경우 그 가액(價額)에 상당하는 재산
3. "회복대상재산"이란 법 제6조제1항에 따라 몰수·추징된 범죄피해재산으로서 환부의 대상이 되는 재산(법 제17조에 따라 외국으로부터 환수받은 집행재산등을 포함한다)을 말한다.
4. "피해회복금"이란 회복대상재산에서 통지·공고 등 **법무부령으로 정하는 환부절차에 드는 비용**(이하 "비용"이라 한다)을 빼고 피해인정재산의 범위에서 피해자등에게 지급하는 금전을 말한다.

제4조(손해배상청구권 등과의 관계) 피해자등이 범죄피해재산의 전부 또는 일부를 반환받았거나 범죄피해재산에 관하여 손해배상을 받았을 때에는 그 반환받거나 배상받은 재산의 범위에서 회복대상재산을 환부하지 않는다.

제12조(준용규정) 회복대상재산의 수리(受理)·영치(領置) 및 처분 절차 등에 관하여는 그 성질에 반하지 않는 범위에서 「검찰청법」 제11조에 따른 압수물 사무, 재산형(財産刑)의 집

행사무 또는 각급 검찰청의 사건사무에 관한 규정을 준용한다.

☞ **부패재산몰수법 시행규칙(법무부령) 제2조(비용)** 「부패재산의 몰수 및 회복에 관한 특례법 시행령」(이하 "영"이라 한다) 제2조제4호에서 "통지·공고 등 법무부령으로 정하는 환부절차에 드는 비용"이란 다음 각 호의 비용을 말한다.

1. 영 제3조제3항에 따른 환가 및 징수 비용
2. 영 제5조제1항·제2항, 제7조제3항 및 제10조제3항에 따른 통지·공고에 드는 비용
3. 그 밖에 범죄피해재산 환부절차에 드는 비용

부패재산몰수법은 범죄피해재산을 몰수·추징한 다음 이를 범죄피해자에게 환부하여야 한다고 규정하면서도 구체적인 절차에 관한 내용은 시행령에 위임하고 있다(동법 제6조 제3항 참조). 이에 따라 **부패재산몰수법 시행령**(대통령령)**은 범죄피해재산에 대한 구체적인 환부절차**를 정하고 있다.

시행령은 범죄피해재산에 대한 몰수 또는 추징 판결 선고가 내려진 경우 이를 구체적으로 피해자에게 환부하기 위한 구체적인 절차를 규정하고 있는데 몰수·추징 판결이 선고된 이후 이를 집행하는 절차를 진행하는 것이므로 사용되는 개념을 새롭게 규정할 필요가 있다.

시행령에서 사용하는 용어 중 「**피해자 등**」은 부패재산몰수법 제6조 제1항에 따라 범죄피해재산의 몰수·추징의 원인이 되는 범죄로 인해 **재산상 손해를 입은 당사자와 그 포괄승계인**을 말하고(동조 제1호), 「**피해인정재산**」이라 함은 범죄피해재산에서 ① 피해자등이 범죄피해재산 중 반환받은 재산, ② 피해자등이 범죄피해재산에 관하여 손해배상을 받은 경우 그 가액(價額)에 상당하는 재산을 각 제외한 재산으로서 검사가 그 제외한 범위를 확인한 재산을 의미한다(동조 제2호). 즉 실제로 **범죄피해자에게 반환해주어야 할 재산**을 말한다. 따라서 피해자등이 범죄피해재산의 전부 또는 일부를 반환받았거나 범죄피해재산에 관하여 손해배상을 받았을 때에는 그 반환받거나 배상받은 재산의 범위에서 회복대상재산을 환부하지 않는다(시행령 제4조 참조).

한편 「**회복대상재산**」이라 함은 부패재산몰수법에 따라 이미 몰수·추징된 범죄피해재산으로서 환부의 대상이 되는 재산을 말하고(동조 제3호), 「**피해회복금**」이란 회복대상재산에서 환부절차에 드는 비용을 빼고 피해인정재산 범위에서 피해자 등에게 실제로 지급하는 금전을 의미한다(동조 제4호). 이 때 환부절차에 드는 비용이라 함은 환가 및 징수 비용과 통지·공고에 드는 비용 및 그 밖에 범죄피해재산 환부에 드는 비용을 모두 의미한다(부패재산몰수법 시행규칙 제2조 참조).

그리고 범죄피해재산 환부 절차는 검찰청에서 이루어지는 통상적인 업무처리 처리 절차

에 해당하므로 회복대상재산의 수리(受理)·영치(領置) 및 처분 절차 등에 관하여는 그 성질에 반하지 않는 범위에서 「검찰청법」 제11조에 따른 압수물 사무, 재산형(財産刑)의 집행사무 또는 각급 검찰청의 사건사무에 관한 규정을 준용한다(동법 시행령 제12조 참조).

Ⅱ 범죄피해재산 환부 절차의 개시

관련조문

부패재산몰수법 시행령 제3조(범죄피해재산 환부절차의 개시 등) ① 검사는 회복대상재산을 보관하게 된 때에는 피해자등에게 회복대상재산을 환부하기 위한 절차(이하 "범죄피해재산 환부절차"라 한다)를 개시해야 한다. 다만, 회복대상재산의 가액이 비용에 미치지 못할 것으로 예상되는 등 범죄피해재산 환부절차를 개시하는 것이 적절하지 않다고 인정하는 경우에는 그렇지 않다.
② 검사는 회복대상재산을 추가적으로 보관하게 될 가능성이나 회복대상재산의 환가(換價) 절차에 걸리는 기간 등을 고려하여 제1항에 따른 범죄피해재산 환부절차의 개시시기를 조정할 수 있다.
③ 검사는 회복대상재산이 금전 외의 재산으로서 그 재산의 성질, 권리관계 등에 비추어 그대로 보관하는 것이 적절하지 않다고 인정하는 경우에는 이를 환가하거나 징수해서 금전으로 보관할 수 있다.

1. 검사의 환부 절차 개시(시행령 제3조)

범죄피해재산 환부 절차는 피해자 등에게 **피해인정재산을 환부하는 과정**에서 검사가 **몰수·추징을 통해 회복대상재산을 보관**하게 된 경우 **개시**된다.

검사는 **회복대상재산을 보관**하게 된 때에는 **피해자등에게 회복대상재산을 환부하기 위한 절차를 개시**해야 한다. 다만 회복대상재산의 가액이 비용에 미치지 못할 것으로 예상되는 등 범죄피해재산 환부절차를 개시하는 것이 적절하지 않다고 인정하는 경우에는 그렇지 않다(시행령 제3조 제1항 참조).

또한 검사는 회복대상재산을 추가적으로 보관하게 될 가능성이나 회복대상재산의 환가(換價) 절차에 걸리는 기간 등을 고려하여 **범죄피해재산 환부절차의 개시시기를 조정**할 수 있고(동조 제2항 참조), 회복대상재산이 금전 외의 재산으로서 그 재산의 성질, 권리관계 등에 비추어 그대로 보관하는 것이 적절하지 않다고 인정하는 경우에는 **이를 환가하거나 징**

수해서 금전으로 보관할 수 있다(동조 제3항 참조). 회복대상재산이 시간이 지날수록 가치가 떨어지는 경우 등에는 이를 **신속하게 환가하여 대가를 보관**하는 것이 **피해자에게 회복되는 재산이 늘어날 수 있기 때문**이다.

2. 통지 및 공고 절차(시행령 제5조, 시행규칙 제3조)

관련조문

부패재산몰수법 시행령 제5조(통지 및 공고) ① 검사는 범죄피해재산 환부절차를 개시한 경우 다음 각 호의 사항을 피해자등에게 신속하게 통지해야 한다.

1. 회복대상재산을 보관하고 있는 검사 및 그가 소속된 관할 검찰청
2. 회복대상재산의 명세 및 그 가액
3. 회복대상재산과 관련된 몰수재판 또는 추징재판을 한 법원, 재판 연월일 및 확정 연월일, 사건번호, 재판을 받은 피고인의 성명, 그 몰수 또는 추징의 이유가 된 범죄사실의 요지 및 죄명
4. 제6조제1항에 따라 환부를 청구해야 하는 기간

② 검사는 피해자등이 소재불명(所在不明)이거나 그 밖의 사유로 제1항에 따른 통지를 할 수 없는 경우에는 제1항 각 호의 사항을 관보와 검사가 소속된 검찰청 인터넷 홈페이지에 공고해야 한다.

③ 제1항에 따른 통지 및 제2항에 따른 공고에 필요한 사항은 법무부령으로 정한다.

☞ **부패재산몰수법 시행규칙 제3조(통지)** ① 영 및 이 규칙에 따른 통지를 할 때에는 「우편법 시행규칙」 제25조제1항제6호에 따른 특별송달로써 해야 한다.

② 영 제5조제1항에 따른 범죄피해재산 환부절차 개시에 관한 통지는 **별지 제1호서식**에 따른다.

검사는 범죄피해재산에 대한 **환부 절차를 개시**한 다음 **피해자 등에게 신속하게 통지**하여야 하고(시행령 제5조 제1항), 만약 피해자등이 소재불명(所在不明)이거나 그 밖의 사유로 제1항에 따른 통지를 할 수 없는 경우에는 제1항 각 호의 사항을 관보와 검사가 소속된 검찰청 인터넷 홈페이지에 공고해야 한다(동조 제2항).

이때 **구체적인 통지와 공고에 관한 필요한 사항**은 **법무부령**으로 정하는데(동조 제3항), 법무부령은 **통지를 할 때**에는 「우편법 시행규칙」 제25조 제1항 제6호에 따른 **특별송달**로써 해야 한다고 규정하고 있고 시행령 제5조 제1항에 따른 범죄피해재산 환부절차 개시에 관한 **통지를 위해 별지 제1호 서식**을 두고 있다(동법 시행규칙 제3조 참조).

검사가 범죄피해자에게 통지해야할 사항은 ① 회복대상재산을 보관하고 있는 **검사 및 그가 소속된 관할 검찰청**, ② **회복대상재산의 명세 및 그 가액**, ③ 회복대상재산과 관련된 **몰수재판 또는 추징재판을 한 법원**, 재판 연월일 및 확정 연월일, 사건번호, 재판을 받은 피고인의 성명, 그 **몰수 또는 추징의 이유가 된 범죄사실의 요지** 및 **죄명**, ④ 제6조제1항에 따라 **환부를 청구해야 하는 기간** 등을 포함한다(동조 제5조 제1항 각호 참조).

Ⅲ 범죄피해자의 환부 청구 절차(시행령 제6조, 시행규칙 제4조, 제5조)

관련조문

부패재산몰수법 시행령 제6조(범죄피해재산의 환부청구) ① 피해자등은 회복대상재산의 환부를 받으려는 경우에는 제5조제1항에 따른 통지를 받은 날 또는 같은 조 제2항에 따른 공고일부터 60일 이내에 회복대상재산을 보관하고 있는 검사에게 다음 각 호의 사항을 적은 청구서를 작성하여 법무부령으로 정하는 바에 따라 회복대상재산의 환부를 청구해야 한다. 이 경우 청구서에는 다음 각 호의 사항을 소명(疏明)할 수 있는 자료를 첨부해야 한다.

1. 청구인이 피해자등이라는 사실
2. 반환을 청구하는 범죄피해재산 및 그 가액
3. 피해자등이 범죄피해재산 중 반환받거나 범죄피해재산에 관하여 손해배상을 받은 때에는 그 재산이나 가액
4. 그 밖에 범죄피해재산의 환부청구를 위해 필요한 사항으로서 법무부령으로 정하는 사항

② 청구인은 제1항에 따라 청구서를 제출한 후 청구사항을 변경하려는 경우에는 제7조에 따른 회복대상재산 환부결정이 있기 전에 제1항에 따른 청구를 한 검사에게 법무부령으로 정하는 바에 따라 변경사항을 신고해야 한다.

☞ **부패재산몰수법 시행규칙 제4조(범죄피해재산 환부청구의 방법)** ① 청구인은 영 제6조제1항에 따라 회복대상재산의 환부를 청구하려는 경우에는 별지 제2호서식의 청구서에 다음 각 호의 서류를 첨부하여 청구해야 한다.

1. 청구인의 신분증 사본 및 인감증명서
2. 청구인의 통장 사본
3. 위임장과 대리인의 신분증 사본 및 인감증명서(대리인이 환부청구를 하는 경우만 해당한다)
4. 그 밖에 영 제6조제1항 각 호의 사유를 소명(疏明)하는 자료

② 영 제6조제1항제4호에서 "범죄피해재산의 환부청구를 위해 필요한 사항으로서 법무부령으로 정하는 사항"이란 다음 각 호의 사항을 말한다.

1. 지급받을 계좌 등 피해회복금 지급을 위해 필요한 사항

2. 대리인이 환부청구를 하는 경우 대리관계 또는 대리인과 본인과의 관계에 관한 사항

③ 검사는 제1항에 따른 청구서를 제출받은 경우에는 「전자정부법」 제36조제1항에 따른 행정정보의 공동이용을 통해 다음 각 호의 서류를 확인해야 한다. 다만, 청구인이 제1호의 서류 확인에 동의하지 않은 경우에는 그 서류를 첨부하게 해야 한다.

1. 가족관계증명서(청구인이 피해자의 포괄승계인인 경우만 해당한다)
2. 법인 등기사항증명서(법인만 해당한다)

제5조(청구사항의 변경신고) ① 청구인은 영 제6조제2항에 따라 청구사항을 변경하려는 경우에는 별지 제3호서식의 변경신고서에 그 변경사항을 소명하는 자료를 첨부하여 범죄피해재산 환부절차를 담당하는 검사에게 제출해야 한다.

② 검사는 제1항에 따른 변경신고서를 제출받은 경우에는 「전자정부법」 제36조제1항에 따른 행정정보의 공동이용을 통해 다음 각 호의 서류를 확인해야 한다. 다만, 청구인이 제1호의 서류 확인에 동의하지 않은 경우에는 그 서류를 첨부하게 해야 한다.

1. 가족관계증명서(청구인이 피해자의 포괄승계인인 경우만 해당한다)
2. 법인 등기사항증명서(법인만 해당한다)

피해자등은 회복대상재산의 환부를 받으려는 경우에는 부패재산몰수법 시행령에 따라 검사의 **환부절차 개시 통지를 받은 날** 또는 **같은 조 제2항에 따른 공고일**부터 **60일 이내**에 회복대상재산을 보관하고 있는 **검사에게 환부 청구서를 작성**하여 회복대상재산의 **환부를 청구**해야 한다(시행령 제6조 참조). 이때 피해자 등은 **청구인이 피해자등이라는 사실**과 반환을 구하는 **범죄피해재산 및 가액**, 그 중 일부를 반환받거나 손해배상을 받은 경우 그 가액 등을 적어야 하고, 청구 이후 이를 변경하고자 하는 경우에는 청구를 한 검사에게 변경사항을 신고하여야 한다. 한편 이와 관련된 **구체적인 내용과 절차는 법무부령**에 따른다.

부패재산몰수법 시행규칙(법무부령)은 위와 같은 대통령령의 위임에 따라 청구서에 첨부할 서류, 청구서에 적어야 할 사항 등을 구체적으로 규정하고 있다(동 시행규칙 제4조 참조).

Ⅳ 회복대상재산 환부 여부에 대한 검사 결정(시행령 제7조, 시행규칙 제6조)

관련조문

부패재산몰수법 시행령 제7조(회복대상재산 환부 여부의 결정 등) ① 검사는 제6조에 따른 환부청구를 받은 경우에는 다음 각 호의 구분에 따라 신속하게 피해인정재산 및 그 가액과 회복대상재산의 환부 여부를 결정해야 한다.

1. 청구가 이유 있다고 인정하는 경우: 청구를 인용(認容)하여 회복대상재산을 환부한다는 결정
2. 청구가 이유 없다고 인정하는 경우: 청구를 기각한다는 결정
3. 청구가 일부만 이유 있다고 인정하는 경우: 청구의 일부를 인용하여 회복대상재산의 일부를 환부하고, 청구의 일부를 기각한다는 결정
4. 제6조제1항에 따른 청구기간이 지난 후에 청구한 경우: 청구를 각하한다는 결정

② 검사는 제1항 각 호에 따른 결정을 하는 데 필요한 조사를 할 수 있다.

③ 검사는 제1항 각 호에 따른 결정을 했을 때에는 지체 없이 그 결정 취지와 이유를 법무부령으로 정하는 바에 따라 청구인에게 통지해야 한다.

☞ **부패재산몰수법 시행규칙 제6조(검사의 회복대상재산 환부결정)** ① 영 제7조제1항에 따른 결정은 별지 제4호서식의 회복대상재산 환부결정서에 따른다.

② 검사가 영 제7조제3항에 따라 회복대상재산 환부 여부의 결정 취지와 이유를 청구인에게 통지할 때에는 별지 제5호서식에 따른다.

검사는 피해자등으로부터 범죄피해재산 환부청구를 받은 경우 신속하게 피해인정재산 및 그 가액과 회복대상재산의 환부 여부를 결정해야 한다(동 시행령 제7조 제1항 참조). 이때 검사는 ① **청구가 이유 있다고 인정**하는 경우에는 **청구를 인용**(認容)하여 회복대상재산을 환부한다는 결정을(시행령 같은 항 제1호), ② **청구가 이유 없다고 인정**하는 경우에는 **청구를 기각**한다는 결정을, ③ **청구가 일부만 이유 있다**고 인정하는 경우에는 **청구의 일부를 인용**하여 회복대상재산의 일부를 환부하고 청구의 일부를 기각한다는 결정을, ④ **청구기간이 지난 후에 청구**한 경우에는 **각하** 결정을 각각 하여야 한다.

검사는 **위와 같은 결정**을 하기 위해 **필요한 조사**를 할 수 있고, 위와 같은 결정을 하였을 경우 **지체 없이 그 결정 취지와 이유**를 법무부령이 정하는 바에 따라 **청구인에게 통지**해야 한다(동조 제2항, 제3항 각 참조).

V 회복대상재산 환부 실시(시행령 제8조, 제9조, 시행규칙 제7조)

관련조문

부패재산몰수법 시행령 제8조(회복대상재산의 환부 실시) ① 검사는 제7조제1항제1호 또는 제3호의 결정을 했을 때에는 지체 없이 청구인에게 피해인정재산의 범위에서 각 호의 구분에 따라 회복대상재산을 환부해야 한다.

1. 회복대상재산이 금전 외의 재산인 경우: 그 재산을 환부
2. 회복대상재산이 금전이거나 제3조제3항에 따라 회복대상재산을 환가 또는 징수한 경우: 피해회복금을 환부

② 청구인은 제1항제1호에 따라 금전 외의 재산을 환부받으려는 경우에는 검사가 소속된 검찰청에 비용을 납부해야 한다.

③ 검사는 제7조제1항제1호 또는 제3호의 결정을 받은 청구인이 2인 이상인 경우로서 보관하고 있는 회복대상재산으로 각 청구인의 피해인정재산을 모두 환부할 수 없을 때에는 각 청구인의 피해인정재산의 가액에 비례하여 환부한다.

제9조(추가 환부 등) 검사는 범죄피해재산 환부절차를 종료한 후 회복대상재산이 남아 있거나 해당 절차와 관련된 회복대상재산을 추가로 보관하게 된 경우로서 피해자등에게 이미 환부한 재산이 피해인정재산에 미치지 못할 때에는 제3조부터 제8조까지의 규정에 따라 추가로 환부해야 한다.

☞ **부패재산몰수법 시행규칙 제7조(범죄피해재산 환부관리부 작성)** 범죄피해재산 환부절차를 담당하는 검사는 청구인에게 회복대상재산을 환부한 때에는 별지 제6호서식의 범죄피해재산 환부관리부를 작성하여 소속 검찰청에 보관해야 한다.

검사는 위와 같이 **범죄피해재산 환부 청구에 대한 결정**을 했을 때에는 **지체 없이** 청구인에게 **피해인정재산의 회복대상재산을 환부**해야 하는데 ① 회복대상재산이 **금전 외의 재산**인 경우에는 **그 재산을 환부**하고, ② 회복대상재산이 **금전**이거나 회복대상재산을 **환가 또는 징수**한 경우에는 **피해회복금을 환부**한다.

또한 청구인이 위와 같이 금전 외의 재산을 환부받으려는 경우에는 **검사가 소속된 검찰청에 비용을 납부**해야 하고, 검사는 환부 결정을 받은 **청구인이 2인 이상**인 경우로서 보관하고 있는 회복대상재산으로 각 청구인의 피해인정재산을 모두 환부할 수 없을 때에는 **각 청구인의 피해인정재산의 가액에 비례하여 환부**한다(동법 시행령 제8조 참조).

나아가 검사는 범죄피해재산 환부절차를 종료한 후 **회복대상재산이 남아 있거나 해당 절차와 관련된 회복대상재산을 추가로 보관**하게 된 경우로서 피해자등에게 이미 환부한 재산이 피해인정재산에 미치지 못할 때에는 **관련 규정에 따라 추가로 환부**해야 한다(동법 시행령 제9조 참조).

검사는 위와 같이 범죄피해재산 환부를 한 경우 **범죄피해재산 환부관리부를 작성**하여 이를 **보관**하여야 한다(동법 시행규칙 제7조 참조).

VI 청구인의 이의신청 등 불복절차(시행령 제10조)

관련조문

부패재산몰수법 시행령 제10조(이의신청) ① 청구인은 제7조제1항제2호부터 제4호까지에 따른 결정에 불복하는 경우 그 결정에 대한 통지를 받은 날부터 30일 이내에 해당 결정을 한 검사가 소속된 검찰청의 장에게 법무부령으로 정하는 바에 따라 이의신청을 할 수 있다.

② 제1항에 따른 이의신청을 받은 검찰청의 장은 제11조에 따른 범죄피해재산환부심의회를 거쳐 다음 각 호의 구분에 따라 결정한다.

1. 이의신청이 이유 있다고 인정하는 경우: 이의신청을 인용하여 회복대상재산을 환부한다는 결정
2. 이의신청이 이유 없다고 인정하는 경우: 이의신청을 기각한다는 결정
3. 이의신청의 일부만 이유 있다고 인정하는 경우: 이의신청의 일부를 인용하여 회복대상재산의 일부를 환부하고, 일부는 기각한다는 결정
4. 제1항에 따른 이의신청 기간이 지난 후에 이의신청을 한 경우: 이의신청을 각하한다는 결정

③ 검찰청의 장은 제2항 각 호에 따른 결정을 한 경우 지체 없이 결정의 취지와 이유를 법무부령으로 정하는 바에 따라 이의신청을 한 청구인에게 통지해야 한다.

청구인은 **검사의 환부 결정에 불복**하는 경우 그 결정에 대한 통지를 받은 날부터 30일 이내에 해당 결정을 한 **검사가 소속된 검찰청의 장에게** 법무부령으로 정하는 바에 따라 **이의신청**을 할 수 있다(동법 시행령 제10조 제1항 참조).

이때 청구인의 이의신청을 받은 검찰청의 장은 동법 시행령 제11조에 규정되어 있는 **범죄피해재산환부심의회**를 거쳐 ① **이의신청이 이유 있다고 인정**하는 경우에는 이의신청을 **인용**하여 회복대상재산을 환부한다는 결정을, ② **이의신청이 이유 없다**고 인정하는 경우에는 이의신청을 **기각**한다는 결정을, ③ **이의신청의 일부만 이유 있다**고 인정하는 경우에는 **이의신청의 일부를 인용**하여 회복대상재산의 일부를 환부하고, 일부는 기각한다는 결정을 하고, ④ 청구인이 **이의신청 기간이 지난 후에 이의신청**을 한 경우에는 이의신청을 **각하**한다는 결정을 한다(동법 시행령 제10조 제2항 각호 참조).

검찰청의 장은 위와 같이 **환부심의회를 거쳐 결정**을 한 경우 지체없이 결정의 취지와 이유를 법무부령으로 정하는 바에 따라 **이의신청을 한 청구인에게 통지**해야 한다(동법 시행령 제10조 제3항 참조).

Ⅶ 범죄피해재산 환부심의회의 구성 및 운영(시행령 제11조, 시행규칙 제10조 내지 제12조)

관련조문

부패재산몰수법 시행령 제11조(범죄피해재산환부심의회) ① 회복대상재산의 환부에 관한 사항을 심의하기 위해 각 검찰청에 범죄피해재산환부심의회(이하 "심의회"라 한다)를 둔다.

② 심의회는 다음 각 호의 사항을 심의한다.

1. 검사가 제6조에 따른 환부청구에 관하여 필요하다고 판단하여 심의회에 심의를 요청한 사항
2. 제10조에 따른 이의신청
3. 그 밖에 범죄피해재산 환부절차와 관련하여 검사가 심의를 요청한 사항

③ 심의회는 위원장 1명을 포함하여 4명 이상 7명 이내의 위원으로 구성한다.

④ 심의회의 위원장은 각 검찰청의 장이 소속 직원 중에서 지명한다.

⑤ 심의회의 위원(이하 "위원"이라 한다)은 각 검찰청의 장이 위촉하거나 임명하되, 변호사 자격이 있는 사람을 2명 이상 포함해야 한다.

⑥ 제5항에 따라 위촉된 위원의 임기는 2년으로 하고, 한 차례만 연임할 수 있다.

⑦ 심의회의 사무를 처리하기 위해 심의회에 간사를 두며, 간사는 범죄피해재산 환부절차를 담당하는 검사가 된다.

⑧ 제1항부터 제7항까지에서 규정한 사항 외에 심의회의 구성 및 운영에 필요한 사항은 법무부령으로 정한다.

☞ **부패재산몰수법 시행규칙 제10조(범죄피해재산환부심의회의 운영)** ① 영 제11조에 따른 범죄피해재산환부심의회(이하 "심의회"라 한다)의 위원장(이하 "위원장"이라 한다)은 심의회를 대표하고 심의회의 업무를 총괄한다.

② 위원장은 심의회를 소집하고 그 의장이 된다.

③ 심의회는 심의회의 위원(이하 "위원"이라 한다) 과반수의 출석으로 개의(開議)하고, 출석위원 과반수의 찬성으로 의결한다.

④ 심의회에 참석한 위원에게는 예산의 범위에서 수당을 지급할 수 있다.

⑤ 제1항부터 제4항까지에서 규정한 사항 외에 심의회의 구성 및 운영에 필요한 사항은 각 검찰청의 장이 정한다.

제11조(위원의 제척·기피·회피) ① 위원이 다음 각 호의 어느 하나에 해당하는 경우에는 심의회의 심의·의결에서 제척(除斥)된다.

1. 위원이나 그 배우자 또는 배우자였던 사람이 해당 안건의 당사자이거나 그 안건의 당사자와 공동권리자 또는 공동의무자인 경우
2. 위원이 해당 안건의 당사자와 친족이거나 친족이었던 경우
3. 위원이 해당 안건에 관해 증언, 진술, 자문 또는 감정을 한 경우
4. 위원이나 위원이 속한 법인·단체 등이 해당 안건의 당사자의 대리인이거나 대리인이었던 경우

② 해당 안건의 당사자는 위원에게 공정한 심의·의결을 기대하기 어려운 사정이 있는 경우에는 심의회에 기피 신청을 할 수 있고, 심의회는 의결로 기피 여부를 결정한다. 이 경우 기피 신청의 대상인 위원은 그 의결에 참여할 수 없다.

③ 위원이 제1항 각 호에 따른 제척사유에 해당하는 경우에는 스스로 해당 안건의 심의·의결에서 회피해야 한다.

제12조(위원의 해촉) 각 검찰청의 장은 영 제11조제5항에 따라 위촉된 위원이 다음 각 호의 어느 하나에 해당하는 경우에는 해당 위원을 해촉(解觸)할 수 있다.

1. 심신장애로 인해 직무를 수행할 수 없게 된 경우
2. 직무와 관련된 비위사실이 있는 경우
3. 직무태만, 품위손상, 그 밖의 사유로 위원으로 적합하지 않다고 인정되는 경우
4. 제11조제1항 각 호의 어느 하나에 해당함에도 불구하고 회피하지 않은 경우
5. 위원 스스로 직무를 수행하는 것이 곤란하다고 의사를 밝히는 경우

범죄피해자환부심의회는 회복대상재산의 환부에 관한 사항을 심의하기 위해 각 검찰청에 두는 것으로 심의회는 ① 검사가 환부청구에 관하여 필요하다고 판단하여 심의회에 심의를 요청한 사항, ② 청구인의 이의신청에 대한 사항, ③ 그 밖에 범죄피해재산 환부절차와 관련하여 검사가 심의를 요청한 사항을 심의한다.

심의회는 **위원장 1명을 포함**하여 **4명 이상 7명 이내의 위원**으로 구성하고, 심의회의 **위원장은 각 검찰청의 장이 소속 직원 중에서 지명**하며 심의회의 위원은 각 검찰청의 장이 위촉하거나 임명하되, **변호사 자격이 있는 사람을 2명 이상 포함**해야 한다.

한편 이에 따라 **위촉된 위원의 임기는 2년**으로 하고, 한 차례만 연임할 수 있으며 심의회의 사무를 처리하기 위해 심의회에 간사를 두는데 **간사는 범죄피해재산 환부절차를 담당하는 검사**가 된다. 나아가 위와 같이 규정한 사항 외에 심의회의 구성 및 운영에 필요한 사항은 법무부령으로 정한다.

제5절 부패재산의 몰수를 위한 몰수·부대 보전 절차

제1관 개요

몰수 및 추징보전 절차라 함은 **몰수 및 추징재판을 집행할 수 없게 될 염려**가 있거나 **집행이 현저히 곤란**하게 될 염려가 있다고 인정할 때에 피고인, 피의자의 **몰수 및 추징 대상 재산의 처분을 일시적으로 금지**하기 위한 형사상 절차로서 **민사집행법상 가압류 절차에 대응**하는 성질의 것이다.[125] 몰수 및 추징보전 절차는 자금세탁범죄 등 특정 범죄와 관련된 **범죄수익을 확실하게 몰수 및 추징**할 수 있도록 함으로써 **특정 범죄를 조장하는 경제적 요인을 근원적으로 제거**하기 위한 목적의 제도다.[126]

부패재산몰수법은 **독자적인 제3자 몰수·추징 규정**과 **범죄피해재산 특례규정**을 두고 있어 우리나라 범죄수익환수를 규율하는 5대 법률 중 가장 독창적인 특성을 가지고 있음은 앞에서 이미 살펴 보았다. **부패재산몰수법에 부패재산을 몰수**하는 경우 이를 보전하기 위하여 **보전절차를 진행**하게 되는데 부패재산몰수법은 **몰수보전**을 위한 별도의 조항을 독자적으로 두고 있지 않고 마약거래방지법의 그것(동법 제33조 내지 제63조)을 준용하고 있다. 이하에서는 부패재산몰수법에 따라 몰수를 하기 위한 보전절차의 전반에 대해 살펴보도록 한다.

관련조문

부패재산몰수법 제8조(「마약류 불법거래방지에 관한 특례법」의 준용) 이 법에 따른 몰수 및 추징과 국제공조에 관하여는 「마약류 불법거래방지에 관한 특례법」 제19조부터 제63조까지, 제64조제2항 및 제65조부터 제78조까지의 규정을 준용한다.

제2관 기소 후(後) 몰수·부대보전명령

관련조문

마약거래방지법 제33조(몰수보전명령) ① 법원은 마약류범죄 등에 관련된 피고인에 대한 형사사건에 관하여 이 법, 「마약류관리에 관한 법률」, 그 밖의 법령에 따라 몰수할 수 있는 재산

125 대법원 2011. 11. 13. 2010초기894 결정 참조.

126 법원행정처, 「법원실무제요 [형사Ⅰ]」 (2014) 559면 이하 참조.

(이하 "몰수대상재산"이라 한다)에 해당한다고 판단할 만한 상당한 이유가 있고 그 재산을 몰수하기 위하여 필요하다고 인정하면 검사의 청구를 받아 또는 법원의 직권으로 몰수보전명령을 함으로써 그 재산에 관한 처분을 금지할 수 있다.
② 법원은 지상권·저당권 또는 그 밖의 권리가 그 위에 존재하는 재산에 대하여 몰수보전명령을 한 경우 또는 하려는 경우, 그 권리가 몰수에 의하여 소멸된다고 볼만한 상당한 이유가 있고 그 재산을 몰수하기 위하여 필요하다고 인정할 때 또는 그 권리가 가장된 것이라고 볼 만한 상당한 이유가 있다고 인정할 때에는 검사의 청구에 의하여 또는 법원의 직권으로 별도의 부대보전명령을 하여 그 권리의 처분을 금지할 수 있다.
③ 몰수보전명령서 또는 부대보전명령서에는 피고인의 성명, 죄명, 공소사실의 요지, 몰수의 근거가 되는 법령의 조항, 처분을 금지하는 재산 또는 권리의 표시, 이들 재산이나 권리를 가진 자의 성명, 발급연월일, 그 밖에 대법원규칙으로 정하는 사항을 적고 재판한 법관이 서명날인하여야 한다.
④ 재판장은 긴급한 조치가 필요한 경우에는 제1항 또는 제2항에 따른 처분을 하거나 합의부의 구성원에게 그 처분을 하게 할 수 있다.
⑤ 부동산 또는 동산에 대한 몰수보전은 「형사소송법」에 따른 압수를 방해하지 아니한다.

I 몰수·부대보전명령의 의의

몰수·부대보전이란 몰수보전명령에 의하여 재산의 처분을 금지하는 것으로서 부패재산몰수법상 몰수할 수 있는 재산에 대하여 **법원이 직권 또는 검사의 청구에 의해 몰수보전명령을 발하여 그 처분을 일시적으로 막는 것**이다.

몰수·부대보전은 추징보전 절차와는 다르게 **형사 절차에 독자적으로 도입**된 재산의 처분금지제도다.[127] 따라서 몰수보전은 **민사상 가압류집행절차와 무관**하고 그 **집행도 검사의 지휘에 따르도록 규정**하였다(마약거래방지법 제35조 제1항 참조).

반면에 **추징보전**은 추징해야 할 **추징보전액의 보전을 위한 절차**로서 그 실체는 금전채권으로서의 추징금 채권의 실현을 위한 것이므로 **형사절차와 민사절차로서의 성격이 함께 존재**한다. 따라서 민사상 가압류 절차가 가압류 명령의 발부와 그 명령의 집행으로 분리되는 것에 따라 추징보전 절차도 **추징보전명령의 발부는 형사절차**에서 하되, 그 **명령의 집행은 민사상 가압류 절차**에 따르도록 한 것이다(동법 제54조 참조).

127 위 「법원실무제요[형사 I]」 561면 이하 참조.

관련조문

마약거래방지법 제35조(몰수보전에 관한 재판의 집행) ① 몰수보전에 관한 재판은 **검사의 지휘**에 따라 집행한다.

제54조(추징보전명령의 집행) ① 추징보전명령은 검사의 명령에 따라 집행한다. 이 경우 **검사의 명령은 「민사집행법」에 따른 가압류명령과 동일한 효력**을 가진다.

② 추징보전명령의 집행은 추징보전명령 등본이 피고인 또는 피의자에게 송달되기 전에도 할 수 있다.

③ 추징보전명령의 집행에 관하여는 이 법에 특별한 규정이 있는 경우를 제외하고는 「민사집행법」이나 그 밖에 가압류집행의 절차에 관한 법령의 규정을 준용한다. 이 경우 법령에 따라 가압류명령을 한 법원이 가압류 집행법원으로서 관할하도록 되어 있는 가압류의 집행에 관하여는 제1항에 따른 명령을 한 검사가 소속하는 검찰청 또는 고위공직자범죄수사처에 대응하는 법원이 관할한다.

Ⅱ 몰수보전명령의 요건 및 절차

1. 청구권자 : 검사의 청구 또는 법원의 직권

마약거래방지법은 법원은 마약류범죄 등에 관련된 피고인에 대한 형사사건에 관하여 마약거래방지법, 마약류관리에 관한 법률, 그 밖의 법령에 따라 몰수할 수 있는 재산 즉 **몰수대상재산에 해당한다고 판단할 만한 상당한 이유**가 있고 **그 재산을 몰수**하기 위하여 **필요하다고 인정**하면 **검사의 청구를 받아 또는 법원의 직권으로 몰수보전명령**을 함으로써 **그 재산에 관한 처분을 금지할 수 있다**고 규정하고 있다(동법 제33조 제1항 참조). **해당 규정을 부패재산몰수법에서 준용**하므로 위 **마약류 범죄를 부패범죄로 치환**하면 **곧 부패재산몰수법에 적용**된다.

나아가 마약거래방지법의 위 조항은 **'피고인'에 대한 몰수·부대보전 명령을 전제**로 하고 있으므로 이는 **기소 후(後) 몰수·부대 보전 명령**을 의미하고, 기소 전(前) 몰수·부대보전 명령의 경우 동법 제34조에 별도로 규정을 두고 있다. 아래에서 검토하는 바와 같이 **기소 후에는 검사의 청구 또는 법원의 직권**으로 위 명령을 발할 수 있으나, **기소 전에는 이에 더하여 사법경찰관의 신청권이 인정**된다는 점에서 중요한 차이가 있다.

2. 관할 법원의 지정 및 「초기」 몰수보전 청구 사건번호의 부여

기소 후 몰수·부대 보전의 경우 **형사 본안 사건이 제1심과 항소심에 계속 중인 때**에는 **제1심과 항소심의 수소법원이 몰수·부대 보전 사건을 관할**한다(마약거래방지법 제33조 제1항 참조). 상소제기 기간 중이긴 하나 아직 상소가 제기되지 아니한 사건, 상소를 하였지만 상소기록이 상소법원에 도달하기 이전에는 원심법원이 몰수보전청구에 대한 처분을 하여야 한다(마약거래방지법 제61조 참조).

한편 기소 후 몰수보전 명령은 법원이 하는 것이 원칙이나 긴급한 조치가 필요한 경우에는 재판장이 직접 몰수보전 명령을 발령하거나 합의부원에게 하도록 할 수 있다(마약거래방지법 제33조 제4항 참조).

그런데 **형사사건이 상고심에 계속 중**인 경우 **몰수보전의 관할 법원이 상고심인 대법원인지 여부**가 문제될 수 있으나 민사상 가압류의 경우 본안이 상고심에 계속 중인 때에는 그 본안의 제1심 법원이 본안 법원으로서 가압류 사건을 관할하고 있으므로,[128] 이러한 점에 비추어 본안 사건이 **상고심에 계속 중인 경우 몰수보전의 관할 법원은 제1심 법원으로 보는 것이 상당**하다.[129]

관련조문

마약거래방지법 제61조(상소제기기간 중의 처분 등) 상소제기기간에 발생한 사건으로서 아직 상소가 제기되지 아니한 사건과 상소하였으나 소송 기록이 상소법원에 도달하지 아니한 사건에 관하여 몰수보전 또는 추징보전에 관한 처분을 하여야 할 경우에는 원심법원이 그 처분을 하여야 한다.

몰수·부대보전 청구 사건이 접수되면 법원에서는 「초기」사건 번호를 부여하고 해당 사건을 본안이 계속된 재판부에 배당하여 처리하며 위 초기 사건의 기록은 본안 사건에 첨철한다. 법원에서 지정하는 사건 명칭은 추징보전 사건을 추징보전청구로 하는 것에 맞추어 **「몰수보전 청구」 사건으로 함이 상당하다는 견해가 타당**하다.[130]

---

128 대법원 2011. 1. 13.자 2010초기894결정 참조.

129 위 「법원실무제요[형사Ⅰ]」 563면 이하 참조.

130 위 「법원실무제요[형사Ⅰ]」 564면 이하 참조.

3. 대상범죄 및 요건

부패재산몰수법에 따른 몰수·부대 보전은 그 대상범죄가 부패재산몰수법상 부패범죄에 해당하여야 하고, 대상 재산은 부패범죄로 취득한 부패재산 즉 범죄수익 등에 해당하여야 함은 당연하다.

한편 몰수보전의 요건은 몰수의 요건에 대응하여 부패재산몰수법 규정 등에 따라 **몰수할 수 있는 재산에 해당한다고 판단할 만한 상당한 이유**가 있고(몰수보전의 이유), **그 재산을 몰수하기 위하여 필요하다고 인정**되어야 한다(몰수보전의 필요성).

이때 몰수할 수 있는 재산에 해당한다고 판단할 만한 **상당한 이유**의 해석은 **형사소송법 제70조 제1항** 구속사유에 규정되어 있는 「**상당한 이유」에 준하여 해석**함이 타당하다.[131] 다시 말해 **몰수할 수 있는 재산**이라고 볼 수 있는 **객관적이고 합리적인 근거**가 있어야 하고, 여기에는 ① **몰수의 대상 범죄를 범하였다고 의심할 만한 상당한 이유**와 ② 당해 재산이 **범죄피해재산**인 경우 부패재산몰수법 제6조에 따른 **범죄피해재산임에도 몰수할 수 있는 경우에 해당할 것임**을 포함한다.

관련조문

형사소송법 제70조(구속의 사유) ①법원은 피고인이 죄를 범하였다고 의심할 만한 상당한 이유가 있고 다음 각 호의 1에 해당하는 사유가 있는 경우에는 피고인을 구속할 수 있다.

1. 피고인이 일정한 주거가 없는 때
2. 피고인이 증거를 인멸할 염려가 있는 때
3. 피고인이 도망하거나 도망할 염려가 있는 때

마약거래방지법 제33조(몰수보전명령) ① 법원은 마약류범죄 등에 관련된 피고인에 대한 형사사건에 관하여 이 법, 「마약류관리에 관한 법률」, 그 밖의 법령에 따라 몰수할 수 있는 재산(이하 "몰수대상재산"이라 한다)**에 해당한다고 판단할 만한 상당한 이유**가 있고 **그 재산을 몰수하기 위하여 필요하다고 인정**하면 검사의 청구를 받아 또는 법원의 직권으로 몰수보전명령을 함으로써 그 재산에 관한 처분을 금지할 수 있다.

부패재산몰수법 제6조(범죄피해재산의 특례) ① 제3조의 재산이 **범죄피해재산으로서 범죄피해자가 그 재산에 관하여 범인에 대한 재산반환청구권 또는 손해배상청구권 등을 행사할 수 없는 등 피해회복이 심히 곤란하다고 인정되는 경우**에는 몰수·추징할 수 있다.

---

131 위 「법원실무제요[형사 I]」 566면 이하 참조.

한편 **몰수보전의 필요성**은 몰수대상 재산이 **처분될 가능성**이 있을 뿐만 아니라 대상 재산이 **처분되는 경우 향후 몰수재판이 불가능**하게 되는 경우에 인정된다.

추징은 몰수가 불가능한 경우에 하는 것이고 이에 비추어 **몰수보전은 추징보전에 우선적으로 고려**되어야 하는 것이므로 범인이 부패범죄를 저지르고 부패재산을 취득한 경우 해당 **부패재산 자체가 존속**하는 경우에는 이를 **범인 또는 제3자로부터 몰수할 것인지 여부를 우선 검토**하여야 한다. 만약 부패재산이 전전양도되는 등의 사정으로 인하여 이를 **몰수할 수 없게 되는 경우**에는 부패재산 **가액을 범인 또는 제3자로부터 추징할 것인지** 여부를 검토할 것이다.

범인에 대한 **몰수가 가능**하다고 하면 **몰수판결이 선고되기 전까지 그 처분을 금지하기 위하여 몰수보전 여부**를 살펴야 한다. 이에 대한 처분을 금지하지 않으면 범인 또는 제3자가 언제든지 이를 처분할 수 있어 **몰수판결의 집행을 담보할 수 없기 때문**이다.

Ⅲ 부대보전명령의 요건

관련조문

마약거래방지법 제33조(몰수보전명령) ① 법원은 마약류범죄 등에 관련된 피고인에 대한 형사사건에 관하여 이 법, 「마약류관리에 관한 법률」, **그 밖의 법령에 따라 몰수할 수 있는 재산(이하 "몰수대상재산"이라 한다)에 해당한다고 판단할 만한 상당한 이유**가 있고 **그 재산을 몰수하기 위하여 필요하다고 인정**하면 **검사의 청구**를 받아 또는 **법원의 직권**으로 몰수보전명령을 함으로써 그 재산에 관한 **처분을 금지**할 수 있다.

② 법원은 지상권·저당권 또는 그 밖의 권리가 그 위에 존재하는 재산에 대하여 몰수보전명령을 한 경우 또는 하려는 경우, **그 권리가 몰수에 의하여 소멸된다고 볼만한 상당한 이유**가 있고 **그 재산을 몰수하기 위하여 필요하다고 인정**할 때 또는 그 **권리가 가장된 것이라고 볼 만한 상당한 이유**가 있다고 인정할 때에는 **검사의 청구**에 의하여 또는 **법원의 직권**으로 **별도의 부대보전명령**을 하여 그 권리의 처분을 금지할 수 있다.

법원은 **지상권·저당권 또는 그 밖의 권리가 그 위에 존재하는 재산**에 대하여 **몰수보전명령**을 한 경우 또는 하려는 경우, ① 그 **권리가 몰수에 의하여 소멸**된다고 볼만한 상당한 이유가 있고 그 **재산을 몰수하기 위하여 필요하다고 인정**할 때 또는 ② 그 **권리가 가장된 것이라고 볼 만한 상당한 이유**가 있다고 인정할 때에는 **검사의 청구**에 의하여 또는 **법원의 직권**으로 별도의 부대보전명령을 하여 그 권리의 처분을 금지할 수 있다(동조 제

2항 참조). 이를 「**부대보전명령**」이라고 하는데 원칙적으로 몰수보전 이전에 해당 재산에 권리가 설정된 경우에는 해당 권리는 몰수보전의 영향을 받지 않으나 만약 몰수에 의하여 위 권리가 소멸된다고 볼 상당한 이유가 있는 경우 등 **그 재산권자를 보호할 이유가 없다고 인정**되는 경우에는 **그 재산권 또한 몰수에 「부대」하여 함께 보전함으로써 그 처분을 금지**한다는 의미다. 부대보전은 그 보전의 대상이 다를 뿐 몰수보전과 효력이 같다.

Ⅳ 법원의 몰수보전명령의 발령

관련조문

마약거래방지법 제33조(몰수보전명령) ③ 몰수보전명령서 또는 부대보전명령서에는 피고인의 성명, 죄명, 공소사실의 요지, 몰수의 근거가 되는 법령의 조항, 처분을 금지하는 재산 또는 권리의 표시, 이들 재산이나 권리를 가진 자의 성명, 발급연월일, 그 밖에 대법원규칙으로 정하는 사항을 적고 재판한 법관이 서명날인하여야 한다.
④ 재판장은 긴급한 조치가 필요한 경우에는 제1항 또는 제2항에 따른 처분을 하거나 합의부의 구성원에게 그 처분을 하게 할 수 있다.

법원이 **몰수보전명령서 또는 부대보전명령서**를 통해 몰수·부대보전 명령을 하는 경우 그 결정서에는 피고인의 성명, 죄명, 공소사실의 요지, 몰수의 근거가 되는 법령의 조항, 처분을 금지하는 재산 또는 권리의 표시, 이들 재산이나 권리를 가진 자의 성명, 발급연월일, 그 밖에 대법원규칙으로 정하는 사항을 적고 **재판한 법관이 서명날인**하여야 하고(동조 제3항), 재판장은 긴급한 조치가 필요한 경우에는 제1항 또는 제2항에 따른 처분을 하거나 합의부의 구성원에게 그 처분을 하게 할 수 있다(동조 제4항).

제3관 기소 전(前) 몰수·부대보전명령

Ⅰ 기소 전 몰수보전명령의 주요 특징

관련조문

마약거래방지법 제34조(기소 전 몰수보전명령) ① 검사는 제33조제1항 또는 제2항에 따른 이유와 필요가 있다고 인정하는 경우에는 공소가 제기되기 전이라도 지방법원판사에게 청구하여 같은 조 제1항 또는 제2항에 따른 처분을 받을 수 있으며, **사법경찰관은 검사에게 신청하여 검사의 청구로 처분을 받을 수 있다.**

② 사법경찰관은 **몰수보전명령 또는 부대보전명령이 내려진 경우**에는 **지체 없이 관계 서류를 검사에게 송부하여야 한다.**

③ 제1항에 따른 청구는 검사가 소속된 지방검찰청 또는 지청 소재지를 관할하는 지방법원 또는 지원의 판사에게 하여야 하고, 고위공직자범죄수사처에 소속된 검사의 경우에는 그에 대응하는 법원의 판사에게 하여야 한다. <개정 2021. 1. 5.>

④ 제1항에 따른 청구를 받은 판사는 몰수보전에 관하여 법원 또는 재판장과 동일한 권한을 가진다.

⑤ 검사는 제1항에 따른 몰수보전 후 공소를 제기한 경우에는 그 요지를 몰수보전명령을 받은 자(피고인은 제외한다)에게 통지하여야 한다. 다만, 그 사람의 소재가 분명하지 아니하거나 그 밖의 이유로 통지를 할 수 없을 때에는 통지를 갈음하여 그 요지를 소속 지방검찰청이나 그 지청 또는 고위공직자범죄수사처의 게시판에 7일간 게시하여 공고하여야 한다. <개정 2021. 1. 5.>

검사는 동법 제33조 제1항 내지 제2항과 같이 몰수보전명령을 할 이유와 필요가 있다고 인정하는 경우에는 **공소가 제기되기 전이라도** 지방법원판사에게 청구하여 몰수보전 명령을 받을 수 있다(동법 제34조 제1항 참조).

위 청구는 **기소 후 몰수보전 청구와는 달리 검사가 소속된 지방검찰청 또는 지청 소재지를 관할하는 지방법원 또는 지원의 판사**에게 하여야 하고, 고위공직자범죄수사처에 소속된 검사의 경우에는 그에 대응하는 법원의 판사에게 하여야 하는데 **담당 판사는 몰수보전에 관하여 법원 또는 재판장과 동일한 권한**을 갖는다 (동조 제3항, 제4항 각 참조).

또한 기소 후 몰수보전 명령과는 다르게 **사법경찰관은 검사에게 신청하여 검사의 청구로 처분**을 받을 수 있다. 사법경찰관은 **몰수보전명령 또는 부대보전명령이 내려진 경우**에는 **지체 없이 관계 서류를 검사에게 송부**하여야 한다(동조 제2항 참조). 검사가 사건을 처리하는 과정에서 그와 같은 보전 사실을 알 수 있도록 함으로써 공판 과정에서 적절히 대응할 수 있도록 하기 위함이다.

검사는 위와 같이 **사법경찰관등의 기소 전 몰수·부대 보전명령 신청**이 있는 경우 이를 검토하여 몰수보전 또는 부대보전을 할 상당한 이유가 없다고 인정될 경우에는 **몰수보전신청 기각서에 그 이유를 기재하여 신청을 기각**한다. 다만 검사가 특별사법경찰관의 몰수보전신청 또는 부대보전신청을 몰수보전 또는 부대보전의 이유와 필요에 대한 **소명자료의 보완이 필요하다고 인정하여 기각**하는 경우에는 마약거래방지법 제53조제3항에 따라 **기한을 정하여 다시 신청할 것을 지휘**할 수 있다(검찰사건사무규칙 제267조 제3항 참조).

관련조문

검찰사건사무규칙 제267조(몰수보전 등의 청구) ③ 검사는 제2항의 사법경찰관등의 신청을 검토하여 몰수보전 또는 부대보전을 할 상당한 이유가 없다고 인정될 경우에는 별지 제340호서식의 몰수·부대보전신청 기각서에 그 이유를 기재하여 신청을 기각한다. 다만, 검사가 특별사법경찰관의 몰수보전신청 또는 부대보전신청을 몰수보전 또는 부대보전의 이유와 필요에 대한 소명자료의 보완이 필요하다고 인정하여 기각하는 경우에는 마약거래방지법 제53조제3항에 따라 기한을 정하여 다시 신청할 것을 지휘할 수 있다.

Ⅱ 기소 전 몰수보전명령의 집행 절차 등

검사는 **몰수보전 후 공소를 제기**한 경우에는 **그 요지를 피고인을 제외**하고 **몰수보전명령을 받은 자에게 통지**하여야 한다. 다만 그 사람의 소재가 분명하지 아니하거나 그 밖의 이유로 통지를 할 수 없을 때에는 통지를 갈음하여 그 요지를 소속 지방검찰청이나 그 지청 또는 고위공직자범죄수사처의 게시판에 7일간 게시하여 공고하여야 한다(동조 제5항 참조). 여기에서 **피고인을 제외**하는 것은 **피고인은 공소장이 송달**되므로 **피고인에게 그 요지를 따로 고지할 필요가 없기 때문**에 당연한 것이다.

또한 검사는 공소가 제기되기 전에 법원이 몰수보전명령 또는 부대보전명령을 한 사건에 대하여 공소를 제기하는 경우에는 공소장 첨부란의 우측 여백에 "몰수보전명령 있음"이라고 기재한다(검찰사건사무규칙 제271조 참조). 이는 기소 전 몰수보전 명령의 존재를 공소장에 명시함으로써 향후 구형 등 절차 진행상 누락을 방지하기 위함으로 보인다.

관련조문

검찰사건사무규칙 제271조(공소장의 기재) 검사는 공소가 제기되기 전에 법원이 몰수보전명령 또는 부대보전명령을 한 사건에 대하여 공소를 제기하는 경우에는 공소장 첨부란의 우측 여백에 "몰수보전명령 있음"이라고 적는다.

제4관 몰수·부대보전명령의 효력

관련조문

마약거래방지법 제36조(몰수보전의 효력) 몰수보전된 재산(이하 "몰수보전재산"이라 한다)에 대하여 그 보전 후에 된 처분은 몰수에 관하여 그 효력을 발생하지 아니한다. 다만, **제47조제1항 본문**에 따른 경우(**제50조제4항 및 제5항에 따라 준용되는 경우를 포함한다**)와 **몰수보전명령에 대항할 수 있는 담보권의 실행으로서의 처분**인 경우에는 그러하지 아니하다.

☞ 제47조(강제집행의 대상이 된 재산의 몰수제한) ① 몰수보전되기 전에 강제경매 개시 결정 또는 강제집행에 의하여 압류된 재산에 대하여는 몰수재판을 할 수 없다. 다만, 다음 각 호의 어느 하나에 해당하면 몰수재판을 할 수 있다.

1. 압류채권자의 채권이 가장된 것일 때
2. 압류채권자가 몰수대상재산이라는 사실을 알면서 강제집행을 신청한 때
3. 압류채권자가 범인일 때

제50조(그 밖의 절차와의 조정) ④ 다음 각 호의 어느 하나에 해당하는 경우 이러한 재산의 몰수제한에 관하여는 제47조를 준용한다.

1. **몰수보전이 되기 전에 그 몰수보전의 대상이 된 재산에 대하여 가압류**가 있는 경우
2. **몰수대상재산상에 존재하는 지상권·저당권 또는 그 밖의 권리로서 부대보전명령에 따라 처분이 금지된 것에 대하여 그 처분금지 전에 가압류**가 있는 경우

⑤ 다음 각 호의 어느 하나에 해당하는 경우 이러한 재산의 몰수제한에 관하여는 제47조제1항 본문을 준용한다.

1. **몰수보전이 되기 전에 그 몰수보전의 대상이 된 재산에 대하여 체납처분에 의한 압류**가 있는 경우
2. **몰수보전이 되기 전에 그 몰수보전의 대상이 된 재산을 가진 자에 대하여 파산선고 등**이 있는 경우
3. **몰수보전이 되기 전에 그 몰수보전의 대상이 된 재산을 가진 회사에 대하여 정리절차 개시결정**이 있는 경우

☞ 마약류범죄 등의 몰수보전 등에 관한 규칙 제16조(강제집행에 의하여 압류등이 된 재산에 대하여 몰수보전이 된 경우의 통지) ①**강제경매개시결정 또는 강제집행에 의하여 압류가 된 재산에 대하여 몰수보전명령이 발하여진 때**에는 검사 또는 수사처검사는 **집행법원(동산의 경우에는 집행관)에 그 사실을 통지**하여야 한다.

②제1항의 경우 **몰수의 재판이 확정**된 때 또는 **몰수보전이 효력을 상실**한 때에는 **검사** 또는 수사처검사는 **집행법원(동산의 경우에는 집행관)에 그 사실을 통지**하여야 한다.

③제1항의 경우 **강제집행신청의 취하에 의하여 압류의 효력이 소멸**하거나 **강제집행절차를 취소하는 결정이 확정**된 때 또는 강제집행절차에 의하여 재산이 매각된 때에는 **집행법원**의 법원사무관등(동산의 경우 집행관)은 **검사 또는 수사처검사에게 그 사실을 통지**하여야 한다. 「민사집행법」 제223조가 규정하는 채권(같은 법 제251조제1항에 의하여 같은 법 제2편제2장제4절제3관의 규정이 준용되는 재산권을 포함한다)에 대하여 같은 법 제236조제1항의 신고가 있는때, 같은 법 제256조의 규정에 의하여 배당이 실시된 때, 같은 법 제229조제3항의 전부명령 또는 같은 법 제241조의 양도명령이 확정된 때에도 그 사실을 통지하여야 한다.

I 몰수보전 명령의 효력

1. 몰수보전 후 처분의 경우: 상대적 무효

몰수보전된 재산에 대하여 **그 보전 후에 된 처분**은 **몰수에 관하여 그 효력을 발생하지 아니**한다. 몰수보전명령의 효력 기간은 몰수보전 기간이 부당하게 과도하여 취소의 대상이 되는 경우(마약거래방지법 제42조 제1항)를 제외하고는 별다른 제한이 없다.

몰수보전재산에 대하여 그 **보전 후에 된 처분**은 **몰수에 관하여 그 효력을 발생하지 아니**하는 것은 몰수보전 자체가 대상재산에 대한 **처분을 금지**하고 이에 **대항력을 부여**하기 때문이다(동법 제36조 본문 참조).

다만 몰수보전명령에 위반한 처분을 절대적으로 무효로 하지 않고 몰수절차에 관련된 한도에서 그 효력을 발생하지 않는 것이므로 이는 **상대적 무효에 해당**한다.[132] 따라서 몰수보전이 된 재산에 대하여도 당사자 간에는 **유효한 채권계약을 체결**할 수 있고 **제3자에 대해서도 일응 그 법적인 효과를 주장**할 수는 있으나 향후 몰수재판이 확정된 경우에는 몰수보전 이후 행한 처분은 몰수재판에 대항할 수 없다.

2. 몰수보전 명령의 효력이 미치지 않는 예외적인 경우

그러나 ① 몰수보전되기 전에 **강제경매 개시 결정 또는 강제집행**에 의하여 **압류된 재산**인 경우(동법 제47조 제1항 참조), ② 몰수보전이 되기 전에 **그 몰수보전의 대상이 된 재산에 대하여 가압류**가 있거나(동법 제50조 제4항 제1호), 몰수대상재산상에 존재하는 **지상**

---

132 위 「주석 형사소송법」 569면 이하 참조.

권·저당권 또는 그 밖의 권리로서 **부대보전명령에 따라 처분이 금지**된 것에 대하여 **그 처분금지 전에 가압류**가 있는 경우(동법 제50조 제4항 제2호 참조), ③ 몰수보전이 되기 전에 그 **몰수보전의 대상이 된 재산**에 대하여 **체납처분에 의한 압류**가 있거나(동법 제50조 제5항 제1호), **몰수보전이 되기 전**에 그 **몰수보전의 대상이 된 재산을 가진 자**에 대하여 **파산선고등**이 있는 경우(같은 항 제2호), 몰수보전이 되기 전에 그 **몰수보전의 대상이 된 재산을 가진 회사에 대하여 정리절차 개시결정**이 있는 경우와 ④ **몰수보전명령에 대항**할 수 있는 **담보권의 실행으로서의 처분**인 경우(같은 항 제3호)에는 몰수보전대상 재산에 대하여 몰수보전 후에 된 처분이라고 하더라도 **몰수에 대항할 수 있게 된다**. 이에 대해서는 이미 부패재산몰수법상 혼합재산에 대한 몰수 편에서 상세히 살펴보았다(구체적인 내용은 같은 장 제2절 제2관 Ⅵ. 부패재산몰수법에 따른 혼합재산에 대한 몰수 부분 참조).

이처럼 **강제집행에 의하여 압류된 재산에 대하여 몰수보전**이 된 경우 **검사 등은 집행법원**(동산의 경우 집행관)에게 **그 사실을 통지**하여야 하고, **몰수의 재판이 확정**된 때 또는 **몰수보전의 효력이 상실**된 때에도 **검사 등이 집행법원에 그 사실을 통지**해야 하며 위 **강제집행절차가 취하**되거나 **취소하는 결정이 확정**된 경우에는 **집행법원이 검사 등에게 그 사실을 통지**하여야 한다(마약류범죄 등의 몰수보전에 관한 규칙 제16조).

관련조문

마약류범죄 등의 몰수보전에 관한 규칙 제16조(강제집행에 의하여 압류등이 된 재산에 대하여 몰수보전이 된 경우의 통지) ①강제경매개시결정 또는 강제집행에 의하여 압류가 된 재산에 대하여 몰수보전명령이 발하여진 때에는 검사 또는 수사처검사는 집행법원(동산의 경우에는 집행관)에 그 사실을 통지하여야 한다. <개정 2002. 6. 28., 2021. 1. 29.>

② 제1항의 경우 몰수의 재판이 확정된 때 또는 몰수보전이 효력을 상실한 때에는 검사 또는 수사처검사는 집행법원(동산의 경우에는 집행관)에 그 사실을 통지하여야 한다. <개정 2002. 6. 28., 2021. 1. 29.>

③ 제1항의 경우 강제집행신청의 취하에 의하여 압류의 효력이 소멸하거나 강제집행절차를 취소하는 결정이 확정된 때 또는 강제집행절차에 의하여 재산이 매각된 때에는 집행법원의 법원사무관등(동산의 경우 집행관)은 검사 또는 수사처검사에게 그 사실을 통지하여야 한다. 「민사집행법」 제223조가 규정하는 채권(같은 법 제251조제1항에 의하여 같은 법 제2편제2장제4절제3관의 규정이 준용되는 재산권을 포함한다)에 대하여 같은 법 제236조제1항의 신고가 있는때, 같은 법 제256조의 규정에 의하여 배당이 실시된 때, 같은 법 제229조제3항의 전부명령 또는 같은 법 제241조의 양도명령이 확정된 때에도 그 사실을 통지하여야 한다. <개정 2002. 6. 28., 2005. 12. 29., 2021. 1. 29.>

Ⅱ 부대보전명령의 효력

관련조문

마약거래방지법 제51조(부대보전명령의 효력 등) ① 부대보전명령은 그 명령에 관계된 몰수보전의 효력이 존속하는 동안 그 효력이 있다.
② 부대보전명령에 따른 처분금지에 관하여는 이 법에 특별한 규정이 있는 경우를 제외하고는 몰수보전에 관한 규정을 준용한다.

부대보전의 경우 몰수보전의 효력에 종속되므로 그 **명령에 관계된 몰수보전의 효력이 존속**하는 동안 그 효력이 있고, 부대보전명령에 따른 처분금지에 관하여는 마약거래방지법상 특별한 규정이 있는 경우를 제외하고는 **몰수보전에 관한 규정을 준용**한다(동법 제51조 참조).

Ⅲ 몰수보전명령과 압수와의 관계

관련조문

마약거래방지법 제33조(몰수보전명령) ⑤ 부동산 또는 동산에 대한 몰수보전은 「형사소송법」에 따른 압수를 방해하지 아니한다.

부동산 또는 동산에 대한 몰수보전은 「형사소송법」에 따른 압수를 방해하지 아니하는데(동조 제5항 참조) **압수**는 법원 또는 수사기관이 재산의 처분을 금지하지는 않고 **그 점유만을 취득하는 것임**에 반하여 몰수보전은 그 **권리의 처분을 금지하는 것**일 뿐 이를 압수함에 따라 그 **점유취득을 금지하는 것은 아니기 때문**이다.

제5관 재산별 몰수보전명령의 집행 방법

Ⅰ 몰수보전 명령의 집행 방법

관련조문

마약거래방지법 제35조(몰수보전에 관한 재판의 집행) ① 몰수보전에 관한 재판은 검사의 지휘에 따라 집행한다.

② 제1항에 따른 몰수보전명령의 집행은 그 명령에 따라 처분이 금지되는 재산을 가진 자에게 그 명령의 등본이 송달되기 전에도 할 수 있다.

몰수보전에 관한 재판은 **검사의 지휘에 따라 집행**하는데 그 명령의 집행은 명령에 따라 **처분이 금지되는 재산을 가진 사람에게 그 명령의 등본이 송달되기 전**에도 할 수 있다. 예컨대 부패재산으로 취득한 부동산을 몰수보전하는 명령이 발령되면 검사는 부동산 소재지를 관할하는 등기소에 몰수보전 결정을 직접 송달하여 몰수보전 명령을 집행하게 되는데 이는 처분이 금지되는 재산에 대한 명령 등본 송달과 무관하게 당연히 먼저 집행할 수 있다. 이는 **몰수보전 대상이 되는 재산을 가진 사람**이 **몰수보전 결정에 반하여 함부로 처분할 염려를 미연에 방지**하기 위함이라는 점에서 당연한 규정이다(동법 제35조 참조).

Ⅱ 부동산·선박 등의 몰수보전 : 검사의 부동산 몰수보전 등기 촉탁 필요

관련조문

마약거래방지법 제37조(부동산의 몰수보전) ① 부동산의 몰수보전은 그 처분을 금지하는 내용의 몰수보전명령에 따라 한다.

② 제1항의 몰수보전명령의 등본은 부동산의 소유자에게 송달하여야 한다.

③ 부동산에 대한 몰수보전명령의 집행은 몰수보전등기를 하는 방법으로 한다.

④ 제3항의 등기는 검사가 촉탁한다.

⑤ 부동산에 대한 몰수보전의 효력은 몰수보전등기가 된 때에 발생한다.

⑥ 부동산에 대하여 등기청구권을 보전하기 위한 **처분금지가처분(處分禁止假處分)의 등기**가 된 후 몰수보전등기가 된 경우에 그 **가처분채권자가 보전하려는 등기청구권**에 따라 등기를 할 때에는 **몰수보전등기에 의한 처분의 제한**은 그 **가처분등기에 따른 권리의 취득 또는 소멸에 영향을 미치지 아니**한다.

⑦ **부동산의 몰수보전**에 관하여는 **「민사집행법」 제83조제2항, 제94조제2항 및 제95조를 준용**한다. 이 경우 「민사집행법」 제83조제2항 중 "채무자"는 "몰수보전재산을 가진 자"로 보고, 같은 법 제94조제2항 중 "제1항" 및 같은 법 제95조 중 "제94조"는 "「마약류 불법거래 방지에 관한 특례법」 제37조제4항"으로 보며, 「민사집행법」 제95조 중 "법원"은 "검사"로 본다.

☞ **민사집행법 제83조(경매개시결정 등)** ②압류는 부동산에 대한 채무자의 관리·이용에 영향을 미치지 아니한다.

제94조(경매개시결정의 등기) ②등기관은 제1항의 촉탁에 따라 경매개시결정사유를 기입하여야 한다.

제95조(등기사항증명서의 송부) 등기관은 제94조에 따라 경매개시결정사유를 등기부에 기입한 뒤 그 등기사항증명서를 법원에 보내야 한다. <개정 2011. 4. 12.>

부동산의 몰수보전은 **그 처분을 금지하는 내용의 몰수보전 명령**에 따라 하는데 위 몰수보전 명령의 **등본은 부동산 소유자에게 송달**하여야 한다(동법 제37조 제1항 내지 제2항). 몰수를 위해 처분이 금지되었다는 사실을 소유자에게 알릴 필요가 있기 때문이다.

다만 **부동산에 대한 몰수보전명령의 집행**은 **몰수보전등기**를 하는 방법으로 하는데 해당 **등기는 검사가 직접 등기소에 촉탁**하도록 되어 있고, 부동산에 대한 몰수보전의 **효력은 몰수보전 등기가 된 때**에 발생한다(동조 제3항 내지 제5항 각 참조). 다른 재산권의 몰수보전명령 집행이나 추징보전 명령 집행은 그 몰수보전명령의 등본이 소유자 또는 재산을 가진 자(권리자)에게 송달된 때 발생하는데 부동산 물권 변동의 형식주의를 취하고 있는 우리 법제상 **검사가 직접 등기를 촉탁하여 등기를 마친 경우에야 부동산 몰수보전 명령의 집행이 완성**된다는 점에서 이를 주의할 필요가 있다.

부동산에 대하여 **등기청구권을 보전하기 위한 처분금지가처분**(處分禁止假處分)의 **등기가 된 후 몰수보전등기가 된 경우**에 그 가처분채권자가 보전하려는 등기청구권에 따라 등기를 할 때에는 **몰수보전등기에 의한 처분의 제한**은 그 **가처분등기에 따른 권리의 취득 또는 소멸에 영향을 미치지 아니**한다(동조 제6항). 몰수보전기입등기에 앞서 등기청구권에 대한 처분금지가처분이 있는 경우라면 그 가처분이 우선한다는 취지다.

부동산의 몰수보전에 관하여는 **민사집행법 규정**(제83조 제2항, 제94조 제2항, 제95조)**이 준용**된다(동조 제7항). 부동산 몰수보전을 하면서 그 **부동산을 압류**하는 경우 부동산에 대한 **채무자**(몰수보전 재산을 가진 자)**의 관리·이용에 영향을 미치지 아니**하고, 마약거래방지법 제37조 제4항에 따른 검사의 부동산 몰수보전 등기 촉탁을 받으면 **등기관은 부동산 몰수보전 사유를 기입**하여야 하며 등기관은 위 규정에 따라 몰수보전 사유를 등기부에 기입한 다음 **그 등기사항증명서를 검사에게 송부**하여야 한다.

한편 등기할 수 있는 **선박**, 「항공안전법」에 따라 등록된 **항공기**, 「자동차관리법」에 따라 등록된 **자동차**, 「건설기계관리법」에 따라 등록된 **건설기계**, 그 밖에 등기 또는 등록에 의하여 권리 변동이 이루어지는 물건 등의 몰수보전에 관하여는 부동산에 대한 몰수보전의 예에 따른다(마약거래방지법 제38조 참조).

물권의 변동이 **등기 또는 등록에 의해 이루어지는 경우**에는 **검사의 등기 촉탁**과 이에 따른 **기입등기 절차**에 따라 **몰수보전 명령이 효력을 갖게 된다**는 것을 명시한 것이다.

관련조문

마약거래방지법 제38조(선박 등의 몰수보전) 등기할 수 있는 선박, 「항공안전법」에 따라 등록된 항공기, 「자동차관리법」에 따라 등록된 자동차, 「건설기계관리법」에 따라 등록된 건설기계, 그 밖에 등기 또는 등록에 의하여 권리 변동이 이루어지는 물건 등의 몰수보전에 관하여는 부동산에 대한 몰수보전의 예에 따른다. <개정 2016. 3. 29.>

부동산 및 선박, 자동차 등 등기·등록을 요하는 재산에 대한 몰수보전명령이 발령되고 등기부에 **몰수보전 명령이 집행**된 경우 **해당 명령의 부동산 등기 기입의 예시**는 다음과 같다.

[갑 구] (소유권에 관한 사항)				
순위번호	등기목적	접수	등기원인	권리자 및 기타사항
1 (전2)	소유권 이전	2020. 1. 20.	2019. 12. 25. 매매	소유자 김갑동(84****) 서울 서초구 **** 부동산등기법 제177조의6 제1항 규정에 의하여 20**. **. **. 전산이기
2	몰수보전	2024. 4. 25. 제*****호	2024년 4월 20일 서울중앙지방법원의 몰수보전명령(2024초기****)	권리자 국

한편 **부동산 등 등기·등록을 요하는 재산**에 대한 몰수보전명령이 발령된 경우 대상재산이 **미등기·미등록 재산인 경우** 그 처분 제한의 등기·등록을 할 수 없는 문제가 실무상 다수 발생한다. 이러한 **미등기 건물 등에 대한 처분제한등기**를 하기 위해 대법원에서는 별도로 예규를 만들어 이와 같은 경우 첨부하여야 하는 서면 및 필요한 조치에 대해 규정하고 있다.[133]

관련조문

미등기건물의 처분제한등기에 관한 업무처리지침 1. **미등기건물에 대하여 법원으로부터 처분제한의 등기촉탁**이 있는 경우 **다음 각 호의 정보를 첨부정보로서 제공**한 때 한하여 그 건물에 대한 소유권**보존등기를 하고 처분제한에 의하여 소유권의 등기를 한다**는 뜻을 기록한다.

가. 소유자의 주소 및 주민등록번호(부동산등기용등록번호)를 증명하는 정보

나. **법원에서 인정한 건물의 소재와 지번·구조·면적을 증명하는 정보**. 단, **구분건물의 일부 건물에 대한 처분제한의 등기촉탁의 경우에는 1동 건물의 전부에 대한 구조·면적을 증명하는 정보** 및 **1동 건물의 소재도, 각 층의 평면도와 구분건물의 평면도를 첨부정보로서 등기소에 제공**하여야 한다.(건물의 표시를 증명하는 정보로서 건축물대장 정보를 등기소에 제공한 경우에는 도면을 제공할 필요가 없음)

2. 위 1. 나. 단서와 같이 1동 건물의 일부 구분건물에 대하여 처분제한등기 촉탁이 있는 경우 등기관은 처분제한의 목적물인 구분건물의 소유권보존등기와 나머지 구분건물의 표시에 관한 등기를 하여야 한다.
3. 처분제한등기촉탁서에 건축법상 사용승인을 받아야 할 건물로서 사용승인을 받지 않았다는 뜻이 기록된 등기촉탁이 있는 경우에는 별지 1. 기록례주)와 같이 등기하고, 이 후 사용승인이 이루어져 위 등기의 말소등기 신청이 있는 경우에는 별지2. 기록례주)와 같이 등기한다.
4. 위와 같은 처분제한등기의 촉탁에 의하여 등기관이 직권으로 소유권보존등기를 마쳤을 때에는 등기권리자에게 할 등기완료통지와 지방세법 제33조의 규정에 의한 등록면허세미납통지를 누락하지 않도록 한다.
5. 이후 동일 지상에 다시 건물에 관한 소유권보존등기신청이 있는 경우에는 건물의 소재도 등기된 건물과 동일성이 인정되지 아니함을 소명하는 서면의 제출이 있는 경우에 한하여 등기한다.
6. 위 법원의 처분제한의 등기에는 경매개시결정의 등기, 가압류등기, 처분금지가처분등기뿐만 아니라 회생절차개시결정·파산선고(보전처분 포함)의 기입등기 및 주택임차권등기 및 상가건물임차권등기가 포함된다.

주 : 위 기록례는 부동산등기기재례집 제10항, 제11항 참조.

검사가 미등기(등록) 부동산에 대한 몰수보전을 청구하기 전 **법원으로부터 영장을 발부**받은 다음 이에 대한 **검증을 진행할 수 있다**고 보아야 하고, 그 근거는 다음과 같이 요약된다.

133 **미등기건물의처분제한등기에관한업무지침**(2012. 6. 29. 대법원 예규1469호) 참조.

요약

① 형사소송법 제219조, 제215조 제1항, 제140조, 제140조 제1항에 의거, **검사는 범죄사실의 수사와 관련하여 압수·수색·검증**을 할 수 있고, 검증을 함에는 신체의 검사, 사체의 해부, 분묘의 발굴, 물건의 파괴 기타 필요한 처분을 할 수 있음

② 범죄수익은닉규제법상 **검사는 몰수·추징의 집행을 위해 필요한 경우 지방법원 판사에게 청구하여 발부받은 영장에 의하여 압수·수색·검증**을 할 수 있음(범죄수익은닉규제법 제10조의3 제3항 참조),

③ **토지, 건물의 측량을 위한 감정은 검증의 연장선에 있는 것(민사소송법 제342조 참조)**으로 법원은 형사소송법상 감정인을 통해 감정을 명할 수 있으나(형사소송법 제169조, 제172조 각 참조), 검사는 수사도중 감정인을 통해 감정을 할 수 없는 한계가 있음.

Ⅲ 동산의 몰수보전(마약거래방지법 제39조)

관련조문

마약거래방지법 제39조(동산의 몰수보전) ① 동산(제38조에서 규정한 것 외의 것을 말한다. 이하 이 조에서 같다)의 몰수보전은 그 처분을 금지하는 내용의 몰수보전명령에 따라 한다.

② 제1항의 몰수보전명령의 등본은 동산의 소유자(점유자가 다른 경우 그 점유자를 포함한다)에게 송달하여야 한다.

③ 「형사소송법」에 따라 **압수되지 아니한 동산 또는 같은 법 제130조 제1항**에 따라 간수자(看守者)를 두거나 소유자 또는 적당한 자에게 보관하게 할 수 있는 동산에 관하여 몰수보전명령이 있는 때에는 검사는 **공시서(公示書)를 첨부시키거나 그 밖의 적절한 방법으로 그 취지를 공시**하는 조치를 하여야 한다.

④ 동산에 대한 몰수보전의 효력은 **몰수보전명령 등본이 소유자에게 송달된 때**에 발생한다.

☞형사소송법 제130조(압수물의 보관과 폐기) ①운반 또는 보관에 불편한 압수물에 관하여는 간수자를 두거나 소유자 또는 적당한 자의 승낙을 얻어 보관하게 할 수 있다.

1. 동산 몰수보전 명령의 소유자 및 점유자 송달

동산에 대한 **몰수보전이 그 처분을 금지하는 내용의 몰수보전 명령에 따르는 것**은 부동산의 경우와 같다. 동산에 대한 **몰수보전명령의 등본**은 **동산의 소유자에게 송달**하여야 하는데 위 동산의 **소유자와 점유자가 다른** 경우 **점유자에게까지** 이를 **송달**해야 하고, 위 명령의 등본이 **소유자에게 송달된 때에 몰수보전의 효력이 발생**한다(마약거래방지법 제39

조 제1항, 제2항, 제4항 각 참조).

만약 **소유자와 점유자가 다른 경우** 몰수보전명령 등본이 각각 다른 시점에 송달된 경우라면 **어느 시점에 몰수보전의 효력이 발생하는지**가 문제된다. 법문상 소유자에게 송달된 때 그 효력을 발생한다고 규정되어 있으므로 점유자에게 언제 송달되었는지와는 무관하게 **소유자에게 송달된 시점에 그 효력이 생긴다**고 보아야 한다.

예컨대 甲이 자신이 소유하고 있는 동산인 고가의 기계를 乙에게 임대하여 주어 乙이 이를 점유하면서 사용하고 있는 경우(간접점유) **甲의 채권자 A가 위 기계에 대한 몰수보전 결정을 받은 경우 위 명령의 등본이 소유자 甲에게 송달**되면 **몰수보전의 효력이 발생**한다. 이 때 위 기계를 점유하고 있는 乙에게도 의 명령을 송달하여야 하나 몰수보전의 효력의 발생 시점은 **소유자에 대한 송달시점을 기준으로 판단**한다.

한편 이륜자동차의 경우 자동차관리법에 따라 관리되는 자동차와는 달리 **권리의 득실변경에 등록을 요하지 않는다**. 자동차관리법상 이륜차를 사용하고자 하는 사람은 **시장·군수·구청장에게 사용신고**를 하도록 규정되어 있고 이륜차에 대해 사용신고를 하게 되면 **이륜자동차 대장을 작성**하고 **이를 시·군·구에서 관리**하나 사용 신고가 권리변동의 요건이 아니다(자동차관리법 제48조 참조). 따라서 이륜자동차에 대해 몰수보전을 하더라도 이는 자동차 대장에 기재할 수 없으므로 **이륜차를 몰수보전**하는 경우 이는 **일반 유체동산에 대한 몰수보전의 방법**에 따라서 해야 한다.

그런데 2023. 9. 14.자로 자동차관리법 관련 규정이 개정되어 2025. 3. 15.자로 시행되었는데 위 시행법률에 따르면 이륜자동차를 취득하여 사용하려면 시장·군수·구청장에게 사용신고를 하고, 신고를 하면 이륜자동차사용신고필증을 발급하는 것으로 규정이 일부 개정되었다.

관련조문

자동차관리법 제48조(이륜자동차의 사용 신고 등) ① 국토교통부령으로 정하는 이륜자동차(이하 "이륜자동차"라 한다)를 취득하여 사용하려는 자는 국토교통부령으로 정하는 바에 따라 시장·군수·구청장에게 사용 신고를 하고 이륜자동차 번호의 지정을 받아야 한다. <개정 2011. 5. 24., 2013. 3. 23.>

② 이륜자동차의 소유자는 제1항에 따른 신고 사항 중 국토교통부령으로 정하는 변경 사항이 있거나 이륜자동차 사용을 폐지한 경우에는 시장·군수·구청장에게 신고하여야 한다. <개정 2013. 3. 23.>

③ 제1항에 따라 신고된 이륜자동차의 소유권을 이전받은 자는 국토교통부령으로 정하는 바

에 따라 시장·군수·구청장에게 이륜자동차 소유권 이전에 관한 신고를 하여야 한다. 다만, 이륜자동차를 양수한 소유자가 이륜자동차 소유권 이전에 관한 신고를 하지 아니한 경우에는 이를 양도한 자가 국토교통부령으로 정하는 바에 따라 그 소유자를 갈음하여 신고할 수 있다. <개정 2013. 3. 23.>

자동차관리법(2025. 3. 15. 시행) 제48조(이륜자동차의 사용신고 등) ① 국토교통부령으로 정하는 이륜자동차(이하 "이륜자동차"라 한다)를 취득하여 사용하려는 자는 국토교통부령으로 정하는 바에 따라 시장·군수·구청장에게 사용신고(이하 "사용신고"라 한다)를 하여야 한다. <개정 2011. 5. 24., 2013. 3. 23., 2023. 9. 14.>

② 시장·군수·구청장은 제1항에 따라 사용신고를 받으면 이륜자동차의 번호를 지정하고 국토교통부령으로 정하는 바에 따라 이륜자동차대장에 필요한 사항을 기재한 후 이륜자동차사용신고필증(이하 "이륜자동차사용신고필증"이라 한다)을 발급하여야 한다. <신설 2023. 9. 14.>

③ 이륜자동차의 소유자는 제1항에 따른 신고 사항 중 국토교통부령으로 정하는 변경 사항이 있거나 이륜자동차 사용을 폐지한 경우에는 시장·군수·구청장에게 신고하여야 한다. <개정 2013. 3. 23., 2023. 9. 14.>

④ 제1항에 따라 신고된 이륜자동차의 소유권을 이전받은 자는 국토교통부령으로 정하는 바에 따라 시장·군수·구청장에게 이륜자동차 소유권 이전에 관한 신고를 하여야 한다. 다만, 이륜자동차를 양수한 소유자가 이륜자동차 소유권 이전에 관한 신고를 하지 아니한 경우에는 이를 양도한 자가 국토교통부령으로 정하는 바에 따라 그 소유자를 갈음하여 신고할 수 있다. <개정 2013. 3. 23., 2023. 9. 14.>

⑤ 이륜자동차를 소비자에게 판매하는 자는 신규로 제작·조립 또는 수입된 이륜자동차를 판매한 경우에는 국토교통부령으로 정하는 바에 따라 이륜자동차대장의 작성에 필요한 이륜자동차 제작정보를 제69조에 따른 전산정보처리조직에 즉시 전송하여야 한다. <신설 2023. 9. 14.>

[전문개정 2009. 2. 6.][제목개정 2023. 9. 14.][시행일: 2025. 3. 15.] 제48조

---

2. 동산 몰수보전 명령의 집행 방법

형사소송법에 따라 압수되지 아니한 동산 또는 간수자(看守者)를 두거나 소유자 또는 적당한 자에게 보관하게 할 수 있는 동산에 관하여 몰수보전명령이 있는 때에는 **검사**는 **공시서**(公示書)**를 첨부**시키거나 **그 밖의 적절한 방법**으로 **그 취지를 공시하는 조치**를 함으로써 **동산 몰수보전 명령을 집행**한다(동조 제3항 참조). 부동산이나 등기·등록을 요하는 선박, 자동차, 항공기 등은 등기·등록을 함으로써 그 취지를 공시하지만 동산은 이와 같은 등기를 할 수가 없으므로 공시서 첨부 등의 방법으로 공시를 하도록 한 것이다.

이때 검사가 **동산 몰수보전 명령을 어떤 방식으로 공시하고 집행**하여야 하는지가 문제된다. 왜냐하면 **민사집행법상 동산의** (가)**압류는 집행관이 그 물건을 점유함으로써 집행하도록 규정**하고 있기 때문이다. 동산에 대한 몰수보전 명령은 그 처분을 금지하는 **압류처분과 동일한 효력**이 있다고 보아야 하므로 이는 **민사집행법상 유체동산에 대한 강제집행의 방식을 따라야** 한다고 봄이 상당하다.

따라서 **동산에 대한 몰수보전 명령**이 있는 경우 **검사**는 몰수보전의 대상이 되는 동산의 소재지를 관할하는 **집행관 사무소에 유체동산에 대한 집행 절차를 신청**하고 **검사의 몰수보전 공시서 등을 송부**함으로써 집행관을 통하여 동산 몰수보전 명령을 집행할 수 있다.

관련조문

민사집행법 제188조(집행방법, 압류의 범위) ①**동산에 대한 강제집행은 압류에 의하여 개시**한다.

②압류는 집행력 있는 정본에 적은 청구금액의 변제와 집행비용의 변상에 필요한 한도안에서 하여야 한다.

③압류물을 현금화하여도 집행비용 외에 남을 것이 없는 경우에는 집행하지 못한다.

제189조(채무자가 점유하고 있는 물건의 압류) ①**채무자가 점유하고 있는 유체동산의 압류는 집행관이 그 물건을 점유함으로써 한다.** 다만, 채권자의 승낙이 있거나 운반이 곤란한 때에는 봉인(封印), 그 밖의 방법으로 압류물임을 명확히 하여 채무자에게 보관시킬 수 있다.

☞ 민사집행규칙 제131조(유체동산 집행신청의 방식) 유체동산에 대한 강제집행신청서에는 다음 각호의 사항을 적고 집행력 있는 정본을 붙여야 한다.

1. 채권자·채무자와 그 대리인의 표시
2. 집행권원의 표시
3. 강제집행 목적물인 유체동산이 있는 장소
4. 집행권원에 표시된 청구권의 일부에 관하여 강제집행을 구하는 때에는 그 범위

☞ 검찰사건사무규칙(법무부령) 제270조(공시의 조치) 검사가 마약거래방지법 제39조제3항(범죄수익은닉규제법 제12조에서 준용하는 경우를 포함한다)에 따른 **공시 조치를 하기 위한 공시서**는 다음 각 호의 사항을 기재한 몰수보전 공시서에 따른다.

1. 동산의 표시
2. 몰수보전명령별 재판 연월일, 법원 및 사건번호
3. 공시 연월일
4. 공시검사

집행관의 유체동산에 대한 강제집행 및 공시의 방법과 관련하여 **대법원**은 「집달관이 **창고 안에 저장되어 있는 동종의 물건** 가운데 **일부만을 압류**하여 이를 **채무자에게 보관**시키면서 **압류한 부분을 유형적으로 구별하여 놓지 아니**하고 **일괄공시의 방법으로 품목과 수량을 기재**한 데 그친 **공시서를 창고벽에 붙여서 한 압류는 무효**이고, 이를 기초로 하여 진행된 경매절차 역시 무효이며 집달관이 물건을 압류하여 채무자에게 보관시키는 경우에 **봉인 기타의 방법으로 압류를 명확히 하는 것은 압류의 효력발생요건**이라 할 것이어서 **압류의 표지가 명확하지 않은 경우의 압류는 무효**일 뿐만 아니라 오히려 **불성립**에 속한다고 할 수 있으므로 위와 같은 하자를 **추후에 집달관이 보정하여 경매**하였다고 해서 **그 흠이 치유되는 것은 아니다**」라고 판시하였다.[134] 따라서 동산의 일부에 대한 몰수보전명령을 집행하는 경우에는 압류하는 부분과 그렇지 않은 부분을 명확히 구분하여 집행하여야 한다.

Ⅳ 채권의 몰수보전(마약거래방지법 제40조)

관련조문

마약거래방지법 제40조(채권의 몰수보전) ① 채권의 몰수보전은 채권자에게는 채권의 처분과 영수(領收)를 금지하고, 채무자에게는 채권자에 대한 지급을 금지하는 내용의 몰수보전명령에 따라 한다.

② 제1항의 몰수보전명령 등본은 채권자 및 채무자에게 송달하여야 한다.

③ 채권에 대한 몰수보전의 효력은 몰수보전명령 등본이 채무자에게 송달된 때에 발생한다.

④ 몰수보전명령에 따라 몰수보전된 금전의 지급을 목적으로 하는 채권(이하 "금전채권"이라 한다)의 채무자(이하 제46조 및 제50조에서 "제3채무자"라 한다)는 그 채권액에 상당하는 금액을 공탁할 수 있다. 이 경우 채권자의 공탁금 출급청구권에 대하여 몰수보전집행이 된 것으로 본다.

1. 채권 몰수보전의 효력 발생

채권의 몰수보전명령은 **채권자에게 채권의 처분과 영수를 금지**하고 **채무자에게는 채권자에 대한 위 채권의 지급을 금지**하는 것을 그 내용으로 한다. 채권에 대한 몰수는 채

134 대법원 1991. 10. 11. 선고 91다8951 판결 참조.

권 자체의 소유권을 환수하는 것을 의미하지만 **채권을 몰수하기 위한 보전**절차는 **채무자로 하여금 채권자에게 그 지급을 금지함**으로써 향후 채권에 대한 몰수판결 선고를 대비하기 위함이다(마약거래방지법 제40조 제1항 참조).

위와 같은 **몰수보전명령의 등본은 채권자 및 채무자에게 모두 송달**하여야 하고, 위 몰수보전명령의 **효력은 위 등본이 채무자에게 송달된 때에 발생**한다. 채무자는 위 명령의 등본을 송달받은 때에 위 채권의 지급이 금지되는데 **동산 몰수보전의 효력이 소유자에게 명령의 동본이 송달된 때 발생하는 것과 차이**가 있다(동조 제2항, 제3항).

한편 몰수보전명령에 따라 몰수보전된 금전의 지급을 목적으로 하는 **금전채권**의 채무자(이 경우 제3채무자에 해당함)는 그 **채권액에 상당하는 금액을 공탁**할 수 있다. 제3채무자 입장에서 **금전채권이 몰수보전**되는 경우 채무를 이행할 수 없는 불안한 지위에 놓이게 되므로 **그 금액을 공탁할 수 있도록 함으로써 절차에서 해방될 수 있도록 한 것**이고, 이 경우 **채권자의 공탁금 출급청구권에 대하여 몰수보전집행이 된 것**으로 본다(동조 제4항 참조).

예컨대 채권자 甲이 채무자 乙에 대하여 갖는 채권이 乙의 은행 丙에 대한 예금반환 청구권이고 국가가 범인인 甲의 乙에 대한 위 금전채권을 몰수보전한 경우 위 채권에 대한 몰수보전의 효력은 채무자 乙에 송달된 때 효력을 갖게 되고 위 금전채권의 제3채무자인 은행 丙은 위 예금반환채권 가액 상당액을 공탁할 수 있으며 이때 위 몰수보전의 효력은 乙의 공탁금출금청구권에 대해 미치게 된다.

2. 저당권부 채권의 몰수보전과 대항력의 문제

관련조문

마약거래방지법 제40조(채권의 몰수보전) ⑤ 채권의 몰수보전에 관하여는 **「민사집행법」 제228조를 준용한다**. 이 경우 「민사집행법」 제228조제1항 중 "압류"는 "몰수보전"으로, "채권자"는 "검사"로 보고, 같은 조 제1항 및 제2항 중 "압류명령"은 "몰수보전명령"으로 본다.

☞ **민사집행법 제228조(저당권이 있는 채권의 압류)** ①저당권이 있는 채권을 압류할 경우 채권자는 채권압류사실을 등기부에 기입하여 줄 것을 법원사무관등에게 신청할 수 있다. 이 신청은 채무자의 승낙 없이 법원에 대한 압류명령의 신청과 함께 할 수 있다.
②법원사무관등은 의무를 지는 부동산 소유자에게 압류명령이 송달된 뒤에 제1항의 신청에 따른 등기를 촉탁하여야 한다.

채권의 몰수보전에 관하여는 **민사집행법 제228조가 준용**되는데 **저당권이 있는 채권을 몰수보전**할 경우 검사는 **채권 몰수보전 사실을 등기부에 기입**하여 줄 것을 법원사무관등에게 신청할 수 있고, 이 신청은 채무자의 승낙 없이 법원에 대한 몰수보전명령의 신청과 함께 할 수 있다.

한편 법원사무관등은 의무를 지는 **부동산 소유자에게 몰수보전명령이 송달된 뒤**에 위 신청에 따른 **등기를 촉탁**하여야 한다(마약거래방지법 제40조 제5항, 민사집행법 제228조). 검사는 몰수보전명령의 신청을 하면서 동시에 법원사무관 등에게 등기부 기입 신청을 하더라도 실제 기입등기는 법원의 몰수보전명령의 효력이 발생한 뒤에 가능하기 때문이다.

예컨대 甲이 乙에 대하여 10억 원 상당의 금전채권을 갖는데 乙은 이를 담보하기 위해 甲에게 자신 소유의 A부동산에 채권최고액 15억 원 상당의 근저당을 설정하여 준 사례를 상정하여 보자. 이 경우 국가가 위 甲의 乙에 대한 금전채권을 몰수보전하는 경우 **검사는 위 채권 몰수보전 사실을 등기부에 기입하여 달라고 법원사무관 등에 신청**할 수 있는데 해당 신청은 법원에 대한 몰수보전 명령 신청과 동시에 할 수도 있고, 명령이 발령된 이후 할 수도 있다.

검사의 신청을 받은 법원사무관 등은 위 명령이 송달된 뒤에 검사의 신청에 따라 등기관에게 위 등기를 촉탁하여야 한다. 이 경우 위 **근저당권의 피담보채권이 몰수보전되었다는 사실이 등기부에 기입되어 공시**된다. 저당권에 의하여 **담보된 채권에 대하여 몰수보전 명령의 효력**이 생긴 때 **그 몰수보전의 효력은 그 저당권에도 당연히 미친다**(근저당권의 부종성과 수반성). 즉 저당권이 있는 채권에 대한 몰수보전 명령이 채무자에게 송달되면 당연히 그 채권 및 저당권의 처분은 몰수보전명령에 대항할 수 없다. 이는 근저당권의 수반성에 기인한 것이기 때문이다. 따라서 **몰수보전명령 기입등기는 단순한 공시의 효과**밖에 없으며 채권에 대한 **몰수보전의 효력 발생요건**이나 **제3자 대항요건이 아니다.**[135]

따라서 위 사례에서 甲의 乙에 대한 10억 원 상당의 금전채권에 대한 몰수보전 명령이 발령되었는데 甲이 위 채권을 丙에게 양도한 다음 그 양도의 통지를 乙에게 한 경우 **몰수보전명령과 채권양도 효력의 선후는 그 대항요건 구비 시점(채권 몰수보전명령이 채무자에 송달된 시점과 채권양도 통지가 채무자에게 도달한 시점)의 선후에 따르며** 몰수보전명령 기입등기 또는 채권양도에 따른 저당권 이전등기의 선후는 중요하지 않다.[136]

이때 **몰수보전 기입등기는 근저당권에 대한 부기등기 형식**으로 한다(부동산등기법 제52

---

135 한국사법행정학회, 「주석 민사집행법」(제4판, 2018. 10.), 민사집행법 제228조 해설 참조.

136 위 주석 「주석 민사집행법」, 민사집행법 제228조 해설 참조.

조 제3호 참조). 이러한 부기등기는 앞에서 검토한 바와 같이 공시의 효력이 있을 뿐 **몰수보전의 효력 발생 요건이라고 볼 수 없다.** 다만 위와 같은 공시절차를 통해 위 채권 및 저당권이 몰수보전되어 있다는 사실을 알림으로써 채권자의 위 채권 및 저당권의 처분을 사실상 막고 거래 안전을 기할 수 있는 효력이 생긴다고 할 것이다. 위 담보권 부기등기에 따른 등기예시는 다음과 같다.137

【 을 구 】(소유권 이외의 권리에 관한 사항)				
순위번호	등기목적	접수	등기원인	권리자 및 기타사항
1	근저당권 설정	2009년 10월 12일 제13578호	2009년 10월 11일 설정계약	채권최고액 금 300,000,000원 채무자 장** 서울 강남구 테헤란로 *** 근저당권자 이*한 7***** 서울 서초구 서초대로 *** 공동담보 토지 서울특별시 강남구 삼성동 **
1－1	1번 근저당권부 채권 몰수보전	2011년 11월 11일 제13673호	2011년 11월 9일 서울중앙지방법원 몰수보전(2011초기****)	권리자 국

그리고 향후 위 **채권에 대한 몰수판결이 선고되어 확정**되면 **위 채권과 함께 저당권도 몰수**되어 이전되므로 몰수채권자인 **국가가 저당권을 실행**할 수 있음은 물론이다. 만약 위 몰수가 범죄피해재산 환부의 일환이라면 위 저당권을 환부받은 범죄피해자가 그 권리를 행사하게 될 것이다.

관련조문

부동산등기법 제52조(부기로 하는 등기) 등기관이 다음 각 호의 등기를 할 때에는 부기로 하여야 한다. 다만, 제5호의 등기는 등기상 이해관계 있는 제3자의 승낙이 없는 경우에는 그러

137 저당권부채권에 대한 채권담보권의 부기등기에 관한 업무처리지침(2012. 5. 11. 대법원 예규 제1462호) 참조.

하지 아니하다.
1. 등기명의인표시의 변경이나 경정의 등기
2. 소유권 외의 권리의 이전등기
3. **소유권 외의 권리를 목적으로 하는 권리에 관한 등기**
4. 소유권 외의 권리에 대한 처분제한 등기
5. 권리의 변경이나 경정의 등기
6. 제53조의 환매특약등기
7. 제54조의 권리소멸약정등기
8. 제67조제1항 후단의 공유물 분할금지의 약정등기
9. 그 밖에 대법원규칙으로 정하는 등기

3. 제3채무자의 공탁

관련조문

마약거래방지법 제46조(제3채무자의 공탁) ① 금전채권의 제3채무자는 **그 채권이 몰수보전된 후**에 **그 몰수보전의 대상이 된 채권에 대하여 강제집행에 의한 압류명령을 송달**받았을 때에는 그 채권의 전액을 채무 이행지(履行地)를 관할하는 지방법원 또는 지원에 **공탁할 수 있다**.

② **제3채무자가 제1항에 따른 공탁**을 하였을 때에는 **그 사유를 몰수보전명령을 한 법원에 신고**하여야 한다.

③ 제3채무자가 제1항에 따라 공탁을 하였을 때에는 집행법원은 공탁된 금액 중에서 몰수보전된 금전채권의 금액에 상당하는 부분에 관하여는 몰수보전이 실효된 때에, 그 나머지 부분에 관하여는 공탁된 때에 각각 배당 절차를 시작한다.

④ **강제집행에 의하여 압류된 금전채권에 관하여 몰수보전**이 된 경우 **제3채무자의 공탁**에 관하여는 **제1항 및 제2항을 준용**한다. 이 경우 "몰수보전명령을 한 법원"은 "압류명령을 한 법원"으로 본다.

⑤ 제3채무자가 제1항(제4항에서 준용하는 경우를 포함한다)에 따라 공탁한 경우 「민사집행법」 제247조를 적용할 때에 같은 조 제1항제1호의 "제248조제4항"은 "「마약류 불법거래 방지에 관한 특례법」 제46조제2항(같은 조 제4항에서 준용하는 경우를 포함한다)"으로 본다.

☞ 민사집행법 제247조(배당요구) ①민법·상법, 그 밖의 법률에 의하여 우선변제청구권이 있는 채권자와 집행력 있는 정본을 가진 채권자는 다음 각호의 시기까지 **법원에 배당요구**를 할 수 있다.

1. 제3채무자가 **제248조제4항에 따른 공탁의 신고**를 한 때

2. 채권자가 제236조에 따른 추심의 신고를 한 때
3. 집행관이 현금화한 금전을 법원에 제출한 때
②전부명령이 제3채무자에게 송달된 뒤에는 배당요구를 하지 못한다.
③제1항의 배당요구에는 제218조 및 제219조의 규정을 준용한다.
④제1항의 배당요구는 제3채무자에게 통지하여야 한다.

가. 금전채권에 대한 몰수보전의 경우 제3채무자의 공탁

마약거래방지법은 **금전채권이 몰수보전** 된 경우 그 금전채권의 제3채무자가 **그 채권이 몰수보전된 후**에 그 몰수보전의 대상이 된 채권에 대하여 **강제집행에 의한 압류명령을 송달**받았을 때 그 채권의 전액을 채무 이행지를 관할하는 지방법원 또는 지원에 공탁할 수 있다고 규정하여 제3자를 불안정한 지위에서 해방시켜줄 수 있도록 하는 규정을 두고 있다(동법 제46조 제1항 참조).

이 경우 제3채무자는 공탁한 사항을 몰수보전명령을 한 법원에 신고하여야 하고(동조 제2항), 제3채무자가 공탁을 한 경우 집행법원은 공탁된 금액 중에서 **몰수보전된 금전채권의 금액에 상당하는 부분**에 관하여는 **몰수보전이 실효**된 때에, 그 **나머지 부분**에 관하여는 **공탁된 때**에 각각 배당 절차를 시작한다.

예컨대 금전채권 10억 원 중 6억 원 채권에 대한 부분만 몰수보전되고 나머지는 그렇지 않았는데 제3채무자가 10억 원 전체를 공탁한 경우 6억 원 부분은 몰수보전 효력이 없어지게 되면 배당하고, 나머지는 곧바로 배당절차를 개시하게 된다. 이 때 배당요구와 관련하여서는 민사집행법 제247조 규정을 적용한다(동조 제5항 참조).

나. 先 몰수보전, 後 강제집행에 의한 압류의 경우

먼저 몰수보전명령이 발령되고 그 이후 강제집행에 의한 압류명령이 있는 경우 제3채무자가 이를 공탁하는 경우 그 사유를 몰수보전명령을 발령한 법원에 신고하여야 하는데 이때 위 **신고를 받은 법원**은 **압류명령을 발한 법원 및 검사 등**에게 **그 사실을 통지**하여야 한다(마약류범죄 등의 몰수보전에 관한 규칙 제14조 참조).

관련조문

마약류범죄 등의 몰수보전 등에 관한 규칙 제14조(몰수보전된 금전채권에 대하여 강제집행에 의하여 압류가 된 경우 공탁사유신고의 방식등) ①법 제46조제2항의 규정에 의한 신고는 다음 각 호의 사항을 기재한 서면으로 하여야 한다.

1. 몰수보전사건 및 강제집행사건의 표시
2. 피고인 또는 피의자의 성명
3. 강제집행에 의한 압류명령에 있어서의 채권자 및 채무자의 성명
4. 공탁한 금액 및 공탁사유

②제1항의 **서면에는 공탁서를 첨부**하여야 한다. <개정 2005. 12. 29.>

③제1항의 신고가 있은 경우 **몰수보전명령을 발한 법원의 법원사무관등**은 **압류명령을 발한 법원 및 검사 또는 수사처검사에게 그 사실을 통지**하여야 한다.

다. 先 강제집행에 의한 압류, 後 몰수보전

반대로 **강제집행에 의하여 압류된 금전채권에 관하여 몰수보전**이 된 경우 **제3채무자**는 위 강제집행에 의하여 진행되는 압류채권자와 몰수보전명령을 받은 채권자인 국가 중 누구에게 그 채무를 이행하여야 하는지 알 수 없으므로 **이를 공탁할 수 있다**(동조 제4항 참조). 이 경우 「몰수보전명령을 한 법원」은 「압류명령을 한 법원」으로 보게 되므로 **제3채무자가 공탁**을 한 경우 그 사항은 **압류명령을 한 법원을 상대로 신고**한다.

이 경우 **금전채권이 몰수보전**되어 **채무자**가 법 제40조 제4항에 따라 공탁을 하는 경우 공탁을 수리한 공탁관은 **몰수보전명령을 발령한 법원 및 검사 등**에게 **공탁사실을 통지**하여야 한다(마약류범죄 등의 몰수보전에 관한 규칙 제9조 참조).

즉 **강제집행에 의해 이미 압류된 채권에 대해 몰수보전명령**이 발령된 경우 **제3채무자 또한 공탁**할 수 있는데 이 경우에도 압류명령을 발한 법원의 법원사무관 등은 이를 **몰수보전명령을 발한 법원 및 검사에 통지**해야 한다(위 규칙 제15조 참조).

관련조문

마약류범죄 등의 몰수보전 등에 관한 규칙 제9조(몰수보전이 된 금전채권의 채무자가 공탁을 한 경우) **금전의 지급을 목적으로 하는 채권**(이하 "금전채권"이라고 한다)에 대하여 **몰수보전이 되어 그 채무자**가 법 제40조제4항에 의하여 **공탁을 한 경우** 그 공탁을 수리한 공탁관은 **몰수보전명령을 발한 법원 및 이에 대응하는 검찰청의 검사**(이하 "검사"라고 한다) 또는 고위공직자범죄수사처에 소속된 검사(이하 "수사처검사"라고 한다)에게 **공탁사실을 통지**하여야 한다.

제15조(강제집행에 의하여 압류가 된 금전채권에 대하여 몰수보전이 된 경우 공탁사유신고의 방식등) ①제14조제1항 및 제2항은 법 제46조제4항에 의하여 준용되는 같은 조 제2항의 규정

에 의한 공탁사유신고에 준용한다.
②제1항의 신고가 있은 경우 압류명령을 발한 법원의 법원사무관등은 몰수보전명령을 발한 법원 및 검사 또는 수사처검사에게 그 사실을 통지하여야 한다.

라. 제3채무자 공탁 규정의 준용

몰수보전된 금전채권에 대하여 체납처분에 의한 압류가 있는 경우 또는 **체납처분에 따라 압류된 금전채권에 대하여 몰수보전**이 있는 경우 제3채무자의 공탁에 관하여는 동법 제46조 규정을 준용한다(마약거래방지법 제50조 제2항 참조).

관련조문

마약거래방지법 제50조(그 밖의 절차와의 조정) ② 다음 각 호의 어느 하나에 해당하는 경우 제3채무자의 공탁에 관하여는 제46조를 준용한다.
1. 몰수보전된 금전채권에 대하여 체납처분에 의한 압류가 있는 경우
2. 체납처분에 따라 압류된 금전채권에 대하여 몰수보전이 있는 경우

나아가 **몰수보전된 금전채권에 대하여 가압류**(假押留)가 있는 경우 및 **가압류된 금전채권에 대하여 몰수보전**이 있는 경우 **제3채무자의 공탁**과 관련하여서는 마약거래방지법 제46조 제1항 및 제2항을 준용한다(마약거래방지법 제50조 제3항 각호 참조)

관련조문

마약거래방지법 제50조(그 밖의 절차와의 조정) ③ 다음 각 호의 어느 하나에 해당하는 경우 제3채무자의 공탁에 관하여는 제46조제1항 및 제2항을 준용한다.
1. **몰수보전된 금전채권에 대하여 가압류(假押留)**가 있는 경우
2. **가압류된 금전채권에 대하여 몰수보전**이 있는 경우

제46조(제3채무자의 공탁) ① 금전채권의 제3채무자는 그 채권이 몰수보전된 후에 그 몰수보전의 대상이 된 채권에 대하여 강제집행에 의한 압류명령을 송달받았을 때에는 그 채권의 전액을 채무 이행지(履行地)를 관할하는 지방법원 또는 지원에 공탁할 수 있다.
② 제3채무자가 제1항에 따른 공탁을 하였을 때에는 그 사유를 몰수보전명령을 한 법원에 신고하여야 한다.

V 그 밖의 재산에 대한 몰수보전(마약거래방지법 제41조)

관련조문

마약거래방지법 제41조(그 밖의 재산권에 대한 몰수보전) ① 제37조부터 제40조까지의 규정에 따른 재산 외의 재산권(이하 이 조에서 "그 밖의 재산권"이라 한다)의 몰수보전에 관하여는 이 조에 특별히 정한 사항을 제외하고는 **채권의 몰수보전의 예에 따른다**.

② 그 밖의 재산권 중 채무자 또는 이에 준하는 자가 없는 경우(제3항의 경우는 제외한다) **몰수보전의 효력은 몰수보전명령 등본이 그 권리자에게 송달된 때에 발생**한다.

③ 그 밖의 재산권 중 권리 이전을 할 때 등기등이 필요한 경우에 관하여는 **제37조제3항부터 제6항**까지, **「민사집행법」 제94조제2항 및 제95조를 준용한다**. 이 경우 「민사집행법」 제94조제2항 중 "제1항" 및 같은 법 제95조 중 "제94조"는 "「마약류 불법거래 방지에 관한 특례법」 제41조제3항에 따라 준용되는 제37조제4항"으로 보고, 「민사집행법」 제95조 중 "법원"은 "검사"로 본다.

☞ 민사집행법 제94조(경매개시결정의 등기) ②등기관은 제1항의 촉탁에 따라 경매개시결정사유를 기입하여야 한다.

제95조(등기사항증명서의 송부) 등기관은 제94조에 따라 경매개시결정사유를 등기부에 기입한 뒤 그 등기사항증명서를 법원에 보내야 한다.

1. 그 밖의 재산에 대한 몰수보전 절차

마약거래방지법에 따른 부동산, 등기·등록을 요하는 선박, 자동차 등과 동산, 채권 등을 제외한 **나머지 그 밖의 재산권에 대한 몰수보전**에 관하여는 동법 제41조에 규정한 특별규정을 제외하고는 **모두 채권에 대한 몰수보전의 그것에 따른다**.

그 밖의 재산권 중 채무자 또는 이에 준하는 자가 없는 경우 권리 이전 등기가 필요한 경가 아니면 **몰수보전의 효력은 몰수보전명령 등본이 그 권리자에게 송달된 때**에 발생한다. **부동산 등 등기·등록을 요하는 권리**에 대한 몰수보전의 경우 **등기·등록**이 된 때, **동산 몰수보전**의 경우 **소유자**에게, **채권 몰수보전**의 경우 **채무자**에게 명령의 등본이 각 송달된 때 효력이 발생한다는 규정과 다소 차이가 있다.

그 밖의 **재산권 중 권리 이전**을 할 때 **등기 등이 필요한 경우**에 관하여는 **부동산 몰수보전의 규정**(마약거래방지법 제37조 제3항 내지 제6항) 및 **민사집행법 제83조 제2항, 제94조 제2항, 제95조를 준용**한다. 따라서 몰수보전은 부동산에 대한 몰수보전재산을 가진 자의 관리·이용에 영향을 미치지 아니한다(마약거래방지법 제37조 제7항, 민사집행법 제83조 제2항).

또한 권리 이전을 위하여 등기 등이 필요한 **그 밖의 재산권에 대한 몰수보전명령**이 있는 경우 **등기관은 검사의 촉탁**에 따라 **몰수보전사유를 기입**하여야 하고(민사집행법 제94조 제2항), 등기관은 **몰수보전 사유를 등기부에 기입**한 다음 그 **등기사항증명서를 검사에 보내야** 한다(민사집행법 제95조).

2. 예탁유가증권 등에 대한 몰수보전

관련조문

마약류범죄 등의 몰수보전 등에 관한 규칙 제10조(예탁유가증권의 몰수보전) 「자본시장과 금융투자업에 관한 법률」 제309조제2항에 따라 **한국예탁결제원에 예탁된 유가증권**(같은 법률 제310조제4항에 따라 한국예탁결제원에 예탁된 것으로 보는 경우를 포함한다. 이하 이 조에서 "예탁유가증권"이라 한다)**에 대한 몰수보전**은, **예탁유가증권에 대한 공유지분을 가지는 자**(명의인이 다른 경우 명의인을 포함한다)에게는 **계좌간 대체청구·증권반환청구, 그 밖의 처분을 금지**하고, **한국예탁결제원**에게는 **예탁자에 대한 계좌간 대체와 증권의 반환을 금지**하는 취지의 몰수보전명령에 의하여 한다.

제10조의2(전자등록주식등의 몰수보전) 「주식·사채 등의 전자등록에 관한 법률」 제2조제4호에 따른 **전자등록주식등**(이하 이 조에서 "전자등록주식등"이라 한다)에 대한 몰수보전은, **전자등록주식등의 권리자**(명의인이 다른 경우 명의인을 포함한다)에게는 **같은 법 제30조에 따른 계좌간 대체의 전자등록**신청, 같은 법 제33조에 따른 **변경·말소의 전자등록신청이나 추심, 그 밖의 처분을 금지**하고, 같은 법 제2조제6호에 따른 **전자등록기관** 또는 같은 법 제2조제7호에 따른 **계좌관리기관**에게는 **같은 법에 따른 계좌간 대체와 변경·말소를 금지하는 취지**의 몰수보전명령에 의하여 한다.

그 밖의 재산권 중 예탁유가증권에 대한 몰수보전의 경우 **예탁유가증권에 대한 공유지분**을 가지는 자(명의인이 다른 경우 명의인을 포함한다)에게는 **계좌간 대체청구·증권반환청구, 그 밖의 처분을 금지**하고, **한국예탁결제원**에게는 **예탁자에 대한 계좌간 대체와 증권의 반환을 금지**하는 취지의 몰수보전명령에 의하여 한다(마약류범죄의 몰수보전 등에 관한 규칙 제10조 참조).

한편 「주식·사채 등의 전자등록에 관한 법률」에 다른 **전자등록주식 등에 대한 몰수보전**의 경우에는 **전자등록주식등의 권리자**(명의인이 다른 경우 명의인을 포함한다)에게는 **계좌간 대체의 전자등록신청, 변경·말소의 전자등록신청이나 추심, 그 밖의 처분 등 일체의**

권리행사를 **금지**하고, **전자등록기관 또는 계좌관리기관**의 경우에는 **계좌간 대체**와 **변경·말소를 금지**하는 취지의 명령을 한다(동 규칙 제10조의2 참조).

제6관 몰수보전명령의 취소와 실효

I 몰수보전명령의 취소(마약거래방지법 제42조)

관련조문

마약거래방지법 제42조(몰수보전명령의 취소) ① 법원은 **몰수보전의 이유 또는 필요가 없어지거나 몰수보전의 기간이 부당하게 길어진 때**에는 **검사 또는 몰수보전재산을 가진 자**(그 사람이 피고인 또는 피의자인 경우에는 그 변호인을 포함한다)의 **청구 또는 법원의 직권**에 의한 결정으로 몰수보전명령을 취소하여야 한다.

② 법원은 검사의 청구에 의한 경우를 제외하고는 제1항의 결정을 할 때에 검사의 의견을 들어야 한다.

☞ 민사집행법 제288조(사정변경 등에 따른 가압류취소) ①채무자는 다음 각호의 어느 하나에 해당하는 사유가 있는 경우에는 가압류가 인가된 뒤에도 그 취소를 신청할 수 있다. 제3호에 해당하는 경우에는 이해관계인도 신청할 수 있다.

1. **가압류이유가 소멸**되거나 **그 밖에 사정이 바뀐 때**
2. **법원이 정한 담보를 제공**한 때
3. **가압류가 집행된 뒤에 3년간 본안의 소를 제기하지 아니한 때**

②제1항의 규정에 의한 신청에 대한 재판은 가압류를 명한 법원이 한다. 다만, 본안이 이미 계속된 때에는 본안법원이 한다.

③제1항의 규정에 의한 신청에 대한 재판에는 **제286조제1항 내지 제4항·제6항 및 제7항**을 준용한다.

☞ 민사집행법 제286조(이의신청에 대한 심리와 재판) ①이의신청이 있는 때에는 법원은 변론기일 또는 당사자 쌍방이 참여할 수 있는 심문기일을 정하고 당사자에게 이를 통지하여야 한다.

②법원은 심리를 종결하고자 하는 경우에는 상당한 유예기간을 두고 심리를 종결할 기일을 정하여 이를 당사자에게 고지하여야 한다. 다만, 변론기일 또는 당사자 쌍방이 참여할 수 있는 심문기일에는 즉시 심리를 종결할 수 있다.

③이의신청에 대한 재판은 결정으로 한다.

④제3항의 규정에 의한 결정에는 이유를 적어야 한다. 다만, 변론을 거치지 아니한 경우에는 이유의 요지만을 적을 수 있다.

⑥법원은 제3항의 규정에 의하여 가압류를 취소하는 결정을 하는 경우에는 채권자가 그 고

지를 받은 날부터 2주를 넘지 아니하는 범위 안에서 상당하다고 인정하는 기간이 경과하여야 그 결정의 효력이 생긴다는 뜻을 선언할 수 있다.
⑦제3항의 규정에 의한 결정에 대하여는 즉시항고를 할 수 있다. 이 경우 민사소송법 제447조의 규정을 준용하지 아니한다.

---

1. 제도의 취지

법원은 **몰수보전의 이유 또는 필요가 없어지거나 몰수보전의 기간이 부당하게 길어진 때**에는 **검사** 또는 **몰수보전재산을 가진 자**(그 사람이 피고인 또는 피의자인 경우에는 그 변호인을 포함한다)의 **청구** 또는 **법원의 직권**에 의한 결정으로 몰수보전명령을 취소하여야 한다.

몰수보전의 이유 또는 필요가 없어진 경우라고 함은 **법원의 몰수보전 명령의 이유와 필요성이 사후의 사정 변경되어 사라진 경우** 또는 **몰수보전 기간이 지나치게 장기화**되어 **권리자의 권리보호에 장애가 발생**하는 경우 등을 의미할 뿐 몰수보전결정 이전에 이미 존재하였던 사정은 주장할 수 없다고 봄이 상당하다. 왜냐하면 **법원의 몰수보전 결정에 대하여 권리자가 불복하는 경우 항고**할 수 있도록 규정하고 있으므로(마약거래방지법 제62조 제1항 참조) 법원의 결정 자체에 불복이 있으면 항고하고, **결정 이후 사정변경이 발생한 경우에 한하여 몰수보전명령의 취소를 청구**함이 타당하기 때문이다.[138] 한편 민사집행법은 보전처분에 대해 사정변경 등에 따른 가압류 취소규정을 두고 있는데 이는 몰수보전명령의 취소 규정과 같은 취지라 할 것이다.

몰수보전명령은 신속성의 요청에 따른 잠정재판이므로 몰수보전명령을 발령한 때에 존재한 사정이 변경되고 기타 몰수보전명령의 존속을 부당하게 할 사정이 생길 수 있다. 그러나 **몰수보전명령도 재판**이므로 위와 같은 사정의 변경이 있다 하더라도 곧 당연히 그 효력을 상실하게 한다는 것은 재판의 동요를 가져와 법적안정성을 해치기 때문에 옳지 않다. 그렇다 하더라도 위와 같은 사정의 변경이 있음에도 몰수보전명령의 효력을 존속시키는 것은 채무자를 부당하게 구속하게 되므로 이 또한 바람직하지 않다. 그러므로 **법은 채권자와 채무자를 공평하게 대우하기 위해 채무자에게 사정변경에 의한 몰수보전명령에 대한 취소신청권을 인정**한 것으로 보아야 한다.

---

138 위 「주석 민사집행법」, 민사집행법 제288조 이하 참조.

2. 몰수보전 취소 신청의 요건

몰수보전에 대한 취소 신청은 몰수보전명령이 성립된 요건을 문제삼는 것이 아니고 **원칙적으로 몰수보전의 요건이 사후에 소멸**되었기 때문에(후발적 몰수보전 요건의 소멸) 그 존속을 허용할 수 없다는 뜻을 주장하고 취소를 구하는 것이다. 다시 말해 **몰수보전명령이 발령된 것의 당부와 관계없이 그 존속의 정당성만을 부정**하려는 점에 그 특질이 있다.

그러므로 몰수보전명령의 요건이 처음부터 성립하지 않은 것을 주장하여 불복하는 이의 또는 상소와는 그 성질이 다르다. 물론 이의나 상소의 소송절차에서도 위와 같은 후발적 사유를 항변으로 주장할 수는 있으나 이러한 사유만이 심리의 대상이 아닌 점에서 사정변경에 의한 취소제도와는 다르다. 결국 **사정변경의 사유는 피보전권리 및 보전의 필요에 관하여 처음과 다른 판단(즉 전부 또는 일부의 변경·소멸)을 할 사유**라고 말할 수 있다.[139] 마약거래방지법은 몰수보전의 이유 또는 필요가 없어지거나 몰수보전의 기간이 부당하게 길어진 때에 몰수보전을 취소하도록 규정하고 있는데 이는 항을 나누어 분설한다.

가. 몰수보전의 이유가 없어진 경우

몰수보전의 「이유」가 없어진 경우라 함은 민사집행법의 규정에 준하여 보면 **피보전권리가 소멸되는 경우**를 의미하는바, 몰수보전 명령을 이미 발령받았으나 피의자의 혐의가 인정되지 아니하여 **불기소 처분**을 하거나 피의자에 대해 기소를 하였으나 그 혐의가 인정되지 않아 그 **공소를 취소**하는 경우 등을 일컫는다 할 것이다. 몰수판결을 선고하지 않는 판결이 선고되어 확정된 경우는 몰수보전 실효 사유에 해당할 뿐 본 규정의 취소 사유에 해당하지 않는다.

나. 몰수보전의 필요가 없어진 경우

몰수보전의 「필요」가 없어진 경우라 함은 채권자가 **몰수보전 의사를 포기하거나 상실**한 경우, **당사자 사이에 합의**가 성립하는 등 보전의사를 포기한 것으로 인정될 수 있는 경우 및 보전명령의 집행기간을 도과한 경우 등에는 더 이상 몰수보전 명령을 유지, 존속시킬 필요가 없는 사정변경을 인정할 수 있다 할 것이다.[140] 예컨대 국가가 범죄피해재산 환부를 위해 범죄피해재산에 대한 몰수보전명령을 받아 집행을 완료하였는데 **범죄피해자와 피고**

139 대법원 1960. 5. 26. 선고 4291민상763 판결 참조.

140 위 「주석 민사집행법」, 제288조 부분 참조.

인 사이에 재산 반환의 합의가 이루어져 피고인이 피해자에게 재산을 반환하기로 약정하고 실제로 반환한 경우 등에는 **향후 몰수판결이 선고되더라도 이를 피해자에게 반환**하여야 하므로 **몰수보전의 필요가 없어진 경우에 해당한다**고 봄이 상당하다.

다. 몰수보전의 기간이 부당하게 길어진 때

「**몰수보전의 기간이 부당하게 길어진 때**」와 관련하여 **민사집행법**은 **보전명령 집행 이후 3년간 본안의 소를 제기하지 아니하면 보전 취소사유가 된다**고 규정하고 있다(민사집행법 제288조 제1항 제3호, 제301조). 이를 몰수보전명령의 경우에 단순히 적용하여 보면 기소 전 몰수보전명령의 효력이 발생한 이후 3년 동안 공소제기가 이루어지지 않은 경우를 의미한다고 볼 여지도 있다. 그러나 **민사상 본안의 소 제기와 형사상 공소의 제기를 같은 선상에서 이해할 수는 없**으므로 위와 같은 3년 본안의 소 제기 기간 규정을 몰수보전 기간이 부당하게 길어진 경우에 곧바로 대입하여 이해하는 것은 무리가 있다. **위 규정은 일응의 기준으로 참고하면 충분**하고 기소 전 몰수보전 이후 현저히 공소제기가 늦어지거나 기소 후 몰수보전이 된 다음 재판 과정이 계속 진행되는 경우 몰수보전 기간이 다소 길어졌다 하더라도 이를 몰수보전의 취소 사유로 단정짓기 어렵고, **공소제기 및 재판 과정이 지연되어 몰수보전 기간이 길어진 이유**가 **사회통념상 현저히 부당한지** 여부를 건전한 일반인의 기준에서 개별적 사안에 따라 판단할 수밖에 없다.

3. 몰수보전 취소의 절차 및 효력

관련조문

마약거래방지법 제42조(몰수보전명령의 취소) ② 법원은 검사의 청구에 의한 경우를 제외하고는 제1항의 결정을 할 때에 검사의 의견을 들어야 한다.

제44조(실효된 경우의 조치) 검사는 **몰수보전이 실효**된 때에는 **지체 없이 몰수보전등기에 대한 말소 촉탁**을 하고, **공시서를 제거**하거나 **그 밖에 필요한 조치**를 하여야 한다.

제62조(불복신청) ① 몰수보전 또는 추징보전에 관한 법원의 결정에 대하여는 항고할 수 있다.

☞ **마약류범죄 등의 몰수보전 등에 관한 규칙 제12조(검사 또는 수사처검사의 의견서등의 제출)** 검사 또는 수사처검사는 법원으로부터 **몰수보전명령의 취소에 관한 의견요청**이 있을 때에는 **3일이내에 의견서를 법원에 제출**하여야 하고, 아직 수사기록과 증거물을 법원에 증거로 제출하지 않은 경우에는 수사기록과 증거물도 함께 법원에 제출하여야 한다. <개정 2021. 1. 29.>

법원은 검사의 청구에 의한 경우를 제외하고는 **몰수보전 취소 여부를 결정**할 때에 **검사의 의견을 들어야** 한다(마약거래방지법 제42조 제2항 참조). 이 때 **검사는 3일 이내에 법원에 의견서를 제출**하여야 하고, 아직 수사기록과 증거물을 법원에 증거로 제출하지 않는 경우에는 수사기록과 증거물도 함께 법원으로 제출하여야 한다(마약류범죄 등의 몰수보전 등에 관한 규칙 제12조 참조). 다만 위와 같은 의견서 제출 기간을 불변기간으로 볼 다른 근거가 없으므로 **검사의 의견제출 기간이 3일로 제한**되어 있는 것은 강행규정이라기보다는 **훈시규정의 성격**으로 봄이 타당하다.

법원이 몰수보전 결정을 취소하면 **종전의 몰수보전은 그 효력을 상실**한다. 법원의 이러한 몰수보전 취소 결정에 대하여 검사는 항고할 수 있고, 법원이 몰수보전재산을 가진 자의 취소 청구를 기각하는 경우에도 그 사람은 항고할 수 있다(동법 제62조 제1항 참조).

그러나 위 항고는 **즉시항고가 아닌 일반항고**이므로 집행정지효가 없다. 따라서 법원의 **몰수보전 취소 결정**이 있는 경우 검사는 항고를 제기하는 것과 별개로 **종전의 몰수보전 결정에 기한 집행을 해제**하여야 한다. 몰수보전 명령이 **법원의 결정으로 취소된 경우 몰수보전명령의 효력이 상실**되므로 부동산 기타 등기·등록을 요하는 자동차 등에 대한 몰수보전의 경우 **등기·등록을 해제하는 촉탁**을 하여야 하고, 동산의 경우 **공시서 등을 제거**하며 채권 기타 재산권에 대해서는 **채무자에게 몰수보전 취소 결정문을 송달**하는 방법으로 조치를 취해야 한다(동법 제44조 참조).

Ⅱ 몰수보전명령의 실효(마약거래방지법 제43조)

관련조문

마약거래방지법 제43조(몰수보전명령의 실효) ① 몰수보전명령은 몰수선고가 없는 재판(「형사소송법」 제327조제2호에 따른 경우는 제외한다)이 확정된 때에는 그 효력을 잃는다.
② 「형사소송법」 제327조제2호에 따른 공소기각(公訴棄却)의 판결이 있는 경우 그 판결이 확정된 날부터 30일 이내에 그 사건에 대하여 공소가 제기되지 아니한 때에는 몰수보전명령은 그 효력을 잃는다.

☞ 형사소송법 제327조(공소기각의 판결) 다음 각 호의 경우에는 판결로써 공소기각의 선고를 하여야 한다.
2. 공소제기의 절차가 법률의 규정을 위반하여 무효일 때

몰수보전은 본안 형사재판에서 몰수판결이 선고될 것을 전제로 그 재산이 사전에 처분, 은닉되는 것을 미연에 방지하기 위함이므로 **몰수가 선고되지 않는다면 몰수보전의 요건을 구비하지 않게 되는 것**이어서 **당연히 실효**되어야 한다.

따라서 마약거래방지법은 ① 본안 재판에서 검사가 몰수를 구형하였음에도 **몰수가 선고되지 않는 것으로 확정**된 경우에는 **몰수보전은 당연히 실효**된다. ② 다만 **형사소송법 제327조 제2호**에 따라 **공소제기의 절차가 법률의 규정을 위반하여 무효**인 경우 그것만으로는 몰수가 선고되지 않는 것으로 단정할 수 없으므로 그 **판결이 확정된 날**로부터 **30일 이내**에 그 사건에 대하여 **공소가 제기되지 아니**한 때 몰수보전은 **실효**된다.

형사소송법 제327조 제2호에 따라 **공소제기의 절차가 법률의 규정에 위반하여 무효**인 경우라 함은 **공소제기 절차의 흠이 중대**하고 **보완·추완할 수 없어** 판결로써 공소를 기각하여야 할 사유에 대한 **일반적·포괄적 규정**에 해당한다.[141]

구체적으로는 공소는 검사가 제기하여야 함에도(형사소송법 제326조) **권한이 없는 자에 의해 공소가 제기**되는 경우, 피고인 또는 공소사실이 특정되지 않는 등 **공소장 방식에 위배**(형사소송법 제254조) 되는 경우, 공소제기 당시 친고죄에서 고소 등 **소송조건이 결여**된 경우,[142] 피고인의 성명이 모용된 경우 **성명 피모용자에 대한 공소제기**,[143] **형사절차의 현저한 지연, 불법구속이나 함정수사** 등 **중대한 위법수사**활동의 개입, **공소권 남용** 등의 경우[144] 등이 그 사례라 할 것이다.

그러나 판례에 따르면 **불법구금, 구금장소의 임의적 변경** 등의 위법사유가 있는 것만으로 **공소제기의 절차 자체**가 **위법하여 무효인 경우에 해당하지 않**고,[145] 피고인의 신병이 확보되기 전에 공소가 제기되었다고 하더라도 그러한 사정만으로 공소제기가 부적법한 것이 아니다.[146] 또한 **변호인이 주장하는 불법연행 등 각 위법사유가 사실**이라고 하더라도 그 위법한 절차에 의하여 수집된 증거를 배제할 이유는 될지언정 **공소제기의 절차자체가 위법하여 무효인 경우에 해당한다고 볼 수 없**다.[147]

몰수보전 선고가 없는 재판이 확정된 경우 몰수보전의 실효로 인한 몰수보전등기의 말소는 **몰수선고가 없는 확정판결의 등본**과 **확정증명을 첨부**하여 **검사가 이를 등기소에**

---

141 한국사법행정학회, 「주석 형사소송법」(2022. 10. 제6판) 형사소송법 제327조 부분 참조.
142 대법원 2008. 4. 10. 선고 2007도6325 판결 참조.
143 대법원 1993. 1. 19. 선고 92도2554 판결, 대법원 1997. 11. 28. 선고 97도2215 판결 등 참조.
144 대법원 2021. 10. 14. 선고 2016도14772 판결 참조.
145 대법원 1996. 5. 14. 선고 96도561 판결 참조.
146 대법원 2017. 1. 25. 선고 2016도15526 판결 참조.
147 대법원 1990. 9. 25. 선고 90도1586 판결 참조.

촉탁함으로써 집행한다.[148] 또한 마약거래방지법 제43조 제2항에 따라 몰수보전이 실효된 경우 이는 **공소를 제기하지 아니하는 사실을 증명하는 서면도 함께 첨부**하여 말소등기를 촉탁하여야 한다.

제7관 몰수보전명령에 대한 불복

I 1심 법원의 결정에 대한 불복 : 항고

관련조문

마약거래방지법 제62조(불복신청) ① 몰수보전 또는 추징보전에 관한 법원의 결정에 대하여는 항고할 수 있다.

☞ 형사소송법 제402조(항고할 수 있는 재판) 법원의 결정에 대하여 불복이 있으면 항고를 할 수 있다. 단, 이 법률에 특별한 규정이 있는 경우에는 예외로 한다.

제404조(보통항고의 시기) 항고는 즉시항고 외에는 언제든지 할 수 있다. 단, 원심결정을 취소하여도 실익이 없게 된 때에는 예외로 한다.

제406조(항고의 절차) 항고를 함에는 항고장을 원심법원에 제출하여야 한다.

몰수보전에 관한 **법원의 결정에 대하여는 항고**할 수 있으므로 1심 법원의 결정에 대해 불복이 있으면 **항소심 법원에 항고**한다. 1심 법원이 단독재판부라면 항고심 법원은 같은 법원 항소심 재판부가 되고, 1심 법원이 형사합의부인 경우 항고심은 고등법원 재판부가 담당한다.

이때의 항고는 **보통항고**이므로 항고의 이익이 없는 한 항고기간에 제한이 없다(형사소송법 제404조 참조). **항고장**은 **원심법원에 제출**하고(형사소송법 제406조 참조), 항고이유서의 경우 항소이유서와는 달리 그 기한에 제한이 없다.

기소 후 몰수보전의 경우에는 본안 사건 1심 재판부에서 결정하고, 기소 전 몰수보전의 경우 각 지방법원 신청사건 재판부에서 담당하므로 각 담당 사건 재판부에 항고장을 제출하면 된다.

---

148 법원행정처, 「부동산등기실무」(2015), Ⅲ권 제420쪽 참조.

Ⅱ 항고심 법원 또는 고등법원의 결정에 대한 불복 : 즉시항고

관련조문

마약거래방지법 제62조(불복신청) ① **몰수보전 또는 추징보전에 관한 법원의 결정에 대하여는 항고**할 수 있다.

② 몰수보전 또는 추징보전에 관한 **법관의 재판에 불복하는 자는 그 법관이 소속한 법원에 그 재판의 취소 또는 변경을 청구**할 수 있다.

③ 제2항에 따른 불복신청의 절차에 관하여는 **「형사소송법」 제416조제1항에 따른 재판의 취소 또는 변경의 청구에 관련되는 절차 규정을 준용**한다.

☞ 형사소송법 제407조(원심법원의 항고기각 결정) ①항고의 제기가 법률상의 방식에 위반하거나 항고권소멸 후인 것이 명백한 때에는 원심법원은 결정으로 항고를 기각하여야 한다.

②전항의 결정에 대하여는 **즉시항고**를 할 수 있다.

제405조(즉시항고의 제기기간) 즉시항고의 제기기간은 7일로 한다. <개정 2019. 12. 31.>
[2019. 12. 31. 법률 제16850호에 의하여 2018. 12. 27. 헌법재판소에서 헌법불합치 결정된 이 조를 개정함.]

제415조(재항고) 항고법원 또는 고등법원의 결정에 대하여는 재판에 영향을 미친 헌법·법률·명령 또는 규칙의 위반이 있음을 이유로 하는 때에 한하여 대법원에 즉시항고를 할 수 있다.

제416조(준항고) ①**재판장 또는 수명법관이 다음 각 호의 1에 해당한 재판을 고지한 경우에 불복이 있으면 그 법관소속의 법원에 재판의 취소 또는 변경을 청구할 수 있다**.

1. 기피신청을 기각한 재판
2. 구금, 보석, 압수 또는 압수물환부에 관한 재판
3. 감정하기 위하여 피고인의 유치를 명한 재판
4. 증인, 감정인, 통역인 또는 번역인에 대하여 과태료 또는 비용의 배상을 명한 재판

제66조(기간의 계산) ① 기간의 계산에 관하여는 시(時)로 계산하는 것은 즉시(卽時)부터 기산하고 일(日), 월(月) 또는 연(年)으로 계산하는 것은 초일을 산입하지 아니한다. 다만, 시효(時效)와 구속기간의 초일은 시간을 계산하지 아니하고 1일로 산정한다.

② 연 또는 월로 정한 기간은 연 또는 월 단위로 계산한다.

③ 기간의 말일이 공휴일이거나 토요일이면 그날은 기간에 산입하지 아니한다. 다만, 시효와 구속기간에 관하여는 예외로 한다.

항고법원 또는 고등법원의 결정에 대하여는 **재판에 영향을 미친 헌법·법률·명령 또는 규칙의 위반**이 있음을 이유로 하는 때에 한하여 **대법원에 즉시항고**를 할 수 있다. 따

라서 **사실오인**만을 이유로는 **즉시항고 할 수 없다**.

대법원에 하는 재항고의 경우 형사소송법은 이를 **즉시항고**로 규정하고 있으므로(형사소송법 제415조 참조), **항고기각 결정을 송달받은 날**로부터 **7일 이내**에 재항고장을 원심법원에 제출해야 한다(형사소송법 제405조 참조). 과거에는 즉시항고 기간을 3일로 제한하고 있었으나 이와 같은 **기간의 제한은 국민의 재판을 받을 권리를 침해한다는 이유로 헌법재판소에서 위헌 결정**[149]을 받아 **7일로 개정**되었다(형사소송법 제405조, 2019. 12. 31. 개정). 이때 **기간의 말일이 공휴일이거나 토요일**이면 그날은 **기간에 산입하지 아니**한다. 다만, 시효와 구속기간에 관하여는 예외로 한다(형사소송법 제66조 제3항 참조).

한편 몰수보전에 관한 법관(재판장 또는 합의부원)의 재판에 불복이 있는 경우에는 **그 법관이 소속한 법원에 그 재판의 취소 또는 변경을 청구**할 수 있으며, 이 경우 형사소송법 제416조 제1항의 **준항고 규정을 준용**한다(마약거래방지법 제62조 참조).

제8관 몰수보전과 다른 강제집행 절차 등의 관계

I 先 몰수보전재산에 대한 後 강제집행 절차의 제한(마약거래방지법 제45조)

관련조문

마약거래방지법 제45조(몰수보전재산에 대한 강제집행 절차의 제한) ① 몰수보전이 된 후에 그 몰수보전의 대상이 된 부동산 또는 제38조에 따른 선박·항공기·자동차 또는 건설기계, 그 밖에 등기 또는 등록에 의하여 권리변동이 이루어지는 물건 등에 대하여 강제경매 개시가 결정된 경우 또는 그 몰수보전의 대상이 된 유체동산(有體動産)이 강제집행에 의하여 압류된 경우에는 강제집행에 의한 환가(換價) 절차는 몰수보전이 실효된 후가 아니면 진행할 수 없다.

② 몰수보전된 채권에 대하여 강제집행에 의한 압류명령이 내려진 경우 그 압류채권자는 압류된 채권 중 몰수보전된 부분에 대하여는 몰수보전이 실효되지 아니하면 채권을 영수할 수 없다.

③ 몰수보전이 된 후에 강제집행에 의하여 압류된 채권이 조건부 또는 기한부(期限附)이거나 반대의무의 이행과 관련되어 있거나 그 밖의 사유로 추심(推尋)하기 곤란한 경우에

149 헌법재판소 2018. 12. 27.자 2015헌바77 결정 참조.

는 제1항을 준용한다.
④ <u>몰수보전된 그 밖의 재산권</u>(「민사집행법」 제251조제1항에 따른 그 밖의 재산권을 말한다)에 대한 강제집행에 관하여는 <u>몰수보전된 채권에 대한 강제집행의 예</u>에 따른다.

몰수보전된 재산에 대하여 **그 보전 후에 된 처분**은 **몰수에 관하여 그 효력을 발생하지 아니**한다. 몰수보전명령의 효력 기간은 몰수보전 기간이 부당하게 과도하여 취소의 대상이 되는 경우(마약거래방지법 제42조 제1항)를 제외하고는 별다른 제한이 없다.

몰수보전재산에 대하여 그 **보전 후에 된 처분**은 **몰수에 관하여 그 효력을 발생하지 아니**하는 것은 몰수보전 자체가 대상재산에 대한 **처분을 금지**하고 이에 **대항력을 부여**하기 때문이다(동법 제36조 본문 참조).

다만 몰수보전명령에 위반한 처분을 절대적으로 무효로 하지 않고 몰수절차에 관련된 한도에서 그 효력을 발생하지 않는 것이므로 이는 **상대적 무효에 해당**한다. 따라서 몰수보전이 된 재산에 대하여도 당사자 간에는 **유효한 채권계약을 체결**할 수 있고 **제3자에 대해서도 일응 그 법적인 효과를 주장**할 수는 있으나 향후 몰수재판이 확정된 경우에는 몰수보전 이후 행한 처분은 몰수재판에 대항할 수 없다.

따라서 몰수보전이 된 후(後)에 ① 그 몰수보전의 대상이 된 부동산 또는 선박·항공기·자동차 또는 건설기계, 그 밖에 등기 또는 등록에 의하여 권리변동이 이루어지는 물건 등에 대하여 **강제경매 개시가 결정**된 경우 또는 ② 그 몰수보전의 대상이 된 유체동산이 **강제집행에 의하여 압류**된 경우에는 강제집행에 의한 환가 절차는 몰수보전이 실효된 후가 아니면 진행할 수 없다(동법 제45조 제1항 참조). 또한 ③ 몰수보전이 된 후에 **강제집행에 의하여 압류된 채권이 조건부 또는 기한부**이거나 **반대의무의 이행과 관련**되어 있거나 **그 밖의 사유로 추심하기 곤란**한 경우에도 강제경매 개시가 결정되거나 압류된 경우와 같이 몰수보전의 효력이 유지하는 한 환가절차를 진행할 수 없다(동조 제3항 참조). 이미 몰수보전된 각종 재산에 몰수보전 이후 강제경매가 개시되더라도 몰수보전의 효력이 우선하므로 그 효력이 유지되고 있는 한 환가 절차를 진행할 수 없음을 명문화한 것이다.

또한 몰수보전된 그 밖의 재산권에 대한 강제집행에 관하여는 몰수보전된 채권에 대한 강제집행의 예에 따른다(동조 제4항 참조). 이때 그 밖의 재산권이라 함은 민시잡행법 제251조 제1항에 그 밖의 재산권을 의미한다.

관련조문

민사집행법 제251조(그 밖의 재산권에 대한 집행) ①앞의 여러 조문에 규정된 재산권 외에 부동산을 목적으로 하지 아니한 재산권에 대한 강제집행은 이 관의 규정 및 제98조 내지 제101조의 규정을 준용한다.

②제3채무자가 없는 경우에 압류는 채무자에게 권리처분을 금지하는 명령을 송달한 때에 효력이 생긴다.

☞ 제98조(일괄매각결정) ①법원은 여러 개의 부동산의 위치·형태·이용관계 등을 고려하여 이를 일괄매수하게 하는 것이 알맞다고 인정하는 경우에는 직권으로 또는 이해관계인의 신청에 따라 일괄매각하도록 결정할 수 있다.

②법원은 부동산을 매각할 경우에 그 위치·형태·이용관계 등을 고려하여 다른 종류의 재산(금전채권을 제외한다)을 그 부동산과 함께 일괄매수하게 하는 것이 알맞다고 인정하는 때에는 직권으로 또는 이해관계인의 신청에 따라 일괄매각하도록 결정할 수 있다.

③제1항 및 제2항의 결정은 그 목적물에 대한 매각기일 이전까지 할 수 있다.

제99조(일괄매각사건의 병합) ①법원은 각각 경매신청된 여러 개의 재산 또는 다른 법원이나 집행관에 계속된 경매사건의 목적물에 대하여 제98조제1항 또는 제2항의 결정을 할 수 있다.

②다른 법원이나 집행관에 계속된 경매사건의 목적물의 경우에 그 다른 법원 또는 집행관은 그 목적물에 대한 경매사건을 제1항의 결정을 한 법원에 이송한다.

③제1항 및 제2항의 경우에 법원은 그 경매사건들을 병합한다.

제100조(일괄매각사건의 관할) 제98조 및 제99조의 경우에는 민사소송법 제31조에 불구하고 같은 법 제25조의 규정을 준용한다. 다만, 등기할 수 있는 선박에 관한 경매사건에 대하여서는 그러하지 아니하다.

제101조(일괄매각절차) ①제98조 및 제99조의 일괄매각결정에 따른 매각절차는 이 관의 규정에 따라 행한다. 다만, 부동산 외의 재산의 압류는 그 재산의 종류에 따라 해당되는 규정에서 정하는 방법으로 행하고, 그 중에서 집행관의 압류에 따르는 재산의 압류는 집행법원이 집행관에게 이를 압류하도록 명하는 방법으로 행한다.

②제1항의 매각절차에서 각 재산의 대금액을 특정할 필요가 있는 경우에는 각 재산에 대한 최저매각가격의 비율을 정하여야 하며, 각 재산의 대금액은 총대금액을 각 재산의 최저매각가격비율에 따라 나눈 금액으로 한다. 각 재산이 부담할 집행비용액을 특정할 필요가 있는 경우에도 또한 같다.

③여러 개의 재산을 일괄매각하는 경우에 그 가운데 일부의 매각대금으로 모든 채권자의 채권액과 강제집행비용을 변제하기에 충분하면 다른 재산의 매각을 허가하지 아니한다. 다만, 토지와 그 위의 건물을 일괄매각하는 경우나 재산을 분리하여 매각하면 그 경제적 효용이 현저하게 떨어지는 경우 또는 채무자의 동의가 있는 경우에는 그러하지 아니하다.

④제3항 본문의 경우에 채무자는 그 재산 가운데 매각할 것을 지정할 수 있다.
⑤일괄매각절차에 관하여 이 법에서 정한 사항을 제외하고는 대법원규칙으로 정한다.

한편 **몰수보전된 재산이 체납처분**에 의하여 **압류**되거나 몰수보전된 재산을 가진 자에 대해 **파산선고 또는 화의개시 결정**이 있는 경우 내지 **몰수보전된 재산을 가진 회사에 대한 정리절차 개시 결정**이 있는 경우에는 마약거래방지법 제45조에 따라 **강제집행절차가 제한**된다(마약거래방지법 제50조 제1항 각호 참조).

관련조문

마약거래방지법 제50조(그 밖의 절차와의 조정) ① **다음 각 호의 어느 하나에 해당**하는 경우 **그 절차의 제한에 관하여는 제45조를 준용**한다. <개정 2010. 3. 31., 2016. 12. 27.>

1. **몰수보전된 재산이 체납처분**(「국세징수법」 및 「지방세징수법」의 규정 또는 그 예에 따른 각종 징수 절차를 말한다. 이하 같다)**에 의하여 압류**된 경우
2. **몰수보전된 재산을 가진 자**에 대하여 **파산선고 또는 화의개시(和議開始) 결정**(이하 이 조에서 "파산선고등"이라 한다)이 있는 경우
3. **몰수보전된 재산을 가진 회사**에 대하여 **정리절차 개시결정**이 있는 경우

이처럼 **몰수보전된 재산에 대해 강제집행에 따라 압류 등이 된 경우**에는 **법원사무관 등이 검사 등에게 그 사실을 통지**하여야 하고, **강제집행 신청이 취하**되거나 이를 **취소**하는 결정이 있는 경우, 몰수재판이 확정되거나 몰수보전이 효력을 상실한 때에도 같다(마약류범죄 등의 몰수보전 등에 관한 규칙 제13조 각항 참조).

관련조문

마약류범죄 등의 몰수보전 등에 관한 규칙 제13조(몰수보전재산에 대하여 강제집행에 의하여 압류 등이 된 경우의 통지) ①**몰수보전된 재산**에 대하여 **강제경매개시결정 또는 강제집행에 의하여 압류가 된 때**에는, 집행법원의 법원서기관, 법원사무관, 법원주사 또는 법원주사보(이하 "법원사무관등"이라고 한다. 동산의 경우에는 집행관)는 **검사 또는 수사처검사에게 그 사실을 통지**하여야 한다.

②제1항의 경우 강제집행신청이 취하된 때 또는 강제집행절차를 취소하는 결정이 확정된 때에는 집행법원의 법원사무관등(동산의 경우에는 집행관)은 검사 또는 수사처검사에게 그 사실을 통지하여야 한다.

③제1항의 경우 몰수의 재판이 확정되거나 몰수보전이 효력을 상실한 때에는 검사 또는 수사처검사는 집행법원(동산의 경우에는 집행관)에 그 사실을 통지하여야 한다.

Ⅱ 先 강제집행 대상이 된 재산의 몰수재판 제한(마약거래방지법 제47조)

관련조문

마약거래방지법 제47조(강제집행의 대상이 된 재산의 몰수제한) ① **몰수보전되기 전**에 **강제경매 개시 결정** 또는 **강제집행에 의하여 압류된 재산**에 대하여는 **몰수재판을 할 수 없다**. 다만, 다음 각 호의 어느 하나에 해당하면 몰수재판을 할 수 있다.

1. 압류채권자의 채권이 가장된 것일 때
2. 압류채권자가 몰수대상재산이라는 사실을 알면서 강제집행을 신청한 때
3. 압류채권자가 범인일 때

② **몰수대상재산상에 존재**하는 **지상권·저당권 또는 그 밖의 권리**로서 **부대보전명령에 따라 처분이 금지된 것**에 대하여 **그 처분금지 전**에 **강제경매 개시 결정** 또는 **강제집행에 의하여 압류**된 경우 그 재산을 몰수할 때에는 그 권리는 존속시키는 것으로 하고 몰수의 선고와 동시에 그 취지를 선고하여야 한다. 다만, 다음 각 호의 어느 하나에 해당하면 그러하지 아니하다.

1. 압류채권자의 채권이 가장된 것일 때
2. 압류채권자가 몰수에 의하여 그 권리가 소멸된다는 사실을 알면서 강제집행을 신청하였을 때
3. 압류채권자가 범인일 때

③ 강제경매 개시 결정 또는 강제집행에 의하여 압류된 재산에 대하여 몰수보전명령이 내려진 경우 그 재산에 관하여 압류채권자(피고인인 압류채권자는 제외한다)가 해당 형사사건 절차에 참가를 허가받지 못하였을 때에는 그 재산에 대하여 몰수재판을 할 수 없다. 제2항에 따른 재산의 몰수에 있어서도 또한 같다.

④ 제3항의 몰수에 관한 절차에 관하여는 제5장의 제3자 참가신청 등의 특례에 관한 규정을 준용한다.

몰수보전 되기 전(前)**에 강제경매 개시 결정** 또는 **강제집행에 의하여 압류**된 재산에 대하여는 **원칙적으로 몰수판결 선고가 불가**하다(마약거래방지법 제47조 제1항 참조). 이미 강제집행이 개시되거나 압류된 재산은 그 이후에 진행된 몰수보전 보다 그 효력이 앞서기 때

문에 이 또한 당연하다.

다만 예외적으로 ① **압류채권자의 채권이 가장**된 것일 때, ② 압류채권자가 **몰수대상재산이라는 사실을 알면서 강제집행을 신청**한 때, ③ **압류채권자가 법인**일 때에는 몰수보전 이전에 진행된 강제집행 절차를 보호할 이유가 없으므로 위와 같은 경우에는 몰수재판이 가능하다고 본다(동조 제1항 제1호 내지 제3호).

또한 몰수대상재산상에 존재하는 **지상권·저당권 또는 그 밖의 권리**로서 **부대보전명령**에 따라 처분이 금지된 것에 대하여 그 처분금지 전(前)에 **강제경매 개시 결정 또는 강제집행에 의하여 압류**된 경우 그 재산을 몰수할 때에는 **그 권리는 존속**시키는 것으로 하고 **몰수의 선고와 동시에 그 취지를 선고**하여야 한다(동조 제2항 본문 참조). 이는 지상권, 저당권 또는 그 밖의 권리에 대한 부대보전명령이 있다 하더라도 그 이전에 다른 강제경매 개시 결정이 있는 경우 등에는 그 소유권 자체에 대한 몰수재판이 가능하나 부대보전명령의 대상이 된 재산권에 대한 부대몰수는 인정되지 않는다는 취지다.

다만 예외적으로 위 소유권과 마찬가지로 ① **압류채권자의 채권이 가장**된 것일 때, ② **압류채권자가 몰수**에 의하여 **그 권리가 소멸된다는 사실을 알면서 강제집행**을 신청하였을 때 및 ③ **압류채권자가 법인**일 때에는 마찬가지로 위 각 재산권에 대한 몰수판결도 선고할 수 있다(동조 제2항 단서 각호 참조).

이렇게 몰수보전에 따른 몰수재판 이전에 강제경매 개시 결정 또는 강제집행에 의하여 재산이 압류된 경우 해당 재산에 대해 몰수판결이 선고되기 위해서는 마약거래방지법상 **제3자 참가절차**를 통해 검사는 **해당 압류채권자에 대해 참가절차를 신청**하고 **법원의 허가를 받아야** 한다. 만약 해당 형사사건에서 위 압류채권자에 대해 참가절차 허가를 받지 못한다면 몰수판결을 선고할 수 없음은 당연하다(동조 제3항, 제4항 참조).

한편 **몰수보전이 되기 전**에 그 몰수보전의 대상이 된 재산에 대하여 ① **가압류**가 있는 경우 및 ② 몰수대상재산상에 존재하는 지상권·저당권 또는 그 밖의 권리로서 **부대보전명령에 따라 처분이 금지된 것**에 대하여 그 **처분금지 전에 가압류**가 있는 경우 해당 재산의 몰수제한에 관하여는 마약거래방지법 제47조 규정을 준용한다(동법 제50조 제4항 각호 참조).

나아가 **몰수보전이 되기 전에 그 몰수보전의 대상이 된 재산**에 대하여 ① **체납처분에 의한 압류**가 있는 경우, ② 몰수보전이 되기 전에 그 몰수보전의 대상이 된 재산을 가진 자에 대하여 **파산선고등**이 있는 경우 및 ③ 몰수보전이 되기 전에 그 몰수보전의 대상이 된 **재산을 가진 회사에 대하여 정리절차 개시결정**이 있는 경우 해당 재산에 대해서는 마찬가지로 마약거래방지법 제47조 제1항에 따라 **몰수가 제한**된다(동법 제50조 제5항 각호 참조).

그리고 **몰수대상재산상에 존재하는 지상권·저당권 또는 그 밖의 권리**로서 **부대보전명령**에 따라 **처분이 금지**된 것에 관하여 ① **그 처분금지 전에 체납처분에 의한 압류**가 있는 경우, ② 그 권리를 가진 권리자에 대하여 **그 처분금지 전에 파산선고등**이 있는 경우 및 ③ **그 권리를 가진 회사에 관하여 그 처분금지 전에 정리절차 개시결정**이 있는 경우에는 마약거래방지법 제47조 제2항 본문에 따라 위 재산의 몰수가 제한된다(동법 제50조 제6항 참조).

관련조문

마약거래방지법 제50조(그 밖의 절차와의 조정) ④ 다음 각 호의 어느 하나에 해당하는 경우 이러한 재산의 몰수제한에 관하여는 제47조를 준용한다.

1. 몰수보전이 되기 전에 그 몰수보전의 대상이 된 재산에 대하여 가압류가 있는 경우
2. 몰수대상재산상에 존재하는 지상권·저당권 또는 그 밖의 권리로서 부대보전명령에 따라 처분이 금지된 것에 대하여 그 처분금지 전에 가압류가 있는 경우

⑤ 다음 각 호의 어느 하나에 해당하는 경우 이러한 재산의 몰수제한에 관하여는 제47조제1항 본문을 준용한다.

1. 몰수보전이 되기 전에 그 몰수보전의 대상이 된 재산에 대하여 체납처분에 의한 압류가 있는 경우
2. 몰수보전이 되기 전에 그 몰수보전의 대상이 된 재산을 가진 자에 대하여 파산선고등이 있는 경우
3. 몰수보전이 되기 전에 그 몰수보전의 대상이 된 재산을 가진 회사에 대하여 정리절차 개시결정이 있는 경우

⑥ 몰수대상재산상에 존재하는 지상권·저당권 또는 그 밖의 권리로서 부대보전명령에 따라 처분이 금지된 것에 관하여 다음 각 호의 어느 하나에 해당하는 경우 그 재산의 몰수제한에 관하여는 제47조제2항 본문을 준용한다.

1. 그 처분금지 전에 체납처분에 의한 압류가 있는 경우
2. 그 권리를 가진 권리자에 대하여 그 처분금지 전에 파산선고등이 있는 경우
3. 그 권리를 가진 회사에 관하여 그 처분금지 전에 정리절차 개시결정이 있는 경우

Ⅲ 先 강제집행 대상이 된 재산에 대한 강제집행의 정지(마약거래방지법 제48조)

관련조문

마약거래방지법 제48조(강제집행의 정지) ① 법원은 **강제경매 개시 결정 또는 강제집행에 의하여 압류된 재산**에 대하여 **몰수보전명령**을 한 경우 또는 하려는 경우, **제47조제1항 단서에 따른 사유가 있다고 판단할 만한 상당한 이유**가 있을 때에는 **검사의 청구 또는 법원의 직권**에 의한 결정으로 **강제집행의 정지**를 명할 수 있다.

② 검사가 제1항의 **결정서 등본을 집행법원에 제출**하였을 때에는 **집행법원은 강제집행을 정지**하여야 한다. 이 경우 **「민사집행법」의 규정을 적용할 때에는 같은 법 제49조제2호의 서류가 제출된 것**으로 본다.

③ 법원은 **몰수보전이 실효**된 때, **제1항의 이유가 없어진 때** 또는 **강제집행정지기간이 부당하게 길어진 때**에는 검사나 압류채권자의 청구 또는 법원의 직권에 의하여 **제1항의 결정을 취소**하여야 한다.

④ 제3항의 경우에는 **제42조제2항을 준용**한다.

☞ 민사집행법 제49조(집행의 필수적 정지·제한) 강제집행은 다음 각호 가운데 어느 하나에 해당하는 서류를 제출한 경우에 정지하거나 제한하여야 한다.

2. **강제집행의 일시정지를 명한 취지를 적은 재판의 정본**

☞ 마약거래방지법 제42조(몰수보전명령의 취소) ② 법원은 검사의 청구에 의한 경우를 제외하고는 제1항의 결정을 할 때에 **검사의 의견을 들어야 한다**.

☞ 검찰사건사무규칙 제283조(강제집행의 정지청구 등) ① 검사가 **마약거래방지법 제48조제1항**(마약거래방지법 제50조제7항 및 범죄수익은닉규제법 제12조에서 준용하는 경우를 포함한다)에 따라 **강제집행의 정지를 청구하는 경우에는 별지 제356호서식의 강제집행정지청구서**에 따른다.

② 검사가 마약거래방지법 제48조제3항(마약거래방지법 제50조제7항 및 범죄수익은닉규제법 제12조에서 준용하는 경우를 포함한다)에 따라 **강제집행정지결정의 취소를 청구**하는 경우에는 별지 제357호서식의 **강제집행정지결정 취소청구서**에 따른다.

③ 마약거래방지법 제48조제4항(범죄수익은닉규제법 제12조에서 준용하는 경우를 포함한다)에 따라 **법원에서 강제집행정지결정의 취소에 관한 검사의 의견을 요청**하는 경우의 **의견표명 절차 등에 관하여는 제155조를 준용**한다.

제155조(보석청구 등에 대한 의견표명) ① 사건사무담당직원은 법원으로부터 법 제97조제1항·제2항 또는 법 제101조제2항에 따라 의견요청서를 송부받은 경우에는 지체 없이 검사에게

제출하여 의견의 표명을 받아 회송한다.

② 사건사무담당직원은 법 제97조제1항에 따라 의견요청을 송부받은 경우에는 보석청구사건인원표에 해당 사항을 기록한다.

③ 검사는 제1항의 의견표명을 하는 경우에는 그 의견이 법원의 결정에 실질적인 심리자료가 될 수 있도록 구체적으로 이유를 명시한다.

강제경매 개시 결정 또는 강제집행에 의하여 압류된 재산에 대하여 **몰수보전명령을 이미 했거나 또는 하려고 하는 경우**, 앞에서 검토한 바와 같이 **압류채권자의 채권이 가장**되거나 압류채권자가 **몰수대상재산이라는 사실을 알면서 강제집행을 신청**한 때 또는 **압류채권자가 범인**인 경우 등(동법 제47조 제1항 단서 참조) 해당 재산에 대한 몰수보전명령을 할 수 있는 사유가 있다고 판단할 만한 상당한 이유가 있을 때에는 법원은 **검사의 청구 또는 법원의 직권**에 의한 **결정**으로 **강제집행의 정지**를 명할 수 있다(마약거래방지법 제48조 제1항 참조).

이 경우 법원이 위 강제집행의 정지를 명하였다고 하더라도 이미 강제집행을 개시하여 진행 중인 집행법원은 그와 같은 사유를 알 수 없으므로 위 **결정이 있다고 곧바로 강제집행 절차가 정지되는 것은 아니다.** 따라서 **검사는 위 결정서 등본을 집행법원에 제출**해야 하고, 그제서야 민사집행법 제49조 제2호에 따라 **강제집행이 정지**된다(마약거래방지법 제48조 제2항 참조).

다만 위와 같은 강제집행 정지는 몰수보전명령의 필요성이 있을 때 가능한 것이므로 **몰수보전이 실효**되거나 **강제집행정지 기간이 부당하게 길어져** 압류채권자의 권리를 해할 염려가 있는 경우 등에는 **압류채권자의 청구 또는 법원의 직권**에 따라 위 강제집행 정지 결정을 **취소**하여야 하고 이 경우 법원은 **검사의 의견**을 들어야 한다(마약거래방지법 제48조 제3항, 제4항, 제42조 제2항).

한편 가압류된 재산에 대하여 몰수보전명령을 한 경우 또는 하려는 경우 강제집행 정지에 관하여 마약거래방지법 제48조 규정을 준용한다(동법 제50조 제7항 참조).

관련조문

마약거래방지법 제50조(그 밖의 절차와의 조정) ⑦ 가압류된 재산에 대하여 몰수보전명령을 한 경우 또는 하려는 경우 강제집행정지에 관하여는 제48조를 준용한다.

제9관 몰수보전과 담보권 실행을 위한 경매 절차와의 조정

관련조문

마약거래방지법 제49조(담보권의 실행을 위한 경매 절차와의 조정) ① 몰수보전재산상에 존재하는 **담보권이 몰수보전된 후에 성립**되거나 **부대보전명령에 따라 처분이 금지**된 경우 그 **담보권의 실행**(압류는 제외한다)은 **몰수보전명령 또는 부대보전명령에 따른 처분금지가 실효되지 아니하면 할 수 없다**.

② **담보권을 실행하기 위한 경매 절차가 시작된 후 그 담보권에 대하여 부대보전명령**이 내려진 경우 **검사가 그 명령의 등본을 제출**하였을 때에는 **집행법원은 그 절차를 정지**하여야 한다. 이 경우 「민사집행법」을 적용할 때에는 같은 법 제266조제1항제5호(같은 법 제269조 및 제272조에서 준용하는 경우를 포함한다)의 문서가 제출된 것으로 본다.

☞ 민사집행법 제266조(경매절차의 정지) ①다음 각호 가운데 어느 하나에 해당하는 문서가 경매법원에 제출되면 경매절차를 정지하여야 한다.

5. 담보권 실행을 일시정지하도록 명한 재판의 정본

대상 재산에 몰수보전명령이 발령되어 집행된 다음 담보권을 설정하는 경우 이는 **해당 담보권 설정 행위**는 몰수보전에 **대항할 수 없는 처분행위**에 해당한다(마약거래방지법 제36조 참조). 따라서 위 담보권으로 몰수보전의 효력에 대항할 수 없으므로 몰수보전명령이 실효되지 않는 경우 위 담보권을 실행할 수 없다.

나아가 **몰수보전명령 발령 이전에 담보권이 설정**되어 있었다고 하더라도 이에 대해 **부대보전명령**이 내려진 경우에는 **담보권**은 부대보전명령에 따라 **함께 몰수대상**이 된 것이므로 **해당 담보권을 실행할 수 없음**은 마찬가지다(마약거래방지법 제49조 제1항).

한편 그럼에도 불구하고 **담보권 실행 경매 절차가 시작**되었는데 해당 담보권에 대한 **부대보전명령이 내려진 경우** 등에는 **검사가 그 명령의 등본을 집행법원에 제출**함으로써 **그 절차를 정지**하여야 하고(동조 제2항 참조), 이 때 부대보전명령 결정문은 민사집행법에 따라 담보권 실행을 일시 정지하도록 하는 재판의 정본으로서의 효력을 갖는다(민사집행법 제266조 제1항 제5호 참조).

제6절 부패재산 가액의 추징을 위한 보전절차

제1관 개요

추징보전 절차라 함은 **추징재판을 집행할 수 없게 될 염려**가 있거나 **집행이 현저히 곤란**하게 될 염려가 있다고 인정할 때에 피고인, 피의자의 **추징 대상 재산의 처분을 일시적으로 금지**하기 위한 형사상 보전절차로서 **민사집행법상 가압류 절차에 대응**하는 성질의 것이다.[150] 이러한 추징보전은 부패재산 자체에 대한 처분을 금지하는 독자적 규정인 몰수보전과 그 법적 성격과 효과에서 차이가 있음은 앞에서 검토한 바와 같다.

추징보전 절차는 자금세탁범죄 등 특정 범죄와 관련된 **범죄수익을 확실하게 몰수 및 추징**할 수 있도록 함으로써 **특정 범죄를 조장하는 경제적 요인을 근원적으로 제거**하기 위한 목적의 제도다.[151]

부패재산몰수법은 **독자적인 제3자 추징 규정**과 **범죄피해재산 특례규정**을 두고 있어 우리나라 범죄수익환수를 규율하는 5대 법률 중 가장 독창적인 특성을 가지고 있음은 앞에서 이미 살펴보았다. **부패재산몰수법에 부패재산 가액 상당의 추징보전액에 대하여** 이를 보전하기 위하여 추징금 집행의 대상이 되는 일반 재산의 처분을 금지하는 내용의 **보전 절차를 진행**하게 되는데 부패재산몰수법은 **추징보전**을 위한 별도의 조항을 독자적으로 두고 있지 않고 마약거래방지법의 그것(동법 제52조 내지 제59조)을 준용하고 있다. 이하에서는 부패재산몰수법에 따라 추징금 집행을 위한 보전절차의 전반에 대해 살펴보도록 한다.

관련조문

부패재산몰수법 제8조(「마약류 불법거래방지에 관한 특례법」의 준용) 이 법에 따른 몰수 및 추징과 국제공조에 관하여는 「마약류 불법거래방지에 관한 특례법」 제19조부터 제63조까지, 제64조제2항 및 제65조부터 제78조까지의 규정을 준용한다.

---

150 대법원 2011. 11. 13. 2010초기894 결정 참조.

151 법원행정처, 「법원실무제요[형사Ⅰ]」 559면 이하 참조.

제2관 기소 후(後) 추징보전명령

관련조문

마약거래방지법 제52조(추징보전명령) ① 법원은 마약류범죄 등에 관련된 피고인에 대한 형사사건에 관하여 **제16조에 따라 추징하여야 할 경우에 해당한다고 판단할 만한 상당한 이유**가 있는 경우로서 **추징재판을 집행할 수 없게 될 염려**가 있거나 **집행이 현저히 곤란하게 될 염려**가 있다고 인정할 때에는 검사의 청구에 의하여 또는 법원의 직권으로 추징보전명령을 하여 피고인에 대하여 재산의 처분을 금지할 수 있다.

② 추징보전명령은 **추징재판을 집행하기 위하여 보전하는 것이 상당하다고 인정되는 금액**(이하 이 조에서 "추징보전액"이라 한다)을 **정한 후 특정재산에 대하여 하여야** 한다. 다만, **유체동산에 관하여는 그 목적물을 특별히 정하지 아니할 수 있다**.

③ 추징보전명령에는 추징보전명령의 **집행정지나 집행처분의 취소를 위하여 피고인이 공탁**하여야 할 금액(이하 "추징보전해방금"이라 한다)을 정하여야 한다.

④ 추징보전명령서에는 피고인의 성명, 죄명, 공소사실의 요지, 추징의 근거가 되는 법령의 조항, 추징보전액, 처분을 금지하는 재산의 표시, 추징보전해방금, 발급연월일, 그 밖에 **대법원규칙**으로 정하는 사항을 적고 **재판한 법관이 서명날인**하여야 한다.

⑤ 추징보전에 관하여는 **제33조제4항**을 준용한다.

☞ 제16조(추징) ① 제13조제1항에 따라 **몰수하여야 할 재산을 몰수할 수 없거나** 같은 조 제2항에 따라 **몰수하지 아니하는 경우**에는 **그 가액(價額)을 범인으로부터 추징(追徵)**한다.

② 제13조제3항에 따른 **재산을 몰수할 수 없거나** 그 재산의 성질, 사용 상황 또는 그 재산에 관한 범인 외의 자의 권리 유무, 그 밖의 사정을 고려한 결과 그 **재산을 몰수하는 것이 타당하지 아니하다고 인정할 때에는 그 가액을 범인으로부터 추징**할 수 있다.

제33조(몰수보전명령) ④ 재판장은 긴급한 조치가 필요한 경우에는 제1항 또는 제2항에 따른 처분을 하거나 합의부의 구성원에게 그 처분을 하게 할 수 있다.

I 추징보전명령의 의의

부패재산몰수법상 추징은 **부패재산을 몰수할 수 없거나 몰수하지 아니**하는 경우에 **그 가액을 납부하도록 강제**하는 처분으로서 **추징보전**은 이러한 추징 판결이 선고되었을 경우 **그 추징금 집행을 보전**하기 위하여 법원의 명령을 통해 피고인(기소 후) 또는 피의자(기소 전)이 소유하고 있는 일반·특정 재산 처분을 금지하는 것이다.

추징보전은 **법원의 명령 발부 단계와 집행 단계로 구분**되는데 특별한 규정이 없는 이상 **발부는 형사 절차**에 따르고, **검사의 명령은 가압류명령과 동일한 효력**을 갖는다고 규정함으로써 **집행은 민사집행법 기타 가압류집행의 절차**에 관한 법령의 규정에 따르도록 하고 있다. 이처럼 추징보전명령의 절차는 **형사절차와 민사절차가 혼합**된 형태를 띄고 있다(마약거래방지법 제54조 제1항, 제3항 및 제63조 각 참조). **추징 자체는 형벌의 일종**에 해당하나, **추징금**은 국가가 피고인 또는 피의자에 대해 보유하고 있는 **금전채권**으로서의 성격을 가지므로 이를 집행하기 위해서는 민사상 가압류 절차를 통해 강제집행을 할 수밖에 없기 때문이다.

관련조문

마약거래방지법 제54조(추징보전명령의 집행) ① 추징보전명령은 검사의 명령에 따라 집행한다. 이 경우 검사의 명령은 「민사집행법」에 따른 가압류명령과 동일한 효력을 가진다.
③ 추징보전명령의 집행에 관하여는 이 법에 특별한 규정이 있는 경우를 제외하고는 「민사집행법」이나 그 밖에 가압류집행의 절차에 관한 법령의 규정을 준용한다. 이 경우 법령에 따라 가압류명령을 한 법원이 가압류 집행법원으로서 관할하도록 되어 있는 가압류의 집행에 관하여는 제1항에 따른 명령을 한 검사가 소속하는 검찰청 또는 고위공직자범죄수사처에 대응하는 법원이 관할한다.
제63조(준용) 몰수보전 및 추징보전에 관한 절차에 관하여는 이 법에 특별한 규정이 있는 경우를 제외하고는 「형사소송법」을 준용한다.

Ⅱ 추징보전명령의 요건

1. 청구권자 : 검사의 청구 또는 법원의 직권

마약거래방지법은 법원은 마약류범죄 등에 관련된 피고인에 대한 형사사건에 관하여 **제16조에 따라 추징하여야 할 경우에 해당**한다고 판단할 만한 **상당한 이유**가 있는 경우로서 **추징재판을 집행할 수 없게 될 염려**가 있거나 **집행이 현저히 곤란**하게 될 염려가 있다고 인정할 때에는 **검사의 청구**에 의하여 또는 **법원의 직권**으로 추징보전명령을 하여 피고인에 대하여 재산의 처분을 금지할 수 있다고 규정하고 있다. **해당 규정을 부패재산몰수법에서 준용**하므로 위 **마약류 범죄를 부패범죄로 치환**하면 **곧 부패재산몰수법에 적용**된다.

나아가 마약거래방지법의 위 조항은 **'피고인'에 대한 추징보전 명령을 전제**로 하고 있으므로 이는 **기소 후(後) 추징보전 명령**을 의미하고, 기소 전(前) 추징보전 명령의 경우 동법 제53조에 별도로 규정을 두고 있다. 아래에서 검토하는 바와 같이 **기소 후에는 검사의 청구 또는 법원의 직권**으로 위 명령을 발할 수 있으나, **기소 전에는 이에 더하여 사경의 신청권이 인정**된다는 점에서 중요한 차이가 있다.

2. 관할 법원의 지정 및 「초기」 추징보전 청구 사건번호의 부여

기소 후 추징보전의 경우 **형사 본안 사건이 제1심과 항소심에 계속 중인 때**에는 **제1심과 항소심의 수소법원이 추징보전 사건을 관할**한다(마약거래방지법 제52조 제1항 참조). 상소제기 기간 중이긴 하나 아직 상소가 제기되지 아니한 사건, 상소를 하였지만 상소기록이 상소법원에 도달하기 이전에는 원심법원이 추징보전청구에 대한 처분을 하여야 한다(마약거래방지법 제61조 참조).

한편 기소 후 추징보전명령은 **법원이 하는 것이 원칙**이나 긴급한 조치가 필요한 경우에는 **재판장이 직접** 몰수보전 명령을 발령하거나 **합의부원**에게 하도록할 수 있다(마약거래방지법 제52조 제5항, 제33조 제4항 참조).

그런데 **형사사건이 상고심에 계속 중**인 경우 **추징보전의 관할 법원이 상고심인 대법원인지 여부**가 문제될 수 있으나 민사상 가압류의 경우 본안이 상고심에 계속 중인 때에는 그 본안의 제1심 법원이 본안 법원으로서 가압류 사건을 관할하고 있으므로,[152] 이러한 점에 비추어 본안 사건이 **상고심에 계속 중인 경우 추징보전의 관할 법원은 제1심 법원으로 보는 것이 상당**하다.[153]

관련조문

마약거래방지법 제61조(상소제기기간 중의 처분 등) 상소제기기간에 발생한 사건으로서 아직 상소가 제기되지 아니한 사건과 상소하였으나 소송 기록이 상소법원에 도달하지 아니한 사건에 관하여 몰수보전 또는 추징보전에 관한 처분을 하여야 할 경우에는 원심법원이 그 처분을 하여야 한다.

추징보전 청구 사건이 접수되면 법원에서는 몰수보전 사건과 마찬가지로 「**초기」사건 번호**를 부여하고 해당 사건을 본안이 계속된 재판부에 배당하여 처리하며 위 초기 사건의 기

---

152 대법원 2011. 1. 13.자 2010초기894결정 참조.

153 위 「법원실무제요[형사 I]」 563면 이하 참조.

록은 본안 사건에 첨철한다. 법원에서 지정하는 사건 명칭은 추징보전 사건을 추징보전청구로 하는 것에 맞추어 「**추징보전 청구**」 **사건으로 함이 상당하다.**

3. 대상 범죄 및 추징보전의 요건

가. 대상 범죄

부패재산몰수법에 따른 **추징보전**은 그 대상범죄가 부패재산몰수법상 부패범죄에 해당하여야 하고, **대상 재산은 몰수보전과는 다르게 부패재산 그 자체가 아니**라 몰수할 수 없는 **부패재산 가액(추징보전액)에 상응**하는 **특정·일반 재산**에 대하여 하여야 한다는 점이 몰수보전과 다르다. 추징보전의 대상 재산을 어떻게 결정하여야 하는지는 아래에서 별도의 목차로 다루기로 한다.

나. 추징을 하여야 할 경우에 해당한다고 판단할 만한 상당한 이유

부패재산몰수법에 따라 추징을 하여야 할 경우라 함은 당연히 **그 범죄혐의에 대한 소명을 전제**로 한다. 또한 재산을 몰수할 수 없거나 **그 재산의 성질, 사용상황** 또는 그 재산에 관한 범인 외의 자의 권리 유무, 그 밖의 사정을 고려한 결과 그 **재산을 몰수하는 것이 타당하지 아니하다고 인정**할 때에는 그 가액을 범인으로부터 추징할 수 있다(마약거래방지법 제16조 참조).

한편 「**상당한 이유**」의 입증 정도는 그러한 **개연성이 있다는 정도의 심증**을 불러일으킬 정도의 **소명**으로 충분하고 그 의미는 앞에서 검토한 몰수보전의 그것과 같이 구속영장 발부의 요건(형사소송법 제70조 제1항 참조)과 동일하게 선량한 일반인의 관점에서 **객관적·합리적 이유**를 말한다고 봄이 상당하다.

또한 대법원은 「구 범죄수익은닉규제법 제2조 제1호 [별표] 제16호, 제2호 (가)목, 제8조, 제10조에서 몰수추징 대상으로 정한 구 증권거래법 제207조의2의 범죄행위에 의하여 생긴 재산인 **불법수익**은 구 증권거래법 제207조의2 **위반행위와 관련된 거래로 인한 이익으로서 위반행위로 인하여 발생한 위험**과 **인과관계가 인정되는 것을 의미한다**고 보는 것이 옳고, 법원은 그 인과관계가 인정되는 이익이라고 하더라도 여러 사정을 고려하여 재량에 따라 그 불법수익의 몰수 또는 추징 여부를 최종 결정하면 된다.」고 판시하여 **범죄행위와 범죄수익 등 사이의 상당한 인과관계가 인정**될 것을 요구하고 있다.[154]

---

154 대법원 2010. 4. 15. 선고 2009도13890 판결 참조.

다. 추징재판을 집행할 수 없게 될 염려 또는 집행이 현저히 곤란하게 될 염려

추징보전명령의 요건은 **민사집행법상 보전처분의 발령 요건과 동일**하다. **추징보전명령의 효과가 가압류의 그것과 동일**하다는 점에서 당연한 취지의 규정이다.

관련조문

민사집행법 제277조(보전의 필요) 가압류는 이를 하지 아니하면 판결을 집행할 수 없거나 판결을 집행하는 것이 매우 곤란할 염려가 있을 경우에 할 수 있다.

피고인에 대한 형사재판에 따라 추징금이 선고되었는데 피고인의 수입과 재산 상황, 피고인이 부패범죄로 벌어들인 범죄수익 등을 은닉하는 등의 여러 가지 사정 등에 비추어 추징재판을 집행하기 곤란한 경우에는 그 필요성이 인정된다 할 것이다.

다만 **법원**은 실무상 **추징예상금액이 300만 원에 미치지 못하는 경우**에는 그 금액이 소액이라는 이유로 추징재판을 집행할 수 없게 될 염려 또는 집행이 현저히 곤란하게 될 염려가 소명되지 않는다는 이유로 **추징보전청구를 기각하는 사례가 다수 확인**된다. 그러나 **추징예상금액의 다과(多寡)**와 같은 하나의 사정만으로 **보전의 필요성을 부정하는 것은 바람직하지 않**고 앞에서 검토한 여러 가지 사정을 종합적으로 고려하여 범인이 범죄수익 등을 은닉하였거나 변제자력이 현저히 부족한 경우 등에는 보전의 필요성을 폭넓게 인정할 필요가 있다(私見).

4. 추징보전액의 확정

추징보전명령은 피고인에 대하여 **추징이 예상되는 금액의 확정**을 전제로 한다. 추징보전명령은 몰수보전명령과는 다르게 **민사집행법 기타 가압류 집행의 절차에 관한 법령의 규정**을 따라야 하므로 가압류 명령의 **피보전채권**과 마찬가지로 그 금액을 정해야 한다.

대법원은 임의적 몰수·추징 대상이 되는 **범죄수익을 실제로 몰수·추징할 것인가** 여부는 법원의 재량범위에 속하는 것이고, 나아가 필수적 몰수·추징의 대상이라 할지라도 **추징보전명령을 발할 것인지** 여부, 특정 재산에 대하여 추징보전명령을 발할 경우 추징재판의 집행을 위하여 보전하는 것이 상당하다고 인정되는 **추징보전액의 산정** 역시 법원의 재량에 속한다고 결정하였다.[155]

5. 추징보전 대상 재산의 결정

가. 명의 불문, 피고인에게 실질적으로 귀속되는 재산

부패재산몰수법과 마약거래방지법에 따른 추징보전의 대상이 되는 재산은 피고인의 소유재산에 한정됨이 원칙이다. 범인이 취득한 부패재산의 처분을 금지하려면 피고인 외의 제3자 소유의 재산의 처분을 금지할 수 없기 때문이다. 그러나 **대상재산의 소유권이 대외적으로 제3자에게 귀속**되어 있는 것처럼 보일지라도 명의만 제3자 앞으로 되어 있을 뿐 **실제로는 그 소유권이 피고인에게 실질적으로 귀속**되는 경우(소위 「차명재산」)에는 이를 **피고인의 소유 재산으로 보아 그 처분을 금지할 수 있다**고 봄이 상당하다.

대법원 판례는 **추징보전명령을 발하여 처분을 금지할 수 있는 「피고인의 재산」**이란 누구의 명의로 하든지 **실질적으로 피고인에게 귀속하는 재산을 의미**한다고 보아야 하고, 이 경우 그 재산이 실질적으로 피고인에게 귀속한다고 보기 위하여는 **그 재산 명의인과 피고인의 관계, 그 재산을 보유하게 된 경위** 및 **자금의 출처** 등을 종합적으로 고려하여 충분한 소명이 있어야 한다고 결정하였다.[156]

이와 같은 법리는 **예금계좌에 대한 추징보전 청구 사건**에서도 누구를 예금계약의 당사자로 볼 것인지와 관련하여 금융실명법의 규정과 법리에도 불구하고 **제3자 명의 예금채권**이라 해도 그 **실질적 귀속주체를 고려하여 이를 보전**할 수 있다는 대법원의 결정에 따라 다시 확인되었다.[157]

그런데 이와 관련하여 실무상 피고인 명의로 각 금융기관에 개설되어 있는 **포괄계좌 전체에 대한 처분을 금지할 수 있는지 여부**가 많이 문제되었다. 이는 추징보전대상 재산이 「특정재산」이라는 점에서 피고인 명의 계좌를 특정하지 않더라도 계좌를 동결할 수 있는지 여부와 관련된 것이다.

나. 피고인의 일반재산으로서 부동산·동산·채권 등

추징보전 대상 목적물은 **피고인(가압류 채무자)의 일반재산**이며 **부동산·동산을 불문**할 뿐만 아니라 **채권 및 기타 재산권**을 모두 포함한다. 대상 목적물이 존재하지 않는 경우 추

---

155 대법원 2009. 5. 8.자 2009모286 결정 참조.
156 대법원 2009. 6. 25.자 2009모491 결정 참조.
157 대법원 2011. 3. 10.자 선고 2010다94283 판결 참조.

징보전은 그 자체로 효력이 인정될 수 없다.

한편 추징보전은 채무자인 피고인의 일반 재산을 보전하기 위한 것이고 피고인에 대한 형사재판의 판결 주문 또한 「피고인으로부터 10억 원을 추징한다.」는 형태로 표시될 뿐 판결 주문이나 이유에서도 추징금 집행 목적이 될 피고인의 재산이 표시되지 않기 때문에 **추징보전 신청에서 그 목적물을 표시할 필요가 있는지** 여부에 대해 다툼이 있었다. 생각건대 추징보전명령은 가압류 명령과 동일한 효력을 갖는 것으로서 가압류 명령에 의하여 채무자가 입을지도 모르는 손해 발생 가능성을 낮추기 위해 목적물의 범위를 가능한 한 좁혀야 하므로 **목적물을 표시해야 한다는 견해가 타당**하다.[158]

한편 **채권가압류**의 경우 민사집행법은 채권 가압류 명령을 신청하는 채권자가 신청서에 **압류할 채권의 종류와 액수**를 밝혀야 하고(민사집행법 제225조, 제291조), 특히 가압류할 **채권 중 일부에 대하여만 가압류명령을 신청**하는 때에는 **그 범위를 밝혀 적어야 한다**고 규정하고 있다(민사집행규칙 제159조 제1항 제3호, 제218조).

관련조문

민사집행법 제225조(압류명령의 신청) 채권자는 압류명령신청에 압류할 채권의 종류와 액수를 밝혀야 한다.

민사집행규칙 제159조(압류명령신청의 방식) ①채권에 대한 압류명령신청서에는 법 제225조에 규정된 사항 외에 다음 각호의 사항을 적고 집행력 있는 정본을 붙여야 한다.

1. 채권자·채무자·제3채무자와 그 대리인의 표시
2. 집행권원의 표시
3. 집행권원에 표시된 청구권의 일부에 관하여만 압류명령을 신청하거나 목적채권의 일부에 대하여만 압류명령을 신청하는 때에는 그 범위

②법 제224조제3항의 규정에 따라 가압류를 명한 법원이 있는 곳을 관할하는 지방법원에 채권압류를 신청하는 때에는 가압류결정서 사본과 가압류 송달증명을 붙여야 한다.

제218조(보전처분집행에 대한 본집행의 준용) 보전처분의 집행에 관하여는 특별한 규정이 없으면 강제집행에 관한 규정을 준용한다.

대법원 판례는 채권자가 가압류를 신청하면서 **가압류할 채권의 대상과 범위를 특정하지 않음**으로 인해 가압류명령에서도 피가압류채권이 특정되지 않은 경우에는 그 가압류명령에 의해서는 **가압류의 효력이 발생하지 않으므로** 채무자가 제3채무자에 대하여 복수의

158 앞 「주석 민사집행법」 제276조 부분 참조.

채권들을 가지고 있다면 그 **채권들 중 어느 채권에 대해 어느 범위에서 가압류 등을 신청하는지 신청취지 자체로 명확하게 인식**할 수 있도록 **채권자가 특정할 의무**가 있다고 판시하고 있다.[159]

이처럼 피고인에게 **실질적으로 귀속되는 일반재산**은 모두 추징보전의 대상이 되는데 추징보전의 대상이 되는 **일반 재산의 목록을 정리**하면 보면 아래와 같다. 이는 가장 대표적인 예시 몇가지에 불과하고 실제로 피고인이 보유하고 있는 유형 또는 무형의 재산에 모두 추징보전을 통한 가압류 조치가 가능하다.

<table>
<tr><th>재산 내역</th><th>구체적 재산 내역</th><th colspan="2">상세 내역</th></tr>
<tr><td rowspan="13">부동산</td><td rowspan="4">부동산 '소유'현황</td><td colspan="2">토지</td></tr>
<tr><td rowspan="3">건축물</td><td>주택</td></tr>
<tr><td>상가</td></tr>
<tr><td>기타</td></tr>
<tr><td rowspan="2">부동산 '거래'현황</td><td colspan="2">입주권/분양권</td></tr>
<tr><td colspan="2">조합원 지위/청산금</td></tr>
<tr><td rowspan="4">임대차보증금(반환청구권)</td><td colspan="2">주택</td></tr>
<tr><td colspan="2">상가</td></tr>
<tr><td colspan="2">전세</td></tr>
<tr><td colspan="2">임대료</td></tr>
<tr><td>가등기 명의</td><td colspan="2">피고인 명의 가등기 존재 여부</td></tr>
<tr><td>담보권</td><td colspan="2">피고인 명의 담보권 존재 여부
(피담보 채권 액수)</td></tr>
<tr><td colspan="3">가액확인</td></tr>
<tr><td rowspan="4">준 부동산</td><td rowspan="3">자동차 등(소유)</td><td colspan="2">자동차</td></tr>
<tr><td colspan="2">건설기계</td></tr>
<tr><td colspan="2">항공기</td></tr>
<tr><td>선박 등(소유)</td><td colspan="2">선박</td></tr>
</table>

159 대법원 2012. 11. 15. 선고 2011다38394 판결 참조.

<table>
<tr><th>재산 내역</th><th>구체적 재산 내역</th><th colspan="2">상세 내역</th></tr>
<tr><td rowspan="4"></td><td rowspan="2"></td><td colspan="2">어선</td></tr>
<tr><td colspan="2">동력수상레저기구(요트)</td></tr>
<tr><td>리스(보증금 반환 청구권)</td><td colspan="2">개인/법인명의</td></tr>
<tr><td colspan="3">가액 확인</td></tr>
<tr><td rowspan="8">금융자산</td><td rowspan="4">예금계좌</td><td rowspan="2">본인</td><td>특정</td></tr>
<tr><td>(제한적) 포괄</td></tr>
<tr><td rowspan="2">차명</td><td>특정</td></tr>
<tr><td>(제한적) 포괄</td></tr>
<tr><td rowspan="2">주식</td><td colspan="2">상장(유가증권, 예수금)</td></tr>
<tr><td colspan="2">비상장(주식등 변동상황 명세)</td></tr>
<tr><td>보험금</td><td colspan="2">보험해약환급금</td></tr>
<tr><td>신용카드 매출채권</td><td colspan="2">사업자등록/가맹점 계약 내용</td></tr>
<tr><td rowspan="9">채권</td><td>압수물반환청구권</td><td colspan="2">압수물 여부</td></tr>
<tr><td rowspan="2">각종 회원권</td><td colspan="2">골프 회원권</td></tr>
<tr><td colspan="2">예탁금반환청구권</td></tr>
<tr><td>공제조합 출자증권</td><td colspan="2">출자지분환급청구권</td></tr>
<tr><td>급여</td><td colspan="2">압류 가능 범위</td></tr>
<tr><td rowspan="2">가상화폐</td><td colspan="2">가상화폐 반환청구권</td></tr>
<tr><td colspan="2">예치금</td></tr>
<tr><td>기타</td><td colspan="2">기타 채권</td></tr>
<tr><td colspan="0" style="display:none"></td></tr>
<tr><td rowspan="2">유체동산</td><td rowspan="2">소유/점유 동산 등</td><td colspan="2">소유재산</td></tr>
<tr><td colspan="2">점유재산</td></tr>
</table>

다. 특정재산의 예외 ① : 유체동산의 경우

마약거래방지법은 유체동산에 대한 추징보전의 경우 유체동산은 그 자체로 특정되기 어려운 한계가 있다는 사정을 인정하고 **유체동산에 대해서는 특정재산이 아니어도 보전할 수 있다고 규정**하고 있다(동법 제52조 단서 참조).

따라서 추징보전대상 재산이 유체동산인 경우 이를 구체적으로 특정할 수 있다면 이를 특정하여도 무방하나, 그렇지 않은 경우라면 **소유자**와 **유체동산이 존재하는 장소 등을 특정하는 방법**으로 **대상재산의 범위**를 정하여도 무방하다.

민사집행법은 **유체동산에 대한 강제집행**과 관련하여 ① 등기할 수 없는 토지의 정착물로서 독립하여 거래의 객체가 될 수 있는 것 ② 토지에서 분리하기 전의 과실로서 1월 이내에 수확할 수 있는 것 및 ③ 유가증권으로서 배서가 금지되지 아니한 것을 유체동산으로 본다고 규정하고 있다(민사집행법 제189조 제2항 각호 참조).

관련조문

마약거래방지법 제52조(추징보전명령) ② 추징보전명령은 추징재판을 집행하기 위하여 보전하는 것이 상당하다고 인정되는 금액(이하 이 조에서 "추징보전액"이라 한다)을 정한 후 특정재산에 대하여 하여야 한다. 다만, 유체동산에 관하여는 그 목적물을 특별히 정하지 아니할 수 있다.

☞ **민사집행법 제189조(채무자가 점유하고 있는 물건의 압류)** ①채무자가 점유하고 있는 유체동산의 압류는 집행관이 그 물건을 점유함으로써 한다. 다만, 채권자의 승낙이 있거나 운반이 곤란한 때에는 봉인(封印), 그 밖의 방법으로 압류물임을 명확히 하여 채무자에게 보관시킬 수 있다.

②다음 각호 가운데 어느 하나에 해당하는 물건은 이 법에서 유체동산으로 본다.

1. 등기할 수 없는 토지의 정착물로서 독립하여 거래의 객체가 될 수 있는 것
2. 토지에서 분리하기 전의 과실로서 1월 이내에 수확할 수 있는 것
3. 유가증권으로서 배서가 금지되지 아니한 것

③집행관은 채무자에게 압류의 사유를 통지하여야 한다.

이와 관련하여 등기할 수 없는 토지의 정착물 중 토지로부터 분리하여 「**독립된 거래의 객체**」가 될 수 있는 것이어야 하므로 **거래대상으로 가치를 가지고 현금화**할 수 있는 것이어야 유체동산가압류의 대상이 될 수 있다.[160] 이때 「독립하여 거래의 객체」가 될 수 있는 것인지 여부는 그 **물건의 경제적 가치 및 일반적인 거래의 실정이나 관념**에 비추어

판단해야 한다.[161]

나아가 **가압류의 효력**은 **가압류의 목적이 된 물건에서 생기는 천연물**에도 미치므로(민사집행법 제194조), 과실은 토지에서 분리하기까지는 토지의 정착물로서(민법 제99조 제1항, 제101조 제1항, 제102조 제1항) 원칙적으로 독립된 거래의 대상으로 되지 않는다. 따라서 그에 대한 가압류는 토지에 대한 가압류에 부수할 수밖에 없으나, 이러한 **분리되지 않은 과실이라도 독립하여 거래의 대상으로 되어 가는 추세**에 따라 **이를 가압류의 대상이 될 수 있도록 입법으로 규정**한 것으로 추징보전의 경우에도 동일하다.

그리고 **배서가 금지되지 않은 유가증권**은 민사집행법에 따라 유체동산으로 취급하고, 배서가 금지된 유가증권(배서가 금지된 어음이나 수표 등)은 유체동산 가압류가 아니라 채권가압류의 대상에 해당한다.

유가증권인지, 배서가 금지된 것인지 여부는 어음법, 수표법, 상법 등 관련 법률의 해석에 따르는데, 어음, 수표, 화물상환증, 창고증권, 선하증권, 지시증권, 국채, 지방채, 공채, 사채, 외국의 정부·공공단체·외국 법인이 발행한 채권, 무기명주권, 무기명채권증권(소지인출급식증권. 상품권, 승차권, 입장권 등) 등은 **통상 유가증권으로 배서가 금지되지 않은 것**에 해당한다.[162]

한편 피고인이 단독으로 또는 배우자와 공동으로 점유하는 **부부 공동소유인 유체동산**은 그 전체가 채무자인 **피고인에 대한 유체동산 추징보전의 목적물**이 된다. 배우자의 특유재산은 피고인이 점유하더라도 채무자에 대한 유체동산가압류의 대상이 될 수 없다. 이와 관련하여 민법은 소유권 귀속관계가 명확하지 않은 재산에 한하여 부부의 공유로 추정하고 있는데(민법 제830조 제2항), **부부가 공유하는 재산**은 **보통 부부의 공동점유**에 속할 것이나, 별거 등의 사유로 **피고인이 단독 점유하는 경우도 상정**할 수 있다. 또한 사실혼 관계에 있는 부부의 공유 유체동산에 대하여도 위 규정은 유추 적용된다.[163]

마지막으로 민사집행법은 채무자 및 그와 같이 사는 친족(사실상 관계에 따른 친족을 포함)의 생활에 필요한 의복·침구·가구·부엌기구, 그 밖의 생활필수품에 대해서는 가압류를 금지하고 있음을 유의할 필요가 있다(동법 제195조 각호 참조). 상세한 내용은 다음과 같다.

---

160 대법원 1995. 11. 27.자 95마820 결정 참조.
161 대법원 2003. 9. 26. 선고 2001다52773 판결 참조.
162 위 「주석 민사집행법」 제276조 부분 참조.
163 대법원 1997. 11. 11. 선고 97다34273 판결 참조.

관련조문

민사집행법 제195조(압류가 금지되는 물건) 다음 각호의 물건은 압류하지 못한다.

1. 채무자 및 그와 같이 사는 친족(사실상 관계에 따른 친족을 포함한다. 이하 이 조에서 "채무자등"이라 한다)의 생활에 필요한 의복·침구·가구·부엌기구, 그 밖의 생활필수품
2. 채무자등의 생활에 필요한 2월간의 식료품·연료 및 조명재료
3. 채무자등의 생활에 필요한 1월간의 생계비로서 대통령령이 정하는 액수의 금전
4. 주로 자기 노동력으로 농업을 하는 사람에게 없어서는 아니될 농기구·비료·가축·사료·종자, 그 밖에 이에 준하는 물건
5. 주로 자기의 노동력으로 어업을 하는 사람에게 없어서는 아니될 고기잡이 도구·어망·미끼·새끼고기, 그 밖에 이에 준하는 물건
6. 전문직 종사자·기술자·노무자, 그 밖에 주로 자기의 정신적 또는 육체적 노동으로 직업 또는 영업에 종사하는 사람에게 없어서는 아니 될 제복·도구, 그 밖에 이에 준하는 물건
7. 채무자 또는 그 친족이 받은 훈장·포장·기장, 그 밖에 이에 준하는 명예증표
8. 위패·영정·묘비, 그 밖에 상례·제사 또는 예배에 필요한 물건
9. 족보·집안의 역사적인 기록·사진첩, 그 밖에 선조숭배에 필요한 물건
10. 채무자의 생활 또는 직무에 없어서는 아니 될 도장·문패·간판, 그 밖에 이에 준하는 물건
11. 채무자의 생활 또는 직업에 없어서는 아니 될 일기장·상업장부, 그 밖에 이에 준하는 물건
12. 공표되지 아니한 저작 또는 발명에 관한 물건
13. 채무자등이 학교·교회·사찰, 그 밖의 교육기관 또는 종교단체에서 사용하는 교과서·교리서·학습용구, 그 밖에 이에 준하는 물건
14. 채무자등의 일상생활에 필요한 안경·보청기·의치·의수족·지팡이·장애보조용 바퀴의자, 그 밖에 이에 준하는 신체보조기구
15. 채무자등의 일상생활에 필요한 자동차로서 자동차관리법이 정하는 바에 따른 장애인용 경형자동차
16. 재해의 방지 또는 보안을 위하여 법령의 규정에 따라 설비하여야 하는 소방설비·경보기구·피난시설, 그 밖에 이에 준하는 물건

라. 특정재산에 대한 예외 ② : 피고인 명의 제한적 포괄계좌

포괄계좌에 대한 추징보전이라 함은 추징보전 대상자의 성명과 주민등록번호만을 특정하여 대상자 명의로 은행에 개설되어 있는 계좌 전체에 대해 포괄적으로 처분을 금지하는 것을 말한다. 그러나 대한민국에 존재하는 금융기관의 숫자가 매우 많으므로 **피고인 명의**

로 개설된 모든 계좌를 동결하는 것은 사실상 불가능할 뿐만 아니라 모든 계좌를 동결하는 것은 헌법상 과잉금지 원칙에 반하여 대상자의 재산권을 침해할 소지가 있다. 이에 실무상 **대형 은행 약 10개 내외**에 피고인 명의로 개설된 계좌에 한하여 제한적으로 지급금지 조치를 취하고 있는데 이처럼 **피고인 명의 계좌를 포괄적으로 동결**하되 **그 개수를 제한하는 추징보전의 방식**을 **제한적 포괄계좌에 대한 보전처분**이라고 한다.

이와 관련하여 서울고등법원은 「통상의 주의력을 가진 사회평균인이 의문을 갖지 아니할 정도로 **피압류채권의 표시가 특정**되었다고 볼 수 있고, 수사기관이 계좌의 존재 여부를 쉽게 파악하기 어려운 상황에서 이와 같은 **제한적 포괄계좌에 대한 보전은 과잉금지 원칙에 반하지 않아 허용**된다」고 결정한 바 있다.[164]

실무상 처분을 금지하는 제한적 포괄계좌는 다음과 같이 표시하고 이는 법원의 결정문에 그대로 반영되어 추징보전명령이 발령되고 있다. 여기서 유의할 점은 제한적 포괄계좌라 하더라도 민사집행법상 압류금지 채권은 제외한다는 점을 명시해야 한다는 점으로 압류금지 채권에 대한 문제는 항을 바꾸어 상술한다.

제한적 포괄계좌 기재례

○ 피고인이 다음 각 제3채무자에 대하여 가지는 **예금 및 그 이자 상당액에 대한 반환채권 중 추징예상금액에 이를 때까지의 금액**(장래 입금되는 금액 포함)

※ 피고인이 제3채무자에 대하여 가지는 예금채권 중 다음에서 기재한 순서에 따라 **현재의 잔액과 앞으로 입금될 예금 중 위 청구금액** (다만 민사집행법 제246조 제1항 제8호 및 동법 시행령에 따라 채무자의 1개월간 생계유지에 필요한 **개인별 잔액이 185만 원 이하인 예금 등은 제외**함)

가. **압류되지 않은 예금과 압류된 예금이 있는 때에는 다음 순서에 따라서 가압류**한다.
① 선행압류·가압류가 되지 않은 예금
② 선행압류·가압류가 된 예금

나. **여러 종류의 예금이 있는 때에는 다음 순서에 따라서 가압류**한다.
① 보통예금 ② 당좌예금 ③ 정기예금 ④ 별단예금 ⑤ 저축예금 ⑥ MMF
⑦ MMDA ⑧ 적립식펀드예금 ⑨ 신탁예금 ⑩ 채권형예금 ⑪ 기타 예금

다. 같은 종류의 예금이 여러 계좌로 있는 때에는 계좌번호가 빠른 예금부터 가압류한다.

164 서울고등법원 2019. 5. 3.자 2018로59결정 등 참조.

마. 압류금지채권의 문제

관련조문

민사집행법 제246조(압류금지채권) ①다음 각호의 채권은 압류하지 못한다.

1. 법령에 규정된 부양료 및 유족부조료(遺族扶助料)
2. 채무자가 구호사업이나 제3자의 도움으로 계속 받는 수입
3. 병사의 급료
4. 급료·연금·봉급·상여금·퇴직연금, 그 밖에 이와 비슷한 성질을 가진 급여채권의 2분의 1에 해당하는 금액. 다만, 그 금액이 국민기초생활보장법에 의한 최저생계비를 고려하여 대통령령이 정하는 금액에 미치지 못하는 경우 또는 표준적인 가구의 생계비를 고려하여 대통령령이 정하는 금액을 초과하는 경우에는 각각 당해 대통령령이 정하는 금액으로 한다.
5. 퇴직금 그 밖에 이와 비슷한 성질을 가진 급여채권의 2분의 1에 해당하는 금액
6. 「주택임대차보호법」 제8조, 같은 법 시행령의 규정에 따라 우선변제를 받을 수 있는 금액
7. 생명, 상해, 질병, 사고 등을 원인으로 채무자가 지급받는 보장성보험의 보험금(해약환급 및 만기환급금을 포함한다). 다만, 압류금지의 범위는 생계유지, 치료 및 장애 회복에 소요될 것으로 예상되는 비용 등을 고려하여 대통령령으로 정한다.
8. 채무자의 1월간 생계유지에 필요한 예금(적금·부금·예탁금과 우편대체를 포함한다). 다만, 그 금액은 「국민기초생활 보장법」에 따른 최저생계비, 제195조제3호에서 정한 금액 등을 고려하여 대통령령으로 정한다.

②법원은 제1항제1호부터 제7호까지에 규정된 종류의 금원이 금융기관에 개설된 채무자의 계좌에 이체되는 경우 채무자의 신청에 따라 그에 해당하는 부분의 압류명령을 취소하여야 한다.

③법원은 당사자가 신청하면 채권자와 채무자의 생활형편, 그 밖의 사정을 고려하여 압류명령의 전부 또는 일부를 취소하거나 제1항의 압류금지채권에 대하여 압류명령을 할 수 있다.

④제3항의 경우에는 제196조제2항 내지 제5항의 규정을 준용한다.

추징보전은 추징예상금액의 한도에서 피고인(피의자)에게 귀속되어 있는 일반·특정재산이 대상이다. 유의하여야 할 점은 추징보전명령은 그 법적 성격 및 효력이 가압류의 그것과 같으므로 민사집행법에 따라 **압류가 금지되는 일부 재산**에 대해서는 **추징보전명령이 불가능하다는** 것이다(민사집행법 제246조 참조).

특히 실무상 주로 문제가 되는 것은 범인의 **급여채권이나 퇴직금 채권, 임대차보증금**

반환채권 등의 경우 민사집행법상 위 압류금지 제한이 있는 대상 재산에 대해 검사가 보전청구를 하는 경우인데, 위와 같은 법률상 제한이 존재하므로 추징보전 청구 및 명령 발령 시에 이와 같은 사정을 충분히 고려할 필요가 있다. 만약 **위와 같은 제한**에도 불구하고 **추징보전명령이 발령되어 집행**되었다면 **피고인은 이에 불복하여 항고**할 수 있다(마약거래방지법 제62조 참조).

민사집행법은 압류금지 채권으로 총 8개를 규정하고 있다(제1호 내지 제8호 각 참조). 우선 ① 법령에 규정된 **부양료 및 유족부조료**(遺族扶助料)(제1호), ② 채무자가 **구호사업이나 제3자의 도움**으로 계속 받는 수입(제2호), ③ **병사의 급료**(제3호), ④ **급료·연금·봉급·상여금·퇴직연금, 그 밖에 이와 비슷한 성질을 가진 급여채권**의 **2분의** 1에 해당하는 금액에 대해서는 **압류가 금지**된다(제4호). 다만 위 급여채권 등의 경우 그 금액이 국민기초생활보장법에 의한 최저생계비를 고려하여 대통령령이 정하는 금액(2024.현재 185만 원 상당)에 미치지 못하는 경우 또는 표준적인 가구의 생계비를 고려하여 대통령령이 정하는 금액을 초과하는 경우에는 **압류가 가능한 금액은 각각 당해 대통령령이 정하는 금액**(185만 원)으로 한다.

관련조문

민사집행법 시행령 제3조(압류금지 최저금액) 법 제246조제1항제4호 단서에서 "「국민기초생활보장법」에 의한 최저생계비를 감안하여 대통령령이 정하는 금액"이란 **월 185만원**을 말한다.

또한 ⑤ **퇴직금** 그 밖에 이와 비슷한 성질을 가진 **급여채권의 2분의** 1에 해당하는 금액(제5호), ⑥ **「주택임대차보호법」 제8조, 같은 법 시행령**의 규정에 따라 **우선변제를 받을 수 있는 금액이 압류가 금지**되므로 임대차보증금반환채권에 대한 추징보전은 **추징예상금액**이 임차인에게 **절대적으로 보호되는 임대차보증금 이상**이어야 함은 당연하다(제6호). 임대차보호법 및 동법 시행령에 규정되어 있는 기준은 다음과 같다(주택임대차보호법 시행령 제10조, 제11조 참조).

관련조문

주택임대차보호법 제8조(보증금 중 일정액의 보호) ① 임차인은 **보증금 중 일정액을 다른 담보물권자(擔保物權者)보다 우선하여 변제받을 권리**가 있다. 이 경우 임차인은 주택에 대한 **경매신청의 등기 전에 제3조제1항의 요건**을 갖추어야 한다.

② 제1항의 경우에는 **제3조의2제4항부터 제6항까지의 규정을 준용**한다.

③ 제1항에 따라 **우선변제를 받을 임차인 및 보증금 중 일정액의 범위와 기준**은 제8조의 2에 따른 주택임대차위원회의 심의를 거쳐 **대통령령**으로 정한다. 다만, **보증금 중 일정액의 범위와 기준은 주택가액(대지의 가액을 포함한다)의 2분의 1을 넘지 못**한다.

☞ 주택임대차보호법 시행령 제10조(보증금 중 일정액의 범위 등) ① 법 제8조에 따라 **우선변제를 받을 보증금 중 일정액의 범위는 다음 각 호의 구분에 의한 금액** 이하로 한다.

1. 서울특별시: 5천500만원
2. 「수도권정비계획법」에 따른 과밀억제권역(서울특별시는 제외한다), 세종특별자치시, 용인시, 화성시 및 김포시: 4천800만원
3. 광역시(「수도권정비계획법」에 따른 과밀억제권역에 포함된 지역과 군지역은 제외한다), 안산시, 광주시, 파주시, 이천시 및 평택시: 2천800만원
4. 그 밖의 지역: 2천500만원

② 임차인의 **보증금 중 일정액이 주택가액의 2분의 1을 초과**하는 경우에는 **주택가액의 2분의 1에 해당하는 금액까지만 우선변제권**이 있다.

③ 하나의 주택에 **임차인이 2명 이상**이고, 그 각 보증금 중 일정액을 모두 합한 금액이 주택가액의 2분의 1을 초과하는 경우에는 그 각 보증금 중 일정액을 모두 합한 금액에 대한 각 임차인의 보증금 중 일정액의 비율로 그 주택가액의 2분의 1에 해당하는 금액을 분할한 금액을 각 임차인의 보증금 중 일정액으로 본다.

④ 하나의 주택에 **임차인이 2명 이상이고 이들이 그 주택에서 가정공동생활**을 하는 경우에는 **이들을 1명의 임차인으로 보아 이들의 각 보증금을 합산**한다.

[전문개정 2008. 8. 21.] [제3조에서 이동, 종전 제10조는 제17조로 이동 <2013. 12. 30.>]

제11조(우선변제를 받을 임차인의 범위) **법 제8조**에 따라 **우선변제를 받을 임차인은 보증금**이 다음 **각 호의 구분에 의한 금액 이하인 임차인**으로 한다.

1. 서울특별시: 1억6천500만원
2. 「수도권정비계획법」에 따른 과밀억제권역(서울특별시는 제외한다), 세종특별자치시, 용인시, 화성시 및 김포시: 1억4천500만원
3. 광역시(「수도권정비계획법」에 따른 과밀억제권역에 포함된 지역과 군지역은 제외한다), 안산시, 광주시, 파주시, 이천시 및 평택시: 8천500만원
4. 그 밖의 지역: 7천500만원

한편 ⑦ **생명, 상해, 질병, 사고 등을 원인**으로 채무자가 지급받는 **보장성보험의 보험금**(해약환급 및 만기환급금을 포함한다)의 경우에도 **원칙적으로 압류가 금지**되나 압류금지의 범위는 **생계유지, 치료 및 장애 회복에 소요**될 것으로 예상되는 비용 등을 고려하여 대통령령으로 정하도록 규정하고 있는바, 구체적인 규정은 다음과 같다. 보험금에 대한 추징보

전을 통해 그 지급을 금지하기 위해서는 해당 규정에 해당하는지 여부를 면밀히 검토할 필요가 있다(제7호).

관련조문

민사집행법 시행령 제6조(압류금지 보장성 보험금 등의 범위) ① 법 제246조제1항제7호에 따라 다음 각 호에 해당하는 **보장성보험의 보험금, 해약환급금 및 만기환급금에 관한 채권은 압류하지 못한다**.

1. **사망보험금 중 1천만원 이하**의 보험금
2. **상해·질병·사고 등을 원인으로 채무자가 지급받는 보장성보험의 보험금** 중 다음 각 목에 해당하는 보험금
   가. 진료비, 치료비, 수술비, 입원비, 약제비 등 **치료 및 장애 회복**을 위하여 **실제 지출되는 비용**을 보장하기 위한 보험금
   나. **치료 및 장애 회복을 위한 보험금 중 가목에 해당하는 보험금을 제외한 보험금의 2분의 1**에 해당하는 금액
3. **보장성보험의 해약환급금** 중 다음 각 목에 해당하는 환급금
   가. 「민법」 제404조에 따라 **채권자가 채무자의 보험계약 해지권을 대위행사**하거나 **추심명령(推尋命令) 또는 전부명령(轉付命令)을 받은 채권자가 해지권을 행사하여 발생**하는 **해약환급금**
   나. **가목에서 규정한 해약사유 외의 사유**로 발생하는 **해약환급금 중 150만원 이하**의 금액
4. **보장성보험의 만기환급금 중 150만원 이하**의 금액

② 채무자가 **보장성보험의 보험금, 해약환급금 또는 만기환급금 채권을 취득하는 보험계약**이 둘 이상인 경우에는 다음 각 호의 구분에 따라 제1항 각 호의 금액을 계산한다.

1. 제1항제1호, 제3호나목 및 제4호: 해당하는 보험계약별 사망보험금, 해약환급금, 만기환급금을 각각 합산한 금액에 대하여 해당 압류금지채권의 상한을 계산한다.
2. 제1항제2호나목 및 제3호가목: 보험계약별로 계산한다.

나아가 ⑧ 채무자의 **1월간 생계유지에 필요한 예금**(적금·부금·예탁금과 우편대체를 포함한다)은 **원칙적으로 압류가 금지**되나 그 금액은 「국민기초생활 보장법」에 따른 최저생계비, 제195조제3호에서 정한 금액 등을 고려하여 **대통령령**으로 정한다(제8호). **시행령은 위 금액을 185만 원**으로 규정(2024년 현재)하고 있는바 그 내용은 다음과 같다.

관련조문

민사집행법 시행령 제7조(압류금지 예금등의 범위) 법 제246조제1항제8호에 따라 압류하지 못하는 예금등의 금액은 개인별 잔액이 185만원 이하인 예금등으로 한다. 다만, 법 제195조제3호에 따라 압류하지 못한 금전이 있으면 185만원에서 그 금액을 뺀 금액으로 한다.

한편 **특별법에 따라 추징보전이 금지**되는 채권들은 다음과 같은바 해당 채권들 또한 가압류로 그 지급을 금지할 수 없다.[165]

관련조문

(1) 공무원연금법에 의하여 급여를 받을 권리(동법 제32조)
(2) 군인연금법에 의하여 급여를 받을 권리(동법 제7조)
(3) 고용보험법에 의하여 실업급여를 받을 권리(동법 제38조)
(4) 국가유공자 등 예우 및 지원에 관한 법률에 의하여 보훈급여금을 받을 권리(동법 제19조)
(5) 사립학교교직원 연금법에 의하여 급여를 받을 권리(동법 제40조)
(6) 국민연금법에 의하여 각종 급여를 받을 권리(동법 제58조)
(7) 근로기준법에 의하여 지급받게 될 보상청구권(동법 제86조)
(8) 산업재해보상보험법에 의하여 보험급여를 받을 권리(동법 제88조)
(9) 자동차손해배상 보장법에 의한 피해자의 보험회사에 대한 보험금청구권, 피해자의 보상청구권 또는 가불금청구권(동법 제40조, 그러나 교통사고 피해자를 치료한 의료기관이 피해자에 대한 진료비 청구권에 기하여 피해자의 보험사업자 등에 대한 직접청구권을 압류하는 것까지 금지하는 것은 아님
(10) 국민기초생활 보장법에 의하여 수급품을 받을 권리(동법 제35조, 제36조)
(11) 국민건강보험법에 의하여 보험급여를 받을 권리(동법 제59조)
(12) 선원법에 의하여 재해보상 등을 받을 권리(동법 제152조)
(13) 형사보상 및 명예회복에 관한 법률에 의한 보상청구권(동법 제23조)
(14) 국가배상법에 의하여 생명·신체의 침해로 인한 국가배상을 받을 권리(동법 제4조, 그러나 상해를 치료한 의료인이 피해자에 대한 치료비청구권에 기하여 피해자의 국가에 대한 같은 치료비청구권을 가압류하는 경우와 같은 특별한 사정이 있는 경우에는 가압류가 허용된다)
(15) 한부모가족지원법에 의하여 금품을 받을 권리(동법 제27조)

---

165 위 「주석 민사집행법」 제276조 부분 참조.

(16) 사립학교법상 별도계좌로 관리하는 수업료 기타 납부금 등 수입에 대한 예금채권(동법 제28조 제3항)
(17) 건설산업기본법에 의하여 건설업자가 도급받은 건설공사의 도급금액 중 당해 공사의 근로자에게 지급하여야 할 노임에 상당하는 금액(동법 제88조)
(18) 기초노령연금법에 의하여 수급품을 받을 권리 등(동법 제13조)

6. 추징보전해방금의 결정

관련조문

마약거래방지법 제52조(추징보전명령) ③ 추징보전명령에는 **추징보전명령의 집행정지나 집행처분의 취소를 위하여 피고인이 공탁하여야 할 금액(이하 "추징보전해방금"이라 한다)**을 정하여야 한다.

제56조(추징보전해방금 공탁 및 추징 등에 대한 재판의 집행) ① **추징보전해방금이 공탁**된 후에 **추징재판이 확정된 때 또는 가납재판(假納裁判)이 선고**된 때에는 **공탁된 금액의 범위**에서 **추징 또는 가납재판의 집행이 있은 것**으로 본다.

② 추징선고된 경우 **공탁된 추징보전해방금이 추징금액을 초과**할 때에는 **법원은 그 초과액을 피고인에게 돌려주어야** 한다.

제59조(추징보전명령이 실효된 경우의 조치) 검사는 추징보전명령이 실효되거나 **추징보전해방금이 공탁된 경우에는 신속하게 제54조제1항에 따른 명령을 취소**함과 동시에 추징보전명령에 따른 추징보전집행의 정지 또는 취소를 위하여 필요한 조치를 하여야 한다.

추징보전명령에는 **추징보전명령의 집행정지나 집행처분의 취소**를 위하여 피고인이 **공탁하여야 할 금액**(**추징보전해방금**)을 정하여야 한다(동법 제52조 제3항 참조). 통상 피고인이 공탁하여야 할 금액은 추징보전예상금액과 동일하고, 피고인은 자기 소유 재산에 대한 처분을 일체 금지하는 **추징보전명령으로부터 해방**되기 위하여 위 **추징예상금액을 공탁**할 수 있다.

추징보전해방금이 공탁된 후에 **추징재판이 확정**된 때 또는 **가납재판이 선고**된 때에는 공탁된 금액의 범위에서 추징 또는 가납재판의 집행이 있은 것으로 보게 되므로 이러한 경우 더 이상 **추징보전의 필요성이 있다고 볼 수 없어 추징보전명령은 취소**하여야 한다(마약거래방지법 제56조 제1항, 제59조 참조).

한편 피고인이 공탁하는 추징보전해방금은 어디까지나 추징예상금액이므로 실제로 법원에서 선고된 추징금과 서로 차이가 날 가능성이 높다. 따라서 실제로 추징금이 선고된 경우

공탁된 추징보전해방금이 추징금액을 초과하는 경우에는 **법원은 그 초과액을 피고인에게 돌려주어야** 한다(동법 제56조 제2항 참조).

Ⅲ 법원의 추징보전명령의 발령

관련조문

마약거래방지법 제52조(추징보전명령) ④ 추징보전명령서에는 피고인의 성명, 죄명, 공소사실의 요지, 추징의 근거가 되는 법령의 조항, 추징보전액, 처분을 금지하는 재산의 표시, 추징보전해방금, 발급연월일, 그 밖에 대법원규칙으로 정하는 사항을 적고 재판한 법관이 서명날인하여야 한다.

⑤ 추징보전에 관하여는 제33조제4항을 준용한다.

검사의 **추징보전청구가 이유 있는 경우** 법관은 **추징보전명령서**를 통해 추징보전 명령을 하게 되는데 피고인의 성명, 죄명, 공소사실의 요지, 추징의 근거가 되는 법령의 조항, 추징보전액, 처분을 금지하는 재산의 표시, 추징보전해방금, 발급연월일, 그 밖에 대법원규칙으로 정하는 사항을 적고 재판한 법관이 서명날인하여야 한다(마약거래방지법 제52조 제4항 참조). 그리고 재판장은 긴급한 조치가 필요한 경우에는 제1항 또는 제2항에 따른 처분을 하거나 합의부의 구성원에게 그 처분을 하게 할 수 있다(동법 제52조 제5항, 제33조 제4항 참조).

Ⅳ 추징보전명령에 갈음하는 가납명령의 문제

한편 법원에서 추징금 판결 선고를 하면서 이에 대한 가납 집행을 위하여 형사소송법에 따라 가납명령을 선고하는데 이처럼 가납명령을 선고하면서 검사가 청구한 추징보전청구를 기각하는 사례가 있다.

형사소송법에 따른 가납명령의 경우 가납판결은 확정되기 전에도 집행할 수 있고 「**재산형 등에 대한 검찰집행사무규칙**」에 따르면 추징금에 대한 가납을 명하는 판결이 선고되는 경우 **가납금을 조정한 후 가납명령**(실무상 약 15일 소요), **가납독촉 절차**(실무상 약 15일 소요)를 거친 다음 체납처분을 할 수 있도록 규정하고 있다(같은 규칙 제27조 내지 33조 참조). 다만 위 추징금 판결이 항소심 내지 상고심 절차에 따라 변동될 가능성이 있으므로 **체납처분 중 압류절차까지만 진행하고 공매, 추심 등의 절차는 판결 확정 후 진행**하게 된다.

관련조문

형사소송법 제334조(재산형의 가납판결) ①법원은 벌금, 과료 또는 추징의 선고를 하는 경우에 판결의 확정 후에는 집행할 수 없거나 집행하기 곤란할 염려가 있다고 인정한 때에는 직권 또는 검사의 청구에 의하여 피고인에게 벌금, 과료 또는 추징에 상당한 금액의 가납을 명할 수 있다.

②전항의 재판은 형의 선고와 동시에 판결로써 선고하여야 한다.

③전항의 판결은 즉시로 집행할 수 있다.

☞ **재산형 등에 관한 검찰 집행사무규칙 제27조(가납금의 조정)** ① 재산형등 집행 사무 담당직원은 벌금·과료 또는 추징에 상당하는 금액의 가납을 명하는 재판이 있는 때에는 지체 없이 가납할 금액(이하 "가납금"이라 한다)을 조정하여야 하며, 전산입력의 방식에 따라 별지 제6호서식의 벌과금등원표를 작성하여야 한다. 다만, 항소심에서의 가납을 명하는 재판이 제1심에서와 같은 경우에는 그러하지 아니하다.

② 재산형등 집행 사무 담당직원이 가납금 조정을 한 경우에는 제7조를 준용한다.

③ 가납금을 조정한 후 해당 사건에 관하여 상소가 제기되거나 재판이 확정되었을 때에는 가납금 원표의 비고란에 상소 제기일, 상소사건번호 및 확정 사유 등을 전산입력하여야 한다.

제28조(가납의 명령) 검사는 가납을 명하는 재판이 있는 때에는 즉시 납부기한을 정하여 납부의무자에게 말 또는 별지 제43호서식의 가납벌과금 납부명령서에 따라 납부할 것을 명하여야 한다.

제29조(가납의 독촉 등) 가납금의 독촉은 별지 제44호서식의 가납벌과금 납부독촉서에 따른다. 이 경우에는 제10조제3항, 제12조 및 제13조를 준용한다.

그러나 위와 같이 **가납명령에 따른 집행은 약 30일 이상의 시간이 추가로 소요**되는 결과 1심 판결을 선고받은 당사자들은 그 재산을 은닉, 처분할 시간적 여유가 충분함에 반하여 추징보전명령의 경우에는 즉시 발령하여 검사의 집행명령에 따라 곧바로 집행할 수 있게 되므로 **추징보전명령에 갈음하여 가납재판을 활용하는 일부 실무는 결코 바람직하다고 볼 수 없다.**

제3관 기소 전(前) 추징보전명령

관련조문

마약거래방지법 제53조(기소 전 추징보전명령) ① 검사는 제52조제1항에 따른 추징보전의 이유와 필요가 있다고 인정하는 경우에는 공소가 제기되기 전이라도 지방법원판사에게 청구하여 같은 항에 규정된 처분을 받을 수 있으며, **사법경찰관은 검사에게 신청하여 검사의 청구로 처분을 받을 수 있다**.

② 사법경찰관은 **추징보전명령이 내려진 경우에는 지체 없이 관계 서류를 검사에게 송부**하여야 한다.

③ 검사는 사법경찰관에게 **추징보전과 관련한 신청, 보완·수정, 취소 등의 요구**를 할 수 있다.

④ 제3항의 요구가 있는 경우 사법경찰관은 **지체 없이 검사의 요구에 따른 조치**를 취하여야 한다.

⑤ 제1항에 따른 추징보전에 관하여는 제34조제3항 및 제4항을 준용한다. <개정 2020. 6. 9.>

기소 전에 진행하는 추징보전 절차는 기소 후에 진행하는 그것과 그 본질은 다르지 않다. 다만 해당 청구를 심리하는 법원의 재판부와 경찰의 추징보전 신청권의 인정 여부 등이 기소 후 추징보전 절차와 차이가 있다.

검사는 동법 제53조 제1항 내지 제2항과 같이 추징보전명령을 할 이유와 필요가 있다고 인정하는 경우에는 **공소가 제기되기 전이라도** 지방법원판사에게 청구하여 몰수보전 명령을 받을 수 있다(동법 제53조 제1항 참조).

위 청구는 **기소 후 추징보전 청구와는 달리 검사가 소속된 지방검찰청 또는 지청 소재지를 관할하는 지방법원 또는 지원의 판사**에게 하여야 하고, 고위공직자범죄수사처에 소속된 검사의 경우에는 그에 대응하는 법원의 판사에게 하여야 하는데 **담당 판사는 몰수보전에 관하여 법원 또는 재판장과 동일한 권한**을 갖는다 (동조 제5항, 제34조 제3항, 제4항 각 참조).

또한 기소 후 추징보전 명령과는 다르게 **사법경찰관은 검사에게 신청하여 검사의 청구로 처분**을 받을 수 있다(동조 제1항 후문 참조). 사법경찰관은 **추징보전명령 또는 부대보전명령이 내려진 경우**에는 **지체 없이 관계 서류를 검사에게 송부**하여야 한다(동조 제2항 참조). 검사가 사건을 처리하는 과정에서 그와 같은 보전 사실을 알 수 있도록 하여 공판 과정에서 대응할 수 있도록 하기 위함이다.

검사는 사법경찰관에게 **추징보전과 관련한 신청**에 관하여 이에 대한 **보완, 수정 및 취소 등을 요구**할 수 있고, 이러한 요구가 있는 경우 **사법경찰관은 지체없이 검사의 요구에 따른 조치**를 취하여야 한다(동조 제3항, 제4항 참조).

위와 같은 사법경찰관의 **기소 전 추징보전 신청권**은 2020. 6. 9. 마약거래방지법의 개정(법률 제17361호, 2020. 9. 10.경 시행)으로 인정되었는데 수사 초기 단계에서 경찰이 신속하게 범죄수익 등에 대한 신속한 동결조치 필요성이 충분하므로 사법경찰관에게 신청권을 인정한 것은 타당하다고 본다.

다만 **범죄수익 등에 대한 몰수·추징은 형벌에 해당**하고 향후 재판 과정을 통해 확정된다는 점에서 **검사의 청구권**과 **사법경찰관에 대한 보완 등 요구**를 통해 통제할 수 있도록 하였다.

마약거래방지법 제·개정 이유 中

◇ 개정이유 및 주요내용

현행법은 공소제기 전 마약류범죄로 얻은 불법수익 등을 처분할 수 없도록 하는 기소 전 몰수보전명령 및 추징보전명령 제도를 두어 불법수익에 대한 몰수와 추징이 용이하게 이루어질 수 있도록 하고 있음.

그런데, **기소 전 몰수보전명령과는 다르게 기소 전 추징보전명령은 사법경찰관의 명령신청권 등이 규정되어 있지 않아 경찰수사 단계에서 불법수익 추징을 위한 효과적인 조치가 행해지기 어렵다는 지적**이 있음.

이에 기소 전 추징보전명령에서도 **사법경찰관의 명령신청권 등을 둠으로써 마약류범죄로 얻은 불법수익이 효과적으로 추징**될 수 있도록 하는 한편, 이 법을 준용하고 있는 「범죄수익은닉의 규제 및 처벌 등에 관한 법률」에서 규정한 범죄수익에 대하여도 사법경찰관이 기소 전 추징보전명령의 신청을 할 수 있도록 하려는 것임. 〈법제처 제공〉

검사는 위와 같이 **사법경찰관등의 기소 전 추징보전명령 신청**이 있는 경우 이를 검토하여 추징보전을 할 상당한 이유가 없다고 인정될 경우에는 **추징보전신청 기각서에 그 이유를 기재하여 신청을 기각**한다. 다만 검사가 특별사법경찰관의 추징보전신청의 이유와 필요에 대한 **소명자료의 보완이 필요하다고 인정하여 기각**하는 경우에는 마약거래방지법 제53조제3항에 따라 **기한을 정하여 다시 신청할 것을 재지휘**할 수 있다(검찰사건사무규칙 제276조 제3항 참조).

관련조문

검찰사건사무규칙 제276조(추징보전의 청구) ③ 검사가 마약거래방지법 제53조제1항(범죄수익은닉규제법 제12조에서 준용하는 경우를 포함한다)에 따른 사법경찰관등의 신청에 대하여 같은 법 제52조제1항에 따른 **추징보전의 이유와 필요가 없다고 인정하여 그 신청을 기각하는 경우**에는 별지 제348호서식의 추징보전신청 기각서에 따른다. 다만, **검사가 특별사법경찰관의 추징보전신청을 추징보전의 이유와 필요에 대한 소명자료의 보완이 필요하다고 인정하여 기각**하는 경우에는 마약거래방지법 제53조제3항에 따라 **기한을 정하여 다시 신청할 것을 재지휘**할 수 있다.

제4관 추징보전명령의 집행 절차 등

관련조문

마약거래방지법 제54조(추징보전명령의 집행) ① **추징보전명령은 검사의 명령에 따라 집행**한다. 이 경우 **검사의 명령은 「민사집행법」에 따른 가압류명령과 동일한 효력**을 가진다.
② 추징보전명령의 집행은 추징보전명령 등본이 피고인 또는 피의자에게 송달되기 전에도 할 수 있다.
③ 추징보전명령의 집행에 관하여는 이 법에 특별한 규정이 있는 경우를 제외하고는 **「민사집행법」이나 그 밖에 가압류집행의 절차에 관한 법령의 규정을 준용**한다. 이 경우 법령에 따라 **가압류명령을 한 법원이 가압류 집행법원으로서 관할하도록 되어 있는 가압류의 집행**에 관하여는 제1항에 따른 명령을 한 **검사가 소속하는 검찰청에 대응하는 법원이 관할**한다.
제60조(송달) **몰수보전 또는 추징보전**(추징보전명령에 따른 추징보전집행은 제외한다. 이하 이 절에서 같다)에 관한 **서류의 송달에 관하여는** 대법원규칙에 특별한 규정이 있는 경우를 제외하고는 **민사소송에 관한 법령의 규정을 준용**한다. 이 경우 「민사소송법」 제194조제1항에 따른 **공시송달의 효력발생시기**에 관하여는 **같은 법 제196조제1항 본문 및 제2항에도 불구하고 그 기간을 7일로 한다.**

추징보전절차는 **청구와 발령까지는 형사절차**로서 작용하지만 **그 집행은 민사절차**에 따르게 되어 복합적인 법적 성격을 갖는다는 것은 이미 앞에서 살펴본 바와 같다. 마약거래방지법은 **추징보전명령이 발령되면 이는 검사의 명령에 따라 집행**하고, 이 경우 검사의 집행명령은 **민사집행법상 가압류 명령과 동일한 효력**을 갖는다고 규정(마약거래방지법 제54조 제1항, 민사집행법 제280조 참조)함으로써 추징보전명령의 집행 절차의 특징을 명확히 하였다.

법원에서 추징보전명령이 발령되면 검사는 **추징보전명령 집행명령서를 첨부**하여 **그 집행을 명령**하는데 검사가 직접 지휘하여 집행하는 몰수보전명령(마약거래방지법 제35조 제1항 참조)과는 다르게 검사는 **추징금 집행을 위한 채권자**로서 **가압류 집행절차 신청서**에 위 **집행명령서를 첨부하여 법원에 송부**함으로써 **법원을 통해 절차를 집행**하는 특징이 있다.

관련조문

민사집행법 제78조(집행방법) ①**부동산에 대한 강제집행은 채권자의 신청에 따라 법원이 한다.**
제291조(가압류집행에 대한 본집행의 준용) **가압류의 집행에 대하여는 강제집행에 관한 규**

정을 준용한다. 다만, 아래의 여러 조문과 같이 차이가 나는 경우에는 그러하지 아니하다.

☞ 검찰사건사무규칙 제278조(추징보전명령의 집행) 검사가 마약거래방지법 제54조(범죄수익은닉규제법 제12조에서 준용하는 경우를 포함한다)에 따라 추징보전명령을 집행하는 경우에는 별지 제349호서식의 **추징보전명령 집행명령서를 첨부**하여 별지 제350호서식의 **가압류집행절차 신청서에 따라 법원에 이를 신청**한다.

민사집행법은 **가압류의 집행에 대하여는 강제집행에 관한 규정을 준용**한다고 규정하고 있고(동법 제291조 참조), 강제집행의 신청은 **채권자가 법원에 신청**하는 방법으로 집행하고 있으므로 추징보전명령의 집행절차 또한 이와 같은 민사집행절차를 따른 것이다(민사집행법 제78조 제1항 참조). 이처럼 **추징보전명령의 집행**은 위와 같은 절차를 통해 진행되므로 **추징보전명령의 등본**이 피고인 또는 피의자에게 **송달되기 전**에도 할 수 있다(마약거래방지법 제54조 제2항 참조).

한편 **몰수보전 또는 추징보전**(추징보전명령에 따른 추징보전집행은 제외)에 관한 서류의 **송달에 관하여는** 대법원규칙에 특별한 규정이 있는 경우를 제외하고는 민사소송에 관한 법령의 규정을 준용하므로 「민사소송법」 제194조제1항에 따른 공시송달의 효력발생시기에 관하여는 같은 법 제196조제1항 본문 및 제2항에도 불구하고 **그 기간을 7일로** 한다(마약거래방지법 제60조 참조). 민사소송의 그것에 비해 보다 몰수·추징보전명령의 경우 **보다 신속하게 몰수·추징보전 대상 재산을 동결**하기 위한 것으로 사료된다.

제5관 추징보전명령 집행의 효력

I 의의

추징보전명령 절차는 **본안 사건 형사재판절차, 추징보전명령절차** 및 그 **집행절차로 세분화**되어 있다. 위 3가지 절차는 유기적으로 연결되어 있는데 각각의 중요한 역할이 있다. 추징보전명령이 발령되었다 하더라도 그 효력이 발생하려면 집행이 되어야 하고 향후 이러한 보전절차는 본안 사건의 형사재판절차에서 추징금이 선고되어야만 본압류로 이전되어 집행될 수 있다.

즉 **추징보전명령이 발령**되었다 하더라도 그것이 **집행되지 아니한 동안**에는 그 내용에 따른 효력이 아직 생기지 아니하고 **그 명령이 집행됨으로써 비로소 그 효력이 발생**하여 피고인(채무자)나 제3채무자 등에게 영향을 미치게 된다. 예컨대 유체동산에 대한 추징보전명령이 아직 집행되지 아니한 단계에서는 채무자는 임의로 이를 처분할 수 있고 그 처분은 가압류채권자에게 대항할 수 있다. 즉 추징보전명령의 집행에 따라 대상자에게 해당 재산의 처분을 금지하는 효력이 발생하게 되는 것이다. 이하에서 항을 바꾸어 상술한다.

Ⅱ 추징보전명령 집행의 경우

1. 개별 상대적 무효

추징보전명령의 집행은 **보전의 목적물**에 대하여 피고인·피의자(채무자)가 **매매·증여** 혹은 저당권이나 질권 따위의 **담보권의 설정**, 기타 **일체의 처분을 금지하는 효력**을 생기게 한다. 그러나 이 경우에 **채무자가 처분금지를 어기고 일정한 처분행위**를 하였을 경우 그 처분행위는 절대적으로 무효가 되는 것이 아니고, **가압류채권자에 대한 관계에서만 상대적으로 무효**가 됨에 그친다. 가압류에 의한 처분금지의 효력은 집행보전의 목적을 달성하는데 필요한 범위로 한정하면 되는 것이기 때문이다.

그러므로 추징보전 대상 재산을 채무자가 제3자에게 양도하거나 저당권 등의 담보권을 설정하였어도 이러한 처분이 당연무효로 되지 않고, 채무자는 다만 그 **처분이 유효함을 추징금 채권자인 국가에 대하여 주장할 수 없음**에 그친다[166] 따라서 만일 채무자와 제3취득자 사이의 거래행위가 있은 후에 추징보전명령이 **취소·실효**되거나, 본안 **형사재판에서 추징금 선고가 되지 않**는 경우, **추징보전 절차가 무효**인 것으로 판명된 경우 등에는 추징보전명령의 효력이 유지될 수 없으므로 채무자와 제3취득자 사이의 거래행위는 온전하게 유효해진다. 이를 「**추징보전명령의 상대적 효력**」이라고 한다.

한편 위와 같은 **상대적 효력설**에 의하면 채무자가 **추징보전명령에 위반한 처분행위**를 한 경우 채권자인 국가가 본안 형사재판에서 추징금 확정 판결을 받고 강제경매절차를 신청하여 집행절차가 개시되면 **위와 같은 처분행위는 무효**로 된다고 본다.

그런데 이러한 효과가 집행 절차에 참여한 채무자의 다른 채권자들에 대해서도 마찬가지인가가 문제가 된다. 이에 관하여는 **판례**는 **채무자의 처분행위가 있기 전**에 다른 **가압류나 압류**를 한 채권자들 또는 **담보권을 설정**하는 등 집행행위를 한 채권자들에 대해서만 위와 같은 채무자의 처분행위는 무효가 되고 그들 중 **담보물권자는 후순위 채권자에 대하여 우선한다**고 판시하였다(개별상대효설).[167]

---

166 대법원 1994. 11. 29.자 94마417 결정 등 참조.

2. 부동산에 대한 추징보전명령 집행의 효력

부동산에 대한 추징보전명령에 따라 그 등기가 마쳐지면 채무자가 이를 처분하더라도 가압류채권자에 대한 관계에서는 무효이다. 다만 부동산의 경우에는 **등기부에 추징보전명령 결정을 기입하여 채무자의 처분을 제한**하는 것으로 목적을 달성하므로, 추징보전 대상 목적물인 부동산을 **채무자가 사용·관리·수익하는데 별 다른 제한이 없다**.

이와 관련하여 **대법원 판례**는 임차인이 주민등록전입신고를 마치고 입주 사용함으로써 주택임대차보호법 제3조에 의하여 그 임차권이 대항력을 갖는다 하더라도 **부동산에 대하여 가압류등기가 마쳐진 후**에 **그 채무자로부터 그 부동산을 임차한 자**는 가압류집행으로 인한 처분금지의 효력에 의하여 **가압류사건의 본안판결의 집행**으로 그 부동산을 취득한 **매수인에게 그 임대차의 효력을 주장할 수 없다**고 판시하였다.[168]

그러나 채무자의 처분에 의하여 부동산을 매수한 자가 이에 따른 등기를 신청하면 등기공무원은 추징보전 명령 집행 중임을 내세워 이를 거부할 수는 없고 **매수인이 그 등기를 마치게 되면 추징금 채권자인 국가 이외의 자에 대하여는 그 취득의 효과를 주장**할 수 있다.

3. 유체동산에 대한 추징보전명령 집행의 효력

유체동산의 가압류는 집행관이 이를 점유하는 방법으로 하므로 **채무자의 사용이 원칙적으로 금지**되나, **집행관이 압류의 표시를 하여 채무자에게 보관**시키는 경우에 한하여 표시를 훼손하지 아니하는 한 **통상의 사용방법에 따라 이를 사용**할 수 있다.[169] 집행관이 압류의 표시를 하지 않고 물건의 보관을 채무자에게 위탁한 경우에도 채무자는 이를 통상의 용법에 따라 사용할 수 있음은 물론이다.

또한 **유체동산에 대한 가압류**에서도 가압류 후의 처분은 추징금 채권자인 국가에 대항할 수 없으므로, 그 처분의 상대방과 그 이후의 취득자도 마찬가지의 제한을 받게 됨은 앞에서 검토한 바와 같다.

---

167 대법원 1992. 3. 27. 선고 91다44407 판결, 대법원 1994. 11. 29.자 94마417 결정 등 참조.

168 대법원 1983. 4. 26. 선고 83다카116 판결 참조.

169 앞의 「주석 민사집행법」 제291조 부분 참조.

4. 채권에 대한 추징보전명령의 효력

채권 그 밖의 재산권에 대한 가압류에서는 제3채무자에 대하여 지급을 금지하게 하므로 (민사집행법 제296조 제3항) **채무자는 이를 수익할 수 없음이 원칙**이다.

채권에 대한 추징보전명령에서도 그 집행 후에는 **채무자가 처분**을 하더라도 **추징금 채권자인 국가에게는 대항할 수 없**고, 또 제3채무자도 마찬가지의 제한을 받는다. 즉 채무자는 추징보전된 채권에 관하여 제3채무자로부터 변제를 받을 수 없고, 제3채무자는 채무자에게 변제를 하는 등 그 채무를 소멸케 하는 행위를 할 수 없다. 만일 이를 어겨 변제를 하더라도 추징금채권자에게 대항할 수 없기 때문에 **추징금 채권자인 국가가 형사재판에서 추징금 확정 판결**을 받고 **이에 의하여 추심명령이나 전부명령**을 받아 제3채무자에게 지급을 구한 때에는 제3채무자는 다시 이를 지급하여야 한다.

그러나 **추징보전된 채권**이라 하더라도 **이를 양도하는 것은 아무 제한이 없다**. 다만, 가압류된 채권을 양도받은 양수인은 그러한 가압류에 의하여 권리가 제한된 상태의 채권을 양도받게 된다.[170] 한편 채권을 양도받았으나 확정일자 있는 양도통지나 승낙에 의한 대항요건을 갖추지 아니한 사이에 양도된 채권이 가압류된 경우 양수인도 가압류된 채권을 양수받은 양수인과 마찬가지로 가압류에 의하여 권리가 제한된 상태의 채권을 갖게 됨은 당연하다.[171]

Ⅲ 추징보전명령의 본집행으로의 이전

추징보전명령이 집행된 이후 **형사재판의 본안 절차에서 추징금 판결이 선고**되고 **해당 판결이 확정**되는 경우 위 확정판결을 집행권원으로 **국가가 강제집행 절차에 착수**하게 된다. 보전처분은 어디까지나 강제집행의 보전을 목적으로 하는 임시적인 처분이므로 국가가 위와 같이 집행권원을 얻어 강제집행을 할 수 있게 되면 **보전처분이 집행되어 있는 상태에서 본집행**을 하게 된다. 이를 「**본집행으로의 이전**」이라고 한다.

추징보전명령의 집행이 행하여진 후 확정판결을 통해 집행권원을 얻은 경우 이에 따라 강제집행이 가능하게 되면 국가는 본래의 강제집행을 할 수 있게 되지만, 그 경우 추징보전명령의 집행으로서 본래의 강제집행과 같은 절차가 이미 행하여져 있는 때는 **본집행을 위**

---

170 대법원 2000. 4. 11. 선고 99다23888 판결 참조.

171 대법원 2002. 4. 26. 선고 2001다59033 판결 참조.

해 다시 처음부터 중복하여 동일한 절차를 반복할 필요는 없다. 따라서 추징보전명령의 집행으로서 이미 이루어져 있는 기존 절차에 이어서 그 이후 절차를 취하면 충분하다. 본집행을 위해 중복되는 절차를 반복하는 것은 무의미할 뿐 아니라 원래 집행의 보전으로서 된 보전처분의 집행은 장래에 강제집행으로 나아갈 것을 예상한 것이므로 기존의 절차의 결과를 그대로 본집행의 절차에 이용하는 것이 자연스럽고 합리적이기 때문이다.

본집행으로의 이전절차에서 가장 중요한 점은 **보전처분이 집행된 상태에서 시간적 간격이 없이 그대로 본집행이 효력을 발생하게 되어야 한다**는 것이다. 추징보전명령의 집행이 언제 본집행으로 이전되는지, 즉 언제 보전처분의 집행상태가 종료되는 것인지에 관하여, **대법원 판례**[172]는 본집행이 개시되면서 보전처분의 집행상태가 종료하고 그 이후는 본집행이 된다고 하여 **본집행 개시에 따라 보전처분이 본집행으로 이전**된다고 판시하고 있다. **본집행으로의 이전**이라 함은 보전집행으로서 행하여진 것을 그대로 본집행의 일부로 하여 중복된 절차를 피하면서 효과를 이어받고자 하는 것에 의미가 있으므로, 이전을 위한 특별한 절차는 필요하지 않고 **추징보전명령이 집행되어 있는 단계**에서 본집행의 다음 절차를 행하면 충분하다.

즉 **유체동산**이라면 본집행으로 다시 압류의 절차를 취하지 아니하고도 **집행관에게 경매를 신청하는 등 현금화 또는 만족의 단계**에 나아갈 수 있고, **금전채권**이라면 **추심명령 혹은 전부명령을 신청**할 수 있다. 다만 **부동산 또는 선박의 본압류 강제집행**의 경우에는 압류 절차가 서로 다르므로 **새롭게 경매개시결정**을 하여야 한다.

나아가 판례는 가압류 집행이 있은 후 그 가압류가 강제경매개시결정으로 인하여 본압류로 이행된 경우에 가압류집행이 본집행에 포섭됨으로써 당초부터 본집행이 있었던 것과 같은 효력이 있다고 판시하고 있다.[173] 따라서 본집행의 효력이 유효하게 존속하는 한 상대방은 가압류집행의 효력을 다툴 수는 없고 오로지 본집행의 효력에 대하여만 다투어야 하는 것이므로, **본집행이 취소, 실효되지 않는 한** 가압류집행이 취소되었다고 하여도 이미 **그 효력을 발생한 본집행에는 아무런 영향을 미치지 않는다**.[174]

---

172 대법원 1976. 1. 27. 선고 75다2065 판결, 대법원 2004. 12. 10. 선고 2004다54725 판결 등 참조

173 대법원 2004. 12. 10. 선고 2004다54725 판결 참조.

174 대법원 2002. 3. 15.자 2001마6620 결정 참조.

제6관 추징보전명령 취소와 실효

관련조문

마약거래방지법 제57조(추징보전명령의 취소) 법원은 **추징보전의 이유 또는 필요가 없게 되거나 추징보전기간이 부당하게 길어진 경우**에는 **검사, 피고인·피의자나 그 변호인의 청구** 또는 **법원의 직권**에 의한 결정으로 추징보전명령을 **전부 또는 일부 취소**하여야 한다. 이 경우 **제42조제2항을 준용**한다.

☞ 제42조(몰수보전명령의 취소) ② 법원은 검사의 청구에 의한 경우를 제외하고는 제1항의 결정을 할 때에 검사의 의견을 들어야 한다.

제58조(추징보전명령의 실효) ① 추징보전명령은 **추징선고가 없는 재판**(「형사소송법」 제327조제2호에 따른 경우는 제외한다)이 확정된 때에는 **그 효력을 잃는다**.

② 「형사소송법」 제327조제2호에 따른 공소기각의 판결이 있는 경우 추징보전명령의 효력에 관하여는 제43조제2항을 준용한다.

제59조(추징보전명령이 실효된 경우의 조치) 검사는 **추징보전명령이 실효**되거나 **추징보전해방금이 공탁**된 경우에는 신속하게 제54조제1항에 따른 **명령을 취소**함과 동시에 **추징보전명령에 따른 추징보전집행의 정지 또는 취소를 위하여 필요한 조치**를 하여야 한다.

☞ 마약류범죄 등의 몰수보전 등에 관한 규칙 제24조(추징보전해방금의 공탁 및 환부) ②추징보전명령이 실효되거나 취소된 때에는 추징보전명령을 발한 법원은 공탁된 추징보전해방금을 환부하여야 한다.

추징보전명령에 관하여 법원은 **추징보전의 이유 또는 필요가 없게 되거나 추징보전기간이 부당하게 길어진 경우**에는 검사, 피고인·피의자나 그 변호인의 청구 또는 법원의 직권에 의한 결정으로 **추징보전명령을 전부 또는 일부 취소**하여야 한다. 이 경우 법원은 **검사의 의견을 들어야** 한다(마약거래방지법 제57조, 제42조 제2항 참조).

한편 추징보전명령은 **추징선고가 없는 재판**(「형사소송법」제327조제2호에 따른 경우는 제외한다)**이 확정된 때는 실효**된다. 「형사소송법」 제327조제2호에 따른 **공소기각의 판결**이 있는 경우 **추징보전명령**은 그 판결이 확정된 날부터 **30일 이내에 그 사건에 대하여 공소가 제기되지 아니**한 때에는 추징보전명령은 그 **효력을 잃는다**(마약거래방지법 제58조, 제43조 제2항 참조)

이때 추징보전의 이유 또는 필요가 없게 된 경우 및 추징보전기간이 부당하게 길어진 경우의 해석 및 추징보전명령의 실효 사유에 대해서는 몰수보전의 그것과 같다(제5관 Ⅵ. 몰수보전의 취소와 실효 참조).

추징보전명령이 실효되거나 **추징보전해방금이 공탁**된 경우에는 신속하게 제54조제1항에 따른 검사의 **추징보전명령에 대한 집행명령을 취소**함과 동시에 추징보전명령에 따른 **추징보전집행의 정지 또는 취소를 위하여 필요한 조치**를 하여야 한다(마약거래방지법 제59조 참조).

한편 **추징보전해방금이 공탁**되었는데 추징보전명령이 **실효되거나 취소**되는 경우 추징보전명령을 발령한 법원은 **추징보전해방금을 환부**하여야 한다(마약류범죄 등의 몰수보전 등에 관한 규칙 제24조 제2항 참조).

제7관 보전절차를 위한 형사소송법의 준용

관련조문

부패재산몰수법 제8조(「마약류 불법거래방지에 관한 특례법」의 준용) 이 법에 따른 몰수 및 추징과 국제공조에 관하여는 「마약류 불법거래방지에 관한 특례법」 제19조부터 제63조까지, 제64조제2항 및 제65조부터 제78조까지의 규정을 준용한다.

☞ **마약거래방지법 제63조(준용)** 몰수보전 및 추징보전에 관한 절차에 관하여는 이 법에 특별한 규정이 있는 경우를 제외하고는 **「형사소송법」을 준용**한다.

마약거래방지법은 몰수 및 추징보전에 관한 절차에 관하여 형사소송법 규정을 준용하도록 규정하고 있고, 부패재산몰수법 또한 이를 준용하고 있으므로 결국 부패재산을 몰수 또는 추징하기 위하여 마약거래방지법에 따른 몰수·추징보전 절차를 진행하기 위하여 형사소송법에 따라 **공무소 기타 공사단체에 조회하여 필요한 사항의 보고를 요구**(형사소송법 제199조 제2항 참조)할 수 있을 뿐만 아니라, 그 **재산형의 집행**을 위하여 형사소송법 규정에 따른 **압수수색 영장을 발부**받아 **과세정보, 금융거래정보 및 몰수·추징 집행을 위해 필요한 자료를 확보**할 수 있다고 봄이 상당하다.

다만 재산형의 집행으로서의 몰수·추징의 집행과 그 **성질이 서로 일치하지 않는 체포·구속 절차 등 규정이나 사법경찰관의 각종 수사에 관한 형사소송법 규정** 등은 부패재산몰수법에 **준용되지 않는다**고 봄이 타당하다. 이는 곧바로 뒤에서 살펴보는 바와 같이 몰수·추징 판결을 집행하기 위해 형사소송법 규정을 준용하는 것과 그 궤를 같이 한다 하겠다.

관련조문

형사소송법 제200조(피의자의 출석요구) 검사 또는 사법경찰관은 수사에 필요한 때에는 피의자의 출석을 요구하여 진술을 들을 수 있다.

제215조(압수, 수색, 검증) ① 검사는 범죄수사에 필요한 때에는 피의자가 죄를 범하였다고 의심할 만한 정황이 있고 해당 사건과 관계가 있다고 인정할 수 있는 것에 한정하여 지방법원판사에게 청구하여 발부받은 영장에 의하여 압수, 수색 또는 검증을 할 수 있다.

제221조(제3자의 출석요구 등) ①검사 또는 사법경찰관은 수사에 필요한 때에는 피의자가 아닌 자의 출석을 요구하여 진술을 들을 수 있다. 이 경우 그의 동의를 받아 영상녹화할 수 있다.

②검사 또는 사법경찰관은 수사에 필요한 때에는 감정·통역 또는 번역을 위촉할 수 있다.

③제163조의2제1항부터 제3항까지는 검사 또는 사법경찰관이 범죄로 인한 피해자를 조사하는 경우에 준용한다.

제245조(참고인과의 대질) 검사 또는 사법경찰관이 사실을 발견함에 필요한 때에는 피의자와 다른 피의자 또는 피의자 아닌 자와 대질하게 할 수 있다.

제 7 절 부패재산 몰수 및 추징 판결의 집행과 불복 절차

제1관 부패재산몰수법상 몰수·추징 판결의 집행

I 관련 규정

관련조문

부패재산몰수법 제20조(「형사소송법」의 준용 등) ① <u>이 법에 따른 몰수·추징의 집행 및 처분</u>에 있어서 이 법에 특별한 규정이 없는 한 그 성질에 반하지 아니한 것은 <u>「형사소송법」을 준용한다</u>.

② 제18조에 규정된 집행재산등의 처분은 <u>「검찰청법」 제11조에 따른 압수물 및 징수 사무에 관한 규정에 따라 절차를 진행</u>한다.

☞ **형사소송법 제459조(재판의 확정과 집행)** 재판은 이 법률에 특별한 규정이 없으면 확정한 후에 집행한다.

제460조(집행지휘) ①<u>재판의 집행은 그 재판을 한 법원에 대응한 검찰청검사가 지휘</u>한다. 단, 재판의 성질상 법원 또는 법관이 지휘할 경우에는 예외로 한다.

②상소의 재판 또는 상소의 취하로 인하여 하급법원의 재판을 집행할 경우에는 상소법원에 대응한 검찰청검사가 지휘한다. 단, 소송기록이 하급법원 또는 그 법원에 대응한 검찰청에 있는 때에는 그 검찰청검사가 지휘한다.

제461조(집행지휘의 방식) **재판의 집행지휘는 재판서 또는 재판을 기재한 조서의 등본 또는 초본을 첨부한 서면으로 하여야 한다**. 단, 형의 집행을 지휘하는 경우 외에는 재판서의 원본, 등본이나 초본 또는 조서의 등본이나 초본에 인정하는 날인으로 할 수 있다.

제477조(재산형 등의 집행) ①벌금, 과료, **몰수, 추징**, 과태료, 소송비용, 비용배상 또는 가납의 재판은 **검사의 명령에 의하여 집행한다**.

②**전항의 명령은 집행력 있는 채무명의와 동일한 효력이 있다**.

③**제1항의 재판의 집행에는 「민사집행법」의 집행에 관한 규정을 준용한다**. 단, 집행 전에 재판의 송달을 요하지 아니한다. <개정 2002. 1. 26., 2007. 6. 1.>

④제3항에도 불구하고 **제1항의 재판은 「국세징수법」에 따른 국세체납처분의 예에 따라 집행**할 수 있다. <신설 2007. 6. 1.>

⑤**검사는 제1항의 재판을 집행하기 위하여 필요한 조사**를 할 수 있다. 이 경우 **제199조 제2항을 준용**한다. <신설 2007. 6. 1.>

⑥ 벌금, 과료, 추징, 과태료, 소송비용 또는 비용배상의 분할납부, 납부연기 및 납부대행기관을 통한 납부 등 납부방법에 필요한 사항은 법무부령으로 정한다. <신설 2016. 1. 6.>

제199조(수사와 필요한 조사) ②수사에 관하여는 **공무소 기타 공사단체에 조회하여 필요한 사항의 보고를 요구**할 수 있다.

부패재산몰수법에 따라 몰수·추징 판결이 선고되는 경우 이를 집행권원으로 하여 형을 집행할 수 있음은 당연하다. 부패재산몰수법은 이 **법에 따른 몰수·추징의 집행 및 처분에 있어 이 법에 특별한 규정이 없는 이상** 그 성질에 반하지 않는 것은 **형사소송법 규정을 준용**하도록 하고 있다(부패재산몰수법 제20조 참조).

따라서 부패재산몰수법에 따른 **몰수·추징 판결의 집행**은 형사소송법상 재판의 집행 절차를 그대로 따르게 된다. 나아가 **검사가 몰수·추징 판결을 집행하기 위해 필요**한 경우에는 **그 성질에 반하지 않는 이상 형사소송법 규정을 준용**한다.

II 형사소송법의 준용에 따른 검사의 조치

검사는 부패재산몰수법상 몰수·추징 집행에 필요한 경우 **공무소 기타 공사단체에 조회하여 필요한 사항의 보고를 요구**(형사소송법 제199조 제2항 참조)할 수 있을 뿐만 아니라, 그 **재산형의 집행**을 위하여 형사소송법 규정에 따른 **압수수색 영장을 발부**받아 **과세정보, 금**

융거래정보 및 몰수·추징 집행을 위해 필요한 자료를 확보할 수 있다고 봄이 상당하다.

다만 재산형의 집행으로서의 몰수·추징의 집행과 그 **성질이 서로 일치하지 않는 체포·구속 절차 등 규정이나 사법경찰관의 각종 수사에 관한 형사소송법 규정** 등은 부패재산몰수법에 **준용되지 않는다**고 봄이 상당하다.

관련조문

형사소송법 제200조(피의자의 출석요구) 검사 또는 사법경찰관은 수사에 필요한 때에는 피의자의 출석을 요구하여 진술을 들을 수 있다.

제215조(압수, 수색, 검증) ① 검사는 범죄수사에 필요한 때에는 피의자가 죄를 범하였다고 의심할 만한 정황이 있고 해당 사건과 관계가 있다고 인정할 수 있는 것에 한정하여 지방법원판사에게 청구하여 발부받은 영장에 의하여 압수, 수색 또는 검증을 할 수 있다.

제221조(제3자의 출석요구 등) ①검사 또는 사법경찰관은 수사에 필요한 때에는 피의자가 아닌 자의 출석을 요구하여 진술을 들을 수 있다. 이 경우 그의 동의를 받아 영상녹화할 수 있다. ②검사 또는 사법경찰관은 수사에 필요한 때에는 감정·통역 또는 번역을 위촉할 수 있다. ③제163조의2제1항부터 제3항까지는 검사 또는 사법경찰관이 범죄로 인한 피해자를 조사하는 경우에 준용한다.

제245조(참고인과의 대질) 검사 또는 사법경찰관이 사실을 발견함에 필요한 때에는 피의자와 다른 피의자 또는 피의자 아닌 자와 대질하게 할 수 있다.

Ⅲ 범죄수익은닉규제법과 공무원범죄몰수법상 검사의 조치

범죄수익은닉규제법은 검사는 이 법에 따른 **몰수·추징의 집행**을 위하여 필요하다고 인정되면 **그 목적에 필요한 최소한의 범위**에서 **할 수 있는 처분**을 규정하고 있고, 범인 외의 자에 대한 **과세정보 제공, 금융거래정보 제공 요청** 및 **몰수·추징 집행**을 위하여 필요한 경우 **지방법원 판사에 청구하여 발부받은 영장**이 있어야 한다고 규정하고 있다. 이러한 범죄수익은닉규제법의 규정과의 균형상 부패재산몰수법상 몰수·추징의 집행을 위해 필요하다고 인정된다면 형사소송법 일반규정에 따라 위와 같은 조치를 취할 수 있다고 보아야 한다.

관련조문

범죄수익은닉규제법 제10조의3(몰수·추징의 집행을 위한 검사의 처분) ① 검사는 **이 법에 따른 몰수·추징의 집행을 위하여 필요하다고 인정**되면 **그 목적에 필요한 최소한의 범위**에서

다음 각 호의 처분을 할 수 있다. 다만, **범인 외의 자에 대한 제4호 및 제5호의 처분**은 **제3항에 따른 영장**이 있어야 한다. <개정 2020. 3. 24.>

1. **관계인의 출석 요구 및 진술의 청취**
2. **서류나 그 밖의 물건의 소유자·소지자 또는 보관자에 대한 제출 요구**
3. 「특정 금융거래정보의 보고 및 이용 등에 관한 법률」 제10조제1항에 따른 **특정금융거래정보의 제공 요청**
4. 「국세기본법」 제81조의13에 따른 **과세정보의 제공 요청**
5. 「금융실명거래 및 비밀보장에 관한 법률」 제4조제1항에 따른 **금융거래의 내용에 대한 정보 또는 자료의 제공 요청**
6. 그 밖의 **공공기관 또는 단체에 대한 사실조회나 필요한 사항에 대한 보고 요구**

② 제1항의 자료제공 요청에 대하여 해당 기관은 군사, 외교, 대북관계 등 국가안위에 중대한 영향을 미치는 경우를 제외하고는 다른 법률을 근거로 이를 거부할 수 없다.

③ 검사는 **제1항의 몰수·추징의 집행을 위하여 필요한 경우 지방법원 판사에게 청구하여 발부받은 영장에 의하여 압수·수색 또는 검증을 할 수 있다**.

또한 **공무원범죄몰수법**도 같은 취지의 규정을 두고 있는바 상세한 규정의 내용은 다음과 같다.

관련조문

공무원범죄몰수법 제9조의3(몰수·추징 집행을 위한 검사 처분) ① 검사는 이 법에 따른 몰수·추징의 집행을 위하여 필요하다고 인정되면 그 목적에 필요한 최소한의 범위에서 다음 각 호의 처분을 할 수 있다. 다만, 범인 외의 자에 대한 제4호 및 제5호의 처분은 제3항에 따른 영장이 있어야 한다.

1. 관계인의 출석 요구 및 진술의 청취
2. 서류나 그 밖의 물건 소유자·소지자 또는 보관자에 대한 제출 요구
3. 「특정 금융거래정보의 보고 및 이용 등에 관한 법률」 제10조제1항에 따른 특정금융거래정보의 제공 요청
4. 「국세기본법」 제81조의13에 따른 과세정보의 제공 요청
5. 「금융실명거래 및 비밀보장에 관한 법률」 제4조제1항에 따른 금융거래 정보 또는 자료의 제공 요청
6. 그 밖의 공공기관 또는 단체에 대한 사실조회나 필요한 사항에 대한 보고 요구

② 제1항의 자료제공 요청에 대하여 해당 기관은 다른 법률을 근거로 이를 거부할 수 없다.

③ 검사는 이 법에 따른 몰수·추징의 집행을 위하여 필요한 경우 지방법원판사에게 청구하여 발부받은 영장에 의하여 압수·수색 또는 검증을 할 수 있다.

Ⅳ 범죄수익은닉규제법과 공무원범죄몰수법상 추징 판결의 제3자 집행의 특례

부패재산몰수법은 **범죄수익은닉규제법**이나 **공무원범죄몰수법** 등과는 달리 **피고인에 대한 판결을 제3자에게 곧바로 집행**할 수 있는 추징 집행 특례규정이 존재하지 않는다.

특히 **공무원범죄몰수법**은 **범인 외의 자가 그 정황을 알면서 취득**한 **불법재산** 및 **그로부터 유래한 재산**에 대하여는 **그 범인 외의 자를 상대로 「집행」할 수 있다**고 규정하고 있는데 부패재산몰수법에는 이러한 규정이 없는 것은 문제다. 따라서 부패재산몰수법에도 같은 취지의 규정을 마련하여 보완할 필요가 있다(私見).

참고로 부패재산몰수법상 부패범죄와 겹치는 공무원범죄몰수법상 특정공무원범죄(형법상 뇌물죄 등)의 경우에는 몰수·추징 집행을 위해 검사는 공무원범죄몰수법의 해당 규정을 선택적으로 적용할 수 있다. **판결의 집행에 있어 어떤 법률을 적용할 것**인지는 **검사의 재량**이기 때문이다.

관련조문

공무원범죄몰수법 제9조의2(불법재산 등에 대한 추징) 제6조의 추징은 <u>**범인 외의 자가 그 정황을 알면서 취득한 불법재산 및 그로부터 유래한 재산에 대하여 그 범인 외의 자를 상대로 집행**</u>할 수 있다.

☞ **제6조(추징)** 불법재산을 몰수할 수 없거나 제3조제2항에 따라 몰수하지 아니하는 경우에는 그 가액(價額)을 범인에게서 추징(追徵)한다.

☞ **제3조(불법재산의 몰수)** ① 불법재산은 몰수한다.

② 제1항에 따라 몰수하여야 할 재산에 대하여 재산의 성질, 사용 상황, 그 재산에 관한 범인 외의 자의 권리 유무, 그 밖의 사정을 고려한 결과 그 재산을 몰수하는 것이 타당하지 아니하다고 인정될 경우에는 제1항에도 불구하고 몰수하지 아니할 수 있다.

범죄수익은닉규제법 제10조의2(추징 집행의 특례) 다중인명피해사고 발생에 형사적 책임이 있는 개인, 법인 및 경영지배·경제적 연관 또는 의사결정에의 참여 등을 통해 그 법인을 실질적으로 지배하는 자에 대한 이 법에 따른 몰수대상재산에 관한 추징은 범인 외의 자가 그 정황을 알면서 취득한 몰수대상재산 및 그로부터 유래한 재산에 대하여 그 범인 외의 자를 상대로 집행할 수 있다.

V 부패재산몰수법상 몰수·추징 판결을 제3자 소유 재산에 집행하기 위한 방안

부패재산몰수법에도 피고인에 대한 몰수·추징 판결을 제3자 소유 재산에 집행할 수 있는 명시적인 규정이 없으므로 제3자 소유 재산에 판결을 집행하기 위해서는 **제3자 참가절차**를 거쳐 제3자를 판결 주문에 등장시킨 다음 집행권원을 얻어 이를 **제3자 소유 재산에 곧바로 집행**하거나,[175] **제3자 상대로 민사소송을 제기**하여 **그 명의를 피고인 앞으로 회복한 다음 집행**하는 방법을 택해야 한다.[176]

제2관 불복절차 ① 제3자이의의 소

I 생각해볼 사례

사례

[사실관계]

피고인 甲이 부패범죄인 뇌물죄를 저지르고 10억 원 상당의 부패재산을 취득하였는데 수사가 개시되자 이와 같은 사정을 잘 아는 乙 명의를 이용해 5억 원 상당의 A부동산을 매입하여 소유하였고, 나머지 5억 원은 모두 개인적인 생활비 명목으로 소비하였다.

한편 피고인 甲은 자신의 친구인 丙의 부탁을 받고 5억 원 상당의 B부동산을 자신의 명의로 소유하고 있었는데 실제로 해당 부동산은 丙의 소유 재산이었고 甲은 명의수탁자에 불과하였다.

[보전관계]

이때 검사가 甲의 뇌물죄에 대해 공소를 제기하면서 乙 명의 A 부동산이 실질적으로 甲 소유 부동산이라는 이유로 몰수보전 청구하여 법원이 이를 인용해 검사가 몰수보전 집행을 하였다.

한편 甲이 자기 명의로 보유하고 있으나 실제로 丙 소유의 B 부동산의 경우 이 부동산이 甲이 소유하고 있는 일반 재산이라는 이유로 위 추징금 5억 원의 집행을 위해 이에 대한 추징

---

175 이주형, “범죄수익환수를 위한 제3자 참가절차에 관한 연구, 제3자 참가절차의 법적성격 올바른 실무상 활용방안을 중심으로”, 법조[2022. 4. 제71권 제2호(통권 제752호)] 참조.

176 이주형, “차명으로 은닉된 범죄수익의 종국적 환수방안 연구”, 법조(2020. 6. 통권 제741호) 제388쪽 이하 참조,

보전 인용결정을 받아 집행하였다.

[판결선고]

법원은 위 A 부동산을 명의자인 乙이 아닌 실소유자 甲으로부터 몰수하는 판결을 선고하였고, 나머지 5억 원은 甲으로부터 추징한다는 내용의 판결을 선고하여 그 판결이 확정되었다.

[강제집행]

이때 검사가 위 甲에 대한 판결문을 집행 권원으로 **乙명의의 A 부동산을 몰수집행**하고, **甲 명의 B 부동산**을 위 **5억 원 추징금 집행을 위한 집행 대상재산으로 삼아 강제집행** 하였다. **乙과 丙이 이와 같은 강제집행에 어떻게 다툴 수 있을까.**

부패재산몰수법은 공소제기된 범인이 아닌 제3자를 상대로 몰수·추징을 선고할 수 있고, 해당 판결이 확정되면 이를 집행권원으로 제3자를 상대로 몰수·추징을 집행할 수 있게 된다. 그런데 이렇게 **제3자를 상대로 몰수·추징**을 선고하기 위해서는 앞에서 이미 검토한 바와 같이 **마약거래방지법**에 따라 **제3자 참가절차**를 거쳐야 하고, 이런 절차를 거치지 않으면 **몰수·추징은 피고인을 상대로 할 수밖에** 없다.

이렇게 **제3자 명의·소유 재산이 실질적으로 범인에게 귀속**된다는 이유로 **범인을 상대로 직접 몰수·추징판결**을 선고받고 **이 판결을 집행권원**으로 하여 **제3자 소유의 재산에 집행**을 할 수 있을 것인지가 문제된다. 이는 앞에서 이미 살펴본 전두환 前 대통령에 대한 추징금 강제 집행 절차 관련 대법원 결정과 직접 관련되는 문제다.[177]

또한 이는 앞에서 검토한 바와 같이 **범인이 부패재산을 차명으로 소유**하고 있는 **차명재산의 몰수에 관한 논점**을 다룬 오스템임플란트 사건과도 관련되어 있는데 해당 사건의 항소심 판단에 따르면 **위 A 부동산은 乙명의로 취득하였으나 실질적으로 甲에게 귀속되었으므로 甲으로부터 몰수**할 수밖에 없다. 이때 검사가 乙소유 부동산을 곧바로 몰수집행하려고 할 때 **乙은 위 A 부동산이 자신의 소유라는 이유로 다툴 수 있을 것인지 문제**다.

한편 이와는 반대로 **범인을 상대로 추징 판결**을 선고받고 **범인의 소유로 등기**되어 있는 **B 부동산에 대해 검사가 추징금 강제집행**을 개시하였는데, 실제로 **그 재산이 실제로는 제3자 丙의 소유로 귀속**되어 있어 **제3자인 丙**이 자신의 재산권 보호를 위해 위와 같은 **강제집행에 대항할 수 있는 방법**도 문제다. 이하에서 항을 바꾸어 상술하도록 한다.

---

177 대법원 2021. 4. 9.자 2020모4058 결정 [재판의집행에관한이의인용결정에대한재항고] 참조.

Ⅱ 제3자이의의 소의 의의 및 취지[178]

관련조문

민사집행법 제48조(제3자이의의 소) ①제3자가 강제집행의 목적물에 대하여 소유권이 있다고 주장하거나 목적물의 양도나 인도를 막을 수 있는 권리가 있다고 주장하는 때에는 채권자를 상대로 그 강제집행에 대한 이의의 소를 제기할 수 있다. 다만, 채무자가 그 이의를 다투는 때에는 채무자를 공동피고로 할 수 있다.
②제1항의 소는 집행법원이 관할한다. 다만, 소송물이 단독판사의 관할에 속하지 아니할 때에는 집행법원이 있는 곳을 관할하는 지방법원의 합의부가 이를 관할한다.
③강제집행의 정지와 이미 실시한 집행처분의 취소에 대하여는 제46조 및 제47조의 규정을 준용한다. 다만, 집행처분을 취소할 때에는 담보를 제공하게 하지 아니할 수 있다.

제3자이의의 소는 **강제집행목적물에 대하여 소유권이나 양도 또는 인도를 저지하는 권리를 가진 제3자**가 그 권리를 침해해 **현실적으로 진행되는 강제집행에 대해 이의를 제기**하고 **집행을 배제해 달라고 청구**하는 소송이다.

본래 **강제집행**은 **채무자 소유의 책임재산만**을 대상으로 이루어져야 한다. 그런데 채무자의 책임재산에 속하는 외관을 갖추고 있는 재산이라도 실제로는 제3자가 해당 재산에 관하여 법적으로 보호될 지위나 권리를 갖고 있는 경우가 있다. **집행목적물의 권리관계는 실체법에 따라 판정**될 것인데 만약 제3자의 권리보장을 위하여 강제집행 절차에서 집행목적물의 권리관계에 대한 정확한 판정을 요구하면, 신속·원활한 강제집행의 실시는 요원하게 되고, 그 반대의 경우라면 강제집행으로 인하여 제3자의 정당한 법적 지위나 권리가 침해될 가능성이 높게 된다.[179]

이에 **집행기관은 채무자의 책임재산에 속하는 외관을 갖춘 것으로 확인**되는 재산에 대하여는 **그대로 강제집행을 개시**하게 되는데 재산 소유권의 외관을 기준으로 강제집행이 개시되는 이상 실제로 **채무자의 책임재산에 속하지 않는 물건에 대한 집행행위**가 있더라도 **당연히 위법한 것은 아니**므로 집행에 관한 이의(민사집행법 제16조)나 즉시항고(본법 제15조)로 불복할 수 없다.

---

178 전게 「주석 민사집행법」, 제48조 부분 참조.
179 위 「주석 민사집행법」, 제48조 부분 참조.

관련조문

민사집행법 제15조(즉시항고) ①집행절차에 관한 집행법원의 재판에 대하여는 특별한 규정이 있어야만 즉시항고(卽時抗告)를 할 수 있다.

제16조(집행에 관한 이의신청) ①집행법원의 집행절차에 관한 재판으로서 즉시항고를 할 수 없는 것과, 집행관의 집행처분, 그 밖에 집행관이 지킬 집행절차에 대하여서는 법원에 이의를 신청할 수 있다.

②법원은 제1항의 이의신청에 대한 재판에 앞서, 채무자에게 담보를 제공하게 하거나 제공하게 하지 아니하고 집행을 일시정지하도록 명하거나, 채권자에게 담보를 제공하게 하고 그 집행을 계속하도록 명하는 등 잠정처분(暫定處分)을 할 수 있다.

③집행관이 집행을 위임받기를 거부하거나 집행행위를 지체하는 경우 또는 집행관이 계산한 수수료에 대하여 다툼이 있는 경우에는 법원에 이의를 신청할 수 있다.

그러나 만약 **위와 같이 외관에 기초한 집행이 실제로는 제3자의 권리를 침해**하는 경우에는, 그 **제3자로 하여금 소를 제기**하여 판결을 받아 권리침해에 대한 구제를 받을 수 있는 절차를 마련해 두고 있는데 이 때 제3자가 제기할 수 있는 것이 본 소송이다.

위 사례에서 실제로는 丙 소유의 B 부동산이 甲명의로 수탁되어 있다는 이유로 甲에 대한 5억 원 상당의 추징금 집행 대상 재산으로 강제 집행되었는데, **실제 소유자인 제3자 丙이 위 추징금 채권자인 국가의 강제집행에 대하여 대항할 수 있는 수단**이 바로 이것이다.

Ⅲ 적용범위

제3자이의의 소는 **모든 재산권을 대상으로 하는 강제집행**에 대하여 적용된다. 강제집행에 의하여 실현되는 **청구권의 종류도 묻지 아니한다.**[180] 금전채권에 대한 집행과 비금전적 채권에 대한 집행에 있어서도 제기할 수 있다. 집행목적물에 대하여 환가가 행하여지는지 아닌지는 묻지 않고 집행의 대상이 **유체동산이건 부동산**이건 무방하다. 그리고 **채권 기타의 재산권**을 목적으로 하는 집행에 대하여서도 제기할 수 있다.

제3자이의의 소는 **강제집행의 방법이 적법한 경우**에는 물론이고, 그 집행이 다른 이유로 집행절차상 위법하기 때문에 집행에 관한 이의를 신청할 수 있거나 항고를 제기할 수 있

---

180 법원행정처, 「법원실무제요, 민사집행[Ⅰ],」 (2014), 312면 이하, 이시윤, 「신민사집행법」 박영사(2016), 226면 이하, 박두환, 「민사집행법」, 법률서원(2002), 84면 이하 각 참조.

는 경우에도 제3자이의의 소를 제기할 수 있다. 즉 **제3자이의의 소**는 **집행의 방법이나 강제집행의 기초가 되는 집행권원이 적법한지 여부**를 **심사할 필요는 없고,**[181] 집행기관에 의한 **집행이 현실로 있으면 충분**하다.

한편 제3자이의의 소는 강제집행목적물에 대하여 소유권이나 양도 또는 인도를 저지하는 권리를 가진 제3자가 그 권리를 침해하여 현실적으로 진행되고 있는 강제집행에 대하여 이의를 주장하고 집행의 배제를 구하는 소이므로 당해 **강제집행이 종료된 후에 제3자이의의 소가 제기**되거나 **제3자이의의 소가 제기된 당시 존재하였던 강제집행이 소송계속 중 종료**된 경우에는 **소의 이익이 없어 부적법**하다.[182]

Ⅳ 소송물과 이의의 원인

1. 소송물

제3자이의의 소의 소송물에 관하여 판례는 「집행이의권」이라고 판시하고 있다.[183] 제3자이의의 소는 집행목적물에 대하여 재산권 기타 양도·인도를 막는 권리를 주장하는 제3자가 그 집행을 배제하기 위해 집행을 불허하는 내용의 선언을 구함으로써 장래에 해당 집행목적물에 대한 집행을 부적법하게 하는 것을 목적으로 하므로 위 판례의 태도가 타당하다고 생각한다.

2. 이의의 원인

제3자이의의 소에 있어 **이의의 원인**은 제3자가 강제집행의 목적물에 대하여 「**소유권**」 또는 「**목적물의 양도나 인도를 막을 수 있는 권리**」를 가지는 것이다. 그러나 제3자가 강제집행 목적물에 소유권이 있다고 하더라도 다른 담보권의 실행 등으로 인해 제3자가 소유권을 지키지 못하는 경우가 발생할 수 있으므로 제3자가 해당 목적물의 소유권을 가지고 있다는 이유만으로 당연히 제3자이의의 소가 받아들여질 것이라고 볼 수 없다. 결국 제3자이의의 소의 이의원인은 집행목적물에 대한 제3자의 권리의 성질이 **그 제3자가 집행채권자에 대한 관계**에서 당해 집행에 따른 **권리 침해를 받아들일 법률상 이유가 없는 것을**

181 대법원 1964. 7. 22. 선고 64다119 판결 참조.

182 대법원 1996. 11. 22. 선고 96다37176 판결 참조.

183 대법원 1959. 11. 12. 선고 4292민상296 판결, 대법원 1977. 10. 11. 선고 77다1041 판결, 대법원 2009. 3. 12. 선고 2008다36022 판결 참조.

뜻한다고 봄이 상당하다.[184]

한편 원칙적으로 **제3자의 양도 또는 인도를 막을 수 있는 권리**는 **몰수·추징보전이 이루어졌을 때에 이미 제3자에게 귀속**되어 있어야 하며, 그 권리는 **사실심의 변론종결 시까지 존재**하여야 한다.[185] 또한 그 권리는 압류채권자의 우선적 지위에 대항할 수 있는 것이어야 한다(민사집행법 제92조 제1항 참조). 압류 후에 그러한 지위를 취득한 경우에는 그 지위가 채권자에게 대항할 수 있는 것이 아니면 이를 주장할 수 없다.[186]

아래에서는 구체적으로 제3자가 주장할 수 있는 권리를 나누어 검토한다.

가. 소유권

1) 단독소유권의 경우

제3자의 소유물은 원칙적으로 채무자의 책임재산에 속하지 아니하므로 제3자의 소유권은 집행을 막을 수 있는 권리의 대표적인 것이다. 이의의 원인이 되는 권리는 몰수·추징을 집행하는 국가의 집행채권에 대항할 수 있는 것이어야 하므로 부동산의 경우에는 원칙적으로 등기가 마쳐져 있어야 하고(민법 제186조), 동산의 경우에는 인도를 통해 점유하고 있어야 한다. 한편 **채권 그 밖의 재산권에 대한 몰수·추징 집행**에 있어 해당 **재산권의 귀속주체가 채무자가 아닌 제3자 자신**이라고 주장하는 경우도 자신의 소유권을 주장하는 것에 해당한다고 할 수 있다.[187]

이와 관련하여 **대법원 판례**는, ① **강제경매 개시결정이 있은 후에 소유권을 취득한 제3자**는 집행채권이 변제 기타 사유로 소멸된 경우에도 청구이의의 소에 의하여 집행권원의 집행력이 배제되지 아니한 이상 그 경매개시 결정은 취소될 수 없고 그 결정이 취소되지 않고 있는 동안에는 그 소유권을 집행채권자에게 대항할 수 없으므로 제3자이의의 소에 의하여 **그 강제집행의 배제를 구할 수는 없다**고 판시하였다.[188]

그러나 **사망자를 상대로 한 가압류결정에 이어 제3자 앞으로 소유권이전등기**가 이루어진 경우에는 사망자를 상대로 한 가압류결정은 무효이므로 제3자는 그 무효의 가압류결

---

184 이시윤, 위 「신민사집행법」, 227면 이하 참조.

185 위 「법원실무제요 민사집행[Ⅰ]」 313면 이하, 위 이시윤, 「신민사집행법」 227면 이하, 김상수, 「민사집행법」, 법우사(2015), 117면 이하, 대법원 1976. 8. 24. 선고 76다216 판결 등 각 참조.

186 이시윤, 위 「신민사집행법」 제228면 이하, 강대성, 「신민사집행법」 대명출판사(2014), 202면 이하 및 대법원 1982. 9. 14. 선고 81다527 판결 각 참조.

187 대법원 1997. 8. 26. 선고 97다4401 판결, 대법원 1999. 6. 11. 선고 98다52995 판결 참조.

188 대법원 1982. 9. 14. 선고 81다527 판결 참조.

정에 기초한 가압류집행에 대하여 그 소유권 취득을 주장하여 대항할 수 있어 **제3자이의의 소에 의하여 그 가압류집행의 배제**를 구할 수 있다.[189]

그리고 가압류집행이 형식적으로는 채권 확보를 위한 강제집행절차에 따른 것이라고 하여도 **법이 보호할 수 없는 반사회적인 행위에 의하여 이루어진 것이어서 무효**인 경우에는 그 가압류 이후의 소유권 취득자가 강제집행절차에서 그 무효를 주장하고 **제3자(소유권자)로서 그 집행의 배제**를 구할 수 있다.[190]

또한 가압류권자가 책임재산(부동산)의 가치 전부를 취득하여 자기 채권의 만족에 사용함으로써 책임재산에 관한 집행이 종결된 것과 같은 결과에 이르게 되어 **가압류가 당초의 목적을 달성하여 더 이상 유지될 필요성이 없는 경우, 가압류 집행 후 본집행으로 이행하기 전에 위 부동산의 소유권을 취득**한 사람이 위 가압류에 기한 본집행을 하려는 집행채권자에 대하여 **소유권 취득을 주장하여 대항**할 수 있다.[191]

2) 공유물 등에 대한 강제집행의 경우

채무자 외의 사람들의 공유에 속하는 물건에 대하여 압류가 된 경우에, 공유자는 각자 단독으로 공유물 전부에 대한 제3자이의의 소를 제기할 수 있다. 부당한 집행을 배제하는 것은 보존행위에 해당하기 때문이다(민법 제265조 단서).[192]

한편 **공유자 중 일부에 대한 집행권원**에 기초하여 해당 지분권만을 압류하지 않고 **공유물 전부를 압류**한 경우에, 다른 **공유자는 자기의 지분권을 내세워 단독으로 공유물 전부에 대하여 제3자이의의 소를 제기**할 수 있다. 따라서 부부의 누구에게 속한 것인지 분명하지 아니한 물건은 **부부 공유**로 추정되기 때문에(민법 제830조 제2항) **부부 중 1명에 대한 집행권원**에 기초하여 그 지분권을 압류하는 방법에 의하지 아니하고 **그 물건 전부에 대하여 압류한 것은 잘못**이다.[193]

관련조문

민법 제265조(공유물의 관리, 보존) 공유물의 관리에 관한 사항은 공유자의 지분의 과반수로써 결정한다. 그러나 <u>보존행위는 각자가 할 수 있다</u>.

---

189 대법원 1982. 10. 26. 선고 82다카884 판결 참조.

190 대법원 1996. 6. 14. 선고 96다14494 판결, 대법원 1997. 8. 29. 선고 96다14470 판결 참조.

191 대법원 2014. 10. 27. 선고 2012다76744 판결.참조.

192 이시윤, 위「신민사집행법」 229면 이하, 강대성, 위「신민사집행법」 138면 이하 각 참조.

193 대법원 1980. 8. 19. 선고 80다1282 판결, 대법원 1981. 2. 24. 선고 80다2023 판결 참조.

제830조(특유재산과 귀속불명재산) ①부부의 일방이 혼인전부터 가진 고유재산과 혼인중 자기의 명의로 취득한 재산은 그 특유재산으로 한다.

②부부의 누구에게 속한 것인지 분명하지 아니한 재산은 부부의 공유로 추정한다.

---

3) 명의신탁 재산에 대한 강제집행의 경우

부동산 실권리자명의 등기에 관한 법률은 부동산에 관한 명의신탁약정이 무효이고, 명의신탁약정에 따른 물권변동 역시 원칙적으로 무효로 하면서(부동산실명법 제4조), 다만 종중, 배우자 및 종교단체에 대하여는 특례를 두어 그 예외를 인정하고 있다(동법 제8조).

관련조문

부동산실명법 제4조(명의신탁약정의 효력) ① 명의신탁약정은 무효로 한다.

② 명의신탁약정에 따른 등기로 이루어진 부동산에 관한 물권변동은 무효로 한다. 다만, 부동산에 관한 물권을 취득하기 위한 계약에서 명의수탁자가 어느 한쪽 당사자가 되고 상대방 당사자는 명의신탁약정이 있다는 사실을 알지 못한 경우에는 그러하지 아니하다.

③ 제1항 및 제2항의 무효는 제3자에게 대항하지 못한다.

제8조(종중, 배우자 및 종교단체에 대한 특례) 다음 각 호의 어느 하나에 해당하는 경우로서 조세 포탈, 강제집행의 면탈(免脫) 또는 법령상 제한의 회피를 목적으로 하지 아니하는 경우에는 제4조부터 제7조까지 및 제12조제1항부터 제3항까지를 적용하지 아니한다. <개정 2013. 7. 12.>

1. 종중(宗中)이 보유한 부동산에 관한 물권을 종중(종중과 그 대표자를 같이 표시하여 등기한 경우를 포함한다) 외의 자의 명의로 등기한 경우
2. 배우자 명의로 부동산에 관한 물권을 등기한 경우
3. 종교단체의 명의로 그 산하 조직이 보유한 부동산에 관한 물권을 등기한 경우

다만 위와 같은 법률상 특례에 해당하지 아니하여 **명의신탁약정이나 그에 따른 물권변동이 무효**인 경우에 **명의신탁자**가 자신이 소유자임을 내세워 **제3자이의의 소를 제기**할 수 있는지 여부가 문제다.

명의신탁의 약정은 크게 3가지로 나눌 수가 있는데 ① 「**양자간 등기명의신탁**」(소유자인 신탁자가 수탁자와 명의신탁약정을 맺고 수탁자 명의로 등기를 마친 경우)에서는 **소유권이 신탁자**에게 있고, ② 「**3자간 등기명의신탁**」(매매계약의 매수인이 매도인과 매매계약을 체결 한 후 매도인 및 수탁자와의 합의에 따라 수탁자 명의로 등기를 마친 경우)에서는 **소유권이 매도인**에게 있으

며, ③「**계약명의신탁**」(수탁자가 매매계약의 당사자로 계약을 체결하고 자신의 명의로 등기를 마친 경우)에서는 **매도인이 악의**인 때에는 **소유권이 매도인**에게 있고, **매도인이 선의**인 때에는 **소유권이 수탁자**에게 있게 된다.

따라서 **3자간 등기명의신탁과 계약명의신탁**에 있어서는 신탁자에게 소유권이 있지 아니하므로 **신탁자가 소유권을 이의원인**으로 삼아 **제3자이의의 소를 제기할 여지는 없다. 다만 양자간 등기명의신탁의 경우에는 소유권이 신탁자**에게 있다고 할 것이어서 제3자이의의 소를 제기할 수 있는지가 문제되나 **명의신탁약정 내지 그 약정에 따른 물권변동의 무효**는 **제3자에게 대항하지 못**하므로(부동산 실권리자명의 등기에 관한 법률 제4조 제3항 참조), 신탁자는 소유권이 자신에게 있음을 이유로 제3자이의의 소를 제기할 수는 없다고 봄이 상당하다.[194]

판례 역시 부동산 실권리자명의 등기에 관한 법률 제4조 제3항에서 말하는 '**제3자**'에는 **명의신탁 부동산에 대한 압류 또는 가압류채권자도 포함**되며, 그의 **선의·악의를 묻지 아니한다**고 한다.[195]

따라서 앞에서 살펴본 사례 즉, 피고인 甲은 자신의 친구인 丙의 부탁을 받고 5억 원 상당의 B 부동산을 자신의 명의로 소유하고 있었는데 실제로 해당 부동산은 丙의 소유 재산이었고 甲은 명의수탁자에 불과하였는데 국가가 甲에 대한 5억 원 상당의 추징금 채권을 집행하기 위하여 B부동산에 강제집행을 개시한 경우, **甲과 丙 상호간 명의신탁은 양자간 명의신탁에 해당**하므로 **丙이 그 무효의 명의신탁을 이유로 제3자 이의의 소를 제기할 수 없다고 봄이 상당**하다.

4) 부동산 외 기타 재산(예금, 동산 등)의 소유권 관련

부동산 외의 재산, 즉 **동산·예금·주식 등에 대한 강제집행**에 있어 **제3자가 해당 재산이 자신의 소유에 속함을 이유로 제3자이의의 소를 제기할 수 있는지 문제**가 있다. 일반적으로는 그 보유명의에도 불구하고 해당 재산을 보유하게 된 경위 등의 제반사정을 종합하여 누구의 소유에 속하는지를 결정할 문제다.

이와 관련하여 **대법원 판례**는 범죄수익은닉규제법 제12조에 의하여 준용되는 구 마약거래방지법 제52조에서 정한 추징보전명령을 발하여 처분을 금지할 수 있는 「**피고인의 재산**」

194 이시윤,「신민사집행법」 230면 이하, 김홍엽, 위「민사집행법」 122면 이하 각 참조.

195 대법원 2000. 3. 28. 선고 99다56529 판결, 대법원 2009. 3. 12. 선고 2008다36022 판결, 대법원 2013. 3. 14. 선고 2012다107068 판결 참조.

이란, 누구의 명의로 하든 **실질적으로 피고인에게 귀속하는 재산**을 의미하므로, 어느 재산이 실질적으로 피고인에게 귀속한다고 보기 위하여는 **그 재산 명의인과 피고인의 관계, 그 재산을 보유하게 된 경위 및 자금의 출처 등을 종합적으로 고려**하여야 한다고 판시하였다.[196]

다만 금융실명제하에서는 원칙적으로 **예금명의자를 예금계약의 당사자로 볼 것이지 그 출연자를 예금계약의 당사자로 볼 것은 아니**므로[197] 예금채권이 몰수·추징보전된 경우에 그 출연자가 자신이 그 예금채권의 소유자라고 주장하며 제3자이의의 소를 제기하더라도 특별한 사정이 없는 이상 그 청구가 인용될 가능성은 매우 낮다. 제3자는 예금명의자인 피고인과의 관계에서 위 예금이 실질적으로 자신에게 귀속되었다는 사정을 모두 입증하여야 할 것이다.

5) 사해행위로 집행목적물을 취득한 경우

제3자가 추징금 집행채무자로부터 집행목적물인 부동산을 증여받아 소유권을 취득하였음을 이유로 **제3자이의의 소를 제기**하였는데 **국가가 추징금 채권을 피보전채권**으로 하여 위 **증여가 사해행위**에 해당함을 이유로 **그 증여계약의 취소를 구하는 사해행위취소의 소**를 **반소의 형태로 제기**한 경우에 사해행위취소의 효과와 제3자이의의 소의 관계가 문제다.

사해행위취소의 효과는 그 인용판결의 확정에 의하여 비로소 발생하는데, 본소와 반소로 병합되어 하나의 판결로 선고되더라도 변론종결 시를 기준으로 보면 아직 그 취소의 효과는 발생하지 않은 상태이고 따라서 해당 증여행위가 사해행위에 해당하더라도 본소인 제3자이의의 소를 인용하여야 할 것으로 보이나, 이에 관해서는 **본소인 제3자이의의 소에 대하여 반소로 제기된 사해행위 취소소송에서 사해행위 취소권이 존재한다고 판단**되는 이상 위 **취소소송에 의하여 취소될 증여계약에 기하여 취득한 소유권은 부정될 것임이 명백**하므로 **이러한 소유권**은 **제3자이의의 원인으로 규정하고 있는 소유권에 해당하지 않는다**고 하여야 한다고 판단한 하급심 판례가 있다.[198]

그 이유는 원래 사해행위 취소의 효과는 그 취소판결의 확정에 의하여 발생하는 것이 원칙이기는 하지만, 이와 같이 아직 확정되지 않은 판결에 그 효력을 인정할 수밖에 없는 것은

---

196 대법원 2011. 3. 10. 선고 2010다94823 판결 참조.

197 대법원 2009. 3. 19. 선고 2008다45828 전원합의체 판결 참조.

198 서울고등법원 1999. 10. 20. 선고 99나39090, 39016 판결 참조.

사해행위의 취소가 채권자가 법원에 **소를 제기하는 방법으로 청구할 수 있을 뿐 소송상의 공격방어방법으로 주장할 수 없**고, 위 사해행위 취소의 소가 반소로써 본소와 같이 심리·판단되는 이상 모순판결의 회피와 소송경제의 원칙상 불가피하기 때문이라고 한다.[199]

6) 신의칙상 소유권 주장이 허용되지 않는 경우

신의칙 위배를 이유로 소유권을 제3자이의의 이의원인으로 주장하는 것이 허용되지 않는 경우도 있다. **대법원 판례**는 **선박을 편의치적시켜 소유, 운영할 목적으로 설립한 형식상의 회사**(Paper Company)가 그 선박의 **실제소유자와 외형상 별개의 회사**이더라도 **그 선박의 소유권을 주장**하여 그 선박에 대한 가압류집행의 불허를 구하는 것은 편의치적이라는 편법행위가 용인되는 한계를 넘어서 **채무를 면탈하려는 불법목적을 달성하려고 함에 지나지 아니**하여 **신의칙상 허용될 수 없다**고 판시하였다.[200]

반대로 채권자가 채권을 확보하기 위하여 제3자의 부동산을 채무자에게 명의신탁하도록 한 다음 채무자에 대한 집행권원에 기초하여 그 부동산에 대한 강제집행을 하는 행위는 신의칙에 비추어 허용할 수 없다는 이유로 제3자이의의 소가 받아들여진 사례도 있다.[201]

나. 목적물의 양도나 인도를 막을 수 있는 권리

1) 점유권

점유권을 이의원인으로 하는 경우에도 제3자이의의 소는 **강제집행의 불허를 선언하는 집행법상의 소송**으로서, 이른바 점유권 취득을 목적으로 하는 점유의 소는 아니다. 따라서 점유권에 기인한 소와 본권에 기인한 소는 서로 영향을 미치지 않는다고 규정한 민법 제208조 제1항은 적용되지 아니한다. 결국 **집행채권자는 원고인 점유자가 제기한 제3자이의의 소**에서 점유자가 강제집행에 의한 점유침해를 수인할 「**본권에 관한 사유**」**가 있음을 항변사유로 주장**할 수 있다.

관련조문

민법 제208조(점유의 소와 본권의 소와의 관계) ①점유권에 기인한 소와 본권에 기인한 소는 서로 영향을 미치지 아니한다.
②점유권에 기인한 소는 본권에 관한 이유로 재판하지 못한다.

---

199 한국사법행정학회, 「주석 민사집행법 Ⅱ」(2012, 제3판) 284면 이하 참조.
200 대법원 1989. 9. 12. 선고 89다카678 판결 참조.
201 대법원 1981. 7. 7. 선고 80다2064 판결 참조.

부패재산몰수법에 따른 몰수·추징의 집행은 몰수판결을 통해 그 소유권을 취득하는 것이고, 추징금 판결의 집행을 통해 추징금 채권의 만족을 얻는 것이다. 따라서 제3자가 점유권의 침해를 이유로 위와 같은 몰수·추징 집행 판결에 대해 제3자 이의의 소를 제기하는 것은 쉽게 산정하기 어렵다. **부동산에 대한 강제경매에 있어 압류**는 **부동산에 대한 채무자의 관리·이용에 영향을 미치지 아니**하므로(민사집행법 제83조 제2항) 이로 인하여 제3자의 점유를 방해하지 아니한다고 할 것이고, 따라서 해당 **부동산에 대한 점유권**이 있음은 **부동산강제경매에 대한 제3자이의의 소의 이의 원인이 되지 아니**한다.

다만 **동산 등 점유권을 목적으로 하는 재산의 몰수·추징의 집행은 위 점유를 취득하는 방법으로 해야** 하므로 **제3자가 자신의 점유권이 침해됨을 이유로 제3자 이의의 소를 제기**할 수 있을 것이다. 즉 제3자가 점유하는 유체동산은 제3자가 물건의 제출을 거부하지 아니하는 경우에만 압류할 수 있으므로(민사집행법 제191조 참조), 제3자는 제출을 거부하였음을 이유로 집행에 관한 이의신청을 할 수 있고, 점유권이 침해받았음을 이유로 제3자 이의의 소를 제기할 수도 있다고 할 것이다.

관련조문

민사집행법 제83조(경매개시결정 등) ①<u>경매절차를 개시하는 결정에는 동시에 그 부동산의 압류를 명</u>하여야 한다.

②<u>압류는 부동산에 대한 채무자의 관리·이용에 영향을 미치지 아니</u>한다.

제191조(채무자 외의 사람이 점유하고 있는 물건의 압류) <u>채권자 또는 물건의 제출을 거부하지 아니하는 제3자가 점유하고 있는 물건</u>은 <u>제189조의 규정을 준용하여 압류</u>할 수 있다.

☞ 제189조(채무자가 점유하고 있는 물건의 압류) ①<u>채무자가 점유하고 있는 유체동산의 압류는 집행관이 그 물건을 점유</u>함으로써 한다. 다만, 채권자의 승낙이 있거나 운반이 곤란한 때에는 봉인(封印), 그 밖의 방법으로 압류물임을 명확히 하여 채무자에게 보관시킬 수 있다.

②다음 각호 가운데 어느 하나에 해당하는 물건은 이 법에서 유체동산으로 본다.

1. 등기할 수 없는 토지의 정착물로서 독립하여 거래의 객체가 될 수 있는 것
2. 토지에서 분리하기 전의 과실로서 1월 이내에 수확할 수 있는 것
3. 유가증권으로서 배서가 금지되지 아니한 것

③집행관은 채무자에게 압류의 사유를 통지하여야 한다.

한편 **채무자가 제3자를 위하여 대리점유**를 하는 등 **제3자가 간접점유**를 하는 경우에 그것이 타인의 소지를 매개로 하여 성립하는 것이므로 이를 이의의 원인으로 인정할 수 있는

지에 대해 **판례**는 **매수인이 소유권유보부 매매의 목적물**을 **타인의 직접점유를 통하여 간접점유** 하던 중 그 **타인의 채권자가 그 채권의 실행으로 그 목적물을 압류**한 사안에서, 매수인은 그 강제집행을 용인하여야 할 별도의 사유가 있지 않는 한 **소유권유보매수인** 또는 **정당한 권원 있는 간접점유자**의 지위에서 민사집행법 제48조 제1항에 정한 「**목적물의 인도를 막을 수 있는 권리**」**를 가진다**고 판시하였다.[202]

부패재산몰수법에 따라 몰수·추징 판결을 집행을 위해 피고인의 재산을 압류하고 강제집행을 개시하였는데 해당 재산이 사실 제3자가 소유권 유보부로 매수하여 목적물을 간접점유 하고 있는 사안을 상정하여 보면 해당 제3자는 제3자이의의 소를 통해 국가에 대한 목적물의 인도를 거부할 수 있게 된다.

한편 **대법원 판례**는 **점유이전금지가처분의 대상이 된 목적물의 소유자**가 그 의사에 기하여 **가처분채무자에게 직접점유를 하게 한 경우**에는 그 점유에 관한 현상을 고정시키는 것만으로 소유권이 침해되거나 침해될 우려가 있다고 할 수는 없고 소유자의 간접점유권이 침해되는 것도 아니라고 할 것이며, 따라서 간접점유자에 불과한 소유자는 **직접점유자를 가처분채무자로 하는 점유이전금지가처분의 집행**에 대하여 **제3자이의의 소를 제기할 수 없다**고 판시하였다.[203]

2) 담보물권

동산에 대한 질권·유치권 등 점유를 수반하는 담보물권은 채권자에 대한 인도를 막을 수 있는 권리이므로, **강제집행에 의하여 점유가 침해**되는 경우에는 제3자이의의 소의 이의원인이 될 수 있으나, 부동산에 대한 유치권은 강제경매에 따른 압류에 의하여 점유를 상실하게 되는 것은 아니므로 이의원인이 될 수 없다고 봄이 상당하다.[204]

한편 양도담보의 경우 **양도인이자 담보권설정자가 여전히 목적 동산을 점유**하고 있고 **점유개정의 방법으로 양도담보권을 설정**한 상태에서 **담보권설정자의 일반채권자가 목적물을 압류**한 경우 **양수인이자 담보권자가 제3자 이의를 할 수 있는지**가 문제다. 이 경우 담보권설정자의 일반채권자는 그에 대한 집행권원으로 담보 목적 동산에 대하여 강제집행을 할 수 없고, 만약 담보권설정자의 일반채권자가 담보 목적 동산을 압류한 경우에는 **담보권자는 제3자이의의 소를 제기하여 강제집행을 저지할 수 있다**는 것이 판례의 입장이다.[205] 반대로 담보권자를 채무자로 하여 다른 채권자가 실시한 집행에 대하여 담보권설정

---

202 대법원 2009. 4. 9. 선고 2009다1894 판결 참조.

203 대법원 2002. 3. 29. 선고 2000다33010 판결 참조.

204 이시윤, 위 「신민사집행법」 232면 이하 참조.

자는 소유권을 이유로 제3자이의의 소를 제기할 수 없다.

한편 대법원 판례는 **집행증서를 소지한 동산양도담보권자**는 그 지위에 기초하여 제3자이의의 소에 의하여 목적물건에 대한 **양도담보권설정자의 일반채권자**가 한 **강제집행의 배제**를 구하거나 또는 그렇지 않고 이중압류의 방법으로 배당절차에 참가하여 압류가 경합된 일반채권자에 우선하여 배당받을 수 있다고 판시하고 있다.[206] 그만큼 동산양도담보권자의 권한을 강하게 인정하고 있는 것이다.

3) 신탁재산의 경우

신탁법에 의하여 설정된 **신탁재산은 대외적으로 수탁자의 고유재산에 속하지 아니**하므로 수탁자에 대한 개인채권자의 집행에 관하여 위탁자·수익자 등은 제3자이의의 소를 제기할 수 있다(신탁법 제22조).

관련조문

신탁법 제22조(강제집행 등의 금지) ① **신탁재산**에 대하여는 **강제집행, 담보권 실행 등을 위한 경매, 보전처분**(이하 "강제집행등"이라 한다) 또는 **국세 등 체납처분을 할 수 없다.** 다만, 신탁 전의 원인으로 발생한 권리 또는 신탁사무의 처리상 발생한 권리에 기한 경우에는 그러하지 아니하다.

② **위탁자, 수익자나 수탁자는 제1항을 위반한 강제집행등에 대하여 이의를 제기할 수 있다.** 이 경우 **「민사집행법」 제48조를 준용**한다.

③ 위탁자, 수익자나 수탁자는 제1항을 위반한 국세 등 체납처분에 대하여 이의를 제기할 수 있다. 이 경우 국세 등 체납처분에 대한 불복절차를 준용한다.

4) 소유권유보부 계약 또는 리스계약을 체결한 경우

소유권유보부매매(할부매매)에 있어서 **매도인이 소유권에 기초하여 제3자이의의 소를 제기할 수 있는지**에 관하여 **판례**는 통상 매매대금의 완납 등의 조건이 충족되지 않는 한 **매도인 또는 리스회사가 계약 목적물에 관한 소유권**을 갖고 있는 것으로 해석되므로, 그 계약 목적물에 대하여 **매수인 또는 리스이용자의 채권자가 강제집행**에 나아간 경우 이에 대하여 매도인 또는 리스회사가 제3자이의의 소를 제기할 수 있다고 보았다.[207]

---

205 대법원 1971. 3. 23. 선고 71다225 판결, 대법원 1994. 8. 26. 선고 93다44739 판결, 대법원 1999. 9. 7. 선고 98다47283 판결. 참조.

206 대법원 2004. 12. 24. 선고 2004다45943 판결 참조.

5) 채권적 청구권의 경우

채권적 청구권의 경우라도 일률적으로 제3자이의의 소의 이의원인이 됨을 부정할 것은 아니다. **집행목적물이 채무자의 재산에 속하지 아니**하는 경우, 제3자가 해당 목적물에 대한 매매, 증여, 임대차 등의 채권계약을 체결한 경우 제3자는 집행에 의한 양도와 인도를 막을 이익이 있기 때문에 이러한 채권적 청구권은 제3자이의의 소의 이의원인이 될 수 있다.[208]

결국 채권적 청구권을 이유로 제3자이의의소를 제기할 수 있는지 여부를 판단하는 기준은 **제3자가 집행채권자에 대한 관계에서 강제집행에 의한 침해를 수인해야 할 법적 이유**가 있는지, 즉 **집행채권자에게 대항할 수 있는지 여부**가 될 것이다. 집행목적물이 채무자의 소유에 속하지 아니하는 경우에도 그 목적물의 인도를 구하는 채권적 청구권을 갖고 있을 뿐인 사람이 해당 강제집행을 한 집행채권자에 대하여 대항할 수 없는 경우가 있을 수 있는데 이러한 경우에는 제3자이의의 소를 제기할 수 없다.

V 소송절차

1. 소송 제기의 시기

제3자이의의 소는 집행권원에 기초한 전체로서의 강제집행의 효력을 배제하려는 것이 아니고 **집행목적물에 대하여 현실적으로 강제집행이 진행**되고 있음을 전제로, 이에 대하여 **이의를 주장하고 집행의 배제**를 구하는 소송이므로 **강제집행이 실재하면 족**하고 강제집행이 절차규정에 위배되는지의 여부도 문제되지 않는다.[209]

강제집행이 종료된 후에 제3자이의의 소가 제기되거나 또는 제3자이의의 소가 제기될 당시 존재하였던 **강제집행이 소송계속 중 종료**된 경우에는 원칙적으로 소의 이익이 없어 **부적법**하게 된다.[210]

---

207 대법원 1996. 6. 28. 선고 96다14807 판결 참조.

208 대법원 2003. 6. 13. 선고 2002다16576 판결, 대법원 2013. 3. 28. 선고 2012다112381 판결 참조.

209 법원행정처, 「법원실무제요 민사집행[I]」(2014), 319면 이하 참조.

210 대법원 1996. 11. 22. 선고 96다37176 판결 참조.

2. 관할 법원

제3자이의의 소는 집행법원이 관할한다(민사집행법 제48조 제2항 본문). 따라서 제3자이의의 소는 집행법원, 즉 **집행행위가 실제로 있은 곳을 관할하는 지방법원**에 제기하여야 한다. 제3자이의의 소가 개별적 재산에 대한 강제집행의 불허를 구하는 것이므로, 강제집행이 실시된 곳의 법원을 관할법원으로 하여 제3자이의의 소의 심리·판결을 더욱 신속·적정하게 하도록 한 것으로 이해된다.

한편 **사물관할은 소송목적의 값에 따라 결정**되는바 **소송물이 단독판사의 관할**에 속하지 아니할 때에는 **집행법원의 소재지를 관할하는 법원의 합의부가 이를 관할**한다(동조 제2항 단서).

그리고 **채권이나 부동산에 대한 보전집행**에 있어서 **항소심법원이 본안의 관할법원**으로서(민사집행법 제278조, 제303조) 보전처분을 한 경우에 그에 대한 제3자이의의 소의 관할법원이 어느 법원인지가 문제되는데 **제1심법원의 관할에 속한다**고 봄이 상당하다.[211]

3. 당사자적격의 문제

가. 원고적격

제3자이의의 소의 원고는 **강제집행의 목적물**에 대하여 **양도 또는 인도를 저지할 권리가 있음을 주장하는 제3자**이다. 제3자란 집행권원 또는 집행문에 채권자, 채무자 또는 그 승계인[212]으로 표시된 사람 외의 사람이다.

또한 제3자이의의 소를 제기할 수 있는 **제3자에 대한 채권자**도 그 채권보전을 위하여 필요하면 **채권자대위권(민법 제404조)**에 기초하여 제3자를 대위하여 원고가 되어 이 소를 제기할 수 있고[213] **사해행위**의 경우, 집행채권자가 악의의 수익자 또는 전득자인 때에는 그에 대하여 취소의 효과를 주장할 수 있으므로 그 취소권을 가진 채권자는 제3자이의의 소를 제기할 수 있다.[214]

---

211 위「법원실무제요 민사집행[Ⅰ]」321면 이하 참조.

212 이 경우 승계집행문으로 인하여 피고의 승계인으로 표시된 자가 그 집행권원의 집행력의 배제를 구하는 소는 제3자이의의 소라 할 수 없고, 집행문부여에 대한 이의의 소로 보아야 한다(대법원 1992. 10. 27. 선고 92다10883 판결).

213 위「법원실무제요 민사집행[Ⅰ]」319면 이하 참조.

214 위「주석 민사집행법Ⅱ」294면 이하 참조.

나. 피고적격

제3자이의의 소의 피고는 목적물에 대하여 집행을 하는 채권자로서 부패재산몰수법상 몰수·추징 판결의 집행의 경우 국가가 될 것이다.

한편 채권자의 승계인이 피고가 되기 위해서는 그를 위하여 집행문을 내어 준 경우여야 한다. 따라서 집행채권이 양도되었더라도 아직 양수인이 승계집행문을 받지 않았다면 양도인을 피고로 삼아야 할 것이지 양수인을 피고로 삼을 것은 아니다. 집행관 기타 집행기관은 물론 채무자도 피고적격이 없는 것이 원칙이다.

그러나 **채무자가 집행목적물의 귀속 또는 목적물**에 대한 **제3자의 권리의 존부를 다투는 때**에는 채권자와 채무자를 공동피고로 할 수 있다(민사집행법 제48조 제1항 단서). 이 경우 **채무자에 대한 소**는 실체법상의 권리에 기초한 **이행 또는 확인의 소**가 될 것이므로 채권자를 상대로 한 제3자이의의 소와는 그 성격을 달리하나, **편의상 이들 청구를 제3자이의의 소에 병합**할 수 있도록 한 것이다. 이 경우의 공동소송은 통상 공동소송에 해당한다고 보아야 한다. 양자에 대한 소송을 합일 확정할 필요는 없기 때문이다.

4. 심리와 판결

이 소송 또한 변론주의가 적용되므로 **본안의 심리**는 **소송물**인 **제3자가 주장하는 이의원인의 존부에 한정**되며 집행의 적법 여부에는 미치지 않는다.[215] 증명책임 또한 일반원칙에 따라 원고(제3자)가 부담하며 피고는 제3자의 권리취득의 불성립, 무효, 소멸 등을 항변으로 주장하여야 함이 상당하다. **이의원인인 실체적 권리는 변론종결 당시에 존재**하여야 하며 소송계속 중에 이의원인인 실체적 권리가 소멸한 때에는 청구가 배척된다.

법원은 심리결과 이의가 이유 있다고 인정될 때에는 청구취지에 따라 강제집행의 불허를 선언한다. 그 주문례는 다음과 같다.

인용판결 주문례

피고가 甲에 대한 **<u>○○ 판결의 집행력 있는 정본에 기초</u>**하여 **<u>20○○. ○. ○. 별지 목록 기재 물건에 대하여 한 강제집행을 불허</u>**한다.

215 위 「법원실무제요 민사집행[I]」 321면 이하 참조.

제3자이의의 소를 인용한 판결은 제3자의 집행이의권의 존부를 확정하는 것이고 제3자가 이의사유로 주장하는 실체적 권리 또는 법률관계는 소송물이 아니므로 그 권리 내지 법률관계를 확정하지 아니한다.

원고 승소판결이 확정되면 집행이 당연히 실효되는 것이 아니고 **그 재판의 정본을 집행기관에 제출하여야 비로소 집행은 종국적으로 정지**되고 **집행처분은 취소**된다(민사집행법 제49조 제1호, 제50조). 한편 법원은 원고의 청구가 이유 없을 경우 청구를 기각하는 판결을 선고하는데 그 **기각판결이 확정**되면 **제3자이의의 소를 제기한 원고에 대한 관계에서 집행의 정당성이 확정**된다.

관련조문

민사집행법 제49조(집행의 필수적 정지·제한) 강제집행은 다음 각호 가운데 어느 하나에 해당하는 서류를 제출한 경우에 정지하거나 제한하여야 한다.

1. **집행할 판결 또는 그 가집행을 취소하는 취지**나, 강제집행을 허가하지 아니하거나 그 정지를 명하는 취지 또는 집행처분의 취소를 명한 취지를 적은 **집행력 있는 재판의 정본**

제50조(집행처분의 취소·일시유지) ①**제49조제1호**·제3호·제5호 및 제6호의 경우에는 **이미 실시한 집행처분을 취소하여야 하며**, 같은 조 제2호 및 제4호의 경우에는 이미 실시한 집행처분을 일시적으로 유지하게 하여야 한다.

②제1항에 따라 집행처분을 취소하는 경우에는 제17조의 규정을 적용하지 아니한다.

5. 잠정처분

제3자이의의 소를 제기한다고 하여 채권자의 강제집행 절차가 당연히 정지되는 것은 아니고, 위 이의의 사유는 제3자이의의 소의 변론종결 당시까지 존재하여야 그 적법성이 유지되므로 제3자 입장에서는 위 강제집행의 절차를 정지하는 잠정처분을 할 필요성이 크다.

민사집행법은 제3자이의의 소의 원고를 보호하기 위하여 제46조, 제47조의 규정을 준용하여 **청구이의의 소와 마찬가지**로 **강제집행의 정지** 내지 **집행처분의 취소**를 할 수 있도록 하고 있다(민사집행법 제48조 제3항 본문). 다만 ① 집행처분을 취소할 때에도 담보를 제공하게 하지 아니할 수 있고(동조 제3항 단서), ② 제3자이의의 소의 목적에 비추어 정지·취소의 대상은 원고가 주장하는 특정 집행에 대한 것으로 한정된다는 점이 청구이의의 소에서의 잠정처분과 다르다.

관련조문

민사집행법 제48조(제3자이의의 소) ③강제집행의 정지와 이미 실시한 집행처분의 취소에 대하여는 제46조 및 제47조의 규정을 준용한다. 다만, 집행처분을 취소할 때에는 담보를 제공하게 하지 아니할 수 있다.

☞ 제46조(이의의 소와 잠정처분) ①제44조 및 제45조의 이의의 소는 강제집행을 계속하여 진행하는 데에는 영향을 미치지 아니한다.

②제1항의 이의를 주장한 사유가 법률상 정당한 이유가 있다고 인정되고, 사실에 대한 소명(疎明)이 있을 때에는 수소법원(受訴法院)은 당사자의 신청에 따라 판결이 있을 때까지 담보를 제공하게 하거나 담보를 제공하게 하지 아니하고 강제집행을 정지하도록 명할 수 있으며, 담보를 제공하게 하고 그 집행을 계속하도록 명하거나 실시한 집행처분을 취소하도록 명할 수 있다.

③제2항의 재판은 변론 없이 하며 급박한 경우에는 재판장이 할 수 있다.

④급박한 경우에는 집행법원이 제2항의 권한을 행사할 수 있다. 이 경우 집행법원은 상당한 기간 이내에 제2항에 따른 수소법원의 재판서를 제출하도록 명하여야 한다.

⑤제4항 후단의 기간을 넘긴 때에는 채권자의 신청에 따라 강제집행을 계속하여 진행한다.

제47조(이의의 재판과 잠정처분) ①수소법원은 이의의 소의 판결에서 제46조의 명령을 내리고 이미 내린 명령을 취소·변경 또는 인가할 수 있다.

②판결중 제1항에 규정된 사항에 대하여는 직권으로 가집행의 선고를 하여야 한다.

③제2항의 재판에 대하여는 불복할 수 없다.

그런데 실무상 집행처분의 취소를 구하는 예는 거의 없고 대부분 강제집행의 정지를 구하고 있다. 한편 **이 잠정처분을 인용한 결정**에 대하여는 **불복의 신청을 할 수 없**다.[216] 그 **신청을 기각한 결정**에 대하여도 **불복할 수 없**으므로, 그럼에도 불구하고 불복의 신청을 한 경우에는 이는 **민사소송법 제449조 제1항에서 정한 특별항고**에 해당한다고 볼 것이다.

따라서 **재판에 영향을 미친 헌법위반**이 있거나, **재판의 전제가 된 명령·규칙·처분의 헌법 또는 법률의 위반여부**에 대한 **판단이 부당**한 사정이 인정되어야 하고 이 경우 항고 **재판이 고지된 날로부터 1주일 이내**에 **대법원**에 특별항고(特別抗告)를 하여야 한다.

---

216 대법원 1963. 3. 30.자 63마5 결정 참조.

관련조문

민사소송법 제449조(특별항고) ①불복할 수 없는 결정이나 명령에 대하여는 재판에 영향을 미친 헌법위반이 있거나, 재판의 전제가 된 명령·규칙·처분의 헌법 또는 법률의 위반 여부에 대한 판단이 부당하다는 것을 이유로 하는 때에만 대법원에 특별항고(特別抗告)를 할 수 있다.
②제1항의 항고는 재판이 고지된 날부터 1주 이내에 하여야 한다.
③제2항의 기간은 불변기간으로 한다.

제3관 불복절차 ② 재판의 집행에 관한 이의신청

관련조문

형사소송법 제489조(이의신청) 재판의 집행을 받은 자 또는 그 법정대리인이나 배우자는 집행에 관한 검사의 처분이 부당함을 이유로 재판을 선고한 법원에 이의신청을 할 수 있다.

I 의의 및 취지

재판의 집행에 관한 이의신청 절차는재판의 집행에 관한 검사의 처분에 대하여 재판의 집행을 받은 자 등이 그 재판을 선고한 법원에 이의신청을 할 수 있도록 한 제도이다. **재판의 집행 과정에서 검사의 잘못된 처분을 즉시 바로잡음**으로써 **재판의 본래 취지에 맞는 집행이 되도록 하려는 데에 취지**가 있다.[217]

위 절차는 형사소송법 제488조의 의의신청과 유사한 점이 있으나, 제489조의 이의신청은 재판의 집행에 관한 검사의 처분이 위법·부당함을 이유로 하는 경우에 적용되는 것으로서 **판결의 취지 자체가 명료하지 않아 그 해석에 대한 의의가 있는 경우에 적용**되는 의의신청과는 **구별**된다.[218]

---

217 한국사법행정학회,「주석 형사소송법(Ⅳ)」(제5판), (2017), 789면 이하 참조.

218 대법원 1979. 12. 10.자 79모44 결정, 대법원 1987. 8. 20. 선고 87초42, 87도1057 판결, 대법원 2002. 12. 9.자 2002모302 결정 참조.

관련조문

형사소송법 제488조(의의신청) 형의 선고를 받은 자는 집행에 관하여 재판의 해석에 대한 의의가 있는 때에는 재판을 선고한 법원에 의의신청을 할 수 있다.

Ⅱ 신청의 요건

1. 신청권자 및 신청대상

위 신청의 신청권자는 **재판의 집행을 받은 자 또는 그 법정대리인이나 배우자**이다. 재판의 집행을 받은 사람이란 확정된 재판에 의하여 집행을 당하거나 당하게 될 사람을 말하고 그 배우자란 법률상의 배우자를 의미하며, 사실혼이나 내연관계에 불과한 경우에는 신청권이 없다고 봄이 상당하다.[219] 문언상 법정대리인만을 규정하고 있으나 임의대리인으로서 변호사에 의한 대리 신청도 마땅히 허용된다.

신청대상은 **재판의 집행에 관한 검사의 처분**이다. 재판에 관한 검사의 처분인 이상 재판의 **집행지휘**(형사소송법 제460조), 재산형의 **집행명령**(제477조), 상속재산에 대한 집행(제478조), **몰수물의 처분**(제483조), 노역장유치의 집행(제492조) 등이 모두 포함된다고 봄이 상당하다.

2. 신청의 사유

재판의 집행에 관한 **검사의 처분이 위법**한 경우란, **처분이 법령상의 요건 또는 절차에 위반**한 경우를 말한다. 이 때 검사의 처분이 **부당한 경우**도 포함되는데 부당한 경우라 함은 **그 조치가 현저히 부적당하고 불합리**하여 **위법한 것과 동일시** 할 수 있을 정도인 경우를 말한다.[220]

최근 대법원은 **전두환 前 대통령에 대한 추징금 집행 사건**에서 검사의 강제집행을 받은 부동산 명의자가 제기한 재판의 집행에 관한 이의신청 사건에서 피고인의 차명재산이라는 이유만으로 **제3자 명의로 등기되어 있는 부동산**에 관하여 **피고인에 대한 추징 판결을 곧바로 집행하는 것은 허용되지 않는다**고 판시하면서 신청을 인용한 바 있다.[221]

---

219 위 「주석 형사소송법(Ⅳ)」 789면 이하 참조.

220 법원행정처, 「법원실무제요, 형사[II]」(2014), 658면 참조(부적법 또는 현저한 부적당한 경우로 보고 있다)

Ⅲ 신청의 절차

위 신청은 **피고인에 대하여 형을 선고하는 재판을 한 법원**에 하여야 한다. 이와 같은 신청의 시기는 **재판의 확정 전에도 허용**된다.[222] 다만 신청은 재판의 집행에 관한 검사의 처분을 시정하기 위한 것이므로 이미 **재판의 집행이 종료된 후**에는 이의신청을 할 **실익이 없어 허용되지 아니한다**는 것이 판례이다.[223]

신청은 서면으로 하여야 하는데 신청의 취지와 이유를 기재하여야 하고 그 효력은 신청서가 법원에 제출된 때에 발생한다. 한편 재판의 집행에 관한 검사의 처분에 불복하는 취지로 형사소송법 제417조의 준항고장을 제출한 경우에도 형사소송법 제489조의 이의신청으로 간주하여 본안 판단을 하여야 한다는 것이 판례이다.[224]

이의신청서를 제출받은 법원은 즉시 그 취지를 검사에게 통지하여야 한다(형사소송규칙 제175조). 검사의 형집행지휘를 고려한 규정이다.

Ⅳ 신청에 대한 재판

이의신청이 있는 때에 **법원은 결정**을 하여야 하고(형사소송법 제491조 제1항), 결정에 대하여는 **즉시항고**를 할 수 있다(제491조 제2항). 따라서 결정문 부본을 송달받은 날로부터 7일 이내에 즉시항고 여부를 결정하여야 한다.

나아가 법원의 결정이 있을 때까지 이의신청을 취하할 수 있고(제490조 제1항), **신청이 이유 있다**면 **검사의 처분을 취소**한다.

관련조문

형사소송법 제491조(즉시항고) ①제487조 내지 제489조의 신청이 있는 때에는 **법원은 결정을 하여야** 한다.
②**전항의 결정에 대하여는 즉시항고**를 할 수 있다.

---

221 대법원 2021. 4. 9.자 2020모4058 결정 [재판의집행에관한이의인용결정에대한재항고] 참조.
222 대법원 1964. 6. 23.자 64모14 결정 참조.
223 대법원 2001. 8. 23.자 2001모91 결정 참조.
224 대법원 1993. 8. 6.자 93모55 결정 참조.

☞ 제405조(즉시항고의 제기기간) 즉시항고의 제기기간은 7일로 한다. <개정 2019. 12. 31.> [2019. 12. 31. 법률 제16850호에 의하여 2018. 12. 27. 헌법재판소에서 헌법불합치 결정된 이 조를 개정함.]

V 위 사안의 경우

위 사례에서 피고인 甲이 부패범죄인 뇌물죄를 저지르고 10억 원 상당의 부패재산을 취득하였는데 수사가 개시되자 이와 같은 사정을 잘 아는 乙 명의를 이용해 5억 원 상당의 A 부동산을 매입하여 소유하였다. 그런데 검사가 위 A 부동산을 甲으로부터 몰수한다는 판결을 선고받고 이를 이유로 乙명의의 위 부동산을 곧바로 강제집행하려고 하자 **乙은 재판의 집행을 받은 자이므로 형사소송법 제489조에 따라 재판의 집행에 대한 이의신청**을 할 수 있다. 이 경우 **乙의 신청이 인용될 것인지**가 문제다.

부패재산몰수법은 **부패범죄인 뇌물죄**로 취득한 **부패재산을 제3자가 그와 같은 정을 알면서 취득**한 것이라고 하더라도 이를 **곧바로 집행할 수 있는 규정이 없어** 별도의 민사소송을 통해 乙 명의 B부동산을 甲 앞으로 회복하지 않으면 일응 위 신청은 인용될 수 있을 것으로 보인다.

그러나 **뇌물죄는 공무원범죄몰수법상 특정공무원범죄**에도 해당하고, 어떤 법률을 적용하여 집행할 것인지는 **검사의 재량**에 해당하므로 **검사가 정을 아는 제3자 소유의 재산**에 피고인의 판결문을 곧바로 집행할 수 있도록 하는 **공무원범죄몰수법상 집행 특례 규정을 적용**하여 집행하는 경우 이러한 검사의 집행은 공무원범죄몰수법에 따라 적법하여 **乙의 신청은 기각**될 것이다.

관련조문

공무원범죄몰수법 제9조의2(불법재산 등에 대한 추징) 제6조의 추징은 범인 외의 자가 그 정황을 알면서 취득한 불법재산 및 그로부터 유래한 재산에 대하여 그 범인 외의 자를 상대로 집행할 수 있다.

제8절 부패재산의 회복에 관한 국제공조 절차

제1관 형사사법공조 개요

I 형사사법공조 개요 및 현황[225]

형사사법공조(Mutual Legal Assistance in Criminal Matters)는 수사 또는 재판을 위하여 각 나라의 사법당국 간 다양한 형태의 협조를 주고받는 제도로서 **외국에 대하여 형사사법공조를 요청할 수 있는 근거**로는 **국내법, 양자조약, 다자협약 그리고 국제법 일반원칙인 상호주의**(principle of reciprocity)를 들 수 있다.

한편 형사사법공조에 관한 국내법으로는 **「국제형사사법공조법」(이하 「공조법」)**이 있다. 조약 및 협약이 발효된 국가는 **2020. 5.말 현재 74개국**으로 조약의 내용이 이 법과 다른 경우에는 조약이 우선한다(공조법 제3조 참조).

형사사법공조는 공조의 경우 그 이행기간이 일정하지 않으나 공조가 정상적으로 이루어지는 경우에도 회신을 받을 때까지 통상적으로 6개월 넘게 소요되며 경우에 따라서는 1년 이상 걸리는 경우도 있는 만큼 공조이행에 많은 시간이 소요되는 만큼 공조 요청에 앞서 **공조 필요성 및 공조로 인한 수사 및 재판에의 영향 등을 함께 고려**한다.

국가별로 공조요청 및 공조이행 전 과정을 관리하는 기관을 중앙기관(Central Authority)이라고 하는데 국가별로 중앙기관은 일정하지 않으나 **우리나라 중앙기관은 법무부**다(공조법 제15조, 제30조). 한국의 외국에 대한 **형사사법공조요청 건수는 2016년 이후 지속적으로 증가**하고 있으며, 2019년에는 375건을 요청한 바 있다.

형사사법요청 및 접수 건수

구분	2010	2011	2012	2013	2014	2015	2016	2017	2018	2019	합계
한국요청	87	99	103	109	184	236	220	240	320	375	1,973
외국요청	78	78	113	80	80	111	137	160	195	235	1,267
합계	165	177	216	189	264	347	357	400	515	610	3,240

225 법무부, 「형사사법공조 실무」,(2020. 6.) 3면 이하 참조.

형사사법공조조약 현황

No	체결국	체결일	발효일	연번	체결국	체결일	발효일
1	호주	1992.08.25.	1993.12.19.	18	멕시코	2005.09.09.	2007.01.18.
2	미국	1993.11.23.	1997.05.23.	19	일본	2006.01.20.	2007.01.26.
3	캐나다	1994.04.15.	1995.02.01.	20	알제리	2006.03.12.	2007.06.15.
4	프랑스	1995.03.02.	1997.03.08.	21	벨기에	2007.01.17.	2012.09.29.
5	중국	1998.11.12.	2000.03.24.	22	남아공화국	2007.05.03.	2014.06.20.
6	홍콩	1998.11.17.	2000.02.25.	23	쿠웨이트	2007.03.26.	2008.04.08.
7	러시아	1999.05.28.	2001.08.10.	24	페루	2007.09.09.	2016.07.20
8	몽골	1999.05.31.	2000.01.27.	25	불가리아	2008.10.01.	2010.04.08.
9	뉴질랜드	1999.09.15.	2000.03.30.	26	스페인	2009.03.23.	2012.12.01.
10	인도네시아	2002.03.30.	2014.04.03.	27	아르헨티나	2009.08.31.	2013.07.26.
11	브라질	2002.12.13.	2006.02.08.	28	말레이시아	2010.12.10.	2013.09.26.
12	우즈베키스탄	2003.02.12.	2004. 11. 23.	29	아랍에미리트	2014.02.28.	2017.05.17.
13	필리핀	2003.06.03.	2008. 11. 17.	30	이란	2016.05.02.	2018.02.09.
14	태국	2003.08.25.	2005.04.06.	31	키르기즈스탄	2018.11.14.	미비준
15	베트남	2003.09.15.	2005.04.19.	32	마카오	2019.10.23.	미비준
16	카자흐스탄	2003.11.13.	2012.09.10.	33	캄보디아	2019.11.25.	미비준
17	인도	2004.10.05.	2005.06.08.				

형사사법공조 관련 유럽협약 현황[226]

No	국가명	발효일	연번	국가명	발효일
1	알바니아	2011.12.29.	26	룩셈부르크	2011.12.29.
2	안도라		27	몰타	
3	아르메니아		28	몰도바	
4	오스트리아		29	모나코	
5	아제르바이잔		30	몬테네그로	
6	벨기에 *		31	네덜란드	
7	보스니아－헤르체고비나		32	노르웨이	
8	불가리아 *		33	폴란드	
9	크로아티아		34	포르투갈	
10	사이프러스		35	루마니아	
11	체코		36	러시아 *	
12	덴마크		37	산마리노	
13	에스토니아		38	세르비아	
14	핀란드		39	슬로바키아	
15	프랑스 *		40	슬로베니아	
16	그루지아		41	스페인 *	
17	독일		42	스웨덴	
18	그리스		43	스위스	
19	헝가리		44	마케도니아	
20	아이슬란드		45	터키	
21	아일랜드		46	우크라이나	
22	이탈리아		47	영국	
23	라트비아		48	이스라엘(非회원국)	
24	리히텐슈타인		49	칠레(非회원국)	
25	리투아니아		50	대한민국(非회원국)	

226 위 협약 가입국 49개국 가운데 벨기에·불가리아·프랑스·러시아·스페인 등 5개국은 양자조약 기체결국이므로 순 발효국가수는 44개국이고, 조약 발효국가수 30개국을 합하면 '20. 5.말현재 총 발효국가수는 74개국이다.

한국의 외국에 대한 공조요청은 ① 소환장 등 재판서류 송달 ② 계좌정보 조회 ③ 이메일, SNS, IP 등 인터넷 관련 조회 ④ 사실조회 ⑤ 진술청취 ⑥ 피의자 등 소재확인 등이 있었고 **2018년도 이후**부터는 국가 차원의 **범죄수익 환수 강화 방침**에 따라 **외국에 범죄수익의 보존을 요청하는 건수 또한 증가하는 추세에 있다.**[227]

유형별 형사사법공조 요청 관련

구분	2010	2011	2012	2013	2014	2015	2016	2017	2018	2019	합계
송달	40	53	37	23	45	79	81	72	79	66	575
금융	7	11	15	18	19	34	17	27	78	69	295
인터넷	1	6	10	19	14	10	25	50	64	92	291
조회	19	7	18	18	31	43	35	26	39	39	275
진술	8	8	14	16	26	20	20	27	33	35	207
소재	2	1	0	6	42	41	35	17	6	31	181
기록	7	11	9	7	5	8	4	14	11	10	86
환수	0	2	0	2	2	1	3	4	10	31	55
이관	3	0	0	0	0	0	0	3	0	2	8
합계	87	99	103	109	184	236	220	240	320	375	1,973

227 위 「**형사사법공조 실무**」 3면 이하 참조

Ⅱ 형사사법공조의 목적과 정의

공조법은 **형사사건의 수사 또는 재판과 관련**하여 **외국의 요청에 따라 실시하는 공조**(共助) 및 **외국에 대하여 요청하는 공조**의 범위와 절차 등을 정함으로써 범죄를 진압하고 예방하는 데에 국제적인 협력을 증진함을 목적으로 한다(공조법 제1조 참조). 이때 **공조**라 함은 **대한민국과 외국 사이에 형사사건의 수사 또는 재판에 필요한 협조를 제공**하거나 **제공받는 것**을 말하고(동법 제2조 제1호), 공조범죄라고 함은 공조의 대상이 되어 있는 범죄를 일컫는다(동법 제2조 제5호).

공조에 관하여 공조조약에 공조법과 다른 규정이 있는 경우에는 **각 공조조약 규정이 우선**하여 적용되고(동법 제3조 참조), 공조조약이 체결되어 있지 아니한 경우에도 동일하거나 유사한 사항에 관하여 **대한민국의 공조요청에 따른다는 요청국의 보증**이 있는 경우에는 이 법을 적용한다(동법 제4조 상호주의 참조).

관련조문

공조법 제1조(목적) 이 법은 형사사건의 수사 또는 재판과 관련하여 외국의 요청에 따라 실시하는 공조(共助) 및 외국에 대하여 요청하는 공조의 범위와 절차 등을 정함으로써 범죄를 진압하고 예방하는 데에 국제적인 협력을 증진함을 목적으로 한다.

제2조(정의) 이 법에서 사용하는 용어의 뜻은 다음과 같다.

1. "공조"란 대한민국과 외국 간에 형사사건의 수사 또는 재판에 필요한 협조를 제공하거나 제공받는 것을 말한다.
2. "공조조약"이란 대한민국과 외국 간에 체결된 공조에 관한 조약·협정 등을 말한다.
3. "요청국"이란 대한민국에 공조를 요청한 국가를 말한다.
4. "공조범죄"란 공조의 대상이 되어 있는 범죄를 말한다.

제3조(공조조약과의 관계) 공조에 관하여 공조조약에 이 법과 다른 규정이 있는 경우에는 그 규정에 따른다.

제4조(상호주의) 공조조약이 체결되어 있지 아니한 경우에도 동일하거나 유사한 사항에 관하여 대한민국의 공조요청에 따른다는 요청국의 보증이 있는 경우에는 이 법을 적용한다.

Ⅲ 형사사법공조의 범위와 제한

공조법, 조약 및 협약이 규정하는 공조 요청의 대상은 다소 차이가 있으나, 수사상 또는 재판상 필요한 증거의 확보를 주된 대상으로 함은 분명하다.

관련조문

공조법 제5조(공조의 범위) 공조의 범위는 다음 각 호와 같다.

1. 사람 또는 물건의 소재에 대한 수사
2. 서류·기록의 제공
3. 서류 등의 송달
4. 증거 수집, 압수·수색 또는 검증
5. 증거물 등 물건의 인도(引渡)
6. 진술 청취, 그 밖에 요청국에서 증언하게 하거나 수사에 협조하게 하는 조치

☞ **한-미 형사사법공조조약 제1조 공조의 범위**

2. 공조는 다음 사항을 포함한다.
   가. 관계인의 증언 또는 진술의 취득
   나. 서류. 기록 및 증거물의 제공
   다. 서류의 송달
   라. 사람 또는 물건의 소재 또는 동일성 파악
   마. 구금중인 자의 증언 또는 다른 목적을 위한 이송
   바. 수색 및 압수요청의 집행
   사. 몰수절차에서의 공조
   아. 피요청국의 법에 금지되어 있지 아니한 기타 공조

☞ **형사사법공조에 관한 유럽협약**

제1조 형사절차에 있어 상호간에 가장 넓은 범위의 공조
제3조 증거수집, 증거로 제출될 물품이나 기록, 서류의 송부
제7조 영장 및 재판 서류의 송달
제10조 증인, 감정인 출석
제11조 피구금 증인 이송
제13조 재판기록 요청

한편 공조이행을 위해서는 공조요청 대상 범죄사실이 요청국 및 피요청국 모두에서 가벌성이 인정되어야 한다는 **쌍방가벌성(dual criminality) 요건을 충족**하여야 하는데 위 공조요청 대상이라고 하더라도 피요청국에 의해 공조이행이 거부되는 경우의 대부분은 위처럼 쌍방가벌성 요건을 충족하지 못한 경우가 대부분이다.

그리고 외국으로부터 형사사법공조의 요청이 있는 경우라 하더라도 **다음과 같은 경우에는 일반적으로 공조가 제한**된다. 물론 각 국가와의 개별 조약에 별도의 규정이 있는 경우에는 이에 따른다.

관련조문

공조법 제6조(공조의 제한) 다음 각 호의 어느 하나에 해당하는 경우에는 공조를 하지 아니할 수 있다.

1. **대한민국의 주권, 국가안전보장, 안녕질서 또는 미풍양속을 해칠 우려**가 있는 경우
2. 인종, 국적, 성별, 종교, 사회적 신분 또는 특정 사회단체에 속한다는 사실이나 정치적 견해를 달리한다는 이유로 처벌되거나 형사상 불리한 처분을 받을 우려가 있다고 인정되는 경우
3. **공조범죄가 정치적 성격을 지닌 범죄**이거나, **공조요청이 정치적 성격을 지닌 다른 범죄에 대한 수사 또는 재판을 할 목적으로 한 것이라고 인정**되는 경우
4. **공조범죄가 대한민국의 법률에 의하여는 범죄를 구성하지 아니하거나 공소를 제기할 수 없는 범죄**인 경우
5. 이 법에 **요청국이 보증하도록 규정되어 있음에도 불구하고 요청국의 보증이 없는 경우**

나아가 대한민국에서 수사가 진행 중이거나 재판에 계속(係屬)된 범죄에 대하여 외국의 공조요청이 있는 경우에는 **그 수사 또는 재판 절차가 끝날 때까지 공조를 연기**할 수 있고(동법 제7조 참조), 환수와 관련하여 **공조범죄에 제공하였거나 제공하려고 한 것, 공조범죄로 인하여 생겼거나 취득**한 것 내지 **공조범죄의 대가로 취득**한 것은 **요청국에 인도를 요청**할 수 있다(동법 제8조 제1항 제1호 내지 제3호 참조).

다만 그 물건에 대한 **제3자의 권리는 침해하지 못**하고(동법 제8조 제1항 단서), 위 물건을 인도할 때에는 대한민국이 그 물건에 대한 권리를 포기한 경우가 아니면 **그 반환에 대해서는 요청국의 보증**이 있어야 한다(동법 제8조 제2항 참조).

관련조문

공조법 제8조(물건의 인도) ① 다음 각 호의 어느 하나에 해당하는 물건은 요청국에 인도할 수 있다. 다만, 그 물건에 대한 제3자의 권리는 침해하지 못한다.

1. 공조범죄에 제공하였거나 제공하려고 한 것
2. 공조범죄로 인하여 생겼거나 취득한 것
3. 공조범죄의 대가로 취득한 것

② 제1항에 따라 물건을 인도할 때에는 대한민국이 그 물건에 대한 권리를 포기한 경우가 아니면 그 반환에 대한 요청국의 보증이 있어야 한다.

Ⅳ 부패재산몰수법에 따른 국제공조의 실시 규정

공조법은 형사사법공조에 관한 일반적인 사항을 규정하고 있는데, 이와 관련하여 부패재산몰수법은 부패범죄에 해당하는 행위에 대한 외국의 형사사건과 관련하여 그 외국으로부터 집행재산 등의 반환요청이 있는 때에는 그 요청에 관하여 공조할 수 있다고 규정하면서도 **다음과 같은 경우에는 이에 응할 수 없다고 규정**하고 있다.

우선 공조요청의 대상이 되는 범죄와 관련된 행위가 대한민국 내에서 행하여지고, 그 **행위가 대한민국 법령에 따라 부패범죄에 해당하지 않는다**고 인정되는 경우(부패재산몰수법 제7조 제1호 참조), 대한민국이 행하는 같은 종류의 공조요청에 응한다는 **요청국의 보증이 없는** 경우(동조 제2호 참조), 요청국이 집행재산등의 원소유자, 범죄피해자 또는 정당한 권리가 있는 사람에게 **집행재산 등을 양도할 것이라는 보증을 하지 아니**하는 경우(동조 제3호), **마약거래방지법 제64조 제1항 각호에 따른 사유**가 있는 경우 등(동조 제4호 참조)이 그것이다.

관련조문

부패재산몰수법 제7조(국제공조의 실시) 부패범죄에 해당하는 행위에 대한 외국의 형사사건과 관련하여 그 외국으로부터 집행재산등의 반환요청이 있는 때에는 다음 각 호의 어느 하나에 해당하는 경우를 제외하고는 그 요청에 관하여 공조할 수 있다.

1. 공조요청의 대상이 되는 범죄와 관련된 행위가 대한민국 내에서 행하여지고 그 행위가 대한민국의 법령에 따라 부패범죄에 해당하지 아니한다고 인정되는 경우
2. 대한민국이 행하는 같은 종류의 공조요청에 응한다는 취지의 요청국의 보증이 없는 경우
3. 요청국이 집행재산등의 원소유자, 범죄피해자 또는 정당한 권리있는 사람에게 집행재산등을 양도할 것이라는 보증을 하지 아니하는 경우
4. **「마약류 불법거래방지에 관한 특례법」 제64조제1항 각 호의 어느 하나에 해당**하는 경우

이때 **마약거래방지법이 규정하는 공조를 금지하는 경우**는 ① 공조범죄에 관하여 **대한민국의 법령에 따라 형벌을 과(科)할 수 없다고 인정**되는 경우(마약거래방지법 제64조 제1항 제1호 참조)가 있다. 이는 상호주의의 원칙에 따라 당연한 규정이다.

한편 ② 공조범죄에 관한 사건에 대하여 **대한민국 법원에서 재판이 계속 중이거나 확정재판이 있는 경우 또는 공조대상재산**에 관하여 **이미 몰수보전명령 또는 추징보전명령**이 내려진 경우(같은 항 제2호 참조)가 있는데 이는 외국의 공조요청 대상 재산에 대해 국내에서 이미 보전처분이 이루어져 있는 경우 그 효력이 우선하기 때문이다.

나아가 ③ 몰수의 확정재판에 관한 집행공조 또는 몰수를 목적으로 한 보전공조요청에 관계된 재산이 **대한민국 법령에 따라 몰수재판 또는 몰수보전을 할 수 있는 재산에 해당되지 아니**하는 경우(같은 항 제3호 참조), ④ 그리고 추징의 확정재판에 관한 집행공조 또는 추징을 목적으로 한 보전공조요청에 관계된 공조범죄에 대하여 **대한민국 법령에 따라 추징재판 또는 추징보전을 할 수 없다고 인정**되는 경우(같은 항 제4호 참조)에는 국내법상 보전조치를 할 수 없는 것과 마찬가지로 외국의 공조요청에도 응하기 어렵다.

그리고 ⑤ 몰수의 확정재판에 관한 집행공조요청에 관계된 재산을 가지거나 그 재산상에 지상권·저당권 또는 그 밖의 권리를 가지고 있다고 인정할 만한 상당한 이유가 있는 **제3자가 자기의 책임으로 돌릴 수 없는 사유로 그 재판 절차에서 자기의 권리를 주장할 수 없었다고 인정**되는 경우(같은 항 제5호 참조)에는 **제3자의 보호**를 위해 공조요청에 응할 수 없고, ⑥ 몰수 또는 추징을 목적으로 한 보전공조에 대하여 제33조제1항에 따른 **몰수보전명령**의 발령 또는 제52조제1항에 따른 **추징보전명령의 발령 사유가 없다고 인정**되는 경우(같은 항 제6호 참조)에도 국제공조요청에 응할 수 없다.

다만 보전공조요청이 요청국의 법원이나 법관이 집행한 몰수 또는 추징을 목적으로 한 보전재판에 근거한 요청이거나 몰수재판 또는 추징재판 확정 후의 요청인 경우에는 **외국의 법원에서 몰수 또는 추징 재판이 이미 확정**된 경우에 해당하므로 이에 응할 수 있음을 명시하여 두고 있다(같은 항 제6호 단서 참조).

또한 지상권·저당권 또는 그 밖의 권리가 설정된 재산에 관하여 **몰수 확정재판의 집행공조**를 할 때에 대한민국의 법령에 따라 **그 재산을 몰수할 경우 그 권리를 존속시켜야 할 경우에 해당되면 그 권리를 존속**시켜야 한다(부패재산몰수법 제8조, 마약거래방지법 제64조 제2항 참조). 부대보전명령이 없는 경우에는 외국의 공조요청에 응하여 해당 재산이 몰수되는 경우라고 하더라도 해당 권리는 그대로 존속시켜야 함을 명시한 것이다.

관련조문

마약거래방지법 제64조(공조의 실시) ① 마약류범죄 등에 해당하는 행위에 대한 외국의 형사사건에 관하여 그 외국으로부터 조약에 따라 몰수 또는 추징에 관한 확정재판의 집행이나 몰수 또는 추징을 위한 재산 보전(保全)의 공조요청이 있을 때에는 다음 각 호의 어느 하나에 해당하는 경우를 제외하고는 그 요청에 관하여 공조를 할 수 있다.

1. 공조범죄(공조요청의 대상이 되는 범죄를 말한다. 이하 같다)에 관하여 대한민국의 법령에 따라 형벌을 과(科)할 수 없다고 인정되는 경우
2. 공조범죄에 관한 사건에 대하여 대한민국 법원에서 재판이 계속 중이거나 확정재판이 있는 경우 또는 공조대상재산에 관하여 이미 몰수보전명령 또는 추징보전명령이 내려진 경우
3. 몰수의 확정재판에 관한 집행공조 또는 몰수를 목적으로 한 보전공조요청에 관계된 재산이 대한민국 법령에 따라 몰수재판 또는 몰수보전을 할 수 있는 재산에 해당되지 아니하는 경우
4. 추징의 확정재판에 관한 집행공조 또는 추징을 목적으로 한 보전공조요청에 관계된 공조범죄에 대하여 대한민국 법령에 따라 추징재판 또는 추징보전을 할 수 없다고 인정되는 경우
5. 몰수의 확정재판에 관한 집행공조요청에 관계된 재산을 가지거나 그 재산상에 지상권·저당권 또는 그 밖의 권리를 가지고 있다고 인정할 만한 상당한 이유가 있는 제3자가 자기의 책임으로 돌릴 수 없는 사유로 그 재판 절차에서 자기의 권리를 주장할 수 없었다고 인정되는 경우
6. 몰수 또는 추징을 목적으로 한 보전공조에 대하여 제33조제1항 또는 제52조제1항에 따른 사유가 없다고 인정되는 경우. 다만, 보전공조요청이 요청국의 법원이나 법관이 집행한 몰수 또는 추징을 목적으로 한 보전재판에 근거한 요청이거나 몰수재판 또는 추징재판 확정 후의 요청인 경우에는 그러하지 아니하다.

나아가 마약거래방지법은 **불법재산을 갈음**하여 그 **가액이 불법재산의 가액에 상당하는 재산**으로서 **그 재판을 받은 자가 가지는 재산을 몰수하는 확정재판**의 집행에 관한 **공조를 요청**하는 경우, 그 확정재판은 이 법에 따른 공조 실시에 관하여는 그 사람으로부터 그 **재산의 가액을 추징하는 확정재판**으로 본다(마약거래방지법 제65조 제1항 참조).

관련조문

마약거래방지법 제65조(추징으로 보는 몰수) ① 불법재산을 갈음하여 그 가액이 불법재산의 가액에 상당하는 재산으로서 그 재판을 받은 자가 가지는 재산을 몰수하는 확정재판의 집행에 관한 공조를 요청하는 경우, 그 확정재판은 이 법에 따른 공조 실시에 관하여는 그 자로부

터 그 재산의 가액을 추징하는 확정재판으로 본다.
② 불법재산을 갈음하여 그 가액이 불법재산의 가액에 상당하는 재산을 몰수하는 것을 목적으로 한 보전공조요청에 관하여도 제1항을 준용한다.

해당 규정은 불법재산에 갈음하는 재산에 대한 몰수판결이 선고되는 경우는 **불법재산 그 자체에 대한 몰수가 아니고 이에 갈음하는 재산을 몰수한다는 취지**이므로 그 판결의 성격을 몰수대상 재산의 가액을 추징하는 확정판결로 보고 확정 재판을 받은 사람이 해외에 보유하고 있는 일반재산에 대한 집행이 가능하다는 취지다. 결국 이 경우 추징금 확정 재판에 대한 해외 공조를 요청할 수 있게 된다.

나아가 이러한 규정 즉 **불법재산에 갈음**하여 그 가액이 **불법재산의 가액에 상당하는 재산을 몰수하는 것을 목적**으로 한 외국의 보전공조요청이 있는 경우에도 마찬가지다(동조 제2항 참조). 따라서 이러한 경우 국내에 소재하고 있는 대상자에 대한 재산에 대한 공조요청을 받는 경우 위 법리가 그대로 적용된다.

부패재산몰수법은 **몰수재판 및 추징재판의 집행과 보전에 관한 국제공조 절차**에 관한 **마약거래방지법 규정을 그대로 준용**하고 있는데 이하에서는 항을 바꾸어 외국으로부터 국제공조요청이 있을 경우 어떠한 조치를 취할 것인지 우선 검토하기로 한다.

관련조문

부패재산몰수법 제8조(「마약류 불법거래방지에 관한 특례법」의 준용) 이 법에 따른 몰수 및 추징과 국제공조에 관하여는 「마약류 불법거래방지에 관한 특례법」 제19조부터 제63조까지, <u>제64조제2항 및 제65조부터 제78조까지의 규정을 준용한다.</u>

제2관 외국의 요청에 따라 실시하는 공조 절차

I 공조요청의 접수에 따른 이행 절차

1. 준용규정

마약거래방지법은 "이 장에 특별한 규정이 있는 경우를 제외하고는 법원 또는 법관이 한 심사, 처분 또는 영장의 발급, 검사 또는 사법경찰관리 등이 한 처분, 이해관계인의 참가에 대하여는 이 법 제4장부터 제6장까지, 「형사소송법」, 「형사소송비용 등에 관한 법률」을 준용하고, 공조요청을 수리한 경우 그 조치에 대하여는 「국제형사사법 공조법」 및 「범죄인인도법」을 각각 **그 성질에 반하지 아니하는 범위**에서 **준용한다.**"고 규정하고 있고(동법 제78조 참조), **부패재산몰수법은 이를 준용**하고 있다(부패재산몰수법 제8조 참조).

따라서 **외국의 공조요청을 수리**한 경우 부패재산에 대한 몰수·추징 보전, 확정 몰수·추징 판결의 집행 등에 대해서는 **그 성질에 반하지 아니하는 범위에서 공조법 규정이 준용**된다. 따라서 인신구속 등에 관한 규정 등 부패재산의 반환요청 등 공조절차의 성격에 맞지 않는 규정을 제외하고는 공조법 규정은 부패재산에 대한 공조요청을 이해하는 절차에 준용된다고 봄이 상당하다.

관련조문

부패재산몰수법 제8조(「마약류 불법거래방지에 관한 특례법」의 준용) 이 법에 따른 몰수 및 추징과 국제공조에 관하여는 「마약류 불법거래방지에 관한 특례법」 제19조부터 제63조까지, 제64조제2항 및 제65조부터 **제78조**까지의 규정을 준용한다.

마약거래방지법 제78조(준용) 이 장에 특별한 규정이 있는 경우를 제외하고는 법원 또는 법관이 한 심사, 처분 또는 영장의 발급, 검사 또는 사법경찰관리 등이 한 처분, 이해관계인의 참가에 대하여는 이 법 제4장부터 제6장까지, 「형사소송법」, 「형사소송비용 등에 관한 법률」을 준용하고, **공조요청을 수리한 경우 그 조치에 대하여는 「국제형사사법 공조법」 및 「범죄인인도법」을 각각 그 성질에 반하지 아니하는 범위에서 준용한다**.

2. 외교부장관의 조치

공조요청의 접수는 외교부장관이 하나, 긴급한 조치가 필요한 경우나 특별한 사정이 있는 경우에는 **법무부장관이 외교부장관의 동의를 받아 그 요청을 접수**할 수 있다(마약거래방지법 제66조, 공조법 제11조 각 참조).

관련조문

공조법 제11조(공조요청의 접수 및 공조 자료의 송부) 공조요청 접수 및 요청국에 대한 공조 자료의 송부는 외교부장관이 한다. 다만, 긴급한 조치가 필요한 경우나 특별한 사정이 있는 경우에는 법무부장관이 외교부장관의 동의를 받아 이를 할 수 있다.

마약거래방지법 제66조(요청의 접수) 공조요청의 접수는 외교부장관이 한다. 다만, 긴급한 조치가 필요한 경우나 특별한 사정이 있는 경우에는 법무부장관이 외교부장관의 동의를 받아 그 요청을 접수할 수 있다.

다만 미국, 캐나다, 호주, 일본, 홍콩 싱가폴, 태국, 베트남, 러시아 등 **양국 중앙기관 간 합의**된 경우에는 **공조요청서를 공조요청국 중앙기관으로부터 법무부가 직접 송부**받고 있다.[228] 요청국으로부터 공조요청을 받은 **외교부장관**은 형사사건의 수사에 관한 공조요청을 받았을 때에는 공조요청서에 관계 자료 및 의견을 첨부하여 **법무부장관에게 송부**하여야 한다(공조법 제14조 참조).

외국의 형사사법공조요청 진행 경로

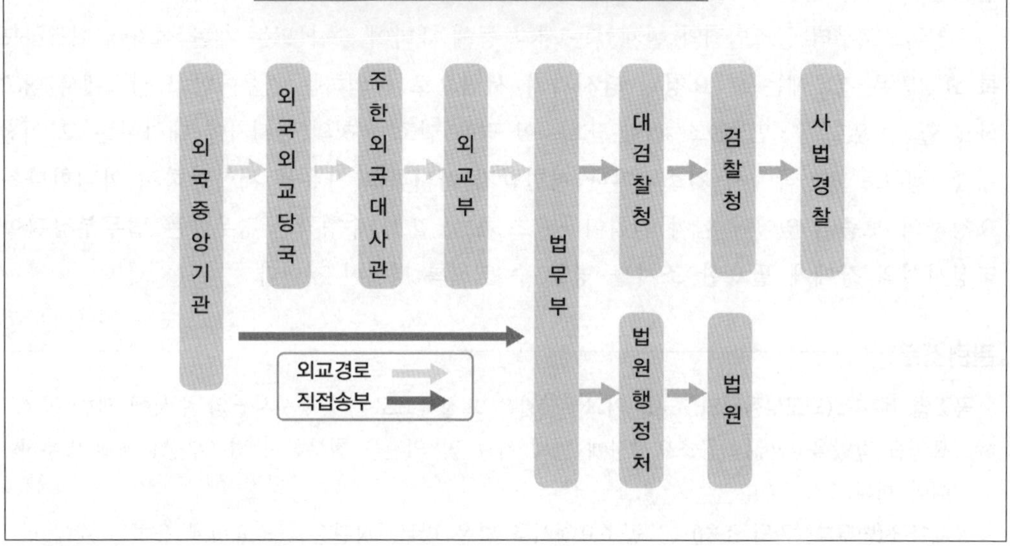

3. 법무부장관의 조치

외교부장관으로부터 공조요청서를 받은 **법무부장관**은 공조요청에 응하는 것이 타당하다고 인정하는 경우라 하더라도 공조요청이 **법원**이나 **검사 또는 고위공직자범죄수사처장**이 **보관하는 소송서류의 제공에 관한 것**일 경우에는 그 서류를 보관하고 있는 **법원이나 검사 또는 고위공직자범죄수사처장에게 공조요청서를 송부**하면 된다(공조법 제15조 제2항 참조). 나아가 법무부장관은 공조법 또는 공조조약에 따라 공조할 수 없거나 공조하지 아니하는 것이 타당하다고 인정하는 경우 또는 공조를 연기하려는 경우에는 **외교부장관과 협의**하여야 한다(공조법 제15조 제3항 참조).

228 위 「형사사법공조 실무」 135면 이하 참조.

한편 법무부장관은 공조를 위하여 **적절하다고 인정**되는 지방검찰청 검사장 또는 고위공직자범죄수사처장에게 **관계 자료를 송부**하고 공조에 **필요한 조치를 하도록 명하거나 요구**할 수 있다(공조법 제15조 제1항 제1호 참조).

다만 공조법 제9조제3항에 따라 교정시설(矯正施設)에서 형을 받고 있는 **수형자가 공조범죄와 관계있는 사람 즉 요청의 당사자**에 해당하는 경우에는 그 수형자에 대하여는 **대한민국의 요구대로 계속 구금**되며 **구금 상태로 대한민국으로 송환**된다는 요청국의 보증이 있는 경우 법무부 장관은 수형자가 수용되어 있는 **교정시설의 장에게 수형자의 이송에 필요한 조치**를 명할 수 있다(공조법 제15조 제1항 제2호 참조).

요청국으로부터 공조범죄와 관계있는 사람 등에 대하여 수사 또는 재판 절차에 협조하도록 요청받은 경우에는 그 **요청된 당사자가 서면으로 동의**하는 경우에만 요청국에서 협조하게 할 수 있고(공조법 제9조 제1항 참조), 이 경우 협조 요청의 당사자에 대하여는 그 이전에 한 행위로 **요청국에서 기소되거나 처벌받지 아니하고 자유를 제한당하지 아니한다는 요청국의 보증**이 있어야 함이 원칙이나(동조 제2항 참조) 수형자인 경우에는 **법무부장관이 교정시설의 장에게 필요한 조치를 명**할 수 있도록 명시한 것이다.

관련조문

공조법 제14조(외교부장관의 조치) 외교부장관은 요청국으로부터 형사사건의 수사에 관한 공조요청을 받았을 때에는 공조요청서에 관계 자료 및 의견을 첨부하여 법무부장관에게 송부하여야 한다.

제15조(법무부장관의 조치) ① 공조요청서를 받은 법무부장관은 공조요청에 응하는 것이 타당하다고 인정하는 경우에는 제2항의 경우를 제외하고는 다음 각 호의 어느 하나의 조치를 하여야 한다.

1. 공조를 위하여 적절하다고 인정되는 지방검찰청 검사장(이하 "검사장"이라 한다) 또는 고위공직자범죄수사처장에게 관계 자료를 송부하고 공조에 필요한 조치를 하도록 명하거나 요구하는 것
2. 제9조제3항의 경우에는 수형자가 수용되어 있는 교정시설의 장에게 수형자의 이송에 필요한 조치를 명하는 것

② 법무부장관은 공조요청이 법원이나 검사 또는 고위공직자범죄수사처장이 보관하는 소송서류의 제공에 관한 것일 경우에는 그 서류를 보관하고 있는 법원이나 검사 또는 고위공직자범죄수사처장에게 공조요청서를 송부하여야 한다. <개정 2021. 1. 5.>

③ 법무부장관은 이 법 또는 공조조약에 따라 공조할 수 없거나 공조하지 아니하는 것이 타당하다고 인정하는 경우 또는 공조를 연기하려는 경우에는 외교부장관과 협의하여야 한다.

4. 검사장 등의 조치 및 검사의 처분

공조법 제15조 제1항 제1호에 따라 **법무부장관의 명령 또는 요구를 받은 검사장 또는 고위공직자범죄수사처장**은 소속 검사에게 **공조에 필요한 자료를 수집**하거나 그 밖에 **필요한 조치**를 하도록 명하여야 하고(공조법 제16조 참조), 검사는 검사장 등의 명령에 따라 다음과 같은 조치를 할 수 있다.

관련조문

공조법 제16조(검사장 등의 조치) 제15조제1항제1호에 따른 명령 또는 요구를 받은 검사장 또는 고위공직자범죄수사처장은 소속 검사에게 공조에 필요한 자료를 수집하거나 그 밖에 필요한 조치를 하도록 명하여야 한다.

제17조(검사 등의 처분) ① 검사는 공조에 필요한 자료를 수집하기 위하여 관계인의 출석을 요구하여 진술을 들을 수 있고, 감정·통역 또는 번역을 촉탁할 수 있으며, 서류나 그 밖의 물건의 소유자·소지자(所持者) 또는 보관자에게 그 제출을 요구하거나, 행정기관이나 그 밖의 공사단체(公私團體)에 공조에 필요한 사실을 조회하거나 필요한 사항의 보고를 요구할 수 있다.

② 검사는 공조에 필요한 경우에는 판사에게 청구하여 발급받은 영장에 의하여 압수·수색 또는 검증을 할 수 있다.

③ 검사는 요청국에 인도하여야 할 증거물 등이 법원에 제출되어 있는 경우에는 법원의 인도허가 결정을 받아야 한다.

④ 검사는 사법경찰관리를 지휘하여 제1항의 수사를 하게 할 수 있고, 사법경찰관은 검사에게 신청하여 검사의 청구로 판사가 발부한 영장에 의하여 제2항에 따른 압수·수색 또는 검증을 할 수 있다.

나아가 검사는 위와 같은 처분을 하기 위하여 증인신문이 관계되는 경우이거나 관계인이 출석 또는 진술을 거부한 경우에는 **판사에게 증인신문을 청구**할 수 있고(동법 제18조 참조), 검사가 공조를 위하여 영장, 인도허가 또는 증인신문을 청구하는 경우에는 **공조요청서 등본을 첨부**하여야 하며(공조법 제19조 참조), 해당 청구의 관할은 그 검사가 소속한 **지방검찰청 등에 대응하는 지방법원 판사**에게 하여야 한다(공조법 제20조 참조)

관련조문

공조법 제18조(증인신문의 청구) 검사는 공조요청이 증인신문에 관계되는 경우이거나 관계인이 제17조제1항에 따른 출석 또는 진술을 거부한 경우에는 판사에게 증인신문을 청구할 수 있다.

제19조(영장 등 청구 시 첨부서류) 검사가 공조를 위하여 영장, 인도허가 또는 증인신문을 청구할 때에는 제14조에 따른 공조요청서 등본을 첨부하여야 한다.

제20조(관할 법원) ① 제17조제2항에 따른 영장 청구와 제18조에 따른 증인신문 청구는 그 검사가 소속한 지방검찰청 또는 고위공직자범죄수사처에 대응하는 지방법원의 판사에게 하여야 한다.

② 제17조제3항에 따른 증거물 등의 인도허가 청구는 그 증거물 등이 제출되어 있는 법원에 하여야 한다.

5. 공조자료의 송부 등

따라 공조에 필요한 조치를 마친 경우 **검사장 등은 법무부장관에게 수집한 공조자료를 송부**하여야 하고(공조법 제21조 제1항 참조), 법무부장관으로부터 공조법 제15조 제1항 제2호에 따른 명령을 받은 **교정시설의 장**은 수형자를 이송하는 데 필요한 조치를 마치면 **지체 없이 법무부장관에게 보고**하여야 한다(동조 제2항 참조).

나아가 공조요청서를 받은 **법원 또는 검사**는 지체 없이 의견을 첨부하여 **소송서류 또는 그 등본을 법무부장관에게 송부**하여야 하고, 송부할 수 없는 경우에는 이유를 붙여 그 **공조요청서를 법무부장관에게 반송**하여야 한다(동조 제3항 참조).

이처럼 공조자료 등을 받은 법무부장관은 원칙적으로 **공조에 필요한 자료를 외교부장관에게 송부**하여야 하고(공조법 제22조 제1항 참조), 위 자료를 송부할 때에는 그 자료 등의 사용·반환 또는 기밀 유지 등에 관하여 요청국이 지켜야 할 준수사항을 정하여, 그 **이행에 대한 보증을 요구하도록 외교부장관에게 요청**할 수 있으며(동조 제2항 참조), 외교부장관은 법무부장관으로부터 위 요청을 받았을 때에는 적절한 조치를 한 후 그 결과를 법무부장관에게 통지하여야 한다(동조 제3항 참조). 다만 앞에서 검토한 바와 같이 외국중앙행정기관으로부터 직접 요청을 받은 경우에는 외교부를 경유하지 않고 법무부장관이 직접 해당 기관으로 공조 관련 자료를 송부할 수 있다 할 것이다.

관련조문

공조법 제21조(공조 자료 등의 송부 등) ① 제15조제1항제1호에 따른 명령 또는 요구를 받은 검사장 또는 고위공직자범죄수사처장은 공조에 필요한 조치를 마치면 지체 없이 수집한 공조 자료 등을 법무부장관에게 송부하여야 한다. <개정 2021. 1. 5.>

② 제15조제1항제2호에 따른 명령을 받은 교정시설의 장은 수형자를 이송하는 데 필요한

조치를 마치면 지체 없이 법무부장관에게 보고하여야 한다.
③ 제15조제2항에 따라 공조요청서를 받은 법원 또는 검사는 지체 없이 의견을 첨부하여 소송서류 또는 그 등본을 법무부장관에게 송부하여야 하고, 송부할 수 없는 경우에는 이유를 붙여 그 공조요청서를 법무부장관에게 반송하여야 한다.
제22조(법무부장관의 공조 자료 송부 등) ① 법무부장관은 제21조에 따른 공조 자료 등을 받거나 보고받았을 때에는 공조에 필요한 자료를 외교부장관에게 송부하여야 한다. <개정 2013. 3. 23.>
② 법무부장관은 제1항에 따라 자료를 송부할 때에는 그 자료 등의 사용·반환 또는 기밀 유지 등에 관하여 요청국이 지켜야 할 준수사항을 정하여, 그 이행에 대한 보증을 요구하도록 외교부장관에게 요청할 수 있다. <개정 2013. 3. 23.>
③ 외교부장관은 법무부장관으로부터 제2항에 따른 요청을 받았을 때에는 적절한 조치를 한 후 그 결과를 법무부장관에게 통지하여야 한다. <개정 2013. 3. 23.>

이하에서는 부패재산몰수법 및 마약거래방지법에 따라 보전에 관한 공조요청 이행 절차 및 확정재판에 대한 집행에 관한 이행절차를 각각 나누어 살펴보기로 한다.

Ⅱ 몰수·추징 보전에 관한 공조 요청 이행 절차

1. 몰수·추징보전청구를 위한 검사의 처분 등

외국의 몰수·추징을 위하여 공조요청이 있는 경우 검사는 **관계인의 출석을 요구**하여 진술을 들을 수 있고, 감정·통역 또는 번역을 촉탁하거나 **실황(實況)을 조사**할 수 있으며, 서류나 그 밖의 **물건의 소유자·소지자 또는 보관자에게 그 제출을 요구**하거나, **공공기관이나 그 밖의 단체**에 대하여 그 **사실을 조회**하거나 필요한 사항을 보고하도록 요구할 수 있다(마약거래방지법 제76조 제1항 참조).

나아가 몰수·추징보전 청구를 위하여 검사는 **지방법원판사에게 청구하여 발급받은 영장에 의해 압수·수색·검증**을 할 수 있고, 이때의 관할은 검사가 소속하는 검찰청의 소재지를 관할하는 지방법원이나 그 지원 또는 그에 소속된 판사에게 하여야 하며 이때 검사는 사법경찰관리에게 위와 같은 각 처분을 명할 수 있다(동조 제2항, 제3항 각 참조).

한편 **법원 또는 판사**는 마약거래방지법에 따른 **심사청구, 몰수보전 또는 추징보전에 관한 처분**을 할 필요가 있을 때에는 **사실의 조사**를 할 수 있고, 이 경우 **증인을 신문하거나 검증**을 할 수 있으며 **감정·통역 또는 번역**을 명할 수 있다(동법 제75조 참조).

관련조문

마약거래방지법 제75조(사실의 조사) 법원 또는 판사는 이 장에 따른 심사·몰수보전 또는 추징보전에 관한 처분을 할 필요가 있을 때에는 사실의 조사를 할 수 있다. 이 경우 증인을 신문하거나 검증을 할 수 있고 감정·통역 또는 번역을 명할 수 있다.

제76조(검사의 처분) ① 검사는 이 장에 따른 몰수보전 또는 추징보전청구, 몰수보전명령 또는 추징보전명령의 집행에 관하여 필요하다고 인정하면 관계인의 출석을 요구하여 진술을 들을 수 있고, 감정·통역 또는 번역을 촉탁하거나 실황(實況)을 조사할 수 있으며, 서류나 그 밖의 물건의 소유자·소지자 또는 보관자에게 그 제출을 요구하거나, 공공기관이나 그 밖의 단체에 대하여 그 사실을 조회하거나 필요한 사항을 보고하도록 요구할 수 있다.

② 검사는 이 장에 따른 몰수보전 또는 추징보전의 청구, 몰수보전명령 또는 추징보전명령의 집행에 관하여 필요하다고 인정하면 지방법원판사에게 청구하여 발급받은 영장에 의하여 압수·수색 또는 검증을 할 수 있다.

③ 검사는 사법경찰관리에게 제1항 및 제2항에 따른 처분을 명할 수 있다.

제77조(관할 법원) 이 장에 따른 심사, 몰수보전, 추징보전 또는 영장발급의 청구는 청구한 검사가 소속하는 검찰청의 소재지를 관할하는 지방법원이나 그 지원 또는 그에 소속된 판사에게 하여야 한다.

2. 검사의 몰수·추징보전 청구

외국의 공조요청이 **해외에서의 몰수를 목적으로 한 보전**에 관한 것일 때에는 검사는 마약거래방지법에 따라 **지방법원 판사에게 몰수보전명령을 청구**하여야 하고, 이 경우 **필요하다고 인정하면 보대보전명령을 청구**할 수 있다(마약거래방지법 제71조 참조).

다만 공조요청이 **몰수 또는 추징확정 재판의 집행**에 관한 것인 경우 검사는 법원에 대하여 공조를 할 수 있는 경우에 해당하는지에 관하여 **심사를 청구**하여야 하는데(동법 제67조 제1항 참조) 이러한 심사청구가 있은 후에는 몰수보전에 관한 처분은 심사청구를 받은 법원이 집행하게 되며(동조 제2항 참조), 절차는 해외의 **추징을 목적으로 한 공조요청**의 경우에도 같다(동법 제72조 참조)

관련조문

마약거래방지법 제71조(몰수보전의 청구) ① 검사는 공조요청이 몰수를 목적으로 한 보전에 관한 것일 때에는 판사에게 몰수보전명령을 청구하여야 한다. 이 경우 검사는 필요하다고 인정하면 부대보전명령을 청구할 수 있다.

② 제67조제1항의 심사청구가 있은 후에는 몰수보전에 관한 처분은 심사청구를 받은 법원이 집행한다.

제72조(추징보전의 청구) ① 검사는 공조요청이 추징을 목적으로 한 보전에 관한 것일 때에는 판사에게 추징보전명령을 청구하여야 한다.

② 추징보전에 관한 처분에 관하여는 제71조제2항을 준용한다.

---

3. 외국의 공조요청 대상 사건 공소제기 前 국내 몰수·추징보전명령 효력 유지 기간

몰수 또는 추징을 목적으로 하는 보전에 관한 공조요청이 **공소가 제기되지 아니한 사건에 대한 것인 경우**에는 우리 법원에서 몰수보전명령 또는 추징보전명령이 내려진 날부터 **45일 이내**에 요청국으로부터 **그 사건에 대하여 공소가 제기되었다는 취지의 통지가 없을 때**에는 그 몰수보전명령 또는 추징보전명령은 실효된다(마약거래방지법 제73조 제1항 참조).

외국의 공조 요청에 따라 국내에 있는 재산에 대한 몰수·추징보전명령을 받아 이를 집행한 경우 이는 대한민국 국민의 재산권을 외국의 필요에 따라 제한하는 것이므로 45일 이라는 기간을 설정하여 그 이내로 외국에서 공소제기가 없다면 자동적으로 이를 실효시켜 **국민의 재산권의 행사가 장기간 부당하게 제한되는 것을 방지**하기 위함으로 사료된다.

다만 법관은 요청국으로부터 **부득이한 사유**로 **위 45일의 기간 안에 공소를 제기할 수 없다는 취지의 통지**가 있는 때에는 **검사의 청구에 의하여 30일을 초과하지 아니하는 범위**에서 **보전기간을 갱신**할 수 있고, **부득이한 사유**로 갱신된 기간에 공소를 제기할 수 없다는 취지의 통지가 있는 경우에도 **재차 이를 갱신**할 수 있다(동조 제2항 참조). 법률상으로 몇 회에 걸쳐 이를 갱신할 수 있는지에 대한 명문의 규정이 없으므로 갱신의 횟수에는 제한이 없어 **보전명령의 효력을 얼마만큼 연장할 것인지 여부**는 요청국의 보전 기간 갱신 통지가 타당한지에 대한 **법원의 재량에 따른다** 할 것이다.

관련조문

마약거래방지법 제73조(공소 제기 전의 보전기간) ① 몰수 또는 추징을 목적으로 하는 보전공조요청이 공소가 제기되지 아니한 사건에 대한 것인 경우에는 몰수보전명령 또는 추징보전명령이 내려진 날부터 45일 이내에 요청국으로부터 그 사건에 대하여 공소가 제기되었다는 취지의 통지가 없을 때에는 그 몰수보전명령 또는 추징보전명령은 효력을 잃는다.

② 법관은 요청국으로부터 부득이한 사유로 제1항에 따른 기간에 공소를 제기할 수 없다는 취지의 통지가 있는 때에는 검사의 청구에 의하여 30일을 초과하지 아니하는 범위에서 보전기간을 갱신할 수 있다. 부득이한 사유로 갱신된 기간에 공소를 제기할 수 없다는 취지의 통지가 있는 경우에도 또한 같다.

---

4. 절차의 취소

검사는 외국으로부터 **공조 요청을 철회하는 취지의 통지**가 있을 때에는 지체 없이 심사청구, **몰수보전청구 또는 추징보전청구를 취소**하거나 **몰수보전명령 또는 추징보전명령의 취소를 청구**하여야 하고, 법원 또는 법관은 위와 같이 몰수보전명령 또는 추징보전명령의 취소청구가 있을 때에는 지체 없이 몰수보전명령 또는 추징보전명령을 취소하여야 한다(마약거래방지법 제74조 참조).

관련조문

마약거래방지법 제74조(절차의 취소) ① 검사는 공조요청을 철회하는 취지의 통지가 있을 때에는 지체 없이 심사청구, 몰수보전청구 또는 추징보전청구를 취소하거나 몰수보전명령 또는 추징보전명령의 취소를 청구하여야 한다.

② 법원 또는 법관은 제1항에 따른 몰수보전명령 또는 추징보전명령의 취소청구가 있을 때에는 지체 없이 몰수보전명령 또는 추징보전명령을 취소하여야 한다.

Ⅲ 몰수·추징 확정재판의 집행에 관한 공조요청

1. 검사의 심사 청구

외국에서 **몰수·추징이 확정된 재판**에 대하여 **국내에 소재하고 있는 재산**에 대해 **이를 집행하여 달라는 공조 요청**이 접수되어 이를 송부받은 검사는 이러한 공조요청이 몰수 또는 추징 확정 재판의 집행에 관한 것에 해당하므로 **법원에 대하여 국내법상 공조를 할 수 있는 경우에 해당하는지에 관한 심사를 청구**하여야 한다(마약거래방지법 제67조 제1항 참조).

이는 수사절차에 관한 것이 아니라 **외국의 확정재판에 대한 집행의 문제**에 해당하므로 이러한 **집행이 국내법상 적법한 것인지**에 관하여는 행정부 소속 검사가 직권으로 판단하기 보다 **사법부의 최종 판단을 받아야 한다는 입법적 결단** 하에 검사가 공조요청에 따라 **법원에 그 심사를 청구**하고 그 당부에 대한 **법원의 결정을 받도록** 한 것으로 봄이 상당하다. 헌법으로 보호되는 대한민국 국민의 재산권을 제한하는 외국의 몰수·추징판결의 집행을 위해서는 외국 법원의 확정판결만으로는 부족하고 국내 법원의 종국적 판단이 필요하다는 점을 명확히 한 것이다.

관련조문

마약거래방지법 제67조(법원의 심사) ① 검사는 공조요청이 몰수 또는 추징 확정재판의 집행에 관한 것일 경우에는 법원에 대하여 공조를 할 수 있는 경우에 해당하는지에 관하여 심사를 청구하여야 한다.

2. 법원의 심사 절차

가. 심사청구 사건에 대한 검사 및 이해관계인의 참가

외국의 몰수·추징 확정 재판을 집행하는 과정에서 국내에 있는 우리나라 국민의 재산권을 제한하는 절차가 필수적으로 수반되므로 해당 목적물에 이해관계가 있는 제3자들은 외국의 형사재판 집행에 관한 위 심사청구절차에 자신의 입장을 표명하는 등 이에 참가함으로써 정당하게 그 권리를 주장할 수 있다.

따라서 마약거래방지법은 **몰수 확정재판의 집행공조**의 경우, ① **요청에 관계된 재산**을 가지거나 그 재산상에 **지상권·저당권 또는 그 밖의 권리**를 가지고 있다고 인정할 만한 상당한 이유가 있는 자 또는 ② 이들 재산이나 권리에 관하여 **몰수보전이 되기 전에 강제경매 개시 결정** 또는 **강제집행에 의한 압류·가압류**가 되어 있는 경우의 **압류채권자 또는 가압류채권자** 및 ③ **추징 확정재판의 집행공조**인 경우에는 그 **재판을 받은 자** 등 **이해관계인**에 대하여 심사청구 사건의 절차에 **참가하는 것을 허가**하여야 하고, 이러한 허가 절차를 거치지 않으면 심사청구에 대한 공조허가 결정을 할 수 없다(동법 제67조 제6항 각호 참조).

나아가 법원은 심사청구에 관하여 결정을 할 때에는 **검사** 및 심사청구사건의 절차에 참가가 허가된 **공조심사참가인의 의견을 들어야** 하고(동조 제7항 참조), 법원은 공조심사참가인이 말로 의견을 진술하려는 경우 또는 법원이 증인이나 감정인을 신문하는 경우에는 신문일(訊問日)을 정하여 **공조심사참가인에게 지정된 신문일에 출석할 기회**를 주어야 하며(동조 제8항 전문 참조), 검사는 위 신문일의 절차에 참가할 수 있다(동조 제9항 참조). 이 경우 공조심사참가인이 출석할 수 없어 신문일에 **대리인을 출석시켰을 때** 또는 공조심사참가인에게 **서면으로 의견을 진술할 기회**를 주었을 때에는 **공조심사참가인에게 출석할 기회를 준 것**으로 본다(동조 제8항 후문 참조).

관련조문

마약거래방지법 제67조(법원의 심사) ⑥ <u>제1항에 따른 심사를 하는 경우 다음 각 호의 자(이하 "이해관계인"이라 한다)</u>가 <u>해당 심사청구사건의 절차에 참가하는 것을 허가하지 아니</u>한 경우에는 <u>공조허가 결정을 할 수 없다</u>.

1. 몰수 확정재판의 집행공조인 경우에는 요청에 관계된 재산을 가지거나 그 재산상에 지상권·저당권 또는 그 밖의 권리를 가지고 있다고 인정할 만한 상당한 이유가 있는 자 또는 이들 재산이나 권리에 관하여 몰수보전이 되기 전에 강제경매 개시 결정 또는 강제집행에 의한 압류·가압류가 되어 있는 경우의 압류채권자 또는 가압류채권자
2. 추징 확정재판의 집행공조인 경우에는 그 재판을 받은 자

⑦ 법원은 심사청구에 관하여 결정을 할 때에는 <u>검사 및 심사청구사건의 절차에 참가가 허가된 사람(이하 "공조심사참가인"이라 한다)의 의견을 들어야</u> 한다.

⑧ 법원은 공조심사참가인이 말로 의견을 진술하려는 경우 또는 법원이 증인이나 감정인을 신문하는 경우에는 신문일(訊問日)을 정하여 공조심사참가인에게 지정된 신문일에 출석할 기회를 주어야 한다. 이 경우 공조심사참가인이 출석할 수 없어 신문일에 대리인을 출석시켰을 때 또는 공조심사참가인에게 서면으로 의견을 진술할 기회를 주었을 때에는 공조심사참가인에게 출석할 기회를 준 것으로 본다.

⑨ <u>검사는 제8항에 따른 신문일의 절차에 참여할 수 있다</u>.

나. 법원의 심리와 결정

검사의 **심사청구에 대한 법원의 심리와 판단**은 외국 형사재판의 당부에 대한 판단을 하는 것이 아니라, 외국의 확정된 몰수·추징 재판을 국내에 집행할 수 있을지에 대한 것이므로 법원은 검사의 심사청구에 대한 심사를 할 때에 **공조요청에 관련한 확정재판의 당부(當否)에 대하여는 심사할 수 없음**은 당연하다(마약거래방지법 제67조 제5항 참조).

법원은 **외국법원의 몰수·추징 확정 재판**을 **국내법에 따라 집행하는 것이 적법**한지 여부에 관하여 심리를 진행하고 그 결과 법원은 심사 결과 심사청구가 적법하지 아니하면 이를 **각하하는 결정**을 하여야 하고, 공조요청에 관계된 **확정재판의 전부 또는 일부**에 대

하여 공조할 수 있는 경우에 해당하면 **해당 부분에 대한 공조허가 결정**을 하여야 하며, 그 전부에 대하여 **공조할 수 없는 경우**에 해당하면 **공조거절 결정**을 하여야 한다(동법 제67조 제2항 참조).

나아가 법원은 몰수 확정재판 집행의 공조요청에 대하여 **공조허가 결정**을 하는 경우 제64조 제2항에 따라 **존속시켜야 할 권리**가 있을 때에는 그 **권리를 존속시키는 취지의 결정**을 동시에 하여야 하고(동법 제67조 제3항 참조), 추징 확정재판 집행의 공조요청에 대하여 공조허가 결정을 할 때에는 추징하여야 할 금액을 대한민국의 원화로 환산하여 같이 표시하여야 한다(동조 제4항 참조).

관련조문

마약거래방지법 제67조(법원의 심사) ② 법원은 심사 결과 심사청구가 적법하지 아니하면 이를 각하하는 결정을 하여야 하고, 공조요청에 관계된 확정재판의 전부 또는 일부에 대하여 공조할 수 있는 경우에 해당하면 해당 부분에 대한 공조허가 결정을 하여야 하며, 그 전부에 대하여 공조할 수 없는 경우에 해당하면 공조거절 결정을 하여야 한다.

③ 법원은 몰수 확정재판 집행의 공조요청에 대하여 공조허가 결정을 하는 경우 제64조제2항에 따라 존속시켜야 할 권리가 있을 때에는 그 권리를 존속시키는 취지의 결정을 동시에 하여야 한다.

④ 법원은 추징 확정재판 집행의 공조요청에 대하여 공조허가 결정을 할 때에는 추징하여야 할 금액을 대한민국의 원화로 환산하여 같이 표시하여야 한다.

3. 법원 결정의 효력과 불복

몰수 또는 추징에 관한 확정재판 집행의 공조요청에 대하여 법원의 공조허가 결정이 있는 경우 이에 대해 검사 및 공조심사참가인은 위 심사청구 결정에 대해 14일 내에 항고할 수 있다(동법 제68조 참조). 항고 기간이 제한되어 있으므로 이는 형사소송법상 즉시항고에 해당한다고 보아야 하는데 형사소송법상 즉시항고 기간을 7일로 제한하고 있는 것에 비해 항고 허용 기간이 길다.

위와 같은 **항고가 제기되면 해당 재판의 집행은 정지**되고(형사소송법 제410조 참조), 위 항고법원의 결정 등에 대하여는 **재판에 영향을 미친 헌법·법률·명령 또는 규칙의 위반**이 있음을 이유로 하는 때에 한하여 **대법원에 재항고**(즉시항고)를 할 수 있다(동법 제415조 참조).

관련조문

마약거래방지법 제68조(항고) ① 검사 및 공조심사참가인은 심사청구에 관한 결정에 대하여 항고할 수 있다.

② 제1항의 항고제기기간은 14일로 한다.

형사소송법 제405조(즉시항고의 제기기간) 즉시항고의 제기기간은 7일로 한다. <개정 2019. 12. 31.>

제410조(즉시항고와 집행정지의 효력) 즉시항고의 제기기간 내와 그 제기가 있는 때에는 재판의 집행은 정지된다.

제415조(재항고) 항고법원 또는 고등법원의 결정에 대하여는 재판에 영향을 미친 헌법·법률·명령 또는 규칙의 위반이 있음을 이유로 하는 때에 한하여 대법원에 즉시항고를 할 수 있다.

위 절차에 따라 법원의 심사결정이 확정된 경우, 그 몰수 또는 추징에 관한 확정재판은 공조의 실시에 관하여 대한민국 법원이 선고한 몰수 또는 추징의 확정재판으로 의제한다(동법 제69조 참조). 법원의 결정으로 외국 법원의 재판이 국내에서도 동일한 효력을 갖는 것이다.

관련조문

마약거래방지법 제69조(결정의 효력) 몰수 또는 추징에 관한 확정재판 집행의 공조요청에 대하여 공조허가 결정이 확정되었을 때에는 그 몰수 또는 추징에 관한 확정재판은 공조의 실시에 관하여 대한민국 법원이 선고한 몰수 또는 추징의 확정재판으로 본다.

---

4. 법원 결정의 취소와 실효 등

법원은 몰수 또는 추징에 관한 확정재판 집행의 공조요청에 대하여 공조허가 결정이 확정된 경우 그 몰수 또는 추징에 관한 확정재판이 취소되거나 그 밖에 그 효력이 없어진 경우에는 검사 또는 이해관계인의 청구에 의하여 결정으로 공조허가 결정을 취소하여야 한다(동법 제70조 제1항 참조).

위와 같이 취소 결정이 확정되면 「형사보상 및 명예회복에 관한 법률(형사보상법)」에 따른 **몰수 또는 추징집행으로 인한 보상의 예**에 따라 보상한다(동조 제2항 참조). 위 형사보상법은 몰수(沒收) 집행에 대한 보상을 할 때에는 그 몰수물을 반환하고, 그것이 이미 처분되었을 때에는 보상결정 시의 시가(時價)를 보상한다고 규정하고 있고, 추징금(追徵金)에 대한 보상을 할 때에는 그 액수에 징수일의 다음 날부터 보상 결정일까지의 일수에 대하여 「민법」 제379조의 법정이율을 적용하여 계산한 금액을 더한 금액을 보상한다고 규정하고 있다(형사보상법 제5조 제6항, 제7항 참조).

관련조문

마약거래방지법 제70조(결정의 취소) ① 법원은 몰수 또는 추징에 관한 확정재판 집행의 공조요청에 대하여 공조허가 결정이 확정된 경우 그 몰수 또는 추징에 관한 확정재판이 취소되거나 그 밖에 그 효력이 없어진 경우에는 검사 또는 이해관계인의 청구에 의하여 결정으로 공조허가 결정을 취소하여야 한다.

② 제1항의 취소 결정이 확정되었을 때에는 「형사보상 및 명예회복에 관한 법률」에 따른 몰수 또는 추징집행으로 인한 보상의 예에 따라 보상한다. <개정 2011. 5. 23.>

③ 제1항의 청구에 의한 결정에 관하여는 제68조를 준용한다.

형사보상법 제5조(보상의 내용) ⑥ 몰수(沒收) 집행에 대한 보상을 할 때에는 그 몰수물을 반환하고, 그것이 이미 처분되었을 때에는 보상결정 시의 시가(時價)를 보상한다.

⑦ 추징금(追徵金)에 대한 보상을 할 때에는 그 액수에 징수일의 다음 날부터 보상 결정일까지의 일수에 대하여 「민법」 제379조의 법정이율을 적용하여 계산한 금액을 더한 금액을 보상한다.

제3관 외국에 대하여 요청하는 공조 절차

I 개요[229]

외국으로부터 국제공조에 대한 요청을 받는 것과는 별도로 국내에서 외국으로 수사, 환수, 재판 등을 위해 국제공조를 요청하는 경우도 많이 있으므로 이런 절차는 어떤 규정에 따라 진행되는지 검토할 필요가 있다.

수사 목적을 위한 공조로는 형사사법공조, KICS 국제공조, 인터폴 국제공조 등이 있으나 사건의 실체를 규명하는 동시에 법정에도 제출 가능한 증거를 수집할 필요가 있을 경우에는 형사사법공조요청을 검토하게 된다. 외국에 대한 공조요청을 할 수 있는 내용으로는 계좌조회, 인터넷 관련 조회, 사건관계인 대상 진술청취, 사실관계 조회, 사건기록 사본 제

229 위 「형사사법공조 실무」 13면 이하 참조.

공, **외국 소재 범죄수익 보전 및 환수** 등이 있다.

다만 형사사법공조는 공조요청국과 피요청국의 여러 기관을 경유하는 절차적 특성상 공조이행에 많은 시간이 소요되므로 공조요청을 검토할 때 공조요청이 수사 및 재판에 미칠 영향도 함께 고려할 수밖에 없다.

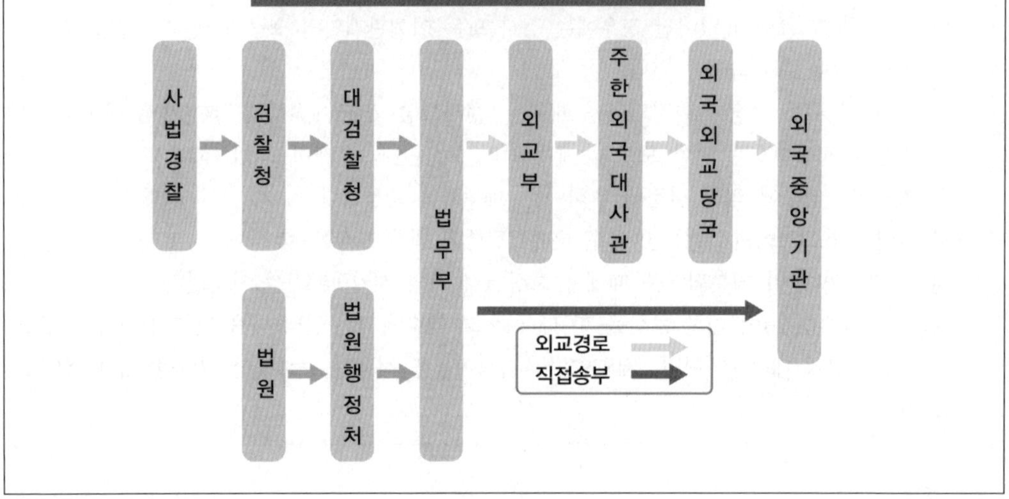

외국에 대한 형사사법공조 요청 과정

Ⅱ 공조요청서 작성

1. 수사에 관한 공조요청

검사 또는 고위공직자범죄수사처장은 **외국에 수사에 관한 공조요청**을 하려면 법무부장관에게 **공조요청서를 송부**하여야 하고, **사법경찰관**은 **검사에게 신청**하여 법무부장관에게 공조요청서를 송부하여야 한다(공조법 제29조 참조). 외국에 수사에 관한 공조요청을 하는 경우 그 주체를 검사로 명시한 것이다.

위 규정에 따라 검사로부터 공조요청서를 송부받은 법무부장관은 **외국에 공조요청하는 것이 타당하다고 인정**하는 경우에는 그 공조요청서를 **외교부장관에게 송부**하여야 하나, 다만 긴급한 조치가 필요한 경우나 특별한 사정이 있는 경우에는 **외교부장관의 동의**를 받아 공조요청서를 **직접 외국에 송부**할 수 있다(동법 제30조 참조).

법무부장관으로부터 위 공조요청서를 송부받은 외교부장관은 **이를 외국에 송부하여야** 하나, 외교 관계상 공조요청하는 것이 타당하지 아니하다고 인정하는 경우에는 이에 관하여 **법무부장관과 협의**하여야 한다(동법 제31조 참조). 외국에 공조요청을 하는 경우에는 **그 외국의 공용어로 된 공조요청서**와 그 밖의 **관계 서류의 번역문**을 첨부하고 해당 외국의 공용어를 알 수 없는 경우에는 **영어로 된 번역문을 첨부**할 수 있다(동법 제32조 참조).

관련조문

공조법 제29조(검사 등의 공조요청) 검사 또는 고위공직자범죄수사처장은 외국에 수사에 관한 공조요청을 하려면 법무부장관에게 공조요청서를 송부하여야 하고, 사법경찰관은 검사에게 신청하여 법무부장관에게 공조요청서를 송부하여야 한다.

제30조(법무부장관의 조치) 제29조에 따른 공조요청서를 받은 법무부장관은 외국에 공조요청하는 것이 타당하다고 인정하는 경우에는 그 공조요청서를 외교부장관에게 송부하여야 한다. 다만, 긴급한 조치가 필요한 경우나 특별한 사정이 있는 경우에는 외교부장관의 동의를 받아 공조요청서를 직접 외국에 송부할 수 있다.

제31조(외교부장관의 조치) 외교부장관은 법무부장관으로부터 제30조에 따른 공조요청서를 받았을 때에는 이를 외국에 송부하여야 한다. 다만, 외교 관계상 공조요청하는 것이 타당하지 아니하다고 인정하는 경우에는 이에 관하여 법무부장관과 협의하여야 한다.

제32조(번역문의 첨부) 외국에 공조요청을 하는 경우에는 그 외국의 공용어로 된 공조요청서와 그 밖의 관계 서류의 번역문을 첨부하여야 한다. 다만, 해당 외국의 공용어를 알 수 없는 경우에는 영어로 된 번역문을 첨부할 수 있다.

2. 재판에 관한 공조요청

법원이 **형사재판에 관하여 외국에 공조요청**을 하는 경우에는 **법원행정처장**에게 공조요청서를 송부하여야 한다. 이 경우 법원은 **그 사실을 검사에게 통지**하여야 하고 법원행정처장은 위와 같은 공조요청서를 받았을 때에는 **법무부장관에게 이를 송부**하여야 한다(동법 제33조 참조).

위와 같이 공조요청서를 받은 법무부장관은 **외국에 공조요청을 하는 것이 타당하지 아니하다고 인정**하는 경우에는 **법원행정처장과 협의**하여야 하고, 구체적인 절차는 모두 수사절차의 그것을 준용한다(동법 제35조 참조).

관련조문

공조법 제33조(법원의 공조요청) ① 법원이 형사재판에 관하여 외국에 공조요청을 하는 경우에는 법원행정처장에게 공조요청서를 송부하여야 한다. 이 경우 법원은 그 사실을 검사에게 통지하여야 한다.

② 법원행정처장은 제1항에 따른 공조요청서를 받았을 때에는 법무부장관에게 이를 송부하여야 한다.

제34조(법원행정처장과의 협의) 제33조제2항에 따른 공조요청서를 받은 법무부장관은 외국에 공조요청을 하는 것이 타당하지 아니하다고 인정하는 경우에는 법원행정처장과 협의하여야 한다.

제35조(준용규정) 외국에 대한 형사재판에 관한 공조요청에 대하여는 제30조부터 제32조까지의 규정을 준용한다.

Ⅲ 범죄수익환수를 위한 공조요청 사례

1. 게임산업진흥법위반죄로 취득한 범죄수익에 대해 몽골 소재 재산 환수 사례

서울북부지방검찰청은 국내에서 게임산업진흥법위반 등으로 추징금 48억 원을 선고받은 피고인에 대한 위 추징금 확정 재판을 집행하기 위해 피고인이 위 범죄수익으로 매입한 몽골 소재 호텔지분 매각대금에 대해 형사사법공조를 요청하였고, 이에 따라 2012. 12. 13. 몽골 대검찰청으로부터 범죄수익 3억 6,500만 원을 환수집행한 사례가 있다.[230]

2. 뇌물 등 부패재산 환수를 위한 미국 소재 부동산 매각대금 환수 사례

서울중앙지방검찰청은 **특정범죄가중법위반(뇌물)죄 등으로 추징금 2,295억 원 상당**을 선고받은 전두환 前 대통령 일가에 대한 **확정 추징금을 집행**하기 위하여 피고인이 범죄수익으로 매입한 **미국 소재 부동산 매각대금에 대한 환수**를 미국 정부에 요청하였고 2015. 11. 9. 미국 법무부로부터 범죄수익 **미화 1,126,951 달러 상당**을 환수한 사례가 있다.[231]

---

230 2012. 12. 17.자 한국경제, 「檢, 해외로 빼돌린 '검은 돈' 첫 환수」 기사 참조.

231 2015. 11. 11.자 서울신문 「전두환 家 은닉 미 재산 13억 국내 환수」 기사 참조.

3. 횡령죄로 취득한 부패재산 환수를 위한 중국 소재 금융자산 환수 사례

대구지방검찰청은 **특정범죄가중법위반(횡령)죄** 등으로 **추징금 125억 원** 상당을 선고받은 피고인에 대한 차명재산 환수를 위해 **중국 내 금융자산 환수 공조를 요청**하였고, 이에 2018. 7. 20. 중국 공안부로부터 **추징금 261,938,227원 상당을 환수**한 사례가 있다.[232]

제4관 부패재산에 대한 회복관련 공조 절차

Ⅰ 국제연합 부패방지 협약에 따른 부패재산 회복 절차

1. 규정의 취지

부패재산몰수법은 제4장으로 「**부패재산의 회복에 관한 특례 및 절차**」 규정을 두고 있다. 앞에서 이미 검토한 바와 같이 부패재산몰수법은 해외에서 국내로 또는 국내에서 해외로 형사사법공조 요청을 통해 몰수·추징보전 조치 또는 몰수·추징 확정재판의 집행 절차를 진행할 수 있도록 마약거래방지법 관련 규정을 전부 준용하고 있는데 **이와 별도로 부패재산 자체의 회복에 관한 특례 및 절차 규정을 따로 두고 있다**는 점에서 독특하다.

이렇게 부패재산몰수법이 별도로 부패재산에 대한 회복과 반환에 관한 규정을 두고 있는 것은 **부패재산의 귀속을 국제적으로 전면 금지**하고 **해당 부패재산은 반드시 그 재산이 소재하고 있는 곳으로 회복 및 반환한다는 국제적인 선언**에 따른 것이라고 이해되는바, 이러한 규정이 도입된 배경에 대해 먼저 살펴볼 필요가 있다.

2. 국제연합 부패방지협약 관련 규정

가. 전문

국내 부패재산몰수법 제정의 배경이 된 **국제연합 부패방지협약**(United Nations Convention Against Corruption, UNCAC, 이하, '협약')은 「부패방지 및 척결이 모든 국가의 책임이므로 불법적으로 취득된 자산의 국제적 이동을 방지·탐지 및 차단하여 자산 회복에 있어 국제협력을 강화하기로 한다」는 **원칙을 선언**하고 있다.

---

232 2018. 1. 18.자 한국경제 「中 '조희팔 범죄수익' 한국에 돌려준다」 기사 참조.

관련조문

협약 전문 이 협약의 당사국은,

민주주의 제도와 가치, 도덕적 가치 및 정의를 훼손하고, 지속적인 발전과 법의 지배를 위태롭게 하면서 사회의 안정 및 안전에 부패에 의하여 야기되는 문제와 위협의 심각성을 우려하고,

또한 **부패와 특히 자금세탁 등의 조직적 범죄 및 경제범죄와 같은 기타 유형의 범죄 사이의 연관성을 우려**하며, 나아가 부패의 사례가 국가 자원의 상당한 비율을 점할 정도의 막대한 액수의 자산과 결부되어 그 국가의 정치적 안정 및 지속적 발전에 위협이 되고 있음을 우려하고,

부패가 더 이상 국내적 문제가 아니라 모든 사회 및 경제에 영향을 미치는 국제적 현상이므로 **부패를 방지·통제하기 위한 국제협력이 필수적임을 확신**하며, 또한 **부패를 효과적으로 방지·척결하기 위하여는 포괄적이고 다각적인 접근이 요구됨을 확신**하고,

나아가 부패를 효과적으로 방지·척결함에 있어 기술지원의 혜택이 능력강화 및 제도화 등 국가능력제고에 중요한 역할을 할 수 있음을 확신하며,

개인적 부의 불법적 축적은 특히 민주주의적 제도와 국가 경제 및 법의 지배에 해를 미칠 수 있음을 확신하고, **보다 효과적인 방법으로 불법적으로 취득된 자산의 국제적 이동을 방지·탐지 및 차단하여 자산회복에 있어 국제협력을 강화하기로 결정**하며, 재산권을 판결함에 있어 형사·민사 또는 행정소송상의 적법절차의 기본원칙을 인정하고, **부패 방지 및 척결은 모든 국가의 책임**이므로, 이 분야에서의 노력이 효과적으로 이루어지도록 하기 위하여, 시민사회, 비정부간기구 및 지역사회기구 등의 공공분야 밖에서 개별적·집단적 지원과 참여로써 국가간 서로 협력하여야 함을 명심하며, (후략)

나. 국제협력

협약은 제4장에서 국제협력을 규정하면서 협약의 당사국은 범죄인인도, 수형자의 이송, 사법공조 등의 절차에서 적절하고 자국의 법체계와 부합하는 경우 부패와 연루된 민사·행정 사항에 관한 조사 및 절차에 상호 조력을 하도록 명시하고 있다(위 협약 제43조 참조).

나아가 **국제 협력의 사안에 있어서 쌍방가벌성이 요구**되는 경우 공조가 추구되고 있는 범죄를 구성하는 행위가 요청당사국과 피요청당사국 **양국의 법률에서 공히 형사상 범죄**라면 **쌍방 가벌성의 요건을 충족한 것으로 간주**한다고 명시하고 있다.

관련조문

협약 제43조 국제 협력

1. 당사국은 이 협약 제44조 내지 제50조에 따라 형사분야에서 협력한다. 적절하고 자국의 법체계와 부합하는 경우 당사국은 부패와 연루된 민사·행정 사항에 관한 조사 및 절차에 상호 조력하는 것을 검토한다.
2. 국제 협력의 사안에 있어서 언제나 쌍방가벌성이 요구된다고 고려되는 때에는 공조가 추구되고 있는 범죄를 구성하는 행위가 요청당사국과 피요청당사국 양국의 법률에서 공히 형사상 범죄라면 피요청당사국의 법률이 그 범죄를 요청당사국과 마찬가지로 동일한 종류의 범죄로 규정하든지 또는 동일한 명칭을 부여하든지에 관계없이 그러한 요건이 충족된 것으로 간주된다.

한편 협약은 **사법공조에 대한 부분을 명시**하면서(제46조 참조) 이 협약이 규율하는 **부패범죄와 관련된 수사·기소 및 사법절차**에 있어 상호 가능한 최대 공조를 제공하고 해당 규정에 따라 제공되는 사법공조의 일환으로 이 **협약 제5장의 규정에 따른 자산의 회복을 명시**하고 있다. 부패재산몰수법상 **부패재산의 회복 절차 특례**는 협약의 위 규정에 근거하여 마련된 것으로 봄이 상당하다.

관련조문

협약 제46조 사법공조

1. **당사국은 이 협약이 규율하는 범죄와 관련된 수사·기소 및 사법절차에 있어서 상호 가능한 최대의 공조를 제공한다.**
2. 요청당사국에서 이 협약 제26조에 따라 법인에 죄책이 있는 범죄와 관련된 수사·기소 및 사법절차에 대해 피요청당사국은 관계 법령·조약·협정 및 약정에 입각하여 가능한 최대의 사법공조가 제공된다.
3. **이 조에 따라 제공되는 사법공조는 다음의 목적을 위하여 요청될 수 있다.**
   가. 관계인으로부터 증거 또는 진술 취득
   나. 재판서류송달의 집행
   다. 수색·압수 및 동결의 집행
   라. 물건 및 장소의 검증
   마. 정보·증거물 및 전문가 감정의 제공
   바. 정부·은행·재무·기업 또는 상업상 기록을 포함한 관계 문서 및 기록의 원본 또는 인증 등본의 제공
   사. 증거수집의 목적으로 범죄수익·재산·도구 기타 물건의 확인 또는 추적

아. 요청당사국으로 관계인의 임의 출두의 촉진
자. 피요청당사국의 국내법에 반하지 않는 기타 공조
차. 이 협약 제5장의 규정에 따라 부패의 수익의 확인·동결 및 추적
카. <u>이 협약 제5장의 규정에 따라 자산의 회복</u>

다. 자산회복에 관한 절차

1) 재산의 직접 회복

협약은 **협약의 타 당사국이 대한민국의 법원**에서 이 협약에 따라 확립된 범죄의 실행을 통하여 취득한 **재산의 권원 또는 소유권을 확인**하기 위한 **민사소송을 제기**하는 것을 허용하는데 필요한 조치를 취하고, 부패범죄로 인하여 피해를 입은 타 당사국에 **전보 또는 배상을 지급하는 명령**을 내리는 것을 허용하는 조치를 취할 수 있도록 규정하고 있다.

또한 **대한민국 법원 또는 담당 기관이 몰수를 결정**하여야 하는 때에 이 협약에 따라 **확립된 범죄의 실행을 통하여 취득한 재산의 적법한 소유자로 주장**하는 타 당사국의 청구를 인정하는 것을 허용하는데 필요한 조치를 취하여야 한다. 다시 말해 이 협약에 가입한 **다른 당사국이 직접 대한민국 법원 및 담당기관**을 통하여 대한민국 안에 있는 **부패재산에 대한 권리를 직접 행사**하거나 **그 소유권을 주장하는 절차에 적극 협력**하도록 규정하고 있다(위 협약 제53조 참조).

관련조문

협약 제53조 재산의 직접 회복

각 <u>당사국은 국내법에 따라 다음과 같이 조치</u>한다.

가. 타당사국이 자국의 법원에서 이 협약에 따라 확립된 범죄의 실행을 통하여 취득한 재산의 권원 또는 소유권을 확인하기 위한 민사소송을 제기하는 것을 허용하는데 필요할 수 있는 조치를 취한다.

나. 자국의 법원이 협약에 따라 확립된 범죄를 범한 자에게 그 범죄로 인하여 피해를 입은 타당사국에 전보 또는 배상을 지급하는 명령을 내리는 것을 허용하는데 필요할 수 있는 조치를 취한다.

다. <u>자국의 법원 또는 담당기관이 몰수를 결정하여야 하는 때</u>에 <u>이 협약에 따라 확립된 범죄의 실행을 통하여 취득한 재산의 적법한 소유자로 주장하는 타당사국의 청구를 인정하는 것을 허용하는 데 필요할 수 있는 조치</u>를 취한다.

---

2) 자산의 처분과 반환 규정

협약은 이 협약에 따라 **당사국에 의하여 몰수된 재산은 이 협약 및 국내법의 규정에 따라 당사국에 의하여 적법한 전(前) 소유자에게 반환**하도록 규정하고 있다. 위 협약에 따라 각 당사국은 선의의 제3자의 권리를 고려하고 이 협약에 따라 자국의 담당기관이 타당사국의 요청에 따라 몰수된 재산을 반환하는데 필요할 수 있는 입법 기타 조치를 하여야 한다고 규정하고 있다(위 협약 제57조 제1항 내지 제2항 참조).

나아가 해당 협약은 요청을 받은 당사국은 **공공자금의 횡령 또는 공공자금 세탁**의 경우 **요청당사국 내의 확정판결**에 따라 **그 몰수된 자금을 요청 당사국에 반환**한다. 또한 반환을 요청하는 당사국 내의 확정판결에 따라 그 당사국의 요청을 받은 국가에 대하여 **그 몰수된 재산에 대한 선(先) 소유권을 합리적으로 입증**하거나 그 요청을 받은 당사국이 그 몰수된 재산을 반환하기 위한 근거로서 **요청당사국의 손해를 인정**하는 때에 그 **몰수된 재산을 그 요청 당사국에게 반환**한다고 규정하고 있다.

그리고 **몰수된 재산을 요청당사국에게 반환**하거나 **그러한 재산을 적법한 전(前) 소유자에게 반환**하거나 **그 범죄의 희생자에 보상**하는 것을 우선 고려한다(동조 제3항 각목 참조). 이처럼 위 협약은 부패재산에 대한 몰수집행을 통해 적법한 전 소유자에게 반환하도록 하는 원칙을 명시하고 그 과정에서 필요한 국제협력을 규정하고 있다.

관련조문

협약 제57조 자산의 처분과 반환

1. 이 협약 제31조 또는 제55조에 의하여 **당사국에 의하여 몰수된 재산은 이 협약 및 국내법의 규정에 따라 당사국에 의하여 적법한 전소유자에게 반환하는 것을 포함하여 이 조의 제3항에 의하여 처분**된다.
2. 각 당사국은 선의의 제3자의 권리를 고려하면서 이 협약에 따라 자국의 담당기관이 타당사국의 요청에 입각하여 조치하는 경우에 **몰수된 재산을 반환하는데 필요할 수 있는 입법 기타 조치를 자국의 국내법의 기본원칙에 따라 채택**한다.
3. 이 협약 제46조, 제55조, 이 조의 제1항 및 제2항에 따라 피요청당사국은 다음을 행한다.
   가. 이 협약 제17조 및 제23조에 규정된 **공공자금의 횡령 또는 공공자금의 세탁의 경우**에 제55조에 따라 **몰수가 집행된 때에는 피요청당사국이 포기할 수 있는 요건**으로서 **요청당사국 내의 확정판결에 기초하여 그 몰수된 자금을 요청당사국에게 반환**한다.
   나. **이 협약에 의하여 규율되는 다른 범죄 수익**의 경우에는 제55조에 따라 몰수가 집

행된 때에는 피요청당사국이 포기할 수 있는 요건으로서 **요청당사국 내의 확정판결에 기초하여 그 요청당사국이 피요청당사국에 대하여 그 몰수된 재산에 대한 선 소유권을 합리적으로 입증**하거나 **그 피요청당사국이 그 몰수된 재산을 반환하기 위한 근거로서 요청당사국에 대한 손해를 인정**하는 때에 **그 몰수된 재산을 그 요청당사국에게 반환**한다.

다. 다른 모든 경우에는 **몰수된 재산을 요청당사국에게 반환하거나 그러한 재산을 적법한 전소유자에게 반환하거나 그 범죄의 희생자에 보상하는 데 우선적 고려**를 두도록 한다.

Ⅱ 부패재산몰수법상 요청국의 요청에 따른 부패재산의 회복 특례

1. 반환요청의 접수

부패재산몰수법은 **위 협약에 따라 해외에서 국내로 부패재산에 대한 반환요청**이 있을 경우, 이에 대한 **접수와 요청국에 대한 집행재산등의 인도**에 관한 규정을 두고 있다(동법 제9조).

그런데 부패재산몰수법은 위와 같은 반환요청의 접수와 집행재산의 인도 등에 관한 별다른 설명 없이 제4장에서 곧바로 해당 절차를 규정하고 있는 관계로 일반 국민으로 하여금 **위와 같은 절차가 어디에 근거**하는 것인지, 반환요청이라면 **도대체 어떤 반환 요청을 의미하는 것**인지 **이해하기 어렵게 규정**되어 있다.

따라서 구체적으로 위와 같은 **해외의 반환요청의 근거와 취지가 무엇인지 먼저 명시해줄 필요**가 있다(私見). 이에 대한 **부패재산몰수법의 개정안**은 다음과 같다.

관련조문

부패재산몰수법 (개정안) 제9조 (반환요청의 접수 및 집행재산등의 인도) ① **요청국으로부터 「국제연합부패방지협약」 및 관련 조약 등에 따라 이 법에 따른 부패재산에 대한 반환요청이 있는 경우 이에 대한 반환 절차 등에 적극 협조하여야 한다**. (신설)

② 제1항에 따른 반환요청의 접수와 요청국에 대한 집행재산등의 인도는 외교부장관이 행한다. 다만, 긴급을 요하는 사정이나 특별한 사정이 있는 경우에는 법무부장관이 외교부장관의 동의를 받아 이를 행할 수 있다.

요청국의 **부패재산 반환요청**이 있는 경우 그 **반환요청서의 접수**와 **요청국에 대한 집행재산 등의 인도**는 외교부장관이 행하나, 긴급을 요하는 사정이나 특별한 사정이 있는 경우에는 법무부장관이 외교부장관의 동의를 받아 이를 행할 수 있다(부패재산몰수법 제9조 참조). 이 경우 외교부장관은 요청국으로부터 집행재산 등의 반환요청을 받은 때에는 **반환요청서를 법무부장관에게 송부**하여야 한다(동법 제10조 참조).

이 경우 법무부장관은 이 법에 따라 집행재산등을 반환할 수 없거나 반환하지 아니하는 것이 상당하다고 인정하는 경우 또는 반환을 연기하려는 경우에는 외교부장관과 협의하여야 한다(동법 제12조 참조).

관련조문

부패재산몰수법 제9조(반환요청의 접수 및 집행재산등의 인도) 반환요청의 접수와 요청국에 대한 집행재산등의 인도는 외교부장관이 행한다. 다만, 긴급을 요하는 사정이나 특별한 사정이 있는 경우에는 법무부장관이 외교부장관의 동의를 받아 이를 행할 수 있다.

제10조(반환요청서의 송부) 외교부장관은 요청국으로부터 집행재산등의 반환요청을 받은 때에는 반환요청서를 법무부장관에게 송부하여야 한다.

제12조(반환 관련 협의) 법무부장관은 이 법에 따라 집행재산등을 반환할 수 없거나 반환하지 아니하는 것이 상당하다고 인정하는 경우 또는 반환을 연기하려는 경우에는 외교부장관과 협의하여야 한다.

2. 법무부장관의 집행재산 등의 반환 결정 등 조치

법무부장관은 **요청국으로부터 집행재산등의 반환요청**이 있는 때에는 **그 전부 또는 일부의 반환을 결정**할 수 있으나, ① 요청국에서 **반환요청을 철회**하거나 ② **집행재산등의 가치가 미미**한 경우 또는 ③ **주권(主權), 국가안전보장, 안녕질서 또는 미풍양속 등 대한민국의 중대한 이익 보호**를 위하여 집행재산등을 반환하는 것이 적당하지 아니하다고 인정되는 경우에는 **반환 결정을 하지 않을 수 있다**(부패재산몰수법 제11조 제1항 참조).

법무부장관이 위와 같은 결정을 하는 경우 집행재산 등의 전부 또는 일부를 반환하기로 결정한 때에 **그 반환을 위해 상당하다고 인정되는 검찰청의 관할을 결정**한 다음 해당 지방검찰청 검사장에게 **공조에 필요한 조치**를 명하고 그 **집행재산 등을 반환하기 위하여 보관할 것을 명**하여야 한다(동조 제2항 참조). 이 경우 통상 해당 검찰청의 관할은 집행재산 등의 소재지를 관할하는 검찰청이 될 것이다.

이 경우 법무부장관은 **위와 같은 결정을 하기 이전**이라고 하더라도 ① 집행재산 등의 반환 요청에 응하여할 **상당한 개연성**이 있다고 판단되거나 ② 요청국으로부터 **반환요청이 있을 것으로 예상**되는 경우에는 해당 검사장에게 국제공조에 필요한 조치를 명하거나 집행재산 등의 전부 또는 일부를 임시 보관할 것을 명할 수 있다(동 조 제3항 각호 참조).

관련조문

부패재산몰수법 제11조(집행재산등의 반환 결정 등) ① 법무부장관은 **요청국으로부터 집행재산등의 반환요청이 있는 때에는 그 전부 또는 일부의 반환을 결정할 수 있다**. 다만, 요청국에서 반환요청을 철회하거나 집행재산등의 가치가 미미하거나 주권(主權), 국가안전보장, 안녕질서 또는 미풍양속 등 대한민국의 중대한 이익 보호를 위하여 집행재산등을 반환하는 것이 적당하지 아니하다고 인정되는 경우에는 그러하지 아니하다.

② 법무부장관은 **집행재산등의 전부 또는 일부를 반환하기로 결정한 때에는 그 반환을 위하여 상당하다고 인정되는 지방검찰청검사장(이하 "검사장"이라 한다)에게 제7조에 따른 공조에 필요한 조치를 명하고, 그 집행재산등을 반환하기 위하여 보관할 것을 명**하여야 한다.

③ 법무부장관은 다음 각 호의 어느 하나에 해당하는 경우에는 **제2항에 따른 결정을 하기 전**이라도 필요하다고 인정하는 때에는 검사장에게 제8조에 따른 국제공조에 필요한 조치를 명하거나 집행재산등의 전부 또는 일부를 임시보관할 것을 명할 수 있다.

1. 집행재산등의 반환요청에 응하여야 할 상당한 개연성이 있다고 판단되는 경우
2. 요청국으로부터 반환요청이 있을 것으로 예상되는 경우

3. 집행재산 반환 등에 관한 검사장의 조치

법무부장관으로부터 **집행재산 등의 반환 결정에 따른 명령**을 받은 검사장은 소속 검사에게 **집행재산 등의 반환에 필요한 조치**를 취하도록 명하여야 하고, 위와 같은 명령을 받은 검사장은 **반환을 위한 집행재산 등의 보관을 종료**한 때에는 **지체없이 집행재산 등을 법무부장관에게 인도**하여야 한다(동법 제13조 참조).

그런데 이 경우에도 마약거래방지법에 따라 **요청국으로부터 부패재산에 대한 몰수·추징 보전을 위한 조치**를 진행하거나 **확정된 몰수·추징 판결을 집행**하기 위해서는 검사가 법원에 그 국제공조에 대한 심사를 청구하는 절차를 거치게 되므로 국내에 있는 재산에 대한 위 요청국의 반환에 응하기 위해서는 **마약거래방지법에 따라 위 요청국의 몰수·추징 확정 재판의 집행을 위한 심사청구 절차를 거치거나 몰수·추징 보전 절차를 진행하는 경우가 대부분**일 것이다(마약거래방지법 제67조 등 참조).

관련조문

부패재산몰수법 제13조(검사장의 조치) ① 제11조제2항에 따른 명령을 받은 검사장은 소속 검사에게 집행재산등의 반환에 필요한 조치를 취하도록 명하여야 한다.

② 제11조제2항에 따른 명령을 받은 검사장은 반환을 위한 집행재산등의 보관을 종료한 때에는 지체 없이 집행재산등을 법무부장관에게 인도하여야 한다.

☞ **마약거래방지법 제67조(법원의 심사)** ① 검사는 공조요청이 몰수 또는 추징 확정재판의 집행에 관한 것일 경우에는 법원에 대하여 공조를 할 수 있는 경우에 해당하는지에 관하여 심사를 청구하여야 한다.

제71조(몰수보전의 청구) ① 검사는 공조요청이 몰수를 목적으로 한 보전에 관한 것일 때에는 판사에게 몰수보전명령을 청구하여야 한다. 이 경우 검사는 필요하다고 인정하면 부대보전명령을 청구할 수 있다.

② 제67조제1항의 심사청구가 있은 후에는 몰수보전에 관한 처분은 심사청구를 받은 법원이 집행한다.

제72조(추징보전의 청구) ① 검사는 공조요청이 추징을 목적으로 한 보전에 관한 것일 때에는 판사에게 추징보전명령을 청구하여야 한다.

② 추징보전에 관한 처분에 관하여는 제71조제2항을 준용한다.

4. 집행재산등의 이관

법무부장관은 검사장으로부터 위와 같이 **집행재산등을 인도받은 때**에는 이를 **외교부장관에게 이관**하여야 하고, 이처럼 집행재산등을 이관하는 경우에 그 집행재산등의 사용·반환 등에 관하여 **요청국이 지켜야 할 준수사항**을 정하여 그 **이행의 보증을 요구**하도록 외교부장관에게 요청할 수 있다.

나아가 외교부장관은 법무부장관으로부터 위와 같은 이행보증의 요청을 받은 때에는 **적절한 조치**를 취하고 그 **결과를 법무부장관에게 통지**하여야 한다.

관련조문

부패재산몰수법 제14조(집행재산등의 이관) ① 법무부장관은 제13조에 따른 집행재산등을 인도받은 때에는 이를 외교부장관에게 이관하여야 한다. <개정 2013. 3. 23.>

② 법무부장관은 제1항에 따라 집행재산등을 이관하는 경우에 그 집행재산등의 사용·반환 등에 관하여 요청국이 지켜야 할 준수사항을 정하여 그 이행의 보증을 요구하도록 외교부장관에게 요청할 수 있다. <개정 2013. 3. 23.>

③ 외교부장관은 법무부장관으로부터 제2항에 따른 요청을 받은 때에는 적절한 조치를 취하고 그 결과를 법무부장관에게 통지하여야 한다. <개정 2013. 3. 23.>

Ⅲ 부패재산몰수법상 해외 부패재산에 대한 환수 요청 절차

1. 법무부장관의 당사국에 대한 환수 요청

법무부장관은 외국에 대하여 **몰수 또는 추징의 확정재판 집행**이나 **몰수 또는 추징을 위한 재산보존** 뿐만 아니라 **집행재산등의 환수(還收)를 요청**할 수 있다. 해외 요청국으로부터 재산의 반환을 요청받는 경우뿐만 아니라 대한민국이 국제연합 부패방지협약에 따른 당사국을 상대로 **국내 부패범죄로 인하여 발생한 부패재산이 해외로 빼돌려진 경우** 이에 대한 **환수를 직접 요청**할 수 있는 규정을 두고 있는 것이다(동법 제15조 참조).

나아가 법무부장관은 위 규정에 따라 **집행재산등의 환수를 요청**하는 경우 환수요청서를 **외교부장관에게 송부**하여야 하나, 긴급을 요하는 사정이나 특별한 사정이 있는 경우에는 **외교부장관의 동의를 받아 환수요청서를 직접 외국에 송부**할 수 있으며 고위공직자범죄수사처장은 외국에 대하여 몰수 또는 추징을 위한 재산보존의 공조요청을 하려면 법무부장관에게 공조요청서를 송부하여야 한다(동조 제2항, 제3항 참조).

관련조문

부패재산몰수법 제15조(해외 부패재산의 환수요청) ① 법무부장관은 외국에 대하여 몰수 또는 추징의 확정재판 집행이나 몰수 또는 추징을 위한 재산보존의 공조를 요청할 수 있다. 이 경우 법무부장관은 집행재산등의 환수(還收)를 요청할 수 있다.

② 법무부장관은 제1항에 따라 집행재산등의 환수를 요청하는 경우 환수요청서를 외교부장관에게 송부하여야 한다. 다만, 긴급을 요하는 사정이나 특별한 사정이 있는 경우에는 외교부장관의 동의를 받아 환수요청서를 직접 외국에 송부할 수 있다. <개정 2013. 3. 23.>

③ 고위공직자범죄수사처장은 외국에 대하여 몰수 또는 추징을 위한 재산보존의 공조요청을 하려면 법무부장관에게 공조요청서를 송부하여야 한다. <신설 2021. 1. 5.>

---

2. 외교부장관의 조치

외교부장관은 법무부장관으로부터 **해외 부패재산에 대한 환수요청서를 송부**받은 때에는 **이를 해당 국가에 송부**하여야 하나, 외교관계상 환수요청하는 것이 상당하지 아니하다고 인정하는 경우에는 이에 관하여 **법무부장관과 협의**하여야 한다(동법 제16조 참조).

한편 외국으로부터의 **집행재산 등의 환수는 외교부장관**이 행하고, 향후 **해외로부터 환수받은 집행재산 등을 법무부장관에게 이관**하여야 한다(동법 제17조 참조).

관련조문

부패재산몰수법 제16조(환수요청서의 송부) 외교부장관은 **법무부장관으로부터 제15조에 따른 환수요청서를 송부받은 때에는 이를 해당 국가에 송부하여야 한다**. 다만, 외교관계상 환수요청하는 것이 상당하지 아니하다고 인정하는 경우에는 이에 관하여 법무부장관과 협의하여야 한다.

제17조(해외 집행재산등의 환수 등) ① 외국으로부터 **집행재산등의 환수는 외교부장관이 행한다**.

② 외교부장관은 **환수받은 집행재산등을 법무부장관에게 이관**하여야 한다.

3. 해외 집행재산 등의 처분 절차

법무부장관은 위와 같이 외교부장관으로부터 송부받은 집행재산등이 금전 이외의 재산인 때에는 **검사로 하여금 이를 환가(換價)하거나 징수**하게 할 수 있다. 이 경우 집행재산 등의 처분은 **검찰청법 제11조에 따른 압수물의 징수 사무에 관한 규정**(검찰 압수물 사무규칙, 법무부령 제1022호 등)에 따른 절차를 따른다.

관련조문

부패재산몰수법 제18조(해외 집행재산등의 처분) ① 법무부장관은 송부받은 집행재산등이 금전 이외의 재산인 때에는 검사로 하여금 이를 환가(換價)하거나 징수하게 할 수 있다.

제20조(「형사소송법」의 준용 등) ① 이 법에 따른 몰수·추징의 집행 및 처분에 있어서 이 법에 특별한 규정이 없는 한 그 성질에 반하지 아니한 것은 「형사소송법」을 준용한다.

② **제18조에 규정된 집행재산등의 처분**은 **「검찰청법」 제11조에 따른 압수물 및 징수 사무에 관한 규정에 따라 절차를 진행**한다.

☞ 검찰청법 제11조(위임규정) 검찰청의 사무에 관하여 필요한 사항은 **법무부령**으로 정한다.

☞ 검찰압수물사무규칙[시행 2022. 2. 7.] [법무부령 제1022호, 2022. 2. 7., 타법개정] 제1조(목적) 이 규칙은 검찰청법 제11조의 규정에 의하여 **압수물을 수리하여 처분할 때까지의 사무에 관한 사항을 정함으로써 압수물사무의 적정한 운영을 기함을 목적**으로 한다.

그러데 위와 같은 규정에도 불구하고 환수받은 **집행재산등의 가액이 현저하게 낮거나** 집행재산등의 매각에 있어 **경제적 효용성이 없는 등**의 사유로 매수인이 없거나 매각하더라도 매수인이 없을 것이 분명한 때에는 **그 집행재산등을 폐기**할 수 있다(동법 제18조 제2항 참조).

나아가 검사는 **외국에 대하여 집행재산등의 매각을 공조요청**할 필요가 있는 경우에는 법무부장관에게 **매각요청서를 송부**하여야 하고, 법무부장관은 공조요청하는 것이 상당하다고 인정하는 경우에는 이를 외교부장관에게 송부하여야 한다(동조 제3항 참조).

관련조문

부패재산몰수법 제18조(해외 집행재산등의 처분) ② 제1항에도 불구하고 **환수받은 집행재산등의 가액이 현저하게 낮거나 집행재산등의 매각에 있어 경제적 효용성이 없는 등의 사유로 매수인이 없거나 매각하더라도 매수인이 없을 것이 분명한 때에는 그 집행재산등을 폐기**할 수 있다.

③ 검사는 외국에 대하여 집행재산등의 매각을 공조요청할 필요가 있는 경우에는 법무부장관에게 매각요청서를 송부하여야 하고, 법무부장관은 공조요청하는 것이 상당하다고 인정하는 경우에는 이를 외교부장관에게 송부하여야 한다.

Explanation and case law of the Confiscation of Corrupt Assets Act

제 3 편

부패재산몰수법 별표 부패범죄 해설

제1장 형법상 부패범죄(제1호)

제2장 특정범죄가중처벌 등에 관한 법률위반죄(제3호)

제3장 특정경제범죄 가중처벌 등에 관한 법률위반죄(제4호)

제4장 특별법상 뇌물범죄 관련 부패범죄

제5장 선거·정치자금 관련 부패범죄

제6장 비밀·정보 이용 관련 부패범죄

제7장 각종 청탁·알선 금지 관련 특별법상 부패범죄

제8장 사행행위 관련 부패범죄

제9장 부당 공동행위·입찰 담합 등 관련 부패범죄

제10장 기타 부패범죄

제 1 장
형법상 부패범죄(제1호)

부패재산몰수법은 별표 제1호에서 「**형법**」**상 다음의 죄**를 부패범죄로 규정하고 있다. 각 범죄를 나누어 분설한다.

관련조문

부패재산몰수법 별표

부패범죄(제2조 제1호 관련)

1. 「형법」 중 다음 각 목의 죄
   가. 제2편 제7장 공무원의 직무에 관한 죄 중 **제129조부터 제133조까지**의 죄
   나. 제2편 제34장 신용, 업무와 경매에 관한 죄 중 **제315조**의 죄
   다. 제2편 제39장 사기와 공갈의 죄 중 **제347조, 제347조의2 및 제351조(제347조 및 제347조의2의 상습범만 해당한다)에 해당하는 죄(특정사기범죄로 한정한다)**
   라. 제2편 제40장 횡령과 배임의 죄 중 **제355조부터 제357조까지 및 제359조**의 죄

제 1 절 형법상 뇌물죄 총설

I 뇌물죄와 범죄수익환수

「부패재산몰수법」 별표 제1호에서는 「**형법**」 **제129조 내지 제133조(형법상 뇌물죄)의 죄**를 부패범죄로 규정하고 있는데 「범죄수익은닉규제법」 별표 제2호에서도 마찬가지로 위 각 죄를 모두 중대범죄로 규정하고 있다. 범죄수익은닉규제법은 본래 형법 제133조 위반죄

는 중대범죄로 규정하지 않다가 2006. 7. 30. 동법 개정으로 중대범죄로 추가되었다. 나아가 공무원범죄몰수법 제2조 제1호 가목에서도 본죄를 특정공무원범죄로 각각 규정하고 있다. 다만 공무원범죄몰수법상 특정공무원범죄에는 형법 제133조(뇌물공여등)가 제외되는 것이 특징이나, 형법상 뇌물공여자에 대한 필요적 몰수·추징 규정이 적용되고, 보전절차 또한 무리 없이 가능하므로 공무원범죄몰수법에서 뇌물공여의 점을 제외한 것은 특별한 의미가 없다.

위와 같이 형법상 뇌물죄가 성립하는 경우 **위 각 환수관련 법률이 모두 적용**된다.

관련조문

부패재산몰수법 별표

부패범죄(제2조 제1호 관련)

1. 「형법」 중 다음 각 목의 죄
   가. 제2편 제7장 공무원의 직무에 관한 죄 중 **제129조부터 제133조까지**의 죄

관련조문

舊 범죄수익은닉규제법 별표

중대범죄(제2조 제1호 관련)

1. 「형법」 중 다음 각 목의 죄
   나. 제2편 제7장 공무원의 직무에 관한 죄 중 **제129조부터 제133조까지**의 죄

관련조문

공무원범죄몰수법 제2조(정의) 이 법에서 사용하는 용어의 뜻은 다음과 같다.

1. "특정공무원범죄"란 다음 각 목의 어느 하나에 해당하는 죄[해당 죄와 다른 죄가 「형법」 제40조에 따른 상상적 경합(想像的 競合) 관계인 경우에는 그 다른 죄를 포함한다]를 말한다.
   가. 「형법」 **제129조부터 제132조까지**의 죄

관련조문

형법 제129조(수뢰, 사전수뢰) ① 공무원 또는 중재인이 그 직무에 관하여 뇌물을 수수, 요구 또는 약속한 때에는 5년 이하의 징역 또는 10년 이하의 자격정지에 처한다.

② 공무원 또는 중재인이 될 자가 그 담당할 직무에 관하여 청탁을 받고 뇌물을 수수, 요구 또는 약속한 후 공무원 또는 중재인이 된 때에는 3년 이하의 징역 또는 7년 이하의 자격정지에 처한다.

제130조(제삼자뇌물제공) 공무원 또는 중재인이 그 직무에 관하여 부정한 청탁을 받고 제3자에게 뇌물을 공여하게 하거나 공여를 요구 또는 약속한 때에는 5년 이하의 징역 또는 10년 이하의 자격정지에 처한다.

제131조(수뢰후부정처사, 사후수뢰) ① 공무원 또는 중재인이 전2조의 죄를 범하여 부정한 행위를 한 때에는 1년 이상의 유기징역에 처한다.

② 공무원 또는 중재인이 그 직무상 부정한 행위를 한 후 뇌물을 수수, 요구 또는 약속하거나 제삼자에게 이를 공여하게 하거나 공여를 요구 또는 약속한 때에도 전항의 형과 같다.

③ 공무원 또는 중재인이었던 자가 그 재직 중에 청탁을 받고 직무상 부정한 행위를 한 후 뇌물을 수수, 요구 또는 약속한 때에는 5년 이하의 징역 또는 10년 이하의 자격정지에 처한다.

④ 전3항의 경우에는 10년 이하의 자격정지를 병과할 수 있다.

제132조(알선수뢰) 공무원이 그 지위를 이용하여 다른 공무원의 직무에 속한 사항의 알선에 관하여 뇌물을 수수, 요구 또는 약속한 때에는 3년 이하의 징역 또는 7년 이하의 자격정지에 처한다.

제133조(뇌물공여등) ① 제129조 내지 제132조에 기재한 뇌물을 약속, 공여 또는 공여의 의사를 표시한 자는 5년 이하의 징역 또는 2천만 원 이하의 벌금에 처한다. <개정 1995. 12. 29.>

② 전항의 행위에 공할 목적으로 제삼자에게 금품을 교부하거나 그 정을 알면서 교부를 받은 자도 전항의 형과 같다.

한편 형법상 뇌물죄는 공무원 또는 중재인이 직무행위에 대한 대가로서 부당한 이익을 취하는 것을 금지하는 것으로서 뇌물수수행위를 통해 취득한 범죄수익의 경우 형법 자체적으로 필요적 몰수·추징 규정을 두고 있다.

관련조문

형법 제134조(몰수, 추징) 범인 또는 정을 아는 제삼자가 받은 뇌물 또는 뇌물에 공할 금품은 몰수한다. 그를 몰수하기 불능한 때에는 그 가액을 추징한다.

다만 공무원범죄몰수법은 마찬가지로 필요적 몰수·추징 규정을 두고 있는데다 ① 불법재산 추정 규정이 적용되고(**동법 제7조** 참조), ② 제3자가 그와 같은 정을 알고 취득한 재산까지 몰수할 수 있도록 하며(**동법 제5조 제1항** 참조) ③ 뇌물죄로 취득한 불법재산의 추징에 있어 법인 외의 자가 그 정황을 알면서 취득한 불법재산 및 그로부터 유래한 재산에 대해 법인외의 자에 대한 직접 집행 가능한 예외규정을 아울러 두고 있어(**동법 제9조의2** 참조) 뇌물을 수수한 사람이 이를 제3자에게 이전하는 등의 행위를 하여 이를 몰수·추징할 필요성이 있는 경우에는 **공무원범죄몰수법을 우선 적용**함이 상당하다. 아래에서 항을 바꾸어 상세히 설명한다.

관련조문

공무원범죄몰수법 제3조(불법재산의 몰수) ① 불법재산은 몰수한다.

② 제1항에 따라 몰수하여야 할 재산에 대하여 재산의 성질, 사용 상황, 그 재산에 관한 범인 외의 자의 권리 유무, 그 밖의 사정을 고려한 결과 그 재산을 몰수하는 것이 타당하지 아니하다고 인정될 경우에는 제1항에도 불구하고 몰수하지 아니할 수 있다.

③ 제1항의 경우 「형사소송법」 제333조 제1항 및 제2항은 적용하지 아니한다.

제4조(불법재산이 합하여진 재산의 몰수방법) 불법재산이 불법재산 외의 재산과 합하여진 경우에 제3조 제1항에 따라 그 불법재산을 몰수하여야 할 때에는 불법재산과 불법재산 외의 재산이 합하여진 재산(이하 "혼합재산"이라 한다) 중 불법재산의 비율에 해당하는 부분을 몰수한다.

제5조(몰수의 요건 등) ① 제3조에 따른 몰수는 불법재산 또는 혼합재산이 범인 외의 자에게 귀속되지 아니하는 경우에만 한다. 다만, 제2조 제1호나목의 죄와 같은 호 다목의 죄 중 「특정범죄가중처벌 등에 관한 법률」 제5조의 죄의 경우로서 불법재산 또는 혼합재산이 국가 또는 지방자치단체의 소유인 경우 및 범인 외의 자가 범죄 후 그 정황을 알면서도 그 불법재산 또는 혼합재산을 취득한 경우(법령상의 의무 이행으로서 제공된 것을 취득한 경우나 채권자에게 상당한 재산상의 이익을 제공하는 계약을 할 당시에 그 계약에 관련된 채무 이행이 불법재산 또는 혼합재산에 의한다는 사실을 알지 못하고 그 계약에 관련된 채무의 이행으로 제공된 것을 취득한 경우는 제외한다)에는 그 불법재산 또는 혼합재산이 범인 외의 자에게 귀속되었더라도 몰수할 수 있다.

② 지상권·저당권 또는 그 밖의 권리가 그 위에 존재하는 재산을 제3조에 따라 몰수하는 경우, 범인 외의 자가 범죄 전에 그 권리를 취득한 경우 또는 범인 외의 자가 범죄 후 그 정황을 알지 못하고 그 권리를 취득한 경우에는 해당 권리를 존속시킨다.

제6조(추징) 불법재산을 몰수할 수 없거나 제3조 제2항에 따라 몰수하지 아니하는 경우에는 그 가액(價額)을 범인에게서 추징(追徵)한다.

제7조(불법재산의 증명) 특정공무원범죄 후 범인이 취득한 재산으로서 그 가액이 취득 당시의 범인의 재산 운용 상황 또는 법령에 따른 지급금의 수령 상황 등에 비추어 현저하게 고액(高額)이고, 그 취득한 재산이 불법수익 금액 및 재산 취득시기 등 모든 사정에 비추어 특정공무원범죄로 얻은 불법수익으로 형성되었다고 볼 만한 상당한 개연성이 있는 경우에는 특정공무원범죄로 얻은 불법수익이 그 재산의 취득에 사용된 것으로 인정할 수 있다.

Ⅱ 뇌물죄로 취득한 범죄수익환수를 위한 「공무원범죄몰수법」의 적용

공무원범죄몰수법은 특정공무원범죄 후 범인이 취득한 재산으로서 그 가액이 취득 당시의 범인의 재산 운용 상황 또는 법령에 따른 지급금의 수령 상황 등에 비추어 현저하게 고액(高額)이고, 그 취득한 재산이 불법수익 금액 및 재산 취득시기 등 모든 사정에 비추어 특정공무원범죄로 얻은 불법수익으로 형성되었다고 볼 만한 상당한 개연성이 있는 경우에는 특정공무원범죄로 얻은 불법수익이 그 재산의 취득에 사용된 것으로 인정할 수 있다는 취지의 불법재산의 추정규정을 두고 있다(**동법 제7조**).

이는 **불법정치자금법 제7조, 마약거래방지법 제17조와 유사**한 규정으로 범죄수익환수의 핵심 법률이라고 할 수 있는 부패재산몰수법에 위와 같은 규정이 없는 것은 입법의 흠결에 해당하므로 개정할 필요가 있다(私見)

범죄수익은 대부분 은닉과 세탁의 과정을 거치게 되고 추적이 곤란한 고액의 현금과 외환, 수표 등으로 형성되는데 당시 재산형성과정과 제반 사정에 비추어 고액의 재산을 형성한 경우에는 이를 범죄수익으로 취득한 재산임을 추정하는 것이 논리적으로 타당하기 때문이다. 관련 규정은 아래와 같다.

관련조문

공무원범죄몰수법 제7조(불법재산의 증명) 특정공무원범죄 후 범인이 취득한 재산으로서 그 가액이 취득 당시의 범인의 재산 운용 상황 또는 법령에 따른 지급금의 수령 상황 등에 비추어 현저하게 고액(高額)이고, 그 취득한 재산이 불법수익 금액 및 재산 취득시기 등 모든 사정에 비추어 특정공무원범죄로 얻은 불법수익으로 형성되었다고 볼 만한 상당한 개연성이 있는 경우에는 특정공무원범죄로 얻은 불법수익이 그 재산의 취득에 사용된 것으로 인정할 수 있다.

불법정치자금법 제7조(불법재산의 입증) 제2조 제1호에 규정된 죄의 범행 후 범인이 취득한 재산으로서 그 가액이 취득 당시의 범인의 재산운용상황 또는 법령에 기한 급부의 수령상황 등에 비추어 현저하게 고액이고 그 취득한 재산이 불법정치자금등의 금액·재산취득시기 등 제반사정에 비추어 불법정치자금등으로 형성되었다고 볼만한 상당한 개연성이 있는 경우에는 불법정치자금등이 그 재산의 취득에 사용된 것으로 인정할 수 있다.

마약거래방지법 제17조(불법수익의 추정) 제6조의 죄에 관계된 불법수익을 산정할 때에 같은 조에 따른 행위를 업으로 한 기간에 범인이 취득한 재산으로서 그 가액이 그 기간 동안 범인의 재산 운용 상황 또는 법령에 따른 지급금의 수령 상황 등에 비추어 현저하게 고액(高額)이라고 인정되고, 그 취득한 재산이 불법수익 금액 및 재산 취득 시기 등 모든 사정에 비추어 같은 조의 죄를 범하여 얻은 불법수익으로 형성되었다고 볼만한 상당한 개연성이 있는 경우에는 그 죄에 관계된 불법수익등으로 추정한다.

범인은 범죄행위를 통해 얻은 수익을 제3자 명의 즉 차명으로 돌려놓는 경우가 일반적인데 통상적인 실무는 범행을 저지른 범인만을 기소하면서 범인이 취득한 범죄수익을 몰수·추징하는 내용의 판결을 받으므로 위 차명재산 명의자인 제3자는 형사 판결문의 주문에 등장하지 않게 된다. 이 때 범인에 대한 추징 판결문으로 제3자 명의 재산을 어떻게 집행할 수 있는지의 문제가 발생하게 된다.[1]

이처럼 범인이 명의를 돌려놓은 재산을 확보해서 범죄수익을 환수하는 방법에는 크게 2가지를 강구할 수 있다. ① **첫 번째는, 직접 '제3자'에 대한 추징금 판결 '선고'를 받아서 이를 근거로 '집행'하는 방법**이 있고, ② **두 번째는, '피고인'에 대한 추징금 판결 선고를 받은 다음 이를 근거로 제3자의 재산을 '집행'하는 방법**이 있다. 여기에서 주의해야할 점이 추징금 판결을 '선고'받는 것과 이를 '집행'하는 것은 완전히 다르다는 점이다.

「제3자에 대한 추징금 선고」와 **「차명재산에 대한 추징보전 및 집행」**에 대한 근거법령은 아래와 같이 정리할 수 있다. **제3자에 대한 추징금 선고가 있으면 곧바로 제3자 재산에 '집행'**할 수 있겠지만, 그렇지 않다면 **차명재산을 어떻게 환수할 것인지 그 '집행'방법이 문제된다.**[2]

---

1 해당 내용은 제2편 제3장 제2절 제3관 부패재산몰수법에 따른 제3자 몰수·추징 부분에서 상세히 살펴보았으므로 해당 부분 참조.

2 보다 상세한 내용은, 이주형, "차명으로 은닉된 범죄수익의 종국적 환수방안 연구", 법조협회 법조 誌, 2020 통권 제741호, 제388쪽 이하 참조.

	제3자에 대한 추징금 **선고**	제3자에 대한 추징금 **집행** 특례	**차명재산에 대한** 환수 집행
근거 법령 및 판례	부패재산몰수법 제5조 제2항 등	① 공무원범죄몰수법 제9조의2 ② 범죄수익은닉규제법 제10조의2	'실질적으로 피고인에게 귀속'되는 재산에 대한 추징보전 명령 가능 (대법원 2009모491 결정 등)
제3자에 대한 **추징금 판결 선고 여부**	○	×	×
추징보전의 효력이 제3자에게 미치는지	○	○	○
추징금 판결 **선고 대상**	**제3자**	피고인	피고인
추징금 판결 **집행 방법**	제3자 명의 재산에 **직접 집행 가능**	제3자 명의 재산에 **직접 집행 가능**	집행권원 확보를 위한 제3자 상대 **별도의 소송제기 필요** (채권자취소/대위)
주요 사례	부산지방법원 2020고단2533, 3166 판결 등[3], 대전지법 논산지원 2017고합58 판결 참조[4]	① 특정 공무원 범죄(뇌물사건)에 대한 차명재산 집행의 경우 및 ② 다중인명피해사고, 법인을 실질적으로 지배하는 자에 대한 차명재산 집행의 경우	일반적인 차명재산에 대한 집행 방법

3 부산지방법원 2020노3542 판결로 확정.

4 해당 사건은 **범죄피해재산에 대한 추징 사안**으로, 비록 항소심에서 해당 추징이 모두 기각되고 대법원에서 상고 기각되어 확정되긴 하였으나, **1심에서는 참가인들 소유의 예금채권, 자동차를 몰수하고, 참가인들로부터 금원을 추징하는 판결이 선고**된 바 있다. 해당 판결 주문례는 아래와 같다.

아 래

2. 참가인 D로부터 주식회사 하나은행 계좌(I)의 예금 중 2억 원에 대한 예금채권을, 참가인 J로부터 K투싼 승용차(차대번호 L)를 각 몰수한다.
3. 참가인 E로부터 212,000,000원을, 참가인 G로부터 4,321,339,022원을, 참가인 H로부터 935,365,000원을 각 추징한다.

위 표에서 보는 바와 같이 일반적인 경우는 차명재산에 대해 추징보전을 받은 다음 소송을 제기함으로써 제3자 명의를 범인(피고인) 앞으로 회복한 후 범죄수익을 환수하는 방법을 선택해야 함에 반해, ① 제3자를 형사재판에 참가시킴으로써 제3자에 대해 직접 추징금 판결 선고를 받아 제3자 명의 재산에 대한 별도의 집행권원을 확보하거나(현행법상 제3자 몰수는 환수 5대 법률 모두에 규정이 있으나, 제3자 추징은 부패재산몰수법에 한해 명문의 규정이 있음), ② 공무원범죄몰수법이 적용되는 사안 또는 범죄수익은닉규제법상 다중인명피해사고가 있었던 경우 등에는 범인(피고인)에 대한 추징금 판결을 집행권원으로 하여 제3자 명의의 차명재산을 직접 집행할 수 있도록 그 대상의 확장이 인정되고 있다.

관련조문

공무원범죄몰수법 제9조의2(불법재산 등에 대한 추징) 제6조의 추징은 범인 외의 자가 그 정황을 알면서 취득한 불법재산 및 그로부터 유래한 재산에 대하여 그 범인 외의 자를 상대로 **집행**할 수 있다.

범죄수익은닉규제법 제10조의2(추징 집행의 특례) 다중인명피해사고 발생에 형사적 책임이 있는 개인, 법인 및 경영지배·경제적 연관 또는 의사결정에의 참여 등을 통해 그 법인을 실질적으로 지배하는 자에 대한 이 법에 따른 몰수대상재산에 관한 추징은 범인 외의 자가 그 정황을 알면서 취득한 몰수대상재산 및 그로부터 유래한 재산에 대하여 그 범인 외의 자를 상대로 **집행**할 수 있다.

위 공무원범죄몰수법 및 범죄수익은닉규제법상 제3자 추징금 집행 특례조문의 경우, ① **공무원범죄몰수법상 특정공무원범죄의 경우 전두환 前 대통령에 대한 추징금 집행을 위하여** 2013. 7. 12. **공무원범죄몰수법을 개정하여 추가**된 조문이고, ② **범죄수익은닉규제법상 다중인명피해 사고의 경우 세월호 참사 이후 세모그룹 관련 사건으로 말미암아** 2014. 11. 19. **추가**된 것이다.

결국 위와 같은 공무원범죄몰수법상 특례규정에 따라 범인 외의 자가 그 정황(범인이 범죄수익으로 재산을 취득하게 되었다는 사정)을 알면서 취득한 불법재산 및 그로부터 유래한 재산에 대하여는 그 범인 외의 사람으로부터 즉시 집행할 수 있다.

따라서 A가 특정공무원범죄를 저질러 불법수익을 취득하였는데 제3자인 B가 그와 같은 사정을 알면서도 그 재산을 취득하였다면 비록 그 명의자가 B로 되어 있다 하더라도 A에 대한 추징금 판결을 집행권원으로 하여 B명의의 재산에 곧바로 집행할 수 있다는 것이다. 그러나 이와 같은 경우에 해당하지 않는다면 A에 대한 추징금 판결문을 집행권원으로 B명의의 차명재산을 곧바로 집행할 수 없어 별도의 소송절차를 거쳐야 한다. 제3자 명의 재산에 대해 직접 집행할 수 있는 예외에 해당하지 않음에도 소송절차를 거치지 않고 A에 대한 판결문을 집행권원으로 B명의의 재산을 본압류 집행하여 환가하는 것은 **하자가 명백한지 여부와 관계없이 처분의 내용이 법률상 실현될 수 없는 것이어서 당연무효**이다.[5]

이와 관련하여 위 전두환 전 대통령에 대한 추징금 집행 사례에서 **서울고등법원은 같은 취지로 아래와 같은 판시**를 한 바 있고,[6] **대법원은 위 결정을 그대로 확정**하였다.[7]

서울고등법원 결정

1. **인정사실**

가. 피고인은 특정범죄가중처벌등에관한법률위반(뇌물)죄 등으로 기소되었고, 법원은 1996. 12. 16. 피고인에 대하여 무기징역, 추징 2,205억 원의 판결을 선고하였다(서울고등법원 96노1892 판결), 위 판결은 1997. 4. 17. 확정되었다.

나. 별지 목록 순번 1 기재 부동산은 원래 E가 소유하고 있었는데, 1982. 12. 24. 피고인의 장남 F 앞으로 소유권이 이전되었다가 1999. 7. 7. 신청인 C 앞으로 소유권이 이전되었다.

다. 별지 목록 순번 2 기재 각 부동산 중 서울 서대문구 G 대 818.9㎡(이하 'G'토지라고 한다)에 관하여 1969. 10. 1. 신청인 B 앞으로 소유권이전등기가 마쳐졌고, 그 지상 건물(이하 '이 사건 건물'이라고 한다)에 관하여는 1987. 4. 9. 신청인 B 앞으로 소유권이전등기가 마쳐졌다.

라. 피고인이 추징금을 납부하지 아니하자 대한민국은 2013. 8. 26. 별지 목록 순번 1 기재 부동산을 압류하였고, 같은 해 9. 16. 별지 목록 순번 2 기재 각 부동산을 압류하였다.

2. **주장의 요지**

가. 신청인 B

1) 신청인 B는 1969. 10. 1. 에 G 토지의 소유권을 취득하였으므로, 위 토지는 「공무원범죄에 관한 몰수 특례법」(이하 '공무원범죄몰수법'이라고 한다) 제9조의2에서 정한 '불법재산 및 그로부터 유래한 재산'에 해당하지 아니한다.

2) 이 사건 건물 역시 '불법재산 및 그로부터 유래한 재산'이 아니다.

3) 별지 목록 순번 2 기재 각 부동산은 피고인이 아닌 신청인 B의 재산이고, 피고인에 대한 판결에 기초하여 신청인 B 명의의 재산을 곧바로 압류할 수도 없다.

5 대법원 1993. 4. 27. 선고 92누12117 판결, 대법원 2012. 4. 12. 선고 2010두4612 판결 등 참조.

6 서울고등법원 2020. 11. 20 자 2018초기630, 96노1892 결정 [재판의집행에관한이의 (96노1892 반란수괴등)] 참조.

7 대법원 2021. 4. 12.자 2020모4001, 4005 결정 각 참조.

나. 신청인 C

1) 별지 목록 순번 1 기재 부동산은 공무원범죄몰수법 제9조의2에서 정한 '불법재산 및 그로부터 유래한 재산'에 해당하지 아니한다.

2) 피고인에 대한 판결에 기초하여 신청인 C 명의의 재산을 곧바로 압류할 수도 없다.

다. 검사

1) 별지 목록 순번 1 기재 부동산 및 별지 목록 순번 2 기재 각 부동산 중 이 사건 건물은 공무원범죄몰수법 제9조의2에서 정한 '불법재산 및 그로부터 유래한 재산'에 해당한다.

2) 별지 목록 기재 각 부동산은 신청인들이 아닌 피고인의 재산이므로, 피고인에 대한 판결에 기초하여 위 각 부동산을 압류할 수 있다.

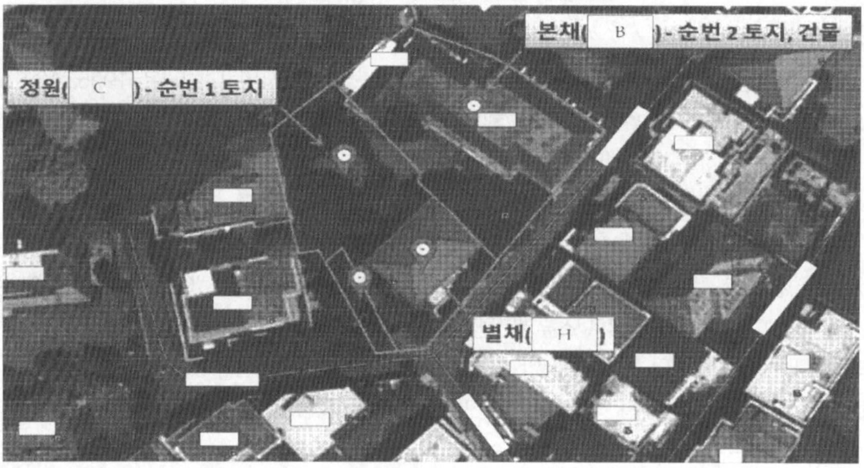

3. **판단**

가. 불법재산 및 그로부터 유래한 재산 해당 여부

1) 법리

형법 제129조 내지 제132조의 죄는 공무원범죄몰수법에서 정한 '특정공무원범죄'에 해당한다. 공무원범죄몰수법에서 정한 '불법수익'이란 '특정공무원범죄의 범죄행위로 얻은 재산'을 의미하고, '불법수익에서 유래한 재산'이란 '불법수익의 과실로서 얻은 재산, 불법수이그이 대가로서 얻은 재산, 이들 재산의 대가로서 얻은 재산 등 불법수익이 변형되거나 증식되어 형성된 재산(불법수익이 불법수익과 관련 없는 재산과 합하여져 변형되거나 증식된 경우에는 불법수익에서 비롯된 부분으로 한정한다)'을 의미하며, '불법재산'이란 '불법수익과 불법수익에서 유래한 재산'을 의미한다(같은 법 제2조).

불법재산은 몰수하며(같은 법 제3조 제1항), 불법재산을 몰수할 수 없는 경우에는 그 가액을 범인에게서 추징한다(같은 법 제6조). 제6조의 추징은 범인 외의 자가 그 정황을 알면서 취득한 불법재산 및 그로부터 유래한 재산에 대하여 그 범인 외의 자를 상대로 집행할 수 있다(같은 법 제9조의2).

<u>**특정공무원범죄 후 범인이 취득한 재산으로서 그 가액이 취득 당시의 범인의 재산운용 상황 또는 법령에**</u>

따른 지급금의 수령 상황 등에 비추어 현저하게 고액이고, 그 취득한 재산이 불법수익의 금액 및 재산 취득 시기 등 모든 사정에 비추어 특정공무원범죄로 얻은 불법수익으로 형성되었다고 볼 만한 상당한 개연성이 있는 경우에는 특정공무원범죄로 얻은 불법수익이 그 재산의 취득에 사용된 것으로 인정할 수 있다(같은 법 제7조).

2) 판단

다음의 사정들에 비추어 볼 때 별지 목록 기재 각 부동산이 공무원범죄몰수법 제9조의2에서 정한 '불법재산 및 그로부터 유래한 재산'에 해당한다고 인정하기 어렵다.

가) **신청인들이 제출한 부동산매매계약서, 영수증(소갑제20호증)의 기재에 의하면 E는 1980. 4. 29. 별지 목록 순번 1 기재 부동산(당시 지번이 'I'이었던 것으로 보임)을 대금 5,500만 원에 매도하였고, 1980. 6. 24.경에는 매매대금을 모두 지급받은 것으로 보인다. 그런데, 이는 피고인이 J로 취임하기 전이어서 뇌물을 수수한 것에 비해 앞선 시점일 뿐만 아니라 그 액수에 비추어 볼 때 특정공무원범죄로 얻은 불법수익이 별지 목록 순번 1 기재 부동산을 취득하는 데 사용되었다고 볼 만한 상당한 개연성이 있음을 인정하기도 어렵다**

나) 신청인 B는 G 토지를 1969. 10. 1. 취득하였는바, 이를 공무원범죄몰수법 제9조의2에서 정한 '불법재산 및 그로부터 유래한 재산'에 해당한다고 인정하기 어렵다.

다) 이 사건 건물은 G 토지 위에 있던 구옥을 철거하고 신축된 것으로 보이는데(2019. 4. 18.자 준비서면 제20쪽 참조), 검사는 위 공사에 어느 정도의 비용이 소요되었는지, 자금의 출처가 어디인지에 대해 자료를 제출하지 않았다. 한편 신청인 B는 위 공사에 150,000,000원 정도의 공사비가 소요되었다고 주장하고 있고(2020. 10. 12.자 참고서면 제4쪽 참조), 공매절차에서는 이 사건 건물의 가치를 250,632,000원으로 평가하였는바(2020. 9. 28.자 검찰의견서에 첨부된 감정평가서 참조), 이 사건 건물이 특정공무원범죄로 얻은 불법수익으로 형성되었다고 볼 만한 상당한 개연성이 있다고 인정하기 어렵다.

라) 이 사건 건물이 국고로 지어졌다는 언론의 보도가 있기는 하였으나 ① 신청인들 측에서는 위 보도가 명백한 오보라고 주장하고 있는 점, ② 행정안전부에 대한 사실조회결과에 따르면 「전직J 예우에 관한 법률」 상 전직J의 사저 건축 공사비는 법률상 지원 대상에 해당하지 않는 점, ③ 이 사건 건물과 달리 K동으로 사용되고 있는 것으로 보이는 ㉠ 서울 서대문구 L 토지 및 그 지상 건물, ㉡ M 토지 및 그 지상 건물, ㉢ N 토지 및 그 지상 건물은 국가의 소유로 등기되어 있는 점 등에 비추어 볼 때 이 사건 건물이 국고로 지어진 것으로 보이지는 아니한다.

나. **차명재산을 곧바로 압류할 수 있는지 여부**

다음의 사정들에 비추어 볼 때 별지 목록 기재 각 부동산이 피고인의 차명재산이라는 이유로 피고인에 대한 판결에 기초하여 이를 곧바로 압류하는 것은 허용되지 않는다고 봄이 타당하다.

1) 공무원범죄몰수법 제3조 제1항에 따르면 불법재산은 몰수할 수 있으나, 피고인 외의 자(국가 또는 지

방자치단체는 제외한다)의 재산이나 지상권·저당권 또는 그 밖의 권리가 그 위에 존재하는 재산을 몰수할 필요가 있다고 인정하는 경우에는 즉시 해당재산을 가진 자나 그 재산상에 지상권·저당권 또는 그 밖의 권리를 가진 자로서 피고인 외의 자(이하 '제3자'라고 한다)에게 서면으로 '피고인에 대한 형사사건 절차에 참가신청을 할 수 있다는 취지' 등을 고지하여야 있고(같은 법 제13조 제1항), 고지를 할 수 없을 때에는 관보나 일간신문에 싣고 검찰청 게시판에 14일간 게시하여 공고하여야 한다(같은 조 제2항). 위와 같은 절차를 거치지 아니한 채 제3자 소유의 재산이나 제3자의 권리가 그 위에 존재하는 재산을 몰수하는 것은 허용되지 아니한다(같은 법 제18조).

2) 공무원범죄몰수법 제6조에 따르면 불법재산은 몰수할 수 없는 경우에는 그 가액을 범인에게서 추징하도록 되어 있다.

3) 위와 같은 **공무원범죄몰수법의 구조에 비추어 볼 때 공무원범죄몰수법 제6조에 따른 추징은 원칙적으로 범인 본인 명의의 재산에 대하여 집행이 이루어져야 하고, 범인 외의 자를 상대로 집행을 하기 위해서는 별도의 법적 근거가 있어야 한다**.

4) **2013. 7. 12. 법률 제11883호로 개정된 공무원범죄몰수법 제9조의2에서 '제6조의 추징은 범인 외의 자가 그 정황을 알면서 취득한 불법재산 및 그로부터 유래한 재산에 대하여 그 범인 외의 자를 상대로 집행할 수 있다.'고 규정함으로써 범인 외의 자를 상대로 추징판결을 집행할 수 있는 법적 근거를 마련하였는바, 이와 같은 경우에 해당하지 않는 이상 범인 외의 자를 상대로 추징판결을 집행할 수는 없다고 봄이 타당하다**.

5) 검사는 제3자 명의의 차명재산이 추징보전명령의 대상이 된다고 본 판례의 태도에 비추어 볼 때 제3자 명의의 차명재산을 곧바로 압류하는 것도 허용이 된다고 주장하나, 추징재판의 집행을 위한 보전을 목적으로 하는 추징보전명령과 형 집행의 일종인 추징재판의 집행을 동일시할 수는 없다(오히려 대법원은 제3자 명의로 보유하고 있는 예금채권에 대한 추징보전명령 이후 추징보전명령을 본압류로 이전하여 달라는 대한민국의 채권압류 및 추심명령 신청을 받아들이지 아니한 항소심 판단을 유지한 바 있다. 수원지방법원 2017. 1. 12.자 2015라1694 결정, 대법원 2017. 5. 26.자 2017마194 결정, 수원지방법원 2017. 1. 11.자 2015라1695 결정, 대법원 2017. 5. 26.자 2017마195 결정 참조).

6) **차명재산에 대해 추징판결을 집행할 수 있는 방법이 없는 것도 아니다. 대한민국은 차명재산인 배우자 명의의 부동산에 대해 추징판결을 집행하기 위해 추징금 채권을 피보전채권으로 하여 명의신탁해지를 원인으로 한 소유권이전등기청구 소송에서 승소한 전례가 있다**(서울중앙지방법원 2011. 12. 23. 선고 2011가합2543 판결, 서울고등법원 2012. 6. 20. 선고 2012나8439 판결, 대법원 2012. 11. 15. 선고 2012다65577 판결 참조).

7) 검사는 대법원이 2017다214695 사건에서 차명재산인 임대차보증금반환채권에 대하여 추징판결을 집행하는 것을 허용하였다는 취지로 주장하나, 위 사건에는 임대차보증금반환채권을 양도하였음에도 양도통지나 채무자의 승낙이 확정일자 있는 증서에 의해 이루어지지 않아 임대차보증금반환채권을 압류한 제3자인 대한민국에게 대항할 수 없었던 사정이 있었는바, 이 사건에 원용하기에는 적절하지 아니하다(서울서부지방법원 2016. 8. 18. 선고 2016가단213612 판결, 서울고등법원 2017. 2. 3. 선고 2016나2060592 판결, 대법원 2017. 4. 28. 고지 2017다214695 판결 참조).

8) **차명재산을 곧바로 압류하는 것을 허용한다는 것은 결국 법원의 판단을 거치지 아니한 채 제3자를 상대로 한 형의 집행을 허용하는 것이 된다. 이 경우 제3자는 형사소송법 제489조에 따라 재판의 집행에 관한 이의를 신청하거나 민사집행법 제48조에 따라 제3자이의의 소를 제기하여야 하게 되는데, 이는 소제기 등의 부담을 일반 국민에게 전가시키는 것이어서 바람직하지 아니하다**.

4. 결론

그렇다면 별지 목록 기재 각 부동산에 관한 주문 기재 각 압류처분은 위법하므로 이를 취소하기로 하여, 주문과 같이 결정한다(**대한민국으로서는 별지 목록 기재 각 부동산이 차명재산에 해당할 경우 처분금지가처분을 신청한 다음, 추징금 채권을 피보전채권으로 하는 채권자대위소송을 제기하여 피고인 앞으로 명의를 회복한 다음 추징판결을 집행할 수 있음을 지적해 둔다**).

이하에서는 형법상 뇌물죄의 구성요건을 상세히 살펴보고 이에 대한 범죄수익환수사례를 검토하기로 한다. 나아가 위 뇌물죄의 가중적 구성요건이자 부패재산몰수법상 부패범죄의 하나인 특정범죄가중법 제2조 또한 말미에 같이 검토하기로 한다.

관련조문

특정범죄가중법 제2조(뇌물죄의 가중처벌) ①「형법」제129조·제130조 또는 제132조에 규정된 죄를 범한 사람은 그 수수(收受)·요구 또는 약속한 뇌물의 가액(價額)(이하 이 조에서 "수뢰액"이라 한다)에 따라 다음 각 호와 같이 가중처벌한다.

1. 수뢰액이 1억 원 이상인 경우에는 무기 또는 10년 이상의 징역에 처한다.
2. 수뢰액이 5천만 원 이상 1억 원 미만인 경우에는 7년 이상의 유기징역에 처한다.
3. 수뢰액이 3천만 원 이상 5천만 원 미만인 경우에는 5년 이상의 유기징역에 처한다.

②「형법」제129조·제130조 또는 제132조에 규정된 죄를 범한 사람은 그 죄에 대하여 정한 형(제1항의 경우를 포함한다)에 수뢰액의 2배 이상 5배 이하의 벌금을 병과(併科)한다.

[전문개정 2010. 3. 31.]

[한정위헌, 2011헌바117, 2012. 12. 27. 형법(1953. 9. 18. 법률 제293호로 제정된 것) 제129조 제1항의 '공무원'에 구 '제주특별자치도 설치 및 국제자유도시 조성을 위한 특별법'(2007. 7. 27. 법률 제8566호로 개정되기 전의 것) 제299조 제2항의 제주특별자치도통합영향평가심의위원회 심의위원 중 위촉위원이 포함되는 것으로 해석하는 한 헌법에 위반된다.]

제2절 형법상 뇌물죄(제1호 가목)

I 뇌물의 개념

1. 서설

뇌물이라 함은 직무에 관한 부정한 보수로서 모든 재물 또는 재산상 이익을 말한다. 그 개념상 직무와의 관련성, 부정한 보수로서의 의미, 재물 또는 재산상 이익으로서의 성질을 모두 충족시켜야 한다.

이하에서 뇌물의 개념요소에 따라 그 요건을 살펴보기로 한다.

2. 뇌물의 요건

가. 직무와의 관련성

해당 직무라 함은 공무원 또는 중재인 등 뇌물죄의 주체가 되는 사람이 담당하는 일체의 사무를 말한다. 법령·훈령·행정규칙 등에 의한 직무는 물론이고 회사 내부 관례 또는 상관의 명령에 따라 이행하는 업무,[8] 스스로 일시적으로 맡는 업무도 포함된다. 공무원의 일반적인 직무권한에 속하면 충분하고 과거 또는 장래의 직무라도 무방하다.[9]

판례도 같은 취지로 판시하면서 육군본부 항공사업 집행 장교로서 업무를 담당하는 사람에게 무기상인 사람이 항공장비사업 등에 관한 정보를 알려달라고 말하며 금품을 제공한 경우 이는 위 집행 장교로서의 직무와 관련성이 있다고 판시하였다.[10]

판례

뇌물죄는 직무집행의 공정과 이에 대한 사회의 신뢰에 기하여 직무행위의 불가매수성을 그 직접의 보호법익으로 하고 있으므로 뇌물성은 의무위반 행위나 청탁의 유무, 개개의 직무행위와의 대가적 관계, 금품수수 시기와 직무집행 행위의 전후를 가리지 아니한다 할 것이고, 공무원의 직무와 금원의 수수가 전체적으로 대가관계에 있으면 뇌물수수죄는 성립하며, 뇌물죄에서 말하는 **'직무'**에는 법령에 정하여진 직

8 대법원 2002. 3. 15. 선고 2001도970 판결 참조.
9 대법원 2003. 6. 13. 선고 2003도1060 판결 참조.
10 대법원 2000. 1. 28. 선고 99도4022 판결 참조.

무뿐만 아니라 그와 관련 있는 직무, 과거에 담당하였거나 장래에 담당할 직무 외에 사무분장에 따라 **현실적으로 담당하지 않는 직무라도 법령상 일반적인 직무권한에 속하는 직무 등 공무원이 그 직위에 따라 공무로 담당할 일체의 직무로서 직무와 밀접한 관계가 있는 행위 또는 관례상이나 사실상 소관하는 직무행위도 포함한다**(대법원 2000. 1. 28. 선고 99도4022 판결 참조).

나아가 농림부 주관 농림기술개발사업의 일환으로 시행되고 국립대학교 총장 명의로 체결된 연구용역 약정에 따라 해당 국립대학 교수가 진행하는 연구는 공무원인 교수의 직무와의 관련성이 인정된다.[11]

한편 그 직무와 관련하여 밀접한 관계가 있거나 사실상 처리하는 행위와의 관련성이 요구되므로 직무와 무관한 사적(私的)인 행위와 관련된 이익은 뇌물이라고 볼 수 없다. **대법원은 직무관련성의 판단 기준**과 관련하여 공무원의 이익수수로 인해 사회일반인이라면 이에 대한 직무집행의 공정성을 의심하게 되는지 여부를 기준으로 판단한다고 판시하였다.[12] 즉 객관적으로 직무집행 행위의 외형을 갖추고 있는지 여부가 중요하다.

판례

공무원이 얻은 어떤 이익이 직무와 대가관계가 있는 부당한 이익으로서 **뇌물에 해당하는지 여부**는 그 **공무원의 직무내용·직무와 이익제공자와의 관계·쌍방 간에 특수한 사적친분관계가 존재하는지 여부·이익의 다과·이익을 수수한 경위와 시기 등 모든 사정을 참작하여 결정되어야 하고**, 뇌물죄가 직무집행의 공정과 이에 대한 사회의 신뢰를 그 보호법익으로 하고 있음에 비추어 공무원이 그 이익을 수수하는 것으로 인하여 **사회일반으로부터 직무집행의 공정성을 의심받게 되는지 여부도 뇌물죄 성부의 판단 기준이 되어야 한다**. 그리고 뇌물죄에서 말하는 직무에는 공무원이 **법령상 관장하는 직무 그 자체뿐만 아니라 직무와 밀접한 관계가 있는 행위 또는 관례상이나 사실상 관여하는 직무행위도 포함된다**(대법원 2000. 6. 15. 선고 98도3697 전원합의체 판결 참조).

이와 관련하여 **직무관련성이 부정된 사례**를 몇 가지 살펴보면, ① 서울대학교 의과대학 교수 겸 서울대학교 병원 의사가 **구치소로 왕진을 나가 진료를 하고 진단서를 작성해 주거나 법원의 사실조회에 대하여 회신을 해주는 행위**와 관련하여 금품을 수수한 사안에서 이는 의사로서의 진료업무에 불과할 뿐이고 교육공무원인 서울대학교 의과대학 교수의 직무와 밀접한 관련이 있다고 볼 수 없다고 판시한 사례,[13] ② 국립대학교 부설연구소가 **국가**

11 대법원 2005. 10. 14. 선고 2003도1154 판결 참조.

12 대법원 2002. 3. 15. 선고 2001도970 판결 참조.

와는 별개의 지위에서 연구소라는 단체의 명의로 체결한 어업피해조사용역계약상 과업 내용에 의해 국립대학교 교수가 위 연구소 소속 연구원으로서 수행하는 조사용역업무는 해당 계약이 국가를 당사자로 하는 계약에 관한 법률에 근거하여 체결된 것이 아니고 교육공무원의 직무와 밀접한 관련이 있다고 볼 수 없다고 본 사례,[14] ③ 검사인 피고인에게 **"장래 검찰에서 내가 운영하는 주식회사 등과 관련된 사건을 조사하거나 처분하게 될 경우, 그 직무권한 범위 내에 들어오는 사건이면 직접 유리한 처분이나 각종 편의를 제공해 주고, 그 범위 내에 들어오지 않는 사건이면 담당 검사에게 영향력을 행사하여 유리한 처분 또는 각종 편의를 제공받게 해 달라."**고 청탁하고 이익을 교부한 경우 그 이익을 수수할 당시 장래에 담당할 직무에 속하는 사항이 그 수수한 이익과 관련된 것임을 확인할 수 없을 정도로 막연하고 추상적이거나, 장차 그 수수한 이익과 관련지을 만한 직무권한을 행사할지 여부 자체를 알 수 없으므로 그 이익이 장래에 담당할 직무에 관하여 수수되었다거나 그 대가로 수수되었다고 단정하기 어렵다고 판시한 사례가 있다.[15]

나. 부정한 보수로서의 이익

1) 대가성 인정

뇌물죄가 성립하려면 직무관련 행위의 **부정한 보수로서 이익을 수수**하여야 한다. 이 때 뇌물과 직무 행위 사이에는 대가관계가 인정되어야 하는데 이 때 대가관계는 개개의 직무행위에 대해 구체적으로 존재할 필요는 없고 그 공무원의 직무에 관한 것이면 포괄적 대가관계가 인정되는 경우에도 대가성이 인정된다.[16]

한편 공무원이 수수한 금품에 직무행위와 대가관계가 있는 부분과 그렇지 않은 부분이 불가분적으로 결합되어 있는 경우에는 수수한 금품 전액이 직무행위와 대가관계가 인정된다.[17]

2) 이익의 불법성 내지 부정성

뇌물은 직무에 관하여 수수한 '부정한' 보수일 것을 요하는데 이 때 **'부정하다'**는 것은 법령이나 윤리적 관점에서 인정될 수 있는 정당한 대가는 제외되고, 사회 일반의 신뢰를 해할

---

13 대법원 2006. 6. 15. 선고 2005도1420 판결 참조.
14 대법원 2002. 5. 31. 선고 2001도670 판결 참조.
15 대법원 2017. 12. 22. 선고 2017도12346 판결 참조(소위, '진○○ 검사장 비상장 주식 뇌물수수' 사건).
16 대법원 2000. 1. 21. 선고 99도4940 판결 참조.
17 대법원 2012. 1. 12. 선고 2011도12642 판결 참조.

정도에 이르지 않는 경우에는 부정한 이익이라고 볼 수 없다. 즉 사회통념 및 신의성실의 원칙에 따라 이를 '옳지 않다'고 평가할 수 있는지 여부가 판단기준이 된다. 따라서 사교적 의례로서 지급되는 **'선물'**은 그 자체가 부정하다고 볼 수 없는 것으로 뇌물이 아닌 선물을 수수한 것은 뇌물죄의 구성요건에 해당하지 않는다고 이해함이 상당하다.

그런데 실무상 위와 같은 뇌물과 선물의 구별이 애매한 경우가 다수 발생한다. 이러한 경우와 관련하여 공무원이 그 직무의 대상이 되는 사람으로부터 교부받은 금품 기타 이익은 특별한 사정이 없는 한 직무와의 관련성이 인정된다고 보아야 한다.

이에 대하여 대법원 또한 「공무원으로 의제되는 지방공사의 임직원이 그 직무와 관련 있는 사람으로부터 금품 기타 이익을 받은 때에는 사회상규에 비추어 볼 때에 의례적인 것에 불과하거나, 개인적인 친분관계가 있어서 교분상의 필요에 의한 것이라고 명백하게 인정할 수 있는 경우 등 특별한 사정이 없는 한 직무와의 관련성이 없는 것으로 볼 수 없고, 직무와 관련하여 금품을 수수하였다면 비록 사교적 의례의 형식을 빌려 금품을 주고받았다고 하더라도 그 수수한 금품은 뇌물이 된다」고 판시한 바 있다.[18]

한편 **'이익'**은 금전, 물품 기타의 재산적 이익뿐만 아니라 사람의 수요 욕망을 충족시키기에 족한 일체의 유형, 무형의 이익을 포함한다고 해석되고, 투기적 사업에 참여할 기회를 얻는 것도 이에 해당한다.[19]

이와 관련하여 **실무상 뇌물죄와 횡령죄의 관계**가 문제되는데 횡령 범행으로 취득한 돈을 공범자끼리 수수한 행위에 불과한 경우에는 공동정범들 사이의 범행에 의하여 취득한 돈을 공모에 따라 내부적으로 분배한 것에 지나지 않는다면 별도로 그 돈의 수수행위에 관하여 뇌물죄가 성립하는 것은 아니고, 그와 같이 **수수한 돈의 성격을 뇌물로 볼 것인지 횡령금의 분배로 볼 것인지 여부**는 돈을 공여하고 수수한 당사자들의 의사, 수수된 돈의 액수, 횡령 범행과 수수행위의 시간적 간격, 수수한 돈이 횡령한 그 돈인지 여부, 수수한 장소와 방법 등을 종합적으로 고려하여 객관적으로 평가하여 판단하여야 한다.[20]

생각건대 애초부터 횡령범행을 함께 공모하여 자금을 횡령한 것인지, 아니면 직무의 대가로 금품을 요구·약속함으로써 뇌물공여자가 자금을 횡령하여 이를 제공한 것인지는 그 범행의 선후관계와 당사자들의 의사·관계를 기준으로 개별 사안에 따라 판단해야 한다고 생각한다(私見).

---

18 대법원 2016. 6. 23. 선고 2016도3753 판결 참조.
19 대법원 2002. 5. 10. 선고 2000도2251 판결 참조.
20 대법원 2019. 11. 28. 선고 2019도11766 판결 참조.

Ⅱ 뇌물죄로 공여된 금품·이익등의 몰수·추징 법리

뇌물죄로 수수한 금품은 형법상 또는 공무원범죄몰수법상 필요적 몰수·추징의 대상이 된다. 위 몰수와 추징은 범인이 그 뇌물죄와 관련된 부정한 이익을 보유하지 못하도록 하기 위한 것으로 **이익박탈형 몰수·추징**으로 봄이 상당하다. 따라서 실제로 뇌물을 '요구'하기만 하거나 뇌물을 요구하였는데 상대방이 이를 거부하여 이를 취득하지 못하여 이익을 실현하지 못한 경우에는 뇌물에 공할 금품이 특정되지 않았다고 볼 수 있으므로 이를 몰수·추징할 수 없음은 당연하다.[21]

한편 **금품의 무상차용**을 통하여 위법한 재산상 이익을 취득한 경우에는 추징의 대상이 되는 것은 무상으로 대여 받은 금품 자체가 아니라 **이자 상당의 금융이익으로 대출이율 또는 법정이율이 그 기준**이 된다.[22]

그리고 몰수·추징의 상대방은 뇌물을 현재 보유하고 있는 사람이므로 수뢰자가 뇌물을 보관하고 있다가 증뢰자에게 다시 반환한 경우에는 증뢰자로부터 몰수·추징하지만,[23] 수뢰자가 수수한 뇌물을 예금계좌에 입금하였다가 인출하는 것과 같이 이를 **소비한 후 그 가액 상당을 다시 증뢰자에게 반환한 경우에는 수뢰자로부터 추징**한다.[24]

나아가 **수뢰한 돈을 다른 사람에게 전부 공여**하거나 **일부를 경비로 소비**하였다고 하더라도 이는 **뇌물을 소비한 것에 불과하므로 이를 공제하지 아니하고 수뢰자로부터 전부 추징**한다.[25] 그러나 **뇌물 중의 일부를 받은 취지에 따라 다시 관계 공무원에게 뇌물로 공여**한 경우 위와 같이 공여한 부분은 실질적으로 범인에게 귀속된 것으로 볼 수 없으므로 수뢰자에게 추징할 수 없고 위와 같이 **다른 공무원에게 공여한 금액을 제외하고 추징**하여야 한다.[26]

한편 수인이 공동으로 수수한 뇌물을 서로 분배한 경우에는 **각자가 실제로 분배받은 금품 또는 이익만을 개별적으로 몰수·추징**하여야 하고,[27] 서로 분배받은 비율이나 지분이

---

21 대법원 2015. 10. 29. 선고 2015도12838 판결 참조.
22 대법원 2014. 5. 16. 선고 2014도1547 판결 참조.
23 대법원 1984. 2. 28. 선고 83도2783 판결 참조.
24 대법원 1986. 10. 14. 선고 86도1189 판결 참조.
25 대법원 2000. 5. 26. 선고 2000도440 판결, 대법원 1986. 11. 25. 선고 86도1951 판결 등 참조.
26 대법원 2002. 6. 14. 선고 2002도1283 판결 참조.
27 대법원 1993. 10. 12. 선고 93도2056 판결 참조.

명확하지 않은 경우에는 **평등하게 균분**하여 추징한다.[28]

그리고 위와 같이 교부한 뇌물 그 자체를 몰수할 수 없는 경우 그 가액을 추징하는데 **몰수할 수 없는 금품 또는 물건의 가액이 시가에 따라 변동되는 경우 그 추징가액의 산정시점**을 언제로 삼아야 하는지 문제될 수 있다. **대법원**은 「몰수의 취지가 범죄에 의한 이득의 박탈을 그 목적으로 하는 것이고 추징도 이러한 몰수의 취지를 관철하기 위한 것이라는 점을 고려하면 몰수하기 불능한 때에 추징하여야 할 가액은 범인이 그 물건을 보유하고 있다가 몰수의 선고를 받았더라면 잃었을 이득상당액을 의미한다고 보아야 할 것이므로 그 가액산정은 재판선고시의 가격을 기준으로 하여야 할 것이다.」라고 판시하여 **판결선고시의 가액으로 산정**하여야 한다고 판시하고 있다.[29]

Ⅲ 수뢰죄(형법 제129조 제1항)

1. 구성요건

관련조문

형법 제129조(수뢰, 사전수뢰) ① 공무원 또는 중재인이 그 직무에 관하여 뇌물을 수수, 요구 또는 약속한 때에는 5년 이하의 징역 또는 10년 이하의 자격정지에 처한다.
[한정위헌, 2011헌바117, 2012. 12. 27. 형법(1953. 9. 18. 법률 제293호로 제정된 것) 제129조 제1항의 '공무원'에 구 '제주특별자치도 설치 및 국제자유도시 조성을 위한 특별법'(2007. 7. 27. 법률 제8566호로 개정되기 전의 것) 제299조 제2항의 제주특별자치도통합영향평가심의위원회 심의위원 중 위촉위원이 포함되는 것으로 해석하는 한 헌법에 위반된다.]

가. 구성요건의 주체 및 객체

본죄의 **구성요건의 주체**는 **공무원 또는 중재인**이다(신분범). 공무원은 법령에 근거하여 국가·지방자치단체 및 이에 준하는 공법인의 사무에 종사하는 사람으로서 그 사무의 내용이 단순한 기계적이거나 육체적인 것에 한정되어 있지 않은 사람을 말한다.[30] **대법원**은 서

---

28 대법원 2011. 11. 24. 선고 2011도9585 판결 참조.
29 대법원 1991. 5. 28. 선고 91도352 판결 참조.
30 대법원 2012. 8. 23. 선고 2011도12639 판결 참조.

울특별시 후생복지심의위원회 위원장에 의해 서울시청 구내식당 소속 시간제 종사원으로 고용된 피고인은 뇌물수수죄의 주체인 '공무원'에 해당하지 않는다고 보았고,[31] 집행관사무소의 사무원 또한 집행관(집행관법 제2조)과는 달리 그 업무를 보조하는 자에 불과할 뿐이므로 공무원에 해당하지 않는다고 판시한 바 있다.[32]

그리고 공무원이 아닌 사람(이하 '비공무원'이라 한다)이 공무원과 공동가공의 의사와 이를 기초로 한 기능적 행위지배를 통하여 공무원의 직무에 관하여 뇌물을 수수하는 범죄를 실행하였다면 공무원이 직접 뇌물을 받은 것과 동일하게 평가할 수 있으므로 공무원과 비공무원에게 모두 형법 제129조 제1항에서 정한 뇌물수수죄의 공동정범이 성립한다.[33]

한편 각 특별법상 형법 제129조 등 뇌물죄의 적용에 있어 공무원으로 의제되는 사람들의 경우에는 모두 공무원의 신분을 갖는 것으로 본다[상세한 내용은 「본편 제4장 제1절 특별법상 뇌물죄 관련 부패범죄 중 형법 외 법률의 공무원 의제 뇌물범죄(제2호) 관련 별지 공무원 의제 규정」 참조].

그리고 **'중재인'**은 법령에 의하여 중재의 직무를 담당하는 사람으로 단순한 사적 조정자는 포함되지 않는다.

행위의 상대방은 아무런 제한이 없고, **구성요건의 객체**는 '뇌물'이다.

나. 구성요건적 행위

본죄의 **구성요건적 행위**는 직무에 관하여 **뇌물을 수수·요구·약속**하는 것이다.

여기에서 **'수수'**는 취득을 의미하는 것으로 뇌물에 대한 **'사실상의 처분권'**을 획득하는 것을 말하고 뇌물인 물건의 법률상 소유권까지 취득하여야 하는 것은 아니므로 뇌물수수자가 뇌물공여자에 대한 내부관계에서 물건에 대한 실질적인 사용·처분권한을 취득하였으나 뇌물수수 사실을 은닉하거나 뇌물공여자가 계속 그 물건에 대한 비용 등을 부담하기 위하여 소유권 이전의 형식적 요건을 유보하는 경우에도 뇌물수수죄와 뇌물공여죄가 성립한다.[34]

그리고 뇌물죄는 공여자의 출연에 의한 수뢰자의 영득의사의 실현인바 공여자의 특정은 직무행위와 관련이 있는 이익의 부담주체라는 관점에서 파악하여야 하므로 금품이나 재산상 이익이 반드시 공여자와 수뢰자 사이에서 직접 수수될 필요는 없다.[35]

---

31 위 대법원 2011도12639 판결 참조.

32 대법원 2011. 3. 10. 선고 2010도14394 판결 참조.

33 대법원 2019. 8. 29. 선고 2018도2738 전원합의체 판결 참조.

34 대법원 2019. 8. 29. 선고 2018도2738 전원합의체 판결 참조.

35 대법원 2020. 9. 24. 선고 2017도12389 판결 참조.

판례

공무원인 **피고인 甲은** 피고인 乙로부터 **"선물을 할 사람이 있으면 새우젓을 보내 주겠다."**라는 말을 듣고 이를 승낙한 뒤 **새우젓을 보내고자 하는 사람들의 명단을 피고인 乙에게 보내 주고 피고인 乙로 하여금 위 사람들에게 피고인 甲의 이름을 적어 마치 피고인 甲이 선물을 하는 것처럼 새우젓을 택배로 발송하게 하고 그 대금을 지급하지 않는 방법**으로 직무에 관하여 뇌물을 교부받고, 피고인 乙은 피고인 甲에게 뇌물을 공여하였다는 내용으로 기소된 사안에서, **피고인 乙의 새우젓 출연에 의한 피고인 甲의 영득의사가 실현되어 형법 제129조 제1항의 뇌물공여죄 및 뇌물수수죄가 성립하고, 공여자와 수뢰자 사이에 직접 금품이 수수되지 않았다는 사정만으로 이와 달리 볼 수 없다**(대법원 2020. 9. 24. 선고 2017도12389 판결 참조).

한편 뇌물수수의 동기와 용도는 묻지 않는다. 따라서 오로지 공무원을 함정에 빠뜨리기 위하여 직무와 관련되어 있다는 형식을 빌려 그 공무원에게 금품을 공여하였다 하더라도 수뢰자가 뇌물을 받았다면 그 자체로 뇌물수수죄가 성립한다.[36]

그리고 **'요구'**라고 함은 취득의 의사로 상대방에게 뇌물을 달라고 청구하는 것을 말하고, **'약속'**은 당사자 사이에서 뇌물을 주고받기로 하는 의사가 확정적으로 합치하는 것을 말한다.[37] 따라서 이와 같은 확정적인 의사합치가 없는 경우에는 '약속'죄가 성립한다고 볼 수 없다.

한편 위와 같은 요구 및 약속행위가 있으면 본죄는 곧바로 성립한다. 이 때 약속의 대상이 된 뇌물의 액수가 반드시 특정되어야 한다고 볼 수 없다.[38]

나아가 **주관적 구성요건요소**로서 뇌물을 수수하여 이익을 취득하겠다는 **'불법영득의 의사'**가 있어야 함은 당연하고, 자신의 직무에 관하여 그 대가로 부정한 이익을 수수·요구·약속한다는 의사가 있어야 한다(**고의범**). 수뢰 후 부정처사죄와는 달리 실제로 부정한 행위로 나아가겠다는 의사까지는 요구되지 않는다.

다. 죄수 및 처벌

본죄는 뇌물을 요구·약속한 뒤 수수한 경우에는 포괄하여 1개의 수수죄가 성립하고, 같은 사람으로부터 동일한 기회에 같은 사유로 여러 차례 뇌물을 수수한 경우에는 연속범의 법리에 따라 포괄일죄가 성립한다. 다만 수개의 수뢰행위가 각 다른 직무행위의 대가로 진

---

36 대법원 2008. 3. 13. 선고 2007도10804 판결 참조.
37 대법원 2012. 11. 15. 선고 2012도9417 판결 참조.
38 대법원 2016. 6. 23. 선고 2016도3753 판결 참조.

행된 것이라면 각각 별개의 수뢰죄가 성립하고 각 수뢰죄 상호간은 경합범 관계에 있다. 한편 뇌물을 수수한 공무원이 공여자를 기망하여 뇌물을 수수한 경우에는 **수뢰죄와 사기죄가 모두 성립**하고 **양죄는 상상적 경합범 관계**에 있다.[39]

그리고 공무원이 직무집행의 의사로 타인을 협박하여 뇌물을 수수한 경우에는 수뢰죄와 공갈죄의 상상적 경합범이 성립하겠지만, 그러한 직무집행의 의사 없이 타인을 협박하여 이익을 수수한 경우에는 공갈죄만 성립할 뿐 수뢰죄가 성립하지 않음은 당연하다.[40]

본죄를 범하면 5년 이하의 징역 또는 10년 이하의 자격정지에 처하고, 위와 같이 취득한 뇌물은 모두 몰수·추징의 대상이 된다(형법 제134조, 공무원범죄몰수법 제3조, 제6조).

Ⅳ 사전수뢰죄(형법 제129조 제2항)

관련조문

형법 제129조(수뢰, 사전수뢰) ② 공무원 또는 중재인이 될 자가 그 담당할 직무에 관하여 청탁을 받고 뇌물을 수수, 요구 또는 약속한 후 공무원 또는 중재인이 된 때에는 3년 이하의 징역 또는 7년 이하의 자격정지에 처한다.

1. 구성요건의 주체 및 객체

본죄의 **구성요건 주체**는 '**공무원 또는 중재인이 될 사람**'이다. 공무원·중재인이 될 것이 확실시 될 것까지는 요하지 않고, 어느 정도의 개연성을 갖춘 사람을 포함한다. **대법원**은 도시개발조합의 임원인 조합장 또는 상무이사로 선출될 상당한 개연성이 있는 피고인들이 그 담당할 직무에 관하여 청탁을 받고 소유권이전등기를 마칠 수 있는 기회를 제공받는 방법으로 이익을 수수한 사안에서, 사전수뢰죄의 성립을 인정하였다.[41]

행위의 상대방 또한 특별한 제한이 없고, **객체**는 '뇌물'이다.

2. 구성요건적 행위

본죄의 **구성요건적 행위**는 '**자신이 담당할 직무에 관하여 청탁을 받고 뇌물을 수수·**

39 대법원 2015. 10. 29. 선고 2015도12838 판결 참조.

40 대법원 1994. 12. 22. 선고 94도2528 판결 참조.

41 대법원 2010. 5. 13. 선고 2009도7040 판결 참조.

요구 또는 약속하는 것'이다.

이때 '담당 할 직무'라 함은 실제로 공무원 또는 중재인이 되었을 때 하게 될 업무를 말하고, 그 직무의 수행과 이익 사이에 대가관계가 인정되어야 한다.

나아가 형법 제129조 제2항의 사전수뢰는 단순수뢰의 경우와는 달리 청탁을 받을 것을 요건으로 하고 있는바, 여기에서 '**청탁**'이라 함은 공무원에 대하여 일정한 직무행위를 할 것을 의뢰하는 것을 말하는데 그 직무행위가 부정한 것인가 하는 점은 묻지 않으며 그 청탁이 반드시 명시적이어야 하는 것도 아니다.[42]

3. 처벌

본죄를 범하면 3년 이하의 징역 또는 7년 이하의 자격정지에 처하고, 위와 같이 취득한 뇌물은 모두 몰수·추징의 대상이 된다(형법 제134조, 공무원범죄몰수법 제3조, 제6조).

V 제3자뇌물제공죄(형법 제130조)

관련조문

형법 제130조(제삼자뇌물제공) 공무원 또는 중재인이 그 직무에 관하여 부정한 청탁을 받고 제3자에게 뇌물을 공여하게 하거나 공여를 요구 또는 약속한 때에는 5년 이하의 징역 또는 10년 이하의 자격정지에 처한다.

1. 구성요건의 주체 및 객체

본죄의 **구성요건 주체**는 '**공무원 또는 중재인**'이다. 이는 앞서 본 '수뢰죄'의 그것과 동일하다.

행위의 상대방 또한 특별한 제한이 없고, **객체**는 '뇌물'이다.

2. 구성요건적 행위

본죄의 **구성요건적 행위**는 '그 직무에 관하여 부정한 청탁을 받고 제3자에게 뇌물을 공여하게 하거나 공여를 요구 또는 약속하는 것'이다.

---

42 대법원 1999. 7. 23. 선고 99도1911 판결 참조.

이때 직무관련성과 대가성이 있어야 함은 당연하나 수뢰죄 또는 사전수뢰죄와는 다르게 **'부정한 청탁'**을 요한다. 이 때 **'부정한 청탁'**의 의미에 대하여 **대법원**은 다음과 같이 판시하고 있다.[43]

판례

형법 제130조의 제3자뇌물제공죄에서 '청탁'이란 공무원에 대하여 일정한 직무집행을 하거나 하지 않을 것을 의뢰하는 행위를 말하고, **'부정한' 청탁**이란 의뢰한 **직무집행 자체가 위법하거나 부당한 경우 또는 의뢰한 직무집행 그 자체는 위법하거나 부당하지 아니하지만 당해 직무집행을 어떤 대가관계와 연결시켜 그 직무집행에 관한 대가의 교부를 내용으로 하는 경우** 등을 의미한다. 그런데 제3자뇌물제공죄에서 공무원이 '그 직무에 관하여 부정한 청탁을 받을 것'을 요건으로 하는 취지는 처벌의 범위가 불명확해지지 않도록 하기 위한 것으로서, 이러한 **부정한 청탁은 명시적 의사표시에 의해서뿐만 아니라 묵시적 의사표시에 의해서도 가능하지만, 묵시적 의사표시에 의한 부정한 청탁이 있다고 하려면 청탁의 대상이 되는 직무집행의 내용과 제3자에게 제공되는 이익이 그 직무집행에 대한 대가라는 점에 대하여 공무원과 이익 제공자 사이에 공통의 인식이나 양해가 있어야** 한다. 따라서 그러한 인식이나 양해 없이 **막연히 선처하여 줄 것이라는 기대나 직무집행과는 무관한 다른 동기에 의하여 제3자에게 금품을 공여한 경우**에는 묵시적 의사표시에 의한 **부정한 청탁이 있다고 볼 수 없다**(대법원 2009. 1. 30. 선고 2008도6950 판결, 대법원 2011. 4. 14. 선고 2010도12313 판결 등 참조).

'부정한 청탁'은 ① 청탁한 **직무집행 자체가 위법·부당**하거나 ② 직무 자체는 위법·부당하지 않지만 **그 직무집행을 어떤 대가관계와 연결시켜 그 직무집행에 관한 대가의 교부를 내용으로 하는 경우** 등을 의미하며, ③ 이러한 청탁은 **명시적·묵시적을 불문**하지만 묵시적 청탁의 경우 양 당사자 사이에서는 직무집행의 내용과 **제3자에게 제공되는 이익이 직무집행의 대가라는 점에 대한 상호간 인식·양해**가 반드시 요구된다.

그리고 본죄의 뇌물을 수수하는 주체는 **'제3자'**이므로 이 때 '제3자'는 행위자와 공동정범 외의 사람으로 제3자가 그와 같은 사정을 알았는지를 요하지 않는다. 또한 제3자라 하더라도 이를 공무원과 동일하게 평가할 수 있다면 '제3자'성이 부정된다.

대법원은 도시 및 주거환경정비법상 공무원으로 의제되는 정비사업전문관리업체의 대표이사가 여러 건설회사들로부터 뇌물을 수수하면서 이를 **자신이 실질적으로 장악하고 있는 컨설팅 회사명의 계좌로 사안에서** 위 대표이사가 뇌물을 직접 받은 것으로 평가할 수 있으므로 제3자뇌물제공죄가 성립하지 않는다고 판시하였다.[44]

43 대법원 2014. 9. 4. 선고 2011도14482 판결 참조.

그리고 공무원과 비공무원이 공모하여 뇌물을 수수한 경우 비공무원이 공무원과 공동정범의 관계에 있다면 위 '비공무원'은 제3자라고 볼 수 없고 이때는 단순수뢰죄의 공동정범이 성립하고 제3자뇌물수수죄가 성립하지 않는다.[45]

판례

공무원이 아닌 사람(이하 '비공무원'이라 한다)이 공무원과 공동가공의 의사와 이를 기초로 한 기능적 행위지배를 통하여 공무원의 직무에 관하여 뇌물을 수수하는 범죄를 실행하였다면 공무원이 직접 뇌물을 받은 것과 동일하게 평가할 수 있으므로 공무원과 비공무원에게 형법 제129조 제1항에서 정한 뇌물수수죄의 공동정범이 성립한다. 형법은 제130조에서 제129조 제1항 뇌물수수죄와는 별도로 공무원이 그 직무에 관하여 뇌물공여자로 하여금 제3자에게 뇌물을 공여하게 한 경우에는 부정한 청탁을 받고 그와 같은 행위를 한 때에 뇌물수수죄와 법정형이 동일한 제3자뇌물수수죄로 처벌하고 있다. 제3자뇌물수수죄에서 뇌물을 받는 제3자가 뇌물임을 인식할 것을 요건으로 하지 않는다. 그러나 **공무원이 뇌물공여자로 하여금 공무원과 뇌물수수죄의 공동정범 관계에 있는 비공무원에게 뇌물을 공여하게 한 경우에는 공동정범의 성질상 공무원 자신에게 뇌물을 공여하게 한 것으로 볼 수 있다. 공무원과 공동정범 관계에 있는 비공무원은 제3자뇌물수수죄에서 말하는 제3자가 될 수 없고**, 공무원과 공동정범 관계에 있는 **비공무원이 뇌물을 받은 경우에는 공무원과 함께 뇌물수수죄의 공동정범이 성립하고 제3자뇌물수수죄는 성립하지 않는다**(대법원 2019. 8. 29. 선고 2018도2738 전원합의체 판결 참조).

3. 처벌

본죄를 범하면 5년 이하의 징역 또는 10년 이하의 자격정지에 처하고, 위와 같이 취득한 뇌물은 모두 몰수·추징의 대상이 된다(형법 제134조, 공무원범죄몰수법 제3조, 제6조).

VI 수뢰 후 부정처사죄(형법 제131조 제1항)

관련조문

형법 제131조(수뢰후부정처사, 사후수뢰) ① 공무원 또는 중재인이 전2조의 죄를 범하여 부정한 행위를 한 때에는 1년 이상의 유기징역에 처한다.

44 대법원 2011. 11. 24. 선고 2011도9585 판결 참조.

45 대법원 2019. 8. 29. 선고 2018도2738 전원합의체 판결 참조.

1. 구성요건의 주체 및 객체

본죄의 **구성요건 주체**는 '공무원 또는 중재인'이다. 이는 앞서 본 '수뢰죄'의 그것과 같다. **행위의 상대방** 또한 특별한 제한이 없고, **객체**는 '뇌물'이다.

2. 구성요건적 행위

본죄의 **구성요건적 행위**는 '**前2조(수뢰, 사전수뢰, 제3자뇌물수수)**의 죄를 범하여 부정한 행위를 하는 것'이다. 뇌물을 받은 다음 그 내용에 맞게 부정한 행위에 나아가는 경우 이를 가중처벌하는 것이다. 이 때 '**부정한 행위**'란 직무에 위배하는 위법·부당한 일체의 행위를 말하는 것으로 직무와의 관련성이 요구된다. 이때의 행위는 작위 또는 부작위를 불문한다. 그리고 위 부정한 행위는 뇌물수수 등 행위 중에 이루어지더라도 무방하다.[46]

판례

수뢰후부정처사죄를 정한 형법 제131조 제1항은 공무원 또는 중재인이 형법 제129조(수뢰, 사전수뢰) 및 제130조(제3자뇌물제공)의 죄를 범하여 부정한 행위를 하는 것을 구성요건으로 하고 있다. 여기에서 **'형법 제129조 및 제130조의 죄를 범하여'**란 반드시 **뇌물수수 등의 행위가 완료된 이후에 부정한 행위가 이루어져야 함을 의미하는 것은 아니**고, 결합범 또는 결과적 가중범 등에서의 기본행위와 마찬가지로 **뇌물수수 등의 행위를 하는 중에 부정한 행위를 한 경우도 포함하는 것으로 보아야 한다.** 따라서 단일하고도 계속된 범의 아래 일정 기간 반복하여 일련의 뇌물수수 행위와 부정한 행위가 행하여졌고 그 뇌물수수 행위와 부정한 행위 사이에 인과관계가 인정되며 피해법익도 동일하다면, **최후의 부정한 행위 이후에 저질러진 뇌물수수 행위도 최후의 부정한 행위 이전의 뇌물수수 행위 및 부정한 행위와 함께 수뢰후부정처사죄의 포괄일죄로 처벌함이 타당**하다(대법원 2021. 2. 4. 선고 2020도12103 판결 참조).

3. 처벌

본죄를 범하면 1년 이상의 유기징역에 처하고, 위와 같이 취득한 뇌물은 모두 몰수·추징의 대상이 된다(형법 제134조, 공무원범죄몰수법 제3조, 제6조).

46 대법원 2021. 2. 4. 선고 2020도12103 판결 참조.

Ⅶ 부정처사 후 수뢰·제3자뇌물수수죄(형법 제131조 제2항)

관련조문

형법 제131조(수뢰후부정처사, 사후수뢰) ② 공무원 또는 중재인이 그 직무상 부정한 행위를 한 후 뇌물을 수수, 요구 또는 약속하거나 제삼자에게 이를 공여하게 하거나 공여를 요구 또는 약속한 때에도 전항의 형과 같다.

1. 구성요건의 주체 및 객체

본죄의 **구성요건 주체**는 '공무원 또는 중재인'이다. 이는 앞서 본 '수뢰죄'의 그것과 같다. **행위의 상대방** 또한 특별한 제한이 없고, **객체**는 '뇌물'이다.

2. 구성요건적 행위

본죄의 **구성요건적 행위**는 '그 직무상 부정한 행위를 한 후 뇌물을 수수, 요구 또는 약속하거나 제삼자에게 이를 공여하게 하거나 공여를 요구 또는 약속하는 것'이다.

공무원이 직무상 부정한 행위를 먼저 한 다음 공여자에게 뇌물을 직접 수수·요구·약속하는 경우(단순수뢰죄 유형), 제3자에게 이를 공여하도록 하는 경우(제3자뇌물수수 유형)를 모두 포괄하고 있다.

이와 관련하여 **대법원**은 공중위생법에 따라 검사를 위탁받은 법인의 직원이 전자유기기구 내에 설치된 프로그램의 점검필 여부를 확인하지도 아니한 채 점검필유기기구확인표시증을 컴퓨터게임장 업주에게 함부로 교부하여 주고 그 대가로 금품을 수수하였다면 이는 부정처사 후 수뢰죄에 해당한다고 판시하였다.[47]

이때 '**수수·요구·약속**'의 개념은 수뢰죄의 개념과, '**제3자**'의 개념은 제3자 뇌물수수죄의 개념과 동일하다.

3. 처벌

본죄를 범하면 1년 이상의 유기징역에 처하고, 위와 같이 취득한 뇌물은 모두 몰수·추징의 대상이 된다(형법 제134조, 공무원범죄몰수법 제3조, 제6조).

---

47 대법원 1999. 7. 23. 선고 99도390 판결 참조.

Ⅷ 사후수뢰죄(형법 제131조 제3항)

관련조문

형법 제131조(수뢰후부정처사, 사후수뢰) ③ 공무원 또는 중재인이었던 자가 그 재직 중에 청탁을 받고 직무상 부정한 행위를 한 후 뇌물을 수수, 요구 또는 약속한 때에는 5년 이하의 징역 또는 10년 이하의 자격정지에 처한다.

1. 구성요건의 주체 및 객체

본죄의 **구성요건 주체**는 '공무원 또는 중재인이었던 사람'이다. 그와 같은 신분에 있을 당시 청탁을 받아 직무상 부정한 행위를 하면 충분하다.

행위의 상대방 또한 특별한 제한이 없고, **객체**는 '뇌물'이다.

2. 구성요건적 행위

본죄의 **구성요건적 행위**는 '그 재직 중에 청탁을 받고 직무상 부정한 행위를 한 후 퇴직하고 나서 뇌물을 수수, 요구 또는 약속하는 것'이다.

공무원이 재직 하고 있을 당시 청탁을 받아 직무상 부정한 행위를 하였다면 퇴직 후에 뇌물을 수수·요구·약속하더라도 뇌물죄가 성립하도록 한 것이다. 따라서 뇌물을 실제로 수수·요구·약속 한 시점보다는 청탁을 받고 부정한 행위를 할 당시의 신분이 중요하다.

대법원은 이와 관련하여 「형법은 공무원이었던 자가 재직 중에 청탁을 받고 직무상 부정한 행위를 한 후 뇌물을 수수, 요구 또는 약속을 한 때에는 제131조 제3항에서 사후수뢰죄로 처벌하도록 규정하고 있으므로, **뇌물의 수수 등을 할 당시 이미 공무원의 지위를 떠난 경우**에는 제129조 제1항의 수뢰죄로는 처벌할 수 없고 **사후수뢰죄의 요건에 해당할 경우에 한하여 그 죄로 처벌할 수 있을 뿐**이다.」라고 판시하고 있다.[48]

이 경우에도 '**수수·요구·약속**'의 개념은 수뢰죄의 개념과, '**제3자**'의 개념은 제3자 뇌물수수죄의 개념과 동일하다.

---

48 대법원 2013. 11. 28. 선고 2013도10011 판결 참조.

3. 처벌

본죄를 범하면 5년 이하의 징역 또는 10년 이하의 자격정지에 처하고, 위와 같이 취득한 뇌물은 모두 몰수·추징의 대상이 된다(형법 제134조, 공무원범죄몰수법 제3조, 제6조).

Ⅸ 알선수뢰죄(형법 제132조)

관련조문

형법 제132조(알선수뢰) 공무원이 그 지위를 이용하여 다른 공무원의 직무에 속한 사항의 알선에 관하여 뇌물을 수수, 요구 또는 약속한 때에는 3년 이하의 징역 또는 7년 이하의 자격정지에 처한다.

1. 구성요건의 주체 및 객체

본죄의 **구성요건 주체**는 '공무원'이다. 앞에서 서술한 뇌물죄와는 달리 '중재인'이 구성요건의 주체에서 제외된다는 것이 특징이다. 이 때 '공무원'은 업무를 실제로 처리하는 다른 공무원과 직·간접적 연관관계를 가지고 있어야 하고 법률상·사실상의 영향력을 행사할 수 있는 사람이어야 한다. 이 때 실제 업무를 처리하는 공무원의 상사여야 한다거나 결재권을 가지고 있어야 할 필요는 없다.

행위의 상대방 또한 특별한 제한이 없고, **객체**는 '뇌물'이다. 다만 이 때 주의하여야 할 점은 위 뇌물의 요건인 '대가관계'는 알선수뢰죄의 경우 뇌물을 수수하는 공무원 자신의 직무와의 대가관계가 아니라 자신이 영향력을 행사할 수 있는 **'다른 공무원의 직무에 속한 사항'**의 알선에 대한 대가를 의미한다는 점이다.

2. 구성요건적 행위

본죄의 **구성요건적 행위**는 '그 지위를 이용하여 다른 공무원의 직무에 속한 사항의 알선에 관하여 뇌물을 수수, 요구 또는 약속하는 것'이다.

이때 '**지위를 이용하여**'라 함은 다른 공무원의 직무에 영향력을 미칠 수 있는 신분 또는 지위를 사용하는 것을 말한다.

대법원은 이와 관련하여 「형법 제132조 소정의 알선수뢰죄에 있어서 "공무원이 그 지위를 이용하여"라고 함은 친구, 친족관계 등 사적인 관계를 이용하는 경우이거나 단순히 공무원으로서의 신분이 있다는 것만을 이용하는 경우에는 여기에 해당한다고 볼 수 없으나, **다른 공무원이 취급하는 업무처리에 법률상 또는 사실상으로 영향을 줄 수 있는 공무원이 그 지위를 이용하는 경우에는 여기에 해당**하고 그 사이에 반드시 **상하관계, 협동관계, 감독권한 등의 특수한 관계에 있거나 같은 부서에 근무할 것을 요하는 것은 아니**다.」라고 판시한 바 있다.[49] 다른 공무원과의 관계보다 그 공무원에게 **'사실상의 영향력을 행사할 수 있는지'** 여부에 그 방점이 있다.

나아가 다른 공무원의 직무에 속한 사항의 알선에 관하여 그 대가로 뇌물을 수수하면 충분하므로 그 공무원의 직무에 속하는 사항에 관한 것이면 되는 것이고 그것이 반드시 부정행위라거나 그 직무에 관하여 결재권한이나 최종결정권한을 갖고 있어야 하는 것은 아니다.[50]

이 때 '**수수·요구·약속**'의 개념은 수뢰죄의 개념과 동일하다.

3. 처벌

본죄를 범하면 3년 이하의 징역 또는 7년 이하의 자격정지에 처한다. 위와 같이 취득한 뇌물은 모두 몰수·추징의 대상이 된다(형법 제134조, 공무원범죄몰수법 제3조, 제6조).

X 뇌물공여죄(형법 제133조 제1항)

관련조문

형법 제133조(뇌물공여등) ①제129조 내지 제132조에 기재한 뇌물을 약속, 공여 또는 공여의 의사를 표시한 자는 5년 이하의 징역 또는 2천만 원 이하의 벌금에 처한다. <개정 1995. 12. 29.>

1. 구성요건의 주체 및 객체

본죄의 **구성요건 주체**는 아무런 제한이 없다. 따라서 누구든지 본죄의 주체가 될 수 있다. **행위의 상대방**은 형법 제129조 내지 제132조의 각 행위의 주체이므로 양 당사자는 필요적 공범관계에 있다. **객체**는 '뇌물'이다. 따라서 위와 같은 뇌물공여행위는 공무원 등 신분자의 직무행위와 관련되어야 하고 대가관계 또한 인정되어야 한다.

---

49 대법원 1994. 10. 21. 선고 94도852 판결 참조.

50 대법원 1992. 5. 8. 선고 92도532 판결 참조.

2. 구성요건적 행위

본죄의 **구성요건적 행위**는 '제129조 내지 제132조에 기재한 뇌물을 약속, 공여 또는 공여의 의사를 표시하는 것'이다.

이때 '**공여**'라 함은 상대방이 뇌물을 수수할 수 있도록 제공하는 것을 의미한다. 이 때 상대방이 반드시 뇌물수수죄가 성립하여야만 뇌물공여죄가 성립하는 것은 아니다.[51]

3. 처벌

본죄를 범하면 5년 이하의 징역 또는 2천만 원 이하의 벌금에 처한다. 위와 같이 공여한 뇌물은 모두 몰수·추징의 대상이 되는데(형법 제134조, 공무원범죄몰수법 제3조, 제6조) 통상적으로 수뢰자로부터 이를 몰수·추징할 것이나 수뢰자가 뇌물을 소비하지 않고 그대로 공여자에게 반환한 경우에는 예외적으로 증뢰자로부터 몰수·추징한다.

XI 뇌물전달죄(형법 제133조 제2항)

관련조문

형법 제133조(뇌물공여등) ① 제129조 내지 제132조에 기재한 뇌물을 약속, 공여 또는 공여의 의사를 표시한 자는 5년 이하의 징역 또는 2천만 원 이하의 벌금에 처한다.<개정 1995. 12. 29.>
② 전항의 행위에 공할 목적으로 제삼자에게 금품을 교부하거나 그 정을 알면서 교부를 받은 자도 전항의 형과 같다.

1. 구성요건의 주체 및 객체

본죄의 **구성요건 주체**는 아무런 제한이 없다. 따라서 누구든지 본죄의 주체가 될 수 있다. **행위의 상대방**은 뇌물공여자가 된다. **객체**는 '**뇌물**'이다. 따라서 위와 같이 뇌물전달행위의 경우 모두 공무원 등 신분자의 직무행위와 관련되어야 한다.

2. 구성요건적 행위

본죄의 **구성요건적 행위**는 '전항의 행위(뇌물공여)에 공할 목적으로 제삼자에게 금품을

---

51 대법원 2013. 11. 28. 선고 2013도9003 판결 참조.

교부하거나 그 정을 알면서 교부를 받는 것'이다.

이때 증뢰자가 수뢰자에게 뇌물을 공여함에 있어 중간에 이를 전달하는 제3자가 있는 경우 제3자에게 뇌물을 건네주는 행위와 제3자가 그와 같은 사정을 알면서 이를 전달받는 행위를 처벌하는 것이다. 따라서 공무원이 취급하는 사건 또는 사무에 관하여 청탁한다는 명목으로 자신의 이득을 취하기 위하여 금품 등을 교부받은 것이 아니고, 공무원이 취급하는 사무에 관한 청탁을 받고 청탁 상대방인 공무원에게 제공할 금품을 받아 그 공무원에게 단순히 전달한 경우에는 알선수뢰죄나 증뢰물전달죄만이 성립하고, 이와 같은 경우에 변호사법 제111조 위반죄는 성립할 수 없다[52]

주관적 구성요건요소와 관련하여서는 제3자가 뇌물공여자로부터 받은 금품이 수뢰자에게 공여할 것이라는 사정을 모두 알고 있어야 한다(**고의범**).

3. 죄수 및 처벌

약속·공여의 의사표시를 하고 실제로 제3자에게 수뢰자에게 건네라는 취지로 뇌물을 건네준 다음 제3자가 수뢰자에게 이를 건넨 경우에는 뇌물공여죄의 일죄만 성립한다.

본죄를 범하면 5년 이하의 징역 또는 2천만 원 이하의 벌금에 처한다. 위와 같이 공여한 뇌물은 모두 몰수·추징의 대상이 되는데(형법 제134조, 공무원범죄몰수법 제3조, 제6조) 제3자가 뇌물공여자로부터 받은 뇌물을 일부 소비하고 수뢰자에게 건네지 않는 경우 제3자가 중간에 착복한 금전을 제3자로부터 몰수·추징한다.

XII 형법상 뇌물죄 가중처벌 규정(특정범죄가중법 제2조)

관련조문

특정범죄가중법 제2조(뇌물죄의 가중처벌) ①「형법」 제129조·제130조 또는 제132조에 규정된 죄를 범한 사람은 그 수수(收受)·요구 또는 약속한 뇌물의 가액(價額)(이하 이 조에서 "수뢰액"이라 한다)에 따라 다음 각 호와 같이 가중처벌한다.

1. 수뢰액이 1억 원 이상인 경우에는 무기 또는 10년 이상의 징역에 처한다.
2. 수뢰액이 5천만 원 이상 1억 원 미만인 경우에는 7년 이상의 유기징역에 처한다.
3. 수뢰액이 3천만 원 이상 5천만 원 미만인 경우에는 5년 이상의 유기징역에 처한다.

---

52 대법원 2007. 2. 23. 선고 2004도6025 판결 참조.

②「형법」 제129조·제130조 또는 제132조에 규정된 죄를 범한 사람은 그 죄에 대하여 정한 형(제1항의 경우를 포함한다)에 수뢰액의 2배 이상 5배 이하의 벌금을 병과(倂科)한다.

특정범죄가중법은 앞에서 살펴본 형법 제129조, 제130조 또는 제132조에 규정된 죄를 범한 사람이 수수·요구 또는 약속한 뇌물의 가액에 따라 위와 같이 가중처벌하는 규정을 두고 있다. 이 때 형법 제131조(수뢰후부정처사죄, 부정처사 후 수뢰죄, 사후수뢰죄) 및 제133조(뇌물공여죄, 뇌물전달죄) 등은 제외된다.

위 수뢰액이 3천만 원 이상 5천만 원 미만인 경우는 5년 이상의, 5천만 원 이상 1억 원 미만인 경우 7년 이상의 유기징역에 각 처하고, 1억 원 이상인 경우에는 무기 또는 10년 이상의 징역에 처하며 위 각 죄가 성립하면 수뢰액의 2배 내지 5배 이하의 벌금을 병과한다.

나아가 특정범죄가중법 제2조는 앞에서 본 바와 같이 공무원범죄몰수법상 특정공무원범죄에 해당하므로 공무원범죄몰수법에 따라 위와 같이 취득한 뇌물은 모두 필요적 몰수·추징의 대상이 된다.

관련조문

공무원범죄몰수법 제2조(정의) 이 법에서 사용하는 용어의 뜻은 다음과 같다.

1. "특정공무원범죄"란 다음 각 목의 어느 하나에 해당하는 죄[해당 죄와 다른 죄가 「형법」 제40조에 따른 상상적 경합(想像的 競合) 관계인 경우에는 그 다른 죄를 포함한다]를 말한다.

   다. 「특정범죄가중처벌 등에 관한 법률」 제2조 및 제5조의 죄

XIII 범죄수익환수 및 자금세탁범죄 처벌 사례

비공무원이 공무원과 공모하여 공무원의 직무에 관하여 뇌물을 수수한 경우 뇌물죄의 공동정범으로 처벌되고 그 과정에서 범죄수익의 발생원인을 가장하고 그 처분을 가장한 경우에는 자금세탁범죄가 성립한다.[53]

---

53 대법원 2019. 8. 29. 선고 2018도13792 판결 참조[이곳에서는 위 대법원 판결문에 기재되어 있는 판시 이

이와 관련하여 **대법원**은 **뇌물로서 수수한 말**(馬)임에도 불구하고 말의 소유권을 다른 회사가 보유한 것처럼 관련 서류를 허위로 작성하고 실제 말 제공에 관한 문제가 발생하자 이미 제공한 말을 전혀 다른 말들로 교체한 사안에서, **서류를 허위로 작성한 행위**는 범죄수익의 발생원인 사실 가장행위로, **다른 말들로 교체한 행위**는 범죄수익의 처분에 관한 사실을 가장한 행위로 판시하였다.[54]

뇌물죄 및 이를 가중처벌하는 특정범죄가중법 규정은 모두 부패재산몰수법상 부패범죄에 해당할 뿐만 아니라 舊 범죄수익은닉규제법상 중대범죄에 해당하므로 이를 위반하여 취득한 범죄수익을 숨기기 위하여 **그 발생원인 사실을 가장하는 행위**(허위의 문서 등 작성) 및 **그 처분을 가장하는 경우에는 자금세탁범죄가 함께 성립하게 된다는 점을 판시한 의미있는 사례**다.

판례

2. 특정범죄가중법 위반(뇌물)

나) 피고인 1과 전 대통령 사이에 공모관계가 있는지 여부

원심은 피고인 1과 전 대통령 사이의 공모관계와 피고인 1의 기능적 행위지배를 인정하였다. 그 이유로 전 대통령이 공소외 2에게 공소외 1에 대한 승마 지원이라는 뇌물을 요구하고, 피고인 1은 승마 지원을 통한 뇌물수수 범행에 이르는 핵심 경과를 조종하거나 저지·촉진하는 등 피고인 1과 전 대통령의 의사를 실행에 옮기는 정도에 이르렀다는 점을 들었다.

원심판결 이유를 적법하게 채택된 증거에 비추어 살펴보면, 원심의 판단에 상고이유 주장과 같이 공동정범에서의 공모, 기능적 행위지배 등에 관한 법리를 오해하거나 논리와 경험의 법칙에 반하여 자유심증주의의 한계를 벗어나는 등의 잘못이 없다.

다) 말들이 뇌물인지 여부

(1) 뇌물죄에서 뇌물의 내용인 이익은 금전, 물품 그 밖의 재산적 이익과 사람의 수요 욕망을 충족시키기에 충분한 일체의 유형·무형의 이익을 포함한다(대법원 1979. 10. 10. 선고 78도1793 판결, 대법원 2014. 1. 29. 선고 2013도13937 판결 등 참조). **뇌물수수죄에서 말하는 '수수'란 받는 것, 즉 뇌물을 취득하는 것이다. 여기에서 취득이란 뇌물에 대한 사실상의 처분권을 획득하는 것을 의미하고, 뇌물인 물건의 법률상 소유권까지 취득하여야 하는 것은 아니다**. 뇌물수수자가 법률상 소유권 취득의 요건을 갖추지는 않았더라도 뇌물로 제공된 물건에 대한 점유를 취득하고 뇌물공여자 또는 법률상 소유자로부터 반환을 요구받지 않는 관계에 이른 경우에는 그 물건에 대한 실질적인 사용·처분권한을 갖게 되어 그 물건 자체를 뇌물로 받은 것으로 보아야 한다(대법원 2006. 4. 27.

유 중 '말'에 대한 뇌물 관련 특정범죄가중법위반(뇌물)죄와 자금세탁범죄 부분에 대해 설명한다].

54 위 대법원 2018도13792 판결 참조.

선고 2006도735 판결 등 참조).

뇌물수수자가 뇌물공여자에 대한 내부관계에서 물건에 대한 실질적인 사용·처분권한을 취득하였으나 뇌물수수 사실을 은닉하거나 뇌물공여자가 계속 그 물건에 대한 비용 등을 부담하기 위하여 소유권 이전의 형식적 요건을 유보하는 경우에는 뇌물공여자와 뇌물수수자 사이에서는 소유권을 이전받은 경우와 다르지 않으므로 그 물건을 뇌물로 받았다고 보아야 한다. 뇌물수수자가 교부받은 물건을 뇌물공여자에게 반환할 것이 아니므로 뇌물수수자에게 영득의 의사도 인정된다.

(2) 원심은 피고인 1과 공소외 3 사이에서 2015. 11. 15.경에는 살시도와 향후 구입할 말들에 관하여 실질적인 사용·처분권한이 피고인 1에게 있다는 의사의 합치가 있었다고 보아 제1심과 마찬가지로 피고인 1이 공소외 2 등으로부터 말들 자체를 뇌물로 받았다고 판단하였다.

(3) 원심판결 이유를 적법하게 채택된 증거에 비추어 살펴보면, 원심의 판단에 상고이유 주장과 같이 뇌물수수죄에 관한 법리를 오해하거나 논리와 경험의 법칙에 반하여 자유심증주의의 한계를 벗어나는 등의 잘못이 있다. 그 이유는 나음과 같다.

(중략)

(마) 요컨대, 공소외 2는 전 대통령과 단독 면담을 할 때 전 대통령으로부터 승마 지원을 요구받고 그 직무와 관련한 뇌물을 제공하기 위하여 공소외 1에게 승마 지원을 하였다. 두 차례의 단독 면담에서 전 대통령으로부터 '좋은 말을 사줘라'는 요구를 받았고 2차 단독 면담에서 재차 요구를 받은 다음 적극적이고 신속하게 승마 지원을 진행하였다. 그 과정에서 지원의 구체적인 내용은 피고인 1 측에서 정하는 대로 이루어졌다. 전 대통령의 요구에 따라 피고인 1에게 뇌물을 제공하는 공소외 2 등으로서는 피고인 1이 가급적 만족할 수 있도록 원하는 대로 뇌물을 제공하되 그 사실이 외부에 드러나지 않도록 하는 것이 중요한 관심사였다고 볼 수 있다. 이러한 경위로 피고인 1에게 공소외 1이 탈 말과 피고인 1이 요구하는 돈을 지급한 공소외 2 등이 피고인 1로부터 말 소유권을 갖기를 원한다는 의사를 전달받고 원하는 대로 해주겠다는 의사를 밝혔으므로 양측 사이에 말을 반환할 필요가 없고 실질적인 사용·처분권한을 이전한다는 의사의 합치가 있었다고 보아야 한다.

위와 같은 합의 이후 말들에 대한 조치들은 모두 위 합의를 기초로 이루어졌다. 공소외 2 등이 공소외 6 회사의 자금으로 구입한 말들에 대한 점유가 피고인 1에게 이전되어 피고인 1이 원하는 대로 말들을 계속 사용하였다. 2015. 11. 15. 이후에는 피고인 1이 공소외 6 회사에 말들을 반환할 필요가 없었으며, 피고인 1이 말들을 임의로 처분하거나 잘못하여 말들이 죽거나 다치더라도 그 손해를 공소외 6 회사에 물어주어야 할 필요가 없다. 이러한 경우에 공소외 2 등이 피고인 1에게 제공한 뇌물은 말들이라고 보아야 한다. 이와 달리 뇌물로 제공한 것이 말들에 관한 액수 미상의 사용이익에 불과하다고 보는 것은 논리와 경험의 법칙에 반하고 일반 상식에도 어긋난다.

라) 액수 미상의 뇌물수수약속죄가 성립하는지 여부

원심은, 공소외 6 회사와 공소외 7 회사 사이의 용역계약(이하 '이 사건 용역계약'이라 한다)이 체결된 2015. 8. 26. 무렵 피고인 1과 공소외 2 등 사이에서 적어도 당초 합의한 2018년 아시안게임 때까지는 공소외 1에 대한 승마 지원을 목적으로 액수 미상의 뇌물을 주고받겠다는 확정적인 의사 합치가 있었다고 판단하였다.

원심판결 이유를 적법하게 채택된 증거에 비추어 살펴보면, 원심의 판단에 상고이유 주장과 같이 뇌물수수약속죄 등에 관한 법리를 오해하거나 논리와 경험의 법칙에 반하여 자유심증주의의 한계를 벗어나는 등의 잘못이 없다.

3. **범죄수익은닉의 규제 및 처벌 등에 관한 법률(이하 '범죄수익은닉규제법'이라 한다) 위반**

가. 피고인 1의 상고이유 주장

원심은 다음과 같이 판단하였다. **이 사건 용역계약은 피고인 1이 공소외 6 회사로부터 뇌물을 받기 위한 수단에 불과한 것으로 뇌물수수가 마치 정당한 승마 지원인 것처럼 범죄수익의 발생원인에 관한 사실을 가장하는 행위에 해당한다. 공소외 6 회사가 이 사건 용역계약을 이용하여 그 용역대금 명목의 돈을 뇌물로 제공하는 과정에서 내부품의서를 작성하는 행위도 마찬가지이다. 피고인 1이 공소외 2 등으로부터 받은 말들은 범죄수익이고, 공소외 6 회사가 ☆☆☆☆☆☆에 말을 매도하는 내용의 말 매매계약과 공소외 6 회사와 ☆☆☆☆☆☆ 사이에 체결된 함부르크 용역계약은 허위이므로 범죄수익의 처분에 관한 사실을 가장한 것이다. 이것은 범죄수익 발생원인에 관한 사실을 가장하는 행위에 대한 불가벌적 사후행위에 해당하지 않는다**.

원심판결 이유를 관련 법리와 적법하게 채택된 증거에 비추어 살펴보면, 원심의 판단에 상고이유 주장과 같이 **범죄수익의 발생원인에 관한 사실을 가장하는 행위, 범죄수익의 처분에 관한 사실을 가장하는 행위 등에 관한 법리를 오해하거나 논리와 경험의 법칙에 반하여 자유심증주의의 한계를 벗어나는 등의 잘못이 없다**(대법원 2019. 8. 29. 선고 2018도13792 판결 참조).

제 3 절 형법상 경매·입찰방해죄(제1호 나목)

부패재산몰수법 별표 제1호 나목에서는 **형법 제2편 제34장 신용·업무와 경매에 관한 죄 중 제315조(입찰 등 방해)의 죄**를 부패범죄로 규정하고 있다. 위계 또는 위력 기타 방법으로 경매 또는 입찰의 공정을 해하는 범죄를 부패범죄로 명확히 정한 것이다.

관련조문

부패재산몰수법 별표

부패범죄(제2조 제1호 관련)

1. 「형법」 중 다음 각 목의 죄

   나. 제2편 제34장 신용, 업무와 경매에 관한 죄 중 제315조의 죄

관련조문

형법 제315조(경매, 입찰의 방해) 위계 또는 위력 기타 방법으로 경매 또는 입찰의 공정을 해한 자는 2년 이하의 징역 또는 700만원 이하의 벌금에 처한다.<개정 1995. 12. 29.>

실무상 경매, 입찰방해죄를 중대범죄 또는 부패범죄로 의율하여 그로 인해 취득한 범죄수익 몰수·추징하여 환수하는 사례가 다수 확인되고 있으므로 이하에서는 그 구체적인 사례에 대해 살펴보도록 한다.

1. 구성요건의 주체 및 행위의 상대방

본죄의 **구성요건 주체**는 아무런 제한이 없으므로 누구든지 본죄의 주체가 될 수 있다. 그리고 **행위의 상대방** 또한 아무런 제한이 없다.

2. 구성요건적 행위 및 객체

본죄의 **구성요건적 행위**는 위계 또는 위력 기타 방법으로 경매 또는 입찰의 공정을 해하는 것이다. 이 때 '**위계**'와 '**위력**'의 의미와 관련하여 ① **위계**라 함은 상대방의 착오나 부지를 이용하는 모든 행위로서 사람을 기망하는 경우, 사람을 유혹하여 착각에 빠지게 하는 경우를 모두 포함한다. 대표적으로 경매절차에서 낙찰자를 결정하는 기준인 예정가격을 미리 알려주거나 이를 유출하는 행위가 이에 해당한다.

이와 관련하여 대법원은 건물에 대한 강제집행 절차에서 건물의 점유 사실을 허위로 기재하여 유치권 신고를 한 경우[55], 주택개발사업의 입찰 절차에서 시공자로 선정되기 위해 일부 조합원들에게 금품이나 향응을 제공한 경우[56]에도 모두 위계에 의한 입찰방해죄 성립을 인정하였다.

한편 ② **위력**이라 함은 사람의 의사 자유를 제압하거나 혼란스럽게 만드는 모든 세력을 일컫고 그 세를 표하는 방법은 유형적이든, 무형적이든 상관이 없다. 폭행과 협박은 물론이고 사회적 내지 경제적 지위와 권세를 내세워 압력을 행하는 행위가 모두 포함된다.

이와 관련하여 **대법원 판례**는 입찰장소의 주변을 에워싸고 사람들의 출입을 막아 입찰에

---

55 대법원 2013. 10. 17. 선고 2013도14954 판결 참조

56 대법원 2013. 10. 17. 선고 2013도6966 판결 참조

참가하려는 사람들의 일부를 참가하지 못하고 나머지 일부 사람들만 참가하도록 한 경우에 위력을 인정하였고[57], 경매신청에 나서려는 사람들을 경매법정 밖으로 밀어내어 남은 사람 단독으로 경매절차에 참여하도록 한 경우 본죄 성립을 인정하였으며[58], 회사 조합장이 다른 회사 실무자에게 자신의 지시에 따르지 않으면 회사 상호간의 계약을 취소하거나 수입대행 포기각서를 쓰라고 강요한 경우도 이에 해당한다고 판시하였다[59].

본죄는 위계나 위력을 사용하여 이로 인해 경매와 입찰의 공정을 해하는 것 즉 공정한 자유 경쟁을 방해할 염려가 있는 상태를 발생시키는 것을 구성요건으로 한다. **'공정한 자유 경쟁을 방해하는 것'** 은 공정한 자유 경쟁을 통한 적정한 가격 형성에 부당한 영향을 주는 것 뿐만 아니라 적법하고 공정한 경쟁방법을 해하거나 공정한 경쟁구도의 형성을 저해하는 행위도 포함된다[60]. 만약 입찰자들의 전부 또는 일부 사이에서 담합을 시도하는 행위가 있었을 뿐 실제로 담합이 이루어지지 못했고 실제로 실행된 바도 없었다면 이로써 공정한 자유 경쟁을 방해할 염려가 있는 상태를 발생시켜 그 입찰의 공정을 해하였다고 볼 수 없으므로 이는 입찰방해미수에 불과하다[61].

이와 관련하여 **대법원**은 업체 관련자들과 금품 수수를 매개로 한 낙찰 보장 합의를 하고 그에 따라 특정 업체에 절대적으로 유리한 내용으로 평가기준을 마련하는 한편 다른 업체가 충분한 시간적 여유를 가지고 입찰에 참여할 수 없도록 입찰 일정을 촉박하게 정하는 등의 방법으로 사실상 다른 특정 업체가 낙찰받도록 한 경우에도 본죄의 성립을 인정하였고[62], 고속도로 휴게소 운영권 입찰에서 여러 회사가 각자 입찰에 참가하되 누구라도 낙찰될 경우 동업하여 새로운 회사를 설립하고 그 회사로 하여금 휴게소를 운영하기로 합의한 후 입찰에 참가한 경우도 마찬가지라고 판시하였다[63].

가. 경매와 입찰

본죄는 경매와 입찰의 공정을 해하여야 하는데 이 때 '**경매**'란 매도인이 다수의 매수인으로부터 구두로 청약을 받고 그 중에 최고 가격의 청약자에게 승낙을 함으로써 성립하는 매

---

57 대법원 2015. 4 .23. 선고 92도3395 판결 참조
58 대법원 1990. 10. 30. 선고 90도2022 판결 참조
59 대법원 2000. 7. 6. 선고 99도4079 판결 참조
60 대법원 2015. 8. 27. 선고 2015도9352 판결 참조
61 대법원 2003. 9. 26. 선고 2002도3924 판결 참조
62 대법원 2011. 9. 18. 선고 2011도6375 판결 참조
63 대법원 2006. 12. 22. 선고 2004도2581 판결 참조

매를 의미하고, **'입찰'**이란 경쟁계약에 있어서 다수인으로 하여금 문서로 계약내용을 표시하게 하고 그 중 가장 유리한 청약자와 계약을 체결하는 것을 말하는데 이 때 '입찰'은 국가에서 시행하는 것뿐만 아니라 사인이 행하는 것도 포함되고, 입찰시행자가 입찰을 실시할 법적인 의무에 기하여 시행한 입찰일 필요도 없다.[64]

나. 입찰의 공정을 해할 것

'입찰의 공정을 해하는 것'이라 함은 적정한 가격을 이루는 공정한 경쟁이 방해될 염려가 있는 상태를 발생시키는 것을 말한다. 이 때 **'공정'**은 **'가격의 공정'**뿐만 아니라 **'경쟁방법의 공정'**도 포함된다고 해석함이 상당하다.

대법원은 「**'입찰의 공정을 해하는 행위'**란 공정한 자유경쟁을 방해할 염려가 있는 상태를 발생시키는 것, 즉 공정한 자유경쟁을 통한 적정한 가격형성에 부당한 영향을 주는 상태를 발생시키는 것으로, 그 행위에는 **가격결정뿐 아니라 '적법하고 공정한 경쟁방법'을 해하는 행위도 포함**되고, 지명경쟁입찰의 시행자인 법인의 대표자가 **특정인과 공모하여 그 특정인이 낙찰자로 선정될 수 있도록 예정가격을 알려 주고 그 특정인은 나머지 입찰참가인들과 담합하여 입찰에 응하였다**면 입찰의 실시 없이 서류상으로만 입찰의 근거를 조작한 경우와는 달리 현실로 실시된 입찰의 공정을 해하는 것으로 평가되어 입찰방해죄가 성립한다.」고 판시하였다.[65]

다만 입찰방해죄는 추상적 위험범이므로 '입찰의 공정'이 방해되는 결과가 발생할 것까지 요구되는 것은 아니므로 결과의 불공정이 현실적으로 나타날 것까지 요하지는 않는다.[66]

다. 담합을 통한 입찰방해

담합(談合)이라 함은 경매·입찰의 참가자 상호간의 통모에 의하여 특정인을 경락자·낙찰자로 하기 위해 일정한 사람들은 특정 가격 또는 그 이하로 입찰하지 않을 것을 약정하는 것을 말한다.

대법원은 「(전략)그 행위가 설사 동종(동종)업자 사이의 **무모한 출혈경쟁을 방지하기 위한 수단에 불과**하여 입찰가격에 있어 입찰실시자의 이익을 해하거나 입찰자에게 부당한 이익을 얻게 하는 것이 아니었다 하더라도 **실질적으로는 단독입찰을 하면서 경쟁 입찰인**

64 대법원 2007. 5. 31. 선고 2006도8070 판결 참조.
65 대법원 2007. 5. 31. 선고 2006도8070 판결 참조.
66 대법원 2010. 10. 14. 선고 2010도4940 판결 참조.

것과 같이 가장하였다면 그 입찰가격으로써 낙찰하게 한 점에서 경쟁 입찰의 방법을 해한 것이 되어 **입찰의 공정을 해한 것으로 되었다 할 것**이다.」라고 판시하고 있다.[67]

라. 주관적 구성요건요소

본죄는 **고의범**이므로 위계·위력 기타 방법으로 경매·입찰의 공정을 해한다는 사실에 대한 인식과 의사를 요한다. 별도의 목적은 요구되지 않는다.

3. 범죄수익환수 및 자금세탁범죄 처벌 사례

실무상 입찰방해죄의 경우 본죄로 인한 범죄수익은 그러한 입찰방해 행위가 없었더라면 낙찰이 전혀 이루어지지 않았을 때와 같이 특별한 경우가 아닌 한, 낙찰가액 자체라기보다는 **'정상적인 낙찰가액'**과 **'입찰이 방해됨으로써 발생한 낙찰가액'**의 **'차액 상당액'**을 계산하는 방법으로 산정함이 상당하다는 이유로 범죄수익이 명확하게 특정되지 않아 추징을 선고하지 않는 경우가 많다.[68]

그런데 이와 관련하여 **전기공사를 수주하기 위하여 공모하여 입찰방해 범행**을 하고 위와 같은 **입찰방해 행위에 참여하는 대가 또는 보수로 수수한 15억 원 상당의 금전을 범죄수익은닉규제법에 따라 추징한 사례**가 있다.[69]

결국 입찰방해죄는 여러 공범들이 함께 범할 수밖에 없으므로 이와 같은 입찰방해 행위를 통하여 그 보수로 받은 재산 및 그 범죄행위의 대가로 받은 재산도 모두 환수의 대상이 됨을 유의할 필요가 있다.

사례

범 죄 사 실

【F 전자입찰 시스템 개요】

F(이하 'F'이라 한다)가 발주하는 각종 전기공사 중 적격심사제 방식에 따른 전자입찰은 자체 전자조달시스템(G)상에서 이루어지고, 입찰공고, 예비가격 기초금액[추정가격(입찰, 계약방법 결정, 적격심사 기준의 적용 범위를 규정하는 금액)에 부가가치세를 더한 금액으로서 기

67 대법원 2003. 9. 26. 선고 2002도3924 판결 참조.

68 서울중앙지방법원 2018. 7. 13. 2018노573 판결(대법원 2018도12439 판결로 확정) 참조.

69 광주고등법원 2016. 9. 28. 선고 2016노199 판결 참조(대법원 2016도16681 판결로 확정).

초금액을 기준으로 일정 사정률 범위 내에서 복수예비가격(이하, '복수예가'라 한다)을 산정한다] 작성, 투찰, 개찰, 낙찰 예정자에 대한 적격심사, 낙찰자 선정, 계약의 순서로 진행되는데, ① 먼저 계약체결 부서 책임자가 해당 공사에 관한 예비가격 기초금액을 결정하여 입찰공고하고, ② 전자조달시스템 서버는 입찰 마감 전일 16:00 기초금액의 ±2.5% 범위 내에서 생성이 가능한 예비가격 중 15개를 임의로 선택하여 암호화한 후 저장하며, ③ 입찰자가 입찰기간 중 전자조달시스템에 접속하여 투찰금액을 입력하고 각각의 예비가격을 상징하는 15개의 추첨번호 중 임의로 4개를 선택하면 그 값이 서버에 전송·저장되고, ④ 개찰이 개시되면 전자조달시스템 서버는 위 15개의 예비가격을 15개의 추첨번호에 자동으로 무작위로 연결지어 입찰자들이 선택한 예비가격 추첨번호 중 가장 많이 선택된 상위 4개의 번호에 대응하는 예비가격을 확정한 후, 이를 평균하여 공사예정가격을, 여기에 투찰율(공사 가액 10억 원 미만: 87.745%, 공사 가액 10억 원 이상 30억 원 미만: 86.745%)을 곱한 낙찰하한가를 산정하게 되며, ⑤ 낙찰하한가 이상 공사예정가격 이하로서 낙찰하한가에 가장 근접한 입찰금액으로 투찰한 입찰자를 낙찰예정자로 선정한 후, 계약이행경험, 기술능력, 재무상태, 신인도 등에 대한 적격심사를 거쳐 최종 낙찰자로 결정하여 계약을 체결하게 된다.

【피고인 등의 지위】

피고인, H, i, J는 각자 IT업계에서 프로그램 개발, 관리 업무를 하던 중, H는 2005. 1. 20. 경부터 2008. 12. 말경까지 IT인력파견업체인 주식회사 k 소속 직원으로서 F의 자회사이자 F 입찰시스템 유지·보수업무를 담당하고 있는 L 주식회사 내 M 팀에 파견되어 F 입찰시스템 유지·보수업무를 담당하였고, 피고인은 2008. 8. 6.경부터 2013. 1.경까지, i는 2012. 7. 26. 경부터 2014. 7. 25.경까지, J는 2014. 10. 1.경부터 현재까지 각 IT인력파견업체인 주식회사 **뷰 소속 직원으로서 FKDN 주식회사 내 E-biz 팀에 파견되어 같은 업무를 담당하였다. O는 주식회사 P(변경 전 상호 주식회사 Q), 주식회사 R, 주식회사 S, 주식회사 T 등의 전기공사업체들을 실질적으로 운영하고 있고, U는 주식회사 V, 주식회사 W, 주식회사 X 등의 전기공사업체들을 실질적으로 운영하고 있다.

【범죄사실】

H는 2008. 12. 초순경 O로부터 'Y공사'의 낙찰결과를 조작하려는 특정 입찰공고의 일련번호를 전달받아 피고인에게 전달하였다. 피고인은 2008. 12. 초순경 위 특정 입찰공고의 일련번호가 인식될 경우 자신들이 사전에 정한 순열대로 복수예가를 추첨번호에 배열하여 낙찰하한가를 산출토록 하는 부정한 명령문을 와스서버(입찰시스템에서 논리, 연산기능을 수행하는 서버를 말하고, 와스서버의 각종 작업 결과가 DB 서버에 저장된다)에 업로드하여 낙찰금액 결정에 관한 중요 연산 기능을 장악하였다. H는 입찰시스템의 민감한 정보를 조회할 목적으로 자신들이 은밀하게 만들어 놓은 웹페이지를 통해 입찰 마감 전날 입찰시스템에서 만들어진 15개의 복수예가 및 입찰 마감 무렵까지 입찰자들이 가장 많이 선택한 4개의 추첨번호 정보

를 빼내거나 조작하여 해당 공구의 낙찰금액을 정확히 계산하였다. H는 O에게 전화하여 낙찰 받을 수 있는 투찰가를 전달하고, O는 다시 위 투찰가를 Z에게 알려주어 Z가 운영하는 주식회사 AA가 위 'Y공사' 입찰(경쟁률 827:1)에서 부정하게 낙찰 받게 하였다.

Z는 2008. 12. 4.경 위와 같이 총 827개의 전기공사업체가 입찰에 참가한 '154KV 내촌분기 송전선로 건설공사'를 위와 같이 부정하게 낙찰 받았음에도 마치 정상적인 경쟁 입찰을 거쳐 낙찰 받은 것처럼 피해자 F를 기망하여 형식적인 자격심사를 거쳐 2008. 12. 30. 피해자 F와 공사계약을 체결하였다.

피고인은 H, i, O, U 및 별지 범죄일람표 공범란 기재 전기공사업자들과 공모하여, 이를 비롯하여 2008. 12. 4.경부터 2014. 8. 7.경까지 별지 범죄일람표 기재와 같이 위와 같은 방법으로 F 입찰시스템에서 진행된 공사의 낙찰결과를 조작함과 동시에 별지 범죄일람표 순번 8 내지 24, 26 내지 51, 53 내지 58, 60 내지 65, 68 내지 91 기재와 같이 위와 같은 방법으로 피해자 F와 공사계약을 체결하고, 공사를 수행하여 2009. 3. 2.경부터 2015. 2. 13.경까지 피해자 F로부터 합계 172,183,620,905원 상당의 공사대금을 지급받았으며, 별지 범죄일람표 순번 25, 52, 59, 66, 67 기재와 같이 위와 같은 방법으로 피해자 F와 공사계약을 체결하려 하였으나 적격심사에 탈락하는 등의 이유로 피해자 F와 공사계약을 체결하지 못하였다.

이로써 피고인은 H, i, O, U 및 별지 범죄일람표 공범란 기재 전기공사업자들과 공모하여, 별지 범죄일람표 순번 1 내지 7 기재와 같이 컴퓨터 등 정보처리장치에 부정한 명령을 입력하고 정보처리에 장애를 발생하게 하여 낙찰금액 산출 및 낙찰자 결정에 관한 피해자 F의 업무를 방해함과 동시에 피해자 F를 기망하여 피해자 F와 계약을 체결한 계약당사자의 지위라는 액수 미상의 재산상 이익을 취득하고, 별지 범죄일람표 순번 8 내지 91 기재와 같이 컴퓨터 등 정보처리장치에 부정한 명령을 입력하고 정보처리에 장애를 발생하게 하여 낙찰금액 산출 및 낙찰자 결정에 관한 피해자 F의 업무를 방해하고, 정상적인 경쟁 입찰을 거쳐 낙찰 받은 것처럼 가장하는 등 위계를 이용하여 입찰의 공정을 해함과 동시에 별지 범죄일람표 순번 8 내지 24, 26 내지 51, 53 내지 58, 60 내지 65, 68 내지 91 기재와 같이 피해자 F를 기망하여 피해자 F와 공사계약을 체결한 계약당사자의 지위라는 액수 미상의 재산상 이익을 취득하였거나, 별지 범죄일람표 순번25, 52, 59, 66, 67 기재와 같이 피해자 F를 기망하여 피해자 F와 공사계약을 체결한 계약당사자의 지위라는 액수 미상의 재산상 이익을 취득하려 하였으나 그 뜻을 이루지 못하고 미수에 그쳤다.

법령의 적용

1. 범죄사실에 대한 해당법조

각 형법 제347조 제1항, 제30조(사기의 점), 각 형법 제352조, 제347조 제1항, 제30조(사기미수의 점), 각 형법 제314조 제2항, 제1항, 제30조(컴퓨터등장애업무방해의 점), 각 형법 제315조, 제30조(입찰방해의 점)

1. 추징

범죄수익은닉의 규제 및 처벌 등에 관한 법률 제10조 제1항, 제8조 제1항 제1호, 제2조 제1호 [별표] 제1호 자.목, 형법 제315조

[**피고인이 H로부터 지급받은 15억 2,000만 원**(피고인에 대한 제4회 검찰 피의자신문조서 중 증거기록 제2216 내지 2218쪽 참조)은 **피고인의 판시 입찰방해 범행의 보수로 얻은 재산으로서 범죄수익은닉의 규제 및 처벌 등에 관한 법률에서 정한 범죄수익에 해당**한다.

또한 **피고인 등이 이 사건 사기 범행으로 피해자 F로부터 공사계약에 따른 공사대금을 편취한 것이 아니라 피해자 F와 공사계약을 체결한 계약당사자의 지위라는 액수 미상의 재산상 이익을 취득한 것으로 인정되므로, 피고인이 H로부터 지급받은 15억 2,000만 원이 설령 피해자 F와 체결한 공사계약에 따른 공사대금의 일부라고 하더라도 이를 이 사건 사기 범행의 범죄피해재산이라고 볼 수 없으므로, 피고인이 H로부터 지급받은 15억 2,000만 원 상당은 범죄수익은닉의 규제 및 처벌 등에 관한 법률에 따른 추징의 대상**이 된다]

제 4 절 형법상 특정사기범죄(제1호 다목)

I 총설

부패재산몰수법은 별표 제1호 다목에서 **형법상 재산에 관한 죄 중 사기, 컴퓨터등 사용사기, 상습사기죄 중 일부**를 부패범죄로 규정하고 있다. 다만 부패재산몰수법이 적용되는 부패범죄로서의 사기죄는 부패재산몰수법상 특정사기범죄로 한정하고 있는 점이 특징이고, 이러한 범죄를 저지르고 취득한 부패재산은 모두 범죄피해재산이며 이는 모두 피해자에게 환부하여야 한다.

관련조문

부패재산몰수법 별표

부패범죄(제2조 제1호 관련)

1. 「형법」 중 다음 각 목의 죄

다. 제2조 제39장 사기와 공갈의 죄 중 **제347조, 제347조의2 및 제351조(제347조 및 제347조의2의 상습범만 해당한다)에 해당하는 죄(특정사기범죄로 한정한다)**

부패재산몰수법 제2조(정의) 이 법에서 사용하는 용어의 정의는 다음과 같다.

3. **"범죄피해재산"**이란 별표에 규정된 죄 가운데 다음 각 목의 어느 하나에 해당하는 죄의 범죄행위에 의하여 그 피해자로부터 취득한 재산 또는 그 재산의 보유·처분에 의하여 얻은 재산을 말한다.
   가. **「형법」 제2편제39장 사기와 공갈의 죄 중 제347조, 제347조의2 및 제351조(제347조 및 제347조의2의 상습범만 해당한다)에 해당하는 죄**[「형법」 제114조에 따른 범죄단체를 조직하여 범행한 경우, 「유사수신행위의 규제에 관한 법률」 제2조에 따른 유사수신행위 또는 「방문판매 등에 관한 법률」 제2조제5호에 따른 다단계판매의 방법으로 기망(欺罔)하여 범행한 경우 및 「전기통신금융사기 피해 방지 및 피해금 환급에 관한 특별법」 제2조제2호에 따른 전기통신금융사기에 해당하는 경우(이하 "특정사기범죄"라 한다)로 한정한다]와 「특정경제범죄 가중처벌 등에 관한 법률」 제3조 중 「형법」 제347조, 제347조의2 및 제351조(제347조 및 제347조의2의 상습범만 해당한다)에 해당하는 죄(특정사기범죄로 한정한다)
   나. **「형법」 제2조 제40장 횡령과 배임의 죄 중 제355조, 제356조 및 제359조의 죄와 「특정경제범죄 가중처벌 등에 관한 법률」 제3조 중 「형법」 제355조 및 제356조에 해당하는 죄**

제6조(범죄피해재산의 특례) ① 제3조의 재산이 범죄피해재산으로서 범죄피해자가 그 재산에 관하여 범인에 대한 재산반환청구권 또는 손해배상청구권 등을 행사할 수 없는 등 피해회복이 심히 곤란하다고 인정되는 경우에는 몰수·추징할 수 있다.

② 이 법에 따라 몰수·추징된 범죄피해재산은 피해자에게 환부(還付)한다.

③ 범죄피해재산의 환부 요건 및 절차 등 범죄피해재산의 환부에 필요한 사항은 대통령령으로 정한다.

범죄수익은닉규제법은 형법상 재산에 관한 죄로 취득한 범죄수익에 대해서는 몰수·추징할 수 없다고 규정하고 있어 이에 대한 추징은 원칙적으로 불가하다(동법 제8조 제3항 참조). 따라서 사기죄로 취득한 재물 또는 재산상 이익은 모두 **범죄피해재산에 해당하므로 원칙적으로 환수가 불가능**하다.

관련조문

범죄수익은닉규제법 제8조(범죄수익등의 몰수) ① 다음 각 호의 재산은 몰수할 수 있다.

1. 범죄수익
2. 범죄수익에서 유래한 재산

3. 제3조 또는 제4조의 범죄행위에 관계된 범죄수익등
4. 제3조 또는 제4조의 범죄행위에 의하여 생긴 재산 또는 그 범죄행위의 보수로 얻은 재산
5. 제3호 또는 제4호에 따른 재산의 과실 또는 대가로 얻은 재산 또는 이들 재산의 대가로 얻은 재산, 그 밖에 그 재산의 보유 또는 처분에 의하여 얻은 재산

③ **제1항에도 불구하고 같은 항 각 호의 재산이 범죄피해재산**(재산에 관한 죄, 「특정범죄 가중처벌 등에 관한 법률」 제5조의2제1항제1호·제2항제1호의 죄 또는 「채무자 회생 및 파산에 관한 법률」 제650조·제652조 및 제654조의 죄에 해당하는 범죄행위에 의하여 그 피해자로부터 취득한 재산 또는 그 재산의 보유·처분에 의하여 얻은 재산을 말한다. 이하 같다) **인 경우에는 몰수할 수 없다. 제1항 각 호의 재산 중 일부가 범죄피해재산인 경우에는 그 부분에 대하여도 또한 같다.**

다만 부패재산몰수법은 범죄수익은닉규제법이 정하고 있는 원칙에 일부 예외를 인정하고 있는데 이것이 바로 사기죄 중 **특정사기범죄(범죄단체, 유사수신, 방문판매, 다단계, 보이스피싱으로 인한 사기범죄)**를 범하고 취득한 재산이다. 이러한 부패재산은 그 본질이 범죄피해재산 임에도 불구하고 이를 몰수·추징하여 범죄피해자에게 환부할 수 있다. 이를 표로 정리하면 다음과 같다.

법률	범죄피해재산(원칙 환수 불가)		
범죄수익은닉 규제법	**형법상 재산죄**[70]	**특가법 제5조의2 제1항 제1호, 제2항 제1호**(어린이 납치 후 몸값을 요구하는 경우, 그 지불 몸값)	**채무자회생법 제650조, 제652조, 제654조**(사기 파산죄로 채권자가 손해를 보는 경우)

법률	범죄피해재산(원칙 환수 불가, 예외적 환수 가능)
부패재산몰수법	① 형법상 **(업무상)횡령, 배임**, ② **상습사기**(아래 특정사기범죄의 상습범에 한정됨), ③ 형법상 **특정사기범죄(범죄단체 이용, 유사수신, 방문판매, 다단계, 보이스피싱 사기)** ④ **특정경제범죄법 제3조** 중 **(업무상) 횡령, 배임죄** ⑤ **특정경제범죄법 제3조** 중 **특정사기범죄(금액 가중)**

이와 같이 재산에 관한 죄 중 부패재산몰수법에 규정되어 있는 **'특정사기범죄'** 등에 한해 범죄피해재산을 예외적으로 몰수·추징한 사례들이 있고, 이는 관련 법령에 따라 피해자들에게 모두 환부하여야 한다(2019. 8. 20. 부패재산몰수법 개정·시행에 따라 당시 수사 중이거나 법원에 계속 중인 사건에도 적용된다)[71].

관련조문

부패재산몰수법 제2조(정의) 이 법에서 사용하는 용어의 정의는 다음과 같다.

3. **"범죄피해재산"**이란 별표에 규정된 죄 가운데 다음 각 목의 어느 하나에 해당하는 죄의 범죄행위에 의하여 그 피해자로부터 취득한 재산 또는 그 재산의 보유·처분에 의하여 얻은 재산을 말한다.

   가. 「형법」 제2편 제39장 사기와 공갈의 죄 중 **제347조, 제347조의2 및 제351조(제347조 및 제347조의2의 상습범만 해당한다)에 해당하는 죄[「형법」 제114조에 따른 범죄단체를 조직하여 범행한 경우, 「유사수신행위의 규제에 관한 법률」 제2조에 따른 유사수신행위 또는 「방문판매 등에 관한 법률」 제2 제5호에 따른 다단계판매의 방법으로 기망(欺罔)하여 범행한 경우 및 「전기통신금융사기 피해 방지 및 피해금 환급에 관한 특별법」 제2 제2호에 따른 전기통신금융사기에 해당하는 경우(이하 "특정사기범죄"라 한다)로 한정한다]와 「특정경제범죄 가중처벌 등에 관한 법률」 제3조 중 「형법」 제347조, 제347조의2 및 제351조(제347조 및 제347조의2의 상습범만 해당한다)에 해당하는 죄(특정사기범죄로 한정한다)**

이때 범죄피해재산임에도 불구하고 **예외적으로 환수가 가능한 요건**은 다음과 같다.

범죄피해재산 예외적 환수 가능 요건

① 범죄피해재산이라도, **별개의 독자적 법익을 침해**하는 경우(판례)

- 가짜 물건에 유명상표를 부착해 정품인 것처럼 속여 판매해 사기, 상표법위반죄가 성립하는 경우, 상표법위반죄는 중대범죄에 해당하므로 수익금 환수(O, 대법원 2010도7129)
- 보이스피싱으로 인한 사기죄와 범죄단체조직·가입죄가 동시에 성립하는 경우(대법원 2017도8600,

---

70 부패범죄로 규정된 배임수·증재는 재산에 관한 죄의 영역에 해당하나 부패범죄로서의 본질상 몰수·추징을 통한 환수가 가능하고, 그 외 횡령, 배임죄, 최근 개정된 특정사기범죄의 경우에는 부패재산몰수법에 따라 예외적으로 환수가 가능한 경우가 있다. 그러나 나머지 형법 제38장 절도, 강도부터 제40장 손괴까지 강학상 재산죄는 범죄피해재산으로 환수가 불가능하다.

71 2019. 8. 20. 부패재산몰수법 개정으로 일부 특정사기 범죄의 경우 환수가 가능해졌다.

서울고등법원 2017노209, 수원지법 안산지원 2016고합203)
▸ 범단 구성원으로 활동하는 행위와 집단감금 또는 집단상해행위가 함께 이루어지는 경우, 범단 활동으로 인한 수익은 중대범죄이므로 환수(O, 대법원 2008도1857)
▸ 인터넷 게임사이트를 만든 다음 피해자들을 속여 돈을 가로 챈 사기, 게임산업진흥에관한법률위반죄의 경우, 게임사이트를 운영하고 얻은 수익은 중대범죄로 환수(O, 대법원2014도13446)

② **범죄피해자가 범인에 대한 반환청구권, 손해배상청구권 행사할 수 없는 '등' 피해회복이 심히 곤란하다고 인정**되는 경우(부패재산몰수법 제6조 제1항)
▸ ㉠ **피해자의 수가 많고, 피해자 스스로 피해금액을 산정할 수 없는 경우**
㉡ 범죄수익 은닉, 해외 반출로 인해 **피해자가 자력으로 범죄수익을 발견할 수 없는 경우**
㉢ **피해자가 피고인의 인적관계 또는 피해자의 정신·경제적 상황으로 적극적으로 피해회복을 구할 수 없는 경우** ⇒ 이 때 **피해자가 피해 회복을 요청**하는 등으로 **사인의 재산권 행사에 국가가 부당하게 개입하고 있는 경우가 아닐** 것(대법원 2015도8319, 서울고등법원 2014노3607)

이하에서는 부패재산몰수법상 범죄피해재산으로서 예외적으로 몰수·추징이 가능한 특정 사기 범죄들의 각 구성요건과 자금세탁범죄 처벌사례, 위 범죄피해재산 환부 사례를 아울러 살펴보도록 한다.

Ⅱ 사기의 죄(형법 제347조, 제347조의2, 제351조)

1. 총설

부패재산몰수법 별표 제1호 다목에서는 **형법 제2편 제39장 사기와 공갈의 죄 중 특정 사기범죄로 범한 제347조(사기), 제347조의2(컴퓨터등 사용사기) 및 제351조(상습범)의 죄**를 부패범죄로 규정하고 있다. 타인을 기망하여 재물 또는 재산상 이익을 편취하는 사기범죄의 특성상 그 자체로 부패범죄로 보기 어려운 측면이 있으나, **범죄단체를 이용하거나 보이스피싱, 유사수신, 다단계, 방문판매를 통해 사기범죄**를 저지르는 경우 **그 범행의 조직성과 집단성** 등 그 특성을 고려하여 예외적으로 부패범죄로 인정하고 있는 것이다.

관련조문

부패재산몰수법 별표

부패범죄(제2조 제1호 관련)

1. 「형법」 중 다음 각 목의 죄
   다. 제2편 제39장 사기와 공갈의 죄 중 제347조, 제347조의2 및 제351조(제347조 및 제347조의2의 상습범만 해당한다)에 해당하는 죄(특정사기범죄로 한정한다)

관련조문

형법 제347조(사기) ①사람을 기망하여 재물의 교부를 받거나 재산상의 이익을 취득한 자는 10년 이하의 징역 또는 2천만 원 이하의 벌금에 처한다. <개정 1995. 12. 29.>
②전항의 방법으로 제삼자로 하여금 재물의 교부를 받게 하거나 재산상의 이익을 취득하게 한 때에도 전항의 형과 같다.

제347조의2(컴퓨터등 사용사기) 컴퓨터등 정보처리장치에 허위의 정보 또는 부정한 명령을 입력하거나 권한 없이 정보를 입력·변경하여 정보처리를 하게 함으로써 재산상의 이익을 취득하거나 제3자로 하여금 취득하게 한 자는 10년 이하의 징역 또는 2천만 원 이하의 벌금에 처한다.

제351조(상습범) 상습으로 제347조 내지 전조의 죄를 범한 자는 그 죄에 정한 형의 2분의 1까지 가중한다.

한편 위 사기의 죄 중 앞에서 살펴본 바와 같이 특정사기범죄에 해당하는 경우에는 부패재산몰수법에 따라 예외적으로 환수의 대상이 되고, 그렇지 않은 일반 사기죄의 경우에는 해당 **범죄수익을 은닉하거나 취득 및 처분을 가장**하는 경우 범죄수익은닉규제법에 따라 **자금세탁범죄로 처벌**할 수 있을 뿐이다.

즉 사기의 방법으로 취득한 **재물 또는 재산상 이익은 그 자체가 범죄수익에 해당**하므로 이를 **수사기관의 추적을 피하기 위해 숨겨 은닉**하거나 **마치 중대범죄로 취득하지 않은 것과 같이 그 취득을 가장**하는 경우 및 그 **발생원인을 가장하기 위해 허위의 문서 등을 작출하는 경우** 등은 모두 **자금세탁범죄가 성립**할 수 있다는 점을 유의할 필요가 있다. 이하에서는 각 사기죄의 구성요건을 살펴보도록 한다.

2. 사기죄(형법 제347조)

관련조문

형법 제347조(사기) ①사람을 기망하여 재물의 교부를 받거나 재산상의 이익을 취득한 자는 10년 이하의 징역 또는 2천만 원 이하의 벌금에 처한다. <개정 1995. 12. 29.>
②전항의 방법으로 제삼자로 하여금 재물의 교부를 받게 하거나 재산상의 이익을 취득하게 한 때에도 전항의 형과 같다.

가. 구성요건의 주체 및 행위의 상대방

본죄의 **구성요건의 주체**는 아무런 제한이 없다. 따라서 누구든지 본죄의 주체가 될 수 있고, **행위의 상대방** 또한 제한이 없으나 유아·심신상실자 등 자신의 의사를 스스로 결정할 수 없는 사람은 제외된다. 이러한 경우에는 형법 제348조의 준사기죄가 성립할 수 있을 뿐이다.

한편 피기망자와 피해자가 서로 다른 이른바 **'삼각사기(소송사기)'**의 경우에는 피기망자가 피해자의 재물 또는 재산상 이익에 대한 **법적 또는 사실상 처분권을 보유**하고 있을 것을 요건으로 한다.[72]

이와 관련하여 **'소송사기'**의 경우 그 주체는 원고뿐만 아니라 피고도 그 주체가 될 수 있다. 처분권한을 보유하고 있는 피기망자인 법원을 속이는 행위는 양 당사자 모두 할 수 있기 때문이다. 이 때 법원을 기망하는 행위는 **'적극적인 사술'**을 동원할 것을 요한다.[73]

그리고 판결은 그 자체로 처분성을 가지므로 공모관계에 있는 자를 상대로 한 소송,[74] 사자 또는 성명불상자에 대한 소송[75] 및 재판의 효력이 진정한 소유자에게 미치지 않는 경우에는 본죄를 구성하지 않는다.[76]

판례

이른바 소송사기에 있어서도 **피기망자인 법원의 재판은 피해자의 처분행위에 갈음하는 내용과 효력이 있는 것이어야 하고 그렇지 아니한 경우에는 착오에 의한 재물의 교부행위가 있다고 할 수 없다**(대법원 1985. 10. 8. 선고 84도2642 판결 등 참조).

따라서 자기의 비용과 노력으로 건물을 신축하여 그 소유권을 원시취득한 미등기건물의 소유자가 있고 그에 대한 채권담보 등을 위하여 건축허가명의만을 가진 자가 따로 있는 상황에서, 건축허가명의자에 대한 채권자가 위 명의자와 공모하여 명의자를 상대로 위 건물에 관한 강제경매를 신청하여 법원의 경매개시결정이 내려지고, 그에 따라 위 명의자 앞으로 촉탁에 의한 소유권보존등기가 되고 나아가 그 경매절차에서 건물이 매각되었다고 하더라도, 위와 같은 **경매신청행위 등이 진정한 소유자에 대한 관계에서 사기죄가 된다고 볼 수는 없다**. **왜냐하면 위 경매절차에서 한 법원의 재판이나 법원의 촉탁에 의**

---

72 대법원 2007. 11. 16. 선고 2007도3475 판결 참조.
73 대법원 1982. 7. 27. 선고 82도1160 판결 참조.
74 대법원 1997. 12. 23. 선고 97도2430 판결 참조.
75 대법원 2002. 1. 11. 선고 2000도1881 판결 참조.
76 대법원 2013. 11. 28. 선고 2013도459 판결 참조.

한 소유권보존등기의 효력은 그 재판의 당사자도 아닌 위 진정한 소유자에게는 미치지 아니하는 것이어서, 피기망자인 법원의 재판이 피해자의 처분행위에 갈음하는 내용과 효력이 있는 것이라고 보기는 어렵기 때문이다(대법원 2013. 11. 28. 선고 2013도459 판결 참조).

나. 구성요건적 행위 및 객체

본죄의 **구성요건적 행위**는 사람을 기망하여 재물의 교부를 받거나 재산상의 이익을 취득하거나(제1항), 제347조 제1항의 방법으로 제삼자로 하여금 재물의 교부를 받게 하거나 재산상의 이익을 취득하게 하는 것이다(제2항). 기망행위를 통한 편취행위로 재물 또는 재산상의 이익을 교부받는 사람은 기망행위자 본인뿐만 아니라 제3자도 포함된다.

본죄의 **객체**는 **재물 또는 재산상의 이익**이다. 이 때 재물은 타인소유, 타인점유의 재물일 것을 요하고, 동산 및 부동산을 묻지 않는다. 재산상 이익의 경우에는 그 이익의 취득이 사법상 유효할 것을 요하지 않고 외관상 재산상 이익을 취득했다고 볼 수 있는 사실관계만 있으면 충분하다.[77] 그리고 그 객체가 불법원인급여라 하더라도 무방하다.[78] 자금세탁범죄가 성립하기 위하여는 위와 같이 취득한 재물 또는 재산상 이익의 출처와 귀속관계를 불분명하게 하기 위한 은닉·가장·수수행위가 있어야 한다.

1) 기망행위

기망행위라 함은 허위의 의사표시에 기하여 상대방인 타인을 착오에 빠뜨리는 모든 행위를 말한다. 이때의 기망행위는 명시적·묵시적인 것을 불문하고 작위 또는 부작위로 행할 수도 있다. 기망행위의 대상은 구체적인 **'사실'**이다.

한편 **부작위에 의한 기망행위**의 경우에는 법률상 고지의무가 있는 자가 일정한 사실에 관하여 상대방이 착오에 빠져 있음을 알면서도 이를 고지하지 않는 경우에 성립할 수 있다.[79]

판례

사기죄의 요건으로서의 기망은 널리 재산상의 거래관계에서 서로 지켜야 할 신의와 성실의 의무를 저버리는 모든 적극적 또는 소극적 행위를 말하고, 이러한 소극적 행위로서의 부작위에 의한 기망은 법률

77 대법원 1975. 5. 27. 선고 75도760 판결 참조.

78 대법원 2006. 11. 23. 선고 2006도6795 판결 참조.

79 대법원 2020. 6. 25. 선고 2018도13696 판결 참조(이른바, 미술품 대작 사건).

상 고지의무 있는 자가 일정한 사실에 관하여 상대방이 착오에 빠져 있음을 알면서도 이를 고지하지 않는 것을 말한다. 여기에서 **법률상 고지의무는 법령, 계약, 관습, 조리 등에 의하여 인정되는 것으로서 문제가 되는 구체적인 사례에 즉응하여 거래실정과 신의성실의 원칙에 의하여 결정되어야 한다.**

피고인이 평소 알고 지내던 화가 갑에게 돈을 주고 자신의 기존 콜라주 작품을 회화로 그려오게 하거나, 자신이 추상적인 아이디어만 제공하고 이를 갑이 임의대로 회화로 표현하게 하거나, 기존 자신의 그림을 그대로 그려달라고 하는 등의 작업을 지시한 다음 갑으로부터 완성된 그림을 건네받아 배경색을 일부 덧칠하는 등의 경미한 작업만 추가하고 자신의 서명을 하였음에도, 위와 같은 방법으로 그림을 완성한다는 사실을 고지하지 아니하고 사실상 갑 등이 그린 그림을 마치 자신이 직접 그린 친작(친작)인 것처럼 전시하여 피해자들에게 그림(이하 '미술작품'이라고 한다)을 판매하고 대금 상당의 돈을 편취하였다는 내용으로 기소된 사안에서, 피고인이 미술작품의 창작과정, 특히 조수 등 다른 사람이 관여한 사정을 알리지 않은 것이 신의칙상 고지의무 위반으로서 사기죄에서의 기망행위에 해당하고 그 그림을 판매한 것이 판매대금의 편취행위라고 보려면 두 가지의 전제, 즉 **미술작품의 거래에서 창작과정을 알려주는 것, 특히 작가가 조수의 도움을 받았는지 등 다른 관여자가 있음을 알려주는 것이 관행이라는 것 및 미술작품을 구매한 사람이 이러한 사정에 관한 고지를 받았더라면 거래에 임하지 아니하였을 것이라는 관계가 인정되어야** 하고, **미술작품의 거래에서 기망 여부를 판단할 때에는 미술작품에 위작 여부나 저작권에 관한 다툼이 있는 등의 특별한 사정이 없는 한 법원은 미술작품의 가치 평가 등은 전문가의 의견을 존중하는 사법자제 원칙을 지켜야 한다**는 이유로, 피해자들의 구매 동기 등 제반 사정에 비추어 검사가 제출한 증거만으로는 **피해자들이 미술작품을 피고인의 친작으로 착오한 상태에서 구매한 것이라고 단정하기 어렵다**(대법원 2020. 6. 25. 선고 2018도13696판결 참조).

이때 위 **기망행위의 정도**는 경험칙상 일반인을 착오에 빠지게 할 수 있는 정도일 것을 요하는데 그러한 행위가 거래관계에 있어 신의칙에 반하는 것인지 여부를 기준으로 판단한다.

2) 착오 및 처분행위(처분의사)

사기죄는 위와 같은 기망행위에 의하여 상대방이 착오에 빠져 처분의사에 기한 처분행위를 하는 경우 성립한다. 이때의 착오는 반드시 법률행위의 중요부분에 대한 것임을 요하는 것이 아니므로 **동기의 착오로도 충분**하다.[80]

한편 기망행위와 피기망자의 착오 사이에는 **인과관계**가 인정되어야 한다. 즉 기망행위와 상대방의 착오 및 재물의 교부 또는 재산상 이익의 공여 사이에 순차적인 인과관계가 있어야 한다는 것이다.[81]

---

80 대법원 1996. 2. 27. 선고 95도2828 판결 참조.

81 대법원 2017. 12. 5. 선고 2017도14423 판결 참조.

나아가 위와 같은 기망행위에 기하여 피기망자가 처분의사에 기한 **처분행위**를 하여야 한다. 이때의 처분행위는 작위·부작위를 묻지 않는다. 사기죄는 자신의 하자 있는 자발적 의사에 따라 재물 또는 재산상 이익의 점유를 옮기는 경우이어야 하므로 명백하게 피기망자의 의사에 반하는 경우에는 본죄가 성립하지 않는다.

대법원 또한 위 처분행위가 사기죄와 절도죄와의 구별표지라고 판시하고 있다.[82]

판례

사기죄에서 처분행위는, 행위자의 기망행위에 의한 피기망자의 착오와 행위자 등의 재물 또는 재산상 이익의 취득이라는 최종적 결과를 중간에서 매개·연결하는 한편, 착오에 빠진 피해자의 행위를 이용하여 재산을 취득하는 것을 본질적 특성으로 하는 **사기죄와 피해자의 행위에 의하지 아니하고 행위자가 탈취의 방법으로 재물을 취득하는 절도죄를 구분하는 역할을 한다**. 처분행위가 갖는 이러한 역할과 기능을 고려하면, 피기망자의 의사에 기초한 어떤 행위를 통해 행위자 등이 재물 또는 재산상의 이익을 취득하였다고 평가할 수 있는 경우라면, 사기죄에서 말하는 처분행위가 인정된다(대법원 2017. 2. 16. 선고 2016도13362 전원합의체 판결 참조).

또한 재물에 대한 사기죄에 있어서 처분행위란, 범인의 기망에 따라 피해자가 착오로 재물에 대한 사실상의 지배를 범인에게 이전하는 것을 의미하므로, **외관상 재물의 교부에 해당하는 행위가 있었다고 하더라도, 재물이 범인의 사실상의 지배 아래에 들어가 그의 자유로운 처분이 가능한 상태에 놓이지 않고 여전히 피해자의 지배 아래에 있는 것으로 평가된다면, 그 재물에 대한 처분행위가 있었다고 볼 수 없다**(대법원 2018. 8. 1. 선고 2018도7030 판결 참조).

나아가 **처분행위는 자신의 자발적인 처분의사에 기한 것이어야** 한다. 자기의 행위로 인해 재물의 점유 또는 재산상 이익이 타인에게 이전된다는 것을 인식하여야 한다는 것이나 반드시 그에 따른 '결과'까지도 인식하여야 하는 것은 아니다. **대법원**도 같은 취지로 판시하고 있다.[83]

판례

사기죄에서 피기망자의 처분의사는 기망행위로 착오에 빠진 상태에서 형성된 하자 있는 의사이므로 불완전하거나 결함이 있을 수밖에 없다. 처분행위의 법적 의미나 경제적 효과 등에 대한 피기망자의 주관적 인식과 실제로 초래되는 결과가 일치하지 않는 것이 오히려 당연하고, 이 점이 사기죄의 본질적

82 대법원 2018. 8. 1. 선고 2018도7030 판결 참조.

83 대법원 2017. 2. 16. 선고 2016도13362 전원합의체 판결 참조.

속성이다. 따라서 **처분의사는 착오에 빠진 피기망자가 어떤 행위를 한다는 인식이 있으면 충분하고, 그 행위가 가져오는 결과에 대한 인식까지 필요하다고 볼 것은 아니다**.

사기죄의 성립요소로서 기망행위는 널리 거래관계에서 지켜야 할 신의칙에 반하는 행위로서 사람으로 하여금 착오를 일으키게 하는 것을 말하고, 착오는 사실과 일치하지 않는 인식을 의미하는 것으로, 사실에 관한 것이든, 법률관계에 관한 것이든, 법률효과에 관한 것이든 상관없다. 또한 사실과 일치하지 않는 하자 있는 피기망자의 인식은 처분행위의 동기, 의도, 목적에 관한 것이든, 처분행위 자체에 관한 것이든 제한이 없다. 따라서 **피기망자가 기망당한 결과 자신의 작위 또는 부작위가 갖는 의미를 제대로 인식하지 못하여 그러한 행위가 초래하는 결과를 인식하지 못하였더라도 그와 같은 착오 상태에서 재산상 손해를 초래하는 행위를 하기에 이르렀다면 피기망자의 처분행위와 그에 상응하는 처분의사가 있다고 보아야 한다**. 피해자의 처분행위에 처분의사가 필요하다고 보는 근거는 처분행위를 피해자가 인식하고 한 것이라는 점이 인정될 때 처분행위를 피해자가 한 행위라고 볼 수 있기 때문이다. 다시 말하여 사기죄에서 피해자의 처분의사가 갖는 기능은 피해자의 처분행위가 존재한다는 객관적 측면에 상응하여 이를 주관적 측면에서 확인하는 역할을 하는 것일 뿐이다. 따라서 **처분행위라고 평가되는 어떤 행위를 피해자가 인식하고 한 것이라면 피해자의 처분의사가 있다고 할 수 있다. 결국 피해자가 처분행위로 인한 결과까지 인식할 필요가 있는 것은 아니다**.

결론적으로 사기죄의 본질과 구조, 처분행위와 그 의사적 요소로서 처분의사의 기능과 역할, 기망행위와 착오의 의미 등에 비추어 보면, 비록 **피기망자가 처분행위의 의미나 내용을 인식하지 못하였더라도, 피기망자의 작위 또는 부작위가 직접 재산상 손해를 초래하는 재산적 처분행위로 평가되고, 이러한 작위 또는 부작위를 피기망자가 인식하고 한 것이라면 처분행위에 상응하는 처분의사는 인정된다**. 다시 말하면 피기망자가 자신의 작위 또는 부작위에 따른 결과까지 인식하여야 처분의사를 인정할 수 있는 것은 아니다(대법원 2017. 2. 16. 선고 2016도13362 전원합의체 판결 참조).

3) 재산상의 손해 발생필요 없음

사기죄의 성립에 있어 재산상의 손해가 반드시 발생해야 하는지에 대해 견해의 대립이 있으나 **대법원**은 사기죄의 본질은 기망행위에 의한 재산이나 재산상 이익의 취득에 있는 것이고 상대방에게 현실적으로 재산상 손해가 발생함을 요건으로 하는 것이 아니라고 판시하고 있다.[84] 따라서 분식회계에 의한 재무제표 등을 이용해 금융기관을 기망하고 대출을 받았다면 그 때 사기죄는 성립하고, 충분한 담보가 제공되었거나 피해자의 재산상 손해가 없고 대출금이 모두 상환되었다 하더라도 사기죄의 성립에는 영향이 없다.[85]

---

84 대법원 2004. 4. 9. 선고 2003도7828 판결 참조.

85 대법원 2005. 4. 29. 선고 2002도7262 판결 참조.

4) 재산상 이익의 취득

행위자의 재산상 이익의 취득은 사기죄의 구성요건이 된다. 통상적으로는 행위자의 재산상 이익의 취득과 피해자의 재산상 손해의 발생은 서로 맞물리게 된다. 이 때 앞에서 본 바와 같이 기망행위와 처분의사에 기한 처분행위, 재산상 이익의 취득은 순차적인 인과관계로 연결되어 있어야 한다.

5) 주관적 구성요건

본죄는 **고의범**이므로 위 객관적 구성요건에 대한 인식을 요하고, **불법영득의 의사**가 있을 것을 요하지만 별도의 목적이 필요한 것은 아니다.

다. 죄수 및 처벌

본죄의 죄수와 관련하여 하나의 기망행위로 한 사람으로부터 수회 재물을 편취하거나 재산상 이익을 취득한 경우에는 그 연속성에 기하여 포괄일죄가 성립한다. 다만 수인에 대하여 수개의 기망행위를 하여 각각 재물을 편취한 경우에는 범의가 단일하고 범행방법이 동일하더라도 수개의 사기죄의 실체적 경합범이 된다. 다만 1개의 기망행위로 여러 사람을 기망하여 재물을 편취한 경우에는 그 점유 침해의 개수에 따라 수개의 사기죄가 성립하고 이는 상상적 경합범이 된다.[86]

본죄를 범하면 10년 이하의 징역 또는 2천만 원 이하의 벌금에 처한다.

라. 범죄수익환수 사례

사기범행이 부패재산몰수법에 따른 특정사기범죄에 해당하는 경우에는 예외적 범죄피해재산 환부 대상이 되어 몰수·추징이 가능하다. 나아가 이러한 범행이 형법상 범죄단체 또는 범죄집단의 구성 및 활동으로 영득한 재물 또는 재산상 이익인 경우에는 별개의 법익을 침해한 것이 되므로 이에 대한 환수가 가능하다.

이와 관련하여 **위 특정사기범죄 중 하나인 유사수신범행으로 피해자들로부터 금전을 편취한 경우 이를 부패재산몰수법에 따라 추징한 사례**가 있다.[87]

---

86 대법원 2015. 4. 23. 선고 2014도16980 판결 참조.

87 서울고등법원 2020. 4. 3. 선고 2019노2300호 판결 참조[대법원 2020도4432 판결로 확정. 해당 사건의 1심 판결은(서울중앙지방법원 2019고합311호) 추징선고를 기각하였으나 항소심은 이를 파기하고 검사의 추징구형을 인용하여 106억 원 상당의 추징을 선고하였다. 따라서 범죄사실 및 법령의 적용 모두 항소심의 것을 인용한다].

사례

범 죄 사 실

피고인 A는 부동산 유동화 사업, 건강분석기 임대사업, 암호화폐 개발사업 등을 목적으로 설립된 주식회사 D(이하 'D'이라 한다)의 대표이사로서 D의 업무 전반을 총괄하였다.

피고인 B는 D의 관리이사로서 본인 명의 계좌로 투자금을 수신하는 등 투자금 관리 업무를 담당하였다.

피고인 C는 D의 사내이사로서 본인 명의 계좌로 투자금을 수신하는 등 투자금과 직원을 관리하는 업무를 담당하였다.

1. 피고인 A의 특정경제범죄가중처벌등에관한법률위반(사기) 및 사기

피고인 A는 2019. 1. 4.경 서울 강남구 E빌딩 6층에 있는 D 사무실에서 피해자 F 등 불특정 다수의 피해자들을 상대로 'D는 재개발이 중단된 부동산을 인수한 뒤 건설회사에 매각하는 부동산 유동화 사업, 암호화폐 개발사업, 특허받은 의료기기인 건강분석기 제조 및 임대사업 등을 진행하여 수익을 내고 있다, 위 사업에 투자하면 6주 후에 투자원금을 보장하고 투자원금의 40%를 수익금으로 지급하겠다, 또한 투자자를 모집해 오면 그 투자자가 투자한 금액의 30%를 소개수당으로 지급하겠다'는 취지로 거짓말을 하였다.

그러나 사실은 피고인 A가 운영하는 D는 부동산 유동화 사업, 암호화폐 개발사업 등에 투자하여 수익을 낸 사실이 없었고, 오직 투자자들의 투자금만을 수입원으로 하여 기존 투자자들에게 원금과 고율의 수익금을 지급하는 소위 '돌려막기' 방법으로 사업을 운영하기 때문에 계속적으로 후순위 투자금이 기하급수적으로 증가하지 않는 한 피해자들에게 원금과 고율의 수익금을 지급해 줄 의사나 능력이 없었다.

피고인 A는 위와 같이 피해자 F를 기망하여 이에 속은 피해자 F로부터 같은 날부터 같은 달 25.경까지 투자금 명목으로 총 3억 원을 교부받은 것을 비롯하여, 2018. 12. 중순경부터 2019. 2. 중순경까지 별지 범죄일람표 기재(순번 13, 122 제외)와 같이 위와 같은 방법으로 피해자들을 기망하여 이에 속은 피해자 126명으로부터 투자금 명목으로 합계 12,742,500,000원을 교부받아 이를 편취하였다.

2. 피고인들의 유사수신행위의규제에관한법률위반

누구든지 당국의 인가·허가를 받지 아니하고 장래에 출자금의 전액 또는 이를 초과하는 금액을 지급할 것을 약정하고 불특정 다수인으로부터 투자금 등의 명목으로 금전 등을 수입하는 '유사수신행위'를 하여서는 아니 된다.

그럼에도 불구하고 피고인들은 공모하여 위 제1항 기재 일시, 장소에서 F 등 불특정 다수인을 상대로 위 제1항 기재와 같이 '투자금을 부동산 유동화 사업, 암호화폐 개발사업 등에 투자하여 6주 후에 투자원금을 보장하고 투자원금의 40%를 수익금으로 지급하겠다'고 설명하여 위 F로부터 같은 날부터 같은 달 25.경까지 투자금 명목으로 총 3억 원을 교부받은 것을 비롯하여, 2018. 12. 중순경부터 2019. 2. 중순경까지 별지 범죄일람표 기재(순번 13, 28, 42, 51, 61, 63, 74, 80, 89, 122 제외)와 같이 위와 같은 방법으로 투자자 118명으로부터 투자금 명목으로 합계 11,792,500,000원을 교부받아 유사수신행위를 하였다.

법령의 적용

1. 범죄사실에 대한 해당법조 및 형의 선택

가. 피고인 A : 각 형법 제347조 제1항(피해자 ***을 제외한 나머지 피해자들에 대한 각 사기의 점, 피해자 (생략)에 대하여는 포괄하여, 징역형 선택), 특정경제범죄 가중처벌 등에 관한 법률 제3조 제1항 제2호, 형법 제347조 제1항(피해자 H에 대한 사기의 점, 포괄하여), 유사수신행위의 규제에 관한 법률 제6조 제1항, 제3조, 형법 제30조(유사수신행위의 점, 포괄하여, 징역형 선택)

나. 피고인 B, C : 각 유사수신행위의 규제에 관한 법률 제6조 제1항, 제3조, 형법 제30조(포괄하여, 징역형 선택)

1. 몰수

피고인 A : 형법 제48조 제1항 제1호, 부패재산의 몰수 및 회복에 관한 특례법 제6조 제1항, 제3조 제1항

1. 추징

피고인 A : 부패재산의 몰수 및 회복에 관한 특례법 제6조 제1항, 제3조 제1항, 제5조 제1항

(중략)

나. 검사의 추징 구형에 관한 판단

1) 관련 법리

부패재산몰수법 제6조 제1항, 제2조 제3호 가목[88]에 따르면 유사수신행위의 방법으로 피해자를 기망하여 범행한 특정사기범죄에 의해 피해자로부터 취득한 재산 또는 그 재산의 보유·처분에 의하여 얻은 재산은 '범죄피해재산'에 해당하고, 범죄피해자의 피해회복이 심히 곤란하다고 인정되는 경우에는 몰수·추징할 수 있으며, 부패재산몰수법에 따라 몰수·추징된 범죄피해재산은 피해자에게 환부한다.

한편, **부패재산몰수법이 정하는 추징은 피고인으로부터 부정한 이익을 박탈하여 이를 보유하지 못하게 함에 그 목적이 있으므로 추징의 범위는 피고인이 실제로 취득한 이익에 한정된다고 봄이 타당하고(대법원 2008. 6. 26. 선고 2008도1392 판결 참조), 이러한 법리는 범죄피해재산에 대한 추징을 명하는 경우에도 그대로 적용된다**.

2) 판단

이 사건 범행과 같은 유사수신행위로 인한 사기의 경우에는 그 피해자들의 수가 많고 범죄피해재산이 은닉되어 있는 경우가 많아 피해자들 스스로 피고인을 상대로 손해배상

청구권을 행사하기가 현실적으로 곤란하므로, 부패재산몰수법 제6조 제1항에 따른 추징의 필요성이 인정된다. 따라서 **피고인 A로부터 피고인 A가 판시 범죄사실 제1항 범행으로 피해자들로부터 취득한 편취금액 중에서 판시 범죄사실 제2항의 유사수신행위의 방법으로 취득한 범죄피해재산의 가액을 추징하여 피해자들의 손해를 회복시켜 줄 필요가 있다. 그렇다면 피고인 A가 별지 범죄일람표 기재 피해자들(13 ***, 122 *** 제외)로부터 취득한 편취금액 12,742,500,000원 중에서 유사수신행위의 방법으로 취득한 편취금액 11,792,500,000원(별지 범죄일람표 순번 28, 42, 51, 61, 63, 74, 80, 89의 편취금액을 추가로 제외)을 피고인 A로부터 추징하여야 한다.**

다만, 원심 및 당심이 적법하게 채택하여 조사한 증거들에 의하면 ① D는 투자금을 지급받은 당일 투자자들에게 그 투자금의 5%에 해당하는 금액만큼을 실권 상품권으로 되돌려 주고 이에 관한 예치금을 납부한 것으로 보이고, ② 별지 범죄일람표 순번 117 피해자 ***는 그의 처인 순번 19 피해자 ***과 자신의 이름으로 합계 5억 원을 투자하였다가 투자 당일 1억 원을 현금으로 되돌려 받았다고 진술하였다.

그러므로 결국 **피고인 A가 판시 범죄사실과 같이 유사수신행위의 방법으로 편취한 범죄피해재산 합계액 11,792,500,000원에서 D가 피해자들에게 다시 교부한 실권 상품권 대금인 589,625,000원(= 11,792,500,000원 × 5%)과 피해자 ***에게 반환되었음이 밝혀진 1억 원 및 몰수된 460,000,000원은 추징 대상에서 제외되어야 한다.**

3) 소결

따라서 피고인 A로부터 합계 10,642,875,000원[= 11,792,500,000원 − (589,625,000원 + 100,000,000원 + 460,000,000원)]을 추징한다.

3. 컴퓨터등사용사기죄(형법 제347조의2)

관련조문

형법 제347조의2(컴퓨터등 사용사기) 컴퓨터등 정보처리장치에 허위의 정보 또는 부정한 명령을 입력하거나 권한 없이 정보를 입력·변경하여 정보처리를 하게 함으로써 재산상의 이익을 취득하거나 제3자로 하여금 취득하게 한 자는 10년 이하의 징역 또는 2천만원 이하의 벌금에 처한다.

88 2019. 8. 20. 법률 제16444호로 일부 개정된 법률로, 그 부칙 제2조에 의하여 이 법 시행 당시 수사 중이거나 법원에 계속 중인 사건에도 적용된다.

가. 구성요건의 주체 및 행위의 상대방

본죄의 **구성요건의 주체**는 아무런 제한이 없다. 따라서 누구든지 본죄의 주체가 될 수 있고, 행위의 상대방 또한 제한이 없다.

나. 구성요건적 행위 및 객체

본죄의 **구성요건적 행위**는 컴퓨터등 정보처리장치에 허위의 정보 또는 부정한 명령을 입력하거나 권한 없이 정보를 입력·변경하여 정보처리를 하게 함으로써 재산상의 이익을 취득하거나 제3자로 하여금 취득하게 하는 것이다. **본죄의 객체**는 재산상의 이익으로서 재물은 제외되므로 재물을 객체로 하는 경우에는 절도죄가 성립할 뿐이다.

이때 '**컴퓨터 등 정보처리 장치**'라 함은 자동적으로 계산 또는 정보처리를 할 수 있는 전자장치를 말하는 것으로서 중앙컴퓨터 뿐만 아니라 네트워크 시스템에서의 단말기 장치도 포함된다. '**은행의 현금지급기**'도 여기에 해당한다.

한편 '**허위정보나 부정한 명령의 입력**'이라 함은 진실에 반하는 내용의 정보를 입력하거나, 당해 시스템의 사무처리 목적에 비추어 해서는 안 될 명령을 입력하는 것을 말한다. **대법원**도 같은 취지다.[89]

판례

'부정한 명령의 입력'은 당해 사무처리시스템에 예정되어 있는 사무처리의 목적에 비추어 지시해서는 안 될 명령을 입력하는 것을 의미한다. 따라서 설령 '허위의 정보'를 입력한 경우가 아니라고 하더라도, 당해 사무처리시스템의 프로그램을 구성하는 개개의 명령을 부정하게 변개·삭제하는 행위는 물론 **프로그램 자체에서 발생하는 오류를 적극적으로 이용하여 그 사무처리의 목적에 비추어 정당하지 아니한 사무처리를 하게 하는 행위도 특별한 사정이 없는 한 위 '부정한 명령의 입력'에 해당한다고 보아야 한다**(대법원 2013. 11. 14. 선고 2011도4440 판결 참조).

그리고 '**권한 없이 정보를 입력·변경**'한다 함은 권한이 없는 사람이 진정한 정보를 임의로 입력하거나 변경하는 행위를 말한다. '**정보처리를 하게 한다**'는 것은 입력된 허위정보나 부정한 명령에 따라 계산 과정을 처리·실행하도록 함으로써 진실에 반하는 전자기록을 만들게 하는 것이다. 따라서 위와 같은 허위정보 또는 부정한 명령의 입력을 통해 직접 정보

89 대법원 2013. 11. 14. 선고 2011도4440 판결 참조.

처리가 일어나는 경우만을 의미할 뿐 중간에 별도로 사람의 처분행위가 게재되는 경우 본죄가 성립하지 않는다.[90]

판례

형법 제347조의2는 컴퓨터 등 정보처리장치에 허위의 정보 또는 부정한 명령을 입력하거나 권한 없이 정보를 입력·변경하여 정보처리를 하게 함으로써 재산상의 이익을 취득하거나 제3자로 하여금 취득하게 하는 행위를 처벌하고 있다. 이는 재산변동에 관한 사무가 사람의 개입 없이 컴퓨터등에 의하여 기계적·자동적으로 처리되는 경우가 증가함에 따라 이를 악용하여 불법적인 이익을 취하는 행위도 증가하였으나 이들 새로운 유형의 행위는 사람에 대한 기망행위나 상대방의 처분행위 등을 수반하지 않아 기존 사기죄로는 처벌할 수 없다는 점 등을 고려하여 신설한 규정이다. **여기서 '정보처리'는 사기죄에서 피해자의 처분행위에 상응하므로 입력된 허위의 정보 등에 의하여 계산이나 데이터의 처리가 이루어짐으로써 직접적으로 재산처분의 결과를 초래하여야 하고, 행위자나 제3자의 '재산상 이익 취득'은 사람의 처분행위가 개재됨이 없이 컴퓨터등에 의한 정보처리 과정에서 이루어져야 한다**(대법원 2014. 3. 13. 선고 2013도16099 판결 참조).

위와 같이 정보처리장치에 허위 또는 부정한 명령을 입력할 때 **실행의 착수가 인정**되고 **피해자에게 재산상 손해가 발생**하는 경우 기수가 된다. 실제로 행위자 또는 제3자가 이득을 취하였는지는 불문한다.[91]

주관적 구성요건요소와 관련하여 본죄도 **고의범**이므로 객관적 구성요건에 대한 인식을 요하고 **불법영득의사**가 필요함은 당연하다.

다. 처벌

본죄를 범하면 10년 이하의 징역 또는 2천만 원 이하의 벌금에 처한다.

라. 자금세탁범죄 처벌 사례

본죄와 관련하여 피해자들에게 무작위로 전화를 걸어 신용대출을 해준다고 거짓말하여 피해자들로부터 알아낸 인터넷 뱅킹 보안카드 등을 이용해 공인인증서를 재발급 받아 금원을 직접 이체함으로써 **컴퓨터등정보처리장치에 권한 없이 정보를 입력 변경함으로써 재산상 이익을 취득하고, 차명계좌에 이를 이체함으로써 그 범죄수익의 취득 및 처분을**

---

90 대법원 2014. 3. 13. 선고 2013도16099 판결 참조.

91 대법원 2006. 9. 14. 선고 2006도4127 판결 참조.

가장한 행위를 자금세탁범죄로 처벌한 사례가 있다.[92]

보이스피싱 범행의 경우, 현금 수거책을 통해 직접 피해금원을 수거하는 경우가 있는 반면 피해자들로부터 직접 전자정보를 전달받아 이를 통해 컴퓨터등정보처리장치를 이용함으로써 재산상 이익을 취득하는 경우가 있다. 후자와 같은 방법으로 취득한 범죄수익을 은닉·가장·수수하는 경우에도 자금세탁범죄가 성립한다.

사례

범 죄 사 실

1. 공모 관계

피고인은 국내 불특정 다수의 피해자들에게 무작위로 전화를 걸어 대출업체 등을 사칭하며 신용대출을 해 준다고 거짓말하여 피해자들로 하여금 미리 확보한 타인 명의의 계좌(일명 '대포 계좌')로 금원을 이체하게 하거나 피해자들로부터 알아낸 인터넷뱅킹 보안카드번호 등을 이용하여 공인인증서를 재발급 받아 피해자들의 계좌에서 금원을 이체하는 방법으로 금원을 편취하는 전화금융사기(속칭 '보이스피싱') 범죄조직의 현금인출책이다.

일명 'C실장', 'D사장' 등 성명불상의 전화금융사기 조직원들은 대포 계좌 및 그 현금카드를 미리 확보하여 퀵서비스 등을 통하여 현금인출책들에게 이를 전달하는 한편, 불특정 다수의 피해자들에게 마치 신용대출 등을 해 줄 것처럼 거짓말하여 그들로부터 위와 같이 대포 계좌로 금원을 송금하게 하는 등의 방법으로 이를 편취하고, 피고인은 2013. 10. 초경 위 조직원에게 포섭되어 그 지시에 따라 위 불상의 조직원으로부터 건네받은 현금카드로 피해자들이 위 대포 계좌로 송금한 금원을 현금으로 인출한 다음 피고인 명의의 계좌에 다시 입금하고, 미리 위 조직원들에게 건넨 피고인 명의의 계좌 비밀번호, 공인인증서 등을 사용하여 위 조직원들이 인터넷뱅킹 등의 방법으로 다른 범죄수익 관리 계좌로 편취한 금원을 분산 이체하도록 하여 범죄수익을 은닉·가장하여 빼돌릴 수 있도록 해 주는 대가로 15~40만 원의 일당을 받기로 하는 등 위 조직원들과 순차로 범행을 모의하였다.

2. 컴퓨터등사용사기

성명불상의 전화금융사기 조직원은 2013. 11. 11.~11. 14.경 불상의 장소에서, 사실은 대출을 해 줄 의사가 전혀 없음에도 휴대전화로 피해자 E에게 "NH농협 F 팀장인데, 한국자산관리공사에서 대환대출을 해 주겠다. 대환대출 신청 접수를 위하여 한국자산관리공사 홈페이지에 접속하려면 공인인증서가 필요하니 우체국 계좌번호, 아이디, 보안카드 번호, 일련번호를 알려 달라"라고 한 후 그 무렵 "우체국 계좌에 돈이 들어 있어야 한다." 라고 거짓말을 하여

92 서울동부지방법원 2014. 8. 14. 선고 2014고단1400 판결 참조(같은 법원 2014노1163 판결로 확정).

피해자로 하여금 피해자의 우체국 계좌에 196만 원을 입금하도록 하는 한편, 우체국의 인터넷뱅킹 사이트에서 피해자의 공인인증서를 재발급받았다.

이에 불상의 조직원은 2013. 11. 14. 13:14경 불상지에서, 재발급받은 위 공인인증서를 이용하여 피해자의 위 우체국 계좌의 거래를 위한 인터넷뱅킹에 로그인하여 이체할 금액, 이체 비밀번호, 보안카드 번호 등을 입력하는 방법으로 위 우체국 계좌에서 대포 계좌인 G의 스탠다드차타드 은행 계좌(H)로 196만 원을 이체시켰다.

그 후 피고인은 불상의 조직원의 지시에 따라 2013. 11. 14. 13:20경 불상의 조직원으로부터 미리 전달받은 위 G 명의의 대포 계좌와 연결된 현금카드를 이용하여 국민은행 을지로*가 지점의 현금지급기에서 위와 같이 편취한 금원을 전액 인출해 주었다.

이로써 피고인은 불상의 조직원들과 순차로 공모하여 이와 같이 컴퓨터등 정보처리장치에 권한 없이 정보를 입력·변경하여 정보처리를 하게 함으로써 196만 원 상당의 재산상의 이익을 취득하였다.

3. <u>범죄수익은닉의규제및처벌등에관한법률위반</u>

피고인은 2013. 10. 초경 보이스피싱 범죄 조직의 현금인출책으로 포섭되어 미리 불상의 조직원들이 모집해 놓은 대포 계좌의 직불·현금카드 등을 이용하여 불상의 조직원(일명 D사장)의 지시에 따라 2013. 10. 17.경 불상지의 현금지급기에서 전화금융사기 피해자들이 대포 계좌로 입금한 999,000원을 현금으로 인출하여 그 즉시 피고인 명의인 기업은행 계좌(I)에 입금한 것을 비롯하여 그때부터 2013. 11. 1.경까지 사이에 범죄일람표(1) 기재와 같이 같은 방법으로 총 367회에 걸쳐 합계 330,785,300원을 입금하는 한편, 2013. 10. 25.경 불상지의 현금지급기에서 전화금융사기 피해자들이 대포 계좌로 입금한 999,400원을 현금으로 인출하여 그 즉시 피고인 명의인 우리은행 계좌(J)에 입금한 것을 비롯하여 그때부터 2013. 11. 22.경까지 사이에 범죄일람표(2) 기재와 같이 같은 방법으로 총 169회에 걸쳐 합계 116,654,900원을 입금한 후, 위 불상의 전화금융사기 조직원들이 인터넷뱅킹을 이용하여 이를 다시 피고인의 위 계좌에서 ㈜K 명의의 우리은행 계좌(L) 및 국민은행 계좌(M) 등으로 분산 이체하도록 하였다.

이로써 피고인은 이와 같이 중대범죄에 해당하는 범죄행위에 의하여 생긴 재산 등의 범죄수익등의 취득 또는 처분에 관한 사실을 가장하였다.

4. 전자금융거래법위반

누구든지 접근매체를 사용 및 관리함에 있어서 접근매체를 양도하는 행위를 하여서는 아니 된다.

그럼에도 불구하고 피고인은 2013. 10. 초순경 위 불상의 전화금융사기 조직원으로부터 대가를 받기로 한 후, 그 무렵 불상지에서 자신 명의의 위 기업은행 계좌의 현금카드, 비밀번호, 보안카드 등을 건네주고, 2013. 10. 25.경 자신 명의의 위 우리은행 계좌를 개설한 후 불상지에서 위 불상의 조직원에게 그 현금카드, 비밀번호, 보안카드 등을 건네주었다.
이로써 피고인은 이와 같이 접근매체를 각각 양도하였다.

법령의 적용

1. 범죄사실에 대한 해당법조
형법 제347조의2, 제30조(컴퓨터등사용사기, 징역형 선택), 범죄수익은닉의 규제 및 처벌에 관한 법률 제3조 제1항 제1호, 형법 제30조(범죄수익등의 취득 또는 처분에 관한 사실 가장, 징역형 선택), 전자금융거래법 제49조 제4항 제1호, 제6조 제3항 제1호, 형법 제30조(접근매체양도, 징역형 선택)

1. 경합범가중
형법 제37조 전단, 제38조 제1항 제2호, 제50조

4. 상습범(형법 제351조)

관련조문

형법 제351조(상습범) 상습으로 제347조 내지 전조의 죄를 범한 자는 그 죄에 정한 형의 2분의 1까지 가중한다.

부패재산몰수법은 형법 제347조(사기), 제347조의2(컴퓨터등사용사기)의 상습범만 부패범죄에 해당한다고 규정하고 있고, 이 또한 특정사기범죄의 경우로 한정된다.

5. 부패재산몰수법상 특정사기범죄의 유형

특정사기 범죄는 조직범죄, 유사수신행위, 다단계 판매 사기 및 전기통신금융사기 즉 보이스피싱 범죄에 따른 사기 범죄가 모두 포함된다. 이때 조직범죄, 유사수신과 다단계 판매, 보이스피싱 등은 모두 사기죄를 저지르는 하나의 수단으로 열거하고 있는 것으로 단순히 유사수신행위를 하거나 다단계 판매 등을 하였다는 것만으로 특정사기범죄가 성립하는 것은 아니다. 이하에서는 구체적인 내용을 항을 바꾸어 분설한다.

Ⅲ 범죄단체·집단 조직·가입·활동죄(형법 제114조)

1. 총설

부패재산몰수법상 특정사기범죄에만 해당하는 대표적인 사례가 바로 범죄단체 또는 조직에 가입하거나 활동하는 범죄로 이러한 경우 부패재산몰수법에 따라 범인이 취득한 범죄수익을 추징하여 피해자에게 환부해야 하고 국고에 귀속할 수 없음을 주의하여야 한다.

참고로 舊 범죄수익은닉규제법 별표 제1호 가목에서는 **형법 제2편 제5장 공안을 해하는 죄 중 형법 제114조의 죄**를 중대범죄로 규정하고 있다.

관련조문

舊 범죄수익은닉규제법 별표

중대범죄(제2조 제1호 관련)

1. 「형법」 중 다음 각 목의 죄
   가. 제2편 제5장 공안을 해하는 죄 중 제114조의 죄

舊 범죄수익은닉규제법에서 범죄단체·집단에 관한 죄를 중대범죄로 규정하고 있는 것은 범죄단체·집단에 관한 죄가 사회적 법익을 해하는 범죄인바, 그와 같은 사회적 법익침해 행위를 통해 취득한 범죄수익을 근원적으로 박탈하기 위함이다.

2. 구성요건

관련조문

형법 제114조(범죄단체 등의 조직) 사형, 무기 또는 장기 4년 이상의 징역에 해당하는 범죄를 목적으로 하는 단체 또는 집단을 조직하거나 이에 가입 또는 그 구성원으로 활동한 사람은 그 목적한 죄에 정한 형으로 처벌한다. 다만, 형을 감경할 수 있다.

가. 구성요건의 주체 및 행위의 상대방

본죄의 **구성요건 주체**는 아무런 제한이 없으므로 누구든지 본죄의 주체가 될 수 있다.

나아가 **행위의 상대방** 또한 아무런 제한이 없다. 구성요건적 행위가 범죄단체 또는 집단을 조직하여 가입 및 활동하는 것이므로 특별히 행위의 상대방을 상정하기 어렵다.

나. 구성요건적 행위

본죄의 **구성요건적 행위**는 범죄단체 또는 집단을 조직하거나 이에 가입 또는 그 구성원으로 활동하는 것이다.

범죄단체조직·가입·활동죄가 성립하기 위해선 ① 사형, 무기 또는 장기 4년 이상의 징역에 해당하는 범죄를 목적으로 ② 계속적인 결합체 내지 최소한의 통솔체계(㉠ 인적·물적 설비, ㉡ 수괴, 간부, 가입자 등 조직원들의 지위 구분, ㉢ 내부질서 유지체계, ㉣ 내부질서 유지행위의 존재)를 구비하여 ③ 범죄단체를 조직, 가입하고 활동하는 행위가 있어야 한다.[93]

이때 범죄「**단체**」와 범죄「**집단**」은 명확히 구별됨을 주의하여야 한다. 학설로는 집단과 단체는 '조직성' 및 '통솔체계'를 기준으로 구별된다는 견해[94], 집단은 단체를 주도하는 통솔체계를 갖추지 못했다는 점에서 다르다는 견해[95] 등이 있고, **대법원은 최근 범죄단체와 범죄집단은 엄연히 구분된다고 판시**하면서 다음과 같은 구별 기준을 제시하고 있다.

판례

형법 제114조에서 정한 '범죄를 목적으로 하는 단체'란 특정 다수인이 일정한 범죄를 수행한다는 공동목적 아래 구성한 계속적인 결합체로서 그 단체를 주도하거나 내부의 질서를 유지하는 최소한의 통솔체계를 갖춘 것을 의미한다(대법원 2016. 5. 12. 선고 2016도1221 판결). **(중략)** 형법 제114조에서 정한 **'범죄를 목적으로 하는 집단'이란** 특정 다수인이 사형, 무기 또는 장기 4년 이상의 범죄를 수행한다는 공동목적 아래 구성원들이 정해진 역할분담에 따라 행동함으로써 **범죄를 반복적으로 실행할 수 있는 조직체계를 갖춘 계속적인 결합체를 의미**한다. **'범죄단체'에서 요구되는 '최소한의 통솔체계'를 갖출 필요는 없지만, 범죄의 계획과 실행을 용이하게 할 정도의 조직적 구조를 갖추어야 한다**(대법원 2020. 8. 20. 선고 2019도16263 판결 참조).

즉 **범죄단체**는 **'최소한의 통솔체계'**를 구비하여야 하나, **범죄집단**은 통솔체계 없이 **'조직적 구조'**를 갖추면 충분하므로 해당 단체가 범죄단체에 이를 정도인지 범죄집단에 해당

93 대법원 2017. 10. 26. 선고 2017도8600 판결 등 다수 참조.

94 임웅, 「형법각론」(2015, 제6정판), 585면 참조.

95 이재상 외 2, 「형법각론」(2017, 제10판), 495면 참조.

하는지 구분하여야 한다는 것이다. 이하에서는 범죄단체 또는 집단의 성립요건에 대해 상세히 살펴본다.

1) 사형, 무기 또는 장기 4년 이상의 징역에 해당하는 범죄를 범할 목적이 있을 것

형법상 범죄단체가 성립하기 위해서는 범죄단체를 통해 범하려 하는 범죄의 법정형이 사형, 무기 또는 장기 4년 이상에 해당해야 한다. 법정형이 장기 4년 이상인 범죄이므로 선고형이 4년 미만이어도 무방하고, 형의 단기의 존재 여부는 상관이 없다. 위 범죄들은 형법 또는 특별법에 규정된 범죄여도 무방하다. 또한 본죄는 위와 같은 **중대한 범죄를 저지르기 위한 고의뿐만 아니라 목적을 요구**하는데 이와 관련하여 판례는 본 죄의 목적을 다음과 같이 판시하고 있다.[96]

판례

폭력행위등처벌에관한법률 제4조(단체등의 조직) 소정의 범죄단체는 같은 법 소정의 범죄를 한다는 공동목적 하에 특정다수인에 의하여 이루어진 계속적이고도 최소한의 통솔체제를 갖춘 조직화된 결합체를 말하고, 같은 법조 소정의 **범죄집단은 같은 법에서 규정하고 있는 폭력 등 범죄의 실행을 공동목적으로 한 다수 자연인의 결합체를 의미하는 것으로서** 위의 범죄단체와는 달라서 계속적일 필요는 없고 **위의 목적 하에 다수자가 동시에 동일 장소에 집합되어 있고, 그 조직의 형태가 위 법조에서 정하고 있는 수괴, 간부, 가입자를 구분할 수 있는 정도로 결합체를 이루고 있어야 하는 것이며**, 단순히 위 폭력 등의 범죄를 예비, 음모하거나 또는 그 범죄의 모의에 가담하여 실행행위의 분담을 정함에 불과하거나 실행행위를 하였다는 사실만으로는 위와 같은 폭력의 범죄단체를 조직하거나 범죄집단을 구성한 것이라고 할 수 없다(대법원 1991. 1. 15. 선고 90도2301 판결).

다시 말해 단순한 소극적인 가담행위, 실행행위의 분담을 넘는 '**단체 구성원들의 공동의 목적**'을 요구하고 있음을 주의하여야 한다는 것이다.

나아가 **불법적 범죄의 목적에 대해서는 조직원들의 명확한 인식을 요구**한다. 따라서 조직에 소속되어 일을 할 당시부터 위와 같은 중대한 범죄를 함께 한다는 명확한 인식이 필요한데 통상적으로 담당하는 업무에 대해 교육을 받거나, 업무의 방식이 극히 이례적이어서 범죄로 충분히 인식할 수 있을 정도[97]는 되어야 한다. 즉 ① 처음부터 불법적인 활동을 할 목적으

---

96 대법원 1976.12.14. 선고 76도3267 판결, 1978.11.28. 선고 78도2586 판결, 1983.12.13. 선고 83도2605 판결, 대법원 1987. 3. 24. 선고 87도157, 87감도15 판결 각 참조.

97 서울동부지방법원 2018. 6. 11. 선고 2018고단253 판결 참조.

로 단체가 조직되거나, ② 합법적인 목적을 가장하고 있다고 하더라도 차명사용, 점조직 형태의 조직 운영, 불법적인 행동 매뉴얼의 존재, 단속에 대한 대응책 마련 등 비정상적인 운영이 있었고 이를 조직원들이 인식하였다는 점에 대한 입증이 필요하다.[98] 범죄를 위한 단체를 조직하였다 하더라도 그 목적이 인정되지 않으면 범죄단체로 처벌할 수 없다는 것이다.

중고차 판매사기 범죄단체조직 사건[99]

(전략) ⑦ 피고인들은 중고차를 파는 과정에서 어느 정도 불법적인 요소가 동원된다는 점을 인식하였지만, 인천에 있는 다른 중고차매매상사에서도 그러한 수법들이 종종 사용되었을 뿐만 아니라 적발되더라도 대체로 자동차관리법위반죄로 벌금형 정도의 처벌이 이루어졌기 때문에 가볍게 생각하고서 외부사무실에 들어오게 된 경향이 있고(피고인들은 스스로 판단하기에도 불법의 정도가 큰 강요의 수법을 사용하면 중하게 처벌을 받으니 이러한 수법을 사용하는 것은 삼가자는 인식을 가지고 있었다), 따라서 **단체 목적의 위법성에 대한 인식의 측면에서 볼 때에도 피고인들은 이 사건 외부사무실이 사기 범죄를 목적으로 한 단체라는 점에 대한 인식이 부족하였던 것으로 볼 수 있는 점 등의 사정에 비추어 보면 이 사건 외부사무실이 형법 제114조에서 정한 '범죄를 목적으로 하는 단체'에 이르렀다고 보기 어렵다**(후략).

2) 특별법상 범죄단체·집단의 구성요건에 해당하지 않을 것

형법상 범죄단체조직죄에 대한 특별규정이 존재하는 아래와 같은 경우에는 형법 제114조가 아닌 각 특별법 규정에 따른 죄로 봄이 옳다. 舊 범죄수익은닉규제법 별표 제21호는 폭력행위등처벌에관한법률(이하, '폭력행위처벌법'이라 한다) 제4조를 중대범죄로 규정하고 있는데 이는 위 형법 제114조의 특별규정에 해당한다.[100]

관련조문

舊 범죄수익은닉규제법 별표

3.「성매매알선 등 행위의 처벌에 관한 법률」 제22조의 죄

---

98 같은 취지, 하담미, "보이스피싱 조직의 범죄단체 의율에 관한 제문제", 형사법의 신동향, 대검찰청(2018), 351면 참조.

99 인천지방법원 2018. 12. 10. 선고 2018고단4303, 7941(병합) 판결 참조. 해당 판결은 위 범죄단체와 범죄집단의 구별에 관한 대법원 2019도16263 판결에서 해당 중고차 판매 조직은 범죄단체에 이를 정도는 되지 아니하나 범죄집단에 해당한다는 이유로 파기 환송되었다.

100 현행법상 범죄단체 및 범죄집단의 규율과 관련하여, 김민석, "범죄단체의 규범적 개념 및 범죄집단의 해석론", 법조 제68권 제2호(통권 제734호)(2019), 120면 이하 참조

21. 「폭력행위 등 처벌에 관한 법률」 제2조부터 제4조까지
45. 「국민보호와 공공안전을 위한 테러방지법」 제17조 제1항의 죄

성매매알선처벌법 제22조(범죄단체의 가중처벌) 제18조 또는 제19조에 규정된 범죄를 목적으로 단체 또는 집단을 구성하거나 그러한 단체 또는 집단에 가입한 사람은 「폭력행위 등 처벌에 관한 법률」 제4조의 예에 따라 처벌한다.

폭력행위처벌법 제4조(단체 등의 구성·활동) ① 이 법에 규정된 범죄를 목적으로 하는 단체 또는 집단을 구성하거나 그러한 단체 또는 집단에 가입하거나 그 구성원으로 활동한 사람은 다음 각 호의 구분에 따라 처벌한다.
1. 수괴(首魁): 사형, 무기 또는 10년 이상의 징역
2. 간부: 무기 또는 7년 이상의 징역
3. 수괴·간부 외의 사람: 2년 이상의 유기징역

③ 타인에게 제1항의 단체 또는 집단에 가입할 것을 강요하거나 권유한 사람은 2년 이상의 유기징역에 처한다.

④ 제1항의 단체 또는 집단을 구성하거나 그러한 단체 또는 집단에 가입하여 그 단체 또는 집단의 존속·유지를 위하여 금품을 모집한 사람은 3년 이상의 유기징역에 처한다.

국민보호와공공안전을위한테러방지법 제17조(테러단체 구성죄 등) ① 테러단체를 구성하거나 구성원으로 가입한 사람은 다음 각 호의 구분에 따라 처벌한다.
1. 수괴(首魁)는 사형·무기 또는 10년 이상의 징역
2. 테러를 기획 또는 지휘하는 등 중요한 역할을 맡은 사람은 무기 또는 7년 이상의 징역
3. 타국의 외국인테러전투원으로 가입한 사람은 5년 이상의 징역
4. 그 밖의 사람은 3년 이상의 징역

② 테러자금임을 알면서도 자금을 조달·알선·보관하거나 그 취득 및 발생원인에 관한 사실을 가장하는 등 테러단체를 지원한 사람은 10년 이하의 징역 또는 1억원 이하의 벌금에 처한다.

③ 테러단체 가입을 지원하거나 타인에게 가입을 권유 또는 선동한 사람은 5년 이하의 징역에 처한다.

⑥ 「형법」 등 국내법에 죄로 규정된 행위가 제2조의 테러에 해당하는 경우 해당 법률에서 정한 형에 따라 처벌한다.

따라서 폭력행위처벌법상 범죄단체조직죄를 적용하는 경우 형법 제114조는 적용이 배제된다고 봄이 옳고, 이는 국민보호와공공안전을위한테러방지법, 성매매알선등행위의처벌에관한 법률 등 특별법이 규정하고 있는 범죄단체조직죄의 경우에도 마찬가지로 해석하여야 한다.

결국 형법 또는 다른 특별법 중 구성된 조직이 범죄단체에 해당하는지 명확히 하여 해당 규정을 적용하고, 이와 같은 범죄단체 조직행위가 범죄수익은닉규제법상 중대범죄에 해당하

는 경우라면 그 범죄행위로 생긴 재산과 보수로 얻은 재산은 범죄수익으로서 환수할 수 있다.[101]

3) 계속적인 결합체 및 최소한의 통솔체계(범죄단체의 경우)가 있을 것

가) 인적·물적 설비의 구비 및 조직원 사이의 명확한 지휘 구분

범죄단체·조직이 성립하기 위해선 어느 정도의 **기본적인 인적·물적 설비를 갖추고 본사**(**또는 본부, 센터**), **하부조직**(**지점, 지원**) **등의 구성**을 갖추어야 한다. 이와 같은 구성을 유지하여야만 계속적인 결합체로 인정될 수 있기 때문이다.

나아가 범죄단체·집단이 성립하기 위해선 인적, 물적 설비를 갖추고 있는 것에 더하여 인적 구성원 상호간 위계질서가 뚜렷해야 한다. 다만 폭력행위처벌법에 규정되어 있는 폭력단체와는 달리 엄격한 수직적 질서를 요구하는 것은 아니고 그 범죄의 실행행위를 분담할 수 있는 체계를 구비하여야 한다는 것이다. 각 단체마다 부르는 용어가 다르지만 하급심 판결을 통해 보면 다음과 같은 사례들이 발견된다.

조직원 사이 명칭구분 사례

① 보이스피싱 범죄단체 : 총책 – 간부급 조직원 – 상담원 – 현금인출책
② 불법 도박사이트 범죄단체 : 사장(최고관리자) – 본부장 – 과장 – 팀장 – 조직원
③ 불법 유사수신행위 범죄단체 : 총괄대표 – 지역대표 – 팀장 – 팀원
④ 상습절도 범죄단체 : 두목 – 행동대원 – 팀원(장물 처분담당)

나) 내부질서 유지행위

(1) 규범의 존재 여부

범죄단체가 성립하기 위해서는 **내부질서 유지를 위한 규범**이 있어야 한다. 위에서 살펴본 바와 같이 **대법원**은 최근 판시에서 범죄단체와 범죄집단을 구분하면서 그 구분 기준으로 '최소한의 통솔체계'를 갖추었는지 여부를 제시한 바 있다.[102] 위 '**최소한의 통솔체계**'의 존재 여부를 판단하는 기준은 위 내부질서 유지행위로 봄이 상당하다. 인적, 물적 설비와

---

101 위 대법원 2017도8700 판결 참조. 한편, 대법원 2016. 5. 12. 선고 2016도122 판결은 국내에서 보이스피싱 조직을 범죄단체로 인정하여 처벌한 첫 사례에 해당한다(하담미, 앞 논문 332쪽 참조).

102 앞서 살펴본 대법원 2020. 8. 20. 선고 2019도16263 판결 참조.

조직원 사이의 위계질서뿐만 아니라 그 질서를 확실하게 다지는 규범의 존재가 단체와 집단을 구분하는 기준이라는 것이다.

위 내부규범은 반드시 문서로 된 매뉴얼이 존재할 필요는 없고, 단체의 계속적인 유지와 존속을 위한 신규조직원 영입과 교육 등 조직의 지휘체계 유지를 통한 목적 수행을 위한 방안이 구비되어 있어야 한다.

대표적인 사례로는 ① 「간부급 조직원들이 신규 조직원들에게 범행방법이 기재된 매뉴얼을 지급하고 시범을 보이는 등 범행방법을 교육」한 사례[103], ② 중간간부들이 팀원들에게 「대표나 팀장에게 90도로 인사하기, 대표나 팀장의 명령에 무조건 순응하기, 배신금지 등의 규범을 반복적으로 교육」한 사례 등이 있다. 다만 ③ **'지각비'** 제도가 존재하였으나 성실한 근무를 독려하는 차원이었고 해당 제도는 다른 중고차 매매상사에서도 존재한 점, 지각비를 내기 싫은 사람들은 자유로이 거절의사를 표시한 점에 비추어 '지각비'라는 제도의 존재만으로 내부규범이 있었다고 보기 어렵다고 판시한 사례도 있다.[104] 다만 해당 사례에서 **대법원은 중고차량 불법판매 집단을 범죄를 목적으로 하는 '범죄집단'에 해당한다는 점은 인정**하여 전부 무죄를 선고한 원심을 파기 환송하였다.[105]

(2) 가입과 탈퇴의 제한 여부

가입과 탈퇴의 자유가 제한되어야 한다. 범죄단체의 가장 주요한 특징 중 하나다. 다만 형법상 범죄단체의 경우, 폭력행위처벌법상 범죄단체와는 달리 가입활동 및 탈퇴의 과정에서 그 의사를 억압할 정도의 폭행이나 협박 등이 없었다고 하더라도 구성원 상호간 경제적 이익 추구를 기반으로 통솔체계를 유지한 경우라면 사실상 가입과 탈퇴가 제한된다고 보고 있다.

주요한 사례로는, ① 보이스피싱 범죄단체 사안에서, 「중국 콜센터 상담원은 중국 도착 즉시 중간관리자가 여권을 제출받아 관리한 점, 중국 내 이동에도 통제를 받고 상담원을 그만두기 위해서는 보이스피싱 피해금 중 일부를 반환하거나 정산을 요구받으므로 탈퇴가 자유롭지 못하였을 뿐만 아니라 탈퇴시 조직에 대해 함구를 요구받았으므로 탈퇴의 자유가 제한된다.」고 본 사례[106], ② 유사수신행위 범죄단체 사안에서, 「총괄대표가 팀 내부의 배신자를 관리하고 배신자에 대한 보복을 지시하는 등의 경우 탈퇴의 자유가 제한된다.」고 판시한

---

103 김민석 앞의 논문, 140면 이하 및 서울고등법원 2017. 5. 19. 선고 2017노209 판결 참조.

104 대법원 2020. 9. 7. 선고 2020도7915 판결 참조.

105 위 대법원 2020도7915 판결 참조(원심 : 인천지방법원 2020. 5. 29. 선고 2019노4317 판결).

106 대법원 2016. 5. 12. 선고 2016도1221호 판결 참조(원심 : 대구지방법원 2015노3655 판결).

사례[107] 등이 있다.

(3) 수익의 분배

경제적 이익을 추구하는 범죄단체의 특성상 **수익의 분배는 내부질서의 중요한 유지 방안**이다. 일반적인 회사와 같이 지위와 역할에 따라 급여에 차이를 두고 감봉, 급여 삭감 등의 경제제재를 통해 조직을 유지하는 방법을 쓴다.

이와 관련하여서는 「보이스피싱 범행 실적에 따라 조직원들에게 수당 내지 월급을 지급하고, 이미 피해를 입은 피해자에게 다시 전화하여 추가로 금원을 편취하면 편취금원의 10~15%를 기존 상담원과 절반씩 분배 받으며, 팀장은 전체 수익금의 3~5%를 추가로 분배받는 등의 방법으로 범죄수익을 분배」한 사례[108]가 있다.

4) 조직, 가입, 활동행위가 있을 것

구성요건적 행위로서 조직, 가입 및 활동행위가 요구된다. '**조직**'은 특정·다수인의 의사연락 하에 계속적 결합체를 구성하는 것이고, '**가입**'은 이미 조직된 단체의 취지에 동조하여 구성원으로서 참가하는 것을, '**활동**'은 범죄단체의 존속 및 유지를 지향하는 적극적인 행위를 의미한다.[109]

따라서 범죄단체 또는 집단의 수괴나 간부 등 상위 구성원으로부터 모임에 참가하라는 등의 지시나 명령을 소극적으로 받고 이에 단순히 응하는데 그친 경우, 구성원 사이의 사적이고 의례적인 회식이나 경조사 모임 등을 개최하거나 참석하는 경우 등은 '활동'에 해당한다고 볼 수 없다.[110]

다. 처벌

본죄를 범하면 사형, 무기 또는 장기 4년 이상의 징역에 해당하는 범죄에 정한 형으로 처벌한다. 다만 그 형을 감경할 수 있다. 나아가 앞에서 본 바와 같이 위 범죄는 범죄수익은닉규제법상 중대범죄에 해당하고 그 행위를 통해 취득한 범죄수익은 임의적 몰수·추징의 대상이므로 환수 대상이다.

---

107 대법원 2018. 10. 25. 선고 2018도11644 판결 참조(원심 : 창원지방법원 2018노37 판결).

108 서울중앙지방법원 2020. 6. 18. 선고 2020노338 판결 참조(원심 : 서울중앙지방법원 2019고단6194 판결).

109 임웅, 앞의 책 585쪽 이하 참조. 같은 취지, 대법원 2009. 9. 10. 선고 2008도10177 판결 참조.

110 위 대법원 2008도10177 판결 참조.

3. 대표 사례

판례에서 범죄단체로 인정한 사례는 다음과 같다. 대표적인 인정례와 부정례의 비교를 통해서 법원의 입장을 알아둘 필요가 있다.

<table>
<tr><th>긍정례</th><th>부정례</th></tr>
<tr><td>[중고차 판매 사기 사건]
① 외부 독자적 사무실 존재
② 직원이 20명에서 40명 정도로 구성(팀장은 3명에서 6명)
③ 대표, 팀장, 팀원(출동조, 전화상담원) 조직
④ 업무 보고시스템 구축
⇒ 범죄집단으로 인정(대법원 2020. 8. 20. 선고 2019도16263 판결 참조[111])</td><td>[가상코인 판매 사기 사건]
① 관련자가 총 10명에 불과
② 임원회의에 임원들의 참석이 강제되지 않고 내부규범이 없음
③ 구성원은 언제나 자유롭게 회사를 그만둘 수 있는 사정이 있었던 점
⇒ 대법원 2019. 1. 30. 선고 2019도3030[원심 : 인천지방법원 2018고단251호, 2018노2951호(대법원 확정)]</td></tr>
<tr><td>[보이스피싱 사기조직 사건]
① 국내와 중국에 보이스피싱 콜센터 조직(3개팀 : 상담, 콜센터, 현금인출팀)
② 직원이 30명에서 40명 정도로 구성
③ 총책, 관리책임자(이사), 중간관리자(팀장), 상담원, 현금인출책 구성
④ 대포폰을 이용한 업무 보고시스템 구축
⇒ 범죄단체로 인정(대법원 2016. 5. 12. 선고 2016도1221호 판결 참조[112])</td><td rowspan="2">[중고차 판매 사기 사건]
① 각 구성원들이 대체적으로 상호간의 친분관계를 바탕으로 개별적 팀을 구성
② 각 팀별 수익활동을 위주로 활동하였을 뿐 지휘 또는 명령, 복종체계 없음
③ 지각비 제도는 내부적인 규율에 이르렀다고 보이지 않음
④ 구성원들의 가입 및 탈퇴도 자유로웠음
⑤ 사무실 전체 차원의 범행수법에 대한 교육이 이루어지지 않았음
※ 단, 아래와 같은 사정이 인정되어 대법원은 범죄단체 아닌 범죄집단으로 인정[113]
① 외부 독자적 사무실 존재
② 직원이 20명에서 40명 정도로 구성(팀장은 3명에서 6명)
③ 대표, 팀장, 팀원(출동조, 전화상담원) 조직
④ 업무 보고시스템 구축</td></tr>
<tr><td>[불법 대부업체 범죄단체 사건]
① 면담팀, 수금팀, 인출팀, 콜팀, 경리팀 구성
② 직원이 약 60명으로 구성
③ 총책, 과장, 팀장, 대리, 주임 등 회사조직
④ 주임부터 총책까지 보고절차 및 조직원 이탈시 보복하는 수법 사용
⑤ 대포폰과 대포통장만을 사용하고, 수사기관 검거시 상선 진술거부등 행동강령 마련
⇒ 범죄단체로 인정(대법원 2019. 4. 23. 선고 2019도2641호 판결 참조[114]</td></tr>
</table>

111 단 해당 판결에서는 「…이 사건 외부사무실은 특정 다수인이 사기범행을 수행한다는 공동목적 아래 구성원들이 대표, 팀장, 출동조, 전화상담원 등 정해진 역할분담에 따라 행동함으로써 사기범행을 반복적으로 실행하는 체계를 갖춘 결합체, 즉 형법 제114조의 '범죄를 목적으로 하는 집단'에 해당한다.…」고 판시하

4. 자금세탁범죄 처벌사례

형법상 범죄단체·집단의 조직·가입·활동죄는 舊 범죄수익은닉규제법상 중대범죄이므로 해당 범죄로 생긴 재산, 보수로 얻은 재산을 세탁하는 경우 범죄수익은닉규제법상 자금세탁범죄가 성립한다.

자금세탁행위는 ① 범죄수익등의 취득·처분가장행위(동법 제3조 제1항 제1호), ② 범죄수익의 발생원인 사실 가장행위(동조 제1항 제2호), ③ 특정범죄 조장 및 적법한 재산으로 가장할 목적의 은닉행위(동조 제1항 제3호), ④ 범죄수익등의 수수행위(동법 제4조)로 구성된다.

이러한 **자금세탁범행의 대표적 사례**로는 ① 범행에 차명계좌 내지 대포계좌를 사용하여 범죄수익등의 취득 및 처분을 가장하는 사례, ② 범죄단체 및 집단에서 일을 하고 그 보수를 지급받으면서 이를 차명계좌로 입금받는 사례, ③ 해외에서 범행을 하고 국내로 환치기와 같은 비정상적인 방법으로 금원을 송금하고, 이를 국내에서 현금으로 출금하여 보관함으로써 은닉하는 사례, ④ 범죄단체 및 집단에서 사용하는 대포통장 등을 공급하여 주고 그 대가를 수수하는 사례 등이 있다.

가. 대포통장 사용을 통한 범죄수익 취득·처분 가장 사례

범죄단체들은 통상적으로 국내에서 대포계좌를 판매하는 속칭 '장집'을 통해서 수십 내지 수백 개의 대포계좌를 가져와 피해금원을 입금받는 용도로 사용한다. 이와 같이 보이스피싱 조직을 갖추고 피해자를 기망한 다음 피해자들로부터 대포통장으로 금원을 지급받음으로써 범죄단체활동을 통해 벌어들인 범죄수익등의 취득에 관한 사실을 가장하는 경우 범죄수익은닉규제법위반죄로 처벌된다.[115]

여 범죄집단에 해당한다고 판시하였으나, 최소한의 통솔체계를 갖추지는 못하였다고 보아 범죄단체에는 해당하지 않는다고 판단하였다.

112 이 사안은 보이스피싱 조직을 형법상 범죄단체로 인정하여 처벌한 최초의 사례로 소개되고 있다(하담미, 앞의 논문 참조).

113 대법원 2020. 8. 20. 선고 2019도16263 판결 참조.

114 대법원 판결의 원심은 서울동부지방법원 2019. 1. 24. 선고 2018노827 판결 참조(1심 : 서울동부지방법원 2018고단253).

115 서울중앙지방법원 2020. 6. 17. 선고 2020노374 판결 참조(대법원 2020도8979 판결로 확정).

나. 현금수거책을 통한 범죄수익 취득·처분 가장 사례

범죄단체를 구성한 조직원들이 현금 수거책을 통하여 피해자들을 통해 현금을 수금한 다음 불상의 대포계좌로 입금하도록 하는 방법으로 취득하는 경우, 이 또한 대포통장을 이용한 자금세탁범죄에 해당한다. 직접 피해자들로부터 대포계좌로 피해금을 지급받든, 현금수거책을 통해 현금을 지급받아 대포계좌로 입금하든 관계없이 모두 자금세탁범죄로 처벌대상이 된다.

다. 특정범죄 조장 또는 적법하게 취득한 재산 가장목적 은닉 사례

범죄수익등 은닉이라 함은 「**범죄수익등의 특정, 추적 또는 발견을 불가능하게 하거나 현저히 곤란하게 하는 행위로서 통상의 보관방법이라고 보기 어려운 경우**」를 의미한다.[116] 이 때, 은닉행위의 방법에는 제한이 없으므로 ① 소재나 소유관계를 불분명하게 하는 경우, ② 성질을 변경하거나 출처를 알 수 없게 하는 경우, ③ [현금 → 수표 → 현금 → 수표] 등과 같이 순차적으로 금원을 교환하는 경우 모두 은닉행위에 해당한다.[117]

결국 범죄수익의 특정이나 수사기관의 추적·발견을 어렵게 하는 일련의 과정을 모두 은닉행위로 파악함이 상당하다. 다만 「**적법하게 취득한 재산으로 가장할 목적**」의 해석과 관련하여 범죄수익등의 출처에 관한 수사를 방해하거나 범죄수익의 몰수를 회피할 의사가 있었다고 하더라도 단순히 공범으로부터 교부받은 109억 원 상당의 돈을 땅에 묻은 소극적 행위만으로 적법하게 취득한 재산으로 가장할 목적이 있다고 보기 어렵다는 법원의 판시가 있어 소개한다.

사례

(전략) 나. 먼저, 피고인들에게 '특정범죄를 조장할 목적'이 있었는지에 관하여 본다.

'특정범죄를 조장할 목적'은 특정범죄의 범죄행위를 용이, 촉진 또는 확대하는데 지원할 목적을 의미하고, 조장의 대상이 반드시 특정범죄의 중요부분일 필요가 없고 특정범죄가 조장된 결과가 실제로 발생할 것이 요구되지도 않으며, 범죄수익이 발생한 특정범죄와 동일할 필요도 없고, 장래의 범죄라 하더라도 은닉행위 당시에 반드시 구체적 범죄계획이 있을 것을 요하지

116 대법원 2004. 12. 10. 선고 2004도5652 판결 참조. 같은 취지,

117 법무부, 「자금세탁범죄 해설과 판례」(2011) 109면 이하 참조.

않는다. 그리고 위 목적은 특정범죄를 조장한다는 결과발생을 희망·의욕할 필요까지는 없고, 결과발생에 대한 미필적 인식으로 족하다.

(중략) **피고인들은 F로부터 인터넷 불법 도박사이트를 운영하여 번 돈을 숨겨달라는 부탁을 받고 112억 3,474만 원 상당을 수수한 사실, 그러나 피고인들은 F가 어떠한 방법으로 이와 같은 거액의 돈을 벌었는지 그 구체적 내용은 알지 못하였는데, 그 후 F의 지시에 따라 그 중 109억 7,874만 원 상당의 돈을 흙을 파묻은 사실, 피고인들은 위와 같은 거액의 돈을 보관하면서도 F로부터 생활비 명목으로 1억 5,600만 원을 받은 외에는 달리 대가를 받지 아니한 사실을 인정할 수 있는바, 위 인정사실에 비추어 보면, 피고인들은 단지 F의 부탁을 받고 돈을 보관한 것으로서 단지 돈의 보관 장소로서 이용된 것에 불과한 것으로 보이고, 피고인들에게 특정범죄를 용이, 촉진 또는 확대하는데 지원할 목적이 있었다고 보기 어려우며, 더 나아가 피고인들에게 특정범죄를 조장한다는 결과발생에 대한 미필적 인식이라도 있었다고 보기 어렵고, 달리 이를 인정할 만한 증거도 없다.**

다. 한편, 피고인들에게 '적법하게 취득한 재산으로 가장할 목적'이 있었는지에 관하여 본다.

'적법하게 취득한 재산으로 가장할 목적'에는 특정범죄의 발견 또는 범죄수익등의 출처에 관한 수사를 방해하거나 범죄수익등의 몰수를 회피할 목적이 포함되지만, 한편, 형벌법규의 해석은 엄격하여야 하고 명문규정의 의미를 피고인에게 불리한 방향으로 지나치게 확장해석하거나 유추해석 하는 것은 죄형법정주의의 원칙에 어긋나는 것으로서 허용되지 않는바(대법원 2010. 12. 23. 선고 2008도2182 판결), 범죄수익등의 출처에 관한 수사를 방해하거나 범죄수익등의 몰수를 회피하기 위한 행위에 해당한다고 하여 이에 해당하는 모든 행위에 이와 같은 목적이 있다고 인정할 것은 아니고, **'적법하게 취득한 재산으로 가장'하는 행위의 범주 내로 평가될 수 있어야 비로소 이와 같은 목적이 있다고 보아야 한다.**

즉, **범죄수익등을 단순히 땅에 파묻거나 자신만이 아는 은밀한 장소에 은닉하는 행위는 그 출처에 관한 수사를 방해하고 몰수를 회피하는 행위에 해당한다고 볼 것이지만, 범죄수익등으로 얻은 현금을 채권, 외화 또는 자기앞수표로 교환하여 그 형태를 변경하는 행위, 차명계좌를 이용한 은닉행위 등과는 달리 소극적으로 출처를 숨기는 행위에 불과하고, 이러한 소극적인 행위만으로는 범죄수익등이 적법하게 취득한 재산으로 변질된다거나 적법하게 취득한 재산으로 가장된다고 보기도 어려우므로, '적법하게 취득한 재산으로 가장'하는 행위의 범주 내로 평가할 수 없다.**

결국 은닉죄의 성립이 문제가 되는 경우는 뚜렷한 가장행위[118]가 존재하지 않는 경우로

118 위 판결문에서도 언급하고 있는 바와 같이, 차명계좌 사용, 범죄수익의 현금을 채권, 외화, 자기앞수표로 교환하는 행위 등의 가장행위를 일컫는다.

한정된다. 왜냐하면 위와 같은 범죄로 벌어들인 수익은 가장행위를 거쳐 은닉되는 경우가 대부분이므로 범죄수익은닉규제법 제3조 제1항 제1호의 취득 및 처분가장행위와 제3호의 은닉행위가 일련의 행위로 이어지게 되고 이러한 경우 포괄하여 하나의 죄만 성립하기 때문이다.[119]

따라서 실무상 보이스피싱 사범들의 위와 같은 자금세탁행위는 범죄수익은닉규제법 제3조 제1항 제3호를 의율하지 아니하고 대부분 제3조 제1항 제1호를 의율하여 처벌하고 있다.

5. 범죄수익환수 사례

가. 별개의 독자적 법익을 침해하므로 추징 가능(판례)

범죄단체·집단의 조직·가입 및 활동으로 인하여 형법 제114조의 죄가 성립하는 경우 이러한 범죄로 인하여 취득한 재산은 추징의 대상이 된다. 한편 범죄수익은닉규제법에서 범죄피해재산은 원칙적으로 추징할 수 없다고 규정하고 있는데,[120] 형법 제114조 위반죄는 통상적으로 범죄피해자가 존재하는 사기죄와 함께 성립하는 경우가 많으므로 이 때 취득한 범죄수익등을 추징할 수 있을 것인지 문제가 된다.

이에 대하여 추징 가능 여부에 견해의 대립이 있었으나, **대법원**은 보이스피싱으로 취득한 범죄수익이 범죄피해재산이라고 하더라도 동시에 독자적 법익을 침해하는 경우에는 추징의 대상이 된다고 판시하여 법리를 확립하였다.[121]

같은 취지에서 **대법원**은 사기죄와 범죄수익은닉규제법위반죄 및 상표법위반죄가 함께 성립한 사례[122], 사기죄와 범죄수익은닉규제법위반죄, 게임산업진흥에관한법률위반죄가 함께

---

119 같은 취지, 위 「범죄수익환수 실무연구」 431면 이하 참조.

120 **범죄수익은닉규제법 제8조(범죄수익등의 몰수)** ③ 제1항에도 불구하고 같은 항 각 호의 재산이 범죄피해재산(**재산에 관한 죄**, 「특정범죄 가중처벌 등에 관한 법률」 제5조의2제1항 제1호·제2항 제1호의 죄 또는 「채무자 회생 및 파산에 관한 법률」 제650조·제652조 및 제654조의 죄에 해당하는 범죄행위에 의하여 그 피해자로부터 취득한 재산 또는 그 재산의 보유·처분에 의하여 얻은 재산을 말한다. 이하 같다)인 경우에는 몰수할 수 없다. 제1항 각 호의 재산 중 일부가 범죄피해재산인 경우에는 그 부분에 대하여도 또한 같다.

제10조(추징) ① 제8조 제1항에 따라 몰수할 재산을 몰수할 수 없거나 그 재산의 성질, 사용 상황, 그 재산에 관한 범인 외의 자의 권리 유무, 그 밖의 사정으로 인하여 그 재산을 몰수하는 것이 적절하지 아니하다고 인정될 때에는 그 가액(價額)을 범인으로부터 추징할 수 있다.

② 제1항에도 불구하고 **제8조 제1항의 재산이 범죄피해재산인 경우에는 그 가액을 추징할 수 없다.**

121 대법원 2017. 10. 26. 선고 2017도8600 판결 참조.

122 대법원 2012. 10. 11. 선고 2010도7129 판결 참조.

성립한 사례[123] 모두 별개의 독자적 법익을 침해한다는 이유로 피고인이 취득한 재산을 추징함이 상당하다고 판시하였다.

판례

(전략) 범죄수익은닉규제법 제8조 제3항, 제10조 제2항이 범죄수익등의 재산이 범죄피해재산인 경우에는 이를 몰수 또는 추징할 수 없다고 규정하고 있으나 이는 **재산에 관한 죄 외에 독자적 법익을 함께 침해한 경우까지 적용되는 것은 아니다. (중략)** 이 사건 범죄단체활동죄에 의한 범죄수익은 범죄수익은닉규제법 제2조 제1호, **[별표] 제1의 (가)목, 제2호 (가)목, 제8조 제1항, 제10조 제1항에 의하여 각 추징의 대상이 되고, 그 범죄수익이 사기죄의 피해자로부터 취득한 재산에도 해당한다 하여 달리 볼 것은 아니다(후략)**(대법원 2017. 10. 26. 선고 2017도8600 판결 참조).

나. 추징금 산정

범죄단체를 조직하여 활동함으로써 범죄수익을 취득하는 경우 그 추징금은 통상 해당 조직원이 실제로 취득한 범죄수익으로 한정한다.[124] 위 추징의 성격이 징벌적 추징이 아닌 이익박탈형 추징의 성격을 갖기 때문이다. 결국 범죄단체 가입 및 활동의 경우 추징금은 범죄행위의 보수(대가)로 얻은 재산으로 산정하는 경우가 대부분이다. 상세한 판결 사례는 다음과 같다.

사례

(전략) 원심 및 당심이 적법하게 채택하여 조사한 증거들을 종합하여 인정되는 다음과 같은 사정, 즉 ① 피고인 A는 수사기관에서, ㉠ 상담원으로 근무하던 2014년 10월경부터 2015년 6월경까지는 월평균 400 내지 500만 원의 급여를 가져갔고, ㉡ 2차 콜센터의 팀장으로 근무하던 2015년 7월경부터 2015년 9월경까지는 월평균 700 내지 800만 원의 급여를 가져갔다고 진술한 점, ② 이 사건 보이스피싱 조직의 콜센터 팀장에 대한 급여 등 정산내역이 기재된 급여정산내역서에는 피고인 A의 급여로 2015년 10월의 경우 17,840,000원, 2015년 11월의 경우 7,840,000원, 2015년 12월의 경우 11,400,000원으로 기재되어 있는 점, ③ 검사는 이를 기초로 94,080,000원의 추징금을 산정한 점 등을 종합하면, 피고인 A가 94,080,000원의 범죄수익을 취득한 사실을 인정할 수 있으므로, 피고인 C의 위 주장은 이유 없다.

---

123 대법원 2015. 1. 29. 선고 2014도13446 판결문 참조.

Ⅳ 유사수신 사기

관련조문

부패재산몰수법 제2조(정의) 이 법에서 사용하는 용어의 정의는 다음과 같다. <개정 2016. 12. 20., 2019. 8. 20.>

3. "범죄피해재산"이란 별표에 규정된 죄 가운데 다음 각 목의 어느 하나에 해당하는 죄의 범죄행위에 의하여 그 피해자로부터 취득한 재산 또는 그 재산의 보유·처분에 의하여 얻은 재산을 말한다.

   가. 「형법」 제2편제39장 사기와 공갈의 죄 중 제347조, 제347조의2 및 제351조(제347조 및 제347조의2의 상습범만 해당한다)에 해당하는 죄[「형법」 제114조에 따른 범죄단체를 조직하여 범행한 경우, **「유사수신행위의 규제에 관한 법률」 제2조에 따른 유사수신행위** 또는 「방문판매 등에 관한 법률」 제2조제5호에 따른 다단계판매의 방법으로 기망(欺罔)하여 범행한 경우 및 「전기통신금융사기 피해 방지 및 피해금 환급에 관한 특별법」 제2조제2호에 따른 전기통신금융사기에 해당하는 경우(이하 "특정사기범죄"라 한다)로 한정한다]와 「특정경제범죄 가중처벌 등에 관한 법률」 제3조 중 「형법」 제347조, 제347조의2 및 제351조(제347조 및 제347조의2의 상습범만 해당한다)에 해당하는 죄(특정사기범죄로 한정한다)

☞ **유사수신행위의 규제에 관한 법률 제2조(정의)** 이 법에서 "유사수신행위"란 다른 법령에 따른 인가·허가를 받지 아니하거나 등록·신고(「특정 금융거래정보의 보고 및 이용 등에 관한 법률」 제7조에 따른 신고를 포함한다) 등을 하지 아니하고 불특정 다수인으로부터 자금[가상자산(「가상자산 이용자 보호 등에 관한 법률」 제2조제1호의 가상자산을 말한다)을 포함한다]을 조달하는 것을 업(業)으로 하는 행위로서 다음 각 호의 어느 하나에 해당하는 행위를 말한다. <개정 2024. 2. 27.>

1. 장래에 출자금의 전액 또는 이를 초과하는 금액을 지급할 것을 약정하고 출자금을 받는 행위
2. 장래에 원금의 전액 또는 이를 초과하는 금액을 지급할 것을 약정하고 예금·적금·부금·예탁금 등의 명목으로 금전을 받는 행위
3. 장래에 발행가액(發行價額) 또는 매출가액 이상으로 재매입(再買入)할 것을 약정하고 사채(社債)를 발행하거나 매출하는 행위
4. 장래의 경제적 손실을 금전이나 유가증권으로 보전(補塡)하여 줄 것을 약정하고 회비 등의 명목으로 금전을 받는 행위

---

124 수원지방법원 안산지원 2016. 12. 16. 선고 2016고합203호 판결 참조(위 대법원 2017도8600 판결로 확정).

1. 유사수신행위에 대한 규제의 시작과 그 취지

유사수신행위의 규제에 관한 법률(이하, '유사수신행위법')은 2000. 1. 12. 제정(법률 제6105호)되었는데 위 법률의 **제정 취지**는 금융관계법령에 의한 인가나 허가등을 받지 아니하고 불특정다수인으로부터 출자금 또는 예금등의 명목으로 자금을 조달하는 유사수신행위를 규제함으로써 선량한 거래자를 보호하고 건전한 금융질서를 확립하려는 것이었다.[125]

위 **제정 법률의 주요골자**는 ① 다른 법령에 의한 인가나 허가등을 받지 아니하고 불특정다수인으로부터 출자금 또는 예금등의 명목으로 자금을 조달하는 유사수신행위를 금지하고(동법 제3조), ② 유사수신행위를 하기 위하여 광고등을 하는 행위와 그 상호중에 선량한 거래자가 금융업으로 인식할 수 있는 명칭을 사용하는 행위를 금지하며(동법 제4조 및 제5조), ③ 유사수신행위법을 위반하여 유사수신행위를 한 자에 대하여는 5년 이하의 징역 또는 5천만 원 이하의 벌금에 처하도록 하는 등 이 법 위반자에 대한 벌칙을 정하는 것(동법 제6조)이었다.

2000년에 유사수신행위법이 국내에 처음 도입되게 된 것은 1990년대 후반의 금융위기와 밀접한 관련이 있다. 구체적으로 「금융위기 속에서 서민들은 경제적 어려움을 속에서, 단기간에 높은 수익을 얻을 수 있는 투자처를 찾게 되었고, 설상가상으로 국제통화기금(IMF) 구제금융 합의와 원화값 하락 효과에 1998년 후반부터 주식식장이 급등하면서 주식투자로 단기간에 고수익을 얻었다는 사람들이 언론에 보도되었으며, 이에 따라 일반 서민 투자자들의 막연한 고수익기대 및 투자대상 업체에 대한 맹신이 증가하였으며, 마지막으로 대부분의 유사수신혐의 업체는 비제도권 금융기관(상법상 일반 주식회사)으로서 이에 대한 금융당국의 실질적인 관리감독 및 단속이 부재하였기 때문」이라고 분석하는 견해도 있다.[126]

이와 같은 제정 배경에 따라 유사수신행위법은 유사수신행위의 범위를 아주 넓게 정의하고 이를 범죄로 규정함으로써 유사수신에 따른 민생침해를 적극 규제하고 있어 그 적용범위가 날로 커져가고 있다. 다만 이에 대하여 「금융거래행위도 민법상 '계약'에 해당하므로, 원칙적으로 사적자치의 원칙이 적용되어야 하고, '금융범죄화'해야 하는 금융거래행위는 금융규제만으로는 그 규제의 목적을 '도저히 달성할 수 없는 경우'에 한정되어야 한다는 점을 고려한다면, 유사수신행위 중 규제할 필요가 있고 규제가 가능한 것은 오히려 양성화(陽性化)

---

125 법제처, 유사수신행위법 제정 취지 참조

126 김현수, "유사수신범죄의 불법성 구조와 유형 분석의 지평"(형사정책연구, 제28권 제3호, 한국형사정책연구원, 2017) 101면 참조.

하여 적법한 금융거래행위로 취급함과 동시에 적합한 금융규제를 받도록 하는 것이, '모든' 유사수신행위를 범죄로 취급하여 이를 일괄적으로 금지하는 현행법의 체계보다 더욱 합리적이라고 볼 여지가 있다」는 비판적 견해도 있다.[127]

2. 유사수신행위의 개념 및 행위 테양

가. 다른 법령의 인·허가 없이 또는 등록·신고 없이 불특정 다수인으로부터 자금을 조달하는 행위

유사수신행위라고 함은 **다른 법령에 따른 인가·허가를 받지 아니**하거나 **등록·신고등을 하지 아니**하고 **불특정 다수인**으로부터 **자금을 조달하는 것을 업**(業)으로 하는 행위를 일컫는다. 이때 **신고**에는 「특정 금융거래정보의 보고 및 이용 등에 관한 법률」 제7조에 따른 신고를 포함하고, **조달하는 자금**에는 가상자산(「가상자산 이용자 보호 등에 관한 법률」 제2조 제1호의 가상자산을 말한다)을 포함한다.

관련조문

특정 금융거래정보의 보고 및 이용 등에 관한 법률 제7조(신고) ① 가상자산사업자(이를 운영하려는 자를 포함한다. 이하 이 조에서 같다)는 대통령령으로 정하는 바에 따라 다음 각 호의 사항을 금융정보분석원장에게 신고하여야 한다.

1. 상호 및 대표자의 성명
2. 사업장의 소재지, 연락처 등 대통령령으로 정하는 사항

② 제1항에 따라 신고한 자는 신고한 사항이 변경된 경우에는 대통령령으로 정하는 바에 따라 금융정보분석원장에게 변경신고를 하여야 한다.

③ 금융정보분석원장은 제1항에도 불구하고 다음 각 호의 어느 하나에 해당하는 자에 대해서는 대통령령으로 정하는 바에 따라 가상자산사업자의 신고를 수리하지 아니할 수 있다.

1. 정보보호 관리체계 인증을 획득하지 못한 자
2. 실명확인이 가능한 입출금 계정[동일 금융회사등(대통령령으로 정하는 금융회사등에 한정한다)에 개설된 가상자산사업자의 계좌와 그 가상자산사업자의 고객의 계좌 사이에서만 금융거래등을 허용하는 계정을 말한다]을 통하여 금융거래등을 하지 아니하는 자. 다만, 가상자산거래의 특성을 고려하여 금융정보분석원장이 정하는 자에 대해서는 예외로 한다.

---

127 한병기, "유사수신행위의 규제에 관한 법률에 대한 새로운 이해 – 형사법의 관점에서 금융혁신을 善導하는 금융규제법의 관점으로"(금융법연구, 제17권 제2호, 2020.) 155면 이하 참조.

3. 이 법, 「범죄수익은닉의 규제 및 처벌 등에 관한 법률」, 「공중 등 협박목적 및 대량살상무기확산을 위한 자금조달행위의 금지에 관한 법률」, 「외국환거래법」 및 「자본시장과 금융투자업에 관한 법률」 등 대통령령으로 정하는 금융관련 법률에 따라 벌금 이상의 형을 선고받고 그 집행이 끝나거나(집행이 끝난 것으로 보는 경우를 포함한다) 집행이 면제된 날부터 5년이 지나지 아니한 자(가상자산사업자가 법인인 경우에는 그 대표자와 임원을 포함한다)
4. 제4항에 따라 신고 또는 변경신고가 말소되고 5년이 지나지 아니한 자
(같은 조 4항 내지 9항 생략)

가상자산 이용자 보호 등에 관한 법률 제2조(정의) 이 법에서 사용하는 용어의 뜻은 다음과 같다.

1. "가상자산"이란 경제적 가치를 지닌 것으로서 전자적으로 거래 또는 이전될 수 있는 전자적 증표(그에 관한 일체의 권리를 포함한다)를 말한다. 다만, 다음 각 목의 어느 하나에 해당하는 것은 제외한다.
   가. 화폐·재화·용역 등으로 교환될 수 없는 전자적 증표 또는 그 증표에 관한 정보로서 발행인이 사용처와 그 용도를 제한한 것
   나. 「게임산업진흥에 관한 법률」 제32조제1항제7호에 따른 게임물의 이용을 통하여 획득한 유·무형의 결과물
   다. 「전자금융거래법」 제2조제14호에 따른 선불전자지급수단 및 같은 조 제15호에 따른 전자화폐
   라. 「주식·사채 등의 전자등록에 관한 법률」 제2조제4호에 따른 전자등록주식등
   마. 「전자어음의 발행 및 유통에 관한 법률」 제2조제2호에 따른 전자어음
   바. 「상법」 제862조에 따른 전자선하증권
   사. 「한국은행법」에 따른 한국은행(이하 "한국은행"이라 한다)이 발행하는 전자적 형태의 화폐 및 그와 관련된 서비스
   아. 거래의 형태와 특성을 고려하여 대통령령으로 정하는 것

유사수신행위법 제2조에 규정된 '**불특정**' 다수인이란 자금조달의 상대방의 특정성을 중시하지 아니한다는 의미로서 상대방의 개성 또는 특성이나 상호간의 관계 등을 묻지 아니한다는 뜻으로 이해된다. 또한 위 법률 제3조의 입법취지 등에 비추어 볼 때, 광고를 통하여 투자자를 모집하는 등 전혀 안면이 없는 사람들로부터 자금을 조달하는 경우뿐만 아니라 평소 알고 지내는 사람에게 직접 투자를 권유하여 자금을 조달하는 경우라도 자금조달을 계획할 당초부터 대상자가 특정되어 있는 것이 아니었다면 이는 불특정 다수인으로부터 자금을 조달하는 행위로서 유사수신행위에 해당한다고 봄이 타당하다.[128] 그리고 이 경우 자금조달의 대상이 특정 직업군의 사람 등으로 제한되어 있더라도 마찬가지다. 이와 같은 개념 정의는

형법상 죄형법정주의의 명확성 원칙에 위반되지 않는다.[129]

나. 구체적인 행위 태양

유사수신행위는 장래에 출자금의 전액 또는 이를 초과하는 금액을 지급할 것을 약정하고 출자금을 수입하는 행위를 함으로써 즉시 성립하고, 그와 동시에 완성되는 **즉시범**이다.[130]

유사수신행위법은 ① **장래에 출자금의 전액 또는 이를 초과하는 금액을 지급할 것을 약정**하고 출자금을 받는 행위(제2조 제1호)를 유사수신의 한 유형으로 규정한다. 위 법률 규정상 '출자금'이라는 용어의 의미에 비추어 보면, 실질적으로 상품의 거래가 매개된 자금의 수입은 이를 출자금의 수입이라고 보기 어렵고 그것이 상품의 거래를 가장하거나 빙자한 것이어서 실제로는 상품의 거래 없이 금원의 수입만 있는 것으로 볼 수 있는 경우에 한하여 이를 위 법률에서 금지하는 유사수신행위로 볼 수 있다.[131]

나아가 동법은 ② **장래에 원금의 전액 또는 이를 초과하는 금액을 지급할 것을 약정**하고 예금·적금·부금·예탁금 등의 명목으로 금전을 받는 행위(제2조 제2호)를 아울러 금지하고 있는데 인허가 내지 등록 또는 신고 없이 은행과 같은 금융업을 하는 것을 원칙적으로 금지하는 취지이며, 또한 ③ **장래에 발행가액(發行價額) 또는 매출가액 이상으로 재매입(再買入)할 것을 약정**하고 사채(社債)를 발행하거나 매출하는 행위(제2조 제3호)도 함께 금지한다. 마지막으로 ④ **장래의 경제적 손실을 금전이나 유가증권으로 보전(補塡)하여 줄 것을 약정**하고 회비 등의 명목으로 금전을 받는 행위(제2조 제4호)를 유사수신의 한 유형으로 규정한다.

위 각 행위 유형을 보면 모두 공통적으로 출자금, 원금, 사채 등 그 명칭과 형식을 불문하고 불특정 다수인으로 지급받는 금원의 최초 원금 또는 그 이상의 금원을 돌려줄 것을 명시적으로 약속하면서 이를 지급받는 행위를 금지하고 있음을 알 수 있다. 장래 금융시장의 변동과 불명확성 등 제반 사정에 비추어 출자금 등에 대한 원금 손실의 위험성이 매우 크므로 출자금 등에 대한 향후 원금 등 상환을 담보하기 위해서는 재정적인 안정성과 신용이 반드시 뒷받침되어야 한다. 따라서 이러한 행위는 국가로부터 인허가를 받거나 등록 또는 신고를 마친 기업과 개인에게만 명시적으로 허용하고 그 외에는 이를 금지함으로써 불필요하

---

128 대법원 2006. 5. 26. 선고 2006도1614 판결, 대법원 2013. 2. 28. 선고 2012도4640 판결 등 참조.

129 헌법재판소 2003. 2. 27 자 2002헌바4 결정, 헌법재판소 2019. 4. 11 자 2017헌바388, 2018헌바378(병합) 결정 각 참조.

130 대법원 2009. 9. 10 선고 2009도5075 판결 참조.

131 대법원 2007. 1. 25. 선고 2006도7470 판결 등 참조.

게 발생할 수 있는 민생 침해를 차단하기 위한 것으로 이해된다.

이와 관련하여 **대법원 판례**는 피고인들이 **상가지분의 분양을 통한 분양대금의 수수라는 외형**을 취하여 투자자들로부터 출자금을 수입하였고, 또 임대료의 지급이라는 외형을 취하여 투자자들에게 수익금을 지급하였다고 하더라도, 피고인들이 금융감독위원회로부터 **신탁업에 대한 인가를 받지 아니하고 위 투자자들로부터 출자금을 수입한 행위**는 그 실질에 있어서 '장래에 출자금의 전액 또는 이를 초과하는 금액을 지급할 것을 약정하고 출자금을 수입한 행위'서 유사수신행위의 규제에 관한 법률 **제2조 제1호**에 정하여진 **유사수신 행위에 해당한다**고 보았다.[132]

또한 **교통범칙금 상당액을 보상해 주기로 약정하고 연회비를 납부**받은 영업행위가 실질적으로 **무허가 보험사업**으로 유사수신행위의규제에관한법률 **제2조 제4호** 소정의 '유사수신행위'에 해당한다고 판시하였고,[133] **다단계판매업자와 다단계판매원들 간에 이루어진 물품 거래**의 정황에 비추어 위 방문판매업자가 판매원들로부터 물품구입대금 명목으로 금원을 지급받은 것이 물품거래를 빙자하여 실제로는 투자금을 지급받은 것으로서 유사수신 행위에 해당한다고 보았다.[134]

3. 유사수신행위와 사기죄 등 기타 범죄와의 관계

유사수신행위는 불특정 다수인으로부터 출자금 기타 명목을 불문하고 금전적 가치가 있는 재물 또는 재산상 이익을 교부받고 그 원금 및 그 이상의 금전을 상환한 것을 약정하면서 성립한다. 그런데 실무상 수신 행위를 하는 사람이 이와 같은 약정을 지키지 못하고 원금 상환을 하지 못할 때 비로소 출자자 등의 고소 내지 고발을 통해 문제가 되므로 원금 상환 등 약정을 이행하지 못한 것은 결국 처음부터 출자금 등의 상환을 해줄 아무런 의사나 능력이 없이 재물 또는 재산상 이익을 취득한 것으로 취급된다. 이러한 결과로 인해 유사수신행위는 사기죄와 사실상 떼려야 뗄 수 없는 관계에 있게 되고 실무상 유사수신행위와 사기는 통상적으로 함께 사건화되어 판단되는 것이 대부분이다.

대법원 판례는 유사수신행위의 금지에 관한 유사수신행위의 규제에 관한 법률 제3조 위반죄와 특정경제범죄 가중처벌 등에 관한 법률 제3조 제1항 위반(사기)죄의 관계에 관하여 유사수신행위 그 자체에는 기망행위가 포함되어 있지 않고, 이러한 위 법률 위반죄와 특정

132 대법원 2005. 12. 9 선고 2005도7120 판결 참조.
133 대법원 2001. 12. 24. 선고 2001도205 판결 참조.
134 대법원 2007. 10. 25 선고 2007도6241 판결 참조.

경제범죄 가중처벌 등에 관한 법률 위반(사기)죄는 각 그 구성요건을 달리하는 별개의 범죄로서, 서로 행위의 태양이나 보호법익을 달리하고 있어 양 죄는 상상적 경합관계가 아니라 실체적 경합관계로 봄이 상당할 뿐만 아니라, 그 기본적 사실관계에 있어서도 동일하다고 볼 수 없어 **실체적 경합범 관계**에 있다고 판시하여 이를 명확히 하였다.[135]

따라서 유사수신행위법 위반으로 인한 유죄의 확정판결의 효력이 사기 공소사실에 미치지 아니하고,[136] 나아가 유사수신행위를 한 자가 출자자에게 별도의 기망행위를 하여 유사수신행위로 조달받은 자금의 전부 또는 일부를 다시 투자받는 행위가 유사수신행위의 규제에 관한 법률 위반죄의 불가벌적 사후행위에 해당하는지도 않는다.[137]

나아가 **대법원**은 유사수신 금융피라미드회사의 최상위 판매원들이 다단계판매조직을 이용하여 자신들의 각 하위 판매원 등으로부터 투자금 명목으로 금원을 교부받은 행위가, 방문판매 등에 관한 법률 위반죄를 구성하고, 방문판매 등에 관한 법률 위반죄와 구 유사수신행위의 규제에 관한 법률 위반죄는 서로 실체적 경합범 관계에 있으므로 구 유사수신행위의 규제에 관한 법률 제3조 위반에 관한 유죄의 확정판결의 효력이은 방문판매 등에 관한 법률 제23조 제2항 위반의 공소사실에 미치지 아니한다고 판시한 바 있다.[138]

4. 자금세탁범죄 및 범죄수익환수 사례

유사수신은 부패재산몰수법이 명시하고 있는 특정사기범죄의 하나로 이러한 행위를 통해 영득한 재물 또는 재산상 이익은 법률에 따라 몰수 또는 추징하여 범죄피해자에게 환부할 수 있다. 이와 관련하여 실무상 범죄피해재산으로 환부를 부정한 사례와 긍정한 사례가 존재하고 이에 대한 법원의 입장이 통일되어 있지 아니하므로 이에 대한 검토가 필요하다.

가. 부패재산몰수법상 범죄피해재산 환부를 부정한 사례

유사수신행위를 저지르고 거액의 부패재산을 취득한 행위와 관련하여 유사수신행위를 통해 피해자들을 기망해 약 161억 원 상당의 재산을 취득한 사안에서 이에 대한 부패재산몰수법상 이를 추징하여 범죄피해재산으로 환부할 수 있는지 사회적으로 크게 문제된 바 있었다.

그런데 재판부는 「피고인들이 다수의 피해자들을 대상으로 사기, 유사수신행위의 범행을

---

135 대법원 2008. 2. 29 선고 2007도10414 판결 참조,

136 대법원 2006. 3. 23 선고 2005도9678 판결 참조.

137 대법원 2023. 11. 16 선고 2023도12424 판결 참조,

138 대법원 2010. 5. 27 선고 2009도14725 판결 참조.

하였으나, 다단계 사기 범죄와 같이 다수인이 역할을 분담하여 조직적으로 저지른 것은 아니어서 피해자들 스스로 피해를 확정하거나 피해금을 산정하기 어려운 경우에 해당하지는 않는 점, 이 사건 피해자들은 금융거래내역 등 객관적 자료를 통해 스스로 피해 금액을 산정할 수 있었고 이와 같이 피해자들이 스스로 산정한 피해금액을 기초로 고소를 하였으며, 이를 토대로 수사가 진행되어 이 사건 공소가 제기된 점, 피해자들이 피고인들에 대하여 내부 사정 등으로 인하여 피해회복을 위한 조치를 취하기 곤란하다는 등의 사정들이 발견되지 않았고, 피해자들은 스스로 피해 금액을 산정하여 고소를 하기도 하였으며 일부 피해자는 배상명령을 신청하는 등 피해회복을 위한 법적 조치를 취하기도 한 점을 고려하여 추징을 명하지 않는다」고 판시한 바 있다.[139]

그러나 위 1심 법원은 수십명에 달하는 피해자들의 배상명령 신청을 모두 각하하여 범죄피해재산을 피해자들에게 돌려주는 판단을 하지 않으면서 추징 구형까지 기각함으로써 사실상 피해자 보호를 포기하는 결론에 이른 것이므로 그 자체로 모순이라고 생각한다. 나아가 범죄피해재산에 대한 국가의 몰수 · 추징을 적극적으로 허용할 필요성은 범인들이 교묘한 방법으로 은닉하여 놓은 재산을 찾아 국가기관의 힘으로 되찾아 이를 몰수하거나 이를 추징금 집행 대상 재산으로 삼음으로써 피해자를 실질적으로 보호하겠다는 것에 방점이 있으므로 범죄피해자가 스스로 피해액수를 신정하여 고소를 하였다거나 배상명령을 신청하는 등 권리를 일부라도 행사하고 있다는 점은 위 필요성을 배척할 정당한 사유가 되지 못한다. 위 법원은 실제로 피고인들에 대해 중형을 선고하면서도 범죄피해재산에 대한 추징을 모두 기각하였다는 점에서 그 자체로 실질적 정의 구현을 포기한 것일 뿐만 아니라 범죄피해자 보호에도 소홀한 결론에 이르게 되어 부당하다고 생각한다.[140]

나. 부패재산몰수법상 범죄피해재산 환부를 긍정한 사례

반대로 다른 판결에서는 「이 사건 범행과 같은 유사수신행위로 인한 사기의 경우에는 피해자들의 수가 많고 범죄피해재산이 은닉되어 있는 경우가 많으며, 실제로 피고인은 상당한 범죄수익을 얻었음에도 불구하고 자신이 취득한 이익이 없다고 진술하고 있는 점 등에 비추어 볼 때, 피해자들 스스로 피고인을 상대로 손해배상청구권을 행사하는 등으로 피해회복을 하기가 현실적으로 곤란하다고 판단되므로, 위 범죄피해재산은 부패재산몰수법 제6조 제1항

139 인천지방법원 2024. 4. 11. 선고 2023고합535 판결 참조.

140 이에 대한 구체적 검토와 비판은 위 제2편 제3장 제4절 「범죄피해재산에 대한 몰수·추징과 환부절차」 제2관 「범죄피해재산에 대한 몰수, 추징이 예외적으로 가능한 경우」 참조.

에 정한 몰수 대상에 해당한다. 별지2 목록 기재 몰수 · 추징보전 된 재산 중 피고인 외 제3자에게 귀속된 재산의 경우에도 그 제3자가 범죄 후 그 정을 알면서 그 재산을 취득한 것으로 인정되므로 그 재산을 제3자로부터 몰수한다(부패재산몰수법 제4조 제1항).」고 판시한 사례도 있다.[141]

해당 사안은 범인들이 배임죄를 범하고 취득한 부패재산을 피고인 범인 및 제3자로부터 추징하였을 뿐만 아니라 범인들이 특정사기범죄인 유사수신행위를 통해 취득한 부패재산 등을 범인 및 제3자로부터 몰수하여 환수한 다음 범죄피해자에게 환부한 사례로서 부패범죄가 배임죄 및 특정사기범죄로 넓게 인정되었을 뿐만 아니라 제3자 몰수·추징이 선고된 중요한 사례이므로 실무에 참고할 필요성이 크다.

V 다단계 판매 사기

관련조문

부패재산몰수법 제2조(정의) 이 법에서 사용하는 용어의 정의는 다음과 같다. <개정 2016. 12. 20., 2019. 8. 20.>

3. "범죄피해재산"이란 별표에 규정된 죄 가운데 다음 각 목의 어느 하나에 해당하는 죄의 범죄행위에 의하여 그 피해자로부터 취득한 재산 또는 그 재산의 보유·처분에 의하여 얻은 재산을 말한다.

가. 「형법」 제2편제39장 사기와 공갈의 죄 중 제347조, 제347조의2 및 제351조(제347조 및 제347조의2의 상습범만 해당한다)에 해당하는 죄[「형법」 제114조에 따른 범죄단체를 조직하여 범행한 경우, 「유사수신행위의 규제에 관한 법률」 제2조에 따른 유사수신행위 또는 「방문판매 등에 관한 법률」 제2조제5호에 따른 다단계판매의 방법으로 기망(欺罔)하여 범행한 경우 및 「전기통신금융사기 피해 방지 및 피해금 환급에 관한 특별법」 제2조제2호에 따른 전기통신금융사기에 해당하는 경우(이하 "특정사기범죄"라 한다)로 한정한다]와 「특정경제범죄 가중처벌 등에 관한 법률」 제3조 중 「형법」 제347조, 제347조의2 및 제351조(제347조 및 제347조의2의 상습범만 해당한다)에 해당하는 죄(특정사기범죄로 한정한다)

☞ **방문판매 등에 관한 법률 제2조(정의)** 이 법에서 사용하는 용어의 뜻은 다음과 같다. <개정

141 창원지방법원 2023. 7. 20. 선고 2021고합301 판결 참조(부산고등법원 창원재판부 2023노330호 및 대법원 2024도2376호 판결로 확정).

2023. 3. 21.>

5. **"다단계판매"**란 다음 각 목의 요건을 모두 충족하는 판매조직(이하 "다단계판매조직"이라 한다)을 통하여 재화등을 판매하는 것을 말한다.
   가. 판매업자에 속한 판매원이 특정인을 해당 판매원의 하위 판매원으로 가입하도록 권유하는 모집방식이 있을 것
   나. 가목에 따른 판매원의 가입이 3단계(다른 판매원의 권유를 통하지 아니하고 가입한 판매원을 1단계 판매원으로 한다. 이하 같다) 이상 단계적으로 이루어질 것. 다만, 판매원의 단계가 2단계 이하라고 하더라도 사실상 3단계 이상으로 관리·운영되는 경우로서 대통령령으로 정하는 경우를 포함한다.
   다. 판매업자가 판매원에게 제9호나목 또는 다목에 해당하는 후원수당을 지급하는 방식을 가지고 있을 것
9. **"후원수당"**이란 판매수당, 알선 수수료, 장려금, 후원금 등 그 명칭 및 지급 형태와 상관없이 판매업자가 다음 각 목의 사항과 관련하여 소속 판매원에게 지급하는 경제적 이익을 말한다.
   가. 판매원 자신의 재화등의 거래실적
   나. 판매원의 수당에 영향을 미치는 다른 판매원들의 재화등의 거래실적
   다. 판매원의 수당에 영향을 미치는 다른 판매원들의 조직관리 및 교육훈련 실적
   라. 그 밖에 가목부터 다목까지의 규정 외에 판매원들의 판매활동을 장려하거나 보상하기 위하여 지급되는 일체의 경제적 이익

---

1. 다단계판매행위에 대한 규제의 시작과 그 취지[142]

다단계판매는 영토가 매우 넓은 미국에서 처음 발생하여 발전된 독특한 판매 방식이다. 정보통신망이 발달하기 전부터 사람을 통한 방문판매의 방법이 활성화되었던 미국에서 이러한 판매 방식의 합법성에 관해 크게 문제가 된 바 있었고, 이에 **미국 연방거래위원회**는 **과도한 재고누적**과 **소매판매의 존재 여부**를 기준으로 불법적인 피라미드 판매 방식과 합법적인 다단계판매 기준을 제시하였다.[143] 나아가 **미국 대법원**은 불법 다단계판매의 본질을 판매원으로 가입하여 수당을 받기 위한 목적이 아니라면 구입할 가치가 없는 재화(즉, 판매

---

142 주요 내용은 백대용, "다단계판매 개념과 합리적 규제방안– 공정거래위원회 의결 제2020–023호, 024호, 025호, 028호를 소재로"[연세법학, 제35호(2020. 6)], 109~136면 참조.

143 Valentine, Debra A., "Pyramid Schemes", International Monetary Fund'S Seminar On Current Legal Issues Affecting Central Banks Washington, D.C., May 13, 1998,

원이 아닌 일반 합리적인 소비자가 구매하지 않을 재화)를 **판매원 자격 부여**와 **수당 지급**을 이유로 유인해 판매원들로 스스로 재화 등을 구매하도록 강제하거나 판매원들이 과다하게 물품재고를 보유하도록 하는 보상 계획에 있다고 보았다.[144] 이처럼 미국은 합법적인 다단계판매와 관련하여 **소비자에 대한 소매판매가 일정 비율 이상 존재**할 것을 가장 중요한 판단기준으로 삼고 있다.[145]

이러한 미국의 다단계판매 행위에 대한 규제와 논의에 발맞춰 1990년대 초반 대한민국에서도 다단계 판매 행위를 규제하기 시작하였는데, 최초 방문판매등에관한법률(이하, '방문판매법')의 제정 이유 및 취지를 보면 방문판매, 통신판매 및 다단계판매에 의한 거래를 공정하게 함으로써 소비자등의 권익을 보호하고 건전한 거래질서를 확립하려는 것으로 그 제정 목적을 명확히 하였고,[146] 이에 따라 판매업자등이 상품의 구매등을 권유함에 있어 그 권유를 받은 상대방이 다른 사람에게 동일한 권유를 하여 순차적으로 일정한 판매조직에 가입하는 자가 증가할 경우 각 거래단계에서 발생하는 이익의 일부를 지급할 것을 제의하는 방법 등으로 그 상대방에게 상품을 판매하는 행위등이 법률로서 규제되기 시작하였다.

이후 사상 최악의 투자사기 사건으로 일컬어지는 **2008년도의 조희팔 사건**, 제2의 조희팔 사건이라 불리는 **1조 원대의 IDS홀딩스 사기 사건**,[147] 가상화폐를 이용한 투자사기 사건인 **돈스코이호 인양 관련 보물선 사기 사건**[148] 등 다단계 방식으로 피해자를 모집한 사건들이 끊임없이 발생하였고 이는 서민 경제에 심각한 영향을 주며 민생 침해의 결과로 이어졌다. 이에 따라 합법적인 다단계판매와 불법적인 방법이 어떻게 다른지 다단계판매의 개념을 어떻게 정의하여 규제해야 하는지에 대한 논의가 계속되었다.

---

144 서혜숙·정경환, "방문판매법상 다단계판매의 규제체계와 비교법적 고찰"(경쟁저널 제153권), 37면 이하 참조.

145 2016년의 Herbalife와 Vemma 사건 관련, FTC Press Releases (July 15, 2016), "Herbalife Will Restructure Its Multi-level Marketing Operations and Pay $200 Million For Consumer Redress to Settle FTC Charges".; FTC Press Releases (December 15, 2016), "Vemma Agrees to Ban on Pyramid Scheme Practices to Settle FTC Charges"

146 법제처, 방문판매등에관한법률[시행 1992. 7. 1.] [법률 제4481호, 1991. 12. 31., 제정] 제정 취지 및 이유 참조.

147 YTN, "제2의 조희팔 IDS홀딩스 김성훈 대표, 징역 15년 확정" 2017. 12. 13. 기사 참조(해외 사업에 투자하면 배당금은 물론 1년 안에 원금도 돌려주겠다는 방법으로 투자자를 모집해 5년 동안 1만 2,000명의 피해자를 발생시키고 피해액도 1조 원대에 이른 유사수신 사기사건).

148 YTN, "보물선 가상화폐 다단계판매.. 의혹덩어리 기업" 2018. 8. 5. 기사 참조(가짜 보물선을 미끼로 단순한 포인트에 불과한 가상화폐를 낮은 가격에 구입하면 나중에 고수익을 얻을 수 있다고 피해자들을 속여 이들로부터 거액의 투자금을 지급받은 사건).

2. 다단계판매 행위의 개념

가. 기본 개념

다단계판매방식이 모두 불법인 것은 아니다. **합법적인 다단계판매**는 실제로 판매원들이 일반 소비자들에게 판매할 물품을 가지고 있으며 다단계판매조직에 가입할 때 소비자에게 추가적인 비용의 지급을 요구하지 않고 다단계판매원에게 신규 회원의 가입에 대해서가 아니라 실제 판매행위에 대한 대가로 보수를 지급하게 된다.

그러나 **불법 다단계판매**는 판매실적을 기초로 하지 않고, 주로 자신의 판매계획에 다른 소비자들을 가입시키는 것을 바탕으로 그 소비자에게 비상식적 수준의 후원수당을 지급할 것을 약속하는 형태다. 따라서 불법 다단계판매의 본질은 상품의 판매가 아니라 회원가입과 모집을 통해 창출되는 출자금의 확보에 있고 이를 위해 회원 가입시 회원에게 고액의 제품을 의무적으로 구입하여 회원이 다수의 재고를 보유하거나 고액의 현금을 먼저 지급하도록 하는 등의 일정한 부담을 지우는 경우가 많다.[149] 다시 말해 불법 다단계판매는 일반적으로 진정한 상품의 판매로 이익을 얻는 것이 아니고, 판매조직에 다른 사람을 가입시키는 행위를 통해 이익을 창출하는 판매형태를 말한다.[150] 그런데 위 개념은 최초 법률 제정당시에는 아주 엄격한 요건을 요구하고 있다가 여러 차례의 개정을 통해 그 개념을 대폭 넓혀 현재에 이르게 되었는데 그 변천의 과정은 아래와 같다.

나. 2012년 방문판매법 개정 이전까지의 구법상 다단계판매의 개념

관련조문

구 방문판매법[시행 2010. 11. 18., 법률 제10303호] 제2조(정의) 이 법에서 사용하는 용어의 정의는 다음 각호와 같다.

5. "**다단계판매**"라 함은 판매업자가 특정인에게 다음 각목의 활동을 하면 일정한 이익(다단계판매에 있어서 다단계판매원이 **소비자**에게 재화등을 판매하여 얻는 **소매이익**과 다단계판매업자가 그 다단계판매원에게 지급하는 **후원수당**을 말한다. 이하 같다)을 얻을 수

---

149 한국소비자원, "다단계판매의 문제점 및 개선방안"(2003. 11), 5-6면

150 Howie, Clinton D., "Investing in Louisiana: Is it a pyramid scheme?: Multilevel marketing and Louisiana's new anti-pyramid statute", 49 LA Bar Journal. 288, 2002, at 288-289

있다고 권유하여 판매원의 가입이 단계적(판매조직에 가입한 판매원의 단계가 3단계 이상인 경우를 말한다)으로 이루어지는 다단계판매조직(판매조직에 가입한 판매원의 단계가 2단계 이하인 판매조직 중 사실상 3단계 이상인 판매조직으로 관리·운영되는 경우로서 대통령령이 정하는 판매조직을 포함한다)을 통하여 재화등을 판매하는 것을 말한다.

가. 당해 판매업자가 공급하는 재화등을 **소비자에게 판매**할 것

나. 가목의 규정에 의한 소비자의 전부 또는 일부를 당해 특정인의 하위판매원으로 가입하도록 하여 그 하위판매원이 당해 특정인의 활동과 같은 활동을 할 것

7. **"후원수당"**이라 함은 판매수당·알선수수료·장려금·후원금 등 그 명칭 및 지급형태를 불문하고, 다단계판매업자가 다음 각목의 사항과 관련하여 다단계판매원에게 지급하는 경제적 이익을 말한다.

가. 다단계판매원에게 속하는 하위판매원들에 대한 조직관리 및 교육훈련실적

나. 다단계판매원 자신의 재화등의 판매실적이나 그 다단계판매원에게 속하는 하위판매원들의 재화등의 판매실적

과거 다단계판매에 있어 핵심적인 개념은 기본적으로 「**판매원 관련**」 개념 요소와 「**판매조직 관련**」 개념 요소로 나눌 수 있었는데, **판매원 관련 개념 요소**로는 우선 ① **판매활동** 및 **하위판매원 가입유치 활동**을 들 수 있다. 판매원들이 소비자에 대한 판매활동(소매판매)을 하게 되면 그 소비자에 대한 하위판매원 가입유치활동까지도 아울러 하게 되고 그 과정에서 ② **소매이익** 뿐만 아니라 **후원수당**을 지급받게 된다.

그리고 **판매조직 관련 개념 요소**로는 ① 판매원 상호 간 상하 위계질서를 기초로 후원활동을 통해 조직화된 **판매원들의 수직적 단계**가 존재하여야 하고, ② 소매이익을 얻고 후원수당을 지급받는 **판매조직이 3단계 이상** 존재해야 함을 기본으로 하였다.

이렇게 방문판매법은 최초 다단계판매의 개념을 아주 엄격하게 규정하고 있었다. 즉 2012년 법률이 개정되기 이전에는 다단계판매원은 가입 시 반드시 「**판매활동 및 하위판매원 가입유치 활동**」과 「**소매이익 및 후원수당**」을 모두 권유받아야 했고 나아가 「판매원의 단계적 관계」와 「3단계 이상의 판매원 조직」이 모두 요구되었다. 이처럼 불법 다단계 판매가 인정되기 위한 요건이 아주 엄격했다.

대법원 또한 「방문판매 등에 관한 법률 소정의 다단계판매원이 되기 위하여서는 소매이익과 후원수당을 모두 권유받아야 할 것인데, 만일 방문판매 등에 관한 법률 제2조 제7호 소정의 후원수당 중에서 '자신의 재화 등의 판매실적에 따른 후원수당'만을 지급받을 수 있고 하위판매원을 모집하여 후원활동을 하는 데 대한 후원수당이나 하위판매원들의 재화 등

의 판매실적에 따른 후원수당을 지급받지 못한다면, 이러한 사람은 하위판매원을 가입시키더라도 그 판매에 의하여 이익을 얻는 것이 허용되지 않게 되는바 그러한 방식으로는 순차적·단계적으로 조직을 확장해 가는 다단계판매가 성립할 수 없다 할 것이므로, 이러한 사람은 위 법 소정의 다단계판매원이라고 할 수 없다.」고 판시하여 소매이익과 더불어 조직관리 또는 하위판매원 판매실적에 따른 후원수당도 권유받아야 한다고 보았다.[151]

다. 2012년 방문판매법 개정[152]을 통한 다단계판매의 개념 확장

관련조문

구 방문판매법(시행 2012. 8. 18., 법률 제11324호) 제2조(정의) 이 법에서 사용하는 용어의 뜻은 다음과 같다.

5. "**다단계판매**"란 다음 각 목의 요건을 모두 충족하는 판매조직(이하 "다단계판매조직"이라 한다)을 통하여 재화등을 판매하는 것을 말한다.
   가. 판매업자에 속한 판매원이 특정인을 해당 판매원의 하위 판매원으로 가입하도록 권유하는 모집 방식이 있을 것
   나. 가목에 따른 판매원의 가입이 3단계(다른 판매원의 권유를 통하지 아니하고 가입한 판매원을 1단계 판매원으로 한다. 이하 같다) 이상 단계적으로 이루어질 것. 다만, 판매원의 단계가 2단계 이하라고 하더라도 사실상 3단계 이상으로 관리·운영되는 경우로서 대통령령으로 정하는 경우를 포함한다.
   다. 판매업자가 판매원에게 제9호나목 또는 다목에 해당하는 후원수당을 지급하는 방식을 가지고 있을 것

9. "**후원수당**"이란 판매수당, 알선 수수료, 장려금, 후원금 등 그 명칭 및 지급 형태와 상관없이 판매업자가 다음 각 목의 사항과 관련하여 소속 판매원에게 지급하는 경제적 이익을 말한다.
   가. 판매원 자신의 재화등의 거래실적
   나. 판매원의 수당에 영향을 미치는 다른 판매원들의 재화등의 거래실적
   다. 판매원의 수당에 영향을 미치는 다른 판매원들의 조직관리 및 교육훈련 실적
   라. 그 밖에 가목부터 다목까지의 규정 외에 판매원들의 판매활동을 장려하거나 보상하기 위하여 지급되는 일체의 경제적 이익

151 대법원 2007. 1. 25. 선고 2006도7470 판결 참조.

152 방문판매 등에 관한 법률[시행 2012. 8. 18.] [법률 제11324호, 2012. 2. 17., 전부개정]

이렇게 다단계 판매의 개념을 엄격하게 규정함으로써 처벌의 공백이 발생하게 되자 2012년 **법률 개정**을 통해 다단계판매의 개념요소는 매우 단순화되어 판매조직 관련 개념요소를 제외한 판매원 관련 개념요소는 **후원수당**만 남은 채 모두 삭제되었다.[153] 즉 다단계판매의 요건 중 **'소비자' 및 '소매이익' 부분을 삭제**하여 소비자에 대한 판매활동과 그 소비자에 대한 하위판매업자 가입 유치 활동이 없는 유사 다단계판매업체들을 모두 방문판매법의 적용을 받는 다단계판매업체로 볼 수 있게 되었고, 후원수당의 범위도 하위판매원에 대한 후원활동 또는 하위판매원의 판매실적에 따른 후원수당만 남게 되었다.

나아가 판매조직 관련 개념 요소도 **단순한 가입권유행위**라는 사실행위에 기초하여 순차적으로 이루어진 가입 단계도 하나의 단계로 보아 **3단계인지 여부를 판단**하도록 한 대법원 판례[154]와 조직관리자인 **위탁관리인**이 직접 판매행위를 하지 않더라도 **다단계판매원에 해당된다**고 판시한 대법원 판례[155]를 통해 그 인정 범위가 확대되었다.

---

153 법제처 법률 개정 이유 참조

◇ 개정이유

현행법상 다단계판매의 정의가 지나치게 엄격하여 최근 방문판매업체로 신고하고 실질적으로는 다단계판매 영업을 하는 이른바 신방문판매업체들에 의한 소비자 피해가 확산되고 있는바, 이러한 문제점을 시정하기 위하여 **다단계판매 정의 규정을 정비하며, 후원방문판매라는 개념을 신설하여 규제의 공백이 발생하지 않도록 하고, 판매원 모집이라는 목적을 밝히지 않고 거짓 명목을 내세워 유인하는 행위 등 사행적 확장행위에 대한 금지 규정을 신설**하며, 전화권유판매 수신거부의사 등록시스템을 도입함으로써 소비자의 피해를 예방하고 소비자의 권익을 보호하며, 그 밖에 현행 제도의 운영상 나타난 일부 미비점을 개선·보완하는 한편, 국민이 법 문장을 이해하기 쉽도록 용어 및 문장을 정비하려는 것임.

◇ 주요내용

가. 다단계판매 정의 규정 정비(안 제2조제5호)

다단계판매의 요건 중 **'소비자' 및 '소매이익' 부분을 삭제**하여 유사 다단계판매업체들을 다단계판매업체로 규율함.

나. 후원방문판매 신설(안 제2조제7호 및 제29조)

특정 판매원의 실적이 직근 상위판매원 1인의 후원수당에만 영향을 미치는 후원수당 지급방식을 가진 방문판매를 후원방문판매로 정의하고 다단계판매에 준하는 규제를 도입함.

154 대법원 2005. 11. 25. 선고 2005도977판결 참조. 위 사건(소위 황삼나라 사건)의 경우 다단계판매업자인 황삼나라가 70만 원짜리 황삼제품을 1/2가격인 35만 원에 구입하는 것을 조건으로 다단계판매원을 모집하였는데 이 과정에서 40~460만 원의 수수료와 하위판매원이 지급받는 후원수당의 20~50%에 이르는 수수료를 지급하겠다는 내용의 후원수당제도를 운영하였는데 황삼나라 사건에서의 주된 쟁점 중 하나는 "판매조직이 3단계 이상"인지에 대한 판단기준이었다.

155 대법원 2015. 12. 24. 선고 2015두41395 판결 참조. 종래 위탁관리인은 판매원과 달리 방문판매업자와 개별적으로 판매조직에 대한 위탁관리 계약관계를 체결하는 독립사업자라는 점과 일반적으로 위탁관리인은 소비자에 대한 판매활동은 하지 않고 판매원 교육 및 마케팅 전략수립 등 판매조직의 지원과 관리업무에 전념하고 있는 점 등에 비추어 위탁관리인이 실제로 판매활동을 직접 수행하는 경우와 같은 특별한 사정이 없다면 위탁관리인을 판매원으로 보지 않았으나 대법원은 위 판결에서 위탁관리인도 다단계판매

이처럼 다단계판매의 개념요소를 대폭 삭제한 2012년 방문판매법의 개정으로 다단계판매의 범위가 확대된 상황에서 법원의 법해석으로 인해 다단계판매의 범위가 또다시 일반 판매조직으로까지 더욱 확장되었는바, 이는 실질적 관점에서 다단계판매의 개념을 이해해 처벌의 공백을 없애겠다는 타당한 변화라고 생각하고 이러한 개념 정의는 헌법상 명확성의 원칙에도 반하지 않는다.[156]

다만 이에 대해서는 「비교법적으로 볼 때 "다단계판매원의 소비자에 대한 판매활동 및 소매이익 취득"은 합법적인 다단계판매에 있어 핵심적인 개념요소에 해당하므로 다단계판매 규제범위 확대로 인한 과잉규제의 피해는 합법적으로 영업을 수행해 오던 기존 방문판매나 다른 일반 판매방식에게 전가될 뿐이어서 다단계판매의 개념요소에서 소비자에 대한 판매활동 및 소매이익을 제외한 것은 적절한 입법이라 할 수 없으므로 위 요건을 다단계판매의 개념요소로 다시 복귀시킬 필요가 있다.」는 비판적 견해도 있다.[157]

3. 사기적 다단계판매의 구체적 행위 태양

관련조문

방문판매법 제24조(사행적 판매원 확장행위 등의 금지) ① 누구든지 다단계판매조직 또는 이와 비슷하게 단계적으로 가입한 자로 구성된 조직을 이용하여 다음 각 호의 어느 하나에 해당하는 행위를 하여서는 아니 된다. <개정 2013. 5. 28.>

1. 재화등의 거래 없이 금전거래를 하거나 재화등의 거래를 가장하여 사실상 금전거래만을 하는 행위로서 다음 각 목의 어느 하나에 해당하는 행위
   가. 판매원에게 재화등을 그 취득가격이나 시장가격보다 10배 이상과 같이 현저히 높은 가격으로 판매하면서 후원수당을 지급하는 행위
   나. 판매원과 재화등의 판매계약을 체결한 후 그에 상당하는 재화등을 정당한 사유 없이

원으로 넓게 인정하였다.

156 헌법재판소 2023. 8. 31 자 2020헌바473 결정 참조(심판대상조항에 의하면 '다단계판매조직'은 ① 판매업자에 속한 판매원이 특정인을 해당 판매원의 하위 판매원으로 가입하도록 권유하는 모집방식이 있을 것, ② 위 항목에 따른 판매원의 가입이 3단계 이상 단계적으로 이루어질 것, ③ 판매업자가 판매원에게 후원수당을 지급하는 방식을 가지고 있을 것의 세 가지 요건을 모두 충족하는 판매조직을 말하고, 다단계판매조직을 통하여 재화등을 판매하는 것을 '다단계판매'라고 한다. 이처럼 심판대상조항 및 관련조항의 문언을 통하여 수범자는 '다단계판매'의 각 요건의 내용을 어렵지 않게 이해할 수 있다. 다단계판매의 규제 취지, 방문판매법 제2조 제9호의 내용 등을 고려하면 심판대상조항의 '판매원', '하위 판매원', '후원수당'의 의미가 불분명하다고도 볼 수 없다. 따라서 심판대상조항은 명확성원칙에 위배되지 아니한다).

157 백대용, 전게 논문 120면 이하 참조.

공급하지 아니하면서 후원수당을 지급하는 행위

다. 그 밖에 판매업자의 재화등의 공급능력, 소비자에 대한 재화등의 공급실적, 판매업자와 소비자 사이의 재화등의 공급계약이나 판매계약, 후원수당의 지급조건 등에 비추어 그 거래의 실질이 사실상 금전거래인 행위

2. 판매원 또는 판매원이 되려는 자에게 하위판매원 모집 자체에 대하여 경제적 이익을 지급하거나 정당한 사유 없이 후원수당 외의 경제적 이익을 지급하는 행위

다단계판매는 ① 판매업자에 속한 판매원이 **특정인을 해당 판매원의 하위 판매원으로 가입하도록 권유하는 모집방식**이 있을 것, ② 위 항목에 따른 판매원의 가입이 **3단계 이상 단계적**으로 이루어질 것, ③ 판매업자가 **판매원에게 후원수당을 지급하는 방식**을 가지고 있을 것의 세 가지 요건을 모두 충족하는 조직인 다단계판매 조직을 통해 재화등을 판매하면 성립한다. 다만 이러한 다단계판매를 한다고 하더라도 그 자체가 사기행위와 직결되는 것은 아니고 사행적인 방법을 통해 사람을 속여 조직원을 늘리고 재물 또는 재산상 이익을 취득하게 되면 사기죄가 아울러 성립하게 된다.

이와 관련하여 방문판매법은 다단계판매조직을 통해 사행적인 방법으로 판매원을 확장하는 행위를 금지(동법 제24조 참조)하고 있는데, 이러한 행위를 통해 조직을 확대하는 행위가 불법 다단계판매 행위의 핵심이다. 즉 **재화등의 거래 없이 금전거래**를 하거나 **재화등의 거래를 가장하여 사실상 금전거래**만을 하는 행위로서 ① 판매원에게 **재화등**을 그 취득가격이나 시장가격보다 10배 이상과 같이 **현저히 높은 가격으로 판매**하면서 **후원수당을 지급**하거나(**동법 제1항 제1호 가목**), ② 판매원과 재화등의 판매계약을 체결한 후 그에 상당하는 **재화등을 정당한 사유 없이 공급하지 아니**하면서 **후원수당을 지급**하는 행위(**같은 호 나목**), ③ 그 밖에 판매업자의 재화등의 공급능력, 소비자에 대한 재화등의 공급실적, 판매업자와 소비자 사이의 재화등의 공급계약이나 판매계약, 후원수당의 지급조건 등에 비추어 **그 거래의 실질이 사실상 금전거래**인 행위(**같은 호 다목**)는 사행적 판매원 확장 행위로 이해된다.

또한 방문판매법은 판매원 또는 판매원이 되려는 자에게 하위판매원 모집 자체에 대하여 경제적 이익을 지급하거나 정당한 사유 없이 후원수당 외의 경제적 이익을 지급하는 행위를 금지함으로써 재화등의 공급이 매개되지 않고 하위판매원을 모집하는 행위 자체에 대한 이익을 지급하는 행위를 불법 다단계판매의 유형으로 규정한다(**같은 항 제2호**).

이처럼 불법다단계판매는 구체적인 재화의 판매가 전혀 매개되지 않거나 마치 재화의 판매를 이용하는 외관을 형성하나 실제로는 사실상 금전거래를 통해 그 조직의 확장을 도모하고 이를 통해 이익을 창출하게 되는 결과, 조직이 커지고 조직원이 늘어날수록 하위 조직원

들에게 경제적 이익을 분배할 수 없게 되어 다수의 사람들이 다단계판매 업자등의 기망행위에 속아 거액의 재산을 편취당하는 사기죄로 귀결된다.

4. 불법 다단계판매 행위와 사기죄 등 기타 범죄와의 관계

불법다단계판매행위는 재화등의 거래를 가장하여 사실상 금전거래를 실체로 한다는 점에서 통상 유사수신행위법위반죄와 사기죄가 통상 함께 같이 문제된다.

대법원은 금융피라미드회사의 최상위 판매원들이 다단계판매조직을 이용하여 자신들의 각 하위 판매원 등으로부터 투자금 명목으로 금원을 교부받은 행위를 방문판매법위반죄 및 유사수신행위법위반죄 모두를 구성하고 해당 범죄들은 실체적 경합범 관계에 있으므로 유사수신행위법위반죄의 확정판결의 효력이 방문판매법위반죄에 미치지 않는다고 판시하였다.[158]

나아가 **대법원**은 「방문판매등에관한법률 제45조 제2항 제1호는 "누구든지 다단계판매조직 또는 이와 유사하게 순차적·단계적으로 가입한 가입자로 구성된 다단계조직을 이용하여 상품 또는 용역의 거래없이 금전거래만을 하거나 상품 또는 용역의 거래를 가장하여 사실상 금전거래만을 하는 행위를 하여서는 아니된다."고 규정하고 있어서 그 행위 자체를 사기행위라고 볼 수는 없고, 그러한 금전거래를 통한 형법 제347조 제1항의 사기죄와 방문판매등에관한법률 제45조 제2항 제1호의 위반죄는 법률상 1개의 행위로 평가되는 경우에 해당하지 않으며, 또 각 그 구성요건을 달리하는 별개의 범죄로서, 서로 보호법익을 달리하고 있어 양죄를 상상적 경합관계나 법조경합관계로 볼 것이 아니라 실체적 경합관계로 봄이 상당하다」고 판시하여 방문판매법위반과 사기죄의 관계에서도 같은 입장이다.[159]

5. 자금세탁범죄 및 범죄수익환수 사례

방문판매에 따른 특정사기범죄 사건에서 **범죄피해재산 환부를 긍정한 사례**가 있는데 방문판매에 따른 사기죄로 영득한 재산을 부패재산몰수법상 범죄피해재산으로 보고 이를 피고인으로부터 추징하면서 그 구체적인 법리를 설시하였고, 이때 피고인이 범죄수익인 수익금의 일부를 현금으로 지급받는 등 이를 은닉하였을 가능성이 매우 높아 피해자들이 강제집행을 통해 피해를 회복하는 것이 현실적으로 매우 어려워 보인다는 사정을 감안하였다.[160]

---

158 대법원 2010. 5. 27 선고 2009도14725 판결 참조.

159 대법원 2000. 7. 7 선고 2000도1899 판결 참조.

160 서울중앙지방법원 2023. 8. 17. 선고 2020고합982 판결 참조.

하지만 위 판결의 항소심 법원은 피고인이 유죄로 인정된 범죄수익 2억 3,300만 원 상당을 초과하는 약 2억 6,000만 원을 실제로 출연하는 등 피해 회복에 노력하였다는 사정을 감안하여 부패재산몰수법상 추징을 선고하지 않았다.[161]

Ⅵ 전기통신금융사기

관련조문

부패재산몰수법 제2조(정의) 이 법에서 사용하는 용어의 정의는 다음과 같다. <개정 2016. 12. 20., 2019. 8. 20.>

3. "범죄피해재산"이란 별표에 규정된 죄 가운데 다음 각 목의 어느 하나에 해당하는 죄의 범죄행위에 의하여 그 피해자로부터 취득한 재산 또는 그 재산의 보유·처분에 의하여 얻은 재산을 말한다.

   가. 「형법」 제2편제39장 사기와 공갈의 죄 중 제347조, 제347조의2 및 제351조(제347조 및 제347조의2의 상습범만 해당한다)에 해당하는 죄[「형법」 제114조에 따른 범죄단체를 조직하여 범행한 경우, 「유사수신행위의 규제에 관한 법률」 제2조에 따른 유사수신행위 또는 「방문판매 등에 관한 법률」 제2조제5호에 따른 다단계판매의 방법으로 기망(欺罔)하여 범행한 경우 및 **「전기통신금융사기 피해 방지 및 피해금 환급에 관한 특별법」 제2조제2호에 따른 전기통신금융사기에 해당하는 경우**(이하 "특정사기범죄"라 한다)로 한정한다]와 「특정경제범죄 가중처벌 등에 관한 법률」 제3조 중 「형법」 제347조, 제347조의2 및 제351조(제347조 및 제347조의2의 상습범만 해당한다)에 해당하는 죄(특정사기범죄로 한정한다)

☞ **전기통신금융사기 피해 방지 및 피해금 환급에 관한 특별법 제2조(정의)** 이 법에서 사용하는 용어의 뜻은 다음과 같다. <개정 2014. 1. 28., 2016. 5. 29., 2023. 5. 16.>

2. "전기통신금융사기"란 「전기통신기본법」 제2조제1호에 따른 전기통신을 이용하여 타인을 기망(欺罔)·공갈(恐喝)함으로써 자금 또는 재산상의 이익을 취하거나 제3자에게 자금 또는 재산상의 이익을 취하게 하는 다음 각 목의 행위를 말한다. 다만, 재화의 공급 또는 용역의 제공 등을 가장한 행위는 제외하되, 대출의 제공·알선·중개를 가장한 행위는 포함한다.

   가. 자금을 송금·이체하도록 하는 행위

161 서울중앙지방법원 2023. 8. 17. 선고 2020고합982 판결 참조. 아울러 이에 대한 구체적 검토와 비판은 위 제2편 제3장 제4절 「범죄피해재산에 대한 몰수·추징과 환부절차」 제2관 「범죄피해재산에 대한 몰수·추징이 예외적으로 가능한 경우」 참조.

나. 개인정보를 알아내어 자금을 송금·이체하는 행위
다. 자금을 교부받거나 교부하도록 하는 행위
라. 자금을 출금하거나 출금하도록 하는 행위

---

1. 전기통신금융사기의 등장 및 그 유형

2000년대 초반 본격적으로 사회문제로 대두된 전기통신금융사기는 전화를 통해 검·경·금융감독원 등 공공 권력기관을 사칭하는 사람이 불특정 개인에게 연락하여 그 사람의 개인정보가 이미 유출되었다거나 범죄사건에 연루되었다는 등의 명목으로 피해자를 속여 피해자로부터 개인정보 또는 금융거래정보 등을 알아내 피해자 계좌로부터 돈을 이체해 취득하거나, 추적이 어려운 차명계좌(대포통장)로 돈을 이체하도록 유도하는 방법으로 실행되었다. 이러한 범죄수법은 전화 등 목소리(Voice)로 사람을 기망(낚시, Fishing)하는 특징을 가지고 있어 「**보이스피싱(Voice Phishing)**」이란 용어가 탄생하게 되었다.

보이스피싱은 이후 다양한 수법의 범행으로 발전하게 되었는데 예컨대 악성 앱 주소가 포함된 휴대폰 문자(SMS)를 대량으로 전송한 다음 이용자가 그 앱을 설치하도록 유도하여 금융정보 등을 탈취하는 「**스미싱(Smishing)**」, 악성코드에 감염된 사용자 PC를 조작해 금융정보를 훔쳐가는 「**파밍(Pharming)**」, 악성 프로그램을 유포해 컴퓨터 메모리에 있는 데이터를 위·변조하는 「**메모리해킹**」과 같은 다양한 변종들이 그것이다.[162] 이 외에도 전기통신금융사기의 구체적 유형을 검토한 결과, 사용자 컴퓨터 시스템에 침투하여 중요 파일에 대한 접근을 차단하고 금품(ransom)을 요구하는 「**랜섬웨어(Ransom Ware)**」, 물품 판매 기업의 이메일을 해킹한 다음 구매자에게 물품대금 계좌번호가 변경되었다는 이메일을 보내 구매자가 변경된 계좌로 송금토록 하여 금원을 편취하는 「**이메일 무역사기**」가 신종금융사기의 유형으로 제시되었다.[163]

한편 **금융감독원**은 기술적 수법에 따른 구분이 아닌 기망이나 공갈의 유형에 따라 주요 유형을 분류하고 있다. 구체적으로 살펴보면 ① 자녀납치 및 사고 빙자, ② 메신저상에서

---

162 정부 범부처 전기통신금융사기 방지대책협의회, "신·변종 신종금융사기 피해방지 종합대책"(2013. 12.), 3면 이하 참조.

163 한국형사정책연구원, "신종금융사기범죄의 실태 분석과 형사정책적 대응방안 연구"(2016. 12. 경제·인문사회연구회 협동연구 총서), 90면 이하 참조.

지인을 사칭하여 송금 요구, ③ 인터넷 뱅킹을 이용해 카드론 대금 및 예금 등 편취, ④ 금융회사, 금감원 명의의 허위 긴급공지 문자메시지로 기망하여 피싱사이트로 유도하여 예금 등 편취, ⑤ 전화통화를 통해 텔레뱅킹 이용정보를 알아내어 금전 편취, ⑥ 피해자를 기망하여 자동화기기로 유인 편취, 피해자를 기망하여 피해자에게 자금을 이체토록 하여 편취, ⑦ 신용카드정보 취득 후 ARS를 이용한 카드론 대금 편취, ⑧ 상황극 연출에 의한 피해자 기망 편취, ⑨ 물품대금 오류송금 빙자로 피해자를 기망하여 편취하는 행위등이 그것이다.[164] 이러한 다양한 사기수법은 그 형태가 어떤 형태로 진화하든 전기통신을 수단으로 기망이나 공갈을 통해 자금을 이체·송금하거나 이체·송금하도록 하여 자신 또는 제3자의 재산상의 이익을 취하게 하는 행위인 경우 전기통신금융사기의 유형에 속한다고 보았다. 한편 전기통신금융사기의 유형을 기망행위의 유형에 따라 7가지(대출빙자형, 기관사칭형, 지인사칭형, 보상제공형 자녀 또는 지인협박형, 거래사칭형, 정보해킹형)로 분류하고자 하는 견해도 있다.[165]

감사원의 금융위원회에 대한 감사보고서 기재에 따르면 금융감독원에 접수된 보이스피싱 피해구제 신청을 기준으로 보이스피싱 피해현황을 살펴보면, 피해자 수는 2016년 27,487명에서 2018년 48,743명으로 1.7배, 피해금액도 2016년 1,924억 원에서 2018년 4,440억 원으로 2.3배 증가하는 등 시간이 지날수록 그 피해자의 수와 피해액은 더욱 크게 증가하고 있는 실정이다.[166]

2. 법률의 제정 및 개정과 구체적인 전기통신금융사기 범죄 행위 태양

가. 2011. 3. 29. 법률 제정(법률 제10477호)

전기통신금융사기가 크게 사회문제로 떠오르자 전화 또는 인터넷 메신저 등 전기통신수단을 이용한 금융사기의 피해자가 소송절차를 거치지 않고 피해금을 신속히 돌려받을 수 있도록 채권 소멸절차와 피해금 환급절차 등을 마련하여 전기통신금융사기 피해자를 신속히 구제하고 그 행위 태양을 명시하기 위해 2011. 3. 29. 전기통신금융사기 피해금 환급에 관한 특별법(이하, 「**통신사기피해환급법**」)이 제정되어 같은 해 9. 30.경부터 시행되었다.

제정법률은 ① 「전기통신금융사기」의 뜻을 전기통신을 이용하여 불특정 다수인을 기망·공갈함으로써 계좌로 자금을 송금·이체하도록 하거나 개인정보를 알아내어 자금을 송금·이

164 금융감독원, '보이스피싱지킴이' 사이트 참조.

165 정운영 외3, "국내 전기통신금융사기 실태 및 현황분석 – 전기통신금융사기 피해액 발생 여부의 결정요인을 중심으로"(2023. 4. 경제교육연구 제30권 1호), 81면 이하 참조.

166 감사원, 「감사보고서(금융소비자 보호시책 추진실태)」(2020. 7.), 101면 이하 참조.

체하는 등의 방법으로 재산상의 이익을 취하거나 제3자로 하여금 재산상의 이익을 취하게 하는 행위로 규정하되, 재화의 공급 또는 용역의 제공 등을 가장한 행위는 제외하였다(같은 법 제2조 제2호). 그리고 ② 전기통신금융사기의 피해자는 금융회사에 대하여 사기이용계좌의 지급정지 등 피해구제를 신청할 수 있도록 하고, 신청을 받은 금융회사는 거래내역 등의 확인을 통하여 전기통신금융사기로 인정되는 경우 사기이용계좌의 전부에 대하여 지급정지 조치를 하도록 하였다(제3조 제1항 및 제4조 제1항).

관련조문

제정 통신사기피해환급법 제2조(정의) 이 법에서 사용하는 용어의 뜻은 다음과 같다.

2. "전기통신금융사기"란 「전기통신기본법」 제2조제1호에 따른 전기통신을 이용하여 **불특정 다수인**을 기망(欺罔)·공갈(恐喝)함으로써 재산상의 이익을 취하거나 제3자에게 재산상의 이익을 취하게 하는 다음 각 목의 행위를 말한다. **다만, 재화의 공급 또는 용역의 제공 등을 가장한 행위는 제외한다.**
   가. 자금을 송금·이체하도록 하는 행위
   나. 개인정보를 알아내어 자금을 송금·이체하는 행위

제3조(피해구제의 신청) ① 피해자는 피해금을 송금·이체한 계좌를 관리하는 금융회사 또는 사기이용계좌를 관리하는 금융회사에 대하여 사기이용계좌의 지급정지 등 전기통신금융사기의 피해구제를 신청할 수 있다.

제4조(지급정지) ① 금융회사는 다음 각 호의 어느 하나에 해당하는 경우 거래내역 등의 확인을 통하여 전기통신금융사기의 사기이용계좌로 의심할 만한 사정이 있다고 인정되면 해당 사기이용계좌의 전부에 대하여 지급정지 조치를 하여야 한다.

1. 제3조제1항에 따른 피해구제 신청 또는 제3조제2항에 따른 지급정지 요청이 있는 경우
2. 수사기관 또는 「금융위원회의 설치 등에 관한 법률」에 따라 설립된 금융감독원(이하 "금융감독원"이라 한다) 등으로부터 사기이용계좌로 의심된다는 정보제공이 있는 경우
3. 금융회사의 자체점검을 통하여 사기이용계좌로 인정할만한 거래내역 등이 확인된 경우
4. 그 밖에 대통령령으로 정하는 경우

그런데 최초 제정 법률의 개념은 사기 범행의 상대방을 불특정 다수인으로 설정하여 특정한 일부 사람을 기망하는 경우는 위 전기통신금융사기에 포함되기 어렵다는 비판이 있었고, 위 법률규정만으로는 전기통신금융사기의 대표적인 유형 즉 대출을 제공하거나 알선해주겠다는 취지의 기망행위를 사기 유형으로 포섭하기에 어려움이 있다는 문제 제기가 있었다.

나. 2014. 1. 28. 법률 개정(법률 제12384호, 같은 해 7. 29. 시행)

전기통신금융사기 수법이 정보통신기술의 발전으로 빠르게 변화함에 따라 범죄 대상을 **불특정 다수인**에서 **타인**으로 변경하여 불특정인 및 특정인 모두를 포함하도록 확대하고, **대출의 제공·알선·중개를 가장한 행위**를 전기통신금융사기의 범위에 **포함**하며, 변종 보이스피싱행위도 처벌될 수 있도록 **전기통신금융사기죄를 신설**하는 방향으로 법률이 개정되었다(같은 법 제2조 제2호 개정 및 제15조의2 신설).

나아가 최초 위 법률이 제정될 당시 법률의 명칭은 「**전기통신금융사기 피해금 환급에 관한 특별법**」이었는데 2014. 7. 29. 법률이 피해금 환급 절차위주로 규정되어 있어 적극적인 전기통신금융사기 피해 방지를 위한 제도적 조치가 미흡하여 그 보완이 필요하다는 이유로 법률의 제명이 「**전기통신금융사기 피해 방지 및 피해금 환급에 관한 특별법**」으로 변경되었다.

관련조문

개정 통신사기피해환급법 제2조(정의) 이 법에서 사용하는 용어의 뜻은 다음과 같다.

2. "전기통신금융사기"란 「전기통신기본법」 제2조제1호에 따른 전기통신을 이용하여 타인을 기망(欺罔)·공갈(恐喝)함으로써 재산상의 이익을 취하거나 제3자에게 재산상의 이익을 취하게 하는 다음 각 목의 행위를 말한다. 다만, 재화의 공급 또는 용역의 제공 등을 가장한 행위는 제외하되, **대출의 제공·알선·중개를 가장한 행위는 포함한다.**
   가. 자금을 송금·이체하도록 하는 행위
   나. 개인정보를 알아내어 자금을 송금·이체하는 행위

제15조의2(벌칙) ① 전기통신금융사기를 목적으로 다음 각 호의 어느 하나에 해당하는 행위를 한 자는 10년 이하의 징역 또는 1억원 이하의 벌금에 처한다.

1. 타인으로 하여금 컴퓨터 등 정보처리장치에 정보 또는 명령을 입력하게 하는 행위
2. 취득한 타인의 정보를 이용하여 컴퓨터 등 정보처리장치에 정보 또는 명령을 입력하는 행위

② 제1항의 미수범은 처벌한다.

③ 상습적으로 제1항의 죄를 범한 자는 그 죄에 대하여 정하는 형의 2분의 1까지 가중한다.[본조신설 2014. 1. 28.]

그런데 위와 같은 법률의 개정에도 불구하고 **전기통신금융사기의 범죄의 개념**은 여전히 ① 자금을 송금·이체하도록 하는 행위 및 ② 개인정보를 알아내어 자금을 송금·이체하는

행위만으로 규정하고 있어 실제로 기망행위를 통해 이체된 자금을 현금으로 인출하는 행위가 위 범죄 유형으로 포섭되는지에 대해 논란의 여지가 있었다. 왜냐하면 전기통신금융사기는 대부분 추적이 곤란한 중국, 필리핀, 태국 등 해외에 본부를 두고 국제전화를 통해 국내 피해자에게 연락해 피해자를 속여 국내에 있는 대포계좌로 금전을 이체시킨 다음 국내에 위치하고 있는 다수의 인출책 등을 동원해 금원을 임의로 인출하여 이를 다시 해외로 반출시켜 이익을 취득하는 방법으로 완성되기 때문에 국내에 상주하고 있는 인출책 등 조직원의 행위를 처벌할 필요성이 큰 반면 점조직 형태로 운영되는 전기통신금융 사기 조직의 특성상 현금인출책들은 자금의 송금 또는 이체행위에 대해 잘 모르거나 관여하지 않는 경우가 대부분이어서 이들을 자금의 송금 또는 이체 행위를 통한 전기통신금융사기의 공범으로 처벌하기 곤란하기 때문이었다.

이에 현금인출책 등을 전기통신금융사기 범행의 공범으로 처벌할 수 있는지가 문제된 사례에서 **대법원**은 전원합의체 판결을 통해 이를 부정하면서 전기통신금융사기로 피해자의 자금이 사기이용계좌로 송금·이체된 후 계좌에서 현금을 인출하기 위하여 정보처리장치에 사기이용계좌 명의인의 정보 등을 입력하는 행위가 전기통신금융사기 피해 방지 및 피해금 환급에 관한 특별법 제15조의2 제1항에서 정한 구성요건에 해당하지 않는다고 판시하였다.[167] 구체적인 판시 이유는 다음과 같다.

판례

전기통신금융사기 피해 방지 및 피해금 환급에 관한 특별법(이하 '통신사기피해환급법'이라고 한다) 제15조의2 제1항(이하 '처벌조항'이라고 한다)이 처벌대상으로 삼고 있는 '통신사기피해환급법 제2조 제2호에서 정한 전기통신금융사기(이하 '전기통신금융사기'라고 한다)를 목적으로 하는 정보 또는 명령의 입력'이란 '타인에 대한 전기통신금융사기 행위에 의하여 자금을 다른 계좌(이하 '사기이용계좌'라고 한다)로 송금·이체하는 것을 목적으로 하는 정보 또는 명령의 입력'을 의미한다고 해석되며, 이러한 해석은 이른바 변종 보이스피싱 행위도 처벌할 수 있도록 하기 위하여 처벌조항을 신설하였다는 통신사기피해환급법의 개정 이유에 의하여서도 뒷받침된다.
그리고 전기통신금융사기를 목적으로 타인으로 하여금 컴퓨터 등 정보처리장치에 정보 또는 명령을 입력하게 하는 행위(처벌조항 제1호, 이하 '제1호 행위'라고 한다)나 전기통신금융사기를 목적으로 취득한 타인의 정보를 이용하여 컴퓨터 등 정보처리장치에 정보 또는 명령을 입력하는 행위(처벌조항 제2호, 이하 '제2호 행위'라고 한다)에 의한 정보 또는 명령의 입력으로 자금이 사기이용계좌로 송금·이체되면 전기통신금융사기 행위는 종료되고 처벌조항 위반죄는 이미 기수에 이른 것이므로, 그 후에 사기이용계

167 대법원 2016. 2. 19 선고 2015도15101 전원합의체 판결 참조.

좌에서 현금을 인출하거나 다시 송금하는 행위는 범인들 내부 영역에서 그들이 관리하는 계좌를 이용하여 이루어지는 행위이어서, 이를 두고 새로 전기통신금융사기를 목적으로 하는 행위라고 할 수 없다. 또한 통신사기피해환급법 제2조 제2호에서 정한 '타인'은 '기망의 상대방으로서 전기통신금융사기의 대상이 된 사람'을 의미하고, 제1호 행위에서 정하고 있는 정보 또는 명령을 입력하는 주체인 '타인' 역시 위와 같은 의미임이 분명하다. 이에 비추어 보면 **제2호 행위에서 정하고 있는 정보 취득의 대상인 '타인' 역시 위와 마찬가지로 '전기통신금융사기의 대상이 된 사람'을 의미한다고 해석함이 타당하고, 제2호 행위에 관하여서만 이와 달리 해석하여 '타인'에 사기이용계좌 명의인까지 포함된다고 볼 수는 없다.**
결국 구 전기통신금융사기 피해금 환급에 관한 특별법(2014.1.28.법률 제12384호 통신사기피해환급법으로 개정되기 전의 것) 제2조 제2호 본문 (가)목, (나)목, 통신사기피해환급법 제2조 제2호 본문, 처벌조항의 문언과 내용 및 처벌조항의 신설 취지 등을 종합하면, 전기통신금융사기로 인하여 **피해자의 자금이 사기이용계좌로 송금·이체된 후 계좌에서 현금을 인출하기 위하여 정보처리장치에 사기이용계좌 명의인의 정보 등을 입력하는 행위**는 '전기통신금융사기를 목적으로 하는 행위'가 아닐 뿐만 아니라 '전기통신금융사기의 대상이 된 사람의 정보를 이용한 행위'가 아니라서, **처벌조항이 정한 구성요건에 해당하지 않는다.**

다. 2023. 5. 16. 법률 개정(법률 제19418호, 같은 해 11. 17. 시행)

입법의 흠결로 인해 전기통신금융사기의 핵심인 국내 현금인출책들을 처벌할 수 없는 공백이 발생하게 되자 위 대법원 판례가 선고된지 7년이 지난 2023. 11. 27. 전기통신금융사기의 정의에 **자금을 교부받거나 교부하도록 하는 행위** 및 **자금을 출금하거나 출금하도록 하는 행위**를 포함하도록 법률을 개정하였다.

관련조문

통신사기피해환급법 제2조(정의) 이 법에서 사용하는 용어의 뜻은 다음과 같다. <개정 2014. 1. 28., 2016. 5. 29., 2023. 5. 16.>

2. "전기통신금융사기"란 「전기통신기본법」 제2조제1호에 따른 전기통신을 이용하여 타인을 기망(欺罔)·공갈(恐喝)함으로써 자금 또는 재산상의 이익을 취하거나 제3자에게 자금 또는 재산상의 이익을 취하게 하는 다음 각 목의 행위를 말한다. 다만, 재화의 공급 또는 용역의 제공 등을 가장한 행위는 제외하되, 대출의 제공·알선·중개를 가장한 행위는 포함한다.
   가. 자금을 송금·이체하도록 하는 행위
   나. 개인정보를 알아내어 자금을 송금·이체하는 행위
   다. **자금을 교부받거나 교부하도록 하는 행위**
   라. **자금을 출금하거나 출금하도록 하는 행위**

이에 따라 해외에서 타인을 상대로 대출의 제공, 알선, 중개를 가장하는 등의 행위로 타인을 기망하여 자금을 송금 또는 이체하도록 하는 행위뿐만 아니라 국내에서 실제로 피해자로부터 자금을 교부받거나 교부하도록 하는 행위, 자금을 출금하거나 출금하도록 하는 행위가 모두 전기통신금융사기의 유형으로 포섭되어 처벌의 공백이 해소되어 현재에 이르고 있다.

3. 자금세탁범죄 및 범죄수익환수 사례

가. 범죄피해재산 환부 가부

전기통신금융사기로 인해 부패재산을 취득하는 경우 이는 부패재산몰수법에 따른 특정사기범죄에 해당하므로 이를 몰수 또는 추징하여 범죄피해자에게 환부할 수 있다. 다만 이 또한 범죄피해재산에 대한 예외적 몰수 또는 추징의 법리가 적용되므로 원칙적으로 환수가 금지되지만 전기통신금융사기로 인한 사기죄와 범죄단체조직 및 가입죄가 동시에 성립하는 경우 등 전기통신금융사기가 별개의 법익을 침해한다고 인정되는 경우에는 부패재산에 대한 몰수 또는 추징이 가능하다.[168]

그러나 전기통신금융사기는 부패재산몰수법상 범죄피해자가 범인에 대한 반환청구권, 손해배상청구권 행사할 수 없는 등 피해회복이 심히 곤란하다[169]고 인정되는 대표적인 사례에 해당한다고 봄이 상당하다. 왜냐하면 추적이 불가능한 해외에서 범행의 전반이 실행되고 국내에서 대포통장을 이용해 범죄수익을 은닉한다는 점에서 그 범행의 수법 자체로 피해자들의 피해회복이 불가능한 경우가 대다수이기 때문이다.

즉 전기통신금융사기 범죄는 ㉠ 피해자의 수가 많고, 피해자 스스로 피해금액을 산정할 수 없는 경우가 대부분이며, ㉡ 범행의 본질 자체로 범죄수익의 은닉이나 해외 반출을 전제하고 있어 피해자가 자력으로 범죄수익을 발견할 수 없는 경우에 해당할 뿐만 아니라 ㉢ 피해자가 피고인의 인적관계 또는 피해자의 정신 · 경제적 상황으로 적극적으로 피해 회복을 구할 수 없어 피해자가 피해 회복을 요청하는 등으로 사인의 재산권 행사에 국가가 부당하게 개입하고 있는 경우가 아니라고 보아야 한다.

한편 2023. 11. 17. 개정 법률이 시행되기 이전에는 구법에 따라 현금 수거 방식의 사기가 전기통신금융사기 범죄로 포섭되지 못하였으므로 현금 수거 및 인출범행을 저지른 범인들이 취득한 부패재산을 범죄피해재산으로 보아 이를 피해자들에게 환부하는 것이 인정되기 어려

---

168 대법원 2017도8600, 서울고등법원 2017노209, 수원지법 안산지원 2016고합203 판결 참조.

169 부패재산몰수법 제6조 제1항 및 대법원 2015. 9. 24. 선고 2015도8319 판결 참조.

웠다.[170] 그러나 법률의 개정으로 말미암아 이러한 범죄수익환수에 대한 공백도 함께 해소되게 되었으므로 전기통신금융사기로 말미암아 발생한 자금을 현금인출책이 인출하여 이를 취득하는 경우, 해당 자금은 범죄피해재산으로 몰수 또는 추징하여 피해자에게 환부할 수 있다.

나. 자금세탁범죄 성립 여부

전기통신금융사기범죄는 그 추적을 피하기 위해 대포통장을 사용함으로써 범죄수익등의 취득 및 처분을 가장하고 환치기 등 다양한 방법을 통해 이를 국외로 반출하는 등 이를 수수하고 은닉하므로 이를 자금세탁범죄로 처벌할 필요성이 매우 높다.

그런데 舊 범죄수익은닉규제법(2022. 1. 4. 법률 18672호로 개정되기 전의 것) 별표에서는 사기죄의 경우 각 범죄행위로 인하여 취득하거나 제3자로 하여금 취득하게 한 재물 또는 재산상 이익의 가액이 3억 원 이상 5억 원 미만인 경우에만 중대범죄에 해당하는지 여부에 대한 해석상 다툼이 있었다. 법률 규정의 해석상 금액의 제한이 형법상 횡령 및 배임죄에만 해당하는 것인지, 사기 또는 공갈죄에까지 적용되는 것인지에 대한 법률규정의 해석의 차이였다.

살피건대 전기통신금융사기 등 사기죄는 각 피해자들별로 별죄가 성립하게 되므로 그 금액을 어떻게 합산하는지에 따라 범죄수익은닉규제법상 중대범죄 해당 여부가 판가름되는 것은 심히 부당하다는 점, 위탁관계의 수를 기준으로 죄수를 판단하는 횡령 및 배임죄와 사기죄는 명확히 구별하여야 한다는 점에 비추어 사기죄의 경우 그 피해금액이 3억 원 미만이더라도 구 범죄수익은닉규제법상 중대범죄에 해당한다고 봄이 상당하다.

관련조문

舊 범죄수익은닉규제법 별표

중대범죄(제2조제1호 관련)

1. 「형법」 중 다음 각 목의 죄
   거. 제2편제39장 사기와 공갈의 죄 및 같은 편 제40장 횡령과 배임의 죄 중 제347조, 제347조의2, 제348조, 제351조(제347조, 제347조의2 및 제348조의 상습범만 해당한다), 제355조 또는 제356조의 죄(**각 범죄행위로 인하여 취득하거나 제3자로 하여금 취득하게 한 재물 또는 재산상 이익의 가액이 3억원 이상 5억원 미만인 경우만 해당한다**)

---

170 수원지방법원 2024. 2. 15. 선고 2023노6657 판결 참조(대법원 2024. 4. 18. 선고 2024도4352 판결로 확정, 1심 법원 판결은 수원지방법원 안산지원 2023. 10. 19. 선고 2022고단4263 등 판결).

그러나 2022. 1. 4. 범죄수익은닉규제법의 개정으로 장기 3년 이상의 범죄에 해당하는 사기죄는 모두 중대범죄로 포함되게 되어 위와 같은 해석의 차이는 더 이상 의미가 없게 되었다. 따라서 전기통신금융사기를 범하고 대포통장을 통해 범죄수익등의 취득, 처분을 가장하거나 이를 수수, 은닉하는 범죄는 모두 자금세탁범죄로 처벌할 수 있음을 유의할 필요가 있다.

관련조문

범죄수익은닉규제법 제2조(정의) 이 법에서 사용하는 용어의 뜻은 다음과 같다. <개정 2014. 5. 28., 2014. 11. 19., 2022. 1. 4.>

1. "특정범죄"란 재산상의 부정한 이익을 취득할 목적으로 범한 죄로서 다음 각 목의 어느 하나에 해당하는 것을 말한다.
   가. 사형, 무기 또는 장기 3년 이상의 징역이나 금고에 해당하는 죄(제2호나목에 규정된 죄는 제외한다)

제 5 절 「형법」상 횡령·배임·배임수재·배임증재죄(제1호 라목)

I 총설

부패재산몰수법 별표 제1호 라목에서는 **형법 제2편 제40장 횡령과 배임의 죄 중 제355조(횡령, 배임), 제356조(업무상의 횡령과 배임), 제357조(배임수·증재)의 죄** 및 위 각 범죄의 미수범(제359조)을 부패범죄로 규정하고 있다. 또한 위 **횡령·배임의 죄**로 영득한 부패재산은 범죄피해재산에 해당함에도 불구하고 예외적으로 예외적으로 몰수·추징의 대상이 되어 이는 피해자에게 환부하여야 한다.

관련조문

부패재산몰수법 별표

부패범죄(제2조 제1호 관련)

1. 「형법」 중 다음 각 목의 죄
   라. 제2편 제40장 횡령과 배임의 죄 중 제355조부터 제357조까지 및 제359조의 죄

부패재산몰수법 제2조(정의) 이 법에서 사용하는 용어의 정의는 다음과 같다.

3. **"범죄피해재산"**이란 별표에 규정된 죄 가운데 다음 각 목의 어느 하나에 해당하는 죄의 범죄행위에 의하여 그 피해자로부터 취득한 재산 또는 그 재산의 보유·처분에 의하여 얻은 재산을 말한다.
   나. 「형법」 제2편 제40장 횡령과 배임의 죄 중 **제355조, 제356조 및 제359조의 죄**와 「특정경제범죄 가중처벌 등에 관한 법률」 제3조 중 「형법」 제355조 및 제356조에 해당하는 죄

제6조(범죄피해재산의 특례) ① 제3조의 재산이 범죄피해재산으로서 범죄피해자가 그 재산에 관하여 범인에 대한 재산반환청구권 또는 손해배상청구권 등을 행사할 수 없는 등 피해회복이 심히 곤란하다고 인정되는 경우에는 몰수·추징할 수 있다.

② 이 법에 따라 몰수·추징된 범죄피해재산은 피해자에게 환부(還付)한다.

③ 범죄피해재산의 환부 요건 및 절차 등 범죄피해재산의 환부에 필요한 사항은 대통령령으로 정한다.

관련조문

형법 제355조(횡령, 배임) ① 타인의 재물을 보관하는 자가 그 재물을 횡령하거나 그 반환을 거부한 때에는 5년 이하의 징역 또는 1천500만원 이하의 벌금에 처한다.

② 타인의 사무를 처리하는 자가 그 임무에 위배하는 행위로써 재산상의 이익을 취득하거나 제삼자로 하여금 이를 취득하게 하여 본인에게 손해를 가한 때에도 전항의 형과 같다.

제356조(업무상의 횡령과 배임) 업무상의 임무에 위배하여 제355조의 죄를 범한 자는 10년 이하의 징역 또는 3천만원 이하의 벌금에 처한다.

제357조(배임수증재) ① 타인의 사무를 처리하는 자가 그 임무에 관하여 부정한 청탁을 받고 재물 또는 재산상의 이익을 취득하거나 제3자로 하여금 이를 취득하게 한 때에는 5년 이하의 징역 또는 1천만원 이하의 벌금에 처한다.

② 제1항의 재물 또는 재산상 이익을 공여한 자는 2년 이하의 징역 또는 500만원 이하의 벌금에 처한다.

③ 범인 또는 그 사정을 아는 제3자가 취득한 제1항의 재물은 몰수한다. 그 재물을 몰수하기 불가능하거나 재산상의 이익을 취득한 때에는 그 가액을 추징한다.

제359조(미수범) 제355조 내지 제357조의 미수범은 처벌한다.

한편 舊 범죄수익은닉규제법 별표 제1호 거목에서는 **형법 제2편 제40장 횡령과 배임의 죄 중 피해금액 3억 원 이상 5억 원 미만의 제355조(횡령, 배임), 제356조(업무상의 횡령과 배임)의 죄**를 중대범죄로 규정하고 있다. 본죄는 2005. 7. 29. **범죄수익은닉규제법 개정(2006. 7. 30. 시행)에 따라 중대범죄로 추가되었다.**

관련조문

舊 범죄수익은닉규제법 별표

중대범죄(제2조 제1호 관련)

1. 「형법」 중 다음 각 목의 죄
   거. 제2편 제39장 사기와 공갈의 죄 및 같은 편 제40장 횡령과 배임의 죄 중 제347조, 제347조의2, 제348조, 제351조(제347조, 제347조의2 및 제348조의 상습범만 해당한다), **제355조 또는 제356조의 죄(각 범죄행위로 인하여 취득하거나 제3자로 하여금 취득하게 한 재물 또는 재산상 이익의 가액이 3억 원 이상 5억 원 미만인 경우만 해당한다).**

나아가 舊 범죄수익은닉규제법은 위 횡령·배임의 죄 전체(제355조, 제356조)에 대하여 그 **이득액이 3억 원 이상 5억 원 미만인 경우에 한하여 중대범죄에 해당**한다고 규정하고 있다. 5억 원이 넘는 경우에는 특정경제범죄가중법위반(횡령·배임)죄가 성립하기 때문에 **위 중대범죄가 적용되는 사례는 이득액이 3억 원 이상 5억 원 미만에 해당하는 경우로 한정**되는 것이다. 다만 2021. 12. 9. 舊 범죄수익은닉규제법 전면 개정으로 2022. 1. 4. 시행된 개정법에 따르면 2022. 1. 4. 이후 범한 횡령·배임죄는 모두 장기 3년 이상의 범죄에 해당하므로 금액과 무관하게 모두 중대범죄에 해당하게 되었다.

이하에서는 단순 횡령 및 배임, 업무상횡령 및 업무상배임죄의 구성요건 및 범죄수익환수, 자금세탁범죄 처벌 사례를 검토하기로 한다.

Ⅱ 횡령·배임의 죄(형법 제355조, 제356조, 제359조)

1. (업무상) 횡령죄(형법 제355조 제1항, 제356조)

관련조문

형법 제355조(횡령, 배임) ①타인의 재물을 보관하는 자가 그 재물을 횡령하거나 그 반환을 거부한 때에는 5년 이하의 징역 또는 1천500만원 이하의 벌금에 처한다.

제356조(업무상의 횡령과 배임) 업무상의 임무에 위배하여 제355조의 죄를 범한 자는 10년 이하의 징역 또는 3천만원 이하의 벌금에 처한다. <개정 1995. 12. 29.>

가. 구성요건의 주체 및 행위의 상대방

본죄의 **구성요건의 주체**는 타인의 재물을 보관하는 사람이다(보관자 지위). 이 때 **'보관'**이라 함은 **재물을 사실상·법률상 지배**하는 것으로서 **신임관계를 기초**로 한다.[171] **'부동산 보관'**의 경우 부동산에 대한 점유가 아니라 부동산을 유효하게 처분할 수 있는 권능의 존부를 의미한다.[172] 이때 통상적으로 등기명의인은 보관자가 되지만 등기가 원인무효인 경우에는 법률상 유효하게 처분할 수 있는 지위에 있지 않으므로 보관자 지위가 인정되지 않는다.[173] 그리고 **'위탁관계'**에 기하여 현실적으로 부동산을 관리·지배하는 사람은 명의인이 아니라 하더라도 보관자가 된다.[174]

횡령죄에 있어서의 **'위탁관계'**라고 함은 **사실상의 관계가 있으면 충분**하고 반드시 민사상 계약의 당사자일 필요는 없다. **사용대차·임대차 등의 계약**에 의해 발생하는 경우가 일반적이나 사무관리와 같은 **법률의 규정, 관습이나 조리 또는 신의성실 원칙**에 의해 발생할 수도 있다. 이러한 위탁관계는 **보호가치가 있는 경우에 한정**된다.[175] 따라서 불법원인급여로 지급받은 금전을 임의로 소비하는 경우 횡령죄가 성립하지 않는다.[176]

따라서 보이스피싱 범행으로 편취한 금전을 사기의 공범명의 계좌로 송금한 경우, 자신이 가담한 범행의 결과 피해금을 보관하게 된 것일 뿐 피해자와 사이에 위탁관계가 없으므로 공범인 계좌명의인이 송금·이체된 돈을 인출하더라도 별도의 횡령죄를 구성하지 않는다.[177]

판례

송금의뢰인이 다른 사람의 예금계좌에 자금을 송금·이체한 경우 특별한 사정이 없는 한 송금의뢰인과 계좌명의인 사이에 그 원인이 되는 법률관계가 존재하는지 여부에 관계없이 계좌명의인(수취인)과 수취은행 사이에는 그 자금에 대하여 예금계약이 성립하고, 계좌명의인은 수취은행에 대하여 그 금액 상당의 예금채권을 취득한다. 이때 송금의뢰인과 계좌명의인 사이에 송금·이체의 원인이 된 법률관계가 존재하지 않음에도 송금·이체에 의하여 계좌명의인이 그 금액 상당의 예금채권을 취득한 경우 계좌명의

171 대법원 2015. 2. 12. 선고 2014도11244 판결 참조.
172 대법원 2005. 6. 24. 선고 2005도2413 판결 참조.
173 대법원 1989. 2. 28. 선고 88도1368 판결 참조.
174 대법원 1993. 3. 9. 선고 92도2999 판결 참조.
175 대법원 2018. 7. 19. 선고 2017도17494 전원합의체 판결 참조.
176 대법원 2017. 4. 26. 선고 2016도18035 판결 참조.
177 위 대법원 2017도17494 전원합의체 판결 참조.

인은 송금의뢰인에게 그 금액 상당의 돈을 반환하여야 한다. 이와 같이 계좌명의인이 송금·이체의 원인이 되는 법률관계가 존재하지 않음에도 계좌이체에 의하여 취득한 예금채권 상당의 돈은 송금의뢰인에게 반환하여야 할 성격의 것이므로, 계좌명의인은 그와 같이 송금·이체된 돈에 대하여 송금의뢰인을 위하여 보관하는 지위에 있다고 보아야 한다. 따라서 계좌명의인이 그와 같이 송금·이체된 돈을 그대로 보관하지 않고 영득할 의사로 인출하면 횡령죄가 성립한다.

이러한 법리는 계좌명의인이 개설한 예금계좌가 전기통신금융사기 범행에 이용되어 그 계좌에 피해자가 사기피해금을 송금·이체한 경우에도 마찬가지로 적용된다. **계좌명의인은 피해자와 사이에 아무런 법률관계 없이 송금·이체된 사기피해금 상당의 돈을 피해자에게 반환하여야 하므로, 피해자를 위하여 사기피해금을 보관하는 지위에 있다고 보아야 하고, 만약 계좌명의인이 그 돈을 영득할 의사로 인출하면 피해자에 대한 횡령죄가 성립**한다. 이때 **계좌명의인이 사기의 공범이라면 자신이 가담한 범행의 결과 피해금을 보관하게 된 것일 뿐이어서 피해자와 사이에 위탁관계가 없고, 그가 송금·이체된 돈을 인출하더라도 이는 자신이 저지른 사기범행의 실행행위에 지나지 아니하여 새로운 법익을 침해한다고 볼 수 없으므로 사기죄 외에 별도로 횡령죄를 구성하지 않는다**(대법원 2018. 7. 19. 선고 2017도17494 전원합의체 판결 참조).

나. 구성요건적 행위 및 객체

본죄의 **구성요건적 행위**는 횡령 또는 반환을 거부하는 것이다. '**횡령**'이란 타인의 재물을 보관하는 사람이 그 재물에 대한 불법영득의 의사를 객관적으로 인식할 수 있도록 표현하는 것을 말한다. 이 때 횡령은 **법률행위**와 **사실행위**를 따지지 않는다. 다만 법률행위가 **강행법규에 위반하여 당연 무효**인 경우에는 횡령죄가 성립하지 않고,[178] **사법상 무효**인 경우에는 횡령죄가 성립한다.[179]

한편 '**반환의 거부**'라 함은 보관물에 대하여 소유자의 권리를 배제하는 의사표시로서 불법영득의 의사를 객관적으로 표현하는 것을 말한다. 이는 횡령행위에 준하는 정도여야 한다.[180]

나아가 **업무상 횡령죄**의 경우 '업무자'라는 가감적 신분에 따라 형이 가중되는 부진정신분범으로서 이때의 '**업무**'는 위탁관계에 의한 타인의 재물보관을 내용으로 하는 업무로 봄이 상당하다. 부수적 업무라도 상관없고, **법률·계약**에 의한 것뿐만 아니라 관례를 좇거나 사실상이거나를 묻지 않고 **같은 행위를 반복할 지위에 따른 사무**를 가리킨다.[181]

178 대법원 1978. 11. 28. 선고 75도2713 판결 참조.

179 대법원 2002. 11. 13. 선고 2002도2219 판결 참조.

180 대법원 2013. 8. 23. 선고 2011도7637 판결 참조.

본죄의 기수시기와 관련하여 표현설과 실현설의 대립이 있고, **대법원**은 대체로 이를 외부에 표현하는 경우 기수가 된다는 입장(표현설)이나,[182] 실현설의 입장으로 해석되는 경우도 있다.[183]

본죄의 객체는 자기가 보관하고 있는 **타인의 재물**이다. 이 때 타인의 재물이라 함은 재물의 소유권이 자기 이외의 다른 사람에게 속하는 것을 말한다. 공동소유권이 인정되는 경우에도 이는 타인성이 인정된다. 합유(合有)에 해당하는 **조합재산,**[184] **동업자 사이의 재산**[185] 등은 모두 재물의 타인성이 인정된다.

한편 **용도와 목적을 정하여 위탁된 금전**의 경우 이에 대한 소유권은 위탁자에게 유보되어 있는 것이므로 이를 임의로 소비하면 횡령죄가 성립한다.[186] 결국 위와 같이 용도와 목적이 정해져 있는 금전의 경우에는 위임의 취지에 맞게 소비된 것인지에 따라 횡령죄의 성부가 결정된다.

그리고 채권양도인이 채권양도 통지 이전에 채무자로부터 변제받은 금원을 채권양수인에게 교부하지 않고 임의로 소비한 경우에는 양도인이 수령한 금전은 양도인과 양수인 사이에서 양수인의 소유에 속하므로 횡령죄가 성립한다.[187]

본죄의 **주관적 구성요건요소**와 관련하여 본죄는 고의범이므로 위 객관적 구성요건에 대한 인식을 요하고, 불법영득의 의사가 있어야 한다. 이와 관련하여 예산을 집행할 직책에 있는 사람이 예산을 전용한 경우에는 **위법한 목적으로 예산을 유용한 경우 내지 예산의 용도가 엄격하게 제한되어 있는** 때 불법영득의 의사가 인정된다.[188]

다. 죄수 및 처벌

횡령죄의 죄수는 **위탁관계의 수**를 기준으로 판단한다. 따라서 피해자가 여러 명이라 하더라도 위탁관계가 1개이면 1개의 횡령죄의 포괄일죄가 된다. 다만 여러 위탁관계에 기하여 보관하던 여러 개의 재물을 1개의 행위에 의해 횡령하면 수개의 횡령죄의 상상적 경합범

---

181 대법원 1982. 1. 12. 선고 80도1970 판결 참조.
182 대법원 1993. 3. 9. 선고 92도2999 판결 참조.
183 대법원 2015. 2. 26. 선고 2014도15182 판결 참조.
184 대법원 2011. 11. 24. 선고 2010도5014 판결 참조.
185 대법원 2011. 6. 10. 선고 2010도17684 판결 참조.
186 대법원 2014. 2. 27. 선고 2013도12155 판결 참조.
187 대법원 1999. 4. 15. 선고 97도666 전원합의체 판결 참조.
188 대법원 2004. 12. 24. 선고 2003도4570 판결 참조.

관계에 있다.[189]

단순 횡령죄를 범하면 5년 이하의 징역 또는 1천500만 원 이하의 벌금에 처하고, **업무상의 임무에 위배하여 횡령죄**를 범한 자는 10년 이하의 징역 또는 3천만 원 이하의 벌금에 처한다. 업무상횡령죄는 '업무'라는 부진정 신분에 따라 가중처벌되는 구성요건이다.

라. 범죄수익환수 및 자금세탁범죄 처벌사례

횡령죄 및 업무상횡령죄 모두 범죄수익은닉규제법상 중대범죄에 해당하고, 나아가 부패재산몰수법상 부패범죄에 해당한다. 그리고 해당 범죄로 영득한 재물은 범죄피해재산에 해당하지만 예외적으로 몰수·추징하여 범죄피해자에게 환부할 수 있다. 나아가 위와 같이 영득한 재물을 은닉·가장·수수하는 경우에는 자금세탁범죄 또한 당연히 성립한다.

이와 관련하여 **회사의 자금을 횡령한 다음 이를 차명계좌를 이용해 분산이체하는 방법으로 세탁한 사안에서 특정범죄가중법위반(횡령)죄와 범죄수익은닉규제법위반죄의 성립을 인정하고, 횡령한 자금을 부패재산몰수법에 따라 범죄피해재산으로 추징하여 환수한 사례**가 있다.[190]

사례

범 죄 사 실

[범죄전력]

피고인은 2015. 10. 7. 수원지방법원에서 유사수신행위의규제에관한법률위반죄 등으로 징역 1년에 집행유예 2년의 형을 선고받고, 2016. 2. 18. 그 판결이 확정되었다.

[신분관계 및 전제사실]

피고인은 서울 강남구 B에 있는 투자자문업체인 C주식회사(이하 'C'이라고 함)의 경영지원실 대리로 근무하며 인사관리 등을 담당하였던 사람이다. D(2018. 3. 31. 구속)는 같은 경영지원실 팀장으로 근무하며 자금관리 등을 담당하였던 사람이다. E, F(2018. 3. 20. 각 지명수배)는 경기 화성시 일대에서 활동하는 폭력조직 'G파'의 조직원이다. H, I, J는 경기 구리시 K에 있는 L주식회사(이하 'L'이라고 함)의 대표이사로 각 등재되었던 사람들이다.

한편 M은 C의 실질 대표이고, N은 C 투자자들로부터 투자금을 입금받는 계좌 명의자이자 C의 투자금을 관리하는 개인기업체인 O의 명목상 대표로서, M, N 등은 C를 운영하면서

189 대법원 2013. 10. 31. 선고 2013도10020 판결 참조.

190 부산지방법원 2018. 9. 28. 선고 2018고합 126호 판결 참조(대법원 2019도13330 판결로 확정).

2015. 3.경부터 같은 해 8.경까지 총 2,900여명의 투자자들로부터 합계 1,380억 원대 투자금을 편취한 사기 범행을 저질러 이에 2015. 8.말경 금융감독원에서 C에 대한 조사에 착수하고 2015. 9. 17.경 검찰에서 C의 사무실을 압수수색 하는 등 수사가 개시되었던 상태로, 당시 M은 별건 P 사건으로 2015. 8. 12. 수원지방법원에서 유사수신행위의규제에관한법률위반죄 등으로 징역 4년을 선고받아 법정구속되고 N은 2015. 10. 15. C 사기 사건으로 체포될 때까지 도주 중인 상황에 있었다.

[범죄사실]

1. 특정경제범죄가중처벌등에관한법률위반(횡령)

피고인은 D와 함께, M이 2015. 8. 12.경 별건으로 법정구속된 상태에서 위와 같이 2015. 8.말경부터 C에 대하여 금융감독원 및 검찰 수사가 진행됨에 따라 C에서 다수 투자자들로부터 투자금 등 명목으로 교부받아 대표 사무실 내에 보관하고 있던 거액의 수표 등에 대한 관리가 소홀해지게 되자, 이를 기화로 M을 대신하여 관리하던 위 수표 중 일부를 임의로 나누어 사용하기로 모의하였다.

이에 피고인은 D와 함께 2015. 9. 16.경 C 대표 M의 사무실에서 그곳 서랍장 내에 보관되어 있던 1억 원 권 자기앞수표 30매(C의 자회사 Q R명의 T 계좌에서 2015. 9. 3.자 발행) 합계 30억 원을 꺼내어 보관하고 있던 중, 피고인은 2015. 11. 23. SC은행 남역삼동지점에서 피고인의 아내 V 명의 U은행계좌(W)에 위 수표 중 3장(수표번호 : X－Y)을 입금하고 2015. 11. 25. 같은 은행에서 위 이슬 명의 계좌에 위 수표 중 17장(수표번호 : Z－AA)을 입금한 뒤 합계 20억 원을 그 무렵 사채업자에게 투자하는 등 개인 목적으로 임의 소비하고, D는 나머지 수표 10억 원을 그 무렵 외제차량 및 고가시계 구입, 주식투자 등 개인 목적으로 임의 소비하였다.

이로써 피고인은 D와 공모하여 업무상 보관하던 피해자 C 소유 수표 30매 합계 30억 원을 횡령하였다.

2. 범죄수익은닉의규제및처벌등에관한법률위반

피고인은 2015. 9. 중순경 **M로부터 C 관련 투자사기 및 유사수신 범행을 통하여 취득한 범죄수익(M은 특정경제범죄가중처벌등에관한법률위반(사기)죄 등으로 징역 13년 선고·확정) 자금을 건네받아 보관하면서 현금화하여 돌려달라는 취지로 일명 '자금세탁'을 해달라는 요구를 받고 이를 승낙한 다음, 그 무렵 E, F 등과 함께 L 등 다수 차명계좌를 동원하여 자금세탁 작업을 하기로 모의하였다**.

이에 따라 **피고인은 2015. 9. 18.경 C의 투자금을 관리하여 온 N로부터 N 명의 **은행계좌(AD)에서 L 명의 **은행계좌로 40억 원, **개발 명의 **은행계좌로 20억 원 등 합계 60억 원을 송금받고, *** 명의 하나은행계좌로 5억 원, *** 명의 **은행계좌로 5,000만 원, *** 명의 **은행계좌로 513,192,344원, *** 명의 **은행계좌로 6억 원을 송금받는 등 합계 7,663,192,344원을 다수의 차명계좌 내지 피고인 및 E 등이 관리하는 계좌들로 분산**

하여 입금받고, 이를 각 계좌에 있는 다른 자금과 합쳐지게 한 다음 E 등 명의의 다수 계좌로 재차 차용금, 거래자금 등을 가장하여 수회 이체한 후 인출하는 수법으로 현금화하고, 2015. 9.경 그 중 현금 12억 원 상당을 M의 지시에 따라 M의 내연녀인 ***에게 전달하였다.

이로써 피고인은 E, F 등과 공모하여 위와 같이 범죄수익 자금 합계 7,663,192,344원을 다수의 차명계좌 등을 통해 거래하는 방법으로 그 취득 또는 처분 등에 관한 사실을 가장하고, 이를 적법하게 취득한 재산으로 가장할 목적으로 다수 차명계좌에 들어있던 자금과 합쳐서 관리하는 등의 방법으로 범죄수익을 은닉하였다.

법령의 적용

1. 범죄사실에 대한 해당법조

구 특정경제범죄 가중처벌 등에 관한 법률(2016. 1. 6. 법률 제13179호로 개정되기 전의 것) 제3조 제1항 제2호, 형법 제356조, 제355조 제1항, 제30조(업무상횡령의 점), 범죄수익은닉의 규제 및 처벌 등에 관한 법률 제3조 제1항 제1호, 제3호, 형법 제30조(범죄수익 취득·처분사실 가장 및 은닉의 점, 징역형 선택)

1. 추징

부패재산의 몰수 및 회복에 관한 특례법 제6조 제1항, 제3조 제1항, 제5조 제1항

[이 사건 횡령 범행의 피해자가 C이기는 하나, 그 피해금원은 실질적으로 M 등의 사기 범행 피해자들에게 반환되거나 손해배상되어야 할 재산이다. C가 그 피해금원에 관한 종국적인 권리를 행사하는 것이 바람직하지 않고, C가 피고인을 상대로 손해배상청구권 등을 적극적으로 행사하지도 않을 것으로 보인다. 또한 사기 범행 피해자들이 C를 대위하여 피고인에 대한 손해배상청구권 등을 행사하는 것도 현실적으로 어려워 보인다. 따라서 부패재산의 몰수 및 회복에 관한 특례법 제6조 제1항에 따라 피고인으로부터 피고인이 취득한 20억 원을 추징한다]

2. (업무상) 배임죄(형법 제355조 제2항, 제356조)

관련조문

형법 제355조(횡령, 배임) ② 타인의 사무를 처리하는 자가 그 임무에 위배하는 행위로써 재산상의 이익을 취득하거나 제삼자로 하여금 이를 취득하게 하여 본인에게 손해를 가한 때에도 전항의 형과 같다.

제356조(업무상의 횡령과 배임) 업무상의 임무에 위배하여 제355조의 죄를 범한 자는 10년 이하의 징역 또는 3천만원 이하의 벌금에 처한다.<개정 1995. 12. 29.>

가. 구성요건의 주체 및 행위의 상대방

본죄의 **구성요건의 주체**는 '**타인의 사무를 처리하는 사람**'이다. 이 때 '**타인의 사무를 처리하는 사람**'이라 함은 타인과의 대내적 신임관계에 비추어 맡겨진 사무를 신의성실의 원칙에 맞게 처리해야 할 의무가 있는 사람을 말한다. 대외적으로 법적 권한을 요구되지 않지만 대내적으로 임무에 따라 성실하게 사무를 처리해야 할 의무가 있어야 한다.

이때 '**사무**'는 타인의 사무여야 하는바 타인의 재산을 보호·관리해야 할 의무가 주된 것으로서 **신임관계의 본질**을 이루고 있어야 하고 재산상의 사무로 제한된다.[191]

> **판례**
>
> 배임죄는 타인의 사무를 처리하는 자가 그 임무에 위배하는 행위로써 재산상의 이익을 취득하거나 제3자로 하여금 이를 취득하게 하여 사무의 주체인 타인에게 손해를 가할 때 성립하는 것이므로 범죄의 주체는 타인의 사무를 처리하는 지위에 있어야 한다. 여기에서 **'타인의 사무를 처리하는 자'**라고 하려면, **타인의 재산관리에 관한 사무의 전부 또는 일부를 타인을 위하여 대행하는 경우와 같이 당사자 관계의 전형적·본질적 내용이 통상의 계약에서의 이익대립관계를 넘어서 그들 사이의 신임관계에 기초하여 타인의 재산을 보호 또는 관리하는 데에 있어야 한다**. 이익대립관계에 있는 통상의 계약관계에서 채무자의 성실한 급부이행에 의해 상대방이 계약상 권리의 만족 내지 채권의 실현이라는 이익을 얻게 되는 관계에 있다거나, 계약을 이행함에 있어 상대방을 보호하거나 배려할 부수적인 의무가 있다는 것만으로는 채무자를 타인의 사무를 처리하는 자라고 할 수 없고, **위임 등과 같이 계약의 전형적·본질적인 급부의 내용이 상대방의 재산상 사무를 일정한 권한을 가지고 맡아 처리하는 경우에 해당하여야 한다**(대법원 2020. 2. 20. 선고 2019도9756 전원합의체 판결 참조).

한편 **위 사무처리의 근거**는 **법령·계약을 불문하고 사실상의 신임관계, 관습 또는 사무관리**도 될 수 있으며, 자신의 고유의 권한으로 그 사무를 처리하는 것에 한정되지 않고 그 자의 보조기관으로서 직접 또는 간접으로 그 처리에 관한 사무를 담당하는 자도 포함한다.[192]

나. 구성요건적 행위 및 객체

본죄의 **구성요건적 행위**는 배임행위에 의하여 재산상 이익을 취득하여 본인에게 손해를 가하는 것이다. '**배임행위**'란 사무처리자로서 임무에 위배하여 본인과의 신임관계를 파괴하

---

191 대법원 2020. 2. 20. 선고 2019도9756 전원합의체 판결 참조.

192 대법원 2004. 6. 24. 선고 2004도520 판결 참조.

는 모든 행위를 말한다. 임무위배의 여부는 신의성실의 원칙에 기초해 판단함이 상당하다. 그리고 업무상 배임죄에서의 **'업무'**는 업무상 횡령죄의 그것과 동일하다.

판례

업무상 배임죄는 타인의 사무를 처리하는 자가 그 임무에 위배하는 행위로서 재산상의 이익을 취득하거나 제3자로 하여금 이를 취득하게 하여 본인에게 손해를 가함으로써 성립하는바, 이 경우 **그 임무에 위배하는 행위라 함은 처리하는 사무의 내용, 성질 등 구체적 상황에 비추어 법률의 규정, 계약의 내용 혹은 신의칙상 당연히 할 것으로 기대되는 행위를 하지 않거나 당연히 하지 않아야 할 것으로 기대하는 행위를 함으로써 본인과 사이의 신임관계를 저버리는 일체의 행위를 포함하는 것**으로 그러한 행위가 법률상 유효한가 여부는 따져볼 필요가 없고, 행위자가 가사 본인을 위한다는 의사를 가지고 행위를 하였다고 하더라도 **그 목적과 취지가 법령이나 사회상규에 위반된 위법한 행위로서 용인할 수 없는 경우에는 그 행위의 결과가 일부 본인을 위하는 측면이 있다고 하더라도 이는 본인과의 신임관계를 저버리는 행위로서 배임죄의 성립을 인정함에 영향이 없다**(대법원 2002. 7. 22. 선고 2002도1696 판결 참조).

한편 본죄가 성립하기 위해선 배임행위로 인하여 재산상 손해가 발생하여야 한다. 여기에서 **'재산상 손해'**라 함은 본인의 전체 재산가치의 감소를 의미한다. 이는 법률적 판단이 아닌 경제적 관점에서 판단하여야 하고 구체적·현실적인 재산상 실해발생의 위험이 인정되어야 한다.

판례

업무상배임죄는 업무상 타인의 사무를 처리하는 자가 임무에 위배하는 행위를 하고 그러한 임무위배행위로 인하여 재산상의 이익을 취득하거나 제3자로 하여금 이를 취득하게 하여 본인에게 재산상의 손해를 가한 때 성립하는데, 여기서 **재산상의 손해에는 현실적인 손해가 발생한 경우뿐만 아니라 재산상 실해 발생의 위험을 초래한 경우도 포함되고, 재산상 손해의 유무에 대한 판단은 법률적 판단에 의하지 않고 경제적 관점에서 파악하여야 한다**. 그런데 재산상 손해가 발생하였다고 평가될 수 있는 **재산상 실해 발생의 위험**이란 본인에게 **손해가 발생할 막연한 위험이 있는 것만으로는 부족하고 경제적인 관점에서 보아 본인에게 손해가 발생한 것과 같은 정도로 구체적인 위험이 있는 경우를 의미한다**. 따라서 재산상 실해 발생의 위험은 **구체적·현실적인 위험이 야기된 정도에 이르러야** 하고 단지 막연한 가능성이 있다는 정도로는 부족하다(대법원 2017. 10. 12. 선고 2017도6151 판결 참조).

나아가 배임죄는 배임행위와 재산상 손해발생 이외에 **자기 또는 제3자가 재산상의 이익을 취득할 것**을 요건으로 하고 있다. 이 때 재산상의 이익은 모든 재산적 가치의 증가를

의미한다. 적극적·소극적 이익을 묻지 않는다.[193]

주관적 구성요건요소로서 배임죄는 고의범이므로 위 객관적 구성요건에 대한 인식 즉 배임행위를 하여 자기 또는 제3자가 재산상 이익을 취득하고 본인에게 손해를 가한다는 점에 대한 인식과 의사를 요한다. 나아가 불법이득의 의사가 있어야 함은 당연하다.

다. 죄수 및 처벌

본죄의 죄수는 **신임관계의 수**를 기준으로 한다. 따라서 사무처리자가 수회 배임행위를 하였다 하더라도 신임관계가 단일하고 범죄의사와 태양이 동일하고 연속되어 있는 경우에는 포괄일죄가 성립한다.[194]

단순 배임죄를 범하면 5년 이하의 징역 또는 1천500만 원 이하의 벌금에 처하고, **업무상의 임무에 위배하여 배임죄**를 범한 자는 10년 이하의 징역 또는 3천만 원 이하의 벌금에 처한다. 업무상배임죄는 '업무'라는 부진정 신분에 따라 가중처벌되는 구성요건이다.

라. 범죄수익환수 및 자금세탁범죄 처벌사례

배임죄 및 업무상배임죄 모두 범죄수익은닉규제법상 중대범죄에 해당하고, 나아가 부패재산몰수법상 부패범죄에 해당한다. 그리고 해당 범죄로 취득한 재산상 이익은 범죄피해재산에 해당하지만 예외적으로 몰수·추징하여 범죄피해자에게 환부할 수 있다. 위와 같이 취득한 이익을 은닉·가장·수수하는 경우에는 자금세탁범죄 또한 당연히 성립한다.

그런데 실무상 횡령죄와는 달리 배임죄의 경우 배임행위로 인한 재산상 손해와 이익이 명확히 특정되지 않는 경우가 많아 부패재산몰수법상 예외적 범죄피해재산 환수 규정을 적용하여 추징을 선고한 사례는 거의 확인되지 않는다. 다만 최근들어 판례는 범인들이 배임죄를 범하고 취득한 부패재산을 피고인 범인 및 제3자로부터 추징하고 범인들이 특정사기범죄인 유사수신행위를 통해 취득한 부패재산 등을 범인 및 제3자로부터 몰수하여 환수한 다음 범죄피해자에게 환부한 바 있다.(구체적인 내용은 위 제2편 제3장 제4절 「범죄피해재산에 대한 몰수·추징과 환부절차」 제2관 「범죄피해재산에 대한 몰수, 추징이 예외적으로 가능한 경우」 참조). 위 사례는 부패범죄인 배임죄 및 특정사기범죄로 취득한 부패재산에 관하여 제3자 몰수추징이 선고된 중요한 사례이므로 실무에 참고할 필요성이 크다.[195]

---

193 대법원 2007. 7. 26. 선고 2005도6439 판결 참조.

194 대법원 2009. 7. 23. 선고 2007도541 판결 참조.

195 창원지방법원 2023. 7. 20. 선고 2021고합301 판결 참조(부산고등법원 창원재판부 2023노330호 및 대법

나아가 배임죄의 경우 그 객체가 재물이 아닌 재산상 이익이어서 범죄수익은닉규제법상 가장·은닉·수수에 의한 자금세탁범죄가 성립하여 처벌된 사례도 드물다. 그러나 그 경우에도 타인에게 손해를 가하고 취득한 재산상 이익의 취득 및 처분을 가장하거나 함부로 이를 은닉하는 경우에는 자금세탁범죄가 성립한다는 점을 유의할 필요가 있다(私見).

Ⅲ 배임수·증재죄(형법 제357조)

1. 배임수재죄(형법 제357조 제1항)

관련조문

형법 제357조(배임수증재) ① 타인의 사무를 처리하는 자가 그 임무에 관하여 부정한 청탁을 받고 재물 또는 재산상의 이익을 취득하거나 제3자로 하여금 이를 취득하게 한 때에는 5년 이하의 징역 또는 1천만원 이하의 벌금에 처한다.

가. 구성요건의 주체 및 행위의 상대방

본죄의 **구성요건의 주체**는 **타인의 사무를 처리하는 사람**이다(신분범). 이때의 사무는 배임죄와는 달리 재산상의 사무로 한정되지 않는다. 이 때 타인의 사무를 처리하는 자는 타인과의 대내관계에 있어 신의성실의 원칙에 비추어 그 사무를 처리할 신임관계가 존재한다고 인정되는 자를 의미하고, 반드시 제3자에 대한 대외관계에서 사무에 관한 권한이 존재할 것을 요건으로 하지 않으며 **신임관계의 발생근거는 법령의 규정, 법률행위, 관습, 사무관리에 의해서도 가능**하다.[196]

나. 구성요건적 행위 및 객체

본죄의 **구성요건적 행위**는 그 임무에 관하여 부정한 청탁을 받고 재물 또는 재산상의 이익을 취득하거나 제3자로 하여금 이를 취득하게 하는 것이다.

이때 '**임무에 관하여**'의 의미에 대해 살펴보면, 임무관련성은 위임받은 본래의 사무뿐만 아니라 그와 밀접한 관계가 있는 범위 내의 사무를 모두 포함한다.[197] 나아가 '**부정한 청탁**'

원 2024도2376호 판결로 확정).

196 대법원 2003. 2. 26. 선고 2002도6834 판결 참조.

이라 함은 사무처리자에 대해 그의 임무상 사회상규와 신의성실의 원칙에 반하는 행위를 하여 줄 것을 청하는 것을 말한다.[198] 배임수재죄는 부정한 청탁을 **'받아야'** 하므로 배임증재자가 한 청탁을 승낙하여야 한다.

본죄의 객체는 재물 또는 재산상 이익이고, 본죄는 이를 현실적으로 수령하여야 성립한다. 이때의 취득행위는 부정한 청탁과 **인과관계**가 있어야 하므로 재물 또는 재산상 이익의 취득과 무관한 경우에는 본죄가 성립하지 않는다.[199] 이때의 취득은 본인이 취득하거나 제3자로 하여금 취득하게 하는 모든 경우를 포함한다.

본죄의 **주관적 구성요건요소**와 관련하여 본죄는 **고의범**이므로 위 객관적 구성요건에 대한 인식을 요하고, **불법영득(이득)의 의사**가 있어야 한다.

다. 죄수 및 처벌

배임수재죄를 범하면 5년 이하의 징역 또는 1천만 원 이하의 벌금에 처하고, 위와 같이 취득한 재물 또는 재산상 이익은 필요적 몰수·추징의 대상이 됨은 앞에서 본 바와 같다.

2. 배임증재죄(형법 제357조 제2항)

관련조문

형법 제357조(배임수증재) ②제1항의 재물 또는 이익을 공여한 자는 2년 이하의 징역 또는 500만원 이하의 벌금에 처한다.

가. 구성요건의 주체 및 행위의 상대방

본죄의 **구성요건의 주체**는 아무런 제한이 없다. 따라서 누구든지 본죄의 주체가 될 수 있다. 나아가 **행위의 상대방**은 배임수재죄의 주체인 타인의 사무를 처리하는 사람이다.

나. 구성요건적 행위 및 객체

본죄의 **구성요건적 행위**는 그 임무에 관하여 부정한 청탁을 하고 재물 또는 재산상의 이

---

197 대법원 1982. 2. 9. 선고 80도2130 판결 참조.

198 대법원 2005. 1. 14. 선고 2004도6646 판결 참조.

199 대법원 1982. 7. 13. 선고 82도874 판결 참조.

익을 공여하는 것이다. 위 구성요건의 해석은 배임수재죄의 그것과 같다.

본죄의 **주관적 구성요건요소**와 관련하여 본죄는 고의범이므로 위 객관적 구성요건에 대한 인식을 요한다.

다. 죄수 및 처벌

배임증재죄를 범하면 2년 이하의 징역 또는 500만 원 이하의 벌금에 처한다.

3. 범죄수익환수 및 자금세탁범죄 처벌사례

본죄는 '재산에 관한 죄'가 아닌 **'부패범죄'**에 해당하므로 위와 같이 임무에 관하여 부정한 청탁을 받고 취득한 재물 또는 재산상 이익은 모두 환수의 대상이 되고, 이를 가장·은닉·수수한 경우에는 자금세탁범죄가 성립한다.

이와 관련하여 **회사의 시공사 선정 업무와 관련하여 부정한 청탁을 받고 차명계좌로 재산상 이익을 지급받은 경우 위 재산상 이익을 모두 추징하고 해당 범죄수익을 차명계좌로 입금받은 행위를 자금세탁범죄로 처벌한 사례**가 있다.[200] 실무상 이와 같이 임무에 관하여 부정한 청탁을 받고 수수한 금품을 환수하고 이를 은닉·가장·수수하는 경우 범죄수익은닉규제법위반죄로 처벌하는 사례는 다수 발견된다.

사례

범 죄 사 실

(전략) (21) 2006고합342호 배임수재의 점

(가) 공소사실의 요지

위 피고인은 2003. 6.경부터 △△종합건설, 146 주식회사 회장 공소외 2를 알게 되면서 서울 강남구 대치동 소재 한국토지공사 빌딩 내 사무실에 △△종합건설을 지칭하는 " △△건설"이라는 명판을 걸어놓고 공소외 2의 자리를 마련하여 두며, △△종합건설의 명함을 소지하고 다니면서 △△종합건설의 회장 또는 고문으로 행세하면서공소외 2와 친밀한 관계를 맺어오던 중, 2004. 4. 30.경 한국토지공사가 분양하는 하남시 풍산지구 택지 비(B)－4 블록 대지 분양가 783억 원 상당을 △△종합건설이 낙찰 받아 38평 기준 489세대, 시공금액 844억 원 상당의 아파트 시행사업을 하게 되자 평소 대형 건설회사를 많이 알고 있던 위 피고인이 △△

200 서울고등법원 2007. 11. 2. 선고 2007노377 판결 참조.

종합건설의 고문으로서 △△종합건설을 위하여 시공사를 선정하는데 도움을 주기로 공소외 2와 약속한 후 공소외 2로부터 시공사 선정에 관한 일체를 위임받게 되었는데 이러한 경우 위 피고인으로서는 △△종합건설을 위해 시공사가 되고자 하는 회사들의 아파트 시공능력이나 시공경험, 분양가, 아파트의 브랜드, 분양시 소비자들의 선호도와 판매가능성, 완공 이후 아파트 관리문제 등을 전반적으로 검토한 뒤 신의성실의 원칙에 따라 시공사를 선정하여야 할 임무가 있음에도 불구하고 시공사 선정 대가를 주겠다는 업체를 시공사로 선정하기로 마음먹고, 2004. 5. 13.경 서울 강남구 역삼동 소재 르네상스호텔에서 위 풍산지구 택지의 시공사로 선정되기를 바라는 △△토건의 부회장인공소외 80에게 시공사로 선정하여 줄 테니 10억 원을 달라고 하면서 우선 4억 원을 먼저 달라고 요구하고, 그 다음 날 전화로 공소외 80에게 "시공사 선정대가 명목으로 4억 원을 우선 지급하면 △△토건에서 이번 공사를 수주할 수 있도록 책임지고 수주 불가시 돌려줄 것을 약속한다"고 제의하여 즉석에서 공소외 80으로부터 "돈 4억 원을 송금하여 줄 테니 시공사로 반드시 선정하여 달라"는 취지의 부정한 청탁을 받고, 같은 날 위 피고인의 차명계좌인공소외 57 명의의 농협계좌((계좌번호 생략))로 4억 원을 송금받은 것을 비롯하여 별지 2 기재 범죄일람표 기재와 같이 그 때부터 2005. 11. 10.경까지 사이에 14회에 걸쳐 같은 명목으로 합계 9억 5,500만 원을 교부 받아 동액 상당의 재물을 취득하였다.

(중략) (25) 2006고합350호, 2006고합355호 각 범죄수익은닉의규제및처벌등에관한법률위반의 점

(가) 공소사실의 요지

1) (2006고합350호) 위 피고인은 ○○경찰서 방범과장 공소외 33으로부터 경찰청장에게 공소외 33에 대한 징계 선처를 청탁을 한 것에 대한 사례명목으로 활동비를 위 피고인이 관리하는 타인 명의 차명 계좌로 송금받는 방법으로 공무원의 직무에 속한 사항의 알선에 관하여 금품을 수수하는 등(2005고합1178호) 범죄수익등의 취득에 관한 사실을 가장하기로 마음먹고, 2003. 12. 5. 공소외 33으로부터 위와 같은 활동비 명목으로 공소외 33의 처 공소외 34 명의로 950만 원을, 위 공소외 33의 딸 공소외 35 명의로 50만 원을 위 피고인의 차명계좌인 공소외 36 명의 우리은행 계좌(계좌번호생략)로 송금받은 후 그 정을 모르는 공소외 36으로 하여금 즉시 현금으로 인출하게 한 다음 다시 위 피고인의 차명계좌인 공소외 87 명의 조흥은행 계좌(계좌번호생략)로 입금토록 하는 등 범죄수익등의 취득에 관한 사실을 가장하고,

2) (2006고합355호) 위 피고인은 공소외 21 주식회사 부사장 공소외 22로부터 계열사인공소외 23 주식회사 대표이사인공소외 24의 배임수재죄 사건과 관련하여 판사, 검사에게 청탁하는데 경비를 사용하였다면서 그 경비를 피고인이 관리하는 타인 명의 차명계좌로 송금받는 방법으로 공무원의 직무에 속한 사항의 알선에 관하여 금품을 수수하는 등(2005고합1143호) 범죄수익등의 취득에 관한 사실을 가장하기로 마음먹고, 2003. 7. 9.경공소외 22로부터 위와

같은 경비명목으로 위 피고인의 차명계좌인공소외 25 명의 외환은행 계좌(계좌번호생략)로 1,860만 원을 송금받아 범죄수익등의 취득에 관한 사실을 가장하였다.

(중략)

(다) 당심의 판단

1) **검사는 이 부분 각 공소사실에 관하여 범죄수익은닉의규제및처벌등에관한법률 제3조 제1항 제1호를 적용하여 기소하고 있는바, 위 규정은 '범죄수익등의 취득 또는 처분에 관한 사실을 가장한' 경우를 처벌하는 것으로서, 적법하게 취득한 재산으로 가장할 목적이 인정되는 경우에 한하여 처벌하는 같은 조 제1항 제3호의 경우(범죄수익은닉죄)와 달리(대법원 2004. 12. 10. 선고 2004도5652 판결 참조), 위와 같은 가장의 목적이 없어도 범죄수익등의 취득 또는 처분에 관한 사실을 가장하면 성립한다고 할 것이다.**

2) 이 사건 각 금원이 범죄수익에 해당함은 판시 제2의 나 (1)항(2005고합1143호), 제2의 나 (4)항(2005고합1178호)에서 살펴본 바와 같고, 앞에서 본 증거들에 의하여 인정되는 다음과 같은 사정 즉, ① 위 피고인은 위와 같이 타인의 차명계좌를 사용하여 송금받은 이유에 대하여 위 피고인의 사무실 직원이나 강원랜드 카지노에 함께 찾아간 사람을 이용하여 쉽게 수표를 찾아 사용하기 위한 것이라고 진술하고 있으나, 위 피고인은 2004. 3.경 위 피고인 명의의 조흥은행 계좌((계좌번호 생략))를 개설하여 사용한 사실까지 있음에도(2006형제42950호 수사기록 168쪽) 굳이 타인의 계좌를 거치는 방법으로 수표를 찾은 점, ② 공소외 36은 위 피고인의 지시에 의하여 위에서 본 바와 같이 송금받은 후 공소외 87의 계좌에 다시 송금한 것일 뿐 그 이유에 대해서는 모른다고 진술하였고(2006형제42949호 수사기록 230쪽), 공소외 87은 위 피고인이 강원랜드 카지노에서 공소외 87 명의의 통장을 개설하라고 하여 개설한 후 이를 위 피고인에게 알려 주었더니 돈이 들어왔다며 찾아오라고 하여 자신의 사인을 하고 수표를 찾아와 이를 위 피고인에게 건네 준 사실이 있다고 진술한 점(2006형제42949호 수사기록 215~217쪽), ③ 공소외 25는 위 피고인의 직원인공소외 88의 누나이자 공소외 11의 언니로서 위 피고인의 직원이라거나 업무상 관계가 있는 사이가 아님에도 위 피고인은 공소외 25 명의의 통장을 개설하여 이 사건 공소외 22로부터 1,860만 원을 송금받는데 사용한 점 등을 종합하면, **위 피고인이 위 각 금원을 차명계좌로 송금받음으로써 범죄로 얻은 수익을 적법하게 취득한 재산으로 가장하였음을 인정할 수 있으므로 결국 위 피고인의 이 부분 항소 논지 역시 모두 이유 없다.**

제 2 장
특정범죄가중처벌 등에 관한 법률위반죄(제3호)

부패재산몰수법은 별표 제3호에서 **특정범죄가중처벌 등에 관한 법률**(이하, 「특정범죄가중법」이라 한다) **제2조 및 제3조의 죄**를 부패범죄로 규정하고 있다.

관련조문

부패재산몰수법 별표

부패범죄(제2조 제1호 관련)

3. 「특정범죄가중처벌 등에 관한 법률」 제2조 및 제3조의 죄

관련조문

특정범죄가중법 제2조(뇌물죄의 가중처벌) ① 「형법」 제129조·제130조 또는 제132조에 규정된 죄를 범한 사람은 그 수수(收受)·요구 또는 약속한 뇌물의 가액(價額)(이하 이 조에서 "수뢰액"이라 한다)에 따라 다음 각 호와 같이 가중처벌한다.

1. 수뢰액이 1억원 이상인 경우에는 무기 또는 10년 이상의 징역에 처한다.
2. 수뢰액이 5천만원 이상 1억원 미만인 경우에는 7년 이상의 유기징역에 처한다.
3. 수뢰액이 3천만원 이상 5천만원 이하인 경우에는 5년 이상의 유기징역에 처한다.

② 「형법」 제129조·제130조 또는 제132조에 규정된 죄를 범한 사람은 그 죄에 대하여 정한 형(제1항의 경우를 포함한다)에 수뢰액의 2배 이상 5배 이하의 벌금을 병과(倂科)한다.

제3조(알선수재) 공무원의 직무에 속한 사항의 알선에 관하여 금품이나 이익을 수수·요구 또는 약속한 사람은 5년 이하의 징역 또는 1천만원 이하의 벌금에 처한다.

[전문개정 2010. 3. 31.]

특정범죄가중법에 따라 가중처벌되는 범죄는 수뢰액 3,000만 원 이상의 형법상 뇌물죄 및 알선수재죄(금액무관)로서 위 각 범죄는 모두 범죄수익은닉규제법에 따른 중대범죄에 포함된다. 따라서 위 부패범죄 중 뇌물죄 부분은 앞에서 검토하였으므로 이 부분에서는 알선수재죄 부분에 한하여 살펴본다.

I 특정범죄가중법 제3조 위반죄(알선수재)

관련조문

특정범죄가중법 제3조(알선수재) 공무원의 직무에 속한 사항의 알선에 관하여 금품이나 이익을 수수·요구 또는 약속한 사람은 5년 이하의 징역 또는 1천만원 이하의 벌금에 처한다.

1. 서설

특정범죄가중법 제3조는 **공무원의 직무**에 **개입하여 금품을 수수하는 행위를 금지함으로써 그 직무의 불가매수성을 확보하고자 함에 입법취지**가 있다.

2. 구성요건의 주체 및 행위의 상대방

본죄의 **구성요건의 주체**는 아무런 제한이 없다. 따라서 누구든지 본죄의 주체가 될 수 있다. 나아가 **행위의 상대방** 또한 아무런 제한이 없다.

3. 구성요건적 행위 및 객체

본죄의 **구성요건적 행위**는 공무원의 직무에 속하는 사항의 알선에 관하여 금품이나 그 밖의 이익을 수수, 요구 또는 약속하는 것이다.

가. 공무원의 직무에 속하는 사항

본죄의 '**공무원의 직무에 속한 사항**'에는 공무원이 **법령상 관장하는 직무** 그 자체뿐만 아니라 **직무와 밀접한 관계가 있는 행위** 또는 **관례상이나 사실상 관여하는 직무**행위도 포함된다고 할 것이나, 구체적인 행위가 공무원의 직무에 속하는지 여부는 그것이 공무의 일환으로 행하여졌는가 하는 형식적인 측면과 함께 그 공무원이 수행하여야 할 직무와의 관계에서 합리적으로 필요하다고 인정되는 것이라고 할 수 있는가 하는 실질적인 측면을 아울러 고려하여 결정하여야 한다.[1]

이 경우 공무원의 직무는 **정당한 직무행위인 경우도 포함**되고, 알선의 상대방이나 **그 직무내용이 구체적으로 특정되어 있을 필요는 없**다.[2]

나. 알선행위의 의미

여기에서 '**알선**'은 '**일정한 사항에 관하여 어떤 사람과 그 상대방과의 사이에 서서 중개하거나 편의를 도모하는 행위**'를 의미하므로, 어떤 사람이 **청탁한 취지를 그대로 상대방에게 전하는 경우**뿐만 아니라 **그 사람을 대신하여 스스로 상대방에게 청탁을 하는 행위도 이에 해당**하고, 그 알선행위가 과거의 것이나 정당한 직무행위를 대상으로 하는 경우에도 이에 포함된다.

나아가 본죄에서의 '**알선**'은 공무원의 직무에 속하는 일정한 사항에 관하여 **당사자의 의사를 공무원 측에 전달하거나 편의를 도모하는 행위** 또는 **공무원의 직무에 관하여 부탁을 하거나 영향력을 행사하여 당사자가 원하는 방향으로 결정이 이루어지도록 돕는 등의 행위**를 의미한다.[3]

그리고 본 죄에서 '**공무원의 직무에 속하는 사항의 알선에 관하여 금품이나 이익을 수수한다.**' 함은 공무원의 직무에 속한 사항을 알선한다는 명목으로 금품 등을 수수하는 행위로써, 반드시 알선의 상대방인 공무원이나 그 직무의 내용이 구체적으로 특정될 필요까지는 없다 할 것이지만, 알선수재죄가 성립하기 위하여는 **알선할 사항이 공무원의 직무에 속하는 사항이고, 금품 등 수수의 명목이 그 사항의 알선에 관련된 것임이 어느 정도 구체적으로 나타나야** 하고, 단지 금품 등을 공여하는 자가 금품 등을 수수하는 자에게 잘 보이면 그로부터 어떤 도움을 받을 수 있다거나 손해를 입을 염려가 없다는 정도의 막연한 기대감 속에 금품 등을 교부하고, 금품 등을 수수하는 자 역시 공여자가 그러한 기대감을 가지고 금품 등을 교부하는 것이라고 짐작하면서 이를 수수하였다는 정도의 사정만으로는 알선수재죄가 성립한다고 볼 수 없다.[4]

한편 공무원의 직무에 속한 사항에 관한 청탁을 받고 스스로 알선행위를 하지 아니하고

---

1 대법원 2006. 5. 26. 선고 2005도1904 판결 참조.
2 대법원 2014. 10. 30. 선고 2012도12394 판결 참조.
3 대법원 2014. 10. 30. 선고 2012도12394 판결 참조.
4 대법원 2004. 11. 12. 선고 2004도5655 판결 참조.

알선행위를 할 사람을 소개시켜 준 경우에도 본조의 알선수재죄가 성립한다.[5]

본죄의 **객체**는 금품이나 이익이고, **주관적 구성요건요소**와 관련하여 본죄는 고의범이므로 위 객관적 구성요건요소에 대한 인식을 요한다.

다. 수수·요구·약속

본죄의 '**수수**'는 취득을 의미하는 것으로 금품 등에 대한 '사실상의 처분권'을 획득하는 것을 말하고 '**요구**'라고 함은 취득의 의사로 상대방에게 금품을 달라고 청구하는 것을 말하며, '**약속**'은 당사자 사이에서 금품 등을 주고받기로 하는 의사가 확정적으로 합치하는 것을 말한다.[6] 따라서 이와 같은 확정적인 의사합치가 없는 경우에는 '약속'죄가 성립한다고 볼 수 없다.

4. 처벌

본죄를 범하면 5년 이하의 징역 또는 1천만 원 이하의 벌금에 처한다. 나아가 위와 같이 취득한 금품이나 그 밖의 이익은 특정범죄가중법에 따라 필요적 몰수·추징의 대상이 된다(동법 제13조).

관련조문

특정범죄가중법 제13조(알선수재) 제3조 또는 제12조의 죄를 범하여 범인이 취득한 해당 재산은 몰수하며, 몰수할 수 없을 때에는 그 가액을 추징(追徵)한다.

5. 범죄수익환수 및 자금세탁범죄 처벌 사례

본죄와 관련하여 **공무원의 직무에 관하여 알선한다는 명목으로 금품을 수수하고 해당 금품이 범죄수익과 무관한 것처럼 가장하기 위해 자신이 정당하게 급여를 수령한 것과 같이 꾸민 사안**에서 위와 같이 **알선 명목으로 받은 금품을 모두 몰수·추징하여 환수하고 자금세탁범죄**(발생 원인가장 행위)로 **처벌한 사례**가 있다.[7]

---

5 대법원 2002. 10. 8. 선고 2001도3931 판결 참조.

6 대법원 2012. 11. 15. 선고 2012도9417 판결 참조.

7 서울북부지방법원 2011. 11. 4. 선고 2011고합192 판결 참조(항소심 서울고등법원 2011노3292, 대법원 2012도4428 판결로 확정).

사례

범죄사실

(전략)

2. 피고인 B (중략)

나. 범죄수익은닉의규제및처벌등에관한법률위반

(1) **피고인은 위와 같이 BU로부터 공무원의 직무에 속한 사항의 알선에 관하여 금품을 수수하면서, 그 범죄수익을 급여로 지급받은 것처럼 가장하기 위하여, 2007. 7. 초순경 BU 사무실에서 BU 부회장으로 등재한 후 2007. 7. 25.경부터 2008. 12. 24.경까지 사이에 별지 범죄일람표 (6) 기재와 같이 17회에 걸쳐 합계 124,267,060원을 송금받아 그 가운데 공무원의 직무에 속한 사항을 알선한다는 명목으로 액수미상의 금품을 수수하여 마치 BU로부터 급여를 수령한 것처럼 가장하는 방법으로 범죄수익의 발생원인에 관한 사실을 가장하였다.**

(2) 피고인은 위와 같이 A로부터 공무원의 직무에 속한 사항의 알선에 관하여 금품을 수수하면서, 그 범죄수익이 제3자에게 귀속하는 것처럼 2007. 9. 18.경부터 2008. 10. 1.경까지 사이에 별지 범죄일람표 (7) 기재와 같이 6회에 걸쳐 A로부터 교부받은 1,000만 원권 및 1억 원권 수표 32장 합계 4억 1,000만 원을 이미 폐업한 BV 및 일본인 BW 명의의 차명계좌에 입금한 후, 다시 계좌명의자가 입·출금 하는 형식을 취하여 피고인 명의의 정기적금 계좌 10여 개에 분산 예치하는 방법으로 범죄수익의 취득에 관한 사실을 가장하였다.

법령의 적용

1. 범죄사실에 대한 해당법조 및 형의 선택

나. 피고인 B : 각 포괄하여 특정범죄 가중처벌 등에 관한 법률 제3조(알선수재의 점, 각 징역형 선택), 포괄하여 범죄수익은닉의 규제 및 처벌 등에 관한 법률 제3조 제1항 제2호(범죄수익의 발생원인에 관한 사실 가장의 점, 징역형 선택), 포괄하여 범죄수익은닉의 규제 및 처벌 등에 관한 법률 제3조 제1항 제1호(범죄수익의 취득에 관한 사실 가장의 점, 징역형 선택)

1. 추징

피고인 B : 특정범죄 가중처벌 등에 관한 법률 제13조

제 3 장

특정경제범죄 가중처벌 등에 관한 법률위반죄(제4호)

I 총설

부패재산몰수법 별표 제4호에서는 **특정경제범죄 가중처벌 등에 관한 법률**(이하, '특정경제범죄법'이라 한다) **제3조 중 일부 형법상 사기, 횡령, 배임의 죄, 제5조부터 제9조의 죄**를 부패범죄로 규정하고 있다. 해당 규정은 다음과 같다.

관련조문

부패재산몰수법 별표

부패범죄(제2조 제1호 관련)

4. 「특정경제범죄 가중처벌 등에 관한 법률」 중 다음 각 목의 죄
   가. 제3조 중 「형법」 제347조, 제347조의2 및 제351조(제347조 및 제347조의2의 상습범만 해당한다)에 해당하는 죄(특정사기범죄로 한정한다)
   나. 제3조 중 「형법」 제355조 및 제356조에 해당하는 죄
   다. 제5조부터 제9조까지의 죄

한편 舊 범죄수익은닉규제법은 특정경제범죄법 제3조, 제4조, 제5조, 제7조의 죄를 중대범죄로 규정[범죄수익은닉규제법 제2조 제2호 나목 4) 및 별표 제18호 참조]하고 있다.

관련조문

舊 범죄수익은닉규제법 별표

중대범죄(제2조 제1호 관련)

18. 「특정경제범죄 가중처벌 등에 관한 법률」 제3조 · 제5조 및 제7조의 죄

관련조문

舊 범죄수익은닉규제법 제2조(정의) 이 법에서 사용하는 용어의 뜻은 다음과 같다.

2. "범죄수익"이란 다음 각 목의 어느 하나에 해당하는 것을 말한다.
   나. 다음의 어느 하나의 죄에 관계된 자금 또는 재산
      4) 「특정경제범죄 가중처벌 등에 관한 법률」 제4조의 죄

특정경제범죄법상 **부패범죄 중 별표 제4호 가목**(특정사기범죄) **및 나목**(횡령·배임)은 앞부분에서 이미 검토하였으므로 여기에서는 **특정경제범죄법 제5조 내지 제9조 구성요건에 한정**하여 살펴보기로 한다(별표 제4호 다목).

관련조문

특정경제범죄법 제5조(수재 등의 죄) ① 금융회사등의 임직원이 그 직무에 관하여 금품이나 그 밖의 이익을 수수(收受), 요구 또는 약속하였을 때에는 5년 이하의 징역 또는 10년 이하의 자격정지에 처한다.

② 금융회사등의 임직원이 그 직무에 관하여 부정한 청탁을 받고 제3자에게 금품이나 그 밖의 이익을 공여(供與)하게 하거나 공여하게 할 것을 요구 또는 약속하였을 때에는 제1항과 같은 형에 처한다.

③ 금융회사등의 임직원이 그 지위를 이용하여 소속 금융회사등 또는 다른 금융회사등의 임직원의 직무에 속하는 사항의 알선에 관하여 금품이나 그 밖의 이익을 수수, 요구 또는 약속하였을 때에는 제1항과 같은 형에 처한다.

④ 제1항부터 제3항까지의 경우에 수수, 요구 또는 약속한 금품이나 그 밖의 이익의 가액(이하 이 조에서 "수수액"이라 한다)이 3천만원 이상일 때에는 다음 각 호의 구분에 따라 가중처벌한다.

1. 수수액이 1억원 이상일 때: 무기 또는 10년 이상의 징역
2. 수수액이 5천만원 이상 1억원 미만일 때: 7년 이상의 유기징역
3. 수수액이 3천만원 이상 5천만원 이하일 때: 5년 이상의 유기징역

⑤ 제1항부터 제4항까지의 경우에 수수액의 2배 이상 5배 이하의 벌금을 병과한다.

제6조(증재 등의 죄) ① 제5조에 따른 금품이나 그 밖의 이익을 약속, 공여 또는 공여의 의사를 표시한 사람은 5년 이하의 징역 또는 3천만원 이하의 벌금에 처한다.

② 제1항의 행위에 제공할 목적으로 제3자에게 금품을 교부하거나 그 정황을 알면서 교부받은 사람은 제1항과 같은 형에 처한다.

제7조(알선수재의 죄) 금융회사등의 임직원의 직무에 속하는 사항의 알선에 관하여 금품이나

그 밖의 이익을 수수, 요구 또는 약속한 사람 또는 제3자에게 이를 공여하게 하거나 공여하게 할 것을 요구 또는 약속한 사람은 5년 이하의 징역 또는 5천만원 이하의 벌금에 처한다.

제8조(사금융 알선 등의 죄) 금융회사등의 임직원이 그 지위를 이용하여 자기의 이익 또는 소속 금융회사등 외의 제3자의 이익을 위하여 자기의 계산으로 또는 소속 금융회사등 외의 제3자의 계산으로 금전의 대부, 채무의 보증 또는 인수를 하거나 이를 알선하였을 때에는 7년 이하의 징역 또는 7천만원 이하의 벌금에 처한다.

제9조(저축 관련 부당행위의 죄) ① 저축을 하는 사람 또는 저축을 중개하는 사람이 금융회사등의 임직원으로부터 그 저축에 관하여 법령 또는 약관이나 그 밖에 이에 준하는 금융회사등의 규정에 따라 정하여진 이자, 복금(福金), 보험금, 배당금, 보수 외에 어떤 명목으로든 금품이나 그 밖의 이익을 수수하거나 제3자에게 공여하게 하였을 때에는 5년 이하의 징역 또는 5천만원 이하의 벌금에 처한다.

② 저축을 하는 사람이 그 저축과 관련하여 그 저축을 중개하는 자 또는 그 저축과 관계없는 제3자에게 금융회사등으로부터 대출등을 받게 하였을 때 또는 저축을 중개하는 사람이 그 저축과 관련하여 금융회사등으로부터 대출등을 받거나 그 저축과 관계없는 제3자에게 대출등을 받게 하였을 때에는 제1항과 같은 형에 처한다.

③ 금융회사등의 임직원이 제1항 또는 제2항에 규정된 금품이나 그 밖의 이익을 공여하거나 대출등을 하였을 때에는 제1항 또는 제2항과 같은 형에 처한다.

④ 제1항부터 제3항까지의 경우 징역과 벌금을 병과할 수 있다.

⑤ 금융회사등의 임직원이 소속 금융회사등의 업무에 관하여 제3항의 위반행위를 하면 그 행위자를 벌하는 외에 그 소속 금융회사등에도 같은 항의 벌금형을 과(科)한다. 다만, 소속 금융회사등이 그 위반행위를 방지하기 위하여 해당 업무에 관하여 상당한 주의와 감독을 게을리하지 아니한 경우에는 그러하지 아니하다.

특정경제범죄법은 건전한 국민경제윤리에 반하는 특정경제범죄에 대한 가중처벌과 그 범죄행위자에 대한 취업제한 등을 규정함으로써 경제질서를 확립하고 나아가 국민경제 발전에 이바지함을 목적으로 한다(동법 제1조).

특정경제범죄법은 일부 구성요건에 대하여 필요적 몰수·추징 규정을 두고 있는바 해당 규정은 다음과 같다.

관련조문

특정경제범죄법 제10조(몰수·추징) ① 제4조 제1항부터 제3항까지의 경우 범인이 도피시키거나 도피시키려고 한 재산은 몰수한다.

② **제5조부터 제7조까지** 및 **제9조 제1항·제3항**의 경우 범인 또는 정황을 아는 제3자가

받은 금품이나 그 밖의 이익은 몰수한다.
③ 제1항 또는 제2항의 경우 몰수할 수 없을 때에는 그 가액을 추징한다.
[전문개정 2012. 2. 10.]

위 규정에 의하면 **특정경제범죄법 제5조, 제6조, 제7조, 제9조 제1항, 제3항**의 경우 해당 부패범죄로 취득한 부패재산은 **필요적으로 몰수·추징의 대상**이 된다(동법 제10조 제2항, 제3항 참조). 따라서 특정경제범죄법과 관련하여 **부패재산몰수법상 임의적 몰수·추징이 적용**되는 경우는 **특정경제가중법 제8조**(사금융알선등), **제9조 제2항의 경우에 한정**된다.

이하에서는 특정경제범죄법 제5조(수재 등의 죄), 제6조(증재 등의 죄), 제7조(알선수재의 죄), 제8조(사금융 알선등의 죄), 제9조(저축 관련 부당행위의 죄)의 구성요건과 범죄수익환수 및 자금세탁범죄 처벌사례 등을 상세히 살펴보도록 한다.

Ⅱ 특정경제범죄법 제5조 위반죄(수재 등)

관련조문

특정경제범죄법 제5조(수재 등의 죄) ① 금융회사등의 임직원이 그 직무에 관하여 금품이나 그 밖의 이익을 수수(收受), 요구 또는 약속하였을 때에는 5년 이하의 징역 또는 10년 이하의 자격정지에 처한다.
② 금융회사등의 임직원이 그 직무에 관하여 부정한 청탁을 받고 제3자에게 금품이나 그 밖의 이익을 공여(供與)하게 하거나 공여하게 할 것을 요구 또는 약속하였을 때에는 제1항과 같은 형에 처한다.
③ 금융회사등의 임직원이 그 지위를 이용하여 소속 금융회사등 또는 다른 금융회사등의 임직원의 직무에 속하는 사항의 알선에 관하여 금품이나 그 밖의 이익을 수수, 요구 또는 약속하였을 때에는 제1항과 같은 형에 처한다.
④ 제1항부터 제3항까지의 경우에 수수, 요구 또는 약속한 금품이나 그 밖의 이익의 가액(이하 이 조에서 "수수액"이라 한다)이 3천만원 이상일 때에는 다음 각 호의 구분에 따라 가중처벌한다.
1. 수수액이 1억원 이상일 때: 무기 또는 10년 이상의 징역
2. 수수액이 5천만원 이상 1억원 미만일 때: 7년 이상의 유기징역
3. 수수액이 3천만원 이상 5천만원 미만일 때: 5년 이상의 유기징역
⑤ 제1항부터 제4항까지의 경우에 수수액의 2배 이상 5배 이하의 벌금을 병과한다.
[전문개정 2012. 2. 10.]

---

1. 서설

본죄는 금융회사등의 임직원이 그 직무에 관하여 금품이나 그 밖의 이익을 수수(收受), 요구 또는 약속하는 경우 처벌하고(제1항), 금융회사등의 임직원이 그 직무에 관하여 부정한 청탁을 받고 제3자에게 금품이나 그 밖의 이익을 공여(供與)하게 하거나 공여하게 할 것을 요구 또는 약속하는 행위를 처벌한다(제2항).

나아가 금융회사등의 임직원이 그 지위를 이용하여 소속 금융회사등 또는 다른 금융회사등의 임직원의 직무에 속하는 사항의 알선에 관하여 금품이나 그 밖의 이익을 수수, 요구 또는 약속하는 경우에도 처벌한다(제3항).

그리고 동조 제4항에서는 동조 제1항 내지 제3항의 수수액의 정도에 따라 ① 3천만 원 이상 5천만 원 미만인 경우, ② 5천만 원 이상 1억 원 미만인 경우, ③ 1억 원 이상인 경우를 각각 나누어 처벌규정을 두고 있다.

한편 동조 제5항에서는 제1항 내지 제4항의 경우 각 수수액의 2배 이상 5배 이하의 벌금을 필요적으로 병과하도록 하고 있다.

금융기관 임·직원이 직무와 관련하여 금품을 수수한 행위 등을 처벌하는 **특정경제범죄법 제5조의 입법 취지**는 금융기관은 특별법령에 의하여 설립되고 그 사업 내지 업무가 공공적 성격을 지니고 있어 국가의 경제정책과 국민경제에 중대한 영향을 미치기 때문에 그 **임·직원에 대하여 일반 공무원과 마찬가지로 엄격한 청렴의무를 부과하여 그 직무의 불가매수성을 확보**하고자 하는 데 있다.[1]

2. 금융회사등 임직원의 금품 등 수수 등의 죄(제5조 제1항)

관련조문

특정경제범죄법 제5조(수재 등의 죄) ① 금융회사등의 임직원이 그 직무에 관하여 금품이나 그 밖의 이익을 수수(收受), 요구 또는 약속하였을 때에는 5년 이하의 징역 또는 10년 이하의 자격정지에 처한다.

---

1 대법원 2011. 2. 24. 선고 2010도15989 판결 참조.

가. 구성요건의 주체

본죄의 주체는 **금융회사 등 임직원**이다. 본죄의 주체는 **'범행 당시 금융기관 임직원의 직에 있는 자'**에 한정된다고 봄이 상당하다.[2] 이때 금융회사등은 다음과 같다.

관련조문

특정경제범죄법 제2조(정의) 이 법에서 사용하는 용어의 뜻은 다음과 같다.

1. **"금융회사등"**이란 다음 각 목의 어느 하나에 해당하는 것을 말한다.
   가. 「한국은행법」에 따른 한국은행, 「금융위원회의 설치 등에 관한 법률」에 따른 금융감독원 및 「은행법」이나 그 밖의 법률에 따른 은행
   나. 「자본시장과 금융투자업에 관한 법률」에 따른 투자매매업자, 투자중개업자, 집합투자업자, 신탁업자, 증권금융회사 및 종합금융회사
   다. 「상호저축은행법」에 따른 상호저축은행과 그 중앙회
   라. 「농업협동조합법」에 따른 조합과 농협은행
   마. 「수산업협동조합법」에 따른 조합과 수협은행
   바. 「신용협동조합법」에 따른 신용협동조합과 그 중앙회
   사. 「새마을금고법」에 따른 새마을금고와 그 연합회
   아. 「보험업법」에 따른 보험업을 경영하는 자
   자. 「신용보증기금법」에 따른 신용보증기금
   차. 「기술보증기금법」에 따른 기술보증기금
   카. 그 밖에 가목부터 차목까지의 기관과 같거나 유사한 업무를 하는 기관으로서 대통령령으로 정하는 기관

나. 구성요건적 행위 및 객체

본죄의 **구성요건적 행위**는 금융회사등의 임직원이 그 직무에 관하여 금품이나 그 밖의 이익을 수수(收受), 요구 또는 약속하는 것이다.

1) 직무에 관하여

'금융기관 임·직원이 직무에 관하여'라 함은 금융기관의 임·직원이 그 지위에 수반하여 취급하는 일체의 사무를 말하는 것으로서, 그 권한에 속하는 직무행위뿐만 아니라 그와 **밀**

2 대법원 2010. 10. 14. 선고 2010도387 판결 참조.

접한 관계가 있는 사무 및 그와 관련하여 사실상 처리하고 있는 사무도 포함된다.[3] 또한 위 법률 제5조의 금융기관 임·직원이 수수한 금품에 직무행위에 대한 대가로서의 성질과 직무 외의 행위에 대한 사례로서의 성질이 불가분적으로 결합되어 있는 경우에는 그 전부가 불가분적으로 직무행위에 대한 대가로서의 성질을 가진다.[4]

한편 금융기관의 임·직원이 거래처 고객으로부터 금품 기타 이익을 받은 때에는 그것이 당해 거래처 고객이 종전에 금융기관의 임·직원으로부터 접대 또는 수수받은 것을 갚는 것으로서 **사회상규에 비추어 볼 때에 의례상의 대가에 불과한 것**이라고 여겨지거나, **개인적인 친분관계가 있어서 교분상의 필요에 의한 것이라고 명백하게 인정할 수 있는 경우** 등 **특별한 사정이 없는 한 직무와의 관련성이 있다**고 봄이 상당하다.[5]

다만 금융기관의 임직원이 그 지위를 이용하여 금융기관으로부터 자금을 대출받아 이를 타인에게 대여한 후 그로부터 대여금에 대한 이자 또는 사례금을 수수한 행위는 금융기관 임직원이 개인적인 지위에서 취급하는 사무에 해당하고 금융기관의 임직원의 사무에 해당하지 않으므로 직무관련성을 인정할 수 없어 본죄에 해당하지 않는다.[6]

본 구성요건은 형법상 수뢰죄와 구조가 유사한데 금융기관 임직원이 지급받는 금품 기타 재산상 이익과 자신이 처리하는 직무와 대가관계가 인정되어야 한다.

2) 수수·요구·약속

본죄의 '**수수**'는 취득을 의미하는 것으로 금품 등에 대한 '**사실상의 처분권**'**을 획득**하는 것을 말하고, '**요구**'라고 함은 취득의 의사로 상대방에게 금품을 달라고 청구하는 것을 말하며, '**약속**'은 당사자 사이에서 금품 등을 주고받기로 하는 의사가 확정적으로 합치하는 것을 말한다.[7] 따라서 이와 같은 확정적인 의사합치가 없는 경우에는 '약속'죄가 성립한다고 볼 수 없다.

3) 객체

본죄의 객체는 금품이나 그 밖의 이익이므로 **재물 또는 재산상 이익**이 모두 포함된다. 이 때 '**이익**'이란 금전, 물품 기타의 재산적 이익뿐만 아니라, 사람의 수요나 욕망을 충족시

---

3 대법원 2000. 2. 22. 선고 99도4942 판결 등 참조.
4 대법원 2011. 2. 24. 선고 2010도15989 판결 참조.
5 대법원 2002. 8. 23. 선고 2002도46 판결 참조.
6 대법원 2000. 2. 22. 선고 99도4942 판결 참조.
7 대법원 2012. 11. 15. 선고 2012도9417 판결 참조.

키기에 족한 일체의 유형, 무형의 이익을 포함하는 것이고, 투기적 사업에 참여할 기회를 얻는 것도 이에 해당한다고 보아야 할 것이며, 이처럼 투기적 사업에 참여하는 기회를 얻는 이익의 경우에는 그로 말미암아 예상되는 이익의 크기를 확정할 수 없거나 그 후의 경제사정의 변동 등으로 말미암아 처음의 예상과는 달리 그 사업에 참여하여 아무런 이득을 얻지 못한 경우라 할지라도 죄의 성립에는 아무런 영향이 없다.[8]

다. 처벌

본죄를 범하면 5년 이하의 징역 또는 10년 이하의 자격정지에 처한다. 나아가 앞에서 본 바와 같이 위와 같이 취득한 금전, 물품 기타의 재산적 이익은 특정경제범죄법에 따라 필요적 몰수·추징의 대상이 된다(동법 제10조 제1항, 제3항).

3. 금융회사등 임직원의 제3자 금품 등 제공 등의 죄(제5조 제2항)

관련조문

특정경제범죄법(수재 등의 죄) ② 금융회사등의 임직원이 그 직무에 관하여 부정한 청탁을 받고 제3자에게 금품이나 그 밖의 이익을 공여(供與)하게 하거나 공여하게 할 것을 요구 또는 약속하였을 때에는 제1항과 같은 형에 처한다.

가. 구성요건의 주체 및 행위의 상대방

본죄의 **구성요건 주체**는 **금융회사 등 임직원**이다. 이 때 금융회사등은 앞에서 본바와 같다. 한편 본죄는 금융회사 등 임직원이 그 직무에 관하여 부정한 청탁을 받고 금품이나 그 밖의 이익을 제3자에게 공여하게 하거나 공여하게 할 것을 요구 또는 약속하는 것이므로 금품이나 그 밖의 이익을 받는 사람은 금융회사 등 임직원이 아니라 제3자라는 점에서 특징이 있다.

나. 구성요건적 행위 및 객체

본죄의 **구성요건적 행위**는 금융회사등의 임직원이 그 직무에 관하여 부정한 청탁을 받고 제3자에게 금품이나 그 밖의 이익을 공여(供與)하게 하거나 공여하게 할 것을 요구 또는

8 대법원 2005. 7. 15. 선고 2003도4293 판결 참조.

약속하는 것이다. 형법상 제3자뇌물제공죄(형법 제130조)와 그 구성요건이 유사하다. 다만 그 주체가 공무원이 아닌 금융기관 임직원이라는 점에서 차이가 있을 뿐이다.

이 때 직무관련성과 대가성이 있어야 함은 당연하나 본죄는 **'부정한 청탁'**을 요한다. 형법상 제3자 뇌물제공죄에 있어 **'부정한 청탁'**의 의미에 대하여 **대법원**은 다음과 같이 판시하고 있다.[9]

판례

형법 제130조의 제3자뇌물제공죄에서 '청탁'이란 공무원에 대하여 일정한 직무집행을 하거나 하지 않을 것을 의뢰하는 행위를 말하고, **'부정한' 청탁**이란 의뢰한 **직무집행 자체가 위법하거나 부당한 경우 또는 의뢰한 직무집행 그 자체는 위법하거나 부당하지 아니하지만 당해 직무집행을 어떤 대가관계와 연결시켜 그 직무집행에 관한 대가의 교부를 내용으로 하는 경우** 등을 의미한다.

그런데 제3자뇌물제공죄에서 공무원이 '그 직무에 관하여 부정한 청탁을 받을 것'을 요건으로 하는 취지는 처벌의 범위가 불명확해지지 않도록 하기 위한 것으로서, 이러한 **부정한 청탁은 명시적 의사표시에 의해서뿐만 아니라 묵시적 의사표시에 의해서도 가능하지만, 묵시적 의사표시에 의한 부정한 청탁이 있다고 하려면 청탁의 대상이 되는 직무집행의 내용과 제3자에게 제공되는 이익이 그 직무집행에 대한 대가라는 점에 대하여 공무원과 이익 제공자 사이에 공통의 인식이나 양해가 있어야** 한다.

따라서 그러한 인식이나 양해 없이 **막연히 선처하여 줄 것이라는 기대나 직무집행과는 무관한 다른 동기에 의하여 제3자에게 금품을 공여한 경우**에는 묵시적 의사표시에 의한 **부정한 청탁이 있다고 볼 수 없다**(대법원 2009. 1. 30. 선고 2008도6950 판결, 대법원 2011. 4. 14. 선고 2010도12313 판결 등 참조).

'부정한 청탁'은 ① 청탁한 **직무집행 자체가 위법·부당**하거나 ② 직무 자체는 위법·부당하지 않지만 **그 직무집행을 어떤 대가관계와 연결시켜 그 직무집행에 관한 대가의 교부를 내용으로 하는 경우** 등을 의미하며, ③ 이러한 청탁은 **명시적·묵시적을 불문**하지만 묵시적 청탁의 경우 양 당사자 사이에서는 직무집행의 내용과 **제3자에게 제공되는 이익이 직무집행의 대가라는 점에 대한 상호간 인식·양해**가 반드시 요구된다. 그리고 본죄의 금품 등을 수수하는 주체는 **'제3자'**이므로 이 때 '제3자'는 행위자와 공동정범 외의 사람으로 제3자가 그와 같은 사정을 알았는지를 요하지 않는다. 또한 제3자라 하더라도 이를 금융기관 임직원 등과 동일하게 평가할 수 있다면 '제3자'성이 부정된다.

9 대법원 2014. 9. 4. 선고 2011도14482 판결 참조.

다. 처벌

본죄를 범하면 5년 이하의 징역 또는 10년 이하의 자격정지에 처한다. 나아가 앞에서 본 바와 같이 위와 같이 제3자가 취득한 금전, 물품 기타의 재산적 이익은 특정경제범죄법에 따라 필요적 몰수·추징의 대상이 된다(동법 제10조 제1항, 제3항).

4. 금융회사등 임직원의 알선 금품 수수 등의 죄(제5조 제3항)

관련조문

특정경제범죄법 제5조(수재 등의 죄) ③ 금융회사등의 임직원이 그 지위를 이용하여 소속 금융회사등 또는 다른 금융회사등의 임직원의 직무에 속하는 사항의 알선에 관하여 금품이나 그 밖의 이익을 수수, 요구 또는 약속하였을 때에는 제1항과 같은 형에 처한다.

가. 구성요건의 주체 및 행위의 상대방

본죄의 **구성요건 주체**는 **금융회사 등 임직원**이다. 이때 금융회사등은 앞에서 본바와 같다. 한편 본죄의 **행위 상대방**은 아무런 제한이 없다.

나. 구성요건적 행위 및 객체

본죄의 **구성요건적 행위**는 금융회사등의 임직원이 그 지위를 이용하여 소속 금융회사등 또는 다른 금융회사등의 임직원의 직무에 속하는 사항의 알선에 관하여 금품이나 그 밖의 이익을 수수, 요구 또는 약속하는 것이다. 이는 형법상 알선수뢰죄(형법 제132조)와 그 구성요건이 유사하다. 다만 그 주체가 공무원이 아닌 금융기관 임직원이라는 점에서 차이가 있을 뿐이다. 이때 **'지위를 이용하여'**라 함은 다른 금융기관 임직원의 직무에 영향력을 미칠 수 있는 신분 또는 지위를 사용하는 것을 말한다.

본죄의 **객체**는 **'금품이나 그 밖의 이익'**이다. 다만 이때 주의하여야 할 점은 위 뇌물의 요건인 '대가관계'는 알선수뢰죄의 경우 뇌물을 수수하는 공무원 자신의 직무와의 대가관계가 아니라 자신이 영향력을 행사할 수 있는 **'다른 공무원의 직무에 속한 사항'**의 알선에 대한 대가의 의미라는 점이다. 다른 금융기관 임직원과의 관계보다 그 금융기관 임직원에게 **'사실상의 영향력을 행사할 수 있는지'** 여부에 그 방점이 있다.

나아가 다른 금융기관 임직원의 직무에 속한 사항의 알선에 관하여 그 대가로 금품 등을 수수하면 충분하므로 그 금융기관 임직원의 직무에 속하는 사항에 관한 것이면 되는 것이고 그것이 반드시 부정행위라거나 그 직무에 관하여 결재권한이나 최종결정권한을 갖고 있어야 하는 것은 아니다.[10]

다. 처벌

본죄를 범하면 5년 이하의 징역 또는 10년 이하의 자격정지에 처한다. 나아가 앞에서 본 바와 같이 위와 같이 제3자가 취득한 금전, 물품 기타의 재산적 이익은 특정경제범죄법에 따라 필요적 몰수·추징의 대상이 된다(**동법 제10조 제1항, 제3항**).

5. 가중처벌 및 벌금형의 필요적 병과 규정(제5조 제4항, 제5항)

관련조문

특정경제범죄법 제5조(수재 등의 죄) ④ 제1항부터 제3항까지의 경우에 수수, 요구 또는 약속한 금품이나 그 밖의 이익의 가액(이하 이 조에서 "수수액"이라 한다)이 3천만원 이상일 때에는 다음 각 호의 구분에 따라 가중처벌한다.

1. 수수액이 1억원 이상일 때: 무기 또는 10년 이상의 징역
2. 수수액이 5천만원 이상 1억원 미만일 때: 7년 이상의 유기징역
3. 수수액이 3천만원 이상 5천만원 미만일 때: 5년 이상의 유기징역

⑤ 제1항부터 제4항까지의 경우에 수수액의 2배 이상 5배 이하의 벌금을 병과한다.

특정경제범죄법은 제5조에서 금융기관 임직원 등의 수재액에 따라 1억 원 이상과 5천만 원 이상 1억 원 미만, 3천만 원 이상 5천만 원 미만을 각각 나누어 징역형을 차등화하고 벌금액의 필요적 병과규정을 함께 두고 있다.

6. 범죄수익환수 및 자금세탁범죄 처벌 사례

특정경제범죄법 제5조는 그 신분의 주체가 공무원이 아닌 금융기관 임직원으로 바뀐 형법 제129조(수뢰), 제130조(제3자뇌물제공), 제132조(알선수뢰)의 죄와 유사하다. 따라서 금융기관 임직원이 그 직무에 관하여 또는 다른 금융기관 임직원의 직무에 관한 알선에 관하여 수수한 금품 등은 모두 환수의 대상이 된다.

---

10 대법원 1992. 5. 8. 선고 92도532 판결 참조.

이와 관련하여 **금융기관 임직원이 대출에 관한 편의를 제공하는 조건으로 이복동생 명의의 차명계좌로 금품을 수수한 경우 특정경제범죄법 제5조 제1항 위반죄가 성립하여 위와 같이 수수한 금품 전액을 추징하고, 위와 같이 범죄수익의 취득을 가장한 행위를 자금세탁범죄로 처벌한 사례**가 있다.[11]

사례

범 죄 사 실

1. 피고인 A

가. 특정경제범죄가중처벌등에관한법률위반(수재등)

피고인은 1992. 12. 24.경 농협은행에 입사하여 2012. 3.경부터 2016. 7. 21.경까지 광명시 E에 있는 농협은행 F지점에서 과장대리로 근무한 사람이다.

피고인은 2014. 3.경 위 은행에서 **대출 거래처인 B에게 대출에 관한 편의를 제공하는 조건으로 B로부터 2014. 3. 10.경 400만 원을 이복동생인 G 명의 농협 계좌(H)로 송금받은 것을 비롯하여, 그때부터 2016. 3. 16.경까지 별지 범죄일람표 기재와 같이 총 16회에 걸쳐 합계 1억 1,230만 원을 입금받아 금원을 수수하였다.**

나. **범죄수익은닉의규제및처벌에관한법률위반**

피고인은 **위 가항 기재와 같이 B로부터 합계 1억 1,230만 원을 받아 직무에 관하여 금원을 수수하는데 있어 이복동생인 위 G 명의 농협 계좌로 금원을 송금받고 위 계좌에서 돈을 인출하여 사용하는 방법으로 범죄수익의 취득에 관한 사실을 가장하였다.**

2. 피고인 B

피고인은 2014. 3.경 위 농협은행F지점에서 대출업무를 담당하는 위 A 과장대리로부터 대출에 관한 편의를 제공받는 조건으로 A에게 2014. 3. 10.경 400만 원을 A가 지정한 위 G 명의 농협 계좌로 송금한 것을 비롯하여, 그때부터 2016. 3. 16.경까지 별지 범죄일람표 기재와 같이 같은 명목으로 총 16회에 걸쳐 합계 1억 1,230만 원을 송금하여 A에게 그 직무에 관하여 1억 1,230만 원 상당을 공여하였다.

법령의 적용

1. 범죄사실에 대한 해당법조 및 형의 선택

가. 피고인 A

---

11 수원지방법원 안산지원 2017. 2. 16. 선고 2016고합357호 판결 참조(항소심 수원지방법원 2017노920호, 대법원 2017도8828 판결로 확정).

특정경제범죄 가중처벌 등에 관한 법률 제5조 제4항 제3호, 제1항, 제5항(2015. 12. 31.자 금품수수의 점, 벌금형 병과), 각 특정경제범죄 가중처벌 등에 관한 법률 제5조 제1항, 제5항(나머지 각 금품수수의 점, 각 징역형 선택, 각 벌금형 병과), 각 범죄수익은닉의 규제 및 처벌 등에 관한 법률 제3조 제1항 제1호(범죄수익 취득 가장의 점, 각 징역형 선택)

나. 피고인 B

각 특정경제범죄 가중처벌 등에 관한 법률 제6조 제1항, 각 징역형 선택

1. 추징(피고인 A)

특정경제범죄 가중처벌 등에 관한 법률 제10조 제3항, 제2항

Ⅲ 특정경제범죄법 제6조(증재 등의 죄)

1. 구성요건

관련조문

특정경제범죄법 제6조(증재 등의 죄) ① 제5조에 따른 금품이나 그 밖의 이익을 약속, 공여 또는 공여의 의사를 표시한 사람은 5년 이하의 징역 또는 3천만원 이하의 벌금에 처한다.
② 제1항의 행위에 제공할 목적으로 제3자에게 금품을 교부하거나 그 정황을 알면서 교부받은 사람은 제1항과 같은 형에 처한다.[전문개정 2012. 2. 10.]

특정경제범죄법은 제6조에서 제5조에 따른 금융회사등의 임직원에 대하여 금품이나 그 밖의 이익을 약속, 공여 또는 공여의 의사를 표시하는 행위(**제1항**), 위와 같은 행위에 제공할 목적으로 제3자에게 금품을 교부하거나 그 정황을 알면서 교부받는 행위(**제2항**)를 각각 처벌하고 있다.

가. 구성요건 주체 및 객체

구성요건의 주체는 아무런 제한이 없으므로 누구든지 그 주체가 될 수 있다. 한편 증재자가 금융기관 임직원 등에게 금품을 제공할 목적으로 금품을 교부한다는 정을 알면서 이를 교부받는 경우 누구든지 본죄의 주체가 될 수 있다.

구성요건의 객체는 금품이나 그 밖의 이익이므로 물건 또는 재산상의 이익 중 유형 또는 무형의 것을 불문한다.

나. 구성요건적 행위

구성요건적 행위는 금융회사등의 임직원 또는 해당 임직원에게 제공할 목적으로 제3자에게 금품이나 그 밖의 이익을 약속, 공여 또는 공여의 의사표시를 하거나(**제1항**) 그와 같은 사정을 알면서 금품을 교부받는 행위다(**제2항**).

이때 금융회사 임직원 등의 수재의 점과 관련하여 해당 금전 등의 교부가 금융기관 임직원의 직무에 관하여 약속, 공여되어야 하는바, '**직무에 관하여**'라 함은 **금융기관의 임직원이 그 지위에 수반하여 취급하는 일체의 사무를 말하는 것**으로서, 그 권한에 속하는 직무행위 뿐만 아니라 이에 밀접한 관계가 있는 경우와 그 직무에 관련하여 사실상 처리하고 있는 행위까지도 모두 포함한다고 볼 것이고, 또 그 직무가 독립적인 권한에 기한 것이든, 상사의 직무를 보조하는 지위에 기한 것이든 구별할 것도 아니다.[12]

주관적 구성요건요소와 관련하여 증재자가 제3자에게 금품을 교부하는 경우 금융기관 임직원 등에게 금품을 제공할 목적을 요구하고(**목적범**), 증재자로부터 금품을 교부받는 제3자는 교부받은 금전이 금융기관 임직원에게 제공될 목적이라는 사정을 모두 알고 있어야 한다(**고의범**).

2. 범죄수익환수 및 자금세탁범죄 처벌 사례

금융기관 임직원등에게 약속, 공여 또는 공여의 의사표시를 한 금원은 모두 **필요적 몰수·추징의 대상**이 된다. 다만 실무상 실제로 증재자로부터 금전을 몰수·추징하는 경우는 ① 금융기관 임직원 등에게 금품 등이 공여되었다가 증재자가 이를 그대로 돌려받은 경우, ② 증재자가 금융기관 임직원 등에게 금품을 제공할 목적으로 제3자에게 교부하였는데 적발된 경우, ③ 증재자가 제3자를 통하여 금융기관 임직원 등에게 금품을 공여하였는데 해당 금품을 증재자 또는 제3자가 그대로 돌려받은 경우를 상정하여 볼 수 있다.

실무상 증재자 또는 제3자가 수재자에게 공여한 금원을 돌려받아 수재자 또는 제3자로부터 동액 상당을 추징한 사례는 찾기 어렵다. **다만, 금융기관 임직원 등에 대한 증재행위에 따라 증재자와 수재자가 각 처벌받고, 수재자는 그와 같이 공여받은 금전을 차명계좌로 넣어 은닉함으로써 자금세탁범죄가 성립한 사례**를 소개한다.[13]

---

12 대법원 1989. 7. 25. 선고 89도890 판결 참조.

13 수원지방법원 성남지원 2016. 9. 22. 선고 2015고합284, 2016고합55(병합) 참조(대법원 2017도3103 판결로 확정).

사례

[범죄사실]

【피고인들의 지위】

피고인 A는 부동산개발 및 임대분양업, 주택건설업 등을 목적으로 설립한 주식회사 E(이하 'E'이라 한다), 주식회사 F(이하 'F'이라 한다), 주식회사 G*(이하 'G*'이라 한다)의 대표이사, 피고인 B는 같은 목적으로 설립한 주식회사 H(이하 'H'이라 한다), 주식회사 I(변경 전 상호는 '주식회사 J'이다. 이하 상호변경 전후를 구분하지 않고 'I'이라 한다), 주식회사 K(이하 'K'이라 한다)의 대표이사로서, 피고인 A, B는 위 각 회사들을 공동으로 운영하면서 회사재산관리 등 경영업무 전반을 총괄하되, 피고인 A는 자금조달 및 운영, 회계처리 등의 업무를, 피고인 B는 토지매입, 법인설립 및 부동산등기 등의 업무를 담당하였다.

피고인 C는 서울 송파구 L 소재 주식회사 M(변경 전 상호는 'M'이다. 이하 상호변경 전후를 구분하지 않고 'M'이라 한다) 전략영업부 PF팀 과장으로, 피고인 D는 위 저축은행 전략영업부 PF팀 차장으로 각 재직하였던 사람이다.

『2015고합284』

(중략)

3. 피고인 C, D의 특정경제범죄가중처벌등에관한법률위반(수재등)

피고인들은 2009. 12. 초순경 A, B에게 '그간의 PF 대출에 대한 사례, 향후 추가대출 및 대출금 집행과정에서 각종 편의제공의 대가로 현금 10억 원을 마련해 달라'는 취지로 요구하여 A, B로부터 금품을 수수한 후 이를 나눠 가지기로 공모하였다.

이에 따라 피고인 C는 2009. 12. 초순경 불상의 장소에서 A에게 "나와 D가 (대출을) 많이 도와주고 있는데 인사를 좀 해야 하지 않냐"라고 말하여 위 A로부터 대출사례금 등 명목으로 10억 원을 지급하겠다는 확약을 받았다.

가. 피고인 C는 2009. 12. 초순 20:00경 서울 송파구 AP오피스텔 AQ호에서 '그간의 PF 대출에 대한 사례, 향후 추가대출 및 대출금 집행과정에서 각종 편의제공의 대가' 명목으로 A, B로부터 여행용 가방에 담긴 현금 400,000,000원을 교부받은 다음, 위 가방을 자신의 차량에 싣고 서울 송파구에 있는 M 사무실 주차장으로 가 피고인 D와 함께 각 200,000,000원씩 나눠 가졌다.

나. 피고인 C는 2010. 1. 중순 20:00경 위 오피스텔 101동 ****호에서 위와 같은 명목으로 A, B로부터 여행용 가방에 든 현금 400,000,000원을 교부받은 다음, 위 M 사무실 주차장에서 피고인 D와 함께 각 200,000,000원씩 나눠 가졌다.

이로써 피고인들은 공모하여 금융회사 임직원이 그 직무에 관하여 800,000,000원을 수수하였다.

4. 피고인 A, B의 특정경제범죄가중처벌등에관한법률위반(증재등)

피고인 A는 2009. 12. 초순경 불상의 장소에서 C로부터 "나와 D가 (대출을) 많이 도와주고 있는데 인사를 좀 해야 하지 않냐"라는 말을 듣고 그 무렵 피고인 B와 협의하여 C, D에게 '그간의 PF 대출에 대한 사례, 향후 추가대출 및 대출금 집행과정에서 각종 편의제공의 대가' 명목으로 10억 원을 주기로 공모하였다.

피고인들은 위 공모에 따라 제3의 가. 나.항 기재 각 일시, 장소에서 제3의 가. 나.항 기재와 같은 방법으로 C, D에게 2회에 걸쳐 합계 800,000,000원을 교부하였다.

이로써 피고인들은 공모하여 금융회사 임직원의 직무에 관하여 금품을 공여하였다.

5. 피고인 C의 범죄수익은닉의규제및처벌등에관한법률위반

피고인은 2009. 12. 14.경 제3의 가.항 기재와 같이 A, B로부터 교부받은 현금 400,000,000원을 D와 200,000,000원씩 나눠 가진 다음 그 중 12,000,000원을 부 * 명의 농협 예금계좌(************)에 입금한 것을 비롯하여 위 일시경부터 2009. 12. 31.경까지 제3항 기재와 같이 수수한 금원 중 155,000,000원을 아래 표 기재와 같이 부 AR, 모 AN, 매제 AU 명의 예금계좌에 분산 입금하여 범죄수익의 취득 또는 처분에 관한 사실을 가장하였다.**

법령의 적용

1. 범죄사실에 대한 해당법조

(전략)

나. 피고인 C: 구 특정경제범죄 가중처벌 등에 관한 법률 제5조 제4항 제1호, 제1항, 제5항, 형법 제30조[수재의 점, 포괄하여, 유기징역형 선택{다만 형의 상한은 형법 제1조 제1항, 제8조, 부칙(2010. 4. 15.) 제1항 본문에 의하여 구 형법(2010. 4. 15. 법률 제10259호로 개정되기 전의 것, 이하 같다) 제42조 본문에서 정한 징역 15년으로 한다}, 징역형과 벌금형을 병과], 구 범죄수익은닉의 규제 및 처벌 등에 관한 법률 제3조 제1항 제1호(범죄수익 취득사실 가장의 점, 포괄하여, 징역형 선택)

다. 피고인 D: 구 특정경제범죄 가중처벌 등에 관한 법률 제5조 제4항 제1호, 제1항, 제5항, 형법 제30조[포괄하여, 유기징역형 선택{다만 형의 상한은 형법 제1조 제1항, 제8조, 부칙(2010. 4. 15.) 제1항 본문에 의하여 구 형법 제42조 본문에서 정한 징역 15년으로 한다}, 징역형과 벌금형을 병과]

1. 추징

피고인 C, D: 각 구 특정경제범죄 가중처벌 등에 관한 법률 제10조 제3항, 제2항

Ⅳ 특정경제범죄법 제7조 위반죄(알선수재의 죄)

관련조문

특정경제범죄법 제7조(알선수재의 죄) 금융회사등의 임직원의 직무에 속하는 사항의 알선에 관하여 금품이나 그 밖의 이익을 수수, 요구 또는 약속한 사람 또는 제3자에게 이를 공여하게 하거나 공여하게 할 것을 요구 또는 약속한 사람은 5년 이하의 징역 또는 5천만원 이하의 벌금에 처한다.

1. 서설

특정경제범죄법 제7조는 같은 법 제2조 제1호에서 정한 금융기관의 업무가 공공적 성격을 지니고 있어 국가의 경제정책과 국민경제에 중대한 영향을 미치는 관계로 그 임·직원의 직무관련 수재(제5조)나 그들에 대한 증재(제6조) 외에도, **그 직무에 개입하여 이를 알선하고 그 과정에서 금품을 수수하는 행위를 금지함으로써 그 직무의 불가매수성을 확보하고자 함에 입법취지**가 있다.[14]

2. 구성요건의 주체 및 행위의 상대방

본죄의 **구성요건 주체**는 아무런 제한이 없다. 따라서 누구든지 본죄의 주체가 될 수 있다. 특정경제범죄법 제5조는 그 행위의 주체가 금융회사 등 임직원이었으나 본죄는 그러한 구성요건 주체의 제한이 없다는 것이 특징이다.

나아가 **행위의 상대방** 또한 아무런 제한이 없다.

3. 구성요건적 행위 및 객체

본죄의 **구성요건적 행위**는 금융회사등의 임직원의 직무에 속하는 사항의 알선에 관하여 금품이나 그 밖의 이익을 수수, 요구 또는 약속하거나 또는 제3자에게 이를 공여하게 하거나 공여하게 할 것을 요구 또는 약속하는 것이다.

---

14 대법원 2015. 1. 15. 선고 2012도7571 판결 참조.

가. 금융회사등의 임직원의 직무에 속하는 사항

본죄의 '**금융기관의 임·직원의 직무**'라 함은 금융기관의 임·직원이 그 지위에 수반하여 취급하는 일체의 사무를 말하는 것으로서, 그 권한에 속하는 직무행위뿐만 아니라 이와 밀접한 관계가 있는 경우와 그 직무와 관련하여 사실상 처리하고 있는 행위까지도 모두 포함되고, 또한 그 직무가 금융기관의 신용사업 내지 주된 사업과 관련된 것인지, 그 외의 사업과 관련된 것인지 구별할 것은 아니다.[15]

나. 알선행위의 의미

'알선'은 '**일정한 사항에 관하여 어떤 사람과 그 상대방과의 사이에 서서 중개하거나 편의를 도모하는 행위**'를 의미하므로, 어떤 사람이 **청탁한 취지를 그대로 상대방에게 전하는 경우**뿐만 아니라 **그 사람을 대신하여 스스로 상대방에게 청탁을 하는 행위도 이에 해당**하고, 그 알선행위가 과거의 것이나 정당한 직무행위를 대상으로 하는 경우에도 이에 포함된다.

그리고 이러한 알선의 명목으로 금품 등을 수수하였다면 **실제로 어떤 알선행위를 하였는지와 관계없이 본 죄는 성립**하고, 한편 금융기관 임·직원의 직무에 속한 사항의 알선과 수수한 금품 사이에 대가관계가 있는지 여부는 해당 알선의 내용, 알선자와 이익 제공자 사이의 친분관계 여부, 이익의 다과, 이익을 수수한 경위와 시기 등의 제반 사정을 종합하여 결정하되, 알선과 수수한 금품 사이에 전체적, 포괄적으로 대가관계가 있으면 족하다.[16]

그러나 알선행위자의 알선행위에 대한 공동가공의 의사 없이 **단순히 알선할 자를 소개하거나 그 대가인 금품 기타 이익을 중간에서 전달한 것에 불과한 행위**는 **알선행위에 해당하지 않**는다.[17]

나아가 '**금융기관의 임·직원의 직무에 속한 사항의 알선에 관하여 금품을 수수한다**' 함은 금융기관의 임·직원의 직무에 속한 사항에 관하여 알선을 의뢰한 사람(알선의뢰인)과 알선의 상대방이 될 수 있는 금융기관의 임·직원(알선상대방) **사이를 중개한다는 명목으로 금품 기타 이익을 수수하는 경우라야 하는 것이지,** 이를 전제로 하지 않고 단순히 금융기관의 임·직원의 직무에 속하는 사항과 관련하여 **알선의뢰인에게 편의를 제공하고 그 대**

15 대법원 2006. 7. 13. 선고 2006도1341 판결 참조.
16 대법원 2015. 1. 15. 선고 2012도7571 판결 참조.
17 대법원 2012. 12. 27. 선고 2012도11200 판결 참조.

가로서 금품을 수수하였을 뿐인 경우에는 금융기관의 임·직원의 직무에 속한 사항의 **알선에 관하여 금품을 수수한 것이라고 할 수 없다.**[18]

그리고 알선자가 수수한 금품에 그 알선행위에 대한 대가로서의 성질과 그 외의 행위에 대한 대가로서의 성질이 불가분적으로 결합되어 있는 경우에는 그 전부가 불가분적으로 알선행위에 대한 대가로서의 성질을 가진다고 봄이 상당하다.[19]

다. 구성요건의 객체

본죄의 **객체**는 금품이나 그 밖의 이익이다. 알선의뢰인이 알선수재자에게 공무원이나 금융기관 임직원의 직무에 속한 사항에 관한 **알선의 대가를 형식적으로 체결한 고용계약에 터잡아 급여의 형식으로 지급한 경우**에 알선수재자가 수수한 알선수재액은 명목상 급여액이 아니라 **원천징수된 근로소득세 등을 제외하고 알선수재자가 실제 지급받은 금액으로 보아야** 한다.[20]

4. 처벌

본죄를 범하면 5년 이하의 징역 또는 5천만 원 이하의 벌금에 처한다. 나아가 앞에서 본바와 같이 위와 같이 취득한 금품이나 그 밖의 이익은 특정경제범죄법에 따라 필요적 몰수·추징의 대상이 된다(동법 제10조 제1항, 제3항).

5. 범죄수익환수 및 자금세탁범죄 처벌 사례

금융기관 임직원과 잘 알고 있다고 말하고 대출을 알선하여 주겠다는 명목으로 금품을 지급받고, 그 범죄수익의 취득을 가장하기 위하여 금품을 차명계좌로 지급받은 경우 특정경제범죄처벌법(알선수재)죄 및 범죄수익은닉규제법위반죄가 성립하고, 대출알선 명목으로 지급받은 금품 등을 전액 환수한 사례가 있다.[21]

---

18 대법원 2010. 9. 9. 선고 2010도5972 판결 참조.

19 대법원 2008. 1. 31. 선고 2007도8117 판결 등 참조

20 대법원 2012. 6. 14. 선고 2012도534 판결 참조.

21 창원지방법원 2016. 8. 11. 선고 2016고단516 판결 참조(같은 법원 2016노2117, 대법원 2016도20854 판결로 확정).

사례

범 죄 사 실

1. 특정경제범죄가중처벌등에관한법률위반(알선수재)

피고인은 2014. 5.경 김해시 E에 있는 F 현장 사무실에서, 위 산업단지 내 부지 소유자 G로부터 사업자금이 필요한 사업시행자인 ㈜H 실제 운영자 I를 소개받고, I에게 "대출 업무를 많이 해왔고 금융권에 아는 인맥이 많이 있다. 수개의 금융기관이 공동으로 대주단을 구성하여 대출을 받을 수 있도록 해주겠다. 대출이 성사되면 알선 수수료를 달라"고 요구하였다.

그 후 피고인은 금융권에 아는 인맥을 통해 대출을 받으려고 시도하다 제대로 성사되지 아니하자 J에서 이사의 직책으로 부동산 담보대출 등을 담당하는 K에게 연락하여 대출을 받을 수 있도록 도와달라고 하면서 대출에 필요한 서류를 건네주고, 위 K는 피고인을 통해 위 I 측과 금융자문용역계약을 체결하고 대출업무를 진행하였으나 대출이 원활하게 진행되지 아니하였다.

그러던 중 피고인은 2014. 8. 하순경에서 같은 해 9월 초순경 사이에 위 K에게 '대출이 성사되면 내가 받을 수수료가 1원인데 그 중 세금을 제외하면 약 7,000만 원을 받게 된다. 대출이 성사되면 그 돈을 개인적으로 너에게 다 주겠으니 대출이 반드시 성사될 수 있도록 해라'고 제의하였고, 위 K는 이를 승낙한 후 평소 거래관계에 있던 L농업협동조합 신용상무 M 등과 수시로 만나 위 산업단지 부지 담보로 대출을 빠른 시일 내에 해줄 것을 부탁하여 2014. 12. 1.경 L농업협동조합 등 9개 금융회사로부터 위 산업단지 부지를 담보로 총 318원 상당의 대출을 성사시켰다.

이에 따라 **피고인은 2014. 12. 2.경 위 사업시행자 I 측에게 피고인이 금융기관 관계자 등을 만나 대출을 성사시킨 것이라고 말을 하면서 위와 같이 약속한 수수료를 요구하여 위 I로부터 대출 알선 수수료 명목으로 4억 4,000원을 피고인이 지정한 ㈜N 명의로 개설된 계좌로 송금받은 후, 같은 달 4.경 서울 강동구에 있는 길동사거리 부근에서 위 K에게 대출 알선 수수료 명목으로 7,000만 원을 건네주었다.**

결국 피고인은 위와 같이 금융회사의 임직원의 직무에 속하는 사항인 대출의 알선에 관하여 금품을 수수하였다.

2. 범죄수익은닉의규제및처벌등에관한법률위반

피고인은 위와 같이 I에게 금융권에 인맥을 통하여 대출을 성사시켜 주면 알선 수수료를 달라고 요구한 다음, 2014. 11.경 실제 피고인이 명의만 빌렸을 뿐이지 위 대출 업무와는 아무런 관련이 없는 주식회사 N 대표이사 O 명의로 위 I 측과 시행자문 계약을 체결한 후, 2014. 12. 1.경 L농업협동조합 등 9개 금융회사로부터 위 산업단지 부지를 담보로 총 318억 원 상당의 대출금을 받도록 대출을 성사시키고 같은 달 2.경 위 I로부터 알선 수수료 명목으로 4억 4,000만 원을 위 ㈜N 명의로 개설된 계좌로 송금받았다.

결국 <u>피고인은 위와 같이 대출 알선 수수료 명목으로 4억 4,000만 원을 받은 것임에도 위 I 측과 주식회사 N 대표이사 O사이에 정상적인 시행 자문 계약이 체결된 후 대출이 실행되어 주식회사 N이 자문 수수료를 적법하게 취득하는 것처럼 범죄수익의 취득 및 발생원인에 대한 사실을 가장하였다.</u>

법령의 적용

1. **범죄사실에 대한 해당법조 및 형의 선택**
   특정경제범죄 가중처벌 등에 관한 법률 제7조(금융회사 임직원의 직무에 관한 알선수재의 점), 범죄수익은닉의 규제 및 처벌 등에 관한 법률 제3조 제1항 제1호, 제2호(범죄수익의 취득 및 발생원인에 관한 사실 가장의 점), 징역형 선택
1. **추징**
   특정경제범죄 가중처벌 등에 관한 법률 제10조 제3항, 제2항

V 특정경제범죄법 제8조(사금융 알선 등의 죄)

관련조문

특정경제범죄법 제8조(사금융 알선 등의 죄) 금융회사등의 임직원이 그 지위를 이용하여 자기의 이익 또는 소속 금융회사등 외의 제3자의 이익을 위하여 자기의 계산으로 또는 소속 금융회사등 외의 제3자의 계산으로 금전의 대부, 채무의 보증 또는 인수를 하거나 이를 알선하였을 때에는 7년 이하의 징역 또는 7천만원 이하의 벌금에 처한다. [전문개정 2012. 2. 10.]

1. 구성요건

특정경제범죄법은 제8조에서 금융회사등의 임직원이 그 지위를 이용하여 자기의 이익 또는 소속 금융회사등 외의 제3자의 이익을 위하여 자기의 계산으로 또는 소속 금융회사 등 외의 제3자의 계산으로 금전의 대부, 채무의 보증 또는 인수를 하거나 이를 알선하는 행위를 처벌하고 있다.

가. 구성요건 주체 및 객체

구성요건의 주체는 **금융회사등의 임직원**이다. 이 때 금융회사등은 다음과 같다.

관련조문

특정경제범죄법 제2조(정의) 이 법에서 사용하는 용어의 뜻은 다음과 같다.

1. **"금융회사등"**이란 다음 각 목의 어느 하나에 해당하는 것을 말한다.
   가. 「한국은행법」에 따른 한국은행, 「금융위원회의 설치 등에 관한 법률」에 따른 금융감독원 및 「은행법」이나 그 밖의 법률에 따른 은행
   나. 「자본시장과 금융투자업에 관한 법률」에 따른 투자매매업자, 투자중개업자, 집합투자업자, 신탁업자, 증권금융회사 및 종합금융회사
   다. 「상호저축은행법」에 따른 상호저축은행과 그 중앙회
   라. 「농업협동조합법」에 따른 조합과 농협은행
   마. 「수산업협동조합법」에 따른 조합과 수협은행
   바. 「신용협동조합법」에 따른 신용협동조합과 그 중앙회
   사. 「새마을금고법」에 따른 새마을금고와 그 연합회
   아. 「보험업법」에 따른 보험업을 경영하는 자
   자. 「신용보증기금법」에 따른 신용보증기금
   차. 「기술보증기금법」에 따른 기술보증기금
   카. 그 밖에 가목부터 차목까지의 기관과 같거나 유사한 업무를 하는 기관으로서 대통령령으로 정하는 기관

한편 **구성요건의 객체**는 **대부의 목적이 되는 금전, 보증 또는 인수의 대상이 되는 채무**로서 금융기관 임직원이 자기 또는 제3자의 계산으로 금전의 대부 및 채무의 보증, 인수를 알선하는 경우 처벌된다.

나. 구성요건적 행위

구성요건적 행위는 그 지위를 이용하여 자기의 이익 또는 소속 금융회사등 외의 제3자의 이익을 위하여 자기의 계산으로 또는 소속 금융회사 등 외의 제3자의 계산으로 금전의 대부, 채무의 보증 또는 인수를 하거나 이를 알선하는 것이다.

'그 지위를 이용하여' 금전의 대부를 한다는 것은 금융기관의 임·직원의 지위에 있지 않았더라면 불가능하였거나 곤란하였을 금전의 대부행위가 금융기관의 임·직원의 지위에 있음으로 말미암아 가능하게 되거나 일반인에 비하여 용이하게 되었다는 사정이 존재하는 경우를 의미한다.[22]

---

22 대법원 2006. 11. 24. 선고 2006도60 판결 참조.

한편 **그와 같은 사정의 존재 여부**는 그 임·직원이 대부자금을 소속 금융기관에 예치되거나 예치될 자금으로부터 쉽게 대출받거나 유용함으로써 마련하였는지 여부, 자금의 대여 또는 차용을 원하는 사람을 물색하여 선정함에 있어서 소속 금융기관 고객과의 거래관계로부터 도움이 있었는지 여부 및 소속 금융기관이 가진 고객에 관한 정보나 기타 유형·무형의 자산을 당해 대부거래의 성립에 이용하였는지 여부 등을 종합하여 당해 대부행위에 가벌성이 있는지 여부를 판단함에 의하여 정하여야 한다.[23]

위 구성요건은 **자기의 이익 또는 소속 금융회사등 외의 제3자의 이익**을 위할 것을 요구하고 있으므로 위와 같은 대부 등의 행위가 결국 행위자 또는 제3자를 위한 것이었는지 여부가 쟁점이 된다. 나아가 '**자기의 계산 또는 소속 금융회사 등 외의 제3자의 계산**'이라 함은 위와 같은 대부, 채무의 보증 또는 인수로 인한 손익이 자기 또는 제3자에게 귀속된다는 것을 의미한다. 따라서 위와 같은 금전의 대부, 채무의 보증 및 인수가 있었다는 사실 외에도 그와 같은 사금융 알선행위로 인하여 그 손익이 누구에게 귀속되었는지도 중요한 쟁점이 된다.

한편 **대법원**은 ① 은행 지점장의 지위에 있음을 기화로 은행의 공신력을 사적으로 이용하여 거래처의 이익을 위하여 거래처의 제3자에 대한 차용금채무를 보증한 피고인에 대하여 특정경제범죄법 제8조 소정의 사금융알선등의 죄를 인정한 바 있고,[24] ② 은행 지점장이 인척관계인으로부터 자금을 개인적으로 위탁받아 예치·보관하고 있음을 기화로 지점 금융거래 관계로 알게 된 차주들에게 개인적으로 위 금전을 대부한 경우, 은행 지점장이 아니었더라도 얼마든지 가능하였을 개인적인 대부라고 단정하기는 어렵다고 판시한바 있다.[25]

2. 범죄수익환수 및 자금세탁범죄

금융기관 임직원등이 그 지위를 이용하여 사금융을 알선한 경우, 특정경제범죄법 제10조가 아닌 **부패재산몰수법 제5조, 제3조에 따라 임의적 몰수·추징의 대상**이 된다. 실무상 금융기관 임직원 등이 그 지위를 이용하여 사금융을 알선하는 경우, 이와 같은 범죄행위에 의하여 생긴 재산 또는 그 범죄행위의 보수로서 얻은 재산, 및 해당 범죄수익으로부터 유래한 재산은 환수의 대상이 된다.

---

23 대법원 2000. 11. 28. 선고 2000도2474 판결 등 참조.
24 대법원 1997. 5. 30. 선고 95도531 판결 참조.
25 대법원 2000. 11. 28. 선고 2000도2474 판결 참조.

이 경우 위 **몰수·추징의 대상이 되는 재산**은 모두 행위자가 실제로 취득한 이익에 한정되는 것으로 해석되는데(이익박탈형 몰수·추징) 위와 같은 **사금융을 불법적으로 알선하여 주는 경우 행위자가 실제로 얻은 수익을 특정하여 이를 추징할 필요**가 있다. 예를 들어 금융기관 임직원 A가 기업인 B에게 자신의 지위를 이용하여 불법적으로 금전을 대부하여 주고 B로부터 금품을 수수한 경우라면 이는 특정경제범죄법상 금융기관 임직원의 수재등죄가 성립한다 할 것이므로(동법 제5조 참조), 이는 특정경제범죄법에 따른 필요적 몰수·추징의 대상이 된다. 다만 금융기관 임직원이 위와 같은 금전의 대부, 채무의 보증 또는 인수를 통해서 얻은 별도의 이익이 있는 경우 이를 구체적으로 산정하여 추징하여야 한다.

실무상 대부분의 사금융알선행위의 경우 그 대가로 금융기관 임직원이 금품을 수수하는 경우가 많고 이는 앞에서 본 바와 같이 특정경제범죄법 제5조에 따른 범죄 성립 및 제10조에 따라 몰수 또는 추징이 선고된다는 사실을 유의하여야 한다.

VI 특정경제범죄법 제9조(저축 관련 부당행위의 죄)

관련조문

특정경제범죄법 제9조(저축 관련 부당행위의 죄) ① 저축을 하는 사람 또는 저축을 중개하는 사람이 금융회사등의 임직원으로부터 그 저축에 관하여 법령 또는 약관이나 그 밖에 이에 준하는 금융회사등의 규정에 따라 정하여진 이자, 복금(福金), 보험금, 배당금, 보수 외에 어떤 명목으로든 금품이나 그 밖의 이익을 수수하거나 제3자에게 공여하게 하였을 때에는 5년 이하의 징역 또는 5천만원 이하의 벌금에 처한다.

② 저축을 하는 사람이 그 저축과 관련하여 그 저축을 중개하는 자 또는 그 저축과 관계없는 제3자에게 금융회사등으로부터 대출등을 받게 하였을 때 또는 저축을 중개하는 사람이 그 저축과 관련하여 금융회사등으로부터 대출등을 받거나 그 저축과 관계없는 제3자에게 대출등을 받게 하였을 때에는 제1항과 같은 형에 처한다.

③ 금융회사등의 임직원이 제1항 또는 제2항에 규정된 금품이나 그 밖의 이익을 공여하거나 대출등을 하였을 때에는 제1항 또는 제2항과 같은 형에 처한다.

④ 제1항부터 제3항까지의 경우 징역과 벌금을 병과할 수 있다.

⑤ 금융회사등의 임직원이 소속 금융회사등의 업무에 관하여 제3항의 위반행위를 하면 그 행위자를 벌하는 외에 그 소속 금융회사등에도 같은 항의 벌금형을 과(科)한다. 다만, 소속 금융회사등이 그 위반행위를 방지하기 위하여 해당 업무에 관하여 상당한 주의와 감독을 게을리하지 아니한 경우에는 그러하지 아니하다.

[전문개정 2012. 2. 10.]

1. 구성요건

특정경제범죄법은 제9조에서는 저축을 하는 사람 또는 저축을 중개하는 사람이 금융회사등의 임직원으로부터 그 저축에 관하여 법령 또는 약관이나 그 밖에 이에 준하는 금융회사등의 규정에 따라 정하여진 이자, 복금(福金), 보험금, 배당금, 보수 외에 어떤 명목으로든 금품이나 그 밖의 이익을 수수하거나 제3자에게 공여하게 하는 행위(**제1항**), 저축을 하는 사람이 그 저축과 관련하여 그 저축을 중개하는 자 또는 그 저축과 관계없는 제3자에게 금융회사등으로부터 대출등을 받게 하였을 때 또는 저축을 중개하는 사람이 그 저축과 관련하여 금융회사등으로부터 대출등을 받거나 그 저축과 관계없는 제3자에게 대출등을 받게 하는 행위(**제2항**)를 처벌하고 있다. 나아가 금융회사등의 임직원이 제1항 또는 제2항에 규정된 금품이나 그 밖의 이익을 공여하거나 대출등을 하는 행위를 아울러 처벌하는 조항을 마련하여 두고 있다(**제3항**).

이하에서는 각 항을 나누어 항목별로 구성요건과 범죄수익환수 사례 등을 상세히 살펴본다.

가. 저축을 하는 사람 등의 금융회사 임직원으로부터 금품 등 수수의 죄(제1항)

관련조문

특정경제범죄법 제9조(저축 관련 부당행위의 죄) ① 저축을 하는 사람 또는 저축을 중개하는 사람이 금융회사등의 임직원으로부터 그 저축에 관하여 법령 또는 약관이나 그 밖에 이에 준하는 금융회사등의 규정에 따라 정하여진 이자, 복금(福金), 보험금, 배당금, 보수 외에 어떤 명목으로든 금품이나 그 밖의 이익을 수수하거나 제3자에게 공여하게 하였을 때에는 5년 이하의 징역 또는 5천만원 이하의 벌금에 처한다.

1) 구성요건의 주체 및 객체

구성요건의 주체는 저축을 하는 사람 또는 저축을 중개하는 사람으로 특정 신분을 요하지 않으므로 누구든지 본죄의 주체가 될 수 있다. 다만 저축을 하거나 저축을 중개하는 행위를 하는 경우에 한한다.

위 '**저축을 하는 자**'에는 사법상 법률효과가 귀속되는 '**저축의 주체**'가 아니라고 하더라도, '**저축과 관련된 행위를 한 자**'도 포함되고, 그러한 자가 금융기관 임직원들의 유치 활동의 대상이 되어 당해 저축과 관련하여 특별한 이익을 수수하였다면 그 구성요건에 해당된다고 할 것이며, 이러한 해석이 '저축을 하는 자'라는 문언의 의미 한계를 넘어선 해석은 아니므로 죄형법정주의에 위반된 해석이라고 할 수도 없다.[26]

구성요건의 객체는 법령 또는 약관이나 그 밖에 이에 준하는 금융회사등의 규정에 따라 정하여진 이자, 복금(福金), 보험금, 배당금, 보수 외에 어떤 명목으로든 금융회사등의 임직원으로부터 수수하거나 제3자에게 공여하는 금품이나 그 밖의 이익을 대상으로 한다. 결국 금융회사등의 임직원으로부터 수수하거나 제3자에게 공여하는 금품이나 그 밖의 재산상 이익이라면 그 명목이 무엇이든 불문한다. 다만 **금융회사등의 규정에 따라 정해진 금품 등일 것을 요**하므로 이와 관련 없는 금품은 본죄의 객체에서 제외된다.

2) 구성요건적 행위

본죄의 **구성요건적 행위**는 **금융회사 임직원으로부터 어떤 명목으로든 저축에 관하여 금융회사등의 규정에 따라 정하여진 금품 등을 수수하거나 제3자에게 공여하게 하는 것**이다. 흔히 금융회사인 보험회사 직원 등의 계약실적의 증진 등을 위하여 보험회사 직원으로부터 이자 등 명목으로 금품을 수수하는 경우를 상정할 수 있다.

본죄의 구성요건과 관련하여 저축을 하는 자가 당해 저축과 관련하여 금융기관과 맺은 계약의 유·무효는 위 죄의 성부를 좌우하는 것은 아니다.[27] 나아가 저축을 하는 자가 금융기관 임직원이 공여한 특별한 이익을 수수하였다면 그 임직원이 금융기관의 기관이나 대리인으로서 금융기관 소유의 금품을 건넨 것이든 아니면 임직원 개인으로서 자기 소유의 금품을 건넨 것이든 관계없이 특정경제범죄법 제9조 제1항의 구성요건에 해당된다고 해석하여야 한다.[28]

대법원은 보험계약자가 보험회사와의 사이에 보험계약상의 급부와 별도로 특별한 이익을 제공받기로 하는 이면계약을 체결하고 추가 지급받은 돈은 **'이자 또는 약관 기타 이에 준하는 금융기관의 규정에 의하여 지급한 보험금'**에 해당한다고 보기 어려우나, 위 규정에서 정해진 '**이익**'을 수수한 것으로 본다고 판시하였다.[29]

나. 저축을 하는 사람 등의 제3자에 대한 대출을 받게 하는 행위(제2항)

관련조문

특정경제범죄법 제9조(저축 관련 부당행위의 죄) ② 저축을 하는 사람이 그 저축과 관련하여 그 저축을 중개하는 자 또는 그 저축과 관계없는 제3자에게 금융회사등으로부터 대출등을 받게

26 대법원 2006. 3. 9. 선고 2003도6733 판결 참조.
27 대법원 2001. 6. 29. 선고 99도5026 판결 참조.
28 대법원 2006. 3. 9. 선고 2003도6733 판결 참조.
29 위 대법원 2003도6733 판결 참조.

하였을 때 또는 저축을 중개하는 사람이 그 저축과 관련하여 금융회사등으로부터 대출등을 받거나 그 저축과 관계없는 제3자에게 대출등을 받게 하였을 때에는 제1항과 같은 형에 처한다.

---

1) 구성요건의 주체 및 객체

구성요건의 주체는 저축을 하는 사람 또는 저축을 중개하는 사람이다. 저축을 하거나 저축을 중개하는 사람이라면 누구든지 본죄의 주체가 될 수 있다. **구성요건의 객체**는 그 저축을 중개하는 자 또는 그 저축과 관계없는 제3자에게 금융회사등으로부터 받게 하는 대출등이다. 여기에서 **'저축'** 및 **'대출등'**이라 함은 다음과 같다.

관련조문

특정경제범죄법 제2조(정의) 이 법에서 사용하는 용어의 뜻은 다음과 같다. <개정 2016. 3. 29., 2016. 5. 29.>

2. **"저축"**이란 다음 각 목의 어느 하나에 해당하는 것을 금융회사등에 예입(預入), 납입(納入) 또는 신탁(信託)하거나 금융회사등으로부터 수령(受領) 또는 매입(買入)하는 것을 말한다.
   가. 예금, 적금, 부금(賦金), 계금(계金) 및 신탁재산
   나. 주식, 채권, 수익증권, 어음, 수표 및 채무증서
   다. 보험료
   라. 그 밖에 가목부터 다목까지의 규정에 준하는 것으로서 **대통령령**으로 정하는 것
3. **"대출등"**이란 **금융회사등이 취급**하는 **대출, 채무의 보증 또는 인수(引受), 급부(給付), 채권 또는 어음의 할인이나 그 밖에 이에 준하는 것**으로서 **대통령령**으로 정하는 것을 말한다.

☞ **동법 시행령 제2조(대출등의 범위)** 「특정경제범죄 가중처벌 등에 관한 법률」(이하 "법"이라 한다) 제2 제3호에서 "대통령령으로 정하는 것"이란 다음 각 호의 어느 하나에 해당하는 것을 말한다.<개정 2009. 7. 7., 2019. 5. 7.>

1. 외자(外資)의 전대(轉貸)
2. 어음의 매입
3. 설비 또는 운전자금의 투융자, 대부, 지급, 지급보증, 금전융자, 채권취득 등 그 명목에 관계없이 금융회사등이 그 업무와 관련하여 자금수요자에게 자금을 융통하여 주거나 채무를 보증하여 주는 것

---

2) 구성요건적 행위

구성요건적 행위는 저축을 하는 사람이 그 저축과 관련하여 그 저축을 중개하는 자 또는 그 저축과 관계없는 제3자에게 금융회사등으로부터 대출등을 받게 하는 행위(**제2항 전단**) 또는 저축을 중개하는 사람이 그 저축과 관련하여 금융회사등으로부터 대출등을 받거나 그 저축과 관계없는 제3자에게 대출등을 받게 하는 행위(**제2항 후단**)이다.

여기에서 위와 같은 대출등은 저축과 관련하여 이루어질 것을 요하므로 **저축과 무관하게 제3자에 대한 대출이 이루어지는 경우에는 위 구성요건의 해당성이 없**다. 본 구성요건의 취지는 저축을 하거나 저축을 중개하는 사람이 자신의 저축과 관련하여 이와 무관한 제3자에게 대출등을 받게 함으로써 금융기관 등의 부실을 초래할 위험이 있는 행위를 차단하겠다는 것이다. 제3자는 위와 같은 저축과 무관하기 때문에 제3자가 대출등을 받음으로 인해 금융기관이 위 저축의 존재 여부와는 상관없이 그 피해를 고스란히 떠안을 수 있기 때문이다.

주관적 구성요건요소와 관련하여 저축을 하는 사람 또는 저축을 중개하는 사람이 저축과 관련하여 이와 무관한 사람에게 대출등이 이루어진다는 사실을 인식하면 충분(**고의범**)하고 별도의 목적은 요구되지 않는다.

다. 금융회사등의 임직원에 대한 처벌(제3항)

관련조문

특정경제범죄법 제9조(저축 관련 부당행위의 죄) ③ 금융회사등의 임직원이 제1항 또는 제2항에 규정된 금품이나 그 밖의 이익을 공여하거나 대출등을 하였을 때에는 제1항 또는 제2항과 같은 형에 처한다.

---

1) 구성요건의 주체 및 객체

구성요건의 주체는 동법 제9조 제1항 또는 제2항에 규정된 금품이나 그 밖의 이익을 공여하거나 대출등을 하는 금융회사등의 임직원이다(**신분범**). 동법 제9조 제1항 및 제2항의 행위와 대향범의 관계에서 금품을 공여하거나 대출을 하여 주는 금융회사등의 임직원을 함께 처벌하는 규정이다.

위 각 규정에 따른 **구성요건의 객체**는 앞에서 본 바와 같으므로 생략한다.

2) 구성요건적 행위

구성요건적 행위는 동법 제9조 제1항 또는 제2항에 따른 금품이나 그 밖의 이익을 공여하거나 대출등의 행위를 하는 것이다. 금품이나 그 밖의 이익을 받는 것과 대출등을 받는 것과 대향적 관계에 있는 행위를 처벌한다.

2. 범죄수익환수 및 자금세탁범죄 처벌 사례

저축관련 부당행위를 통하여 취득한 범죄수익의 경우, **동법 제9조 제1항, 제3항에 따라 금품이나 그 밖의 이익을 수수한 경우 동법 제10조 제2항에 의거하여 필요적 몰수·추징의 대상**이 된다. 그러나 **동법 제9조 제2항**에 따른 대출등의 행위를 통해 얻은 부패재산의 경우에는 **부패재산몰수법 제3조, 제5조에 따라 임의적 몰수·추징의 대상**이 됨을 유의할 필요가 있다.

관련조문

특정경제범죄법 제10조(몰수·추징) ① 제4조 제1항부터 제3항까지의 경우 범인이 도피시키거나 도피시키려고 한 재산은 몰수한다.

② 제5조부터 제7조까지 및 **제9조 제1항·제3항의 경우** 범인 또는 정황을 아는 제3자가 받은 금품이나 그 밖의 이익은 몰수한다.

③ 제1항 또는 제2항의 경우 몰수할 수 없을 때에는 그 가액을 추징한다.

실무상 **저축관련부당행위를 통하여 수수료 명목으로 얻은 금전을 특정경제범죄법에 따라 몰수·추징한 사례**가 있어 소개한다.[30] 위 사안에서 금융기관의 임직원으로부터 예금주를 모아달라는 부탁을 받고 금융기관의 임직원으로부터 수수료 명목으로 수수한 금품을 환수하였다.

사례

범 죄 사 실

피고인은 전주(錢主)를 모집하여 돈을 필요로 하는 사람들에게 알선해 주는 사채업 관련 브로커이다.

1. 특정경제범죄가중처벌등에관한법률위반(저축관련부당행위)의 점

저축을 하는 사람 또는 저축을 중개하는 사람은 금융기관의 임·직원으로부터 당해 저축에

30 서울중앙지방법원 2012. 11. 9. 선고 2012고합823 판결 참조(대법원 2013도3565 판결로 확정).

관하여 법령 또는 정관 기타 이에 준하는 금융기관의 규정에 의하여 정하여진 이자 등 이외에 명목 여하를 불문하고 금품 기타 이익을 수수하여서는 아니됨에도 불구하고, 피고인은 예금주들을 모집하여 주식회사 E(이하 'E'이라 한다)에 예금토록 하고 그 사례금을 취득하기로 마음먹었다.

피고인은 2012. 2. 초순경 E의 이사인 F와 여신팀장인 G로부터 E에 예금할 사람을 모집해달라는 부탁을 받고, 명동 사채업자인 성명불상자(일명 'H')를 통하여 예금주들을 물색한 다음, 2012. 2. 22. 충남 연기군 I에 있는 E 사무실에서 예금주 J, K로 하여금 합계 2억 원을 저축하게 하고, 그 무렵 F로부터 위 은행 내부규정에 의하여 정하여진 이자 이외의 특별이자 명목으로 900만 원 상당을 지급받아 J 등에게 지급한 것을 비롯하여, 위 일시경부터 같은 해 5. 3.경까지 사이에 별지 범죄일람표 기재와 같이 예금주 407명을 모집하여 E에 합계 18,043,325,000원을 저축하게 하고 F로부터 특별이자 명목으로 8억 1,000만 원 상당을 지급받아 위 예금주 등에게 전달하고, 수수료 명목으로 합계 1억 500만 원을 수수하였다.

이로써 피고인은 'H' 등과 공모하여 위와 같이 E의 저축을 중개하면서 규정상 정하여진 이자 이외에 특별이자 및 수수료 명목으로 합계 9억 1,500만 원을 수수하였다.

(중략)

법령의 적용

1. **범죄사실에 대한 해당법조 및 형의 선택**

   특정경제범죄 가중처벌 등에 관한 법률 제9조 제1항, 형법 제30조(저축관련 특별이자 및 수수료 수수의 점, 포괄하여, 징역형 선택), 특정경제범죄 가중처벌 등에 관한 법률 제3조 제1항 제1호, 형법 제356조, 제355조 제1항, 형법 제30조(횡령의 점, 포괄하여, 유기징역형 선택)

1. **몰수**

   특정경제범죄 가중처벌 등에 관한 법률 제10조 제2항

1. **추징**

   특정경제범죄 가중처벌 등에 관한 법률 제10조 제3항, 제2항

[**판시 제1죄와 관련하여 피고인이 수수료 명목으로 받은 1억 500만 원 중 압수된 6,150만 원 부분 및 판시 제1죄와 관련하여 피고인이 수수료 명목으로 받은 1억 500만 원 중 압수된 6,150만 원을 제외한 나머지 4,350만 원 부분**]

제 4 장
특별법상 뇌물죄 관련 부패범죄

제 1 절 형법 외 법률의 공무원 의제 뇌물범죄(제2호)

부패재산몰수법은 **형법 외 법률의 공무원 의제에 따른 형법상 뇌물범죄**(제129조 내지 제132조)의 경우 모두 부패재산몰수법에 따른 부패범죄에 포함된다고 규정하고 있다.

관련조문

부패재산몰수법 별표

부패범죄(제2조 제1호 관련)

2. 「형법」외의 법률에서 규정한 공무원 의제에 따른 「형법」 제129조부터 제132조까지의 죄

국내 시행되고 있는 법률에서 공무원으로 의제되는 법률은 매우 많은데 통상적으로 공공기관의 임직원, 도시정비법 상 추진위원장 및 조합 임직원 등 직무수행 과정에서 고도의 청렴성이 요구되는 경우 법률에서 공무원 의제 규정을 마련하여 두고 있다.

2025년 3월을 기준으로 국가법령정보센터에서 제공하는 현행법령상 공무원 의제 규정을 두고 있는 법률은 수백 가지에 이르고, 해당 법률에 따라 공무원 의제 규정의 적용을 받는 기관의 임원, 직원, 위원회의 위원 등은 모두 형법상 뇌물범죄가 적용되는 공무원으로 의제된다는 점을 유의할 필요가 있다. **해당 법령의 내용은 양이 매우 방대한바, 주요하게 적용되는 법률은 다음과 같다.**

연번	법령 (★ 빈발 죄명)	공무원 의제 규정	적용대상
1	5·18민주화운동 진상규명을 위한 특별법	제66조	공무원이 아닌 위원회의 위원
2	가습기살균제 피해구제를 위한 특별법	제43조	피해구제위원회, 조사판정전문위원회, 재심사전문위원회, 구제자금운용위원회, 제7조 제5항에 따른 전문위원회의 위원
3	가축전염병 예방법	제58조의2	농림축산식품부장관이 제55조 제2항 또는 제3항에 따라 위탁한 업무에 종사하는 단체의 임직원
4	감염병의 예방 및 관리에 관한 법률	제76조의4	심의위원회 위원 중 공무원이 아닌 사람
5	감정평가 및 감정평가사에 관한 법률	제48조	1. 제10조 제1호 및 제2호의 업무를 수행하는 감정평가사 2. 제40조에 따른 위원회의 위원 중 공무원이 아닌 위원 3. 제46조에 따른 위탁업무에 종사하는 협회의 임직원
6	개인정보 보호법	제69조	보호위원회의 위원 중 공무원이 아닌 위원 및 공무원이 아닌 직원(제1항) 및 보호위원회 또는 관계 중앙행정기관의 장의 권한을 위탁한 업무에 종사하는 관계 기관의 임직원(제2항)
7	건강검진기본법	제27조의2	제27조 제2항에 따라 위탁받은 업무에 종사하는 법인 및 단체의 임직원
8	건설기계관리법	제38조의2	제38조 제2항에 따라 위탁받은 법인 또는 단체에서 그 업무에 종사하는 임직원
9	★건설기술 진흥법	제84조	1. 중앙심의위원회, 지방심의위원회 또는 특별심의위원회의 위원 중 공무원이 아닌 위원 2. 제6조에 따른 기술자문위원회의 위원 중 공무원이 아닌 위원 2의2. 제20조의6제1항에 따라 국토교통부장관이 위탁한 자에게 소속되어 그 업무에 종사하는 임직원 3. 제39조에 따른 건설사업관리 업무 중 대통령령으로 정하는 업무를 수행하는 건설기술인 4. 제68조에 따른 건설사고조사위원회의 위원 중 공무원이 아닌 위원 5. 제82조 제2항에 따라 국토교통부장관 또는 시·

			도지사가 위탁한 협회, 기관 또는 단체에서 그 업무에 종사하는 임직원
10	건설산업기본법	제90조	위원회의 위원과 제86조의4제2항에 따른 상습체불건설사업자명단 공표심의위원회의 위원 중 공무원이 아닌 사람 또는 제91조 제3항에 따른 위탁사무에 종사하는 자
11	게임산업진흥에 관한 법률	제43조	제16조부터 제18조까지의 규정에 따른 위원회 및 사무국의 임직원, 제24조의2와 제42조 제2항에 따라 위탁한 업무에 종사하는 등급분류기관 및 협회등의 임직원은
12	건축물관리법	제49조	1. 제18조 제1항에 따라 건축물관리점검을 실시하는 자 2. 제31조 제1항에 따른 해체공사감리자 3. 제39조 제1항 및 제40조 제2항에 따른 건축물관리지원센터 및 지역건축관리지원센터의 임직원 4. 제46조 제4항 또는 같은 조 제5항에 따른 중앙건축물사고조사위원회의 위원 또는 건축물사고조사위원회의 위원 5. 제50조 제3항에 따른 건축물관리점검 평가위원회의 위원
13	건축법	제105조	1. 제4조에 따른 건축위원회의 위원 1의2. 제13조의2제2항에 따라 안전영향평가를 하는 자 1의3. 제52조의3제4항에 따라 건축자재를 점검하는 자 2. 제27조에 따라 현장조사·검사 및 확인업무를 대행하는 사람 3. 제37조에 따른 건축지도원 4. 제82조 제4항에 따른 기관 및 단체의 임직원 5. 제87조의2제2항에 따라 지역건축안전센터에 배치된 전문인력
14	고등교육법	제64조의2	입학사정관 및 이를 감독하는 자
15	고용보험법	제115조의2	제36조와 제115조에 따라 업무를 대행하거나 위탁하도록 하는 경우에 그 대행하거나 위탁받은 업무에 종사하는 사람은
16	공간정보산업 진흥법	제28조	제23조 제4항 또는 제27조 제2항에 따라 업무를 위탁받은 관련 기관·법인 또는 협회의 임직원으로서 위탁업무 수행자

17	★ 공공기관의 운영에 관한 법률	제53조	공공기관의 임직원, 운영위원회의 위원과 임원추천위원회의 위원으로서 공무원이 아닌 사람
18	★공동주택관리법	제96조	1. 제40조 제1항에 따른 하자분쟁조정위원회의 위원 또는 하자분쟁조정위원회의 사무국 직원으로서 공무원이 아닌 자 2. 제48조 제1항에 따라 하자진단을 실시하는 자 3. 제71조 제1항에 따른 공동주택관리 분쟁조정위원회의 위원 또는 중앙분쟁조정위원회의 사무국 직원으로서 공무원이 아닌 자
19	공무원 재해보상법	제62조	다음 각 호의 어느 하나에 해당하는 사람 중 공무원이 아닌 사람 1. 심의회의 위원 2. 위원회의 위원 3. 제61조에 따라 인사혁신처장이 위탁한 업무(제61조 제6항에 따라 재위탁한 업무를 포함한다)에 종사하는 기관 등의 임직원
20	★공익사업을 위한 토지 등의 취득 및 보상에 관한 법률	제57조의2	토지수용위원회의 위원 중 공무원이 아닌 사람
21	공직자윤리법	제20조의3	공직자윤리위원회와 제14조의5에 따른 주식백지신탁 심사위원회의 위원장 및 위원으로서 공무원이 아닌 사람
22	관세법	제330조	다음 각 호에 해당하는 사람(기재 생략)
23	관세사법	제26조의2	관세사자격심의·징계위원회의 위원 중 공무원이 아닌 사람과 제26조에 따라 관세청장으로부터 위탁받은 업무에 종사하는 관세사회 또는 자격검정 관련 전문 기관·단체의 임직원
24	광업법	제102조의2	위원회의 위원 중 공무원이 아닌 사람
25	교통안전법	제62조	제34조 제1항, 제3항 및 제5항에 따라 교통시설안전진단을 실시하는 교통안전진단기관의 임·직원, 제59조 제3항에 따라 위탁받은 업무에 종사하는 교통안전과 관련된 전문기관·단체의 임·직원
26	국가기술자격법	제25조	제23조 제2항에 따라 위탁받은 업무에 종사하는 수탁기관의 임직원
27	국가를 당사자로	제35조	다음 각 호의 위원회의 위원 중 공무원이 아닌 위원

	하는 계약에 관한 법률		1. 제27조의3에 따른 과징금부과심의위원회 2. 제29조에 따른 국가계약분쟁조정위원회 3. 입찰·낙찰 또는 계약의 체결·이행에 관한 사전 심사 및 자문 업무를 수행하는 대통령령으로 정하는 위원회
28	국가인권위원회법	제62조	위원회의 위원 중 공무원이 아닌 사람
29	★국립대학법인 서울대학교 설립·운영에 관한 법률	제35조	국립대학법인 서울대학교의 임원 및 교직원
30	국민체육진흥법	제46조의3	다음 각 호의 어느 하나에 해당하는 사람 1. 스포츠윤리센터의 임직원 중 공무원이 아닌 사람 2. 제18조의10제1항에 따라 위탁받은 업무에 종사하는 사람 중 공무원이 아닌 사람 3. 제46조에 따라 위탁받은 업무에 종사하는 사람 중 공무원이 아닌 사람
31	국유재산법	제79조의2	위원회, 제59조의3제3항에 따른 민간참여개발자문단 및 같은 조 제7항에 따른 민간참여개발사업평가단의 위원 중 공무원이 아닌 위원은
32	★국토의 계획 및 이용에 관한 법률	제113조의4	중앙도시계획위원회의 위원·전문위원 및 지방도시계획위원회의 위원·전문위원 중 공무원이 아닌 위원이나 전문위원
33	난민법	제46조의2	제25조에 규정된 난민위원회(분과위원회를 포함한다)의 위원 중 공무원이 아닌 위원
34	노동위원회법	제29조	노동위원회의 위원 중 공무원이 아닌 위원
35	노인복지법	제58조	제53조 제2항에 따라 위탁받은 법인 또는 단체의 임직원
36	노인장기요양보험법	제66조의2	등급판정위원회, 장기요양위원회, 제37조의3제3항에 따른 공표심의위원회, 심사위원회 및 재심사위원회 위원 중 공무원이 아닌 사람
37	농약관리법	제31조의2	제17조의4제1항에 따라 지정된 시험연구기관의 임직원과 제31조 제2항에 따라 위탁한 업무에 종사하는 농업기술실용화재단 또는 농약 관련 단체의 장과 임직원
38	농어업인의	제21조	이 법에 따라 보험업무에 종사하는 보험사업자의 임

	안전보험 및 안전재해예방에 관한 법률		직원
39	농어업재해대책법	제5조의2	제5조 제1항의 농업재해대책 심의위원회와 같은 조 제2항의 어업재해대책 심의위원회의 위원 중 공무원이 아닌 위원
40	농어촌정비법	제129조	제109조 제1항, 제114조 제6항, 제115조 제1항 및 제2항에 따라 위탁받은 업무에 종사하는 관련기관 및 단체 등의 임직원
41	농촌진흥법	제37조	제33조 제3항 각 호의 사업을 수행하는 실용화재단의 임직원
42	대기환경보전법	제88조	제87조 제2항에 따라 위탁받은 업무에 종사하는 법인이나 단체의 임직원
43	대외무역법	제58조	제29조 제5항의 업무를 수행하는 전략물자관리원의 임직원과 산업통상자원부장관이 제52조에 따라 위탁한 사무에 종사하는 한국은행, 한국수출입은행, 외국환은행, 그 밖에 대통령령으로 정하는 법인 또는 단체의 임직원
44	대통령기록물 관리에 관한 법률	제29조	전문위원회의 위원 중 공무원이 아닌 위원
45	대통령직 인수에 관한 법률	제15조	위원회의 위원장·부위원장·위원 및 직원과 그 직에 있었던 사람 중 공무원이 아닌 사람
46	도로교통법	제118조	전문학원의 학감·부학감은 기능검정 및 수강사실 확인업무에 관하여, 기능검정원은 기능검정업무에 관하여, 강사는 수강사실 확인업무에 관하여
		129조의2	공단의 임직원은 제123조 제11호부터 제13호까지의 업무 및 제147조 제5항·제6항에 따라 공단이 대행하게 된 업무에 관하여
47	도로법	제109조	다음 각 호의 어느 하나에 해당하는 사람 1. 제77조 제4항에 따른 운행제한단속원 2. 제110조 제3항에 따라 도로와 관련된 기관 또는 단체가 위탁받은 업무에 종사하는 해당 기관 또는 단체의 임직원
48	★ 도시 및 주거환경정비법	제134조	추진위원장·조합임원·청산인·전문조합관리인 및 정비사업전문관리업자의 대표자(법인인 경우에는 임원을

			말한다)·직원 및 위탁지원자
49	★ 독점규제 및 공정거래에 관한 법률 ※ 2021. 12. 30. 시행	제123조 (개정 전 65조의2)	공정거래위원회의 위원 중 공무원이 아닌 위원 제73조부터 제79조까지의 규정에 따른 분쟁의 조정 업무를 담당하거나 담당하였던 사람 또는 제90조에 따른 이행관리 업무를 담당하거나 담당하였던 사람은
50	드루킹의 인터넷상 불법 댓글 조작 사건과 관련된 진상규명을 위한 특별검사의 임명 등에 관한 법률	제22조	특별검사등 및 특별검사의 직무보조를 위하여 채용된 사람
51	디자인보호법	제226조	제59조 제1항에 따른 전문기관 또는 제208조에 따른 디자인문서 전자화기관의 임직원이나 임직원으로 재직하였던 사람
52	마약류 관리에 관한 법률	제51조의4	제51조의2제1항에 따른 한국마약퇴치운동본부 임직원 중 공무원이 아닌 사람
53	매장문화재 보호 및 조사에 관한 법률	제30조	제29조 제2항에 따라 문화재청장으로부터 위탁받은 사무에 종사하는 법인의 임원과 직원
54	문화재보호법	제89조	다음 각 호의 어느 하나에 해당하는 자 (각 호 생략)
55	물환경보전법	제74조의2	제74조 제2항에 따라 위탁받은 업무에 종사하는 사람
56	미세먼지 저감 및 관리에 관한 특별법	제30조	다음 각 호의 어느 하나에 해당하는 사람 1. 위원회의 위원 중 공무원이 아닌 사람 2. 제29조 제2항에 따라 위탁받은 업무에 종사하는 법인이나 단체의 임직원
57	민간임대주택에 관한 특별법	제64조	통합심의위원회의 위원 중 공무원이 아닌 사람
58	민사소송법	제164조의8	전문심리위원
59	민사조정법	제40조의2	상임 조정위원
60	박근혜 정부의 최순실 등 민간인에 의한	제22조	특별검사등 및 특별검사의 직무보조를 위하여 채용된 자

	국정농단 의혹 사건 규명을 위한 특별검사의 임명 등에 관한 법률		
61	방송법	제104조	제35조의3제1항에 따른 방송분쟁조정위원회의 위원 중 공무원이 아닌 사람(제1항), 제103조에 따라 권한을 위탁받은 사무에 종사하는 사람(제2항)
62	방위사업법	제60조	위원회, 분과위원회 및 실무위원회의 위원 중 공무원이 아닌 위원, 제6조 제9항에 따라 옴부즈만으로 위촉된 자(제1항), 국방기술품질원의 임원 및 직원(제2항)
63	방위산업기술 보호법	제20조	다음 각 호의 업무를 행하는 사람 1. 제7조에 따라 방위산업기술의 지정·변경 및 해제 업무를 수행하는 위원회의 위원 중 공무원이 아닌 사람 2. 제12조에 따른 실태조사 등 관련 업무를 수행하는 사람
64	법학전문대학원 설치·운영에 관한 법률	제44조	법학교육위원회와 평가위원회의 위원, 조사위원, 평가위원회의 직원 중 공무원이 아닌 자
65	변호사법	제89조의 10	윤리협의회의 위원·간사·사무직원으로서 공무원이 아닌 사람
66	보조금 관리에 관한 법률	제39조의4	제26조의7제4항에 따라 위탁받은 업무에 종사하는 한국재정정보원의 임직원
67	부동산 가격공시에 관한 법률	제30조	1. 제28조 제1항에 따라 업무를 위탁받은 기관의 임직원 2. 중앙부동산가격공시위원회의 위원 중 공무원이 아닌 위원
68	부정경쟁방지 및 영업비밀보호에 관한 법률	제17조의3	제17조 제3항에 따른 지원업무에 종사하는 자
69	★부패방지 및 국민권익위원회의 설치와 운영에 관한 법률	제83조의2	① 위원회의 위원 중 공무원이 아닌 위원, 제22조에 따른 전문위원 및 제25조에 따른 파견 직원 ② 제69조에 따른 보상심의위원회의 위원 중 공무원이 아닌 사람은 보상심의위원회의

70	사립학교법	제72조의2	조정위원회의 위원 중 공무원이 아닌 사람
71	산림자원의 조성 및 관리에 관한 법률	제36조의2	제34조 제6항에 따라 관리·평가 및 성과 활용에 관한 업무를 대행하는 한국임업진흥원의 임직원과 제36 제10항에 따라 확인·점검 업무를 대행하는 기관·단체의 임직원
72	산지관리법	제52조의2	1. 제3조의4제3항에 따라 산지기본조사를 위탁받아 산지기본조사(제3조의4제1항 제2호에 관한 조사에 한정한다)를 수행하는 협회 등 기관의 임직원 2. 제3조의5제2항에 따라 산지관리정보체계의 구축·운영을 위탁받은 산지전문기관의 임직원 3. 산지관리위원회의 위원 중 공무원이 아닌 위원은
73	상가건물 임대차보호법	제22조	공무원이 아닌 상가건물임대차위원회의 위원 및 상가건물임대차분쟁조정위원회의 위원
74	석유 및 석유대체연료 사업법	제50조	제20조 및 제43조 제2항·제3항에 따라 위탁한 업무에 종사하는 기관·단체 또는 법인의 임직원
75	성폭력범죄의 처벌 등에 관한 특례법	제39조	진술조력인
76	식품위생법	제90조의4	안전성심사위원회 및 심의위원회의 위원 중 공무원이 아닌 사람
77	아동학대범죄의 처벌 등에 관한 특례법	제64조	아동보호전문기관의 장과 그 직원 및 진술조력인
78	영화 및 비디오물의 진흥에 관한 법률	제91조	1. 영화진흥위원회의 위원과 그 사무국의 직원 2. 영상물등급위원회의 위원과 그 사무국의 직원 3. 영상물등급위원회 소위원회의 위원·사후관리위원회의 위원 4. 제92조 제2항의 규정에 의하여 위탁받은 업무에 종사하는 자
79	의료법	제86조의2	제57조의2제4항에 따른 심의위원회 위원
80	저작권법	제131조	위원회의 위원·직원, 보호원의 임직원 및 심의위원회의 심의위원
81	정보통신망	제69조	과학기술정보통신부장관 또는 방송통신위원회가 제

	이용촉진 및 정보보호 등에 관한 법률		65조 제2항 및 제3항에 따라 위탁한 업무에 종사하는 한국정보화진흥원과 인터넷진흥원의 임직원
82	★주택법	제97조	1. 제44조 및 제45조에 따라 감리업무를 수행하는 자 2. 제48조의3제1항에 따른 품질점검단의 위원 중 공무원이 아닌 자 3. 제59조에 따른 분양가심사위원회의 위원 중 공무원이 아닌 자
83	주택임대차보호법	제31조	공무원이 아닌 주택임대차위원회의 위원 및 주택임대차분쟁조정위원회의 위원
84	청소년 보호법	제53조	청소년보호위원회의 사무에 종사하는 사람 중 공무원이 아닌 위원 또는 직원
85	특허법	제226조의2	제58조 제2항에 따른 전문기관, 제58조 제3항에 따른 전담기관 또는 특허문서 전자화기관의 임직원이거나 임직원이었던 사람
86	폐기물관리법	제62조의2	제62조 제2항 또는 제3항에 따라 위탁받은 업무를 하는 사람 중 공무원이 아닌 사람
87	행정심판법	제11조	위원 중 공무원이 아닌 위원
88	형사소송법	제279조의8	전문심리위원
89	화재예방, 소방시설 설치·유지 및 안전관리에 관한 법률	제45조의2	제4조 제3항에 따른 소방특별조사위원회의 위원 중 공무원이 아닌 사람, 제4조의2제1항에 따라 소방특별조사에 참여하는 전문가, 제45조 제2항부터 제6항까지의 규정에 따라 위탁받은 업무를 수행하는 안전원·기술원 및 전문기관, 법인 또는 단체의 담당 임직원
90	환경분야 시험·검사 등에 관한 법률	제32조	1. 제13조에 따라 정도검사 및 검정에 관한 업무에 종사하는 환경측정기기검사기관의 임직원 2. 제16조의2에 따라 측정대행에 관한 계약을 관리하는 업무에 종사하는 측정대행계약관리기관의 임직원

제 2 절 국제상거래에 있어서 외국공무원에 대한 뇌물방지법(제5호)

I 서설

부패재산몰수법은 별표 제5호에서 **국제상거래에 있어서 외국공무원에 대한 뇌물방지법**(이하, '국제뇌물방지법') **제3조 제1항의 죄**를 부패범죄로 규정하고 있다.

관련조문

부패재산몰수법 별표

부패범죄(제2조 제1호 관련)

5. 「국제상거래에 있어서 외국공무원에 대한 뇌물방지법」 제3조 제1항의 죄

관련조문

국제뇌물방지법 제3조(뇌물공여자 등의 형사책임) ① 국제상거래와 관련하여 부정한 이익을 얻을 목적으로 외국공무원등에게 그 업무와 관련하여 뇌물을 약속 또는 공여하거나 공여의 의사를 표시한 자는 5년 이하의 징역 또는 5천만 원 이하의 벌금에 처한다. 이 경우 범죄행위로 얻은 이익(이익이 공여액보다 적거나 산정할 수 없는 경우에는 공여액)이 1천만 원을 초과할 때에는 5년 이하의 징역 또는 그 이익(이익이 공여액보다 적거나 산정할 수 없는 경우에는 공여액)의 2배 이상 5배 이하에 해당하는 벌금에 처한다.

한편 舊 범죄수익은닉규제법 **제2조 제2호 나목 3)에서도 국제뇌물방지법 제3조 제1항의 죄**를 범죄수익환수 대상범죄로 규정하고 있다.

관련조문

舊 범죄수익은닉규제법 제2조(정의) 이 법에서 사용하는 용어의 뜻은 다음과 같다. <개정 2014. 5. 28., 2014. 11. 19.>

2. "범죄수익"이란 다음 각 목의 어느 하나에 해당하는 것을 말한다.
   나. 다음의 어느 하나의 죄에 관계된 자금 또는 재산
3) 「**국제상거래에 있어서 외국공무원에 대한 뇌물방지법**」 **제3조 제1항**의 죄

국제뇌물방지법은 국제상거래와 관련하여 외국공무원등에게 뇌물을 제공하는 행위를 처벌함으로써 건전한 국제상거래 질서의 확립에 기여하고 경제협력개발기구의 「국제상거래에 있어서 외국공무원에 대한 뇌물 제공행위 방지를 위한 협약」의 이행에 필요한 사항을 규정함을 목적으로 한다(동법 제1조 참조). 이는 국제사회의 일원으로서 국제상거래에 종사하는 세계인이라면 마땅히 지켜야 할 규범이기에 앞서, 사업 동반자인 상대국가에 대한 최소한의 예의와 존중인 동시에 자국과 자국민의 신뢰도와 투명성을 가늠케 하는 척도에 해당한다고 봄이 상당하다.

국제뇌물방지법 제3조 제1항의 **국제 상거래와 관련하여 부정한 이익을 얻을 목적으로 외국공무원에게 그 업무와 관련하여 뇌물을 약속 또는 공여하는 등의 행위를 처벌함으로써 국제상거래에 있어 발생할 수 있는 부패행위를 금지하기 위한 것**이다.

누구든지 국제뇌물방지법에 규정된 범죄행위에 제공된 뇌물로서 범인(동법 제4조에 따라 처벌되는 법인을 포함한다)에 소유하거나 범인 외의 자가 그 정황을 알면서 취득한 것은 필요적으로 몰수한다(**국제뇌물방지법 제5조**).

관련조문

국제뇌물방지법 제5조(몰수) 이 법에 규정된 범죄행위에 제공된 뇌물로서 범인(제4조에 따라 처벌되는 법인을 포함한다)이 소유하거나 범인 외의 자가 그 정황을 알면서 취득한 것은 몰수한다.

다만 국제뇌물방지법 제5조는 특이하게도 몰수할 수 없을 때 뇌물의 가액 상당을 추징한다는 필요적 추징 규정은 두고 있지 않으므로 **뇌물 자체를 몰수할 수 없는 경우에는 범죄수익은닉규제법 규정에 따라 위 범죄행위에 관계된 자금 또는 재산으로서 추징할 수 있다**고 봄이 상당하다. 몰수할 수 없을 때 그 가액을 추징하는 것은 일반 법리상 당연한 것으로 여기서 추징을 누락한 것은 단순한 입법의 불비로 보인다.

아래에서는 위 범죄의 구성요건을 살펴보고 이에 대한 범죄수익환수 사례 및 자금세탁범죄 처벌례를 검토하기로 한다.

Ⅱ 구성요건

관련조문

국제뇌물방지법 제3조(뇌물공여자 등의 형사책임) ① 국제상거래와 관련하여 부정한 이익을 얻을 목적으로 외국공무원등에게 그 업무와 관련하여 뇌물을 약속 또는 공여하거나 공여의 의사를 표시한 자는 5년 이하의 징역 또는 5천만원 이하의 벌금에 처한다. 이 경우 범죄행위로 얻은 이익(이익이 공여액보다 적거나 산정할 수 없는 경우에는 공여액)이 1천만원을 초과할 때에는 5년 이하의 징역 또는 그 이익(이익이 공여액보다 적거나 산정할 수 없는 경우에는 공여액)의 2배 이상 5배 이하에 해당하는 벌금에 처한다.

---

1. 서설

국제뇌물방지법 제3조 제1항은 국제상거래와 관련하여 부정한 이익을 얻을 목적으로 외국공무원등에게 그 업무와 관련하여 뇌물을 약속 또는 공여하거나 공여의 의사를 표시하는 행위를 처벌하고 있다. 형법상 뇌물수수 범죄와는 다르게 국제상거래에 있어 외국 공무원에게 뇌물을 '공여'하는 행위를 처벌하도록 하는 규정만을 두고 있는 것이다. **뇌물을 수수한 외국공무원에 대한 처벌은 위 법률에서 따로 규정하고 있지 않다.**

2. 구성요건의 주체 및 행위의 상대방

구성요건의 주체는 아무런 제한이 없다. 따라서 누구든지 본 죄의 주체가 될 수 있다. 한편 그 **행위의 상대방**은 국제상거래와 관련하여 부정한 이익을 얻을 목적으로 그 업무와 관련하여 뇌물을 약속 또는 공여하거나 공여의 의사표시를 받은 외국공무원 등이다.

이때 **뇌물공여의 상대방**인 **외국공무원의 범위**는 다음과 같다.

관련조문

국제뇌물망지법 제2조(외국공무원등의 범위) 이 법에서 "**외국공무원등**"이란 다음 각 호의 어느 하나에 해당하는 사람을 말한다.

1. 임명직 또는 선출직에 상관없이 **외국정부**(중앙으로부터 지방에 이르는 모든 단계의 정부를 포함한다. 이하 같다)**의 입법, 행정 또는 사법업무에 종사하는 사람**
2. 다음 각 목의 어느 하나에 해당하는 사람으로서 **외국의 공공기능 수행자**
   가. 외국정부로부터 **공적(公的) 업무를 위임받아 수행하는 사람**
   나. 특정한 공적 업무를 수행하기 위하여 **법령에 따라 설립된 공공단체 또는 공공기관의 업무에 종사하는 사람**
   다. 외국정부가 납입자본금의 50퍼센트를 초과하여 출자하였거나 중요 사업의 결정 및 임원의 임면(任免) 등 운영 전반에 관하여 실질적인 지배력을 행사하고 있는 기업체의 임직원. 다만, 차별적 보조금이나 그 밖의 특혜를 받지 아니하고 일반 사경제(私經濟) 주체와 동등한 경쟁관계에서 사업을 하는 기업체의 경우는 제외한다.

3. **공적 국제기구의 업무를 수행하는 사람** [전문개정 2010. 3. 24.]

3. 구성요건적 행위 및 객체

본죄의 **구성요건적 행위**는 국제상거래와 관련하여 그 업무와 관련하여 뇌물을 약속 또는 공여하거나 공여의 의사표시를 하는 것이다. **국제상거래**라 함은 나라와 나라 사이의 물품 판매, 교환, 대여 등 일체의 상사행위를 포함한다고 봄이 상당하고, 뇌물의 약속, 공여 및 공여의 의사표시는 **그 업무와 관련하여** 이루어져야 하므로 **대가성**이 인정되어야 함은 당연하다.

주관적 구성요건요소와 관련하여 국제뇌물방지법은 뇌물공여자가 외국공무원등에게 뇌물을 공여할 당시 **부정한 이익을 얻을 목적**을 요구하고 있으므로(**목적범**), 뇌물을 공여함으로써 자신이 담당하는 국제상거래에 있어 원래는 얻을 수 없을 이익을 얻을 목적이면 충분하다.

한편 본죄의 **구성요건 객체**는 '**뇌물**'로서 재물 또는 재산상 이익 모두를 포함하고 그 재산상의 이익은 유형 또는 무형의 것을 불문하므로 향응 기타 이익 등도 모두 포함된다.

4. 처벌

본죄를 범하면 5년 이하의 징역 또는 5천만 원 이하의 벌금에 처한다. 이 경우 범죄행위로 얻은 이익(이익이 공여액보다 적거나 산정할 수 없는 경우에는 공여액)이 1천만 원을 초과할 때에는 5년 이하의 징역 또는 그 이익(이익이 공여액보다 적거나 산정할 수 없는 경우에는 공여액)의 2배 이상 5배 이하에 해당하는 벌금에 처한다.

5. 동법의 적용 범위

동법은 국제상거래에 있어 뇌물을 공여하는 행위로서 행위자들의 행위지에 따라 우리 형법이 적용될 수 있을지 여부도 문제될 수 있다. 우리 형법은 대한민국 영역 내에서 죄를 범한 내국인과 외국인에게 적용되고(형법 제2조), 여기서 '**죄를 범한**'이란 행위의 일부 또는 결과의 어느 것이라도 대한민국의 영역 내에서 발생하면 충분하며,[1], 형법 제2조를 적용함에 있어서 공모공동정범의 경우 공모지도 범죄지로 보아야 한다.[2]

나아가 외국인의 국외범의 경우에도 쌍방가벌성 요건에 따라 **행위지의 법률에 따라 뇌물죄가 처벌되는 경우에는 본죄가 성립함에는 문제가 없**다.

Ⅲ 범죄수익환수 및 자금세탁범죄 처벌 사례

외국공무원인 미군 담당자가 CCTV 등 납품업자들로부터 부정한 청탁을 받아 금품을 수수하고, 위 미군 담당자에게 국제상거래에 관하여 부정한 이익을 얻을 목적으로 뇌물을 공여한 행위자들을 처벌한 사례가 있다.[3] 법원은 범죄수익의 추징과 관련하여 **미군 담당자가 배임수재 행위로 취득한 금품 상당액을 미군담당자로부터 추징**(형법 제357조 제3항)하였는데 국제뇌물방지법상 공여한 뇌물 자체에 대한 몰수만을 규정하고 있으므로 위 미군 담당자로부터 그 가액을 추징한 것은 타당하다.

사례

범 죄 사 실

『2015고합926』

피고인 A는 U 계약대행관(COR, Contracting Officer Representative)이자 기술평가위원회(TEB, Technical Evaluation Board) 위원으로 U에 필요한 물품의 발주의뢰를 하고, 입찰서에 대하여 타당성 평가를 하며, 계약이행 상황의 검수 및 대금지급 승인 권한을 가진 사람이다.

피고인 B는 CCTV 설치 업체인 피고인 주식회사 F(이하 'F'이라고만 한다)의 사내이사이자 F를 실질적으로 운영하면서 사실상 대표하고 있는 사람이고, 피고인 C는 CCTV 설치 업체인 피고인 G 주식회사(이하 'G'이라고만 한다)의 대표이사, 피고인 D는 G의 시스템사업부 과장인 직원이며, 피고인 E는 CCTV 제작업체인 피고인 주식회사 H(이하 'H'라고만 한다)의 감사인 직원이다.

1. 피고인 A

가. 배임수재

(1) F 관련 배임수재

F는 2011. 9. 29.경 U 계약처(CCK, 이하 'CCK'라고만 한다)와 사이에 U 기지 내에 CCTV

1 대법원 2000. 4. 21. 선고 99도3403 판결 등 참조.

2 대법원 1998. 11. 27. 선고 98도2734 판결 등 참조.

3 서울중앙지방법원 2016. 12. 9. 선고 2015고합926호) 판결 참조(서울고등법원 2016노4170 판결로 확정). 구체적인 범죄사실은 1심의 것을 원용하되, 행위자가 다수이고 범죄사실이 많으므로 행위자 중 일부의 것만 발췌하여 소개한다.

1,820대와 도어락 9,000대를 설치하고, 2,865,714,775원을 지급받기로 하는 계약을 체결하였고, 피고인 A는 계약대행관으로서의 지위를 이용하여 사실은 F에서 설치예정인 CCTV 중 일부를 설치하지 않거나 계약내용과 다른 저사양의 제품을 설치하더라도 정상적으로 설치계약이 이행된 것처럼 승인하고 뇌물을 받기로 계획하였다.

피고인은 2013. 3.경 서울 W에 있는 U 부대 내 피고인이 근무하는 헌병대 앞 주차장에서, F 대표 B로부터 "CCTV 설치에 미흡한 점이 있어도 대금지급 및 향후 수주가 잘 이루어질 수 있도록 협조해 달라"는 취지의 부정한 청탁을 받고, 현금 20,000,000원을 교부받았다.

피고인은 이를 비롯하여 2013. 6.경 같은 장소에서 7,000,000원, 2013. 4.경부터 같은 해 10.경까지 6개월간 6회에 걸쳐 서울 W구 효창동에 있는 F 사무실 등에서 "CCTV 설치에 미흡한 점이 있어도 대금지급 승인이 잘 이루어질 수 있도록 협조해 달라"는 취지의 부정한 청탁을 받고 월 1,000,000원씩 6,000,000원을 교부받아 합계 33,000,000원을 교부받았다(검사는 공소장에 '향후 수주가 잘 이루어질 수 있도록 협조해 달라'는 취지의 부정한 청탁에 대하여도 기재하였으나, 검사가 제출한 증거들만으로는 E가 피고인에게 위와 같은 내용의 부정한 청탁을 하였다는 점을 인정하기에 부족하고 달리 이를 인정할 증거가 없으므로 이 부분은 범죄사실에서 삭제한다).

이로써 피고인은 U 공사 관련 사무를 처리하면서, 그 임무에 관하여 부정한 청탁을 받고 재물 또는 재산상의 이익을 취득하였다.

(2) G 관련 배임수재

G는 2012. 9. 29. CCK와 사이에 U 부대 내에 CCTV 2,524대를 설치하고, 8단계에 걸쳐 설치작업을 완료할 때마다 대금을 지급받는 계약을 체결하였고, 피고인은 계약대행관으로서의 지위를 이용하여 G에서 각 단계별 CCTV 설치를 완료하지 않았음에도 검수 및 대급지급 승인을 해 주거나, 입찰정보 등을 미리 제공하고 뇌물을 받기로 계획하였다.

피고인은 2012. 3. 말경 서울 W에 있는 U 부대에서 G 직원 D로부터, 사실은 G가 2단계에 설치해야 할 CCTV 304대 중 110대를 설치하지 않았음에도 "CCTV 전부를 설치한 것으로 하고 대금지급을 승인해 달라"는 취지의 부정한 청탁을 받고 대금지급 승인을 해 주어, 2013. 5. 22. 2단계 공사대금 208,093,250원 전액이 G에 입금되게 하였다.

이후 피고인은 2013. 5. 31. 14:00경 서울 W구 이촌역 1번 출구 부근 W 부대 13번 게이트 주차장에 있던 피고인의 승용차 안에서 D로부터 10,000달러를 교부받았다.

피고인은 이를 비롯하여 2013. 5. 31.경부터 2013. 12. 4.경까지 별지 범죄일람표 기재와 같이 10회에 걸쳐 "CCTV 전부를 설치한 것으로 하고, 대금지급을 승인해 달라"는 등의 부정한 청탁을 받고 G로부터 41,000달러 및 29,000,000원, 합계 약 74,100,000원을 교부받았다.

이로써 피고인은 U 공사 관련 사무를 처리하면서, 그 임무에 관하여 부정한 청탁을 받고 재물 또는 재산상 이익을 취득하였다.

(이하 중략)

3. 피고인 B, 피고인 주식회사 F의 국제상거래에있어서외국공무원에대한뇌물방지법위반

가. 피고인 B

피고인은 2013. 3.경 서울 W구 W U 부대 내 A가 근무하는 헌병대 앞 주차장에서, U 계약대행관이자 기술평가위원회 위원인 A에게 "CCTV 설치에 미흡한 점이 있어도 대금지급이 잘 이루어질 수 있도록 원만히 협조해 달라"는 취지에서 20,000,000원을 공여한 것을 비롯하여, 2013. 6.경 같은 장소에서 같은 취지로 7,000,000원, 2013. 4.경부터 같은 해 10.경까지 6개월간 6회에 걸쳐 서울 W구 효창동에 있는 F 사무실 등에서 같은 취지로 월 1,000,000원씩 6,000,000원을 A에게 공여하여 합계 33,000,000원을 공여하였다(검사는 공소장에 '향후 수주가 잘 이루어질 수 있도록 협조해 달라'는 것도 피고인이 목적한 부정한 이익의 내용으로 기재하였으나, 검사가 제출한 증거들만으로는 피고인에게 위와 같은 내용의 부정한 이익을 얻을 목적이 있었다는 점을 인정하기에 부족하고 달리 이를 인정할 증거가 없으므로 이 부분은 범죄사실에서 삭제한다).

이로써 피고인은 국제상거래와 관련하여 부정한 이익을 목적으로 외국공무원에게 그 업무와 관련하여 뇌물을 공여하였다.

나. 피고인 주식회사 F

피고인은 피고인의 사실상 대표자인 E가 위 가.항의 일시, 장소에서 위 가.항과 같은 방법으로 외국공무원인 A에게 33,000,000원을 공여하여, 국제상거래와 관련하여 부정한 이익을 목적으로 외국공무원에게 그 업무와 관련하여 뇌물을 공여하였다.

4. 피고인 C, D의 국제상거래에있어서외국공무원에대한뇌물방지법위반

가. 피고인 C, D

피고인들은 공모하여, 피고인 D는 2013. 5. 31. 14:00경, 서울 W구 이촌역 1번 출구 부근 W기지 13번 게이트 주차장에 있던 U 계약대행관이자 기술평가위원회 위원인 A의 승용차 안에서, "미설치된 CCTV 관련 대금결제를 신속하게 해 주고, 입찰관련 정보를 미리 달라"는 취지에서 A에게 10,000달러를 공여하고, 2015. 6. 12. 14:00경 같은 장소에서 같은 취지로 A에게 6,000달러와 현금 4,000,000원을 공여하였다.

피고인들은 이를 비롯하여 2013. 5. 31.경부터 2013. 12. 4.경까지 별지 범죄일람표 기재와 같이 10회에 걸쳐 A에게 41,000달러 및 29,000,000원, 합계 약 74,100,000원을 공여하였다.

이로써 피고인들은 공모하여 국제상거래와 관련하여 부정한 이익을 목적으로 외국공무원에게 그 업무와 관련하여 뇌물을 공여하였다.

나. 피고인 G 주식회사

피고인은 피고인의 대표이사 C, 종업원 D가 위 가.항의 일시, 장소에서 위 가.항과 같은 방법으로 공모하여 외국공무원인 A에게 약 74,100,000원을 공여하여, 국제상거래와 관련하여 부정한 이익을 목적으로 외국공무원에게 그 업무와 관련하여 뇌물을 공여하였다.

법령의 적용

1. 범죄사실에 대한 해당법조 및 형의 선택

가. 피고인 A

각 구 형법(2016. 5. 29. 법률 제14178호로 개정되기 전의 것) 제357조 제1항(배임수재의 점, 징역형 선택), 제356조, 제355조 제1항, 형법 제30조(나*철과 공모한 업무상횡령의 점, 징역형 선택), 제356조, 제355조 제1항, 형법 제30조(포괄하여 D와 공모한 업무상횡령의 점, 징역형 선택)

나. 피고인 E

각 구 국제상거래에 있어서 외국공무원에 대한 뇌물방지법(2014. 10. 15. 법률 제12775호로 개정되기 전의 것, 이하 '구 국제상거래에 있어서 외국공무원에 대한 뇌물방지법'이라고만 한다) 제3조 제1항, 제3항(각 공여상대방별로 포괄하여 징역형 선택, 벌금형 병과)

다. 피고인 C

구 국제상거래에 있어서 외국공무원에 대한 뇌물방지법 제3조 제1항, 제3항, 형법 제30조(포괄하여 징역형 선택, 벌금형 병과)

라. 피고인 D

구 국제상거래에 있어서 외국공무원에 대한 뇌물방지법 제3조 제1항, 3항, 형법 제30조(포괄하여 외국공무원에 대한 뇌물공여의 점, 징역형 선택, 벌금형 병과), 형법 제356조, 제355조 제1항, 제30조(포괄하여 업무상 횡령의 점, 징역형 선택)

바. 피고인 주식회사 F, G 주식회사

각 구 국제상거래에 있어서 외국공무원에 대한 뇌물방지법 제4조 본문, 제3조 제1항

사. 주식회사 H

국제상거래에 있어서 외국공무원에 대한 뇌물방지법 제4조 본문, 제3조 제1항

1. 추징(피고인 A)

구 형법(2016. 5. 29. 법률 제14178호로 개정되기 전의 것) 제357조 제3항[추징액 산정 : F로부터 수령한 3,300만 원 + G로부터 수령한 2,900만 원 및 41,000달러를 이 판결 선고일자 KEB하나은행 제2회차 고시 환율(1,163원)로 계산한 47,683,000원 + H로부터 수령한 990만 원 + 유카로부터 수령한 10,000달러를 이 판결 선고일자 KEB하나은행 제2회차 고시 환율(1,163원)로 계산한 11,630,000원 = 131,213,000원]

Ⅳ 관련문제(범죄수익은닉규제법상 '외국인의 국외범' 처벌 규정 검토)

국제뇌물방지법은 외국공무원 등에게 뇌물을 '**공여**'하는 행위를 처벌하고 있으므로 뇌물을 수수한 외국공무원의 경우에는 국제뇌물방지법의 적용을 받는다고 볼 수 없다(이 때 뇌물을 수수한 외국공무원이 국내법상 '공무원'의 지위에 있다고 볼 수 없는 경우 배임수재죄로 처벌된다).

하지만 이와 관련하여 범죄수익은닉규제법은 「외국인이 대한민국 영역 밖에서 한 행위가 대한민국 영역 안에서 행하여졌다면 중대범죄 또는 제2호 나목에 규정된 죄에 해당하고 행위지(行爲地)의 법령에 따라 죄에 해당하는 경우 그 죄를 포함한다.」고 규정하고 있는데, 해당 규정과 관련하여 **외국인의 국외범의 경우 이를 어떻게 해석해야 하는지의 문제**다.

즉 외국인이 대한민국 영역 밖에서 범한 범죄라고 하더라도 그 행위가 국내에서 행하여졌다고 가정하여 볼 때 舊 범죄수익은닉규제법상 중대범죄 또는 제2조 제2호 나목에 규정된 범죄에 해당하고, 행위지의 법령에 따라서도 죄에 해당하는 경우(**쌍방가벌성**) 그 외국인에게도 국내법이 적용된다고 봄이 옳다.

이와 관련하여 법원은 미국 육군공병대 소속 군무원으로서 미국 정부계약을 통해 진행되는 미국 육군공병대의 프로젝트 등 개발, 타당성 보고서 작성, 예산안 마련 등의 업무를 담당한 외국인 A가 그 직무에 관하여 **미국에서 뇌물을 수수하고 국내에서 그 취득 및 처분을 가장한 사안(범죄수익은닉규제법위반)에서, 외국인의 국외범의 경우에도 범죄수익은닉규제법이 적용된다고 판시**하였다. 구체적인 판시사항은 다음과 같다.[4]

사례

(전략) 외국공무원의 경우에 있어 그가 당해 외국정부를 위하여 수행하는 구체적 직무와 임용, 위임관계 등을 기초로 국내법령을 가정적으로 적용하여 볼 때 <u>**그 실질이 국내법상 공무원과 동일한 것으로 평가할 수 있다면**</u>, <u>**외국공무원이 외국에서 행한 뇌물범죄의 경우에도 쌍방가벌성의 요건을 충족한다고 보는 것이 죄형법정주의에 부합하는 체계적, 논리적 해석**</u>이라 하지 않을 수 없고, 또 이 사건 조항의 문언에 비추어 볼 때 위와 같은 해석이 법문언의 가능한 의미를 벗어나는 것이라고 볼 수 없다.

그렇다면 이 사건에 있어 미국 육군공병대 소속 군무원으로서 미국 정부계약을 통해 진행되는 미국 육군공병대의 프로젝트 등 개발, 타당성 보고서 작성, 예산안 마련 등의 업무를 담

4 서울중앙지방법원 2016. 7. 7. 선고 2015노4304 판결 참조.

당한 **공소외 1이 그 직무에 관하여 뇌물을 수수한 행위**는 **'대한민국 영역 안에서 행하여졌다면 중대범죄인 [별표] 제1호 나목에 열거된 형법상 뇌물죄에 해당'**하므로 **이 사건 쌍방가벌성 요건을 충족**하고, 따라서 그 **범죄를 통해 얻은 재산에 대하여 출처를 감추기 위해 합법적인 거래에 의한 것처럼 취득원인을 가장한 피고인들의 행위**는 같은 법 제3조 제1항 제1호의 **범죄수익등 은닉·가장죄를 구성한다.**

(중략) 특히 뇌물죄는 대표적인 부패범죄이므로 이를 통해 얻은 재산의 국제적인 이동을 이용한 가장·은닉행위를 처벌할 필요성은 다른 어느 범죄보다도 높다고 할 수 있는데, 원심과 같이 한정적으로 해석한다면 사실상 그에 대한 처벌을 포기하는 것과 다름이 없게 되어 부당하다고 하지 않을 수 없다(원심과 같이 해석한다면, 뇌물죄의 경우에 있어 '외국공무원'임과 동시에 '대한민국 공무원'이 아닌 이상 이 사건 조항을 충족할 수 없게 되고, 이는 결국 입법자가 존재할 수 없는 전제사실에 의하여 입법을 하였다는 결론에 이르게 된다).

(중략) ② **범죄수익은닉규제법에서 외국인의 국외범에 대하여 쌍방가벌성의 요건을 둔 이유**는 ㉠ 현실적으로 국가마다 법률이 상이한 가운데 외국인이 행위지 **국가에서 범죄가 되지 아니하는 행위로 얻은 수익의 세탁행위까지 국내법에 의하여 처벌하는 것은 당해 외국인의 법적 안정성을 침해하는 결과를 초래**할 수 있기 때문에 이를 방지하려는 것(외국인에 대한 법적 안정성 보장 측면)과 ㉡ 우리나라의 입장에서 국내의 형사정책이나 형사정의를 손상하면서까지 국제사회의 필요에 응하여 국내법에 의해 처벌할 필요가 없다는 것(국내 법정책적 측면)으로 나누어 볼 수 있다.

이 사건과 같은 경우에 있어, 외국인에 대한 법적 안정성 보장의 측면은 문제될 여지가 없고, 다만 국내 법정책의 측면만이 문제될 수 있다. 그런데 외국공무원의 경우, 그가 당해 외국정부를 위해 수행하는 구체적 직무 및 임용, 위임관계 등 구체적인 사실관계를 기초로 **공무원의 범위에 대하여 규율하는 국내법령을 가정적으로 적용하여 볼 때, 그 실질에 있어 국내법령상 공무원으로 평가할 수 있다면, 그 경우에 있어 쌍방가벌성의 요건을 충족한다**고 해석하는 것을 국내의 형사정책이나 형사정의가 손상되었다고 볼 수는 없을 것이다.

③ 어떠한 행위가 자국 영역 내에서 실제 행하여지지 않았음에도 마치 행하여진 것처럼 가정하여 심사하는 쌍방가벌성 요건 심사의 본질적인 특성과 함께 각국의 범죄구성요건의 규정형식 및 체계, 개념 등에 차이가 있을 수밖에 없는 점을 고려하여 볼 때, **외국에서 현실적으로 발생한 사실관계에 대한 어느 정도의 추상화나 유형화 및 이에 대한 새로운 법률적 평가는 불가피하다.** 사정이 그와 같다면, 뇌물범죄를 전제범죄로 하여 쌍방가벌성 요건을 충족하는지 여부를 심사하는 단계에서 원심과 같이 그 범죄의 주체를 '대한민국 공무원'으로만 한정하는 해석은 위와 같은 쌍방가벌성 요건 심사의 특수성을 전혀 반영하지 않은 것이다.

위 판결은 **외국공무원**의 경우, 그가 당해 외국정부를 위해 수행하는 구체적 직무 및 임용, 위임관계 등 구체적인 사실관계를 기초로 **공무원의 범위에 대하여 규율하는 국내법령**

을 가정적으로 적용함으로써 **그 실질에 있어 국내법령상 공무원으로 평가**할 수 있는 경우 쌍방가벌성의 요건을 충족한다고 해석하는 것으로서 **법 이론적 차원이나 형사정책적 차원에서 타당한 판단**으로 보인다.

위 하급심 판결에 대한 상고심에서 대법원 또한 같은 취지로 판시하였다. 구체적인 판시사항은 다음과 같다.[5]

판례

범죄수익은닉규제법은 국제적 기준에 맞는 자금세탁방지 제도를 마련하고 범죄수익의 몰수·추징에 관한 특례를 규정함으로써 특정범죄를 조장하는 경제적 요인을 근원적으로 제거하여 건전한 사회질서의 유지에 이바지함을 목적으로 제정된 법률로서, 특정범죄를 직접 처벌하는 형법 등을 보충함으로써 중대범죄를 억제하기 위한 형사법 질서의 중요한 일부를 이루고 있다(대법원 2017. 4. 26. 선고 2016도18035 판결 등 참조). 그리고 형벌법규의 해석에서도 문언의 가능한 의미 안에서 입법 취지와 목적 등을 고려한 법률 규정의 체계적 연관성에 따라 문언의 논리적 의미를 분명히 밝히는 체계적·논리적 해석방법은 규정의 본질적 내용에 가장 접근한 해석을 위한 것으로서 죄형법정주의의 원칙에 부합한다.

범죄수익은닉규제법은 범죄수익등의 은닉 및 가장죄를 처벌하는 규정을 별도로 두고 있는데, 제2조 제1호에서 "외국인이 대한민국 영역 밖에서 한 행위가 대한민국 영역 안에서 행하여졌다면 중대범죄 또는 제2호 나목에 규정된 죄(이하 통틀어 '특정범죄'라고 한다)에 해당하고 행위지의 법령에 따라 죄에 해당하는 경우 그 죄를 포함한다."라고 규정하고 있다. 위 규정에 따라 대한민국 법률에 따라 처벌할 수 없는 특정범죄에 대하여도 그 범죄수익등을 은닉하거나 가장하는 행위를 하게 되면 제한적인 범위 내에서 범죄수익은닉규제법 위반죄에 해당한다. 위 규정의 체계적·논리적 해석, 위 규정과 유사한 문언의 해석, 범죄수익은닉규제법의 입법 취지, 다른 범죄와 뇌물범죄와의 형평성과 범죄수익등의 은닉과 가장을 규제할 필요성, 국제형사사법 공조와의 조화 등을 종합적으로 고려하여 볼 때, 위 규정은 **외국인이 대한민국 영역 밖에서 한 행위가 그대로 대한민국 법률에 따라 특정범죄에 해당하는 경우에만 특정범죄로 보는 것이 아니라 그 행위를 대한민국에서의 행위로 가정적으로 구성하여 평가하면 대한민국 법률에 따라 특정범죄에 해당하는 경우에도 특정범죄로 보는 것이라고 해석하는 것이 타당하다.**

원심은 그 판시와 같은 이유를 들어 **마이클 ****의 미국에서의 뇌물수수행위가 대한민국 영역 안에서 행하여졌다면 범죄수익은닉규제법 별표에 정한 중대범죄인 형법상 뇌물죄에 해당한다고 보아 피고인들의 행위가 범죄수익등 은닉·가장죄를 구성한다고 판단하였다**. 원심판결 이유를 위 법리에 비추어 살펴보면, 원심의 판단에 범죄수익은닉규제법에서 정하고 있는 '중대범죄'에 관한 법리를 오해하거나 죄형법정주의를 위반하여 법률을 해석한 잘못이 없다(대법원 2018. 10. 25. 선고 2016도11429 판결 참조)

---

5 대법원 2018. 10. 25. 선고 2016도11429 판결 참조.

제3절 선박소유자 등의 책임제한절차에 관한 법률위반(제11호)

I 총설

부패재산몰수법 별표 제11호에서는 **선박소유자 등의 책임제한절차에 관한 법률**(이하, **'선박소유자책임법') 제93조 및 제94조의 죄**를 부패범죄로 규정하고 있다.

관련조문

부패재산몰수법 별표

부패범죄(제2조 제1호 관련)

11. 「선박소유자 등의 책임제한절차에 관한 법률」 제93조 및 제94조의 죄

관련조문

선박소유자책임법 제93조(관리인의 수뢰죄) ① 관리인 또는 관리인대리가 그 직무에 관하여 뇌물을 수수(收受), 요구 또는 약속한 경우에는 5년 이하의 징역 또는 500만원 이하의 벌금에 처한다.
② 제1항의 경우 수수된 뇌물은 몰수한다. 그 전부 또는 일부를 몰수할 수 없는 경우에는 그 가액(價額)을 추징한다.

제94조(뇌물의 제공 등) 제93조 제1항에 따른 뇌물을 약속 또는 제공하거나 제공의 의사를 표시한 자는 3년 이하의 징역 또는 200만원 이하의 벌금에 처한다.

이 법은 「**상법**」 제769조부터 제776조까지의 규정에 따른 선박소유자 등의 책임제한의 절차에 관하여 필요한 사항을 규정함을 목적으로 한다(동법 제1조 참조).

관련조문

상법 제769조(선박소유자의 유한책임) 선박소유자는 청구원인의 여하에 불구하고 다음 각 호의 채권에 대하여 제770조에 따른 금액의 한도로 그 책임을 제한할 수 있다. 다만, 그 채권이 선박소유자 자신의 고의 또는 손해발생의 염려가 있음을 인식하면서 무모하게 한 작위 또는 부작위로 인하여 생긴 손해에 관한 것인 때에는 그러하지 아니하다.

1. 선박에서 또는 선박의 운항에 직접 관련하여 발생한 사람의 사망, 신체의 상해 또는 그 선박 외의 물건의 멸실 또는 훼손으로 인하여 생긴 손해에 관한 채권
2. 운송물, 여객 또는 수하물의 운송의 지연으로 인하여 생긴 손해에 관한 채권
3. 제1호 및 제2호 외에 선박의 운항에 직접 관련하여 발생한 계약상의 권리 외의 타인의 권리의 침해로 인하여 생긴 손해에 관한 채권
4. 제1호부터 제3호까지의 채권의 원인이 된 손해를 방지 또는 경감하기 위한 조치에 관한 채권 또는 그 조치의 결과로 인하여 생긴 손해에 관한 채권

제770조(책임의 한도액) ①선박소유자가 제한할 수 있는 책임의 한도액은 다음 각 호의 금액으로 한다.

1. 여객의 사망 또는 신체의 상해로 인한 손해에 관한 채권에 대한 책임의 한도액은 그 선박의 선박검사증서에 기재된 여객의 정원에 17만5천 계산단위(국제통화기금의 1 특별인출권에 상당하는 금액을 말한다. 이하 같다)를 곱하여 얻은 금액으로 한다.
2. 여객 외의 사람의 사망 또는 신체의 상해로 인한 손해에 관한 채권에 대한 책임의 한도액은 그 선박의 톤수에 따라서 다음 각 목에 정하는 바에 따라 계산된 금액으로 한다. 다만, 300톤 미만의 선박의 경우에는 16만7천 계산단위에 상당하는 금액으로 한다.
   가. 500톤 이하의 선박의 경우에는 33만3천 계산단위에 상당하는 금액
   나. 500톤을 초과하는 선박의 경우에는 가목의 금액에 500톤을 초과하여 3천톤까지의 부분에 대하여는 매 톤당 500 계산단위, 3천톤을 초과하여 3만톤까지의 부분에 대하여는 매 톤당 333 계산단위, 3만톤을 초과하여 7만톤까지의 부분에 대하여는 매 톤당 250 계산단위 및 7만톤을 초과한 부분에 대하여는 매 톤당 167 계산단위를 각 곱하여 얻은 금액을 순차로 가산한 금액
3. 제1호 및 제2호 외의 채권에 대한 책임의 한도액은 그 선박의 톤수에 따라서 다음 각 목에 정하는 바에 따라 계산된 금액으로 한다. 다만, 300톤 미만의 선박의 경우에는 8만3천 계산단위에 상당하는 금액으로 한다.
   가. 500톤 이하의 선박의 경우에는 16만7천 계산단위에 상당하는 금액
   나. 500톤을 초과하는 선박의 경우에는 가목의 금액에 500톤을 초과하여 3만톤까지의 부분에 대하여는 매 톤당 167 계산단위, 3만톤을 초과하여 7만톤까지의 부분에 대하여는 매 톤당 125 계산단위 및 7만톤을 초과한 부분에 대하여는 매 톤당 83 계산단위를 각 곱하여 얻은 금액을 순차로 가산한 금액

②제1항 각 호에 따른 각 책임한도액은 선박마다 동일한 사고에서 생긴 각 책임한도액에 대응하는 선박소유자에 대한 모든 채권에 미친다.

③제769조에 따라 책임이 제한되는 채권은 제1항 각 호에 따른 각 책임한도액에 대하여 각 채권액의 비율로 경합한다.

④제1항 제2호에 따른 책임한도액이 같은 호의 채권의 변제에 부족한 때에는 제3호에 따른 책임한도액을 그 잔액채권의 변제에 충당한다. 이 경우 동일한 사고에서 제3호의 채권도 발생한 때에는 이 채권과 제2호의 잔액채권은 제3호에 따른 책임한도액에 대하여 각 채권액의 비율로 경합한다.

제771조(동일한 사고로 인한 반대채권액의 공제) 선박소유자가 책임의 제한을 받는 채권자에 대하여 동일한 사고로 인하여 생긴 손해에 관한 채권을 가지는 경우에는 그 채권액을 공제한 잔액에 한하여 책임의 제한을 받는 채권으로 한다.

제772조(책임제한을 위한 선박톤수) 제770조 제1항에서 규정하는 선박의 톤수는 국제항해에 종사하는 선박의 경우에는 「선박법」에서 규정하는 국제총톤수로 하고 그 밖의 선박의 경우에는 같은 법에서 규정하는 총톤수로 한다.

제773조(유한책임의 배제) 선박소유자는 다음 각 호의 채권에 대하여는 그 책임을 제한하지 못한다.

1. 선장·해원, 그 밖의 사용인으로서 그 직무가 선박의 업무에 관련된 자 또는 그 상속인, 피부양자, 그 밖의 이해관계인의 선박소유자에 대한 채권
2. 해난구조로 인한 구조료 채권 및 공동해손의 분담에 관한 채권
3. 1969년 11월 29일 성립한 「유류오염손해에 대한 민사책임에 관한 국제조약」 또는 그 조약의 개정조항이 적용되는 유류오염손해에 관한 채권
4. 침몰·난파·좌초·유기, 그 밖의 해양사고를 당한 선박 및 그 선박 안에 있거나 있었던 적하와 그 밖의 물건의 인양·제거·파괴 또는 무해조치에 관한 채권
5. 원자력손해에 관한 채권

제774조(책임제한을 할 수 있는 자의 범위) ①다음 각 호의 어느 하나에 해당하는 자는 이 절의 규정에 따라 선박소유자의 경우와 동일하게 책임을 제한할 수 있다.

1. 용선자·선박관리인 및 선박운항자
2. 법인인 선박소유자 및 제1호에 규정된 자의 무한책임사원
3. 자기의 행위로 인하여 선박소유자 또는 제1호에 규정된 자에 대하여 제769조 각 호에 따른 채권이 성립하게 한 선장·해원·도선사, 그 밖의 선박소유자 또는 제1호에 규정된 자의 사용인 또는 대리인

②동일한 사고에서 발생한 모든 채권에 대한 선박소유자 및 제1항에 규정된 자에 의한 책임제한의 총액은 선박마다 제770조에 따른 책임한도액을 초과하지 못한다.

③선박소유자 또는 제1항 각 호에 규정된 자의 1인이 책임제한절차개시의 결정을 받은 때에는 책임제한을 할 수 있는 다른 자도 이를 원용할 수 있다.

제775조(구조자의 책임제한) ①구조자 또는 그 피용자의 구조활동과 직접 관련하여 발생한 사람의 사망·신체의 상해, 재산의 멸실이나 훼손, 계약상 권리 외의 타인의 권리의 침해로

인하여 생긴 손해에 관한 채권 및 그러한 손해를 방지 혹은 경감하기 위한 조치에 관한 채권 또는 그 조치의 결과로 인하여 생긴 손해에 관한 채권에 대하여는 제769조부터 제774조(제769조 제2호 및 제770조 제1항 제1호를 제외한다)까지의 규정에 따라 구조자도 책임을 제한할 수 있다.

②구조활동을 선박으로부터 행하지 아니한 구조자 또는 구조를 받는 선박에서만 행한 구조자는 제770조에 따른 책임의 한도액에 관하여 1천500톤의 선박에 의한 구조자로 본다.

③구조자의 책임의 한도액은 구조선마다 또는 제2항의 경우에는 구조자마다 동일한 사고로 인하여 생긴 모든 채권에 미친다.

④제1항에서 "구조자"란 구조활동에 직접 관련된 용역을 제공한 자를 말하며, "구조활동"이란 해난구조 시의 구조활동은 물론 침몰·난파·좌초·유기, 그 밖의 해양사고를 당한 선박 및 그 선박 안에 있거나 있었던 적하와 그 밖의 물건의 인양·제거·파괴 또는 무해조치 및 이와 관련된 손해를 방지 또는 경감하기 위한 모든 조치를 말한다.

제776조(책임제한의 절차) ①이 절의 규정에 따라 책임을 제한하고자 하는 자는 채권자로부터 책임한도액을 초과하는 청구금액을 명시한 서면에 의한 청구를 받은 날부터 1년 이내에 법원에 책임제한절차개시의 신청을 하여야 한다.

②책임제한절차 개시의 신청, 책임제한의 기금의 형성·공고·참가·배당, 그 밖에 필요한 사항은 별도로 법률로 정한다.

상법은 선박소유자의 책임제한이라는 주제 하에 해상에서 사고가 발생하여 선박소유자로서 책임을 부담하게 될 경우 책임의 한도를 제한하여 주는 규정을 두고 있다. **선박 사고의 특성상 피해의 범위가 매우 넓고, 그 피해금액이 막대하게 발생할 수 있어 그러한 위험에서부터 선박소유자를 보호하기 위함**이다.

또한 선박소유자책임법은 제93조 제1항에 따라 관리인이 그 직무에 관하여 수수한 뇌물은 필요적으로 몰수·추징하도록 하는 규정을 두고 있다(동법 제93조 제2항 참조).

관련조문

선박소유자책임법 제93조(관리인의 수뢰죄) ① 관리인 또는 관리인대리가 그 직무에 관하여 뇌물을 수수(收受), 요구 또는 약속한 경우에는 5년 이하의 징역 또는 500만원 이하의 벌금에 처한다.

② 제1항의 경우 수수된 뇌물은 몰수한다. 그 전부 또는 일부를 몰수할 수 없는 경우에는 그 가액(價額)을 추징한다. [전문개정 2009. 12. 29.]

따라서 ① 선박소유자책임법 제93조 제1항의 범죄의 경우에는 동법상의 별개의 몰수·추징 규정이 적용되고 ② 나머지 부패범죄인 제94조 위반죄는 부패재산몰수법상 임의적 몰수·추징 규정이 적용된다. 다만 동법 제94조는 뇌물을 제공한 사람을 처벌하는 규정이므로 뇌물 제공자가 스스로 제공한 뇌물을 돌려받는 등의 경우가 아니라면 동법 제94조 및 부패재산몰수법에 따라 몰수·추징하는 사례는 쉽게 상정하기 어렵다.

나아가 **범죄수익 또는 부패재산의 몰수·추징 보전과 관련**하여 동법 제93조 내지 제94조 위반죄의 경우 부패재산몰수법 및 마약거래방지법에 따라 보전절차가 진행가능하고, 2022. 1. 4. 개정된 범죄수익은닉규제법에 따라 그 이후 범한 위 범죄에 따라 취득한 범죄수익의 취득처분을 가장하거나 은닉, 수수행위를 하는 경우 이는 모두 자금세탁범죄로 처벌할 수 있다.

이하에서는 선박소유자책임법 제93조와 제94조의 구성요건 등을 한꺼번에 살핀다. 뇌물수수와 뇌물공여죄와 마찬가지로 양 구성요건은 대향범의 관계에 있기 때문이다.

Ⅱ 구성요건

관련조문

선박소유자책임법 제93조(관리인의 수뢰죄) ① 관리인 또는 관리인대리가 그 직무에 관하여 뇌물을 수수(收受), 요구 또는 약속한 경우에는 5년 이하의 징역 또는 500만원 이하의 벌금에 처한다.

② 제1항의 경우 수수된 뇌물은 몰수한다. 그 전부 또는 일부를 몰수할 수 없는 경우에는 그 가액(價額)을 추징한다. [전문개정 2009. 12. 29.]

제94조(뇌물의 제공 등) 제93조 제1항에 따른 뇌물을 약속 또는 제공하거나 제공의 의사를 표시한 자는 3년 이하의 징역 또는 200만원 이하의 벌금에 처한다.

[전문개정 2009. 12. 29.]

1. 구성요건의 주체 및 행위의 상대방

동법 제93조 제1항 위반죄의 **구성요건 주체**는 뇌물수수·요구·약속의 점의 경우 관리인 또는 관리인 대리이고 그 **행위의 상대방**은 아무런 제한이 없다.

한편 그 반대로 동법 제94조 위반죄의 **구성요건 주체**는 아무런 제한이 없고, 그 **행위의 상대방**은 관리인 또는 관리인 대리이다.

이때 **'관리인'**은 선박소유자의 책임제한절차 개시결정에 따라 법원이 선임한 사람을 의미한다.

관련조문

제5장 관리인 〈개정 2009. 12. 29.〉

선박소유자책임법 제34조(권한) ① 관리인은 제한채권의 조사기일 동안 의견의 진술, 배당, 그 밖에 이 법에서 규정한 직무를 수행할 권한을 가진다.

② 제1항에 따른 직무를 수행하기 위하여 관리인은 신청인 또는 수익채무자에게 필요한 사항의 보고나 장부 또는 그 밖의 서류의 제출을 요구할 수 있다.

제35조(감독) 관리인은 법원의 감독을 받는다.

제36조(주의의무) 관리인은 선량한 관리자의 주의로 그 직무를 수행하여야 한다.

제37조(관리인대리) 관리인은 그 직무를 수행할 때 법원의 허가를 받아 관리인대리를 선임할 수 있다.

2. 구성요건적 행위 및 객체

동법 제93조 내지 제94조 위반죄의 **구성요건적 행위**는 그 직무에 관하여 뇌물을 수수(收受), 요구 또는 약속하는 것(제93조 제1항)과 그에게 뇌물을 제공하거나 제공의 의사표시를 하는 것이다(제94조).

관리인 또는 관리인 대리가 수수한 뇌물은 관리인의 법원의 선박책임제한 절차 진행 등과 관련된 그의 **직무와 관련된 것**이어야 하고 **뇌물은 그 직무와 대가관계가 인정되어야 함**은 뇌물죄에서의 그것과 동일하다. 위 구성요건은 별도의 부정한 청탁을 요건으로 하고 있지 않으므로 그 직무에 관하여 뇌물을 수수·요구·약속하면 바로 범죄가 성립한다.

이때 **구성요건의 객체**는 **'뇌물'**로서 단순한 사교·의례인 '선물'과 비교된다. 뇌물은 공무원(또는 중재인)이 직무에 관하여 수수하는 불법한 보수로서 돈이나 물품에 한하지 않고, 인간의 욕망을 충족시킬 수 있는 것이라면 모두 포함된다.

향응을 베푼다거나 금융이익, 채무변제, 公·私의 직무, 기타 유리한 지위나 이성간의 성행위 등도 뇌물로 될 수 있다. 뇌물이 성립하기 위해서는 직무에 관하여 불법적 이익을 취득할 것을 요하므로 **직무관련성**과 **부당한 이득**이 본질적 요소가 된다.

따라서 연말이나 명절에 의례로서 행하는 선물이나 답례품 같은 것은 사회통념상 인정되는 것이기 때문에 정도를 넘는 고가의 것이 아닌 이상 뇌물이라 할 수 없다(**상세한 내용은**

본편 제1장 제2절 형법상 뇌물죄 참조).

Ⅲ 처벌

본죄의 뇌물수수 등의 죄(제93조 제1항)를 범하면 5년 이하의 징역 또는 500만 원 이하의 벌금에 처하고, 뇌물제공 또는 제공의 약속의 죄(제94조)를 범하면 3년 이하의 징역 또는 200만 원 이하의 벌금에 처한다. 위 각 죄를 범하는 경우 취득한 뇌물 등 부패재산은 모두 환수의 대상이 됨은 앞에서 본 바와 같다.

Ⅳ 범죄수익환수 사례

실무상 본죄로 부패재산을 추징·환수한 사례는 쉽게 발견되지 않는다.

제 4 절 채무자 회생 및 파산에 관한 법률위반(제14호)

Ⅰ 총설

부패재산몰수법 별표 제14호에서는 **채무자 회생 및 파산에 관한 법률**(이하, '**채무자회생법**') **제645조, 제646조, 제655조, 제656조의 죄**를 부패범죄로 규정하고 있다. 그런데 舊 범죄수익은닉규제법 별표 제20호에서는 제650조, 제652조, 제654조의 죄(각 사기파산의 죄)를 범죄수익환수 대상 중대범죄로 규정하고 있어 차이가 있다.

관련조문

부패재산몰수법 별표

부패범죄(제2조 제1호 관련)

14. 「채무자 회생 및 파산에 관한 법률」 **제645조, 제646조, 제655조 및 제656조**의 죄

관련조문

舊 범죄수익은닉규제법 별표

중대범죄(제2조 제1호 관련)

20.「채무자 회생 및 파산에 관한 법률」제650조·제652조·제654조의 죄

관련조문

채무자회생법 제645조(회생수뢰죄) ① 관리위원·조사위원·간이조사위원·회생위원·보전관리인·관리인(제637조의 규정에 의한 국제도산관리인을 포함한다), 고문이나 관리인 또는 보전관리인·회생위원의 대리인이 그 직무에 관하여 뇌물을 수수·요구 또는 약속한 경우 그 자는 5년 이하의 징역 또는 5천만원 이하의 벌금에 처한다. 다음 각호의 어느 하나에 해당하는 자가 관계인집회의 결의에 관하여 뇌물을 수수·요구 또는 약속한 때에 그 자도 또한 같다.<개정 2014. 12. 30.>

1. 회생채권자·회생담보권자·주주·지분권자
2. 제1호에 규정된 자의 대리위원 또는 대리인
3. 제1호에 규정된 자의 임원 또는 직원

② 관리인(제637조의 규정에 의한 국제도산관리인을 포함한다)·보전관리인 또는 조사위원·간이조사위원·회생위원이 법인인 경우에는 관리인·보전관리인 또는 조사위원·간이조사위원·회생위원의 직무에 종사하는 그 임원 또는 직원이 그 직무에 관하여 뇌물을 수수·요구 또는 약속한 경우 그 임원 또는 직원은 5년 이하의 징역 또는 5천만원 이하의 벌금에 처한다. 관리인·보전관리인·회생위원 또는 조사위원·간이조사위원이 법인인 경우 그 임원 또는 직원이 관리인·보전관리인·회생위원 또는 조사위원·간이조사위원의 직무에 관하여 관리인·보전관리인·회생위원 또는 조사위원·간이조사위원에게 뇌물을 수수하게 하거나 그 공여를 요구 또는 약속한 때에도 같다.

③제1항 및 제2항의 경우 범인 또는 그 정을 아는 제3자가 수수한 뇌물은 몰수한다. 이 경우 몰수가 불가능한 때에는 그 가액을 추징한다.

제646조(회생증뢰죄) 제645조 제1항 또는 제2항에 규정한 뇌물을 약속 또는 공여하거나 공여의 의사표시를 한 자는 5년 이하의 징역 또는 5천만원 이하의 벌금에 처한다.

제655조(파산수뢰죄) ① 파산관재인(제637조의 규정에 의한 국제도산관리인을 포함한다) 또는 감사위원이 그 직무에 관하여 뇌물을 수수·요구 또는 약속한 경우 그 자는 5년 이하의 징역 또는 5천만원 이하의 벌금에 처한다. 다음 각호의 어느 하나에 해당하는 자가 채권자집회의 결의에 관하여 뇌물을 수수·요구 또는 약속한 때에 그 자도 또한 같다.

1. 파산채권자

2. 파산채권자의 대리인
3. 파산채권자의 이사
② 제1항의 경우 범인 또는 그 정을 아는 제3자가 수수한 뇌물은 몰수한다. 이 경우 몰수가 불가능한 때에는 그 가액을 추징한다.
제656조(파산증뢰죄) 다음 각 호의 어느 하나에 해당하는 자에게 뇌물을 약속 또는 공여하거나 공여의 의사를 표시한 자는 3년 이하의 징역 또는 3천만원 이하의 벌금에 처한다.
1. 파산관재인(제637조의 규정에 의한 국제도산관리인을 포함한다)
2. 감사위원
3. 파산채권자
4. 파산채권자의 대리인
5. 파산채권자의 이사

채무자회생법은 재정적 어려움으로 인하여 파탄에 직면해 있는 채무자에 대하여 채권자·주주·지분권자 등 이해관계인의 법률관계를 조정하여 채무자 또는 그 사업의 효율적인 회생을 도모하거나, 회생이 어려운 채무자의 재산을 공정하게 환가·배당하는 것을 목적으로 한다(제1조 참조).

채무자회생법상 회생수뢰죄 및 파산수뢰죄의 경우 자체적 필요적 몰수·추징 규정이 존재하므로 채무자회생법 제645조 제1항, 제2항 위반죄 및 제655조 제1항 위반죄로 수수한 뇌물은 모두 필요적 몰수·추징의 대상이 되어 환수함이 상당하다.

관련조문

채무자회생법 제645조(회생수뢰죄) ③ 제1항 및 제2항의 경우 범인 또는 그 정을 아는 제3자가 수수한 뇌물은 몰수한다. 이 경우 몰수가 불가능한 때에는 그 가액을 추징한다.
제655조(파산수뢰죄) ② 제1항의 경우 범인 또는 그 정을 아는 제3자가 수수한 뇌물은 몰수한다. 이 경우 몰수가 불가능한 때에는 그 가액을 추징한다.

Ⅱ 회생수뢰죄·증뢰죄(채무자회생법 제645조, 제646조)

관련조문

채무자회생법 제645조(회생수뢰죄) ① 관리위원·조사위원·간이조사위원·회생위원·보전관리인

·관리인(제637조의 규정에 의한 국제도산관리인을 포함한다), 고문이나 관리인 또는 보전관리인·회생위원의 대리인이 그 직무에 관하여 뇌물을 수수·요구 또는 약속한 경우 그 자는 5년 이하의 징역 또는 5천만원 이하의 벌금에 처한다. 다음 각 호의 어느 하나에 해당하는 자가 관계인집회의 결의에 관하여 뇌물을 수수·요구 또는 약속한 때에 그 자도 또한 같다.<개정 2014. 12. 30.>

1. 회생채권자·회생담보권자·주주·지분권자
2. 제1호에 규정된 자의 대리위원 또는 대리인
3. 제1호에 규정된 자의 임원 또는 직원

② 관리인(제637조의 규정에 의한 국제도산관리인을 포함한다)·보전관리인 또는 조사위원·간이조사위원·회생위원이 법인인 경우에는 관리인·보전관리인 또는 조사위원·간이조사위원·회생위원의 직무에 종사하는 그 임원 또는 직원이 그 직무에 관하여 뇌물을 수수·요구 또는 약속한 경우 그 임원 또는 직원은 5년 이하의 징역 또는 5천만원 이하의 벌금에 처한다. 관리인·보전관리인·회생위원 또는 조사위원·간이조사위원이 법인인 경우 그 임원 또는 직원이 관리인·보전관리인·회생위원 또는 조사위원·간이조사위원의 직무에 관하여 관리인·보전관리인·회생위원 또는 조사위원·간이조사위원에게 뇌물을 수수하게 하거나 그 공여를 요구 또는 약속한 때에도 같다.

③ 제1항 및 제2항의 경우 범인 또는 그 정을 아는 제3자가 수수한 뇌물은 몰수한다. 이 경우 몰수가 불가능한 때에는 그 가액을 추징한다.

제646조(회생증뢰죄) 제645조 제1항 또는 제2항에 규정한 뇌물을 약속 또는 공여하거나 공여의 의사표시를 한 자는 5년 이하의 징역 또는 5천만원 이하의 벌금에 처한다.

---

1. 구성요건

가. 구성요건의 주체 및 행위의 상대방

본죄의 **구성요건 주체**는 ① 관리위원·조사위원·간이조사위원·회생위원·보전관리인·관리인(제637조의 규정에 의한 국제도산관리인을 포함한다), 고문이나 관리인 또는 보전관리인·회생위원의 대리인이다(**제645조 제1항 전단**).

그리고 ② 회생채권자·회생담보권자·주주·지분권자(**제645조 제1항 후단 제1호**), 제1호에 규정된 자의 대리위원 또는 대리인(**제2호**), 제1호에 규정된 자의 임원 또는 직원(**제3호**) 또한 마찬가지다.

또한 ③ 관리인(제637조의 규정에 의한 국제도산관리인을 포함한다)·보전관리인 또는 조사위원·간이조사위원·회생위원이 **법인인 경우**에는 관리인·보전관리인 또는 조사위원·간이조사위원·회생위원의 직무에 종사하는 그 임원 또는 직원 또한 포함된다(제645조 제2항 전단). 나아가 관리인·보전관리인·회생위원 또는 조사위원·간이조사위원이 법인인 경우 그 법인인 관리인·보전관리인·회생위원 또는 조사위원·간이조사위원에게 뇌물을 수수하게 하거나 공여를 요구 또는 약속한 때 해당 법인의 임원 또는 직원이 본 죄의 주체가 된다(제645조 제2항 **후단**).

동법 제645조 제2항 전단은 위 관리인 등이 법인인 경우 그 법인의 임원 또는 직원이 **직접** 뇌물을 수수한 경우의 주체를 규정한 것이고, **제2항 후단**은 위 관리인 등이 법인인 경우 그 법인의 임원 또는 직원이 **그 법인으로 하여금** 뇌물을 수수하도록 하더라도 그 법인의 임원 또는 직원이 처벌받도록 한 것이다. **즉 관리인 등이 법인으로 지정되는 경우 그 임원 또는 직원은 직접 또는 그 법인으로 하여금 뇌물을 수수하게 한 모든 경우에서 처벌된다**. 위 각 규정들은 뇌물죄의 주체를 넓게 규정한 **신분범**이다.

나아가 동법 제646조의 경우 **구성요건의 주체**에 아무런 제한이 없다. 따라서 동법 제645조 제1항 또는 제2항에 규정된 뇌물을 약속 또는 공여하거나 공여의 의사표시를 한 사람은 모두 동죄가 성립한다.

그 **행위의 상대방**은 동법 제645조의 경우 위 각 신분자들에게 뇌물을 공여, 약속한 사람으로 특별한 제한이 없고, 동법 제646조의 경우 제645조의 각 신분자들이다. 양 죄는 대향범의 관계에 있다.

나. 구성요건적 행위

본죄의 **구성요건적 행위**는 위 각 신분자들이 그 직무에 관하여 뇌물을 수수·요구 또는 약속하는 것(**제645조**)과 뇌물을 약속 또는 공여하거나 공여의 의사표시를 하는 것이다(**제646조**).

다만 제645조 제1항 **후단**의 경우 관계인 집회의 결의에 관하여 뇌물을 수수·요구 또는 약속하는 것이고, 제645조 제2항 **전단**은 관리인 등이 법인인 경우 그 임원 또는 직원이 직접 뇌물을 수수·요구 또는 약속하는 행위, 제645조 제2항 **후단**은 관리인 등이 법인인 경우 그 임원 또는 직원이 그 법인으로 하여금 뇌물을 수수하게 하거나 그 공여를 요구 또는 약속하는 행위를 각각 규정하고 있다.

그리고 각 신분자들이 수수·요구·약속하는 뇌물과 각 신분자들의 직무 사이의 대가관계가 인정되어야 함은 당연하다.

주관적 구성요건요소와 관련하여 각 신분자들은 자신들이 제공받는 뇌물이 자신의 직무와 관련되어 있다는 사실을 미필적으로나마 인식하여야 한다(**고의범**). 나아가 뇌물을 약속·

공여하는 사람은 자신이 공여하는 것이 뇌물이라는 사실을 인식하여야 한다.

2. 처벌

동법 제645조 및 제646조를 범하면 5년 이하의 징역 또는 5천만 원 이하의 벌금에 처한다. 위와 같이 취득한 **뇌물은 채무자회생법에 따라 필요적 몰수·추징의 대상**이 되고 **부패재산몰수법 및 마약거래방지법에 따라 몰수·추징보전**이 가능하다.

3. 범죄수익환수 사례

본죄와 관련하여 **회사에 대한 회생절차의 관리인이 회생회사의 대표이사로부터 그 회사를 자신이 인수할 수 있도록 도움을 달라는 부탁을 받고 그 관리인의 직무에 관하여 뇌물을 수수한 행위를 처벌한 사례**가 있어 소개한다.[6]

사례

범 죄 사 실

피고인은 2011. 8. 1. 광주지방법원 제1파산부로부터 당시 회생회사로서 건설폐기물처리를 영업으로 하는 나주 D 소재 E 주식회사의 관리인으로 선임되어 2012. 3. 15.까지 관리인의 직무를 수행한 사람이며, F는 위 E 주식회사의 대표이사로 근무하였던 사람이다.

1. 채무자회생및파산에관한법률위반

피고인은 2011. 10. 12.경 광주 남구 봉선동 포스코아파트 부근 사거리에서 그곳에 주차한 피고인의 차량 안에서 F로부터 E 주식회사를 F가 인수할 수 있도록 도움을 달라는 부탁을 받고 현금 5,000만원을 건네받았다. 이로써 피고인은 관리인이 그 직무에 관하여 뇌물을 수수하였다.

2. 사문서위조 및 위조사문서행사

피고인은 2011. 11. 3.경 광주 서구 G 소재 H신용협동조합에서 사실은 F로부터 F 명의로 계좌를 개설하는 권한을 위임받은 사실이 없음에도, 직원 I로부터 건네받은 '신규거래신청서' 양식의 이름 란에 'F', 주민번호 란에 J', 휴대전화 번호란에 'K' 등을 기재하고, 신청인 'F' 이름 옆에 미리 조각하여 소지하고 있던 F 명의 도장을 날인하고, 위 신협 직원 I에게 위 신규거래신청서를 제출하였다.

---

6 광주지방법원 2016. 4. 22. 선고 2015고단4768 판결 참조(광주지방법원 2016노1359 판결로 확정).

이로써 피고인은 행사할 목적으로 F 명의를 모용하여 권리의무에 관한 사문서인 신규거래 신청서 1장을 위조하고 이를 행사하였다.

법령의 적용

1. 범죄사실에 대한 해당법조 및 형의 선택

채무자회생 및 파산에 관한 법률 제645조 제1항(회생수뢰의 점), 형법 제231조(사문서위조의 점), 형법 제231조, 제234조(위조사문서행사의 점), 각 징역형 선택

1. 추징

채무자회생 및 파산에 관한 법률 제645조 제3항

[수뢰자가 자기앞수표를 뇌물로 받아 이를 소비한 후 자기앞수표 상당액을 증뢰자에게 반환하더라도 뇌물 자체를 반환한 것은 아니므로 이를 몰수할 수 없고 수뢰자로부터 그 가액을 추징하여야 한다(대법원 1999. 1. 29. 선고 98도3584 판결 참조). 뇌물로 받은 돈을 은행에 예금한 경우 그 예금행위는 뇌물의 처분행위에 해당하므로, 그 후 수뢰자가 같은 액수의 돈을 증뢰자에게 반환하더라도 이를 뇌물 자체의 반환으로 볼 수 없으니, 이러한 경우에는 수뢰자로부터 그 가액을 추징하여야 한다(대법원 1996. 10. 25. 선고 96도2022 판결 참조). 앞서 본 증거들에 의하면, 피고인이 2011. 10. 12. F로부터 5,000만 원을 수뢰한 다음, 같은 해 11. 3. 자신이 부이사장으로 재직하고 있던 H 신용협동조합에서 임의로 개설한 F 명의의 통장에 같은 금액을 예치하고, 같은 해 12. 11.경 F에게 위 통장을 준 사실을 인정할 수 있다. 앞서 본 법리에 비추어 위와 같은 사실관계를 살펴보면, 피고인이 F에게 반환한 것은 F로부터 수령한 5,000만 원 그 자체가 아님이 명백하므로, 피고인으로부터 5,000만 원을 추징하여야 한다.]

Ⅲ 파산수뢰죄 · 증뢰죄(채무자회생법 제655조, 제656조)

관련조문

채무자회생법 제655조(파산수뢰죄) ① 파산관재인(제637조의 규정에 의한 국제도산관리인을 포함한다) 또는 감사위원이 그 직무에 관하여 뇌물을 수수·요구 또는 약속한 경우 그 자는 5년 이하의 징역 또는 5천만원 이하의 벌금에 처한다. 다음 각 호의 어느 하나에 해당하는 자가 채권자집회의 결의에 관하여 뇌물을 수수·요구 또는 약속한 때에 그 자도 또한 같다.

1. 파산채권자
2. 파산채권자의 대리인

3. 파산채권자의 이사
② 제1항의 경우 범인 또는 그 정을 아는 제3자가 수수한 뇌물은 몰수한다. 이 경우 몰수가 불가능한 때에는 그 가액을 추징한다.
第656조(파산증뢰죄) 다음 각 호의 어느 하나에 해당하는 자에게 뇌물을 약속 또는 공여하거나 공여의 의사를 표시한 자는 3년 이하의 징역 또는 3천만원 이하의 벌금에 처한다.
1. 파산관재인(제637조의 규정에 의한 국제도산관리인을 포함한다)
2. 감사위원
3. 파산채권자
4. 파산채권자의 대리인
5. 파산채권자의 이사

---

1. 구성요건

가. 구성요건의 주체 및 행위의 상대방

파산수뢰죄의 **구성요건 주체**는 **제655조 제1항 전단**의 경우 파산관재인(제637조의 규정에 의한 국제도산관리인을 포함한다) 또는 감사위원이고 **제1항 후단**의 경우, 파산채권자(제1호) 파산채권자의 대리인(제2호), 파산채권자의 이사(제3호)이다(**신분범**).

나아가 **파산증뢰죄의 경우 구성요건의 주체는 아무런 제한이 없**으므로 누구든지 그 주체가 될 수 있다.

파산수뢰죄의 행위의 상대방은 **뇌물을 약속 또는 공여**하거나 **공여의 의사를 표시한 사람**이다. 나아가 **파산증뢰죄**의 **행위의 상대방**은 파산관재인(제637조의 규정에 의한 국제도산관리인을 포함한다)(**제1호**), 감사위원(**제2호**), 파산채권자(**제3호**), 파산채권자의 대리인(**제4호**), 파산채권자의 이사(**제5호**)로서 파산수뢰죄와 파산증뢰죄는 서로 **대향범** 관계에 있다.

나. 구성요건적 행위

파산수뢰죄의 **구성요건적 행위**는 파산관재인 등이 그 직무에 관하여 뇌물을 수수·요구·약속하는 것(**제655조 제1항 전단**)과 제655조 제1항 각 호의 행위자가 채권자 집회의 결의에 관하여 뇌물을 수수·요구·약속하는 것이다(**제655조 제1항 후단**).

후자의 경우 일정한 행위 신분자가 뇌물을 수수·요구·약속하는 것이 채권자 집회의 결의와 관련되어 그 대가로 수수된 것이어야 한다.

한편 파산증뢰죄의 **구성요건적 행위**는 파산관재인 등 제656조 각 호의 신분자에게 뇌물을 약속 또는 공여하거나 공여의 의사표시를 하는 것이다.

2. 처벌

파산수뢰죄를 범하는 경우 5년 이하의 징역 또는 5천만 원 이하의 벌금에 처하고, 파산증뢰죄의 경우 3년 이하의 징역 또는 3천만 원 이하의 벌금에 처한다. 앞에서 본 바와 마찬가지로 **범인 또는 그 정을 아는 제3자가 수수한 뇌물은 필요적으로 몰수·추징**한다. 이 경우 부패재산몰수법에 따라 몰수·추징 보전절차를 진행할 수 있음은 앞에서 본 바와 같다.

3. 범죄수익환수 사례

실무상 파산수뢰 또는 파산증뢰죄를 범하고 수수한 뇌물을 몰수·추징하여 환수한 사례는 발견되지 않는다.

제 5 절 금융지주회사법위반(제23호)

I 총설

부패재산몰수법 별표 제23호에서 **금융지주회사법 제48조의3 제1항 및 제70조 제2항 제2호의 죄**를 각 부패범죄로 규정하고 있다.

관련조문

부패재산몰수법 별표

부패범죄(제2조 제1호 관련)

23. 「금융지주회사법」 제48조의3 제1항 및 제70조 제2항 제2호의 죄

그런데 **위 금융지주회사법 제48조의3 제1항은 금지규정, 제70조 제2항 제2호의 죄는 동법 제48조의3 제1항을 인용하는 처벌규정**이므로 위 부패범죄 별표의 기재 중 **금융지주**

회사법 제48조의3 제1항 부분은 불필요한 반복이라고 봄이 상당하다. 범죄 처벌규정에는 금지규정을 병렬적으로 기재하는 것이 적절하지 아니하기 때문이다. 따라서 다음과 같이 별표를 개정할 필요가 있다(私見).

관련조문

부패재산몰수법 별표(개정안)

부패범죄(제2조 제1호 관련)

23. 「금융지주회사법」 제70조 제2항 제2호의 죄

한편 금융지주회사법 상 별도로 필요적 몰수·추징 규정을 두고 있지 아니하므로 본죄를 위반하고 취득한 범죄수익은 부패재산몰수법상 임의적 몰수·추징 규정의 적용을 받는다. 다만 사견으로 위 부패범죄는 금융지주회사의 임직원들이 직무와 관련하여 직접·간접을 불문하고 증여를 받거나 뇌물을 수수·요구·약속하는 것을 금지하는 것으로서 이에 대한 형법상 뇌물수수 등 죄의 특별규정임에도 필요적 몰수·추징 규정이 없는 것은 **입법의 불비**라고 생각한다(私見). 이하에서는 위 범죄의 구성요건을 살피고 이에 대한 범죄수익환수 사례를 아울러 검토하기로 한다.

Ⅱ 구성요건

관련조문

금융지주회사법 제70조(벌칙) ② 다음 각 호의 어느 하나에 해당하는 자는 5년 이하의 징역 또는 2억원 이하의 벌금에 처한다. <개정 2009. 7. 31., 2014. 5. 28.>

2. 제48조의3 제1항을 위반한 자

☞ 제48조의3(수뢰 등의 금지 등) ①금융지주회사의 임·직원은 직무와 관련하여 직접·간접을 불문하고 증여를 받거나 뇌물을 수수·요구 또는 약속하여서는 아니된다.

---

1. 구성요건의 주체 및 행위의 상대방

본죄의 구성요건의 주체는 **금융지주회사의 임·직원**이다(**신분범**). 이 때 금융지주회사라 함은 **법령에 따른 기준을 준수하는 것**으로서 주식의 소유를 통하여 금융업을 영위하는 회사 또는 금융업의 영위와 밀접한 관련이 있는 회사를 대통령령이 정하는 기준에 따라 지배하는 것을 주된 사업으로 하는 회사로서 ① 1 **이상의 금융기관을 지배**하고(동법 제2조 제1항 제2호 가목), ② 기준일 현재 **대차대조표에 기재된 자산총액이 5,000억 원 이상**일 것을 요하며(동법 제2조 제1항 제2호 나목, 동법 시행령 제2조 제5항 참조), ③ 동법 제3조에 따라 금융위원회의 인가를 받을 것(동법 제2조 제1항 제2호 다목)을 요한다. 상세한 규정은 다음과 같다.

관련조문

금융지주회사법 제2조(정의) ① 이 법에서 사용하는 용어의 정의는 다음과 같다.

2. "**금융지주회사**"라 함은 주식(지분을 포함한다. 이하 같다)의 소유를 통하여 금융업을 영위하는 회사(이하 "금융기관"이라 한다) 또는 금융업의 영위와 밀접한 관련이 있는 회사를 <u>**대통령령이 정하는 기준**</u>에 의하여 지배(이하 "지배"라 한다)하는 것을 주된 사업으로 하는 회사로서 다음 각 목에 모두 해당하는 것을 말한다.
   가. 1 **이상의 금융기관을 지배**할 것
   나. **자산총액이** <u>**대통령령으로 정하는 기준**</u> **이상**일 것
   다. **제3조에 따라 금융위원회의 인가**를 받을 것

☞ <u>금융지주회사법 시행령</u>[시행 2021. 2. 17.] [대통령령 제31444호, 2021. 2. 17., 타법개정]
<u>제2조(금융업의 범위 등)</u> ③ 법 제2조 제1항 제1호 각 목 외의 부분에서 "대통령령이 정하는 기준"이란 회사가 단독으로 또는 「독점규제 및 공정거래에 관한 법률 시행령」 제11조 제1호 및 제2호에 규정된 자(이하 이 항에서 "특수관계자"라 한다)와 합하여 「독점규제 및 공정거래에 관한 법률」 제2조 제3호의 규정에 따른 계열회사(다음 각 호의 어느 하나에 해당하는 회사를 제외하며, 이하 "계열회사"라 한다)의 최다출자자(계열회사가 경영참여형 사모집합투자기구인 경우에는 그 경영참여형 사모집합투자기구의 업무집행사원)가 되는 것을 말한다. 다만, 회사가 소유하는 주식이 각각의 특수관계자가 소유하는 주식보다 적은 경우를 제외한다.

1. 「벤처투자 촉진에 관한 법률」 제2조 제10호에 따른 중소기업창업투자회사가 창업자에게 투자하기 위한 목적으로 다른 국내회사의 주식을 취득한 경우 그 다른 국내회사
2. 「여신전문금융업법」에 따라 설립된 신기술사업금융업자가 신기술사업자를 지원하기 위한 목적으로 다른 국내회사의 주식을 취득한 경우 그 다른 국내회사
3. 경영참여형 사모집합투자기구가 투자한 기업의 가치를 높여 그 수익을 사원에게 배분하기 위한 목적으로 다른 회사의 주식을 취득한 경우 그 다른 회사
4. 금융지주회사의 자회사, 손자회사 및 증손회사(법 제19조의2 및 제32조에 따라 금융지주회사에 편입된 다른 회사를 포함한다. 이하 "자회사등"이라 한다)가 「사회기반시설에 대한 민간투자법」 제8조의2의 규정에 따라 주무관청에 의하여 지정을 받은 민간투자대상사업을 영위하기 위한 회사(「조세특례제한법」 제104조의31제1항에 해당하는 회사에 한한

다)의 주식을 취득한 경우 그 민간투자대상사업을 영위하기 위한 회사
5. 「자본시장과 금융투자업에 관한 법률」에 따른 투자매매업자가 같은 법에 따라 다른 회사의 주식을 인수·취득하여 취득하는 날부터 3개월 이내의 기간 동안 보유하는 경우 그 다른 회사
6. 금융지주회사의 자회사등인 금융기관이 「기업구조조정 촉진법」 또는 기업구조조정을 추진하기 위한 채권자 간의 자율적인 협약에 따른 공동관리절차(이하 "공동관리절차"라 한다), 「채무자 회생 및 파산에 관한 법률」에 따른 회생절차(이하 "회생절차"라 한다)가 진행 중인 다른 회사의 주식을 구조조정의 목적으로 출자전환 등을 통하여 취득하는 경우 그 다른 회사. 다만, 공동관리절차 또는 회생절차가 중단되거나 종료된 날부터 2년(「기업구조조정 촉진법」 제33조 제3항에 따라 금융위원회의 승인을 받아 연장된 경우에는 그 기한을 말한다)이 경과한 회사는 제외한다.
7. 「자본시장과 금융투자업에 관한 법률」 제9조 제18항 제2호에 따른 투자회사(외국 법령에 따라 설립된 투자회사를 포함한다)로서 다음 각 목의 어느 하나에 해당하지 아니하는 투자회사
   가. 「자본시장과 금융투자업에 관한 법률」 제9조 제19항에 따른 사모집합투자기구(외국 법령에 따라 설립된 사모집합투자기구를 포함한다)인 투자회사
   나. 다른 회사를 지배(법 제2조 제1항 제1호 각 목 외의 부분에 따른 지배를 말한다. 이하 같다)하는 투자회사

☞ **금융지주회사법 시행령 제2조(금융업의 범위 등)** ⑤ 법 제2조 제1항 제1호나목에서 "대통령령으로 정하는 기준 이상일 것"이란 기준일 현재의 대차대조표에 표시된 자산총액이 5천억원 이상일 것을 말한다. <신설 2010. 1. 18., 2016. 7. 28.>

따라서 **위 요건을 충족하는 금융지주회사의 임원 또는 직원은 모두 본죄의 주체**가 되고, 그 **행위의 상대방**은 해당 금융지주회사의 임원 또는 직원에게 그 직무에 관하여 증여를 하거나 뇌물을 공여·약속하는 사람으로서 아무런 제한이 없다.

2. 구성요건적 행위

본죄의 **구성요건적 행위**는 직무와 관련하여 직접·간접을 불문하고 증여를 받거나 뇌물을 수수·요구 또는 약속하는 것이다.

위 '**직무와 관련하여**'의 해석에 관해 **대법원**은 「'금융지주회사 임직원이 그 지위에 수반하여 취급하는 일체의 사무와 관련하여'를 의미하는 것이고 그 권한에 속하는 직무행위 뿐만 아니라 그와 밀접한 관계가 있는 사무 및 그와 관련하여 사실상 처리하고 있는 사무도

직무에 포함되나 금융지주회사 임직원이 개인적인 지위에서 취급하는 사무까지 포함된다고 볼 수는 없다.」고 판시하였다.[7]

판례

[1] 금융지주회사법 제48조의3 제1항의 **'금융지주회사의 임·직원은 직무와 관련하여'**와 구 은행법(2010. 5. 17. 법률 제10303호로 개정되기 전의 것) 제21조의 **'금융기관의 임원 및 직원은 직무와 관련하여'**는 **'금융지주회사 또는 금융기관 임·직원이 그 지위에 수반하여 취급하는 일체의 사무와 관련하여'를 뜻하며, 그 권한에 속하는 직무행위뿐 아니라 그와 밀접한 관계가 있는 사무 및 그와 관련하여 사실상 처리하고 있는 사무도 직무에 포함된다**.

따라서 **금융지주회사 또는 금융기관 임·직원이 거래처 고객으로부터 금품 기타 이익을 받은 때**에는, 그것이 거래처 고객이 종전에 금융지주회사 또는 금융기관의 임·직원으로부터 접대 또는 수수받은 것을 갚는 것으로서 **사회상규에 비추어 볼 때에 의례상의 대가에 불과한 것이라고 여겨지거나 개인적인 친분관계가 있어서 교분상의 필요에 의한 것이라고 명백하게 인정할 수 있는 경우 등의 특별한 사정이 없는 한, 직무와의 관련성을 부정할 수 없다**.

그리고 금융지주회사 또는 금융기관 임·직원이 **수수한 금품에 직무행위에 대한 대가로서의 성질과 직무 외의 행위에 대한 사례로서의 성질이 불가분적으로 결합**되어 있는 경우에는, **그 전부가 불가분적으로 직무행위에 대한 대가로서의 성질을 가진다.**

[2] 금융지주회사법 제48조의3 제1항에서 정한 **'금융지주회사 임·직원의 직무'**는 '금융지주회사 임·직원이 그 지위에 수반하여 취급하는 일체의 사무'를 뜻하지만, 그렇다고 **금융지주회사 임·직원이 개인적인 지위에서 취급하는 사무까지 이에 포함된다고 할 수는 없다**(대법원 2017. 3. 9. 선고 2014도144 판결 참조).

나아가 본죄는 위 금융지주회사 임·직원들이 **그 직무와 관련하여 직접 또는 간접을 불문하고 증여를 받는 행위를 아울러 금지**하고 있으므로 증여를 받은 재물 또는 재산상 이익과 그 직무와의 사이에 직접 또는 간접적인 대가성만 인정되면 충분하다.

Ⅲ 처벌 및 범죄수익환수 사례

본죄를 범하면 5년 이하의 징역 또는 2억 원 이하의 벌금에 처한다. 나아가 위 구성요건은 그 본질이 뇌물죄임에도 불구하고 필요적 몰수·추징 규정이 없으므로 부패재산몰수법에 따른 임의적 몰수·추징 규정의 적용을 받는다. 이는 형법상 뇌물죄의 균형 등에 비추어 입

7 대법원 2017. 3. 9. 선고 2014도144 판결 참조.

법의 불비로 봄이 상당하다는 의견은 이미 앞에서 밝힌 바 있다.

실무상 금융지주회사법상 금융회사임직원이 그 직무와 관련하여 무상으로 증여를 받거나 뇌물을 수수한 범죄사실에 대하여 부패재산몰수법을 적용하여 추징한 사례는 쉽게 찾기 어렵다. 사견으로는 **필요적 몰수·추징 규정을 입법**함으로써 **위와 같이 취득한 재물 또는 재산상 이익을 환수할 필요가 있다**고 생각한다(私見).

제 6 절 신용협동조합법위반(제26호)

I 총설

부패재산몰수법 별표 제26호에서 **신용협동조합법 제30조의2 및 제99조 제2항 제3호의 죄**를 각 부패범죄로 규정하고 있다.

관련조문

부패재산몰수법 별표

부패범죄(제2조 제1호 관련)

26. 「신용협동조합법」 제30조의2 및 제99조 제2항 제3호의 죄

다만 신용협동조합법 제30조의2는 금지규정을, 제99조 제2항 제2호는 동법 제30조의2 규정을 인용하는 처벌규정에 해당하므로 위 **신용협동조합법상 부패범죄는 동법 제99조 제2항 제3호의 죄 중 제30조의2로 한정된다고 봄이 상당**하다. 왜냐하면 동법 제99조 제2항 제3호의 처벌규정이 인용하는 나머지 금지규정들(동법 제49조 제1항, 제59조 제3항)은 **모두 부패재산몰수법상 부패범죄와는 무관**하기 때문이다.[8]

따라서 금지규정인 동법 제30조의2를 처벌규정을 제한적으로 규정하는 방법으로 변경하

8 **신용협동조합법 제49조(법정적립금)** ① 조합은 매 사업연도 이익금의 100분의 10 이상을 납입출자금 총액의 2배가 될 때까지 법정적립금으로 적립하여야 한다.
제59조(청산인의 임무 등) ③ 청산인은 조합의 채무를 변제하거나 변제에 상당하는 재산을 공탁하기 전에는 조합의 재산을 분배해서는 아니 된다.

여 아래와 같이 개정함이 상당하다.

관련조문

부패재산몰수법 별표(개정안)

부패범죄(제2조 제1호 관련)

26. 「신용협동조합법」 제99조 제2항 제3호의 죄(**제30조의2 위반죄에 한한다**)

한편 신용협동조합법은 위 각 부패범죄로 취득한 재산상 이익에 대한 필요적 몰수·추징 규정을 두고 있지 않으므로 위 각 부패범죄로 취득한 범죄수익은 부패재산몰수법에 따라 임의적으로 몰수·추징되고 이에 대한 보전조치는 부패재산몰수법 및 마약거래방시법에 따라 가능하다.

이하에서는 위 각 신용협동보험조합법상 부패범죄에 대한 구성요건 및 범죄수익환수 사례에 대해 자세히 살펴보도록 한다.

Ⅱ 구성요건

관련조문

신용협동조합법 제99조(벌칙) ② 조합 또는 중앙회의 임직원 또는 청산인이 다음 각 호의 어느 하나에 해당하는 행위를 한 경우에는 2년 이하의 징역 또는 2천만원 이하의 벌금에 처한다. <개정 2017. 4. 18.>

3. **제30조의2**, 제49조 제1항 또는 제59조 제3항을 위반한 경우

☞ **제30조의2(수뢰 등의 금지)** 조합의 임직원은 직무와 관련하여 직접 또는 간접을 불문하고 증여(贈與)나 그 밖의 수뢰(受賂)의 요구, 취득 또는 이에 관한 약속을 할 수 없다.[전문개정 2015.1.20]

1. 구성요건의 주체

본죄의 **구성요건 주체**는 조합 또는 중앙회의 임직원 또는 청산인이다(**신분범**). 이때의 조합은 신용협동조합을 의미하고, 중앙회는 신용협동조합중앙회를 말한다. 나아가 위 **행위의 상대방**은 아무런 제한이 없으므로 위 각 신분자들에게 증여 그 밖의 증뢰를 하는 사람이면 그 행위의 상대방이 된다.

본죄는 위와 같이 조합의 임직원 등에게 증뢰를 하는 사람에 대한 별도의 처벌규정을 두고 있지 않는데 이 또한 입법의 불비다. 개정을 요한다(私見).

2. 구성요건적 행위

본죄의 구성요건적 행위는 조합의 임직원이 **그 직무와 관련**하여 **직접 또는 간접을 불문**하고 **증여(贈與)나 그 밖의 수뢰(受賂)의 요구, 취득 또는 이에 관한 약속**을 하는 것이다.

위 **'직무와 관련하여'**의 해석에 관해 명확한 대법원 판결은 없으나 금융지주회사법과 관련하여 **대법원**은 그 직무관련성을 **'금융지주회사 임직원이 그 지위에 수반하여 취급하는 일체의 사무와 관련하여'**를 의미하는 것으로 판시한 바 있으므로 이 또한 위 해석과 마찬가지로 그 조합의 임직원 등의 권한에 속하는 직무행위 뿐만 아니라 그와 밀접한 관계가 있는 사무 및 그와 관련하여 사실상 처리하고 있는 사무도 직무에 포함되나 조합의 임직원이 개인적인 지위에서 취급하는 사무까지 포함된다고 볼 수는 없다고 봄이 상당하다.[9]

나아가 본죄는 위 신용협동조합 임·직원 등이 **그 직무와 관련하여 직접 또는 간접을 불문하고 증여를 받는 행위를 아울러 금지**하고 있으므로 증여를 받은 재물 또는 재산상 이익과 그 직무와의 사이에 직접 또는 간접적인 대가성만 인정되면 충분하다.

Ⅲ 처벌 및 범죄수익환수 사례

본죄를 범하면 2년 이하의 징역 또는 2천만 원 이하의 벌금에 처한다. 나아가 위 구성요건은 그 본질이 뇌물죄임에도 불구하고 필요적 몰수·추징 규정이 없으므로 부패재산몰수법에 따른 임의적 몰수·추징 규정의 적용을 받는다. 이는 형법상 뇌물죄의 균형 등에 비추어 입법의 불비로 봄이 상당하다.

실무상 신용협동조합법 상 임직원 등이 그 직무와 관련하여 무상으로 증여를 받거나 뇌물을 수수한 범죄사실에 대하여 부패재산몰수법을 적용하여 추징한 사례는 쉽게 찾기 어렵다. 사견으로는 **필요적 몰수·추징 규정을 입법**함으로써 **위와 같이 취득한 재물 또는 재산상 이익을 환수할 필요가 있다**고 생각한다(私見).

---

9 대법원 2017. 3. 9. 선고 2014도144 판결 참조.

제 7 절 유류오염손해배상보장법위반(제27호)

I 총설

부패재산몰수법 별표 제27호에서 **유류오염손해배상보장법**(이하, '유류오염배상법'이라 한다) **제58조 및 제59조의 죄**를 각 부패범죄로 규정하고 있다.

관련조문

부패재산몰수법 별표

부패범죄(제2조 제1호 관련)

27. 「유류오염손해배상 보장법」 제58조 및 제59조의 죄

관련조문

유류오염배상법 제58조(관리인의 수뢰죄) ① 제41조에서 준용하는 「선박소유자 등의 책임제한절차에 관한 법률」 제20조에 따라 선임된 관리인 또는 제41조에서 준용하는 「선박소유자 등의 책임제한절차에 관한 법률」 제37조에 따라 선임된 관리인대리가 그 직무에 관하여 뇌물을 수수(收受), 요구 또는 약속한 경우에는 5년 이하의 징역 또는 5천만원 이하의 벌금에 처한다. <개정 2014. 10. 15., 2020. 2. 18.>

② 제1항의 경우 수수된 뇌물은 몰수한다. 그 전부 또는 일부를 몰수할 수 없을 때에는 그 가액(價額)을 추징한다.

제59조(뇌물의 공여 등) 제58조 제1항에 따른 뇌물을 약속·공여 또는 공여의 의사를 표시한 자는 3년 이하의 징역 또는 3천만원 이하의 벌금에 처한다. <개정 2014. 10. 15.>

다만 유류오염배상법 제58조는 관리인의 수뢰죄를, 제59조는 뇌물의 공여죄를 규정하고 있으므로 양죄는 대향범 관계에 있다.

한편 **유류오염배상법은 자체적으로 필요적 몰수·추징 규정**을 두고 있으므로 본죄를 위반하여 취득한 재물 또는 재산상 이익은 모두 환수대상이다.

관련조문

유류오염배상법 제58조(관리인의 수뢰죄) ② 제1항의 경우 수수된 뇌물은 몰수한다. 그 전부 또는 일부를 몰수할 수 없을 때에는 그 가액(價額)을 추징한다.

이하에서는 동법상 부패범죄의 구성요건 및 범죄수익환수 사례에 대해 살펴본다.

Ⅱ 구성요건

관련조문

유류오염배상법 제58조(관리인의 수뢰죄) ① 제41조에서 준용하는 **「선박소유자 등의 책임제한절차에 관한 법률」 제20조에 따라 선임된 관리인** 또는 **제41조에서 준용하는 「선박소유자 등의 책임제한절차에 관한 법률」 제37조에 따라 선임된 관리인대리**가 그 직무에 관하여 뇌물을 수수(收受), 요구 또는 약속한 경우에는 5년 이하의 징역 또는 5천만원 이하의 벌금에 처한다. <개정 2014. 10. 15., 2020. 2. 18.>

② 제1항의 경우 수수된 뇌물은 몰수한다. 그 전부 또는 일부를 몰수할 수 없을 때에는 그 가액(價額)을 추징한다.

제59조(뇌물의 공여 등) 제58조 제1항에 따른 뇌물을 약속·공여 또는 공여의 의사를 표시한 자는 3년 이하의 징역 또는 3천만원 이하의 벌금에 처한다. <개정 2014. 10. 15.>

☞ <u>선박소유자책임법 제20조(개시결정과 동시에 정하여야 할 사항)</u> 법원은 책임제한절차의 개시결정과 동시에 관리인을 선임하고 다음 각 호의 사항을 정하여야 한다.

1. 제한채권의 신고기간. 다만, 그 기간은 결정일부터 30일 이상 90일 이내로 정하여야 한다.
2. 제한채권의 조사기일. 다만, 그 기일은 신고기간 만료 후 7일 이상 30일 이내로 정하여야 한다.

☞ <u>제37조(관리인대리)</u> 관리인은 그 직무를 수행할 때 법원의 허가를 받아 관리인대리를 선임할 수 있다.

---

1. 구성요건의 주체

동법 제58조 제1항의 **구성요건 주체**는 제41조에서 준용하는 「선박소유자 등의 책임제한절차에 관한 법률」 제20조에 따라 선임된 관리인 또는 제41조에서 준용하는 「선박소유자 등의 책임제한절차에 관한 법률」 제37조에 따라 선임된 관리인 대리이다(**신분범**). 따라서 위 각 신분자들에 가공하여 본죄를 범하는 사람은 모두 형법 제33조에 따라 처벌의 대상이 된다.

나아가 동법 제59조에 따른 **구성요건의 주체**는 아무런 제한이 없다. 따라서 누구든지 본죄의 주체가 될 수 있다.

동법 제58조 제1항 및 제59조는 각 **대향범** 관계에 있으므로 위 각 행위의 주체는 상호간 행위의 상대방이 된다.

2. 구성요건적 행위

동법 제58조 제1항의 **구성요건적 행위**는 위 각 신분자들이 그 직무에 관하여 뇌물을 수수(收受), 요구 또는 약속하는 것이고, 동법 제59조의 **구성요건적 행위**는 그 뇌물을 약속·공여 또는 공여의 의사표시를 하는 것이다. 양 죄가 대향범 관계에 있음은 앞에서 본 바와 같다.

위 '**직무와 관련하여**'의 해석에 관해 명확한 대법원 판결은 없으나 금융지주회사법과 관련하여 **대법원**은 그 직무관련성을 '**금융지주회사 임직원이 그 지위에 수반하여 취급하는 일체의 사무와 관련하여**'를 의미하는 것으로 판시한 바 있으므로 이 또한 위 해석과 마찬가지로 위 관리인 및 관리인 대리의 권한에 속하는 직무행위 뿐만 아니라 그와 밀접한 관계가 있는 사무 및 그와 관련하여 사실상 처리하고 있는 사무도 직무에 포함되나 위 각 신분자들이 개인적인 지위에서 취급하는 사무까지 포함된다고 볼 수는 없다고 봄이 상당하다.[10]

Ⅲ 처벌 및 범죄수익환수 사례

동법 제58조 제1항의 죄를 범하면 5년 이하의 징역 또는 5천만 원 이하의 벌금에 처하고, 제59조의 죄를 범하면 3년 이하의 징역 또는 3천만 원 이하의 벌금에 처한다. 수뢰죄와 증뢰죄의 경우 법정형의 차이를 둔 것이다.

나아가 위와 같은 수뢰행위를 통해 취득한 금전은 모두 동법에 따른 필요적 몰수·추징 규정의 적용을 받는다는 점은 앞에서 본 바와 같다.

다만 실무상 본죄로 처벌받고 그와 같이 취득한 뇌물을 몰수·추징한 사례는 실무상 발견되지 않는다.

---

10 대법원 2017. 3. 9. 선고 2014도144 판결 참조.

제 5 장

선거·정치자금 관련 부패범죄

제 1 절 국민투표법위반(제6호)

I 총설

부패재산몰수법은 별표 제6호에서 **국민투표법 제99조, 제100조의 죄**를 부패범죄로 규정하고 있다.

관련조문

부패재산몰수법 별표

부패범죄(제2조 제1호 관련)

6. 「국민투표법」 제99조 및 제100조의 죄

국민투표 과정에서 매수 및 이해유도죄를 저지르는 경우 그 과정에서 취득한 부패재산을 환수할 수 있도록 한 것으로 해당 규정은 공직선거에 적용되는 공직선거법 규정과 유사하다. 상세한 법률 규정은 다음과 같다.

관련조문

국민투표법 제99조(매수 및 이해유도죄) ① 다음 각 호의 1에 해당하는 자는 3년 이하의 징역이나 금고 또는 150만 원 이하의 벌금에 처한다.

1. 찬성하게 하거나 하지 못하게 할 목적으로 투표권자에게 금전·물품·차마·향응 기타 재산상의 이익이나 공사의 직을 제공하거나 그 제공의 의사를 표시 또는 약속한 자
2. 투표를 하거나 하지 아니하거나, 운동을 하거나 하지 아니하거나 또는 그 알선·권유에

대한 보수를 목적으로 투표권자에게 제1호에 규정된 행위를 한 자
3. 투표를 하였거나 아니하였다는 보수로서 투표권자에게 제1호에 규정된 행위를 한 자
4. 국민투표의 결과에 영향을 미치게 할 목적으로 학교 기타 공공기관·단체에게 금전·물품 기타 재산상의 이익을 제공하거나 그 제공의 의사를 표시한 자
5. 제1호 내지 제4호에 규정된 행위에 관하여 알선 또는 권유를 한 자
6. 제1호 내지 제4호에 규정된 이익 또는 직의 제공을 받거나 요구하거나 그 제공의 의사표시를 승낙한 자

②선거관리위원회의 위원이나 직원, 국민투표에 관계있는 공무원 또는 경찰공무원이 제1항 각호에 규정된 행위를 한 때에는 7년 이하의 징역이나 금고에 처한다.

제100조(다수인매수 및 다수인이해유도죄) 다음 각 호의 1에 해당하는 자는 5년 이하의 징역이나 금고 또는 50만 원 이상 250만 원 이하의 벌금에 처한다.
1. 재산상의 이익을 도모할 목적으로 국민투표의 결과에 영향을 미치게 하기 위하여 다수의 투표권자에 대하여 제99조 제1항 각호에 규정된 행위를 하거나 하게 한 자
2. 제1호에 규정된 행위를 할 것을 청탁받거나 청탁받게 한 자

위와 같은 **부패범죄로 취득한 재물 또는 재산상 이익은 모두 필요적으로 몰수·추징**한다(동법 제101조 참조). 따라서 위 중대범죄의 경우에는 부패재산몰수법에 따른 임의적 몰수·추징 규정이 적용되지 않고 위 범죄수익의 몰수·추징 보전을 위하여 부패재산몰수법과 동법이 준용하는 마약거래방지법의 적용을 받을 뿐이다.

관련조문

국민투표법 제101조(매수와 이해유도죄로 인한 이득의 몰수) 제99조 및 제100조의 죄를 범한 자가 받은 이익은 이를 몰수한다. 다만, 그 전부 또는 일부를 몰수할 수 없을 때에는 그 가액을 추징한다.

한편 이 법은 헌법 제72조의 규정에 의한 외교·국방·통일 기타 국가안위에 관한 중요정책과 헌법 제130조의 규정에 의한 헌법개정안에 대한 국민투표에 관하여 필요한 사항을 규정함을 목적으로 한다(동법 제1조). 국민투표 과정에서 발생할 수 있는 부패범죄를 처벌하고 이와 같은 범죄행위로 취득한 범죄수익을 환수할 수 있도록 함으로써 공정하고 청렴한 국민투표가 이루어지도록 하기 위함이다.

Ⅱ 구성요건

관련조문

국민투표법 제99조(매수 및 이해유도죄) ①다음 각 호의 1에 해당하는 자는 3년 이하의 징역이나 금고 또는 150만원 이하의 벌금에 처한다.

1. 찬성하게 하거나 하지 못하게 할 목적으로 투표권자에게 금전·물품·차마·향응 기타 재산상의 이익이나 공사의 직을 제공하거나 그 제공의 의사를 표시 또는 약속한 자
2. 투표를 하거나 하지 아니하거나, 운동을 하거나 하지 아니하거나 또는 그 알선·권유에 대한 보수를 목적으로 투표권자에게 제1호에 규정된 행위를 한 자
3. 투표를 하였거나 아니하였다는 보수로서 투표권자에게 제1호에 규정된 행위를 한 자

1. 매수죄(제99조 제1항 제1호 내지 제3호)

국민투표법은 투표권자에게 금전·물품·차마·향응 기타 재산상의 이익이나 공사의 직을 제공하거나 그 제공의 의사를 표시 또는 약속하는 행위를 처벌하고 있다. 국민투표와 관련하여 매수행위를 처벌하여 국민투표의 공정을 기하기 위한 규정으로서 국민투표에 관한 일종의 뇌물죄 처벌규정이라고 이해할 수 있다.

가. 구성요건의 주체 및 객체

구성요건의 주체는 아무런 제한이 없으므로 누구든지 본 죄의 주체가 될 수 있다. **행위의 상대방**은 투표권자이다. 국민투표법상 투표권자는 19세 이상의 국민으로 투표권자의 연령은 국민투표일 현재로 산정하며 투표일 현재 공직선거법 제18조의 규정에 따라 선거권이 없는 사람은 투표권이 없다.

관련조문

공직선거법 제18조(선거권이 없는 자) ①선거일 현재 다음 각 호의 어느 하나에 해당하는 사람은 선거권이 없다. <개정 2004. 3. 12., 2005. 8. 4., 2015. 8. 13.>

1. 금치산선고를 받은 자
2. 1년 이상의 징역 또는 금고의 형의 선고를 받고 그 집행이 종료되지 아니하거나 그 집행을 받지 아니하기로 확정되지 아니한 사람. 다만, 그 형의 집행유예를 선고받고 유예기간

중에 있는 사람은 제외한다.

3. 선거범, 「정치자금법」 제45조(정치자금부정수수죄) 및 제49조(선거비용관련 위반행위에 관한 벌칙)에 규정된 죄를 범한 자 또는 대통령·국회의원·지방의회의원·지방자치단체의 장으로서 그 재임중의 직무와 관련하여 「형법」(「특정범죄가중처벌 등에 관한 법률」 제2조에 의하여 가중처벌되는 경우를 포함한다) 제129조(수뢰, 사전수뢰) 내지 제132조(알선수뢰)·「특정범죄가중처벌 등에 관한 법률」 제3조(알선수재)에 규정된 죄를 범한 자로서, 100만원이상의 벌금형의 선고를 받고 그 형이 확정된 후 5년 또는 형의 집행유예의 선고를 받고 그 형이 확정된 후 10년을 경과하지 아니하거나 징역형의 선고를 받고 그 집행을 받지 아니하기로 확정된 후 또는 그 형의 집행이 종료되거나 면제된 후 10년을 경과하지 아니한 자(刑이 失效된 者도 포함한다)
4. 법원의 판결 또는 다른 법률에 의하여 선거권이 정지 또는 상실된 자

②제1항 제3호에서 "선거범"이라 함은 제16장 벌칙에 규정된 죄와 「국민투표법」 위반의 죄를 범한 자를 말한다. <개정 2005. 8. 4.>

③「형법」 제38조에도 불구하고 제1항 제3호에 규정된 죄와 다른 죄의 경합범에 대하여는 이를 분리 선고하고, 선거사무장·선거사무소의 회계책임자(선거사무소의 회계책임자로 선임·신고되지 아니한 사람으로서 후보자와 통모(通謀)하여 해당 후보자의 선거비용으로 지출한 금액이 선거비용제한액의 3분의 1 이상에 해당하는 사람을 포함한다) 또는 후보자(후보자가 되려는 사람을 포함한다)의 직계존비속 및 배우자에게 제263조 및 제265조에 규정된 죄와 이 조 제1항 제3호에 규정된 죄의 경합범으로 징역형 또는 300만원 이상의 벌금형을 선고하는 때(선거사무장, 선거사무소의 회계책임자에 대하여는 선임·신고되기 전의 행위로 인한 경우를 포함한다)에는 이를 분리 선고하여야 한다. <개정 2010. 1. 25.>[제목개정 2015. 8. 13.]

위 **구성요건의 객체**는 금전·물품·차마·향응 기타 재산상의 이익이나 공사의 직이다. 여기에서 '**금전·물품**'은 다과나 종류는 불문한다. '**차마**(車馬)'는 차마 이용의 편의를 의미하는 것으로 청중을 동원하기 위해 투표권자를 버스 등으로 운송하여 주는 경우가 대표적인 사례다. '**향응**'은 음식물로 타인을 접대하는 것만을 의미하는 것이 아니라 사람에게 위안이나 쾌락을 주는 것을 모두 포함한다. 따라서 영화·연극·뮤지컬을 감상시키는 것, 관광지 등에 초대하는 것, 이성과의 성교를 제공하는 것 등도 모두 향응에 해당한다. 기타 재산상의 이익은 일반인의 수요나 욕망을 충족시켜주는 것의 일체를 의미하는 것으로서 사교상 의례라고 인정되는 정도의 것을 말한다. 이때의 재산상 이익은 유형·무형을 불문하고,[1] 제공

---

1 대법원 2013. 7. 25. 선고 2013도98 판결 참조.

자가 정당한 처분권이 없거나 그 제공행위가 법률상 무효인 경우에도 무관하다.

가장 많이 문제가 되는 것은 **'공사의 직'**에 관한 해석이다. 이 때 공사(公私)의 직(職)이라 함은 상근과 비상근을 불문하고 노력의 제공으로 일정한 반대급부를 받을 수 있는 직장에서의 일정한 자리를 말하고 지위나 직무가 특정될 필요는 없다. 이 때 반드시 그 직을 현실로 제공할 수 있는 위치에 있는 사람일 필요는 없다. 즉 법령이나 정관 기타 관계 규정상의 임명권을 가진 사람이거나 임의로운 제공권한이 있는 자에 의한 것임을 요하지 않고, 그 직을 제공함에 있어서 규정상 또는 사실상으로 상당한 영향력을 행사하여 이를 성사시킬 수 있는 높은 개연성을 구비한 자에 의한 경우를 포함한다.[2] 이 때 공사의 직이 보수 등 유상성을 전제로 하는지와 관련하여, 법원은 공직선거법과 관련된 판례에서 **'공사의 직'은 반드시 보수 등 유상성을 전제로 하는 직무에 한정될 수 없다고 판시**한 바 있다.[3]

나. 구성요건적 행위

구성요건적 행위는 찬성하게 하거나 하지 못하게 할 목적으로 투표권자에게 금전 등의 제공의 의사를 표시 또는 약속하는 행위(**제1호**), 투표를 하거나 하지 아니하거나, 운동을 하거나 하지 아니하거나 또는 그 알선·권유에 대한 보수를 목적으로 투표권자에게 금전 등의 제공의 의사를 표시 또는 약속하는 행위(**제2호**), 투표를 하였거나 아니하였다는 보수로서 투표권자에게 금전 등의 제공의 의사를 표시 또는 약속하는 행위(**제3호**)다.

이때 **'제공'**은 현실적인 제공을 의미한다고 봄이 상당하고, **'의사의 표시'**의 의미와 관련하여 공직선거법이 문제된 사안에서 **대법원**은「제공의 의사를 표시하거나 그 제공을 약속하는 행위는 구두에 의하여 할 수도 있고 그 방식에 특별한 제한은 없는 것이지만, 그 약속 또는 의사표시가 사회통념상 쉽게 철회하기 어려울 정도로 **당사자의 진정한 의지가 담긴 것으로서 외부적·객관적으로 나타나는 정도에 이르러야 한다**」고 판시한 바 있다.[4]

위 제1호 내지 제3호는 모두 투표권자의 임의적인 의사에 반하여 투표권자에게 금전 등을 제공함으로써 ① 찬성하게 하거나 하지 못하게 하도록 또는 ② 투표 자체를 하거나 하지 않도록 또는 운동을 하거나 하지 아니하도록 그리고 ③ 위 금전등의 보수(대가)로서 투표권자로 하여금 투표를 하거나 하지 않도록 하는 것이다. 모두 금전 등을 제공함으로써 투표권자의 투표권 행사를 임의로 조작한다는 점에서 부패범죄의 범주에 포함된다.

---

2 대법원 1996. 7. 12. 선고 96다1121 판결 참조.

3 수원지방법원 2012. 11. 16. 선고 2012고합886 판결 참조(대법원 2013도5389 판결로 확정).

4 대법원 2007. 1. 12. 선고 2006도7906 판결 참조.

주관적 구성요건 요소와 관련하여 **제1호**의 경우 투표권자로 하여금 국민투표에 찬성하게 하거나 하지 못하게 할 목적을 요구하고(**목적범**), **제2호**의 경우에도 투표를 하거나 하지 아니하거나, 운동을 하거나 하지 아니하거나 또는 그 알선·권유에 대한 보수(대가)를 목적으로 할 것을 요구한다(**목적범**). 따라서 금전등의 제공의 경우 구체적인 목적 하에 이루어져야 한다.

다. 죄수 및 처벌

하나의 행위로서 동시에 여러 투표권자를 매수한 경우에는 그 죄수는 포괄일죄 또는 상상적 경합 관계에 있다고 해석할 수 있다. 다만 수개의 행위로 매수하였을 경우 상대방이 각각 다른 경우 각 상대방마다 실체적 경합이 될 것이나 1인의 상대방에게 여러 차례에 걸쳐 매수행위를 하는 경우에는 범의의 단일성, 시간의 근접성에 따라 포괄일죄가 된다고 해석할 수도 있다. 위와 같은 행위를 하는 경우에는 모두 **3년 이하의 징역이나 금고 또는 150만 원 이하의 벌금**에 처한다.

2. 이해유도죄(제99조 제1항 제4호)

관련조문

국민투표법 제99조(매수 및 이해유도죄) ① 다음 각 호의 1에 해당하는 자는 3년 이하의 징역이나 금고 또는 150만원 이하의 벌금에 처한다.

4. 국민투표의 결과에 영향을 미치게 할 목적으로 학교 기타 공공기관·단체에게 금전·물품 기타 재산상의 이익을 제공하거나 그 제공의 의사를 표시한 자

국민투표법은 국민투표의 결과에 영향을 미치게 할 목적으로 학교 기타 공공기관·단체에게 금전·물품 기타 재산상의 이익을 제공하거나 그 제공의 의사표시 하는 행위를 금지하고 있다. 본죄는 국민투표에 이용할 목적으로 위와 같은 단체 또는 모임에 금품을 제공하는 등으로 그 이해(利害)를 유도하는 것을 금지함으로써 공명한 국민투표를 보장하기 위한 것이다. 이로써 깨끗하고 돈 안 드는 선거를 통해 선거에 있어서의 부정 및 부패의 소지를 제거하기 위함이다. 매수죄가 특정한 개인을 상대로 하는 것이라면 이해유도죄는 기관, 단체, 집회 등을 대상으로 한다는 점에서 차이가 있다.

가. 구성요건의 주체 및 객체

구성요건의 주체는 아무런 제한이 없으므로 누구든지 본 죄의 주체가 될 수 있다. **구성요건의 객체**(**행위의 상대방**)는 학교 기타 공공기관·단체이다. 이 때 '**단체**'의 경우 그 명칭 여하를 불문하고 일반적으로 일정한 공동목적을 가진 다수인의 계속적인 조직을 뜻하므로 법인격의 존부는 불문하고, 중앙기관(본부) 뿐만 아니라 산하기관, 지부조직도 모두 포함된다고 해석함이 상당하다. 금전·물품 기타 재산상 이익의 해석은 앞에서 본 바와 같다.

나. 구성요건적 행위

본죄의 **구성요건적 행위**는 **금전·물품 기타 재산상의 이익을 제공하거나 그 제공의 의사표시를 하는 것**이다. 이때의 '제공'이 현실적인 제공을 의미한다는 것과 제공의 의사표시의 해석은 앞에서 본 바와 같다. **주관적 구성요건요소**와 관련하여 국민투표의 결과에 영향을 미치게 할 목적을 요구하는 목적범이다. 따라서 위와 같은 금전등의 제공은 국민투표 결과에 영향을 미치게 할 의도가 요구된다.

다. 죄수 및 처벌

이해유도행위의 경우 통상적으로 학교 기타 공공기관, 단체를 상대로 이루어지므로 해당 기관 및 단체를 하나의 집단으로 보고 죄수를 판단하여야 한다. 하나의 행위로 여러 단체에 금전등의 이익을 제공하였다면 상상적 경합범에 해당할 것이나 수회의 행위로 여러 기관과 단체에게 금전 기타 재산상의 이익을 제공하는 경우 각 기관별로 경합범이 성립한다고 봄이 상당하다. 다만 범의의 연속성과 시간, 장소의 접속성이 인정되는 경우 포괄일죄로 볼 수 있는 경우도 있을 것이다.

위와 같은 행위를 하는 경우에는 모두 3년 이하의 징역이나 금고 또는 150만 원 이하의 벌금에 처한다.

3. 매수·이해유도죄에 관한 알선·권유 행위(제99조 제1항 제5호)

관련조문

국민투표법 제99조(매수 및 이해유도죄) ① 다음 각 호의 1에 해당하는 자는 3년 이하의 징역이나 금고 또는 150원 이하의 벌금에 처한다.

5. 제1호 내지 제4호에 규정된 행위에 관하여 알선 또는 권유를 한 자

국민투표법은 동법 제99조 제1항 제1호 내지 제4호의 매수 및 이해유도죄에 규정된 각 행위에 관하여 알선 또는 권유하는 행위를 처벌하고 있다. **구성요건의 주체**는 아무런 제한이 없으므로 누구든지 본죄의 주체가 될 수 있고, **각 행위 상대방**은 매수 및 이해유도죄의 행위를 하는 사람으로서 **구체적인 구성요건적 행위**는 그와 같은 매수 및 이해유도 하는 행위를 알선하거나 권유하는 것이다. 위 행위를 함에 있어 상대방이 매수 및 이해유도행위를 한다는 사실을 인식하면 충분하고 별도의 목적은 요구되지 않는다(**고의범**). 위와 같은 행위를 하는 경우에는 모두 3년 이하의 징역이나 금고 또는 150만 원 이하의 벌금에 처한다.

4. 매수·이해유도 행위의 상대방(제99조 제1항 제6호)

관련조문

국민투표법 제99조(매수 및 이해유도죄) ① 다음 각 호의 1에 해당하는 자는 3년 이하의 징역이나 금고 또는 150만원 이하의 벌금에 처한다.

6. 제1호 내지 제4호에 규정된 이익 또는 직의 제공을 받거나 요구하거나 그 제공의 의사표시를 승낙한 자

국민투표법은 위와 같은 매수·이해유도 행위, 이에 대한 알선·권유행위 뿐만 아니라 해당 매수·이해유도 행위의 상대방이 되어 그 이익 또는 공사의 직의 제공을 받거나, 요구하거나 그 제공의 의사표시를 승낙한 사람을 모두 처벌하고 있다. 따라서 국민투표와 관련하여 동법 제99조 제1항 제1호 내지 제4호에 따라 금품 등의 이익을 제공받는 행위, 그와 같은 행위를 요구하는 행위 및 실제로 그 제공의 의사표시를 승낙하는 행위를 한 사람은 모두 처벌대상이 된다.

구성요건의 주체는 아무런 제항이 없으므로 누구든지 본죄의 주체가 될 수 있고, **행위의 상대방**은 매수·이해유도행위를 하는 사람이다. 나아가 **구성요건적 행위**는 위와 같이 매수·이해유도를 하는 사람으로부터 금품 등의 이익의 제공 및 의사표시를 받고 이를 승낙하거나 제공된 이익을 받거나 요구하는 행위로서 별도의 목적을 요하지 않는다.

죄수와 관련하여 각 제공, 요구, 승낙의 의사표시 행위마다 별죄가 성립하여 실체적 경합범 관계에 있다고 할 것이나 하나의 행위로 여러 개의 이익을 승낙하는 경우에는 상상적 경합으로 해석하여야 한다.

위와 같은 행위를 하는 경우에는 모두 3년 이하의 징역이나 금고 또는 150만 원 이하의 벌금에 처한다. 매수·이해유도를 하는 행위와 동일한 법정형으로 규정되어 있는 점을 유의할 필요가 있다.

5. 선거관리위원회 위원이나 직원, 국민투표에 관계있는 공무원 또는 경찰공무원에 대한 가중처벌(제99조 제2항)

관련조문

국민투표법 제99조(매수 및 이해유도죄) ② 선거관리위원회의 위원이나 직원, 국민투표에 관계있는 공무원 또는 경찰공무원이 제1항 각 호에 규정된 행위를 한 때에는 7년 이하의 징역이나 금고에 처한다.

국민투표법은 특정 신분자가 매수 및 이해유도행위를 하는 경우에는 더 무겁게 가중처벌하고 있다. **구성요건의 주체**는 선거관리위원회 위원이나 직원, 국민투표에 관계있는 공무원 또는 경찰공무원이다(**신분범**). 여기에서 국민투표에 관계있는 공무원의 해석이 문제될 수 있는데 **직접적**으로 국민투표를 관리하는 공무원뿐만 아니라 **간접적**으로 자신의 직무가 국민투표의 진행 과정과 관련성이 인정되면 충분하다.

뇌물죄의 해석에 있어 **대법원**은 뇌물죄에서 말하는 직무에는 공무원이 법령상 관장하는 직무 그 자체뿐만 아니라 **그 직무와 밀접한 관계가 있는 행위 또는 관례상이나 사실상 관여하는 직무행위도 포함**된다고 할 것이나, 구체적인 행위가 공무원의 직무에 속하는지 여부는 그것이 **공무의 일환으로 행하여졌는가 하는 형식적인 측면**과 함께 **그 공무원이 수행하여야 할 직무와의 관계에서 합리적으로 필요하다고 인정되는 것인가 하는 실질적인 측면**을 아울러 고려하여 결정하여야 한다고 판시하고 있는바 국민투표법상 공무원의 직무의 범위 해석에 위 판례를 참고할 수 있다.[5]

구성요건의 객체와 **행위의 상대방** 및 **죄수**의 해석은 앞에서 살펴본 매수 및 이해유도죄 부분과 같다. 다만 **그 처벌과 관련**하여 위와 같은 신분이 인정되는 경우에는 7년 이하의 징역이나 금고에 처하므로 벌금형을 선고할 수 없고, 위와 같은 신분이 없는 자에 비하여 2배 이상 가중처벌된다는 점을 유의할 필요가 있다.

---

5 대법원 2011. 5. 26. 선고 2009도2453 판결 참조.

6. 다수인 매수 및 다수인 이해유도죄(제100조 각 호)

관련조문

국민투표법 제100조(다수인매수 및 다수인이해유도죄) 다음 각 호의 1에 해당하는 자는 5년 이하의 징역이나 금고 또는 50만원 이상 250만원 이하의 벌금에 처한다.
1. 재산상의 이익을 도모할 목적으로 국민투표의 결과에 영향을 미치게 하기 위하여 다수의 투표권자에 대하여 제99조 제1항 각 호에 규정된 행위를 하거나 하게 한 자
2. 제1호에 규정된 행위를 할 것을 청탁받거나 청탁받게 한 자

국민투표법은 재산상의 이익을 도모할 목적으로 국민투표의 결과에 영향을 미치게 하기 위하여 다수의 투표권자에 대하여 제99조 제1항 각호에 규정된 행위를 하거나 하게 한 자(제1호) 및 제1호에 규정된 행위를 할 것을 청탁받거나 청탁받게 한 자(제2호)를 처벌하고 있다.

매수 및 이해유도죄의 상대방이 되는 투표권자들이 '다수'인 경우 가중처벌하는 규정으로 통상적으로 국민투표에 있어 매수 및 이해유도죄의 상대가 되는 투표권자는 투표권이 있는 대한민국 국민이므로 '다수'를 전제하고 있다고 봄이 상당하여 실무상 제99조보다 제100조가 적용되는 사례가 더 많을 것으로 봄이 상당하다.

가. 구성요건의 주체 및 객체(상대방)

구성요건의 주체는 아무런 제한이 없으므로 누구든지 본 죄의 주체가 될 수 있다. **구성요건의 객체**(상대방)는 다수의 투표권자이다. 따라서 다수의 투표권자를 상대로 하는 경우 제100조 제1호 규정이 적용된다.

나. 구성요건적 행위

본죄의 **구성요건적 행위**는 국민투표의 결과에 영향을 미치게 하기 위하여 다수의 투표권자에 대하여 제99조 제1항 각호에 규정된 행위를 하거나 하게 하는 것이다. 따라서 동법 제99조 제1항 각호의 ① 매수 및 이해유도행위, ② 그와 같은 행위에 관한 알선, 권유 행위 및 ③ 그와 같은 행위의 상대방이 되어 이익 또는 직의 제공을 받거나 요구하거나 그 제공의 의사표시를 승낙하는 행위 모두가 구성요건적 행위의 범위에 포함된다.

한편 동법 제100조 제2호의 경우 **제1호에 규정된 행위를 할 것을 청탁**(매수 및 이해유도

의 상대방)**받거나 청탁받게 한 자**(알선, 권유 등)**를 처벌**하고 있는바 제1호의 행위를 청탁받는 행위는 매수 및 이해유도행위를 하도록 청탁하는 행위의 상대방이 되어 그와 같은 청탁을 실제로 받아 금품 등의 제공 동을 승낙하는 것을 의미한다. 나아가 실제 매수 및 이해유도행위를 하려고 하는 사람이 제3자에게 그와 같은 청탁을 하는 경우 이를 알선하거나 권유하는 행위 또한 처벌의 대상이 됨을 주의할 필요가 있다.

주관적 구성요건요소로서 본죄는 재산상의 이익을 도모할 목적을 요구하는 **목적범**이고, 국민투표의 결과에 영향을 미치기 위하여 위와 같은 행위를 할 것이 요구된다.

다. 죄수 및 처벌

본죄의 죄수와 관련하여 본죄는 다수의 투표권자에 대한 매수 및 이해유도 행위 등을 금지하고 있으므로 하나의 행위가 동시에 다수의 투표권자에 영향을 미치는 매수 및 이해유도 행위라면 각 행위별로 하나의 죄가 성립하여 실체적 경합범 관계에 있다고 할 것이고, 하나의 행위가 여러 투표권자 및 단체에 대한 죄가 성립하는 경우 각 죄는 상상적 경합 관계에 해당한다.

나아가 다수인에 대한 매수 및 이해유도죄를 범하는 경우 5년 이하의 징역이나 금고 또는 50만 원 이상 250만 원 이하의 벌금에 처하므로 단순 매수 및 이해유도죄보다 가중처벌하도록 규정하고 있다.

Ⅲ 범죄수익환수 및 자금세탁범죄 처벌 사례

국민투표법 제99조 및 제100조의 죄를 범한 자가 받은 이익은 이를 몰수하고 그 전부 또는 일부를 몰수할 수 없을 때에는 그 가액을 추징한다(동법 제101조 참조). 따라서 **매수 및 이해유도를 위하여 투표권자에게 제공된 금품 등 이익은 모두 해당 이익을 받은 사람으로부터 전부 몰수·추징하여 환수하여야** 한다.

다만 실무상 1987. 10. 17. 헌법 제정을 위한 국민투표 이후 별도의 국민투표가 행하여진 적이 없어 동법이 적용되어 매수 및 이해유도죄로 처벌받거나 범죄행위를 통하여 얻은 범죄수익을 환수한 사례, 자금세탁범죄 처벌사례는 발견되지 않는다.

제2절 공직선거법위반(제7호)

I 총설

부패재산몰수법은 별표 제7호에서 **공직선거법 제230조 내지 제233조 및 제235조의 죄**를 부패범죄로 규정하고 있다.

관련조문

부패재산몰수법 별표

부패범죄(제2조 제1호 관련)

7. 「공직선거법」 제230조부터 제233조까지 및 제235조의 죄

공직선거법은 **「대한민국 헌법」**과 **「지방자치법」**에 의한 선거가 국민의 자유로운 의사와 민주적인 절차에 의하여 공정히 행하여지도록 하고, **선거와 관련한 부정을 방지함으로써 민주정치의 발전에 기여함을 목적으로 한다**(동법 제1조 참조).

위와 같이 부패범죄로 규정되어 있는 범죄는 매수 및 이해유도죄(동법 제230조), 재산상의 이익목적의 매수 및 이해유도죄(동법 제231조), 후보자에 대한 매수 및 이해유도죄(동법 제232조), 당선인에 대한 매수 및 이해유도죄(동법 제233조) 및 방송·신문 등의 불법이용을 위한 매수죄(동법 제235조)로서 **각 범죄행위에 제공된 부패재산은 모두 환수의 대상이 된다.**

공직선거법은 **동법 제230조 내지 제235조의 죄를 범한 자가 받은 이익**은 **필요적으로 몰수하고 그 전부 또는 일부를 몰수할 수 없는 때에는 그 가액을 추징**하도록 하고 있다(동법 제236조 참조). 따라서 부패재산몰수법상 임의적 몰수·추징 규정은 동법에 적용이 없다고 할 것이고, 위 각 범죄행위로 취득한 부패재산에 대한 환수를 위해 몰수·추징 보전절차를 취하는 경우 부패재산몰수법 및 마약거래방지법이 적용된다.

관련조문

공직선거법 제236조(매수와 이해유도죄로 인한 이익의 몰수) 제230조(買收 및 利害誘導罪) 내지 제235조(放送·新聞 등의 不法利用을 위한 買收罪)의 죄를 범한 자가 받은 이익은 이를 몰수한다. 다만, 그 전부 또는 일부를 몰수할 수 없는 때에는 그 가액을 추징한다.

그런데 **공직선거법위반죄의 경우 부패재산몰수법상 부패범죄의 범주에는 포함되나 舊 범죄수익은닉규제법 별표의 중대범죄에는 해당하지 않**으므로 **그 부패재산을 은닉하는 행위에 대해서는 자금세탁범죄로 처벌하는 것이 불가능**했다. 그러나 2022. 1. 4. 범죄수익은닉규제법이 전면 개정되어 장기 3년 이상의 형에 해당하는 모든 범죄가 중대범죄에 해당하게 되었으므로 이를 유의할 필요가 있다.

이하에서는 각 해당 규정의 구성요건 및 범죄수익환수 사례를 상세히 살펴보기로 한다.

Ⅱ 일반 매수 및 이해유도죄(제230조)

1. 서설

공직선거법은 선거관계자에 대한 매수 및 이해유도 행위를 처벌함으로써 선거의 공정을 기하기 위한 규정을 두고 있다. 이는 개인의 자유의사를 왜곡시키는 금품수수행위를 처벌함으로써 깨끗한 선거 실현을 도모하고자 함이다.

2. 매수죄(제230조 제1항 제1호)

관련조문

공직선거법 제230조(매수 및 이해유도죄) ①다음 각 호의 어느 하나에 해당하는 자는 5년 이하의 징역 또는 3천만원 이하의 벌금에 처한다. ＜개정 1997. 1. 13., 1997. 11. 14., 2000. 2. 16., 2004. 3. 12., 2009. 2. 12., 2010. 1. 25., 2011. 7. 28., 2012. 2. 29., 2014. 1. 17., 2014. 2. 13., 2014. 5. 14.＞

1. 투표를 하게 하거나 하지 아니하게 하거나 당선되거나 되게 하거나 되지 못하게 할 목적으로 선거인(선거인명부 또는 재외선거인명부등을 작성하기 전에는 그 선거인명부 또는 재외선거인명부등에 오를 자격이 있는 사람을 포함한다. 이하 이 장에서 같다) 또는 다른 정당이나 후보자(예비후보자를 포함한다)의 선거사무장·선거연락소장·선거사무원·회계책임자·연설원(제79조 제1항·제2항에 따라 연설·대담을 하는 사람과 제81조 제1항·제82 제1항 또는 제82조의2제1항·제2항에 따라 대담·토론을 하는 사람을 포함한다. 이하 이 장에서 같다) 또는 참관인(투표참관인·사전투표참관인과 개표참관인을 말한다. 이하 이 장에서 같다)·선장·입회인에게 금전·물품·차마·향응 그 밖에 재산상의 이익이나 공사의 직을 제공하거나 그 제공의 의사를 표시하거나 그 제공을 약속한 자

가. 구성요건의 주체 및 행위의 상대방

구성요건의 주체는 아무런 제한이 없으므로 누구든지 본 죄의 주체가 될 수 있다. **행위의 상대방**은 선거인 또는 다른 정당이나 후보자(예비후보자를 포함한다), 선거사무장, 선거연락소장, 선거사무원, 회계책임자, 연설원, 참관인, 선장 또는 입회인이다. 이 때 선거인이라 함은 선거권이 있는 사람으로서 선거인 명부 또는 재외선거인명부에 올라있는 사람을 말하지만(동법 제3조 참조), 매수 및 이해유도죄에 있어서의 선거인은 선거인 명부 또는 재외선거인명부 등을 작성하기 전에는 그 선거인 명부 또는 재외선거인명부 등에 오를 자격이 있는 사람을 포함한다.[6]

한편 매수죄는 특정 개인을, 이해유도죄는 단체, 조직 등을 대상으로 하는바 **대법원**은 노인정을 방문하여 노인회 발전기금 명목으로 노인회 회장에게 수표를 교부한 사안에서 피고인이 수표를 교부한 상대방은 선거인이 아니고 노인회 회장이며 위 수표는 개인이 아닌 노인회에 귀속된 것이므로 공직선거법 제230조 제1항 제1호의 매수죄가 성립하지 않는다고 판시한 바 있다.[7]

나. 구성요건의 객체

위 **구성요건의 객체**는 금전·물품·차마·향응 그 밖의 재산상의 이익이나 공사의 직이다. 여기에서 **'금전·물품'**은 다과나 종류는 불문한다. **'차마(車馬)'**는 차마 이용의 편의를 의미하는 것으로 청중을 동원하기 위해 투표권자를 버스 등으로 운송하여 주는 경우가 대표적인 사례다.

'향응'은 음식물로 타인을 접대하는 것만을 의미하는 것이 아니라 사람에게 위안이나 쾌락을 주는 것을 모두 포함한다. 따라서 영화·연극·뮤지컬 등을 감상시키는 것, 관광지 등에 초대하는 것, 이성과의 성교를 제공하는 것 등도 모두 향응에 해당한다. 기타 재산상의 이익은 일반인의 수요나 욕망을 충족시켜주는 것의 일체를 의미하는 것으로서 사교상 의례라고 인정되는 정도의 것을 말한다. 이때의 재산상 이익은 유형·무형을 불문하고,[8] 제공자가 정당한 처분권이 없거나 그 제공행위가 법률상 무효인 경우에도 무관하다.

가장 많이 문제가 되는 것은 **'공사의 직'**에 관한 해석이다. 이 때 공사(公私)의 직(職)이라

---

6 대법원 2017. 12. 7. 선고 2017도15062판결, 2011. 6. 24. 선고 2011도3824 판결 참조.

7 대법원 2017. 12. 7. 선고 2017도7586 판결 참조.

8 대법원 2013. 7. 25. 선고 2013도98 판결 참조.

함은 상근과 비상근을 불문하고 노력의 제공으로 일정한 반대급부를 받을 수 있는 직장에서의 일정한 자리를 말하고 지위나 직무가 특정될 필요는 없다. 이 때 반드시 그 직을 현실로 제공할 수 있는 위치에 있는 사람일 필요는 없다.[9] 즉 법령이나 정관 기타 관계 규정상의 임명권을 가진 사람이거나 임의로운 제공권한이 있는 자에 의한 것임을 요하지 않고, 그 직을 제공함에 있어서 규정상 또는 사실상으로 상당한 영향력을 행사하여 이를 성사시킬 수 있는 높은 개연성을 구비한 자에 의한 범행을 포함한다.[10] 이 때 공사의 직이 보수 등 유상성을 전제로 하는지와 관련하여 법원은 공직선거법과 관련된 판례에서 **'공사의 직'은 반드시 보수 등 유상성을 전제로 하는 직무에 한정될 수 없다고 판시**한 바 있다.[11]

다. 구성요건적 행위

구성요건적 행위는 위와 같은 행위 상대방에게 구성요건의 객체인 금전 등 재산상 이익, 공사의 직을 제공하거나 제공의 의사를 표시하거나 그 제공을 약속하는 것이다.

이때 **'제공'**은 현실적인 제공을 의미한다고 봄이 상당하고, **'의사의 표시'**의 의미와 관련하여 공직선거법이 문제된 사안에서 **대법원**은 「제공의 의사를 표시하거나 그 제공을 약속하는 행위는 구두에 의하여 할 수도 있고 그 방식에 특별한 제한은 없는 것이지만, **그 약속 또는 의사표시가** 사회통념상 쉽게 철회하기 어려울 정도로 **당사자의 진정한 의지가 담긴 것으로서 외부적·객관적으로 나타나는 정도에 이르러야 한다.**」고 판시한 바 있다.[12]

주관적 구성요건요소와 관련하여 본죄는 투표를 하게 하거나 하지 아니하게 하거나 당선되거나 되게 하거나 되지 못하게 할 목적을 요구하는 **목적범**이다. 따라서 위와 같은 목적을 가지고 선거인 등을 상대로 금전 기타 이익을 제공하는 등의 방법으로 매수하는 경우 본죄가 성립하게 된다.

라. 죄수 및 처벌

하나의 행위로서 동시에 여러 선거인 등을 매수한 경우에는 그 죄수는 포괄일죄 또는 상상적 경합 관계에 있다고 해석할 수 있다. 다만 수개의 행위로 매수하였을 경우 상대방이 각각 다른 경우 각 상대방마다 실체적 경합이 될 것이나 1인의 상대방에게 여러 차례에 걸

---

9 대검찰청, 「공직선거법 벌칙해설」(2020, 제10개정판), 190면 참조.

10 대법원 1996. 7. 12. 선고 96다1121 판결 참조.

11 수원지방법원 2012. 11. 16. 선고 2012고합886 판결 참조(대법원 2013도5389 판결로 확정).

12 대법원 2007. 1. 12. 선고 2006도7906 판결 참조.

쳐 매수행위를 하는 경우에는 범의의 단일성, 시간의 근접성에 따라 포괄일죄가 된다고 볼 여지도 있다.

위와 같은 행위를 하는 경우 5년 이하의 징역 또는 3천만 원 이하의 벌금에 처하고 아래에서 보는 바와 같이 위와 같이 **교부된 금전 등은 필요적 몰수·추징의 대상**이다(동법 제236조 참조).

마. 범죄수익환수 사례

이와 관련하여 **군수 후보자가 되려는 사람이 당선될 목적으로 일반 선거구민에 대하여 매수·이해유도 및 기부행위를 하고 그 행위의 상대방이 되어 금품을 제공받아 수수한 사람을 처벌한 사례**를 소개한다.[13] 일반 선거구민에 대한 매수 및 이해유도행위와 공직선거법이 금지하는 기부행위 사이는 **상상적 경합범**의 관계에 있다고 판시하였고, 금품을 제공받은 사람으로부터 전액을 추징하여 환수하였다.

사례

범 죄 사 실

[피고인들의 신분]

피고인 A는 E군 소재 F, G 등을 운영하는 사람으로서 제5회·제6회 전국동시지방선거에서 H의원으로 각 당선되어 E지역(선거구 E군 I, J, K, L)을 기반으로 활동하였으며, 2017. 10. 경부터 제7회 전국동시지방선거에 대비하여 선거구민에게 홍보할 명함과 현수막을 제작하고, E 내 각종 친목 단체, 지역 행사 등에 참석하고, 2018. 1.경부터 선거용 홍보문자를 선거구민에게 전송하고, 선거 사무실을 마련하는 등 2018. 6. 13. 시행 예정인 제7회 전국동시지방선거에서 E군수 후보자가 되려는 자이다.

피고인 C는 M에서 N을 운영하는 사람으로 2015년경부터 A와 친분 관계를 유지해오면서 2017. 9.경 A에게 E군수 출마를 제의하고, 선거 준비의 일환으로 홍보용 현수막 제작업체를 연결해 주고, 형제회 및 산악회 등 각종 모임 일정을 알려주어 위 모임에서 A를 선거구민에게 소개해 주는 등 A의 선거를 돕고 있는 사람이다. 피고인 D는 A와 친구 사이로, O에서 A 소유의 세차장을 약 7년 동안 무상으로 임대받아 사용하는 사람이다. 피고인 B는 A, B의 지인이다.

---

13 청주지방법원 충주지원 2018. 7. 12. 선고 2018고합30호 판결 참조(대법원 2019도1208 판결로 확정). [판결 요지는 1심의 것을 소개하되 공직선거법위반죄와 무관한 부분은 모두 범죄사실에서 제외하였음)

[범죄사실]

1. 피고인 A의 공직선거법위반

누구든지 투표를 하게 하거나 하지 아니하게 하거나 당선되거나 되게 하거나 되지 못하게 할 목적으로 선거인에게 금전·물품·차마·향응 그 밖에 재산상의 이익을 제공하여서는 아니 되고, 국회의원·지방의회의원·지방자치단체의 장등의 후보자 또는 후보자가 되고자 하는 자는 당해 선거구 안에 있는 자나 선거구의 밖에 있더라도 그 선거구민과 연고가 있는 자나 기관·단체·시설에 기부행위를 할 수 없다.

가. 일반 선거구민에 대한 매수·이해유도 및 기부행위

피고인은 E군수에 당선될 목적으로 E 내 마을 이장, 농촌 지도자, 주민자치위원장, 교회 장로 등 E 지역에서 사회적 영향력이 있는 선거구민에게 금품을 제공하기로 마음먹고, 2017. 11.경 P에 있는 Q 장례식장에서 E 선거구민이자 E군 R 마을 이장인 S에게 10만 원권 농촌사랑 상품권 1매를 제공한 것을 비롯하여 그때부터 2018. 3.경까지 별지 범죄일람표(1) 기재와 같이 총 11명의 선거구민에게 10만 원권 농촌사랑 상품권 24매를 교부하였다.

이로써 피고인은 E군수에 당선될 목적으로 선거구민에게 240만 원 상당의 금품을 제공함과 동시에 기부행위를 하였다.

나. C에 대한 매수·이해유도 및 기부행위

피고인은 H의원 재직 당시 자신의 선거구가 아닌 T에서 각종 단체에 가입하여 활동하고 있는 C를 통해 선거에 도움을 받을 목적으로 금품을 제공하기로 마음먹고, 2018. 2.경 C가 운영하는 N 사무실로 찾아가 10원 권 상품권 62매가 든 쇼핑백을 C에게 교부하였다.

이로써 피고인은 E군수에 당선될 목적으로 620만 원 상당의 금품을 제공함과 동시에 기부행위를 하였다.

2. 피고인 C의 공직선거법위반

가. 금품 수수

누구든지 투표를 하게 하거나 하지 아니하게 하거나 당선되거나 되게 하거나 되지 못하게 할 목적으로 선거인에게 제공하는 금전·물품·차마·향응 그 밖에 재산상의 이익을 제공받아서는 아니 된다.

피고인은 위 1의 나.항 기재와 같이 A가 E군수에 당선될 목적으로 상품권을 제공한다는 사실을 알면서도 2018. 2.경 위 N 사무실에서 A로부터 10원 권 농촌사랑 상품권 62매를 교부받았다.

나. 매수·이해유도 및 제3자 기부행위

누구든지 투표를 하게 하거나 하지 아니하게 하거나 당선되거나 되게 하거나 되지 못하게 할 목적으로 선거인에게 금전·물품·차마·향응 그 밖에 재산상의 이익을 제공하여서는 아니 되고, 누구든지 선거에 관하여 후보자가 되고자 하는 자 또는 그 소속 정당을 위하여 기부행위를 할 수 없다.

피고인은 A가 향후 E군수에 당선될 경우 A로부터 각종 혜택을 받을 수 있을 것이라 기대하고, 위 1의 나항 기재와 같이 교부받은 상품권을 E선거구민에게 배포한 후 지방선거가 임박하면 상품권 수수자들에게 A를 지지해줄 것을 부탁하기로 마음먹었다.

피고인은 2018. 2. 초순경 U 노상에서 선거구민이자 피고인이 속한 지역 친목단체인 형제회 회원 V에게 10원 권 농촌사랑 상품권 2매를 교부한 것을 비롯하여 별지 범죄일람표(2) 기재와 같이 총 38명에게 10원 권 상품권 42매를 교부하였다.

이로써 피고인은 A를 E군수에 당선되게 할 목적으로 선거구민에게 420만 원 상당의 금품을 제공함과 동시에 기부행위를 하였다.

3. 피고인 D의 공직선거법위반

누구든지 투표를 하게 하거나 하지 아니하게 하거나 당선되거나 되게 하거나 되지 못하게 할 목적으로 선거인에게 금전·물품·차마·향응 그 밖에 재산상의 이익을 제공하여서는 아니되고, 누구든지 선거에 관하여 후보자가 되고자 하는 자 또는 그 소속 정당을 위하여 기부행위를 할 수 없다.

피고인은 A 소유의 세차장을 7년간 무상 사용하는 등 도움을 받아, E군수에 출마하려는 A의 선거를 돕고자 자신의 비용으로 선거구민에게 명절선물을 건네기로 마음먹었다.

피고인은 2018. 2. 중순경 W에 있는 선거구민 X의 집으로 찾아가 "이번에 A가 E군수에 출마합니다"라고 말하며 3원 상당의 곶감세트를 교부한 것을 비롯하여 별지 범죄일람표(3) 기재와 같이 총 29명의 선거구민에게 곶감세트를 교부하였다.

이로써 피고인은 A를 E군수에 당선되게 할 목적으로 선거구민에게 합계 80만 원 상당의 물품을 제공함과 동시에 기부행위를 하였다.

법령의 적용

1. 범죄사실에 대한 해당법조

- 피고인 A: 각 공직선거법 제230조 제1항 제1호(물품제공으로 인한 매수 및 이해유도의 점), 공직선거법 제257조 제1항 제1호, 제113조 제1항(후보자 기부행위의 점)
- 피고인 C: 각 공직선거법 제230조 제1항 제1호(물품제공으로 인한 매수 및 이해유도의 점), 공직선거법 제230조 제1항 제7호(물품수수로 인한 매수 및 이해유도의 점), 공직선거법 제257조 제1항 제1호, 제115조(제3자 기부행위의 점)
- 피고인 D: 각 공직선거법 제230조 제1항 제1호(물품제공으로 인한 매수 및 이해유도의 점), 공직선거법 제257조 제1항 제1호, 제115조(제3자 기부행위의 점)

1. 상상적 경합

- 피고인 A, C, D: 각 형법 제40조, 제50조(판시 각 물품제공으로 인한 매수 및 이해유도에 관한 공직선거법 위반죄와 각 기부행위로 인한 공직선거법 위반죄 상호간, 형이 더

무거운 각 매수 및 이해유도로 인한 공직선거법 위반죄에 정한 형으로 처벌)

1. 추징
   ○ 피고인 C : 공직선거법 제236조 단서

3. 이해유도죄(제230조 제1항 제2호, 제3호)

관련조문

공직선거법 제230조(매수 및 이해유도죄) ① 다음 각 호의 어느 하나에 해당하는 자는 5년 이하의 징역 또는 3천만원 이하의 벌금에 처한다. <개정 1997. 1. 13., 1997. 11. 14., 2000. 2. 16., 2004. 3. 12., 2009. 2. 12., 2010. 1. 25., 2011. 7. 28., 2012. 2. 29., 2014. 1. 17., 2014. 2. 13., 2014. 5. 14.>

2. 선거운동에 이용할 목적으로 학교, 그 밖에 공공기관·사회단체·종교단체·노동단체·청년단체·여성단체·노인단체·재향군인단체·씨족단체 등의 기관·단체·시설에 금전·물품 등 재산상의 이익을 제공하거나 그 제공의 의사를 표시하거나 그 제공을 약속한 자
3. 선거운동에 이용할 목적으로 야유회·동창회·친목회·향우회·계모임 기타의 선거구민의 모임이나 행사에 금전·물품·음식물 기타 재산상의 이익을 제공하거나 그 제공의 의사를 표시하거나 그 제공을 약속한 자

공직선거법은 선거운동에 이용할 목적으로 공공기관이나 각종 단체 또는 모임에 금품을 제공하는 등으로 그 이해를 유도하는 행위를 처벌하여 공명한 선거를 보장하기 위한 것이다. 매수죄가 특정 개인을 직접 매수하는 것임에 반하여 이해유도죄는 기관, 단체, 집단을 대상으로 한다는 점은 국민투표법위반죄에서 본 것과 동일하다.

가. 구성요건의 주체 및 행위의 상대방

구성요건의 주체는 아무런 제한이 없으므로 누구든지 본 죄의 주체가 될 수 있다. **행위의 상대방은 학교, 그 밖에 공공기관·사회단체·종교단체·노동단체·청년단체·여성단체·노인단체·재향군인단체·씨족단체 등의 기관·단체·시설**이다(제2호). 위 기관, 단체, 시설은 그 명칭 여하를 불문하고 일반적으로 일정한 공동목적을 가진 다수인의 계속적인 조직을 뜻하는 것이므로 법인격 여하를 불문하고, 중앙기관(본부), 산하기관(지부조직)도 모두 포함된다.

나아가 **야유회·동창회·친목회·향우회·계모임 기타의 선거구민의 모임이나 행사**도 포함된다(제3호). 이 때 선거구민의 모임과 관련하여 이해유도행위 당시 선거구가 획정되어 있지 않은 경우에도 다가올 선거일을 기준으로 판단할 때 이해유도행위로써 영향을 미치고자 하는 선거의 선거인으로 될 수 있는 사람이면 선거구민에 해당하고, **그 이해유도행위 당시에 반드시 선거구가 획정되어 있어야 하거나 유효한 선거구가 존재하여야 하는 것은 아니다.**[14]

나. 구성요건적 행위 및 객체

본죄의 **구성요건적 행위**는 금전·물품 등 재산상의 이익을 제공하거나 그 제공의 의사표시를 하거나 그 제공을 약속하는 것이다. 이때의 '제공'이 현실적인 제공을 의미한다는 것과 제공의 의사표시의 해석은 앞에서 본 바와 같다.

주관적 구성요건요소와 관련하여 선거운동에 이용할 목적을 요구한다(**목적범**). 위 목적은 단체나 조직, 집단의 조직력을 이용하여 선거운동에 활용하겠다는 의도를 말한다.

다. 죄수 및 처벌

이해유도행위의 경우 통상적으로 공공기관, 단체를 상대로 이루어지므로 해당 기관 및 단체를 하나의 집단으로 보고 죄수를 판단하여야 한다. 하나의 행위로 여러 단체에 금전등의 이익을 제공하였다면 상상적 경합범에 해당할 것이나 수회의 행위로 여러 기관과 단체에게 금전 기타 재산상의 이익을 제공하는 경우 각 기관별로 경합범이 성립한다고 봄이 상당하다. 다만 범의의 연속성과 시간, 장소의 접속성이 인정되는 경우 포괄일죄로 볼 수 있는 경우도 있을 것이다.

위와 같은 행위를 하는 경우에는 모두 5년 이하의 징역 또는 3천만 원 이하의 벌금에 처한다. 나아가 이해유도를 위해 제공, 제공의 의사표시, 약속한 금전 기타 이익등은 모두 필요적 몰수·추징의 대상이 된다.

라. 범죄수익환수 사례

군수 선거와 관련하여 여성단체협의회에서 군수 선거후보자가 당선될 수 있도록 역할을 하겠으니 금품 등 각종 물품을 지원해 달라고 요구하여 이를 제공받은 사안에서 법원은 **선**

---

14 대법원 2017. 12. 7. 선고 2017도9821 판결 참조.

거운동에 이용할 목적으로 여성단체에 금품 등을 제공한 행위 및 그와 같은 물품을 제공받은 행위에 대해 모두 유죄판결을 선고한 사례가 있다.[15]

사례

범 죄 사 실

피고인 D는 2014. 6. 4. 실시 예정인 제6회 M군수 선거에 출마한 후보자, 피고인 A는 M 출신 인사들로 구성된 단체인 전국M향우연합회(이하 '향우회'라고만 한다)의 회장, 피고인 B는 위 향우회의 재정 부회장, 피고인 C는 M군 내 10개 여성단체로 구성된 M군 여성단체협의회의 회장이다.

누구든지 선거운동에 이용할 목적으로 학교, 그 밖에 공공기관·사회단체·종교단체·노동단체·청년단체·여성단체·노인단체·재향군인단체·씨족단체 등의 기관·단체·시설에 금전·물품 등 재산상의 이익을 제공 또는 그 제공의 의사를 표시하거나 그 제공을 약속할 수는 없고, 위와 같은 재산상의 이익을 제공하는 행위를 하도록 요구하거나 선거운동에 이용할 목적으로 단체 등에 재산상의 이익을 제공한다는 정을 알면서 그 이익을 제공받아서는 아니 된다.

1. 2014. 4. 5.자 및 2014. 4. 17.자 범행

가. 피고인 D

피고인은 2014. 4. 5. 저녁 무렵 경남 O에 있는 P식당에서 A, B가 있는 가운데, C로부터 여성단체협의회에서 피고인이 **군수 선거에서 당선될 수 있도록 역할을 하겠으니 앞치마 100개를 지원해 달라는 요구를 받고 이를 승낙하였다.

이로써 피고인은 선거운동에 이용할 목적으로 여성단체에 물품을 제공하기로 약속하였다.

나. 피고인 A, B

피고인 A는 위 가.항 기재 일시, 장소에서 D와 함께 C의 앞치마 구입대금 지원요구를 승낙한 다음 2014. 4. 17.경 서울 서대문구Q에 있는 (주)R 건물 내 향우회 사무실에서 향우회 사무국장 S로 하여금 여성단체협의회에 앞치마 지원금을 제공할 것을 지시하였고, 피고인 B는 향우회 기금 사용을 승인하였다.

이어 S는 여성단체협의회가 T로부터 구입한 앞치마의 물품대금 1,800,000원을 향우회의 기금 관리 계좌(우체국, U*)에서 T 명의의 계좌(농협 V)로 송금하였다.

이로써 피고인들은 공모하여 선거운동에 이용할 목적으로 단체에 금전을 제공하였다.

다. 피고인 C

피고인은 위 가.항 기재 일시, 장소에서 D, A에게 M군 여성단체협의회에서 **군수 선거에

15 창원지방법원 거창지원 2015. 2. 4. 선고 2014고합42 판결 참조(대법원 2015도7174 판결로 확정).

출마하려는 D가 당선될 수 있도록 역할을 하겠으니 앞치마 100개를 지원해 달라고 요구하였다.

계속해서 피고인은 2014. 4. 17.경 이연실로부터 앞치마를 구입한 다음 물품대금 1,800,000원을 A, B로부터 제공받았다.

이로써 피고인은 여성단체를 선거운동에 이용할 목적이 있는 D, A에게 물품을 요구하고, A, B가 선거운동에 이용할 목적으로 여성단체에 금전을 제공한다는 정을 알면서도 이를 제공받았다.

2. 2014. 4. 14.자 범행

가. 피고인 A, B

피고인들은 2014. 4. 14. 저녁 무렵 경남 W에 있는 X식당에서 피고인 A는 "이번에 D가 되어야 한다. D 후보 도와줘야 한다. 그러니 여성단체가 좀 도와줘야 한다."라며 D의 지지를 호소하고, 선거에서 여성단체협의회의 도움을 요구하였다.

이어 피고인들은 C 등 위 협의회 임원 11명에게 290,000원 상당의 음식물을 제공하고, 피고인 B는 자신 명의 신용카드로 음식값을 결제하였다.

이로써 피고인들은 공모하여 선거운동에 이용할 목적으로 여성단체에 물품을 제공하였다.

나. 피고인 C

피고인은 위 가.항 기재 일시, 장소에서 A, B가 선거에서 D의 지지와 위 협의회의 도움을 요구하며 제공하는 290,000원 상당의 음식물을 제공받았다.

이로써 피고인은 A, B가 선거운동에 이용할 목적으로 여성단체에 물품을 제공한다는 정을 알면서도 이를 제공받았다.

3. 2014. 5. 13.자 범행

가. 피고인 D, A, B

피고인들은 M군 여성단체협의회가 약 1,200 내지 1,300명의 회원을 보유하고 있고, 20년 이상 M군에서 지속적인 봉사활동을 해 오는 등 M군내에 상당한 영향력을 행사하고 있다는 사실을 알고 선거에 이용할 목적으로 여성단체에 음식물을 제공하기로 공모하였다.

피고인들은 2014. 5. 13. 저녁 무렵 경남 Y에 있는 Z식당에서 위 협의회 임원 13명이 있는 가운데, 피고인 A는 "지금 군수가 일을 잘 하지 않느냐. 법조타운도 그렇고 M에서 평이 좋더라. 앞으로 그런 사람이 한 번 더 군수를 해서 M을 발전시키는 것이 좋지 않으냐. 회장단들이 좀 도와줘서 재선이 될 수 있도록 애를 써달라. D가 압도적으로 당선될 수 있도록 프로테이지를 좀 높여줘라. 이 군수가 압도적으로 당선되면 여성단체에서 여행가는 것 같이 가서 밥도 사주겠다."라며 선거에서 피고인 D의 지지 호소와 여성단체협의회의 도움을 요구하고, 피고인 D는 "잘 부탁한다. 많은 도움을 달라."고 말을 한 다음 여성단체협의회 임원 13명에게 902,000원 상당의 음식물을 제공하였고, 피고인 B는 자신 명의 신용카드로 음식값을 결제하였다.

이로써 피고인들은 공모하여 선거운동에 이용할 목적으로 여성단체에 물품을 제공하였다.

나. 피고인 A, B

피고인들은 2014. 5. 13. 저녁 무렵 위 Z 식당에서 D의 선거와 관련하여 위와 같이 부탁하며 C 등 여성단체협의회 임원 13명에게 합계 650,000원 상당의 황진환골드 1박스씩(1박스 50,000원)을 제공하였다.

계속해서 피고인들은 위 Z 모임이 끝난 다음 AA에 있는 뮤 단란주점에서 D의 선거와 관련하여 위와 같이 부탁하며 C 등 위 협의회 임원 6명에게 540,000원 상당의 술과 안주를 제공하였고, 피고인 B는 자신 명의 신용카드로 술값을 결제하였다.

이로써 피고인들은 공모하여 선거운동에 이용할 목적으로 여성단체에 물품 또는 재산상의 이익을 제공하였다.

다. 피고인 C

피고인은 위 가.항 기재 일시, 장소에서 D, A, B가 선거에서 D의 지지와 여성단체협의회의 도움을 요구하며 제공하는 902,000원 상당의 음식물을, 위 나.항 기재 일시, 장소에서 A, B가 위와 같이 도움을 요구하며 제공하는 시가 50,000원 상당의 황진환골드 1박스와 540,000원 상당의 술과 안주를 각각 제공받았다.

이로써 피고인은 D, A, B가 선거운동에 이용할 목적으로 여성단체에 물품을 제공한다는 정을 알면서도 이를 제공받았다.

법령의 적용

1. 범죄사실에 대한 해당법조

가. 피고인 A, B : 각 구 공직선거법(2014. 5. 14. 법률 제12583호로 개정되기 전의 것, 이하 같다) 제230조 제1항 제2호, 형법 제30조(선거운동 이용 목적 금전 및 물품제공의 점)

나. 피고인 C : 구 공직선거법 제230조 제3항, 제1항 제2호(선거운동 관련 물품제공 요구의 점), 각 구 공직선거법 제230조 제1항 제6호, 제2호(선거운동 관련 물품수령의 점)

다. 피고인 D : 구 공직선거법 제230조 제1항 제2호(선거운동 이용 목적 물품제공 의사표시의 점), 구 공직선거법 제230조 제1항 제2호, 형법 제30조(선거운동 이용 목적 물품제공의 점)

1. 추징

피고인 C : 구 공직선거법 제236조 단서

[**추징금 1,979,444원 = 1,800,000원(앞치마 대금) + 19,333원(음식대금 290,000원 ÷ 15명, 원 미만은 버림, 이하 같다) + 50,111원(음식대금 902,000원 ÷ 18명) + 50,000원(황진환골드 1박스) + 60,000원(음식대금 540,000원 ÷ 9명)**]

4. 선거운동관련 이익제공금지규정 위반죄(제230조 제1항 제4호)

관련조문

공직선거법 제230조(매수 및 이해유도죄) ①다음 각 호의 어느 하나에 해당하는 자는 5년 이하의 징역 또는 3천만원 이하의 벌금에 처한다. <개정 1997. 1. 13., 1997. 11. 14., 2000. 2. 16., 2004. 3. 12., 2009. 2. 12., 2010. 1. 25., 2011. 7. 28., 2012. 2. 29., 2014. 1. 17., 2014. 2. 13., 2014. 5. 14.>

4. 제135조(選擧事務關係者에 대한 手當과 實費補償)제3항의 규정에 위반하여 수당·실비 기타 자원봉사에 대한 보상 등 명목여하를 불문하고 **선거운동과 관련하여 금품 기타 이익의 제공 또는 그 제공의 의사를 표시하거나 그 제공을 약속한 자**

☞ 제135조(선거사무관계자에 대한 수당과 실비보상) ①선거사무장·선거연락소장·선거사무원·활동보조인 및 회계책임자(이하 이 조에서 "선거사무장등"이라 한다)에 대하여는 수당과 실비를 지급할 수 있다. 다만, 정당의 유급사무직원, 국회의원과 그 보좌관·비서관·비서 또는 지방의회의원이 선거사무장등을 겸한 때에는 실비만을 보상할 수 있으며, 후보자등록신청개시일부터 선거기간개시일 전일까지는 후보자로서 신고한 선거사무장등에게 수당과 실비를 지급할 수 없다. <개정 2000.2.16, 2010.1.25, 2011.7.28>

②제1항의 수당과 실비의 종류와 금액은 중앙선거관리위원회가 정한다.

③이 법의 규정에 의하여 수당·실비 기타 이익을 제공하는 경우를 제외하고는 수당·실비 기타 자원봉사에 대한 보상 등 명목여하를 불문하고 누구든지 선거운동과 관련하여 금품 기타 이익의 제공 또는 그 제공의 의사를 표시하거나 그 제공의 약속·지시·권유·알선·요구 또는 수령할 수 없다. <개정 1996.2.6, 1997.1.13, 1997.11.14, 2000.2.16>

④ 삭제 <2005.8.4>

⑤ 삭제 <2000.2.16>[제목개정 2011.7.28]

가. 구성요건의 주체 및 행위의 상대방

본죄의 **구성요건 주체**는 아무런 제한이 없으므로 누구든지 본 죄의 주체가 될 수 있다. **행위의 상대방** 또한 아무런 제한이 없다. **대법원**은 선거사무장 등에 대한 공직선거관리 규칙이 정한 수당과 실비 이외의 금품제공은 물론, 그 이외의 자에 대한 선거운동과 관련한 어떠한 명목의 금품제공도 모두 동법 제135조 제3항에 위배되는 것으로서 동법 제230조 제1항 제4호 위반죄가 성립한다고 판시하였다.[16] 나아가 **대법원**은 신고하지 아니한 선거사무장 등에게 수당과 실비를 제공한 것도 본죄에 해당한다고 판시하였다.[17]

나. 구성요건적 행위 및 객체

본죄의 **구성요건적 행위**는 수당·실비 기타 자원봉사에 대한 보상 등 명목여하를 불문하고 선거운동과 관련하여 금품 기타 이익을 제공하거나 그 제공의 의사를 표시하거나 그 제공을 약속하는 것이다.

여기에서 금품 기타 이익의 경우 재산상 이익을 포함한 일체의 이익을 뜻하는 것으로서 재산상의 이익으로 볼 수 없는 이익(공사의 직) 등도 포함된다고 해석함이 상당하다. 위와 같은 금품 기타 이익의 '**제공**'은 실제로 교부하는 것을 의미하는데 선거일 전 뿐만 아니라 선거일 이후에도 선거운동과 관련하여 제공되면 본죄가 성립한다고 봄이 상당하다.[18]

한편 위와 같은 제공의 의사표시 및 약속은 구두로 하여도 무방하지만 그 약속 또는 의사표시가 사회통념상 이를 쉽게 철회하기 어려울 정도로 당사자의 진정성 있는 의지가 담긴 것으로서 외부적·객관적으로 나타나는 정도에 이르러야 하고, 단순한 의례적·사교적인 덕담이나 정담, 격려를 위한 인사치레는 포함되지 않는다.[19]

그리고 위와 같은 금품 기타 이익의 제공 또는 그 제공의 의사표시는 '**선거운동과 관련하여**' 이루어져야 한다. '선거운동과 관련하여'는 '**선거운동 관련 사항을 동기로 하여**'와 흡사한 의미로 '선거운동을 위하여'보다 그 범위가 넓은데 이는 선거운동의 목적이 없었더라도 선거의 자유 또는 공정을 해할 우려가 있는 행위를 규율하기 위한 것이다.[20]

이때 위 금품은 반드시 선거운동의 대가일 필요는 없고 선거운동 관련 정보제공의 대가, 선거사무관계자 스카우트 비용 등 선거운동과 관련된 것이면 무엇이든 포함된다.[21] 판례는 여론조사의 대가 명목으로 금전이 수수되었다고 하더라도 이는 명목 여하를 불문하고 선거운동과 관련하여 금품의 수수를 원칙적으로 금지하고 있는 동 죄를 구성한다고 판시하였고,[22] 선거운동과 관련하여 후보자에게 불리한 상황을 회피하려는 목적에 기인한 금품제공인 경우에도 포함된다고 보았다.[23]

---

16 대법원 2005. 2. 18. 선고 2004도6795 판결 참조.
17 대법원 2006. 3. 10. 선고 2005도6316 판결 참조.
18 대법원 2007. 10. 25. 선고 2007도4069 판결 참조.
19 대법원 2006. 4. 27. 선고 2004도4987 판결 참조.
20 대법원 2017. 12. 5. 선고 2017도13458 판결 참조.
21 헌법재판소 2002. 4. 25.자 2001헌바26 결정, 대법원 2010. 12. 23. 서고 2010도9110 판결 참조.
22 대전고등법원 2006. 7. 21. 선고 2006노201 판결 참조(대법원 2006도5361 판결로 확정).
23 대법원 2010. 12. 9. 선고 2010도10451 판결 참조.

그러나 법원은 **선거사무소에서 단순한 손님안내, 전화응대, 청소 등 단순노무를 대가로 지급한 것은 선거운동 관련성이 인정되지 않는다**고 판시한 바 있으나,[24] 단순 노무가 아닌 행위 즉, 선거운동용 SNS에 업로드 할 사진 촬영 등의 업무 등을 대가로 금원을 지급한 경우, 페이스북 블로그 등에 후보자의 활동 내역을 게시하는 일 등은 단순노무라고 볼 수 없고 선거운동과 관련하여 이루어진 것으로 봄이 상당하다고 보았다.[25] 즉 **선거운동과의 관련성은 제공하는 노무의 성격에 비추어 개별적으로 판단해야 한다고 봄이 상당**하다.

한편 위와 같은 금품제공이 선거구 미획정 기간 동안 일어난다고 하더라도 장차 선거구가 확정될 것으로 예상되는 지역에서 당선 또는 낙선을 위한 활동을 하였다면 선거운동에 포함된다.[26]

다. 위법성 조각사유, 죄수 및 처벌

선거후보자가 자원봉사자인 가족(배우자, 직계혈족 기타 친족 등)에게 식사를 제공하는 행위 등은 사회상규에 위배되지 아니하여 위법성이 조각된다.[27]

본죄에서 처벌하는 선거운동 관련 금품제공행위는 그 수령자마다 각 1죄가 성립하고 각 행위는 실체적 경합범 관계에 있다.[28]

위와 같은 행위를 하는 경우에는 모두 5년 이하의 징역 또는 3천만 원 이하의 벌금에 처한다. 나아가 위와 같이 제공, 제공의 의사표시, 약속한 금전 기타 이익등은 모두 필요적 몰수·추징의 대상이 된다.

라. 범죄수익환수 사례

이와 관련하여 **구의회의원 선거에 출마한 사람을 위해 자원봉사자로 활동하면서 선거운동의 대가 명목으로 금품을 제공한 후보자와 제공받은 상대방을 처벌하고 그 금품을 제공받은 사람으로부터 범죄수익을 추징한 사례**가 있어 소개한다.[29]

---

24 대법원 2007. 7. 26. 선고2007도3692 판결 참조.

25 서울고등법원(춘천지부) 2015. 8. 26. 선고 2015노118 판결 참조(대법원 2015도14405 판결로 확정).

26 대구고등법원 2016. 10. 28. 선고 2016노463 판결 참조.

27 대법원 1999. 10. 22. 선고 99도2971 판결 참조.

28 대법원 1999. 4. 9. 선고 98도1432 판결 참조.

29 서울북부지방법원 2019. 5. 24. 선고 2018고합512 판결 참조(서울고등법원 2019노1437 판결로 확정).

사례

주 문

피고인 A를 벌금 3,000,000원에, 피고인 B를 벌금 1,500,000원에 각 처한다.

피고인 B로부터 1,910,000원을 추징한다.

범 죄 사 실

피고인 A는 2018. 6. 13. 실시된 제7회 전국동시지방선거 C의회의원선거에 출마하여 낙선한 사람, 피고인 B는 피고인 A를 위해 자원봉사자로 활동하던 사람이다.

1. 피고인 A

후보자는 공직선거법에 의하여 수당·실비 기타 이익을 제공하는 경우를 제외하고는 수당·실비 기타 자원봉사에 대한 보상 등 명목 여하를 불문하고 선거운동과 관련하여 금품 기타 이익의 제공 또는 그 제공의 의사를 표시하거나 그 제공을 약속하여서는 아니 된다.

그럼에도 불구하고 피고인은 2018. 6. 14.경 불상의 장소에서 B가 선거사무원 8명을 선정하여 소개하고 명함 배부 등의 선거운동을 하였다는 이유로, B 명의의 D 계좌로 91만 원을 송금하고 2018. 6. 22.경 다시 같은 계좌로 100만 원을 송금하였다.

이로써 피고인은 후보자로서 선거운동과 관련하여 금품을 제공하였다.

2. 피고인 B

누구든지 공직선거법 제135조 제3항의 규정에 위반하여 수당·실비 기타 자원봉사에 대한 보상 등 명목여하를 불문하고 선거운동과 관련하여 금품 기타 이익을 제공받거나 그 제공의 의사표시를 승낙하여서는 아니 된다. 그럼에도 불구하고 피고인은 제1항과 같은 일시, 장소에서 A로부터 위와 같이 2회에 걸쳐 합계 191만 원을 송금받았다.

이로써 피고인은 선거운동과 관련하여 금품을 제공받았다.

법령의 적용

1. **범죄사실에 대한 해당법조 및 형의 선택**

   피고인 A: 공직선거법 제230조 제2항, 제1항 제4호, 제135조 제3항(벌금형 선택)

   피고인 B: 공직선거법 제230조 제1항 제7호, 제4호, 제135조 제3항(벌금형 선택)

1. **추징(피고인 B)**

   공직선거법 제236조 단서

5. 탈법방법에 있는 문자전송 등 이익제공금지 규정 위반죄(제230조 제1항 제5호)

관련조문

공직선거법 제230조(매수 및 이해유도죄) ① 다음 각 호의 어느 하나에 해당하는 자는 5년 이하의 징역 또는 3천만원 이하의 벌금에 처한다. <개정 1997. 1. 13., 1997. 11. 14., 2000. 2. 16., 2004. 3. 12., 2009. 2. 12., 2010. 1. 25., 2011. 7. 28., 2012. 2. 29., 2014. 1. 17., 2014. 2. 13., 2014. 5. 14.>

5. **선거에 영향을 미치게 하기 위하여** 이 법에 따른 경우를 제외하고 문자·음성·화상·동영상 등을 인터넷 홈페이지의 **게시판·대화방 등에 게시**하거나 **전자우편·문자메시지로 전송하게 하고 그 대가로 금품, 그 밖에 이익의 제공 또는 그 제공의 의사표시를 하거나 그 제공을 약속**한 자

공직선거법은 2012. 12. 29. 법률을 개정하여 인터넷 게시판 등에 문자, 동영상 등을 게시하거나 문자메시지를 전송하게 하고 그 대가로 금품을 제공하는 행위를 금지하고 있다. 멀티미디어가 고도로 발전하여 가는 21세기에 횡행하는 새로운 형태의 불법적인 선거운동을 근절하기 위한 것이다.

위 규정은 공직선거법 상 탈법방법에 의한 문서배부 규정(동법 제93조)과는 다르게 선거일 전 기간 제한과 정당 또는 후보자를 지지·추천한다는 내용적 제한이 없다는 것이 차이점이다.

가. 구성요건의 주체 및 행위의 상대방

구성요건의 주체는 아무런 제한이 없으므로 누구든지 본 죄의 주체가 될 수 있다. **행위의 상대방** 또한 아무런 제한이 없으므로 선거사무관계자가 아니더라도 본 죄의 행위 상대방이 될 수 있다.

나. 구성요건적 행위 및 객체

본죄의 **구성요건적 행위**는 '**선거에 영향을 미치게 하기 위하여 이 법에 따른 경우를 제외**하고 문자·음성·화상·동영상 등을 인터넷 홈페이지의 게시판·대화방 등에 **게시**하거나 전자우편·문자메시지로 **전송**하게 하고 **그 대가로** 금품, 그 밖에 이익의 **제공** 또는 그

제공의 의사표시를 하거나 **그 제공을 약속**하는 것'이다.

여기에서 **'이 법에 따른 경우를 제외하고'**의 해석이 문제될 수 있는데 이는 공직선거법에 의하여 '금품제공'이 허용된 경우만을 의미하는 것이고 공직선거법에서 허용되는 모든 행위를 의미한다고 해석할 수 없다. 이와 관련하여 후보자의 자원봉사자인 피고인이 경쟁후보자의 병역비리 의혹에 대한 동영상을 인터넷에 유포하는 대가로 500만 원을 제공하기로 약속하였다는 사실로 공소 제기된 사안에서 법원은 위와 같은 행위가 공직선거법 제251조(후보자 비방죄) 단서에 의해 위법성이 조각되는지 여부와는 무관하게 그 행위에 대한 대가로 금품을 제공하였다면 본죄가 성립한다고 판시한 바 있다.[30]

나아가 위와 같이 인터넷 홈페이지 등에 문자메시지 등을 전송하는 '대가로' 금품 등을 제공하여야 하므로 금품 등의 제공과 위와 같은 행위 상호간 대가관계가 인정되어야 하고, '게시 또는 전송'행위가 아닌 '제작'행위의 대가로 금품을 제공한 경우에는 본죄가 성립하지 않는다고 본 사례가 있다.[31]

한편 **주관적 구성요건요소**의 경우 **'선거에 영향을 미치게 하기 위하여'**를 요구하는 **목적범**이다.

다. 죄수 및 처벌

후보자가 선거운동관계자 등에게 위와 같은 문자전송 행위 등의 대가로 금품을 제공하는 경우에는 동법 제230조 제1항 제4호 및 동죄가 모두 성립하고 양 죄는 상상적 경합관계에 있다고 봄이 상당하다.[32] 위와 같은 행위를 하는 경우에는 모두 5년 이하의 징역 또는 3천만 원 이하의 벌금에 처한다. 나아가 위와 같이 제공, 제공의 의사표시, 약속한 금전 기타 이익등은 모두 필요적 몰수·추징의 대상이 된다.

라. 범죄수익환수 사례

탈법방법에 의한 문자 전송 등 관련 이익제공을 한 사실과 관련하여 유죄판결이 선고된 사례는 다수 발견되나 실제로 그에 따라 제공된 이익을 환수한 사례는 쉽게 찾기 어렵다. **선거에 영향을 미치게 하기 위해 인터넷 홈페이지 게시판·대화방 등에 글을 게시하거나 전자우편·문자메시지로 전송하게 하고 그 대가로 제공된 금품은 모두 몰수·추징하**

---

30 전주지방법원 2015. 1. 8. 선고 2014고합287 판결 참조(광주지방법원 전주지부 2015노25 판결 확정).

31 서울고등법원 춘천지부 2019. 5. 29. 선고 2019노36 판결 참조(대법원 2019도7920 판결로 확정).

32 대법원 2017. 12. 5. 선고 2017도13458 판결 참조.

여 환수할 필요가 있다(私見).

6. 투표참여 권유대가 이익제공금지 위반죄(제230조 제1항 제6호)

관련조문

공직선거법 제230조(매수 및 이해유도죄) ① 다음 각 호의 어느 하나에 해당하는 자는 5년 이하의 징역 또는 3천만원 이하의 벌금에 처한다. <개정 1997. 1. 13., 1997. 11. 14., 2000. 2. 16., 2004. 3. 12., 2009. 2. 12., 2010. 1. 25., 2011. 7. 28., 2012. 2. 29., 2014. 1. 17., 2014. 2. 13., 2014. 5. 14.>

6. 정당의 명칭 또는 후보자(후보자가 되려는 사람을 포함한다)의 성명을 나타내거나 **그 명칭·성명을 유추할 수 있는 내용**으로 **제58조의2**에 따른 **투표참여를 권유하는 행위**를 하게하고 **그 대가로** 금품, 그 밖에 이익의 제공 또는 그 제공의 의사표시를 하거나 그 제공을 약속한 자

☞ 제58조의2(투표참여 권유활동) 누구든지 투표참여를 권유하는 행위를 할 수 있다. 다만, 다음 각 호의 어느 하나에 해당하는 행위의 경우에는 그러하지 아니하다.

1. 호별로 방문하여 하는 경우
2. 사전투표소 또는 투표소로부터 100미터 안에서 하는 경우
3. 특정 정당 또는 후보자(후보자가 되려는 사람을 포함한다. 이하 이 조에서 같다)를 지지·추천하거나 반대하는 내용을 포함하여 하는 경우
4. 현수막 등 시설물, 인쇄물, 확성장치·녹음기·녹화기(비디오 및 오디오 기기를 포함한다), 어깨띠, 표찰, 그 밖의 표시물을 사용하여 하는 경우(정당의 명칭이나 후보자의 성명·사진 또는 그 명칭·성명을 유추할 수 있는 내용을 나타내어 하는 경우에 한정한다)

본죄는 2014. 5. 14. 공직선거법 개정으로 신설된 규정으로, 이는 타인으로 하여금 공직선거법에서 허용되지 않는 방법으로 투표참여를 권유하게 하는 행위를 한 후 그 대가로 금전을 제공하는 행위를 금지하기 위한 것이다. 따라서 선거운동에 이르지 아니한 투표참여 권유행위라고 하더라도 일정한 경우에는 그에 대한 대가로 금품을 수수하는 경우 처벌이 가능하다.

가. 구성요건의 주체 및 행위의 상대방

구성요건의 주체는 아무런 제한이 없으므로 누구든지 본죄의 주체가 될 수 있다. **행위의 상대방** 또한 아무런 제한이 없으므로 선거사무관계자가 아니더라도 본 죄의 행위 상대

방이 될 수 있다.

나. 구성요건적 행위

본죄의 **구성요건적 행위**는 정당의 명칭 또는 후보자(후보자가 되려는 사람을 포함한다)의 성명을 나타내거나 **그 명칭·성명을 유추할 수 있는 내용**으로 제58조의2에 따른 투표참여를 권유하는 행위를 하게 하고 그 대가로 금품, 그 밖에 이익의 제공 또는 그 제공의 의사표시를 하거나 그 제공을 약속하는 것이다.

투표참여를 권유하는 행위는 원칙적으로 허용되지만 예외적인 경우(동법 제58조의2 각 호)에는 허용되지 않는데 위와 같이 금지되는 투표참여 권유행위를 하면서 정당의 명칭 또는 후보자(후보자가 되려는 사람 포함)의 성명을 나타내거나, 그 명칭이나 성명을 유추할 수 있는 내용을 드러내는 경우에 한하여 본죄가 성립한다.

나아가 위 금전등의 제공 등은 투표참여 권유행위의 '**대가**'로 이루어져야 한다는 점에서 성립요건이 엄격하다.

다. 죄수 및 처벌

공직선거법 제58조의2 단서를 위반하여 투표참여를 권유하는 행위를 하는 경우에는 별도의 처벌규정에 의해 처벌되므로(동법 제256조 제3항 제3호),[33] 타인에게 정당이나 후보자의 명칭, 성명을 나타내거나 유추할 수 있는 방법으로 투표참여 권유행위를 하도록 한 후 그에 대한 대가로 금품 등을 제공하는 경우에는 본 죄와 위 투표참여 권유행위에 관한 죄가 모두 성립하고, 양 죄는 실체적 경합범 관계에 있다.

나아가 정당이나 후보자의 명칭, 성명을 나타내거나 유추할 수 있는 방법으로 투표참여를 권유하는 행위가 특정 후보에 대한 선거운동으로 인정할 수 있는 경우 그 때 본죄와 상상적 경합범 관계에 있다고 해석함이 상당하다.

위와 같은 행위를 하는 경우에는 모두 5년 이하의 징역 또는 3천만 원 이하의 벌금에 처한다. 나아가 위와 같이 제공, 제공의 의사표시, 약속한 금전 기타 이익등은 모두 필요적 몰수·추징의 대상이 된다.

---

33 다만 대법원은 공직선거법 제58조의2 단서 제3호에 해당하는 투표참여 권유행위가 문제된 사안에서 선거운동이 금지되는 선거기간개시일 전이나 선거일만 금지되고 선거운동 기간 중에는 허용된다고 판시하고 있으므로 주의하여야 한다(대법원 2017. 12. 22. 선고 2017도6050 판결 참조).

라. 범죄수익환수 사례

실무상 투표참여 권유행위의 경우에는 선거운동으로 이어지는 경우가 대부분이므로 불법적인 선거운동 금지규정 위반죄로 처벌되는 사안이 많을 뿐만 아니라 일반인들을 상대로 투표참여를 권유하고 이익을 제공하는 사례를 쉽게 찾기 어려워 동 범죄로 범한 범죄수익을 환수한 사례는 쉽게 찾기 어렵다.

7. 매수를 받는 죄(제230조 제1항 제7호)

관련조문

공직선거법 제230조(매수 및 이해유도죄) ①다음 각 호의 어느 하나에 해당하는 자는 5년 이하의 징역 또는 3천만원 이하의 벌금에 처한다. <개정 1997. 1. 13., 1997. 11. 14., 2000. 2. 16., 2004. 3. 12., 2009. 2. 12., 2010. 1. 25., 2011. 7. 28., 2012. 2. 29., 2014. 1. 17., 2014. 2. 13., 2014. 5. 14.>

7. 제1호부터 제6호까지에 규정된 **이익이나 직의 제공을 받거나 그 제공의 의사표시를 승낙**한 자(**제261조 제9항 제2호에 해당하는 자는 제외**한다)

☞ 제261조(과태료의 부과·징수 등) ⑨ 다음 각 호의 어느 하나에 해당하는 자(그 제공받은 금액 또는 음식물·물품등의 가액이 100만원을 초과하는 자는 제외한다)는 그 제공받은 금액 또는 음식물·물품등의 가액의 10배 이상 50배 이하에 상당하는 금액(주례의 경우에는 200만원)의 과태료를 부과하되, 그 상한은 3천만원으로 한다. 다만, 제1호 또는 제2호에 해당하는 자가 그 제공받은 금액 또는 음식물·물품(제공받은 것을 반환할 수 없는 경우에는 그 가액에 상당하는 금액을 말한다) 등을 선거관리위원회에 반환하고 자수한 경우에는 중앙선거관리위원회규칙으로 정하는 바에 따라 그 과태료를 감경 또는 면제할 수 있다. <신설 2004.3.12, 2008.2.29, 2010.1.25, 2012.1.17, 2012.2.29, 2014.2.13, 2014.5.14>

2. 제230조 제1항 제7호에 규정된 자로서 같은 항 제5호의 자로부터 금품, 그 밖의 이익을 제공받은 자

공직선거법은 제1호부터 제6호까지 규정된 죄의 매수 또는 이해유도 행하는 자의 상대방을 처벌하기 위해 동법 제230조 제7호 규정을 두고 있다.

가. 구성요건의 주체

구성요건의 주체는 동법 제230조 제1호 내지 제6호 **행위의 상대방**이다. 동법 제261조

제9항 제2호에는 일정한 경우 과태료 부과 대상으로 규정되어 있는데 제공받은 금전이 100만 원을 넘는 경우에는 과태료 부과대상에서 제외된다.

나. 구성요건적 행위

본죄의 **구성요건적 행위**는 동법 제230조 제1호부터 제6호까지에 규정된 **이익이나 직의 제공을 받거나 그 제공의 의사표시를 승낙**하는 것이다. 제공 및 금전 기타 이익의 해석은 앞에서 본 바와 같다.

주관적 구성요건과 관련하여 별도의 목적을 요구하는 것은 아니지만 최소한 그 제공자의 목적, 의도 등에 대한 인식이 있어야 한다.

다. 처벌

본죄를 범하면 5년 이하의 징역 또는 3천만 원 이하의 벌금에 처한다. 나아가 위와 같이 제공, 제공의 의사표시, 약속한 금전 기타 이익등은 모두 필요적 몰수·추징의 대상이 된다.

라. 범죄수익환수 사례

이와 관련하여 **미신고 선거운동원으로 선거운동과 관련하여 금품을 수령한 행위를 처벌하고, 이를 제공된 금품을 그 금품 수령자로부터 추징한 사례**가 있어 소개한다.[34] 금품을 수령한 사람은 동법 제230조 제1항 제7호 및 제1호 내지 제6호 각호의 위반죄가 성립한다.

사례

범 죄 사 실

1. 피고인 A

가. 공직선거법위반

(1) 선거운동 관련 금품 수령

공직선거법 규정에 의하여 수당·실비 기타 이익을 제공하는 경우를 제외하고는 수당·실비 기타 자원봉사에 대한 보상 등 명목 여하를 불문하고 누구든지 선거운동과 관련하여 금품 기타 이익의 제공 또는 그 제공의 의사를 표시하거나 그 제공의 약속·지시·권유·알선·요구 또는 수령할 수 없다.

34 서울남부지방법원 2017. 1. 5. 선고 2016고합383 판결(대법원 2017도10469 판결로 확정).
[판결 이유 중 공직선거법 제230조 제1항 제7호 위반죄와 무관한 부분들은 모두 제외하였음]

피고인은 2016. 3. 5.경~ 4. 11.경 선거사무소가 있는 전남 무*군 L 등지에서 M 후보자의 미신고 신거운동원으로 무안·신안 지역 조직관리책임자인 N으로부터 별지 범죄일람표(1) 중 연번 1, 3, 7~ 9, 11, 14, 16 기재와 같이 선거운동 활동 경비 명목으로 총 565만 원을 교부받아 M의 선거운동과 관련하여 금품을 수령하였다.

(중략)

2. 피고인 B

가. 공직선거법위반

공직선거법 규정에 의하여 수당·실비 기타 이익을 제공하는 경우를 제외하고는 수당·실비 기타 자원봉사에 대한 보상 등 명목 여하를 불문하고 누구든지 선거운동과 관련하여 금품 기타 이익의 제공 또는 그 제공의 의사를 표시하거나 그 제공의 약속·지시·권유·알선·요구 또는 수령할 수 없다.

피고인은 2016년 3월 말경~ 4월 초순경 M 후보자의 선거캠프에서 M의 처 T가 사용하는 차량을 운전해주며 선거운동을 보조하던 중 전남 무안군 L에 있는 M 후보자의 선거사무실에서 M 후보자의 비서실장으로 활동하던 U로부터 유류비, 식대 등 명목으로 3회에 걸쳐 각 50만 원씩 합계 150만 원을 수령하였다.

이로써 피고인은 선거운동과 관련하여 금품을 수령하였다.

3. 피고인 C

공직선거법 규정에 의하여 수당·실비 기타 이익을 제공하는 경우를 제외하고는 수당·실비 기타 자원봉사에 대한 보상 등 명목 여하를 불문하고 누구든지 선거운동과 관련하여 금품 기타 이익의 제공 또는 그 제공의 의사를 표시하거나 그 제공의 약속·지시·권유·알선·요구 또는 수령할 수 없다.

피고인은 2016. 4. 9.경 M 후보자의 회계책임자이자 피고인의 지역 후배로서 친분을 유지하던 O로부터 "형님, X(M 후보자를 지칭)의 마지막 유세가 내일(4. 10.) 아침 10시에 Y에서 열릴 것입니다. 형님이 와서 좀 도와주십시오. 아는 사람 좀 많이 데리고 와주십시오"라는 전화요청을 받고 이를 수락한 후 즉시 피고인이 직접 10여 명의 지인들에게 전화를 걸어 M 후보의 선거유세 참여를 독려하였다. 이후 **피고인은 2016. 4. 10.경 전남 영암군 영암읍내에서 열린 M 후보자의 선거유세장에 피고인의 후배인 Z를 데리고 간 후 그곳에서 AC 후보자가 선거유세를 하는 와중에 "M"이라고 큰 소리로 연호하는 등 지지의사를 표명하고 그 무렵 O로부터 수고비 등 명목으로 100만 원을 수령하였다**.

이로써 피고인은 선거운동과 관련하여 금품을 수령하였다.

법령의 적용

1. 범죄사실에 대한 해당법조와 형의 선택

가. 피고인 A: 공직선거법 제230조 제1항 제7호, 제4호, 제135조 제3항(선거운동 관련

금품 수령의 점, 포괄하여, 징역형 선택)
나. 피고인 B: 공직선거법 제230조 제1항 제7호, 제4호, 제135조 제3항(선거운동 관련 금품 수령의 점, 포괄하여, 벌금형 선택), 형법 제155조 제1항(증거은닉의 점, 징역형 선택)
다. 피고인 C: 공직선거법 제230조 제1항 제7호, 제4호, 제135조 제3항(벌금형 선택)

1. 추징
피고인들: 공직선거법 제236조 단서

8. 정당·후보자 등의 매수 및 이해유도죄(제230조 제2항)

관련조문

공직선거법 제230조(매수 및 이해유도죄) ②**정당·후보자**(候補者가 되고자 하는 者를 포함한다) 및 **그 가족·선거사무장·선거연락소장·선거사무원·회계책임자·연설원** 또는 **제114조**(政黨 및 候補者의 家族 등의 寄附行爲制限) **제2항의 규정에 의한 후보자** 또는 **그 가족과 관계있는 회사 등**이 제1항 각 호의 1에 규정된 행위를 한 때에는 7년 이하의 징역 또는 5천만원 이하의 벌금에 처한다. <개정 2014. 2. 13.>

☞ 제114조(정당 및 후보자의 가족 등의 기부행위제한) ② 제1항에서 "후보자 또는 그 가족과 관계있는 회사 등"이라 함은 다음 각 호의 어느 하나에 해당하는 회사 등을 말한다. <개정 2005. 8. 4.>

1. 후보자가 임·직원 또는 구성원으로 있거나 기금을 출연하여 설립하고 운영에 참여하고 있거나 관계법규나 규약에 의하여 의사결정에 실질적으로 영향력을 행사할 수 있는 회사 기타 법인·단체
2. 후보자의 가족이 임원 또는 구성원으로 있거나 기금을 출연하여 설립하고 운영에 참여하고 있거나 관계법규 또는 규약에 의하여 의사결정에 실질적으로 영향력을 행사할 수 있는 회사 기타 법인·단체
3. 후보자가 소속한 정당이나 후보자를 위하여 설립한 「정치자금법」에 의한 후원회

공직선거법은 정당, 후보자 및 그 가족 등 특수한 신분에 있는 사람들이 동법 제230조 제1항 제1호 내지 제7호의 행위를 하는 경우 가중처벌하는 규정을 두고 있다. 신분에 의하여 일반인들보다 더 무겁게 처벌하는 취지다.

가. 구성요건의 주체

구성요건의 주체는 정당·후보자(候補者가 되고자 하는 者를 포함한다) 및 그 가족·선거사무장·선거연락소장·선거사무원·회계책임자·연설원 또는 제114조(政黨 및 候補者의 家族 등의 寄附行爲制限) 제2항의 규정에 의한 후보자 또는 그 가족과 관계있는 회사 등이다.

나. 구성요건적 행위 및 처벌

본죄의 **구성요건적 행위**는 동법 제230조 제1항 제1호부터 제7호까지에 규정된 행위다. 구체적인 행위 내용은 매수 및 이해유도죄 부분과 같다. 이와 같은 신분에 있는 자가 매수를 받는 행위를 한 경우에는 동법 제230조 제2항, 제1항 제7호의 규정이 적용되어 가중처벌된다.

주관적 구성요건요소와 관련하여 동법 제230조 제1항 각 호의 목적이 있으면 충분하다. 위와 같은 행위를 하는 경우 7년 이하의 징역 또는 5천만 원 이하의 벌금에 처한다. 나아가 위와 같이 제공, 제공의 의사표시, 약속한 금전 기타 이익등은 모두 필요적 몰수·추징의 대상이 된다.

다. 범죄수익환수 사례

이와 관련하여 **교육감 후보 선거에서 후보자의 가족이 선거운동과 관련하여 제3자에게 선거운동의 대가 명목으로 금품을 제공한 사건에서 금품을 제공받은 자로부터 범죄수익을 추징하여 환수한 사례**가 있어 소개한다. 이러한 경우 법정 수수료를 초과한 금액에 한하여 몰수·추징하게 됨에 유의할 필요가 있다.[35]

사례

주 문

피고인들을 각 벌금 6,000,000원에 처한다.

피고인 B로부터 5,900,000원을 추징한다.

범 죄 사 실

피고인 A는 제7회 전국동시지방선거 C 교육감 후보로 출마하여 낙선한 D의 배우자이고, 피고인 B는 2018. 3.경부터 2018. 4.경까지 위 D의 연설문 작성, 언론과 단체 응대, 홍보 등

35 대전지방법원 2019. 9. 19. 선고 2018고합496 판결 참조(대전고등법원 2019노376 판결로 확정).

선거운동을 총괄하였다.

1. 피고인 A

후보자의 가족은 공직선거법에 의하여 수당·실비 기타 이익을 제공하는 경우를 제외하고는 수당·실비 기타 자원봉사에 대한 보상 등 명목 여하를 불문하고 선거운동과 관련하여 금품 기타 이익의 제공 또는 그 제공의 의사를 표시하거나 그 제공을 약속하여서는 아니 된다. 그럼에도 피고인은, 2018. 3. 23.경 대전 E오피스텔에서 선거운동에 대한 대가 명목으로 B에게 현금 400만 원을 교부하고, 2018. 4. 20.경 대전 F에 있는 D재개발조합사무실에서 위와 같은 명목으로 B에게 현금 400만 원을 교부하였다.

이로써 피고인은 B가 선거사무원으로 등록한 기간인 2018. 3. 30.부터 4. 28.까지의 법정 수당 합계 210만 원을 상회하는 800만 원의 금품을 선거운동과 관련하여 제공하였다.

2. 피고인 B

누구든지 공직선거법 규정에 의하여 수당 · 실비 기타 이익을 제공하는 경우를 제외하고는 수당 · 실비 기타 자원봉사에 대한 보상 등 명목여하를 불문하고 선거운동과 관련하여 금품 기타 이익을 제공받아서는 아니 된다.

그럼에도 피고인은 전 1항 기재 일시, 장소에서 선거운동에 대한 대가로 2회에 걸쳐 합계 800만 원을 교부받았다.

이로써 피고인은 법정 수당 합계 210만 원을 상회하는 800만 원의 금품을 선거운동과 관련하여 제공받았다.

법령의 적용

1. 범죄사실의 해당법조 및 형의 선택

가. 피고인 A: 각 지방교육자치에 관한 법률 제49조 제1항, 공직선거법 제230조 제2항, 제1항 제4호, 제135조 제3항, 벌금형 선택

나. 피고인 B: 각 지방교육자치에 관한 법률 제49조 제1항, 공직선거법 제230조 제1항 제7호, 제4호, 제135조 제3항, 벌금형 선택

1. 추징

피고인 B: 지방교육자치에 관한 법률 제49조 제1항, 공직선거법 제236조

9. 지시·권유·요구 및 알선죄(제230조 제3항)

관련조문

공직선거법 제230조(매수 및 이해유도죄) ③ 제1항 각 호의 1 또는 제2항에 규정된 행위에 관하여 지시·권유·요구하거나 알선한 자는 7년 이하의 징역 또는 5천만원 이하의 벌금에 처한다.

공직선거법은 동법 제230조 제1항 각 호의 매수 및 이해유도죄 당사자 사이에 개입하여 범행을 중개하거나 지시, 권유하는 행위 등을 방지하기 위하여 위와 같은 처벌규정을 별도로 마련하여 두었다.

가. 구성요건의 주체

구성요건의 주체는 아무런 제한이 없으므로 누구든지 본 죄의 주체가 될 수 있고 위 **행위의 상대방** 또한 아무런 제한이 없다. 그 상대방은 위와 같은 지시, 권유, 요구에 응할 수 있는 사람이면 충분하다.

나. 구성요건적 행위

본죄의 **구성요건적 행위**는 동법 제230조 제1항 각 호의 1 또는 제2항에 규정된 행위에 관하여 지시·권유·요구하거나 알선하는 것이다. **'지시'**는 일방적으로 일러서 시키는 것을 의미하고, **'권유'**는 매수행위를 하도록 하거나 그 상대방이 되도록 권함으로써 그 결의를 일으키는 것을, **'요구'**는 상대방이 능동적으로 자신에 대한 매수행위를 하도록 하는 것을 말한다.

이와 관련하여 **대법원**은 대통령 선거를 앞두고 **특정 대통령 후보자의 지지에 타격을 줄 수 있는 내용이 담겨 있는 CD를 폭로하거나 폭로하지 않는 대가로 위 후보자 측 또는 상대방 후보자 측에게 금원의 제공을 요구**한 사안에서 동법 제230조 제3항의 **매수요구죄가 성립한다고 판**시한 바 있다.[36]

'알선'은 양자의 의사가 서로 합치되도록 조정, 유도하는 행위로서 법원은 후보자 또는 선거사무장이 선거와 관련하여 선거인에게 금전 등을 제공할 의사가 이미 있었다고 하더라도 그 사람이 금전의 제공을 보다 쉽게 할 수 있도록 선거인을 후보자의 사무실로 데리고 가는 행위 또한 위 '알선' 행위에 해당한다고 판시한 바 있다.[37]

다. 죄수 및 처벌

위 지시, 권유, 요구, 알선행위의 결과, 의도한 범죄가 실제로 이루어졌는지 여부는 불문한다. 위와 같은 매수 및 이해유도 행위를 위한 지시, 권유, 요구, 알선행위만 있으면 곧바로 범죄가 성립하기 때문이다.

---

36 대법원 2008. 10. 9. 선고 2008도6233 판결 참조.

37 대전고등법원 2006. 8. 18. 선고 2006노225(대법원 2006도5871 판결로 확정).

이때 위와 같은 행위가 금전등의 수수 당사자가 아닌 제3자에 의해 이루어지는 경우는 문제될 것이 없지만 **금전등의 수수 당사자가 금전등의 제공을 직접 요구하여 실제로 금전 등을 수수하는 경우** 동법 제230조 제1항 제7호 위반죄와 동법 제230조 제3항 위반죄가 동시에 성립하므로 문제가 된다. 왜냐하면 통상적인 수수 및 요구죄의 경우에는 수수죄가 요구죄에 비하여 법정형이 무거우므로 요구죄는 수수죄에 흡수(법조경합)됨에 반하여 이 경우 후자(요구죄)가 전자(수수죄)에 비하여 법정형이 더 무겁기 때문에 요구죄가 수수죄에 흡수된다고 판단할 수 없기 때문이다.

이런 경우에는 수수죄는 요구죄에 흡수되는 불가벌적 사후행위라는 견해가 있지만, 금전을 '요구'하는 행위가 실제로 금전 등을 '수수'하는 행위보다 법익의 침해가 더 크다고 볼 수 없으므로 불가벌적 사후행위로 이해하기 어렵다. 따라서 이러한 경우 금전등의 요구죄와 수수죄가 모두 성립하고 각각의 행위로서 실체적 경합범의 관계에 있다고 봄이 상당하다.

위와 같은 행위를 하는 경우 7년 이하의 징역 또는 5천만 원 이하의 벌금에 처한다. 나아가 위와 같이 지시, 권유, 요구, 알선행위를 통하여 얻은 부패재산(범죄수익)은 **모두 필요적 몰수·추징의 대상**이 된다.

라. 범죄수익환수 사례

이와 관련하여 **선거에 관하여 후보자, 선거사무장 등을 협박하여 금품을 요구하고 이에 따라 금품을 수령한 사안에서 공갈죄와 공직선거법위반죄의 유죄를 인정하고 이와 같은 과정에서 수수한 금품을 추징하여 환수한 사례**를 소개한다.

위 사건에서 **1심 재판부는**「매수라는 것은 금품 등 급부를 대가로 하여 선거인에게서 당선에 도움이 될 수 있는 행위를 기대하는 것으로 매수자인 후보자와 상대방은 대가관계에 해당하는 반면, 공갈행위 또는 협박이라는 것은 해악을 고지하여 상대방에게 외포심을 느끼게 하고 이에 의하여 형성된 상대방의 왜곡된 의사에 의하여 처분행위를 받고자 하는 것인바, 협박 또는 공갈행위를 매수요구 행위로 볼 수 없다.」고 판시하면서 **매수요구 행위와 협박 또는 공갈행위 사이에는 양립가능성이 없다고 보아 매수요구로 인한 공직선거법위반죄가 성립하지 아니한다고 판시**하였다.

그러나 **항소심은**「① 공갈죄와 공직선거법위반죄의 보호법익이 다른 점, ② 공직선거법 제230조 제3항은 당선될 목적으로 선거인에게 금품 등을 제공하는 상대방에게 금품 등의 제공을 요구하는 경우 매수요구죄가 성립한다고 규정하고 있을 뿐 그 요구방식에 대한 아무런 제한을 두고 있지 않은 점, ③ 원심과 같이 해석할 경우 일반적인 매수요구 행위는 공직선거법위반죄로 처벌할 수 있으나 '해악의 고지'라는 비난가능성이 높은 수단을 이용한 매수요구의 경우에는 오히려 공직선거법위반죄로 처벌할 수 없다는 불합리한 결과가 된다는 점을 이유로 **후보자 매수요구로 인한 공직선거법위반죄를 모두 유죄로 인정**하고, 공선법상 후보자 협박의 점, 공갈죄 및 매수요구로 인한 공직선거법위반죄는 모두 **상상적 경합범**의 관계에 있다.」고 판시하였다.

위 **금전은 공갈죄에 있어 피해자로부터 빼앗은 금품이므로 범죄피해재산이기도 하지만 공직선거법에 따라 제공받은 금품에 해당하므로 별도의 법익을 침해한 것이므로 공직선거법에 따라 추징**할 수 있다.[38]

사례

범 죄 사 실

[2016고합109]

피고인 A는 일정한 직업이 없는 사람으로서 2008. 4. 9. 실시된 제18대 국회의원선거 당시 I지역구 J당 후보로 출마한 K의 선거운동을 도와주었던 사람이고, 위 K는 2016. 4. 13. 실시된 제20대 국회의원선거와 관련하여 2016. 3. 19. L선거구 M정당 당내경선에서 낙천하자 M정당을 탈당한 후 N정당에 입당하여 2016. 3. 25. I선거구에 출마하였다가 낙선한 사람이다.

누구든지 투표를 하게하거나 하지 아니하게 하거나 당선되거나 되게 하거나 되지 못하게 할 목적으로 후보자나 그 가족 및 선거사무장 등에게 금전등의 제공요구를 하여서는 아니 되고,[39] 선거에 관하여 후보자, 선거사무장 등을 협박하여서는 아니 된다.

피고인 A는 2016. 3. 중순경 인터넷뉴스에 'K 재산의혹'이라는 제목으로 위 K가 부동산 투기를 통해 많은 재산을 보유하고 있는 것으로 보도된 것을 확인하고는 위 제18대 국회의원선거 이후 위 K에게 도와달라고 하였음에도 도와주지 않은 것에 불만을 갖게 되었다.

피고인 A는 2016. 3. 26. 청주시 O에 있는 위 K의 선거사무실에 찾아가 위 K에게 "지난 18대 국회의원 선거에서 시장님을 위해 선거자금으로 현금 1,000만원을 드리고 전화홍보원들에 대한 수당 1,000여만원 등을 지급하는 등으로 약 3,000만원 가량을 도와드렸는데, 이후 제가 어려워져 도와달라고 할 때 도와주지 않은 것은 너무한 것이 아니냐"라고 금원을 요구하는 취지로 말을 하였다.

이후 피고인 A는 2016. 3. 31.경 청주시 청원구 수동에 있는 이름을 알 수 없는 커피숍에서, 위 K의 지시를 받은 위 K의 선거사무장 P를 만나 위 P에게 "2008년 국회의원선거 당시

38 청주지방법원 2016. 9. 9. 선고 2016고합109 판결 참조(항소심 대전고등법원 2016노347 판결로 확정).
39 앞에서 살펴본 바와 같이 항소심에서 매수요구의 점을 유죄로 선고하면서 추가한 내용을 추가 기재하였음.

K를 위해 선거자금 3,000만원을 사용하였으니 3,000만원을 달라, 어떻게 할 거냐"라고 요구하였다가 위 I로부터 "우선 500만원만 먼저 지급하고 추후 나머지 금액을 지급하는 것은 어떻겠느냐"라는 말을 듣고는 "안 된다, 선거가 끝나면 끝이다, 한꺼번에 달라, 이미 3,000만원을 지급한 사실에 대하여는 국제뉴스 기자 Q와 I구 M정당 후보 R의 사무장 S에게 말을 하였다"라고 말을 하면서 만일 돈을 주지 않을 경우 그 사실을 다른 사람들에게도 말을 할 것처럼 행동을 하였다.

피고인 A는 위 P를 만나 이후 위 P에게 매일 수회에 걸쳐 전화하여 "돈을 주지 않으면 어떻게 할지 두고 봐라. 내가 K의 선거유세장으로 K를 찾아가 해결하겠다"라고 말을 하였다.

이후 **피고인 A는 2016. 4. 4. 위 P로부터 만나자는 연락을 받고 위 K의 선거사무실에 찾아갔다가 위 P로부터 "500만원 밖에 준비되지 않았으니 우선 가져가라"라는 말을 듣고는 위 P에게 "안 된다, 다 내놔라, 주려면 다 주지, 왜 500만원 밖에 주지 않느냐"라고 화를 내면서 주먹으로 책상을 내리치며 3,000만원 전액을 지급하라고 요구하여, 2016. 4. 11. 청주시 T소재 U에서 위 P로부터 현금 1,000만원을 교부받았다**.

이로써 **피고인 A는 제20대 국회의원 선거와 관련하여 위 K가 당선되게 할 목적으로 위 K에게 금품을 제공할 것을 요구함과 동시에**[40] **N정당 후보자인 위 K를 협박하고, 위 K로부터 위 P를 통해 1,000만원을 갈취하였다**.

법령의 적용[41]

1. 범죄사실에 대한 해당법조 및 형의 선택

공직선거법 제230조 제3항, 제1항 제1호(매수요구의 점, 포괄하여, 징역형 선택), 공직선거법 제237조 제1항 제1호(후보자 협박의 점, 포괄하여, 징역형 선택), 공직선거법 제257조 제2항, 제116조, 제113조(기부행위 수령의 점, 포괄하여, 징역형 선택), 형법 제350조 제1항(공갈의 점, 포괄하여, 징역형 선택)

1. 상상적 경합

형법 제40조, 제50조(매수요구로 인한 공직선거법위반죄, 후보자 협박으로 인한 공직선거법위반죄 및 공갈죄 상호간, 형이 가장 무거운 협박으로 인한 공직선거법위반죄에 정한 형으로 처벌)

1. 추징

공직선거법 제257조 제4항

---

40 마찬가지로 앞에서 항소심의 파기 취지에 따라 판결문에서 추가한 내용을 추가 기재하였음.

41 법령의 적용 또한 파기된 항소심의 그것을 기재하였음.

10. 매수목적 금품운반죄(제230조 제4항)

관련조문

공직선거법 제230조(매수 및 이해유도죄) ④**당선되거나 되게하거나 되지 못하게 할 목적**으로 **선거기간중 포장된 선물 또는 돈봉투** 등 **다수의 선거인에게 배부하도록 구분된 형태로 되어 있는 금품을 운반**하는 자는 5년 이하의 징역 또는 3천만원 이하의 벌금에 처한다. <개정 2014. 2. 13.>

공직선거법은 선거 기간 중 다수의 선거인에게 돈봉투 등 구분된 형태의 배부하기 위하여 이를 운반하는 행위를 금지함으로써 운반행위에 가담하는 공범들에 대한 처벌 가능 규정을 두고 있다.

가. 구성요건의 주체

구성요건의 주체는 아무런 제한이 없으므로 누구든지 본 죄의 주체가 될 수 있고 운반행위자는 금품을 직접 제공하려는 사람일 필요는 없고 제3자를 통하여 다른 사람들에게 배포될 금품을 단지 제3자에게 전달하는 일을 맡은 것만으로도 충분하다.

나. 구성요건적 행위 및 처벌

본죄의 **구성요건적 행위**는 선거기간 중 포장된 선물 또는 돈봉투 등 다수의 선거인에게 배부하도록 구분된 형태로 되어 있는 금품을 운반하는 것이다.

이때 '**선거기간 중**'이라 함은 대통령 선거, 국회의원 선거의 각 선거기간 규정(동법 제33조 제1항, 제3항)에 따른다. 이 때 선거기간은 '선거일까지'이므로 투표가 마감되었다고 하더라도 선거일 당일 24시까지는 대상이 된다.

한편 '**다수의**' 선거인에게 배부하도록 하여야 하므로 이 때 '다수'라 함은 금품 등을 받을 선거인이 다수라는 의미이므로 운반하는 금품 자체가 다수일 필요는 없다. 예를 들어 선거인들에게 나누어 주기 위하여 선물을 소분하여 두고 운반하는 사람이 그중 한 개만을 운반하는 도중 적발되었다 하더라도 해당 선물은 애초부터 다수의 선거인들에게 배부될 수 있도록 나누어진 것이므로 본죄의 성립에 문제가 없다.

나아가 '**구분된 형태**'로 되어 있는 금품이어야 하는데 이 때 '구분'의 해석과 관련하여 **대**

법원은 금품을 일정한 기준에 따라 전체를 크게 또는 작게 몇 개로 갈라 나누는 것을 말하고 구분의 방법에는 제한이 없으므로 돈을 포장 또는 봉투에 넣거나 물건으로 싸거나 띠지로 감아서 매는 것은 물론, 몇 개의 단위로 나누어 접어놓는 등 따로따로 배부할 수 있도록 분리하여 소지하는 것을 의미한다고 판시하였다.[42]

그리고 **'운반'**이라 함은 물건을 장소적으로 이전하는 것을 의미하는데 장소적 이전은 반드시 먼 거리를 요하지 않고, 운반의 방법도 제한이 없다. 본 죄를 범하면 5년 이하의 징역 또는 3천만 원 이하의 벌금에 처한다.

다. 범죄수익환수 사례

이와 관련하여 **선거자금을 봉투에 각각 나누어 남아 보관하고 있었던 사안**에서 **피고인이 성명불상자로부터 선거운동비 명목으로 2,000만 원을 교부받고 선거기간 중 다수의 선거인에게 배부할 목적으로 구분된 형태의 돈을 소지**하고 있었다는 점을 인정하면서 **위와 같이 구분되어 있는 금품을 몰수하고 몰수하지 못한 금원을 추징한 사례**가 있다.[43]

사례

【주 문】

원심판결을 파기한다.

피고인들을 각 징역 10월에 처한다.

원심판결 선고 전의 구금일수 82일씩을 피고인들에 대한 위 각 형에 산입한다.

다만, 이 판결 확정일로부터 2년간 위 각 형의 집행을 유예한다.

압수된 현금 29만 원(압수목록 순번 1), 현금 200만 원(압수목록 순번 2), 현금 50만 원(압수목록 순번 3), 현금 1,500만 원(압수목록 순번 16), 종이상자 1개(압수목록 순번 17)를 피고인 1로부터, 현금 100만 원(압수목록 순번 9), 현금 100만 원(압수목록 순번 10)을 피고인 2로부터 각 몰수한다.

피고인들로부터 각 105,000원씩을 추징한다.

【이 유】

(전략)

---

42 대법원 2009. 2. 26. 선고 2008도11403 판결 참조.

43 대구지방법원 영덕지원 2008. 6. 23. 선고 2008고합10 판결, 대구고등법원 2008. 11. 27. 선고 2008노293 판결 각 참조(대법원 2008도11403 판결로 확정)[판결 이유는 대구고등법원 판결을 인용한다].

2. 판단

가. 피고인들의 사실오인 및 법리오해 주장에 대한 판단

(1) 인정 사실

원심에서 적법하게 채택하여 조사한 증거들 및 증인 공소외 5,6의 당심 법정에서의 진술을 종합하면 다음과 같은 사실을 인정할 수 있다.

(가) 피고인 1은 1998년부터 2002년경까지 경북 영양군 석보·입암·청기 지역의 도의원을 지낸 자로 2008. 4. 9. 실시된 제18대 국회의원선거 영덕·울진·영양·봉화 선거구에서 무소속으로 출마한공소외 7 후보의 영양지역 선거대책본부 부본부장(선거관리위원회 미등록)으로 활동한 자이고, 피고인 2는 공소외 7 후보의 영양지역 선거연락소장(선거관리위원회 등록)으로 활동한 자이다.

(나) 경북 영양경찰서 수사과 소속 경찰관 공소외 5,6은 피고인 1이 선거자금을 운반한다는 첩보를 입수하고 수사하던 중 2008. 4. 2. 12:05경(이 날은 공소외 7 후보의 부인이 경북 영양군 석보면을 방문하여 선거유세를 하기로 예정되어 있었다) 영양군 선거관리위원회 직원들과 함께 경북 영양군 석보면 지경리 마을 입구에서 피고인 1 소유의 (차량번호 생략) 레간자 승용차를 운전하던 피고인 1 및 위 승용차를 타고 가던 피고인 2를 공직선거법위반죄로 긴급체포하면서 위 승용차 내부를 압수수색하였는데, **<u>당시 위 승용차 조수석 사물보관함에서 현금 100만 원 묶음 2다발(압수목록 순번 2), 현금 50만 원(1만 원권 50장, 압수목록 순번 3)이 든 우편봉투(삼성생명보험 주식회사의 명칭이 인쇄되어 있고 받는 사람으로 피고인 1이 기재되어 있었다)가 발견되었고, 피고인 1은 바지 뒷주머니에 현금 29만 원(1만 원권 29장, 압수목록 순번 1)과, 공소외 7 후보의 명함 36장(압수목록 순번 5), 영양에 거주하는 사람들의 이름과 주소, 전화번호 등이 기재된 수첩(압수목록 순번 6, 7)을 소지하고 있었으며, 피고인 2는 상의 좌측주머니에 현금 100만 원 묶음 1다발(압수목록 순번 9), 상의 우측주머니에 현금 100만 원(1만 원권 100장, 압수목록 순번 10) 및 공소외 7 후보의 명함 22장(압수목록 순번 12), 선거사무소 개소시의 지출경비 내역 등을 기재한 수첩(압수목록 순번 13), 읍·면별로 하위 동·리에 각 거주하는 사람들의 이름과 연락처가 기재된 수첩(압수목록 순번 14) 등을 소지하고 있었다</u>**.

(다) 또한 위 압수수색 당시 위 승용차 안에서는 현금을 묶는 띠지 5개가 발견되었는데, 그 중 2개는 위 승용차 조수석 사물보관함에서 발견된 현금 100만 원 묶음 2다발의 띠지이고, 1개는 피고인 2의 상의 좌측주머니에서 발견된 100만 원 묶음 1다발의 띠지이며, 또 다른 1개는 피고인 2의 상의 우측주머니에 발견된 돈에서 분리되어 끊어져 위 돈과 함께 발견된 띠지이고, 나머지 1개는 위 승용차 재떨이 안에서 발견된 띠지로서 위 띠지들 표면에는 모두 SC제일은행 상호가 인쇄되어 있었고, 위 은행 서울 강남 중앙지점 직원인 공소외 8의 인장이 날인되어 있었다.

(중략)

【법령의 적용】

1. 범죄사실에 대한 해당법조 및 형의 선택

가. 선거운동 관련 금품 수수의 점

(1) 피고인 1 : 공직선거법 제230조 제1항 제5호, 제4호, 제135조 제3항, 형법 제30조(징역형 선택)

(2) 피고인 2 : 공직선거법 제230조 제2항, 제230조 제1항 제5호, 제4호, 제135조 제3항, 형법 제30조(징역형 선택)

나. 금품 운반의 점

각 공직선거법 제230조 제4항, 형법 제30조(각 징역형 선택)

1. 몰수

가. 피고인 1 : 공직선거법 제236조 본문(압수목록 순번 1 내지 3, 16), 형법 제48조 제1항(압수목록 순번 17)

나. 피고인 2 : 공직선거법 제236조 본문(압수목록 순번 9, 10)

1. 추징

각 공직선거법 제236조 단서

11. 선거관리위원회 위원 등 공무원의 매수 및 이해유도죄(제230조 제5항)

관련조문

공직선거법 제230조(매수 및 이해유도죄) ⑤ **선거관리위원회의 위원·직원(투표관리관 및 사전투표관리관을 포함한다. 이하 이 장에서 같다) 또는 선거사무에 관계있는 공무원(선장을 포함한다)**이나 **경찰공무원(司法警察官吏 및 軍司法警察官吏를 포함한다)**이 제1항 각 호의 1 또는 제2항에 규정된 행위를 하거나 하게 한 때에는 **7년 이하의 징역에 처한다.** <개정 2005. 8. 4., 2012. 2. 29., 2014. 1. 17.>

공직선거법은 선거관리위원회 위원, 직원, 선거사무에 관계있는 공무원 또는 경찰공무원이 공직선거법상 매수 및 이해유도 행위를 하는 경우에 벌금형 없는 징역형에 처하도록 함으로써 가중처벌하고 있다. 선거 관리를 담당하는 공무원의 청렴성을 보다 강조하기 위한 것으로 풀이 된다(책임가중형 구성요건).

가. 구성요건의 주체

구성요건의 주체는 선거관리위원회의 위원·직원(투표관리관 및 사전투표관리관을 포함한다. 이하 이 장에서 같다) 또는 선거사무에 관계있는 공무원(선장을 포함한다)이나 경찰공무원(사법경찰관리와 군사법경찰관리를 포함한다)이다(**신분범**). 이 때 **'선거사무에 관계있는 공무원'**이라 함은 투·개표사무 종사원과 기타 선거사무에 관하여 필요한 협조요구를 받아 종사하는 공무원 등을 의미한다(동법 제5조 참조).

본죄의 주체가 되는 신분은 그 직무와의 관련성이 요구되므로 선거구 內의 선거에 관한 것으로 해석하여야 한다(관할의 문제). 다만 중앙선거관리위원회의 경우 전국을 관할하고 대통령이나 비례대표 국회의원 선거의 경우에는 전국이 선거구가 된다.

나. 구성요건적 행위 및 처벌

본죄의 **구성요건적 행위**는 **동법 제230조 제1항 각 호 및 제2항의 행위를 하거나 하게 하는 것**이다. 동 구성요건의 경우에는 위 특정 신분자가 그러한 범행을 직접 하는 것과 다른 누군가에게 위와 같은 행위를 하도록 하는 것까지 포함한다는 점이 특징이다. 동법 제230조 제2항의 경우에는 정당, 후보자 및 그 가족 등이 동법 제230조 제1항 각 호의 행위를 하는 경우에만 처벌하고 있는데 본죄의 구성요건과 차이가 난다.

주관적 구성요건요소와 관련하여 동법 제230조 제1항 각 호의 목적을 요한다. 한편 동죄를 범하면 7년 이하의 징역에 처한다(벌금형 없음). 나아가 본죄를 범하여 얻은 부패재산은 필요적으로 몰수·추징 규정이 적용된다(동법 제236조).

12. 정당후보자 추천 관련 금품수수죄(제230조 제6항)

관련조문

공직선거법 제230조(매수 및 이해유도죄) ⑥ <u>제47조의2 제1항 또는 제2항을 위반한 자</u>는 5년 이하의 징역 또는 500만원 이상 3천만원 이하의 벌금에 처한다. <신설 2008. 2. 29., 2014. 2. 13.>

☞ <u>제47조의2(정당의 후보자추천 관련 금품수수금지)</u> ① 누구든지 정당이 특정인을 후보자로 추천하는 일과 관련하여 금품이나 그 밖의 재산상의 이익 또는 공사의 직을 제공하거나 그 제공의 의사를 표시하거나 그 제공을 약속하는 행위를 하거나, 그 제공을 받거나 그 제공의 의사표시를 승낙할 수 없다. 이 경우 후보자(후보자가 되려는 사람을 포함한다)와 그 배우자

(이하 이 항에서 "후보자등"이라 한다), 후보자등의 직계존비속과 형제자매가 선거일 전 150일부터 선거일 후 60일까지 「정치자금법」에 따라 후원금을 기부하거나 당비를 납부하는 외에 정당 또는 국회의원[「정당법」 제37조(활동의 자유)제3항에 따른 국회의원지역구 또는 자치구·시·군의 당원협의회 대표자를 포함하며, 이하 이 항에서 "국회의원등"이라 한다], 국회의원등의 배우자, 국회의원등 또는 그 배우자의 직계존비속과 형제자매에게 채무의 변제, 대여 등 명목여하를 불문하고 금품이나 그 밖의 재산상의 이익을 제공한 때에는 정당이 특정인을 후보자로 추천하는 일과 관련하여 제공한 것으로 본다. <개정 2014.2.13>

② 누구든지 제1항에 규정된 행위에 관하여 지시·권유 또는 요구하거나 알선하여서는 아니 된다.

[본조신설 2008.2.29]

공직선거법은 정당공천의 공정성과 정당운영의 투명성을 제고하기 위하여 **누구든지 정당이 특정인을 후보자로 추천하는 일과 관련하여 금품 그 밖의 재산상 이익 또는 공사의 직을 제공하는 등 행위를 금지**하도록 하였다. 2008. 2. 29. 공직선거법 개정을 통하여 신설된 규정이다. 이러한 규제는 헌법상 보장된 정당 활동 자유의 본질적인 내용을 침해하는 것이 아니고 명확성 원칙에도 반하지 않는다.[44]

가. 구성요건의 주체 및 행위의 상대방

구성요건의 주체는 아무런 제한이 없으므로 누구든지 본죄의 주체가 될 수 있다. **대법원**도 마찬가지로 동법 제47조의2의 '누구든지'는 공직선거에 후보를 추천하는 정당을 포함한 모든 사람이나 단체를 의미한다고 보았다.[45] 이 때 금품을 제공받는 당사자가 정당인 경우에는 그 업무를 수행하는 정당의 기관인 자연인을 의미한다.[46]

나. 구성요건적 행위

본죄의 **구성요건적 행위**는 **정당이 특정인을 후보자로 추천하는 일과 관련**하여, ① 금품이나 그 밖의 재산상의 이익 또는 공사의 직(**객체**)을 제공하거나, ② 그 제공의 의사를 표시하거나 그 제공을 약속하는 행위를 하거나, ③ 그 제공을 받거나 그 제공의 의사표시를 승낙하는 모든 행위(제47조의2 **제1항**) 및 ④ 제1항에 규정된 행위에 관하여 지시, 권유, 요구

---

44 대법원 2009. 5. 14. 선고 2008도11040 판결 참조.

45 대법원 위 2008도11040 판결 참조.

46 대법원 2009. 10. 22. 선고 2009도7436 전원합의체 판결 참조.

또는 알선하는 행위(제47조의2 **제2항**)다.

'특정인을 후보자로 추천하는 일'은 창당준비위원회 활동 결과 장차 성립될 정당이어도 무방하고, 아직 구체적인 후보자 추천절차가 존재하지 않는 정당이 후보자를 추천하는 일도 포함되며,[47] 비례대표국회의원 선거에서 정당이 추천 후보자의 순위를 정하는 명부를 첨부해 선거관리위원회에 등록하는 것 또한 포함된다.[48]

정당의 후보자 공천과의 **'관련성'**은 금품의 제공이 후보자 추천의 대가·사례이거나 어떠한 형태로든 영향을 미칠 수 있는 경우에 인정되는데 **대법원**은 금품 또는 재산상 이익의 제공이 후보자 추천의 대가 또는 사례에 해당하거나 그렇지 않더라도 후보자 추천에 있어 정치자금의 제공이 어떠한 형태로든 영향을 미칠 수 있는 경우를 의미한다고 보았다.[49] 즉 **정당의 후보자 공천과의 관련성을 폭넓게 인정할 수 있다**는 취지로 풀이 된다.

그리고 **대법원**은 국회의원으로서의 자질과 능력을 겸비하였는지를 검증할 수 있는 구체적인 정보가 부족하였음에도 별다른 확인 절차 없이 그 자리에서 비례대표 후보자로 추천된 사안에서 **선거자금을 제공한다는 전제조건이 없었더라면 이와 같은 국회의원 비례대표 상위 순번 배정은 기대하기 어려웠을 것**으로 보이는 등 사정에 비추어 **당의 공식계좌에 입금된 돈은 공천과의 대가성이 인정된다고 판시**한 바 있다.[50]

나아가 2014. 2. 13. 개정된 공직선거법 제47조의2에 따라 **후보자**(후보자가 되려는 사람을 포함한다)와 **그 배우자**(이하 이 항에서 "후보자등"이라 한다), **후보자등의 직계존비속과 형제자매**가 선거일 전 150일부터 선거일 후 60일까지 「정치자금법」에 따라 **후원금을 기부하거나 당비를 납부하는 외**에 **정당 또는 국회의원**[「정당법」제37조(활동의 자유) 제3항에 따른 국회의원지역구 또는 자치구·시·군의 당원협의회 대표자를 포함하며, 이하 이 항에서 "국회의원등"이라 한다], **국회의원등의 배우자, 국회의원등 또는 그 배우자의 직계존비속과 형제자매**에게 채무의 변제, 대여 등 명목여하를 불문하고 **금품이나 그 밖의 재산상의 이익을 제공**한 때에는 정당이 특정인을 후보자로 추천하는 일과 관련하여 제공한 것으로 간주한다. 선거일 전 일정 기간에 후보자 또는 그 배우자 등이 다른 국회의원등에게 금품이나 그 밖의 재산상 이익을 제공하는 것은 특별한 사정이 없으면 공천과의 관련성을 인정하여 처벌하겠다는 것이다.

---

47 대법원 2018. 2. 8. 선고 2017도17838 판결 참조.

48 서울고등법원 2013. 5. 10. 선고 2013노1050 판결 참조.

49 대법원 2009. 5. 14. 선고 2008도11040 판결 참조.

50 위 대법원 2008도11040 판결 참조.

주관적 구성요건요소와 관련하여 특별한 목적을 요구하지 않고 제공하는 금품 또는 재산상 이익이 공천과의 관련성이 있다는 사실을 인식하면 충분하다.

다. 죄수 및 처벌

본죄와 유사한 구성요건을 갖고 있는 정치자금법위반죄(제45조 제2항 제5호, 제32조 제1호)의 경우 본죄와 상상적 경합범 관계에 있다.[51] 나아가 정당을 공천하여 줄 의사나 능력이 없음에도 타인을 속여 금품을 받은 경우에는 사기죄와 동죄의 상상적 경합범 관계에 있다.[52]

관련조문

정치자금법 제45조(정치자금부정수수죄) ②다음 각 호의 어느 하나에 해당하는 자는 5년 이하의 징역 또는 1천만원 이하의 벌금에 처한다.

5. 제31조(기부의 제한) 또는 **제32조(특정행위와 관련한 기부의 제한)의 규정을 위반**하여 정치자금을 기부하거나 받은 자

☞ **제32조(특정행위와 관련한 기부의 제한)** 누구든지 다음 각 호의 어느 하나에 해당하는 행위와 관련하여 정치자금을 기부하거나 받을 수 없다.

1. 공직선거에 있어서 특정인을 후보자로 추천하는 일

본죄를 범한 사람은 5년 이하의 징역 또는 500만 원 이상 3천만 원 이하의 벌금에 처한다. 벌금형의 하한이 정해져 있다는 점이 특징이다.

라. 범죄수익환수 사례

국회의원 선거의 공천과 관련하여 금품을 수수한 사안에서 금품을 제공한 다음 이를 수수자로부터 되돌려 받은 경우 제공자로부터 해당 금품의 가액을 공직선거법 제236조 단서에 따라 추징한 사례가 있다. 이와 같은 경우 제공자로부터 금품을 추징집행하기 위해 제공자의 재산에 부패재산몰수법 및 마약거래방지법에 따라 보전조치를 취할 필요가 있음은 앞에서 본 바와 같다.[53]

51 대법원 2009. 5. 14. 선고 2008도11040 판결 참조.

52 대법원 2009. 4. 23. 선고 2009도834 판결 참조.

53 창원지방법원 통영지원 2010. 9. 27. 선고 2010고합68 판결 참조(대법원 2010도17252 판결로 확정).

13. 당내경선관련 매수 및 이해유도죄(제230조 제7항, 제8항)

관련조문

공직선거법 제230조(매수 및 이해유도죄) ⑦ **당내경선과 관련**하여 **다음 각 호의 어느 하나에 해당하는 자**는 3년 이하의 징역 또는 1천만 원 이하의 벌금에 처한다. <신설 2005. 8. 4., 2008. 2. 29., 2014. 2. 13.>

1. 제57조의5(당원 등 매수금지) 제1항 또는 제2항의 규정을 위반한 자
2. 후보자로 선출되거나 되게 하거나 되지 못하게 하거나, 경선선거인(당내경선의 선거인명부에 등재된 자를 말한다. 이하 이 조에서 같다)으로 하여금 투표를 하게 하거나 하지 아니하게 할 **목적**으로 **경선후보자·경선운동관계자·경선선거인 또는 참관인**에게 **금품·향응 그 밖의 재산상의 이익이나 공사의 직을 제공**하거나 **그 제공의 의사를 표시**하거나 **그 제공을 약속**한 자
3. **제57조의5 제1항 또는 제2항에 규정된 이익**이나 **직의 제공을 받거나 그 제공의 의사표시를 승낙**한 자

⑧ **제7항 제2호·제3호에 규정된 행위**에 관하여 **지시·권유·요구하거나 알선**한 자 또는 **제57조의5제3항의 규정을 위반한 자**는 5년 이하의 징역 또는 3천만원 이하의 벌금에 처한다. <신설 2005. 8. 4., 2008. 2. 29., 2014. 2. 13.>

[제목개정 2011. 7. 28.]

☞ 제57조의5(당원 등 매수금지) ① 누구든지 당내경선에 있어 후보자로 선출되거나 되게 하거나 되지 못하게 할 목적으로 경선선거인(당내경선의 선거인명부에 등재된 자를 말한다) 또는 그의 배우자나 직계존·비속에게 명목여하를 불문하고 금품 그 밖의 재산상의 이익 또는 공사의 직을 제공하거나 그 제공의 의사를 표시하거나 그 제공을 약속하는 행위를 할 수 없다. 다만, 중앙선거관리위원회규칙이 정하는 의례적인 행위는 그러하지 아니하다.

② 누구든지 당내경선에 있어 후보자가 되지 아니하게 하거나 후보자가 된 것을 사퇴하게 할 목적으로 후보자(후보자가 되고자 하는 자를 포함한다. 이하 이 항에서 같다)에게 제1항의 규정에 따른 이익제공행위 등을 하여서는 아니 되며, 후보자는 그 이익이나 직의 제공을 받거나 제공의 의사표시를 승낙하여서는 아니 된다.

③ 누구든지 제1항 및 제2항에 규정된 행위에 관하여 지시·권유 또는 요구를 하여서는 아니 된다.

[본조신설 2005. 8. 4.]

공직선거법은 정당의 공직선거후보자 추천을 위하여 실시하는 당내경선에서 경선관계자에 대한 매수행위를 처벌하여 당내경선의 공정을 기하기 위해 위와 같은 규정을 두었다. 최

근 대법원에서는 당내경선에서의 당선 또는 낙선을 위한 행위라는 구실로 경선운동을 하였으나, 실질적으로는 공직선거에서의 당선 또는 낙선을 위한 행위를 하는 것으로 평가할 수 있는 경우에 한하여 예외적으로 그 범위 내에서 이를 선거운동으로 볼 수 있다고 판시하고 있는데,[54] 이는 당내 경선운동과 선거운동을 엄격히 구분하려는 것이다.

한편 **대법원**은 당내 경선의 후보를 단일화하는 과정에서 후보자가 사퇴한 다음 단일화된 후보자를 지지하는 활동을 한 경우 이는 실질적으로 공직선거에서의 당선을 위한 행위로 볼 수 있다고 본 사례도 있다.[55]

위 구성요건은 행위의 상대방, 구체적인 구성요건적 행위와 관련하여 구성요건이 세분화되어 있으므로 이하에서는 ① **당원 등 매수금지** 위반죄(동법 제230조 제7항 제1호, 제57조의5 제1항), ② **당내경선후보자 등에 대한 매수금지** 위반죄(동법 제230조 제7항 제2호), ③ **후보자에 대한 매수금지** 위반죄(동법 제230조 제7항 제1호, 제57조의5 제2항), ③ **매수를 받는** 죄(동법 제230조 제7항 제3호), ④ **지시·권유·요구 및 알선**죄(동법 제230조 제8항, 제7항 제2호, 제3호, 제57조의5 제3항) 등을 각각 나누어 구성요건을 검토하여 보기로 한다.

가. 당원 등 매수금지 위반죄(제230조 제7항 제1호, 제57조의5 제1항)

관련조문

공직선거법 제230조(매수 및 이해유도죄) ⑦ **당내경선과 관련**하여 **다음 각 호의 어느 하나에 해당하는 자**는 3년 이하의 징역 또는 1천만 원 이하의 벌금에 처한다. <신설 2005. 8. 4., 2008. 2. 29., 2014. 2. 13.>

1. **제57조의5(당원 등 매수금지) 제1항** 또는 제2항의 **규정을 위반**한 자

☞ 제57조의5(당원 등 매수금지) ① 누구든지 당내경선에 있어 후보자로 선출되거나 되게 하거나 되지 못하게 할 목적으로 경선선거인(당내경선의 선거인명부에 등재된 자를 말한다) 또는 그의 배우자나 직계존·비속에게 명목여하를 불문하고 금품 그 밖의 재산상의 이익 또는 공사의 직을 제공하거나 그 제공의 의사를 표시하거나 그 제공을 약속하는 행위를 할 수 없다. 다만, 중앙선거관리위원회규칙이 정하는 의례적인 행위는 그러하지 아니하다.

---

54 대법원 2013. 5. 19. 선고 2012도12172 판결 참조.

55 부산고등법원 2017. 7. 26. 선고 2017노186 판결 참조(대법원 2017도12584 판결 참조).

1) 구성요건의 주체 및 행위의 상대방

본죄의 **구성요건의 주체**는 아무런 제한이 없으므로 누구든지 주체가 될 수 있다. 한편 동법 제230조 제7항 제1호, 제57조의5 제1항 위반죄의 행위 상대방은 **경선선거인(당내경선의 선거인명부에 등재된 자를 말한다) 또는 그의 배우자나 직계 존·비속**이다. 경선 선거인은 당내경선의 선거인 명부에 등재된 자로 한정되는 것이 특징이고, 배우자나 직계 존속, 비속도 상대방이 될 수 있다는 점에서 일반 매수죄와 다르다.

2) 구성요건적 행위

본죄의 **구성요건적 행위**는 당내경선과 관련하여 명목 여하를 불문하고 금품 그 밖의 재산상의 이익 또는 공사의 직을 제공하거나 그 제공의 의사를 표시하거나 그 제공을 약속하는 것이다.

'당내경선과 관련하여'의 해석과 관련하여 기부행위금지 또는 제한규정 등의 '선거에 관하여'의 해석과 동일하게 봄이 상당하다. 따라서 이는 **'당내경선에 즈음하여 투표 또는 경선운동, 당선 등 경선에 관한 사항을 동기로'** 라는 뜻으로 이해함이 상당하다.

이때 **경선선거인의 지위는 당내경선의 경선선거인 명부에 등재되어야 비로소 발생**하게 되므로 **경선투표 현장에서 선거인 명부에 기재되고 나서 투표를 하는 경우, 선거인 명부에 기재하기 前 제공된 이익은 제외된다**. 명부 기재 전에는 아직 경선선거인의 지위를 갖지 못하기 때문이다. 이와 관련하여 법원은 당내경선의 선거인명부에 등재되기 전 경선투표장으로 가는 길의 간식비와 버스비의 경우 재산상 이익 가액에서 제외함이 상당하다고 보았다.[56]

나아가 **주관적 구성요건요소**와 관련하여 '당내 경선에 있어 후보자로 선출되거나 되게 하거나 되지 못하게 할 목적'을 요구한다(**목적범**).

3) 죄수 및 처벌

본죄는 당내 경선과정에서 있었던 범죄행위를 구성요건으로 하고 있으므로 공직선거법상 기부행위의 금지제한 규정(동법 제257조), 후보자에 대한 매수 및 이해유도죄(제232조) 등과의 관계가 문제된다.

이와 관련하여 법원은 당내경선관련 매수 및 이해유도로 인한 공직선거법위반죄와 기부행위로 인한 공직선거법위반죄는 상상적 경합범 관계에 있다고 판시하였고,[57] 한편 지방의

---

56 서울고등법원 2017. 11. 15. 선고 2017노2523 판결 참조(대법원 2017도20232 판결로 확정).

회의원 선거의 입후보 예정자에게 후보자가 되지 아니하게 할 목적으로 당내 경선 실시 전에 현금 1,000만 원을 제공한 사안에서 당내경선 후보자 매수죄(동법 제230조 제7항 제1호)가 공직선거 후보자 매수죄(제232조)의 특별법으로서 법조경합 관계에 있다고 볼 수 없다고 판시한 사례도 있다.[58]

본죄를 범하면 3년 이하의 징역 또는 1천만 원 이하의 벌금에 처하고, 필요적 몰수·추징 규정이 적용된다(동법 제236조).

나. 경선후보자 등 매수금지 위반죄(제230조 제7항 제2호)

관련조문

공직선거법 제230조(매수 및 이해유도죄) ⑦ **당내경선과 관련**하여 **다음 각 호의 어느 하나에 해당하는 자**는 3년 이하의 징역 또는 1천만 원 이하의 벌금에 처한다. <신설 2005. 8. 4., 2008. 2. 29., 2014. 2. 13.>

2. 후보자로 선출되거나 되게 하거나 되지 못하게 하거나, **경선선거인**(당내경선의 선거인명부에 등재된 자를 말한다. 이하 이 조에서 같다)으로 하여금 투표를 하게 하거나 하지 아니하게 할 목적으로 **경선후보자·경선운동관계자·경선선거인 또는 참관인에게** 금품·향응 그 밖의 재산상의 이익이나 공사의 직을 제공하거나 그 제공의 의사를 표시하거나 그 제공을 약속한 자

1) 구성요건의 주체 및 행위의 상대방

구성요건의 주체는 아무런 제한이 없으므로 누구든지 본죄의 주체가 될 수 있다. 한편 본죄의 **행위의 상대방**은 '경선후보자·경선운동관계자·경선선거인 또는 참관인'이다.

그 중 **'경선운동관계자'**의 해석과 관련하여 **대법원**은 널리 당내경선운동에 관여하거나 기타 당내경선에 관한 사무를 담당하고 처리하는 자를 포괄적으로 지칭하는 것으로 해석하여야 할 것이어서, **직접적으로** 당내경선사무에 종사하거나 그 절차에 관여하는 자 및 **다른 경선후보자의 경선운동관계자**는 물론, 행위자가 어떤 특정 경선후보자의 선출을 돕기 위하여 금품 제공 등의 행위에 나아간 경우 해당 경선후보자의 경선운동관계자 역시 이에 포함된다고 판시하였다.[59]

---

57 대구지방법원 상주지원 2014. 9. 5. 선고 2014고합11, 15(병합) 판결 참조(대법원 2014도17636 판결로 확정).
58 대전지방법원 서산지원 2018. 5. 18. 선고 2018고합18 판결 참조(대전고등법원 2018노231 판결로 확정).
59 대법원 2007. 6. 1. 선고 2006도8134 판결 참조.

기타 경선선거인·경선후보자·경선운동관계자·참가인의 자격은 각 정당의 당헌·당규 등에 따라 정해진다.

2) 구성요건적 행위

본죄의 구성요건적 행위는 **당내경선과 관련**하여 **금품·향응 그 밖의 재산상의 이익이나 공사의 직**을 제공하거나 그 제공의 의사를 표시하거나 그 제공을 약속하는 것이다.

이와 관련하여 **'향응'**은 넓은 의미에서 재산상 이익에 포함된다고 봄이 상당하고, 기부행위금지위반죄(제257조)와는 달리 **'공사의 직'**을 제공하는 것이 포함된다는 점이 특징이다. **주관적 구성요건요소**와 관련하여 후보자로 선출되거나 되게 하거나 되지 못하게 하거나, 경선선거인(당내경선의 선거인명부에 등재된 자를 말한다. 이하 이 조에서 같다)으로 하여금 투표를 하게 하거나 하지 아니하게 할 목적이 요구된다(**목적범**).

3) 처벌

동죄를 범하면 3년 이하의 징역 또는 1천만 원 이하의 벌금에 처한다. 또한 필요적 몰수·추징에 관한 규정이 적용되므로 위와 같이 당내경선과 관련하여 제공된 금품 등은 모두 환수의 대상이 된다.

4) 범죄수익환수 사례

당내경선과 관련하여 후보자로 선출되거나 되게 하거나 되지 못하게 하거나, 경선선거인으로 하여금 투표를 하게 하거나 하지 아니하게 할 목적으로 **경선운동관계자에게 금품·향응 그 밖의 재산상의 이익을 제공한 범죄사실에 관하여 그와 같은 금품을 수수한 사람으로부터 이익을 추징하여 환수한 사례**가 있다.[60]

사례

범죄사실

피고인 A는 2012. 4. 11. 실시된 제19대 국회의원 선거에서 E 선거구의 F정당 후보로 출마하여 당선된 G의 경선운동을 하였던 사람이고, 피고인 B는 H와 함께 지인들을 동원하여 G의 경선운동을 하였던 사람이다.

(중략)

2) 피고인 A의 경선운동 관련 이익제공 및 제3자 기부행위

누구든지 선거에 관하여 후보자 또는 그 소속정당을 위하여 기부행위를 하거나 하게 할 수

60 광주고등법원 전주지부 2014. 4. 22. 선고 2013노250 판결 참조(대법원 2014도5326 판결로 확정).

없고, 당내경선과 관련하여 후보자로 선출되거나 되게 하거나 되지 못하게 하거나, 경선선거인으로 하여금 투표를 하게 하거나 하지 아니하게 할 목적으로 경선후보자·경선운동관계자·경선선거인 또는 참관인에게 금품·향응 그 밖의 재산상의 이익이나 공사의 직을 제공하거나 그 제공의 의사를 표시하거나 그 제공을 약속하여서는 아니 된다.

그럼에도 불구하고 피고인 A는 2012. 1. 10.경 J 사무실에서 경선운동관계자인 H와 피고인 B에게 위 1)항과 같이 경선운동을 하는데 필요한 비용 명목으로 1,560만 원을, 2012. 3. 9.경 J 사무실에서 H에게 같은 명목으로 100만 원을, 2012. 4. 9.경 전주시 Q에 있는 R커피숍에서 H에게 같은 명목으로 100만 원을, 2012. 4. 24.경 전주시 S에 있는 상호불상의 순대국밥집에서 H에게 같은 명목으로 500만 원을 각 지급하여 G 후보의 경선운동관계자에게 합계 2,260만 원을 제공함과 동시에 G 후보를 위하여 이를 기부하였다.

3) 피고인 B의 제3자 기부금 수령

누구든지 선거에 관하여 기부행위가 제한되는 자로부터 기부를 받을 수 없다.

그럼에도 불구하고 피고인 B는 H와 함께 2012. 1. 10.경 위 2)항 기재와 같이 선거에 관하여 피고인 A로부터 1,560만 원을 기부받았다(피고인 B는 그 중 900만 원을, H는 나머지 660만 원을 나눠가졌다).

법령의 적용

1. 범죄사실에 대한 해당법조

가. 피고인 A : 포괄하여 공직선거법 제255조 제2항 제3호, 제57조의3 제1항, 형법 제30조(경선운동방법위반의 점), 포괄하여 구 공직선거법(2014. 2. 13. 법률 제12393호로 개정되기 전의 것) 제230조 제7항 제2호(H에 대한 경선운동 관련 이익제공의 점), 구 공직선거법(2014. 2. 13. 법률 제12393호로 개정되기 전의 것) 제230조 제7항 제2호(B에 대한 경선운동 관련 이익제공의 점), 포괄하여 공직선거법 제257조 제1항 제1호, 제115조(H에 대한 제3자 기부행위의 점), 공직선거법 제257조 제1항 제1호, 제115조(B에 대한 제3자 기부행위의 점)

나. 피고인 B : 포괄하여 공직선거법 제255조 제2항 제3호, 제57조의3 제1항, 형법 제30조(경선운동방법위반의 점), 구 공직선거법(2012. 2. 29. 법률 제11374호로 개정되기 전의 것) 제257조 제2항, 제115조, 형법 제30조(제3자 기부금 수령의 점)

1. 상상적 경합(피고인 A)

각 형법 제40조(H에 대한 경선운동 관련 이익제공에 의한 공직선거법위반죄와 제3자 기부행위에 의한 공직선거법위반죄 상호간 및 B에 대한 경선운동 관련 이익제공에 의한 공직선거법위반죄와 제3자 기부행위에 의한 공직선거법위반죄 상호간, 각 형이 더 무거운 제3자 기부행위에 의한 공직선거법위반죄에 정한 형으로 처벌)

1. 추징(피고인 B)

공직선거법 제257조 제4항 단서

다. 후보자에 대한 매수금지 위반죄(제230조 제7항 제1호, 제57조의5 제2항)

관련조문

공직선거법 제230조(매수 및 이해유도죄) ⑦ **당내경선과 관련**하여 **다음 각 호의 어느 하나에 해당하는 자**는 3년 이하의 징역 또는 1천만 원 이하의 벌금에 처한다. <신설 2005. 8. 4., 2008. 2. 29., 2014. 2. 13.>

1. 제57조의5(당원 등 매수금지) 제1항 또는 제2항의 규정을 위반한 자

☞ 제57조의5(당원 등 매수금지) ② 누구든지 당내경선에 있어 후보자가 되지 아니하게 하거나 후보자가 된 것을 사퇴하게 할 목적으로 후보자(후보자가 되고자 하는 자를 포함한다. 이하 이 항에서 같다)에게 제1항의 규정에 따른 이익제공행위 등을 하여서는 아니되며, 후보자는 그 이익이나 직의 제공을 받거나 제공의 의사표시를 승낙하여서는 아니된다.

1) 구성요건의 주체 및 행위의 상대방

구성요건의 주체는 아무런 제한이 없으므로 누구든지 본죄의 주체가 될 수 있다. 한편 본죄의 **행위의 상대방**은 '후보자(후보자가 되고자 하는 자를 포함)'이다. 이 때 후보자는 각 당의 당헌·당규에 따라 후보자 등록을 한 사람을 의미하고, 후보자가 되고자 하는 사람은 아직 후보자 등록을 하지 아니하였으나 후보자가 될 의사가 있는 사람을 의미한다.

이때 당내경선에 입후보할 것을 예정하면 충분하고 신분이나 언행 등에 비추어 당내경선에 입후보할 의사를 가진 것으로 객관적으로 인식할 수 있을 정도에 이른 경우에도 후보자가 되고자 하는 자에 해당한다고 봄이 상당하다.[61]

2) 구성요건적 행위

본죄의 구성요건적 행위는 **당내경선과 관련**하여 동법 제57조의5 제1항의 규정에 따른 **이익제공 행위 등**(금품 그 밖의 재산상 이익 또는 공사의 직을 제공, 제공의 의사표시 및 제공의 약속)을 하거나(동법 제57조의5 제2항 전단) **그 이익이나 직의 제공을 받거나 제공의 의사표시를 승낙하는 것**이다(동항 후단).

주관적 구성요건요소와 관련하여 당내경선에 있어 후보자가 되지 아니하게 하거나 후보자가 된 것을 사퇴하게 할 목적을 요구한다(**목적범**).

---

61 대법원 1996. 9. 10. 선고 96도976 판결 참조.

위 구성요건적 행위는 당내경선에 있어 후보자가 되려고 하는 사람으로 하여금 후보자가 되지 아니하게 하거나, 이미 후보자가 된 사람을 사퇴하게 하기 위하여 이익의 제공행위 등을 하는 경우 곧바로 기수가 되므로 **실제로 후보자가 사퇴를 하였는지 여부는 본죄의 성립에 영향을 미치지 못한다**.

3) 처벌

동죄를 범하면 3년 이하의 징역 또는 1천만 원 이하의 벌금에 처한다. 또한 필요적 몰수·추징에 관한 규정이 적용되므로 위와 같이 당내경선과 관련하여 제공된 금품 등은 모두 환수의 대상이 된다.

라. 매수를 받는 죄(제230조 제7항 제3호)

관련조문

공직선거법 제230조(매수 및 이해유도죄) ⑦ 당내경선과 관련하여 다음 각 호의 어느 하나에 해당하는 자는 3년 이하의 징역 또는 1천만원 이하의 벌금에 처한다.

3. 제57조의5 제1항 또는 제2항에 규정된 **이익이나 직의 제공을 받거나 그 제공의 의사표시를 승낙**한 자

공직선거법은 동법 제57조의5에 따른 당내경선에 있어 당원 등 매수금지에 따라 이익이나 직의 제공을 받거나 그 제공의 의사표시를 승낙하는 행위를 처벌하고 있다. 형법상 증뢰죄와 수뢰죄와 같이 대향범의 관계에 있다고 봄이 상당하다.

1) 구성요건의 주체 및 행위의 상대방

구성요건의 주체는 아무런 제한이 없다. 따라서 누구든지 본죄의 주체가 될 수 있다. **행위의 상대방**은 동법 제57조의5 제1항 또는 제2항에 규정된 이익이나 직의 제공을 한 사람이다(**대향범**).

그런데 동법 제230조 제7항 제1호에서는 동법 제57조의5 제1항 또는 제2항의 규정을 위반한 사람을 처벌하고 있고, 동법 제57조의5 제2항에서는 이익등의 제공의 의사표시를 승낙하는 행위를 처벌하고 있으므로 동법 제230조 제7항 제3호에서 또다시 동법 제57조의5 제2항의 승낙행위를 처벌하는 것은 중복으로 봄이 상당하다.

2) 구성요건적 행위

본죄의 구성요건적 행위는 당내경선과 관련하여 제57조의5 제1항, 제2항에 규정된 이익이나 직의 제공을 받거나 제공의 의사표시를 승낙하는 것이다. 이익이나 직을 실제로 제공하는 행위와 대향범 관계에 있다는 것은 앞에서 본 바와 같다.

주관적 구성요건요소와 관련하여 이익이나 직의 제공을 받는 행위에는 별다른 목적을 요구하지 않는다. 다만 최소한 제공하는 사람이 동법 제57조의5 제1항 내지 제2항 소정의 목적을 가지고 있다는 사실에 대한 미필적 인식은 필요하다.

3) 처벌

동죄를 범하면 3년 이하의 징역 또는 1천만 원 이하의 벌금에 처한다. 또한 필요적 몰수·추징에 관한 규정이 적용되므로 위와 같이 당내경선과 관련하여 제공된 금품 등은 모두 환수의 대상이 된다.

마. 지시·권유·요구 및 알선죄(제230조 제8항, 제7항 제2호, 제3호, 제57조의5 제3항)

관련조문

공직선거법 제230조(매수 및 이해유도죄) ⑧ <u>제7항 제2호·제3호에 규정된 행위에 관하여 지시·권유·요구하거나 알선한 자 또는 제57조의5 제3항의 규정을 위반</u>한 자는 5년 이하의 징역 또는 3천만원 이하의 벌금에 처한다. <신설 2005. 8. 4., 2008. 2. 29., 2014. 2. 13.>

☞<u>제230조(매수 및 이해유도죄)</u> ⑦ 당내경선과 관련하여 다음 각 호의 어느 하나에 해당하는 자는 3년 이하의 징역 또는 1천만원 이하의 벌금에 처한다.

2. 후보자로 선출되거나 되게 하거나 되지 못하게 하거나, 경선선거인(당내경선의 선거인명부에 등재된 자를 말한다. 이하 이 조에서 같다)으로 하여금 투표를 하게 하거나 하지 아니하게 할 목적으로 경선후보자·경선운동관계자·경선선거인 또는 참관인에게 금품·향응 그 밖의 재산상의 이익이나 공사의 직을 제공하거나 그 제공의 의사를 표시하거나 그 제공을 약속한 자
3. 제57조의5제1항 또는 제2항에 규정된 이익이나 직의 제공을 받거나 그 제공의 의사표시를 승낙한 자

☞ <u>제57조의5(당원 등 매수금지)</u> ① 누구든지 당내경선에 있어 후보자로 선출되거나 되게 하거나 되지 못하게 할 목적으로 경선선거인(당내경선의 선거인명부에 등재된 자를 말한다) 또는 그의 배우자나 직계존·비속에게 명목여하를 불문하고 금품 그 밖의 재산상의 이익 또는

공사의 직을 제공하거나 그 제공의 의사를 표시하거나 그 제공을 약속하는 행위를 할 수 없다. 다만, 중앙선거관리위원회규칙이 정하는 의례적인 행위는 그러하지 아니하다.
② 누구든지 당내경선에 있어 후보자가 되지 아니하게 하거나 후보자가 된 것을 사퇴하게 할 목적으로 후보자(후보자가 되고자 하는 자를 포함한다. 이하 이 항에서 같다)에게 제1항의 규정에 따른 이익제공행위 등을 하여서는 아니되며, 후보자는 그 이익이나 직의 제공을 받거나 제공의 의사표시를 승낙하여서는 아니된다.
③ 누구든지 제1항 및 제2항에 규정된 행위에 관하여 지시·권유 또는 요구를 하여서는 아니된다.

위 구성요건은 당내경선 관련 매수 및 이해유도 등의 당사자 사이에 개입하여 범행을 중개하거나 지시·권유하는 행위와 능동적으로 매수 및 이해유도를 요구하는 행위를 처벌함으로써 이와 같은 범죄를 사전에 방지하겠다는 취지의 규정이다.

1) 구성요건의 주체 및 행위의 상대방

구성요건의 주체 및 행위의 상대방은 아무런 제한이 없으므로 누구든지 본죄의 주체가 될 수도 있고 행위의 상대방이 될 수 있다.

2) 구성요건의 객체 및 구성요건적 행위

본죄의 **구성요건적 행위**는 동법 제230조 제7항 제2호, 제3호에 규정된 행위에 관하여 지시·요구·알선하는 행위 및 동법 제57조의5 제3항에 따라 동법 제57조의5 제1항 및 제2항에 규정된 행위에 관하여 지시·권유 또는 요구하거나 알선하는 행위를 하는 것이다.

주관적 구성요건요소와 관련하여 특별한 목적을 요구하지 않으나 상대방이 행하려는 범죄의 목적에 대해서는 미필적으로나마 인식하여야 함은 당연하다.

3) 처벌

본죄를 범하면 5년 이하의 징역 또는 3천만 원 이하의 벌금에 처한다. 나아가 이와 같은 행위를 통해 얻은 수익은 모두 필요적으로 몰수·추징의 대상이 된다(동법 제236조).

Ⅲ 재산상 이익 목적 매수 및 이해유도죄(제231조)

관련조문

공직선거법 제231조(재산상의 이익목적의 매수 및 이해유도죄) ① 다음 각 호의 어느 하나에 해당하는 사람은 7년 이하의 징역 또는 300만 원 이상 5천만 원 이하의 벌금에 처한다. <개정 2010. 1. 25., 2014. 2. 13.>

1. 재산상의 이익을 얻거나 얻을 목적으로 정당 또는 후보자(후보자가 되려는 사람을 포함한다)를 위하여 선거인·선거사무장·선거연락소장·선거사무원·회계책임자·연설원 또는 참관인에게 제230조 제1항 각 호의 어느 하나에 해당하는 행위를 한 사람
2. 제1호에 규정된 행위의 대가로 또는 그 행위를 하게 할 목적으로 금전·물품, 그 밖에 재산상의 이익 또는 공사의 직을 제공하거나 그 제공의 의사를 표시하거나 그 제공을 약속한 사람
3. 제1호에 규정된 행위의 대가로 또는 그 행위를 약속하고 제2호에 규정된 이익 또는 직의 제공을 받거나 그 제공의 의사표시를 승낙한 사람

② 제1항에 규정된 행위에 관하여 지시·권유·요구하거나 알선한 자(제261조 제1항에 해당하는 자는 제외한다)는 10년 이하의 징역 또는 500만 원 이상 7천만 원 이하의 벌금에 처한다.<개정 2014. 2. 13.>

☞ 제230조(매수 및 이해유도죄) ① 다음 각 호의 어느 하나에 해당하는 자는 5년 이하의 징역 또는 3천만원 이하의 벌금에 처한다.<개정 1997. 1. 13., 1997. 11. 14., 2000. 2. 16., 2004. 3. 12., 2009. 2. 12., 2010. 1. 25., 2011. 7. 28., 2012. 2. 29., 2014. 1. 17., 2014. 2. 13., 2014. 5. 14.>

1. 투표를 하게 하거나 하지 아니하게 하거나 당선되거나 되게 하거나 되지 못하게 할 목적으로 선거인(선거인명부 또는 재외선거인명부등을 작성하기 전에는 그 선거인명부 또는 재외선거인명부등에 오를 자격이 있는 사람을 포함한다. 이하 이 장에서 같다) 또는 다른 정당이나 후보자(예비후보자를 포함한다)의 선거사무장·선거연락소장·선거사무원·회계책임자·연설원(제79조 제1항·제2항에 따라 연설·대담을 하는 사람과 제81조 제1항·제82조 제1항 또는 제82조의2제1항·제2항에 따라 대담·토론을 하는 사람을 포함한다. 이하 이 장에서 같다) 또는 참관인(투표참관인·사전투표참관인과 개표참관인을 말한다. 이하 이 장에서 같다)·선장·입회인에게 금전·물품·차마·향응 그 밖에 재산상의 이익이나 공사의 직을 제공하거나 그 제공의 의사를 표시하거나 그 제공을 약속한 자
2. 선거운동에 이용할 목적으로 학교, 그 밖에 공공기관·사회단체·종교단체·노동단체·청년단체·여성단체·노인단체·재향군인단체·씨족단체 등의 기관·단체·시설에 금전·물품 등 재산상의 이익을 제공하거나 그 제공의 의사를 표시하거나 그 제공을 약속한 자

3. 선거운동에 이용할 목적으로 야유회·동창회·친목회·향우회·계모임 기타의 선거구민의 모임이나 행사에 금전·물품·음식물 기타 재산상의 이익을 제공하거나 그 제공의 의사를 표시하거나 그 제공을 약속한 자
4. 제135조(選擧事務關係者에 대한 手當과 實費補償)제3항의 규정에 위반하여 수당·실비 기타 자원봉사에 대한 보상 등 명목여하를 불문하고 선거운동과 관련하여 금품 기타 이익의 제공 또는 그 제공의 의사를 표시하거나 그 제공을 약속한 자
5. 선거에 영향을 미치게 하기 위하여 이 법에 따른 경우를 제외하고 문자·음성·화상·동영상 등을 인터넷 홈페이지의 게시판·대화방 등에 게시하거나 전자우편·문자메시지로 전송하게 하고 그 대가로 금품, 그 밖에 이익의 제공 또는 그 제공의 의사표시를 하거나 그 제공을 약속한 자
6. 정당의 명칭 또는 후보자(후보자가 되려는 사람을 포함한다)의 성명을 나타내거나 그 명칭·성명을 유추할 수 있는 내용으로 제58조의2에 따른 투표참여를 권유하는 행위를 하게 하고 그 대가로 금품, 그 밖에 이익의 제공 또는 그 제공의 의사표시를 하거나 그 제공을 약속한 자
7. 제1호부터 제6호까지에 규정된 이익이나 직의 제공을 받거나 그 제공의 의사표시를 승낙한 자(제261조 제9항 제2호에 해당하는 자는 제외한다)

---

1. 서설

공직선거법은 재산상 이익을 도모할 목적으로 선거인 등을 매수하거나 이해를 유도하는 행위 또는 그러한 행위를 할 것을 지시·권유·요구 또는 알선하는 행위 등을 가중처벌하는 규정을 두고 있다. 주로 악질적 매수중개행위(브로커)를 처벌하기 위함이다.

2. 구성요건의 주체 및 행위의 상대방

본죄의 **구성요건 행위 주체**는 아무런 제한이 없다. 따라서 누구든지 본죄의 주체가 될 수 있다. 한편 **행위의 상대방**은 선거인·선거사무장·선거연락소장·선거사무원·회계책임자·연설원·참관인이다. 이 때 정당 또는 후보자(후보자가 되려는 자)는 상대방에 포함되지 않는다. 재산상 이익을 얻을 목적으로 정당 또는 후보자에게 금전·물품, 그 밖의 재산상 이익 또는 공사의 직을 제공한 자에 대해서는 5,000만 원 이하의 과태료가 부과될 뿐이다(동법 제261조 제1항).

3. 구성요건적 행위

본죄의 **구성요건적 행위**는 ① **정당 또는 후보자(후보자가 되려는 사람을 포함한다)를 위하여** 제230조 제1항 각 호의 어느 하나에 해당하는 행위를 하는 것(동조 제1항 제1호), ② **제1호에 규정된 행위의 대가로 또는 그 행위를 하게 할 목적으로** 금전·물품, 그 밖에 재산상의 이익 또는 공사의 직을 **제공하거나 그 제공의 의사를 표시하거나 그 제공을 약속하는 것**(동조 제1항 제2호), ③ 제1호에 규정된 행위의 대가로 또는 그 행위를 약속하고 **제2호에 규정된 이익 또는 직의 제공을 받거나 그 제공의 의사표시를 승낙하는 것**(동조 제1항 제3호), ④ 제1항에 규정된 행위에 관하여 **지시·권유·요구하거나 알선**하는 것(제261조 제1항에 해당하는 자는 제외한다)(동조 제2항)이다.

가. 정당 또는 후보자를 위하여의 의미

'정당 또는 후보자를 위하여'라 함은 당선 또는 선거상의 이익이 되게 하기 위한 것을 의미하므로 선거와 아무런 관련이 없는 행위 또는 행위자 본인에게 이익이 되는 행위는 정당 또는 후보자를 위한 것에 포함되지 않는다.

나. 구체적 행위

본죄의 **구성요건적 행위**는 **동법 제230조 제1항 각 호의 행위를 하는 것을 포함**하고 있으므로 ① 투표를 하게 하거나 하지 아니하게 하거나, 당선되거나 되게 하거나 되지 못하게 하거나 선거운동에 이용할 목적으로(해당 목적은 동법 제230조 제1항 제1호, 제2호, 제3호, 제5호에 한정되고 제4호, 제6호의 경우 목적을 요구하지 않으므로 제외) 금전, 물품 등 재산상의 이익을 제공하거나, 제공의 의사를 표시하거나, 제공을 약속하거나(**제231조 제1항 제1호**), ② 제231조 제1항 제1호에 규정된 대가로 또는 그 행위를 하게 할 목적으로 제231조 제1항 제2호에 규정된 이익 또는 직의 제공을 하거나 그 제공의 의사표시를 하거나 약속하거나(**제231조 제1항 제2호**), ③ 제231조 제1항 제1호에 규정된 행위의 대가로 또는 그 행위를 약속하고 제231조 제1항 제2호에 규정된 이익 또는 직의 제공을 받거나 그 제공의 의사표시를 승낙하는 것(**제231조 제1항 제3호**)이라고 할 수 있다.

한편 ④ 제231조 제2항 지시·권유·요구·알선죄는 제231조 제1항에 규정된 행위에 관하여 개입한 제3자를 처벌하는 것으로 이해함이 상당하다.

나아가 주관적 구성요건과 관련하여 **'재산상의 이익을 얻거나 얻을 목적'**이 요구된다(목

적범). 위와 같은 목적 달성여부는 본죄의 성립에 영향이 없고, 현실적으로 얻은 것뿐만 아니라 장래 얻을 것을 목적으로 하는 경우도 포함된다.

4. 처벌

재산상 이익목적 매수 및 이해유도죄의 경우 제231조 제1항 위반의 경우 7년 이하의 징역 또는 300만 원 이상 5천만 원 이하의 벌금에 처하고, 제231조 제2항 위반의 경우 10년 이하의 징역 또는 500만 원 이상 7천만 원 이하의 벌금에 처한다. 나아가 재산상 이익을 목적으로 매수 및 이해유도행위를 하여 취득한 수익은 모두 몰수·추징의 대상이 됨은 앞에서 본바와 같다(동법 제236조).

5. 범죄수익환수 사례

실무상 동법 위반죄로 얻은 이익을 환수한 사례는 쉽게 찾기 어렵다.

Ⅳ 후보자에 대한 매수 및 이해유도죄(동법 제232조)

관련조문

공직선거법 제232조(후보자에 대한 매수 및 이해유도죄) ① 다음 각 호의 1에 해당하는 자는 7년 이하의 징역 또는 500만 원 이상 5천만 원 이하의 벌금에 처한다.<개정 2014. 2. 13.>

1. 후보자가 되지 아니하게 하거나 후보자가 된 것을 사퇴하게 할 목적으로 **후보자가 되고자 하는 자나 후보자에게** 제230조(買收 및 利害誘導罪)제1항 제1호에 규정된 행위를 한 자 또는 그 이익이나 직의 제공을 받거나 제공의 의사표시를 승낙한 자
2. 후보자가 되고자 하는 것을 중지하거나 후보자를 사퇴한데 대한 대가를 목적으로 후보자가 되고자 하였던 자나 후보자이었던 자에게 제230조 제1항 제1호에 규정된 행위를 한 자 또는 그 이익이나 직의 제공을 받거나 제공의 의사표시를 승낙한 자

②제1항 각호의 1에 규정된 행위에 관하여 지시·권유·요구하거나 알선한 자는 10년 이하의 징역 또는 500만원 이상 7천만원 이하의 벌금에 처한다.<개정 2014. 2. 13.>

③선거관리위원회의 위원·직원 또는 선거사무에 관계있는 공무원이나 경찰공무원(司法警察官吏 및 軍司法警察官吏를 포함한다)이 당해 선거에 관하여 제1항 각호의 1 또는 제2항에 규정된 행위를 한 때에는 10년 이하의 징역에 처한다.

위 처벌규정은 후보자가 되고자 하는 자 및 후보자 또는 입후보 중지·사퇴자 등에 대하여 입후보와 관련된 사전·사후 매수행위를 하거나 이를 지시·알선·요구·권유하거나 매수행위를 받아들이는 자를 처벌함으로 피선거권의 공정과 불가매수성을 보장하기 위한 것이다.

1. 구성요건의 주체 및 행위의 상대방

구성요건의 주체는 아무런 제한이 없다. 다만 제232조 제1항 각 호 후단의 **'매수를 받는 행위'**의 경우 그 전단의 상대방이 곧 주체가 되고 제232조 제3항의 경우 선거관리위원회 위원·직원 또는 선거사무에 관계있는 공무원이나 경찰공무원이 주체가 되는 경우 가중처벌하고 있으므로 이는 신분범이다.

행위의 상대방은 ① 제232조 제1항 각 호 전단의 경우, 후보자가 되고자 하는 자나 후보자(제232조 제1항 제1호의 경우) 및 후보자가 되고자 하였던 자나 후보자이었던 자(제232조 제1항 제2호의 경우)이다. 따라서 실제로 후보자가 되려고 했는데 후보자가 되지 않은 경우, 실제로 후보자였던 경우, 후보자가 되었다가 사퇴한 경우를 모두 포함한다.

나아가 ② 제232조 제1항 각 호 후단의 경우, 그 행위의 주체가 그 이익이나 직의 제공을 받거나 제공의 의사표시를 승낙한 사람이므로 그 상대방은 그와 같은 이익 또는 직의 제공을 한 사람으로 이해함이 상당하다.

2. 구성요건적 행위

본죄의 구성요건적 행위는 ① 후보자가 되고자 하는 자나 후보자에게 제230조(매수 및 이해유도죄)제1항 제1호에 규정된 행위를 하는 것 또는 그 이익이나 직의 제공을 받거나 제공의 의사표시를 승낙하는 것(**제232조 제1항 제1호**)과 ② 후보자가 되고자 하였던 자나 후보자이었던 자에게 제230조 제1항 제1호에 규정된 행위를 하는 것 또는 그 이익이나 직의 제공을 받거나 제공의 의사표시를 승낙하는 것(**제232조 제1항 제2호**)이다.

나아가 ③ 제232조 제1항 각 호의 1에 규정된 행위에 관하여 지시·권유·요구하거나 알선하는 행위는 가중처벌의 대상이 되고(**제232조 제2항**), ④ 선거관리위원회 위원·직원 또는 선거사무에 관계있는 공무원이나 경찰공무원이 동조 제1항 각 호 또는 제2항에 규정된 행위를 하면 가중처벌된다(**제232조 제3항**). 동조 제3항의 경우 실제로 그와 같은 행위를 **'한 때'**에만 처벌되고 '하게 한 때'는 적용되지 않음을 주의할 필요가 있다.

이와 관련하여 **대법원**은 교육감 선거와 관련하여 선거일 전에 단일화 합의를 하여 후보자를 사퇴하도록 한 다음 선거일 이후 교육감 후보를 사퇴한 상대 후보에게 후보 사퇴의 대가로 2억 원 등을 제공한 사례에서 동법 제232조 제1항 제2호의 죄의 성립을 인정한 바 있다.[62] 즉 **후보 사퇴에 대한 대가를 목적으로 금품 등의 제공의 약속을 하였다면 그 금품의 실제 제공이 선거일 이후라고 하더라도 무방**하다는 것이다.

나아가 후보사퇴의 대가로 군수 권한을 양분하고 선거비용을 보전하여 주는 것을 약속한 경우 후보자 매수죄가 인정된다고 본 사례도 있다.[63]

주관적 구성요건요소와 관련하여 동조 제1항 제1호의 경우 후보자가 되지 아니하게 하거나 후보자가 된 것을 사퇴하게 할 목적을 요구하고, 동조 제1항 제2호의 경우 후보자가 되고자 하는 것을 중지하거나 후보자를 사퇴한데 대한 대가를 목적으로 요구하는 목적범이다.

한편 위와 같은 이익이나 직의 제공을 받거나 제공의 의사표시를 한 자의 경우에는 상대방이 위와 같은 목적이 있다는 사실에 대한 미필적 인식이 있으면 족하다.

3. 죄수 및 처벌

동법 제232조 제1항을 위반하는 경우 7년 이하의 징역 또는 500만 원 이상 5천만 원 이하의 벌금에 처하고, 동법 제232조 제2항을 위반하는 경우에는 10년 이하의 징역 또는 500만 원 이상 7천만 원 이하의 벌금에 처한다. 브로커 행위를 보다 엄하게 처벌하겠다는 입법자의 결단으로 봄이 상당하다. 나아가 동법 제232조 제3항을 위반하는 경우 10년 이하의 징역에 처하므로 벌금형이 없다. 특정 신분자에 대해 가중처벌을 하는 취지의 규정이다.

한편 본죄에 제공된 이익등은 모두 필요적 몰수·추징의 대상이 된다(제236조 참조).

4. 범죄수익환수 사례

이와 관련하여 **교육감 선거에서 입후보한 후보자를 상대로 후보단일화에 합의하여 후보자를 사퇴한 다음 교육감 선거 후 단일화의 대가로 금품을 제공받은 사안에서 해당 금품을 추징하여 환수한 사례**가 있다.[64] 후보자 단일화 과정에서 금품 제공을 조건으로 후보를 사퇴하도록 하는 경우에는 이는 모두 공직선거법위반죄가 성립하고 그 과정에서 제공

---

62 대법원 2012. 9. 27. 선고 2012도4637 판결

63 광주지방법원 2014. 10. 17. 선고 2014고합238 판결 참조(대법원 2015도2351 판결로 확정).

64 서울중앙지방법원 2012. 1. 19. 선고 2011고합1212호 판결 참조(대법원 2012도4637 판결로 확정). [공소사실 일부는 유죄로, 일부는 무죄로 선고되어 확정되었는바 유죄판결이 선고된 부분을 발췌하였고 각 피고인들의 지위 등은 공소사실의 일부를 그대로 발췌하여 기재하였다.]

된 금품 등은 모두 환수됨을 이해할 필요가 있다.

사례

1. 이 사건의 공소사실

【2011고합1212 사건】: 피고인 A

피고인 A는 AM대학교 AN학과 교수로서 2010. 6. 2. 실시된 서울특별시 교육감 선거에 입후보하였다가 상피고인 B와 진보 진영 후보단일화에 합의하여 같은 해 5. 21. 후보자에서 사퇴하였다.

누구든지 교육감 선거와 관련하여 후보자를 사퇴한데 대한 대가 목적으로 후보자이었던 사람에게 금전·물품·차마·향응 그 밖에 재산상의 이익이나 공사의 직을 제공하거나 제공받아서는 아니된다.

2010. 6. 2. 실시된 서울특별시 교육감 선거와 관련하여 2010. 4. 14. 피고인 등이 참가하지 아니한 진보진영 후보단일화에서 상피고인 B가 진보진영의 단일 후보로 선출되고, 같은 해 5. 13.경 후보자등록 후 그 다음날 실시된 투표용지 게재순위 추첨식에서 보수진영 AO 후보는 기호 1번을 뽑았으나 피고인 A 및 상피고인 B 등 진보진영 후보들은 희망하던 기호 2번을 뽑지 못하고 그 당시 여론조사 결과도 AO 후보가 1위를 차지하자 상피고인 B 및 진보진영에서는 선거의 승리를 위해 진보진영 후보들의 단일화가 절실하였다.

(중략)

【2011고합1231 사건】: 피고인 B, C

피고인 B는 2010. 6. 2. 실시된 서울특별시 교육감 선거에서 당선된 현직 교육감이고, 피고인 C는 AT대학교 AV과 교수로서 피고인 B의 친구이다.

누구든지 교육감 선거와 관련하여 후보자를 사퇴한데 대한 대가 목적으로 후보자이었던 사람에게 금전·물품·차마·향응 그 밖에 재산상의 이익이나 공사의 직을 제공하거나 제공받아서는 아니된다.

2010. 6. 2. 실시된 서울특별시 교육감 선거와 관련하여 2010. 4. 14. 상피고인 A 등이 참가하지 아니한 진보진영 후보 단일화 경선에서 피고인 B가 진보진영의 단일 후보로 선출되고, 2010. 5. 14. 실시된 투표용지 게재순위 추첨식에서 보수진영 AO 후보는 기호 1번을 뽑았으나 피고인 B 및 상피고인 A 등 진보진영 후보들은 희망하던 기호 2번을 뽑지 못하고 그 당시 여론조사 결과도 AO 후보가 1위를 차지하자 피고인 B 및 진보진영에서는 선거의 승리를 위해 진보진영 후보들의 단일화가 절실하였다.

(중략)

[유죄부분]

범 죄 사 실

피고인 A는 2010. 6. 2. 실시된 서울특별시 교육감 선거에 후보로 등록하였다가 2010. 5. 19. 피고인 B와 사이에 그로부터 교육감 당선 시 7억 원을 지급받는 조건으로 후보 단일화 합의가 이루어졌다고 믿고 2010. 5. 21. 후보를 사퇴하였다. 그러나 피고인 B는 당시 위와 같은 조건을 보고받거나 승인한 사실이 없었다.

피고인 A는 그 후 2010. 11. 19.경 피고인 B의 부탁을 받고 찾아온 피고인 C, AW를 만난 자리에 이르기까지 지속적으로 금전 지급 합의의 이행을 주장하였으나, 그 후로 2011. 1.경까지는 더 이상 합의를 언급하지 아니한 채 선거비용 지출로 인한 채무의 해결을 요청하였다.

한편, 피고인 C는 2010. 11. 17.경 및 2010. 11. 19.경 피고인 A에게 '2010. 5. 19.에 있었던 금전 지급 합의는 피고인 B가 보고받거나 승인한 적이 없으므로 효력이 없다. 다만 피고인 A를 도울 방법을 찾아보겠다.'고 말한 뒤, 2010. 12. 초순경 피고인 B에게, 카드 돌려막기 등을 하고 있는 피고인 A의 경제적 고통과 포용의 필요성, 향후 분쟁 재발 방지 등 여러 가지 이야기를 하면서 피고인 A에게 경제적 지원을 하자고 말하였고, 피고인 B는 이에 동의하였다.

피고인 B는 2011. 2. 19.경부터 2011. 4. 8.경까지 모두 6차례에 걸쳐 합계 2억 원, 즉 2011. 2. 19. 5,000만 원, 2011. 3. 7. 4,000만 원, 2011. 3. 10. 100만 원, 2011. 3. 24. 900만 원, 2011. 4. 6. 5,000만 원, 2011. 4. 8. 5,000만 원을 현금으로 피고인 C에게 건네주었고, 피고인 C는 위 각 금원을 건네받은 같은 날 바로 피고인 A의 동생 AU에게 이를 전달하였으며, AU는 그 중 1억 9,900만 원을 피고인 A에게 전달하였다.

이로써 피고인 A는 AU와 공모하여 2010. 6. 2. 실시된 서울특별시 교육감 선거 당시 후보자를 사퇴한데 대한 대가 목적으로 2억 원을 제공받았고, 피고인 B와 피고인 C는 공모하여 위 2억 원을 제공하였다.

법령의 적용

1. 범죄사실에 대한 해당법조

피고인들: 각 지방교육자치에 관한 법률 제49조 제1항, 공직선거법 제232조 제1항 제2호, 제230조 제1항 제1호, 형법 제30조(포괄하여)

1. 추징

피고인 A : 지방교육자치에 관한 법률 제49조 제1항, 공직선거법 제236조 후문

[피고인 A가 AU와 공모하여 수수한 금액 2억 원 전부를 추징한다.]

V 당선인에 대한 매수 및 이해유도죄(제233조)

관련조문

공직선거법 제233조(당선인에 대한 매수 및 이해유도죄) ① **다음 각 호의 1에 해당하는 자는** 1년 이상 10년 이하의 징역에 처한다. <개정 2000. 2. 16.>

1. 당선을 사퇴하게 할 목적으로 당선인에 대하여 금전·물품·차마·향응 기타 재산상의 이익 또는 공사의 직을 제공하거나 그 제공의 의사를 표시하거나 그 제공을 약속한 자
2. 제1호에 규정된 이익 또는 직의 제공을 받거나 그 제공의 의사표시를 승낙한 자

②제1항 각호의 1에 규정된 행위에 관하여 지시·권유·요구하거나 알선한 자는 1년 이상 10년 이하의 징역에 처한다.

본 규정은 당선인에 대하여 당선을 사퇴하게 할 목적으로 금전 등을 제공하거나 그 제공의 의사표시를 하거나 그 제공을 약속하는 등의 행위를 처벌하는 규정이다. 실무상 선거에 당선된 사람을 대상으로 위와 같은 행위를 하는 경우는 극히 드물기 때문에 적용되는 사례는 거의 없다.

1. 구성요건의 주체 및 행위의 상대방

구성요건의 주체는 아무런 제한이 없으므로 누구든지 본죄의 주체가 될 수 있다. 그 행위의 상대방은 '당선인'이므로 이는 선거관리위원회에서 당선인으로 결정된 사람을 의미한다. 당선인의 지위를 넘어 대통령, 국회의원등의 신분을 취득한 후에는 본죄가 성립하지 않는다.[65]

2. 구성요건의 객체 및 구성요건적 행위

본죄의 구성요건적 행위는 금전·물품·차마·향응 기타 재산상의 이익 또는 공사의 직을 제공하거나 그 제공의 의사를 표시하거나 그 제공을 약속하는 것(동조 제1항 제1호 참조), 제1호에 규정된 이익 또는 직의 제공을 받거나 그 제공의 의사표시를 승낙하는 것(동조 제1항 제2호 참조), 제1항 각호의 1에 규정된 행위에 관하여 지시·권유·요구하거나 알선하는 것이

---

65 1963. 9. 16. 중앙선거관리위원회 질의 회답 참조.

다(동조 제2항 참조).

주관적 구성요건요소와 관련하여 동조 제1항 제1호의 경우 당선을 사퇴하게 할 목적을 요구한다(**목적범**). 나아가 동조 제1항 제2호의 경우 그와 같은 이익 또는 직의 제공을 받거나 제공의 의사표시를 승낙할 당시 상대방에게 그와 같은 목적이 있을 것을 요한다.

3. 처벌

본죄는 각 구성요건에 해당하는 경우 모두 1년 이상 10년 이하의 징역에 처한다. 선거로 당선된 당선인에 대한 매수 및 이해유도행위를 보다 강하게 처벌하겠다는 것이다. 나아가 위와 같이 제공된 이익등은 모두 필요적 몰수·추징의 대상이 되어 환수하여야 한다(동법 제236조 참조).

Ⅵ 방송·신문 등 불법이용목적 매수죄(동법 제235조)

관련조문

공직선거법 제235조(방송·신문 등의 불법이용을 위한 매수죄) ① 제97조(放送·新聞의 不法利用을 위한 행위 등의 제한) 제1항·제3항의 규정에 위반한 자는 5년 이하의 징역 또는 1천만원 이하의 벌금에 처한다.

② 제97조 제2항의 규정에 위반한 자는 7년 이하의 징역 또는 2천만원 이하의 벌금에 처한다.

☞제97조(방송·신문의 불법이용을 위한 행위 등의 제한) ① 누구든지 선거운동을 위하여 방송·신문·통신·잡지 기타의 간행물을 경영·관리하는 자 또는 편집·취재·집필·보도하는 자에게 금품·향응 기타의 이익을 제공하거나 제공할 의사의 표시 또는 그 제공을 약속할 수 없다.

② 정당, 후보자, 선거사무장, 선거연락소장, 선거사무원, 회계책임자, 연설원, 대담·토론자 또는 제114조(政黨 및 候補者의 家族 등의 寄附行爲制限) 제2항의 후보자 또는 그 가족과 관계있는 회사 등은 선거에 관한 보도·논평이나 대담·토론과 관련하여 당해 방송·신문·통신·잡지 기타 간행물을 경영·관리하거나 편집·취재·집필·보도하는 자 또는 그 보조자에게 금품·향응 기타 이익을 제공하거나 제공할 의사의 표시 또는 그 제공을 약속할 수 없다.

③ 방송·신문·통신·잡지 기타 간행물을 경영·관리하거나 편집·취재·집필·보도하는 자는 제1항 및 제2항의 규정에 의한 금품·향응 기타의 이익을 받거나 권유·요구 또는 약속할 수 없다.

본죄는 방송, 신문 등의 매체 담당자에게 금품, 향응 기타의 이익을 제공함으로써 선거의

공정성을 해하는 행위를 금지하기 위한 것이다. 언론매체들은 선거에 광범위한 영향력을 행사할 수 있으므로 언론의 순수성과 중립성을 보장하기 위해 언론매체 관계자들을 매수하거나 위 언론매체 관계자들이 이에 응하는 행위를 처벌하도록 한 것이다.

1. 선거운동목적 방송·신문 등 매수죄(동법 제235조 제1항, 제97조 제1항, 제3항)

관련조문

공직선거법 제235조(방송·신문 등의 불법이용을 위한 매수죄) ① 제97조(放送·新聞의 不法利用을 위한 행위 등의 제한) 제1항·제3항의 규정에 위반한 자는 5년 이하의 징역 또는 1천만원 이하의 벌금에 처한다.

☞ 제97조(방송·신문의 불법이용을 위한 행위 등의 제한) ① 누구든지 선거운동을 위하여 방송·신문·통신·잡지 기타의 간행물을 경영·관리하는 자 또는 편집·취재·집필·보도하는 자에게 금품·향응 기타의 이익을 제공하거나 제공할 의사의 표시 또는 그 제공을 약속할 수 없다.
③ 방송·신문·통신·잡지 기타 간행물을 경영·관리하거나 편집·취재·집필·보도하는 자는 제1항 및 제2항의 규정에 의한 금품·향응 기타의 이익을 받거나 권유·요구 또는 약속할 수 없다.

가. 구성요건의 주체 및 상대방

구성요건의 주체는 아무런 제한이 없으므로 누구든지 본죄의 주체가 될 수 있다. 그 행위의 상대방은 **'방송·신문·통신·잡지 기타의 간행물을 경영·관리하는 자'** 또는 **'편집·취재·집필·보도하는 자'**이다.

여기에서 **'방송·통신'**이라 함은 텔레비전 또는 라디오 방송을 말하는 것으로 방송법에 따른 '방송' 및 뉴스통신 진흥에 관한 법률에 따른 '뉴스통신'을 의미한다고 봄이 상당하다. 나아가 방송법에 의한 방송사업자가 관리·운영하는 무선국 및 종합유선방송국도 선거방송을 할 수 있으므로 이들도 여기에 포함된다.

관련조문

방송법 제2조(용어의 정의) 이 법에서 사용하는 용어의 정의는 다음과 같다. <개정 2004. 3. 22., 2006. 10. 27., 2007. 1. 26., 2011. 7. 14., 2013. 3. 23., 2015. 3. 13., 2015. 12. 1., 2015. 12. 22., 2016. 1. 27., 2020. 6. 9.>

1. **"방송"**이라 함은 방송프로그램을 기획·편성 또는 제작하여 이를 공중(개별계약에 의한

수신자를 포함하며, 이하 "시청자"라 한다)에게 전기통신설비에 의하여 송신하는 것으로서 다음 각목의 것을 말한다.

가. 텔레비전방송 : 정지 또는 이동하는 사물의 순간적 영상과 이에 따르는 음성·음향 등으로 이루어진 방송프로그램을 송신하는 방송

나. 라디오방송 : 음성·음향 등으로 이루어진 방송프로그램을 송신하는 방송

다. 데이터방송 : 방송사업자의 채널을 이용하여 데이터(문자·숫자·도형·도표·이미지 그 밖의 정보체계를 말한다)를 위주로 하여 이에 따르는 영상·음성·음향 및 이들의 조합으로 이루어진 방송프로그램을 송신하는 방송(인터넷 등 통신망을 통하여 제공하거나 매개하는 경우는 제외한다. 이하 같다)

라. 이동멀티미디어방송 : 이동중 수신을 주목적으로 다채널을 이용하여 텔레비전방송·라디오방송 및 데이터방송을 복합적으로 송신하는 방송

뉴스통신 진흥에 관한 법률 제2조(정의) 이 법에서 사용하는 용어의 뜻은 다음과 같다.

1. **"뉴스통신"**이란 「전파법」에 따라 무선국(無線局)의 허가를 받거나 그 밖의 정보통신기술을 이용하여 외국의 뉴스통신사와 뉴스통신계약을 체결하고 국내외의 정치·경제·사회·문화·시사 등에 관한 보도·논평 및 여론 등을 전파하는 것을 목적으로 하는 유무선을 포괄한 송수신 또는 이를 목적으로 발행하는 간행물을 말한다.

나아가 **신문·잡지**는 신문 등의 진흥에 관한 법률 및 잡지 등 정기간행물의 진흥에 관한 법률에 따른 매체를 의미한다.

관련조문

신문 등의 진흥에 관한 법률 제2조(정의) 이 법에서 사용하는 용어의 정의는 다음과 같다.

1. **"신문"**이란 정치·경제·사회·문화·산업·과학·종교·교육·체육 등 전체 분야 또는 특정 분야에 관한 보도·논평·여론 및 정보 등을 전파하기 위하여 같은 명칭으로 월 2회 이상 발행하는 간행물로서 다음 각 목의 것을 말한다.

가. 일반일간신문: 정치·경제·사회·문화 등에 관한 보도·논평 및 여론 등을 전파하기 위하여 매일 발행하는 간행물

나. 특수일간신문 : 산업·과학·종교·교육 또는 체육 등 특정 분야(정치를 제외한다)에 국한된 사항의 보도·논평 및 여론 등을 전파하기 위하여 매일 발행하는 간행물

다. 일반주간신문 : 정치·경제·사회·문화 등에 관한 보도·논평 및 여론 등을 전파하기 위하여 매주 1회 발행하는 간행물(주 2회 또는 월 2회 이상 발행하는 것을 포함한다)

라. 특수주간신문 : 산업·과학·종교·교육 또는 체육 등 특정 분야(정치를 제외한다)에

국한된 사항의 보도·논평 및 여론 등을 전파하기 위하여 매주 1회 발행하는 간행물(주 2회 또는 월 2회 이상 발행하는 것을 포함한다)

2. **"인터넷신문"**이란 컴퓨터 등 정보처리능력을 가진 장치와 통신망을 이용하여 정치·경제·사회·문화 등에 관한 보도·논평 및 여론·정보 등을 전파하기 위하여 간행하는 전자간행물로서 독자적 기사 생산과 지속적인 발행 등 대통령령으로 정하는 기준을 충족하는 것을 말한다.

잡지 등 정기간행물의 진흥에 관한 법률 제2조(정의) 이 법에서 사용하는 용어의 정의는 다음과 같다. <개정 2016. 2. 3.>

1. **"정기간행물"**이란 동일한 제호로 연 2회 이상 계속적으로 발행하는 간행물로서 「신문 등의 진흥에 관한 법률」 제2조에 따른 신문을 제외한 다음 각 목의 것을 말한다.
   가. **잡지** : 정치·경제·사회·문화·시사·산업·과학·종교·교육·체육 등 전체분야 또는 특정분야에 관한 보도·논평·여론 및 정보 등을 전파하기 위하여 동일한 제호로 월 1회 이하 정기적으로 발행하는 책자 형태의 간행물

한편 **'기타 간행물'**이라 함은 인쇄·발행하여 불특정 또는 다수인에게 널리 반포되는 출판물로서 단순히 프린트나 손으로 쓴 것은 해당하지 않으나 반드시 등록되어 있는 것에 한하지 않으며 정당 기관지, 의사신문, 동창회보 등도 포함될 수 있다.[66]

나. 구성요건의 객체 및 구성요건적 행위

본죄의 **구성요건적 행위**는 금품·향응 기타의 이익을 제공하거나 제공할 의사의 표시 또는 그 제공을 약속하는 것(**동법 제97조 제1항**)과 이와 같은 금품·향응 기타의 이익을 받거나 권유·요구·약속하는 것이다(**동법 제97조 제3항**). 이는 공직선거법 제230조 제1항 제1호, 제7호의 그것과 동일하다.

이때의 행위는 반드시 선거운동기간 중에 행하여 질 필요가 없으므로 국회의원 선거 후보 공천을 받은 직후 당의 출입 카메라기자들에게 술자리 명목으로 향응을 제공한 경우 동법위반죄가 성립한다고 판시한 바 있다.[67]

주관적 구성요건요소와 관련하여 **'선거운동을 위한다'**는 목적을 요구한다. 이와 관련하여 법원은 「**'선거운동을 위하여'**에는 선거에서 당선을 위한 유리한 보도를 하게 하려는 적극적인 목적뿐만 아니라 불리한 보도를 회피하려는 소극적인 목적도 포함된다.」고 판시하면

---

66 위 「공직선거법 벌칙해설」 272면 이하 참조.

67 대법원 2002. 6. 25. 선고 2002도45 판결 참조.

서 2010. 6. 2. 실시되는 지방선거에 입후보할 의사가 있는 피고인 등이 각 해당 선거구민들을 상대로 그들과 야당후보들에 대한 지지도를 묻는 **여론조사 및 그 보도를 계획하고 그 비용 명목으로 돈을 요구하는 신문사 편집국장 직무대행에게 위 비용 명목의 돈을 교부한 행위는 본죄가 성립**한다고 보았다.[68]

한편 공직선거법 제235조 제2항, 제97조 제2항에서는 선거에 관한 보도·논평이나 대담·토론과 관련하여 금품을 제공하는 행위를 처벌하고 있는데 제235조 제1항, 제97조 제1항의 선거운동을 위한 행위의 방법에는 보도·논평을 모두 포함하고 있으므로 동법 제235조 제2항, 제97조 제2항의 경우에는 선거운동을 위한다는 목적의 유무와 무관하게 처벌한다는 점에서 차이가 있다.

다. 처벌

본죄는 각 구성요건에 해당하는 경우 5년 이하의 징역 또는 1천만 원 이하의 벌금에 처한다. 나아가 위와 같이 제공된 이익등은 모두 필요적 몰수·추징의 대상이 되어 환수하여야 한다(동법 제236조 참조).

라. 범죄수익환수 사례

이와 관련하여 **선거운동을 위하여 선거에 출마하고자 하는 후보자에게 여론조사비용을 제공해 달라는 요구를 한 언론매체 관계자, 이에 응하여 금품을 제공한 후보자 등을 처벌하고, 해당 금품을 환수한 사례**가 있다.[69]

이와 같이 지역사회에서 막대한 영향력을 행사하는 언론매체에서 후보자등에게 유리한 보도를 하여 주겠다는 취지로 금품을 요구하고 후보자 등 선거관계인등이 금품을 제공하는 경우 이는 전부 환수됨을 이해할 필요가 있다.

판례

(전략)

3. 피고인 1 등 7인의 공직선거법(이하 '법'이라고 한다) 제97조 제1항의 '선거운동을 위하여'에 관한 법리오해 주장에 관하여

68 대법원 2010. 12. 9. 선고 2010도10451 판결 참조.

69 위 대법원 2010도10451 판결 참조.

법 제58조 제1항 소정의 선거운동은 특정후보자의 당선 내지 득표나 낙선을 위하여 필요하고도 유리한 모든 행위로서 당선 또는 낙선을 도모한다는 목적의사가 객관적으로 인정될 수 있는 능동적·계획적인 행위를 말하는 것으로, 구체적으로 어떠한 행위가 선거운동에 해당하는지 여부를 판단함에 있어서는 단순히 그 행위의 명목뿐만 아니라 그 행위의 태양, 즉 그 행위가 행하여지는 시기·장소·방법 등을 종합적으로 관찰하여 그것이 특정후보자의 당선 또는 낙선을 도모하는 목적의지를 수반하는 행위인지 여부를 판단하여야 한다(대법원 1999. 4. 9. 선고 98도1432 판결, 대법원 2010. 6. 24. 선고 2010도3935 판결 등 참조).

한편 법 제97조 제1항은 누구든지 선거운동을 위하여 방송·신문·통신·잡지 기타의 간행물을 경영·관리하는 자 또는 편집·취재·집필·보도하는 자에게 금품·향응 기타의 이익을 제공하거나 제공할 의사의 표시 또는 그 제공을 약속할 수 없다고 규정하고 있는바, 여기의 '선거운동을 위하여'에는 선거에서 당선을 위한 유리한 보도를 하게 하려는 적극적인 목적뿐만 아니라 불리한 보도를 회피하려는 소극적인 목적도 포함된다고 할 것이다.

원심은, **2010. 6. 2. 실시되는 지방선거에 입후보할 의사가 있는 피고인 1 등 7인이 각 해당 선거구민들을 상대로 그들과 야당후보들에 대한 지지도를 묻는 여론조사 및 그 보도를 계획하고 그 비용 명목으로 돈을 요구하는 공소외 2 신문사 편집국장 직무대행원심공동피고인 1에게 위 비용 명목의 돈을 교부한 행위는 법 제97조 제1항의 '선거운동을 위하여' 한 행위에 해당한다**고 판단하였는바, 앞에서 본 법리에 비추어 보면, 설령 **위 피고인들이 원심공동피고인 1의 요구를 거절할 경우 향후 선거보도 등에서 불이익을 받을 것을 염려하여 이를 회피할 목적으로 위 요구에 응한 측면이 없지 않다고 하더라도, 그것이 자유의사가 억압된 상태에서 이루어진 것이 아닌 이상, 이를 '선거운동을 위하여' 한 것으로 보는 데 아무런 지장이 없으므로, 위와 같은 원심 판단은 정당하고, 거기에 법 제97조 제1항의 '선거운동을 위하여'에 관한 법리오해 등의 위법이 있다고 할 수 없다.** (후략)

2. 보도·논평 등 관련 방송·신문 매수죄(제235조 제2항, 제97조 제2항)

관련조문

공직선거법 제235조(방송·신문 등의 불법이용을 위한 매수죄) ② 제97조 제2항의 규정에 위반한 자는 7년 이하의 징역 또는 2천만원 이하의 벌금에 처한다.

☞ 제97조(방송·신문의 불법이용을 위한 행위 등의 제한) ② 정당, 후보자, 선거사무장, 선거연락소장, 선거사무원, 회계책임자, 연설원, 대담·토론자 또는 제114조(政黨 및 候補者의 家族 등의 寄附行爲制限)제2항의 후보자 또는 그 가족과 관계있는 회사 등은 선거에 관한 보도·논평이나 대담·토론과 관련하여 당해 방송·신문·통신·잡지 기타 간행물을 경영·관리하거나 편집·취재·집필·보도하는 자 또는 그 보조자에게 금품·향응 기타 이익을 제공하거나 제공할 의사의 표시 또는 그 제공을 약속할 수 없다.

☞ 제114조(정당 및 후보자의 가족 등의 기부행위제한) ② 제1항에서 "후보자 또는 그 가족과

관계있는 회사 등"이라 함은 다음 각 호의 어느 하나에 해당하는 회사 등을 말한다. <개정 2005. 8. 4.>

1. 후보자가 임·직원 또는 구성원으로 있거나 기금을 출연하여 설립하고 운영에 참여하고 있거나 관계법규나 규약에 의하여 의사결정에 실질적으로 영향력을 행사할 수 있는 회사 기타 법인·단체
2. 후보자의 가족이 임원 또는 구성원으로 있거나 기금을 출연하여 설립하고 운영에 참여하고 있거나 관계법규 또는 규약에 의하여 의사결정에 실질적으로 영향력을 행사할 수 있는 회사 기타 법인·단체
3. 후보자가 소속한 정당이나 후보자를 위하여 설립한 「정치자금법」에 의한 후원회

가. 구성요건의 주체 및 상대방

구성요건의 주체는 '정당, 후보자, 선거사무장, 선거연락소장, 선거사무원, 회계책임자, 연설원, 대담·토론자 또는 제114조(정당 및 후보자의 가족 등의 기부행위제한) 제2항의 후보자 또는 그 가족과 관계있는 회사 등'이다.

행위의 상대방은 '당해 방송·신문·통신·잡지 기타 간행물을 경영·관리하거나 편집·취재·집필·보도하는 자 또는 그 보조자'이다. 이 때 '방송사'에는 **'인터넷 언론사'**가 당연히 포함된다고 봄이 상당하다.

나. 구성요건적 행위

본죄의 **구성요건적 행위**는 **'선거에 관한 보도·논평이나 대담·토론과 관련'**하여 '금품·향응 기타 이익을 제공하거나 제공할 의사의 표시 또는 그 제공을 약속'하는 것이다.

위 구성요건의 해석과 관련하여 **'선거에 관하여'**의 의미에 대해 법원은 「보도·논평이나 대담·토론이 선거와 관련 있는 내용이라는 의미이고, 반드시 특정 후보자에게 유리하거나 불리한 내용을 포함하고 있어야 하는 것을 의미하지는 않으므로, **객관적이고 중립적인 내용이라 하더라도 금품 등의 제공이 그 보도·논평 또는 대담·토론과 관련성이 있다면 '선거에 관한' 것으로 볼 수 있으며,** 이는 보도·논평이나 대담·토론의 내용이 선거 결과에 영향을 미치지 않았다거나 금품 등의 제공자가 자신에게 유리하거나 다른 후보자에게 불리한 내용의 보도 등을 요청하는 청탁을 하지 않았다고 하더라도 달라지지 않는다. 이는 위 규정이 선거에 관한 보도·논평 등에 종사하는 언론인의 직무의 순수성을 보호하기 위해 만들어졌기 때문이다.」라고 판시한 바 있다.[70] 따라서 **'선거에 관하여'는 결국 보도·논평 또

는 대담·토론이 금품 등의 제공과 관련되어 있는지 여부라고 해석할 수 있다.

한편 **'보도·논평이나 대담·토론'**과 관련하여 **'보도'**란 주관적 의견이 부가되지 않은 객관적 사실 전달행위를, **'논평'**이란 자기의 주관적 의견을 포함하여 특정 사안에 대한 비판과 평가가 포함된 것을 의미한다.

이와 관련하여 법원은 예비후보자가 국회의원 선거 여론조사 결과를 유리하게 조작하여 만들어낸 다음 특정 신문의 취재본부장에게 보도를 해달라는 취지로 부탁하면서 금품을 제공한 사안에서 본죄의 성립을 인정하였다.[71] 한편 법원은 기자들에게 자신이 출마를 한다는 유인물을 배포한 후 식사 등을 제공한 다음 기자들이 그 다음날 위 유인물을 토대로 기사를 보도한 경우에도 본죄의 성립을 인정한 바 있다.[72] 그리고 지방선거와 관련하여 기초의원 선거에 출마한 후보자가 인터넷 언론사 기자에게 **"좋은 기사를 써달라"**고 부탁하면서 현금 20만 원을 제공한 사안에서 **이와 같은 부탁 또한 선거에 관하여 보도나 논평과 관련된 것으로 인정할 수 있다**고 판시한 바 있다.[73]

한편 **'대담'**이라 함은 둘 이상의 사람이 형식에 구애받지 않고 자유롭게 의견을 개진하는 형식을 말하는 것이고, **'토론'**이란 특정 주제와 관련하여 서로 다른 의견을 가진 사람들이 모여 자신의 의견을 주장하고 논박하는 것을 의미한다.

주관적 구성요건과 관련하여 금품 등 제공자에게 **'선거에 관한 보도·논평이나 대담·토론과 관련하여 금품을 제공한다'**는 미필적 인식만 있으면 충분하며 구체적으로 특정후보자의 당락을 위한다는 목적을 요구하지 않는다.

다. 처벌

본죄를 위반하면 7년 이하의 징역 또는 2천만 원 이하의 벌금에 처한다. 동조 제1항에 비하여 더 중하게 처벌하는 것은 후보자나 선거사무장 등 일정 신분자가 선거에 관한 보도 등과 관련하여 언론매체 종사자들에게 금품을 제공하여 매수하는 범죄는 다른 일반인들에게 비해 그 비난 가능성이 더 크기 때문이다. 그리고 위와 같이 제공된 금전은 **모두 필요적으로 몰수·추징**되므로(동법 제236조 참조) 주의할 필요가 있다.

---

70 전주지방법원 군산지원 2018. 10. 11. 선고 2018고합78 판결 참조(대법원 2019도2567 판결로 확정).
71 서울북부지방법원 2016. 7. 22. 선고 2016고합157, 182(병합) 판결 참조(대법원 2017도1802 판결로 확정).
72 수원지방법원 성남지원 2005. 2. 2. 선고 2004고합249 판결 참조(서울고등법원 2005노437 판결로 확정).
73 광주지방법원 2014. 9. 5. 선고 2014고합274 판결 참조(광주고등법원 2014노382 판결로 확정).

라. 범죄수익환수 사례

이와 관련하여 **지역 언론 발행인 및 편집인이 시의회 의원에게 잡지에 실릴 표지기사 및 홍보성 인터뷰 기사의 모델이 되어 줄 것을 요청하여 승낙을 받은 후 비용적으로 도움을 달라고 말하면서 금품을 제공받고 해당 의원은 금품을 제공한 사안**에서 모두 공직선거법위반죄를 인정하고 **위와 같이 제공된 금품 상당액을 추징하여 환수**하였다.[74]

사례

범 죄 사 실

1. 피고인 A, B의 공동범행

방송·신문·통신·잡지 기타 간행물을 경영·관리하거나 편집·취재·집필·보도하는 자는 선거에 관한 보도·논평 등과 관련하여 정당, 후보자(후보자가 되려는 사람을 포함한다), 선거사무장, 선거연락소장, 선거사무원, 회계책임자 등으로부터 금품·향응 기타의 이익을 받거나 이를 받을 것을 권유·요구 또는 약속할 수 없다.

피고인 A는 'E'이라는 F 지역 월간지의 발행인 및 편집인이었던 사람이고, 피고인 B는 E의 주필인 사람으로 2018. 6. 13. 실시된 제7회 전국동시 지방선거와 관련하여 F 지역에서 후보자로 출마할 것이 예상되는 정치인들을 상대로 선거 홍보성 기사를 게재하고, 기사 게재와 관련하여 금품을 요구하여 받기로 공모하였다.

가. 금품 수수

피고인 A는 2017. 11. 초순경 F시 이하 불상의 장소에서 F시의원(임기: 2014. 7. 1.~2018. 6. 30.)으로 제7회 전국동시 지방선거에 F시 G선거구 시의원 후보로 출마하려는 C에게 전화를 걸어 E 2017년 12월호(제81호)에 실릴 표지 기사 및 홍보성 인터뷰 기사의 모델이 되어줄 것을 요청하여 승낙을 받은 후 비용적으로 도움을 달라고 말하면서 150~200만 원 상당의 금품을 요구하고, 피고인 B는 2017. 11. 30.경 C에게 문자메시지를 보내 위와 같이 피고인 A가 요구한 금품을 입금해 줄 것을 독촉하여, 2017. 12. 1.경 C로부터 A 명의 계좌(H은행 I계좌)로 200만 원을 송금받았다.

이로써 피고인들은 공모하여 잡지 기타 간행물을 경영·집필하는 자임에도 제7회 전국동시 지방선거에서 F시의원 후보자가 되려고 하는 C로부터 선거에 관한 보도와 관련하여 금품을 받았다.

---

74 전주지방법원 군산지원 2018. 10. 11. 선고 2018고합78호 판결 참조(대법원 2019도2567 판결로 확정).

나. 금품 요구

1) J 기사 관련

피고인들은 E 2017년 10월호(제79호)에 실릴 표지 기사 및 홍보성 인터뷰 기사의 모델로 제7회 전국동시 지방선거에 F시장 후보로 출마하려는 J를 선정하여 금품을 요구하기로 공모하고, 피고인 B는 2017. 7.경 F시 이하 불상의 장소에서 J를 만나 J에게 E 표지 모델이 되어 줄 것을 요청하면서 제작비로 150~200만 원 정도 협찬해 달라고 말하여 금품을 요구하고, 2017. 7. 26.경 J에게 "어제 얘기 건, A 대표한테 물어봤더니 광고료이기 때문에 전혀 관계 없다하네" "비용 관련해서도 전혀 문제가 없었다는 점 얘기해 주고 싶네"라는 내용의 문자메시지를 보내 금품을 요구하고, 2017. 9.경 표지 모델로 기사를 실어 주겠다고 하여 J로부터 기사 작성을 위한 자료를 받은 후 재차 J에게 '제작비가 어려우니까 협찬을 해 줄 수 있냐'면서 금품을 요구하였다.

이로써 피고인들은 공모하여 잡지 기타 간행물을 경영·집필하는 자임에도 제7회 전국동시 지방선거에서 F시장 후보자가 되려고 하는 J에게 선거에 관한 보도와 관련하여 금품을 요구하였다.

2) K 기사 관련

피고인 A는 2017. 12. 초순경 F시 이하 불상의 장소에서 전라북도의원(임기: 2014. 7. 1.~2018. 6. 30.)으로 제7회 전국동시 지방선거에 F시장 후보로 출마하려는 K에게 E 2018년 1월호(제82호)에 실릴 표지 기사 및 홍보성 인터뷰 기사의 모델이 되어 줄 것을 요청하여 승낙을 받고, 피고인 B는 2017. 12. 20.경 F시 L에 있는 E 사무실에서 표지에 실을 사진을 촬영하기 위해 방문한 K에게 표지모델로 실리면 제작비가 150~200만 원 정도 든다고 말하여 금품을 요구하였다.

이로써 피고인들은 공모하여 잡지 기타 간행물을 경영·집필하는 자임에도 제7회 전국동시 지방선거에서 F시장 후보자가 되려고 하는 K에게 선거에 관한 보도와 관련하여 금품을 요구하였다.

3) D 기사 관련

피고인 A는 2018. 1. 초순경 F시 이하 불상의 장소에서 F시의원(임기: 2014. 7. 1.~2018. 6. 30.)으로 제7회 전국동시 지방선거에 F시장 후보로 출마하려는 D에게 E 2018년 2월호(제83호)에 실릴 표지 기사 및 홍보성 인터뷰 기사의 모델이 되어 줄 것을 요청하여 승낙을 받고, 피고인 B는 2018. 2. 초순경 D에게 문자메시지로 제작비가 필요하다고 말하여 150~200만 원 정도의 금품을 요구하고, 2018. 2. 5.경 D에게 "잡지는 낼 쯤 나올듯하고, 얘기한 광고비는 때가 때인지라 아무래도 계좌입금보다는 A 대표한테 직접 현금으로 전달하는 게 좋을 듯합니다."라고 문자메시지를 보내 재차 금품을 요구하였다.

이로써 피고인들은 공모하여 잡지 기타 간행물을 경영·집필하는 자임에도 제7회 전국동시 지방선거에서 F시장 후보자가 되려고 하는 D에게 선거에 관한 보도와 관련하여 금품을 요구하였다.

4) M 기사 관련

피고인 A는 2018. 1.경 F시 이하 불상의 장소에서 전라북도의원(임기: 2014. 7. 1.~2018. 6. 30.)으로 제7회 전국동시 지방선거에 F시 제3선거구 전라북도의원 후보로 출마하려는 M에게 E 2018년 3월호(제84호)에 실릴 표지 기사 및 홍보성 인터뷰 기사의 모델이 되어 줄 것을 요청하여 승낙을 받은 다음 2018. 2. 말경 M에게 'E 잡지 발행이 적자를 보고 있어 형편이 어려우니 돈이든 스폰이든 광고든 협찬을 해 달라'고 말하여 금품을 요구하고, 피고인 B는 피고인 A로부터 비용에 관한 이야기를 들은 적이 없느냐며 150~200만 원 정도의 금품을 요구하였다.

이로써 피고인들은 공모하여 잡지 기타 간행물을 경영·집필하는 자임에도 제7회 전국동시 지방선거에서 전라북도의원 후보자가 되려고 하는 M에게 선거에 관한 보도와 관련하여 금품을 요구하였다.

2. 피고인 C의 범행

정당, 후보자(후보자가 되려는 사람을 포함한다), 선거사무장, 선거연락소장, 선거사무원, 회계책임자, 연설원, 대담·토론자 또는 공직선거법 제114조 제2항의 후보자 또는 그 가족과 관계있는 회사 등은 선거에 관한 보도·논평이나 대담·토론과 관련하여 당해 방송·신문·통신·잡지 기타 간행물을 경영·관리하거나 편집·취재·집필·보도하는 자 또는 그 보조자에게 금품·향응 기타 이익을 제공하거나 제공할 의사의 표시 또는 그 제공을 약속할 수 없다.

피고인은 F시의원(임기: 2014. 7. 1.~2018. 6. 30.)으로 제7회 전국동시 지방선거에 F시 G선거구 시의원 후보로 출마하여 2018. 6. 13. 당선되었다.

피고인은 2017. 11. 초순경 F시 이하 불상의 장소에서 F지역 월간지인 E의 발행인 및 편집인인 A로부터 E 2017년 12월호(제81호)에 실릴 표지 기사 및 홍보성 인터뷰 기사와 관련하여 비용적으로 도움을 달라는 요구를 받고, 2017. 11. 30.경 E의 주필인 B로부터 문자메시지로 금품을 입금해 줄 것을 재차 요구받은 후 이에 응하여 2017. 12. 1.경 A 명의 계좌(H은행 I계좌)로 200만 원을 송금하였다.

이로써 피고인은 제7회 전국동시 지방선거에서 F시의원 후보자가 되려고 하는 자임에도 선거에 관한 보도와 관련하여 잡지 기타 간행물을 경영·관리하거나 집필·보도하는 A, B에게 금품을 제공하였다.

3. 피고인 D의 범행

피고인은 F시의원(임기: 2014. 7. 1.~2018. 6. 30.)으로 2018. 3. 2.경 제7회 전국동시 지방선거에 **당 소속 F시장 예비후보로 등록하였으나, 2018. 4. 25.경 **당 F시장 경선에서 탈락한 자이다.

선거운동기간 전에 공직선거법에 규정된 방법을 제외하고 선전시설물·용구 또는 각종 인쇄물, 방송·신문·뉴스통신·잡지, 그 밖의 간행물, 정견발표회·좌담회·토론회·향우회·동창회·반상회, 그 밖의 집회, 정보통신, 선거운동기구나 사조직의 설치, 호별방문, 그 밖의 방법으로 선거운동을 하여서는 아니 되고, 제7회 전국동시 지방선거의 공식 선거운동기간은 2018. 5. 31.부터 2018. 6. 12.까지이다.

그럼에도 불구하고 피고인은 2018. 1. 30.경 F시 이하 불상의 장소에서 배우자 O를 통해 F 지역 월간지인 E의 주필인 B에게 "F시장 출마하는 D 시의원", "지금은 F시장을 준비하고 있습니다."라는 문구가 명시된 기사 초안을 이메일로 송부하고, 2018. 2. 6.경 위 내용을 그대로 실어 발행된 E 2018년 2월호(제83호) 약 2,500부가 F시청을 비롯한 F지역 주요 배포처 등에 배포되게 하였다.

이로써 피고인은 선거운동기간 전에 위와 같이 선거 출마 의사가 담긴 잡지를 배포하여 선거운동을 하였다.

법령의 적용

1. 범죄사실에 대한 해당법조 및 형의 선택

가. 피고인 A, B: 각 공직선거법 제235조 제1항, 제97조 제3항, 제2항, 형법 제30조[언론매체종사자의 선거 관련 보도·논평 등에 관한 금품 수수 및 각 금품 요구의 점(공모하여), 각 징역형 선택]

나. 피고인 C: 공직선거법 제235조 제2항, 제97조 제2항(선거 관련 보도·논평 등에 관한 언론매체종사자에 대한 금품 제공의 점, 징역형 선택)

다. 피고인 D: 공직선거법 제254조 제2항(선거운동기간 전 선거운동의 점, 벌금형 선택)

1. 추징

피고인 A, B: 각 공직선거법 제236조 단서(피고인 A 140만 원, 피고인 B 60만 원)

제 3 절 정치자금법위반(제8호)

부패재산몰수법은 별표 제8호에서 **정치자금법 제45조의 죄**를 부패범죄로 규정하고 있다.

관련조문

부패재산몰수법 별표

부패범죄(제2조 제1호 관련)

8. 「정치자금법」 제45조의 죄

관련조문

정치자금법 제45조(정치자금부정수수죄) ① 이 법에 정하지 아니한 방법으로 정치자금을 기부하거나 기부받은 자(정당·후원회·법인 그 밖에 단체에 있어서는 그 구성원으로서 당해 위반행위를 한 자를 말한다. 이하 같다)는 5년 이하의 징역 또는 1천만원 이하의 벌금에 처한다. 다만, 정치자금을 기부하거나 기부받은 자의 관계가 「민법」 제777조(친족의 범위)의 규정에 의한 친족인 경우에는 그러하지 아니하다.

② 다음 각 호의 어느 하나에 해당하는 자는 5년 이하의 징역 또는 1천만원 이하의 벌금에 처한다.

1. 제6조(후원회지정권자)의 규정에 의한 후원회지정권자가 아닌 자로서 정치자금의 기부를 목적으로 후원회나 이와 유사한 기구를 설치·운영한 자
2. 제11조(후원인의 기부한도 등)제1항의 규정을 위반하여 기부한 자와 제11조 제2항, 제12조(후원회의 모금·기부한도)제1항·제2항 또는 제13조(연간 모금·기부한 도액에 관한 특례)제1항의 규정을 위반하여 후원금을 받거나 모금 또는 기부를 한 자
3. 제14조(후원금 모금방법) 내지 제16조(정치자금영수증과의 교환에 의한 모금)제1항의 규정을 위반하여 고지·광고하거나 후원금을 모금한 자
4. 제22조(기탁금의 기탁)제1항의 규정을 위반하여 선거관리위원회에 기탁하지 아니하고 정치자금을 기부하거나 받은 자
5. 제31조(기부의 제한) 또는 제32조(특정행위와 관련한 기부의 제한)의 규정을 위반하여 정치자금을 기부하거나 받은 자
6. 제33조(기부의 알선에 관한 제한)의 규정을 위반하여 정치자금의 기부를 받거나 이를 알선한 자

③ 제1항 및 제2항의 경우 그 제공된 금품 그 밖에 재산상의 이익은 몰수하며, 이를 몰수할 수 없을 때에는 그 가액을 추징한다.

한편 舊 범죄수익은닉규제법은 별표 제15호에서 정치자금법 제45조 제1항, 제2항의 죄를 중대범죄로 규정하고 있고, 불법정치자금법은 마찬가지로 정치자금법 제45조의 죄를 통하여 얻은 재산을 불법정치자금등으로 규정하고 있다.

관련조문

舊 범죄수익은닉규제법 별표

중대범죄(제2조제1호 관련)

15. 「 정치자금법」 제45조 제1항 및 제2항의 죄

불법정치자금법 제2조(정의) 이 법에서 사용하는 용어의 정의는 다음과 같다.

1. "불법정치자금등"이라 함은 **다음 각 목의 어느 하나에 해당하는 죄**(그 죄와 다른 죄가 「형법」 제40조의 관계에 있는 경우에는 그 다른 죄를 포함한다)**의 범죄행위로 얻은 재산**을 말한다.
   가. **「정치자금법」 제45조의 죄**
   나. 「공직선거법」 제2조의 규정에 따른 선거에 의하여 취임한 공무원이 범한 「형법」 제129조부터 제132조까지, 「특정범죄가중처벌 등에 관한 법률」 제2조 또는 제3조, 「공직자의 이해충돌 방지법」 제27조제1항 및 같은 조 제2항제1호의 죄

I 불법정치자금의 개념 및 대상범죄 개괄

불법정치자금법은 **불법정치자금에 관하여 다음과 같이 규정**하고 있다.

관련조문

불법정치자금법 제2조(정의) 이 법에서 사용하는 용어의 정의는 다음과 같다.

1. "불법정치자금등"이라 함은 **다음 각 목의 어느 하나에 해당하는 죄**(그 죄와 다른 죄가 「형법」 제40조의 관계에 있는 경우에는 그 다른 죄를 포함한다)**의 범죄행위로 얻은 재산**을 말한다.
   가. **「정치자금법」 제45조의 죄**
   나. **「공직선거법」 제2조의 규정에 따른 선거에 의하여 취임한 공무원이 범한 「형법」 제129조부터 제132조**까지, **「특정범죄가중처벌 등에 관한 법률」 제2조 또는 제3조**, **「공직자의 이해충돌 방지법」 제27조제1항 및 같은 조 제2항제1호**의 죄

위 규정에 의하면 불법정치자금등은 정치자금법 제45조의 죄(정치자금부정수수죄), 선거직 공무원이 범한 형법 제129조 내지 제132조의 죄(수뢰, 제3자뇌물제공, 수뢰후부정처사 등), 특정범죄가중법 제2조 위반죄(뇌물죄 가중처벌), 제3조 위반죄(알선수재), 이해충돌방지법위반죄(업무상 비밀이용)를 통하여 재산을 취득한 경우 그 재산을 불법재산으로 규정한다.

II 불법재산에 대한 필요적 몰수·추징

불법정치자금법은 위와 같은 범죄로 취득한 불법정치자금과 그로부터 유래한 재산을 '**불법재산**'으로 규정하면서 이를 필요적으로 몰수·추징하도록 하고 있다. 범죄수익은닉규제법

에 따른 임의적 몰수·추징보다 우선 적용되는 특칙규정이다.

관련조문

불법정치자금법 제2조(정의) 이 법에서 사용하는 용어의 정의는 다음과 같다.

2. "불법정치자금등에서 유래한 재산"이라 함은 불법정치자금등의 과실로서 얻은 재산, 불법정치자금등의 대가로서 얻은 재산, 이들 재산의 대가로서 얻은 재산 등 불법정치자금등의 변형 또는 증식으로 형성된 재산(불법정치자금등이 불법정치자금 등과 관련 없는 재산과 합하여져 변형되거나 증식된 경우에는 불법정치자금등에서 비롯된 부분에 한한다)을 말한다.
3. "불법재산"이라 함은 **불법정치자금등 및 불법정치자금등에서 유래한 재산**을 말한다.

제3조(불법재산의 몰수) ① 불법재산은 이를 몰수한다.

②제1항의 규정에 의하여 몰수하여야 할 재산에 대하여 재산의 성질, 사용상황, 그 재산에 관한 범인 외의 자의 권리유무 그 밖의 사정으로 이를 몰수함이 상당하지 아니하다고 인정될 때에는 제1항의 규정에 불구하고 몰수하지 아니할 수 있다.

제6조(추징) 불법재산을 몰수할 수 없거나 제3조 제2항의 규정에 의하여 몰수하지 아니하는 때에는 그 가액을 범인으로부터 추징한다.

위 몰수·추징의 법적성격과 관련하여 **대법원**은 정치자금법 규정의 입법취지, 형식과 내용 등에 비추어 불법 정치자금을 수수한 자에게 제공된 금품 기타 재산상의 이익을 박탈하여 부정한 이익을 보유하지 못하게 하는 **'이익박탈형'** 몰수·추징에 해당한다고 판시하고 있다.[75]

한편 정치자금법위반 사건 관련 하급심 판례는「정치자금을 주는 자와 받는 자 사이의 의사가 이를 받는 자에게 궁극적으로 귀속시킬 목적으로 교부하는 것이 아니라 실질적으로는 제3자에게 제공하려는 것이고, 정치자금을 받는 자가 위와 같은 제공자의 취지에 따라 제3자에게 실제로 정치자금을 제공한 경우에는 그 부분의 이익은 정치자금을 받은 범인에게 귀속되는 것이 아니고 실질적으로 제3자에게 귀속된 것이어서 이를 제외한 나머지 부분만을 몰수하거나 추징하여야 하며 이는 대통령 선거와 관련하여 정당에 전달할 목적으로 제공되는 정치자금을 받아 이를 실제로 정당에 제공한 경우에도 마찬가지다.」라고 판시하고 있다.[76] 결국 **중간에서 정치자금을 제공자의 의사에 따라 전달한 경우 그 전달자에게는 그 불법재산을 몰수·추징할 수 없고 실제로 제공받은 사람으로부터 몰수·추징하여야**

---

75 대법원 2004. 4. 27. 선고 2004도482 판결 참조.

76 서울중앙지방법원 2004. 6. 8. 선고 2003고합1439, 2004고합79, 117, 291, 608 판결 참조.

한다는 것이다.

나아가 이자에 관한 약정 없이 무상으로 금품을 대여 받음으로써 부정한 정치자금을 기부받았다면 범인이 받은 실질적 이익은 이자 없는 차용금에 대한 금융이익 상당액이라 할 것이므로 이 경우 몰수 또는 추징의 대상이 되는 것은 차용한 금품 자체가 아니라 위 **금융이익 상당으로 이를 추징하여야 한다고 봄이 상당**하다.

따라서 몰수·추징의 대상이 되는 것은 범인이 취득한 '**실질적인 이익**'에 국한된다.

Ⅲ 불법재산의 추정 등

불법정치자금법은 부패재산몰수법과는 다르게 **불법재산에 대한 추정규정**을 두고 있다. 이는 공무원범죄몰수법 제7조, 마약거래방지법 제17조와 유사한 규정으로 불법정치자금 범죄를 저지른 범인이 범행 후 취득한 재산으로서 그 가액이 취득 당시의 범인의 재산상태 등에 비추어 현저히 고액이고 그 취득한 재산이 여러 제반사정에 비추어 불법정치자금으로 형성되었다고 볼 개연성이 있는 경우 불법재산으로 볼 수 있다는 것이다.

불법정치자금법, 공무원범죄몰수법 및 마약거래방지법은 같은 취지의 규정을 두고 있고, 범죄수익은닉규제법은 일부 중대범죄에 대해 별도의 추정 규정을 마련해 두고 있음에 반해 **범죄수익환수의 핵심 법률이라고 할 수 있는 부패재산몰수법에 위와 같은 규정이 없는 것은 입법의 흠결이 명백**하다(私見). 범죄수익은 대부분 은닉과 세탁의 과정을 거치게 되고 추적이 곤란한 고액의 현금과 외환, 수표 등으로 형성되는데 **당시 재산형성과정과 제반사정에 비추어 고액의 재산을 형성한 경우에는 이를 범죄수익으로 취득한 재산임을 추정하는 것이 논리적으로 타당**하기 때문이다. 관련 규정은 아래와 같다.

관련조문

불법정치자금법 제7조(불법재산의 입증) 제2조 제1호에 규정된 죄의 범행 후 범인이 취득한 재산으로서 그 가액이 취득 당시의 범인의 재산운용상황 또는 법령에 기한 급부의 수령상황 등에 비추어 현저하게 고액이고 그 취득한 재산이 불법정치자금등의 금액·재산취득시기 등 제반사정에 비추어 불법정치자금등으로 형성되었다고 볼만한 상당한 개연성이 있는 경우에는 불법정치자금등이 그 재산의 취득에 사용된 것으로 인정할 수 있다.

공무원범죄몰수법 제7조(불법재산의 증명) 특정공무원범죄 후 범인이 취득한 재산으로서 그 가액이 취득 당시의 범인의 재산 운용 상황 또는 법령에 따른 지급금의 수령 상황 등에 비추어 현저하게 고액(高額)이고, 그 취득한 재산이 불법수익 금액 및 재산 취득시기 등 모든 사정에 비추어 특정공무원범죄로 얻은 불법수익으로 형성되었다고 볼 만한 상당한 개연성이 있는 경우에는 특정공무원범죄로 얻은 불법수익이 그 재산의 취득에 사용된 것으로 인정할 수 있다.

마약거래방지법 제17조(불법수익의 추정) 제6조의 죄에 관계된 불법수익을 산정할 때에 같은 조에 따른 행위를 업으로 한 기간에 범인이 취득한 재산으로서 그 가액이 그 기간 동안 범인의 재산 운용 상황 또는 법령에 따른 지급금의 수령 상황 등에 비추어 현저하게 고액(高額)이라고 인정되고, 그 취득한 재산이 불법수익 금액 및 재산 취득 시기 등 모든 사정에 비추어 같은 조의 죄를 범하여 얻은 불법수익으로 형성되었다고 볼만한 상당한 개연성이 있는 경우에는 그 죄에 관계된 불법수익등으로 추정한다.

범죄수익은닉규제법 제10조의4(범죄수익등의 추정) 다음 각 호에 해당하는 죄에 관계된 범죄수익등을 산정할 때에는 범죄행위를 한 기간에 범인이 취득한 재산으로서 그 취득한 재산이 범죄수익등의 금액 및 재산 취득 시기 등 제반 사정에 비추어 같은 조의 죄를 범하여 얻은 범죄수익등으로 형성되었다고 볼만한 상당한 개연성이 있는 경우에는 그 죄에 관계된 범죄수익등으로 추정한다.

1. 「아동·청소년의 성보호에 관한 법률」 제11조, 제12조 및 제15조의 죄
2. 「성폭력범죄의 처벌 등에 관한 특례법」 제14조 및 제14조의2의 죄

[본조신설 2020. 5. 19.]

Ⅳ 불법 정치자금 기부행위 및 기부를 받는 행위 금지(제45조 제1항)

1. 정치자금법 제45조 제1항의 위헌성 논란

정치자금법은 **"이 법이 정하지 아니한 방법으로 정치자금을 기부하거나 기부 받는 행위"**를 포괄적으로 금지하는 규정을 두고 있어 이러한 입법이 헌법상 명확성의 원칙, 과잉금지원칙 또는 평등원칙을 위반하여 위헌이 아닌지 여부가 논란이 되어 왔다.

특히 정치자금법 제45조 제1항 위반죄는 공직선거법 제265조에 따라 징역형 또는 300만원 이상의 벌금형을 선고받는 경우 당선무효형이 선고되므로 위 범죄로 기소되는 경우 그 파급효가 상당하게 되어 피고인들이 줄곧 위 규정의 위헌성을 주장해온 것이 사실이다.

관련조문

공직선거법 제265조(선거사무장등의 선거범죄로 인한 당선무효) 선거사무장·선거사무소의 회계책임자(선거사무소의 회계책임자로 선임·신고되지 아니한 자로서 후보자와 통모하여 당해

후보자의 선거비용으로 지출한 금액이 선거비용제한액의 3분의 1 이상에 해당되는 자를 포함한다) 또는 후보자(후보자가 되려는 사람을 포함한다)의 직계존비속 및 배우자가 해당 선거에 있어서 제230조부터 제234조까지, 제257조 제1항 중 기부행위를 한 죄 또는 「정치자금법」 제45조 제1항의 정치자금 부정수수죄를 범함으로 인하여 징역형 또는 300만원 이상의 벌금형의 선고를 받은 때(선거사무장, 선거사무소의 회계책임자에 대하여는 선임·신고되기 전의 행위로 인한 경우를 포함한다)에는 그 선거구 후보자(大統領候補者, 比例代表國會議員候補者 및 비례대표지방의회의원후보자를 제외한다)의 당선은 무효로 한다. 다만, 다른 사람의 유도 또는 도발에 의하여 당해 후보자의 당선을 무효로 되게 하기 위하여 죄를 범한 때에는 그러하지 아니하다.<개정 1995. 5. 10., 2000. 2. 16., 2004. 3. 12., 2005. 8. 4., 2010. 1. 25.>

그러나 이에 대하여 **대법원**은 **위 규정은 헌법에 위반되지 않는다는 취지로 판시**한 바 있다.[77] 상세한 판시 사항은 다음과 같다.

판례

1. 정치자금법 제45조 제1항의 위헌성에 관하여

가. 죄형법정주의의 명확성 원칙 위반 여부

정치자금법 제45조 제1항 본문은 “이 법에 정하지 아니한 방법으로 정치자금을 기부하거나 기부받은 자(정당·후원회·법인 그 밖에 단체에 있어서는 그 구성원으로서 당해 위반행위를 한 자를 말한다. 이하 같다)는 5년 이하의 징역 또는 1천만원 이하의 벌금에 처한다”고 규정하고 있고, 같은 법 제3조 제1호는 “정치자금이라 함은 당비, 후원금, 기탁금, 보조금과 정당의 당헌·당규 등에서 정한 부대수입 그 밖에 정치활동을 위하여 정당(중앙당창당준비위원회를 포함한다), 공직선거에 의하여 당선된 자, 공직선거의 후보자 또는 후보자가 되고자 하는 자, 후원회·정당의 간부 또는 유급사무직원 그 밖에 정치활동을 하는 자에게 제공되는 금전이나 유가증권 그 밖의 물건과 그 자의 정치활동에 소요되는 비용을 말한다”고 규정하고 있다.

이와 같은 정치자금법 제45조 제1항, 제3조 제1호의 문언 내용, 관련 규정과의 체계에다가 정치활동은 권력의 획득과 유지를 둘러싼 투쟁 및 권력을 행사하는 활동인 점(대법원 2006. 12. 22. 선고 2006도1623 판결 등 참조), 정치자금법에 의하여 수수가 금지되는 정치자금은 정치자금법 제3조 제1호의 예시 부분을 제외하면 실질적으로 의미가 있는 부분은 ‘정치활동을 위하여 정치활동을 하는 자에게 제공되는 금전이나 유가증권 그 밖의 물건과 그 자의 정치활동에 소요되는 비용’으로서 통상적인 이해와 크게 다르지 아니하므로, 정치자금법에서 규율대상이 무엇인가 하는 점에 있어서의 불명료성이 없는 점

---

77 대법원 2014. 10. 30. 선고 2012도12394 판결 참조.

(헌법재판소 2004. 6. 24. 선고 2004헌바16 전원재판부 결정 등 참조) 등에 비추어 볼 때, **정치자금법 제45조 제1항, 제3조 제1호가 법관의 보충적인 해석이 필요한 '그 밖에 정치활동을 하는 자' 및 '정치자금'이라는 개념을 사용하였다고 하더라도 그 점만으로 헌법이 요구하는 죄형법정주의의 명확성의 원칙에 반한다고 할 수 없다.**

나. 과잉금지원칙의 위반 여부

정치자금법 제45조 제1항은 정치자금의 적정한 제공을 보장하고 그 수입과 지출내역을 공개하여 투명성을 확보하며 정치자금과 관련한 부정을 방지함으로써 민주정치의 건전한 발전에 기여하기 위한 것으로 그 목적의 정당성이 인정되고, 위 규정이 정치자금 부정수수 행위를 방지하기 위하여 그에 대한 처벌규정을 둔 조치는 위와 같은 입법 목적을 달성하는 데 적합하고 효과적인 수단이나 방법으로서 그 적정성 또는 상당성이 인정되며, 위 규정은 정치활동을 하는 사람에게 제공되는 모든 금전 등의 수수행위를 금지하고 처벌하는 것이 아니라 정치활동을 위하여 제공되는 금품으로서 정치활동을 위하여 소요되는 경비로 지출될 것임이 객관적으로 명확히 예상되는 금전 등의 수수행위에 한하여 처벌하여 이로써 정치활동을 하는 자의 직업선택의 자유가 침해되어 형해화될 정도에 이른다고 볼 수 없고, **정치자금법의 입법 목적과 취지 등에 비추어 볼 때 위 규정에 의하여 보호되는 정치자금의 투명성 확보 등의 가치는 민주정치의 건전한 발전이라는 공공의 이익에 있어 중요한 의미를 지니는 반면, 그로 인한 기본권 제한은 입법 목적 달성에 필요한 범위에 한정되어 그 본질적 내용을 침해한다고 볼 수 없으므로, 과잉금지원칙에 반한다고 할 수 없다.**

다. 평등의 원칙 위반 여부

정치자금법 제45조 제1항은 음성적 정치자금의 수수를 처벌함으로써 정치자금의 투명성을 확보하고자 하는 정치자금법의 입법취지를 담보하는 규정인 점, 정치활동을 한다는 점에서 공직선거에 의하여 당선된 국회의원과 공직선거의 후보자가 되고자 하는 사람 또는 그 밖에 정치활동을 하는 사람 사이에 본질적인 차이가 있다고 보기 어려운 점 등에 비추어 볼 때, 정치자금법 제45조 제1항, 제3조 제1호가 평등의 원칙에 반한다고 볼 수도 없다.

라. 그러므로 정치자금법 제45조 제1항이 헌법에 위배된다는 취지의 주장은 이유 없다(대법원 2014. 10. 30. 선고 2012도12394 판결 참조).

다만 참고로 헌법재판소는 후원회 지정권자와 관련하여 정당의 재정적 후원을 금지하고 있었던 구 정치자금법(2010. 1. 25. 법률 제9975호로 개정된 것) 제6조 제1호의 해석론과 관련하여 정당후원회를 일괄적으로 금지한 위 규정에 대하여 일부 헌법불합치 결정을 하였고,[78] 이에 따라 정치자금법 제6조 제1호에 후원회지정권자로 중앙당(중앙당창당준비위원회를 포함한다)이 추가되었다.

78 헌법재판소 2015. 12. 23.자 2013헌바168 결정 참조.

헌법재판소 결정 및 개정 법률

▲ 헌법재판소 결정요지

[1] 2010. 1. 25. 법률 제9975호로 개정된 정치자금법 제6조 제6호 중 개정된 부분은 정당 후원회와 무관하고, 개정 정치자금법에 의하더라도 후원회 지정권자에서 정당이 제외된 것은 마찬가지이어서 그 위헌여부에 관하여도 구 정치자금법과 동일한 결론에 이르게 됨이 명백하므로 개정된 정치자금법 제6조를 심판대상에 포함시키기로 한다.

[2] 이 사건 법률조항은 **정당 후원회를 금지**함으로써 불법 정치자금 수수로 인한 정경유착을 막고 정당의 정치자금 조달의 투명성을 확보하여 정당 운영의 투명성과 도덕성을 제고하기 위한 것으로, 입법목적의 정당성은 인정된다.

그러나 정경유착의 문제는 일부 재벌기업과 부패한 정치세력에 국한된 것이고 대다수 유권자들과는 직접적인 관련이 없으므로 일반 국민의 정당에 대한 정치자금 기부를 원천적으로 봉쇄할 필요는 없고, 기부 및 모금한도액의 제한, 기부내역 공개 등의 방법으로 정치자금의 투명성을 충분히 확보할 수 있다. 정치자금 중 당비는 반드시 당원으로 가입해야만 납부할 수 있어 일반 국민으로서 자신이 지지하는 정당에 재정적 후원을 하기 위해 반드시 당원이 되어야 하므로, **정당법상 정당 가입이 금지되는 공무원 등의 경우에는 자신이 지지하는 정당에 재정적 후원을 할 수 있는 방법이 없다.** 그리고 현행 기탁금 제도는 중앙선거관리위원회가 국고보조금의 배분비율에 따라 각 정당에 배분·지급하는 일반기탁금 제도로서, 기부자가 자신이 지지하는 특정 정당에 재정적 후원을 하는 것과는 전혀 다른 제도이므로 이로써 정당 후원회를 대체할 수 있다고 보기도 어렵다.

나아가 **정당제 민주주의 하에서 정당에 대한 재정적 후원이 전면적으로 금지됨으로써 정당이 스스로 재정을 충당하고자 하는 정당활동의 자유와 국민의 정치적 표현의 자유에 대한 제한이 매우 크다**고 할 것이므로, 이 사건 법률조항은 **정당의 정당활동의 자유와 국민의 정치적 표현의 자유를 침해한다.**

▲ 개정법률

정치자금법 제6조(후원회지정권자) 다음 각 호에 해당하는 자(이하 "후원회지정권자"라 한다)는 각각 하나의 후원회를 지정하여 둘 수 있다. 〈개정 2008. 2. 29., 2010. 1. 25., 2016. 1. 15., 2017. 6. 30.〉

1. **중앙당(중앙당창당준비위원회를 포함한다)**

나아가 헌법재판소는 특별시장·광역시장·특별자치시장·도지사·특별자치도지사(이하 '광역자치단체장'이라 한다) 선거의 예비후보자를 후원회지정권자에서 제외하고 있는 정치자금법 제6조 제6호 부분과 관련하여, 헌법불합치 결정을 하고 2021. 12. 31. 시한으로 잠정적용을 명하였다.[79] 이에 따라 2021. 1. 5. 법률이 개정(제17885호)되어 정치자금법 제6조는 지방

79 헌법재판소 2019. 12. 27 자 2018헌마301·430(병합) 결정 참조.

자치단체장 및 예비후보자 등을 후원회지정권자로 포함하도록 아래와 같이 개정되었다.

헌법재판소 결정

선거비용제한액 및 실제 지출액, 후원회 모금한도 등을 고려해 볼 때, 광역자치단체장선거의 경우 국회의원선거보다 지출하는 선거비용의 규모가 크고, 후원회를 통해 선거자금을 마련할 필요성 역시 매우 크다. 그럼에도 광역자치단체장선거의 경우 후보자가 후원금을 모금할 수 있는 기간이 불과 20일 미만으로 제한되고 있다.

또한 군소정당이나 신생정당, 무소속 예비후보자의 경우에는 선거비용의 보전을 받기 어려운 경우가 많은 현실을 고려할 때 후원회 제도를 활용하여 선거자금을 마련할 필요성이 더욱 절실하고, 이들이 후원회 제도를 활용하는 것을 제한하는 것은 다양한 신진 정치세력의 진입을 막고 자유로운 경쟁을 통한 정치 발전을 가로막을 우려가 있다. (중략)

그동안 정치자금법이 여러 차례 개정되어 후원회지정권자의 범위가 지속적으로 확대되어 왔음에도 불구하고, 국회의원선거의 예비후보자 및 그 예비후보자에게 후원금을 기부하고자 하는 자와 광역자치단체장선거의 예비후보자 및 이들 예비후보자에게 후원금을 기부하고자 하는 자를 계속하여 달리 취급하는 것은, 불합리한 차별에 해당하고 입법재량을 현저히 남용하거나 한계를 일탈한 것이다.

따라서 심판대상조항 중 광역자치단체장선거의 예비후보자에 관한 부분은 청구인들 중 광역자치단체장선거의 예비후보자 및 이들 예비후보자에게 후원금을 기부하고자 하는 자의 평등권을 침해한다.

다만 위 조항에 대하여 단순위헌결정을 하여 당장 그 효력을 상실시킬 경우 지방자치단체의 장 선거의 후보자 역시 후원회를 지정할 수 있는 근거규정이 없어지게 되어 법적 공백상태가 발생한다. 이는 후원회 제도 자체를 위헌으로 판단한 것이 아닌데도 제도 자체가 위헌으로 판단된 경우와 동일한 결과가 나타나는 것이다. 이러한 이유로 심판대상조항 중 광역자치단체장선거의 예비후보자에 관한 부분에 대하여 단순위헌결정을 하는 대신 헌법불합치결정을 선고하되, **2021. 12. 31.을 시한으로 입법자가 위 부분의 위헌성을 제거하고 합리적인 내용으로 법률을 개정할 때까지 이를 계속 적용하도록 할 필요**가 있다.

관련조문

정치자금법 제6조(후원회지정권자) 다음 각 호에 해당하는 자(이하 "후원회지정권자"라 한다)는 각각 하나의 후원회를 지정하여 둘 수 있다. <개정 2008. 2. 29., 2010. 1. 25., 2016. 1. 15., 2017. 6. 30., 2021. 1. 5.>

1. 중앙당(중앙당창당준비위원회를 포함한다)
2. 국회의원(국회의원선거의 당선인을 포함한다)

2의2. 대통령선거의 후보자 및 예비후보자(이하 "대통령후보자등"이라 한다)

3. 정당의 대통령선거후보자 선출을 위한 당내경선후보자(이하 "대통령선거경선후보자"라 한다)

4. 지역선거구(이하 "지역구"라 한다)국회의원선거의 후보자 및 예비후보자(이하 "국회의원후보자등"이라 한다). 다만, 후원회를 둔 국회의원의 경우에는 그러하지 아니하다.
5. 중앙당 대표자 및 중앙당 최고 집행기관(그 조직형태와 관계없이 당헌으로 정하는 중앙당 최고 집행기관을 말한다)의 구성원을 선출하기 위한 당내경선후보자(이하 "당대표경선후보자등"이라 한다)
6. 지역구지방의회의원선거의 후보자 및 예비후보자(이하 "지방의회의원후보자등"이라 한다)
7. 지방자치단체의 장선거의 후보자 및 예비후보자(이하 "지방자치단체장후보자등"이라 한다)

2. 구성요건(제45조 제1항)

관련조문

정치자금법 제45조(정치자금부정수수죄) ① 이 법에 정하지 아니한 방법으로 정치자금을 기부하거나 기부받은 자(정당·후원회·법인 그 밖에 단체에 있어서는 그 구성원으로서 당해 위반행위를 한 자를 말한다. 이하 같다)는 5년 이하의 징역 또는 1천만원 이하의 벌금에 처한다. 다만, 정치자금을 기부하거나 기부받은 자의 관계가 **「민법」 제777조(친족의 범위)의 규정에 의한 친족인 경우에는 그러하지 아니하다.**

가. 서설

정치자금법 제45조는 이 법에 정하지 아니한 방법으로 정치자금을 기부하거나 기부 받는 행위를 처벌하고 있다. 정치자금법은 제6장에 **「기부의 제한」** 규정을 두고 기부행위가 명시적으로 제한되는 규정을 3개의 조항에 걸쳐 마련해 두고 있는데(동법 제31조 내지 제33조), 앞에서 살펴본 바와 같이 위 각 규정 위반죄는 동법 제45조 제2항 제5호 및 제6호에서 규율하고 있으므로 **제45조 제1항의 적용범위는 위 기부의 제한 규정위반행위가 아닌 다른 일반적인 기부행위와 관련된 것으로 봄이 상당**하다.

나. 구성요건의 주체 및 상대방

본죄의 **구성요건 주체**는 아무런 제한이 없다. 따라서 누구든지 본죄의 주체가 될 수 있다. 따라서 정치자금법에 위반하여 정치자금을 기부하거나 기부 받는 경우 누구든지 주체가 된다. **행위의 상대방**은 법률에 위반하여 정치자금을 기부하는 행위의 경우 기부를 받는 사람이, 기부를 받은 행위에 있어서는 기부를 하는 사람이 각각 상대방이 된다.

다. 구성요건의 객체

본죄의 **구성요건 객체**는 '**정치자금**'으로 그 명목을 불문하고 '**정치활동을 위하여**' 정치활동을 하는 사람에게 제공되는 금전이나 유가증권 또는 그 밖의 물건 일체를 말한다. 이와 관련하여 '**정치활동을 위하여**'의 의미와 '**정치자금과 뇌물의 구별**'이 구체적으로 문제되는 바 아래에서 상술한다. 정치자금법상 정치자금의 개념은 다음과 같다.

관련조문

정치자금법 제3조(정의) 이 법에서 사용하는 용어의 정의는 다음과 같다. <개정 2016. 3. 3.>

1. **정치자금의 종류**는 다음 각 목과 같다.
   가. 당비
   나. 후원금
   다. 기탁금
   라. 보조금
   마. 정당의 당헌·당규 등에서 정한 부대수입
   바. **정치활동을 위하여** 정당(중앙당창당준비위원회를 포함한다), 「공직선거법」에 따른 후보자가 되려는 사람, 후보자 또는 당선된 사람, 후원회·정당의 간부 또는 유급사무직원, 그 밖에 **정치활동을 하는 사람에게 제공**되는 **금전이나 유가증권 또는 그 밖의 물건**
   사. 바목에 열거된 사람(정당 및 중앙당창당준비위원회를 포함한다)의 **정치활동에 소요되는 비용**
2. "**기부**"라 함은 **정치활동을 위하여 개인 또는 후원회 그 밖의 자**가 **정치자금을 제공하는 일체의 행위**를 말한다. 이 경우 제3자가 정치활동을 하는 자의 정치활동에 소요되는 비용을 부담하거나 지출하는 경우와 금품이나 시설의 무상대여, 채무의 면제·경감 그 밖의 이익을 제공하는 행위 등은 이를 기부로 본다.
4. "**후원금**"이라 함은 이 법의 규정에 의하여 후원회에 기부하는 금전이나 유가증권 그 밖의 물건을 말한다.
7. "**후원회**"라 함은 이 법의 규정에 의하여 **정치자금의 기부를 목적으로 설립·운영되는 단체로서 관할 선거관리위원회에 등록된 단체**를 말한다.

---

1) '정치활동을 위하여' 제공되는 정치자금

정치자금법에 의하여 수수가 금지되는 정치자금은 정치자금법 제3조 제1호 바목 규정에 따라 **'정치활동을 위하여 정치활동을 하는 자에게 제공되는 금전 등 일체'**를 의미하고,[80] 그 금전의 성격이 **'정치활동을 위한 경비로 지출될 것임이 객관적으로 명확히 예상되는 금전'**이어야 한다.[81] 실무상 수수된 자금이 '정치활동을 위한 것인지' 여부가 첨예한 다툼의 대상이 된다.

수수한 금품이 '정치자금'에 해당하는지 여부는 그 금품이 **'정치활동을 위하여'** 제공되었는지 여부에 달려 있는데, 정치활동은 권력의 획득과 유지를 둘러싼 투쟁 및 권력을 행사하는 활동을 의미하므로,[82] **정치활동을 하는 사람이 금품을 수수하였다고 하여도 그것이 정치활동을 위하여 제공된 것이 아니라면 같은 법 제45조 제1항 위반죄로 의율할 수 없다.**[83]

이와 관련하여 대법원은 고가의 시계를 착용하여 정치인으로서의 긍정적인 이미지를 형성하거나 안마의자를 사용하여 피로를 풀고 건강을 회복하는 것까지 '정치활동'에 해당한다고 보기 어려워 안마의자와 시계 2개는 정치활동에 사용될 것이 객관적으로 명백히 예상된다고 볼 수 없다고 판시한 바 있다.[84]

그러나 대법원은 **선거일 전 180일부터 선거일까지 선거에 영향을 미치게 하기 위하여 공직선거법 제59조 제2호에서 정한 제한을 어겨 자동 동보통신의 방법으로 문자메시지를 대량으로 전송한 행위**는 그것이 선거운동에까지 이르지 않더라도 공직선거법 제255조 제2항 제5호, 제93조 제1항에서 정한 탈법방법에 의한 문서배부죄의 구성요건에 해당하고, 쟁점 문자메시지의 전송행위가 선거운동에까지 이르지 않더라도 국회의원 선거에서 피고인의 당선을 도모하는 데 필요하거나 유리한 행위로서 그 시기, 방법, 목적 등에 비추어 정치활동으로 인정할 여지가 있으므로 **그 경비로 사용하기 위해 가상계좌에 충전한 금전이 정치활동을 위한 자금에 해당할 수 있다고 판시**한 바 있다.[85]

한편 대법원은 국회부의장으로서 국회의원인 피고인이 보좌관 甲을 통해 乙 주식회사 등으로부터 **'고문활동비'** 명목의 돈을 받은 경우, 피고인과 乙 회사 측은 위 돈이 불법 정치자금인 사정을 잘 알면서 돈을 수수하였다고 보아 **정치자금법위반죄가 성립**한다고 판시하였고[86], 국회의원 선거 후보자가 되려는 피고인에게 **은박지로 싼 현금 500만 원을 건네준**

---

80 대법원 2009. 2. 26. 선고 2008도10422 판결 등 참조.
81 대법원 2014. 6. 26. 선고 2013도9866 판결 참조.
82 대법원 2006. 12. 22. 선고 2006도1623 판결 등 참조.
83 대법원 2007. 7. 12. 선고 2007도2222 판결 등 참조.
84 대법원 2016. 7. 29. 선고 2016도5596 판결 참조.
85 대법원 2017. 10. 31. 선고 2016도19447 판결 참조.

사안에서 현금 500만 원은 정치활동을 위하여 제공되는 금품으로서 정치활동을 위한 경비로 지출될 것임이 객관적으로 명확히 예상되는 금전에 해당하고, 피고인은 정치자금법 제3조 제1호 바목에 따라 공직선거법에 따라 후보자가 되려는 사람이므로 위와 같은 금품수수 행위는 정치자금법에 규정된 방법이 아닌 방법으로 **정치자금을 수수한 행위에 해당한다**고 판시한바 있다.[87]

나아가 정치활동을 하는 자가 형사재판에서 소요될 변호사 선임비용을 제공받았다고 하더라도 원칙적으로 이를 정치자금 수수라고 볼 수는 없으나, 형사재판에서 소요될 변호사 선임비용 명목으로 자금이 수수된 경우라도, 당해 형사재판이 그의 정치활동과 관련된 범죄로 인한 것으로서 자금 수수가 그의 정치활동의 유지를 위한 목적에서 이루어진 것이라면 그러한 자금도 정치자금이 될 수 있는바, 이때 수수된 변호사 선임비용이 정치자금에 해당하는지 여부는 당해 형사소추와 피고인의 정치활동과의 관련성, 재판결과가 정치활동의 유지에 미치는 영향, 피고인과 자금제공자의 관계 및 수수된 자금의 규모 등 당해 형사재판을 둘러싸고 자금 수수와 관련하여 나타난 여러 사정을 종합적으로 고려하여 판단하여야 한다.[88]

그리고 국회의원이었던 피고인이 정당의 지역위원장으로서 활동하면서 사무실을 실제로 이용하였고 현역 국회의원 시절부터 해당 사무실이 지역위원회 사무실로 이용되어 왔으며 당시 근무하던 사무실 직원들이 상근하여 근무하였고 피고인이 지급받은 자금이 위 사무실 운영자금으로 사용된 사정을 종합하여 보면 피고인이 지급받은 자금은 정치활동을 위한 자금에 해당한다고 판시한 사례가 있다.[89]

2) 정치자금과 뇌물의 구별 기준

정치자금법은 정치자금의 적정한 제공을 보장하고 그 수입과 지출내역을 공개하여 투명성을 확보하며 정치자금과 관련한 부정을 방지함으로써 민주정치의 건전한 발전에 기여함에 그 입법목적이 있고(제1조), 같은 법 제13조 제3호는 공무원이 담당·처리하는 사무에 관하여 청탁 또는 알선하는 일과 관련하여 정치자금을 기부하거나 받는 것을 금지하여 정치자금과 관련한 부정을 방지하기 위한 규정이다.

이는 뇌물죄의 한 태양으로서 직무집행의 공정과 이에 대한 사회의 신뢰 및 직무행위의 불가매수성을 그 직접적 보호법익으로 하고 있는 알선수뢰죄와는 그 보호법익을 달리하고

---

86 대법원 2014. 6. 26. 선고 2013도9866 판결 참조.
87 대법원 2014. 6. 26. 선고 2013도9866 판결 참조.
88 대법원 2014. 3. 13. 선고 2011도8330 판결 참조.
89 대법원 2011. 9. 29. 선고 2011도8240 판결 참조.

있을 뿐 아니라, 알선수뢰죄는 공무원이 그 지위를 이용하는 것을 구성요건으로 하고 나아가 뇌물을 수수한 경우뿐만 아니라 요구, 약속한 경우도 포함하여 그 행위 주체, 행위의 내용 및 방법 등 구체적인 구성요건에 있어서 정치자금법과 다르다.

따라서 정치자금법 제30조 제2항 제5호, 제13조 제3호의 구성요건(현행 정치자금법 제32조 제1항 제3호)이 알선수뢰죄의 구성요건의 모든 요소를 포함하는 외에 다른 요소를 구비하는 경우에 해당하지 않으므로, **위 구 정치자금에 관한 법률의 규정이 형법 제132조의 규정에 대하여 특별관계에 있다고는 볼 수 없다.**[90]

그리고 정치자금, 선거자금, 성금 등의 명목으로 이루어진 금품의 수수라 하더라도, 그것이 정치인인 공무원이 그 지위를 이용하여 다른 공무원의 직무에 속한 사항을 알선함에 대한 대가로서의 실체를 가지는 한 뇌물로서의 성격을 잃지 않는다.[91] **따라서 정치인이자 공무원인 자와의 사이에 금원이 수수된 경우** 그것이 **정치자금인지 뇌물인지를 판별**함에 있어서는 금원 제공자와 당해 정치인과의 인적관계, 정치사상 내지 이념의 공유 여부, 정치인인 공무원의 직무권한, 금품 교부의 동기와 정황, 수수된 금원의 액수, 금원제공의 방법, 구체적 청탁의 유무, 수수된 뒤의 용도, 정치자금법 소정의 절차를 거쳤는지 여부를 종합적으로 고려하여야 한다.[92]

라. 구성요건적 행위

본죄의 구성요건적 행위는 **이 법에 정하지 아니한 방법**으로 **정치자금을 기부하거나 기부받는 것**이다.

1) 정치자금법상 기부 및 집행의 원칙

정치자금법은 **정치자금 기부 및 집행의 원칙**을 명시하고 있는데 세부 규정은 다음과 같다.

관련조문

정치자금법 제2조(기본원칙) ① 누구든지 **이 법에 의하지 아니하고는 정치자금을 기부하거나 받을 수 없다.**

---

90 대법원 2005. 2. 17. 선고 2004도6940 판결 참조.

91 대법원 1997. 4. 17. 선고 96도3377 전원합의체 판결, 대법원 2006. 5. 26. 선고 2006도1713 판결 등 참조.

92 서울중앙지방법원 2007. 11. 16. 선고 2007고합486 판결 참조.

② 정치자금은 국민의 의혹을 사는 일이 없도록 공명정대하게 운용되어야 하고, 그 회계는 공개되어야 한다.

③ 정치자금은 **정치활동을 위하여 소요되는 경비로만 지출**하여야 하며, **사적 경비로 지출하거나 부정한 용도로 지출하여서는 아니 된다.** 이 경우 "사적 경비"라 함은 다음 각 호의 어느 하나의 용도로 사용하는 경비를 말한다.

1. 가계의 지원·보조
2. 개인적인 채무의 변제 또는 대여
3. 향우회·동창회·종친회, 산악회 등 동호인회, 계모임 등 개인간의 사적 모임의 회비 그 밖의 지원경비
4. 개인적인 여가 또는 취미활동에 소요되는 비용

④ 이 법에 의하여 **1회 120만원을 초과하여 정치자금을 기부하는 자**와 다음 각 호에 해당하는 금액을 초과하여 정치자금을 지출하는 자는 **수표나 신용카드·예금계좌입금 그 밖에 실명이 확인되는 방법으로 기부 또는 지출하여야 한다.** 다만, 현금으로 연간 지출할 수 있는 정치자금은 연간 지출총액의 100분의 20(선거비용은 선거비용제한액의 100분의 10)을 초과할 수 없다.

1. 선거비용 외의 정치자금 : 50만원. 다만, 공직선거의 후보자·예비후보자의 정치자금은 20만원
2. 선거비용 : 20만원

⑤ 누구든지 **타인의 명의나 가명으로 정치자금을 기부할 수 없다.**

위 규정에 정치자금의 기부는 정치자금법에 따라 이루어져야 하고, 정치자금은 정치활동을 위해 소요되는 경비로만 지출되어야 할 뿐 사적으로 또는 부정한 용도로 지출해서는 아니 된다.

한편 정치자금은 차명 또는 가명으로 기부하는 것이 금지되는데 1회 120만 원 이하의 정치자금은 실명기부의 원칙이 적용되지 않지만 **1회 120만 원을 초과하는 경우에는 신용카드, 예금, 그 밖에 실명이 확인되는 방법으로 기부하여야 하고, 누구든지 차명 또는 가명으로 정치자금 기부행위를 하는 것이 금지**된다.

이를 위반하여 타인의 명의나 가명으로 납부 또는 기부된 당비, 후원금품, 기탁금 등 정치자금은 관할 선거관리위원회에서 납부 받아 국고에 귀속시키도록 하고 있다(동법 제4조 제2항 참조). 이와 관련하여 같은 정당의 당원이 당비 명목으로 제3자에게 금전을 제공하고 금전을 제공받은 제3자가 자신의 명의로 당비를 낸 경우 이는 정치자금법 제2조(기본원칙)에 위반되므로 위 당비는 국고에 귀속시킴이 상당하다.[93]

따라서 정치인에 대한 정치자금은 개인의 경우는 1회 120만 원 이상의 기부의 경우 **'실명 기부'**, 단체의 경우 **'후원회를 통한 기부'**만이 원칙적으로 인정되므로 이를 위반하여 정치자금을 지급받는 경우 동법 제45조 제1항 위반죄에 해당한다.

2) 기부행위의 의미

정치자금법은 **기부의 의미**에 대하여 **정치활동을 위하여 개인 또는 후원회 그 밖의 자가 정치자금을 제공하는 일체의 행위를 말한다**고 하면서 제3자가 정치활동을 하는 자의 정치활동에 소요되는 비용을 부담하거나 지출하는 경우와 금품이나 시설의 무상대여, 채무의 면제·경감 그 밖의 이익을 제공하는 행위 등은 이를 기부로 본다고 명시하고 있다(동법 제3조 제2호 참조).

여기에서 **'무상대여'**란 금품 등의 사용에 대한 대가의 출연 없이 대여가 이루어지는 것을 말하므로 금품 등의 대여가 무상인지 여부는 **그 대여 당시를 기준으로 그 대가의 출연의 무가 있는지 여부에 의하여 판단**하여야 한다.[94] 따라서 무상으로 금전을 대여 받는 방법으로 정치자금을 수수한 경우 이러한 수수행위와 관련하여 당사자 사이의 차용증 작성 및 이자지급 약정 여부, 금전 차용일 이후 이자를 지급하거나 그 독촉을 받은 사실이 있는 점 등을 고려하여 무상대여행위에 해당하는지 여부를 판단하여야 한다.

한편 **대법원**은 정치자금법 제3조 제2호에서 **'기부'**의 개념을 **「정치자금을 제공하는 일체의 행위」**로 규정하면서 금품의 무상대여까지도 기부로 본다고 명시하여 이를 처벌하고 있는 이상, 방송인수를 위한 로비가 성공하지 못하면 이 사건 금원을 반환하기로 약속하였다가 실제 이를 반환받는 등 일정한 경우 이 사건 금원의 반환이 예정되어 있었다 해도 당초 정치자금 명목으로 수수된 이 사건 금원은 정치자금법상의 '기부'에 해당한다고 본 사례도 있다.[95] 따라서 **자금이 수수되었다면 향후 반환이 예정되어 있다 하더라도 이를 '기부행위'로 보는 것에는 큰 무리가 없다.**

나아가 정치자금법에 정하지 아니한 방법으로 정치자금을 기부 받음으로써 정치자금부정수수죄가 기수에 이른 이후에 **정치자금을 기부받은 자가 실제로 그 자금을 정치활동을 위하여 사용하였는지 여부는 범죄의 성립에 영향을 미치지 아니한다.**[96]

이에 관하여 **대법원**은 국회의원인 피고인 甲이 피고인 乙과 공모하여, 丙에게서 비밀번

---

93 2005. 9. 26. 중앙선거관리위원회 회답 참조.

94 대법원 2007. 11. 15. 선고 2007도3383 판결 참조.

95 대법원 2009. 2. 26. 선고 2008도10422 판결 참조.

96 대법원 2009. 3. 12. 선고 2006도2612 판결 등 참조.

호와 함께 돈이 입금된 예금계좌에 연결된 현금카드를 교부받음으로써 정치자금법에 정하지 아니한 방법으로 정치자금을 기부받았다는 내용으로 기소된 사안에서, 丙이 정치자금을 기부받는 자인 피고인 甲의 지시에 따라 그가 지정하는 피고인 乙에게 비밀번호와 함께 현금카드를 교부한 것은 정치자금의 기부에 해당하고, 위 현금카드의 교부행위로써 정치자금법상 정치자금의 기부는 완성되며, 그 후 피고인 甲 등이 위 돈을 어떻게 사용하였는지는 정치자금부정수수죄 성립에 영향을 미치지 아니한다고 판시하였다.[97]

3) 후원회를 통한 정치자금의 기부방법 위반

정치자금법은 제3장에서 후원회를 통한 정치자금기부 방법에 대해 상세히 규정하고 있다. 정치자금법은 엄격한 요건 하에 정치인을 위한 후원회를 두도록 하고(동법 제6조 내지 제9조) 그 후원회를 통한 후원금으로 일정한 방법 및 한도(동법 제10조 내지 제13조)를 정하여 정치자금을 기부하도록 규정하고 있다. 따라서 위와 같은 **후원회를 통하지 않는 정치행위의 기부는 원칙적으로 금지**된다.

이에 대하여 **대법원**은 「…정치자금법 제2조 제1항, 제3조 제4호, 제7호, 제6조, 제10조 제1항, 제2항 등에 의하면 국회의원 등 후원회지정권자가 후원회를 통하지 아니하고 개인이나 법인으로부터 직접 정치자금을 받는 경우에는 정치자금법 제45조 제1항 위반죄의 책임을 면할 수 없다.」고 하면서 **후원회를 통하지 않고 개인 또는 법인으로부터 직접 정치자금을 수수하는 행위가 위 법령에 위반**된다고 판시한 바 있다.[98]

실무상 정치자금법 제45조 제1항 위반죄가 문제되는 경우는 후원회를 통하지 않고 직접 정치자금을 수수하는 경우인데 이와 관련하여 후원금의 모금·기부의 방법(제10조)규정에 대한 해석이 쟁점이 된다.

정치자금법은 후원금의 모금과 기부의 방법에 대하여 다음과 같이 규정하고 있는데 그 요지는, 후원회는 후원인으로부터 후원금을 모금한 경우 모금에 직접 소요된 경비를 공제한 후 지체 없이 이를 후원회지정권자에게 기부하고(차입금 등 금품 제외, 동조 제1항, 제2항), 후원인이 후원회지정권자에게 직접 후원금을 기부한 경우에는 후원회지정권자는 기부받은 날로부터 30일 이내에 후원회의 회계책임자에게 이를 전달하여야 한다는 것이다(동조 제3항).

---

97 대법원 2011. 6. 9. 선고 2010도17886 판결 참조.

98 대법원 2009. 3. 12. 선고 2006도2612 판결, 대법원 2011. 6. 9. 선고 2010도17886 판결 등 참조.

관련조문

정치자금법 제10조(후원금의 모금·기부) ① 후원회는 제7조(후원회의 등록신청 등)의 규정에 의하여 등록을 한 후 후원인(회원과 회원이 아닌 자를 말한다. 이하 같다)으로부터 후원금을 모금하여 이를 당해 후원회지정권자에게 기부한다. 이 경우 **후원회가 모금한 후원금 외의 차입금 등 금품은 기부할 수 없다.**

② 후원회가 후원금을 모금한 때에는 모금에 직접 소요된 경비를 공제하고 **지체 없이 이를 후원회지정권자에게 기부하여야 한다.**

③ 후원인이 후원회지정권자에게 직접 후원금을 기부한 경우(후원회지정권자의 정치활동에 소요되는 비용을 부담·지출하거나 금품·시설의 무상대여 또는 채무의 면제·경감의 방법으로 기부하는 경우는 제외한다) 해당 **후원회지정권자가 기부받은 날부터 30일**(기부받은 날부터 30일이 경과하기 전에 후원회를 둘 수 있는 자격을 상실하는 경우에는 그 자격을 상실한 날) **이내에 기부받은 후원금과 기부자의 인적사항을 자신이 지정한 후원회의 회계책임자에게 전달한 경우에는 해당 후원회가 기부 받은 것으로 본다.** <신설 2010. 7. 23.>

이와 관련하여 **대법원**은 「…후원회지정권자가 후원인으로부터 직접 정치자금을 받더라도 위 조항에서 정한 요건을 충족한 경우에는 법 제45조 제1항으로 처벌받지 않는다. 그러나 후원회지정권자가 후원금을 직접 기부 받은 날부터 30일(그 30일이 경과하기 전에 후원회를 둘 수 있는 자격을 상실하는 경우에는 그 자격을 상실한 날) 이내에 기부 받은 후원금과 기부자의 인적사항을 후원회의 회계책임자에게 전달하지 않은 경우에는 법 제45조 제1항에 해당하여 처벌대상이 된다. 따라서 전국동시지방선거에 지방자치단체장선거 후보자로 등록하여 후원회지정권자에 해당하는 피고인이 후원인 甲으로부터 정치자금 명목으로 현금 2,000만 원이 들어있는 종이가방을 직접 건네받아 정치자금법에 정하지 아니한 방법으로 정치자금을 기부받았다는 내용으로 기소된 사안에서, **피고인이 위 돈을 직접 건네받고도 지방자치단체장으로 당선되어 후원회를 둘 수 있는 자격을 상실할 때까지 후원회 회계책임자에게 그 돈을 전달하지 않음으로써 정치자금법 제45조 제1항에서 정한 정치자금부정수수죄가 성립한다.**」고 판시하였다.[99]

나아가 국회의원이 후원회를 통하지 않고 직접 정치자금을 수수한 경우 그 자체로 구 정치자금에 관한 법률(2004. 3. 12. 법률 제7191호로 개정되기 전의 것) 제30조 제1항 위반죄가 성립하므로, 이후 영수증을 작성하였다거나 후원회 회계책임자에게 교부하여 이를 지구당 경

---

99 대법원 2019. 11. 14. 선고 2019도11892 판결 참조.

비로 사용하였다는 사정은 이미 성립된 범죄에 영향을 미치지 않는다.[100]

마. 위법성·책임조각사유(민법 제777조에 따른 친족의 책임조각 해석)

정치자금법 제45조 제1항은 정치자금법에 정하지 아니한 방법으로 정치자금을 기부하거나 기부 받은 자(정당·후원회·법인 그 밖에 단체에 있어서는 그 구성원으로서 당해 위반행위를 한 자를 말한다)를 처벌하고 있다.

다만 **정치자금을 기부하거나 기부 받은 자의 관계가 민법 제777조(친족의 범위)의 규정에 의한 친족인 경우에는 그러하지 아니하다.** 친족으로부터 정치자금의 기부 및 기부받는 행위가 정치자금법에 위반하는 경우라고 하더라도 범죄의 구성요건해당성은 인정되나 친족으로부터 정치자금을 받지 않는 것을 기대할 수 없다는 이유로(기대가능성의 부존재) 그 책임을 조각하는 것으로 봄이 상당하다. 따라서 위와 같은 행위에 공범(공동정범, 교사범 또는 방조범)으로 가담한 사람의 경우 위 동법 제45조 제1항 본문 위반죄가 성립한다. 한편 위 친족에는 이복형제가 모두 포함된다.[101]

관련조문

정치자금법 제45조(정치자금부정수수죄) ① 이 법에 정하지 아니한 방법으로 정치자금을 기부하거나 기부받은 자(정당·후원회·법인 그 밖에 단체에 있어서는 그 구성원으로서 당해 위반행위를 한 자를 말한다. 이하 같다)는 5년 이하의 징역 또는 1천만원 이하의 벌금에 처한다. 다만, 정치자금을 기부하거나 기부받은 자의 관계가 **「민법」 제777조(친족의 범위)의 규정에 의한 친족인 경우에는 그러하지 아니하다.**

☞ **민법 제777조(친족의 범위)** 친족관계로 인한 법률상 효력은 이 법 또는 다른 법률에 특별한 규정이 없는 한 다음 각호에 해당하는 자에 미친다.

1. 8촌 이내의 혈족
2. 4촌 이내의 인척
3. 배우자

제767조(친족의 정의) 배우자, 혈족 및 인척을 친족으로 한다.

제768조(혈족의 정의) 자기의 직계존속과 직계비속을 직계혈족이라 하고 자기의 형제자매와 형제자매의 직계비속, 직계존속의 형제자매 및 그 형제자매의 직계비속을 방계혈족이라 한다.

제769조(인척의 계원) 혈족의 배우자, 배우자의 혈족, 배우자의 혈족의 배우자를 인척으로 한다.

---

100 대법원 2009. 3. 12. 선고 2006도2612 판결 참조.

101 대법원 2007. 11. 29. 선고 2007도7062 판결 참조.

대법원은 정치자금법 제45조 제1항 단서의 해석과 관련하여 같은 취지의 판시를 한 바 있는데 그 요지는 **정치자금법 제45조 제1항 단서의 친족인 경우 기부를 하거나 기부를 받은 친족 모두 책임이 조각될 뿐만 아니라 중간에서 사실상 기부의 알선에 가까운 행위를 한 사람이 친족인 경우에도 모두 적용되어 책임이 조각된다**는 것이다. 구체적인 판시사항은 다음과 같다.[102]

판례

[1] 정치자금법 제45조 제1항은 "이 법에 정하지 아니한 방법으로 정치자금을 기부하거나 기부받은 자는 5년 이하의 징역 또는 1천만 원 이하의 벌금에 처한다. 다만, 정치자금을 기부하거나 기부받은 자의 관계가 민법 제777조의 규정에 의한 친족인 경우에는 그러하지 아니하다"라고 규정하고 있는 바, 위 조항의 단서 규정은 정치자금을 기부하는 자와 받는 자 사이에 **민법상 친족관계가 있는 경우에는 친족 간의 정의(정의)를 고려할 때 정치자금법에서 정한 방법으로 돈을 주고 받으리라고 기대하기 어려움을 이유로 책임이 조각되는 사유를 정한 것이지 범죄의 구성요건해당성이 조각되는 사유를 정한 것이 아니므로, 정치자금을 기부 받는 자와 민법 제777조의 규정에 의한 친족관계에 있는 자가 그러한 친족관계 없는 자와 공모하여 정치자금법에 정하지 아니한 방법으로 정치자금을 기부한 경우에는 형법 제33조 본문에서 말하는 '신분관계로 인하여 성립될 범죄에 가공한 행위'에 해당한다고 볼 수 없으며, 친족관계에 있는 자의 책임은 조각된다.**

[2] 친족 간의 정치자금 기부행위 불처벌을 규정한 정치자금법 제45조 제1항 단서 규정이 같은 법 제45조 제1항 위반죄를 범한 **공동정범 중에서 실제로 자금을 출연하여 기부를 실행한 자에 대해서만 적용되고 사실상 기부의 알선에 가까운 행위를 한 공동정범에게는 적용되지 않는다고 해석할 수는 없다.**

[3] **혈족의 범위를 정한 민법 제768조에서 말하는 '형제자매'라 함은 부계 및 모계의 형제자매를 모두 포함하므로, 이복형제가 정치자금법 제45조 제1항 단서의 '친족'에서 제외되는 것은 아니다**(대법원 2007. 11. 29. 선고 2007도7062 판결 참조).

바. 처벌

본죄를 범하면 5년 이하의 징역 또는 1천만 원 이하의 벌금에 처한다. 나아가 불법정치자금법에 따라 위와 같은 범죄로 취득한 불법재산은 모두 필요적 몰수·추징의 대상이 된다(불법정치자금법 제3조, 제6조 각 참조).

---

102 위 대법원 2007도7062 판결 참조.

3. 정치자금법 제45조 제1항 위반에 따른 범죄수익환수 사례

위 몰수·추징의 법적성격과 관련하여 **대법원**은 정치자금법 규정의 입법취지, 형식과 내용 등에 비추어 불법 정치자금을 수수한 자에게 제공된 금품 기타 재산상의 이익을 박탈하여 부정한 이익을 보유하지 못하게 하는 **'이익박탈형'** 몰수·추징에 해당한다고 판시하고 있다.[103]

따라서 정치자금의 수수행위에 따라 실제로 이익이 귀속된 주체를 찾아 그 주체로부터 불법 수수한 정치자금을 몰수·추징할 필요성이 있다. 이와 관련하여 **국회의원이 치열하게 전개되는 국회의원 선거에서 승리하기 위해 국회의원 선거구 지역의 비공식 선거총괄 책임자로부터 2억 원의 자금을 교부받은 경우 이는 정치자금법 제45조 제1항 위반죄에 해당하고 위 자금은 모두 국회의원인 피고인으로부터 추징**한다고 판시한 바 있다.[104]

나아가 선거운동을 하면서 허위의 선거사무원을 모집한 다음 해당 선거사무원에게 지급한 수당 및 실비를 다시 되돌려 받는 경우, 이러한 행위는 정치자금법이 금지하고 있는 기부행위에 해당하고 위와 같이 지급받은 각 금원은 모두 추징의 대상이 된다. 이 때 형법 제30조에 따라 공모관계가 있는 피고인들의 경우 각각 지급받은 금액을 특정하여 실질적으로 귀속된 이익에 한하여 개별적으로 추징하여야 한다.

4. 정치자금법 제45조 제1항 위반에 따른 자금세탁범죄 처벌 사례

정치자금법 제45조 제1항은 범죄수익은닉규제법상 중대범죄에 해당하므로 정치자금을 부정하게 수수하면서 차명계좌를 이용하여 그 취득 및 처분에 관한 사실을 가장하는 경우에는 범죄수익은닉규제법상 자금세탁범죄가 성립한다. 따라서 **정치자금법에 정해진 방법 외로 정치자금을 수수하면서 이를 은폐하기 위하여 차명계좌를 사용한 경우 이를 자금세탁범죄로 처벌할 수 있음**은 당연하다.

V 후원회 규정 위반죄(제45조 제2항 제1호 내지 제3호)

1. 서설

정치자금법은 후원회 관련 규정을 위반하여 정치자금을 부정수수하는 행위를 금지하고

103 대법원 2004. 4. 27. 선고 2004도482 판결 참조.

104 창원지방법원 2018. 11. 1. 선고 2017고합149, 292(병합) 판결 참조(대법원 2019도12579 판결로 확정).

있다. 이하에서는 정치자금법상 후원회 관련 규정이 어떤 것이 있는지 살피면서 이러한 금지규정을 위반한 사례에 대해 구체적으로 검토하기로 한다.

2. 후원회 지정권자 아닌 자의 후원회 또는 유사기구 설치·운영죄(제45조 제2항 제1호)

관련조문

정치자금법 제45조(정치자금부정수수죄) ② 다음 각 호의 어느 하나에 해당하는 자는 5년 이하의 징역 또는 1천만원 이하의 벌금에 처한다.

1. 제6조(후원회지정권자)의 규정에 의한 후원회지정권자가 아닌 자로서 정치자금의 기부를 목적으로 후원회나 이와 유사한 기구를 설치·운영한 자

☞ 정치자금법 제6조(후원회지정권자) 다음 각 호에 해당하는 자(이하 "후원회지정권자"라 한다)는 각각 하나의 후원회를 지정하여 둘 수 있다. <개정 2008. 2. 29., 2010. 1. 25., 2016. 1. 15., 2017. 6. 30.>

1. 중앙당(중앙당창당준비위원회를 포함한다)
2. 국회의원(국회의원선거의 당선인을 포함한다)

2의2. 대통령선거의 후보자 및 예비후보자(이하 "대통령후보자등"이라 한다)

3. 정당의 대통령선거후보자 선출을 위한 당내경선후보자(이하 "대통령선거경선후보자"라 한다)
4. 지역선거구(이하 "지역구"라 한다)국회의원선거의 후보자 및 예비후보자(이하 "국회의원후보자등"이라 한다). 다만, 후원회를 둔 국회의원의 경우에는 그러하지 아니하다.
5. 중앙당 대표자 및 중앙당 최고 집행기관(그 조직형태와 관계없이 당헌으로 정하는 중앙당 최고 집행기관을 말한다)의 구성원을 선출하기 위한 당내경선후보자(이하 "당대표경선후보자등"이라 한다)
6. 지방자치단체의 장선거의 후보자(이하 "지방자치단체장후보자"라 한다)

[2017. 6. 30. 법률 제14838호에 의하여 2015. 12. 23. 헌법재판소에서 헌법불합치 결정된 이 조를 개정함.]

[헌법불합치, 2018헌마301, 2019. 12. 27. 정치자금법(2010. 1. 25. 법률 제9975호로 개정된 것) 제6조 제6호 중 '특별시장·광역시장·특별자치시장·도지사·특별자치도지사 선거의 예비후보자'에 관한 부분은 헌법에 합치되지 아니한다. 위 법률조항은 2021. 12. 31.을 시한으로 입법자가 개정할 때까지 계속 적용된다.]

가. 서설

정치자금법은 선거관리위원회에 후원회를 지정할 수 있는 후원회 지정권자를 명시하고 있다. 후원회 지정권자의 범위에 대해 헌법재판소에서 여러 차례 헌법불합치 결정이 선고된 바 있는데 이는 앞에서 본 바와 같다. 후원회는 정치자금법상 정치자금을 수수할 수 있는 합법적인 통로가 되므로 **후원회를 지정할 수 있는 권한이 부여되는지 여부는 매우 중요한 문제**가 된다.

위 벌칙규정이 적용되기 위해서는 ① **정치자금법 제6조에 따른 후원회 지정권자가 아닌 사람**이 ② **정치자금의 기부를 목적**으로 ③ **후원회 기타 유사기구를 설치·운영**하였다는 사실이 인정되어야 한다. 정치자금법은 제3장에서 후원회에 대한 상세한 규정을 두고 있는데 정치자금법상 후원회 지정권자가 아닌 자가 정치자금의 기부를 목적으로 후원회나 이와 유사한 기구를 설치하는 경우 이를 처벌한다.

정치자금법상 중앙당, 국회의원, 대통령(예비후보 포함), 대통령 경선을 위한 당내경선후보자, 지역구 국회의원 후보자(예비후보자 포함), 중앙당 대표자 및 최고집행기관 당내경선후보자, 지방자치단체 장 선거 후보자는 후원회 지정권자가 되나, 자치구 의회의원은 후원회 지정권자에 포함되지 않고, 헌법재판소는 이에 대해 합헌 결정을 하였다.[105]

나. 구성요건의 주체 및 행위의 상대방

구성요건의 주체는 **'후원회 지정권자가 아닌 사람으로서 후원회나 이와 유사한 기구를 설치·운영한 사람'**이므로 해당 기구에 후원금을 납부한 사람들은 정치자금법 제45조 제1항의 적용대상이 될 수는 있어도 위 구성요건의 주체가 될 수 없음은 법문상 당연하

105 헌법재판소 2019. 12. 27 자 2018헌마301·430(병합) 결정 [헌법불합치] 참조.
[결정요지 中] 자치구의회의원은 대통령, 국회의원과는 그 지위나 성격, 기능, 활동범위, 정치적 역할 등에서 본질적으로 다르다. 자치구의회의원의 활동범위는 해당 자치구의 지역 사무에 국한되고, 그에 수반하여 정치자금을 필요로 하는 정도나 소요자금의 양에서도 현격한 차이가 있을 수밖에 없다. 그리고 이러한 차이를 후원회를 둘 수 있는 자의 범위와 관련하여 입법에 어느 정도 반영할 것인가 하는 문제는 입법자가 결정할 국가의 입법정책에 관한 사항으로서 입법재량 내지 형성의 자유가 인정되는 영역이다.
자치구의회의원의 경우 선거비용 이외에 정치자금의 필요성이 크지 않으며 선거비용 측면에서도 대통령선거나 국회의원선거에 비하여 선거운동 기간이 비교적 단기여서 상대적으로 선거비용이 적게 드는 점 등에 비추어 보면, 국회의원선거의 예비후보자와 달리 자치구의회의원선거의 예비후보자에게 후원회를 통한 정치자금의 조달을 불허하는 것에는 합리적인 이유가 있다.
따라서 심판대상조항 중 자치구의회의원선거의 예비후보자에 관한 부분은 청구인들 중 자치구의회의원선거의 예비후보자 및 이들 예비후보자에게 후원금을 기부하고자 하는 자의 평등권을 침해한다고 볼 수 없다.

다.[106] 한편 후원회나 이와 유사한 기구를 설치·운영하는 것이 구성요건적 행위이므로 그 **행위의 상대방**을 상정하기 어렵다.

다. 구성요건적 객체 및 구성요건적 행위

정치자금법상 수수한 금품이 '정치자금'에 해당하는지 여부는 이미 앞에서 본 바와 같이 그 금품이 '정치활동'을 위하여 제공되었는지 여부에 달려 있는데, 정치활동은 권력의 획득과 유지를 둘러싼 투쟁 및 권력을 행사하는 활동을 의미하는 것으로,[107] 위 벌칙규정은 후원회 지정권자가 아닌 사람이 금품을 수수한 경우, 그 금품이 정치자금법상 '정치자금'일 것과 그와 같은 금품의 정치자금성에 대한 인식(**고의**) 및 정치자금 기부의 목적까지 요구하고 있는 점(**목적범**)이 특징이다.

라. 처벌

본죄를 범하면 5년 이하의 징역 또는 1천만 원 이하의 벌금에 처한다. 나아가 불법정치자금법에 따라 위와 같은 범죄로 취득한 불법재산은 모두 필요적 몰수·추징의 대상이 된다(불법정치자금법 제3조, 제6조 각 참조).

3. 후원인의 기부한도 규정 위반 정치자금 모금 또는 기부죄(제45조 제2항 제2호)

관련조문

정치자금법 제45조(정치자금부정수수죄) ② 다음 각 호의 어느 하나에 해당하는 자는 5년 이하의 징역 또는 1천만원 이하의 벌금에 처한다.

2. <u>제11조(후원인의 기부한도 등) 제1항</u>의 규정을 위반하여 기부한 자와 <u>제11조 제2항, 제12조(후원회의 모금·기부한도) 제1항·제2항</u> 또는 <u>제13조(연간 모금·기부한도액에 관한 특례) 제1항</u>의 규정을 위반하여 <u>후원금을 받거나</u> <u>모금 또는 기부를 한 자</u>

---

106 대법원 2015. 6. 24. 선고 2013도10823 판결 참조.
[판결이유 中] 나. 정치자금법 제45조 제2항 제1호의 적용대상인지 여부 : 원심판결 이유 및 원심이 적법하게 채택한 증거들에 의하면, 피고인들은 정치자금법 제45조 제2항 제1호에서 정한 후원회나 후원회 유사기구에 정치자금을 기부한 것이 아니라 정당인 진보신당에 직접 정치자금을 기부한 것이므로, 정치자금법 제45조 제2항 제1호의 적용대상이 될 수 없다.

107 대법원 2006. 12. 22. 선고 2006도1623 판결 등 참조.

☞ <u>제11조(후원인의 기부한도 등)</u> ① **<u>후원인</u>**이 후원회에 기부할 수 있는 후원금은 **<u>연간 2천만원</u>**을 초과할 수 없다.

② 후원인이 하나의 후원회에 연간(대통령후보자등·대통령선거경선후보자·당대표경선후보자등·국회의원후보자등 및 지방자치단체장후보자의 후원회의 경우에는 당해 후원회를 둘 수 있는 기간을 말한다. 이하 같다) 기부할 수 있는 한도액은 다음 각 호와 같다. <개정 2008. 2. 29., 2010. 1. 25., 2016. 1. 15., 2017. 6. 30.>

1. 대통령후보자등·대통령선거경선후보자의 후원회에는 각각 1천만원(후원회지정권자가 동일인인 대통령후보자등후원회에는 합하여 1천만원)
2. 제1호 외의 후원회에는 각각 500만원(중앙당창당준비위원회후원회가 중앙당후원회로 존속하는 경우와 후원회지정권자가 동일인인 국회의원후보자등후원회와 국회의원후원회는 각각 합하여 500만원)

☞ <u>정치자금법 제12조(후원회의 모금·기부한도)</u> ① <u>후원회가 연간 모금할 수 있는 한도액</u>(이하 "연간 모금한도액"이라 하고, 전년도 연간 모금한도액을 초과하여 모금한 금액을 포함한다)은 다음 각 호와 같다. <u>다만</u>, 신용카드·예금계좌·전화 또는 인터넷전자결제시스템 등에 의한 모금으로 부득이하게 연간 모금한도액을 초과하게 된 때에는 연간 모금한도액의 100분의 20의 범위에서 그러하지 아니하되, 그 이후에는 후원금을 모금할 수 없다. <개정 2006. 3. 2., 2008. 2. 29., 2010. 1. 25., 2016. 1. 15., 2017. 6. 30.>

1. 중앙당후원회는 중앙당창당준비위원회후원회가 모금한 후원금을 합하여 50억원
2. 삭제 <2008. 2. 29.>
3. 대통령후보자등후원회·대통령선거경선후보자후원회는 각각 선거비용제한액의 100분의 5에 해당하는 금액(후원회지정권자가 동일인인 대통령후보자등후원회는 합하여 선거비용제한액의 100분의 5에 해당하는 금액)
4. 국회의원·국회의원후보자등 및 당대표경선후보자등의 후원회는 각각 1억5천만원(후원회지정권자가 동일인인 국회의원후보자등후원회는 합하여 1억5천만원)
5. 지방자치단체장후보자후원회는 선거비용제한액의 100분의 50에 해당하는 금액

② 후원회가 해당 후원회지정권자에게 연간 기부할 수 있는 한도액(이하 "연간 기부한도액"이라 한다)은 제1항의 규정에 의한 연간 모금한도액과 같은 금액으로 한다. 다만, 부득이하게 해당 연도(대통령후보자등·대통령선거경선후보자·당대표경선후보자등·국회의원후보자등 및 지방자치단체장후보자의 후원회는 해당 후원회를 둘 수 있는 기간을 말한다)에 후원회지정권자에게 기부하지 못한 때에는 제40조(회계보고)제1항에 따른 회계보고[국회의원후원회는 12월 31일 현재의 회계보고를, 후원회가 해산한 때에는 제40조(회계보고)제2항에 따른 회계보고를 말한다]를 하는 때까지 기부할 수 있다. <개정 2010. 1. 25., 2016. 1. 15.>

☞ <u>정치자금법 제13조(연간 모금·기부한도액에 관한 특례)</u> ① 다음 각 호에 해당하는 후원회는

공직선거가 있는 연도에는 연간 모금·기부한도액의 2배를 모금·기부할 수 있다. 같은 연도에 2 이상의 공직선거가 있는 경우에도 또한 같다. <개정 2008. 2. 29., 2012. 2. 29., 2017. 6. 30.>

1. 대통령선거

후보자를 선출한 정당의 중앙당후원회 및 지역구국회의원후원회

2. 임기만료에 의한 국회의원선거

후보자를 추천한 정당의 중앙당후원회 및 지역구에 후보자로 등록한 국회의원후원회

3. 임기만료에 의한 동시지방선거

후보자를 추천한 정당의 중앙당후원회 및 해당 선거구에 후보자를 추천한 정당의 지역구국회의원후원회

②제1항에서 "공직선거가 있는 연도"라 함은 당해 선거의 선거일이 속하는 연도를 말한다.

가. 서설

정치자금법은 **후원인의 기부한도, 후원회의 모금·기부한도 및 연간 모금·기부한도액에 관한 특례규정을 두고 이를 위반하여 정치자금을 기부받거나 기부한 자를 처벌**하고 있다. 특정 후원인이 제한 없이 특정 후원회에 정치자금을 기부하게 될 경우 정경유착 등의 폐해가 발생할 수 있다는 점을 고려한 것으로 특정 후원회의 모금·기부한도를 규정한 외에도 특정 후원인이 특정 후원회에 연간 기부할 수 있는 한도와 방법 및 특정인이 후원회에 대하여 연간 기부할 수 있는 후원금의 한도 등을 규정하고 있다.

나. 구성요건의 주체 및 행위의 상대방

구성요건의 주체는 정치자금법상 기부한도를 위반하여 후원금을 받거나 기부를 한 자이므로 후원인뿐만 아니라 후원회도 주체가 될 수 있고, 종국적으로 후원금을 지급받을 후원회 지정권자 또한 후원회 또는 후원인과 공모하여 범행을 할 수 있으므로 그 주체성을 갖는다. 대법원 또한 같은 취지로 판시한 바 있다.[108]

행위의 상대방은 후원금을 받는 행위의 경우 후원금을 기부하는 사람이 될 것이고, 기부를 한 경우 후원금을 기부 받는 사람이 될 것이다.

---

108 대법원 2009. 1. 30. 선고 2008도8138 판결 참조.

다. 구성요건적 행위

본죄의 **구성요건적 행위**는 정치자금법상 후원인의 기부한도를 위반하여 후원금을 받거나 기부를 하는 것이다. 정치자금법상 후원인의 기부한도에 관한 규정은 정치자금법 제11조 내지 제13조에 상세히 설시되어 있다.

주관적 구성요건요소와 관련하여 기부행위를 할 당시 또는 기부를 받을 당시 위 기부금의 액수가 정치자금법에 따른 기부한도를 위반하였다는 점에 대한 미필적 인식을 요구하고 별도의 목적은 필요하지 않다.

이에 대하여 **대법원**은 정치자금법 제12조 제1항 단서의 해석 및 고의와 관련 위 단서 조항에서 정하는 모금방법은 후원회의 모금의사 내지 행위와는 무관하게 후원인의 일방적인 의사와 행위에 기하여 이루어지는 경우가 있으므로 그러한 **초과사실을 알면서도 계속 모금하거나 그와 동일시할 수 있는 정도의 사정이 있는 경우에 한하여 위 위반죄가 성립**한다고 판시하고 있다.[109]

라. 처벌

본죄를 범하면 5년 이하의 징역 또는 1천만 원 이하의 벌금에 처한다. 나아가 불법정치자금법에 따라 위와 같은 범죄로 취득한 불법재산은 모두 필요적 몰수·추징의 대상이 된다(불법정치자금법 제3조, 제6조 각 참조).

---

109 대법원 2010. 7. 15. 선고 2007도7523 판결 참조.

[판결 이유 中]「…구 정치자금법 제45조 제2항 제2호는 제12조 제1항을 위반하여 후원금을 모금한 자를 처벌한다고 규정하고, 같은 법 제12조 제1항 단서는 '신용카드·예금계좌·전화 또는 인터넷전자결제시스템 등에 의한 모금으로 부득이하게 연간 모금한도액을 초과하게 된 때에는 그러하지 아니하되, 그 이후에는 후원금을 모금할 수 없다'고 규정하고 있는바, 위 단서 조항에서 정하는 모금방법은 후원회의 모금의사 내지 행위와는 무관하게 후원인의 일방적인 의사와 행위에 기하여 이루어지는 경우가 있어 그와 같은 방법에 의한 모금으로 연간 모금한도액을 초과하게 되었다는 사실만으로 곧바로 그 한도액 초과에 대해 후원금 모금자에게 형사책임을 지운다면 이는 형사상 자기책임의 원칙에 반하게 되는 점, 만약 위 단서 조항에 정해진 방법에 의한 모금을 하였다는 사실 외에 피고인에게 모금한도액 초과상태의 발생을 막지 못한 데에 별도의 부득이한 사유가 있었음을 증명하도록 요구한다면 이는 피고인에게 후원인들로 하여금 연간 모금한도액이 초과되지 않는 범위에서 기부하도록 하는 별도의 조치를 취할 의무를 부과하는 것이 되어 피고인에게 불리한 확장해석이 되는 점, 그 밖에 위 단서 조항의 문언 내용, 정치자금법의 입법 취지 등을 종합하여 보면, **위 단서 조항에 정해진 방법에 의하여 후원금을 모금하는 경우 그 과정에서 일시적으로 연간 모금한도액 초과상태에 이르게 된다 하더라도 그러한 사정만으로 곧바로 구 정치자금법 제45조 제2항 제2호 위반죄가 성립하는 것이라고 볼 수는 없고, 다만 그러한 초과사실을 알면서도 계속 모금하거나 그와 동일시할 수 있는 정도의 사정이 있는 경우에 한하여 위 위반죄가 성립한다고 할 것이다.**

4. 후원금 모금방법 규정 위반죄(제45조 제2항 제3호)

관련조문

정치자금법 제45조(정치자금부정수수죄) ② 다음 각 호의 어느 하나에 해당하는 자는 5년 이하의 징역 또는 1천만원 이하의 벌금에 처한다.

3. <u>제14조(후원금 모금방법)</u> 내지 <u>제16조(정치자금영수증과의 교환에 의한 모금) 제1항</u>의 규정을 위반하여 <u>고지·광고</u>하거나 <u>후원금을 모금한 자</u>

☞ <u>제14조(후원금 모금방법)</u> ① 후원회는 우편·통신(전화, 인터넷전자결제시스템 등을 말한다)에 의한 모금, 중앙선거관리위원회가 제작한 정치자금영수증(이하 "정치자금영수증"이라 한다)과의 교환에 의한 모금 또는 신용카드·예금계좌 등에 의한 모금 그 밖에 이 법과 「정당법」 및 「공직선거법」에 위반되지 아니하는 방법으로 후원금을 모금할 수 있다. 다만, 집회에 의한 방법으로는 후원금을 모금할 수 없다.

☞ <u>제15조(후원금 모금 등의 고지·광고)</u> ① 후원회는 회원모집 또는 후원금 모금을 위하여 인쇄물·시설물 등을 이용하여 후원회명, 후원금 모금의 목적, 기부처, 기부방법, 해당 후원회 지정권자의 사진·학력(정규학력과 이에 준하는 외국의 교육과정을 이수한 학력에 한한다)·경력·업적·공약과 그 밖에 홍보에 필요한 사항을 알릴 수 있다. 다만, 다른 정당·후보자(공직선거의 후보자를 말하며, 후보자가 되려는 자를 포함한다)·대통령선거경선후보자 및 당대표경선후보자등에 관한 사항은 포함할 수 없다. <개정 2010. 1. 25., 2016. 1. 15.>

②후원회는 「신문 등의 진흥에 관한 법률」 제2조(정의)에 따른 신문 및 「잡지 등 정기간행물의 진흥에 관한 법률」 제2조(정의)에 따른 정기간행물을 이용하여 분기별 4회 이내에서 후원금의 모금과 회원의 모집 등을 위하여 제1항의 내용을 광고할 수 있다. 이 경우 후원회를 둘 수 있는 기간이 3월을 초과하지 아니하는 때에는 4회 이내로 한다. <개정 2009. 7. 31.>

③제2항의 규정에 의한 1회 광고의 규격은 다음 각 호의 기준에 의한다.

1. 신문광고는 길이 17센티미터 너비 18.5센티미터 이내
2. 제1호 외의 광고는 당해 정기간행물의 2면 이내

④제2항의 광고횟수 산정에 있어서 같은 날에 발행되는 하나의 정기간행물을 이용하는 것은 1회로 본다. 이 경우 같은 날에 발행되는 정기간행물이 배달되는 지역에 따라 발행일자가 각각 다르게 기재된 경우에도 그 광고횟수는 1회로 본다.

⑤제1항의 규정에 의한 인쇄물·시설물 등에 의한 고지방법 그 밖에 필요한 사항은 중앙선거관리위원회규칙으로 정한다.

☞ <u>제16조(정치자금영수증과의 교환에 의한 모금)</u> ① 후원회 또는 후원회로부터 위임을 받은 자는 정치자금영수증을 후원금과 교환하는 방법으로 모금을 할 수 있다.

정치자금법은 후원금 모금방법 규정(제14조), 후원금 모집 동의 고지ㆍ광고 규정(제15조) 및정치자금영수증과의 교환에 의한 모금 관련 규정(제16조 제1항)을 위반하여 후원금을 고지·광고하거나 후원금을 모금한 자를 처벌하고 있다.

구성요건의 주체는 위와 같은 규정을 위반해 후원금에 대한 고지 또는 광고를 한 사람 또는 후원금을 모금한 사람이다.

구성요건적 행위는 정치자금법 제14조 내지 제16조 제1항에 정해진 후원금 모금방법을 위반하여 후원금을 모금하는 것으로 구체적인 모금방법은 각 법률 규정과 같다.

본죄를 범하면 5년 이하의 징역 또는 1천만 원 이하의 벌금에 처한다. 나아가 불법정치자금법에 따라 위와 같은 범죄로 취득한 불법재산은 모두 필요적 몰수·추징의 대상이 된다(불법정치자금법 제3조, 제6조 각 참조).

5. 후원회 규정 위반죄(제45조 제2항 제1호 내지 제3호) 관련 범죄수익환수 사례

정치자금법 **제45조 제2항 제1호 내지 제3호 위반행위를 통해 취득한 불법재산(규정을 위반하여 취득한 후원금)은 모두 필요적 몰수·추징의 대상**이 된다(동조 제3항).다만 실무상 위 구성요건으로 기소되어 몰수·추징이 선고된 사례, 위와 같이 불법적으로 수수한 정치자금에 대한 자금세탁범죄 처벌사례는 거의 확인되지 않는다.

Ⅵ 기탁금 및 기부제한 규정 위반죄(제45조 제2항 제4호 내지 제6호)

관련조문

정치자금법 제45조(정치자금부정수수죄) ② 다음 각 호의 어느 하나에 해당하는 자는 5년 이하의 징역 또는 1천만원 이하의 벌금에 처한다.

4. <u>제22조(기탁금의 기탁) 제1항의 규정을 위반</u>하여 선거관리위원회에 기탁하지 아니하고 정치자금을 기부하거나 받은 자

☞ <u>제22조(기탁금의 기탁)</u> ① 기탁금을 기탁하고자 하는 개인(당원이 될 수 없는 공무원과 사립학교 교원을 포함한다)은 각급 선거관리위원회(읍·면·동선거관리위원회를 제외한다)에 기탁하여야 한다.

정치자금법 제45조(정치자금부정수수죄) ② 다음 각 호의 어느 하나에 해당하는 자는 5년 이하

의 징역 또는 1천만원 이하의 벌금에 처한다.

5. <u>제31조(기부의 제한) 또는 제32조(특정행위와 관련한 기부의 제한)의 규정을 위반</u>하여 정치자금을 기부하거나 받은 자

☞ <u>제31조(기부의 제한)</u> ① 외국인, 국내·외의 법인 또는 단체는 정치자금을 기부할 수 없다.
② 누구든지 국내·외의 법인 또는 단체와 관련된 자금으로 정치자금을 기부할 수 없다.

☞ <u>제32조(특정행위와 관련한 기부의 제한)</u> 누구든지 다음 각 호의 어느 하나에 해당하는 행위와 관련하여 정치자금을 기부하거나 받을 수 없다.

1. 공직선거에 있어서 특정인을 후보자로 추천하는 일
2. 지방의회 의장·부의장 선거와 교육위원회 의장·부의장, 교육감·교육위원을 선출하는 일
3. 공무원이 담당·처리하는 사무에 관하여 청탁 또는 알선하는 일
4. 다음 각 목의 어느 하나에 해당하는 법인과의 계약이나 그 처분에 의하여 재산상의 권리·이익 또는 직위를 취득하거나 이를 알선하는 일
   가. 국가·공공단체 또는 특별법의 규정에 의하여 설립된 법인
   나. 국가나 지방자치단체가 주식 또는 지분의 과반수를 소유하는 법인
   다. 국가나 공공단체로부터 직접 또는 간접으로 보조금을 받는 법인
   라. 정부가 지급보증 또는 투자한 법인

정치자금법 제45조(정치자금부정수수죄) ② 다음 각 호의 어느 하나에 해당하는 자는 5년 이하의 징역 또는 1천만원 이하의 벌금에 처한다.

6. <u>제33조(기부의 알선에 관한 제한)의 규정을 위반</u>하여 정치자금의 기부를 받거나 이를 알선한 자

☞ <u>제33조(기부의 알선에 관한 제한)</u> 누구든지 업무·고용 그 밖의 관계를 이용하여 부당하게 타인의 의사를 억압하는 방법으로 기부를 알선할 수 없다.

---

1. 서설

정치자금법은 기탁금의 기탁 규정(법 제22조 제1항)을 위반하여 선거관리위원회에 기탁하지 않고 정치자금을 기부하거나 기부받은 사람을 처벌하고(동조 제2항 제4호), 기부의 제한 규정(법 제31조), 특정행위와 관련한 기부의 제한 규정(법 제32조)을 위반하여 정치자금을 기부하거나 받은 사람을 처벌한다(동조 제2항 제5호).

나아가 기부의 알선에 관한 제한(법 제33조) 규정을 위반하여 정치자금을 기부받거나 기부한 사람 또한 처벌하고 있는데(동조 제2항 제6호) 위 각 호의 규정은 舊 범죄수익은닉규제법상 중대범죄, 부패재산몰수법상 부패범죄 및 불법정치자금법상 불법정치자금범죄에 모두 해당한다.

2. 기탁금 모금방법 규정 위반죄(제45조 제2항 제4호, 제22조 제1항)

관련조문

정치자금법 제45조(정치자금부정수수죄) ②다음 각 호의 어느 하나에 해당하는 자는 5년 이하의 징역 또는 1천만원 이하의 벌금에 처한다.

4. 제22조(기탁금의 기탁) 제1항의 규정을 위반하여 선거관리위원회에 기탁하지 아니하고 정치자금을 기부하거나 받은 자

☞ 제22조(기탁금의 기탁) ① 기탁금을 기탁하고자 하는 개인(당원이 될 수 없는 공무원과 사립학교 교원을 포함한다)은 각급 선거관리위원회(읍·면·동선거관리위원회를 제외한다)에 기탁하여야 한다.

가. 서설

기탁금은 정치자금을 정당에 기부하고자 하는 개인이 정치자금법의 규정에 의하여 선거관리위원회에 기탁하는 금전이나 유가증권 그 밖의 물건을 말한다(정치자금법 제3조 제5호 참조). 정치자금법은 음성적인 정치자금 수수를 방지하고 유착관계의 형성을 막기 위하여 기탁금을 선거관리위원회에 기탁하도록 하고 있다.

나. 구성요건적 주체 및 행위의 상대방

위 **구성요건의 주체**는 아무런 제한이 없으므로 기탁금을 기탁하는 누구든 본죄의 주체가 될 수 있다. 위 **행위의 상대방**과 관련하여 선거관리위원회에 기탁하지 아니하고 정치자금을 기부하는 행위와 기부받는 행위는 서로 대향범의 관계에 있다.

다. 구성요건적 행위

본죄의 **구성요건적 행위**는 정치자금법 제22조 제1항 규정을 위반하여 선거관리위원회가 아닌 제3자에게 기탁금을 기탁하는 것이다.

하급심 판결 중에는 지구당위원장으로서 국회의원 후보로 출마할 예정인 사람이 **"정치자금이 없어 애로를 겪고 있으니 정치자금을 지원해 달라"**고 甲에게 부탁하여 甲으로부터 "향후 국회의원 선거에 당선되면 도와 달라"는 부탁과 함께 거액이 입금되어 있는 예금통장과 도장을 건네받아 인출한 사안에서 동죄를 유죄로 인정한 사례가 있다.[110]

라. 처벌

본죄를 범하면 5년 이하의 징역 또는 1천만 원 이하의 벌금에 처한다. 나아가 **불법정치자금법에 따라 위와 같은 범죄로 취득한 불법재산은 모두 필요적 몰수·추징의 대상이 된다**(불법정치자금법 제3조, 제6조 각 참조).

3. 일반적 기부제한 규정 위반죄(제45조 제2항 제5호, 법 제31조 제1항, 제2항)

관련조문

정치자금법 제45조(정치자금부정수수죄) ② 다음 각 호의 어느 하나에 해당하는 자는 5년 이하의 징역 또는 1천만원 이하의 벌금에 처한다.

5. 제31조(기부의 제한) 또는 제32조(특정행위와 관련한 기부의 제한)의 규정을 위반하여 정치자금을 기부하거나 받은 자

☞ 제31조(기부의 제한) ① 외국인, 국내·외의 법인 또는 단체는 정치자금을 기부할 수 없다.
② 누구든지 국내·외의 법인 또는 단체와 관련된 자금으로 정치자금을 기부할 수 없다.

가. 서설

정치자금법은 **기부 자체를 일절 제한하고 있는 일반적인 규정**(법 제31조 참조)을 두고 있다. **외국인과 국내·외의 법인 또는 단체**는 정치자금을 기부할 수 없고(법 제31조 제1항), 누구든지 국내·외의 법인 또는 단체와 관련된 자금으로 정치자금을 기부할 수 없다(법 제31조 제2항). 외국인과 법인, 단체의 정치 개입과 정경유착의 폐해를 근절하기 위한 것으로 풀이된다. 정치자금법 제45조 제2항 제5호가 언급하고 있는 기부행위의 제한은 ① 일반적 기부제한 규정(동법 제31조) 및 ② 특정행위 관련 기부행위 제한(동법 제32조)로 나뉘므로 이를 각각 설명한다.

헌법재판소 또한 위 기부제한 규정의 입법취지에 관하여 다음과 같이 결정하면서 법인과 단체의 이름으로 정치자금을 기부하도록 하는 경우 법인 또는 단체 구성원의 의사를 왜곡할 염려가 있기 때문인 점을 언급하고 있다.[111]

---

110 부산지방법원 1994. 9. 4. 선고 93노1272 판결 참조.

111 헌법재판소 2010. 12. 28. 선고 2008헌바89 결정 참조.

헌법재판소 결정

정치자금법이 이와 같이 법인 또는 단체의 정치자금 기부를 금지하고 있는 취지는, 법인 또는 단체의 이권 등을 노린 음성적인 정치적 영향력의 행사 및 선거의 공정을 해하는 행위를 차단하고 법인 또는 단체 구성원의 의사를 왜곡하는 것을 방지하는 데에 있고, 한편 단체의 정치자금 기부 금지에 관한 입법이 이루어지는 과정에서 회사 등 법인이나 단체가 임원 등 개인을 통해서 정치자금을 제공함으로써 정치자금법 제31조 제1항에서 정한 바와 같은 단체의 정치자금 기부금지의 취지를 몰각시키는 행위를 규제하여야 할 필요성이 제기됨에 따라 그 규정의 입법취지를 살리고, 탈법행위를 방지하기 위하여 누구든지 단체와 관련된 정치자금을 기부할 수 없도록 한 정치자금법 제31조 제2항과 같은 조항이 규정되게 되었으므로, 정치자금법 제31조 제2항의 **'법인 또는 단체와 관련된 자금'**이란 그 **법인 또는 단체의 의사결정에 따라 기부가 가능한 자금을 말한다. 또한 여기에는 법인 또는 단체의 존립과 활동의 기초를 이루는 고유한 자산은 물론, 법인 또는 단체가 자신의 이름으로 모집·조성한 자금도 포함된다**고 할 것이다.

나. 구성요건의 주체 및 행위의 상대방

1) 법률의 규정

동법 **제31조 제1항**은 기부행위 금지 규정으로 **구성요건적 주체**는 외국인, 국내·외의 법인 또는 단체로서 해당 주체는 정치자금을 기부할 수 없다. 위 **행위의 상대방**은 정치자금을 기부받는 사람을 의미한다.

한편 **동법 제31조 제2항**의 **구성요건적 주체**는 아무런 제한이 없고, 그 **행위의 상대방**은 기부를 받는 사람이다.

2) 해석론

위 법률규정을 보면 **제1항**은 **'국내·외의 법인 또는 단체'**의 정치자금 기부행위를 금지하여 **'구성요건적 주체'**를 기준으로 규정을 두고 있고 **제2항**은 **'국내·외의 법인 또는 단체와 관련된 자금'**의 기부를 금지하여 **'기부하는 정치자금의 성격'**을 기준으로 구성요건이 규정되어 있어 양 조항의 관계와 성격이 무엇인지 해석상 문제된다.

이에 대하여 **대법원**은 한국국공립유치원교원연합회의 정치자금 기부가 문제된 사안에서 **법 제31조 제1항은 법인 또는 단체 스스로 자신의 자금으로 정치자금을 기부하는 행위를 금지하는 것**이고, **제31조 제2항은 법인 또는 단체 스스로 정치자금을 기부하지 않더라도 법인 또는 단체가 기부자금의 모집·조성에 주도적으로 관여하는 경우를 처벌하는 규정**으로 해석함이 상당하다는 취지로 판시한 바 있다.[112]

판례

정치자금법 제31조 제1항에서 '법인 또는 단체는 정치자금을 기부할 수 없다'고 한 것은 같은 조 제2항과의 관계나 입법연혁 등에 비추어 **법인 또는 단체 스스로 자신의 자금으로 정치자금을 기부하는 행위를 금지하는 규정이라고 보아야 하고, 한편 정치자금법 제31조 제2항에서 법인 또는 단체 스스로 정치자금을 기부하지 않더라도 그와 관련된 자금으로 정치자금을 기부하는 것을 금지한다고 하여 법인 또는 단체가 기부자금 마련에 어떤 형태로든 관련되기만 하면 모두 정치자금법 제31조 제2항 소정의 기부금지 대상인 '법인 또는 단체와 관련된 자금'에 해당한다고 보아서는 안 되고, 법인 또는 단체가 기부자금의 모집·조성에 주도적·적극적으로 관여함으로써 그 모집·조성된 자금을 법인 또는 단체가 처분할 수 있거나 적어도 그와 동일시 할 수 있는 정도의 자금이어야만 '법인 또는 단체와 관련된 자금'에 해당한다고 보아야 할 것이다**.

나아가, 구체적 사안에서 그 자금이 법인 또는 단체와 그와 같은 관련이 있는지 여부는 그 자금 모집과 조성행위의 태양, 조성된 자금의 규모, 모금 및 기부의 경위와 기부자의 이해관계 등 모금과 기부가 이루어진 일련의 과정을 전체적으로 파악하여 판단하여야 할 것이다(대법원 2012. 6. 14. 선고 2008도10658 판결 참조).

(중략)

이러한 사실 및 사정들을 앞서 본 법리에 비추어 살펴보면, 이 사건은 정치자금법 제31조 소정의 '단체'에 해당할 수 있는 연합회가 스스로 자신의 자금으로 정치자금을 기부한 것이 아니어서 같은 조 제1항에서 금지하는 단체가 정치자금을 기부한 경우에 해당한다고 볼 수 없고, **나아가 이 사건 자금 모집과 조성행위의 태양, 조성된 자금의 규모, 모금 및 기부의 경위 등 모금과 기부가 이루어진 일련의 과정을 전체적으로 파악하여 보았을 때 연합회가 기부자금의 모집·조성에 주도적·적극적으로 관여함으로써 그 모집·조성된 자금을 법인 또는 단체가 처분할 수 있거나 적어도 그와 동일시 할 수 있는 정도의 자금에 해당된다고 볼 수 없어 같은 조 제2항에서 정한 '단체와 관련된 자금'을 정치자금으로 기부한 경우에 해당한다고 보기 어렵다.**

원심의 이유 설시에 다소 적절치 못한 점은 있지만, 피고인 정**이 정치자금법 제31조를 위반하여 정치자금을 기부하였다는 공소사실과 이를 전제로 한 피고인 임**에 대한 공소사실은 모두 범죄의 증명이 없는 경우에 해당한다고 본 원심의 판단은 결국 정당하다.

이와 달리 정치자금법 제31조 제1항은 형식적으로는 개인 소유의 자금이라고 하더라도 정치자금 기부행위가 단체에 의해 주도되는 등 실제 기부행위의 주체를 단체라고 볼 수 있는 경우까지 포함하여 넓게 보아야 하고, 같은 조 제2항은 정치자금의 성격이 단체와 관련된 자금이어서는 안된다는 의미라고 해석함이 상당하므로 이 사건에서 위 두 조항 위반사이에는 상상적 경합관계에 있다거나, 단체가 자신의 이름을 사용하여 주도적으로 정치자금을 모집·조성한 이상 제31조 제2항의 '단체와 관련된 자금'에 해당한다는 전제하에, 원심판결에 정치자금법 제31조의 해석에 관한 법리와 입법취지 및 헌법재판소의 결정 취지를 오해하였거나 이 사건의 실체적 성격이 연합회가 적극적으로 후원금 기부를 주도한 점을

112 대법원 2013. 3. 14. 선고 2011도15418 판결 참조.

오인한 나머지 필요한 심리를 다하지 아니한 위법이 있다는 상고이유의 주장은 모두 받아들일 수 없다 (대법원 2013. 3. 14. 선고 2011도15418 판결 참조).

3) 기부가 금지되는 '법인과 단체'의 의미

「법인 또는 단체」의 해석과 관련하여 헌법재판소는 **「공동의 목적 내지 이해관계를 가지고 조직적인 의사형성 및 결정이 가능한 다수인의 지속성 있는 모임」**을 의미한다고 결정한 바 있다.[113]

위 단체는 국외는 물론 국내의 법인을 포함하고 등기나 등록 여부를 불문하므로 예컨대 캐나다에 있는 고등학교 동창모임(비법인 사단)에서 돈을 모아 이를 국회의원 후원회에 기부하는 것도 허용되지 않는다고 보아야 한다.

한편 이와 관련하여 중앙선거관리위원회는 서울지방변호사회가 소속회원이 특정 국회의원의 입법활동을 보조하거나 위 소속회원에게 변호사회에서 일정액을 지원하는 것과 관련하여 다음과 같이 회신한 바 있다.

중앙선거관리위원회 질의 회신[114]

변호사 또는 변호사 단체·모임이「국회법」제43조·제64조 등에 따라 전문지식을 요하는 안건 등의 심사와 관련하여 심사보조자나 진술인으로 참여하거나, 입법과정에서 국회의원이나 국회 상임위원회의 의견수렴에 단순히 응하는 것은 무방할 것이나 ② 그 범위를 벗어나 무료의 용역을 제공하는 방법으로 국회의원의 입법 활동을 보조하는 것은 행위주체 및 양태에 따라 「정치자금법」 제2조 또는 제31조에 위반될 것이다"라고 회답하였고, **"서울지방변호사회가 국회의원의 입법 활동을 보조하는 소속 회원에게 지원금을 제공하는 것은 국회의원의 정치활동에 소요되는 비용을 대신 부담하는 행위가 되어 법인·단체의 정치자금 기부를 금지하는 「정치자금법」 제31조에 위반된다**.

다. 구성요건적 행위 및 처벌

구성요건적 행위는 **'기부행위'**로서 이는 이미 앞에서 본 바와 같다. 본죄를 범하면 5년 이하의 징역 또는 1천만 원 이하의 벌금에 처한다. 나아가 **불법정치자금법에 따라 위와 같은 범죄로 취득한 불법재산은 모두 필요적 몰수·추징의 대상**이 된다(불법정치자금법 제3조, 제6조 각 참조).

113 헌법재판소 2012. 7. 26. 자 2009헌바298 결정 참조.

114 2009. 8. 3. 중앙선거관리위원회 위원장 회답 참조(서울지방변호사회 회장 김현 질의 관련).

4. 특정행위 기부제한 규정 위반죄(제45조 제2항 제5호, 제32조 제1호 내지 제4호)

관련조문

정치자금법 제45조(정치자금부정수수죄) ②다음 각 호의 어느 하나에 해당하는 자는 5년 이하의 징역 또는 1천만원 이하의 벌금에 처한다.

5. 제31조(기부의 제한) 또는 **제32조(특정행위와 관련한 기부의 제한)의 규정을 위반**하여 정치자금을 기부하거나 받은 자

☞ **제32조(특정행위와 관련한 기부의 제한)** 누구든지 다음 각 호의 어느 하나에 해당하는 행위와 관련하여 정치자금을 기부하거나 받을 수 없다.

1. 공직선거에 있어서 특정인을 후보자로 추천하는 일
2. 지방의회 의장·부의장 선거와 교육위원회 의장·부의장, 교육감·교육위원을 선출하는 일
3. 공무원이 담당·처리하는 사무에 관하여 청탁 또는 알선하는 일
4. 다음 각 목의 어느 하나에 해당하는 법인과의 계약이나 그 처분에 의하여 재산상의 권리·이익 또는 직위를 취득하거나 이를 알선하는 일
   가. 국가·공공단체 또는 특별법의 규정에 의하여 설립된 법인
   나. 국가나 지방자치단체가 주식 또는 지분의 과반수를 소유하는 법인
   다. 국가나 공공단체로부터 직접 또는 간접으로 보조금을 받는 법인
   라. 정부가 지급보증 또는 투자한 법인

가. 서설

정치자금법은 위와 같이 기부행위 자체를 일절 제한하고 있는 규정 외에도 **일정한 행위를 특정하여 그와 같은 행위와 관련된 기부행위를 금지하는 규정을 마련**해 두고 있다. 이는 정치자금의 기부가 특정행위와 맞물리는 경우 공직선거와 선거의 중립성, 공정성이 훼손될 수 있고 정경유착으로 인한 부정부패 및 매관매직을 야기할 위험이 있다고 보고 이를 사전에 방지하기 위한 것으로 봄이 상당하다.

실제로 정치자금법에서 금지하는 **위 '특정행위'는 공직선거에서의 후보자 추천, 특정 업무와의 대가관계를 통한 정치자금의 기부 등이 포함**되는데 이하에서는 정치자금법에서 금지하고 있는 특정행위에 대해 상세히 살펴본다.

나. 공직선거에 있어 특정인을 후보자로 추천하는 일(제45조 제2항 제5호, 제32조 제1호)

관련조문

정치자금법 제45조(정치자금부정수수죄) ② 다음 각 호의 어느 하나에 해당하는 자는 5년 이하의 징역 또는 1천만원 이하의 벌금에 처한다.

5. 제31조(기부의 제한) 또는 제32조(특정행위와 관련한 기부의 제한)의 규정을 위반하여 정치자금을 기부하거나 받은 자

☞ 제32조(특정행위와 관련한 기부의 제한) 누구든지 다음 각 호의 어느 하나에 해당하는 행위와 관련하여 정치자금을 기부하거나 받을 수 없다.

1. 공직선거에 있어서 특정인을 후보자로 추천하는 일

1) 서설

정치자금법은 **공직선거**(공직선거법 제2조에 따른 대통령, 국회의원, 지방의회 의원 및 지방자치단체장 선거를 의미함)**에 있어 특정인을 후보자로 추천하는 것과 관련하여 정치자금을 기부하는 것을 금지**하고 있다. 다시 말해 특정 후보자를 추천해주는 것을 대가 또는 조건으로 정치자금을 기부하도록 하는 행위를 금지함으로써 후보자 추천 단계에서부터 금원의 영향력을 원천 봉쇄하여 공명정대한 선거를 담보하고자 하는 것이다.

2) 구성요건의 주체 및 행위의 상대방

본죄의 **구성요건 주체**는 아무런 제한이 없다. 다만 법인 또는 법인격 없는 사단에 적용되는 민법 이론에 따라 정당은 법률에 명문의 규정이 없으면 범죄능력이 없으므로 그 단체의 업무는 단체를 대표하는 자연인인 기관의 의사결정에 따른 대표행위에 의하여 실현될 수밖에 없다. 따라서 **특정인을 후보자로 추천하는 일과 관련하여 금품이나 그 밖의 재산상 이익을 제공받은 당사자가 정당인 경우**에는 업무를 수행하는 정당의 기관인 자연인을 위반행위의 실제 행위자로 보아야 하고, **주로 정당의 대표자가 실제 행위자로서 처벌대상이 된다.**[115]

다만 헌법상 자기책임의 원칙에 따라 비법인 사단의 대표자라는 이유만으로 그 법률상 책임을 대표자에게 지우는 것은 부당하므로 '위반행위를 한 자'를 평가함에 있어 정치자금

115 대법원 2009. 5. 14. 선고 2008도11040 판결 참조.

수수의 전 과정을 살펴 누가 정치자금 제공자와 연락하여 정치자금을 제공하게 하거나 그 수령의 의사표시를 하였는지, 수령한 정치자금의 실질적 지배나 처분권한이 누구에게 있었는지를 따져야 할 것이고, 그와 관련하여 행위자가 정치자금 제공의 전제가 되는 후보자 추천에 어떠한 영향력을 행사하였는지가 함께 고려될 수 있다.[116] 따라서 정당이 정당 명의의 계좌를 통해 금품 등을 수수하였다고 하더라도 사회통념에 비추어 행위자가 직접 재물 또는 재산상 이익을 취득한 것과 동일하게 평가할 수 있는 관계가 있는 경우에 한하여 그 행위자에게 형사처벌을 받을 책임이 있다고 보아야 한다.[117]

그 **행위의 상대방**은 기부행위의 경우 기부를 받는 사람, 기부를 받는 행위의 경우 기부를 하는 사람이다(대향범).

3) 구성요건적 행위

본죄의 **구성요건적 행위**는 법 제32조 제1호를 위반하여 공직선거에 있어 특정인을 후보자로 추천하는 일에 관하여 정치자금을 기부하거나 기부받는 것이다.

이때 정치자금을 기부 받을 당시 반드시 특정 정당이 존재할 것과 그 정당의 구체적인 후보자 추천절차가 존재할 필요는 없다. 따라서 「창당준비위원회의 활동 결과 장차 성립될 정당 또는 아직 구체적인 후보자 추천절차가 존재하지 아니하는 정당이 특정인을 후보로 추천하는 일」도 제47조의2 제1항에서 말하는 '정당이 특정인을 후보자로 추천하는 일'에 포함된다고 해석하는 것이 타당하다.[118]

한편 **대법원**은 「**후보자로 추천하는 일과 관련하여**」의 해석과 관련하여 「**정치자금의 제공이 후보자 추천의 대가 또는 사례에 해당하거나, 그렇지 아니하더라도 후보자 추천에 있어서 어떠한 형태로든 영향을 미칠 수 있는 경우에 해당**하여야 한다.[119] 그리고 위와 같은 관련성 유무의 판단은 정치자금 수수와 관련된 당사자들의 지위, 정치자금 수수 당시 당해 정당의 후보자 추천절차와 그 결과, 정치자금 수수의 경위와 그 금액 및 전달방법, 정치자금 수수를 전후한 당사자들의 언행 등 여러 사정을 종합하여 사회통념에 따라 합리적으로 판단하여야 한다.」고 판시하여[120] 일응의 해석기준을 제시하고 있다.

주관적 구성요건요소와 관련하여 본죄 또한 **고의범**이므로 특정인을 후보자로 추천하는

---

116 대법원 2013. 11. 28. 선고 2011도17163 판결 참조.

117 헌법재판소 2009. 10. 29.자 2008헌바146 결정 참조.

118 대법원 2018. 2. 8. 선고 2017도17838 판결 참조.

119 대법원 2007. 9. 6. 선고 2006도6307 판결, 대법원 2009. 10. 22. 선고 2009도7436 전원합의체 판결 참조

120 대법원 2013. 11. 28. 선고 2011도17163 판결 참조.

일과 관련하여 정치자금을 기부하거나 기부받는다는 인식이 있어야 하고 이러한 인식은 확정적인 것은 아니나 금원을 교부할 당시 명시적으로나 묵시적으로 공천과 관련하여 위 금원을 정당에 기부한다는 의사가 표시되어야 함은 당연하다.[121]

4) 죄수 및 처벌

죄수와 관련하여 공직선거법 제230조 제6항, 제47조의2 제1항에서 규정하고 있는 매수 및 이해유도죄와 위 법률규정 위반죄의 관계에 대하여 **대법원**은 양 죄의 보호법익이 서로 다르고 구성요건의 내용도 어느 한 쪽이 다른 쪽을 포함하고 있다고 볼 수 없어 두 법죄는 상상적 경합의 관계에 있다고 판시한 바 있다.[122]

본죄를 범하면 5년 이하의 징역 또는 1천만 원 이하의 벌금에 처한다. 나아가 불법정치자금법에 따라 위와 같은 범죄로 취득한 불법재산은 모두 필요적 몰수·추징의 대상이 된다(불법정치자금법 제3조, 제6조 각 참조).

다. 지방의회 의장·부의장 선거와 교육위원회 의장·부의장, 교육감·교육위원을 선출하는 일(제45조 제2항 제5호, 제32조 제2호)

관련조문

정치자금법 제45조(정치자금부정수수죄) ② 다음 각 호의 어느 하나에 해당하는 자는 5년 이하의 징역 또는 1천만원 이하의 벌금에 처한다.

5. 제31조(기부의 제한) 또는 <u>제32조(특정행위와 관련한 기부의 제한)의 규정을 위반</u>하여 정치자금을 기부하거나 받은 자

☞ <u>제32조(특정행위와 관련한 기부의 제한)</u> 누구든지 다음 각 호의 어느 하나에 해당하는 행위와 관련하여 정치자금을 기부하거나 받을 수 없다.

2. 지방의회 의장·부의장 선거와 교육위원회 의장·부의장, 교육감·교육위원을 선출하는 일

1) 서설

정치자금법은 법 제32조 제1호의 공직선거(공직선거법 제2조에 따른 대통령, 국회의원, 지방의회 의원 및 지방자치단체장 선거를 의미함) 외에도 지방의회, 교육위원회의 의장과 부의장을 선출하는 일 및 교육감과 교육위원을 선출하는 경우에도 이와 관련하여 정치자금을 기부하거

121 대법원 2007. 4. 26. 선고 2007도218 판결 참조.

122 대법원 2009. 5. 14. 선고 2008도11040 판결 참조.

나 받는 것을 금지하고 있다. 위의 경우에도 **일반 공직선거와 마찬가지로 선거의 중립성, 공정성이 훼손될 수 있고 정경유착으로 인한 부정부패 및 매관매직을 야기할 위험이 있다고 보고 이를 사전에 방지**하기 위한 것으로 봄이 상당하다.

2) 구성요건적 주체 및 행위 상대방

본죄의 **구성요건적 주체**는 아무런 제한이 없고 **그 행위의 상대방**은 기부행위의 경우 기부를 받는 사람, 기부를 받는 행위의 경우 기부를 하는 사람이다.

3) 구성요건적 행위

본죄의 **구성요건적 행위**는 지방의회, 교육위원회 의장·부의장 및 교육감·교육위원 선출하는 일과 관련하여 정치자금을 기부하거나 받는 것이다.

지방교육자치에관한법률(이하, '교육자치법')에 따르면 교육감의 경우 정치자금법 중 시·도지사 선거에 적용되는 규정을 준용하고 있다. 따라서 교육자치법에 따라 선출되는 교육감 선거와 관련하여 금품을 수수하는 경우 정치자금법 본죄를 적용하여 처벌할 수 있을 뿐만 아니라 정치자금법 제45조 제1항도 적용할 수 있다.[123]

한편 교육위원의 경우 교육자치법 부칙에 따라 2014. 6.을 기점으로 교육위원회는 효력을 상실하여 교육위원회가 지방자치단체 지방의회의 상임위 차원으로 운영되고 있고, 2016. 12. 13. 교육자치법 개정으로 교육위원 관련 규정은 모두 삭제되었다.[124]

구성요건적 행위인 **'선출하는 일과 관련하여'**의 해석은 제1호의 그것과 동일하나, 실무상 법 제32조 제2호 위반죄가 문제된 사례는 찾기 어렵다. 다만 지방의회 의장 후보자가 위 선거의 투표권자인 지방의회 의원들을 매수한 사건에서 위 후보자는 뇌물공여죄로, 매수당한 의원들을 뇌물수수죄로 처벌된 사례가 있을 뿐이다.

대법원은 위 사례에서 「뇌물죄에 있어서 직무라 함은 공무원이 법령상 관장하는 직무 그

---

123 **교육자치법 제50조(「정치자금법」의 준용)** 교육감선거에 관하여는 「정치자금법」의 시·도지사선거에 적용되는 규정을 준용한다.[본조신설 2010. 2. 26.]

124 법제처 교육자치법(2016. 12. 13. 법률 제14372호) 개정이유 및 주요내용

[이유 中] 역사적으로 교육자치제도와 지방자치제도가 분리해서 시작했고 시행되어옴에 따라, 지방의원과 교육위원을 따로 선출해왔음. 「지방교육자치에 관한 법률」 부칙에 따라, 2014년 6월 기점으로 그동안 교육위원회는 효력을 상실하게 됨. 현재 교육위원회는 지자체 지방의회의 상임위 차원으로 운영되고 있음. 다만, 「제주특별자치도 설치 및 국제자유도시 조성을 위한 특별법」에 의해 제주도만 교육의원을 선출하고 있음. 하지만 아직까지 교육위원회 조항이 남아있음에 따라, 해당 조항을 부칙과 함께 보지 않으면 교육의원(교육위원에서 교육의원으로 변경됨)이 존재하는 것처럼 보여 국민들이 혼란스러울 수 있음. 따라서 현행 법상 교육위원회 및 교육의원 제도는 「지방교육자치에 관한 법률」 개정으로 사문화된 제도이므로 해당 규정을 삭제하여 현행 법률의 체계에 맞도록 하려는 것임.

자체뿐만 아니라 그 직무와 밀접한 관계가 있는 행위 또는 관례상이나 사실상 소관하는 직무행위 및 결정권자를 보좌하거나 영향을 줄 수 있는 직무행위도 포함한다. 지방자치법 제42조 제1항의 규정에 의하면 **지방의회는 의장을 의원들 간의 무기명투표로 선거하도록 되어 있으므로 의장선거에서의 투표권을 가지고 있는 군의원들이 이와 관련하여 금품등을 수수할 경우 이는 군의원으로서의 직무와 관련된 것이라 할 것이므로 뇌물죄가 성립한다.**」고 판시한바 있다.[125] 생각건대, 위 사례에서 지방의회 의장 선거와 관련하여 정치자금을 수수한 경우 정치자금법위반죄는 위 뇌물수수죄와 상상적 경합범의 관계에 따라 처벌되었을 것으로 보인다(私見).

4) 처벌

본죄를 범하면 5년 이하의 징역 또는 1천만 원 이하의 벌금에 처한다. 나아가 불법정치자금법에 따라 **위와 같은 범죄로 취득한 불법재산은 모두 필요적 몰수·추징의 대상이 된다**(불법정치자금법 제3조, 제6조 각 참조).

라. 공무원이 담당·처리하는 사무에 관하여 청탁 또는 알선하는 일(제45조 제2항 제5호, 제32조 제3호)

관련조문

정치자금법 제45조(정치자금부정수수죄) ② 다음 각 호의 어느 하나에 해당하는 자는 5년 이하의 징역 또는 1천만원 이하의 벌금에 처한다.

5. 제31조(기부의 제한) 또는 <u>제32조(특정행위와 관련한 기부의 제한)의 규정을 위반</u>하여 정치자금을 기부하거나 받은 자

☞ <u>제32조(특정행위와 관련한 기부의 제한)</u> 누구든지 다음 각 호의 어느 하나에 해당하는 행위와 관련하여 정치자금을 기부하거나 받을 수 없다.

3. 공무원이 담당·처리하는 사무에 관하여 청탁 또는 알선하는 일

---

1) 서설

본죄는 **공무원이 담당하고 처리하는 사무에 관하여 청탁 또는 알선을 해주는 것과 관련하여 정치자금을 기부하거나 받는 행위를 금지**하고 있다. **대법원**은 위 조항의 입법취지와 관련하여 「…특히 같은 법 제32조는 비록 정치자금의 수수가 위 법이 정한 절차와 한

---

125 대법원 2002. 5. 10. 선고 2000도2251 판결 참조.

도에 따른 것이라 하더라도 그것이 위 법조항이 정하는 특정행위와 관련하여 이루어지는 경우에는 **공직선거, 공무원이 담당·처리하는 사무, 공법인 등의 공정성과 중립성이 훼손되거나 정경유착으로 인한 부정부패를 야기할 위험이 있다고 보아 이를 미연에 방지**하기 위하여 그러한 정치자금의 수수를 금지한 것으로 보아야 할 것이다.」라고 판시하고 있다.[126]

2) 구성요건의 주체 및 행위의 상대방

본죄의 **구성요건적 주체**는 아무런 제한이 없고 **그 행위의 상대방**은 기부행위의 경우 기부를 받는 사람, 기부를 받는 행위의 경우 기부를 하는 사람이다.

3) 구성요건적 행위

본죄의 **구성요건적 행위**는 **공무원이 담당·처리하는 사무에 관하여 청탁·알선하는 일과 관련해 정치자금을 기부받거나 기부하는 것**이다. 정치자금을 기부하거나 기부받은 이상 정치자금법 제32조 제3호 위반죄가 성립하고, 그 청탁 또는 알선행위가 당해 정치자금을 받은 자의 직무활동 범위에 속한다거나 나아가 그 청탁 또는 알선의 내용이 위법 또는 부당한 것이 아니라는 사정 또는 그에 관한 정치자금 기부행위가 정치자금법이 정한 절차와 한도 범위 내에서 이루어졌다는 사정만으로 그 죄책을 면할 수 없다.[127]

여기에서 '**청탁**'은 **정치자금을 기부받은 자가 자기 또는 타인을 위하여 해당 사무를 담당·처리하는 공무원에게 직접 부탁하는 것을 의미한다.** 이러한 청탁은 그 청탁이 위법하거나 부당한 직무집행을 내용으로 하는 것은 물론이고 비록 청탁의 대상이 된 직무집행 자체는 위법·부당한 것이 아니라고 하더라도 **당해 직무집행을 어떤 대가관계와 연결시켜 그 직무집행에 관한 대가의 교부를 내용으로 하는 경우라면 청탁에 해당**한다고 봄이 상당하다.

한편 '**알선**'은 **일정한 사항을 중개하는 것으로 다른 공무원이 취급하는 사무의 처리에 법률상 또는 사실상 영향을 줄 수 있도록 하는 것**을 말한다. 이러한 알선행위는 정치자금을 기부받은 자가 해당 사무를 담당하는 공무원에게 직접 부탁하지 않고 공무원과 잘 아는 제3자를 통해 부탁한다는 점에서 '청탁'과 구별된다.

한편 **대법원**은 「정치자금법 제32조의 입법 취지, 정치자금법 제32조 제3호는 청탁행위와

---

126 대법원 2008. 9. 11. 선고 2007도7204 판결 참조.

127 위 대법원 2007도7204 판결 참조.

알선행위를 모두 금지대상으로 하고 있는데 '청탁'은 알선과는 달리 기부행위를 받은 공무원과 분리된 다른 공무원이 담당·처리하는 사무를 당연한 전제로 하고 있지 아니한 점 등에 비추어 보면, **기부자가 당해 정치자금을 받은 공무원이 '직접' 담당·처리하는 사무에 관하여 청탁하는 일과 관련하여 정치자금을 기부하는 행위 역시 위 조항에 위배된다.**」고 판시하였다.[128]

이와 관련하여 대법원이 구체적인 법리를 설시한 사례가 있어 이를 자세히 살펴볼 필요가 있다. 서산시 국회의원인 피고인 甲이 후원회의 회계를 사실상 지배·장악하여 관리하고 있는 상태에서 에쓰오일주식회사 대표이사인 피고인 乙이 피고인 甲에게 위 회사의 공장을 그의 지역구인 서산시에 신설하는 일과 관련하여 서산시장 등과의 간담회를 가지고 시장의 협조를 구해달라고 부탁하면서 회사 직원 542명을 동원하여 피고인 甲의 후원회에 거액을 기부한 사안에서, **대법원**은 피고인 甲의 후원회는 피고인 甲이 실질적으로 그 회계를 지배·관리하고 있으므로 비록 후원금이 후원회에 지급되었다 하더라도 피고인 甲이 이를 직접 기부받은 것으로 봄이 타당하고, 위 정치자금은 공무원이 담당·처리하는 사무에 관하여 청탁·알선하는 일과 관련된 것이라고 봄이 상당하여 피고인 甲은 정치자금법 제32조 제3호 위반죄의 죄책을 지며, 피고인 乙은 위와 같이 정치자금을 기부하는 과정에서 그와 같은 사정을 알지 못하는 회사 직원들의 기부행위를 유발하고 자신의 범죄행위를 실현한 것으로 형법 제34조 제1항 간접정범으로서 정치자금법 제32조 제3호의 죄책을 진다고 판시하였다.[129] 상세한 판시 사항 및 사실관계는 다음과 같다.

판례

정치자금법의 입법 목적 및 그 규정내용 등을 종합하면, 국회의원의 후원회가 위 법이 정한 단체로서의 실질을 갖추지 못한 경우이거나 단체로서의 실질은 갖추었더라도 **국회의원이 직접 또는 보조자를 통하여 후원회의 후원금 입·출금을 포함한 후원회의 회계를 사실상 지배·장악하여 관리하고 있는 경우에**

128 대법원 2013. 10. 31. 선고 2011도8649 판결 참조
[판결이유 中] 피고인들이 **공무원인 국회의원들이 담당·처리하는 사무인 청원경찰법의 개정**에 관하여 자신들이 요구해 오던 청원경찰의 등급제, 정년의 연장 등이 수용되도록 **국회의원들에게 청탁하는 일과 관련하여 정치자금을 기부한 점** 등 그 판시와 같은 사정에 비추어 보면, **피고인들의 위와 같은 정치자금 기부행위는 정치자금법 제32조 제3호를 위반한 경우에 해당한다고 판단**하였다. 원심판결 이유를 앞서 본 법리와 원심이 적법하게 채택한 증거들에 비추어 보면, 원심의 위와 같은 판단은 정당하고, 거기에 상고이유 주장과 같이 정치자금법상 기부행위에 관한 법리를 오해하거나 사실인정에 있어 논리와 경험칙에 반하여 자유심증주의의 한계를 벗어나는 등의 위법이 없다.

129 위 대법원 2007도7204 판결 참조.

는, 비록 형식적으로는 후원금이 후원회에 기부되었다고 하더라도, 이는 국회의원이 직접 후원금을 기부받은 것과 마찬가지라고 보아야 할 것이다. 또한, 국회의원이 지정한 후원회는 정치자금을 모아 국회의원에게 전달하는 데에 그 존립 목적이 있어 정치자금의 최종 귀속자 내지 독립된 제3자라기보다는 국회의원에 대한 정치자금을 관리하고 전달하는 역할을 하는 것에 불과하므로, 후원회가 위 법이 정한 단체로서의 실질을 갖추었을 뿐 아니라 독자적인 회계처리 등 정상적인 활동을 하고 있는 경우에도, **국회의원이 후원회로부터 기부받은 후원금액은 원래 기부자의 후원회에 대한 후원금 기부사실을 알지 못하였다는 등의 특별한 사정이 없는 한 원래의 기부자로부터 직접 기부받은 것과 동일하게 보아야 한다.**
(중략) 에쓰오일주식회사의 대표이사 겸 회장인 피고인 2가 위 회사의 제2공장을 서산시에 신설하는 것과 관련하여 그곳 지역구 국회의원인피고인 1의 주선으로 서산시장 등과의 간담회를 가지고 피고인 1에게 도시계획변경 및 일반지방산업단지지정에 관하여도 서산시장의 협조를 구해 달라고 부탁한 사실, 이와 관련하여 **피고인 2는 피고인 1에게 후원금을 제공하기로 마음먹고, 위 회사의 경영진과 조직을 통하여 전국에 산재한 위 회사 지점 및 영업소 직원들에게 피고인 1을 소개하면서 그에 대한 후원금 기부를 권고하고 후원한 직원들의 명단까지 파악하는 등 후원금 기부를 적극적으로 유도하여**, 이전에는 피고인 1에 대한 후원금 기부를 생각조차 하지 않던 전국 각지의 위 회사 직원들 중 무려 542명으로 하여금 불과 14일 동안 10만 원씩 모두 5,420만 원의 후원금을 피고인 1의 후원회에 집중적으로 기부하도록 함으로써 피고인 2 및 위 회사 임원 등의 후원금을 합하여 합계 5,560만 원을 기부한 사실, **피고인 1의 후원회는 형식적으로는 위 피고인과 별도로 구성되어 있기는 하나, 그 활동이 미미하고, 후원금 관리계좌가 위 피고인 명의로 개설되어 있으며, 그 통장 및 도장을 위 피고인의 변호사 사무실 여직원 겸 국회의원 정치자금 회계책임자가 위 피고인의 국회의원 정치자금 통장 및 도장과 함께 보관하면서 위 피고인의 국회의원 보좌관 겸 후원회 회계책임자의 구체적 지시·감독 아래 이를 관리하여 왔고**, 위 피고인은 그 보좌관 겸 후원회 회계책임자로부터 위 통장의 입·출금 내역 등 관리 상황을 수시로 보고받아 왔으며, 이 사건 후원금 입금에 관하여도 위와 같은 방법으로 보고받고 그 직후 피고인 2에게 직접 감사하다는 취지의 인사말까지 한 사실을 알 수 있다.

위와 같은 사실을 앞서 본 법리에 비추어 살펴보면, 비록 형식적으로는 위 후원금이 후원회에 기부된 것이라고 하더라도 **실질적으로는 후원회의 회계를 사실상 지배·장악하고 있던 피고인 1 본인이 바로 후원금을 기부받은 것으로 볼 수 있어 정치자금법 제32조 제3호가 금지하는 공무원이 담당·처리하는 사무에 관하여 청탁 또는 알선하는 일과 관련하여 정치자금을 수수한 것이라 할 것이고, 피고인 2는 자세한 내막을 알지 못하여 정치자금법 위반죄를 구성하지 않는 직원들의 기부행위를 유발하고 이를 이용하여 자신의 범죄를 실현한 것이어서 간접정범으로서의 죄책을 면할 수 없다 할 것이**다(대법원 2008. 9. 11. 선고 2007도7204 판결 참조).

4) 죄수 및 처벌

본죄의 **죄수와 관련**하여 **대법원**은 「…단체와 관련된 자금을 국회의원등에게 기부한 행위로 인한 정치자금법 제31조 제2항 위반죄와 공무원이 담당·처리하는 사무에 관하여 청탁 또는 알선하는 일과 관련하여 정치자금을 기부한 행위로 인한 정치자금법 제32조 제3호 위반죄는, 그 객관적 사실관계가 기부상대방인 국회의원별로 이루어진 하나의 기부행위를 대상으로 한 것으로 1개의 행위가 수 개의 죄에 해당하는 경우로서 형법 제40조에 정해진 상상적 경합관계에 있다고 할 것이다.」라고 판시하고 있다.[130]

나아가 위 구성요건은 형법상 알선수뢰죄(형법 제132조), 이를 가중한 특정범죄가중법 제2조 제1항(알선수뢰), 제3조(알선수재)죄와 그 행위태양이 유사한바 **대법원**은 정치자금법 제32조 제3호 위반죄와 형법상 알선수뢰죄의 경우 그 구성요건과 보호법익을 서로 달리하고 있으므로 양 죄가 특별관계에 있다고 볼 수 없어 국회의원등이 공무원의 직무에 속한 알선에 관하여 금원을 수수한 경우 본조 위반과 알선수뢰죄가 각 성립한다고 판시하였고,[131] 양 죄는 상상적 경합범 관계에 있다고 봄이 상당하다.

한편 본죄를 범하면 5년 이하의 징역 또는 1천만 원 이하의 벌금에 처한다. 나아가 불법정치자금법에 따라 위와 같은 범죄로 취득한 불법재산은 모두 필요적 몰수·추징의 대상이 된다(불법정치자금법 제3조, 제6조 각 참조).

마. 특정 법인과의 계약이나 그 처분에 의하여 재산상의 권리·이익 또는 직위를 취득하거나 이를 알선하는 일(제45조 제2항 제5호, 제32조 제4호)

관련조문

정치자금법 제45조(정치자금부정수수죄) ② 다음 각 호의 어느 하나에 해당하는 자는 5년 이하의 징역 또는 1천만원 이하의 벌금에 처한다.

5. 제31조(기부의 제한) 또는 제32조(특정행위와 관련한 기부의 제한)의 규정을 위반하여 정치자금을 기부하거나 받은 자

☞ 제32조(특정행위와 관련한 기부의 제한) 누구든지 다음 각 호의 어느 하나에 해당하는 행위와 관련하여 정치자금을 기부하거나 받을 수 없다.

4. 다음 각 목의 어느 하나에 해당하는 법인과의 계약이나 그 처분에 의하여 재산상의 권리·이익 또는 직위를 취득하거나 이를 알선하는 일
   가. 국가·공공단체 또는 특별의 규정에 의하여 설립된 법인
   나. 국가나 지방자치단체가 주식 또는 지분의 과반수를 소유하는 법인
   다. 국가나 공공단체로부터 직접 또는 간접으로 보조금을 받는 법인
   라. 정부가 지급보증 또는 투자한 법인

130 대법원 2013. 10. 31. 선고 2011도8649 판결 참조.

131 대법원 2006. 5. 26. 선고 2006도1713 판결 참조.

1) 서설

본죄는 국가 또는 지방자치단체·공공단체로부터 보조금이나 출자 등을 받고 있는 회사 기타의 법인이 보조금 등을 받고 있다는 사실에 기하여 해당 법인은 국가나 지방자치단체와 특별한 관계에 있으므로 그 특별한 관계를 유지 또는 공고히 하기 위해 정치활동을 하는 사람들과 유착하기 쉬운 점, 이에 정치활동을 하는 사람들은 이를 이용하여 영향력을 행사할 수 있는 점을 전제하여 위 법인과의 계약이나 그 처분에 의해 재산상의 권리, 이익, 직위를 취득하거나 알선하는 일을 통해 정치자금을 수수하는 것을 원천 차단하고자 하는 취지다.

2) 구성요건의 주체 및 행위의 상대방

구성요건의 주체는 아무런 제한이 없고 **그 행위의 상대방**은 기부행위의 경우 기부를 받는 사람, 기부를 받는 행위의 경우 기부를 하는 사람이다.

3) 구성요건적 행위

본죄의 **구성요건적 행위**는 기부 행위와 관련하여 아래와 같은 특정 법인과의 계약이나 처분에 의해 재산상의 권리, 이익 또는 직위를 취득하거나 이를 알선하면서 정치자금을 기부하거나 받는 것이다. 그 '**특정법인**'은 국가·공공단체 또는 특별법 규정에 따라 설립된 경우(**가목**), 국가·지방자치단체가 주식 또는 지분의 과반수를 소유하는 경우(**나목**), 국가·공공단체로부터 직·간접적으로 보조금을 받는 경우(**다목**), 정부가 지급보증 또는 투자한 법인(**라목**)이다.

4) 처벌

본죄를 범하면 5년 이하의 징역 또는 1천만 원 이하의 벌금에 처한다. 나아가 **불법정치자금법에 따라 위와 같은 범죄로 취득한 불법재산은 모두 필요적 몰수·추징의 대상**이 된다(불법정치자금법 제3조, 제6조 각 참조).

5. 기부알선 제한 규정 위반죄(제45조 제2항 제6호, 제33조)

관련조문

정치자금법 제45조(정치자금부정수수죄) ② 다음 각 호의 어느 하나에 해당하는 자는 5년 이하의 징역 또는 1천만원 이하의 벌금에 처한다.

6. <u>제33조(기부의 알선에 관한 제한)의 규정</u>을 위반하여 정치자금의 기부를 받거나 이를

알선한 자

☞ 제33조(기부의 알선에 관한 제한) 누구든지 업무·고용 그 밖의 관계를 이용하여 부당하게 타인의 의사를 억압하는 방법으로 기부를 알선할 수 없다.

가. 서설

누구든지 **업무·고용 그 밖의 관계를 이용하여 부당하게 타인의 의사를 억압하는 방법으로 기부를 알선할 수 없다**. 정치자금법은 정치자금의 적정한 제공을 보장함으로써 민주정치의 건전한 발전에 기여함을 목적으로 하고 있으므로 업무·고용·기타 그 밖의 관계를 이용해 부당하게 타인의 의사를 억압하는 방법으로 기부를 알선하지 못하도록 한 것이다.

나. 구성요건의 주체 및 행위의 상대방

본죄의 **구성요건의 주체**는 아무런 제한이 없다. 따라서 누구든지 본죄의 주체가 될 수 있다. 나아가 **행위의 상대방**은 ① **기부를 하도록 알선하는 행위**의 경우 알선행위의 상대방이다. 따라서 그 상대방이 직접 기부행위를 하는 사람일 필요는 없다고 해석함이 상당하다. 한편 ② **기부행위를 받는 행위**의 경우 기부행위를 실제로 하는 사람이다.

다. 구성요건적 행위

본죄의 **구성요건적 행위**는 **업무·고용 그 밖의 관계를 이용하여 부당하게 타인의 의사를 억압하는 방법으로 기부를 알선하는 행위 및 그와 같은 알선을 통해 기부를 받는 것**이다.

특정 상대방은 정치자금을 기부할 의사가 없는데 알선행위자와의 업무, 고용 기타의 방법으로 불이익을 받을 것을 염려하여 자유로운 의사결정을 하지 못한 채 마지못해 정치자금을 내게 된다는 인식을 하면서도 부당하게 정치자금의 기부를 하도록 하는 경우 이를 처벌하는 것이다.

이때 **의사를 억압하는 방법이나 정도도 업무, 고용 등의 관계로 상대방의 자유로운 의사결정을 침해하는 정도면 족**하며 협박죄에서와 같이 명시적으로 해악을 고지하거나 공갈죄에서와 같이 상대방을 외포시킬 정도의 억압이 필요한 것은 아니다.[132]

---

132 대법원 2004. 4. 27. 선고 2004도482 판결 참조.

대법원은「**국세청의 차장, 조사국장의 지위에 있는 피고인들이 조세부과 징수권 및 세무조사권을 의식하지 않을 수 없는 해당 기업의 관계자들에게 은근히 압력을 행사**하는 방법으로 한나라당에 대한 대선자금의 지원을 요청하고, 해당기업의 관계자들도 국세청 고위공무원들이 기업에 대하여 갖는 막강한 권한 때문에 당시는 이른바 **IMF 사태를 전후한 시기로서 경제사정이 매우 어려운 가운데 그들이 요구하는 대선자금을 지원하게 된 사실**이 있으므로 이는 **'타인의 의사를 억압하는 방법'으로 정치자금의 기부를 알선한 것**」이라고 판시하였다.[133]

한편 하급심 판결 중에는 양주축산업협동조합 상임이사가 간부회의에서 지시하여 경영혁신실을 통해 조직적으로 정치자금을 기부할 신청자 명단을 작성하고 직원들로 하여금 인당 10만 원씩 합계 총 1,000만 원을 모아 국회의원의 후원회에 기부하도록 한 사안에서 축협의 상임이사는 인사 등에서 불이익을 받을 것을 염려하는, 정치자금 기부의사가 없는 직원들의 의사를 억압하여 정치자금을 기부하도록 알선한 행위에 해당하므로 정치자금법 제33조 위반에 해당한다고 판시한 사례도 있다.[134]

주관적 구성요건 요소와 관련하여 ① 기부행위 알선의 경우에는 기부행위를 실제로 하는 사람들의 진정한 의사와 무관하게 기부행위가 이루어진다는 점을 인식하여야 하고, ② 기부행위를 받는 행위의 경우, 기부행위를 받는 사람은 그 기부행위가 업무·고용 그 밖의 관계를 이용하여 부당하게 타인의 의사를 억압하는 방법으로 이루어졌다는 사실을 미필적으로나마 인식하였을 것을 요한다.

---

133 위 대법원 2004도482 판결 참조.

[판결 이유 中] 피고인 이*희, 주*중이 국세청 차장, 조사국장인 지위에 있어서 그들의 조세부과·징수권 및 세무조사권을 의식하지 않을 수 없는 해당 기업의 관계자들에게 은근히 압력을 행사하는 방법으로 한나라당에 대한 대선자금의 지원을 요청한 사실, 피고인 이*성, 서*목도 피고인 이*희가 국세청 차장으로 기업에 대한 위와 같은 권한으로 영향력을 행세할 수 있는 점을 이용하여 대선자금을 모금할 것임을 인식하면서도 그에게 정치자금의 모금을 도와 달라고 요청한 사실, 해당 기업의 관계자들도 피고인 이*희, 주*중이 국세청 고위 공무원들로서 기업에 대하여 가지는 막강한 권한 때문에 당시는 이른바 IMF 사태를 전후한 시기로서 경제사정이 매우 어려운 가운데에서도 마지못해 그들이 요구하는 대선자금을 지원하게 된 사실을 각 인정하고 나서, 피고인 이*희, 주*중이 기업들로부터 정치자금을 모금한 행위는 정치자금에관한법률 제14조의 '타인의 의사를 억압하는 방법'으로 정치자금의 기부를 알선한 것이고, 피고인 이*성, 서*목 역시 피고인 이*희 등과 공모하여 정치자금의 기부를 알선하였다고 판단하였다. 위에서 본 법리와 기록에 의하여 살펴보면, 원심의 인정과 판단은 모두 수긍이 가고, 거기에 주장과 같은 '타인의 의사를 억압하는 방법' 내지 그에 대한 고의에 관한 채증법칙을 어기거나 정치자금에관한법률 제14조에 관한 법리를 오해한 위법이 없다.

134 의정부지방법원 2011고합34, 57, 61, 100, 206, 504(병합) 판결 참조(피고인 항소포기로 확정).

라. 처벌

본죄를 범하면 5년 이하의 징역 또는 1천만 원 이하의 벌금에 처한다. 나아가 불법정치자금법에 따라 위와 같은 **범죄로 취득한 불법재산은 모두 필요적 몰수·추징의 대상**이 된다(불법정치자금법 제3조, 제6조 각 참조).

6. 기탁금 및 기부제한 규정 위반죄 관련(제45조 제2항 제4호 내지 제6호) 범죄수익환수 사례

정치자금법위반죄로 취득한 불법재산은 모두 필요적 몰수·추징의 대상이 된다(법 제45조 제3항 참조). 정치자금법에 의한 필요적 몰수 또는 추징은 위 법을 위반한 자에게 제공된 금품 기타 재산상 이익을 그들로부터 박탈하여 그들로 하여금 부정한 이익을 보유하지 못하게 함에 그 목적이 있으므로, 제공된 당해 금품 기타 재산상 이익이 그 행위자에게 귀속되었음이 인정된 범위 내에서만 추징할 수 있고, **정당에게 제공된 정치자금의 경우 그 정당의 구성원 등이 교부받은 금품을 제공한 자의 뜻에 따라 정당에 전달한 경우에는 그 부분의 이익은 실질적으로 그 행위자에게 귀속된 것이 아니어서 그 가액을 행위자로부터 추징할 것은 아니**다.[135]

한편 금품을 현실적으로 수수한 행위자가 이를 정당에 실제로 전달하지 아니한 이상 위와 같은 법리가 적용된다고 할 수 없고, 한편 이러한 금품수수자가 자신의 개인 예금계좌에 돈을 입금함으로써 그 특정성을 상실시켜서 소비 가능한 상태에 놓았다가 동액 상당을 인출하여 금품제공자에게 반환하였다고 하더라도, 그 가액 상당을 금품수수자로부터 추징함이 상당하다.[136]

대법원은 후보자 추천과 관련하여 기부의 제한이 문제된 사안에서 「**정당이 후보자 추천**

---

135 대법원 2004. 4. 27. 선고 2004도482 판결 참조.

136 대법원 1996. 10. 25. 선고 96도2022 판결, 대법원 1999. 1. 29. 선고 98도3584 판결, 대법원 2008. 1. 18. 선고 2007도7700 판결 등 참조.

[판결 이유 中] 피고인 2가 피고인 1로부터 현실적으로 수수한 총 2억 5천만 원의 정치자금 중 민주당에 실제로 전달된 117,000,000원을 제외한 나머지 133,000,000원이 추징대상이 된다고 보고, 나아가 피고인 2가 위와 같이 수수한 133,000,000원 자체를 피고인 1에게 반환한 것이 아니라 이를 일단 자신의 개인 예금계좌에 입금하였다가 같은 금액을 위 예금계좌에서 인출하여 이를 피고인 1에게 지급한 이상피고인 2로부터 그 가액 상당을 추징하여야 한다고 판단하였는바, 이러한 원심의 판단은 앞서 본 법리에 따른 것으로서 정당하고, 거기에 상고이유의 주장과 같은 추징에 관한 법리오해 등의 위법이 없다.

과 관련하여 금전을 무상으로 대여 받는 행위는 정치자금법이 금지하는 정치자금을 제공받는 행위에 해당하는 것이지만, 이러한 경우 그 차용금 자체를 기부받은 것으로 볼 것은 아니고 **통상적으로 유상대여가 이루어졌을 경우와 비교하여 그 이자 상당의 재산상 이익을 기부받은 것으로 봄이 상당**하고, 이러한 법리는 정당이 후보자 추천과 관련하여 금전을 통상적인 경우에 비하여 현저히 낮은 이율로 대여 받은 경우에도 마찬가지이므로 이때에는 금융기관의 대출금리 또는 법정이율 등과 실제 이율과의 차이 상당의 재산상 이익을 기부받은 것으로 보아야 하고 몰수·추징의 대상도 이에 한정하여야 한다.」고 판시하고 있다.[137]

한편 공무원이 담당·처리하는 사무에 관하여 청탁 또는 알선하는 일과 관련하여 정치자금을 기부받은 사안에서 **실제로 그와 같은 방법으로 후원회를 통하여 기부를 받은 경우 기부금액 전액을 실제로 후원금을 지급받은 국회의원으로부터 추징한 사례**가 있다.[138]

사례

【범죄사실】

피고인 1은 서산·태안지역을 지역구로 하는 열린우리당 소속 제17대 국회의원이고, 피고인 2는 에쓰대시오일(S-OIL) 주식회사(이하 '에쓰오일'이라고만 한다)의 대표이사 겸 회장인바,

1. 피고인 1은, 누구든지 공무원이 담당·처리하는 사무에 관하여 청탁 또는 알선하는 일과 관련하여 정치자금을 기부받을 수 없음에도 불구하고,

2005. 8. 초순경 사우디아라비아에서 에쓰오일 제2공장 신설사업과 관련하여 그 부지 선정에 어려움을 겪고 있던 피고인 2에게 위 제2공장의 부지로 자신의 지역구인 서산 대산지역을 추천해 주었고, 2005. 8. 22.경 서산시 시장실에서 간담회를 개최하도록 주선하고 직접 참석하기도 하는 등으로 공소외 1 서산시장과 피고인 2 사이에 공장부지 및 공장 신설 계획에 대한 논의를 할 수 있도록 해 주었으며, 2005. 9. 23. 신라호텔에서 개최된 사우디아라비아 국경일 만찬 석상에서피고인 2로부터 공소외 1 서산시장과의 위 간담회에서 논의되었던 서산시 추천의 에쓰오일 제2공장 신설 부지에 포함된 자연녹지 지역과 관련한 도시계획을 변경해야

137 대법원 2009. 10. 22. 선고 2009도7436 전원합의체 판결 참조.

138 대전지방법원 서산지원 2007. 2. 20. 선고 2006고합60 판결 참조[이 사건은 항소심에서 무죄판결이 선고되었으나(대전고등법원 2007. 8. 22. 선고 2007노129 판결 참조), 대법원에서 유죄취지로 파기환송되었고(대법원 2008. 9. 11. 선고 2007도7204 판결 참조), 파기환송심에서 파기환송 취지에 따라 유죄판결이 선고되어(대전고등법원 2009. 7. 17. 선고 2008노476 판결 참조), 대법원에서 재차 유죄로 확정되었다(대법원 2010. 9. 9. 2009도7920 판결 참조)].

한다고 한다는 말을 듣고, 피고인 2에게 '그 문제는 해결해야지요'라는 취지로 말한 후, 2005. 10. 5. 피고인 2에게 전화하여 위와 같은 문제해결에 대한 공소외 1 서산시장의 협조를 구했다는 취지로 '사업을 계속하여 추진하라'고 말하였고, 2005. 11. 3.경에는 에쓰오일 제2공장 신설사업팀 소속 실무자인 상무 공소외 2의 방문을 받은 자리에서 제2공장 신설사업계획서 등에 대한 설명과 함께 '일반지방산업단지지정 신청을 하면 잘 좀 되게 협조 부탁드립니다. 도와주시면 나중에 은혜를 갚겠습니다'는 부탁을 받았으며, 다시 2005. 11. 7.경에는 피고인 2로부터 '일반지방산업단지지정 신청을 하였으니 신경 좀 써 달라'는 취지의 부탁을 받고, 알았다고 하는 등 당시 용도변경 문제가 에쓰오일의 가장 큰 문제인 상황에서 서산 내에 에쓰오일의 제2공장 신설이 신속하게 추진될 수 있도록, 서산시장인공소외 1의 권한으로 되어 있는 위와 같은 도시계획 변경 및 향후 일반지방산업단지지정 절차상 C에 대한 의견제시와 관련하여, 피고인 2 및 그 지시를 받은 에쓰오일 직원들로부터 후원금 형태의 금품을 교부받는다는 정을 인식하면서 이를 수수하기로 마음먹고,

2005. 12. 7.경 서산시 동문동 (이하 생략)에 있는 국회의원 피고인 1 사무실 겸 후원회 사무실에서, 공소외 1 서산시장에게 에쓰오일의 제2공장 신설과 관련하여 위와 같은 도시계획 변경 등 문제를 해결하기 위하여 위와 같이 알선해 준 것에 대한 고마움 뿐 아니라 향후에도 제2공장 신설과 관련된 문제 해결을 위해 알선해 줄 것을 부탁하는 의미로 피고인 2로부터 후원금의 형식을 빌어 100만 원을 수수한 것을 비롯하여 그 때부터 같은 달 20.경까지 사이에 피고인 2 및 그 지시를 받은 위 회사 직원 546명으로부터 100만 원 및 10만 원 등의 소액후원금 형식을 빌어 금원을 수수하는 등 에쓰오일의 서산 대산지역 제2공장 신설사업과 관련하여 공소외 1 서산시장의 권한으로 되어 있는 자연녹지의 공업지역으로의 용도변경, 일반지방산업단지지정 신청에 있어서 C에 대한 서산시의 의견제시 등 서산시장이 담당·처리하는 사무에 관하여 청탁 또는 알선하는 일과 관련하여 5,560만 원의 정치자금을 기부받았다.

【법령의 적용】

1. 범죄사실에 대한 해당 법조

• 피고인 1 : 정치자금법 제45조 제2항 제5호, **제32조 제3호(징역형 선택)**

• 피고인 2 : 정치자금법 제45조 제2항 제5호, 제32조 제3호, 형법 제30조, 제34조, 제31조 제1항(징역형 선택)

1. 추징(피고인1)

정치자금법 제45조 제3항

제 6 장
비밀·정보 등 이용 관련 부패범죄

제 1 절 공직자의 이해충돌 방지법위반(제9호)

I 총설

부패재산몰수법은 별표 제9호에서 「**공직자의 이해충돌 방지법**」(이하, 「**이해충돌방지법**」이라 함) **제27조 제1항 및 같은 조 제2항 제1호의 죄**를 부패범죄로 규정하고 있다.

관련조문

부패재산몰수법 별표

부패범죄(제2조 제1호 관련)

9. 「공직자의 이해충돌 방지법」 제27조 제1항 및 같은 조 제2항 제1호의 죄

관련조문

이해충돌방지법 제27조(벌칙) ① **제14조제1항을 위반**하여 **직무수행 중 알게 된 비밀 또는 소속 공공기관의 미공개정보를 이용하여 재물 또는 재산상의 이익을 취득**하거나 **제3자로 하여금 재물 또는 재산상의 이익을 취득하게 한 공직자**(**제16조에 따라 준용되는 공무수행사인을 포함한다. 이하 이 조 및 제28조제2항제1호에서 같다**)는 7년 이하의 징역 또는 7천만원 이하의 벌금에 처한다.

② 다음 각 호의 어느 하나에 해당하는 자는 5년 이하의 징역 또는 5천만원 이하의 벌금에 처한다.

1. **제14조제2항을 위반하여 공직자로부터 직무상 비밀 또는 소속 공공기관의 미공개정보임을 알면서도 제공받거나 부정한 방법으로 취득하고 이를 이용하여 재물 또는 재산상의 이익을 취득**한 자

☞ **제14조(직무상 비밀 등 이용 금지)** ① 공직자(공직자가 아니게 된 날부터 3년이 경과하지

아니한 사람을 포함하되, 다른 법률에서 이와 달리 규정하고 있는 경우에는 그 법률에서 규정한 바에 따른다. 이하 이 조, 제27조제1항, 같은 조 제2항제1호 및 같은 조 제3항제1호에서 같다)는 직무수행 중 알게 된 비밀 또는 소속 공공기관의 미공개정보(재물 또는 재산상 이익의 취득 여부의 판단에 중대한 영향을 미칠 수 있는 정보로서 불특정 다수인이 알 수 있도록 공개되기 전의 것을 말한다. 이하 같다)를 이용하여 재물 또는 재산상의 이익을 취득하거나 제3자로 하여금 재물 또는 재산상의 이익을 취득하게 하여서는 아니 된다.

② 공직자로부터 직무상 비밀 또는 소속 공공기관의 미공개정보임을 알면서도 제공받거나 부정한 방법으로 취득한 자는 이를 이용하여 재물 또는 재산상의 이익을 취득하여서는 아니 된다.

이해충돌방지법은 2021. 5. 18. 제정되어 2022. 5. 19.경부터 시행되었는데 위 법률의 시행 일시 이전에는 「부패방지 및 국민권익위원회의 설치와 운영에 관한 법률」(이하, 「부패방지권익위법」이라 함) 제86조 제1항이 적용되었으므로 2022. 5. 19. 이전에 범한 범죄의 경우 구 부패재산몰수법에 따라 부패방지권익위법을, 그 이후에 범한 범죄는 개정된 부패재산몰수법에 따라 이해충돌방지법이 각 적용된다.

관련조문

구(舊) 부패재산몰수법 별표

부패범죄(제2조 제1호 관련)

9. 「부패방지 및 국민권익위원회의 설치와 운영에 관한 법률」 **제86조**의 죄

관련조문

부패방지권익위법 제86조(업무상 비밀이용의 죄) ① **공직자가 제7조의2를 위반한 때**에는 7년 이하의 징역 또는 7천만원 이하의 벌금에 처한다. <개정 2009. 1. 7., 2014. 5. 28.>

② 제1항의 경우 징역과 벌금은 이를 병과할 수 있다.

③ 제1항의 **죄를 범한 자** 또는 **그 정을 아는 제3자**가 **제1항의 죄로 인하여 취득한 재물 또는 재산상의 이익은 이를 몰수 또는 추징한다.**

☞ 제7조의2(공직자의 업무상 비밀이용 금지) 공직자는 업무처리 중 알게 된 비밀을 이용하여 재물 또는 재산상의 이익을 취득하거나 제3자로 하여금 취득하게 하여서는 아니 된다.

한편 **불법정치자금법 또한 본죄를 불법정치자금범죄로 규정**하고 있어 부패재산몰수법이 아니라 불법정치자금법을 적용하여 범죄수익 등을 보전하고 몰수·추징하여 환수할 수 있다는 특징이 있다.

관련조문

불법정치자금법 제2조(정의) 이 법에서 사용하는 용어의 정의는 다음과 같다.

1. "불법정치자금등"이라 함은 **다음 각 목의 어느 하나에 해당하는 죄**(그 죄와 다른 죄가 「형법」 제40조의 관계에 있는 경우에는 그 다른 죄를 포함한다)**의 범죄행위로 얻은 재산**을 말한다.
   가. 「정치자금법」 제45조의 죄
   나. 「공직선거법」 제2조의 규정에 따른 선거에 의하여 취임한 공무원이 범한 「형법」 제129조부터 제132조까지, 「특정범죄가중처벌 등에 관한 법률」 제2조 또는 제3조, 「**공직자의 이해충돌 방지법」 제27조제1항 및 같은 조 제2항제1호의 죄**

한편 부패재산몰수법에 따라 부패범죄로 규정되어 있는 위 각 **범죄를 저질러 취득한 범죄수익은 이해충돌방지법상 규정에 따라 모두 필요적으로 몰수·추징**한다(동법 제27조 제6항 참조). 나아가 본죄는 불법정치자금법에 따른 **불법정치자금범죄에도 해당하므로 불법정치자금법에 따른 필요적 몰수·추징 규정도 적용**되어 범죄수익환수 과정에서 부패재산몰수법에 따른 임의적 몰수·추징 규정은 적용될 여지가 없고, 이해충돌방지법상 몰수·추징 규정을 적용할 것인지 아니면 불법정치자금법상 관련 규정을 적용할 것인지 여부는 재량에 따른다.

결국 본죄를 범하고 취득한 **재물 또는 재산상 이익은 이해충돌방지법 자체 또는 불법정치자금법에 따른 필요적 몰수·추징 규정**이, 이에 대한 **보전절차의 경우 부패재산몰수법이 준용하는 마약거래방지법 또는 불법정치자금법에 따라 선택적으로 진행**할 수 있으나, 불법정치자금법은 몰수·추징 뿐만 아니라 보전조치와 관련된 별도의 규정을 다수 두고 있으므로 불법정치자금법 규정을 적용함이 상당하다.

관련조문

이해충돌방지법 제27조(벌칙) ⑥ **제1항 및 제2항제1호의 죄를 범한 자**(제1항의 경우 그 정을 아는 제3자를 포함한다)가 **제1항 및 제2항제1호의 죄**로 인하여 취득한 재물 또는 재산상의 이익은 몰수한다. 다만, 이를 몰수할 수 없을 때에는 그 가액을 추징한다.

불법정치자금법 제3조(불법재산의 몰수) ① 불법재산은 이를 몰수한다.
② 제1항의 규정에 의하여 몰수하여야 할 재산에 대하여 재산의 성질, 사용상황, 그 재산에 관한 범인 외의 자의 권리유무 그 밖의 사정으로 이를 몰수함이 상당하지 아니하다고 인정될 때에는 제1항의 규정에 불구하고 몰수하지 아니할 수 있다.
제6조(추징) 불법재산을 몰수할 수 없거나 제3조제2항의 규정에 의하여 몰수하지 아니하는 때에는 그 가액을 범인으로부터 추징한다.
제7조(불법재산의 입증) 제2조제1호에 규정된 죄의 범행 후 범인이 취득한 재산으로서 그 가액이 취득 당시의 범인의 재산운용상황 또는 법령에 기한 급부의 수령상황 등에 비추어 현저하게 고액이고 그 취득한 재산이 불법정치자금등의 금액·재산취득시기 등 제반사정에 비추어 불법정치자금등으로 형성되었다고 볼만한 상당한 개연성이 있는 경우에는 불법정치자금등이 그 재산의 취득에 사용된 것으로 인정할 수 있다.

이해충돌방지법은 이 법은 공직자의 직무수행과 관련한 사적 이익추구를 금지함으로써 공직자의 직무수행 중 발생할 수 있는 이해충돌을 방지하여 공정한 직무수행을 보장하고 공공기관에 대한 국민의 신뢰를 확보하는 것을 목적으로 한다(동법 제1조 참조).

실제로 2021년 **크게 사회적으로 이슈가 되었던 한국토지주택공사(LH) 임직원의 부동산 투기 사건과 관련**하여 본죄가 문제된 바 있는데 이하에서는 이해충돌방지법상 부패범죄에 대하여 상세히 살펴보고, 위 부패범죄를 위반하여 취득한 범죄수익을 환수한 사례에 대해 구체적으로 검토한다.

Ⅱ 구성요건

관련조문

이해충돌방지법 제27조(벌칙) ① **제14조제1항을 위반**하여 **직무수행 중 알게 된 비밀 또는 소속 공공기관의 미공개정보를 이용하여 재물 또는 재산상의 이익을 취득**하거나 **제3자로 하여금 재물 또는 재산상의 이익을 취득하게 한 공직자(제16조에 따라 준용되는 공무수행사인을 포함한다. 이하 이 조 및 제28조제2항제1호에서 같다)**는 7년 이하의 징역 또는 7천만원 이하의 벌금에 처한다.
② 다음 각 호의 어느 하나에 해당하는 자는 5년 이하의 징역 또는 5천만원 이하의 벌금에 처한다.

1. **제14조제2항을 위반하여 공직자로부터 직무상 비밀 또는 소속 공공기관의 미공개정보임을 알면서도 제공받거나 부정한 방법으로 취득하고 이를 이용하여 재물 또는 재산상의 이익을 취득**한 자

☞ 제14조(직무상 비밀 등 이용 금지) ① 공직자(공직자가 아니게 된 날부터 3년이 경과하지 아니한 사람을 포함하되, 다른 법률에서 이와 달리 규정하고 있는 경우에는 그 법률에서 규정한 바에 따른다. 이하 이 조, 제27조제1항, 같은 조 제2항제1호 및 같은 조 제3항제1호에서 같다)는 직무수행 중 알게 된 비밀 또는 소속 공공기관의 미공개정보(재물 또는 재산상 이익의 취득 여부의 판단에 중대한 영향을 미칠 수 있는 정보로서 불특정 다수인이 알 수 있도록 공개되기 전의 것을 말한다. 이하 같다)를 이용하여 재물 또는 재산상의 이익을 취득하거나 제3자로 하여금 재물 또는 재산상의 이익을 취득하게 하여서는 아니 된다.
② 공직자로부터 직무상 비밀 또는 소속 공공기관의 미공개정보임을 알면서도 제공받거나 부정한 방법으로 취득한 자는 이를 이용하여 재물 또는 재산상의 이익을 취득하여서는 아니 된다.

관련조문

부패방지권익위법 제86조(업무상 비밀이용의 죄) ① 공직자가 제7조의2를 위반한 때에는 7년 이하의 징역 또는 7천만 원 이하의 벌금에 처한다. <개정 2009. 1. 7., 2014. 5. 28.>
② 제1항의 경우 징역과 벌금은 이를 병과할 수 있다.

☞ 제7조의2(공직자의 업무상 비밀이용 금지) 공직자는 업무처리 중 알게 된 비밀을 이용하여 재물 또는 재산상의 이익을 취득하거나 제3자로 하여금 취득하게 하여서는 아니 된다.

---

1. 구성요건 주체 및 행위의 상대방

동법 제27조 제1항 위반죄의 **구성요건 주체**는 이해충돌방지법상 **'공직자'**다(**신분범**). 공직자의 개념은 ① 「국가공무원법」 및 「지방공무원법」에 따른 공무원과 그 밖의 다른 법률에 따라 그 자격·임용·교육훈련·복무·보수·신분보장 등에 있어서 공무원으로 인정된 사람(**동법 제2조 제2호 가목**), ② 제1호 라목 또는 마목에 해당하는 공공기관의 장과 그 임직원(**나목**), ③ 제1호바목에 해당하는 각급 국립·공립 학교의 장과 교직원(**다목**)이다(동법 제27조 제1항 참조).

관련조문

이해충돌방지법 제2조(정의) 이 법에서 사용하는 용어의 뜻은 다음과 같다.

2. “공직자”란 다음 각 목의 어느 하나에 해당하는 사람을 말한다.
  가. 「국가공무원법」 또는 「지방공무원법」에 따른 공무원과 그 밖에 다른 법률에 따라 그 자격·임용·교육훈련·복무·보수·신분보장 등에 있어서 공무원으로 인정된 사람
  나. 제1호라목 또는 마목에 해당하는 공공기관의 장과 그 임직원
  다. 제1호바목에 해당하는 각급 국립·공립 학교의 장과 교직원

☞ 1. “공공기관”이란 다음 각 목의 어느 하나에 해당하는 기관·단체를 말한다.
  가. 국회, 법원, 헌법재판소, 선거관리위원회, 감사원, 고위공직자범죄수사처, 국가인권위원회, 중앙행정기관(대통령 소속 기관과 국무총리 소속 기관을 포함한다)과 그 소속 기관
  나. 「지방자치법」에 따른 지방자치단체의 집행기관 및 지방의회
  다. 「지방교육자치에 관한 법률」에 따른 교육행정기관
  라. 「공직자윤리법」 제3조의2에 따른 공직유관단체
  마. 「공공기관의 운영에 관한 법률」 제4조에 따른 공공기관
  바. 「초·중등교육법」, 「고등교육법」 또는 그 밖의 다른 법령에 따라 설치된 각급 국립·공립 학교

☞ 공직자윤리법 제3조의2(공직유관단체) ① 제9조 제2항 제8호에 따른 정부 공직자윤리위원회는 정부 또는 지방자치단체의 재정지원 규모, 임원선임 방법 등을 고려하여 다음 각 호에 해당하는 기관·단체를 공직유관단체로 지정할 수 있다. <개정 2014. 12. 30.>

1. 한국은행
2. 공기업
3. 정부의 출자·출연·보조를 받는 기관·단체(재출자·재출연을 포함한다), 그 밖에 정부 업무를 위탁받아 수행하거나 대행하는 기관·단체
4. 「지방공기업법」에 따른 지방공사·지방공단 및 지방자치단체의 출자·출연·보조를 받는 기관·단체(재출자·재출연을 포함한다), 그 밖에 지방자치단체의 업무를 위탁받아 수행하거나 대행하는 기관·단체
5. 임원 선임 시 중앙행정기관의 장 또는 지방자치단체의 장의 승인 ·동의·추천·제청 등이 필요한 기관·단체나 중앙행정기관의 장 또는 지방자치단체의 장이 임원을 선임·임명·위촉하는 기관·단체

② 제1항에 따른 공직유관단체의 지정기준 및 절차, 그 밖에 필요한 사항은 대통령령으로 정한다.

☞ 공공기관의 운영에관한 법률 제4조(공공기관) ①기획재정부장관은 국가·지방자치단체가 아

닌 법인·단체 또는 기관(이하 "기관"이라 한다)으로서 다음 각 호의 어느 하나에 해당하는 기관을 공공기관으로 지정할 수 있다. <개정 2008. 2. 29., 2020. 3. 31., 2020. 6. 9.>

1. 다른 법률에 따라 직접 설립되고 정부가 출연한 기관
2. 정부지원액(법령에 따라 직접 정부의 업무를 위탁받거나 독점적 사업권을 부여받은 기관의 경우에는 그 위탁업무나 독점적 사업으로 인한 수입액을 포함한다. 이하 같다)이 총수입액의 2분의 1을 초과하는 기관
3. 정부가 100분의 50 이상의 지분을 가지고 있거나 100분의 30 이상의 지분을 가지고 임원 임명권한 행사 등을 통하여 해당 기관의 정책 결정에 사실상 지배력을 확보하고 있는 기관
4. 정부와 제1호부터 제3호까지의 어느 하나에 해당하는 기관이 합하여 100분의 50 이상의 지분을 가지고 있거나 100분의 30 이상의 지분을 가지고 임원 임명권한 행사 등을 통하여 해당 기관의 정책 결정에 사실상 지배력을 확보하고 있는 기관
5. 제1호부터 제4호까지의 어느 하나에 해당하는 기관이 단독으로 또는 두개 이상의 기관이 합하여 100분의 50 이상의 지분을 가지고 있거나 100분의 30 이상의 지분을 가지고 임원 임명권한 행사 등을 통하여 해당 기관의 정책 결정에 사실상 지배력을 확보하고 있는 기관
6. 제1호부터 제4호까지의 어느 하나에 해당하는 기관이 설립하고, 정부 또는 설립 기관이 출연한 기관

②제1항에도 불구하고 기획재정부장관은 다음 각 호의 어느 하나에 해당하는 기관을 공공기관으로 지정할 수 없다. <개정 2007. 12. 14., 2008. 2. 29., 2020. 6. 9.>

1. 구성원 상호 간의 상호부조·복리증진·권익향상 또는 영업질서 유지 등을 목적으로 설립된 기관
2. 지방자치단체가 설립하고, 그 운영에 관여하는 기관
3. 「방송법」에 따른 한국방송공사와 「한국교육방송공사법」에 따른 한국교육방송공사

③제1항제2호의 규정에 따른 정부지원액과 총수입액의 산정 기준·방법 및 같은 항 제3호부터 제5호까지의 규정에 따른 사실상 지배력 확보의 기준에 관하여 필요한 사항은 대통령령으로 정한다.

한편 **이해충돌방지법 제27조 제1항 위반죄**의 **주체**와 관련하여 이해충돌방지법은 「동법 제16조에 따라 준용되는 공무수행사인을 포함한다」고 규정하고 있으므로 **공무수행사인이 본죄의 주체에 함께 포함**됨을 주의하여야 한다.

관련조문

이해충돌방지법 제27조(벌칙) ① 제14조제1항을 위반하여 직무수행 중 알게 된 비밀 또는 소속 공공기관의 미공개정보를 이용하여 재물 또는 재산상의 이익을 취득하거나 제3자로 하여금 재물 또는 재산상의 이익을 취득하게 한 공직자(**제16조에 따라 준용되는 공무수행사인을 포함한다. 이하 이 조 및 제28조제2항제1호에서 같다**)는 7년 이하의 징역 또는 7천만원 이하의 벌금에 처한다.

☞ **이해충돌방지법 제16조(공무수행사인의 공무수행과 관련된 행위제한 등)** ① 다음 각 호의 어느 하나에 해당하는 자(이하 "공무수행사인"이라 한다)의 공무수행에 관하여는 제5조, 제7조, 제14조, 제21조(제5조 및 제14조에 관한 사항에 한정한다. 이하 이 조에서 같다), 제22조제1항·제3항 및 제25조제1항을 준용한다.

1. 「행정기관 소속 위원회의 설치·운영에 관한 법률」 또는 다른 법령에 따라 설치된 각종 위원회의 위원 중 공직자가 아닌 위원
2. 법령에 따라 공공기관의 권한을 위임·위탁받은 개인이나 법인 또는 단체(법인 또는 단체에 소속되어 위임·위탁받은 권한에 관계되는 업무를 수행하는 임직원을 포함한다)
3. 공무를 수행하기 위하여 민간부문에서 공공기관에 파견 나온 사람
4. 법령에 따라 공무상 심의·평가 등을 하는 개인이나 법인 또는 단체(법인 또는 단체에 소속되어 심의·평가 등을 하는 임직원을 포함한다)

② 제1항에 따라 공무수행사인에 대하여 제5조, 제7조, 제14조, 제21조, 제22조제1항·제3항 및 제25조제1항을 준용하는 경우 "공직자"는 "공무수행사인"으로, "소속기관장"은 다음 각 호의 구분에 따른 자로 본다.

1. 제1항제1호에 따른 위원회의 위원: 그 위원회가 설치된 공공기관의 장
2. 제1항제2호에 따른 개인이나 법인 또는 단체: 감독기관 또는 권한을 위임하거나 위탁한 공공기관의 장
3. 제1항제3호에 따른 사람: 파견을 받은 공공기관의 장
4. 제1항제4호에 따른 개인이나 법인 또는 단체: 해당 공무를 제공받는 공공기관의 장

한편 위와 같이 이해충돌방지법이 제정되어 시행되기 이전에는 부패방지권익위법이 적용되는바, 구 부패방지권익위법상 공직자의 개념은 다음과 같다.

관련조문

부패방지권익위법 제2조(정의) 이 법에서 사용하는 용어의 뜻은 다음과 같다. <개정 2009. 2. 3., 2016. 3. 29., 2017. 4. 18., 2019. 4. 16., 2020. 12. 29.>

3. **"공직자"**란 다음 각 목의 어느 하나에 해당하는 자를 말한다. 다만, 다목의 경우에는 제5장을 적용하는 경우에 한정하여 공직자로 본다.
   가. 「국가공무원법」 및 「지방공무원법」에 따른 공무원과 그 밖의 다른 법률에 따라 그 자격·임용·교육훈련·복무·보수·신분보장 등에 있어서 공무원으로 인정된 자
   나. **공직유관단체**의 장 및 그 직원
   다. **제1호 마목**에 따른 각급 사립학교의 장과 교직원 및 학교법인의 임직원

☞ 1. "공공기관"이란 다음 각 목의 어느 하나에 해당하는 기관·단체를 말한다. 다만, 마목의 경우에는 제5장을 적용하는 경우에 한정하여 공공기관으로 본다.
   라. 「공직자윤리법」 제3조의2에 따른 공직유관단체(이하 "공직유관단체"라 한다)
   마. 「초·중등교육법」, 「고등교육법」, 「유아교육법」, 그 밖의 다른 법령에 따라 설치된 각급 사립학교 및 「사립학교법」에 따른 학교법인으로서 국가나 지방자치단체로부터 출연금 또는 보조금을 받는 기관

그런데 **이해충돌방지법은 동법 제27조 제1항 위반죄**의 행위의 상대방을 **동법 제27조 제2항**에서 별개 구성요건의 주체로 따로 규정하게 되었고, 부패재산몰수법은 동법 제27조 제2항 위반죄를 부패범죄의 하나로 규정하였다. 그러나 舊 **부패방지권익위법상 부패범죄의 주체**는 **공직자에 한정**되어 있었고, 이에 따라 과거 부패재산몰수법 또한 공직자의 범죄만을 부패범죄로 규정하고 있어 서로 간의 차이가 있음을 주의하여야 한다.

이해충돌방지법 제27조 제2항 위반죄의 **구성요건 주체**는 동법 제27조 제1항, 제14조 제1항의 공직자로부터 직무상 비밀 또는 소속 공공기관의 미공개정보임을 알면서도 제공받거나 부정한 방법으로 취득하고 이를 이용하여 재물 또는 재산상의 이익을 취득한 사람으로 본죄의 주체가 되기 위해서는 **공직자로부터 직무상 비밀 또는 소속 공공기관의 미공개정보임을 알고 있어야** 한다(惡意).

2. 구성요건의 객체

본죄의 **구성요건의 객체**는 **직무수행 중 알게 된 비밀** 또는 **소속 공공기관의 미공개정보**이다. 여기에서 공무원이 직무수행 중 알게 된 **'비밀'**은 공무원이 직무를 수행하는 과정에서 취급하는 것으로서 공무상비밀누설죄에 있어서의 **'비밀'**과 동일한 개념으로 이해함이 상당하나 직무수행 중이 아니라 공무상 비밀을 우연히 알게 된 경우에는 본죄의 비밀에 해당한다고 보기 어렵다.

위 '비밀'의 개념과 관련하여 **대법원**은 즉 공무원이 업무처리 중 알게 된 비밀은 그것이

비밀로서 보호할 가치가 있는 한, 반드시 법령에 의하여 비밀로 규정되었거나 비밀로 분류 명시된 사항에 한하지 아니하고 정치, 군사, 외교, 경제, 사회적 **필요에 따라 비밀로 된 사항은 물론** 정부나 공무소 또는 국민이 **객관적, 일반적인 입장에서 외부에 알려지지 않는 것에 상당한 이익이 있는 사항도 포함**한다고 판시하여 같은 입장이다.[1]

또한 **대법원**은 공무상비밀누설죄가 문제된 사안에서도 비밀의 개념을 ① 정치, 군사, 외교, 경제, 사회적 **필요에 따라 비밀로 된 사항**, ② 국민이 **객관적·일반적 입장에서 외부에 알려지지 않는 것에 상당한 이익**이 있는 사항 및 ③ **실질적으로 그것을 비밀로서 보호할 가치가 있는 것**이라고 해석하고 있다.[2]

대법원은 ① 시청 과장이 **공영주차장 조성사업을 추진하면서 아직 일반에 알려지지 않은 사업추진계획을 알게 된 후 해당 주차장 예정 부지를 공범과 함께 매수**한 사안에서 「어떤 물건의 객관적 가치에 관한 주요 정보가 비밀에 부쳐져 공개되지 않고 있는 까닭에 그 시세가 위 정보를 반영하지 못한 채 실질적인 재산 가치에 비해 낮게 형성되어 있는 경우, 업무처리 중 비밀로 되어 있는 그 정보를 알게 된 공직자가 그러한 기회를 이용하여 그 물건을 낮은 시세로 매수하였다면, 이는 곧 위 법조가 규정하는 업무처리 중 알게 된 비밀을 이용하여 재물을 취득한 행위로서 그 물건을 매수한 때에 바로 위 법조 소정의 범죄가 성립한다」고 판시하였다.[3] 즉 도시계획을 통해 대상토지의 시가가 상승하게 되는 경우 객관적·일반적 입장에서 이와 같은 정보는 외부에 알려지지 않는 것이 공평·정의의 관점에서 타당하므로 비밀로서 보호할 가치가 있다고 본 것이다. 나아가 **대법원**은 ② **국가나 지방자치단체에서 추진하는 도로개설계획 및 구체적 노선계획안**은 특별한 사정이 없는 한 공적으로 일반에게 공개되기 전까지는 모두 부패방지법 제50조 제1항 소정의 비밀에 해당한다고 판시하였다.[4]

그러나 **대법원**은 ③ 구청에서 체납차량 영치 및 공매 등의 업무를 담당하던 공무원인 피고인이 차적 조회 시스템을 이용하여 유사휘발유 제조 현장 부근에서 경찰의 잠복근무에 이용되고 있던 **경찰청 소속 차량의 소유관계에 관한 정보를 알아내 알려준 사안**에서 재산의 소유 주체에 관한 정보에 불과한 자동차 소유자에 관한 정보를 정부나 공무소 또는 국민이 객관적, 일반적인 입장에서 외부에 알려지지 않는 것에 상당한 이익이 있는 사항으로서

---

1 대법원 2006. 11. 9. 선고 2006도4888 판결 참조.

2 대법원 2012. 3. 15. 선고 2010도14734 판결 참조.

3 대법원 2015. 11. 12. 선고 2015도9123 판결 참조.

4 대법원 2006. 11. 9. 선고 2006도4888 판결 참조.

실질적으로 비밀로 보호할 가치가 있다거나, 그 누설에 의하여 국가의 기능이 위협받는다고 볼 수 없다고 판시한 사례도 있다.[5]

한편 '**미공개정보**'라 함은 법문언 그대로 **공공기관 내부의 정보**로서 그 정보 또는 자료가 법령 등에 따라 정식으로 공고 또는 공시되는 등 **불특정 다수인에게 알려져 있지 않아 공직자 등을 통하지 않고서는 이를 입수하기 어려운 정보**를 의미한다 할 것인바, 공개된 상태가 아니라고 한다면 비밀의 범주에 포함되지 않는다 하더라도 무방하다고 보아야 한다.

위 '**미공개 정보**'의 개념과 관련하여 **대법원**은 금융지주회사의 임·직원 등이 업무상 알게 된 공개되지 아니한 정보 또는 자료를 다른 사람에게 누설하는 행위 등을 처벌하는 금융지주회사법위반죄가 문제된 사안에서 같은 법률상 '**공개되지 아니한 정보 또는 자료**'의 의미에 관하여 「그 정보 또는 자료가 법령에 따라 공고 또는 공시되는 등 불특정 다수인에게 알려져 있지 않아 금융지주회사 임·직원 또는 임·직원이었던 사람을 통하지 아니하고는 이를 통상 입수할 수 없는 것을 말한다」고 판시하였다.[6]

3. 구성요건적 행위

이해충돌방지법 제27조 제1항 위반죄의 **구성요건적 행위**는 공직자가 업무상 알게 된 비밀 또는 미공개 정보를 이용하여 **재물 또는 재산상 이익을 취득하거나 제3자에게 취득하도록 하는 것이고** 위와 같이 **재물 또는 재산상 이익을 직접 취득**하거나 **제3자에게 취득하도록 하면 곧바로 성립**하는 것(기수시기)이고 나중에 비밀이 공개된 후 이를 전매하여 그 전매차익을 실현할 때 본죄가 성립한다고 볼 수 없다.

한편 **이해충돌방지법 제27조 제2항 위반죄**의 **구성요건적 행위**는 공직자로부터 **직무상 비밀** 또는 소속 공공기관의 **미공개정보임을 알면서도 제공받거나 부정한 방법으로 취득**하고 **이를 이용**하여 **재물 또는 재산상의 이익을 취득하는 것**이다. 동법 위반죄는 앞에서 검토한 바와 같이 동법 제27조 제1항 위반죄와 **대향범 관계**에 있다.

그리고 공직자로부터 **직무상 비밀 또는 미공개 정보임을 알면서도 이를 제공**받거나 **부정한 방법으로 이를 취득**한 것만으로는 부족하고 **이를 이용하여 재물 또는 재산상 이익을 취득**하는 경우 성립한다(기수). 따라서 직무상 비밀 또는 미공개 정보를 제공받거나 부정한 방법으로 이를 취득한 다음 실제로 재물 또는 재산상 이익을 취득하지 못한 경우에

5 대법원 2012. 3. 15. 선고 2010도14734 판결 참조.

6 대법원 2018. 10. 4 선고 2018도613 판결 참조

는 미수에 그친다고 보아야 하는데 이해충돌방지법상 미수범 처벌 규정이 없으므로 실제로 이익을 취득하지 않은 사람은 위 구성요건으로 처벌할 수 없다(불가벌).

이와 관련하여 대법원 또한 어떤 물건의 객관적 가치에 관한 주요 정보가 비밀에 부쳐져 공개되지 않고 있는 까닭에 그 시세가 위 정보를 반영하지 못한 채 실질적인 재산 가치에 비해 낮게 형성되어 있는 경우, 업무처리 중 비밀로 되어 있는 그 정보를 알게 된 공직자가 그러한 기회를 이용하여 그 물건을 낮은 시세로 매수하였다면, 이는 곧 위 법조가 규정하는 '업무처리 중 알게 된 비밀을 이용하여 재물을 취득'한 행위로서 **그 물건을 매수한 때에 바로 위 법조 소정의 범죄가 성립한다 할 것**이고, 나중에 그 비밀이 공개되어 시세가 상승한 다음 이를 다시 처분하여 전매차익을 얻음으로써 위 범죄로 인한 이익을 현실화하였다 하여, 그 때 비로소 위 법조 소정의 '재산상의 이득'을 취득한 범죄가 성립한다고 볼 것은 아니라고 판시하여 같은 입장이다.[7]

한편 **업무처리 중 비밀을 알게 된 경우에 한**하므로 공직자가 업무 외적으로 알게 된 경우, 직접 담당하지 않는 업무를 주변 공직자로부터 들어 알게 된 비밀을 이용하여 재물 또는 재산상 이익을 취득한 경우에는 본죄가 성립하지 않는다고 봄이 상당하다.

주관적 구성요건요소와 관련하여 **이해충돌방지법 제27조 제1항 위반죄**의 경우, 공직자는 자신이 직무 수행 과정에서 알게 된 사실이 위와 같은 비밀 또는 미공개 정보에 해당한다는 사실을 인식하여야 하고, 이를 이용하여 재물 또는 재산상 이익을 취득하거나 제3자에게 취득하게 한다는 점에 대한 인식을 요할 뿐 향후 그 비밀을 이용하여 추가적인 이익을 실현한다는 점에 대한 인식까지는 필요 없다.

나아가 **이해충돌방지법 제27조 제2항 위반죄**의 경우, 공직자의 상대방은 공직자가 제공하는 비밀 또는 정보가 직무상 비밀 또는 미공개 정보임을 알아야 하고, 이를 이용하여 재물 또는 재산상 이익을 취득한다는 사정까지도 모두 인식하여야 하며 인식의 정도는 미필적 인식으로도 충분하다.

4. 죄수 및 처벌

이해충돌방지법위반죄는 형법상 공무상 비밀누설죄와 그 행위태양 및 구성요건이 유사한 것으로 보이나 이해충돌방지법위반죄는 그와 같은 업무처리 과정에서 알게 된 비밀 또는 미공개정보를 이용하여 재물 또는 재산상 이익을 직접 취득하거나 제3자에게 취득하도록 하

---

7 위 대법원 2006도4888 판결 참조.

는 것을 추가적인 요건으로 하고 공무상 비밀누설죄는 공무원 또는 공무원이었던 자가 법령에 의한 직무상 비밀을 '누설'함으로써 성립하는 것이므로 그 행위태양이 다르다.

만약 공직자가 업무처리 과정에서 알게 된 공무상 비밀을 제3자에게 누설하고, 이를 통해 재물 또는 재산상 이익을 취득하는 경우에는 이해충돌방지법위반죄는와 공무상비밀누설죄의 경합범이 성립한다고 봄이 상당하다. 재물 또는 재산상 이익 취득이라는 별개의 행위가 요구되므로 상상적 경합범으로 보기 어렵다.

본죄를 위반하면 7년 이하의 징역 또는 7천만 원 이하의 벌금에 처하고 그 징역과 벌금은 이를 병과할 수 있다(동법 제86조 제2항 참조).

Ⅲ 범죄수익환수 사례

본죄에서 ① **공직자**가 위와 같은 과정에서 직접 취득한 재물 또는 재산상 이익 및 ② **이와 같은 정을 아는 제3자**(그 재물 또는 재산상 이익이 공직자가 업무처리 과정에서 알게 된 비밀을 이용하여 취득한 것이라는 사정을 아는 제3자)가 취득한 재물 또는 재산상 이익은 **모두 필요적 몰수·추징 대상이 된다**(이해충돌방지법 제27조 제6항 참조). 비밀을 직접 이용한 공직자뿐만 아니라 위와 같은 사정을 아는 제3자의 경우에도 그 제3자가 공직자와 공모관계에 있거나 또는 공모관계에 이르지 못하더라도 그와 같은 사정을 알고 취득하였다는 사정만 입증된다면 그 범죄수익을 모두 박탈하겠다는 취지다.

관련조문

이해충돌방지법 제27조(벌칙) ⑥ 제1항 및 제2항제1호의 죄를 범한 자(제1항의 경우 그 정을 아는 제3자를 포함한다)가 제1항 및 제2항제1호의 죄로 인하여 취득한 재물 또는 재산상의 이익은 몰수한다. 다만, 이를 몰수할 수 없을 때에는 그 가액을 추징한다.

이와 관련하여 공직자가 위와 같이 비밀을 이용하여 다른 사람 명의로 재물을 취득하였으나 그것이 사회통념상 공직자가 직접 취득한 것과 같이 평가할 수 있는 경우(소위, '**차명재산**')에는 공직자가 이를 취득한 것으로 보고 공직자로부터 그 재물 자체를 몰수하거나 이를 몰수할 수 없을 때 가액을 추징한다.[8]

---

8 위 대법원 2015도9123 판결 참조.

그리고 위 필요적 몰수 또는 추징은 범인 또는 그 정을 아는 제3자가 취득한 재물 또는 재산상 이익을 그들로부터 박탈하여 범인 또는 그 정을 아는 제3자로 하여금 부정한 이익을 보유하지 못하게 함에 그 목적이 있고(이익박탈형 추징), **추징하여야 할 가액**은 **범인이 그 물건을 보유하고 있다가 몰수의 선고를 받았더라면 잃었을 이득 상당액을 의미한다**고 보아야 한다.[9]

나아가 재물을 취득하면서 그 대가를 지급하였다고 하더라도 범죄행위로 취득한 재물 자체를 몰수하고, 몰수가 불가능하다면 그 가액 상당을 추징하는 것이며, 재물을 취득하기 위한 대가로 지급한 금원 등을 뺀 나머지를 추징해야 하는 것은 아니고(대법원 2005. 7. 15. 선고 2003도4293 판결 참조), 그 결과 추징액이 실제 범인이 재물의 취득으로 받은 이익을 초과한다고 하더라도 헌법상의 재산권 보장, 과잉금지의 원칙 등에 위배된다고 할 수는 없다(위 2007도7725 판결 참조).

이와 관련하여 **시청과장이 주차장 조성사업 추진계획을 수립하고 이를 시행하는 과정에서 알게 된 비밀을 이용해 주차장 부지를 제3자와 함께 차명으로 매입한 행위와 관련**하여 만약 **피고인이 그와 같이 취득한 토지를 현재까지 보유하고 있다가 몰수의 선고를 받았더라면 잃었을 이득액 상당액**으로서 **주차장 부지의 현재 시가를 기준으로 각자의 소유 지분 범위 내에서 추징한 사례**가 있다.[10] 이해충돌방지법위반에 따라 피고인들로부터 추징하여야 할 금액의 범위와 기준을 명확하게 판시한 사례로서 의미가 있다.

사례

주 문

1. 피고인 A를 징역 1년 6월에, 피고인 B를 징역 6월에, 피고인 C, D를 각 벌금 1,000만원에 각 처한다. (중략)

3. **피고인 A로부터 1,207,851,400원을, 피고인 B로부터 517,650,600원을 각 추징한다**.

---

9 위 대법원 2015도9123 판결 참조.

10 수원지방법원 평택지원 2014. 11. 27. 선고 2014고단403호 판결 참조
[이 판결은 항소심(수원지방법원 2015. 5. 27. 선고 2014노7671호)에서 환수하는 추징액수가 상당부분 감액되었으나 대법원(2015도9123호)은 항소심 판결을 파기하고 원심 판결이 타당하다고 판시하였으며 이에 따른 파기환송심(수원지방법원 2015노6647호)에서는 원 1심 판결 그대로 판결을 하였고, 대법원(2016도2930)은 원심을 확정하였다. 여기에서는 구체적인 범죄사실 부분은 1심의 것을, 추징의 법리 및 산정과정은 파기환송심의 것을 소개한다]

이 유

범 죄 사 실

1. 피고인 A

피고인 A는 2012. 7. 27.경부터 2013. 6. 10.경까지 평택시청 H과장으로 근무하면서 공무원으로 재직하였다.

가. 부패방지및국민권익위원회의설치와운영에관한법률위반

평택시 H와 I팀은 2012. 10. 초순경 평택시 J 일대의 고질적인 주차난을 해소하기 위해 같은 동 K－1 전 1,290㎡, L 전 1,472㎡, M 전 10㎡ 등 도시계획공원용지 3필지에 자동차 60대를 주차시킬 수 있는 규모의 공영주차장을 조성하는 내용의 'N공영주차장 조성사업 추진계획'을 수립하고, 주차수요 조사를 실시한 후, 같은 달 19.경 위 추진계획을 실시하기로 확정하였다. 이와 같은 공영주차장 조성사업 추진계획은 그것이 공개될 경우 지가 및 수용 업무 등에 큰 영향을 미치게 되어 공무소가 객관적, 일반적인 입장에서 외부에 알려지지 않는 것에 상당한 이익이 있는 사항으로서 비밀에 해당하고, 피고인은 위 사업의 주무부서인 평택시 H과의 주무과장으로서 위 사업을 추진하면서 위 비밀을 알게 되었다.

공직자는 업무처리 중 알게 된 비밀을 이용하여 재물 또는 재산상의 이익을 취득하거나 제3자로 하여금 취득하게 하여서는 아니 된다.

그럼에도 불구하고, 피고인은 평택시청 H과장으로서 위 공영주차장 조성사업을 추진하고 있었으므로 공영주차장이 조성될 예정 부지의 시가가 상승할 것으로 예상하고, 위 사실을 친목단체인 'O'의 회원으로 평소 피고인과 친하게 지내던 B에게 알려주어, 그와 함께 공영주차장 예정부지인 토지를 사전에 싼 가격에 매수하였다가 주차장 부지로 확정되면 이를 평택시에 비싼 가격에 되팔아 그 차액 상당의 이익을 실현할 목적으로, 위 토지를 B와 함께 매수하되 피고인은 그 중 70%의 지분을 취득하고, B에게는 나머지 30%의 지분을 취득시키기로 마음먹었다.

이에 피고인은, 2012. 10. 중순경 평택시 P에 있는 B 운영의 Q 사무실에서, B에게 "평택시에서 N공영주차장 조성사업을 추진하려 하는데 예정 부지를 사전에 싼 가격에 매수하였다가 평택시에서 수용할 때 비싼 가격에 되팔면 많은 보상금을 받을 수 있으니 투자를 하라"고 제안하여 위 B가 이를 승낙한 후, 2012. 11. 9.경 서울 이하 불상지에서, 피고인은 외삼촌인 C를, B는 동서지간인 D를 명의수탁자로 내세워, 그들 공동 명의로 위 공영주차장 조성 예정지인 평택시 K 전 1,290㎡, L 전 1,472㎡의 2필지를 소유권자인 R로부터 매매대금 713,128,100원에 매수하는 내용의 부동산매매계약을 체결하고, 같은 해 12. 31.경 C, D 명의로 소유권이전등기를 경료하였다.

이로써, 피고인은 공직자로서 업무처리 중 알게 된 비밀을 이용하여 위 토지(현재 시가 1,725,502,000원) 중 70%의 지분(가액 : 1,207,851,400원 = 1,725,502,000원 × 70%)을 자신이 취득하고, 제3자인 B로 하여금 나머지 30%의 지분(가액 : 517,650,600원 = 1,725,502,000원 × 30%)을 취득하게 하였다.

나. 공무상비밀누설

공무원은 직무상 취득한 비밀을 누설하면 아니되고, 위 N공영주차장 조성사업이 추진 중인 사실은 의사결정 과정 또는 내부검토 과정에 있는 사항으로 공개될 경우 업무의 공정한 수행에 현저한 지장을 초래한다고 인정할 만한 상당한 이유가 있는 비공개 정보로 직무상 비밀에 해당함에도 불구하고, 피고인은 ① 위 가.항 기재와 같이 평택시 H과장으로서 N공영주차장 조성사업이 진행되고 있음을 알고, 2012. 10. 중순경 평택시 P에 있는 B 운영의 Q 사무실에서, B에게 위 N공영주차장 조성사업이 추진 중임을 알려주고, ② 2012. 11. 초순경 평택시 T 아파트 ***동 1901호 피고인의 집에서 처제인 U에게 위 N공영주차장 조성사업이 추진 중임을 알려주어 각 법령에 의한 직무상 비밀을 누설하였다.

2. 피고인 A, 같은 C의 부동산실권리자명의등기에관한법률위반

누구든지 부동산에 관한 물권을 명의신탁약정에 따라 명의수탁자의 명의로 등기하여서는 아니 된다.

가. 피고인 A

피고인 A는 2012. 12. 11.경 서울 이하 불상지에서, 평택시 K 전 1,290㎡ 중 1290분의 903 지분, L 전 1,472㎡ 중 1472분의 1030.4 지분, S임야 1,235㎡ 중 1266분의 886.2 지분에 관하여 각 C를 명의수탁자로 하기로 하는 명의신탁 약정을 체결하고, 같은 해 12. 31.경 위 C 명의로 소유권지분이전등기를 경료하게 하여 부동산에 관한 물권을 명의신탁약정에 따라 명의수탁자의 명의로 등기하였다.

나. 피고인 C

피고인 C는 위 가.항과 같이 A로부터 위 가.항 기재 부동산을 명의신탁받아 자신의 명의로 소유권이전등기를 경료함으로써, 부동산에 관한 물권을 명의신탁약정에 따라 명의수탁자인 피고인의 명의로 등기하였다.

3. 피고인 B, 같은 D의 부동산실권리자명의등기에관한법률위반

누구든지 부동산에 관한 물권을 명의신탁약정에 따라 명의수탁자의 명의로 등기하여서는 아니 된다.

가. 피고인 B

피고인 B는 2012. 12. 11.경 서울 이하 불상지에서, K 전 1,290㎡ 중 1290분의 387 지분, L 전 1,472㎡ 중 1472분의 441.6 지분, S 임야 1,235㎡ 중 1266분의 379.8 지분에 관하여 각 D를 명의수탁자로 하기로 하는 명의신탁 약정을 체결하고, 같은 해 12. 31.경 위 D 명의로 소유권지분이전등기를 경료하게 하여, 부동산에 관한 물권을 명의신탁약정에 따라 명의수탁자인 피고인의 명의로 등기하였다.

나. 피고인 D

피고인 D는 위 가.항과 같이 B로부터 위 가.항 기재 부동산을 명의신탁받아 자신의 명의로 소유권이전등기를 경료함으로써, 부동산에 관한 물권을 명의신탁약정에 따라 명의수탁자인 피고인의 명의로 등기하였다.

법령의 적용

1. 범죄사실에 대한 해당법조 및 형의 선택

가. 피고인 A : 부패방지 및 국민권익위원회의 설치와 운영에 관한 법률 제86조 제1항, 제7조의2(업무상비밀 이용금지 의무 위반의 점), 형법 제127조(공무상비밀누설의 점), 부동산 실권리자명의 등기에 관한 법률 제7조 제1항 제1호, 제3조 제1항(명의신탁의 점), 각 징역형 선택

나. 피고인 B : 부동산 실권리자명의 등기에 관한 법률 제7조 제1항 제1호, 제3조 제1항, 징역형 선택

다. 피고인 C, D : 각 부동산 실권리자명의 등기에 관한 법률 제7조 제2항, 제3조 제1항, 각 벌금형 선택

1. **추징(피고인** A, B)

각 부패방지 및 국민권익위원회의 설치와 운영에 관한 법률 제86조 제3항{부패방지 및 국민권익위원회의 설치와 운영에 관한 법률 제86조 제3항의 규정에 의한 필요적 몰수 또는 추징은 범인 또는 그 정을 아는 제3자가 취득한 재물 또는 재산상 이익을 그들로부터 박탈하여 범인 또는 그 정을 아는 제3자로 하여금 부정한 이익을 보유하지 못하게 함에 그 목적이 있고, 추징하여야 할 가액은 범인이 그 물건을 보유하고 있다가 몰수의 선고를 받았더라면 잃었을 이득 상당액을 의미한다고 보아야 할 것이다. 나아가 재물을 취득하면서 그 대가를 지급하였다고 하더라도 범죄행위로 취득한 재물 자체를 몰수하고, 몰수가 불가능하다면 그 가액 상당을 추징하는 것이며, 재물을 취득하기 위한 대가로 지급한 금원 등을 뺀 나머지를 추징해야 하는 것은 아니고, 그 결과 추징액이 실제 범인이 재물의 취득으로 받은 이익을 초과한다고 하더라도 헌법상의 재산권 보장, 과잉금지의 원칙 등에 위배된다고 할 수는 없다(대법원 2009. 3. 26. 선고 2007도7725 판결 참조).}

[수원지방법원 2015노6647 판결 이유 中]

3. 추징 부분에 대한 판단

(중략)

나. 이 사건을 보건대, 원심이 적법하게 채택하여 조사한 증거들에 의하면, **업무처리 중 이 사건 토지가 주차장 예정부지라는 비밀을 알게 된 피고인 A가 그 정보가 알려져 있지 않**

아 시세가 낮게 형성되어 있는 기회를 타서 피고인 B와 함께 이 사건 토지를 매수한 사실을 인정할 수 있으므로, 피고인 A는 그때 바로 부패방지법 제86조 제1항 소정의 재물을 취득한 범죄가 성립한다고 볼 것이다.

피고인 A의 범행 내용이 이 사건 토지의 시가 앙등이 예상되는 재산상 이익이 아니라 재물인 이 사건 토지 자체를 취득하거나 취득하게 하였다는 데에 있는 이상 이 사건 토지 자체가 몰수의 대상이 된다고 할 것이므로, 이 사건 토지를 몰수할 수 없는 때에는 피고인들로부터 그 가액을 추징하여야 한다. 나아가 추징하여야 할 가액도 이 사건 토지를 보유하고 있다가 몰수의 선고를 받았더라면 잃었을 이득액 상당이라고 할 것이고, 이 사건 토지를 취득하면서 그 대가를 지급하였다고 하더라도 추징액에서 이를 공제하여서는 아니 된다.

다. 따라서 원심이 피고인들로부터 이 사건 토지의 현재 시가 중 피고인들의 소유 지분에 해당하는 시가 상당액[이 사건 토지의 현재 시가 1,725,502,000원, 피고인 A : 1,207,851,400원(= 1,725,502,000원×70%), 피고인 B : 517,650,600원(= 1,725,502,000원×30%)]을 추징한 것은 적법하고 거기에 어떠한 위법이 존재하지 않는다.

제 7 장
각종 청탁·알선 금지 관련 특별법상 부패범죄

제 1 절 변호사법위반(제10호)

I 총설

부패재산몰수법 별표 제10호에서는 **변호사법 제33조 및 제109조부터 제111조까지의 죄를 부패범죄로 규정**하고 있다. 그런데 舊 **범죄수익은닉규제법 별표 제5호에서는 변호사법 제111조 1개 조문을 범죄수익환수 대상범죄로 규정**하고 있어 차이가 있다.

관련조문

부패재산몰수법 별표

부패범죄(제2조 제1호 관련)

10. 「변호사법」 제33조 및 제109조부터 제111조까지의 죄

관련조문

변호사법 제109조(벌칙) 다음 각 호의 어느 하나에 해당하는 자는 7년 이하의 징역 또는 5천만 원 이하의 벌금에 처한다. 이 경우 벌금과 징역은 병과(併科)할 수 있다.

1. 변호사가 아니면서 금품·향응 또는 그 밖의 이익을 받거나 받을 것을 약속하고 또는 제3자에게 이를 공여하게 하거나 공여하게 할 것을 약속하고 다음 각 목의 사건에 관하여 감정·대리·중재·화해·청탁·법률상담 또는 법률관계 문서 작성, 그 밖의 법률사무를 취급하거나 이러한 행위를 알선한 자

   가. 소송 사건, 비송 사건, 가사 조정 또는 심판 사건

   나. 행정심판 또는 심사의 청구나 이의신청, 그 밖에 행정기관에 대한 불복신청 사건

   다. 수사기관에서 취급 중인 수사 사건

라. 법령에 따라 설치된 조사기관에서 취급 중인 조사 사건
마. 그 밖에 일반의 법률사건
2. 제33조 또는 제34조(제57조, 제58조의16 또는 제58조의30에 따라 준용되는 경우를 포함한다)를 위반한 자

제110조(벌칙) 변호사나 그 사무직원이 다음 각 호의 어느 하나에 해당하는 행위를 한 경우에는 5년 이하의 징역 또는 3천만원 이하의 벌금에 처한다. 이 경우 벌금과 징역은 병과할 수 있다.
1. 판사·검사, 그 밖에 재판·수사기관의 공무원에게 제공하거나 그 공무원과 교제한다는 명목으로 금품이나 그 밖의 이익을 받거나 받기로 한 행위
2. 제1호에 규정된 공무원에게 제공하거나 그 공무원과 교제한다는 명목의 비용을 변호사 선임료·성공사례금에 명시적으로 포함시키는 행위

제111조(벌칙) ① 공무원이 취급하는 사건 또는 사무에 관하여 청탁 또는 알선을 한다는 명목으로 금품·향응, 그 밖의 이익을 받거나 받을 것을 약속한 자 또는 제3자에게 이를 공여하게 하거나 공여하게 할 것을 약속한 자는 5년 이하의 징역 또는 1천만원 이하의 벌금에 처한다. 이 경우 벌금과 징역은 병과할 수 있다.
② 다른 법률에 따라 「형법」 제129조부터 제132조까지의 규정에 따른 벌칙을 적용할 때에 공무원으로 보는 자는 제1항의 공무원으로 본다.

한편 동법 제33조는 금지규정이고 변호사법 제109조 제2호에서 동법 제33조를 위반한 경우를 처벌하고 있으므로 위 별표 규정상 변호사법 제33조를 넣은 것은 불필요한 입법이어서 **입법론으로는 위 제33조는 삭제함이 바람직**하다(私見).

또한 변호사법은 **제34조**(제57조, 제58조의16 또는 제58조의30에 따라 준용되는 경우를 포함한다)**를 위반하거나 제109조 제1호, 제110조, 제111조 또는 제114조의 죄를 위반하여 취득한 범죄수익**에 대해서는 자체적으로 **필요적 몰수·추징 규정**을 두고 있다.

관련조문

변호사법 제116조(몰수·추징) <u>제34조(제57조, 제58조의16 또는 제58조의30에 따라 준용되는 경우를 포함한다)를 위반하거나 제109조 제1호, 제110조, 제111조 또는 제114조의 죄</u>를 지은 자 또는 그 사정을 아는 제3자가 받은 금품이나 그 밖의 이익은 몰수한다. 이를 몰수할 수 없을 때에는 그 가액을 추징한다.

따라서 ① **동법 제109조 제2호, 제33조 위반죄**(독직행위의 금지)의 경우, 필요적 몰수·추징 규정(동법 제116조 참조)이 적용되지 않으므로 **부패재산몰수법상 몰수·추징 규정을 적용**하면 되고, ② 나머지 **제109조 제1호, 제110조, 제111조 위반죄**의 경우 **동법 제116조에 따라 죄를 지은 자 또는 그 사정을 아는 제3자가 받은 금품이나 그 밖의 이익은 필요적으로 몰수·추징**한다.

나아가 **범죄수익 또는 부패재산의 몰수·추징 보전과 관련**하여 동법 제109조 내지 제110조에 해당하는 범죄를 저지르는 경우 부패재산몰수법 및 마약거래방지법에 따라, 제111조에 해당하는 경우 범죄수익은닉규제법(또는 부패재산몰수법) 및 마약거래방지법에 따라 보전조치를 취할 수 있으므로 준용규정이 다를 뿐 사실상 큰 차이는 없다.

그리고 **자금세탁범죄의 성립여부와 관련**하여 2022. 1. 4. 범죄수익은닉규제법이 전면개정되기 전의 경우, 변호사법 제111조 위반죄로 취득한 범죄수익을 은닉, 수수하거나 취득 또는 처분을 가장하는 행위에 한하여 자금세탁범죄가 성립하였다(나머지 변호사법위반죄 제외). 그러나 2022. 1. 4. 범죄수익은닉규제법 전면 개정으로 그 이후의 경우 장기 3년 이상의 범죄가 모두 중대범죄로 포함되었으므로 위 법정형 이상의 변호사법위반죄를 저지르고 취득한 범죄수익 등을 은닉, 수수, 취득 또는 처분을 가장하면 모두자금세탁범죄가 성립하게 됨을 유의할 필요가 있다.

Ⅱ 변호사 아닌 사람의 법률사무 등 취급금지 위반죄(제109조 제1호)

관련조문

변호사법 제109조(벌칙) 다음 각 호의 어느 하나에 해당하는 자는 7년 이하의 징역 또는 5천만 원 이하의 벌금에 처한다. 이 경우 벌금과 징역은 병과(併科)할 수 있다.

1. 변호사가 아니면서 금품·향응 또는 그 밖의 이익을 받거나 받을 것을 약속하고 또는 제3자에게 이를 공여하게 하거나 공여하게 할 것을 약속하고 다음 각 목의 사건에 관하여 감정·대리·중재·화해·청탁·법률상담 또는 법률 관계 문서 작성, 그 밖의 법률사무를 취급하거나 이러한 행위를 알선한 자
   가. 소송 사건, 비송 사건, 가사 조정 또는 심판 사건
   나. 행정심판 또는 심사의 청구나 이의신청, 그 밖에 행정기관에 대한 불복신청 사건
   다. 수사기관에서 취급 중인 수사 사건
   라. 법령에 따라 설치된 조사기관에서 취급 중인 조사 사건
   마. 그 밖에 일반의 법률사건

1. 구성요건의 주체 및 행위의 상대방

본죄의 **구성요건 주체**는 변호사가 아닌 모든 사람이다. 따라서 변호사가 아니면서 동조 제1호 각 목에 있는 행위를 하는 경우 모두 처벌대상이 되고, 그와 같은 행위를 하고 벌어들인 수익은 모두 환수한다. 통상적으로 변호사 자격이 정지된 사람이 변호사로서 법률사무를 취급하는 경우 종종 문제된다.

본 구성요건은 일종의 무자격 변호사의 법률사무 취급을 금지하는 것이므로 **상대방은 아무런 제한이 없다.**

2. 구성요건적 행위 및 객체

본죄의 **구성요건적 행위**는 금품·향응 또는 그 밖의 이익을 받거나 받을 것을 약속하고 또는 제3자에게 이를 공여하게 하거나 공여하게 할 것을 약속하고 본조 제1호 각 목의 각 사건에 관하여 **감정·대리·중재·화해·청탁·법률상담** 또는 **법률관계 문서 작성, 그 밖의 법률사무**를 **취급**하거나 이러한 행위를 **알선**하는 것이다.

가. 주로 문제되는 금지행위(대리·법률상담 등)의 구체적 의미

대법원은 위 ① '**법률상담**'에는 법적 분쟁에 관련되는 실체적, 절차적 사항에 관하여 조언 또는 정보를 제공하거나 그 해결에 필요한 법적, 사실적 문제에 관하여 조언, 조력을 하는 행위가 포함된다고 판시하였다.[1] 따라서 민사소송의 당사자로부터 소송에 관한 법률적인 지원을 부탁받고 당사자를 만나 변호사선임 문제 등을 논의한 후 소송 관련 서류와 함께 착수금 명목의 금원을 교부받은 경우, 변호사법 제109조 제1호 위반죄에 해당한다.[2]

나아가 ② '**대리**'에는 본인의 위임을 받아 대리인의 이름으로 법률사건을 처리하는 법률상의 대리뿐만 아니라, 법률적 지식을 이용하는 것이 필요한 행위를 본인을 대신하여 행하거나, 법률적 지식이 없거나 부족한 본인을 위하여 사실상 사건의 처리를 주도하면서 외부적인 형식만 본인이 직접 행하는 것처럼 하는 등으로 대리의 형식을 취하지 않고 실질적으로 대리가 행하여지는 것과 동일한 효과를 발생시키고자 하는 경우도 당연히 포함된다.[3]

---

1 대법원 2018. 8. 1. 선고 2016다242716, 242723 판결 참조.
2 대법원 2005. 5. 27. 선고 2004도6676 판결 참조.
3 대법원 2014. 7. 24. 선고 2013다28728 판결 참조.

그리고 의뢰인으로부터 건당 일정한 수임료를 받고 개인회생신청사건 또는 개인파산·면책신청사건을 수임하여 사실상 그 사건의 처리를 주도하면서 의뢰인들을 위하여 그 사건의 신청 및 수행에 필요한 모든 절차를 실질적으로 대리한 행위도 변호사법 제109조 제1호에 규정된 법률사무를 취급하는 행위에 해당한다.[4]

또한 변호사가 아닌 자가 경매대상 부동산의 낙찰을 희망하는 사람들을 위하여 모든 경매 과정에 관여하여 경매부동산을 낙찰받도록 하여 주는 등 **경매입찰을 사실상 대리하여 주고 그 수수료 명목으로 돈을 받은 것**은 실질적으로 위 변호사법 제109조 제1호에서 규정하는 법률사무의 '대리'에 해당한다.[5]

나아가 변호사가 아닌 사람이 의뢰인으로부터 법률사건을 수임하여 사실상 그 사건의 처리를 주도하면서 의뢰인을 위하여 그 사건의 신청 및 수행에 필요한 모든 절차를 실질적으로 대리한 행위를 하였다면, 비록 그중 **일부 사무를 처리할 자격이 있었다고 하더라도 위 행위는 그러한 사무 범위를 초과한 것**으로서 변호사법 제109조 제1호에서 금지하는 법률사무를 취급하는 행위에 해당한다.[6]

다만 동죄가 금지하는 **'비변호사의 행위'**는 **'변호사라면 할 수 있는 법률사무'**에 한정되므로 경찰관이 피해자들을 조사하고, 피의자들을 지구대로 임의 동행한 다음 그 사건을 경찰서로 인계하는 행위는 자신의 업무행위라고 볼 수 있을 뿐 변호사가 할 수 있는 법률사무에는 해당하지 않는다.[7]

나. 비변호사 스스로의 법률사무 취급 등 및 알선행위 금지

금품 등을 스스로 제공받거나 제3자에게 공여하도록 하는 행위 모두 구성요건적 행위로 포함되고 **비변호사가 스스로 법률사무를 직접 취급하거나 제3자로 하여금 취급하게 하도록 연결하여 주는 알선행위까지 포함**된다.

여기에서 **'알선'**이라 함은 법률사건의 당사자와 그 사건에 관하여 대리 등의 법률사무를 취급하는 상대방 사이에서 **양자 간에 법률사건이나 법률사무에 관한 위임계약 등의 체결을 중개하거나 그 편의를 도모하는 행위**를 말하고, 따라서 현실적으로 위임계약 등이 성립하지 않아도 무방하며, 그 대가로서의 보수를 알선을 의뢰하는 자뿐만 아니라 그 상대

---

4 대법원 2007. 6. 28. 선고 2006도4356 판결 참조.
5 대법원 2009. 4. 23. 선고 2007도3587 판결 참조.
6 대법원 2007. 6. 28. 선고 2006도4356 판결 등, 대법원 2016. 12. 15. 선고 2012도9672 판결 각 참조.
7 대법원 2010. 7. 15. 선고 2010도2527 판결 참조.

방 또는 쌍방으로부터 지급받는 경우도 포함하고, 비변호사가 법률사건의 대리를 다른 비변호사에게 알선하는 경우는 물론, 변호사에게 알선하는 경우도 이에 해당하며, 이러한 법리는 변호사에게 법률사건의 수임을 알선하고 그 대가로 금품을 받는 행위에 대하여 따로 처벌하는 규정을 두고 있다고 하여 달리 볼 것도 아니다.[8]

대법원은 실비변상을 빙자하여 법률사무의 대가로서 경제적 이익을 취득하였다고 볼 수 있는 경우에는, 이익 수수가 외형상 실비변상의 형식을 취하고 있더라도 그와 같이 이익을 수수하고 법률사무를 하는 행위가 변호사법위반죄에 해당한다고 판시하였다.[9]

나아가 타인의 법률사건에 관한 법률사무를 처리하기 위한 방편으로 그 타인으로부터 권리를 양수한 것과 같은 외관만 갖춘 뒤 마치 자신이 권리자인 양 해당 법률사무를 취급한 경우에는 변호사법 제109조 제1호의 구성요건에 해당한다고 보아야 한다. 따라서 피고인이 다른 사람으로부터 금품을 받을 것을 약속하고 근저당권 배당 관련 사무를 위임받아 처리하면서 그 방편으로 형식적으로 채권 및 근저당권을 양수하여 실질적으로 그 다른 사람을 위하여 이 사건 경매절차에서 소송행위를 한 것은 변호사법 제109조 제1호 위반죄에 해당한다.[10]

다. 금지되는 행위의 대상

본죄에서 금지되는 행위의 대상은 소송·비송·가사 조정 또는 심판사건(**가목**), 행정심판 또는 심사의 청구나 이의신청, 그 밖에 행정기관에 대한 불복신청 사건(**나목**), 수사기관에서 취급 중인 수사 사건(**다목**), 법령에 따라 설치된 조사기관에서 취급 중인 조사 사건(**라목**), 그 밖에 일반의 법률사건(**마목**)이 모두 포함된다.

이때 '**그 밖의 법률사무**'는 법률상의 효과를 발생·변경·소멸시키는 사항의 처리와 법률상의 효과를 보전하거나 명확하게 하는 사항의 처리를 의미하는데, 직접적으로 법률상의 효과를 발생·변경·소멸·보전·명확화하는 행위는 물론이고, 위 행위와 관련된 행위도 '그 밖의 법률사무'에 해당한다. 따라서 **사실관계 파악을 위한 자료수집행위 및 사실조사행위**는 위 '그 밖의 법률사무'에 포함된다.[11]

---

8 대법원 2000. 6. 15. 선고 98도3697 전원합의체 판결, 대법원 2009. 6. 11. 선고 2009도1968 판결 참조.
9 대법원 2015. 7. 9. 선고 2014도16204 판결 참조.
10 대법원 2014. 2. 13. 선고 2013도13915 판결 참조.
11 위 대법원 2014도16204 판결 참조.

라. 주관적 구성요건요소 및 객체

주관적 구성요건요소와 관련하여 자신이 변호사가 아니라는 사실, 그럼에도 불구하고 위와 같은 법률사무를 취급·알선한다는 사실을 모두 미필적으로나마 인식하면 충분하다.

본죄의 **구성요건 객체**는 변호사가 아닌 자가 제공받는 금품 등은 향응 기타 그 밖의 유형·무형의 재산상 이익을 모두 포함한다.

3. 변호사 사무실 사무장의 경우

변호사 사무실은 통상적으로 변호사와 사무장이 함께 근무하면서 일을 진행하므로 **사무장이 변호사 사무실에 소속되어 일을 하는 행위가 변호사법 제109조 위반은 아닌지 여부가 문제**된다.

이는 결국 **변호사 사무실을 변호사가 주도적으로 운영하는 것인지** 아니면 변호사의 지휘·감독 없이 **사무장이 변호사의 명의를 빌려 독자적으로 사무실을 운영하는 것인지**를 판단하는 것에 달려 있으므로 변호사와 사무장 사이의 관계, 실제 손익계산의 주체가 누구인지 등을 종합적으로 검토하여 본죄의 성립 여부를 판단하여야 한다.

이와 관련하여 **대법원**은 「**변호사**가 자신의 명의로 개설한 법률사무소 사무직원('비변호사'를 뜻한다. 이하 같다)에게 자신의 명의를 이용하도록 함으로써 **변호사법 제109조 제2호 위반행위**를 하고, **그 사무직원**이 그 변호사의 명의를 이용하여 법률사무를 취급함으로써 **변호사법 제109조 제1호 위반행위**를 하였는지 여부를 판단하기 위하여는, 취급한 법률사건의 최초 수임에서 최종 처리에 이르기까지의 전체적인 과정, 법률사건의 종류와 내용, 법률사무의 성격과 그 처리에 필요한 법률지식의 수준, 법률상담이나 법률문서 작성 등의 업무처리에 대한 변호사의 관여 여부 및 그 내용·방법·빈도, 사무실의 개설 과정과 사무실의 운영 방식으로서 직원의 채용·관리 및 사무실의 수입금 관리의 주체·방법, 변호사와 사무직원 사이의 인적 관계, 명의 이용의 대가로 지급된 금원의 유무 등 여러 사정을 종합하여, **그 사무직원이 실질적으로 변호사의 지휘·감독을 받지 않고 자신의 책임과 계산으로 법률사무를 취급한 것으로 평가할 수 있는지를 살펴보아야** 한다(대법원 2015. 1. 15. 선고 2011도14198 판결 참조). 나아가 법률사무소 사무직원이 법률사무소의 업무 전체가 아니라 일정 부분의 업무에 한하여 **실질적으로 변호사의 지휘·감독을 받지 않고 자신의 책임과 계산으로 해당 법률사무를 변호사 명의로 취급·처리**하였다면, 설령 변호사가 나머지 업무에 관하여 정상적인 활동을 하고 있다고 하더라도 **사무직원과 변호사에게는 변호사법**

제109조 제1호 및 제2호 위반죄가 성립될 수 있다.」고 판시하였다.[12]

4. 죄수 및 처벌

변호사법 제109조 제1호에 규정된 법률사건에 관한 감정·대리·중재·화해·청탁·법률상담 또는 법률관계 문서 작성, 그 밖의 법률사무를 취급하거나 이러한 행위를 알선하는 행위와 관련하여 당사자와 내용을 달리하는 법률사건에 관한 법률사무 취급은 각기 별개의 행위라고 할 것이므로, 변호사가 아닌 사람('비변호사')이 각기 다른 법률사건에 관한 법률사무를 취급하여 저지르는 **위 변호사법위반의 각 범행은 특별한 사정이 없는 한 실체적 경합범**이 되는 것이지 포괄일죄가 되는 것이 아니다.[13]

본죄를 위반하는 경우 7년 이하의 징역 또는 5천만 원 이하의 벌금에 처하고 이 경우 벌금과 징역은 병과(倂科)할 수 있다. 한편 앞에서 본 바와 같이 무자격 변호사로서 동죄를 저지르고 취득한 범죄수익은 모두 필요적 몰수·추징의 대상이 된다.

이때 그와 같은 과정에서 변호사 아닌 자가 일부 비용을 지출하였다고 하더라도 비용이 변호사법위반죄의 범행을 위하여 지출한 비용에 불과하다면 수수한 이익 전부를 법률사무의 대가로 보아야 하고, 이익에서 지출한 비용을 공제한 나머지 부분만을 법률사무의 대가로 볼 수는 없다.[14]

5. 범죄수익환수 사례

이와 관련하여 변호사가 아니면서 변호사 사무실의 법무실장으로 근무하면서 위 법무법인이 은행 등으로부터 등기신청 사건을 수임하도록 알선하고 매월 수임된 사건의 등기사무 대행 수수료 일부를 알선료 명목으로 지급받기로 한 다음 금원을 지급받은 사안에서 **법무법인의 법무실장으로서 비변호사임에도 법률사무의 취급을 알선하고 받은 대가를 변호사법 제116조에 따라 전액 추징하여 환수한 사례**가 있다.[15]

실제로 변호사 사무실에서 근무한다 하더라도 변호사의 실질적인 지휘·감독을 받지 아니하고 자신의 계산으로 법률사무인 등기사무를 취급하고 그 대가를 받는 경우 그 수익이 모

---

12 대법원 2015. 2. 12. 선고 2012도9571 판결 참조.

13 대법원 2015. 1. 15. 선고 2011도14198 판결, 대법원 2000. 8. 18. 선고 2000도3072 판결 각 참조.

14 위 대법원 2014도16204 판결 참조.

15 부산지방법원 2017. 6. 15. 선고 2017고단2184호 판결 참조(대법원 2018도4238 판결로 확정).
[본 사건의 경우 피고인이 다수이나 범행 유형은 동일하므로 일부 피고인의 범죄사실을 선별하여 소개함]

두 환수됨을 유의할 필요가 있다.

사례

범 죄 사 실

피고인 A, 피고인 B, 피고인 C, 피고인 D, 피고인 E, 피고인 G는 시중은행의 지점장 출신이고, 피고인 F는 농협은행의 부지점장 출신인데, 피고인들은 대구 수성구 K에 있는 법무법인 L의 대구 주사무소에서 법무실장으로 근무하는 사람들이다.

변호사가 아니면서 금품·향응 또는 그 밖의 이익을 받거나 받을 것을 약속하고 비송사건에 관하여 감정·대리·중재·화해·청탁·법률상담 또는 법률관계 문서 작성, 그 밖의 법률사무를 취급하거나 이러한 행위를 알선하여서는 아니됨에도 불구하고, 피고인들은 다음과 같이 변호사가 아니면서 금품을 받고 등기신청 사건을 알선하였다.

1. **피고인** A

피고인은 2015. 2. 초순경 위 법무법인 L의 대구 주사무소에서, **위 법무법인의 대표 변호사인 M 및 사무국장 N로부터 피고인이 위 법무법인의 법무실장으로 근무하기로 하면서, 피고인의 알선으로 위 법무법인이 피고인이 근무하였던 대구은행 등으로부터 등기신청 사건을 수임하도록 하고, 매월 수임된 사건의 총 서기료(등기사무 대행 수수료를 의미함) 중 22%를 알선료로 지급받기로 하였다**. 이에 따라 **피고인은 2015. 2. 2.경 위 법무법인이 대구은행 본점으로부터 (주)O에 대한 담보대출과 관련된 근저당권설정등기 사건을 수임하도록 알선한 것을 비롯하여 그 때부터 2016. 12. 30.경까지 별지(파일 첨부, 이하 일부 별지 파일로 첨부함) "범죄일람표 1(A)" 기재와 같이 총 2,670건의 등기신청 사건을 위 법무법인에 알선하고, 위 M과 N로부터 그에 대한 대가로 별지 "범죄일람표 2(A) 기재와 같이 합계 금 70,915,070원을 지급받았다**.

이로써 피고인은 변호사가 아니면서 금품을 받고 등기신청사건을 알선하였다.

2. 피고인 B

피고인은 2016. 3.경 위 법무법인 L의 대구 주사무소에서, 위 법무법인의 대표 변호사인 M 및 사무국장 N로부터 피고인이 위 법무법인의 법무실장으로 근무하기로 하면서, 피고인의 알선으로 위 법무법인이 피고인이 근무하였던 국민은행 등으로부터 등기신청 사건을 수임하며 매월 수임된 사건의 총 서기료 중 22%를 알선료로 지급받기로 하였다.

이에 따라 피고인은 2016. 3. 14. 위 법무법인이 국민은행 복현동지점으로부터 P와 Q에 대한 담보대출과 관련된 근저당권설정등기 사건을 수임하도록 알선한 것을 비롯하여 그 때부터 2016. 12. 30.경까지 별지 "범죄일람표 3(B)" 기재와 같이 총 921건의 등기신청 사건을 위 법무법인에 알선하고, 위 M과 N로부터 그에 대한 대가로 별지 "범죄일람표 4(B)" 기재와 같이 합계 금 22,014,670원을 지급받았다.

이로써 피고인은 변호사가 아니면서 금품을 받고 등기신청사건을 알선하였다.

3. 피고인 C

피고인은 2016. 1.경 위 법무법인 L의 대구 주사무소에서, 위 법무법인의 대표 변호사인 M 및 사무국장 N로부터 피고인이 위 법무법인의 법무실장으로 근무하기로 하면서, 피고인의 알선으로 위 법무법인이 피고인이 근무하였던 하나은행 등으로부터 등기신청 사건을 수임하며 매월 수임된 사건의 총 서기료 중 20%를 알선료로 지급받기로 하였다.

이에 따라 피고인은 2016. 2. 1. 법무법인이 하나은행 황금동지점으로부터 ㈜R에 대한 담보대출과 관련된 근저당권설정등기 사건을 수임하도록 알선한 것을 비롯하여 그 때부터 2016. 12. 30.경까지 별지 "범죄일람표 5(C)" 기재와 같이 총 1,326건의 등기신청 사건을 위 법무법인에 알선하고, 위 M과 N로부터 그에 대한 대가로 별지 "범죄일람표 6(C)" 기재와 같이 합계 금 47,439,850원을 지급받았다.

이로써 피고인은 변호사가 아니면서 금품을 받고 등기신청사건을 알선하였다.

4. 피고인 D

피고인은 2016. 1.경 위 법무법인 L의 대구 주사무소에서, 위 법무법인의 대표 변호사인 M 및 사무국장 N로부터 피고인이 위 법무법인의 법무실장으로 근무하기로 하면서, 피고인의 알선으로 위 법무법인이 피고인이 근무하였던 외환은행(현 KEB하나은행) 등으로부터 등기신청 사건을 수임하며 매월 수임된 사건의 총 서기료 중 10%를 알선료로 지급받기로 하였다.

이에 따라 피고인은 2016. 1. 4. 위 법무법인이 하나은행 노원동지점으로부터 S(T, U)에 대한 담보대출과 관련된 근저당권설정등기 사건을 수임하도록 알선한 것을 비롯하여 그 때부터 2016. 12. 30.경까지 별지 "범죄일람표 7(D) 기재와 같이 총 1,494건의 등기신청 사건을 위 법무법인에 알선하고, 위 M과 N로부터 그에 대한 대가로 별지 "범죄일람표 8(D) 기재와 같이 합계 금 18,720,350원을 지급받았다.

이로써 피고인은 변호사가 아니면서 금품을 받고 등기신청사건을 알선하였다.

(중략)

법령의 적용

1. 범죄사실에 대한 해당법조

각 변호사법 제109조 제1호

1. 추징

변호사법 제116조 단서

Ⅲ 독직행위 금지 위반죄(제109조 제2호, 제33조)

관련조문

변호사법 제109조(벌칙) 다음 각 호의 어느 하나에 해당하는 자는 7년 이하의 징역 또는 5천만 원 이하의 벌금에 처한다. 이 경우 벌금과 징역은 병과(併科)할 수 있다.

2. 제33조 또는 제34조(제57조, 제58조의16 또는 제58조의30에 따라 준용되는 경우를 포함한다)를 위반한 자

☞ 제33조(독직행위의 금지) 변호사는 수임하고 있는 사건에 관하여 상대방으로부터 이익을 받거나 이를 요구 또는 약속하여서는 아니 된다.[전문개정 2008. 3. 28.]

1. 구성요건의 주체 및 행위의 상대방

본죄의 **구성요건 주체**는 변호사다(신분범). 다만 특정 사건에서 일방을 대리하는 변호사가 같은 사건의 상대방으로부터 이익을 받거나 이를 요구, 약속하는 행위를 금지하는 것이므로 **행위의 상대방**은 특정 사건의 상대편 당사자가 될 것이나 반드시 그 상대편 당사자가 아니더라도 상대편 당사자를 대표·대리하는 특정인은 모두 상대방이 될 수 있다.

2. 구성요건적 행위, 객체 및 처벌

본죄의 **구성요건적 행위**는 수임하고 있는 사건에 관하여 상대방으로부터 이익을 받거나 이를 요구 또는 약속하는 것이다. 상대방으로부터 제공받거나 요구 또는 약속한 이익은 변호사가 현재 수임하여 진행하고 있는 특정 사건과의 관련성이 인정되어야 한다. 변호사법 제33조가 위와 같은 행위를 독직행위의 금지로 명명하고 있는 것은 변호사가 특정 사건과 관련하여 자신이 대리하는 당사자가 아닌 상대방으로부터 이익을 제공받는 것이 그 직을 스스로 더럽히는 행위와 같기 때문이다.

주관적 구성요건요소와 관련하여 상대방으로부터 제공받거나 요구, 약속하는 이익이 변호사 자신이 대리하는 사건과 관련이 있다는 사실에 대한 미필적 인식을 요한다.

한편 **구성요건의 객체**는 **'이익'**이라고만 규정하고 있으므로 좁게는 금품·향응을 포함하고 넓게는 유형적·무형적 재산상의 이익을 포괄한다고 봄이 상당하다.

본죄를 위반하면 7년 이하의 징역 또는 5천만 원 이하의 벌금에 처한다. 이 경우 벌금과 징역은 병과(併科)할 수 있다. 나아가 독직행위 금지의 점은 변호사법 제116조에 따른 필요

적 몰수·추징 규정의 적용을 받지 않는다. 결국 본죄를 저지르고 취득한 이익은 부패재산몰수법에 따라 임의적 몰수·추징의 대상이 된다.

다만 실무상 변호사가 일방을 대리하는 과정에서 다른 상대방으로부터 이익을 제공받는 경우가 거의 없어 본죄가 적용되어 처벌되는 사례는 쉽게 찾기 어렵다.

Ⅳ 비변호사와의 동업 금지 등 위반죄(동법 제109조 제2호, 제34조)

관련조문

변호사법 제109조(벌칙) 다음 각 호의 어느 하나에 해당하는 자는 7년 이하의 징역 또는 5천만 원 이하의 벌금에 처한다. 이 경우 벌금과 징역은 병과(併科)할 수 있다.

2. 제33조 또는 **제34조(제57조, 제58조의16 또는 제58조의30에 따라 준용되는 경우를 포함한다)**를 위반한 자

☞ 제34조(변호사가 아닌 자와의 동업 금지 등) ① 누구든지 법률사건이나 법률사무의 수임에 관하여 다음 각 호의 행위를 하여서는 아니 된다.

1. 사전에 금품·향응 또는 그 밖의 이익을 받거나 받기로 약속하고 당사자 또는 그 밖의 관계인을 특정한 변호사나 그 사무직원에게 소개·알선 또는 유인하는 행위
2. 당사자 또는 그 밖의 관계인을 특정한 변호사나 그 사무직원에게 소개·알선 또는 유인한 후 그 대가로 금품·향응 또는 그 밖의 이익을 받거나 요구하는 행위

② 변호사나 그 사무직원은 법률사건이나 법률사무의 수임에 관하여 소개·알선 또는 유인의 대가로 금품·향응 또는 그 밖의 이익을 제공하거나 제공하기로 약속하여서는 아니 된다.

③ 변호사나 그 사무직원은 제109조 제1호, 제111조 또는 제112조 제1호에 규정된 자로부터 법률사건이나 법률사무의 수임을 알선받거나 이러한 자에게 자기의 명의를 이용하게 하여서는 아니 된다.

④ 변호사가 아닌 자는 변호사를 고용하여 법률사무소를 개설·운영하여서는 아니 된다.

⑤ 변호사가 아닌 자는 변호사가 아니면 할 수 없는 업무를 통하여 보수나 그 밖의 이익을 분배받아서는 아니 된다.[전문개정 2008. 3. 28.]

☞ 제57조(준용규정) 법무법인에 관하여는 제22조, 제27조, 제28조, 제28조의2, 제29조, 제29조의2, 제30조, 제31조 제1항, 제32조부터 제37조까지, 제39조 및 제10장을 준용한다.

☞ 제58조의16(준용규정) 법무법인(유한)에 관하여는 제22조, 제27조, 제28조, 제28조의2, 제29조, 제29조의2, 제30조, 제31조 제1항, 제32조부터 제37조까지, 제39조, 제44조, 제46조부터 제52조까지, 제53조 제2항 및 제10장을 준용한다.

☞ 제58조의30(준용규정) 법무조합에 관하여는 제22조, 제27조, 제28조, 제28조의2, 제29조,

제29조의2, 제30조, 제31조 제1항, 제32조부터 제37조까지, 제39조, 제44조, 제46조부터 제52조까지, 제53조 제2항, 제58조의9제1항, 제58조의12 및 제10장을 준용한다.

1. 서설

변호사법은 **법률사건이나 법률사무의 수임에 관하여 각종 금지행위를 규정**하고 있다. 이를 개괄하여 보면, ① **사전 또는 사후에 대가를 받기로 하고 특정한 변호사나 사무직원에게 당사자 등을 소개**하는 행위(제34조 제1항 제1호, 제2호), ② 변호사나 사무직원이 법률사건 등의 수임에 관하여 **소개, 알선 또는 유인의 대가로 이익 등을 제공하는** 행위(제34조 제2항), ③ 변호사나 그 사무직원이 **비변호사 등으로부터 법률사건 등의 수임을 알선받거나 '비변호사'에게 명의를 대여**하는 행위(제34조 제3항), ④ **변호사가 아닌 자가 변호사를 고용하여 법률사무소를 개설·운영**하는 행위(제34조 제4항), ⑤ **변호사가 아닌 자가 변호사가 아니면 할 수 없는 업무를 통해 보수나 그 밖의 이익을 분배**받는 행위(제34조 제5항) 등이 그것이다. 이하에서는 각 항을 나누어 구성요건을 상세히 검토하여 보기로 한다.

2. 사전·사후 특정한 변호사 등에게 사건 등 소개·알선 금지 위반죄(제109조 제2호, 제34조 제1항)

관련조문

변호사법 제109조(벌칙) 다음 각 호의 어느 하나에 해당하는 자는 7년 이하의 징역 또는 5천만 원 이하의 벌금에 처한다. 이 경우 벌금과 징역은 병과(併科)할 수 있다.

2. 제33조 또는 <u>**제34조(제57조, 제58조의16 또는 제58조의30에 따라 준용되는 경우를 포함한다)**</u>를 위반한 자

☞ <u>제34조(변호사가 아닌 자와의 동업 금지 등)</u> ① 누구든지 법률사건이나 법률사무의 수임에 관하여 다음 각 호의 행위를 하여서는 아니 된다.

1. 사전에 금품·향응 또는 그 밖의 이익을 받거나 받기로 약속하고 당사자 또는 그 밖의 관계인을 특정한 변호사나 그 사무직원에게 소개·알선 또는 유인하는 행위
2. 당사자 또는 그 밖의 관계인을 특정한 변호사나 그 사무직원에게 소개·알선 또는 유인한 후 그 대가로 금품·향응 또는 그 밖의 이익을 받거나 요구하는 행위

가. 구성요건의 주체 및 행위의 상대방

본죄의 **구성요건의 주체**는 아무런 제한이 없으므로 누구든 주체가 될 수 있다. 따라서 변호사이든 비변호사이든 상관없이 본죄의 주체가 된다. 소위 변호사 등에게 사건을 소위 **'물어다 주는**(**소개·알선 또는 유인**)' 행위의 대가로 금품 등을 제공받는 '**사건 브로커**'를 처벌하는 규정이므로 브로커는 특정한 신분을 요하지 않는다.

행위의 상대방은 소개·알선·유인 행위의 상대방이므로 '**특정 변호사나 그 사무직원**'이 된다.

나. 구성요건적 행위 및 객체

본죄의 **구성요건적 행위**는 **법률사건이나 법률사무의 수임에 관하여** ① 사전에 금품·향응 또는 그 밖의 이익을 받거나 받기로 약속하고 당사자 또는 그 밖의 관계인을 특정한 변호사나 그 사무직원에게 소개·알선 또는 유인하는 것(**제34조 제1항 제1호**)과 ② 당사자 또는 그 밖의 관계인을 특정한 변호사나 그 사무직원에게 소개·알선 또는 유인한 후 그 대가로 금품·향응 또는 그 밖의 이익을 요구하는 것(**제34조 제1항 제2호**)이다. 제1호와 제2호의 차이점은 **금품·향응 또는 그 밖의 이익을 받거나 받기로 약속 또는 요구한 시점**이 당사자 또는 그 밖의 관계인을 **특정 변호사 등에게 소개하기 前인지 後인지 여부**다.

한편 구성요건의 객체인 금품·향응 또는 그 밖의 이익은 법률사건이나 법률사무의 수임에 관하여 제공 또는 제공의 약속이 되어야 하므로 **제공되는 금품 등과 수임 사이의 대가성이 인정**되어야 한다.

동죄의 **실행의 착수 시점과 관련**하여 **대법원**은 법률사무의 수임에 관하여 당사자를 **특정 변호사에게 소개한 후 그 대가로 금품을 수수하면 변호사법 제109조 제2호, 제34조 제1항을 위반하는 죄가 성립**하는바, 그 경우 **소개의 대가로 금품을 받을 고의를 가지고 변호사에게 소개를 하면 실행행위의 착수가 있다**고 판시하였다.[16] 위 판결은 동법 제34조 제1항 제2호가 문제된 사안으로서 금품 등의 제공 약속을 먼저 하고 특정 변호사에게 소개한 경우(동법 제34조 제1항 제1호)에는 금품 등의 제공 약속을 함으로써 본 죄의 실행의 착수가 인정된다.

16 대법원 2006. 4. 7. 선고 2005도9858 전원합의체 판결 참조.

주관적 구성요건요소와 관련하여 본죄는 고의범이므로 미필적으로나마 금품 등이 소개·알선의 대상이 되는 법률사무의 수임 등과 관련하여 제공된다는 사실을 인식하면 충분하고 별도의 목적은 필요 없다.

구성요건의 객체는 금품·향응 또는 그 밖의 이익으로 그 이익은 유형 또는 무형의 이익을 불문한다. 금품과 향응은 넓게 재산상 이익의 한 유형으로 이해함이 상당하다.

다. 처벌

본죄를 범하면 7년 이하의 징역 또는 5천만 원 이하의 벌금에 처한다. 이 경우 벌금과 징역은 병과(併科)할 수 있다. 본죄는 **변호사법 제116조에 따른 필요적 몰수·추징 규정이 적용되므로 위 규정을 위반하여 제공받은 금품·향응 기타 이익은 환수 대상**이 된다.

다만 **대법원**은 변호사가 위와 같은 방법으로 법률사건을 수임하였다고 하더라도 그 수임계약 자체는 유효하므로 **변호사가 법률사건을 수임하고 받은 수임료 자체는 법률사건의 알선을 받은 대가가 아니고 사법상 유효한 위임계약과 그에 따른 대리행위의 대가**이므로 법 제27조 제2항 위반행위로 인하여 얻은 부정한 이익으로 볼 수 없고, 따라서 **추징의 대상이 아니라고 판시**하였다.[17]

결국 위와 같은 법률사건의 수임에 관하여 그 대가로 제공 또는 약속한 금품·향응 기타 이익에 한하여 몰수·추징할 수 있을 뿐이고 법률사건 등의 수임료 자체는 범죄수익으로 볼 수 없다는 것으로 이는 타당하다.

라. 범죄수익환수 사례

본죄와 관련하여 **법률사건 수임에 대한 알선을 하여주면 그 대가로 금품을 받기로 하고 변호사에게 법률사건을 소개하여 준 후 수임료의 10%에 해당하는 금품을 알선 수수료로 지급받은 사안**에서 이를 **비변호사로부터 추징하여 환수한 사례**가 있다.[18]

---

17 대법원 2001. 7. 24. 선고 2000도5069 판결 참조.

18 서울남부지방법원 2015. 11. 9. 선고 2015고단4492 판결 참조(서울남부지방법원 2015노1905 판결로 확정). [판결 이유 중 변호사법위반죄와 무관한 다른 범죄와 관련된 내용들은 모두 삭제하였음]

사례

범죄사실

(전략)

4. 변호사법위반

누구든지 법률사건이나 법률사무의 수임에 관하여 당사자 또는 그 밖의 관계인을 특정한 변호사나 그 사무직원에게 소개·알선 또는 유인한 후 그 대가로 금품·향응 또는 그 밖의 이익을 받거나 요구하는 행위를 하여서는 아니 된다.

그런데 피고인은 2009. 12.경 서울 서초구 C에 있는 법무법인 D 사무실에서 변호사 N으로부터 회생·파산·면책 사건을 수임하면 수임료의 10~20%를 주겠다는 말을 듣고 이에 동의하였다. 이에 피고인은 2009. 12.경 주식회사 O의 대표이사인 P로부터 법인파산신청사건을 의뢰받아 위 법무법인에서 수임하도록 한 후 수임료의 10%에 해당하는 금액을 받은 것을 비롯하여, 별지 범죄일람표 기재와 같이 2012. 12.경까지 위 N으로부터 법률사건 수임 대가로 합계 13,500,000원을 교부받았다.

법령의 적용

1. 범죄사실에 대한 해당법조

각 형법 제347조 제1항(사기의 점. 징역형 선택), 각 형법 제225조(각 공문서 위조의 점), 각 형법 제229조, 제225조(각 위조공문서 행사의 점), 형법 제231조(사문서 위조의 점. 징역형 선택), 형법 제234조, 제231조(위조사문서 행사의 점. 징역형 선택), 포괄하여 **변호사법 제109조 제2호, 제34조 제1항 제2호(각 유상 법률사무 알선, 소개의 점. 징역형 선택)**

1. 추징

변호사법 제116조

3. 변호사 등의 법률사건 등 소개·알선 대가 제공 등 금지 위반죄(제109조 제2호, 제34조 제2항)

관련조문

변호사법 제109조(벌칙) 다음 각 호의 어느 하나에 해당하는 자는 7년 이하의 징역 또는 5천만 원 이하의 벌금에 처한다. 이 경우 벌금과 징역은 병과(倂科)할 수 있다.

2. 제33조 또는 **제34조(제57조, 제58조의16 또는 제58조의30에 따라 준용되는 경우를 포함한다)**를 위반한 자

☞ 제34조(변호사가 아닌 자와의 동업 금지 등) ② 변호사나 그 사무직원은 법률사건이나 법률사무의 수임에 관하여 소개·알선 또는 유인의 대가로 금품·향응 또는 그 밖의 이익을 제공하거나 제공하기로 약속하여서는 아니 된다.

가. 구성요건의 주체 및 행위의 상대방

본죄의 **구성요건의 주체**는 변호사나 그 사무직원이다(**신분범**). 위 신분자가 금품 등의 제공 또는 약속을 하고 실제로 금품을 제공하는 경우 본죄의 주체가 된다. **행위의 상대방**은 소개·알선·유인 행위의 상대방이므로 **'변호사나 그 사무직원에게 법률사건 등을 소개하는 사람'**이 된다.

나. 구성요건적 행위 및 객체

본죄의 **구성요건적 행위**는 법률사건이나 법률사무의 수임에 관하여 소개·알선 또는 유인의 대가로 금품·향응 또는 그 밖의 이익을 제공하거나 제공하기로 약속하는 것이다. 변호사 사무실을 운영하는 변호사 또는 사무직원이 제3자인 사건 브로커에게 금품 등을 수수료 명목으로 떼어주고 법률사건 등의 수임을 소개·알선·유인받는 행위를 처벌하고, 위와 같이 제공한 알선수수료 등을 환수하겠다는 취지다.

주관적 구성요건요소와 관련하여 변호사나 사무직원은 자신이 제공하는 금품 등이 법률사건의 수임의 대가라는 사실을 미필적으로나마 인식할 것을 요하고 별도의 목적까지 요구하지는 않는다.

이때 **구성요건의 객체**는 소개·알선 등의 대가로 지급하는 금품·향응 또는 그 밖의 이익으로 금품·향응은 넓은 의미의 재산상 이익의 예시라고 봄이 상당하다.

다. 죄수 및 처벌

본죄는 법률사건 등의 소개·알선·유인 과정에서 그와 같은 소개 등을 받는 변호사 등을 처벌하는 것으로 사건브로커를 처벌하는 규정(동법 제109조 제2호, 제34조 제1항 제1·2호)과는 대향범의 관계에 있다. 따라서 변호사 등이 불법적으로 브로커를 통해 법률사건 등을 수임하고 그 대가를 제공하는 경우 사건브로커는 제34조 제1항 제1호 내지 제2호의 죄로, 변호사 등은 제34조 제2항의 죄로 각 처벌된다.

본죄를 위반하면 7년 이하의 징역 또는 5천만 원 이하의 벌금에 처한다. 이 경우 벌금과 징역은 병과(併科)할 수 있다. 나아가 변호사법 제116조에 따라 본죄를 저지르고 취득한 범죄수익은 모두 필요적으로 몰수·추징되는데 브로커를 통하여 사건을 수임받는 변호사 등의 경우 통상적으로 브로커에서 수수료 명목으로 금품 등을 제공하여 주므로 브로커로부터 해당 금품 등을 되돌려 받지 않는 이상 변호사 등으로부터 금품 등을 몰수·추징하는 경우는 드물다.

라. 범죄수익환수 사례

본죄와 관련하여 **비변호사가 등기사무를 취급하는 과정에서 부동산 중개업자들에게 알선수수료를 제공하고 이를 통해 법률사무를 취급한 경우 비변호사가 취득한 범죄수익을 변호사법위반죄에 따라 추징한 사례**가 있다.[19] 이 경우에도 비변호사가 브로커들인 부동산 중개업자들에게 제공한 금품 등을 추징한 것이 아니고 위와 같은 알선행위에 따라 취급하게 된 법률사무 수수료(변호사법 제109조 제1호)를 추징한 것임에 유의할 필요가 있다.

이러한 경우 위 브로커들인 부동산 중개업자들은 동법 제109조 제2호, 제34조 제1항 제1호 내지 제2호 위반죄가 성립하고 위와 같이 지급받은 알선행위의 수수료 또한 모두 환수할 수 있다고 봄이 상당하다. 다만 이 사안에서는 등기사무를 비변호사에게 알선한 브로커들에 대해서는 별도의 수사 및 몰수·추징 판결 선고가 없었다.

본죄의 변호사법위반죄는 **주체와 행위의 상대방 모두 처벌**할 수 있고 **그 과정에서 제공되는 금전은 모두 환수의 대상이 됨을 주의**하여야 한다.

사례

범 죄 사 실

『2016고단2646』

피고인 A는 천안시 동남구 K에 있는 변호사 C 법률사무소의 사무국장이고, 피고인 B는 위 법률사무소의 이른바 '등기사무장'이며, 피고인 C는 변호사이다.

1. 피고인 A

가. 법률사무 취급으로 인한 변호사법위반

피고인은 2013. 11.경 위 법률사무소 내에서 위 C 명의를 이용하여 등기신청 사건을 수임하여 처리하는 대가로 C에게 매월 400만 원을 주기로 C와 약정하였다.

---

19 대전지방법원 천안지원 2017. 6. 15. 선고 2016고단2646, 2017고단252(병합)(대법원 2017도20109 판결로 확정)[해당 판결 중 변호사법위반죄와 무관한 사기죄 부분은 제외하고 추징선고와 무관한 다른 피고인들에 대한 범죄사실도 모두 제외 하였음.].

변호사가 아니면서 금품·향응 또는 그 밖의 이익을 받거나 받을 것을 약속하고 또는 제3자에게 이를 공여하게 하거나 공여하게 할 것을 약속하고 소송 사건, 비송 사건, 가사 조정 또는 심판 사건이나 그 밖의 일반의 법률사건에 관하여 감정·대리·중재·화해·청탁·법률상담 또는 법률관계 문서 작성, 그 밖의 법률사무를 취급하여서는 아니 된다.

피고인은 변호사가 아님에도 2014. 2. 18.경 위 법률사무소에서, L로부터 천안시 서북구 M아파트 1동 ***호에 대한 소유권이전등기 신청을 대행해 달라는 의뢰와 함께 업무대행 수수료 명목으로 527,400원을 받은 뒤, 천안시 서북구 신부동에 있는 대전지방법원 천안지원에서 위 C 명의로 위 소유권이전등기 신청을 대행하였다.**

피고인은 이를 비롯하여 2014. 1. 2.경부터 2016. 9. 30.경까지 같은 방법으로 별지 범죄일람표 1 기재와 같이 총 7,703회에 걸쳐 등기신청 업무를 대행하고 대행수수료 명목으로 합계 3,363,558,655원을 지급받았다.

이로써 피고인은 변호사가 아니면서 수임료를 받고 법률사무를 취급하였다.

나. 알선 수수료 제공으로 인한 변호사법위반

변호사 또는 그 사무직원은 법률사건 또는 법률사무의 수임에 관하여 소개·알선 또는 유인의 대가로 금품·향응 기타 이익을 제공하거나 이를 약속하여서는 아니 된다.

피고인은 2013. 11.경 B, N, O 등을 등기사무장으로 고용한 후 이들을 통해 천안·아산 지역 부동산 중개업자들로부터 부동산등기신청 의뢰인을 소개 받고, 등기사무장들에게 부동산 중개업자에게 1건당 10만 원에서 30만 원의 알선수수료를 지급하도록 지시하였다.

피고인은 2015. 1.경 위 법률사무소에서, 등기사무장 B를 통해 천안시 서북구 P에 있는 Q 사무실의 이름을 알 수 없는 부동산 중개업자로부터 등기신청 의뢰인 R을 소개 받고 2015. 2. 2.경 R의 소유권이전등기를 대행해 준 다음 2015. 2. 11.경 위 B로 하여금 위 중개업자에게 위 임*영을 소개해 준 대가로 33만 원을 교부하게 하였다.

피고인은 이를 비롯하여 2014. 1. 2.경부터 2016. 9. 30.경까지 같은 방법으로 별지 범죄일람표 2 기재와 같이 총 4,460회에 걸쳐 부동산 중개업자들에게 등기신청 사건의 소개에 대한 대가로 합계 885,803,000원을 제공하였다.

이로써 피고인은 위 B 등 등기사무장들과 공모하여 법률사무의 수임에 관하여 소개의 대가로 부동산 중개업자들에게 금품을 제공하였다.

(중략)

3. 피고인 C

피고인은 위 제1의 가항 기재와 같이 위 A가 위 법률사무소 내에서 피고인의 명의를 이용하여 등기신청 사건을 수임하여 처리하도록 하고 그 대가로 매월 400만 원씩 받기로 A와 약정하였다.

변호사는 변호사가 아니면서 금품·향응 또는 그 밖의 이익을 받거나 받을 것을 약속하고

소송 사건, 비송 사건, 가사 조정 또는 심판 사건이나 그 밖의 일반의 법률사건에 관하여 감정·대리·중재·화해·청탁·법률상담 또는 법률관계 문서 작성, 그 밖의 법률사무를 취급하는 자에게 자기의 명의를 이용하게 하여서는 아니 된다.

그럼에도 피고인은 2014. 2. 18.경 위 법률사무소에서, 변호사가 아닌 위 A로 하여금 L로부터 위 M아파트 1**동 ***호에 대한 소유권이전등기 신청을 대행해 달라는 의뢰와 함께 업무대행 수수료 명목으로 527,400원을 받은 뒤, 천안시 서북구 신부동에 있는 대전지방법원 천안지원에서 피고인 명의로 위 소유권이전등기 신청을 대행하게 하였다.

피고인은 이를 비롯하여 2014. 1. 2.경부터 2016. 9. 30.경까지 같은 방법으로 별지 범죄일람표 1 기재와 같이 위 A로 하여금 총 7,703회에 걸쳐 등기신청 업무를 대행하고 등기신청 의뢰인들로부터 대행수수료 명목으로 합계 3,363,558,655원을 지급받도록 하였다.

이로써 피고인은 변호사가 아닌 위 A가 피고인의 명의를 이용하여 수임료를 받고 법률사무를 취급하게 하였다.

(중략)

『2017고단525』

변호사가 아닌 자는 금품·향응 또는 그 밖의 이익을 받거나 받을 것을 약속하고 비송사건에 관하여 대리·법률상담 또는 법률관계 문서 작성 등 법률사무를 취급하여서는 아니 된다.

피고인 A는 2008. 3.경부터 2013. 12.경까지 천안시 X에 있는 '법무사 Y 사무소'에서 사무장으로 근무한 사람으로서 변호사가 아님에도 불구하고, 2009. 4. 10.경 위 법무사 사무소에서 의뢰인 Z와 Z의 개인회생 사무 일체를 처리하여 주기로 약정하고 수임료 명목으로 1,000,000원을 받은 후, 채권자목록, 재산목록, 수입지출목록, 진술서, 변제계획안, 보정서 등을 작성하여 법원에 제출하고 관련 통지도 법원으로부터 직접 받는 등의 방법으로 구경본의 개인회생 사건을 포괄적으로 대리하여 법률사무를 취급한 것을 비롯하여, 2009. 4. 3.경부터 2013. 1. 8.경까지 별지 범죄일람표 기재와 같이 총 103건의 개인회생, 파산 등 법률사무를 취급하고 의뢰인들로부터 수임료 명목으로 합계 131,000,000원을 교부받았다.

이로써 피고인 A는 변호사가 아니면서 금품을 받고 비송사건에 관하여 법률사무를 취급하였다.

법령의 적용

1. 범죄사실에 대한 해당법조 및 형의 선택

○ **피고인 A** : 변호사법 제109조 제1호(비변호사의 법률사무 취급의 점), **변호사법 제109조 제2호, 제34조 제2항, 형법 제30조(법률사건 알선 대가 금품 제공의 점)**, 형법 제347조 제1항, 형법 제30조(사기의 점), 각 징역형 선택

○ **피고인 B** : 변호사법 제109조 제2호, 제34조 제2항, 형법 제30조(법률사건 알선 대가 금품 제공의 점), 형법 제347조 제1항, 형법 제30조(사기의 점), 각 징역형 선택

○ 피고인 C : 변호사법 제109조 제2호, 제34조 제3항, 징역형 선택

1. 추징 (피고인 A)

변호사법 제116조 후문

[총 3,429,660,000원 = 2016고단2646 사건에 관한 추징금 3,363,550,000원 + 2017고단525 사건에 관한 추징금 66,110,000원]

수임료 총액 131,000,000원 - (인지대 30,000원 + 송달료 300,000원 + 부채증명발급비용 300,000원) × 총 수임건수 103건 = 66,110,000원

4. 변호사 등의 법률사건 등 알선 대가 제공 및 명의대여 금지 위반죄(제109조 제2호, 제34조 제3항)

관련조문

변호사법 제109조(벌칙) 다음 각 호의 어느 하나에 해당하는 자는 7년 이하의 징역 또는 5천만 원 이하의 벌금에 처한다. 이 경우 벌금과 징역은 병과(併科)할 수 있다.

2. 제33조 또는 제34조(제57조, 제58조의16 또는 제58조의30에 따라 준용되는 경우를 포함한다)를 위반한 자

☞제34조(변호사가 아닌 자와의 동업 금지 등) ③ 변호사나 그 사무직원은 제109조 제1호, 제111조 또는 제112조 제1호에 규정된 자로부터 법률사건이나 법률사무의 수임을 알선받거나 이러한 자에게 자기의 명의를 이용하게 하여서는 아니 된다.

가. 구성요건의 주체 및 행위의 상대방

본죄의 **구성요건의 주체**는 변호사나 그 사무직원이다(신분범). 변호사나 사무직원이 제109조 제1호(사건 브로커), 제111조(공무원 취급 사건 청탁·알선하는 사람), 제112조 제1호(타인의 권리 양수를 가장한 권리 실행을 업으로 하는 브로커)에 규정된 사람으로부터 법률사건 등의 수임을 알선받는 경우 본죄의 주체가 된다.

행위의 상대방은 소개·알선·유인 행위의 상대방이므로 제109조 제1호, 제111조, 제112조 제1호에 따라 '**변호사나 그 사무직원에게 법률사건 등을 알선·소개하는 사람 및 변호사 등의 명의를 빌려 이용하는 사람**'이 된다.

나. 구성요건적 행위 및 객체

본죄의 **구성요건적 행위는 사건 브로커 등으로부터 법률사건이나 법률사무의 수임을 알선받거나 그들에게 변호사 등의 명의를 대여하는 것**이다. 브로커 등이 동법 제109조 제1호, 제111조, 제112조 제1호의 각 위반행위를 하는 경우 그 위반행위를 통해 법률사무의 수임을 받는 변호사 등은 본죄로 처벌받게 된다. 다만 앞에서 본 바와 같이 이와 같은 규정에 위반하여 사건을 수임하였다 하더라도 **수임계약 및 소송행위가 무효가 되는 것은 아니라는 점**을 주의할 필요가 있다.

한편 변호사가 자신의 명의로 개설한 법률사무소 사무직원에게 자신의 명의를 이용하도록 함으로써 변호사법 제109조 제2호 위반행위를 하고, 그 사무직원이 그 변호사의 명의를 이용하여 법률사무를 취급함으로써 변호사법 제109조 제1호 위반행위를 하였는지 여부를 판단하는 기준에 대해 **대법원**은 다음과 같이 판시한 바 있다.[20]

> **판례**
>
> **변호사가 자신의 명의로 개설한 법률사무소 사무직원에게 자신의 명의를 이용하도록 함으로써 변호사법 제109조 제2호 위반행위를 하고, 그 사무직원이 그 변호사의 명의를 이용하여 법률사무를 취급함으로써 변호사법 제109조 제1호 위반행위를 하였는지 여부를 판단하려면**, 취급한 법률사건의 최초 수임에서 최종 처리에 이르기까지의 전체적인 과정, 법률사건의 종류와 내용, 법률 사무의 성격과 그 처리에 필요한 법률지식의 수준, 법률상담이나 법률문서 작성 등의 업무처리에 대한 변호사의 관여 여부 및 그 내용, 방법, 빈도, 사무실의 개설 과정과 사무실의 운영 방식으로서 직원의 채용, 관리 및 사무실의 수입금 관리의 주체, 방법, 변호사와 사무직원 사이의 인적 관계, 명의 이용의 대가로 지급된 금원의 유무 등 여러 사정을 종합하여, **그 사무직원이 실질적으로 변호사의 지휘, 감독을 받지 않고 자신의 책임과 계산으로 법률사무를 취급한 것으로 평가할 수 있는지를 살펴보아야 한다**. 나아가 **법률사무소 사무직원이 법률사무소의 업무 전체가 아니라 일정 부분의 업무에 한하여 실질적으로 변호사의 지휘, 감독을 받지 않고 자신의 책임과 계산으로 해당 법률사무를 변호사 명의로 취급, 처리하였다면, 설령 변호사가 나머지 업무에 관하여 정상적인 활동을 하고 있다고 하더라도 사무직원과 변호사에게는 변호사법 제109조 제1호 및 제2호 위반죄가 성립될 수 있다**(후략)(대법원 2015. 2. 12. 선고 2012도9571 판결 등 참조).

주관적 구성요건요소와 관련하여 변호사나 사무직원은 사건 브로커 등으로부터 법률사건의 수임의 알선을 받는다는 사실을 미필적으로나마 인식할 것을 요하고 별도의 목적까지

20 대법원 2015. 2. 12. 선고 2012도9571 판결 등 참조.

요구하지는 않는다.

이때 **구성요건의 객체**는 소개·알선 등의 대가로 지급하는 금품·향응 또는 그 밖의 이익으로 금품·향응은 넓은 의미의 재산상 이익의 예시인 점은 앞에서 본 바와 같다.

다. 죄수 및 처벌

본죄는 법률사건 등의 알선 과정에서 그와 같은 소개 등을 받는 변호사 등을 처벌하는 것으로 동법 제109조 제1호, 제111조, 제112조 제1호의 각 위반행위와 대향범의 관계에 있다.

본죄를 위반하면 7년 이하의 징역 또는 5천만 원 이하의 벌금에 처한다. 이 경우 벌금과 징역은 병과(倂科)할 수 있다. 나아가 변호사법 제116조에 따라 본죄를 저지르고 취득한 범죄수익은 모두 필요적으로 몰수·추징되는데 특히 변호사 등이 자신의 명의를 대여하여 주고 대가를 수수하는 경우 그 대가는 본죄 위반으로 영득한 부패재산에 해당하므로 이를 환수하여야 한다.

라. 범죄수익환수 사례

이와 관련하여 변호사가, 변호사가 아닌 자에게 명의를 대여하여 법률사무를 취급하도록 하고, 변호사가 아닌 자는 변호사법 제109조 제1호에 위반하여 법률사무를 실제로 취급한 경우, **변호사는 변호사법 제109조 제2호, 제34조 제3항으로, 비변호사는 변호사법 제109조 제1호로 처벌하면서 변호사가 아닌 자가 벌어들인 수익 전체 및 변호사가 명의대여 대가로 지급받은 금원을 모두 추징하여 환수한 사례**가 있다.[21]

사례

범 죄 사 실

피고인 A는 2010. 1.경부터 2014. 10.경까지 서울 서초구 J건물에서, 2014. 11.경부터 2015. 9.경까지 서울 서초구 K건물에 있는 법률사무소 L사무실에서 개인회생, 파산 등 법률사무를 취급한 사람이다.

피고인 B는 2008. 4.경부터 현재까지 법무법인 F 대표변호사로 재직하면서 A에게 변호사 명의를 이용하게 하였고, 피고인 C는 2014. 11.경부터 현재까지 법률사무소 L 변호사로 재직하면서 A에게 변호사 명의를 이용하게 하였다.

21 인천지방법원 2016. 5. 3. 선고 2015고단6953 판결 참조(대법원 2016도18741 판결로 확정).

1. 피고인 A

변호사가 아닌 피고인으로서는 금품, 향응 또는 그 밖의 이익을 받거나 받을 것을 약속하고 비송사건에 관하여 대리, 법률상담 또는 법률관계 문서 작성 등 법률사무를 취급하여서는 안 된다.

가. 법무법인 F 대표 변호사 B 명의를 이용하여 법률사무 취급

피고인은 2009. 12. 24.경 법무법인 F에서 대표 변호사 B와, 피고인은 B 변호사 명의로 개인회생, 파산 등 사건을 수임한 후 관련 각종 문서를 작성하여 법원에 제출하는 등의 법률사무를 취급하고, B는 그 대가로 월 1,000만 원을 지급받기로 약정하였다(대가는 2011. 1.경부터 월 700만 원으로 변경되고, 2013. 8.경부터 월 400만 원으로 변경되었다).

피고인은 2012. 12. 26. 법무법인 F 사무실에서 의뢰인 M로부터 수임료 150만 원을 받고 개인회생 사건을 수임한 후 각종 문서작성 및 제출, 서류보정, 송달, 금지, 중지명령신청, 가압류해제, 신용불량 등록해제 등 일련의 업무에 대하여 실질적으로 의뢰인을 대리하여 처리하였고, 이를 비롯하여 그때부터 2014. 11. 19.경까지(수임료 입금일 기준) 별지 범죄일람표1 기재와 같이 위와 같은 방법으로 1,532건, 수임료 합계 18억 6,100만 8,600원의 개인회생, 파산 등 사건을 취급하였다.

이로써 피고인은 변호사가 아니면서 금품을 받고 개인회생, 파산, 면책 등 비송사건에 관한 법률사무를 취급하였다.

나. 법률사무소 L 변호사 C 명의를 이용하여 법률사무를 취급

피고인은 2014. 11.경 법률사무소 승*에서 변호사 C와, 피고인은 C 변호사 명의로 개인회생, 파산 등 사건을 수임한 후 관련 각종 문서를 작성하여 법원에 제출하는 등의 법률사무를 취급하고, I는 그 대가로 월 950만 원을 지급받기로 약정하였다.

피고인은 2014. 11. 11. 법률사무소 L에서 의뢰인 N으로부터 수임료 110만 원을 받고 개인회생 사건을 수임한 후 각종 문서작성 및 제출, 서류보정, 송달, 금지, 중지명령신청, 가압류해제, 신용불량 등록해제 등 일련의 업무에 대하여 실질적으로 의뢰인을 대리하여 처리하고, 이를 비롯하여 그때부터 2015. 10. 6.경까지(수임료 입금일 기준) 별지 범죄일람표2 기재와 같이 위와 같은 방법으로 769건, 수임료 합계 9억 9,045만 3,500원의 개인회생, 파산 등 사건을 취급하였다.

이로써 피고인은 변호사가 아니면서 금품을 받고 개인회생, 파산, 면책 등 비송사건에 관한 법률사무를 취급하였다.

2. 피고인 B

피고인은 2012. 12. 26.경부터 2014. 11. 19.경까지(수임료 입금일 기준) 법무법인 F에서, 변호사가 아닌 A에게 피고인의 변호사 명의를 이용하게 하여, A로 하여금 별지 범죄일람표1 기재와 같이 1,532건, 수임료 합계 18억 6,100만 8,600원의 개인회생, 파산 등 사건을 취급하

게 하였다.

이로써 피고인은 변호사가 아닌 A로 하여금 피고인의 변호사 명의를 이용하여 개인회생 등 비송사건에 관한 법률사무를 취급하게 하였다.

3. 피고인 C

피고인은 2014. 11. 11.경부터 2015. 10. 6.경까지(수임료 입금일 기준) 법률사무소 L에서, 변호사가 아닌 A에게 피고인의 변호사 명의를 이용하게 하여, A로 하여금 별지 범죄일람표2 기재와 같이 769건, 수임료 합계 9억 9,045만 3,500원의 개인회생, 파산 등 사건을 취급하게 하였다.

이로써 피고인은 변호사가 아닌 A로 하여금 피고인의 변호사 명의를 이용하여 개인회생 등 비송사건에 관한 법률사무를 취급하게 하였다.

법령의 적용

1. 범죄사실에 대한 해당법조 및 형의 선택

피고인 A: 각 변호사법 제109조 제1호(징역형 선택)

피고인 B, C: 변호사법 제109조 제2호, 제34조 제3항(포괄하여, 징역형 선택)

1. 추징

피고인들: 변호사법 제116조

[피고인 A는 추징금 중 사무실 운영비, 변호사에 대한 명의대여료 등이 공제되어야 한다고 주장하고, 피고인 B는 추징금 중 직원 회식비, 직원 퇴사 시 위로금 등이 공제되어야 한다고 주장하지만, 이러한 비용은 피고인들이 변호사법위반죄로 취득한 재물을 독자적인 판단에 따라 소비한 것에 불과하거나 부수적으로 지출한 비용에 불과하여 공제할 수 없다.]

5. 사무장 법률사무소 개설·운영 금지 위반죄(제109조 제2호, 제34조 제4항)

관련조문

변호사법 제109조(벌칙) 다음 각 호의 어느 하나에 해당하는 자는 7년 이하의 징역 또는 5천만 원 이하의 벌금에 처한다. 이 경우 벌금과 징역은 병과(倂科)할 수 있다.

2. 제33조 또는 제34조(제57조, 제58조의16 또는 제58조의30에 따라 준용되는 경우를 포함한다)를 위반한 자

☞ 제34조(변호사가 아닌 자와의 동업 금지 등) ④ 변호사가 아닌 자는 변호사를 고용하여 법률사무소를 개설·운영하여서는 아니 된다.

가. 구성요건의 주체 및 행위의 상대방

본죄의 **구성요건의 주체**는 **변호사가 아닌 사람**이다(**신분범**). 따라서 누구든지 변호사가 아니면서 변호사를 고용하여 법률사무소를 개설·운영하는 경우 처벌된다. 의료법 제87조, 제33조 제2항에 따른 소위 '사무장 병원' 금지 규정과 그 궤를 같이 한다. 법률사무는 고도의 전문성을 요하는 것이므로 변호사가 아님에도 불구하고 자금력을 동원하여 변호사를 통해 법률사무소를 개설·운영하게 되면 발생할 수 있는 문제점을 사전에 차단하기 위한 것이다.

그런데 이 때 변호사가 아닌 사람으로부터 고용된 변호사를 본죄로 처벌할 수 있는지가 문제된다. 이에 대해 **대법원**은「변호사가 변호사 아닌 자에게 고용되어 법률사무소의 개설·운영에 관여하는 행위는 위 범죄가 성립하는 데 당연히 예상될 뿐만 아니라 범죄의 성립에 없어서는 아니 되는 것인데도 이를 처벌하는 규정이 없는 이상, 그 입법 취지에 비추어 볼 때 **변호사 아닌 자에게 고용되어 법률사무소의 개설·운영에 관여한 변호사의 행위**가 일반적인 **형법 총칙상의 공모, 교사 또는 방조에 해당된다고 하더라도 변호사를 변호사 아닌 자의 공범으로서 처벌할 수는 없**다.」고 판시하고 있다.[22]

사무장 병원의 경우 의료인의 명의로 의료기관을 실질적으로 운영하는 비의료인의 범행에 가담한 의료인이 비의료인의 공범으로 처벌된다고 해석하는 것과는 다른 점에 유의할 필요가 있다.[23]

행위의 상대방은 아무런 제한이 없다. 사무장 법률사무소를 개설·운영하는 구성요건의 특성상 행위의 상대방을 특정하기도 쉽지 않다.

나. 구성요건적 행위 및 객체

본죄의 **구성요건적 행위**는 **변호사를 고용하여 법률사무소를 개설·운영하는 것**이다. 실제로 사무장 병원 사건과 마찬가지로 변호사가 법률사무소의 개설자 또는 대표자로 등록되어 있으나 실제로 운영자가 따로 있고 변호사는 바지에 불과한 경우 실 운영자를 어떻게 입증할 것인지가 실무상 중요한 쟁점이 된다.

따라서 이는 사무장 병원의 논리와 마찬가지로 **법률사무소의 개설행위**는 비변호사가 ① **그 법률사무소의 시설 및 인력의 충원·관리**, ② **개설신고**, ③ **법률사무 시행**, ④ **필요**

---

22 대법원 2004. 10. 28. 선고 2004도3994 판결 참조.

23 대법원 2017. 4. 7. 선고 2017도378 판결 참조.

한 자금의 조달, ⑤ 그 운영성과의 귀속 등을 주도적인 입장에서 처리하는 것을 의미한다고 해석함이 상당하다.[24] 나아가 비변호사와 변호사가 동업으로 법률사무소를 개설·운영하는 경우에도 실제로 누가 주도적으로 법률사무소 개설·운영하였는지를 검토할 필요가 있다.

주관적 구성요건요소와 관련하여 법률사무소 개설·운영 과정에서 자신이 변호사가 아님에도 불구하고 변호사를 고용하여 실질적으로 이를 개설·운영한다는 점에 대한 미필적 인식이 있어야 한다. 비변호사가 법률사무소의 직원인사, 회계 관리에 적극 개입하고 이익을 분배받는 경우 이러한 인식은 추정될 수 있다.

구성요건적 객체는 특별한 제한이 없다. 법률사무소는 변호사법에 따른 개설의 대상이 되는 사무소를 의미하는 것이고 준용규정에 따라 법무법인 등을 포함한다.

다. 처벌

본죄를 범하면 7년 이하의 징역 또는 5천만 원 이하의 벌금에 처한다. 이 경우 벌금과 징역은 병과(倂科)할 수 있다. 한편 비변호사가 변호사를 고용하여 법률사무소를 실질적으로 운영하면서 벌어들인 수익은 모두 환수의 대상이 된다.

앞에서 본 바와 같이 이 경우 변호사는 처벌의 대상이 아니므로 변호사가 법률사무소의 영업이익을 급여 등 명목으로 분배받았다 하더라도 이를 변호사로부터 몰수·추징하는 방법으로 환수할 수 없다. 다만 이는 비변호사가 자신의 범죄수익을 실현하기 위해 소비·지출한 것에 불과하므로(종업원에 대한 급여 지급) 이는 범죄수익의 환수 대상에서 제외할 것은 아니다.

6. 변호사 아닌 자의 변호사 업무 금지 위반죄(동법 제109조 제2호, 제34조 제5항)

관련조문

변호사법 제109조(벌칙) 다음 각 호의 어느 하나에 해당하는 자는 7년 이하의 징역 또는 5천만 원 이하의 벌금에 처한다. 이 경우 벌금과 징역은 병과(倂科)할 수 있다.

---

24 위 사무장 병원 사례 관련, 대법원 2011. 10. 27. 선고 2009도2629 판결, 대법원 2014. 9. 25. 선고 2014도7217 판결 각 참조.

2. 제33조 또는 **제34조(제57조, 제58조의16 또는 제58조의30에 따라 준용되는 경우를 포함한다)**를 위반한 자

☞ 제34조(변호사가 아닌 자와의 동업 금지 등) ⑤ 변호사가 아닌 자는 변호사가 아니면 할 수 없는 업무를 통하여 보수나 그 밖의 이익을 분배받아서는 아니 된다.

가. 구성요건의 주체 및 행위의 상대방

본죄의 **구성요건의 주체**는 **변호사가 아닌 사람**이다(**신분범**). 따라서 누구든지 변호사가 아니면서 변호사가 아니면 할 수 없는 업무를 하는 경우 본죄의 주체가 될 수 있다. 통상적으로 변호사의 구체적인 지휘·감독 없이 법률사무소 사무장 등이 변호사의 업무를 실질적으로 수행하면서 보수 또는 그 밖의 이익을 분배받는 경우 이 규정이 적용된다.

행위의 상대방은 변호사가 아닌 사람에게 변호사가 아니면 할 수 없는 법률사무를 맡기고 그 대가로 보수나 그 밖의 이익을 지급하는 사람이다. 이 또한 변호사일 필요는 없고 비변호사인 경우에도 본죄에 해당할 수 있다.

나. 구성요건적 행위 및 객체

본죄의 **구성요건적 행위**는 변호사가 아니면서 변호사가 아니면 할 수 없는 업무를 통하여 보수나 그 밖의 이익을 분배받는 것이다.

이때 '**변호사가 아니면 할 수 없는 업무**'는 변호사법 제109조 제1호 각 목에 따른 소송사건, 비송 사건, 가사 조정 또는 심판 사건(**가목**), 행정심판 또는 심사의 청구나 이의신청, 그 밖에 행정기관에 대한 불복신청 사건(**나목**), 수사기관에서 취급 중인 수사 사건(**다목**), 법령에 따라 설치된 조사기관에서 취급 중인 조사 사건(**라목**), 그 밖에 일반의 법률사건(**마목**)에 관하여 진행하는 감정·대리·중재·화해·청탁·법률상담 또는 법률관계 문서 작성, 그 밖의 법률사무 등을 의미한다고 봄이 상당하다.

비변호사로서 위와 같은 업무를 통하여 보수나 그 밖의 이익을 분배받는 경우 처벌되는바 비변호사가 지급받는 보수나 그 밖의 이익이 위와 같은 업무를 진행하는 것에 대한 대가성이 인정되어야 한다. 그 대가성은 개별 행위에 대한 대가성을 요구하는 것은 아니고 비변호사가 취급하는 사무의 내용, 그 사무의 전반적인 성격 등을 종합적으로 고려하여 지급되는 금전이 해당 사무의 대가로 지급되었다는 사정이 인정되면 충분하다.

구성요건의 객체는 보수나 그 밖의 이익으로 금품·향응 그 밖의 모든 재산상 이익을 포함하고 반드시 그 명목이 '보수' 또는 '급여' 등으로 한정될 필요는 없다.

다. 처벌

본죄를 범하면 7년 이하의 징역 또는 5천만 원 이하의 벌금에 처한다. 이 경우 벌금과 징역은 병과(倂科)할 수 있다. 나아가 비변호사로서 본죄를 범하고 지급받은 보수나 그 밖의 이익은 모두 필요적 몰수·추징의 대상이 된다.

V 변호사 등의 공무원 교제명목 금품수수죄(제110조 각 호)

관련조문

변호사법 제110조(벌칙) 변호사나 그 사무직원이 다음 각 호의 어느 하나에 해당하는 행위를 한 경우에는 5년 이하의 징역 또는 3천만원 이하의 벌금에 처한다. 이 경우 벌금과 징역은 병과할 수 있다.

1. 판사·검사, 그 밖에 재판·수사기관의 공무원에게 제공하거나 그 공무원과 교제한다는 명목으로 금품이나 그 밖의 이익을 받거나 받기로 한 행위
2. 제1호에 규정된 공무원에게 제공하거나 그 공무원과 교제한다는 명목의 비용을 변호사 선임료·성공사례금에 명시적으로 포함시키는 행위

[전문개정 2008. 3. 28.]

1. 총설

변호사법은 **변호사나 그 사무직원이 판사·검사 등 공무원에게 제공하거나 교제한다는 명목으로 금품 등을 수수하거나 해당 비용을 변호사 선임료 또는 성공사례금으로 명시하는 행위를 금지**하고 있다. 판사·검사 그 밖에 수사·재판 업무를 담당하는 공무원들에 대한 불가매수성을 명시한 것이다.

2. 구성요건의 주체 및 행위의 상대방

본죄의 **구성요건 주체**는 변호사나 그 사무직원이다(신분범). 그 **행위의 상대방**은 재판·수사기관의 공무원과의 교제한다는 명목으로 금전을 제공하는 사람이다. 통상적으로 법률사건을 담당하는 공무원들에게 청탁할 명목이 있는 의뢰인들이 행위의 상대방이 될 것이다.

3. 구성요건적 행위 및 객체

본죄의 **구성요건적 행위**는 ① 판사·검사, 그 밖에 재판·수사기관의 공무원에게 제공하거나 그 공무원과 교제한다는 명목으로 금품이나 그 밖의 이익을 받거나 받기로 한 행위(**제110조 제1호**) 및 ② 제1호에 규정된 공무원에게 제공하거나 그 공무원과 교제한다는 명목의 비용을 변호사 선임료 또는 성공사례금에 명시적으로 포함시키는 행위(**제110조 제2호**)이다.

이때 **'교제'**의 의미와 관련하여 **대법원**은 「'교제'는 의뢰받은 사건의 해결을 위하여 접대나 향응은 물론 사적인 연고관계나 친분관계를 이용하는 등 이른바 공공성을 지닌 **법률전문직으로서의 정상적인 활동이라고 보기 어려운 방법**으로 **당해 공무원과 직접·간접으로 접촉하는 것을 뜻하는 것**이라고 해석되고, 변호사가 받은 금품 등이 정당한 변호활동에 대한 대가나 보수가 아니라 교제 명목으로 받은 것에 해당하는지 여부는 당해 **금품 등의 수수 경위와 액수, 변호사선임계 제출 여부, 구체적인 활동내역 기타 제반 사정 등을 종합하여 판단**하여야 한다.」고 판시하였다.[25]

구체적으로 위 사안에서 **대법원**은 피고인이 당시 증권거래법 위반 혐의로 공소 제기되어 수감 중이던 사람에게 **사건 담당 재판장과 고교 선·후배 사이임을 강조하면서 개인적으로 만나 수감자의 억울한 부분을 풀어주고 형량을 낮추어 주겠다면서 그 로비 비용으로 2,000만 원을 요구**하여 위 수감자의 처로부터 2,000만 원을 수수하였고, **위와 같이 돈을 받고도 변호인선임약정서를 작성하지도 않았으며 법정에서 위 수감자를 위해 변론활동을 한 바도 없**는 경우 이는 판사와의 교제 명목으로 금품을 수수한 것으로 볼 수 있다고 인정하였다.

나아가 **대법원**은 정식으로 법률사건을 의뢰받은 변호사라 하더라도 의뢰받은 사건의 해결을 위한 접대나 향응, 뇌물의 제공, 사적인 연고관계나 친분관계를 부정하게 이용하는 등 **공공성을 지닌 법률전문직으로서의 정상적인 활동이라고 보기 어려운 방법을 내세워 공무원과 직접·간접으로 접촉**하거나 공무원에게 청탁 또는 알선을 한다는 명목으로 금품 등을 받거나 받기로 하는 등, **금품 등의 수수 명목이 변호사의 지위 및 직무범위와 무관하다고 평가할 수 있을 때**에는 변호사법 제110조 제1호 위반죄 및 제111조 제1항 위반죄가 성립한다고 판시한바 있다.[26]

---

25 대법원 2006. 11. 23. 선고 2005도3255 판결 참조.

26 대법원 2019. 3. 14. 선고 2015도1900 판결 참조.

본죄의 **구성요건적 객체**는 금품이나 그 밖의 이익으로 금품은 **'그 밖의 이익'**의 예시일 뿐이다.

4. 죄수 및 처벌

본죄는 통상적으로 판사·검사 등 재판·수사 담당 공무원과 교제할 아무런 의사나 능력이 없이 상대방을 기망하여 금품을 요구하여 지급받는 경우가 대부분이므로 사기죄가 함께 문제된다. 이런 경우 사기죄와 본죄는 실체적 경합범 관계에 있다.

본죄를 범하면 5년 이하의 징역 또는 3천만 원 이하의 벌금에 처한다. 이 경우 벌금과 징역은 병과할 수 있다. 나아가 **위 범행으로 취득한 범죄수익은 필요적 몰수·추징의 대상이 됨**은 앞에서 본 바와 같다(동법 제116조 참조).

5. 범죄수익환수 사례

본죄와 관련하여 **피고인의 재판·수사기관 공무원과의 교제 명목으로 금품을 수수하는 등 범행을 한 경우 이와 같은 명목으로 취득한 금품을 모두 추징하여 환수한 사례**가 있어 소개한다.[27]

변호사가 판·검사 등 공무원에 대한 교제·청탁 명목으로 금품을 수수하였다고 하더라도 의뢰인으로부터 수임한 금원에는 위 교제 등 명목 금원뿐만 아니라 **정당한 변론활동에 대한 대가와 다른 변호인을 선임하는 비용도 불가분적으로 포함되어 있을 수 있는데 이러한 경우 정당한 변론활동에 대한 대가 부분은 추징액에서 제외함이 상당하다.**

다만 이처럼 교제·청탁 명목 등의 금원과 이와 무관한 대가로서의 금원의 액수가 구분되지 않은 채 불가분적으로 결합되어 있는 경우 그 전부가 교제·청탁 명목 등의 금원으로 인정될 수 있다.[28]

위 사안은 **추징금을 산정하는 과정에서 대법원에서 한차례 파기환송이 이루어져 확정된 사안으로 본죄와 관련하여 범죄수익을 환수한 대표적인 사례**이다.

---

27 서울중앙지방법원 2017. 1. 5. 선고 2016고합505호 판결 참조[항소심은 서울고등법원 2017노203 판결이었는데 추징부분과 관련하여 대법원(2017도12127 판결)에서 파기되었고, 이에 진행된 파기환송심 서울고등법원 2018노2 판결 및 대법원 2018도12630 판결로 확정되었다].

28 대법원 2005. 4. 29. 선고 2005도514 판결 등 참조.

사례

(2) 원심은 공소외 1 관련 변호사법 위반 부분에 관하여, 피고인이 제1심 판시 범죄사실 제1항과 같이 상습도박죄로 구속되어 재판을 받고 있던 공소외 1에게 재판부에 대한 교제와 청탁을 통해 보석으로 석방될 수 있도록 해 주는 대가로 돈을 달라는 취지로 말하고, 공소외 1로부터 합계 50억 원을 받음으로써, 판사·검사 그 밖에 재판·수사기관의 공무원에 대한 교제 및 청탁 명목으로 돈을 받았다고 판단하였다.

또한 **원심은 공소외 2 관련 변호사법 위반 부분에 관하여, 판시와 같은 사실 및 사정을 종합하여, ① 피고인이 2015. 6. 26.경 공소외 2로부터 20억 원을, 2015. 10. 30. 공소외 3으로부터 10억 원을 받은 사실을 인정할 수 있고, ② 피고인이 2015. 9. 3.부터 2015. 9. 10. 사이에 받은 현금 10억 원 및 수표 10억 원은 '○○○○○○○○' 사건 항소심에서의 보석과 관련한 교제 및 청탁을 주된 명목으로 하여 수수한 것일 뿐 '△△ 사건 합의금' 명목으로 보관하였다가 그중 17억 원을 반환하였다고 볼 수 없으며, ③ 피고인이 2015. 6. 26.경 공소외 2로부터 받은 돈은 집행유예 관련 교제·청탁 명목으로, 2015. 10. 30. 공소외 3으로부터 받은 돈은 '□□□□□□□' 사건 수사 및 재판 관련 교제·청탁 명목으로 각 수수한 것이고, 그 과정에서 공소외 4와 공모한 사실이 인정된다고 판단하였다**.

나아가 원심은, 피고인의 범행은 공소외 2, 공소외 1의 각 수사 및 재판 과정에서 변호사로서의 정당한 변호활동의 범위를 벗어나, 재판부와의 사적인 연고관계나 친분관계 등을 이용하여 공판정 외에서 비공식적으로 접촉하는 '교제'의 명목과 공소외 2, 공소외 1의 보석 또는 집행유예 등을 부탁하는 '청탁'의 명목이 모두 포함된 돈을 받은 것을 내용으로 하고 있으므로, 공소외 2, 공소외 1 관련 각 변호사법 위반 부분은 교제 명목에 따른 변호사법 제110조 제1호 위반죄와 청탁 명목에 따른 변호사법 제111조 제1항 위반죄가 동시에 모두 성립한다고 판단하여, 상상적 경합관계라고 본 제1심판결을 그대로 유지하였다.

3) 원심판결 이유를 앞에서 본 법리와 기록에 비추어 살펴보면, 위와 같은 사실인정과 원심의 판단에 상고이유 주장과 같이 논리와 경험의 법칙에 반하여 자유심증주의의 한계를 벗어나 사실을 잘못 인정하거나, 변호사법 제110조 제1호의 적용 등에 관한 법리를 오해한 위법이 없다.

나. 추징에 관한 채증법칙 위반 및 법리오해 주장

피고인이 공소외 1, 공소외 2의 형사사건 담당 재판장이나 수사기관 등에 대한 교제 및 그들에 대한 청탁 명목으로 금품을 받은 이상, 공소외 1, 공소외 2에게 반환한 금품을 제외한 나머지 받은 금품 전액이 몰수·추징의 대상이 된다고 봄이 타당하다. 설령 피고인이 그중 일부를 다른 변호사 선임비용으로 사용하였다 하더라도, 이는 변호사법 위반으로 취득한 재물의 소비방법에 불과하므로, 그 비용 상당액을 추징에서 제외할 수는 없다(위 대법원 2005도3255 판결 등 참조).

원심이 공소외 1, 공소외 2로부터 수수된 돈 전부가 재판부 등에 대한 교제·청탁 명목의

> 것임을 인정하면서도, 그 돈에서 피고인이 다른 변호사를 선임하면서 지출하였다는 비용 일부를 추징액에서 공제한 것은 적절하지 않지만, 상고이유로 주장하는 또 다른 변호사들에게 선임료로 지출하였다는 부분을 추징에서 제외하지 아니한 원심의 결론은 결과적으로 정당하다. 이와 다른 전제에서 피고인이 공소외 1, 공소외 2를 위하여 별도로 선임한 또 다른 변호사들의 선임료로 지출한 금액을 추징액에서 제외하여야 한다는 취지의 상고이유 주장은 받아들일 수 없다.
>
> (대법원 2017. 12. 22. 선고 2017도12127 판결 中)

Ⅵ 청탁·알선 명목 금품 수수 등 위반죄(제111조)

관련조문

변호사법 제111조(벌칙) ① 공무원이 취급하는 사건 또는 사무에 관하여 청탁 또는 알선을 한다는 명목으로 금품·향응, 그 밖의 이익을 받거나 받을 것을 약속한 자 또는 제3자에게 이를 공여하게 하거나 공여하게 할 것을 약속한 자는 5년 이하의 징역 또는 1천만원 이하의 벌금에 처한다. 이 경우 벌금과 징역은 병과할 수 있다.

② 다른 법률에 따라 「형법」 제129조부터 제132조까지의 규정에 따른 벌칙을 적용할 때에 공무원으로 보는 자는 제1항의 공무원으로 본다.

변호사법은 공무원이 취급하는 사건 또는 사무에 관하여 청탁 또는 알선을 한다는 명목으로 금품·향응 그 밖의 이익을 받는 행위 등을 금지하고 있다.

참고로 舊 범죄수익은닉규제법 별표 제5호에서는 **변호사법 제111조의 죄**를 범죄수익환수 대상범죄로 규정하고 있다. 부패재산몰수법 별표 제10호에서는 **변호사법 제33조 및 제109조부터 제111조까지의 죄**를 부패범죄로 규정하고 있어 범죄수익은닉규제법과 차이가 난다.

관련조문

舊 범죄수익은닉규제법 별표

중대범죄(제2조 제1호 관련)

5. 「변호사법」 제111조의 죄

변호사법 제33조, 제109조 내지 제110조에 해당하는 범죄를 저지르는 경우 부패재산몰수법 및 마약거래방지법에 따라, 제111조에 해당하는 경우 범죄수익은닉규제법(또는 부패재산몰수법) 및 마약거래방지법에 따라 보전조치를 취할 수 있으므로 준용규정이 다를 뿐 사실상 큰 차이가 없다.

한편 ① **동법 제109조 제2호, 제33조 위반죄(독직행위의 금지)**의 경우, 필요적 몰수·추징 규정(동법 제116조 참조)이 적용되지 않으므로 **부패재산몰수법상 임의적 몰수·추징 규정이 적용**되고, ② **나머지 제109조 제1호, 제110조, 제111조 위반죄**의 경우 동법 제116조에 따라 죄를 지은 자 또는 그 사정을 아는 제3자가 받은 금품이나 그 밖의 이익은 **변호사법에 따라 필요적으로 몰수·추징**한다.

관련조문

변호사법 제116조(몰수·추징) 제34조(제57조, 제58조의16 또는 제58조의30에 따라 준용되는 경우를 포함한다)를 위반하거나 제109조 제1호, 제110조, 제111조 또는 제114조의 죄를 지은 자 또는 그 사정을 아는 제3자가 받은 금품이나 그 밖의 이익은 몰수한다. 이를 몰수할 수 없을 때에는 그 가액을 추징한다.

1. 구성요건

관련조문

변호사법 제111조(벌칙) ① 공무원이 취급하는 사건 또는 사무에 관하여 청탁 또는 알선을 한다는 명목으로 금품·향응, 그 밖의 이익을 받거나 받을 것을 약속한 자 또는 제3자에게 이를 공여하게 하거나 공여하게 할 것을 약속한 자는 5년 이하의 징역 또는 1천만원 이하의 벌금에 처한다. 이 경우 벌금과 징역은 병과할 수 있다.

가. 구성요건의 주체

변호사법 제111조는 공무원이 취급하는 사건 또는 사무에 관한 불가매수성을 보호법익으로 한다. 공무원이 취급하는 사건 또는 사무에 관하여 청탁, 알선 명목으로 금품 등을 수수한 사람을 처벌하므로 본죄의 **구성요건 주체**는 공무원일 필요는 없고 일반인 누구든 주체가 될 수 있다.

공무원이 취급하는 사건 또는 사무에 관련하여 구체적인 청탁 또는 알선을 해주겠다고 말하고, 그 명목으로 금전 등을 교부받는 경우, 이를 약속하는 경우뿐만 아니라 제3자에게 공여하게 하는 등의 행위를 하면 처벌한다.

나. 구성요건적 행위

본죄의 **구성요건적 행위**는 공무원이 취급하는 사건 또는 사무에 관하여 '청탁 또는 알선을 한다는 명목으로' 금품·향응, 그 밖의 이익을 받거나 받을 것을 약속하는 행위(동법 제111조 제1항 **전단**) 또는 제3자에게 이를 공여하게 하거나 공여하게 할 것을 약속하는 행위(동법 제111조 제1항 **후단**)이다.

이때 **'청탁 또는 알선을 한다는 명목'**의 의미는 '청탁 또는 알선을 내세우거나 이에 관하여'를 뜻한다.[29] **'알선'**이라 함은 **'일정한 사항에 관하여 어떤 사람과 상대방 사이에서 중개하거나 편의를 도모하는 것'**을 뜻하고, 알선행위가 과거의 것이나 정당한 직무행위를 대상으로 하는 경우도 포함하며, 알선 명목으로 금품 등을 주고받았다면 실제로 알선행위를 하였는지 여부와 관계없이 범죄가 성립한다.[30]

그러나 **금품 등은 어디까지나 청탁 혹은 알선행위의 대가라는 명목으로 주고받아야** 하고, 알선과 금품 사이에 대가성이나 관련성이 있는지는 알선의 내용, 알선자와 이익 제공자 사이의 친분관계, 이익의 다과, 이익을 주고받은 경위와 시기 등 여러 사정을 종합하여 결정하여야 한다.[31]

나아가 **실제 청탁행위에 나아갔는지 여부를 묻지 않고 금품을 수수하는 등의 행위로 곧바로 기수**에 이른다. 한편 처벌대상이 되는 청탁 등의 행위는 자신의 사무가 아닌 타인의 사무를 위한 것이어야 하므로 적법하게 이루어진 계약에 근거하여 사회통념상 용인될 수 있는 위임사무를 처리한 경우에는 본죄가 성립하지 않는다.[32]

판례

변호사법 제111조 제1항의 죄는 '공무원이 취급하는 사건 또는 사무에 관하여 청탁 또는 알선한다는 명목'으로 '금품 등을 수수하거나 약속'함으로써 성립하는 범죄이다.

이때의 **'청탁 또는 알선'은 공무원이 취급하는 사건 등에 관하여 의뢰인의 의사를 공무원 측에 전달하**

29 대법원 2006. 4. 14. 선고 2005도7050 판결 참조.

30 대법원 2008. 1. 31. 선고 2007도8117 판결, 대법원 2015. 4. 23. 선고 2014도16274 판결 등 참조.

31 대법원 2007. 6. 28. 선고 2002도3600 판결, 대법원 2017. 1. 12. 선고 2016도15470 판결 등 참조.

여 편의의 도모 등 부탁을 하거나 영향력을 행사하여 의뢰인이 원하는 방향으로 결정이 이루어지도록 돕는 등의 행위를 의미하는 것으로, 이 경우 공무원의 사건 또는 사무의 처리가 정당한 직무행위에 속하는 경우도 포함되고, 청탁 등의 상대방이나 그 직무내용이 구체적으로 특정되어 있을 필요는 없다.

나아가 **실제 청탁행위에 나아갔는지, 청탁의 대상이 된 공무가 현실적으로 불공정하게 처리되었는지 여부 등을 묻지 않고 청탁을 명목으로 금품을 수수하는 등의 행위만으로 곧바로 범죄가 성립한다**는 점에서, 정식으로 사건을 의뢰받은 법률전문가인 변호사가 그 위임의 취지에 따라 수행하는 적법한 청탁을 제외하고 '공무원이 취급하는 사건 등에 관하여 어떠한 일이 이루어지도록 부탁한다는 구실로 금품을 수수한 일체의 행위'를 포함한다. 그러한 청탁 등의 명목으로 금품 등을 수수한다는 점에 관한 공통의 인식 내지 양해가 명시적이든 묵시적이든 존재하고, 청탁 등의 명목과 수수한 금품 등 사이에 전체적, 포괄적인 대가관계가 있으면 범죄가 성립한다. 그 수수한 금품에 청탁 등 행위에 대한 대가로서의 성질과 그 밖의 행위에 대한 대가로서의 성질이 불가분적으로 결합되어 있는 경우에는 전부가 청탁 등 행위의 대가로서의 성질을 가진다고 볼 수 있다.

한편, **위 처벌대상이 되는 청탁 등 행위는 자신이 아닌 타인의 사무를 위한 것이어야 하므로, 의뢰인과의 적법한 계약 등을 근거로 의뢰인을 위한 사무의 수행 등 계약상 정해진 자신의 사무처리의 일환으로 법에 정해지거나 사회통념상 용인할 수 있는 절차와 방법으로 의뢰인의 위임사무를 처리하는 행위를 한 경우는 이에 해당할 수 없고**, 다만 그 근거가 되는 계약 등이 공무원이 취급하는 사건 등에 관한 의뢰인의 이익을 위한 청탁 등 행위의 실질을 감추기 위해 형식적, 명목상으로 체결된 것이거나, 계약상 사무처리의 내용 중에 적법하고 정상적인 범위를 넘어 **공무의 공정성과 불가매수성 및 이에 대한 사회일반의 신뢰성을 침해하는 행위로서 처벌대상이 되는 청탁 등이 포함된 것으로 볼 수 있는 경우에는 이에 해당한다 할 것이므로, 그 명목으로 의뢰인으로부터 금품을 수수하는 경우에는 위 변호사법위반죄가 성립하게 될 것이다**(대법원 2008. 1. 31. 선고 2007도8117 판결 참조).

2. 알선수재죄와의 구별

「**공무원**」에 대한 청탁·알선을 한다는 명목으로 금품을 받아야 하므로 당사자 사이의 청탁·알선의 대상이 법령상 「**공무원**」이어야 한다. 만약 그 청탁의 대상이 되는 사람이 공무원이 아니라면 본죄가 적용될 수 없다.

변호사법 제111조는 특정범죄가중법 제3조의 알선수재죄와 구별하여야 한다. 알선수재죄는 '**공무원의 직무에 속한 사항의 알선에 관하여**' 금품이나 이익을 수수·요구·약속하는 행위를 처벌하고 있으므로 변호사법 제111조에 비하여 성립의 범위가 좁다. 위 **알선수재죄의 알선의 대상은 협의의 「공무원」에 한정되고 아래와 같은 공무원 의제조항은 적용되지 않는다**는 점도 변호사법 제111조와의 차이점이다.

---

32 대법원 2008. 1. 31. 선고 2007도8117 판결, 대법원 2013. 1. 31. 선고 2012도2409 판결, 대법원 2013. 9. 12. 선고 2013도6570 판결, 헌법재판소 2012. 4. 24. 선고 2011헌바40 결정 등 참조.

3. 공무원 의제 조항

변호사법 제111조 제2항은 동조 제1항의 청탁·알선의 대상이 되는 공무원의 범위에 관하여 동법 제2항은 형법 제129조부터 제132조(뇌물에 관한 죄)의 규정에 따라 벌칙을 적용할 때 공무원으로 의제하는 사람을 모두 공무원으로 본다고 규정하고 있다.

관련조문

변호사법 제111조(벌칙) ② 다른 법률에 따라 「형법」 제129조부터 제132조까지의 규정에 따른 벌칙을 적용할 때에 공무원으로 보는 자는 제1항의 공무원으로 본다.

이와 같은 공무원 의제 규정은 특별법에 흩어져 있는데 직무의 불가매수성을 보호하기 위한 특별한 신분자의 경우 이러한 규정을 두고 있는 경우가 많다. 예컨대 ① 도시 및 주거환경정비법(이하, '도시정비법'이라 한다) 제134조[33]에 따른 추진위원장·조합임원·청산인·전문조합관리인 및 정비사업전문관리업자의 대표자(법인인 경우에는 임원을 말한다)·직원 및 위탁지원자의 경우, ② 공공기관운영에관한법률(이하, '공공기관운영법'이라 한다) 제53조[34]에 따른 공공기관(제6조 및 공공기관 지정 고시[35]에 의해 공공기관으로 지정된 것에 한함) 공공기관의 임직원, 운영위원회의 위원과 임원추천위원회의 위원으로서 공무원이 아닌 사람, ③ 특정범죄가중법 제4조에 따른 기관 및 단체의 간부직원[36]등이 그것이다.

---

33 **도시정비법 제134조(벌칙 적용에서 공무원 의제)** 추진위원장·조합임원·청산인·전문조합관리인 및 정비사업전문관리업자의 대표자(법인인 경우에는 임원을 말한다)·직원 및 위탁지원자는 「형법」 제129조부터 제132조까지의 규정을 적용할 때에는 공무원으로 본다.
같은 취지, 대법원 2010. 12. 23. 선고 2010도13584 판결 참조.

34 **공공기관운영법 제53조(벌칙 적용에서의 공무원 의제)** 공공기관의 임직원, 운영위원회의 위원과 임원추천위원회의 위원으로서 공무원이 아닌 사람은 「형법」 제129조(수뢰, 사전수뢰)부터 제132조(알선수뢰)까지의 규정을 적용할 때에는 공무원으로 본다. <개정 2016. 3. 22., 2020. 6. 9.>

35 2020년 공공기관 지정 고시(2020. 2. 5. 개정 기획재정부고시 제2020-2호) 참조.

36 **특정범죄가중법 제4조(뇌물죄 적용대상의 확대)** ① 다음 각 호의 어느 하나에 해당하는 기관 또는 단체로서 대통령령으로 정하는 기관 또는 단체의 간부직원은 「형법」 제129조부터 제132조까지의 규정을 적용할 때에는 공무원으로 본다.
1. 국가 또는 지방자치단체가 직접 또는 간접으로 자본금의 2분의 1 이상을 출자하였거나 출연금·보조금 등 그 재정지원의 규모가 그 기관 또는 단체 기본재산의 2분의 1 이상인 기관 또는 단체
2. 국민경제 및 산업에 중대한 영향을 미치고 있고 업무의 공공성(公共性)이 현저하여 국가 또는 지방자치단체가 법령에서 정하는 바에 따라 지도·감독하거나 주주권의 행사 등을 통하여 중요 사업의 결정 및 임

벌칙 적용 시의 공무원 의제 조항을 두고 있는 특별법 규정은 약 500여 개로 매우 다양하고 많다. 따라서 구체적으로 청탁·알선의 상대가 되는 사람이 위 「**공무원**」 또는 「**공무원으로 의제되는 사람**」인지 여부에 대한 검토가 선행되어야 한다(공무원 의제 법률 관련 상세한 내용은 본편 제4장 「특별법상 뇌물죄 관련 부패범죄」 부분 참조).

4. 처벌

본죄를 범하면 5년 이하의 징역 또는 1천만 원 이하의 벌금에 처하고, 이 경우 벌금과 징역은 병과할 수 있다. 나아가 본죄를 범하여 취득한 범죄수익을 모두 변호사법 규정에 따라 필요적 몰수·추징이 됨은 앞에서 본 바와 같다.

5. 자금세탁범죄 처벌 사례

가. 한국토지공사 임원에 대한 청탁명목 금품수수와 허위용역계약서 작성 사례

한국토지공사(LH)의 임원에게 청탁하여 재개발추진위원회의 도시개발사업 지정 제안이 관철될 수 있도록 해주겠다는 명목으로 13억 8,000만 원 상당을 수수하고 향후 위 금원이 문제가 되지 않도록 허위의 용역계약서를 작성한 사안에서 **허위의 용역계약서를 작성하여 위 13억 8,000만 원이 마치 정상적인 부동산 컨설팅 용역계약에 따른 대가를 지급받은 것처럼 가장한 행위는 범죄수익등의 취득을 가장한 행위에 해당한다**고 판단한 사례가 있다.[37]

통상적으로 지급받는 금품의 용처를 꾸미기 위해 허위의 문서를 꾸미는 행위는 자금세탁범죄 유형 중 범죄수익은닉규제법 제3조 제1항 제2호의 범죄수익의 발생원인 가장행위로 의율하고 있는데 이 사안은 취득가장행위로 기소되어 유죄판결이 확정된 사례다.

나. 경찰공무원 청탁명목 금품수수 및 수사기관 허위 진술 사례

전직 경찰관이 사건 수사와 관련하여 현직 경찰관들과의 친분을 과시하며 사건을 잘 해결해주고, 구속도 면하게 해주겠다고 말하여 **의뢰인으로부터 9,000만 원을 피고인 명의**

원의 임면(任免) 등 운영 전반에 관하여 실질적인 지배력을 행사하고 있는 기관 또는 단체
② 제1항의 간부직원의 범위는 제1항의 기관 또는 단체의 설립목적, 자산, 직원의 규모 및 해당 직원의 구체적인 업무 등을 고려하여 대통령령으로 정한다.

37 수원지방법원 2015. 11. 13. 선고 2015고합311호 판결 참조(대법원 2016도9741 판결로 확정).

계좌로 수수하면서 적요를 '대여금(영업)'으로 허위로 기재하도록 하고, 의뢰인과 함께 허위의 차용증을 작성한 다음 의뢰인으로 하여금 **검찰청에서 위 9,000만 원의 명목을 차용금이라고 허위 진술**하도록 함으로써 범죄수익의 취득에 관한 사실을 가장한 것으로 처벌한 사례가 있다.[38] **수사기관에 범죄수익의 원인에 관한 사실을 허위로 진술한 행위를 취득가장행위로 처벌한 사례**다.

그리고 수사기관에서 지급받은 돈의 명목을 허위로 진술한 것이 밝혀지는 경우 범죄수익은닉규제법 제3조 제1항 제2호의 발생원인 가장행위로 의율하여 처벌한 사례도 있다.[39]

하나의 행위가 범죄수익등의 취득을 가장한 행위(제1호) 및 범죄수익의 발생원인을 가장한 행위(제2호) 모두에 해당하는 경우 포괄하여 하나의 취득가장죄만 성립한다고 봄이 상당하다.

다. 판사 및 검사 청탁명목 금품수수 및 현금·수표 반복교환에 따른 범죄수익 은닉 사례

불법스포츠토토 도박사이트 수사 및 재판과 관련하여 판사와 검사에게 청탁해주겠다는 명목으로 수사와 관련하여 5,000만 원을 피고인 계좌로 교부받은 다음 일부는 현금으로 출금하여 아들 명의 계좌로 입금하고, 나머지 금원은 현금으로 출금한 다음 수표로 교환하여 재차 피고인 명의 계좌에 재차 입금한 사안에서 이를 **범죄수익은닉규제법상 취득가장행위(제1호) 및 은닉행위(제3호)를 상상적 경합관계로 인정**한 사례가 있다.[40]

범죄수익의 취득을 가장하고 이를 은닉하는 행위가 동일한 범의로 계속하여 일어나는 경우 포괄하여 일죄가 성립한다고 봄이 일반적인 해석임에도 특이하게 위와 같이 상상적 경합관계로 인정하였다. 생각건대 연속하여 이루어지는 범죄수익은닉행위가 경합하는 경우에는 각 죄를 포괄일죄로 해석함이 상당하다(私見).

6. 범죄수익환수 사례

가. 사기죄와 변호사법위반죄가 함께 성립한 사례에서의 추징

변호사법위반죄와 사기죄가 함께 기소되어 처벌된 사례에서 상상적 경합의 관계에 있는 사기죄와 변호사법 위반죄에 대하여 형이 더 무거운 사기죄에 정한 형으로 처벌하기로 하면

---

38 부산지방법원 동부지원 2018. 6. 26. 선고 2018고합38,56(병합)]판결 참조(부산고등법원 2018노443 판결로 확정).

39 대전지방법원 홍성지원 2008. 9. 3. 선고 2008고단362판결 참조. 해당 사건에서 검사는 범죄수익은닉규제법 제3조 제1항 제2호에 따른 발생원인 가장행위로 의율하여 기소하였고 유죄판결이 선고되었다.

40 대전지방법원 2018. 5. 2. 선고 2018고단282, 481(병합) 판결 참조(대법원 2018도14214 판결로 확정).

서도, 위 금품은 공무원이 취급하는 사건에 관하여 청탁을 한다는 명목으로 받은 것으로서 몰수할 수 없으므로 변호사법 제116조, 제111조에 의하여 그 상당액을 추징하여야 한다.[41] **사기죄로 영득한 재물이므로 범죄수익은닉규제법상 범죄피해재산이긴 하나, 별개의 독자적 법익을 침해한 것이므로 변호사법위반죄에 따라 추징할 수 있다.**

나. 추징의 법리

① 변호사법 제116조의 규정에 의한 필요적 몰수 또는 추징은 공범들의 부정한 이익을 보유하지 못하게 함에 그 목적이 있는 것이므로 **수인이 공동하여 공무원이 취급하는 사건 또는 사무에 관하여 청탁을 한다는 명목으로 받은 금품을 분배한 경우**에는, **각자가 실제로 분배받은 금품만을 개별적으로 몰수하거나 그 가액을 추징**하여야 한다.[42]

그런데 ② 여러 사람이 공모·공동하여 변호사법 제111조의 죄를 범하고 금품을 수수한 경우, 공범 상호 간에 진술 내용이 일치하지 아니하는 등의 사유로 **그 공범 사이에 실제로 수수한 가액을 알 수 없는 때에는 평등하게 추징**할 수밖에 없다.[43]

그리고 ③ 변호사가 형사사건의 피고인 등으로부터 담당 판사나 수사기관 등에 대한 교제 및 그들에 대한 청탁 명목으로 받은 돈의 일부를 공동 변호 명목으로 다른 변호사에게 지급한 경우, **당초 금품을 받을 당시 그와 같이 사용하기로 예정되어 있어서 그 받은 취지에 따라 그와 같이 사용한 것이 아니라 자신의 독자적인 판단에 따라 사용한 것이라면**, 이는 변호사법 위반으로 취득한 재물의 소비방법에 불과하므로, 그 **비용 상당액을 추징에서 제외할 수는 없다.**[44] 결국 실제 청탁·알선 명목에 따라 금품을 교부한 경우라면 추징액에서 이를 공제할 것이나, 그렇지 않은 다른 방식의 소비라면 이를 공제하지 않고 전액을 추징한다는 것이다.

한편 ④ **공무원이 취급하는 사건 또는 사무에 관하여 청탁한다는 명목이라는 성격과 단순히 공무원이 취급하는 사건 또는 사무와 관련하여 노무나 편의를 제공한 대가라는 성격이 불가분적으로 결합되어 금품을 받은 경우에 그 전부가 불가분적으로 공무원이 취급하는 사건 또는 사무에 관하여 청탁한다는 명목으로 금품을 받았다고 보아야 한다.**[45] 이는 공무원이 취급하는 사건 또는 사무에 관한 청탁 명목의 금품과 이와 무관한 행

---

41 대법원 2006. 1. 27. 선고 2005도8704 판결 참조.

42 대법원 2017. 12. 22. 선고 2017도15538 판결 참조.

43 대법원 2012. 5. 24. 선고 2012도2719 판결 등 판결 참조.

44 대법원 2006. 11. 23. 선고 2005도3255 판결, 대법원 2010. 2. 11. 선고 2009도14215 판결 등 참조.

45 대법원 2005. 4. 29. 선고 2005도514 판결, 대법원 2005. 12. 22. 선고 2005도7771 판결 등 참조.

위에 대한 대가로서의 금품이 액수가 구분되지 않은 채 불가분적으로 결합되어 수수된 경우에도 마찬가지다.[46]

제 2 절 상법위반(제12호)

I 총설

부패재산몰수법 별표 제12호에서는 **상법 제630조, 제631조 및 제634조의2의 죄**를 부패범죄로 규정하고 있다. 그런데 舊 범죄수익은닉규제법 별표 제8호에서는 상법 제622조 및 제624조(제622조의 미수범만 해당한다)를 범죄수익환수 대상 중대범죄로 규정하고 있어 부패재산몰수법상 부패범죄와 구 범죄수익은닉규제법상 중대범죄가 차이가 난다.

관련조문

부패재산몰수법 별표

부패범죄(제2조 제1호 관련)

12. 「상법」 제630조, 제631조 및 제634조의2의 죄

관련조문

舊 범죄수익은닉규제법 별표

중대범죄(제2조 제1호 관련)

8. 「상법」 제622조 및 제624조(제622조의 미수범만 해당한다)의 죄

관련조문

상법 제630조(발기인, 이사 기타의 임원의 독직죄) ①제622조와 제623조에 규정된 자, 검사인, 제298조 제3항·제299조의2·제310조 제3항 또는 제313조 제2항의 공증인이나 제299조의2,

46 대법원 2017. 3. 22. 선고 2016도21536 판결 참조.

제310조 제3항 또는 제422조 제1항의 감정인이 그 직무에 관하여 부정한 청탁을 받고 재산상의 이익을 수수, 요구 또는 약속한 때에는 5년 이하의 징역 또는 1천500만원 이하의 벌금에 처한다. <개정 1984. 4. 10., 1995. 12. 29., 1998. 12. 28.>

②제1항의 이익을 약속, 공여 또는 공여의 의사를 표시한 자도 제1항과 같다. <개정 1984. 4. 10.>

제631조(권리행사방해 등에 관한 증수뢰죄) ①다음의 사항에 관하여 부정한 청탁을 받고 재산상의 이익을 수수, 요구 또는 약속한 자는 1년 이하의 징역 또는 300만원 이하의 벌금에 처한다.

1. 창립총회, 사원총회, 주주총회 또는 사채권자집회에서의 발언 또는 의결권의 행사
2. 제3편에 정하는 소의 제기, 발행주식의 총수의 100분의 1 또는 100분의 3 이상에 해당하는 주주, 사채총액의 100분의 10 이상에 해당하는 사채권자 또는 자본금의 100분의 3 이상에 해당하는 출자좌수를 가진 사원의 권리의 행사
3. 제402조 또는 제424조에 정하는 권리의 행사

②제1항의 이익을 약속, 공여 또는 공여의 의사를 표시한 자도 제1항과 같다. <개정 1984. 4. 10.>

제634조의2(주주의 권리행사에 관한 이익공여의 죄) ① 주식회사의 이사, 집행임원, 감사위원회 위원, 감사, 제386조 제2항·제407조 제1항 또는 제415조의 직무대행자, 지배인, 그 밖의 사용인이 주주의 권리 행사와 관련하여 회사의 계산으로 재산상의 이익을 공여(供與)한 경우에는 1년 이하의 징역 또는 300만원 이하의 벌금에 처한다. <개정 2011. 4. 14.>

②제1항의 이익을 수수하거나, 제3자에게 이를 공여하게 한 자도 제1항과 같다.

상법은 제633조에서 개별적인 몰수·추징규정을 두고 있고 그 적용범위가 동법 제630조 제1항 또는 제631조 제1항에 한정되므로 위 범죄수익은닉규제법상 중대범죄에는 적용이 없고, 위 상법 제630조, 제631조 제1항 부패범죄로 취득한 범죄수익은 상법에 따라 필요적으로, 나머지 범죄(제631조 제1항, 제634조의2)의 경우 부패재산몰수법에 따라 임의적으로 각 몰수·추징 대상이 된다.

관련조문

상법 제633조(몰수, 추징) <u>**제630조 제1항 또는 제631조 제1항**</u>의 경우에는 범인이 수수한 이익은 이를 몰수한다. 그 전부 또는 일부를 몰수하기 불능한 때에는 그 가액을 추징한다.

Ⅱ 발기인, 이사 기타 임원의 독직죄(제630조)

1. 구성요건

관련조문

상법 제630조(발기인, 이사 기타의 임원의 독직죄) ① 제622조와 제623조에 규정된 자, 검사인, 제298조 제3항·제299조의2·제310조 제3항 또는 제313조 제2항의 공증인이나 제299조의2, 제310조 제3항 또는 제422조 제1항의 감정인이 그 직무에 관하여 부정한 청탁을 받고 재산상의 이익을 수수, 요구 또는 약속한 때에는 5년 이하의 징역 또는 1천500만 원 이하의 벌금에 처한다.

② 제1항의 이익을 약속, 공여 또는 공여의 의사를 표시한 자도 제1항과 같다.

가. 구성요건의 주체 및 행위의 상대방

동법 제630조 제1항의 경우, 구성요건 주체는 제622조와 제623조에 규정된 자, 검사인, 제298조 제3항·제299조의2·제310조 제3항 또는 제313조 제2항의 공증인이나 제299조의2, 제310조 제3항 또는 제422조 제1항의 감정인이다(**신분범**). 상법상 위와 같은 신분자가 그 직무에 관하여 부정한 청탁을 받고 재산상 이익을 취득하는 것을 무겁게 처벌하기 위한 규정이다. 위 **행위의 상대방**은 부정한 청탁을 하면서 재산상 이익을 약속, 공여 또는 공여의 의사표시를 한 사람이다.

한편 **동법 제630조 제2항의 경우, 구성요건 주체**는 아무런 제한이 없다. 따라서 누구든지 위와 같은 신분자에게 부정한 청탁을 하면서 재산상 이익을 약속, 공여 또는 공여의 의사표시를 하는 경우 본죄가 성립한다. 위 **행위의 상대방**은 동법 제630조 제1항에 규정된 각 신분자이다.

관련조문

상법 제622조(발기인, 이사 기타의 임원등의 특별배임죄) ① 회사의 발기인, 업무집행사원, 이사, 집행임원, 감사위원회 위원, 감사 또는 제386조 제2항, 제407조 제1항, 제415조 또는 제567조의 직무대행자, 지배인 기타 회사영업에 관한 어느 종류 또는 특정한 사항의 위임을 받은 사용인이 그 임무에 위배한 행위로써 재산상의 이익을 취하거나 제삼자로 하여금 이를 취득하게 하여 회사에 손해를 가한 때에는 10년 이하의 징역 또는 3천만원 이하의 벌금에 처한다.
② 회사의 청산인 또는 제542조 제2항의 직무대행자, 제175조의 설립위원이 제1항의 행위를 한 때에도 제1항과 같다.
제623조(사채권자집회의 대표자 등의 특별배임죄) 사채권자집회의 대표자 또는 그 결의를 집행하는 자가 그 임무에 위배한 행위로써 재산상의 이익을 취하거나 제삼자로 하여금 이를 취득하게 하여 사채권자에게 손해를 가한 때에는 7년 이하의 징역 또는 2천만원 이하의 벌금에 처한다.
제298조(이사·감사의 조사·보고와 검사인의 선임청구) ③ 이사와 감사의 전원이 제2항에 해당하는 때에는 이사는 공증인으로 하여금 제1항의 조사·보고를 하게 하여야 한다.
제299조의2(현물출자 등의 증명) 제290조 제1호 및 제4호에 기재한 사항에 관하여는 공증인의 조사·보고로, 제290조 제2호 및 제3호의 규정에 의한 사항과 제295조의 규정에 의한 현물출자의 이행에 관하여는 공인된 감정인의 감정으로 제299조 제1항의 규정에 의한 검사인의 조사에 갈음할 수 있다. 이 경우 공증인 또는 감정인은 조사 또는 감정결과를 법원에 보고하여야 한다.
제310조(변태설립의 경우의 조사) ③제298조 제4항 단서 및 제299조의2의 규정은 제1항의 조사에 관하여 이를 준용한다.
제313조(이사, 감사의 조사, 보고) ②제298조 제2항 및 제3항의 규정은 제1항의 조사와 보고에 관하여 이를 준용한다.
제299조의2(현물출자 등의 증명) 제290조 제1호 및 제4호에 기재한 사항에 관하여는 공증인의 조사·보고로, 제290조 제2호 및 제3호의 규정에 의한 사항과 제295조의 규정에 의한 현물출자의 이행에 관하여는 공인된 감정인의 감정으로 제299조 제1항의 규정에 의한 검사인의 조사에 갈음할 수 있다. 이 경우 공증인 또는 감정인은 조사 또는 감정결과를 법원에 보고하여야 한다.
제422조(현물출자의 검사) ①현물출자를 하는 자가 있는 경우에는 이사는 제416조 제4호의 사항을 조사하게 하기 위하여 검사인의 선임을 법원에 청구하여야 한다. 이 경우 공인된 감정인의 감정으로 검사인의 조사에 갈음할 수 있다.

나. 구성요건적 행위

본죄의 구성요건적 행위는 위 각 신분자가 그 직무에 관하여 부정한 청탁을 받고 재산상 이익을 **수수·요구·약속**하는 것(**제1항**)과 해당 신분자에게 재산상 이익을 약속·공여·공여의 의사표시를 하는 것(**제2항**)이다. 양 죄는 뇌물수수와 공여죄의 관계와 같이 대향범이다.

한편 본죄는 기업의 소유로부터 분리되게 된 기업의 관리를 맡은 주식회사의 여러 직무에 당하는 자들의 수뢰행위를 단속하려는 것으로서 **부정한 청탁의 대가로서 재산상 이익의 수수등이 있으면 성립**하고 부정한 청탁으로 인한 행위를 하여 회사에 손해가 발생할 필요가 있는지 여부는 그 구성요건으로 하고 있지 않다. 이 때 '**부정한 청탁**'이라 함은 뚜렷이 법령에 위배한 행위 외에, 회사의 사무처리규칙에 위반한 것 중 중요한 사항에 위반한 행위도 포함한다.[47]

나아가 **대법원**은 주식회사의 대표이사인 피고인이 위 회사의 유상증자를 실시하는 과정에서 실권주를 발생시킨 다음 이를 인수하는 방법으로 위 회사의 대주주가 되어 경영권을 확보하기 위하여 **실권주 처리를 결정할 이사회의 일원인 이사를 매수**하기로 위 회사 감사인과 공모한 후, 피고인은 위 이사에게 자신이 실권주를 인수할 수 있도록 도와달라는 취지의 부탁을 하면서 재산상 이익을 공여할 의사를 표시하고, 감사는 해당 이사가 장차 그 부탁을 들어줄 것에 대한 대가로 그 이사에게 현금 1억 원을 공여한 사안에서 이와 같이 실권주의 처리를 결정할 **이사회의 일원인 이사에게 피고인이 실권주를 인수할 수 있도록 도와달라는 취지의 부탁을 한 행위**는 사회상규 또는 신의성실의 원칙에 반하는 **부정한 청탁에 해당한다**고 판시하였다.[48]

그러나 **주식회사의 발기인, 이사 기타 임원의 독직죄에 관한 규정**은 그들 임원의 직무의 엄격성을 확보한다는 것보다 회사의 건전한 운영을 위하여 그들의 회사에 대한 충실성을 확보하고 **회사에 재산상 손해를 끼칠 염려가 있는 직무위반행위를 금하려는데 그 취지**가 있으므로, 단지 감독청의 행정지시에 위반한다거나 사회상규에 반하는 것이라고 해서 부정한 청탁이라고 할 수 없다.[49]

그리고 **주관적 구성요건요소**로서 위 각 신분자가 자신의 직무에 관하여 부정한 청탁을 받고 재산상 이익을 수수·요구·약속한다는 사실에 대한 최소한 미필적 인식을 요한다.

2. 죄수 및 처벌

본죄를 범하면 5년 이하의 징역 또는 1천500만 원 이하의 벌금에 처한다. 나아가 상법 제630조 제1항의 독직죄의 경우 상법상 필요적 몰수·추징 규정의 적용을 받고 부패재산몰수법 및 마약거래방지법에 따라 몰수·추징 보전이 가능하다.

---

47 대법원 1971. 4. 13. 선고 71도326 판결 참조.

48 대법원 2006. 11. 23. 선고 2006도5586 판결 참조.

49 대법원 1980. 2. 12. 선고 78도3111 판결 참조.

3. 범죄수익환수 사례

본죄를 위반하여 신분자들이 직무에 관하여 부정한 청탁을 받고 수수한 재산상 이익을 실제로 추징하여 환수한 사례는 쉽게 발견되지 않는다.

직무에 관하여 위와 같은 부정한 행위를 하고 받은 재산상 이익은 필요적 몰수·추징의 대상이 된다는 점을 유의할 필요가 있다.

III 권리행사방해 등에 관한 증·수뢰죄(제631조)

1. 구성요건

관련조문

상법 제631조(권리행사방해 등에 관한 증수뢰죄) ① 다음의 사항에 관하여 부정한 청탁을 받고 재산상의 이익을 수수, 요구 또는 약속한 자는 1년 이하의 징역 또는 300만 원 이하의 벌금에 처한다.

1. 창립총회, 사원총회, 주주총회 또는 사채권자집회에서의 발언 또는 의결권의 행사
2. 제3편에 정하는 소의 제기, 발행주식의 총수의 100분의 1 또는 100분의 3 이상에 해당하는 주주, 사채총액의 100분의 10 이상에 해당하는 사채권자 또는 자본금의 100분의 3 이상에 해당하는 출자좌수를 가진 사원의 권리의 행사
3. 제402조 또는 제424조에 정하는 권리의 행사

② 제1항의 이익을 약속, 공여 또는 공여의 의사를 표시한 자도 제1항과 같다.

☞ 제402조(유지청구권) 이사가 법령 또는 정관에 위반한 행위를 하여 이로 인하여 회사에 회복할 수 없는 손해가 생길 염려가 있는 경우에는 감사 또는 발행주식의 총수의 100분의 1 이상에 해당하는 주식을 가진 주주는 회사를 위하여 이사에 대하여 그 행위를 유지할 것을 청구할 수 있다.

☞ 제424조(유지청구권) 회사가 법령 또는 정관에 위반하거나 현저하게 불공정한 방법에 의하여 주식을 발행함으로써 주주가 불이익을 받을 염려가 있는 경우에는 그 주주는 회사에 대하여 그 발행을 유지할 것을 청구할 수 있다.

가. 구성요건의 주체 및 행위의 상대방

본죄의 **구성요건 주체**는 아무런 제한이 없다. 따라서 누구든지 본죄의 주체가 될 수 있다. 본죄는 부정한 청탁을 받고 재산상의 이익을 수수, 요구 또는 약속하는 행위(제1항) 및 그와 같이 재산상의 이익을 약속, 공여 또는 공여의 의사를 표시하는 행위(제2항)이므로 양

죄는 **대향범**의 관계에 있다.

나. 구성요건적 행위

본죄의 **구성요건적 행위**는 부정한 청탁을 받고 ① 창립총회, 사원총회, 주주총회 또는 사채권자집회에서의 **발언 또는 의결권의 행사**(**제1호**), ② 제3편에 정하는 소의 제기, 발행주식의 총수의 100분의 1 또는 100분의 3 이상에 해당하는 주주, 사채총액의 100분의 10 이상에 해당하는 사채권자 또는 자본금의 100분의 3 이상에 해당하는 출자좌수를 가진 사원의 권리의 행사(**제2호**), ③ 제402조 또는 제424조에 정하는 권리의 행사 등 각 사항에 관하여 부정한 청탁을 받고 재산상의 이익을 수수, 요구 또는 약속하는 행위(**제1항**) 및 위와 같은 이익을 약속, 공여 또는 공여의 의사표시를 하는 것(**제2항**)이다. 이 때 상법 제402조에 따른 권리의 행사는 '이사'가 법령 또는 정관에 위반한 행위를 한 결과 회사에 회복할 수 없는 손해가 생길 염려가 있는 경우 감사 또는 주주가 회사를 위해 이사에 대해 그 행위를 유지(금지 또는 저지)할 것을 청구하는 행위를 의미하고, 상법 제424조에 따른 권리의 행사는 '회사'가 법령 또는 정관에 위반하거나 현저하게 불공정한 방법에 의하여 주식을 발행함으로써 주주가 불이익을 받을 염려가 있는 경우 그 주주가 회사에 대해 그 발생을 유지(중지 또는 무효화)해줄 것을 청구하는 권리행사를 의미한다.

주관적 구성요건요소와 관련하여 부정한 청탁을 받고 재산상 이익을 수수, 요구 또는 약속을 받는 자 및 그 상대방은 그 재산상의 이익이 상법 제631조 제1항 각 호의 사항에 관하여 제공된다는 사정을 모두 인식하고 있어야 한다.

2. 처벌

본죄를 위반하면 **1년 이하의 징역 또는 300만 원 이하**의 벌금에 처한다. 상법 제631조 제1항의 죄를 범하고 취득한 재산상 이익은 모두 상법에 따라 필요적 몰수·추징의 대상이 된다.

3. 범죄수익환수 사례

본죄를 위반하여 부정한 청탁을 받고 수수한 재산상 이익을 실제로 추징하여 환수한 사례는 쉽게 발견되지 않는다.

위와 같이 부정한 청탁을 받고 받은 재산상 이익은 필요적 몰수·추징의 대상이 된다는 점을 유의할 필요가 있다.

Ⅳ 주주의 권리행사에 관한 이익공여등의 죄(상법 제634조의2)

1. 구성요건

관련조문

상법 제634조의2(주주의 권리행사에 관한 이익공여의 죄) ① 주식회사의 이사, 집행임원, 감사위원회 위원, 감사, 제386조 제2항·제407조 제1항 또는 제415조의 직무대행자, 지배인, 그 밖의 사용인이 주주의 권리 행사와 관련하여 회사의 계산으로 재산상의 이익을 공여(供與)한 경우에는 1년 이하의 징역 또는 300만원 이하의 벌금에 처한다. <개정 2011. 4. 14.>
②제1항의 이익을 수수하거나, 제3자에게 이를 공여하게 한 자도 제1항과 같다.

가. 구성요건의 주체 및 행위의 상대방

상법 제634조의2 제1항 위반죄의 **구성요건 주체**는 주식회사의 이사, 집행임원, 감사위원회 위원, 감사, 제386조 제2항·제407조 제1항 또는 제415조의 직무대행자, 지배인 그 밖의 사용인이다(신분범).

관련조문

상법 제386조(결원의 경우) ① 법률 또는 정관에 정한 이사의 원수를 결한 경우에는 임기의 만료 또는 사임으로 인하여 퇴임한 이사는 새로 선임된 이사가 취임할 때까지 이사의 권리의무가 있다.
② 제1항의 경우에 필요하다고 인정할 때에는 법원은 이사, 감사 기타의 이해관계인의 청구에 의하여 일시 이사의 직무를 행할 자를 선임할 수 있다. 이 경우에는 본점의 소재지에서 그 등기를 하여야 한다.
제407조(직무집행정지, 직무대행자선임) ① 이사선임결의의 무효나 취소 또는 이사해임의 소가 제기된 경우에는 법원은 당사자의 신청에 의하여 가처분으로써 이사의 직무집행을 정지할 수 있고 또는 직무대행자를 선임할 수 있다. 급박한 사정이 있는 때에는 본안소송의 제기전에도 그 처분을 할 수 있다.
제415조(준용규정) 제382조 제2항, 제382조의4, 제385조, 제386조, 제388조, 제400조, 제401조, 제403조부터 제406조까지, 제406조의2 및 제407조는 감사에 준용한다.

한편 상법 제634조의2 제2항 위반죄의 **구성요건 주체**는 제1항의 이익을 수수하거나 제3자에게 공여하게 한 사람이다. 제1항과 제2항 위반죄는 서로 **대향범** 관계에 있다.

나. 구성요건적 행위

본죄의 **구성요건적 행위**는 주주의 권리 행사와 관련하여 회사의 계산으로 재산상의 이익을 공여(供與)하는 것(**제1항**)과 제1항의 이익을 수수하거나 제3자에게 공여하게 하는 것(**제2항**)이다.

한편 주주의 권리행사와 관련된 재산상 이익의 공여라 하더라도 그것이 의례적인 것이라거나 불가피한 것이라는 등의 특별한 사정이 있는 경우에는, 법질서 전체의 정신이나 그 배후에 놓여 있는 사회윤리 내지 사회통념에 비추어 용인될 수 있는 행위로서 형법 제20조에 정하여진 **'사회상규에 위배되지 아니하는 행위'**에 해당한다. 그러한 특별한 사정이 있는지 여부는 이익공여의 동기, 방법, 내용과 태양, 회사의 규모, 공여된 이익의 정도 및 이를 통해 회사가 얻는 이익의 정도 등을 종합적으로 고려하여 사회통념에 따라 판단하여야 한다.[50]

나아가 **주관적 구성요건요소와 관련**하여 주주의 권리행사와 관련 없이 재산상 이익을 공여하거나 그러한 관련성에 대한 범의가 없는 경우에는 성립할 수 없으므로 피고인이 재산상 이익을 공여한 사실은 인정하면서도 **주주의 권리행사와 관련 없는 것으로서 그에 대한 범의도 없었다고 주장**하는 경우가 있다. 이때, 상법 제467조의2 제2항, 제3항 등에 따라 회사가 특정 주주에 대해 무상으로 또는 과다한 재산상 이익을 공여한 때에는 관련자들에게 상당한 법적 불이익이 부과되고 있음을 감안하여야 하고, 증명을 통해 밝혀진 공여행위와 그 전후의 여러 간접사실들을 통해 경험칙에 바탕을 두고 치밀한 관찰력이나 분석력에 의하여 **사실의 연결 상태를 합리적으로 판단**하여야 한다.[51]

대법원은 주식회사 대표이사인 피고인이 주주총회 등에서 특정 의결권 행사방법을 독려하기 위한 방법으로 회사의 주주총회 등에 참석하여 사전투표 또는 직접투표 방식으로 의결권을 행사한 주주들에게 회사에서 발행한 20만 원 상당의 상품교환권 등을 제공함으로써 상법을 위반하였다는 내용으로 기소된 사안에서, **피고인이 회사의 계산으로 사전투표와 직접투표를 한 주주들에게 무상으로 20만 원 상당의 상품교환권 등을 각 제공한 것**은 주주총회 의결권 행사와 관련된 이익의 공여로서 사회통념상 허용되는 범위를 넘어서는 것

---

50 대법원 2018. 2. 8. 선고 2015도7397 판결 참조.

51 위 대법원 2015도7397 판결 참조.

이어서 **상법상 주주의 권리행사에 관한 이익공여의 죄에 해당한다고 판시**하였다.[52]

2. 처벌

본죄를 위반하면 **1년 이하의 징역 또는 300만 원 이하**의 벌금에 처한다. 동법을 위반하고 취득한 재산상 이익은 **모두 필요적 몰수·추징의 대상**이 됨은 앞에서 본 바와 같다.

3. 범죄수익환수 사례

본죄를 위반하여 주주의 권리행사와 관련해 회사의 계산으로 재산상 이익을 공여하고 수수한 이익을 실제로 추징하여 환수한 사례는 쉽게 발견되지 않는다. 위와 같이 의결권 행사 등 주주의 권리행사와 관련하여 제공된 재산상 이익은 필요적 몰수·추징의 대상이 된다는 점을 유의할 필요가 있다.

제3절 주식회사 등의 외부감사에 관한 법률위반(제13호)

I 서설

부패재산몰수법은 별표 제13호에서 **주식회사 등의 외부감사에 관한법률**(이하, '외부감사법') **제40조의 죄**를 부패범죄로 규정하고 있다.

관련조문

부패재산몰수법 별표

부패범죄(제2조 제1호 관련)

13. 「주식회사 등의 외부감사에 관한 법률」 제40조의 죄

52 위 대법원 2015도7397 판결 참조.

관련조문

외부감사법 제40조(벌칙) ① 감사인, 감사인에 소속된 공인회계사, 감사, 감사위원회의 위원 또는 감사인선임위원회의 위원이 그 직무에 관하여 부정한 청탁을 받고 금품이나 이익을 수수(收受)·요구 또는 약속한 경우에는 5년 이하의 징역 또는 5천만원 이하의 벌금에 처한다. 다만, 벌금형에 처하는 경우 그 직무와 관련하여 얻는 경제적 이익의 5배에 해당하는 금액이 5천만원을 초과하면 그 직무와 관련하여 얻는 경제적 이익의 5배에 해당하는 금액 이하의 벌금에 처한다.

② 제1항에 따른 금품이나 이익을 약속·공여하거나 공여의 의사를 표시한 자도 제1항과 같다.

한편 舊 범죄수익은닉규제법도 **외부감사법 제40조 위반죄**를 중대범죄로 규성하고 있고, 부패재산몰수법은 별표 제13호에서 위 규정을 부패범죄로도 함께 규정하고 있다. 본죄는 2019. 4. 23. **범죄수익은닉규제법이 개정되면서 중대범죄로 추가**되었다.

관련조문

舊 범죄수익은닉규제법 별표

중대범죄(제2조 제1호 관련)

36.「주식회사 등의 외부감사에 관한 법률」 **제40조**의 죄

외부감사법은 외부감사를 받는 회사의 회계처리와 외부감사인의 회계감사에 관하여 필요한 사항을 정함으로써 이해관계인을 보호하고 기업의 건전한 경영과 국민경제의 발전에 이바지함을 목적으로 한다(동법 제1조 참조).

외부감사법 제40조는 감사인, 감사인에 소속된 공인회계사 등이 그 직무에 관하여 부정한 청탁을 받고 금품이나 이익을 수수·요구 또는 약속하는 행위 및 이와 같은 금품이나 이익을 약속·공여하거나 공여의 의사표시를 하는 행위를 모두 처벌하고 있다. 외부감사를 받는 회사의 회계처리와 외부감사인의 회계감사라는 직무에 관하여 부정한 청탁을 받고 금품을 수수하는 행위를 금지함으로써 **주식회사에 대한 회계감사의 투명성을 제고**하기 위한 것이다.

외부감사법은 제45조에서 동법 제40조에 따른 금품이나 이익은 몰수하고 그 전부 또는 일부를 몰수할 수 없는 경우 그 가액을 추징하도록 하여 **독자적인 필요적 몰수·추징 규정**을 두고 있다.

관련조문

외부감사법 제45조(몰수) 제39조 제1항을 위반하여 얻은 이익 또는 제40조에 따른 금품이나 이익은 몰수한다. 이 경우 그 전부 또는 일부를 몰수할 수 없으면 그 가액(價額)을 추징한다.

따라서 위와 같이 공여된 금전 기타 이익은 필요적 환수 대상이 된다. 한편 외부감사법 제45조는 동법 제39조 제1항을 위반하여 얻은 이익 또한 필요적 몰수·추징의 대상으로 명시하고 있는데 외부감사법 제39조 제1항 위반죄는 범죄수익은닉규제법 중대범죄 또는 부패재산몰수법에 따른 부패범죄에 포함되지 않는다는 점을 주의할 필요가 있다.

결국 외부감사법 제39조 제1항을 위반하여 범죄수익을 취득한 경우라 하더라도 관련 법령에 따른 몰수·추징보전 절차를 진행할 수 없을 뿐만 아니라 해당 범죄수익을 은닉하였더라도 자금세탁범죄로 처벌할 수 없다.

Ⅱ 구성요건

관련조문

외부감사법 제40조(벌칙) ① 감사인, 감사인에 소속된 공인회계사, 감사, 감사위원회의 위원 또는 감사인선임위원회의 위원이 그 직무에 관하여 부정한 청탁을 받고 금품이나 이익을 수수(收受)·요구 또는 약속한 경우에는 5년 이하의 징역 또는 5천만원 이하의 벌금에 처한다. 다만, 벌금형에 처하는 경우 그 직무와 관련하여 얻는 경제적 이익의 5배에 해당하는 금액이 5천만원을 초과하면 그 직무와 관련하여 얻는 경제적 이익의 5배에 해당하는 금액 이하의 벌금에 처한다.

② 제1항에 따른 금품이나 이익을 약속·공여하거나 공여의 의사를 표시한 자도 제1항과 같다.

---

1. 서설

외부감사법은 감사인, 감사인에 소속된 공인회계사, 감사, 감사위원회의 위원 또는 감사인선임위원회의 위원이 그 직무에 관하여 부정한 청탁을 받고 금품이나 이익을 수수(收受)·요구 또는 약속하는 행위(**동법 제40조 제1항**), 제1항에 따른 금품이나 이익을 약속·공여하거나 공여의 의사를 표시하는 행위(**동조 제2항**)를 모두 처벌대상으로 하고 있다.

2. 구성요건 주체 및 행위의 상대방

본죄의 **구성요건 주체**는 외부감사법상 감사인, 감사인에 소속된 공인회계사, 감사, 감사위원회의 위원 또는 감사인선임위원회의 위원으로 한정된다(**신분범**).

나아가 **행위의 상대방**의 경우 그 직무에 관하여 부정한 청탁을 받고 금품이나 이익을 수수·요구·약속하는 행위의 경우 그와 같은 부정한 청탁을 하는 사람이 될 것이나 그 사람 또한 외부감사법 제40조 제2항에서 처벌하고 있는바 **동법 제40조 제1항과 제2항은 대향범의 관계**에 있다.

위 구성요건 주체 중 감사, 감사위원은 모두 외부감사법의 적용 대상이 되는 주식회사 및 유한회사의 감사 및 감사위원인바 외부감사법의 적용대상이 되는 회사 및 감사인의 범위는 다음과 같다.

관련조문

외부감사법 제2조(정의) 이 법에서 사용하는 용어의 뜻은 다음과 같다.

1. **"회사"**란 **제4조 제1항**에 따른 외부감사의 대상이 되는 주식회사 및 유한회사를 말한다.
4. **"주권상장법인"**이란 주식회사 중 「자본시장과 금융투자업에 관한 법률」 제9조 제15항 제3호에 따른 주권상장법인을 말한다.
7. **"감사인"**이란 다음 각 목의 어느 하나에 해당하는 자를 말한다.
   가. 「공인회계사법」 제23조에 따른 회계법인(이하 "회계법인"이라 한다)
   나. 「공인회계사법」 제41조에 따라 설립된 한국공인회계사회(이하 "한국공인회계사회"라 한다)에 총리령으로 정하는 바에 따라 등록을 한 감사반(이하 "감사반"이라 한다)

제4조(외부감사의 대상) ① 다음 각 호의 어느 하나에 해당하는 회사는 재무제표를 작성하여 회사로부터 독립된 외부의 감사인(재무제표 및 연결재무제표의 감사인은 동일하여야 한다. 이하 같다)에 의한 회계감사를 받아야 한다.

1. **주권상장법인**
2. 해당 사업연도 또는 다음 사업연도 중에 주권상장법인이 되려는 회사
3. 그 밖에 직전 사업연도 말의 자산, 부채, 종업원수 또는 매출액 등 **대통령령**으로 정하는 기준에 해당하는 회사. 다만, 해당 회사가 유한회사인 경우에는 본문의 요건 외에 사원 수, 유한회사로 조직변경 후 기간 등을 고려하여 **대통령령**으로 정하는 기준에 해당하는 유한회사에 한정한다.

☞ 외부감사법 시행령 제5조(외부감사의 대상) ① **법 제4조 제1항 제3호 본문**에서 "직전 사업연도 말의 자산, 부채, 종업원 수 또는 매출액 등 대통령령으로 정하는 기준에 해당하는 회

사"란 다음 각 호의 어느 하나에 해당하는 회사를 말한다. <개정 2020. 10. 13.>

1. 직전 사업연도 말의 자산총액이 500억 원 이상인 회사
2. 직전 사업연도의 매출액(직전 사업연도가 12개월 미만인 경우에는 12개월로 환산하며, 1개월 미만은 1개월로 본다. 이하 같다)이 500억 원 이상인 회사
3. 다음 각 목의 사항 중 2개 이상에 해당하는 회사

가. 직전 사업연도 말의 자산총액이 120억 원 이상

나. 직전 사업연도 말의 부채총액이 70억 원 이상

다. 직전 사업연도의 매출액이 100억 원 이상

라. 직전 사업연도 말의 종업원(「근로기준법」 제2조 제1항 제1호에 따른 근로자를 말하며, 다음의 어느 하나에 해당하는 사람은 제외한다. 이하 같다)이 100명 이상

1) 「소득세법 시행령」 제20조 제1항 각 호의 어느 하나에 해당하는 사람

2) 「파견근로자보호 등에 관한 법률」 제2조 제5호에 따른 파견근로자

② **법 제4조 제1항 제3호 단서**에서 "대통령령으로 정하는 기준에 해당하는 유한회사"란 다음 각 호의 어느 하나에 해당하는 유한회사를 말한다. 다만, 2019년 11월 1일 이후 「상법」 제604조에 따라 주식회사에서 유한회사로 조직을 변경한 유한회사의 경우에는 같은 법 제606조에 따라 등기한 날부터 5년까지는 제1항 각 호의 어느 하나에 해당하는 회사를 말한다. <개정 2020. 10. 13.>

1. 제1항 제1호 또는 제2호에 해당하는 유한회사
2. 다음 각 목의 사항 중 3개 이상에 해당하는 유한회사

가. 직전 사업연도 말의 자산총액이 120억원 이상

나. 직전 사업연도 말의 부채총액이 70억원 이상

다. 직전 사업연도의 매출액이 100억원 이상

라. 직전 사업연도 말의 종업원이 100명 이상

마. 직전 사업연도 말의 사원(「상법」 제543조 제2항 제1호에 따라 정관에 기재된 사원을 말한다. 이하 같다)이 50명 이상

---

3. 구성요건적 행위 및 객체

본죄의 **구성요건적 행위**는 그 직무에 관하여 부정한 청탁을 받고 금품이나 이익을 수수·요구 또는 약속하거나 그와 같은 금품 등을 약속·공여하거나 공여의 의사표시를 하는 것으로 금품 등을 받는 쪽과 주는 쪽이 모두 같은 법정형으로 처벌된다.

위 구성요건은 형법상 뇌물죄 또는 배임수재죄의 그것과 유사한바 '**직무에 관하여**', '**부정한 청탁**'의 해석은 모두 위 각 범죄의 그것과 동일하게 해석할 수 있다.

한편 **구성요건의 객체**는 금품 기타 이익이므로 이때의 이익은 경제적인 이익으로서 유형적 또는 무형적 이익을 불문한다.

가. 부정한 청탁

외부감사법 제40조의 **'부정한 청탁'**은 명시적인 의사표시에 의한 것은 물론 묵시적인 의사표시에 의해서도 가능하나, 묵시적인 의사표시에 의한 부정한 청탁이 있다고 하기 위해서는 당사자 사이에 청탁의 대상이 되는 직무집행의 내용과 제3자에게 제공되는 금품이 그 직무집행에 대한 대가라는 점에 대하여 공통의 인식이나 양해가 존재하여야 하고, 그러한 인식이나 양해 없이 막연히 선처하여 줄 것이라는 기대에 의하거나 직무집행과는 무관한 다른 동기에 의하여 제3자에게 금품을 공여한 경우에는 묵시적인 의사표시에 의한 부정한 청탁이 있다고 보기 어렵다.[53]

그리고 그와 같은 **청탁이 반드시 업무상 배임의 내용이 되는 정도에 이를 것을 요하지 않으며, 사회상규 또는 신의성실의 원칙에 반하는 것을 내용으로 하면 족**하고, 이를 판단할 때에는 청탁의 내용 및 이에 관련한 대가의 액수, 형식, 보호법익인 거래의 청렴성 등을 종합적으로 고찰하여야 한다.[54]

나아가 그 청탁이 위법하거나 부당한 직무집행을 내용으로 하는 경우는 물론, 비록 청탁의 대상이 된 직무집행 그 자체는 위법·부당한 것이 아니라 하더라도 **당해 직무집행을 어떤 대가관계와 연결시켜 그 직무집행에 관한 대가의 교부를 내용으로 하는 청탁이라면 이는 의연 '부정한 청탁'에 해당한다**고 보아야 한다.[55]

나. 직무에 관하여

청탁은 위 신분자들의 **'직무에 관하여'** 이루어져야 하는바 그 **'직무'**는 위 신분자들이 직접 관장하는 직무 그 자체뿐만 아니라 그 직무와 밀접한 관계가 있는 행위 또는 관례상이나 사실상 관여하는 업무도 포함된다고 할 것이나, 구체적인 행위가 그 직무에 속하는지 여부는 그것이 위 각 신분자들의 업무의 일환으로 행하여졌는가 하는 형식적인 측면과 함께 그와 같이 수행하여야 할 직무와의 관계에서 합리적으로 필요하다고 인정되는 것인가 하는 실질적인 측면을 아울러 고려하여 결정하여야 한다.[56]

---

53 대법원 2009. 1. 30. 선고 2008도6950 판결 참조.

54 대법원 2011. 8. 18. 선고 2010도10290 판결 참조.

55 대법원 2006. 6. 15. 선고 2004도3424 판결 참조.

또한 위 '**직무**'에는 법령에 정하여진 직무뿐만 아니라 그와 관련 있는 직무, 과거에 담당하였거나 또는 장래에 담당할 직무 이외에 사무분장에 따라 현실적으로 담당하지 않는 직무라 하여도 법령상 일반적인 직무권한에 속하는 직무 등 위 신분자들이 그 직위에 따라 담당할 일체의 직무도 포함된다고 해석함이 상당하다.[57]

그리고 그 직무에 '**관하여**' 금품 등을 수수하여야 하므로 직무행위와 위 금품 등과의 사이에 대가관계가 인정되어야 한다.

Ⅲ 처벌

본죄를 범하면 5년 이하의 징역 또는 5천만 원 이하의 벌금에 처한다. 나아가 외부감사법은 제45조에서 동법 제40조에 따른 금품이나 이익은 몰수하고 그 전부 또는 일부를 몰수할 수 없는 경우 그 가액을 추징한다고 규정하고 있어 **독자적인 필요적 몰수·추징 규정**을 두고 있으므로 본죄를 범하여 취득한 범죄수익은 모두 환수의 대상이 됨을 주의할 필요가 있다.

Ⅳ 범죄수익환수 사례

이와 관련하여 회계법인의 대표이사인 감사인이 외부감사법에 따라 감사를 진행하면서 **적정의견을 내달라는 부당한 청탁을 받고 금품을 수수하고 감사보고서에 허위의 사실을 기재한 경우 이를 외부감사법에 따라 처벌하면서 이와 같이 수수한 금품을 추징한 사례**가 있다.[58]

이 사례에서는 위 3,000만 원에 대한 자금세탁범죄는 따로 처벌되지 않았으나 3,000만 원을 차명계좌로 입금하여 보관하거나 이를 다른 방법으로 은닉하였다면 자금세탁범죄가 성립한다. 결국 범죄수익에 대한 환수뿐만 아니라 자금세탁행위가 함께 병행되어 범죄수익을 은닉한 것은 아닌지 여부도 아울러 살펴야 한다.

---

56 대법원 2011. 5. 26. 선고 2009도2453 판결 참조.

57 대법원 1992. 2. 28. 선고 91도3364 판결 참조.

58 서울중앙지방법원 2013. 2. 15. 선고 2012고합1234, 1404 판결 참조(대법원 2014도11442 판결로 확정).

사례[59]

범 죄 사 실

『2012고합1404』

2. 피고인 B

가. 3,000만 원 금품 수수

피고인은 W회계법인의 대표이사로서 W회계법인과 회계감사 계약을 맺은 S의 감사 업무를 담당하던 중 S의 실제 사주인 A를 알게 되어 A의 소개로 M의 감사업무도 담당하게 되었다.

M의 제10기(2008. 1. 1. ~ 2008. 12. 31.) 재무제표에 대한 감사에 있어 M이 2008. 8.경 154억 원에 취득한 주식회사 X(이하 'X'이라 한다) 주식 27만여 주의 지분평가액을 75억 원으로 계상하는 것과 관련하여, 2008년 회계연도에 M은 자산총계가 11,256,785,738원, 부채총계가 9,368,855,756원, 자본총계가 1,887,929,982원인 상태로, M의 제10기 재무제표 상 X 주식에 대한 지분평가액 75억 원은 M 총 자산의 약 67%에 해당하여 위 주식의 지분평가액을 75억 원으로 인정받지 못하거나 19억 원 이상 감액되면 완전자본잠식을 이유로 M이 상장폐지가 되는 상황이었기 때문에 위 지분법적용투자주식 평가가 상장폐지와 직결되는 매우 중요한 계정이었다.

그러므로 위와 같이 지분법적용투자주식 평가액 산정이 적절한지 여부를 감사하기 위해서는 먼저 X에 대한 감사결과를 확인하여 그 결과를 토대로 검토하여야 하는데, 당시 X에 대한 감사를 담당하던 Y회계법인으로부터 X에 대한 감사결과가 표명되지 않고 계속 지연되고 있어 피고인도 M에 대한 감사보고서 작성을 유보하고 있었다.

그러한 상황에서 **피고인은 2009. 2. 하순에서 2009. 3. 초순경 서울 강남구 역삼동에 있는 'AA'라는 상호의 일식집에서, M에 대한 감사보고서가 제출되지 않거나 '의견거절'이 되면 M이 상장 폐지된다는 불안감을 느낀 D로부터 X의 감사의견이 나오지 않은 상태에서 M에 대해 '적정의견'을 내달라는 취지의 부탁을 받고 3,000만 원을 수수하였다**.

이로써 피고인은 M의 감사와 관련하여 부정한 청탁을 받고 금품을 수수하였다.

나. 감사보고서 허위 기재

피고인은 M의 2008년 재무제표에 대한 감사보고서를 작성하기 위해 회계감사를 실시하던 중 M에서 2008. 8.경 취득한 X의 주식 271,000주의 지분법적용투자주식 평가와 관련하여, 회계감사기준 상 X에 대한 감사를 담당하던 **회계법인의 감사 결과를 활용하고자 할 경우에는 감사담당 이사를 통해 확인하여야 하고, 타감사인의 감사결과를 활용할 수 없고, 타감사인에게 위임한 부문의 재무정보에 대하여 추가적 감사절차를 충분히 수행할 수 없는 경우에는 감사범위의 제한을 이유로 한정의견을 표명하거나 감사의견 표명을 거절하여야 함에도, **회계법인의 X 감사 담당이사인 AB에게 전혀 확인을 하지 않고, 감사팀에서 배제된 AC 회계사로부터 송부 받은 X 감사보고서 초안만을 토대로 M의 회계감사를 진행하였다.

그리고 피고인은 AC으로부터 받은 X의 감사보고서 초안 등을 검토하는 과정에서, 2009. 3. 20.에 받은 감사보고서 초안에는 X가 완전자본잠식 상태(−26억 원)에 있었는데 그 이후에 송부 받은 감사보고서 초안에는 부분자본잠식 상태(자기자본 +4~5억 원)로 변경되어 있었고, 나아가 자본규모가 미미하기 때문에 X 지분의 회수가능성이 낮았으며, 당시 Y회계법인에서 X의 지분가치평가를 담당하던 AD 회계사가 아시아중공업 주식가치의 전액 삭감 등을 주장하기도 하였고, 일반적으로 비상장법인에 대한 감사결과는 매년 2월 중순경부터 3월 초순경 확정됨에도 불구하고 X에 대한 감사결과가 3월 하순이 되도록 나오지 않았으며, 심지어 X의 순자산 가액이 거의 0에 접근하는 상황이었고, X에 대해 계속기업의 불확실성 문제가 제기되는 등 당시 상황을 종합적으로 검토할 때 M이 보유하고 있는 X의 주식가치를 75억 원으로 평가하기 어렵다는 사실을 알게 되었다.

그럼에도 **피고인은 위 가.항 기재와 같이 D로부터 X의 감사결과가 나오기 전이라도 M에 대해 적정의견을 표명해달라는 부탁과 함께 금품과 향응을 수수한 것을 기화로, 2009. 3. 26.경 서울 강남구 AE에 있는 W회계법인 사무실에서, '본 감사인과 타감사인의 감사결과를 기초로 한 본 감사인의 감사의견으로는 상기 재무제표가 주식회사 M커뮤니케이션의 2008년 12월 31일 현재의 재무 상태와 동일로 종료되는 회계연도의 경영성과, 결손금과 자본의 변동 및 현금흐름의 내용을 한국의 일반적으로 인정된 회계처리기준에 따라 중요성의 관점에서 적정하게 표시하고 있습니다.'라는 내용의 감사보고서를 작성한 후 2009. 3. 30. M의 경리책임자에게 교부하였다**.

이로써 피고인은 2008년 M의 재무제표에 대한 감사보고서에 허위의 내용을 기재하였다.

3. 피고인 A

피고인은 제2의 가.항 기재와 같은 일시, 장소에서 위와 같이 B에게 부정한 청탁을 한 후 3,000만 원을 교부하였다.

법령의 적용

1. 범죄사실에 대한 해당법조 및 형의 선택

피고인 A: 구 주식회사의 외부감사에 관한 법률(2009. 2. 3. 법률 제9408호로 개정되기 전의 것) 제20조 제2항 제8호, 제13조, 형법 제30조(허위 재무제표 작성·공시의 점, 징역형 선택), 주식회사의 외부감사에 관한 법률 제19조 제2항, 제1항(피고인 B에 대한 금품 공여의 점, 징역형 선택)

피고인 B: 주식회사의 외부감사에 관한 법률 제19조 제1항(금품 수수의 점, 징역형 선택), 제20조 제3항 제2호(감사보고서 허위 기재의 점, 징역형 선택)

1. 추징

피고인 B: 주식회사의 외부감사에 관한 법률 제19조 제3항

제 4 절 공인회계사법위반(제20호)

I 총설

부패재산몰수법 별표 제20호에서 **공인회계사법 제22조 제3항 및 제53조 제1항의 죄**를 각 부패범죄로 규정하고 있다.

한편 舊 범죄수익은닉규제법은 별표 제37호에서 공인회계사법 제53조 제1항 제1호의 죄를 중대범죄로 규정하고 있어 부패재산몰수법상 부패범죄와 일부 중첩된다.

관련조문

부패재산몰수법 별표

부패범죄(제2조 제1호 관련)

20. 「공인회계사법」 제22조 제3항 및 제53조 제1항의 죄

관련조문

舊 범죄수익은닉규제법 별표

중대범죄(제2조 제1호 관련)

37. 「공인회계사법」 제53조 제1항 제1호의 죄

한편 부패재산몰수법은 **공인회계사법 제22조 제3항을 부패범죄로 규정하고 있는데, 이는 금지규정에 불과하고 처벌규정은 동법 제53조 제6항 제3호**이므로 이는 **잘못된 입법**이다. 따라서 부패재산몰수법상 부패범죄는 처벌규정을 기재하는 방법으로 개정할 필요성이 있다(私見).

관련조문

부패재산몰수법 별표(개정안)

부패범죄(제2조 제1호 관련)

20. 「공인회계사법」 제53조 제1항 및 제53조 제6항 제3호의 죄

---

59 위 판결 중 외부감사법위반의 점과 관련된 부분을 발췌하여 소개한다.

그리고 공인회계사법은 필요적 몰수·추징규정을 두고 있으나 그 적용범위가 동법 제53조 제1항 제1호 및 같은 조 제3항 제2호의 죄에 한정되므로 본절에서 논의하는 **동법 제53조 제1항 제2호 및 제53조 제6항 제3호에 따른 범죄수익등은 부패재산몰수법에 따른 임의적 몰수·추징 규정의 적용**을 받고 부패재산몰수법과 마약거래방지법에 따른 보전조치가 가능하다.

관련조문

공인회계사법 제55조(몰수·추징 등) **제53조 제1항 제1호 및 제3항 제2호**의 죄를 지은 자 또는 그 사정을 아는 제3자가 받은 금품이나 그 밖의 이익은 몰수한다. 이를 몰수할 수 없을 때에는 그 가액을 추징한다.
[본조신설 2018. 2. 21.]

이하에서는 각 구성요건을 상세히 살펴보고 각 부패범죄에 대한 환수 사례를 검토해보도록 한다.

Ⅱ 부정한 청탁을 받고 금품 등 수수·요구·약속의 죄(제53조 제1항 제1호, 제22조 제4항)

관련조문

공인회계사법 제53조(벌칙) ① 공인회계사(회계법인의 이사, 소속공인회계사 및 외국공인회계사를 포함한다. 이하 이 조에서 같다)로서 다음 각 호의 어느 하나에 해당하는 자는 5년 이하의 징역 또는 5천만원 이하의 벌금에 처한다. <개정 2020. 5. 19.>

1. 제22조 제4항(제40조의18에서 준용하는 경우를 포함한다)을 위반하여 부정한 청탁을 받고 금품이나 이익을 수수·요구 또는 약속하거나 위촉인이 사기나 그 밖의 부정한 방법으로 부당한 금전상의 이득을 얻도록 가담하거나 상담한 자

☞ 제22조(명의대여등 금지) ④ 공인회계사는 제2조의 직무를 행할 때 부정한 청탁을 받고 금품이나 이익을 수수·요구 또는 약속하거나 위촉인이 사기 기타 부정한 방법으로 부당한 금전상의 이득을 얻도록 이에 가담 또는 상담하여서는 아니된다. <개정 2020. 5. 19.>

☞ 제40조의18(준용규정) 외국공인회계사 및 외국회계법인에 관하여는 제11조부터 제13조까지, 제15조, 제16조, 제18조, 제19조, 제22조, 제24조 제2항 제3호, 같은 조 제3항, 제28조, 제30조 제1항·제3항, 제31조 제2항, 제32조, 제35조, 제42조, 제43조 제2항, 제45조 제1항·

제3항, 제48조 제3항·제5항 및 제48조의2를 그 성질에 반하지 아니하는 한 준용한다. 이 경우 "공인회계사"는 "외국공인회계사"로, "회계법인"은 "외국회계법인"으로 본다.

---

1. 구성요건

가. 서설

공인회계사법은 공인회계사(회계법인의 이사, 소속공인회계사 및 외국공인회계사를 포함한다. 이하 이 조에서 같다)로서 제22조 제4항(제40조의18에서 준용하는 경우를 포함한다)을 위반하여 부정한 청탁을 받고 금품이나 이익을 수수·요구 또는 약속하거나 위촉인이 사기나 그 밖의 부정한 방법으로 부당한 금전상의 이득을 얻도록 가담하거나 상담한 자를 처벌하고 있다.

나. 구성요건의 주체 및 행위의 상대방

본죄의 **구성요건 주체**는 공인회계사(회계법인의 이사, 소속 공인회계사 및 외국공인회계사를 포함한다)이므로 **신분범**이다. 공인회계사는 공인회계사시험에 합격함으로서 자격을 갖고 이러한 공인회계사의 범행에 가공한 사람은 공범으로 처벌된다.

위 **행위의 상대방**은 부정한 청탁을 받고 금품이나 이익을 수수·요구 또는 약속하는 행위의 경우 부정한 청탁을 하면서 금품이나 이익을 교부하는 사람이고, 사기나 그 밖의 부정한 방법으로 부당한 금전상의 이득을 얻도록 가담하거나 상담하는 행위의 경우 그와 같은 상담행위를 하는 **위촉인**이다.

이러한 상대방이 공인회계사 등의 범행에 적극 가담한 경우에는 형법 제33조에 따라 처벌될 수 있음은 물론이다.

다. 구성요건적 행위

본죄의 **구성요건적 행위**는 ① 공인회계사법 제2조의 직무를 행함에 있어 ② 부정한 청탁을 받고 금품이나 이익을 수수·요구 또는 약속하거나(동법 제53조 **제1항 전단**) ③ 위촉인이 사기나 그 밖의 부정한 방법으로 부당한 금전상의 이득을 얻도록 가담하거나 상담하는 것이다(동법 제53조 **제1항 후단**).

직무의 범위는 공인회계사법 제2조에 구체적으로 명시되어 있고, 부정한 청탁은 외부감사법에서 살펴본 그것과 동일하게 해석함이 상당하다.

관련조문

공인회계사법 제2조(직무범위) 공인회계사는 타인의 위촉에 의하여 다음 각 호의 직무를 행한다.

1. 회계에 관한 감사·감정·증명·계산·정리·입안 또는 법인설립등에 관한 회계
2. 세무대리
3. 제1호 및 제2호에 부대되는 업무

공인회계사법 제53조 제1항 전단의 경우, 공인회계사가 위와 같은 직무를 행함에 있어 부정한 청탁을 받고 금품이나 이익을 수수·요구·약속하는 행위를 금지하고 있는데 **부정한 청탁**의 개념은 앞에서 살펴본 외부감사법의 그것과 동일하게 해석함이 상당하다. 대법원 또한 공인회계사법의 부정한 청탁의 해석과 관련하여 같은 취지로 판시한 바 있다.[60]

공인회계사법은 나아가 제53조 제1항 후단에서 위촉인이 **사기나 그 밖의 부정한 방법**으로 부당한 금전상의 이득을 얻도록 가담 또는 상담하는 행위까지도 모두 금지하고 있는데 이 때 **사기 그 밖의 부정한 방법은 '사기'에 준하는 높은 수준의 불법성을 요구**한다고 봄이 상당하다.

대법원은 국세기본법상 사기 그 밖의 부정한 행위의 해석과 관련하여 「납세자에게 사실과 다른 세금계산서에 의하여 매입세액의 공제 또는 환급을 받는다는 인식 외에, 사실과 다른 세금계산서를 발급한 자가 그 세금계산서상의 매출세액을 제외하고 부가가치세의 과세표준 및 납부세액을 신고·납부하거나 또는 그 세금계산서상의 매출세액 전부를 신고·납부한 후 경정청구를 하여 이를 환급받는 등의 방법으로 **그 세금계산서상의 부가가치세 납부의무를 면탈함으로써 납세자가 그 매입세액의 공제를 받는 것이 결과적으로 국가의 조세수입 감소를 가져오게 될 것이라는 점에 대한 인식**이 있어야 한다.」고 판시[61]하였다.

결국 **주관적 구성요건요소와 관련하여** 공인회계사법 위반죄의 경우에도 공인회계사가 위촉인에게 단순한 허위의 상담을 하는 정도로는 부족하고 위촉인이 정상적인 방법으로는 금전상의 이득을 얻을 수 없다는 사정을 알면서도 허위의 재무제표 기타 회계자료를 통해 위와 같은 이득을 얻을 것이라는 사정까지도 모두 인식해야 한다고 봄이 상당하다.

---

60 대법원 2011. 9. 29. 선고 2011도4397 판결 참조[판결 이유 中 : 형법 제357조 제1항의 배임수재죄에서의 '부정한 청탁'이라 함은 청탁이 사회상규와 신의성실의 원칙에 반하는 것을 말하고, 이를 판단함에 있어서는 청탁의 내용 및 이와 관련되어 교부받거나 공여한 재물의 액수·형식, 보호법익인 사무처리자의 청렴성 등을 종합적으로 고찰하여야 하며(대법원 1996. 10. 11. 선고 95도2090 판결, 대법원 2010. 9. 9. 선고 2009도10681 판결 등 참조), 이와 같은 법리는 공인회계사법 제22조 제3항에서의 '부정한 청탁'의 경우에도 마찬가지라고 할 것이다].

61 대법원 2019. 9. 9. 선고 2019두31730 판결 참조.

2. 처벌

본죄를 범하는 경우 5년 이하의 징역 또는 5천만 원 이하의 벌금에 처한다. 나아가 본죄를 위반하여 공여된 금전 기타 이익은 필요적 환수 대상이 된다(이는 2018. 2. 21. 신설된 규정이므로 그 이전의 범행에 대해서는 부패재산몰수법, 형법 등의 임의적 몰수·추징 규정이 적용된다).

3. 범죄수익환수 사례

이와 관련하여 **공인회계사가 자산양수도 가액의 적정성에 대한 평가의견서를 허위로 작성해달라는 부탁을 받고 금품을 수수한 사안에서 수수한 금전에 대한 추징을 선고한 사례**가 있다.[62] 공인회계사법상 부정한 청탁을 받고 금품을 수수한 경우 필요적 몰수·추징 규정은 2018. 2. 21. 신설되어 시행되었으므로 그 이전의 범행의 경우에는 범죄수익은닉규제법 내지 부패재산몰수법 또는 일반 형법에 따른 몰수·추징 규정을 적용함이 상당하다.

사례

범 죄 사 실

피고인은 공인회계사이다.

1. 금품 수수 범행

공인회계사는 직무를 행할 때 부정한 청탁을 받고 금품이나 이익을 수수·요구 또는 약속하거나 위촉인이 사기 기타 부정한 방법으로 부당한 금전상의 이득을 얻도록 이에 가담 또는 상담하여서는 아니된다.

그럼에도 불구하고 **피고인은 2010. 7.경 서울 강남구 D 소재 E 주식회사(이하 'E'라고 한다) 사무실에서, 위 회사 대표인 F 등으로부터 위 회사가 15억 원에 인수 예정인 주식회사 G(이하 'G'이라 한다)의 지분 47%를 240억 원으로 평가하는 내용으로 '자산양수·도 가액의 적정성에 대한 평가의견서'를 작성해 달라는 부탁을 받고 그에 대한 사례금 명목으로 같은 해 8. 2. 5,000만 원, 같은 해 8. 16. 6,000만 원 등 합계 1억 1,000만 원을 각 은행계좌로 송금받았다**.

이로써 피고인은 공인회계사로서 직무를 행할 때 부정한 청탁을 받고 금품을 수수하였다.

2. 허위 보고 범행

공인회계사는 직무를 행할 때 고의로 진실을 감추거나 허위보고를 하여서는 아니 된다.

---

62 서울동부지방법원 2015. 4. 30. 선고 2014고단3373호 판결 참조(대법원 2015도11929 판결로 확정).

그럼에도 불구하고 피고인은 제1항 기재와 같이 F 등의 부탁을 받고 G의 지분 47%의 가치는 제1항 기재와 같이 240억 원에 훨씬 미치지 못하는데도, 2010. 8. 6. G 1주당 지분가치를 510,638원으로 평가하는 등 G의 지분 47% 가치를 240억 원에 이르는 것으로 과대평가한 내용의 '자산양수·도 가액의 적정성에 대한 평가의견서'를 작성한 후 E의 대표이사인 F에게 제출하였다.

이로써 피고인은 공인회계사로서 직무를 행할 때 고의로 진실을 감추고 허위 보고를 하였다.

법령의 적용

1. 범죄사실에 대한 해당법조 및 형의 선택

구 공인회계사법(2011. 6. 30. 법률 제10812호로 개정되기 전의 것, 이하 같다) 제53조 제1항, 제22조 제3항(금품 수수의 점, 징역형 선택), 구 공인회계사법 제53조 제2항, 제15조 제3항(허위 보고의 점, 징역형 선택)

1. 추징

형법 제48조 제1항 제2호, 제2항[63]

Ⅲ 금융위원회 승인 없는 손해배상용도금 사용죄(제53조 제1항 제2호, 제28조 제2항)

관련조문

공인회계사법 제53조(벌칙) ① 공인회계사(회계법인의 이사, 소속공인회계사 및 외국공인회계사를 포함한다. 이하 이 조에서 같다)로서 다음 각 호의 어느 하나에 해당하는 자는 5년 이하의 징역 또는 5천만원 이하의 벌금에 처한다. <개정 2020. 5. 19.>

2. 제28조 제2항(제40조의18에서 준용하는 경우를 포함한다)을 위반하여 금융위원회의 승인 없이 손해배상준비금을 손해배상 외의 용도에 사용한 자

☞ 제28조(손해배상준비금) ①회계법인은 제2조의 규정에 의한 직무를 행하다가 발생시킨 위촉인(第2條第1號의 規定에 의한 職務를 행하는 경우에는 善意의 第3者를 포함한다)의 손해에 대한 배상책임(「주식회사 등의 외부감사에 관한 법률」 제31조에 따른 損害賠償責任을 포함한다)을 보장하기 위하여 대통령령이 정하는 바에 따라 매 사업연도마다 손해배상준비금

63 위 판결에서는 형법 규정을 적용하였는데 2010년 당시에는 범죄수익은닉규제법 중대범죄에 공인회계사법이 없었다는 사정 때문으로 보인다.

을 적립하여야 한다.

② 제1항의 규정에 의한 손해배상준비금은 금융위원회의 승인 없이는 손해배상외의 다른 용도에 사용할 수 없다.

☞ 제40조의18(준용규정) 외국공인회계사 및 외국회계법인에 관하여는 제11조부터 제13조까지, 제15조, 제16조, 제18조, 제19조, 제22조, 제24조 제2항 제3호, 같은 조 제3항, 제28조, 제30조 제1항·제3항, 제31조 제2항, 제32조, 제35조, 제42조, 제43조 제2항, 제45조 제1항·제3항, 제48조 제3항·제5항 및 제48조의2를 그 성질에 반하지 아니하는 한 준용한다. 이 경우 "공인회계사"는 "외국공인회계사"로, "회계법인"은 "외국회계법인"으로 본다. <개정 2017.10.31> [본조신설 2011.6.30]

---

1. 구성요건의 주체 및 행위의 상대방

본죄의 구성요건의 주체는 공인회계사(회계법인의 이사, 소속 공인회계사 및 외국공인회계사를 포함)이다(**신분범**). 따라서 공인회계사가 동법 제28조 제1항에 따라 회계법인에 적립한 손해배상준비금을 금융위원회의 승인 없이 다른 용도에 사용하는 경우 본죄의 주체가 되고, 위 공인회계사의 범행에 적극 가담한 사람은 형법 제33조에 따라 공범으로 처벌된다.

그 **행위의 상대방**은 아무런 제한이 없으므로 공인회계사가 위와 같은 범행으로 손해배상준비금을 사용한 상대방은 누구든지 대상이 될 수 있다.

2. 구성요건적 행위

본죄의 **구성요건적 행위**는 동법 제28조 제1항에 따라 회계법인이 직무를 행하다 발생시킨 위촉인의 손해에 대한 배상책임을 보장하기 위하여 대통령령이 정하는 바에 따라 매 사업연도마다 적립한 손해배상준비금을 금융위원회의 승인 없이 손해배상 外의 다른 용도에 사용하는 것이다.

위 손해배상준비금은 회계법인의 업무처리 과정에서 발생할 수 있는 각종 손해배상을 담보하기 위해 적립하여 두는 것이므로 그 용도가 엄격히 제한되어 있어 이를 사용하고자 하는 경우 금융위원회의 승인을 받아야 하고, 이를 어겨 함부로 그 용도를 전용하여 사용하는 행위를 처벌하고자 함이다.

주관적 구성요건요소로서 공인회계사 등이 손해배상준비금을 금융위원회의 승인 없이 사용한다는 점, 그 용도가 위촉인에 대한 손해배상 용도와 무관하다는 점에 대한 미필적 인식을 요한다(**고의범**).

3. 처벌 및 범죄수익환수 사례

본죄를 범하면 5년 이하의 징역 또는 5천만 원 이하의 벌금에 처한다. 한편 위와 같이 금융위원회 승인 없이 손해배상 용도 外로 사용하여 얻은 범죄수익은 모두 환수의 대상이 되므로 부패재산몰수법에 따라 임의적으로 몰수·추징할 수 있다.

그러나 실무상 본죄를 범하여 취득한 범죄수익을 환수한 사례는 발견되지 않는다.

Ⅳ 공인회계사의 계쟁권리 양수 금지죄(제53조 제6항 제3호, 제22조 제3항)

관련조문

공인회계사법 제53조(벌칙) ⑥ 공인회계사로서 다음 각 호의 어느 하나에 해당하는 자는 300만 원 이하의 벌금에 처한다. <개정 2020. 5. 19.>

3. 제22조 제3항(제40조 및 제40조의18에서 준용하는 경우를 포함한다)을 위반하여 계쟁권리를 양수한 자

☞ 제22조(명의대여등 금지) ①공인회계사는 다른 사람에게 자기의 성명 또는 상호를 사용하여 제2조의 규정에 의한 직무를 행하게 하거나 그 등록증을 대여하여서는 아니된다.

② 누구든지 공인회계사 등록증의 대여 행위를 알선하여서는 아니 된다. <신설 2020. 5. 19.>

③ 공인회계사는 계쟁권리를 양수하여서는 아니 된다. <개정 2020.5.19>

☞ 제40조의18(준용규정) 외국공인회계사 및 외국회계법인에 관하여는 제11조부터 제13조까지, 제15조, 제16조, 제18조, 제19조, 제22조, 제24조 제2항 제3호, 같은 조 제3항, 제28조, 제30조 제1항·제3항, 제31조 제2항, 제32조, 제35조, 제42조, 제43조 제2항, 제45조 제1항·제3항, 제48조 제3항·제5항 및 제48조의2를 그 성질에 반하지 아니하는 한 준용한다. 이 경우 “공인회계사”는 “외국공인회계사”로, “회계법인”은 “외국회계법인”으로 본다. <개정 2017.10.31> [본조신설 2011.6.30]

1. 구성요건의 주체 및 행위의 상대방

본죄의 **구성요건의 주체**는 공인회계사 및 외국공인회계사, 외국회계법인이다(**신분범**). 따라서 공인회계사가 동법 제22조 제3항에 따라 계쟁권리를 양수하는 경우 본죄의 주체가 되고, 위 공인회계사의 범행에 적극 가담한 사람은 형법 제33조에 따라 공범으로 처벌된다.

그 **행위의 상대방**은 아무런 제한이 없으나 계쟁권리를 양도한 사람이 그 상대가 될 것이다.

2. 구성요건적 행위

본죄의 **구성요건적 행위**는 공인회계사가 계쟁권리를 양수하는 것이다. 여기에서 **'계쟁권리'**라고 함은 공인회계사가 담당하는 사안의 당사자 상호간에 서로 다툼이 있는 권리라고 문언 해석할 수 있는데 사건 관계인의 회계처리를 담당하는 공인회계사가 업무 처리과정에서 알게 된 여러 정보를 이용해 다툼의 대상이 되는 권리를 함부로 양수함으로써 부당한 이득을 취득하는 것을 방지하기 위한 것이다.

주관적 구성요건요소로서 공인회계사 등이 자신이 양수하는 권리가 사건 당사자들의 다툼의 대상이 된다는 점, 그 권리를 스스로의 계산으로 양수한다는 점에 대한 미필적 인식을 요한다(고의범).

3. 처벌 및 범죄수익환수 사례

본죄를 범하면 300만 원 이하의 벌금에 처한다. 한편 위와 같이 공인회계사가 양수한 계쟁권리는 부패재산몰수법상 범죄수익에 해당하므로 모두 환수의 대상이 된다. 따라서 이는 **부패재산몰수법에 따라 임의적으로 몰수·추징**할 수 있다.

그러나 실무상 본죄를 범하여 취득한 범죄수익을 환수한 사례는 발견되지 않는다.

제 5 절 보험업법위반(제24호)

I 총설

부패재산몰수법 별표 제24호에서 **보험업법 제201조 및 제203조의 죄**를 각 부패범죄로 규정하고 있다.

관련조문

부패재산몰수법 별표

부패범죄(제2조 제1호 관련)

24. 「보험업법」 제201조 및 제203조의 죄

관련조문

보험업법 제201조(벌칙) ① 제197조 및 제198조에 열거된 자 또는 상호회사의 검사인이 그 직무에 관하여 부정한 청탁을 받고 재산상의 이익을 수수·요구 또는 약속한 경우에는 5년 이하의 징역 또는 5천만원 이하의 벌금에 처한다. ＜개정 2017. 10. 31.＞

② 제1항의 이익을 약속 또는 공여(供與)하거나 공여 의사를 표시한 자도 제1항과 같다.

제203조(벌칙) ① 다음 각 호의 사항에 관하여 부정한 청탁을 받고 재산상의 이익을 수수·요구 또는 약속한 자는 1년 이하의 징역 또는 1천만원 이하의 벌금에 처한다.

1. 보험계약자총회, 상호회사의 창립총회 또는 사원총회에서의 발언이나 의결권 행사
2. 제3장 제2절·제3절 및 제8장 제2절에서 규정하는 소(訴)의 제기 또는 자본금의 100분의 5 이상에 상당하는 주주 또는 100분의 5 이상의 사원의 권리의 행사

② 제1항의 이익을 약속 또는 공여하거나 공여 의사를 표시한 자도 제1항과 같다.

보험업법 제201조는 일정한 신분자들이 그 직무에 관하여 부정한 청탁을 받고 재산상의 이익을 수수·요구·약속하는 행위 및 이에 대한 공여행위를 금지하고, 동법 제203조는 누구든지 일정한 사항에 관하여 부정한 청탁을 받고 재산상의 이익을 수수·요구 또는 약속하는 행위를 금지하고 있어 그 금지의 측면이 서로 다르다.

한편 **보험업법은 위 각 부패범죄로 취득한 재산상 이익에 대한 필요적 몰수·추징 규정**을 두고 있다(동법 제207조 참조). 따라서 위 각 부패범죄로 취득한 재산상 이익은 보험업법에 따라 몰수·추징되고 이에 대한 보전조치는 부패재산몰수법 및 마약거래방지법에 따라 가능하다.

관련조문

보험업법 제207조(몰수) <u>제201조 및 제203조</u>의 경우 범인이 수수하였거나 공여하려 한 이익은 몰수한다. 그 전부 또는 일부를 몰수할 수 없는 경우에는 그 가액(價額)을 추징한다. [전문개정 2010. 7. 23.]

이하에서는 위 각 보험업법상 부패범죄에 대한 구성요건 및 각 규정의 범죄수익환수 사례에 대해 자세히 살펴보도록 한다.

Ⅱ 일정 신분자들의 직무 관련 부정한 청탁에 따른 재산상 이익 수수 등 금지죄(제201조, 제197조, 제198조)

관련조문

보험업법 제201조(벌칙) ① 제197조 및 제198조에 열거된 자 또는 상호회사의 검사인이 그 직무에 관하여 부정한 청탁을 받고 재산상의 이익을 수수·요구 또는 약속한 경우에는 5년 이하의 징역 또는 5천만원 이하의 벌금에 처한다. ＜개정 2017. 10. 31.＞
② 제1항의 이익을 약속 또는 공여(供與)하거나 공여 의사를 표시한 자도 제1항과 같다.

1. 구성요건의 주체 및 행위의 상대방

본죄의 **구성요건 주체**는 동법 제197조 및 제198조에 열거된 자 또는 상호회사의 검사인이다(신분범). 동법 제197조 및 제198조에 열거된 신분자들은 다음과 같다.

관련조문

보험업법 제2조(정의) 이 법에서 사용하는 용어의 뜻은 다음과 같다. ＜개정 2015. 7. 31.＞
7. **"상호회사"**란 보험업을 경영할 목적으로 이 법에 따라 설립된 회사로서 **보험계약자를 사원(社員)으로 하는 회사**를 말한다.

제197조(벌칙) ① **보험계리사, 손해사정사 또는 상호회사의 발기인**, 제70조 제1항에서 준용하는「상법」제175조 제1항에 따른 **설립위원·이사·감사**, 제59조에서 준용하는「상법」제386조 제2항 및 제407조 제1항에 따른 **직무대행자나 지배인, 그 밖에 사업에 관하여 어떠한 종류의 사항이나 특정한 사항을 위임받은 사용인**이 그 임무를 위반하여 재산상의 이익을 취득하거나 제3자로 하여금 취득하게 하여 보험회사에 재산상의 손해를 입힌 경우에는 10년 이하의 징역 또는 1억원 이하의 벌금에 처한다. ＜개정 2017.10.31＞
② **상호회사의 청산인** 또는 제73조에서 준용하는「상법」제386조 제2항 및 제407조 제1항에 따른 **직무대행자**가 제1항에 열거된 행위를 한 경우에도 제1항과 같다.

제198조(벌칙) **제25조 제1항 또는 제54조 제1항의 기관을 구성하는 자**가 그 임무를 위반하여 재산상의 이익을 취득하거나 제3자로 하여금 취득하게 하여 보험계약자나 사원에게 손해를 입힌 경우에는 7년 이하의 징역 또는 7천만원 이하의 벌금에 처한다. ＜개정 2017. 10. 31.＞

☞ 제25조(보험계약자 총회 대행기관) ① 주식회사는 조직 변경을 결의할 때 보험계약자 총회를 갈음하는 기관에 관한 사항을 정할 수 있다.

☞ 제54조(사원총회 대행기관) ① 상호회사는 사원총회를 갈음할 기관을 정관으로 정할 수 있다.

위 각 신분자들이 그 직무에 관하여 부정한 청탁을 받고 재산상의 이익을 수수하는 경우에는 본죄의 주체가 될 수 있고, 위 각 신분자들에 가공한 사람들의 경우에는 형법 제33조에 따라 공범이 성립한다.

나아가 **위 각 행위의 상대방**은 위 특정신분자들에게 재산상 이익을 공여하거나 공여의 의사표시를 하는 사람으로 그 신분에 아무런 제한이 없다.

2. 구성요건적 행위 및 객체

본죄의 **구성요건적 행위**는 그 직무에 관하여 부정한 청탁을 받고 재산상의 이익을 수수·요구 또는 약속하는 행위(동법 제201조 제1항) 및 제1항의 이익을 약속 또는 공여(供與)하거나 공여 의사를 표시하는 것이다(동법 제201조 제2항). 양죄는 **대향범**의 관계에 있다.

위 범죄의 경우 그 직무 관련성의 범위에 대한 명시적인 대법원 판례는 없으나 배임수재행위의 일반적인 법리와 동일하게 '**각 신분자들이 그 지위에 수반하여 취급하는 일체의 사무와 관련하여**'를 의미하는 것으로 이해함이 상당하고, 그 권한에 속하는 직무행위 뿐만 아니라 그와 밀접한 관계가 있는 사무 및 그와 관련하여 사실상 처리하고 있는 사무도 직무에 포함되나 해당 신분자들이 개인적인 지위에서 취급하는 사무까지 포함된다고 볼 수는 없다고 봄이 상당하다.

위 '**부정한 청탁**' 또한 **그 청탁이 사회상규와 신의성실의 원칙에 반하는 것을 말하며,** 이를 판단함에 있어서는 청탁의 내용과 이와 관련되어 교부받거나 공여한 재물의 액수, 형식, 보호법익인 사무처리자의 청렴성 등을 종합적으로 고찰하여야 하고 **그 청탁이 반드시 명시적임을 요하는 것은 아니다.**

다만 위 **구성요건의 객체**와 관련하여 재산상 이익만을 규정하고 있는데 '재물'은 위 재산상 이익에 포함된다고 해석함이 상당하다.

3. 처벌 및 범죄수익환수 사례

본죄를 범하면 5년 이하의 징역 또는 5천만 원 이하의 벌금에 처하고, 보험업법상 필요적 몰수·추징 규정(동법 제207조)이 적용되므로 위 범죄행위로 취득한 재산상 이익은 모두 환수의 대상이 된다.

다만 실무상 보험업법 제201조 위반행위로 처벌되면서 그와 같이 취득한 부패재산을 환수한 사례는 발견되지 않는다.

Ⅲ 일정한 사항에 관한 부정한 청탁에 따른 재산상 이익 수수 등 금지의 죄(제203조)

관련조문

보험업법 제203조(벌칙) ① 다음 각 호의 사항에 관하여 부정한 청탁을 받고 재산상의 이익을 수수·요구 또는 약속한 자는 1년 이하의 징역 또는 1천만원 이하의 벌금에 처한다.

1. 보험계약자총회, 상호회사의 창립총회 또는 사원총회에서의 발언이나 의결권 행사
2. 제3장 제2절·제3절 및 제8장 제2절에서 규정하는 소(訴)의 제기 또는 자본금의 100분의 5 이상에 상당하는 주주 또는 100분의 5 이상의 사원의 권리의 행사

② 제1항의 이익을 약속 또는 공여하거나 공여 의사를 표시한 자도 제1항과 같다.

[전문개정 2010. 7. 23.]

1. 구성요건의 주체 및 행위의 상대방

본죄 중 재산상 이익 수수의 점의 **구성요건 주체**는 아무런 제한이 없다. 따라서 **누구든지 본죄의 주체가 될 수** 있다. 따라서 동법 제203조 제1항 각 호의 사항을 이행할 수 있는 사람이 아니라고 하더라도 동법 제203조 제1항의 각 호의 사항과 관련하여 재산상 이익을 취득하는 경우 본죄의 주체가 된다.

이때 위 각 호와 관련된 행위는 보험계약자 총회, 상호회사의 창립총회 또는 사원총회에서의 발언이나 의결권 행사 및 관련 소송의 제기 또는 자본금의 100분의 5 이상에 상당하는 주주 또는 100분의 5 이상의 사원의 권리행사이다.

한편 본죄 중 재산상 이익 공여의 점의 구성요건 주체 또한 아무런 제한이 없다. 따라서 누구든지 본죄의 주체가 될 수 있다.

2. 구성요건적 행위

본죄의 **구성요건적 행위**는 보험계약자 총회, 상호회사의 창립총회 또는 사원총회에서의 발언이나 의결권 행사(**동법 제203조 제1항 제1호**) 및 관련 소송의 제기 또는 자본금의 100분의 5 이상에 상당하는 주주 또는 100분의 5 이상의 사원의 권리의 행사(**동법 제203조 제1항 제2호**)와 관련하여 부정한 청탁을 받고 재산상의 이익을 수수·요구 또는 약속하는 행위(동

법 제203조 제1항) 및 위와 같은 이익을 약속 또는 공여하거나 공여의 의사를 표시하는 행위(동법 제203조 제2항)이다.

부정한 청탁의 대상이 되는 항목을 **'직무에 관하여'**로 정하지 않고 위 2가지로 한정하여 규정하고 있는 것이 특징이라고 할 수 있다. 따라서 재산상 이익을 수수·요구·약속하는 사람 또한 그 재산상의 이익과 '직무'와의 관련성이 인정될 필요가 없으므로 반드시 위 직무를 담당하는 사람일 필요가 없다. 다만 **위 2가지 항목과 재산상 이익 사이의 대가성이 인정되어야 함은 당연**하다.

3. 처벌 및 범죄수익환수 사례

본죄를 범하면 1년 이하의 징역 또는 1천만 원 이하의 벌금에 처한다. 특정 신분자의 직무관련성을 요구하지 아니하고, 특정한 사항에 대한 대가로 재산상의 이익을 수수하는 행위를 금지하는 것이므로 법정형을 낮춰 규정한 것이다.

한편 동죄를 범하여 취득한 재산상 이익등은 모두 보험업법 상 필요적 몰수·추징 규정의 적용(제207조)을 받으므로 위 재산상 이익등은 모두 환수 대상이다.

다만 실무상 위 범죄를 범하여 취득한 재산상 이익을 환수한 사례는 쉽게 발견되지 않는다. 위 재산상 이익과 대가관계가 요구되는 사항이 2가지로 제한되어 있는 점에 비추어 많이 활용되지 않는 구성요건으로 봄이 상당하다.

제6절 선주상호보험조합법위반(제25호)

I 총설

부패재산몰수법 별표 제25호에서 **선주상호보험조합법 제59조 및 제60조의 죄**를 각 부패범죄로 규정하고 있다.

관련조문

부패재산몰수법 별표

부패범죄(제2조 제1호 관련)

25. 「선주상호보험조합법」 제59조 및 제60조의 죄

관련조문

선주상호보험조합법 제59조(직무 관련 부정행위) ① 검사인 또는 제56조에서 규정하는 자가 그 직무와 관련하여 부정한 청탁을 받아 재산상의 이익을 얻거나 요구하거나 약속하였을 때에는 5년 이하의 징역 또는 5천만원 이하의 벌금에 처한다. <개정 2014. 10. 15.>

② 제1항의 이익을 약속 또는 제공하거나 제공 의사를 표시한 자도 또한 제1항과 같다.

제60조(의결권의 부정행사 등) ① 다음 각 호의 사항에 관하여 부정한 청탁을 받고 재산상의 이익을 얻거나 요구하거나 약속한 자는 1년 이하의 징역 또는 1천만원 이하의 벌금에 처한다.

1. 조합 총회에서의 발언 또는 의결권 행사
2. 이 법에 따른 소의 제기 또는 10분의 1 이상 조합원의 권리 행사

② 제1항의 이익을 약속 또는 제공하거나 제공 의사를 표시한 자도 또한 제1항과 같다.

선주상호보험조합법 **제59조는 직무관련 부정행위**를, **제60조는 의결권의 부정행사**를 각각 규정하고 있다.

한편 선주상호보험조합법은 위 각 부패범죄로 취득한 재산상 이익에 대한 필요적 몰수·추징 규정을 두고 있다(동법 제62조 참조). 따라서 위 각 부패범죄로 취득한 재산상 이익은 동법에 따라 몰수·추징되고 이에 대한 보전조치는 부패재산몰수법 및 마약거래방지법에 따라 가능하다.

관련조문

선주상호보험조합법 제62조(몰수) <u>제59조와 제60조</u>의 경우에 범인이 얻었거나 제공하려 한 이익은 몰수한다. 그 전부 또는 일부를 몰수할 수 없을 때에는 그 가액(價額)을 추징한다.
[전문개정 2010. 4. 5.]

이하에서는 위 각 선주상호보험조합법상 부패범죄에 대한 구성요건 및 각 규정의 범죄수익환수 사례에 대해 자세히 살펴보도록 한다.

Ⅱ 일정 신분자들의 직무 관련 부정한 청탁에 따른 재산상 이익 수수 등 금지죄(제59조, 제56조)

관련조문

선주상호보험조합법 제59조(직무 관련 부정행위) ① 검사인 또는 제56조에서 규정하는 자가 그

직무와 관련하여 부정한 청탁을 받아 재산상의 이익을 얻거나 요구하거나 약속하였을 때에는 5년 이하의 징역 또는 5천만원 이하의 벌금에 처한다. <개정 2014. 10. 15.>
② 제1항의 이익을 약속 또는 제공하거나 제공 의사를 표시한 자도 또한 제1항과 같다.
[전문개정 2010. 4. 5.]

1. 구성요건의 주체 및 행위의 상대방

본죄 중 **재산상 이익 취득 등의 죄**(제59조 제1항)의 **구성요건 주체**는 동법 제36조 제2항에서 준용하는 상법 제366조 제3항의 검사인 또는 제56조에서 규정하는 사람들이다(**신분범**). 위 각 신분자들은 다음과 같다.

관련조문

선주상호보험조합법 제56조(임원 등의 배임) ① **조합의 발기인, 이사, 감사, 제43조 제2항·제3항에서 준용하는 「상법」 제386조 제2항 및 제407조 제1항의 직무대행자, 제43조 제5항에서 준용하는 「상법」 제10조부터 제14조까지의 지배인(이하 "지배인"이라 한다) 또는 그 밖에 사업에 관한 어떠한 종류나 특정한 사항의 위임을 받은 사용인**이 그 임무에 위배되는 행위로써 재산상의 이익을 얻거나 제3자로 하여금 이익을 얻게 하여 조합에 재산상의 손해를 입혔을 때에는 1년 이상 10년 이하의 징역 또는 1억원 이하의 벌금에 처한다. <개정 2014. 10. 15.>
② **조합의 청산인 또는 제49조 제2항에서 준용하는 「상법」 제386조 제2항 및 제407조 제1항의 직무대행자**가 제1항에 따른 행위를 하였을 때에도 또한 제1항과 같다.
[전문개정 2010. 4. 5.]
제58조(조합의 재산을 위태롭게 하는 행위) **제36조 제2항에서 준용하는 「상법」 제366 제3항의 검사인** 및 제43조 제1항에서 준용하는 「상법」 제367조의 검사인(이하 "검사인"이라 한다), 제56조 제1항에서 규정하는 자가 다음 각 호의 어느 하나에 해당하는 행위를 하였을 때에는 7년 이하의 징역 또는 7천만원 이하의 벌금에 처한다. <개정 2014. 10. 15.>
☞ 상법 제366조(소수주주에 의한 소집청구) ③ 제1항 및 제2항의 규정에 의한 총회는 회사의 업무와 재산상태를 조사하게 하기 위하여 검사인을 선임할 수 있다. <개정 1998. 12. 28.>

한편 본죄 중 재산상 이익 약속 또는 공여의 점(제59조 제2항)의 **구성요건 주체**는 아무런 제한이 없다. 따라서 누구든지 본죄의 주체가 될 수 있다.

동법 제59조 제1항과 제2항의 각 죄는 **대향범** 관계에 있으므로 서로 상호간 행위의 상대방이 된다.

2. 구성요건적 행위

본죄의 **구성요건적 행위**는 위 각 신분자들이 그 직무와 관련하여 부정한 청탁을 받아 재산상의 이익을 얻거나 요구하거나 약속하는 행위(동법 제59조 제1항) 및 제1항의 이익을 약속 또는 제공하거나 제공 의사를 표시하는 행위(동법 제59조 제2항)이다.

위 범죄의 경우 그 직무 관련성의 범위에 대한 명시적인 대법원 판례는 없으나 배임수재 행위의 일반적인 법리와 동일하게 **'각 신분자들이 그 지위에 수반하여 취급하는 일체의 사무와 관련하여'**를 의미하는 것으로 이해함이 상당하고, 그 권한에 속하는 직무행위 뿐만 아니라 그와 밀접한 관계가 있는 사무 및 그와 관련하여 사실상 처리하고 있는 사무도 직무에 포함되나 해당 신분자들이 개인적인 지위에서 취급하는 사무까지 포함된다고 볼 수는 없다고 보아야 한다.

위 **'부정한 청탁'** 또한 **그 청탁이 사회상규와 신의성실의 원칙에 반하는 것을 말하며,** 이를 판단함에 있어서는 청탁의 내용과 이와 관련되어 교부받거나 공여한 재물의 액수, 형식, 보호법익인 사무처리자의 청렴성 등을 종합적으로 고찰하여야 하고 **그 청탁이 반드시 명시적임을 요하는 것은 아니다.**

다만 위 **구성요건의 객체**와 관련하여 재산상 이익만을 규정하고 있는데 '재물'은 위 재산상 이익에 포함된다고 해석함이 상당하다.

3. 처벌 및 범죄수익환수 사례

본죄를 범하면 5년 이하의 징역 또는 5천만 원 이하의 벌금에 처한다. 나아가 위와 같이 취득한 재산상 이익은 동법에 따라 필요적 몰수·추징의 대상이 된다(동법 제62조 참조). 한편 실무상 본죄로 처벌되면서 동법 제62조에 따라 재산상 이익이 환수된 사례는 찾기 어렵다.

Ⅲ 의결권의 행사 등 관련 부정한 청탁에 따른 재산상 이익 수수 등 금지죄(제60조)

관련조문

선주상호보험조합법 제60조(의결권의 부정행사 등) ① 다음 각 호의 사항에 관하여 부정한 청탁을 받고 재산상의 이익을 얻거나 요구하거나 약속한 자는 1년 이하의 징역 또는 1천만원 이하의 벌금에 처한다.

1. 조합 총회에서의 발언 또는 의결권 행사
2. 이 법에 따른 소의 제기 또는 10분의 1 이상 조합원의 권리 행사

② 제1항의 이익을 약속 또는 제공하거나 제공 의사를 표시한 자도 또한 제1항과 같다.

[전문개정 2010. 4. 5.]

---

1. 구성요건의 주체 및 행위의 상대방

본죄 중 **재산상 이익 수수 등의 점**의 **구성요건 주체**는 아무런 제한이 없다. 따라서 **누구든지 본죄의 주체가 될 수** 있다. 따라서 동법 제60조 제1항 각 호의 사항을 이행할 수 있는 사람이 아니라고 하더라도 동법 제60조 제1항 각 호의 사항과 관련하여 재산상 이익을 취득하는 경우 본죄의 주체가 된다.

이때 **위 각 호와 관련된 행위**는 조합총회에서의 발언 또는 의결권 행사(동법 제60조 제1항 제1호), 이 법에 따른 소의 제기 또는 10분의 1 이상 조합원의 권리 행사(동법 제60조 제1항 제2호)이다.

한편 **본죄 중 재산상 이익 공여의 점**의 **구성요건 주체** 또한 아무런 제한이 없다. 따라서 누구든지 본죄의 주체가 될 수 있다.

2. 구성요건적 행위

본죄의 **구성요건적 행위**는 조합총회에서의 발언 또는 의결권 행사(동법 제60조 제1항 제1호), 이 법에 따른 소의 제기 또는 10분의 1 이상 조합원의 권리 행사(동법 제60조 제1항 제2호)와 관련하여 부정한 청탁을 받고 재산상의 이익을 수수·요구 또는 약속하는 행위(**동법 제60조 제1항**) 및 위와 같은 이익을 약속 또는 공여하거나 공여의 의사를 표시하는 행위(**동법 제60조 제2항**)이다.

부정한 청탁의 대상이 되는 항목을 **'직무에 관하여'**로 정하지 않고 위 2가지로 한정하여 규정하고 있는 것이 특징이라고 할 수 있다. 따라서 재산상 이익을 수수·요구·약속하는 사람 또한 그 재산상의 이익과 '직무'와의 관련성이 인정될 필요가 없으므로 반드시 위 직무를 담당하는 사람일 필요가 없다. 다만 **위 2가지 항목과 재산상 이익 사이의 대가성이 인정되어야 함은 당연**하다.

3. 처벌 및 범죄수익환수 사례

본죄를 범하면 1년 이하의 징역 또는 1천만 원 이하의 벌금에 처한다. 특정 신분자의 직무관련성을 요구하지 아니하고, 특정한 사항에 대한 대가로 재산상의 이익을 수수하는 행위를 금지하는 것이므로 법정형을 낮춰 규정한 것이다.

한편 동죄를 범하여 취득한 재산상 이익등은 모두 동법 상 필요적 몰수·추징 규정의 적용(제62조)을 받으므로 위 재산상 이익등은 모두 환수 대상이다.

다만 실무상 위 범죄를 범하여 취득한 재산상 이익을 환수한 사례는 쉽게 발견되지 않는다. 위 재산상 이익과 대가관계가 요구되는 사항이 2가지로 제한되어 있는 점에 비추어 많이 활용되지 않는 구성요건으로 봄이 상당하다.

제 8 장
사행행위 관련 부패범죄

제 1 절 경륜·경정법위반(제15호)

I 총설

부패재산몰수법 별표 제15호에서는 **경륜·경정법 제29조, 제30조, 제31조까지의 죄**를 부패범죄로 규정하고 있다. 그런데 舊 범죄수익은닉규제법 별표 제2호에서는 제26조, 제27조, 제29조 및 제30조의 죄를 중대범죄로 규정하고 있어 양 법률이 규정하고 있는 범죄와 적용법조에 차이가 있다.

관련조문

부패재산몰수법 별표

부패범죄(제2조 제1호 관련)

15. 「경륜·경정법」 **제29조부터 제31조까지**의 죄

관련조문

舊 범죄수익은닉규제법 별표

중대범죄(제2조 제1호 관련)

2. 「경륜·경정법」 제26조·제27조·제29조 및 제30조의 죄

경륜은 자전거 경주에, 경정은 모터보트 경주에 승자투표권을 발매하고 경주 결과를 맞춘 자에게 환급금을 교부하는 행위를 말한다. 이 법률이 규정하는 용어의 정의는 다음과 같다.

관련조문

경륜·경정법 제2조(정의) 이 법에서 사용하는 용어의 뜻은 다음과 같다.

1. "경륜"이란 자전거 경주에 대한 승자투표권(勝者投票券)을 발매하고 경주 결과를 맞힌 사람에게 환급금을 내주는 행위를 말한다.
2. "경정"이란 모터보트 경주에 대한 승자투표권을 발매하고 경주 결과를 맞힌 사람에게 환급금을 내주는 행위를 말한다.
3. "승자투표권"이란 경륜 또는 경정에서 경주 결과를 맞혀 환급금을 교부받기를 원하는 사람의 청구에 따라 경륜사업자 또는 경정사업자가 발매하는 승자투표 방법·선수번호 및 금액 등이 적혀 있는 표를 말한다.
4. "환급금"이란 경륜선수 또는 경정선수의 도착 순위가 확정되었을 때 경륜사업자나 경정사업자가 승자투표권 발매 금액 중에서 발매이익금(發賣利益金) 및 제세 등을 뺀 후 경주 결과를 맞힌 사람 또는 승자투표권을 구매한 사람에게 내주는 금액을 말한다.
5. "단위투표금액"이란 승자투표권 발매의 기본단위로서 최저발매금액을 말한다.
6. "구매권"이란 승자투표권과 교환할 수 있도록 금액, 고유번호 및 소멸시효 등을 기재하여 경륜사업자 또는 경정사업자가 발행한 표를 말한다.

위 각 구성요건은 한국마사회법, 국민체육진흥법에도 비슷한 유형으로 나열되어 있는데 대부분 스포츠 행위를 매개하여 도박을 하거나, 스포츠를 통한 결과 발생에 부정이 개입하는 것을 금지하는 규정이다.

한편 경륜·경정법위반죄 중 일부 범죄(동법 제26조 제1항 및 제29조부터 제31조까지)의 경우 **필요적 몰수·추징 규정**을 두고 있는바 동법 위반죄에 해당하는 경우에는 경륜·경정법상 자체적인 몰수·추징 규정을 적용하여야 하고, 범죄수익은닉규제법 및 마약거래방지법을 적용하여 몰수·추징 보전절차를 진행할 수 있다.

관련조문

경륜·경정법 제32조(몰수와 추징) 제26조 제1항 및 제29조부터 제31조까지의 규정에 따른 재물은 몰수한다. 다만, 재물을 몰수하는 것이 불가능하거나 재산상의 이익을 취득한 경우에는 병과가액(倂科價額)을 추징한다.

Ⅱ 부정한 청탁 재물 등 수수 등 금지죄(제29조, 제30조)

관련조문

경륜·경정법 제29조(벌칙) ①선수나 심판이 그 업무에 관하여 부정한 청탁을 받고 재물 또는 재산상의 이익을 수수·요구 또는 약속한 경우에는 5년 이하의 징역 또는 5천만원 이하의 벌금에 처한다.

②선수나 심판이 제1항의 죄를 범하여 부정한 행위를 한 경우에는 7년 이하의 징역 또는 7천만원 이하의 벌금에 처한다.

제30조(벌칙) 선수 또는 심판이 그 업무에 관하여 부정한 청탁을 받고 제3자에게 재물 또는 재산상의 이익을 제공하게 하거나 이익의 제공을 요구 또는 약속한 경우에는 5년 이하의 징역 또는 5천만원 이하의 벌금에 처한다.

1. 구성요건

가. 구성요건의 주체 및 행위의 상대방

동법 제29조의 **구성요건의 주체**는 선수나 심판이다(**신분범**). 따라서 위와 같은 특정한 신분자가 그 업무에 관하여 부정한 청탁을 받고 재물 또는 재산상의 이익을 취득하는 경우 가중처벌된다. 한편 **그 행위의 상대방**은 아무런 제한이 없다.

나아가 **동법 제30조**의 경우 **그 구성요건의 주체**는 **선수 또는 심판**이다(**신분범**). 다만 그 재물 또는 재산상 이익의 취득의 주체가 본인이 아닌 제3자라는 점에서 제29조와 차이가 있을 뿐이다.

나. 구성요건적 행위

동법 제29조 제1항은 형법상 배임수재죄와 유사하게 업무에 관하여 부정한 청탁을 받고, 금전을 수수, 요구, 약속하는 행위를 처벌하고, **제2항**은 형법상 수뢰후부정처사죄와 유사하게 위 금전 수수 등 행위 후 부정한 행위를 하면 가중처벌하고 있다. 즉 동법 제29조 위반죄의 **구성요건적 행위는** 선수나 심판이 업무에 관하여 부정한 청탁을 받고 재물 또는 재산상 이익을 수수하는 행위(**제1항**), 위와 같이 금전을 수수한 후 부정한 행위를 하는 행위다(**제2항**). 그 재물 또는 재산상 이익의 제공은 선수나 심판의 업무와 관련하여 이루어져야 하므로 **재물 또는 재산상 이익의 제공과 그 업무 상호 간의 대가성이 인정되어야 함**은 당연하다. 이 때 **업무의 관련성**은 반드시 선수나 심판이 담당하고 있는 구체적인 업무일 필요는 없고 그 부정한 청탁 및 재물 또는 재산상 이익의 제공 이유, 동기와 연관되어 있으면 충분하다.

나아가 **동법 제30조**는 재물 또는 재산상 이익을 자신이 아니라 제3자로 하여금 취득하게 하는 경우를 처벌하는 규정이다. 실제로 동법 제29조 제1항의 심판이나 선수가 취득한 것과 동일하게 평가할 수 있는 경우에는 제29조 제1항이 적용될 것이고 그렇지 않고 제3자가 취득한 것으로 볼 수 있는 경우에는 제30조가 적용된다.

2. 처벌

동법 제29조 제1항의 죄를 범하는 경우 5년 이하의 징역 또는 5천만 원 이하의 벌금에 처한다. 한편 동법 제29조 제2항의 죄를 범하는 경우 7년 이하의 징역 또는 7천만 원 이하의 벌금에 처하고, 동법 제30조 위반의 죄를 범하는 경우 5년 이하의 징역 또는 5천만 원 이하의 벌금에 처한다.

한편 위와 같은 중대범죄를 통해 얻은 수익은 경륜·경정법에 따라 **필요적 몰수·추징의 대상**이 된다(동법 제32조 참조). 경륜·경정에 관련된 선수나 심판이 금전을 수수하고 스포츠의 공정을 해하는 행위를 하는 것을 금지하는 규정으로 이에 관련된 범죄수익을 모두 환수대상으로 포섭한 것이다.

3. 범죄수익환수 사례

가. 재산상 이익 약속 후 부정한 행위를 하여 취득한 이익 환수사례

이와 관련하여 공범 B로부터 빌린 2억 원 상당의 차용금 채무에 시달리던 국민체육진흥공단 소속 경정선수 A가 의도적으로 3위 안에 입상하지 않기로 하고, 공범 B는 A를 제외한 나머지 선수에 베팅함으로써 **승부조작을 공모하여 A는 그 대가로 공범 B에 대한 위 미지급 차용금 채무의 이자 1,600만 원을 탕감받기로 약속한 다음 실제로 A가 의도적으로 3위 안에 입상하지 않은 사안**에서 **A가 탕감받은 위 미지급 이자 1,600만 원은 A가 중대범죄행위**(재산상이익 약속 후 부정한 행위의 점)**로 취득한 범죄수익에 해당한다는 이유로 A로부터 추징한 사례**가 있다.[1]

1 대전고등법원 2019. 7. 12. 선고 2018노566호 판결 참조.

경륜·경정에 금전이 개입된 승부조작행위를 근절하기 위한 구성요건이므로 위와 같이 취득한 금전은 추징할 필요성이 있다.

사례

[범죄사실]

피고인 A는 국민체육진흥공단 경륜·경정사업본부 소속 경정 선수였던 사람으로, 지인인 B(전 경정 선수)로부터 금을 수입·수출하여 수익을 낸다는 금지금 사업을 알게 된 뒤, 위 사업에 투자할 돈을 마련하기 위하여 B의 소개로 알게 된 F를 통해 피고인 C로부터 2014. 9. 24.경 2억 원을 변제기 2015. 1. 25., 이자 연 25%로 정하고 차용한 후 이를 위 금지금 사업에 투자하게 되었다.

이후 **피고인들 및 F는 2014. 11. 말경부터 2014. 12. 초순경 사이에 대전시 유성구에 있는 레전드호텔 내 카페에서 F가 피고인 A의 미지급 차용금 이자 1,600만 원을 피고인 C에게 대신 지급하기로 약속한 후 피고인 A는 경정경기에서 의도적으로 3위 안에 입상하지 않기로 하고, 피고인 C와 F는 피고인 A를 제외한 다른 선수들에게 베팅하는 방식으로 승부조작을 하기로 공모하였다**.

이로써 **피고인 A는 경정경기 업무에 관하여 부정한 청탁을 받고 재산상의 이익을 약속하고, 피고인 C는 B, F와 공모하여 피고인 A에 대하여 그 재산상의 이익을 약속하였다**.

[법령의 적용]

1. 범죄사실에 대한 해당법조

○ 피고인 A : 각 경륜·경정법 제26조 제1호, 형법 제30조(경주의 공정한 시행 방해의 점), 각 경륜·경정법 제29조 제2항, 제1항(재산상 이익 약속 후 부정한 행위의 점), 경륜·경정법 제29조 제1항(부정한 청탁에 관한 재산상 이익 약속의 점)

1. 추징(피고인 A)

경륜·경정법 제32조

나. 재물 수수 후 부정한 행위를 하여 취득한 금전 환수사례

이와 관련하여 **자신이 참가할 경정경주에 있어 자신의 등수와 승자투표권을 구입하는데 필요한 정보를 공범들에게 알려주는 대가로 2억 7,000만 원을 수수한 사안에서 위 2억 7,000만 원을 전액 추징한 사례**가 있다.[2]

사례

[범죄사실]

2. 2억 7,000만 원 수수 관련 부분

가. 피고인 A

피고인은 위와 같이 **피고인이 참가할 경정경주에 있어서 피고인의 등수 및 경정 승자투표권을 구입하는데 필요한 정보를 B, C에게 알려주는 대가로, 2011. 4. 16.경 서울 강남구 X에 있는 'Y'에서 B, C를 만나 B로부터 9,000만 원을 교부받고, 2011. 5. 16.경 서울 서초구 W 앞 'E' 커피숍에서 C를 만나 C로부터 B가 C에게 전달시켰던 1억 8,000만 원을 교부받고, 별지 범죄일람표 기재와 같이 피고인이 참가할 17개의 경정경주에 대하여 피고인의 등수 및 경정승부 관련 정보를 B, C에게 대포폰 문자메시지로 알려주었다**.

이로써 피고인은 B, C로부터 경정선수의 업무에 관하여 부정한 청탁을 받고 2회에 걸쳐 합계 2억 7,000만 원을 교부받고, 부정한 행위를 하였다.

[법령의 적용]

1. 범죄사실에 대한 해당법조

나. 피고인 A : 포괄하여 경륜·경정법 제29조 제2항, 제1항(재물 수수 후 부정한 행위의 점, 징역형 선택)

1. 추징

피고인 A : 경륜·경정법 제32조 후문, 전문

Ⅲ 부정한 청탁 재물 등 약속 제공행위 금지죄(경륜·경정법 제31조)

관련조문

경륜·경정법 제31조(벌칙) 제29조 및 제30조에 규정한 **재물 또는 재산상의 이익을 약속·제공하거나 제공의 의사를 표시한 자**는 5년 이하의 징역 또는 5천만원 이하의 벌금에 처한다.

2 의정부지방법원 2012. 9. 13. 선고 2012노1123 판결 참조. 이 사안에서 피고인이 지급받은 2억 7,000만 원을 어떻게 소비하였는지, 현금으로 지급받은 금전을 차명으로 은닉한 것은 아닌지 문제될 수 있었을 것으로 보이나 이에 대한 수사는 진행되지 않은 것으로 보인다. 피고인이 수수한 2억 7,000만 원은 범죄수익에 해당하므로 이를 차명계좌로 입금하거나 수표 등으로 교환하는 행위, 차명으로 부동산을 매입하여 재산을 구입하는 행위는 모두 범죄수익 처분가장행위 또는 은닉행위에 해당할 수 있다.

☞ 제29조(벌칙) ① 선수나 심판이 그 업무에 관하여 부정한 청탁을 받고 재물 또는 재산상의 이익을 수수·요구 또는 약속한 경우에는 5년 이하의 징역 또는 5천만원 이하의 벌금에 처한다. <개정 2018. 12. 24.>
②선수나 심판이 제1항의 죄를 범하여 부정한 행위를 한 경우에는 7년 이하의 징역 또는 7천만원 이하의 벌금에 처한다. <개정 2018. 12. 24.>

☞ 제30조(벌칙) 선수 또는 심판이 그 업무에 관하여 부정한 청탁을 받고 제3자에게 재물 또는 재산상의 이익을 제공하게 하거나 이익의 제공을 요구 또는 약속한 경우에는 5년 이하의 징역 또는 5천만원 이하의 벌금에 처한다. <개정 2018. 12. 24.>

---

1. 구성요건의 주체 및 행위의 상대방

본죄의 **구성요건의 주체**는 아무런 제한이 없다. 따라서 누구든지 본죄의 주체가 될 수 있다. 위 **행위의 상대방**은 동법 제29조, 제30조에 따라 재물 또는 재산상 이익의 제공, 약속의 대상인 선수 또는 심판이다.

2. 구성요건적 행위

본죄의 **구성요건적 행위**는 선수 또는 심판의 업무에 관하여 부정한 청탁을 하면서 재물 또는 재산상의 이익을 약속·제공하거나 제공의 의사를 표시하는 것이다. 구체적으로 위와 같은 재물 또는 재산상 이익을 약속, 제공하는 등의 의사를 표시하는 행위를 금지하고 있는 것으로서 **주관적 구성요건요소**의 경우 자신이 재물 또는 재산상 이익을 제공하는 행위가 선수 또는 심판의 업무와 관련되어 있다는 점, 부정한 청탁을 한다는 점에 대한 미필적 인식을 요한다(고의범).

3. 처벌

본죄를 범하면 5년 이하의 징역 또는 5천만 원 이하의 벌금에 처한다. 나아가 본죄의 경우 경륜·경정법 제32조에 따라 필요적 몰수·추징 규정이 적용되므로 해당 재산은 환수대상이 됨은 당연하다. 다만 실무상 심판 또는 선수에게 그 업무에 관하여 부정한 청탁을 하고 재물 또는 재산상 이익을 약속·공여한 다음 이를 되돌려 받지 않는 이상 공여자로부터 이를 몰수·추징하는 경우는 쉽게 상정하기 어렵다는 점을 유의할 필요가 있다.

제 2 절 한국마사회법위반(제16호)

I 총설

부패재산몰수법 별표 제16호에서 **한국마사회법 제51조 제1호부터 제3호까지의 죄**를 부패범죄로 규정하고 있다. 한편 舊 범죄수익은닉규제법은 별표 제22호에서 한국마사회법 제50조 제1항, 제2항 및 제51조 제1호, 제2호, 제4호의 죄를 중대범죄로 규정하고 있어 양 부패범죄와 중대범죄가 다소 간 차이가 난다.

관련조문

부패재산몰수법 별표

부패범죄(제2조 제1호 관련)

16. 「한국마사회법」 제51조 제1호부터 제3호까지의 죄

관련조문

舊 범죄수익은닉규제법 별표

중대범죄(제2조 제1호 관련)

22. 「한국마사회법」 제50조 제1항·제2항 및 제51 제1호·제2호·제4호의 죄

한국마사회법은 한국마사회를 설립하여 경마(競馬)의 공정한 시행과 말산업의 육성에 관한 사업을 효율적으로 수행하게 함으로써 축산의 발전에 이바지하고 국민의 복지 증진과 여가선용을 도모함을 목적으로 한다(동법 제1조). 한국마사회는 경마를 개최하는 기관으로 명시되어 있으므로(동법 제3조 제1항) **한국마사회가 아닌 다른 기관 또는 개인이 경마를 개최하거나 경마를 이용하여 도박행위를 하는 것은 지나치게 사행성을 조장할 수 있으므로 위 법률에서 모두 금지**하고 있다.

특히 舊 범죄수익은닉규제법상 중대범죄는 마사회가 아니면서 경마를 시행하거나 이를 이용하여 도박행위를 하는 행위(동법 제50조 제1항)와 그 미수범(동법 제50조 제2항), 조교사, 기수 및 말관리사가 업무에 관하여 부정한 청탁을 받고 재물 또는 재산상 이익을 수수·요

구·약속 하는 행위(동법 제51조 제1호), 제3자에게 재물 또는 재산상 이익을 공여하게 하는 행위(동법 제51조 제2호), 위계나 위력을 사용하여 경마의 공정을 해치거나 경마 시행을 방해하는 행위(동법 제51조 제4호)로 구성되어 있다.

한편 **한국마사회법은 제50조 제1항 제1호부터 제3호까지 및 제6호와 제51조 제1호부터 제3호까지 및 제8호의 재물은 필요적으로 몰수·추징**하도록 하고 있다. 따라서 부패재산몰수법상 부패범죄에 해당하는 한국마사회법 제51조 제1호 내지 제3호까지의 죄로 취득한 부패재산은 모두 한국마사회법에 따라 필요적 몰수ㄸ추징 규정이 적용된다.

관련조문

한국마사회법 제56조(몰수·추징) 제50조 제1항 제1호부터 제3호까지 및 제6호와 제51조 제1호부터 제3호까지 및 제8호의 재물은 몰수한다. 다만, 재물을 몰수할 수 없거나 재산상의 이익을 취득하였을 때에는 그 가액(價額)을 추징(追徵)한다. <개정 2015. 2. 3.>
[전문개정 2009. 5. 27.]

Ⅱ 경마 관련 부정한 청탁에 따른 금품 수수 등의 죄(제51조 제1호, 제2호)

관련조문

한국마사회법 제51조(벌칙) 다음 각 호의 어느 하나에 해당하는 자는 5년 이하의 징역 또는 5천만원 이하의 벌금에 처한다. <개정 2020. 3. 24.>

1. 조교사 · 기수 및 말관리사가 그 업무와 관련하여 부정한 청탁을 받고 재물 또는 재산상의 이익을 수수 · 요구 또는 약속한 자
2. 조교사 · 기수 및 말관리사가 그 업무와 관련하여 부정한 청탁을 받고 제3자에게 재물 또는 재산상의 이익을 공여(供與)하게 하거나 공여를 요구 또는 약속한 자

1. 서설

한국마사회법은 조교사·기수 및 말관리사가 그 업무와 관련하여 부정한 청탁을 받고 재물 또는 재산상의 이익을 수수·요구·약속하는 행위(동법 제51조 제1호), 제3자에게 재물 또는 재산상의 이익을 공여하게 하거나 공여를 요구 또는 약속하는 행위(동법 제51조 제2호)를 처벌하며 위와 같은 각 죄를 범하여 부정한 행위를 한 자를 아울러 처벌한다(동법 제50조 제1항 제6호). 수뢰죄에 있어 수뢰 후 부정처사를 금지하는 것과 유사한 구성요건이다.

2. 구성요건의 주체

본죄의 **구성요건의 주체**는 마사회의 면허를 받아 경주마를 관리하고 조련하는 자인 조교사(동법 제2조 제4호), 기수(동법 2조 제5호), 말관리사에 한정된다. **행위의 상대방**은 조교사, 기수 등의 업무에 관하여 부정한 청탁을 하고 재물 또는 재산상 이익을 공여하거나 약속한 사람으로 특별한 제한이 없다.

3. 구성요건적 행위

본죄의 **구성요건적 행위**는 ① 경마의 결과에 실질적으로 영향력을 행사할 수 있는 위 사람들이 경마 업무와 관련하여 부정한 청탁을 받고 직접 재물 또는 재산상 이익을 수수, 요구 또는 약속하는 행위(**동법 제51조 제1호**), ② 제3자에게 이를 공여하게 하는 등의 행위(**동법 제51조 제2호**)이다.

한편 **舊 범죄수익은닉규제법**상 한국마사회법 제51조 제3호는 중대범죄에서 제외되므로 단순히 재물 또는 재산상의 이익을 약속·공여하거나 공여할 의사를 표시하는 행위는 구 범죄수익은닉규제법상 환수 대상 범죄에 해당하지 않음을 주의해야 한다. 다만 **개정 범죄수익은닉규제법**에 따르면 위 규정 또한 법정형이 장기 3년 이상에 해당하므로 모두 중대범죄에 해당되게 되었다.

4. 승부조작 수단과 방법

경마 결과에 따라 경제적 이익을 얻는 사설경마 사이트 운영자 및 조직폭력배가 개입되어 경마를 시행하는 조교사, 기수, 말관리사에 접근해 승부를 조작할 것을 내용으로 하는 부정한 청탁을 하면서 재물 또는 재산상 이익을 제공하고 기수 등은 이에 따라 부정한 행위를 하는 사례가 실무상 많이 문제된다.

대부분의 마권 구매자들은 배당이 높은 복승식 마권(경마경주에서 순서에 상관없이 1, 2착(着)이 예상되는 말에 베팅하는 방법)을 구입하는데 우승이 예상되는 인기마는 통상 한 경주당 3－4필이므로 승부조작을 통해 1－2필을 제외시키고 나머지 2－3필에 베팅하여 적중률을 높이는 방법이 쓰인다. 한편 승부조작 청탁을 받고 금품을 받은 기수는 출주 전에 말을 긴장시켜 스타트를 늦추고 경주 중에는 고의로 고삐를 뒤로 당겨 말의 진로를 방해하거나 추진 동작을 작게 하는 방법으로 배당권 밖인 3착(着) 이하로 늦게 들어오는 방법을 주로 사용한다.

사설경마장은 원래 한국마사회의 경주 결과 및 한국마사회와 동일한 배당률에 따라 배당하는 불법 경마도박장으로 그 운영자는 자신의 사설경마장에서 마권을 구매한 사람들에 대한 배당금 지급 위험을 줄이고 다른 사설경마장에서 적중률이 높은 마권을 구매해 수익을 높이기 위하여 기수들에게 승부조작을 제안하고 금품을 지급할 유인이 있다. 위와 같은 사설경마조직에 의한 승부조작은 사설경마장에서 마권을 구매한 도박자들뿐만 아니라 한국마사회에서 정당하게 마권을 구매한 선량한 일반 국민들까지 피해를 입게 된다는 점에서 심각한 폐해가 있다.

5. 처벌

본죄를 범하면 5년 이하의 징역 또는 5천만 원 이하의 벌금 처한다. 나아가 한국마사회법상 필요적 몰수·추징 규정의 적용을 받게 되므로 위 업무에 관하여 부정한 청탁을 받고 취득한 재물 또는 재산상 이익은 모두 환수의 대상이 된다.

6. 범죄수익환수 사례

이와 관련하여 **한국마사회 경마공원에서 기수로 활동한 피고인이 조직폭력배와 사설경마장 운영자로부터 승부조작을 의뢰받고 금품을 수수한 후 고의로 경주마의 전능력(全能力)을 발휘시키지 않는 방법으로 부정한 행위**를 한 사안에서 **위와 같이 수수한 금품은 모두 범죄수익은닉규제법상 중대범죄에 해당하고 위 금품을 한국마사회법에 따라 추징한 사례**가 있어 소개한다.

해당 사례에서 피고인은 자신의 계좌가 아닌 자신의 처 명의 계좌로 금품을 지급받음으로써 범죄수익의 취득에 관한 사실을 가장한 사실로도 기소되어 유죄판결이 확정되었다.[3]

사례

범죄사실

1. 피고인 A

피고인은 2010. 7. 중순경 **'M' 조직폭력배 N, 사설경마장 운영자 O로부터 돈을 받고 승부조작을 하고 있던 동료기수 E로부터 '출주하면 고의로 말을 1, 2위권 밖으로 들어오게**

3 서울중앙지방법원 2016. 8. 31. 선고 2016고단3113호 판결 참조(대법원 2017. 4. 26. 선고 2017도522 판결로 확정).

하는 방법'으로 함께 승부조작할 것을 제안받았다. 피고인은 E에게 "어차피 기수 생활을 오래할 생각이 없기 때문에 이왕이면 단시간에 돈을 벌겠다"며 승부조작을 승낙하고, E와 경기 시작 전에 말을 고의로 1, 2위권 밖으로 들어오게 하는 방법으로 승부조작을 하고 그 대가로 일정액의 금품을 건네받기로 약속하였다.

가. 한국마사회법위반

(1) E로부터 금품수수 후 부정행위

피고인은 2010. 8. 6.경 제주특별자치도 이하 불상지에서 E와 승부조작을 약속하고 그 대가를 건네받기로 하였다.

피고인은 같은 날 제주경마장 2경주에 'P'를 타고 출주하여, 출발을 지연하거나 말이 자신의 능력을 충분히 발휘할 수 없도록 달리는 과정에서 추진동작을 작게 하는 방법 등으로 고의로 늦게 들어오도록 하여 4착(着)하게 하고, 2010. 8. 8.경 처 Q 명의 농협 계좌로 E로부터 600만 원을 송금받은 것을 비롯하여 그때부터 2011. 8. 중순경까지 별지 범죄일람표 1 기재와 같이 같은 방법으로 총 11회에 걸쳐 합계 5,200만 원을 수수하고 위와 같은 방법으로 승부를 조작하는 부정행위를 하였다.

이로써 피고인은 기수로서 그 업무에 관하여 부정한 청탁을 받고 금품을 수수한 후 부정한 행위를 하고, 재물을 얻게 할 목적으로 경주에서 말의 전능력을 발휘시키지 않았다.

(2) E 등과 공모하여 승부조작

피고인은 위 1의 가. (1)항과 같이 동료기수 E로부터 부정한 청탁을 받아 재물을 수수한 것을 기화로 제주경마장 2경주에 'P'를 타고 출전하여 고의적으로 말을 늦게 들어오도록 하여 4착(着)하게 한 것을 비롯하여 그때부터 2011. 8. 19.까지 별지 범죄일람표 1 기재와 같이 총 11회에 걸쳐 승부조작을 하였다.

이로써 피고인은 E 등과 공모하여 고의적으로 말을 늦게 들어오는 방법으로 위계를 사용하여 경마의 공정성을 해하거나 그 시행을 방해하였다.

나. **범죄수익은닉의규제및처벌등에관한법률위반**

피고인은 **E로부터 승부조작을 대가로 금품을 건네받기로 약속하고 향후 적발될 경우 Q와 E 사이의 개인적인 거래인 것처럼 가장하기 위하여 위 E에게 처 Q 명의 농협 계좌(R)를 알려주며 위 계좌로 송금해 줄 것을 요구하였다**.

피고인은 2010. 8. 8.경 불상지에서 **위 1의 가. (1)항과 같이 승부조작을 하고 그 대가로 E로부터 Q 명의의 위 농협계좌로 600만 원을 송금받았다**.

이로써 피고인은 범죄수익등의 취득에 관한 사실을 가장하였다.

법령의 적용

1. 범죄사실에 대한 해당법조 및 형의 선택

가. 피고인 A

ㅇ 금품수수 후 부정행위의 점 :
포괄하여, 구 한국마사회법(2015. 1. 20. 법률 제13146호로 개정되기 전의 것) 제53조 제2항, 제1항

ㅇ 재산취득 목적으로 경주마 전능력 미발휘의 점 : 구 한국마사회법(2015. 2. 3. 법률 제13146호로 개정되기 전의 것) 제51조 제2호

ㅇ 승부조작의 점 : 구 한국마사회법(2015. 2. 3. 법률 제13146호로 개정되기 전의 것) 제58조 제1호, 형법 제30조

ㅇ 범죄수익 취득에 관한 사실을 가장한 점 : 범죄수익은닉의 규제 및 처벌 등에 관한 법률 제3조 제1항 제1호

1. 추징(피고인 A, B, C, D)
구 한국마사회법 제56조

Ⅲ 부정한 청탁을 통한 재물 또는 재산상 이익 약속·공여·공여의 의사표시죄(제51조 제3호)

관련조문

한국마사회법 제51조(벌칙) 다음 각 호의 어느 하나에 해당하는 자는 5년 이하의 징역 또는 5천만원 이하의 벌금에 처한다. <개정 2020. 3. 24.>

3. **<u>제1호나 제2호</u>**에 따른 **<u>재물 또는 재산상의 이익을 약속·공여하거나 공여할 의사를 표시</u>**한 자

☞ 1. 조교사·기수 및 말관리사가 그 업무와 관련하여 부정한 청탁을 받고 재물 또는 재산상의 이익을 수수·요구 또는 약속한 자
2. 조교사·기수 및 말관리사가 그 업무와 관련하여 부정한 청탁을 받고 제3자에게 재물 또는 재산상의 이익을 공여(供與)하게 하거나 공여를 요구 또는 약속한 자

1. 서설

한국마사회법은 조교사·기수 및 말관리사가 그 업무와 관련하여 부정한 청탁을 받고 재물 또는 재산상의 이익을 수수·요구·약속하는 행위(동법 제51조 제1호), 제3자에게 재물 또는 재산상의 이익을 공여하게 하거나 공여를 요구 또는 약속하는 행위(동법 제51조 제2호)를 처벌하며 위 조교사·기수 및 말관리사에게 그 업무에 관하여 부정한 청탁을 하며 재물 또는 재산상 이익을 약속·공여하거나 공여할 의사를 표시하는 행위를 처벌하고 있다.

2. 구성요건의 주체 및 행위의 상대방

본죄의 **구성요건의 주체**는 아무런 제한이 없다. 따라서 누구든지 본죄의 주체가 될 수 있다. 위 **행위의 상대방**은 그 업무에 관하여 부정한 청탁을 받는 마사회의 면허를 받아 경주마를 관리하고 조련하는 자인 조교사(동법 제2조 제4호), 기수(동법 2조 제5호), 말관리사이다.

3. 구성요건적 행위

본죄의 **구성요건적 행위**는 조교사·기수 및 말관리사에게 그 업무에 관하여 부정한 청탁을 하고 재물 또는 재산상 이익을 위 각 신분자 또는 제3자에게 약속·공여 또는 공여할 의시를 표시하는 것이다.

한편 구 범죄수익은닉규제법은 한국마사회법 제51조 제3호는 중대범죄에서 제외하고 있으나, 부패재산몰수법에는 본죄를 부패범죄로 포함시키고 있다.

4. 처벌

본죄를 범하면 5년 이하의 징역 또는 5천만 원 이하의 벌금에 처한다. 나아가 **한국마사회법상 필요적 몰수·추징 규정의 적용**을 받게 되므로 위 업무에 관하여 부정한 청탁을 받고 취득한 재물 또는 재산상 이익은 모두 환수의 대상이 된다.

다만 동법 제51조 제3호에 따라 공여자로부터 재물 또는 재산상 이익을 환수하려면 공여자가 공여한 재물등을 되돌려 받은 경우에 한하여 가능하다.

제 3 절 국민체육진흥법위반(제21호)

I 총설

부패재산몰수법 별표 제21호에서 **국민체육진흥법 제47조 제1호, 제48조 제1호·제2호의 죄**를 각 부패범죄로 규정하고 있다.

한편 구 범죄수익은닉규제법은 별표 제46호에서 국민체육진흥법 제47조 및 제48조의 죄 전부를 중대범죄로 규정하고 있어 **부패재산몰수법상 부패범죄를 모두 포함한다.**

관련조문

부패재산몰수법 별표

부패범죄(제2조 제1호 관련)

21. 「국민체육진흥법」 제47조 제1호 및 제48조 제1호·제2호의 죄

관련조문

舊 범죄수익은닉규제법 별표

중대범죄(제2조 제1호 관련)

46. 「국민체육진흥법」 제47조 및 제48조의 죄

관련조문

국민체육진흥법 제47조(벌칙) 다음 각 호의 어느 하나에 해당하는 자는 7년 이하의 징역이나 7천만원 이하의 벌금에 처한다. <개정 2014. 1. 28.>

1. 제14조의3 제1항을 위반하여 부정한 행위를 한 운동경기의 선수(「초·중등교육법」 제2조에 따른 학교의 학생선수는 제외한다)·감독·코치·심판 및 경기단체 임직원
2. 제26조 제1항을 위반한 자

[전문개정 2012. 2. 17.]

제48조(벌칙) 다음 각 호의 어느 하나에 해당하는 자는 5년 이하의 징역이나 5천만원 이하의 벌금에 처한다. <개정 2014. 1. 28.>

1. 제14조의3의 재물이나 재산상의 이익을 약속·제공 또는 제공할 의사를 표시한 자(「초·중등교육법」 제2조에 따른 학교의 학생선수는 제외한다)
2. 제14조의3을 위반한 운동경기의 선수(「초·중등교육법」 제2조에 따른 학교의 학생선수는 제외한다)·감독·코치·심판 및 경기단체 임직원
3. 제26조 제1항의 금지행위를 이용하여 도박을 한 자
4. 제26조 제2항 제1호에 해당하는 행위를 한 자
5. 제30조 제2항을 위반한 자
6. 속임수나 위력을 사용하여 체육진흥투표권 발행 대상 운동경기의 공정한 시행을 방해한 자

국민체육진흥법은 국민체육을 진흥하여 국민의 체력을 증진하고, 건전한 정신을 함양하여 명랑한 국민 생활을 영위하게 하며, 나아가 체육을 통하여 국위 선양에 이바지함을 목적으

로 한다(동법 제1조 참조).

국민체육진흥법위반죄의 경우 **2019. 4. 23. 범죄수익은닉규제법의 개정**(법률 제16343호) **에 따라 중대범죄로 추가**되었으므로 위 시행 일시 이전의 범행의 경우에는 중대범죄에 해당하지 않는다는 점을 주의하여야 한다. 특히 아래에서 살펴보는 바와 같이 불법스포츠토토 도박사이트를 이용한 범행의 경우 그 범행 일시가 2019. 4. 23. 이전부터 계속 이어져 오는 경우가 많으므로 문제될 수 있는데 이러한 경우 형법상 도박개장(도박공간개설)죄를 추가로 의율하여 **국민체육진흥법위반(도박개장등)죄와 상상적 경합범으로 처벌함으로써 범죄수익을 환수할 수 있음**을 유의하여야 한다.

舊범죄수익은닉규제법 별표에서 규정하고 있는 국민체육진흥법에 따른 중대범죄의 유형은 매우 다양한데 크게는 ① **승부조작 금지 규정 위반**의 점(동법 제47조 제1호, 제14조의3 제1항 및 제48조 제1호, 제2호, 제14조의3), ② **불법 사설 스포츠토토 금지**의 점(동법 제47조 제2호, 제26조, 제48조 제3호, 제4호), ③ **체육진흥투표권 구매제한 규정 위반**의 점(동법 제48조 제5호, 제30조 제2항), ④ **속임수나 위력 사용 체육진흥투표권 발행 대상 운동경기의 공정한 시행 방해**의 점(동법 제48조 제6호)으로 분류할 수 있다.

한편 국민체육진흥법은 ① 동법 제47조 제2호에 따른 유사행위를 하기 위하여 소유·소지한 기기 및 장치 등 물건과 유사행위를 통하여 얻은 재물, ② 동법 제47조 제1호, 제48조 제1호 및 제2호에 따라 얻은 물건과 재물은 모두 몰수하고 이를 몰수할 수 없을 때는 추징하도록 규정하고 있다(**동법 제51조** 참조).

관련조문

국민체육진흥법 제51조(몰수·추징) ① 제47조 제2호에 따라 처벌받은 자가 유사행위를 하기 위하여 소유·소지한 기기 및 장치 등 물건과 유사행위를 통하여 얻은 재물은 몰수한다.

② 제47조 제1호 및 제48조 제1호·제2호에 따른 재물은 몰수한다.

③ 제1항 및 제2항에 따른 물건과 재물을 몰수하기 불가능하거나 재산상의 이익을 취득한 경우에는 그 가액(價額)을 추징한다. [전문개정 2012. 2. 17.]

따라서 위 중대범죄 중 **국민체육진흥법 제47조 제1호, 제2호, 제48조 제1호, 제2호 위반행위로 얻은 범죄수익은 필요적 몰수·추징 규정인 국민체육진흥법 제51조를 적용**하여 환수함이 상당하다.

이하에서는 부패재산몰수법상 부패범죄(국민체육진흥법 제47조 제1호, 제48조 제1호, 제2호)의 구성요건을 각각 나누어 살펴보고 범죄수익환수 및 자금세탁범죄 처벌사례를 살펴보도록 한다.

Ⅱ 운동경기 선수 등이 부정한 청탁을 받고 재물등의 수수·요구·약속 후 부정한 행위를 하는 죄(제47조 제1호, 제14조의3 제1항)

관련조문

국민체육진흥법 제47조(벌칙) 다음 각 호의 어느 하나에 해당하는 자는 7년 이하의 징역이나 7천만원 이하의 벌금에 처한다. <개정 2014. 1. 28.>

1. **제14조의3 제1항을 위반**하여 부정한 행위를 한 운동경기의 선수(「초·중등교육법」 제2조에 따른 학교의 학생선수는 제외한다)·감독·코치·심판 및 경기단체 임직원

☞ 제14조의3(선수 등의 금지행위) ① 전문체육에 해당하는 운동경기의 선수·감독·코치·심판 및 경기단체의 임직원은 운동경기에 관하여 부정한 청탁을 받고 재물이나 재산상의 이익을 받거나 요구 또는 약속하여서는 아니 된다.

1. 서설

국민체육진흥법은 전문체육에 해당하는 운동경기의 선수(초·중등교육법 제2조에 따른 학교의 학생선수는 제외, 이하 같다)·감독·코치·심판 및 경기단체의 임직원(이하, '**선수 등**'이라 한다)이 운동경기에 관하여 부정한 청탁을 받고 재물이나 재산상의 이익을 받거나 요구 또는 약속하는 행위(동법 제47조 제1호, 제14조의3 제1항)를 금지하고 있다.

나아가 위와 같은 운동경기의 선수 등에게 운동경기에 관하여 부정한 청탁을 하고 재물이나 재산상의 이익을 약속·제공 또는 제공의 의사를 표시를 하는 행위(초·중등교육법 제2조에 따른 학생선수는 제외) 또한 금지되고(동법 제48조 제1호, 제14조의3), 운동경기에 관하여 부정한 청탁을 받고 재물이나 재산상의 이익을 제공받은 운동경기의 선수 등도 처벌 대상이 된다(동법 제48조 제2호, 제14조의3).

2. 구성요건의 주체 및 객체

본죄의 **구성요건의 주체**는 전문체육에 해당하는 운동경기의 선수(초·중등교육법 제2조에 따른 학교의 학생선수는 제외)·감독·코치·심판 및 경기단체의 임직원이다(**신분범**).

따라서 해당 신분이 없는 사람의 경우 원칙적으로 주체가 될 수 없으나 비신분자가 위 신분자에 가공하여 범행을 하는 경우 형법 제33조에 따라 공범과 신분의 규정이 적용되어 처벌된다. 여기에서 '**전문체육**'이라 함은 선수들이 행하는 운동경기 활동을 말하고(동법 제2

조 제2호 참조), **'경기단체'**란 특정 경기 종목에 관한 활동과 사업을 목적으로 설립되고 통합체육회나 대한장애인체육회에 가맹된 법인이나 단체 또는 문화체육관광부장관이 지정하는 프로스포츠 단체를 말한다(동법 제2조 제11호 참조).

3. 구성요건적 행위 및 객체

본죄의 **구성요건적 행위**는 ① **운동경기에 관하여 부정한 청탁**을 받고 재물이나 재산상의 **이익을 받거나 요구 또는 약속**한 다음 ② 위 부정한 청탁에 따라 **실제로 부정한 행위를 하는 것**이다.

위 구성요건의 경우 선수 등이 **'직접'** 부정한 청탁을 받고 재물이나 재산상의 이익을 수수, 요구, 약속한 다음 부정한 행위까지 할 것을 요한다(수뢰 후 부정처사와 유사한 구조). 따라서 ① 선수 등이 **'제3자에게'** 재물이나 재산상의 이익을 제공하거나 제공할 것을 요구 또는 약속하는 행위는 본죄의 구성요건에 해당하지 않고, ② 경기에 관하여 부정한 청탁을 받고 재물 또는 재산상의 이익을 수수, 요구, 약속하였으나 실제로 **부정한 행위를 하지 않는 경우**도 본 구성요건에 해당하지 않는다.

위 **'부정한 청탁'**은 형법상 배임수재의 그것과 같게 해석함이 상당하므로 그 청탁이 반드시 업무상 배임의 내용이 되는 정도에 이를 것을 요하지 않고 **사회상규 또는 신의성실의 원칙에 반하는 것을 내용으로 하면 족**하며 이를 판단할 때에는 청탁의 내용 및 이에 관련한 대가의 액수, 형식, 보호법익인 거래의 청렴성 등을 종합적으로 고찰하여야 한다.[4]

나아가 위와 같은 부정한 청탁에 따른 재물 또는 재산상 이익의 수수, 요구, 약속 등은 운동경기에 **'관하여'** 이루어져야 하므로 부정한 청탁과 재물등의 수수, 요구, 약속 사이에 대가관계가 인정되어야 한다.

예를 들어 야구, 축구, 농구, 배구 등 스포츠 경기의 선수 등이 자신이 참여하는 운동경기에서 의도적으로 득점을 하지 않거나 아웃을 당하는 등 스포츠 경기의 우연성에 반하는 특정한 행위를 하는 내용의 부정한 청탁의 대가로 재물 또는 재산상 이익을 수수, 요구, 약속하여야 본죄가 성립하는 것이다. 따라서 부정한 청탁과 무관하게 재물 또는 재산상 이익이 수수되는 경우는 본죄가 성립한다고 볼 수 없다.

구성요건의 객체는 재물이나 재산상 이익으로서 무형 또는 유형의 이익뿐만 아니라 각종 향응과 이익, 신분상의 우대와 지위 상승 등도 모두 포함된다고 해석함이 상당하다.

주관적 구성요건요소와 관련하여 선수 등은 상대방의 청탁이 스포츠 경기의 특성에 어

---

4 대법원 2011. 8. 18. 선고 2010도10290 판결 참조.

굿나 사회상규 또는 신의성실의 원칙에 반하는 부정한 것이라는 사실, 자신이 수수, 요구, 약속하는 재물 또는 재산상 이익이 부정한 청탁의 대가라는 사실, 위와 같은 부정한 청탁과 재물 또는 재산상 이익의 수수, 요구, 약속 후 이에 따라 부정한 행위를 한다는 사실을 미필적으로나마 인식하면 충분하다(**고의범**).

4. 처벌

본죄를 범하면 7년 이하의 징역이나 7천만 원 이하의 벌금에 처한다. 나아가 **국민체육진흥법상 필요적 몰수·추징 규정이 적용**되므로 위와 같은 방법으로 취득한 재물 또는 재산상 이익은 모두 환수 대상이 된다.

5. 승부조작에 따른 범죄수익환수 사례

국민체육진흥법은 스포츠 비리 중 하나로서 운동경기 활동 중 발생하는 승부조작, 편파판정 등 운동경기의 공정한 운영을 저해하는 행위를 규정(동법 제2조 제11의2호 참조)하고 있다. 앞에서 살펴본 바와 같이 선수 등이 **부정한 청탁을 받고 재물 또는 재산상 이익을 수수, 요구, 약속한 다음 부정한 행위까지 하는 사례가 국민체육진흥법이 금지하는 스포츠 비리의 한 유형이**라고 볼 수 있다.

이와 관련하여 **씨름협회의 전무이사가 씨름 선수들에게 부정한 청탁을 하고 재물을 제공하는 방법으로 승부를 조작하고, 운동경기의 공정을 해한 사례**가 있다. 다만 해당 사례의 경우 그 범행이 국민체육진흥법위반죄가 중대범죄로 편입되기 이전에 성립하였을 뿐만 아니라, 필요적 몰수·추징을 규정하고 있는 국민체육진흥법 제51조가 2014. 1. 28. 개정·시행되기 이전의 범행인 관계로 위 구성요건에 따른 추징이 이루어지지 못하였으나 함께 기소된 특정범죄가중법(알선수재)의 점과 관련하여 취득한 금전을 환수하고 이를 차명계좌로 지급받아 범죄수익의 취득을 가장한 행위를 자금세탁범죄로 처벌하였다.[5] 이와 유사하게 국민체육진흥법상 각종 스포츠 경기의 승부조작과 관련하여 금품을 수수하는 경우 모두 환수의 대상이 된다.

---

5 전주지방법원 2014. 5. 22. 선고 2013고단2698 판결 참조(같은 법원 2014노556 판결로 확정).

사례

범 죄 사 실

『2013고단2698』

피고인은 전주 D고등학교 씨름부 감독으로서 E협회 총무이사, F협회 전무이사를 각 맡고 있다.

1. 씨름대회 승부조작 관련 범행

피고인은 2012. 1. 22.경 전북 F시 사정동 소재 ** 체육관에서 E협회가 주최하고 F협회가 주관하는 '전국 **장사 씨름대회'에 F협회 전무이사로서 대회행사 주관업무를 맡게 되었다.

2010. 9.경 창단된 G씨름단은 위 씨름대회 개최지인 ** 지역의 유일한 씨름 실업팀으로 위 씨름대회에 참가하게 되면서, 위 G씨름단 소속 II급(90kg 이하) 씨름선수인 I가 시드(seed) 배정을 받아 다른 선수들과 달리 예선전을 거치지 아니한 채 2012. 1. 22.경 전 국민이 시청하는 **** TV방송에서 생중계를 시작하는 8강전 경기부터 치르게 되었다.

피고인은 위 G씨름단 감독 J 및 위 I와 함께, I가 H장사에 등극한 전력이 전혀 없어 만약 상대 씨름선수들과 공정하게 경기를 치를 경우 위 K군수 및 씨름관계자 등이 지켜보는 가운데 위와 같이 씨름대회 개최지역 소재 실업팀 소속 씨름선수로서 시드배정의 이익을 받고도 H장사에 오르지 못할 것을 우려하여, I의 8강전 상대선수 L(당시 **체육회 소속, 현 **체육회 소속), 4강전 상대선수 N(당시 수원시청 소속), 결승전 상대선수 M(울산동구청 소속)을 상대로 사전에 승패를 미리 결정하여 경기에 임하게 하는 방법으로 승부를 조작하여 I를 H장사에 등극시키기로 마음먹고, 위 L, N, M에게 각 I에게 고의로 패해줄 것을 제안하여 그중 L, M로부터 금품 수수를 조건으로 승부조작에 응해주기로 각 승낙을 받았다.

그에 따라 같은 날 L은 I와의 8강전(3판 2승제) 경기를 치르면서 셋째 판에서 부상을 핑계로 고의로 기권패를 해 주고, M은 I와의 결승전(5판 3승제) 경기를 치르면서 첫째 판, 셋째 판, 다섯째 판에서 자신의 기량을 적극 발휘하지 아니한 채 I의 공격을 기다리며 소극적으로 경기에 임하는 방법으로 고의로 패해 줌으로써 I로 하여금 생애 첫 H장사에 등극하도록 해 주었다.

이후 I는 피고인, J와 사전에 논의한 바에 따라 위 대회가 끝난 직후인 2012. 2. 4.경 위 승부조작 대가 명목으로 L에게 1,000,000원을, M에게 13,000,000원을 각각 송금해 주었다.

이로써 **피고인은 J, I, L, M과 순차로 공모하여, 체육진흥투표권 발행 대상 운동경기(씨름) 선수들에게 위와 같이 부정한 청탁을 하여 재물을 각각 제공함과 동시에 계약직 공무원인 M에게 그 직무와 관련하여 뇌물을 공여하고, 또한 위와 같이 위계로써 **씨름협회 및 **씨름협회의 공정한 씨름대회 운영업무를 각 방해함과 동시에 속임수를 사용하여 위 운동경기의 공정성을 해치고 공정한 시행을 방해하였다**.

(중략)

『2014고단33』

3. 피고인은 제2항 기재와 같이 **2010. 12. 24.경 씨름선수 P의 G씨름단 입단 알선과 관련하여 P로부터 금품을 수수함에 있어 그 범죄수익이 마치 제3자인 Q에게 귀속하는 것처럼 피고인이 관리하는 차명계좌인 위 Q 명의 **은행 계좌(R)로 20,000,000원을 송금받음으로써 범죄수익의 취득에 관한 사실을 가장하였다**.

법령의 적용

1. 범죄사실에 대한 해당법조

각 특정범죄 가중처벌 등에 관한 법률 제3조, 형법 제30조(알선수재의 점), 각 구 국민체육진흥법(2012. 2. 17. 법률 제11309호로 개정되기 전의 것, 이하 같다) 제47조, 형법 제30조(운동경기의 공정성 침해 및 공정한 시행 방해의 점), 각 형법 제314조 제1항, 제313조, 제30조(위계에 의한 업무방해의 점), 각 구 국민체육진흥법 제50조, 제48조, 형법 제30조(부정한 청탁에 따른 재물 제공의 점), 형법 133조 제1항, 제129조 제1항, 제30조(뇌물공여의 점), 범죄수익은닉의 규제 및 처벌 등에 관한 법률 제3조 제1항 제1호(범죄수익 가장의 점)

1. 상상적 경합

각, 형법 제40조, 제50조(판시 운동경기의 공정성 침해 및 공정한 시행 방해로 인한 구 체육진흥법위반죄와 판시 각 업무방해죄 사이에서는 형이 더 중한 판시 운동경기의 공정성 침해 및 공정한 시행 방해로 인한 구 체육진흥법위반죄에 정한 형으로 처벌, 판시 각 부정한 청탁에 따른 재물 제공으로 인한 구 체육진흥법위반죄와 판시 뇌물공여죄 사이에서는 형이 더 중한 판시 뇌물공여죄에 정한 형으로 처벌)

1. 추징

특정범죄 가중처벌 등에 관한 법률 제13조

Ⅲ 운동경기 선수 등에게 재물등의 약속·제공·의사표시의 죄(제48조 제1호, 제14조의3)

관련조문

국민체육진흥법 제48조(벌칙) 다음 각 호의 어느 하나에 해당하는 자는 5년 이하의 징역이나 5천만원 이하의 벌금에 처한다. <개정 2014. 1. 28.>

1. **제14조의3**의 재물이나 재산상의 이익을 약속·제공 또는 제공할 의사를 표시한 자(「초·중등교육법」 제2조에 따른 학교의 학생선수는 제외한다)

☞ 제14조의3(선수 등의 금지행위) ① 전문체육에 해당하는 운동경기의 선수·감독·코치·심판 및 경기단체의 임직원은 운동경기에 관하여 부정한 청탁을 받고 재물이나 재산상의 이익을 받거나 요구 또는 약속하여서는 아니 된다.
② 전문체육에 해당하는 운동경기의 선수·감독·코치·심판 및 경기단체의 임직원은 운동경기에 관하여 부정한 청탁을 받고 제3자에게 재물이나 재산상의 이익을 제공하거나 제공할 것을 요구 또는 약속하여서는 아니 된다.[본조신설 2014. 1. 28.]

---

1. 구성요건의 주체

본죄의 **구성요건의 주체**는 아무런 제한이 없으므로 누구든지 본 죄의 주체가 될 수 있다. 나아가 **행위의 상대방**은 동법 제14조의3에 규정된 전문체육에 해당하는 운동경기의 선수·감독·코치·심판 및 경기단체의 임직원이다. 부정한 청탁의 상대방인 운동경기의 선수 등에는 초·중등교육법 제2조에 따른 학교의 학생선수는 제외된다.

2. 구성요건적 행위 및 객체

본죄의 **구성요건적 행위**는 ① 전문체육에 해당하는 운동경기의 **선수·감독·코치·심판 및 경기단체의 임직원에게** 운동경기에 관하여 부정한 청탁을 하고 재물이나 재산상의 이익을 약속·제공 또는 제공할 의사를 표시하는 행위(제14조의3 제1항) 및 ② 위 **선수 등**이 **아닌 제3자에게** 재물이나 재산상의 이익을 약속·제공 또는 제공할 의사를 표시하는 것(제14조의3 제2항)이다.

구성요건의 객체는 전문체육에 해당하는 운동경기의 선수·감독·코치·심판 및 경기단체의 임직원에게 약속·제공 또는 제공의 의사표시를 하는 재물이나 재산상의 이익이므로 그 해석은 동법 제47조 제1호의 그것과 동일하다.

위 구성요건의 경우 선수 등에게 운동경기에 관하여 부정한 청탁을 하고 선수 등에게 '**직접**' 또는 '**제3자에게**' 재물 또는 재산상 이익의 약속·제공 또는 제공의 의사표시를 하는 경우를 모두 포함하는 점을 주의하여야 한다(동법 제47조 제1호의 경우는 동법 제14조의3 제1항만을 규정하고 있으므로 선수 등이 직접 재물 등을 받는 경우가 아닌 제3자에게 제공하는 경우는 제외).

주관적 구성요건요소와 관련하여 전문체육에 해당하는 운동경기의 선수 등에게 운동경기에 관하여 신의성실의 원칙 또는 사회상규에 반하는 청탁을 한다는 사실, 이에 따라 선수 등에게 직접 또는 제3자에게 재물 또는 재산상 이익을 약속·제공 또는 제공의 의사표시를 한다는 사실을 인식하면 충분하다(**고의범**).

3. 처벌

본죄를 범하면 5년 이하의 징역이나 5천만 원 이하의 벌금에 처한다. 재물 또는 재산상 이익을 수수하는 행위에 비해 처벌이 가볍다.

나아가 **본죄 또한 국민체육진흥법상 필요적 몰수·추징 규정이 적용**되므로 위와 같은 방법으로 취득한 재물 또는 재산상 이익은 모두 환수 대상이 된다.

Ⅳ 운동경기 선수 등의 부정한 청탁 후 재물등의 수수·요구·약속의 죄(제48조 제2호, 제14조의3)

관련조문

국민체육진흥법 제48조(벌칙) 다음 각 호의 어느 하나에 해당하는 자는 5년 이하의 징역이나 5천만원 이하의 벌금에 처한다. ＜개정 2014. 1. 28.＞

2. <u>제14조의3을 위반</u>한 운동경기의 선수(「초·중등교육법」 제2조에 따른 학교의 학생선수는 제외한다)·감독·코치·심판 및 경기단체 임직원

☞ <u>제14조의3(선수 등의 금지행위)</u> ① 전문체육에 해당하는 운동경기의 선수·감독·코치·심판 및 경기단체의 임직원은 운동경기에 관하여 부정한 청탁을 받고 재물이나 재산상의 이익을 받거나 요구 또는 약속하여서는 아니 된다.

② 전문체육에 해당하는 운동경기의 선수·감독·코치·심판 및 경기단체의 임직원은 운동경기에 관하여 부정한 청탁을 받고 제3자에게 재물이나 재산상의 이익을 제공하거나 제공할 것을 요구 또는 약속하여서는 아니 된다.[본조신설 2014. 1. 28.]

1. 구성요건의 주체

위 **구성요건의 주체**(신분범)는 동법 제47조 제1호의 그것과 같다. 따라서 전문체육에 해당하는 운동경기의 선수(초·중등교육법 제2조에 따른 학교의 학생선수는 제외)·감독·코치·심판 및 경기단체의 임직원이다(**신분범**).

결국 해당 신분이 없는 사람의 경우 원칙적으로 주체가 될 수 없으나 비신분자가 위 신분자에 가공하여 범행을 하는 경우 형법 제33조에 따라 공범과 신분의 규정이 적용되어 처벌된다. 여기에서 '**전문체육**'이라 함은 선수들이 행하는 운동경기 활동을 말하고(동법 제2조

제2호 참조), **'경기단체'**란 특정 경기 종목에 관한 활동과 사업을 목적으로 설립되고 통합체육회나 대한장애인체육회에 가맹된 법인이나 단체 또는 문화체육관광부장관이 지정하는 프로스포츠 단체를 말한다(동법 제2조 제11호 참조).

2. 구성요건적 행위

본죄의 **구성요건적 행위**와 관련하여 동법 제47조 제1호와는 달리 위 선수 등이 운동경기에 관하여 부정한 청탁을 받고 **자신이 직접** 재물 또는 재산상의 이익을 수수·요구·약속하거나(제14조의3 **제1항**), **제3자에게** 재물이나 재산상의 이익을 제공하거나 제공할 것을 요구 또는 약속(제14조의3 **제2항**)하는 경우 모두 범죄가 성립한다. 이때 실제로 부정한 행위까지 나아갈 것을 요하지 않는다는 점이 동법 제47조 제1호와 다르다.

위 구성요건은 **직접 또는 제3자에게** 재물 또는 재산상 이익을 수수·요구·약속하면 성립한다는 점에서 자신이 직접 재물 또는 재산상 이익을 수수·요구·약속한 경우에만 성립하는 동법 제47조 제1호의 구성요건보다 성립범위가 더 넓다.

구성요건의 객체는 재물이나 재산상 이익으로서 무형 또는 유형의 이익뿐만 아니라 각종 향응과 이익, 신분상의 우대와 지위 상승 등도 모두 포함된다고 해석함이 상당하다.

3. 처벌

본죄를 위반하면 5년 이하의 징역이나 5천만 원 이하의 벌금에 처한다. 실제로 부정한 행위까지 나아간 경우(7년 이하의 징역이나 7천만 원 이하의 벌금)보다 법정형이 낮게 설정되어 있다.

나아가 **본죄 또한 국민체육진흥법상 필요적 몰수·추징 규정이 적용**되므로 위와 같은 방법으로 취득한 재물 또는 재산상 이익은 모두 환수 대상이 된다.

제 4 절 전통소싸움경기에관한법률위반(제29호)

I 총설

부패재산몰수법 별표 제29호에서 **전통 소싸움경기에 관한 법률**(이하, '전통소싸움법'이라 한다) **제25조 및 제27조의 죄**를 각 부패범죄로 규정하고 있다.

관련조문

부패재산몰수법 별표

부패범죄(제2조 제1호 관련)

29. 「전통소싸움경기에 관한 법률」 제25조 및 제27조의 죄

관련조문

전통소싸움법 제25조(벌칙) ① 심판, 조교사 또는 싸움소 관리원이 다음 각 호의 어느 하나에 해당하는 행위를 하였을 때에는 5년 이하의 징역 또는 5천만원 이하의 벌금에 처한다.

1. 업무에 관하여 부정한 청탁을 받고 재물 또는 재산상의 이익을 수수(收受)·요구 또는 약속하였을 때
2. 업무에 관하여 부정한 청탁을 받고 제3자에게 재물 또는 재산상의 이익을 제공하게 하거나 그 제공을 요구 또는 약속하였을 때

② 심판, 조교사 또는 싸움소 관리원이 제1항 제1호의 죄를 저질러 부정한 행위를 하였을 때에는 7년 이하의 징역 또는 7천만원 이하의 벌금에 처한다. <개정 2015. 2. 3., 2020. 2. 11.>

제27조(벌칙) 제25조에 따른 재물 또는 재산상의 이익을 약속·제공하거나 제공의 의사를 표시한 자는 2년 이하의 징역 또는 2천만원 이하의 벌금에 처한다. <개정 2015. 2. 3.>

다만 전통소싸움법 제25조는 수뢰죄를, 제27조는 뇌물의 공여죄를 규정하고 있으므로 양죄는 대향범 관계에 있다.

한편 전통소싸움법은 자체적으로 필요적 몰수·추징 규정을 두고 있으므로 본죄를 위반하여 취득한 재물 또는 재산상 이익은 모두 환수대상이다.

관련조문

전통소싸움법 제31조(몰수·추징) 제25조 및 제27조에 따른 재물은 몰수한다. 다만, 재물을 몰수하는 것이 불가능하거나 재산상의 이익을 취득한 경우에는 그 가액(價額)을 추징한다.
[전문개정 2013. 4. 5.]

Ⅱ 구성요건

관련조문

전통소싸움법 제25조(벌칙) ① 심판, 조교사 또는 싸움소 관리원이 다음 각 호의 어느 하나에 해당하는 행위를 하였을 때에는 5년 이하의 징역 또는 5천만원 이하의 벌금에 처한다.

1. 업무에 관하여 부정한 청탁을 받고 재물 또는 재산상의 이익을 수수(收受)·요구 또는 약속하였을 때
2. 업무에 관하여 부정한 청탁을 받고 제3자에게 재물 또는 재산상의 이익을 제공하게 하거나 그 제공을 요구 또는 약속하였을 때

② 심판, 조교사 또는 싸움소 관리원이 제1항 제1호의 죄를 저질러 부정한 행위를 하였을 때에는 7년 이하의 징역 또는 7천만원 이하의 벌금에 처한다. <개정 2015. 2. 3., 2020. 2. 11.>

제27조(벌칙) 제25조에 따른 재물 또는 재산상의 이익을 약속·제공하거나 제공의 의사를 표시한 자는 2년 이하의 징역 또는 2천만원 이하의 벌금에 처한다. <개정 2015. 2. 3.>

1. 구성요건의 주체

동법 제25조 제1항 내지 제2항의 **구성요건의 주체**는 심판, 조교사 또는 싸움소 관리원이다. 이 때 **소싸움, 소싸움경기 및 심판, 조교사 등**의 개념 등은 다음과 같다.

관련조문

전통소싸움법 제2조(정의) 이 법에서 사용하는 용어의 뜻은 다음과 같다.

1. "소싸움"이란 소싸움경기장에서 싸움소 간의 힘겨루기를 말한다.
2. "소싸움경기"란 소싸움에 대하여 소싸움경기 투표권을 발매(發賣)하고, 소싸움경기 투표 적중자에게 환급금을 지급하는 행위를 말한다.
3. "싸움소"란 소싸움경기에 출전하게 할 목적으로 소싸움경기 시행자에게 등록된 소를 말한다.
4. "싸움소 주인"이란 싸움소를 소유하거나 소유할 목적으로 소싸움경기 시행자에게 등록한 자를 말한다.
5. **"조교사"란 소싸움경기 시행자의 면허를 받아 싸움소를 관리하고 조련하는 사람을 말한다.**
6. **"심판"이란 소싸움경기 시행자의 면허를 받아 소싸움을 관리·운영하고 그 경기결과**

를 판정하는 사람을 말한다.

7. "소싸움경기 투표권"이란 소싸움경기에서 소싸움 결과를 적중시켜 환급금을 받으려는 사람의 청구에 의하여 소싸움경기 시행자가 발매하는 투표방법·싸움소번호 및 금액 등이 적혀 있는 표권을 말한다.
8. "환급금"이란 소싸움경기에서 그 경기의 결과가 확정되었을 때 소싸움경기 시행자가 소싸움경기 투표권 발매금액 중에서 발매수득금 및 각종 세금을 공제한 후 소싸움경기 투표권을 구매하고 그 결과를 적중시킨 사람에게 지급하는 금액을 말한다.
9. "단위투표금액"이란 소싸움경기 투표권 발매의 기본단위로서 최저 발매금액을 말한다.

[전문개정 2013. 4. 5.]

나아가 동법 제27조의 **구성요건의 주체**는 아무런 제한이 없으므로 누구든지 본죄의 주체가 될 수 있다. 동법 제25조 제1항 및 제2항과 동법 제27조는 **대향범**의 관계에 있으므로 서로 상호간 **구성요건적 행위의 상대방**이 된다.

2. 구성요건적 행위

동법 제25조 제1항의 경우, 위 각 신분자들이 업무에 관하여 부정한 청탁을 받고 재물 또는 재산상의 이익을 수수(收受)·요구 또는 약속하는 행위(**동법 제25조 제1항 제1호**) 및 업무에 관하여 부정한 청탁을 받고 **제3자에게** 재물 또는 재산상의 이익을 제공하게 하거나 그 제공을 요구 또는 약속하는 행위(**동법 제25조 제1항 제2호**)이다.

한편 **동법 제25조 제2항**의 경우, 위 각 신분자들이 동법 제25조 제1항 제1호의 죄를 저질러 부정한 행위를 하는 것으로 수뢰후 부정처사죄와 유사하게 부정한 청탁을 받고 재물 또는 재산상의 이익을 수수·요구 또는 약속하고 부정한 행위를 하는 경우 이를 가중처벌하는 것이다.

나아가 **동법 제27조**의 경우, 동법 제25조에 따른 재물 또는 재산상의 이익을 약속·제공하거나 제공의 의사를 표시하는 것이다.

위 범죄의 경우 그 업무관련성의 범위에 대한 명시적인 대법원 판례는 없으나 배임수재행위의 일반적인 법리와 동일하게 '**각 신분자들이 그 지위에 수반하여 취급하는 일체의 업무와 관련하여**'를 의미하는 것으로 이해함이 상당하고, 그 권한에 속하는 직무행위 뿐만 아니라 그와 밀접한 관계가 있는 업무 및 그와 관련하여 사실상 처리하고 있는 업무도 직무에 포함되나 해당 신분자들이 개인적인 지위에서 취급하는 업무까지 포함된다고 볼 수는 없다고 봄이 상당하다.

위 '**부정한 청탁**' 또한 **그 청탁이 사회상규와 신의성실의 원칙에 반하는 것을 말하며,** 이를 판단함에 있어서는 청탁의 내용과 이와 관련되어 교부받거나 공여한 재물의 액수, 형식, 보호법익인 사무처리자의 청렴성 등을 종합적으로 고찰하여야 하고 **그 청탁이 반드시 명시적임을 요하는 것은 아니다.**

3. 처벌 및 범죄수익환수 사례

동법 제25조 제1항을 위반하는 경우 5년 이하의 징역 또는 5천만 원 이하의 벌금에 처하고, 그 후 부정한 행위에 나아간 동법 제25조 제2항의 경우 7년 이하의 징역 또는 7천만 원 이하의 벌금에 처하며, 위 재물 또는 재산상의 이익을 약속·제공하는 동법 제27조의 경우 3년 이하의 징역 또는 3천만 원 이하의 벌금에 처한다. 나아가 위 **각 제25조 및 제27조의 죄에 따른 재물 및 재산상 이익은 필요적 몰수·추징의 대상**이 됨은 앞에서 본 바와 같다.

한편 실무상 위 각 죄를 위반하여 처벌하면서 이에 공여된 재물 또는 재산상 이익을 환수한 사례는 발견되지 않는다.

제 9 장
부당 공동행위·입찰 담합 등 관련 부패범죄

제 1 절 독점규제 및 공정거래에 관한 법률위반(제17호)

I 총설

부패재산몰수법 별표 제17호에서 **독점규제 및 공정거래에 관한 법률**(이하, '공정거래법'이라 함) **제40조 제1항 및 제124조 제1항 제9호의 죄**를 부패범죄로 규정하고 있다. 그런데 공정거래법이 2020. 12. 29. 전면 개정되어 2022. 12. 30. 시행되었는바, 위 부패범죄 조문도 아래와 같이 변경되었다.

관련조문

부패재산몰수법 별표

부패범죄(제2조 제1호 관련)

17. 「독점규제 및 공정거래에 관한 법률」 제19조 제1항 및 제66조 제1항 제9호의 죄

⇒ 17. 「독점규제 및 공정거래에 관한 법률」 제40조 제1항 및 제124조 제1항 제9호의 죄 (2022. 12. 30. 시행)

공정거래법은 사업자의 시장지배적 지위의 남용과 과도한 경제력의 집중을 방지하고, 부당한 공동행위 및 불공정거래행위를 규제하여 공정하고 자유로운 경쟁을 촉진함으로써 창의적인 기업 활동을 조장하고 소비자를 보호함과 아울러 국민경제의 균형있는 발전을 도모함을 목적으로 한다(동법 제1조 참조).

부패재산몰수법이 규정하고 있는 **공정거래법상 부패범죄는 제124조 제1항 제9호의 죄로 제40조 제1항은 위 처벌규정이 인용하고 있는 금지규정**이어서 위 부패범죄에 공정거래법 **제40조 제1항을 기재한 것은 불필요한 입법**이므로 삭제하여 아래와 같이 개정함이 상당하다(私見).

관련조문

부패재산몰수법 별표(개정안)

<u>부패범죄</u>(제2조 제1호 관련)

17. 「독점규제 및 공정거래에 관한 법률」 제124조 제1항 제9호의 죄

한편 공정거래법은 필요적 몰수·추징 규정을 두고 있지 않으므로 **공정거래법상 위 부패범죄를 저지르고 취득한 범죄수익은 부패재산몰수법에 따른 임의적 몰수·추징의 대상**이 된다고 봄이 상당하다.

이하에서는 공정거래법의 위 부패범죄 규정 구성요건을 살펴보고 이에 따른 범죄수익환수 사례를 검토해보고자 한다.

Ⅱ 구성요건

관련조문

공정거래법 제40조(부당한 공동행위의 금지) ① 사업자는 계약·협정·결의 또는 그 밖의 어떠한 방법으로도 다른 사업자와 공동으로 부당하게 경쟁을 제한하는 다음 각 호의 어느 하나에 해당하는 행위를 할 것을 합의(이하 "부당한 공동행위"라 한다)하거나 다른 사업자로 하여금 이를 하도록 하여서는 아니 된다.

1. 가격을 결정·유지 또는 변경하는 행위
2. 상품 또는 용역의 거래조건이나, 그 대금 또는 대가의 지급조건을 정하는 행위
3. 상품의 생산·출고·수송 또는 거래의 제한이나 용역의 거래를 제한하는 행위
4. 거래지역 또는 거래상대방을 제한하는 행위
5. 생산 또는 용역의 거래를 위한 설비의 신설 또는 증설이나 장비의 도입을 방해하거나 제한하는 행위
6. 상품 또는 용역의 생산·거래 시에 그 상품 또는 용역의 종류·규격을 제한하는 행위
7. 영업의 주요 부문을 공동으로 수행·관리하거나 수행·관리하기 위한 회사 등을 설립하는 행위
8. 입찰 또는 경매를 할 때 낙찰자, 경락자, 입찰가격, 낙찰가격 또는 경락가격, 그 밖에 대통령령으로 정하는 사항을 결정하는 행위
9. 그 밖의 행위로서 다른 사업자(그 행위를 한 사업자를 포함한다)의 사업활동 또는 사업

내용을 방해·제한하거나 가격, 생산량, 그 밖에 대통령령으로 정하는 정보를 주고받음으로써 일정한 거래분야에서 경쟁을 실질적으로 제한하는 행위

② 제1항은 부당한 공동행위가 다음 각 호의 어느 하나에 해당하는 목적을 위하여 하는 경우로서 대통령령으로 정하는 요건에 해당하고 공정거래위원회의 인가를 받은 경우에는 적용하지 아니한다.

1. 불황극복을 위한 산업구조조정
2. 연구·기술개발
3. 거래조건의 합리화
4. 중소기업의 경쟁력향상

③ 제2항에 따른 인가의 기준·방법·절차 및 인가사항변경 등에 관하여 필요한 사항은 대통령령으로 정한다.

④ 부당한 공동행위를 할 것을 약정하는 계약 등은 해당 사업자 간에는 그 효력을 무효로 한다.

⑤ 제1항 각 호의 어느 하나에 해당하는 행위를 하는 둘 이상의 사업자가 다음 각 호의 어느 하나에 해당하는 경우에는 그 사업자들 사이에 공동으로 제1항 각 호의 어느 하나에 해당하는 행위를 할 것을 합의한 것으로 추정한다.

1. 해당 거래분야, 상품·용역의 특성, 해당 행위의 경제적 이유 및 파급효과, 사업자 간 접촉의 횟수·양태 등 제반 사정에 비추어 그 행위를 그 사업자들이 공동으로 한 것으로 볼 수 있는 상당한 개연성이 있을 때
2. 제1항 각 호의 행위(제9호의 행위 중 정보를 주고받음으로써 일정한 거래분야에서 경쟁을 실질적으로 제한하는 행위를 제외한다)에 필요한 정보를 주고받은 때

⑥ 부당한 공동행위에 관한 심사의 기준은 공정거래위원회가 정하여 고시한다.

☞ 공동행위 심사기준[시행 2015. 10. 23.] [공정거래위원회예규 제235호, 2015. 10. 23., 일부 개정]

---

1. 구성요건의 주체

본죄의 **구성요건 주체**는 **'사업자'**이다(**신분범**). 이 때 사업자라 함은 제조업, 서비스업, 기타 사업을 행하는 자를 말한다. 사업자의 이익을 위한 행위를 하는 임원·종업원·대리인 기타의 자는 사업자단체에 관한 규정의 적용에 있어서는 이를 사업자로 본다(**동법 제2조 제1호**). **행위의 상대방**은 **'다른 사업자'**로 동법 제40조에 따른 부당한 공동행위를 함께 하는 사람이다.

2. 구성요건적 행위

가. 부당한 공동행위의 개념

본죄의 **구성요건적 행위**는 계약·협정·결의 기타 어떠한 방법으로도 다른 사업자와 공동으로 **부당하게 경쟁을 제한**하는 행위를 할 것을 **합의**(이하 "부당한 공동행위"라 한다)하거나 다른 사업자로 하여금 이를 행하도록 하는 것이다. 즉 사업자가 '다른 사업자로 하여금 부당한 공동행위를 행하도록 하는 행위'도 금지행위에 포함되는데 **대법원**은 구 공정거래법 제19조 제1항 후단은 부당한 공동행위를 **'교사'하는 행위까지 처벌하는 것**이고 단순 **방조하는 행위는 여기에 포함되지 않는다고 판시**하였다.[1]

그리고 여기에서 행하도록 하는 **행위의 대상이 되는 다른 사업자는 당해 부당한 공동행위에 참여하는 사업자이면 충분**하고 그 공동행위 참여하는 모든 사업자일 필요는 없다.[2]

한편 공정거래법상 당사자들 간에 합의가 존재하기만 하면 그것으로 충분하고 그 합의에 따른 실행행위가 이루어지지 않았다고 하더라도 이를 공동행위로서 규제하고 있다. 따라서 공정거래법상 **담합의 실제 실행여부는 그 구성요건이 아니다**.[3]

이때 **부당하게 경쟁을 제한하는 행위**는 동법 제40조 제1항 각 호에 열거되어 있고 이는 다음과 같다.

관련조문

공정거래법 제40조(부당한 공동행위의 금지) ① 사업자는 계약, 협정, 결의 또는 그 밖의 어떠한 방법으로도 다른 사업자와 공동으로 부당하게 경쟁을 제한하는 다음 각 호의 어느 하나에 해당하는 행위를 할 것을 합의(이하 "부당한 공동행위"라 한다)하거나 다른 사업자로 하여금 이를 하도록 하여서는 아니 된다.

1. 가격을 결정, 유지 또는 변경하는 행위
2. 상품 또는 용역의 거래조건이나, 그 대금 또는 대가의 지급조건을 정하는 행위
3. 상품의 생산, 출고, 수송 또는 거래의 제한이나 용역의 거래를 제한하는 행위
4. 거래지역 또는 거래상대방을 제한하는 행위

---

1 대법원 2019. 3. 14. 선고 2018두59670 판결 참조.

2 대법원 2017. 9. 12. 선고 2016두55551 판결 참조.

3 대법원 2001. 5. 8. 선고 2000두10212 판결 참조.

5. 생산 또는 용역의 거래를 위한 설비의 신설 또는 증설이나 장비의 도입을 방해하거나 제한하는 행위
6. 상품 또는 용역의 생산·거래 시에 그 상품 또는 용역의 종류·규격을 제한하는 행위
7. 영업의 주요 부문을 공동으로 수행·관리하거나 수행·관리하기 위한 회사 등을 설립하는 행위
8. 입찰 또는 경매를 할 때 낙찰자, 경락자, 입찰가격, 낙찰가격 또는 경락가격, 그 밖에 대통령령으로 정하는 사항을 결정하는 행위
9. 그 밖의 행위로서 다른 사업자(그 행위를 한 사업자를 포함한다)의 사업활동 또는 사업내용을 방해·제한하거나 가격, 생산량, 그 밖에 대통령령으로 정하는 정보를 주고받음으로써 일정한 거래분야에서 경쟁을 실질적으로 제한하는 행위

[본조신설 2007. 11. 2.]

다만 제1항의 규정은 **부당한 공동행위가 다음 각 호의 1에 해당하는 목적을 위하여 행하여지는 경우로서 대통령령이 정하는 요건에 해당**하고 공정거래위원회의 인가를 받은 경우에는 이를 적용하지 아니한다(동법 제40조 제2항 참조).

관련조문

1. 산업합리화
2. 연구·기술개발
3. 불황의 극복
4. 산업구조의 조정
5. 거래조건의 합리화
6. 중소기업의 경쟁력향상

나. 부당한 공동행위의 심사 기준(공정거래위원회 예규)

동법 제40조 제6항은 **부당한 공동행위에 관한 심사의 기준은 공정거래위원회가 정하여 고시**할 수 있다고 규정하고 있는데 이에 따라 시행되고 있는 것이 **공동행위 심사기준**(공정거래위원회예규 제235호)이다. 이하에서는 부당한 공동행위의 심사기준에 관하여 이 규정을 중심으로 살펴본다.

1) 공동행위의 성립(위 예규 Ⅱ. 1. 참조)

부당한 공동행위가 성립하려면 2 **이상의 사업자가 주체**가 되어야 한다. 다만 사실상 하나의 사업자의 행위에 대한 예외로서 다수의 사업자를 실질적·경제적 관점에서 **'사실상 하나의 사업자'**로 볼 수 있는 경우에는 그들 간에 이루어진 법 제40조 제1항 각 호의 사항(입찰담합은 제외)에 관한 합의에는 법 제40조 제1항을 적용하지 아니한다. 다만 그 합의에 다른 사업자가 참여한 경우는 그러하지 아니한다.

이때 '사실상 하나의 사업자'의 인정 기준과 관련하여 ① **사업자가 다른 사업자의 주식을 모두 소유**한 경우(법 제2조 제2호의 동일인 또는 시행령 제3조 제1호의 동일인 관련자가 소유한 주식을 포함한다. 이하 같다), 당해 사업자들 모두를 사실상 하나의 사업자로 본다.

그리고 ② 사업자가 다른 사업자의 주식을 모두 소유하지 아니한 경우라도 주식 소유 비율, 당해 사업자의 인식, 임원겸임 여부, 회계의 통합 여부, 일상적 지시 여부, 판매조건 등에 대한 독자적 결정 가능성, 당해 사안의 성격 등 제반사정을 고려할 때 **사업자가 다른 사업자를 실질적으로 지배함으로써 이들이 상호 독립적으로 운영된다고 볼 수 없는 경우**에는 사실상 하나의 사업자로 본다. 다만 관련시장 현황, 당해 사업자의 활동 등을 고려할 때 경쟁관계에 있다고 인정되는 경우에는 그러하지 아니하다.

2) 합의의 존재(위 예규 Ⅱ. 2. 가. 참조)

부당한 공동행위가 성립하려면 계약, 협정, 결의 기타 어떠한 방법으로든지 **사업자간에 공동행위를 하기로 하는 합의**가 있어야 한다. 부당한 공동행위를 인정하기 위한 합의는 계약, 협정, 협약, 결의, 양해각서, 동의서 등과 같은 **명시적 합의뿐만 아니라 사업자간의 암묵적 양해와 같은 묵시적 합의까지 포함**한다.

또한 어느 한 쪽의 사업자가 당초부터 합의에 따를 의사도 없이 진의 아닌 의사표시에 의하여 합의한 경우라고 하더라도 다른 쪽 사업자는 당해 사업자가 합의에 따를 것으로 신뢰하고 당해 사업자는 다른 사업자가 위와 같이 신뢰하고 행동할 것이라는 점을 이용한 경우에는 당해 합의가 경쟁을 제한하는 행위가 되는 것은 마찬가지이다. 따라서 **진의 아닌 의사표시라 하여 부당한 공동행위의 성립에 방해가 되는 것은 아니**다.

이러한 합의는 일정한 거래분야나 특정한 입찰에 참여하는 **모든 사업자들 중에서 일부의 사업자들 사이에만 이루어진 경우에도 성립**될 수 있고, 공급자들이 아닌 **수요자들의 합의라 하더라도 그로 인하여 부당한 공동행위가 성립**될 수 있다.

3) 합의의 추정(위 예규 II. 2. 나. 참조)

부당한 공동행위에 대한 규제가 강화되면서 사업자간의 합의는 명시적으로 드러나거나 증거를 남기지 않고 암묵적으로 이루어지기 때문에 '합의의 존재'를 입증하기가 용이하지 않다. 이런 점을 감안하여 **법 제40조 제5항에 추정제도**를 두고 있다. 추정이란 사실관계가 명확하지 않거나 간접적인 사실만 있는 경우 직접적인 사실이 있는 것으로 일단 정하여 그에 따라 법률효과를 발생시키는 것이다.

2 이상의 사업자가 법 제40조 제1항 각 호의 어느 하나에 해당하는 행위를 하는 경우에 이들 사업자간의 합의에 관한 직접적 증거가 없을 지라도 해당 거래분야 또는 상품·용역의 특성, 해당 행위의 경제적 이유 및 파급효과, 사업자 간 접촉의 횟수, 양태 등 관련 정황에 비추어 **그 행위를 그 사업자들이 공동으로 한 것으로 볼 수 있는 상당한 개연성**이 있는 때에는 그 **사업자들이 공동으로 제1항 각 호의 어느 하나에 해당하는 행위를 할 것을 합의한 것으로 추정**한다. 위 합의의 추정을 보강하기 위한 정황증거는 다음과 같다.

관련조문

(가) 직·간접적인 의사연락이나 정보교환 등의 증거가 있는 경우 추정을 보강하기 위한 정황증거가 될 수 있다.
(나) 공동으로 수행되어야만 당해 사업자들의 이익에 기여할 수 있고 개별적으로 수행되었다면 당해 사업자 각각의 이익에 반하리라고 인정되는 경우
(다) 당해 사업자들의 행위의 일치를 시장상황의 결과로 설명할 수 없는 경우
(라) 당해 산업구조상 합의가 없이는 행위의 일치가 어려운 경우

한편 법 제40조 제5항에 의하여 합의가 추정되는 경우, 사업자는 그 행위가 합의에 기한 것이 아님을 입증함으로써 추정을 복멸할 수 있다.

4) 부당한 공동행위의 수와 기간(위 예규 III 참조)

부당한 공동행위의 수와 관련하여, 사업자들이 일정한 기간에 걸쳐 수차례의 합의를 하는 경우 부당한 공동행위의 수는 그 개별적인 합의들의 기본원칙을 담거나 토대가 되는 기본합의가 있었는지의 여부 또는 그 개별합의들이 사실상 동일한 목적을 위해 단절됨 없이 계속 실행되어 왔는지의 여부 등을 종합적으로 살펴서 판단하여야 한다.

그리고 **부당한 공동해위의 기간**과 관련하여, **부당한 공동행위의 개시일**은 ① 법 제40

조 제1항을 적용하는 경우, 참가사업자 전부에 대하여 법 제40조 제1항 각 호의 어느 하나에 해당하는 행위를 할 것을 합의한 날을 위반행위의 개시일로 본다. 나아가 ② 합의일을 특정하기 어려운 경우에는 사업자별로 실행 개시일을 위반행위의 개시일로 본다.

한편 **부당한 공동행위가 종료한 날**은 원칙적으로 그 합의에 기한 실행행위가 종료한 날을 의미한다. 다만 ① 합의에 정해진 조건이나 기한이 있는 경우로서 그 **조건이 충족되거나 기한이 종료**한 경우, ② 공동행위의 구성사업자가 **합의 탈퇴의사를 명시적 내지 묵시적으로 표시하고 실제 그 합의에 반하는 행위**를 한 경우에는 **해당 사유가 발생한 때** 합의에 의한 실행행위가 종료된 것으로 볼 수 있다.

다만 합의에 반하는 행위를 하는 것이 현저히 곤란한 객관적이고 구체적인 사유가 인정되는 경우에는 **합의 탈퇴의 의사표시로 부당한 공동행위가 종료**한 것으로 볼 수 있다. 나아가 공동행위가 심의일까지 지속되는 경우에는 심의일에 그 공동행위가 종료된 것으로 본다.

다. 부당한 공동행위의 세부 유형(위 예규Ⅳ)

공정거래위원회 예규는 법 제40조 제1항 각 호의 행위는 다음과 같이 예시할 수 있다고 정하면서 예시된 사항은 부당한 공동행위 중에서 흔히 나타나는 법 위반 유형을 제시한 것이므로 예시되지 않은 사항도 법에 위반될 수 있다고 규정하고 있다.

1) 가격을 결정·유지 또는 변경하는 행위(법 제40조 제1항 제1호)

제1호의 **'가격'**이란 사업자가 거래의 상대방에게 상품 또는 용역을 제공하고 반대급부로 받는 일체의 경제적 대가를 의미하며, 권고가격, 기준가격, 표준가격, 수수료, 임대료, 이자 등 명칭 여하를 불문한다.

이 때 가격을 **'결정·유지 또는 변경'**하는 행위에는 가격을 인상하는 행위뿐만 아니라 가격을 인하하거나 현행가격을 유지하는 행위, **최고가격이나 최저가격범위를 설정하는 행위도 포함**된다.

그리고 인상률, 할인율, 할증률, 이윤율 등과 같이 가격에 영향을 미치는 요소를 결정·유지·변경하는 행위, 일률적인 원가계산 방법을 따르도록 함으로써 실질적으로 가격을 결정·유지·변경하는 행위 등과 같이 가격에 영향을 미치는 행위도 포함된다.

2) 상품 또는 용역의 거래조건이나, 그 대금 또는 대가의 지급조건을 정하는 행위(법 제19조 제1항 제2호)

제2호의 **'거래조건'**이란 상품 또는 용역의 품질, 거래의 장소, 거래의 방법, 운송조건 등과 같이 상품 또는 용역의 거래와 관련된 조건을 의미한다.

나아가 **'대금 또는 대가의 지급 조건'**이란 지급 수단, 지급 방법, 지급 기간 등과 같이 대금 또는 대가의 지급과 관련된 조건을 의미한다.

3) 상품의 생산·출고·수송 또는 거래의 제한이나 용역의 거래를 제한하는 행위(법 제40조 제1항 제3호)

제3호의 경우, 상품 또는 용역의 거래에서 생산량, 판매량, 출고량, 거래량, 수송량 등을 일정한 수준 또는 비율로 제한하거나 사업자별로 할당하는 행위가 포함된다.

나아가 가동률, 가동시간, 원료구입 여부 또는 비율 등을 제한함으로써 실질적으로 생산·출고·수송을 제한하는 행위도 포함된다.

4) 거래지역 또는 거래상대방을 제한하는 행위(법 제40조 제1항 제4호)

제4호의 경우, 사업자별로 거래지역을 정하는 행위, 특정 지역에서는 거래하지 않도록 하거나 특정 지역에서만 거래하도록 하는 행위 등과 같이 거래지역을 제한하는 행위가 포함된다. 나아가 사업자별로 거래상대방을 정하는 행위, 특정사업자와는 거래하지 않도록 하거나 특정사업자와만 거래하도록 하는 행위등과 같이 거래상대방을 제한하는 행위가 포함된다.

5) 생산 또는 용역의 거래를 위한 설비의 신설 또는 증설이나 장비의 도입을 방해하거나 제한하는 행위(법 제40조 제1항 제5호)

제5호의 경우, 업계 전체 또는 개별 사업자별로 설비 총량 또는 신·증설 규모를 정하는 행위, 특정한 장비 도입을 제한하거나 또는 유도하는 행위 등이 포함된다.

6) 상품 또는 용역의 생산·거래 시에 그 상품 또는 용역의 종류·규격을 제한하는 행위(법 제40조 제1항 제6호)

제6호의 경우, 특정 종류 또는 규격의 상품 또는 용역을 생산 또는 거래하지 않도록 하는 행위, 사업자별로 상품 또는 용역의 종류 또는 규격을 할당하는 행위, 새로운 종류 또는 규격의 상품 또는 용역의 생산 또는 공급을 제한하는 행위가 포함된다.

7) 영업의 주요부문을 공동으로 수행·관리하거나 수행·관리하기 위한 회사등을 설립하는 행위(법 제40조 제1항 제7호)

제7호의 경우, 상품 또는 용역의 생산, 판매, 거래, 원자재의 구매, 기타 영업의 주요 부분을 공동으로 수행하거나 관리하는 행위, 이를 위해 회사등을 설립하는 행위가 포함된다.

8) 입찰 또는 경매에 있어 낙찰자, 경락자, 투찰가격, 낙찰가격 또는 경락가격, 그 밖에 대통령령으로 정하는 사항을 결정하는 행위(법 제40조 제1항 제8호)

제8호의 경우, ① 낙찰예정자 또는 경락예정자를 사전에 결정하고 그 사업자가 낙찰 또는 경락받을 수 있도록 **투찰여부나 투찰가격 등을 결정**하는 행위, **낙찰가격 또는 경락가격을 높이거나 낮추기 위하여 사전에 투찰여부나 투찰가격 등을 결정**하는 행위가 포함된다. 나아가 ② 다수의 입찰 또는 경매에서 **사업자들이 낙찰 또는 경락받을 비율을 결정**하는 행위, 입찰 또는 경매에서 사전에 설계 또는 시공의 방법을 결정하는 행위, 그 밖에 입찰 또는 경매의 경쟁요소를 결정하는 행위가 포함된다.

9) 그 밖의 행위로서 다른 사업자(그 행위를 한 사업자를 포함한다)의 사업활동 또는 사업내용을 방해 · 제한하거나 가격, 생산량, 그 밖에 대통령령으로 정하는 정보를 주고받음으로써 일정한 거래분야에서 경쟁을 실질적으로 제한하는 행위(법 제40조 제1항 제9호)

제9호의 경우, ① 영업장소의 수 또는 위치를 제한하는 행위, 특정한 원료의 사용비율을 정하거나 직원의 채용을 제한하는 행위, 자유로운 연구·기술개발을 제한하는 행위 등과 같이 제1호부터 제8호까지에 해당하지 않는 그 밖의 행위로서 **다른 사업자의 사업활동 또는 사업내용을 방해하거나 제한하는 행위**가 포함된다.

나아가 ② 공동행위 참여 사업자들이 공동행위에 참여하지 않은 다른 사업자의 사업활동 또는 사업내용을 방해하거나 제한하는 경우뿐만 아니라, **공동행위에 참여한 사업자 자신들의 사업활동 또는 사업내용을 제한하는 경우**도 포함된다.

Ⅲ 공동행위의 위법성 심사(위 예규Ⅴ)

1. 서설

공동행위의 위법성 심사는 공동행위의 성격에 대한 분석으로부터 출발한다. 성격상 경쟁제한 효과만 생기는 것이 명백한 경우에는(예컨대 가격·산출량의 결정·제한이나 시장·고객의 할당 등) 특별한 사정이 없는 한 구체적인 경쟁제한성에 대한 심사 없이 부당한 공동행위로 판단할 수 있다. 다만 이 경우에도 당해 공동행위와 관련되는 시장의 구조, 거래형태, 경쟁상황 등 시장상황에 대한 개략적인 분석은 하여야 한다.

그러나 공동행위의 성격상 **경쟁제한 효과와 효율성 증대 효과를 함께 발생**시킬 수 있는 경우(예컨대 공동마케팅, 공동생산, 공동구매, 공동연구·개발, 공동표준개발 등)에는 당해 공동행위의 위법성을 판단하기 위해 **경쟁제한 효과와 효율성증대 효과를 종합적으로 심사**함을 원칙으로 한다.

2. 제1단계 심사 : 공동행위의 성격 및 시장 분석

가. 공동행위의 성격상 경쟁제한 효과만 발생시키는 것이 명백한 경우

공동행위의 성격은 공동행위의 대상이 되는 경제활동의 종류(생산·판매·산출량 결정 등) 및 합의의 수준 등의 요소에 의하여 결정된다. **경쟁 제한 이외에 다른 목적이 없는 공동행위**는 직접적으로 관련시장에서 가격을 올리거나 산출량을 감소시키는 것으로 **다음과 같은 유형**이 이에 해당된다.

경쟁제한 유형

- 경쟁관계에 있는 사업자간에 가격을 결정 혹은 변경하는 행위
- 경쟁관계에 있는 사업자간에 산출량을 결정 혹은 조정하는 행위
- 경쟁관계에 있는 사업자간에 거래지역 또는 거래상대방을 제한·할당하는 행위
- 경쟁관계에 있는 사업자간에 입찰가격 또는 낙찰예정자를 사전에 결정하는 행위

가격·산출량의 결정·조정은 직접적으로 소비자로 하여금 높은 가격을 지불하게 하며, 시장 및 고객의 제한·할당도 **소비자의 선택가능성을 제한하고 사업자간 경쟁을 감소시켜 결국 가격 상승이나 산출량 제한**을 초래한다. 입찰가격 등을 사전에 결정하는 행위는 입찰참여 사업자들의 경쟁을 직접적으로 제한하여 낙찰가격을 상승시키게 된다. 이러한 행위는 성격상 경쟁을 직접 제한하는 효과를 발생시킨다.

위에 열거한 **경쟁제한 효과만 생기는 공동행위**는 관련 사업자들이 공동으로 행동하면 당해 **상품시장이나 지역시장에서 가격·수량·품질 및 기타 조건을 좌우할 수 있는 시장지배력을 획득할 수 있는 경우에 쉽게 발생되고 유지**될 수 있다. 공동행위에 참여한 사업자보다 낮은 가격으로 소비자들이 원하는 상품 수량을 충분히 공급할 수 있는 공급자가 존재하는 경우에는 대부분의 소비자들이 공동행위에 참여하지 않은 공급자들로부터 상품을 구매할 것이기 때문에 당해 공동행위가 유지되기는 어렵다.

한편 어떤 업종의 생산구조, 시장구조, 경쟁상태 등을 분석하여 **시장지배력 형성여부를 심사하는 것**은 결국 해당 공동행위가 관련시장에서의 경쟁을 제한하는지 여부를 판단하기 위한 것이다. 그런데 **위에서 열거한 공동행위**는 행위 자체가 직접적으로 경쟁을 제한하여 가격상승·산출량 감소를 초래하기 때문에 **구체적인 경제 분석이 없더라도 시장상황에 대한 개략적인 분석을 통하여 위법한 공동행위로 판단할 수 있는 것**이다.

다만 문제되는 공동행위가 경쟁제한 효과만 있는 공동행위로 분류되는 유형이라도 **효율성을 증대시키는 경제적 통합과 합리적으로 연관되어 추진**되고, **효율성증대 효과의 목적을 달성하기 위해 합리적으로 필요하다고 인정**되는 경우에는 연관되는 경제적 통합의 경쟁제한 효과와 효율성증대 효과 등을 종합적으로 고려하여 위법성 여부를 판단한다. 즉 이 심사기준의 제2단계부터 제4단계까지의 심사절차를 통해 위법성 여부를 판단한다. 여기서 '**경제적 통합**'이라 함은 **생산, 판매, 구매 또는 연구개발 등의 통합을 의미한다.** 효율성을 증대시키는 경제적 통합에 참여하는 사업자들은 중요한 자본, 기술 또는 상호보완적인 자산 등을 결합한다. 가격, 산출량, 고객 등에 대한 단순한 조정 또는 합의는 경제적 통합이 아니다.

나. 공동행위의 성격상 효율성증대 효과와 경쟁제한 효과가 동시에 생길 수 있는 경우

효율성증대 효과와 경쟁제한 효과가 동시에 생기는 유형의 공동행위로는 **공동마케팅, 공동생산, 공동구매, 공동연구·개발, 공동표준개발** 등을 예로 들 수 있다.

이런 종류의 공동행위는 자산·지식·경험의 결합 또는 위험의 배분, 중복비용의 감소 등을 통해 효율성을 증대시키고 때로는 사업자가 개별적으로 수행하지 못했을 사업을 수행하도록 한다. 하지만 참여사업자들의 시장지배력을 유지·창출·증가시켜서 가격 상승, 품질·산출량·혁신노력의 감소를 초래하는 등 경쟁제한 효과를 발생시킬 수도 있다. 당해 공동행위의 성격 분석만으로 경쟁제한 효과가 발생하지 않는 것이 명백한 경우에는 본 단계에서 심사를 종료할 수 있다.

그러나 공동행위의 성격에 대한 분석만으로 경쟁제한 효과가 생기지 않는 것이 분명하지 않은 경우에는 당해 공동행위가 경쟁을 제한하는지 여부를 판단하는 한편, **경쟁제한 효과와 효율성증대 효과의 비교형량이 필요하므로 추가적인 심사를 진행**한다.

3. 제2단계 심사 : 경쟁제한 분석

가. 서설

공동행위의 성격상 경쟁제한 효과와 효율성 증대효과를 함께 발생시킬 수 있는 경우 경쟁제한 효과 분석은 다음과 같이 행한다.

나. 경쟁제한 효과 분석의 일반원칙

참여사업자들이 상당한 시장지배력을 보유하고 있는 경우에는 공동행위를 통해 시장지배력을 유지·창출·증가시켜 가격 상승이나 품질·산출량·혁신노력의 감소를 초래하는 등 **경쟁제한 효과를 발생**시킬 수 있다.

공동행위의 경쟁제한 효과를 심사하기 위해서는 우선 **관련 시장을 획정하고 당해 공동행위에 참여하고 있는 사업자들의 시장점유율을 산정**한다. ① **참여사업자들의 시장점유율의 합계가 20% 이하인 경우**에는 당해 공동행위로 인해 경쟁제한 효과가 발생할 가능성이 없거나 경쟁제한 효과가 발생하더라도 그 효과가 미미한 것으로 보고 심사를 종료한다(제2−1단계~제2−3단계).

그러나 ② **시장점유율의 합계가 20%를 초과**하는 경우에는 시장지배력, 참여사업간의 경쟁제한 수준 등을 분석하여 경쟁제한 효과의 발생여부 및 크기 등을 심사한다.

공동행위의 경쟁제한 효과를 판단하기 위한 **첫째 요소**는 **공동행위 참여사업자가 보유하고 있는 시장지배력의 정도**이다. 관련시장에서 사업자들이 보다 큰 시장지배력을 보유하고 있을수록 당해 공동행위가 관련시장에서 경쟁제한 효과를 발생시킬 가능성은 증가한다.

공동행위의 경쟁제한 효과를 판단하기 위한 **둘째 요소**는 **공동행위에 참여하고 있는 사업자간의 경쟁제한의 정도**이다. 즉 참여사업자 간 독자적 경쟁능력·경쟁동기의 감소수준, 경쟁기회·경쟁수단·경쟁방법의 제한 등이 검토되어야 한다. 참여사업자간 경쟁제한의 정도가 클수록 당해 공동행위가 관련시장에서 경쟁제한 효과를 발생시킬 가능성은 증가한다.

당해 **공동행위가 경쟁제한 효과를 발생시키는지의 여부**는 **참여사업자들의 시장지배력 보유와 참여사업자간의 경쟁제한을 종합적으로 고려**하여 결정한다. 참여사업자간 경쟁제한의 수준이 높더라도 참여사업자들이 공동행위를 통해서도 시장지배력을 보유하지 못하는 경우에는 당해 공동행위로 경쟁제한 효과가 발생할 가능성이 낮으며, 참여사업자들이 공동행위를 통해 시장지배력을 보유하게 되더라도 참여사업자들간 경쟁이 계속되고 있다면 당해 공동행위로 경쟁제한 효과가 발생할 가능성은 감소된다.

다. 경쟁제한 효과 분석의 단계별 절차

1) 제2-1단계 : 관련시장의 획정

시장점유율 산정 및 시장지배력 존재 등을 판단하기 위해서는 **관련시장의 획정**이 필요하다. 관련시장 획정에는 「기업결합심사기준」에 규정된 'Ⅴ. 일정한 거래분야의 판단기준'을 참고하도록 규정하고 있다.

2) 제2-2단계 : 시장점유율 산정

'시장점유율'이라 함은 일정한 거래분야에 공급된 상품이나 서비스의 총금액 중에서 당해 사업자가 공급한 상품이나 서비스의 금액이 점하는 비율을 말한다.

시장점유율은 **공동행위 수행 당시의 직전사업년도 1년간의 판매액**(직전사업년도 종료직후로서 직전사업년도의 판매액을 알기 곤란한 경우에는 직전전사업년도 1년간의 판매액을 말한다)**을 사용하여 다음과 같이 산정**한다. 다만 시장점유율을 금액기준으로 산정하기 곤란하거나 부적절한 경우에는 물량기준 또는 생산능력기준으로 산정할 수 있다.

시장점유율 판정

당해 회사의 당해 상품의 국내 판매액(수입판매액 포함) / 당해 상품의 국내 총판매액(수입판매액 포함)

3) 제2-3단계 : 시장점유율이 20% 이하인 경우

공동행위에 참여한 사업자(공동행위를 수행하기 위한 회사가 설립되는 경우 이 회사의 시장점유율을 포함한다)들의 시장점유율의 합계가 20% 이하인 경우에는 **특별한 사정이 없는 한 당해 공동행위가 경쟁에 미치는 영향이 미미**하기 때문에 **당해 공동행위는 경쟁제한 효과를 발생시키지 않는 것으로 판단**한다. 즉 참여사업자들의 시장점유율의 합계가 20%를 초과하는 경우에만 다음 심사절차를 거쳐 경쟁제한 효과를 판단한다.

4) 제2-4단계 : 시장지배력 심사

참여사업자들이 관련시장에서 보다 큰 시장지배력을 보유하고 있을수록 당해 공동행위로 인해 경쟁제한 효과가 발생할 가능성이 증가한다. 시장지배력 보유 수준을 판단하기 위해서는 **아래 가) 내지 다) 요소를 분석하여 종합적으로 판단**하는데 일부 요소에 대한 분석만으로도 참여사업자들의 시장지배력 보유수준을 충분히 판단할 수 있는 경우에는 다른 요소에 대한 분석을 생략할 수 있다.

가) 시장점유율

공동행위 참여사업자들의 시장점유율의 합계가 클수록, 시장점유율이 수년간 안정적으로 유지될수록 해당 사업자들의 시장지배력 보유 가능성은 증가한다. 한편 최근 수년간 사업자의 시장점유율 하락폭이 클수록 시장지배력 보유 가능성이 감소한다.

나) 해외경쟁 도입수준

관련제품의 수입이 용이하거나 당해 **거래분야에서 수입품이 차지하는 비중이 증가하는 추세에 있는 경우**에는 당해 공동행위에 의해 시장지배력이 유지·창출·증가되거나 경쟁제한성이 높은 공동행위가 수행될 가능성이 감소한다. **해외경쟁의 도입수준을 평가함에 있어서는 다음 사항을 고려**한다.

고려 사항

- 수입침투도의 변화 추세
* 수입침투도 : 내수(생산-수출+수입) 또는 생산에서 수입이 차지하는 비중
- 관세율 및 관세율의 인하계획
- 기타 각종 비관세장벽의 존재 여부

다) 신규진입의 가능성

① 당해 시장에 대한 신규진입이 가까운 시일 내에 용이하게 이루어질 수 있는 경우에는 공동행위로 감소되는 실질적인 경쟁사업자의 수가 다시 증가할 수 있으므로 경쟁제한 효과가 발생할 가능성이 감소한다. 신규진입의 가능성을 평가함에 있어서는 다음 사항을 고려한다.

고려 사항

- 최근 3년간 신규진입 현황 및 변화추세
- 법적·제도적인 진입장벽의 유무
- 필요최소한의 자금규모
- 특허권 기타 지적재산권을 포함한 생산기술조건
- 입지조건
- 원재료조달조건
- 경쟁사업자의 유통계열화의 정도 및 판매망 구축비용

② 다음의 1에 해당하는 사업자가 있는 경우에는 신규진입이 용이한 것으로 볼 수 있다.

신규진입 용이 사업자

- 당해 시장에 참여할 의사와 투자계획 등을 공표한 사업자
- 현재의 생산시설에 중요한 변경을 가하지 아니하더라도 당해 시장에 참여할 수 있는 등 당해 시장에서 상당기간 어느 정도 의미있는 가격인상이 이루어지면 중대한 진입비용이나 퇴출비용의 부담 없이 가까운 시일내에 당해 시장에 참여할 것으로 판단되는 사업자

5) 제2-5단계 : 참여사업자 간 경쟁제한 수준 심사

가) 참여사업자 간 경쟁제한 심사의 일반원칙

① 이 단계에서는 **공동행위 참여사업자 간 독자적 경쟁 능력·동기의 증감수준, 경쟁기회·경쟁수단·경쟁방법의 제한여부 등을 분석**한다.

② 참여사업자간 경쟁 능력·동기의 감소수준이 미약하고, 경쟁기회·경쟁수단·경쟁방법의 제한 정도가 낮아 관련시장에서 사업자간 경쟁이 계속될 경우에는 참여사업자들이 공동행위를 통해 시장지배력을 유지·창출·증가시킬 가능성은 희박하며, 경쟁과 관련된 민감한 정보 교환이 없거나 적절하게 차단되어 있는 경우에는 경쟁제한 효과를 야기할 가능성이 작아진다.

③ 반면 참여사업자간 경쟁제한 수준이 높아서 사업자 상호간에 독자적으로 경쟁할 동기나 능력이 상당히 감소하거나, 경쟁기회·경쟁수단·경쟁방법이 제한되거나, 경쟁과 관련된 민감한 정보가 교환될 경우에는 경쟁제한 효과를 야기할 가능성이 증가한다.

④ 심사대상인 공동행위가 실제 수행중이지 않는 경우에는 참여사업자간 경쟁제한 수준의 심사를 위한 자료 수집이 어렵거나 불가능할 수 있다. 이 경우에는 다음에 열거한 요소 중 일부만 분석하거나 제2－5단계 심사 자체를 생략할 수 있다.

나) 참여사업자간 경쟁제한 심사 시 고려요소

① 합의이행에 대한 모니터링 시스템 및 제재수단이 있는지 여부

합의내용이 제대로 이행되는지 점검하는 모니터링 시스템이 있고, 특히 이를 통해 합의위반행위가 적발될 경우 이에 대한 제재수단이 있는 경우에는 경쟁제한 효과 발생 가능성이 증가한다.

② 공동행위 존속기간

공동행위의 존속기간이 길수록 참여사업자간 독자적인 경쟁 능력 및 동기를 제한하여 경쟁제한 효과가 발생할 가능성이 증가한다.

③ 자산에 대한 공동 사용·통제 수준

공동행위에 참여한 사업자들이 공동으로 사용·통제하는 자산의 비중과 중요도가 클수록 가격, 산출량 등에 관한 독자적인 의사결정의 가능성이 감소하여 경쟁제한 효과의 발생 가능성이 증가한다. 또한 공동으로 사용·통제하는 자산을 다른 자산으로 대체하기 어려울수록 독자적인 의사결정의 가능성이 감소하기 때문에 경쟁제한 효과가 발생할 가능성이 증가한다.

④ 재무적 이해관계 수준

공동행위에 참여하고 있는 사업자간에 재무적 상호 이해관계(예컨대 채권·채무, 주식의 상호 보유 등)의 결합 수준이 높을수록 사업자간 경쟁의 동기가 감소하여 경쟁제한 효과가 발생할 가능성이 증가한다.

⑤ 참여사업자간 경쟁 허용수준

참여사업자간 경쟁을 허용하는 범위가 넓을수록 당해 공동행위의 경쟁제한효과는 감소한다. 또한 공동행위에 참여하고 있지 않은 다른 사업자 혹은 다른 사업자 단체와의 거래가 자유롭게 허용된다면 이러한 공동행위가 경쟁을 제한할 가능성은 감소한다. 이를 심사하기 위해서는 시장에서의 참여사업자간 실질적인 경쟁 상황, 가격·산출량 등 주요한 경쟁 변수에 대한 개별 사업자의 독자적인 의사결정 범위, 공동행위 수행 조직의 임무와 역할 등이 분석되어야 한다.

6) 경쟁제한 효과 분석으로 심사를 종료하는 경우

효율성증대 효과를 분석하는 것은 어떤 공동행위가 경쟁제한 효과를 발생시키더라도 이를 능가하는 효율성증대 효과가 있는 경우 비교형량을 통해 당해 공동행위의 위법성 여부를 결정하기 위한 것이다.

따라서 상기 분석을 통해 당해 **공동행위가 경쟁제한 효과를 발생시키지 않는 것으로 판단되는 경우**에는 효율성증대 효과와의 비교형량이 불필요하기 때문에 **제3단계의 효율성증대 효과 분석으로 이행하지 않고 심사를 종료**한다.

4. 제3단계 심사 : 효율성 증대 효과 분석

가. 서설

공동행위의 성격상 경쟁제한효과와 **효율성 증대 효과를 함께 발생**시킬 수 있는 경우 **효율성 증대효과 분석을 다음과 같이 행**한다.

나. 공동행위에 의하여 발생되는 효율성 증대 효과

공동행위는 규모의 경제, 범위의 경제, 위험 배분, 지식·경험의 공동활용에 의한 혁신 속도 증가, 중복 비용의 감소 등 경제적 효율성을 증대시킬 수 있다. 이러한 효율성 증대는 사업자간 경쟁을 촉진시켜 상품의 가격 하락, 품질·유통속도의 제고 등 소비자 편익의 증가로 연결될 수 있다.

다. 효율성 증대 효과로 주장될 수 없는 경우

산출량 감축, 시장 분할 또는 단순한 시장지배력의 행사에 의해 발생하는 비용절감 등은 효율성증대 효과로 주장할 수 없다. 또한, 제품·서비스의 품질 저하 등 소비자의 이익 감소를 통해 달성되는 비용절감도 효율성증대 효과로 주장될 수 없다.

라. 효율성 증대 효과 심사 시 고려요소

경쟁을 촉진하는 효율성은 확실하게 실현될 수 있어야 한다. 이를 판단하기 위해서는 효율성이 어떠한 방법으로 실현되는지, 효율성이 가까운 시일 내에 발생할 것이 명백한지, 효율성의 크기는 어떠한지, 효율성 증대가 소비자 편익의 증가로 연결될 수 있는지에 대한 심사가 필요하다.

마. 공동행위와 효율성 증대 효과의 인과관계 심사

당해 공동행위 외의 방법으로는 효율성 증대 효과를 달성하기 어렵다고 판단되는 경우에만 당해 공동행위의 효율성 증대 효과를 인정한다.

바. 효율성 증대 효과의 주장 방법

효율성은 검증하거나 수량화가 어렵다. 이는 효율성과 관련된 정보를 오직 공동행위의 참여사업자들만 보유하고 있기 때문이다. 따라서 효율성 증대 효과를 주장하는 사업자는 당해 공동행위로 발생하는 효율성 증대 효과를 판단하기 위한 충분한 자료를 제출하여야 하며, 그렇지 않은 경우 효율성 증대 효과는 인정되지 않는다.

5. 제4단계 심사 : 경쟁제한 효과와 효율성 증대 효과의 비교형량

당해 공동행위가 효율성 증대 효과와 경쟁제한 효과를 동시에 발생시키는 경우 양 효과의 비교 형량을 통해 당해 공동행위의 위법성을 심사한다. 비교형량에 있어서는 효율성 증대 효과가 당해 공동행위의 경쟁제한 효과를 상쇄할 수 있는지 여부를 검토한다.

당해 공동행위가 허용되기 위해서는 관련시장에서 **경쟁 제한에 따른 폐해가 클수록 이를 상쇄하기 위한 효율성 증대 효과 또한 커야** 한다.

Ⅳ 처벌

본죄를 범하면 3년 이하의 징역 또는 2억 원 이하의 벌금에 처한다. 앞에서도 살펴본 바와 같이 공정거래법상 범죄수익의 필요적 몰수·추징 규정이 존재하지 않으므로 위와 같은 **담합행위를 통해 얻은 범죄수익은 부패재산몰수법에 따른 임의적 몰수·추징의 대상**이 된다.

Ⅴ 범죄수익환수 사례

실무상 입찰담합 등을 통한 부당공동행위를 통해 얻은 범죄수익과 관련하여 공정거래법상 입찰담합죄는 '입찰 또는 경매에 있어 낙찰자, 경락자, 투찰가격, 낙찰가격 또는 경락가격, 그 밖에 대통령령으로 정하는 사항을 결정하는 행위'를 함으로써 성립하는데 **입찰담합죄를 통하여 얻게 된 범죄수익**은 **'공정한 경쟁을 거치지 아니한 채 얻게 된 발주자와의 계약 체결의 기회 또는 거래의 기회'**로 봄이 상당하므로 이를 금전적 가치로 정확히 산정하기 어렵다는 이유로 **추징을 선고하지 않는 경우가 많다.**[4]

입찰담합의 경우 구체적으로 담합행위를 통해 취득한 범죄수익을 특정하기가 매우 어렵기 때문에 **이에 대한 분명한 입법적 보완이 필요**한 것으로 보인다.

---

4 서울중앙지방법원 2020. 6. 9. 선고 2020고단753 판결 참조(서울중앙지방법원 2020노1977 판결로 확정).

사례

범 죄 사 실

피고인 주식회사 A는 서울 서초구 B에 있는 건축자재 판매업 및 유통업 등을 목적으로 하는 회사로, C가 대표이사이다.

1. 피고인 주식회사 A(이하 '피고인')의 대표이사 C의 입찰담합

기업집단 D 소속 계열회사들인 주식회사 D(이하 'D') 및 E 주식회사(이하 'E')는 입찰 절차를 통해 자신들이 시공하는 아파트 등 공사 현장에 사용될 타일, 조명, 홈네트워크 시스템 등의 자재를 공급받고 있었는데, 평소 기업집단 D의 동일인 G의 장남 H와의 친분을 과시하던 C는 D의 외주구매팀 담당 임원 I, 외주구매팀장 F명, 외주구매팀 차장 K, E의 외주구매팀장 G, 외주구매팀 과장 M 등과 D 및 E에서 발주할 타일, 조명, 홈네크워크 시스템 관련 입찰에서 ① 낙찰받을 의사 없이 형식적으로 입찰에 참여할 소위 '들러리 업체'를 참여시키거나, ② 다른 입찰 참여 업체들과 낙찰자, 투찰가격을 협의하는 방법 등으로 피고인을 낙찰받게 하기로 공모하였다.

가. 타일 입찰 관련

C 및 I, F명, K 등은 위와 같은 공모에 따라 2015. 2. 16.경 D에서 발주한 'N빌딩 현장 타일 납품업체 선정' 입찰 과정에서 K는 O, P, Q, R 등의 업체에 입찰 참여를 통보하고, C는 피고인의 직원인 S에게 지시하여 타일코리아 F 사장과 낙찰자, 투찰가격 등을 협의하게 하였다.

이에 F는 피고인보다 높은 투찰가격을 제출해 피고인을 낙찰자로 선정되게 한 다음 O에서는 피고인에 타일을 납품하고 피고인은 D에 타일을 공급하기로 S와 협의하였으나 이를 어기고 피고인보다 낮은 투찰가격을 써냈고, K는 이러한 사실을 개찰 과정에서 발견하게 되자 C에게 연락하여 타일코리아의 투찰 가격을 알려 주며 타일코리아의 투찰 가격보다 낮은 가격으로 다시 견적서를 제출하도록 조치하였다.

한편, I, J는 위와 같은 사실을 잘 알면서도 마치 정상적인 절차를 거쳐 피고인이 최저가 투찰을 하여 낙찰자로 선정된 것처럼 입찰 관련 서류를 꾸며 피고인을 낙찰자로 선정해 피고인은 2015. 3. 2.경 D와 계약금액 252,005,500원(부가가치세 제외, 이하 동일) 규모의 타일 납품 계약을 체결하였다.

이로써 C는 F 등과 공모하여 입찰에 있어 낙찰자, 투찰가격 등을 결정하여 부당하게 경쟁을 제한하는 행위를 하였다.

나. 조명 입찰 관련

C 및 L, M 등은 위와 같은 공모에 따라 2015. 10. 6.경 E에서 각각 발주한 '천안 U 아파트 현장 조명 납품업체 선정 입찰', '울산 V 아파트 현장 조명 납품업체 선정 입찰' 과정에서 M은 조명 제조업체인 W 등에 입찰 참여를 통보하고, C는 W 사장 X에게 피고인의 투찰가격을 알려 주고 위 X로 하여금 피고인의 투찰가격보다 높은 가격에 투찰하도록 하고, E의 L 등

은 위와 같은 사실을 잘 알면서도 마치 정상적인 절차를 거쳐 피고인이 최저가 투찰을 하여 낙찰자로 선정된 것처럼 입찰 관련 서류를 꾸며 피고인을 낙찰자로 선정해 피고인은 2015. 10. 13.경부터 같은 달 14.경까지 사이에 별지 범죄일람표 I 기재와 같이 E와 조명 납품 계약을 각각 체결하였다.

이로써 C는 X 등과 공모하여 입찰에 있어 낙찰자, 투찰가격 등을 결정하여 부당하게 경쟁을 제한하는 행위를 하였다.

다. *네트워크 시스템 입찰 관련

C 및 I, J, K, L, M 등은 위와 같은 공모에 따라 2014. 3. 12.경 E에서 발주한 '안동 Y아파트 현장 *네트워크 시스템 납품업체 선정 입찰' 과정에서 C는 *네트워크 시스템 제조업체인 Z AA 부장에게 피고인의 투찰가격을 알려 주고 Z 및 Z의 다른 대리점인 AB, AC으로 하여금 피고인의 투찰가격보다 높은 가격에 투찰하도록 하고, I, J, K, L 등은 위와 같은 사실을 잘 알면서도 마치 정상적인 절차를 거쳐 피고인이 최저가 투찰을 하여 낙찰자로 선정된 것처럼 입찰 관련 서류를 꾸며 피고인을 낙찰자로 선정해 피고인은 2014. 5. 16.경부터 2017. 9. 18.경까지 사이에 별지 범죄일람표 Ⅱ 기재와 같이 D 및 E와 홈네트워크 시스템 납품 계약을 각각 체결하였다.

이로써 C는 AA 등과 공모하여 입찰에 있어 낙찰자, 투찰가격 등을 결정하여 부당하게 경쟁을 제한하는 행위를 하였다.

2. 결론

피고인은 위 일시, 장소에서 피고인의 대표이사 C가 피고인의 업무에 관하여 위 1항과 같이 입찰에 있어 낙찰자, 투찰가격 등을 결정하여 부당하게 경쟁을 제한하는 행위를 하였다.

법령의 적용

1. 범죄사실에 대한 해당법조

각 독점규제 및 공정거래에 관한 법률 제70조, 제66조 제1항 제9호, 제19조 제1항 제8호

검사의 추징 구형에 대한 판단

1. 검사의 주장

부패재산의 몰수 및 회복에 관한 특례법(이하 '부패재산몰수법'이라 한다) 제2조 제1호, 제2호, 동법 별표 제17호 규정을 종합하면, 독점규제 및 공정거래에 관한 법률(이하 '공정거래법'이라 한다) 제19조 제1항 및 제66조 제1항 제9호의 죄는 부패재산몰수법 소정의 '부패범죄'에 해당하고, '범죄수익'이란 부패범죄의 범죄행위에 의하여 생긴 재산 또는 그 범죄행위의 보수로서 얻은 재산을 말하며, '범죄수익에서 유래한 재산'이란 범죄수익의 과실로서 얻은 재산, 범죄수익의 대가로서 얻은 재산 및 이들 재산의 대가로서 얻은 재산, 그 밖에 범죄수익의 보유 또는 처분에 의하여 얻은 재산을 말한다. 부패범죄인 판시 입찰담합죄(이하 '이 사건 입찰담합죄'라 한다)를 통하여 **피고인은, D, E와 거래하면서 기록한 매출액과 매입액의 차액(이하 '이 사건 차액'이라 한다)인 4,821,993,682원의 범죄수익을 얻었으므로, 그 추징을 구한다**.

2. 관련 법리

추징의 대상이 되는지 여부는 범죄구성요건사실에 관한 것이 아니어서 엄격한 증명을 필요로 하는 것은 아니나 역시 증거에 의하여 인정되어야 함은 당연하고, 그 대상이 되는 범죄수익을 특정할 수 없는 경우에는 추징할 수 없다(대법원 2007. 6. 14. 선고 2007도2451 판결, 대법원 2008. 6. 26. 선고 2008도1392 판결 참조). 한편 부패재산몰수법 소정의 추징은 임의적인 것이므로(부패재산몰수법 제3조 제1항 본문 참조) 그 추징의 요건에 해당되는 재산이라도 이를 추징할 것인지의 여부는 법원의 재량에 맡겨져 있다.

3. 판단

이 사건 기록에 나타난 아래와 같은 사실 및 사정들을 종합하여, 검사의 구형에도 불구하고, 피고인에 대하여 별도로 추징을 선고하지는 아니한다.

가. **검사는, 이 사건 차액이 부패범죄인 이 사건 입찰담합죄로 인해 피고인이 취득한 범죄수익에 해당함을 전제로 하고 있다. 그러나 피고인은 이 사건 입찰담합죄 자체로 기소된 것이 아니라 이를 전제로 한 양벌규정에 따라 기소된 것이다. 따라서 피고인에 대한 판시 범죄사실은 그 자체로는 부패재산몰수법 소정의 부패범죄에 해당한다고 단정하기 어렵다**.

나. 이 사건에서 부패범죄로 지목된 이 사건 입찰담합죄는 '입찰 또는 경매에 있어 낙찰자, 경락자, 투찰가격, 낙찰가격 또는 경락가격, 그 밖에 대통령령으로 정하는 사항을 결정하는 행위'를 함으로써 성립한다. 피고인의 대표이사인 C는 다른 입찰자, 발주자 등과 투찰가격이나 낙찰자를 결정하는 행위를 함으로써 이 사건 입찰담합죄를 저질렀다. 결국 **이 사건에서 이 사건 입찰담합죄를 통하여 ***이 얻게 된 범죄수익은 '공정한 경쟁을 거치지 아니한 채 얻게 된 발주자와의 계약 체결의 기회 또는 거래의 기회'로 봄이 타당**하다.

다. C가 얻게 된 위 범죄수익은 법률상 법인인 피고인이 보유하게 될 것이므로, 위 '공정한 경쟁을 거치지 아니한 채 얻게 된 발주자와의 계약 체결의 기회 또는 거래의 기회'는 피고인이 범죄수익을 보유함에 따라 얻게 된 재산으로서 부패재산몰수법 제2조 제2호 나목 소정의 '범죄수익에서 유래한 재산'으로 봄이 상당하다.

라. 위와 같은 계약 체결의 기회 또는 거래의 기회를 이용하여 거래가 완료된 후 발생한 피고인의 수익 역시 위 기회를 이용한 범죄수익의 과실로서 얻은 재산으로 볼 수 있다. 따라서 위와 같은 거래로 인한 수익이나 이익 역시 부패재산몰수법 제2조 제2호 나목 소정의 '범죄수익에서 유래한 재산'으로 볼 수 있다.

마. 따라서 추징가액은 **'공정한 경쟁을 거치지 아니한 채 얻게 된 발주자와의 계약 체결의 기회 또는 거래의 기회'를 금전적 가치로 산정한 액수 상당액 또는 위 계약 또는 거래 결과 얻게 된 경제적 이익 상당액으로 산정하여야 한다.** 그러나 제출된 증거들만으로는 위와 같은 액수 상당액이 합리적 의심의 여지없이 입증되었다고 단정하기 어렵고, 달리 이를 인정할 증거가 없다.

바. 먼저 **검사가 주장하는 이 사건 차액 그 자체를 '공정한 경쟁을 거치지 아니한 채 얻게 된 발주자와의 계약 체결의 기회 또는 거래의 기회'의 금전적 가치 상당액 내지 위와 같은 '계약 체결의 기회 또는 거래의 기회를 이용하여 거래가 완료된 후 발생한 피고인의 수익' 상당액으로 단정하기 어렵다. 이 사건 차액에는 중간 유통상인 피고인이 얻을 수 있는 수익이나 마진이 포함되어 있을 뿐만 아니라 이 사건 차액 산정과정에서 임직원들의 인건비, 임대료, 물품관리비 등도 공제되지 않은 것으로 보이기 때문이다.**

사. 검사는 위 공제 대상 부분에 관하여 '이는 범죄수익을 얻기 위해 지출한 비용이거나 범죄수익을 소비하는 방법에 지나지 않아 추징할 범죄수익에서 공제될 성질의 것이 아니다'라는 취지의 주장을 하고 있다. 그러나 앞서 살핀 바와 같이 **이 사건 입찰담합죄로 인해 피고인이 범죄수익 그 자체를 얻은 것으로 보기 어려운 이상 위 공제 대상 비용을 단순히 범죄수익을 얻기 위해 지출한 비용 또는 범죄수익을 소비한 내역에 불과하다고 단정하기 어렵다.**

아. 가사 이 사건 차액 자체가 범죄수익에 해당하고, 이 사건 차액 상당액 자체를 범죄수익액 또는 범죄수익에서 유래한 재산 상당액으로 볼 수 있다 하더라도, ① 이 사건 입찰담합죄가 없었더라도 피고인이 낙찰자가 될 개연성이 적지 않았던 것으로 보이는 점, ② 기록상 C의 행위에는 거래 관행상 참작할 여지가 전혀 없지는 않은 것으로 보이는 점, ③ C는 이미 이 사건 입찰담합죄를 포함한 공정거래법위반죄 등으로 징역 2년 6월을 선고받아 이 사건 판결선고일까지도 복역 중이고, 그로 인해 피고인은 2018년, 2019년 사업연도에 영업을 거의 하지 못한 것으로 보이는 점 등을 고려할 때 추징의 필요성이 절실하다고 보기 어렵다.

제 2 절 건설산업기본법위반(제18호)

I 총설

부패재산몰수법 별표 제18호에서 **건설산업기본법 제38조의2, 제95조 및 제95조의2의 죄**를 각 부패범죄로 규정하고 있다.

관련조문

부패재산몰수법 별표

부패범죄(제2조 제1호 관련)

18. 「건설산업기본법」 제38조의2, 제95조 및 제95조의2의 죄

관련조문

건설산업기본법 제95조(벌칙) 건설공사의 입찰에서 다음 각 호의 어느 하나에 해당하는 행위를 한 자는 5년 이하의 징역 또는 2억원 이하의 벌금에 처한다. <개정 2016. 2. 3., 2019. 4. 30.>

1. 부당한 이익을 취득하거나 공정한 가격 결정을 방해할 목적으로 입찰자가 서로 공모하여 미리 조작한 가격으로 입찰한 자
2. 다른 건설사업자의 견적을 제출한 자
3. 위계 또는 위력, 그 밖의 방법으로 다른 건설사업자의 입찰행위를 방해한 자

제95조의2(벌칙) 다음 각 호의 어느 하나에 해당하는 자는 5년 이하의 징역 또는 5천만원 이하의 벌금에 처한다. <개정 2017. 3. 21., 2019. 4. 30.>

1. 제9조 제1항에 따른 등록을 하지 아니하거나 부정한 방법으로 등록을 하고 건설업을 한 자
2. 제21조 제1항 또는 제2항을 위반하여 다른 사람에게 자기의 성명이나 상호를 사용하여 건설공사를 수급 또는 시공하게 한 건설사업자와 그 상대방, 건설업 등록증이나 건설업 등록수첩을 빌려준 건설사업자와 그 상대방
3. 제21조 제3항을 위반하여 다른 사람의 성명이나 상호를 사용한 건설공사 수급 또는 시공을 알선하거나 건설업 등록증 또는 건설업 등록수첩 대여를 알선한 자
4. 제21조 제4항을 위반하여 건설공사를 도급 또는 시공하게 한 건축주
5. 제38조의2를 위반하여 부정한 청탁을 받고 재물 또는 재산상의 이익을 취득하거나 부정한 청탁을 하면서 재물 또는 재산상의 이익을 제공한 자

건설산업기본법은 건설공사의 조사, 설계, 시공, 감리, 유지관리, 기술관리 등에 관한 기본적인 사항과 건설업의 등록 및 건설공사의 도급 등에 필요한 사항을 정함으로써 건설공사의 적정한 시공과 건설 산업의 건전한 발전을 도모함을 목적으로 한다(**동법 제1조 참조**).

건설산업기본법상 부패범죄로 규정되어 있는 동법 제38조의2는 동법 제95조의2 제5호의 처벌규정에서 인용하고 있는 금지규정이므로 부패범죄로 굳이 기재할 필요가 없다. 이는 불

필요한 입법이므로 삭제함이 상당하다(私見).

관련조문

부패재산몰수법 별표(개정안)

부패범죄(제2조 제1호 관련)

18.「건설산업기본법」 제95조 및 제95조의2의 죄

동법의 경우 자체적인 몰수·추징 규정을 두고 있지 않으므로 본죄로 취득한 부패재산 및 범죄수익은 **부패재산몰수법에 따른 임의적 몰수·추징 규정의 적용**을 받는다.

Ⅱ 건설공사 입찰담합·방해죄(제95조)

관련조문

건설산업기본법 제95조(벌칙) 건설공사의 입찰에서 다음 각 호의 어느 하나에 해당하는 행위를 한 자는 5년 이하의 징역 또는 2억원 이하의 벌금에 처한다. <개정 2016. 2. 3., 2019. 4. 30.>

1. 부당한 이익을 취득하거나 공정한 가격 결정을 방해할 목적으로 입찰자가 서로 공모하여 미리 조작한 가격으로 입찰한 자
2. 다른 건설사업자의 견적을 제출한 자
3. 위계 또는 위력, 그 밖의 방법으로 다른 건설사업자의 입찰행위를 방해한 자

[전문개정 2011. 5. 24.]

---

1. 입법목적

'건설업자로서 경쟁입찰에 있어서 입찰자간에 공모하여 미리 조작한 가격으로 입찰한 자'를 처벌하도록 하고 있는 본죄의 규정 취지는 공정한 자유경쟁을 통하여 건설공사의 적정시공과 건설업의 건전한 발전을 도모하기 위하여 **건설공사수주를 둘러싸고 일어나는 이른바 담합행위를 근절하고자 하는 데 있다.**[5]

---

5 대법원 1999. 10. 12. 선고 99도2309 판결 참조.

2. 처벌 규정의 위헌성 논란

본죄는 형법 제315조 입찰담합행위에 대하여 건설업자를 특별히 무겁게 처벌하는 것으로 죄형법정주의 내지 평등의 원칙에 위배되는 것은 아닌지 논란이 있었다.

이에 대하여 **대법원**은 다음과 같이 판시하여 위 규정이 **죄형법정주의 내지 평등원칙에 위반되지 않는다고 판시하였다.**[6]

판례

[1] 구 건설업법(1996. 12. 30. 법률 제5230호로 개정되기 전의 것) 제59조 제1호와 건설산업기본법 제95조 제1호의 규정은 그 해석을 통하여 어떠한 행위가 범죄를 구성하는가 하는 것을 확정할 수 있는 정도의 명확성을 가지고 있다 할 것이어서 헌법상 죄형법정주의의 원리에 위배되는 것이라고 볼 수 없고, 또한 형벌법규의 유추해석이나 확대해석을 허용할 수 없다고 하는 죄형법정주의의 파생원칙은 형벌법규의 적용단계에서 문제되는 것이기 때문에 **구 건설업법 제59조 제1호와 건설산업기본법 제95조 제1호의 규정 그 자체를 놓고 유추해석금지, 확대해석금지의 원칙을 천명한 헌법상의 죄형법정주의의 원리에 위배된다고 할 수는 없다.**

[2] 헌법 제11조 제1항의 평등의 원칙은 일체의 차별적 대우를 부정하는 절대적 평등을 뜻하는 것이 아니라 입법과 법의 적용에 있어서 합리적인 근거가 없는 차별을 하여서는 아니된다는 상대적 평등을 뜻하고 따라서 합리적 근거가 있는 차별 또는 불평등은 평등의 원칙에 반하는 것이 아니라 할 것인바, 구 건설업법(1996. 12. 30. 법률 제5230호로 개정되기 전의 것) 제59조 제1호와 건설산업기본법 제95조 제1호가 한정된 구성요건에 해당하는 건설업자들을 특별히 가중처벌하는 것은 건설업자만을 일반 국민과 차별하여 특별히 엄단하려 하는 것이 아니고, **건설업계라고 하는 한정된 분야에서 특별히 절실하게 요구되는 질서유지를 위한 것으로서 합리적인 차별이라 할 것**이고, 그와 같은 범죄에 대한 **법정형이 그 범죄의 죄질 및 이에 따른 행위자의 책임에 비하여 지나치게 가혹한 것이어서 현저히 형벌체계상의 균형을 잃고 있다거나 그 범죄에 대한 형벌 본래의 목적과 기능을 달성함에 있어 필요한 정도를 일탈하였다고 볼 수도 없으므로 헌법의 평등원칙에 위반된다고 할 수 없다**(대법원 1999. 10. 12. 선고 99도2309 판결 참조).

3. 구성요건의 주체

본죄의 **구성요건 주체**와 관련하여 건설공사에 입찰에 참가하여 공사를 도급받으려 하는 사람은 해당 건설공사를 시공하는 업종을 등록하여야 한다(동법 제16조 제1항 본문 참조). 다

6 대법원 1999. 10. 12. 선고 99도2309 판결 참조.

만 일정한 경우에는 해당 건설업종을 등록하지 않더라도 건설공사를 도급받을 수 있는데 대부분 전문공사 시공과 관련한 다른 업종을 등록한 건설사업자 등이 이에 해당한다. 결국 **본죄의 구성요건 주체**는 **건설공사에 참가할 수 있는 자격을 갖춘 사람이어야 함**은 당연하다.

대법원 또한 동법 제95조 제2호 위반죄가 문제된 사안에서 「피고인은 (이름 생략)경영연구소의 대표로서 건설업자를 대행하여 건설공사의 입찰을 대행하여 주었을 뿐, 피고인 스스로 건설업자로서 또는 주식회사 금산건설의 실질적인 운영자로서 건설공사에 입찰한 것으로 볼 수 없다고 판단하여 제1심판결 중 이 부분 공소사실을 유죄로 인정한 부분을 파기하여 무죄를 선고한 것은 정당하다」라고 판시하였고,[7] 나아가 「위 피고인의 행위는 낙찰받은 건설업자의 견적을 대신 제출한 것일 뿐, 건설업자의 대표자나 대리인·사용인 기타 종업원으로서 또는 건설업자와 공모하여 입찰에 참가한 '다른 건설업자'의 견적을 제출한 것이 아니라 할 것이므로, **건설업자가 아닌 위 피고인이 건설산업기본법 제95조 제2호 위반의 주체가 될 수 없다**고 본 원심의 판단은 정당하다」고 판시하여 같은 입장이다.[8] 건설공사 도급과 관련한 상세한 조문의 내용은 다음과 같다.

관련조문

건설산업기본법 제16조(건설공사의 시공자격) ① **건설공사를 도급받으려는 자는 해당 건설공사를 시공하는 업종을 등록하여야 한다.** 다만, 다음 각 호의 어느 하나에 해당하는 경우에는 해당 건설업종을 등록하지 아니하고도 도급받을 수 있다. <개정 2019. 4. 30.>

1. 2개 업종 이상의 전문공사를 시공하는 업종을 등록한 건설사업자가 그 업종에 해당하는 전문공사로 구성된 종합공사를 도급받는 경우
2. 전문공사를 시공할 수 있는 자격을 보유한 건설사업자가 전문공사에 해당하는 부분을 시공하는 조건으로 하여, 종합공사를 시공할 수 있는 자격을 보유한 건설사업자가 종합적인 계획, 관리 및 조정을 하는 공사를 공동으로 도급받는 경우
3. 전문공사를 시공하는 업종을 등록한 2개 이상의 건설사업자가 그 업종에 해당하는 전문공사로 구성된 종합공사를 공정관리, 하자책임 구분 등을 고려하여 국토교통부령으로 정하는 바에 따라 공동으로 도급받는 경우
4. 종합공사를 시공하는 업종을 등록한 건설사업자가 제8조 제2항에 따라 시공 가능한 시설물을 대상으로 하는 전문공사를 국토교통부령으로 정하는 바에 따라 도급받는 경우

---

7 대법원 2007. 7. 26. 선고 2007도2032 판결 참조.

8 대법원 2008. 9. 11. 선고 2008도3932 판결 참조.

5. 제9조 제1항에 따라 등록한 업종에 해당하는 건설공사(제1호, 제3호 및 제4호에 해당하는 건설공사를 포함한다)와 그 부대공사를 함께 도급받는 경우
6. 제9조 제1항에 따라 등록한 업종에 해당하는 건설공사를 이미 도급받아 시공하였거나 시공 중인 건설공사의 부대공사로서 다른 건설공사를 도급받는 경우
7. 발주자가 공사품질이나 시공상 능률을 높이기 위하여 필요하다고 인정한 경우로서 기술적 난이도, 공사를 구성하는 전문공사 사이의 연계 정도 등을 고려하여 대통령령으로 정하는 경우

한편 **행위의 상대방**은 입찰담합 또는 입찰방해 행위의 상대가 되는 입찰을 시행하는 법인 또는 사람이다.

4. 구성요건적 행위

가. 공모하여 입찰을 담합하는 행위(제1호)

본죄의 **구성요건적 행위**는 **부당한 이익을 취득하거나 공정한 가격 결정을 방해할 목적으로 입찰자가 서로 공모하여 미리 조작한 가격으로 입찰하는 것**이다. 입찰에 참가하는 입찰 참가자들 상호간에 서로 공모할 것을 요건으로 하고 이와 같은 사전 공모에 따라 서로 조작한 가격으로 입찰하는 경우 본죄가 성립한다. 따라서 실제로 입찰한 가격에 따라 낙찰되었는지 여부는 구성요건요소가 되지 않는다.

그러나 **입찰은 현실적으로 실시되어야** 하는 것이므로 사실은 수의계약을 체결할 것임에도 입찰절차를 거쳤다는 증빙을 남기기 위하여 **입찰을 전혀 시행하지 아니한 채 형식적인 입찰서류만을 작성하여 입찰이 있었던 것처럼 조작**한 경우, 건설산업기본법 제95조 제1호가 규정하고 있는 **'입찰자간에 공모하여 미리 조작한 가격으로 입찰하는 행위'에 해당하지 않는다.**[9]

이때 **'부당한 이득'**이나 **'공정한 가격'** 등은 모두 건설업자들 사이에 담합행위를 하지 아니한 가운데 자유로운 경쟁입찰을 통하여 결정되는 낙찰가를 전제로 한 것으로서 그와 같은 **자유로운 경쟁입찰을 통하여 결정되는 낙찰가를 '공정한 가격'**으로 보고 담합행위를 통하여 그와 같은 '**공정한 가격'보다 높은 가격으로 낙찰을 받는 경우 그 차액 상당**이 **'부당한 이득'**이 된다.[10]

---

9 대법원 2005. 3. 25. 선고 2004도5731 판결 참조.

한편 **주관적 구성요건요소**와 관련하여 부당한 이익을 취득하거나 공정한 가격 결정을 방해할 목적을 요구한다(**목적범**). 결국 입찰담합행위를 통하여 입찰을 받지 못했을 사람이 부당하게 낙찰자로 선정됨으로써 공정한 가격경쟁과 결정과정을 방해하고 부당한 이익을 얻을 의도가 있어야 한다.

본죄는 '입찰의 공정을 해할 것'을 요건으로 하고 있지 아니하므로 설령 **담합행위가 동업자들 사이의 무모한 출혈경쟁을 방지하기 위한 목적**으로 이루어졌다 하더라도 '**건설업자로서 경쟁입찰에 있어서 입찰자간에 공모하여 미리 조작한 가격으로 입찰**'한 이상 **본죄가 성립**한다.[11]

따라서 건설업자들이 이른바 연고권을 주장하여 자신들끼리 낙찰받을 업자를 정하고, 나머지 건설업자들은 미리 결정된 건설업자가 낙찰을 받을 수 있도록 미리 결정된 건설업자가 입찰할 가격보다 높은 가격으로 입찰하기로 공모하여 그에 따라 입찰을 함으로써 실질적으로는 단독입찰인 것을 마치 경쟁입찰인 것 같이 가장하는 행위는 설령 그와 같이 **미리 결정된 낙찰가가 적자 수주를 막기 위한 최저한의 금액이라는 등의 사정**이 있다 하더라도 특별한 사정이 없는 한 '**부당한 이득을 취득할 목적**' 또는 '**공정한 가격결정을 저해할 목적**'으로 입찰을 담합한 것으로 보아야 한다.[12]

나. 다른 건설사업자의 견적을 제출하는 행위(제2호)

본죄는 건설사업의 입찰에 참가하는 사람이 다른 사업자의 견적을 제출하는 행위를 처벌하고 있다. **입찰에 참가하는 입찰자는 건설사업자로서 자신이 작성한 견적을 제출할 수 있을 뿐**이다.

이때 '**다른 건설업자**'의 해석과 관련하여 **대법원**은 건설공사의 적정한 시공과 건설 산업의 건전한 발전을 도모하고자 하는 건설산업기본법의 목적과 위와 같은 처벌규정을 두게 된 입법 취지를 종합하여 볼 때, 이는 같은 호의 '**다른 건설업자**'라는 법문이나 이와 병렬관계에 있는 같은 조 제1호 및 제3호의 규정 내용에서도 알 수 있듯이 건설공사의 입찰에 있어 입찰의 공정을 해치는 행위를 하는 건설업자들을 특별히 가중처벌하기 위한 것으로서 입찰방해죄를 규정한 형법 제315조의 특별규정이라 할 것이고, 한편 건설산업기본법 제2조 제5

---

10 대법원 2015. 12. 24. 선고 2015도13946 판결, 대법원 1999. 10. 12. 선고 99도2309 판결, 대법원 2002. 2. 22. 선고 2001도4631 판결 등 참조.

11 대법원 1999. 10. 12. 선고 99도2309 판결 참조.

12 위 대법원 99도2309 판결 참조.

호는 '**건설업자**'라 함은 건설산업기본법 또는 다른 법률에 의하여 등록 등을 하고 건설업을 영위하는 자를 말한다고 규정하고 있으므로 위 **'다른 건설업자'는 건설산업기본법 또는 다른 법률에 의하여 등록 등을 하고 건설업을 영위하는 자에 한정된다고 해석**함이 상당하다고 판시하였다.[13]

따라서 개인사업자등록을 하고 인테리어업을 운영하였으나 건설산업기본법에 의한 등록을 마친 건설업자에 해당되지는 아니한 甲이 피고인들(행위자와 양벌규정의 주체인 법인을 구분하지 아니하고 통칭하는 표현)로부터 각 공인인증서를 받아 각 건설업자 명의로 전자입찰을 대행하고 그 대가로 수수료를 받기로 약정한 사안에서 **대법원**은 피고인들이 등록된 건설업자가 아닌 위 甲에게 건설공사의 입찰을 각 대행하도록 하면서 자신의 견적을 제출하게 하였을 뿐 甲자신이 건설업자로서 건설공사에 입찰하면서 타인의 견적을 제출하도록 한 것으로 볼 수 없다고 판시하였다.[14]

결국 본죄는 '나'아닌 '다른 건설사업자'의 견적을 제출하는 행위를 처벌하는 것으로 '내가' 다른 사람을 통해 '나의 견적'을 제출하는 것일 뿐인 경우에는 성립하지 않는다.

다. 위계 또는 위력, 그 밖의 방법으로 다른 건설사업자의 입찰행위를 방해하는 행위 (제3호)

본죄는 위계 또는 위력, 그 밖의 방법으로 다른 건설사업자의 입찰행위를 방해하는 것을 처벌하고 있다.

건설공사의 적정한 시공과 건설산업의 건전한 발전을 도모하고자 하는 건설산업기본법의 목적과 위와 같은 처벌규정을 두게 된 입법 취지를 종합하여 볼 때, 본죄는 제1호와 제2호에서 들고 있는 사유 이외에도 건설공사의 입찰에서 입찰의 공정을 해치는 행위를 하는 건설업자들을 특별히 가중처벌 위한 것으로서 형법 제315조 소정의 입찰방해죄의 특별규정이라 할 것이고, 여기서 '**입찰행위**'를 방해한다고 함은 형법상의 입찰방해죄의 구성요건을 충족함을 의미하는 것이므로 **건설산업기본법 제95조 제3호 소정의 '입찰행위'의 개념은 형법상의 입찰방해죄에 있어 '입찰'과 동일한 개념이라고 봄이 상당**하다.[15]

따라서 건설산업기본법 제95조 제3호 소정의 **'다른 건설업자의 입찰행위를 방해한 자'**

---

13 대법원 2001. 11. 30. 선고 2001도2423 판결, 대법원 2007. 7. 26. 선고 2007도2032 판결 등, 대법원 2008. 11. 27. 선고 2008도4963 판결 각 참조.

14 대법원 2008. 11. 27. 선고 2008도4963 판결 참조.

15 대법원 2001. 11. 30. 선고 2001도2423 판결, 대법원 2013. 10. 17. 선고 2013도6966 판결 등 참조.

에는 입찰에 참가한 다른 건설업자의 입찰행위를 방해한 자뿐만 아니라 입찰에 참가할 가능성이 있는 다른 건설업자의 입찰 참가 여부 결정 등에 영향을 미침으로써 입찰행위를 방해한 자도 포함된다고 보아야 한다.

나아가 형법상의 입찰방해죄와 마찬가지로 건설산업기본법 제95조 제3호 위반죄는 건설공사의 입찰에서 위계 또는 위력, 그 밖의 방법으로 다른 건설업자의 입찰행위를 방해하는 경우에 성립하는 **위태범**이므로, 다른 건설업자의 입찰행위를 방해할 행위를 하면 그것으로 족하고 현실적으로 다른 건설업자의 입찰행위가 방해되는 결과가 발생할 필요는 없다.[16]

그러나 건설산업기본법 제95조 제3호에서 규정하고 있는 입찰방해 행위가 있다고 인정하기 위하여는 그 방해의 대상인 **입찰이 현실적으로 존재하여야 한다고 볼 것**이므로, 실제로 실시된 입찰절차에서 실질적으로는 단독입찰을 하면서 마치 경쟁입찰을 한 것처럼 가장하는 경우와는 달리, **실제로는 수의계약을 체결하면서 입찰절차를 거쳤다는 증빙을 남기기 위하여 입찰을 전혀 시행하지 아니한 채 형식적인 입찰서류만을 작성하여 입찰이 있었던 것처럼 조작한 행위**는 위 규정에서 말하는 **입찰방해 행위에 해당한다고 할 수 없다.**[17]

5. 죄수 및 처벌

앞에서 살펴본 바와 같이 본죄는 형법 제315조의 특별규정이므로 건설사업자가 입찰담합행위를 하는 경우 형법이 아닌 본죄가 적용된다.

본죄를 범하면 5년 이하의 징역 또는 2억 원 이하의 벌금에 처한다. 한편 건설산업기본법상 필요적 몰수·추징 규정이 따로 존재하지 아니하므로 본죄 위반을 통해 취득한 부당이득은 범죄수익으로서 **부패재산몰수법상 임의적 몰수·추징 규정의 적용**을 받는다.

6. 범죄수익환수 사례

본죄를 범하고 얻은 부패재산은 모두 환수의 대상이 되는데 본죄를 위반하여 취득한 **'부당한 이득'**의 해석과 관련하여 **자유로운 경쟁입찰을 통하여 결정되는 낙찰가를 '공정한 가격'**으로 보고 담합행위를 통하여 그와 같은 **'공정한 가격'보다 높은 가격으로 낙찰을 받는 경우 그 차액 상당**이 **'부당한 이득'**이 된다.[18]

---

16 대법원 2015. 12. 24. 선고 2015도13946 판결 참조.

17 대법원 2001. 2. 9. 선고 2000도4700 판결 참조.

18 대법원 2015. 12. 24. 선고 2015도13946 판결, 대법원 1999. 10. 12. 선고 99도2309 판결, 대법원 2002. 2. 22. 선고 2001도4631 판결 등 참조.

그런데 실제로 자유로운 경쟁입찰을 통해 결정되는 낙찰가를 추정하기가 실질적으로 어렵기 때문에 **[실제 낙찰가 - (자유로운 경쟁입찰이 있었던 경우 결정되는 낙찰가 추정금액)]**을 산정하여 실제로 이를 추징하여 환수한 사례는 쉽게 찾기 어렵다. 결국 입찰 대상이 된 공사와 유사하거나 비슷한 유형의 공사에서 낙찰된 가격을 통해 자유로운 경쟁입찰이 있었던 경우 결정되는 낙찰가를 추정하여 볼 수 있을 것이나 이를 구체적으로 확인한 사례가 없다. 따라서 이와 같은 경우 부당한 이득을 어떻게 산정하여 환수할 것인지에 대한 입법적 보완이 필요하다.

Ⅲ 무등록 건설업 영위의 점(제95조의2 제1호, 제9조 제1항)

관련조문

건설산업기본법 제95조의2(벌칙) 다음 각 호의 어느 하나에 해당하는 자는 5년 이하의 징역 또는 5천만원 이하의 벌금에 처한다. <개정 2017. 3. 21., 2019. 4. 30.>

1. **제9조 제1항**에 따른 등록을 하지 아니하거나 부정한 방법으로 등록을 하고 건설업을 한 자

☞ **제9조(건설업 등록 등)** ① 건설업을 하려는 자는 **대통령령**으로 정하는 업종별로 국토교통부장관에게 등록을 하여야 한다. 다만, 대통령령으로 정하는 경미한 건설공사를 업으로 하려는 경우에는 등록을 하지 아니하고 건설업을 할 수 있다. <개정 2013.3.23>

☞ **건설산업기본법 제8조(건설업의 종류)** ① 건설업의 종류는 종합공사를 시공하는 업종과 전문공사를 시공하는 업종으로 한다.
② 건설업의 구체적인 종류 및 업무범위 등에 관한 사항은 대통령령으로 정한다.[전문개정 2011. 5. 24.]

☞ **건설산업기본법 시행령 제7조(건설업의 업종, 업종별 업무분야 및 업무내용)** 법 제8조에 따른 건설업의 업종, 업종별 업무분야 및 업무내용은 별표 1과 같다. <개정 2007. 12. 28., 2020. 12. 29.>

[제목개정 2020. 12. 29.]

1. 구성요건의 주체 및 행위의 상대방

본죄의 **구성요건의 주체**는 아무런 제한이 없다. 따라서 누구든지 동법에 따른 등록을 하지 않고 또는 부정한 방법으로 등록을 하고 건설업을 하는 경우 본죄의 주체가 된다. 관할관청의 허가를 받지 않고 건설업을 영위하는 경우 발생할 수 있는 사회적 문제점 등을 원천적으로 차단할 필요성이 있으므로 무등록 상태로 건설업을 영위하고 얻은 수익을 전부 환수

하겠다는 취지다.

한편 본죄의 구성요건적 행위의 특성상 위 **행위의 상대방**은 상정하기 어렵다.

2. 구성요건적 행위

본죄의 **구성요건적 행위**는 동법 제9조 제1항에 따른 건설업 등록을 하지 않고 또는 부정한 방법으로 등록을 하고 건설업을 영위하는 것이다. '**업**'을 영위하여야 하므로 계속적·지속적 영업행위를 전제로 한다.

한편 건설업의 등록은 앞에서 살펴본 바와 같이 건설업의 업종과 유형에 따라 각기 다르므로 **특정 건설업(A)에 대한 등록만을 하고 이와 무관한 다른 종류의 건설업(B)을 영위하는 경우**에도 **무등록 건설업 영위의 점에 포함**된다고 해석함이 상당하다. 따라서 특정 건설업체가 무등록 건설업을 영위하였는지 여부는 실제로 해당 건설업체가 등록한 건설업의 업종과 유형 등을 확인하고 해당 업체가 등록된 건설업을 영위한 것인지에 대한 실질적인 검토를 요한다.

주관적 구성요건요소로서 자신이 등록 없이, 또는 실제로 자격이 없음에도 불구하고 부정한 방법으로 건설업 등록을 마치고 건설업을 영위한다는 점에 대한 인식을 요한다.

3. 처벌

본죄를 위반하는 경우 5년 이하의 징역 또는 5천만 원 이하의 벌금에 처한다. 무등록 상태로 건설업을 영위하면서 취득한 수익(건설공사 수주를 통한 수주금액 등)은 모두 부패재산몰수법에 따라 환수 대상이 된다.

Ⅳ 건설업 명의대여·명의 차용 등 금지 위반죄(제95조의2 제2호, 제21조 제1항, 제2항)

관련조문

건설산업기본법 제95조의2(벌칙) 다음 각 호의 어느 하나에 해당하는 자는 5년 이하의 징역 또는 5천만원 이하의 벌금에 처한다. <개정 2017. 3. 21., 2019. 4. 30.>

2. **제21조 제1항 또는 제2항을 위반**하여 다른 사람에게 자기의 성명이나 상호를 사용하여 건설공사를 수급 또는 시공하게 한 건설사업자와 그 상대방, 건설업 등록증이나 건설업

등록수첩을 빌려준 건설사업자와 그 상대방

☞ 제21조(건설업 등록증 등의 대여 및 알선 등 금지) ① 건설사업자는 다른 사람에게 자기의 성명이나 상호를 사용하여 건설공사를 수급 또는 시공하게 하거나 건설업 등록증 또는 건설업 등록수첩을 빌려주어서는 아니 된다. <개정 2019. 4. 30.>
② 누구든지 건설사업자로부터 그 성명이나 상호를 빌려 건설공사를 수급 또는 시공하거나 건설업 등록증 또는 건설업 등록수첩을 빌려서는 아니 된다. <신설 2017. 3. 21., 2019. 4. 30.>

1. 구성요건의 주체

본죄의 **구성요건의 주체**는 건설산업기본법상 **'건설사업자'**와 그로부터 건설업 등록증, 건설업 등록수첩을 빌린 **상대방**이다. 이 때 건설사업자로부터 등록증 등을 빌리는 '상대방'은 아무런 제한이 없으므로 누구든지 그 상대방이 되어 본죄의 주체가 될 수 있다.

한편 양자는 **대향범** 관계로 모두 본죄의 주체 및 각각 행위의 상대방이 된다. 위 '건설사업자'란 이 법 또는 다른 법률에 따라 등록 등을 하고 건설업을 하는 자를 말한다(동법 제2조 제7호 참조).

2. 구성요건적 행위

본죄의 **구성요건적 행위**는 ① 건설사업자가 다른 사람에게 자기의 성명이나 상호를 사용하여 건설공사를 수급 또는 시공하게 하거나 건설업 등록증 또는 건설업 등록수첩을 빌려주는 것(**동법 제21조 제1항**)과 ② 건설사업자로부터 그 성명이나 상호를 빌려 건설공사를 수급 또는 시공하거나 건설업 등록증 또는 건설업 등록수첩을 빌리는 것(**동법 제21조 제2항**)이다.

가. 대여가 금지되는 '명의' 및 '시공'의 의미

법 제21조에서 타인에게 그 대여를 금지하고 있는 **'명의'**는 건설산업기본법에 의한 **건설업자의 성명 또는 상호 그 자체를 말하는 것**일 뿐 **건설업자인 그 법인의 대표자 명의에 관한 것은 아니다.**[19]

---

19 대법원 2007. 1. 11. 선고 2005도9487 판결 참조.

따라서 피고인 甲이 피고인 乙의 요청으로 피고인 丙 주식회사로 하여금 건설업자로서의 등록요건을 구비하게 하기 위하여 **형식상 자신을 그 대표이사로 등기하게 한 행위**는 위 규정의 적용대상이 아니므로 이러한 행위를 명의대여행위로 처벌할 수 없다.[20]

그리고 동법상 **'시공'**이라 함은 **직접 또는 도급에 의하여 설계에 따라 건설공사를 완성하기 위하여 시행되는 일체의 행위**를 의미한다. 따라서 건설업자인 피고인이 건설업자가 아닌 사람(甲)으로 하여금 '전무이사'라는 명칭을 사용하도록 하고, 甲은 피고인이 수급한 금액의 92%의 이내 비용으로 건설공사를 완성하기로 약정하고 공사를 진행하다 분쟁이 발생하자 피고인으로부터 공사에 투입된 비용을 지급받고 공사현장에서 철수한 경우 이는 그 명의를 대여하여 甲으로 하여금 시공을 하게 한 것으로 인정할 수 있다.[21]

나. 금지되는 명의대여행위의 판단 기준

대법원은 위 **'명의대여행위'**의 해석과 관련하여 「건설산업기본법 제21조가 금지하고 있는 "다른 사람에게 자기의 성명 또는 상호를 사용하여 건설공사를 시공하게 하는 행위"란 타인이 자신의 상호나 이름을 사용하여 **자격을 갖춘 건설업자로 행세하면서 건설공사를 시공하리라는 것을 알면서도 그와 같은 목적에 자신의 상호나 이름을 사용하도록 승낙 내지 양해한 경우를 의미한다고 해석함이 상당**하다 할 것이므로, 어떤 건설업자의 명의로 하도급 된 건설공사 전부 또는 대부분을 다른 사람이 맡아서 시공하였다 하더라도, 그 **건설업자 자신이 그 건설공사에 실질적으로 관여할 의사로 수급하였고, 또 그 시공 과정에 실질적으로 관여하여 왔다면, 이를 명의 대여로 볼 수는 없다.**」고 하면서도 「**건설업자가 건설공사의 시공에 실질적으로 관여하였는지 여부**는, 건설공사의 수급·시공의 경위와 대가의 약속 및 수수 여부, 대가의 내용 및 수수 방법, 시공과 관련된 건설업자와 시공자 간의 약정 내용, 시공 과정에서 건설업자가 관여하였는지 여부, 관여하였다면 그 정도와 범위, 공사 자금의 조달·관리 및 기성금의 수령 방법, 시공에 따른 책임과 손익의 귀속 여하 등 드러난 사실관계에 비추어 객관적으로 판단하여야 할 것이고, **명의대여자와 실제 시공한 자 사이의 계약서 등 처분문서의 형식적 문구만을 가벼이 믿어 명의대여 사실을 부인하여서는 아니 된다.**」고 판시하였다.[22]

---

20 위 대법원 2005도9487 판결 참조.

21 대법원 2003. 7. 11. 선고 2001도1332 판결 참조.

22 대법원 2003. 12. 26. 선고 2003도5541 판결 참조.

한편 건설업자가 **수급자격에 관한 법령상 제한을 피하기 위하여** 자신의 명의로 수급계약을 체결하려는 사람에게 그러한 사정을 알면서도 **명의를 빌려준 경우 위 '명의대여'에 해당한다.**[23]

다. 명의대여행위 기수시기

위 **명의대여행위의 기수시기와 관련**하여 건설업자가 건설공사를 정당하게 수급한 다음 **다른 사람에게 자기의 성명 또는 상호를 사용하여 시공만 하게 한 경우에도 이는 명의대여 행위로서 금지**되며 이러한 경우 명의대여 행위는 시공자로 하여금 공사에 착수하게 한 때에 완성된다.[24]

3. 처벌

본죄를 위반하는 경우 5년 이하의 징역 또는 5천만 원 이하의 벌금에 처한다. 건설업자가 자신의 건설업 명의 또는 건설업 등록 수첩 등을 대여하여 주고 그 대가를 취득하는 경우 및 그와 같이 명의를 대여하여 실제로 시공을 함으로써 그 상대방이 취득하는 대가는 모두 범죄수익등에 해당하므로 **부패재산몰수법에 따라 임의적 몰수·추징의 대상**이 된다.

4. 범죄수익환수 사례

실무상 본죄를 범하여 건설업 명의대여행위를 하고 그 대가로 취득한 금전의 경우 형법상 배임수재, 뇌물수수 등의 범죄와 관련되어 있는 경우가 많고 위 각 범죄는 모두 범죄수익은닉규제법상 중대범죄에 해당하여 필요적 몰수·추징 규정의 적용을 받는다. 따라서 건설산업기본법상 위 명의대여행위의 대가 수수만을 이유로 부패재산몰수법을 적용하여 몰수·추징한 사례는 쉽게 찾기 어렵다.

실무상 위와 같은 부정한 청탁 내지 대가관계에 있는 뇌물죄가 함께 문제되지 않는 사례들에 있어서도 부패재산몰수법을 적극 적용하여 그 대가로 취득한 재물 또는 재산상 이익을 몰수·추징함으로써 환수할 필요가 있다고 생각한다(私見).

---

23 대법원 2008. 5. 8. 선고 2006도4284 판결 참조.

24 대법원 2010. 5. 27. 선고 2009도10778 판결 참조.

V 건설업 명의대여·명의차용 등 알선 금지 위반죄(제95조의2 제3호, 제21조 제3항)

관련조문

건설산업기본법 제95조의2(벌칙) 다음 각 호의 어느 하나에 해당하는 자는 5년 이하의 징역 또는 5천만원 이하의 벌금에 처한다. <개정 2017. 3. 21., 2019. 4. 30.>

3. 제21조 제3항을 위반하여 다른 사람의 성명이나 상호를 사용한 건설공사 수급 또는 시공을 알선하거나 건설업 등록증 또는 건설업 등록수첩 대여를 알선한 자

☞ 제21조(건설업 등록증 등의 대여 및 알선 등 금지) ③ 누구든지 제1항 및 제2항에서 금지된 행위를 알선하여서는 아니 된다. <개정 2017. 3. 21.>

1. 구성요건의 주체 및 행위의 상대방

본죄의 **구성요건의 주체**는 아무런 제한이 없다. 따라서 누구든지 건설산업기본법 제21조 제1항 내지 제2항의 명의대여 및 명의차용 행위를 알선하는 경우 본죄의 주체가 될 수 있다. 본죄의 **행위의 상대방**은 위 알선행위에 따라 명의를 대여하고 차용하는 양 당사자가 된다.

2. 구성요건적 행위

본죄의 **구성요건적 행위**는 동법 제21조 제1항 내지 제2항에 따라 **건설업 명의를 대여하고 차용하는 행위를 알선하는 것**이다. 여기에서 '알선'이라 함은 명의대여인과 차용인을 연결하여 주는 것을 일컫는 것으로 그러한 알선행위가 유상이든 무상이든 불문한다. 실무상 알선수수료를 받고 명의대여인과 차용인을 연결하여 주는 경우가 대다수를 차지하고 이러한 경우 알선수수료는 부패재산몰수법상 범죄수익등에 해당한다.

주관적 구성요건요소로서 건설업 명의대여 및 차용행위에 대한 인식뿐만 아니라 양자를 연결한다는 사실에 대한 미필적 인식을 요한다.

3. 처벌 및 범죄수익환수 사례

본죄를 범하면 5년 이하의 징역 또는 5천만 원 이하의 벌금에 처한다. 위와 같은 알선행

위를 통하여 취득한 수수료 기타 재물 또는 재산상의 이익은 그 명목을 불문하고 위 부패범죄 행위의 대가로 얻은 재산이므로 부패재산몰수법에 따라 모두 환수의 대상이 된다고 봄이 상당하다. 그러나 실무상 건설산업기본법의 명의대여 행위 알선에 따른 수수료 기타 금전을 부패재산몰수법에 따라 환수한 사례는 쉽게 찾기 어렵다.

Ⅵ 건축주의 명의대여행위 금지 규정 위반 도급·시공의 죄(제95조의2 제4호, 제21조 제4항)

관련조문

건설산업기본법 제95조의2(벌칙) 다음 각 호의 어느 하나에 해당하는 자는 5년 이하의 징역 또는 5천만원 이하의 벌금에 처한다. <개정 2017. 3. 21., 2019. 4. 30.>

4. 제21조 제4항을 위반하여 건설공사를 도급 또는 시공하게 한 건축주

☞ 제21조(건설업 등록증 등의 대여 및 알선 등 금지) ④ **건축주는** 제1항을 위반한 건설사업자 또는 제2항을 위반한 자와 공모(共謀)하여 건설공사를 도급 또는 시공하게 하여서는 아니 된다. <신설 2017. 3. 21., 2019. 4. 30.>

1. 구성요건의 주체 및 행위의 상대방

본죄의 **구성요건의 주체**는 건축주이다. 건축주는 건설사업자 등에게 건설공사를 맡기는 사람을 일컫는 것으로 그 **행위의 상대방**은 동법 제21조 제1항을 위반하여 건설사업자 명의를 대여한 건설사업자 또는 동법 제21조 제2항을 위반하여 명의를 차용한 사람이다.

2. 구성요건적 행위

본죄의 **구성요건적 행위**는 동법 제21조 제1항을 위반한 건설사업자 또는 제21조 제2항을 위반한 자와 공모(共謀)하여 건설공사를 도급 또는 시공하게 하는 것이다. 건축주 입장에서는 건설사업자가 명의를 대여하든 제3자가 명의를 차용하여 공사를 진행하든 크게 상관없이 공사를 맡기는 경우가 많고 그 과정에서 공사비 절감을 위해 이를 묵인하게 되므로 **그와 같은 사정(건설업 명의 대여 및 차용행위)을 모두 알면서도 명의대여인과 명의차용인을 통해 건설공사를 도급하고 시공하도록 하면 처벌**하도록 한 것이다.

따라서 **주관적 구성요건요소**로서 건축주는 건설업자가 자신의 명의를 대여한다는 사실,

제3자가 건설업자의 명의를 빌려 시공을 한다는 사실 등을 모두 인식하여야 하고, 그와 같은 사정을 알면서도 건설공사를 도급 또는 시공하게 한다는 것까지 인식하여야 한다.

3. 처벌 및 범죄수익환수 사례

본죄를 범하면 5년 이하의 징역 또는 5천만 원 이하의 벌금에 처한다. 위와 같은 도급, 시공행위를 통하여 건축주가 취득한 대가는 부패재산몰수법에 따라 모두 환수의 대상이 된다고 봄이 상당하다. 그러나 실무상 건축주가 얻은 범죄수익을 부패재산몰수법에 따라 환수한 사례는 쉽게 찾기 어렵다.

Ⅶ 부정한 청탁 재물 등 취득·제공 금지 위반죄(제95조의2 제5호, 제38조의2)

관련조문

건설산업기본법 제95조의2(벌칙) 다음 각 호의 어느 하나에 해당하는 자는 5년 이하의 징역 또는 5천만원 이하의 벌금에 처한다. ＜개정 2017. 3. 21., 2019. 4. 30.＞

5. 제38조의2를 위반하여 부정한 청탁을 받고 재물 또는 재산상의 이익을 취득하거나 부정한 청탁을 하면서 재물 또는 재산상의 이익을 제공한 자

☞ 제38조의2(부정한 청탁에 의한 재물 등의 취득 및 제공 금지) ① **발주자·수급인·하수급인(발주자, 수급인 또는 하수급인이 법인인 경우 해당 법인의 임원 또는 직원을 포함한다) 또는 이해관계인**은 도급계약의 체결 또는 건설공사의 시공에 관하여 부정한 청탁을 받고 재물 또는 재산상의 이익을 취득하거나 부정한 청탁을 하면서 재물 또는 재산상의 이익을 제공하여서는 아니 된다.

② **국가, 지방자치단체 또는 대통령령으로 정하는 공공기관이 발주한 건설공사의 업체 선정에 심사위원으로 참여한 자**는 그 직무에 관하여 부정한 청탁을 받고 재물 또는 재산상의 이익을 취득하여서는 아니 된다.

③ **국가, 지방자치단체 또는 대통령령으로 정하는 공공기관이 발주한 건설공사의 업체 선정에 참여한 법인, 해당 법인의 대표자, 상업 사용인, 그 밖의 임원 또는 직원**은 그 직무에 관하여 부정한 청탁을 받고 재물 또는 재산상의 이득을 취득하거나 부정한 청탁을 하면서 재물 또는 재산상의 이익을 제공하여서는 아니 된다.

1. 구성요건의 주체 및 행위의 상대방

본죄의 **구성요건 주체**는 **재물 또는 재산상 이익을 받는 행위**의 경우, ① 발주자·수급인·하수급인(발주자, 수급인 또는 하수급인이 법인인 경우 해당 법인의 임원 또는 직원을 포함한다) 또는 이해관계인(동법 제38조의2 제1항), ② 국가, 지방자치단체 또는 대통령령으로 정하는 공공기관이 발주한 건설공사의 업체선정에 심사위원으로 참여한 자(동법 제38조의2 제2항), ③ 국가, 지방자치단체 또는 대통령령으로 정하는 공공기관이 발주한 건설공사의 업체 선정에 참여한 법인, 해당 법인의 대표자, 상업 사용인, 그 밖의 임원 또는 직원(동법 제38조의2 제3항)이다(**신분범**).

이때 동법 제38조의2 제1항의 **'이해관계인'**이란 건설공사를 도급 또는 하도급을 받을 목적으로 도급계약을 체결하기 위하여 경쟁하는 자로서 도급계약의 체결 여부에 직접적이고 법률적인 이해관계를 가진 자를 의미하고, 이러한 의미를 가진 '이해관계인' 규정이 죄형법정주의의 명확성의 원칙에 위배된다고 할 수 없다.[25]

대법원은 이와 관련하여 재건축·재개발정비조합이나 조합설립추진위원회로부터 정비사업의 시행을 위하여 필요한 업무의 대행이나 지원을 위탁받거나 이에 관한 자문을 하는 **정비사업전문관리업자** 또는 정비사업과 관련한 건설공사도급계약이 체결되기 전의 **재개발·재건축정비지구 내 주민**은 위 법에서 말하는 **이해관계인에 해당하지 않는다**고 판시한 바 있다.[26]

한편 **재물 또는 재산상 이익을 제공하는 행위**의 경우, 그 **구성요건의 주체**에 아무런 제한이 없다. 따라서 누구든지 위 각 신분자에게 그 업무에 관하여 재물 또는 재산상 이익을 제공하는 경우 처벌대상이 된다.

재물 또는 재산상 이익을 제공하고 받는 행위는 각 대향범 관계에 있으므로 서로 각 행위의 상대방이 된다. 한편 위 각 신분자들의 경우 금지하고 있는 구성요건적 행위가 다소 차이가 있다.

2. 구성요건적 행위

가. 구성요건의 주체별 구성요건적 행위의 차이점

본죄의 **구성요건적 행위**는 ① **발주자·수급인·하수급인**(발주자, 수급인 또는 하수급인이

---

25 대법원 2009. 9. 24. 선고 2007도6185 판결 참조.

26 대법원 2008. 9. 25. 선고 2008도2590 판결 참조.

법인인 경우, 해당 법인의 임직원 포함, 이하 '발주자 등')의 경우 **도급계약의 체결 또는 건설공사의 시공에 관하여 부정한 청탁을 받고 재물 또는 재산상의 이익을 취득하거나 부정한 청탁을 하면서 재물 또는 재산상의 이익을 제공**하는 것이다(동법 제38조의2 제1항).

위 발주자 등은 위 도급계약의 체결 또는 건설공사의 시공에 관해 부정한 청탁을 받고 재물 또는 재산상의 이익을 취득하는 경우는 물론, 스스로 부정한 청탁을 하면서 재물 또는 재산상의 이익을 공여하는 경우도 모두 처벌된다. **건설공사의 발주자·수급인·하수급인은 부정한 청탁을 '받는' 주체**임과 동시에 **부정한 청탁을 '하는' 주체**로 모두 규정되어 있는 것이다.

나아가 ② **국가, 지방자치단체 또는 대통령령으로 정하는 공공기관이 발주한 건설공사의 업체선정에 심사위원으로 참여한 자**의 경우, 그 직무에 관하여 부정한 청탁을 받고 재물 또는 재산상의 이익을 취득하는 것이다(동법 제38조의2 제2항).

위 공공기관 등이 발주한 건설공사 업체 선정에 심사위원으로 참여한 사람의 경우 부정한 청탁을 **'받는'** 행위만을 구성요건으로 규정함이 특징이 있다. 생각건대 위와 같은 심사위원이 부정한 청탁을 하고 재물등을 공여하는 경우를 상정할 수 없어 이를 구성요건에서 제외한 것으로 봄이 상당하다(私見).

그리고 ③ **국가, 지방자치단체 또는 대통령령으로 정하는 공공기관이 발주한 건설공사의 업체 선정에 참여한 법인, 해당 법인의 대표자, 상업 사용인, 그 밖의 임원 또는 직원**의 경우, 그 직무에 관하여 부정한 청탁을 받고 재물 또는 재산상의 이득을 취득하거나 부정한 청탁을 하면서 재물 또는 재산상의 이익을 제공하는 것이다(동법 제38조의2 제3항).

이 또한 마찬가지로 공공기관이 발주한 건설공사의 업체 선정에 참여한 법인, 대표자, 사용인, 그 밖의 임직원은 **부정한 청탁을 '받는' 주체**임과 동시에 **부정한 청탁을 '하는' 주체**로 모두 규정한 것이다.

나. '그 직무에 관한 부정한 청탁'의 의미

본죄의 '**부정한 청탁**'과 관련하여 **대법원**은 「위 건설산업기본법 위반죄가 성립하기 위하여는 교부된 **재물 또는 재산상의 이득이 부정한 청탁과 대가관계**가 있어야 하고, 여기에서 말하는 **부정한 청탁**이라 함은 **그 청탁이 사회상규와 신의성실의 원칙에 반하는 것을 말하며,** 이를 판단함에 있어서는 청탁의 내용과 이와 관련되어 교부받거나 공여한 재물의 액수, 형식, 보호법익인 사무처리자의 청렴성 등을 종합적으로 고찰하여야 하고 **그 청탁이 반드시 명시적임을 요하는 것은 아니라고 할 것**이다」라고 판시한 바 있다.[27]

하지만 **대법원**은 위 '부정한 청탁'과 형법 제130조의 제3자 뇌물공여죄의 '부정한 청탁'

의 관련성에 관하여 「제3자 뇌물공여죄에 있어서 '부정한 청탁'에 관해서는, 그 청탁의 대상이 된 **직무집행이 위법·부당하지 않더라도 당해 직무집행을 어떤 대가관계와 연결**시켜 그 직무집행에 관한 대가의 교부를 내용으로 하는 경우 이를 의연 **'부정한 청탁'에 해당하는 것으로 볼 수 있지만,** 건설공사의 적정한 시공과 건설산업의 건전한 발전을 도모하는 데 그 목적을 두고 일반적인 **건설 산업 종사자 모두에 대해 적용하는 건설산업기본법 제38조의2 위반죄에 있어서까지 '부정한 청탁'을 그와 같이 엄격히 해석하여야 한다고 볼 수 없다.**」고 판시[28]하면서 공사대금을 원활하게 지불해달라는 내용의 청탁은 공사도급계약에서 수급인이 도급인에게 당연히 할 수 있는 정당한 요구에 불과하고 사회상규와 신의성실의 원칙에 반하는 것이라고 할 수 없어 '부정한 청탁'에 해당하지 않는다고 보았다.[29]

따라서 위 대법원 취지에 따르면 본죄의 '부정한 청탁'은 제3자 뇌물공여죄와는 달리 **그 청탁의 대상이 된 직무집행 자체가 위법·부당한 경우에 한하여 인정**된다. **대법원은 다음과 같은 사례에서 그 입찰담합 과정에서 수수한 금품에 대해 본죄의 성립을 인정한 바 있다.**[30]

판례

(전략)

다. 건설산업기본법 위반의 점에 관하여

원심은, 공동수급인인 피고인은 추자항공사를 시공함에 있어 공소외 11이 대표로 있는 공소외 12 주식회사를 하도급업체로 추천하였고, **공소외 11은 2차 제한경쟁입찰에 참가하면서 피고인으로부터 좀 더 가격을 높여 입찰에 참여해도 좋다는 취지의 이야기를 듣고 최초 예정했던 입찰가액(약 44억 원)보다 높은 가격(약 47억 원, 경쟁업체의 입찰가액은 약 48억 원)으로 입찰에 참여하여 낙찰을 받은 사실,** 피고인은 공소외 11과 위 2차 입찰에 따른 하도급계약서를 작성하기에 앞서 공소외 11에게 공사포기각서를 제출받는 한편 **증가된 입찰금액의 일부를 돌려달라고 요구하여 공소외 11이 이에 응한 사실, 이에 따라 공소외 11은 위 2차 입찰에 따른 하도급계약의 하수급인으로서 수급인인 피고인에게 2006. 9. 19. 5,000만 원을 교부한 사실을 인정**한 다음, **피고인이 공소외 11로부터 취득한 위 5,000만 원은 그 판시와 같은 이유로 하도급계약의 체결과 관련한 부정한 청탁에 의한 재물로 봄이 상당**하고, 피고인

27 대법원 2008. 1. 24. 선고 2006도5711 판결 참조.

28 위 대법원 2006도5711 판결 참조.

29 대법원은 제3자 뇌물공여의 '부정한 청탁'의 범위를 넓게 인정하고, 건설산업기본법상 '부정한 청탁'의 범위는 좁게 해석한 것이므로 판결요지와 같이 건설산업기본법상 부정한 청탁의 범위를 '엄격히' 해석하였다기보다 **그 부정한 청탁의 범위를 제3자 뇌물공여죄의 그것보다 좁게 해석하였다고 봄이 상당**하다.

30 대법원 2010. 7. 15. 선고 2010도3544 판결 참조.

이 공소외 11에게 먼저 금품을 공여할 것을 요구하였다고 하여 달리 볼 것은 아니라고 판단하였다. 관련 법리에 비추어 기록을 살펴보면, 원심의 위와 같은 사실인정과 판단은 정당한 것으로 수긍할 수 있다. 거기에 상고이유 주장과 같이 건설산업기본법 제38조의2, 제95조의2에 관한 법리 오해 및 채증법칙 위반 등의 위법이 있다고 할 수 없다(대법원 2010. 7. 15. 선고 2010도3544 판결 참조).

다. 재물 또는 재산상 이익의 취득과 대가관계

본죄가 성립하기 위해서는 **부정한 청탁과 재물 또는 재산상 이익 사이의 대가관계가 인정**되어야 함은 당연하다. 따라서 그 직무에 관하여 재물 또는 재산상 이익을 취득한 것이 아닌 개인적 이득 취득 차원에서 재물을 수수한 경우 본죄가 성립한다고 볼 수 없다.

이와 관련하여 **대법원**은「위 조항들의 문언상 그 처벌대상이 되는 행위는 발주자, 수급인, 하수급인 또는 이해관계인이 도급계약의 체결 또는 건설공사의 시공과 관련하여 스스로 영득하기로 하는 명목으로 재물 또는 재산상의 이익을 취득하거나 그와 같은 명목으로 이를 공여하는 행위에 한정되고, 그와 달리 **발주자 등의 사용인 기타 종업원 등이 개인적으로 영득하기 위하여 배임수증재적 명목으로 재물 또는 재산상의 이익을 취득하거나 그와 같은 명목으로 이를 공여하는 행위**는 위 조항에 의하여 **처벌되는 행위에 포함되지 아니한다.**」고 판시하고 있다.[31]

라. 주관적 구성요건요소

본죄의 **주관적 구성요건요소**로서 위 각 신분자가 자신의 직무에 관하여 부정한 청탁을 받고 재물 또는 재산상 이익을 취득하거나 공여한다는 사실을 모두 인식하여야 한다. 한편 그 직무관련성과 부정한 청탁에 대한 인식도 필요하나 확정적으로 인식할 필요는 없고 그 재물 또는 재산상 이익이 각 신분자가 담당하는 자신의 업무와 관련되어 있다는 점, 그러한 청탁에 사회상규에 반한다는 점에 대한 인식이 있으면 충분하다.

3. 처벌

본죄를 범하면 5년 이하의 징역 또는 5천만 원 이하의 벌금에 처한다. 위와 같은 행위를 통하여 취득한 재물 또는 재산상 이익은 부패재산몰수법에 따라 모두 환수의 대상이 된다고 봄이 상당하다.

---

31 대법원 2009. 5. 28. 선고 2009도988 판결 참조.

4. 범죄수익환수 사례

앞에서 본 바와 같이 본죄를 범하여 취득한 재물 또는 재산상 이익은 부패재산몰수법에 따라 모두 환수의 대상이 된다. 실무상 위와 같은 부정한 청탁을 통해 재물을 수수하는 경우 형법상 배임수재 또는 배임증재죄와 함께 문제되는 경우가 많은데 배임수재죄의 경우에는 필요적 몰수·추징 규정(형법 제357조 제3항)이 적용되고, 건설산업기본법의 경우 부패재산몰수법상 임의적 몰수·추징 규정이 적용된다는 점에서 차이가 있다.

생각건대 형법상 배임수재 뿐만 아니라 건설산업기본법에 따른 부정한 청탁 및 재물취득의 점에 대한 철저한 환수가 필요하다(私見).

제 10 장
기타 부패범죄

제 1 절 고등교육법위반(제19호)

I 총설

부패재산몰수법 별표 제19호에서 **고등교육법 제64조 제2항 제2호의 죄**를 부패범죄로 규정하고 있다.

관련조문

부패재산몰수법 별표

부패범죄(제2조 제1호 관련)

19. 「고등교육법」 제64조 제2항 제2호의 죄

위 부패범죄는 공립학교나 사립학교의 설립자·경영자가 학교를 폐지하거나 대통령령으로 정하는 중요사항을 변경하려는 경우 교육부 장관의 인가를 받아야 하는데 이러한 인가를 받지 않는 행위를 처벌하는 것이다.

동법의 경우 자체적인 몰수·추징 규정을 두고 있지 않으므로 동법위반죄로 취득한 부패재산 및 범죄수익은 **부패재산몰수법에 따른 임의적 몰수·추징 규정의 적용**을 받는다.

II 구성요건

관련조문

고등교육법 제64조(벌칙) ② 다음 각 호의 어느 하나에 해당하는 자는 3년 이하의 징역 또는 3천민원 이하의 벌금에 처한다. <개정 2016. 5. 29., 2016. 12. 20.>

2. 제4조 제3항을 위반하여 폐지인가나 변경인가를 받지 아니한 자

☞ 제4조(학교의 설립 등) ③ 공립학교나 사립학교의 설립자·경영자가 학교를 폐지하거나 대통령령으로 정하는 중요 사항을 변경하려는 경우에는 교육부장관의 인가를 받아야 한다.

1. 구성요건의 주체 및 행위의 상대방

본죄의 **구성요건 주체**는 공립학교나 사립학교의 설립자·경영자이다(**신분범**). 공립, 사립 교육의 설립자 또는 경영자라 하더라도 학교를 폐지하거나 변경하려고 하는 경우 관할 교육부 장관의 인가를 받아야 함에도 그렇지 않은 경우 본죄의 주체가 된다.

한편 **본죄의 행위의 상대방**은 특별한 제한이 없다.

2. 구성요건적 행위

본죄의 **구성요건적 행위**는 교육부 장관의 인가를 받지 않고 학교를 폐지하거나 대통령령으로 정하는 중요 사항을 변경하는 것이다. 이 때 **대통령령이 정하는 중요한 사항**은 학교의 설립·경영자와 그 학교의 목적, 명칭, 위치 및 부설학교를 두는 때에는 그 계획서에 관한 사항이다. 상세한 규정은 다음과 같다.

관련조문

고등교육법 시행령[시행 2020. 6. 11.] [대통령령 제30725호, 2020. 6. 2., 일부개정] 제2조(학교설립 등) ⑤ 법 제4조 제3항에서 "대통령령으로 정하는 중요사항"이라 함은 학교의 설립·경영자와 제2항 제1호부터 제3호까지 및 제10호의 사항을 말한다. <개정 1999. 3. 26., 2000. 11. 28., 2008. 12. 31., 2012. 3. 2.>

☞ 고등교육법 시행령 제2조(학교의 설립 등) ② 법 제4조 제2항에 따라 학교의 설립인가를 받고자 하는 자는 다음 각 호의 사항이 기재된 서류를 갖추어 교육부장관에게 신청하여야 한다. 다만, 법 제2조 제5호에 따른 사이버대학의 설립인가절차에 관하여는 따로 대통령령으로 정한다.

1. 목적
2. 명칭
3. 위치

10. 부설학교를 두는 때에는 그 계획서

주관적 구성요건요소는 교육부 장관의 인가를 받지 않고 학교를 폐지하거나 대통령령이 정한 중요한 사항을 변경한다는 점에 대한 미필적 인식을 요한다(**고의범**).

Ⅲ 처벌 및 범죄수익환수 사례

본죄를 범하면 3년 이하의 징역 또는 3천만 원 이하의 벌금에 처한다. 한편 본죄에는 별도의 몰수·추징 규정이 없으므로 위와 같은 행위를 통해 취득한 범죄수익은 부패재산몰수법에 따라 임의적 몰수·추징의 대상이 된다.

한편 실무상 교육부 장관의 인가 없이 학교를 폐지하거나 중요한 사항을 변경하는 범죄행위로 범죄수익을 취득하여 이를 환수한 사례는 발견되지 않는다.

생각건대 본죄는 미인가 학교 폐지 및 중요사항 변경으로 그 성질상 범죄수익의 취득과 직접적으로 연결되지 않아 그 활용례가 많지 않으므로 오히려 시험문제가 공개되기 전에 그 시험문제의 전부 또는 일부를 유출하거나 유포하는 행위(동법 제64조 제1항, 제34조 제9항)를 부패범죄로 추가하고 이 행위로 취득한 대가가 있는 경우 이를 범죄수익등으로 몰수·추징하는 것으로 부패재산몰수법상 별표가 개정될 필요가 있다고 생각한다(私見).

관련조문

부패재산몰수법 별표(개정안)

부패범죄(제2조 제1호 관련)

19. 「고등교육법」 제64조 제2항 제2호의 죄, **제64조 제1항의 죄**

제 2 절 근로기준법위반(제22호)

Ⅰ 총설

부패재산몰수법 별표 제22호에서 **근로기준법 제9조 및 제107조의 죄**를 각 부패범죄로 규정하고 있다.

관련조문

부패재산몰수법 별표

부패범죄(제2조 제1호 관련)

22. 「근로기준법」 제9조 및 제107조의 죄

그런데 위 근로기준법 제9조는 금지규정, 제107조의 죄는 제9조를 인용하는 처벌규정이므로 위 부패범죄 별표의 기재는 **근로기준법 제107조 中 근로기준법 제9조의 죄만을 규정하는 취지로 봄이 옳다.** 왜냐하면 동법 제107조에서 인용하는 금지규정 중 금전의 이익 취득과 관련되어 있는 범죄는 제9조가 유일하기 때문이다.[1] 범죄 처벌규정에는 금지규정을 병렬적으로 기재하는 것이 적절하지 아니하므로 다음과 같이 별표를 개정할 필요가 있다(私見).

관련조문

부패재산몰수법 별표(개정안)

부패범죄(제2조 제1호 관련)

22. 「근로기준법」 제107조의 죄**(동법 제9조 위반의 점에 한정한다)**

이하에서는 근로기준법 제107조(제9조 위반의 점)의 구성요건을 살피고 이에 대한 범죄수익환수 사례를 아울러 검토하기로 한다.

---

1 근로기준법 제107조(벌칙) 제7조, 제8조, 제9조, 제23조 제2항 또는 제40조를 위반한 자는 5년 이하의 징역 또는 5천만원 이하의 벌금에 처한다. <개정 2017. 11. 28.>

☞ **제7조(강제 근로의 금지)** 사용자는 폭행, 협박, 감금, 그 밖에 정신상 또는 신체상의 자유를 부당하게 구속하는 수단으로써 근로자의 자유의사에 어긋나는 근로를 강요하지 못한다.

☞ **제8조(폭행의 금지)** 사용자는 사고의 발생이나 그 밖의 어떠한 이유로도 근로자에게 폭행을 하지 못한다.

☞ **제23조(해고 등의 제한)** ② 사용자는 근로자가 업무상 부상 또는 질병의 요양을 위하여 휴업한 기간과 그 후 30일 동안 또는 산전(産前)·산후(産後)의 여성이 이 법에 따라 휴업한 기간과 그 후 30일 동안은 해고하지 못한다. 다만, 사용자가 제84조에 따라 일시보상을 하였을 경우 또는 사업을 계속할 수 없게 된 경우에는 그러하지 아니하다.

☞ **제40조(취업 방해의 금지)** 누구든지 근로자의 취업을 방해할 목적으로 비밀 기호 또는 명부를 작성·사용하거나 통신을 하여서는 아니 된다.

Ⅱ 구성요건

관련조문

근로기준법 제107조(벌칙) 제7조, 제8조, 제9조, 제23 제2항 또는 제40조를 위반한 자는 5년 이하의 징역 또는 5천만원 이하의 벌금에 처한다. <개정 2017. 11. 28.>

☞ 제9조(중간착취의 배제) 누구든지 법률에 따르지 아니하고는 영리로 다른 사람의 취업에 개입하거나 중간인으로서 이익을 취득하지 못한다.

1. 구성요건의 주체 및 행위의 상대방

본죄의 **구성요건의 주체**는 아무런 제한이 없다. 따라서 누구든지 본죄의 주체가 될 수 있고, **행위의 상대방**은 본죄의 구성요건적 행위인 다른 사람의 취업에 개입하거나 중간인으로서 이익을 취득하는 행위의 상대방인 사람이 된다.

2. 구성요건적 행위

본죄의 **구성요건적 행위**는 법률에 따르지 아니하고 영리로 다른 사람의 취업에 개입하거나 중간인으로서 이익을 취득하는 것이다. 다른 사람의 취업에 개입하거나 중간인으로서 이익을 취득하는 경우 특별히 법률에 허용되어 있는 경우를 제외하고는 스스로 소위 **'취업 브로커'**가 되어 영리를 취득할 수 없도록 한 것이다.

본죄에서 금지하는 행위는 '영리로 타인의 취업에 개입'하는 행위와 '중간인으로서 이익을 취득'하는 행위인데, **'영리로 타인의 취업에 개입'**하는 행위는 제3자가 영리로 타인의 취업을 소개·알선하는 등 노동관계의 성립 또는 갱신에 영향을 주는 행위를 말한다. 그리고 **'중간인으로서 이익을 취득'**하는 행위는 근로계약관계의 존속 중에 사용자와 근로자 사이의 중간에서 근로자의 노무제공과 관련하여 사용자 또는 근로자로부터 법률에 의하지 아니하는 이익을 취득하는 것을 의미한다.[2]

대법원은 **대기업에 입사할 수 있도록 해달라는 청탁을 받고 입사추천을 받도록 해준 다음 취업사례금 명목의 돈을 받은 경우**, 본죄의 '영리로 타인의 취업에 개입'하는 행위에

2 대법원 2007. 8. 23. 선고 2007도3192 판결 참조.

해당하는지 여부만이 문제될 뿐 '중간인으로서 이익을 취득'하는 행위에 해당하지는 않는다고 판시한 바 있다.[3]

3. 처벌 및 범죄수익환수 사례

본죄를 범하면 5년 이하의 징역 또는 5천만 원 이하의 벌금에 처한다. 또한 근로기준법상 별도의 몰수·추징 규정이 존재하지 아니하므로 본죄로 취득한 범죄수익은 모두 **부패재산몰수법에 따른 임의적 몰수·추징 규정의 적용**을 받는다.

다만 실무상 본죄를 위반하여 취득한 이익을 추징하여 환수한 사례는 발견되지 않는다.

---

3 위 대법원 2007도3192 판결 참조.

REFERENCES 참고문헌

Ⅰ. 단행본

강대성, 『신민사집행법』, 대명출판사, 2014.

김상수, 『민사집행법』, 법우사, 2015.

김홍엽, 『민사소송법』, 박영사, 2016.

대검찰청, 『공직선거법 벌칙해설』(제10개정판), 2020.

박두환, 『민사집행법』, 법률서원, 2002.

법무부, 『자금세탁범죄 해설과 판례』, 2011.

법무부, 『형사사법공조 실무』, 2020. 6.

법원행정처, 『법원실무제요 민사집행 [Ⅰ]』, 2014.

법원행정처, 『법원실무제요 형사 [Ⅰ]』, 2014.

법원행정처, 『법원실무제요 형사 [Ⅱ]』, 2014.

법원행정처, 『부동산등기실무』, 2015.

서울중앙지방검찰청, 『범죄수익환수 실무연구』, 2019.

이시윤, 『신민사집행법』, 박영사, 2016.

이재상 외2, 『형법각론』(제10판), 2017.

임웅, 『형법각론』(제6정판), 2015.

정하중, 『행정법 개론』, 법문사, 2016.

한국사법행정학회, 『주석 민사소송법』, 2018. 10.

한국사법행정학회, 『주석 민사집행법 [Ⅱ]』(제3판), 2012.

한국사법행정학회, 『주석 민사집행법』(제4판), 2018. 10.

한국사법행정학회, 『주석 형법』(제2판), 2011. 11.

한국사법행정학회, 『주석 형사소송법 [Ⅳ]』(제5판), 2017.

한국사법행정학회, 『주석 형사소송법』(제6판), 2022. 10.

Ⅱ. 학술지 및 논문

김민석, 「범죄단체의 규범적 개념 및 범죄집단의 해석론」, 『법조』, 제68권 제2호(통권 제734호), 2019.

김성원, 「행정소송에서의 제3자의 소송참가」, 『원광법학』, 제32권 제3호, 원광대학교 법학연구소, 2016.

김현수, 「유사수신범죄의 불법성 구조와 유형 분석의 지평」, 『형사정책연구』, 제28권 제3호, 한국형사정책연구원, 2017.

백대용, 「다단계판매 개념과 합리적 규제방안: 공정거래위원회 의결 제2020-023호 등 사례를 중심으로」, 『연세법학』, 제35호, 2020. 6.

서혜숙·정경환, 「방문판매법상 다단계판매의 규제체계와 비교법적 고찰」, 『경쟁저널』, 제153권, 공정거래위원회, 2020.

신도욱, 「범죄수익 환수 법제의 통일 방안에 관한 연구」, 서울대학교 박사학위논문, 2020.

이승섭, 「범죄수익환수법안과 민사몰수제도에 관한 몇 가지 검토」, 『법학연구』, 충남대학교 법학연구소, 2015.

이주형, 「범죄수익환수를 위한 제3자 참가절차에 관한 연구: 제3자 참가절차의 법적 성격과 올바른 실무상 활용방안을 중심으로」, 『법조』, 제71권 제2호(통권 제752호), 2022. 4.

이주형, 「차명으로 은닉된 범죄수익의 종국적 환수방안 연구: 명의신탁과 채권자 대위소송, 사해행위 취소소송 및 민사상 가압류를 중심으로」, 『법조』, 제69권 제3호(통권 제741호), 2020. 6. 28.

정운영 외3, 「국내 전기통신금융사기 실태 및 현황 분석: 전기통신금융사기 피해액 발생 여부의 결정요인을 중심으로」, 『경제교육연구』, 제30권 제1호, 2023. 4.

하담미, 「보이스피싱 조직의 범죄단체 의율에 관한 제문제」, 『형사법의 신동향』, 대검찰청, 2018.

한병기, 「유사수신행위의 규제에 관한 법률에 대한 새로운 이해: 형사법의 관점에서 금융혁신을 善導하는 금융규제법의 관점으로」, 『금융법연구』, 제17권 제2호, 2020.

홍찬기, 「독립몰수 도입에 관한 입법론적 연구: 범죄수익 독립몰수를 중심으로」, 『형사소송이론과 실무』, 한국형사소송법학회, 2014.

Howie, Clinton D., "Investing in Louisiana: Is it a pyramid scheme?: Multilevel marketing and Louisiana's new anti-pyramid statute", Louisiana Bar Journal, Vol. 49, p. 288, 2002.

Valentine, Debra A., "Pyramid Schemes", IMF Seminar on Current Legal Issues Affecting Central Banks, Washington, D.C., May 13, 1998.

Ⅲ. 기타 자료

감사원, 「감사보고서: 금융소비자 보호시책 추진실태」, 2020. 7.

국회 법제사법위원회, 「법제사법소위 제3차 회의록」, 제271회, 2008. 8. 25.

국회 법제사법위원회, 「법제사법위원회 심사보고서」, 2016. 11.

국회 법제사법위원회, 「부패재산의 몰수 및 회복에 관한 특례법 일부개정법률안 검토보고」, 2019. 3.

국회 법제사법위원회, 「부패재산의 몰수 및 회복에 관한 특례법안(정부) 검토보고」, 2007. 11.

「부패재산몰수법」 법안 공청회 자료집(권오창 발표 자료)

「부패재산몰수법」 법안 공청회 자료집(도중진 발표 자료)

「부패재산몰수법」 법안 공청회 자료집(한상훈 발표 자료)

정부 범부처 전기통신금융사기 방지대책협의회, 「신·변종 신종금융사기 피해방지 종합대책」, 2013. 12.

한국소비자원, 「다단계판매의 문제점 및 개선방안」, 2003. 11.

한국형사정책연구원, 「신종금융사기범죄의 실태 분석과 형사정책적 대응방안 연구」, 경제·인문사회연구회 협동연구 총서, 2016. 12.

[대법원]

[고등법원]

[지방법원]

[헌법재판소]

INDEX 사항색인

저자 약력

약력

2000 서울 방배중학교 졸업
2003 서울 상문고등학교 졸업
2008 연세대학교 법과대학 법학과 졸업
2008. 제50회 사법시험 합격
2012. 제41기 사법연수원 수료
2012 – 2015 육군법무관(대위)
– 2012. 4. 제5군단 검찰관
– 2013. 4. 제1군단 국선변호 및 배상장교
– 2014. 4. 제6군단 군판사
2015. 4. 서울서부지방검찰청 검사
2017. 2. 대전지방검찰청 서산지청 검사
2019. 2. 부산지방검찰청 검사
2021. 2. 대검찰청 검찰연구관
2023. 2. 서울중앙지방검찰청 검사
2024. 7. 미국 스탠퍼드(Stanford) 대학교 로스쿨 연수

수상

2018. 7. 법무부장관표창(검찰업무유공)
2018. 11. 형사부 우수검사(대검찰청)
2019. 10. 공판송무부 최우수검사(대검찰청)
2020. 9. 모범검사(제84회)
2024. 1. 공인전문검사(블루벨트) 인증(대검찰청, 범죄수익환수)

논문

차명으로 은닉된 범죄수익의 종국적 환수방안 연구[법조誌 제69권(통권 제741호), 2020. 6.]
자금세탁범죄에 관계된 범죄수익 등의 몰수·추징에 관한 연구[형사법의 신동향 통권 제67호(2020. 여름)]

부패재산몰수법 해설과 판례
- 범죄수익환수 이론과 실무 -

초판발행 2025년 10월 30일

지은이 이주형
펴낸이 안종만·안상준

편 집 이승현
기획/마케팅 박부하
표지디자인 BEN STORY
제 작 고철민·김원표

펴낸곳 (주) 박영사
서울특별시 금천구 가산디지털2로 53, 210호(가산동, 한라시그마밸리)
등록 1959. 3. 11. 제300-1959-1호(倫)
전 화 02)733-6771
f a x 02)736-4818
e-mail pys@pybook.co.kr
homepage www.pybook.co.kr
ISBN 979-11-11-303-3798-2 93360

copyright©이주형, 2025, Printed in Korea

* 파본은 구입하신 곳에서 교환해 드립니다. 본서의 무단복제행위를 금합니다.

정 가 59,000원